Die faszinierende
WELT DER BIBEL

Geschichte | Menschen | Hintergründe

Detlef Dieckmann | Bernd Kollmann

Die faszinierende WELT DER BIBEL

Geschichte | Menschen | Hintergründe

Reader's Digest

Inhalt

Foto S.2:
Hirte im Jordantal

Vorwort

Kein anderes Buch ist rund um den Globus derart weit verbreitet wie die Bibel. Von ihr existieren Gesamtübersetzungen in rund 450 Sprachen und Teilübersetzungen in weiteren rund 2500 Sprachen. Die Zahl der Bibelexemplare, die seit Erfindung der Buchdruckerkunst über die Druckerpressen gelaufen sind, lässt sich kaum ermessen und liegt sicher im Milliardenbereich. Auch wenn ein Ende dieser Erfolgsgeschichte nicht abzusehen ist, bleibt die Bibel für viele Menschen ein „Buch mit sieben Siegeln". Komplexe theologische, geografische und historische Zusammenhänge der biblischen Überlieferungen sind kaum noch verständlich – sie müssen erklärt und kommentiert werden. Die Mehrheit der Bücher zu diesem Thema bedient lediglich ein Fachpublikum mit entsprechendem Hintergrund und besonderer Vorbildung. Das „Buch zur Bibel" geht bewusst einen anderen Weg. Es will auf allgemeinverständliche Weise einem breiten Kreis von Leserinnen und Lesern einen Zugang zum „Buch der Bücher" eröffnen und sie zur Lektüre der biblischen Texte anregen.

Um das vorliegende „Buch zur Bibel" zu verwirklichen, haben viele Menschen zusammengearbeitet: Detlef Dieckmann hat den ersten Teil der Einleitung (11–28) sowie die Abschnitte über die alttestamentlichen Bücher von Genesis bis Maleachi verfasst – mit Ausnahme der Kapitel über das Buch Josua und das Buch Ester, die Joachim J. Krause bzw. Sebastian Huck dankenswerter Weise beigetragen haben. Die weiteren Teile der Einleitung (29–80) sowie die Abschnitte zu den alttestamentlichen Apokryphen bzw. deuterokanonischen Büchern und zu den neutestamentlichen Schriften stammen aus der Feder von Bernd Kollmann.

Die Karten zu biblischen Erzählungen sind in der Regel nicht als historische Untermauerung der dortigen Schilderungen zu verstehen, sondern dienen der Verdeutlichung dessen, was sich die Autoren der biblischen Texte vorgestellt haben. Die Abkürzungen und Schreibungen der biblischen Namen und Orte folgen weitgehend dem Ökumenischen Verzeichnis Biblischer Eigennamen (ÖVBE).

Zu danken ist zunachst Dirk Palm, der dieses Projekt angestoßen und mit großer Offenheit wie Umsicht durchgeführt hat. Dazu zählt auch die Bildredaktion.

Im Blick auf die Erstellung des alttestamentlichen Teils gilt ein Dank Sebastian Huck, Joachim Schneider und Herbert Dieckmann, die dem Autor nicht nur zugearbeitet, sondern auch die umfangreichen Korrektur-Arbeiten unterstützt haben. Für das sorgfältige Lektorat des gesamten Handbuches danken wir Barbara Honold, für das harmonische Layout Andreas Felgner und Mario Zierke.

Gewidmet sei das Buch dem Andenken an einen großartigen Alttestamentler, der sich mit seinen Veröffentlichungen in besonderer Weise um die Hebräische Bibel verdient gemacht hat und der darin ein Vorbild für die Arbeit an diesem Handbuch gewesen ist: Erich Zenger, der in diesem Jahr verstorben ist.

Engerhafe/Wolfsburg,
Detlef Dieckmann und Bernd Kollmann

Lateinische Bibelhandschrift, 14. Jh., Frankreich. Zu sehen ist ein Abschnitt des Psalter.

DIE BIBEL UND IHRE GESCHICHTE

Die Bibel lesen

Was ist die Bibel?

Was ist die Bibel wirklich? Vielleicht muss jeder diese Frage für sich selbst beantworten. Dabei soll Ihnen dieses Handbuch helfen, indem es Mut macht, die Bibel selbst zu lesen und zu erforschen.

Manche behaupten: „Die Bibel ist ein veraltetes Buch aus archaischer Zeit, mit einem Weltbild, das zu unserem heutigen Wissen und Denken nicht mehr passt, mit patriarchalen Vorstellungen, die wir heute überwinden wollen."

Andere erwidern: „Die Bibel ist immer noch und immer wieder aktuell. Man muss nur wissen, wie sie richtig auszulegen und auf das eigene Leben zu beziehen ist, denn nicht nur wir interpretieren die Bibel, auch sie deutet uns und unsere Welt."

Einige erklären: „Die Bibel ist langweilig und schwer verständlich, zumal in älteren Übersetzungen. Man muss eigentlich immer jemanden haben, der sie erklären kann."

Bibelausgabe aus dem 19. Jahrhundert

Andere entgegnen: „Die Bibel ist spannender als jedes andere Buch – nicht nur wegen ihrer vielen Geschichten bis hin zu *Sex and Crime,* sondern auch, weil sie Bögen spannt, die sonst kein Buch enthält: vom dunklen Chaos zur Schöpfung, von der Sklaverei zur Freiheit, vom Leben zum Tod und wieder zurück ins Leben."

Etliche meinen: „Die Bibel kann man jungen Menschen heute gar nicht mehr zumuten. Früher wurde sie in jedem Haushalt gelesen. Aber wer liest denn heute noch freiwillig die Bibel?"

Andere kontern: „Die Bibel ist überall präsent. Viele Gemälde erzählen biblische Geschichten, zahllose Gedichte und Romane, selbst moderne Filme enthalten biblische Motive."

Mehrere betonen: „Die Bibel ist lediglich eine historische Quelle, quasi ein Museumsstück. Wir erfahren durch dieses Buch nur etwas über unsere Vergangenheit und die anderer Menschen."

Andere verweisen darauf: „Die Bibel ist bis heute in lebendigem Gebrauch. Für viele Menschen ist sie eine Quelle des Glaubens und des Trostes, tagtäglich wird sie genutzt – in Gottesdiensten, in Gemeinden, von einzelnen Menschen."

Verschiedene fordern: „Man muss die Bibel wörtlich verstehen und sie so ernst nehmen wie ein Gesetzbuch."

Andere wenden ein: „Man muss sich erst darauf einigen, was es heißt, die Bibel wörtlich zu verstehen. Und wer die Bibel ins Handeln übersetzen will, muss zuerst überlegen, was ein Text damals bedeutet hat und was er unter den veränderten Bedingungen heute sagen will."

Manche bekennen: „Die Bibel ist Gottes Wort."

Andere unterscheiden: „Die Bibel ist Menschenwort, aber *in der* Bibel begegnet Gottes Wort."

Woher kommt das Wort „Bibel"?

Die Bibel als das Buch der Bücher umfasst nicht nur ein Buch, sondern eine ganze Bibliothek von Schriften aus verschiedenen Zeiten, in denen Menschen unterschiedliche Erfahrungen mit Gott und ihrem Leben gemacht haben. Die Bibel wurde immer wieder neu aus dem Hebräischen und dem Griechischen übersetzt.

Wer in einen Bücherladen geht, findet dort viele Bibeln. Da gibt es zahlreiche unterschiedliche Bibelausgaben im Bereich „Religionen"; aber auch dies: Bücher, die als „Entscheider-Bibel", „Büro-Bibel" oder „Angler-Bibel" beworben werden und mit der Heiligen Schrift wenig zu tun haben. Denn „Bibel" ist ein Wort für das Buch schlechthin, für das Buch der Bücher.

Das deutsche Wort „Bibel" (mittelhochdeutsch „biblie") leitet sich aus dem lateinischen „biblia" ab. Das entspricht dem griechischen Wort τά βίβλια *ta biblia*, was „die Schriften" bedeutet. Im Singular bezeichnet das griechische Wort βίβλος *biblos* das Papyrusblatt, aus dem in der Antike Schreibmaterial hergestellt wurde.

Wir sehen: Weil „Bibel" von „biblia" (Schriften) kommt, ist dieses Wort eigentlich ein Plural. Und in der Tat ist das Buch der Bücher nicht nur *ein* Buch, sondern eine ganze Bibliothek, eine Sammlung verschiedener Schriften aus verschiedenen Zeiten und Zusammenhängen, in denen Menschen unterschiedliche Erfahrungen mit Gott und ihrem Leben gemacht haben.

Die Bibel, die im Christentum als Heilige Schrift gelesen wird, besteht aus zwei Teilen: dem Alten und dem Neuen Testament. Das Alte Testament, die Hebräische Bibel, ist die Bibel des Judentums, aus dem das Christentum entstanden ist. Das Neue Testament, das im Christentum zum Alten Testament, zur Hebräischen Bibel, hinzukam, ist in griechischer Sprache verfasst.

Immer wieder wurden die Bücher des Alten und des Neuen Testaments neu übersetzt – ins Griechische, ins Lateinische und schließlich auch in die Landessprachen.

■ Welche Bibel soll ich lesen?

Die in Deutschland erhältlichen Bibelausgaben sind so unterschiedlich wie die Bedürfnisse derer, die sie lesen. Manche Übersetzungen konzentrieren sich stärker auf den hebräischen bzw. griechischen Ausgangstext, andere eher auf ein erleichtertes Verständnis in der Zielsprache. Einige versuchen, Texttreue und Lesbarkeit möglichst miteinander zu vereinbaren.

Wer sich eine Bibel kauft oder ausleiht, hat die Qual der Wahl, besonders im deutschen Sprachraum. Denn nirgends sind so viele Bibelübersetzungen erschienen wie hierzulande.

Es gibt nicht die *eine,* für alle richtige Bibel, die den hebräischen Text des Alten Testaments und den griechischen Text des Neuen Testaments eins zu eins wiedergibt und allen Ansprüchen genügt. Vielmehr stehen Ihnen mehrere Bibelübersetzungen zur Verfügung, und je nach Ihren Interessen und Bedürfnissen kann sich die eine oder die andere eher nahelegen:

Für Gewohnheitsmenschen: Die Lutherbibel

Die Lutherbibel ist die bislang wichtigste Bibelausgabe im evangelischen Bereich für Gottesdienst, Unterricht und Seelsorge.

Sie geht zurück auf den Reformator Martin Luther, der von 1483 bis 1546 gelebt hat. Luther hat die erste gut lesbare deutsche Übersetzung geschaffen, indem er dem Volk „aufs Maul geschaut“ und im sprachlich zersplitterten Deutschen Reich einen Dialekt ausgewählt und damit zur Schrift-Sprache gemacht hat: das Ostmitteldeutsche. Durch Gutenbergs Erfindung des Buchdrucks konnten sich diese Bibelübersetzung und mit ihr das Luther-Deutsch rasch verbreiten, das bis zum heutigen Tage im Hochdeutschen erhalten ist. Viele Redensarten, die wir noch heute kennen, wurden von Luther geprägt, zum Beispiel „sein Licht unter den Scheffel stellen“.

Luther hat versucht, den Sinn des hebräischen und griechischen Bibeltextes möglichst verständlich darstellen, d. h., er hat sich sowohl am Ausgangstext als auch an der Zielsprache orientiert. Und er wusste ganz genau, dass das sehr schwierig ist. Deswegen war Luther mit seiner Übersetzung auch nie endgültig zufrieden und hat sie bis zu seinem Tod immer wieder verändert.

Diese Ausgabe der Bibelübersetzung Martin Luthers wurde 1541 in Wittenberg gedruckt.

Nach Luthers Tod wurde seine Bibelübersetzung nicht mehr kontinuierlich, sondern nur noch in großen Abständen überarbeitet (1912, 1956/64/70, 1984, 2017).

Die Luther-Übersetzung ist 2017 neu erschienen und wird vor allem in lutherischen Kirchen benutzt. Bei der Durchsicht der Ausgabe von 1984 wurden neuere exegetische Erkenntnisse berücksichtigt. Gleichzeitig erscheinen in dieser Bibel wieder vermehrt überzeugende Übersetzungslösungen von Martin Luther selbst (1545), außerdem wurde z.T. ein älterer Sprachstil imitiert.

Die Bibel nach der Übersetzung Martin Luthers. Revidierter Text 2017, Stuttgart 2016.

Für Ökumeniker: Die Einheitsübersetzung

Die 1980 erschienene Einheitsübersetzung wurde zunächst von den katholischen Diözesen im deutschen Sprachraum veranlasst und seit 1967 mit evangelischer Beteiligung erarbeitet. In den Psalmen und im Neuen Testament gilt sie als ökumenischer Text.

Der Sprachstil der Einheitsübersetzung 2016 ist oft gradliniger und schlichter als jener der Luther-Übersetzung. Diese Bibel steht im liturgischen Gebrauch der römisch-katholischen Kirche, evangelische Theologen haben der neuesten Ausgabe nicht mehr mitgewirkt.

Die Bibel. Einheitsübersetzung, Stuttgart 2016.

Für Penible: Die Elberfelder Bibel

Die zuletzt 2006 revidierte Elberfelder Bibel versucht, mit höchster Genauigkeit den Ausgangstext der hebräischen und griechischen Bibel wiederzugeben.

Der Nachteil dieser Bibelübersetzung liegt darin, dass dabei häufig die Lesbarkeit vernachlässigt wird. Manches wirkt holprig, und etliche Stellen sind so konsequent an der Ausgangssprache orientiert, dass man sie in der deutschen Zielsprache kaum noch versteht.

Die Elberfelder Bibel, Witten 2006.

Geschmäht und geschätzt: Die Gütersloher Bibel in gerechter Sprache

Als die Gütersloher Bibel auf der Frankfurter Buchmesse 2006 erschien, hatte sie längst die Schlagzeilen des deutschen Feuilletons erreicht. Die einen haben diese Bibelausgabe als Befreiung von überkommenen Auslegungs- und Übersetzungstraditionen gefeiert, die anderen hielten sie für einen Skandal oder sogar für ketzerisch.

Die Gütersloher Bibel ist aus den Kirchentagsübersetzungen hervorgegangen, die seit vielen Jahren mit den folgenden fünf Kriterien arbeiten:

(1) **Der Ausgangstext gilt!** Die Übersetzung „soll dem Wortlaut der Bibeltexte in ihrer hebräischen oder griechischen Originalfassung gerecht werden". Dies hat zur Folge, dass viele Stellen in der Gütersloher Bibel näher am hebräischen bzw. griechischen Text übersetzt werden (z. B. Koh 3,2).

(2) **Keine Frauen rausmobben!** Die Übersetzung soll „eine frauengerechte Sprache haben, d. h., sie soll die in den Texten selbst genannten oder nicht ausdrücklich genannten, aber mitgemeinten Frauen sichtbar machen und ebenso Frauen heute als angesprochen erkennbar machen". Deswegen müssen sich die Übersetzenden immer fragen, ob (z. B. bei dem Begriff „Söhne Israels" auch Frauen mitgemeint waren. Ist dies der Fall, wie beim Auszug aus Ägypten, dann erscheint es sach- und zeitgemäß, von den „Söhnen und Töchtern" oder von den „Kindern Israels" zu reden, wie es schon Luther getan hat.

Für viele ist ungewohnt, dass die Frage nach dem Geschlecht auch vor Gott nicht Halt macht. Denn wenn Gott die Menschen nach seinem Bilde männlich und weiblich erschaffen hat (Gen 1,27), kann er nicht nur männlich sein, und dann ist es ein theologisches Problem, ihn dennoch ausschließlich männlich solchen darzustellen.

(3) **Respekt vor der jüdischen Bibellektüre!** Dazu heißt es: Die Übersetzung „soll dem gegenwärtigen Gespräch mit Jüdinnen und Juden gerecht werden bzw. – bescheidener – Respekt vor ihrem Lesen der Bibel erweisen". Dieser Respekt drückt sich in dem Versuch aus, etwa neutestamentliche Texte nicht unnötig antijudaistisch klingen zu lassen. Denn viele Texte, die in unseren Augen antijüdisch wirken, sind in Wirklichkeit Zeugnis einer innerjüdischen Auseinandersetzung wie (z. B. die sog. „Antithesen" der Bergpredigt (Mt 5).

(4) **Respekt vor dem sozialen Kontext!** Die Gütersloh-er Bibel versucht zudem, die damaligen sozialen Verhältnisse, auch die z. T. harten Realitäten, deutlich werden zu lassen. So werden etwa die Sklavinnen und Sklaven nicht mehr als Mägde und Knechte dargestellt.

(5) **Verständliche Bibeltexte!** Dazu sagt das fünfte Kriterium: Die Bibelübersetzung „soll eine gegenwärtig verstehbare Sprache haben". Denn: Auch die penibelste Bibelübersetzung kommt dann nicht zum Erfolg, wenn sie nicht verstanden wird.

Für Grundsolide: Die Zürcher Bibel

Einen guten Mittelweg zwischen Korrektheit und Lesbarkeit bietet die Zürcher Bibel, die 2007 in einer neuen Überarbeitung erschienen ist.

Die Zürcher Bibel geht auf die Reformation Zwinglis (1484–1531) zurück und ist daher heute die maßgebliche Übersetzung für die Reformierten.

Die aktuelle Version der Zürcher Bibel ist eine der besten deutschsprachigen Bibeln und erfüllt unter fast allen Aspekten moderne Ansprüche. An einigen Stellen zeigt sie auch schon das Bemühen, in den Texten mitgemeinte Frauen sichtbar zu machen. Sie ist philologisch verlässlich und gut lesbar zugleich.

Neue Zürcher Bibel, Zürich 2007.

Für Neugierige: Die Gütersloher Bibel in gerechter Sprache

Die Gütersloher Bibel ist ein absolutes Novum. Erstmals wagt es ein Kreis von Übersetzerinnen und Übersetzern (43 Frauen und zehn Männer), nicht nur die eigenen Überzeugungen und Übersetzungskriterien offenzulegen, sondern auch mit dem eigenen Namen für die Übersetzungen der einzelnen Bücher einzustehen.

Weil die Übersetzungen der einzelnen biblischen Bücher von verschiedenen Menschen verantwortet werden, klingt die Sprache von Buch zu Buch unterschiedlich – wie in den hebräischen und griechischen Ausgangstexten auch.

Die 2006 erschienene Gütersloher Bibel eignet sich vor allem für Menschen, die neue Entdeckungen in der Bibel machen wollen. Viele Gruppen, denen die Befreiungstheologie wichtig ist, kommen ohne sie nicht mehr aus.

Ulrike Bail, Frank Crüsemann, Marlene Crüsemann, Erhard Domay, Jürgen Ebach, Claudia Janssen, Hanne Köhler, Helga Kuhlmann, Martin Leutzsch und Luise Schottroff (Hgg.), Bibel in gerechter Sprache, 3. Aufl., Gütersloh 2006.

Für Eilige: Die Gute-Nachricht-Bibel

Wer ein schnelles Verständnis des biblischen Textes sucht und auf das Durchscheinen des Originaltextes weniger Wert liegt, liegt mit der Gute-Nachricht-Bibel richtig.

Gute Nachricht Bibel. Gemeinsame Bibelübersetzung im Auftrag und in Verantwortung der katholischen Bibelwerke und evangelischen Bibelgesellschaften des deutschsprachigen Raums, Stuttgart 2000.

Für Genügsame: Hoffnung für alle

Noch freier als die Gute-Nachricht-Bibel geht die „Hoffnung für alle" mit dem biblischen Text um. Dabei ist der biblische Text manchmal kaum wiederzuerkennen.

Hoffnung für alle. Die Bibel, Basel 2002.

Wegen der Schwächen der „Hoffnung für alle" greifen viele lieber zu der wesentlich textgetreueren und dennoch gut lesbaren Übersetzung „Neues Leben".

Neues Leben. Die Bibel, Holzgerlingen 2005.

Für Gangster und Rapper: Die Volxbibel

Eine wirklich bemerkenswerte Bibelfassung hat der Jesus-Freaks-Gründer, Pastor Martin Dreyer, mit der Volxbibel veröffentlicht. Diese Bibel ist so geschrieben, dass auch diejenigen Jugendlichen sie verstehen und mit Spaß lesen, zu denen Jesus heute wahrscheinlich gehen würde, um ihnen Gott nahezubringen. Leider wurde diese Bibel nicht direkt aus dem Hebräischen und Griechischen übersetzt, sondern bietet nur eine Übersetzung anderer Übersetzungen. Theologische Berater wirken diesem Mangel entgegen.

Martin Dreyer, Die Volxbibel. Altes Testament Band Eins, Düsseldorf 2009.

Martin Dreyer, Die Volxbibel. Altes Testament Band Zwei, Düsseldorf 2010.

Martin Dreyer, Die Volxbibel 3.0. Neues Testament, Düsseldorf 2008.

Für Computerfreaks: BasisBibel

Die BasisBibel wird beworben als „die neue Bibelübersetzung für das 21. Jahrhundert. Wortgetreu übersetzt, super-gut verständlich und speziell aufbereitet für die Neuen Medien". Diese Bibelübersetzung zeichnet sich durch viele Erklärungen aus.

www.basisbibel.de

Für am Judentum Interessierte: Buber-Rosenzweig, Zunz und Tur-Sinai

Wer sich für das jüdische Verständnis des Alten Testaments bzw. der Hebräischen Bibel interessiert, wird zusätzlich zu einer deutschsprachigen Übersetzung aus dem jüdischen Bereich greifen.

Am bekanntesten ist die „Verdeutschung" von Martin Buber gemeinsam mit Franz Rosenzweig, die zwischen 1954 und 1962 abschließend bearbeitet wurde. Diese Texte sind ein Lese-Erlebnis. In dem Bestreben, das Hebräische möglichst vollständig ins Deutsche zu übersetzen, erfindet Buber nicht selten sogar neue Worte.

Auch wenn oftmals die Verständlichkeit leidet, besteht ein großer Vorteil dieser Übersetzung darin, dass jeder hebräische Begriff stets mit dem gleichen deutschen Wort wiedergegeben wird.

Auch die etwas älteren, von Leopold Zunz und von Naftali Tur-Sinai herausgegebenen Übersetzungen von 1837 und 1937/1959 sind allein schon deshalb lesenswert, weil sie an vielen Stellen erkennen lassen, wie das Christentum gegenüber dem Judentum eigene Verständnis- und Übersetzungstraditionen ausgebildet hat.

Buber, Martin: Die Schrift, verdeutscht von Martin Buber gemeinsam mit Franz Rosenzweig, 10. Aufl., Gütersloh 1997.

Zunz, Leopold: Die vierundzwanzig Bücher der Heiligen Schrift übersetzt von Leopold Zunz, Basel 1980.

Tur-Sinai, Naftali: Die Heilige Schrift ins Deutsche übertragen von Naftali Herz Tur-Sinai, 3. Aufl., Holzgerlingen 1997.

Auch für das Bibellesen selbst gilt, dass es mehrere Möglichkeiten gibt, und jeder das für sich Passende finden kann. Im Folgenden sind einige Wege des Bibellesens aufgeführt, die sich in der Praxis bewährt haben.

Wie kann ich die Bibel lesen?

Für den Anfang genügen eine Bibelübersetzung und vielleicht ein Bibellexikon. Weitere Literatur können Sie sich dann beschaffen, wenn das Bibellexikon nicht mehr alle Fragen beantwortet.

Für Einsteiger: Das Wichtigste zuerst

Für einen neuen Anfang mit der Bibel kann es gut sein, sich zunächst auf eine Auswahl von Bibeltexten zu beschränken, die in der Geschichte des Bibellesens besonders wichtig geworden sind.

Manchmal bieten Kirchengemeinden Bibelkreise an, in denen diese Texte gelesen und gemeinsam besprochen werden.

Für diejenigen, die sich selbstständig auf Entdeckungsreise begeben, gibt es ein Buch, das 99 kurze Bibeltexte empfiehlt und kurz auslegt. Die jeweils angebotene Deutung ist jedoch nur eine Möglichkeit, die Texte zu verstehen.

Klaus-Jürgen Diehl, In 99 Tagen durch die Bibel. Eine Entdeckungsreise, 4. Aufl., Gießen u.a. 2006.

Für Fortgeschrittene: Lesen nach Plan

Wer die Bibel in größeren Einheiten lesen möchte, kann sich bei den Deutschen Bibelgesellschaften umschauen. Dort ist in jedem Jahr ein Bibelleseplan erhältlich, der die Etappen für eine vollständige Lektüre der Bibel empfiehlt.

www.die-bibel.de/interaktiv/mein-bibelleseplan/

Für Eigenständige: Nach Lust und Laune

Natürlich können Sie auch einfach selbst loslegen und die Bibel vollständig oder in Auszügen lesen. Beginnen Sie beim ersten Buch Mose, der Genesis, und überschlagen Sie, was Sie im Moment nicht interessiert.

Für Gesellige: Am besten gemeinsam

Viele finden, dass man die Bibel am besten gemeinsam lesen sollte. Vielleicht finden Sie Menschen in Ihrer Umgebung, die ebenfalls Lust haben, sich diesem spannendsten aller Bücher zu widmen.

Für die gemeinsame Bibellektüre hat sich ein Vorgehen bewährt, das aus einer Gemeinde der schwedischen Stadt Västerås überliefert ist. Jede und jeder liest den Bibeltext zunächst für sich und setzt dabei Symbole an den Rand, ein Fragezeichen für Fragliches, eine Kerze für Einleuchtendes oder ein Herz für Berührendes. Die ursprüngliche Liste ist natürlich erweiterbar, z. B. um einen Blitz für Ärgerliches.

1. Lesen. Der Bibeltext wird Vers für Vers gelesen.
2. Einander zuhören. Jede und jeder *kann* bei jedem Vers ihre/seine Symbole und Assoziationen nennen. Die Äußerungen werden nicht kommentiert.
3. Auslegen. Danach steigt die Gruppe in die Diskussion ein.

Etwas ausführlicher ist die Methode des Bibelteilens, die aus Südafrika kommt und in vielen kirchlichen Gruppen sehr geschätzt wird:

1. Einladen und sich öffnen. In einem Gebet oder Lied lädt die Gruppe den Herrn ein und öffnet sich für neue Botschaften.
2. Lesen. Jemand liest den Text laut vor.
3. Verweilen und Vertiefen. Wer möchte, spricht einzelne Wörter oder kurze Satzabschnitte mehrmals kommentarlos laut aus; anschließend wird der Text erneut vorgelesen.
4. Schweigen. Für einige Minuten in Stille überdenken alle erneut den Text und fragen sich, was er für sie und ihr Leben bedeutet.
5. Mitteilen. Jede teilt den anderen die eigenen Überlegungen und Assoziationen mit.
6. Austauschen. Im Gespräch suchen alle nach der Bedeutung des Textes für die Gemeinschaft und für die Einzelnen; neue Vorsätze zum Handeln können formuliert und ältere reflektiert werden.
7. Beten. Das Bibel-Teilen wird mit einem Gebet, Lied oder Segensspruch abgeschlossen.

Was brauche ich noch zum Bibellesen?

Im Folgenden stellen wir verschiedene Hilfsmittel vor, die sich als nützlich erwiesen haben.

> *Beim Bibellesen entstehen immer Fragen. Deswegen ist es gut, wenn man weiß, wo weitere Informationen zu beschaffen sind.*

Bibellexika

Bei vielen Fragen leisten Bibellexika gute Dienste. Allgemein verständlich sind zum Beispiel die hier aufgeführten:

Frank Crüsemann, Kristian Hungar, Claudia Janssen, Rainer Kessler und Luise Schottroff (Hgg.), Sozialgeschichtliches Wörterbuch zur Bibel, Gütersloh 2009.

Otto Betz, Beate Ego, Werner Grimm (Hgg.), Calwer Bibellexikon, 2. Aufl., Stuttgart 2003.

Immer mehr Menschen suchen zuerst im Internet. Weil Wikipedia nicht verlässlich ist, sei das vorzügliche Online-Lexikon der Deutschen Bibelgesellschaft empfohlen, das kostenlos verfügbar ist.

www.wibilex.de

Kommentierte Bibeln

Wer zusätzlich zu diesem Handbuch Auslegungen und Informationen zu Bibeltexten sucht, kann zunächst zu Kommentarbibeln greifen. Diese enthalten neben dem Bibeltext eine kurze Erläuterung zu dem jeweiligen Textabschnitt, der in komprimierter Form oft einen tiefen Einblick gewährt. Die Kommentarbibeln haben den Vorteil, dass sie keine hebräischen oder griechischen Sprachkenntnisse erfordern.

Stuttgarter Erklärungsbibel mit Apokryphen. Lutherbibel mit Erklärungen, Stuttgart 2005.

Stuttgarter Altes Testament. Einheitsübersetzung mit Kommentar und Lexikon, Stuttgart 2005. (Oft mit hervorragendem Kurzkommentar)

Stuttgarter Neues Testament. Einheitsübersetzung mit Kommentar und Erklärungen, Stuttgart 2004.

Kommentare

Es gibt einige wissenschaftlich verantwortete Kommentarreihen, die auch ohne diese Sprachkenntnisse lesbar sind, z. B.:

Reinhard Gregor Kratz, Hermann Spieckermann (Hgg.), Das Alte Testament Deutsch (ATD), Göttingen.

Karl-Wilhelm Niebuhr, Samuel Vollenweider (Hgg.), Das Neue Testament Deutsch (NTD), Göttingen.
Neue Echter Bibel (NEB), Würzburg.

Konkordanzen

In eine Konkordanz schaut, wer wissen möchte, an welchen Bibelstellen ein biblischer Begriff vorkommt. Konkordanzen gibt es zu den am weitesten verbreiteten Bibelübersetzungen, etwa:
Lutherbibel: Bibel von A–Z. Wortkonkordanz zur Lutherbibel, Stuttgart 2001.
Einheitsübersetzung: Neue Konkordanz zur Einheitsübersetzung der Bibel, 2. Aufl., Düsseldorf 1996.
Elberfelder: Große Konkordanz zur Elberfelder Bibel, Witten 2003.

Einführungen

Zur Vertiefung des Wissens über die Bibel dienen Einführungen:
Thomas Staubli, Begleiter durch das Erste Testament, 3. Aufl., Düsseldorf 2003.
Erich Zenger (Hg.), Einleitung in das Alte Testament, 7. Aufl., Stuttgart 2008.
Martin Ebner, Stefan Schreiber (Hgg.), Einleitung in das Neue Testament, Stuttgart 2008.

Eine Bibel in Blindenschrift

Bibelatlas

Wenn Sie sich über die Lage von Orten und Landschaften der Bibel einen Überblick verschaffen wollen, werden Sie zu einem Bibelatlas greifen, zum Beispiel:
Wolfgang Zwickel, Calwer Bibelatlas, Stuttgart 2000.

Biblische Wörterbücher

Einen ersten und meist schon sehr tiefen Einblick in die Bedeutung biblischer Begriffe bietet das Glossar der Gütersloher Bibel (siehe oben).

Wessen Neugier dadurch noch nicht gestillt ist, der wird ein Bibellexikon oder Theologische Wörterbücher zur Bibel zur Hand nehmen, die mit etwas Geduld auch ohne Hebräisch- bzw. Griechischkenntnisse verständlich sind:
Ernst Jenni, Claus Westermann (Hgg.), Theologisches Handwörterbuch zum Alten Testament, 2 Bände, 2. Aufl., Darmstadt 2004.
Lothar Coenen, Klaus Haacker (Hgg.), Theologisches Begriffslexikon zum Neuen Testament, Neukirchen-Vluyn 2005.
Werner Schmidt, Gerhard Delling (Hgg.), Wörterbuch zur Bibel, Zürich 1971.

Wo wird die Bibel wie gelesen?

Sowohl in der Geschichte als auch in der Gegenwart der Bibelauslegung wird die Bibel in den verschiedenen Ausgaben auf sehr unterschiedliche Weise gelesen:als historisches Dokument aus längst vergangener Zeit,

- *als Teil der Weltliteratur,*
- *als Anleitung zu christlichem Handeln*
- *oder als ein Buch, das Glauben wecken will.*

Die Bibel ist der Weltbestseller schlechthin. Allein im Jahr 2006 haben die Bibelgesellschaften einschließlich der Teilbibeln 400 Millionen Exemplare abgegeben.

Im Folgenden sollen besonders wichtige, vergangene und gegenwärtige Kontexte der Bibellektüre aufgesucht werden.

Synagoge und Lehrhaus

Jesus hat seine Hebräische Bibel, das Alte Testament, in der Synagoge und im Lehrhaus kennengelernt. Hier gilt: Alle können die Bibel lesen! Denn bis heute lernen Menschen in jüdischen Gemeinden zunächst das biblische Hebräisch, um nicht auf eine Übersetzung angewiesen zu sein, die nie den Originaltext darstellen kann.

In der Synagoge wird heute die Tora, das sind die fünf Bücher Mose, als erster Teil der Hebräischen Bibel, aus einer großen Rolle komplett verlesen – entweder in einem Ein-Jahres- oder in einem Drei-Jahres-Turnus. Dem Vorleser (in liberalen Gemeinden auch der Vorleserin) steht dabei ein Gemeindeglied zur Seite, das mit einem kleinem Zeigestab (hebräisch: Jad) den gelesenen Text entlangfährt und bei Lesefehlern die Korrektur nennt. Denn der biblische Text ist heilig und darf nicht verändert werden.

Diskussionsfreudiger geht es dagegen im Lehrhaus zu. Hier werden verschiedene Auslegungen des biblischen Textes ins Spiel gebracht. Weil die Hebräische Bibel als

Richtschnur für das Handeln gilt, geht es oft darum, aus der Auslegung des Textes das richtige Verhalten abzuleiten. Hierbei gilt die Regel, dass alle früheren Interpretationen des Textes gehört werden sollen und eine demokratische Entscheidung über die jetzt gültige Auslegung gefällt werden muss. Bei der Lektüre von erzählenden Bibeltexten hingegen ist es kein Problem, wenn mehrere Auslegungsmeinungen nebeneinander bestehen bleiben.

Nach jüdischer Tradition gehört die Hebräische Bibel zu der schriftlichen Tora, zu der Gott Mose am Sinai die mündliche Tora gegeben hat, die in Mischna, Talmud und in allem besteht, was dereinst in den Lehrhäusern ausgelegt würde.

Eine Blütezeit erlebte die jüdische Bibelauslegung im Hochmittelalter, in dem berühmte Ausleger wie Raschi (**Ra**bbi **Sch**lomo **J**izchaki, 1040–1105), Abraham Ibn Esra (1092–1167) oder David Kimchi (1160–1235) wirkten. 1517 erschien die erste sog. Rabbinerbibel, in deren Mittelpunkt der biblische Text steht, umlagert von der aramäischen Übersetzung, dem Targum, und den verschiedenen Auslegungen, die ihn besprechen.

In der Urgemeinde

Zum einen hat die Hebräische Bibel eine Nachgeschichte in der mündlichen Tora des Judentums. Zum anderen hat auch das Christentum, das im 1. Jh. n. Chr. entstanden ist, weitere Texte überliefert und gesammelt, die später als das Neue Testament kanonisiert wurden. (Dazu später mehr im Kapitel „Textüberlieferung und Kanonbildung".)

Die Menschen in den christlichen Urgemeinden haben im Lichte des Lebens, des Todes und der Wiederauferweckung Jesu die Hebräische Bibel neu verstanden und ihre Deutungen und Erfahrungen mit ihr im Neuen Testament niedergeschrieben. Für sie war Jesus Christus der Messias, der Gesalbte, in dem sich alles erfüllt, was Gott seit Urzeiten versprochen hat. Das Alte Testament blieb für diese Menschen wichtig, schon weil die Botschaft Jesu ohne die Hebräische Bibel gar nicht zu verstehen ist.

In den Kirchen und Klöstern des Mittelalters

Anders als im Judentum konnten im Christentum anfänglich nur Gebildete die Bibel lesen, denn Übersetzungen in den Landessprachen gab es zunächst noch nicht. Wer Bibeltexte lesen wollte, musste eine der alten Sprachen beherrschen. Überwiegend wurde die lateinische Bibel verwendet, die Vulgata, die im 4. Jh. von Hieronymus aus dem Griechischen übersetzt wurde.

So waren die meisten Menschen auf die Auslegungen der Priester und Mönche angewiesen, die auch Bilderbibeln schufen und sich zum Beispiel im deutschen Sprachbereich ab dem 8. Jh. n. Chr. um erste Bibelübersetzungen und -dichtungen bemühten.

Ein jüdischer Junge beim Lesen

Als sich im 12. und 13. Jh., in der Zeit der Massenarmut, zunehmend Menschen für die soziale Botschaft der Bibel interessierten, versuchte die Kirche immer mehr, die Bibel vor der Erforschung durch Laien zu schützen. So mahnte etwa Papst Innozenz III. (1198–1216), die Autorität der Bibel dürfe nicht über die der Priester gestellt werden.

Priester und kirchliche Gelehrte hatten die Aufgabe, den Gläubigen den Sinn der Schrift mitzuteilen, der häufig in vier Dimensionen gesehen wurde. So lautet der Merksatz vom vierfachen Schriftsinn in deutscher Übersetzung:

> *Der Buchstabe lehrt die (historischen) Geschehnisse,*
> *was du glauben sollst, die Allegorie,*
> *der moralische (Sinn), was du tun sollst,*
> *wohin du streben (und was du hoffen) sollst, die Anagogie.*

Kirchliche Kritiker wie John Wiclef (um 1325–1384) und der Böhme Jan Hus (1371–1415) vertraten gegenüber dem Vatikan die Meinung, dass die Bibel in allen Dingen des Lebens die höchste Autorität sein soll.

In der Kirche der Reformation

Im 16. Jh. stellen auch die Reformatoren heraus, dass die Autorität der Bibel jene der Kirche und des Papstes übersteigt. Im Kontext des Humanismus werden wieder vermehrt die hebräischen und griechischen Texte des Alten und Neuen Testaments gelesen, mit deren Hilfe die in der Kirche maßgebliche Vulgata kritisch überprüft werden kann.

Martin Luther (1483–1546) entdeckt beim Studium der alttestamentlichen und der neutestamentlichen Texte die Botschaft der Rechtfertigung neu. Das Bibellesen demokratisiert er dadurch, dass er in einzigartiger Weise die gesamte Bibel in ein für alle verständliches und flüssig lesbares Hochdeutsch übersetzt. Die technische Weiterentwicklung des Buchdrucks durch Johannes Gutenberg (um 1400–1468) und die Gründung von Schulen in den evangelischen Ländern ermöglichen einen enormen Bildungsschub für die Laien.

Luther ging davon aus, dass man keine Experten braucht, um die Bibel zu verstehen. Vielmehr war er der Auffassung, dass sich die Bibel selbst auslegt und in aller Klarheit die Christusbotschaft verkündigt.

In den Studierstuben der Aufklärung

Als Menschen zunehmend den Mut hatten, sich ihres eigenen Verstandes zu bedienen, ließen auch kritische Fragen nicht lange auf sich warten: Gibt es nicht viele Widersprüche in der Bibel? Ist alles im historischen Sinne wahr? Ist Mose wirklich der Autor der fünf Bücher Mose?

In der Zeit der Aufklärung kollidierte ein neues, rationales und historisches Fragen mit den biblischen Texten, die viele Jahrhunderte vor diesem Denken entstanden sind. Aus diesem Zusammenprall ging die historisch-kritische Erforschung der Bibel hervor, die bis in unsere Zeit hinein ein dominierender Ansatz in der Bibelwissenschaft ist. Die historische Exegese beginnt mit der Textkritik, in der die verschiedenen Handschriften miteinander verglichen werden, um den Ausgangstext zu rekonstruieren. Bei der Literarkritik werden wahrgenommene Spannungen und Brüche daraufhin untersucht, ob sie verschiedene Quellen (Quellenkritik) oder Überarbeitungsschichten (Redaktionskritik) anzeigen. Dabei wird versucht, bis in die mündlichen Traditionen hinabzuschauen (Überlieferungsgeschichte) und deren „Sitz im Leben", d. h. deren ursprüngliche Kommunikationssituation, herauszuarbeiten, die an der Gattung des Textes noch erkennbar ist (Formgeschichte).

Die heutige historische Kritik versucht, den biblischen Text von uns Lesenden abzurücken und in die vermutliche Entstehungszeit einzuordnen, damit wir ihn nicht mit unserer modernen Sichtweise überdecken. Dabei ist die historisch-kritische Bibelforschung zu einem anspruchsvollen Unternehmen für Fachleute geworden.

In pietistischen und anderen Gemeinschaften

Demgegenüber wollen pietistische und von der Erweckungsbewegung geprägte Kreise, die sich seit der Industrialisierung besonders in der verelendeten Arbeiterschicht bilden, die Schrift direkt verstehen und daraus ein schriftgemäßes Handeln unmittelbar ableiten. In kritischer Abgrenzung zur historischen Lektüre wird hier nicht reflektiert, dass die Texte ursprünglich in eine andere Zeit hinein gesprochen haben; sie werden vielmehr biblizistisch gelesen, d. h. so, als gäbe es keinen Abstand zwischen ihrer Botschaft in der Zeit ihrer Entstehung und ihrer heutigen Bedeutung für uns.

Zum Teil übernehmen pietistische Gruppen die erst im 17. Jh. entwickelte Lehre von der Verbalinspiration, nach der Gott die Bibel menschlichen Schreibern Wort für Wort eingegeben habe.

In der Erweckungsbewegung in England entwickelt sich seit dem 19. Jh. eine fundamentalistische Strömung, die sich gegen die Aufklärungskritik wendet. Bei genauerem Hinsehen übernimmt dieser Fundamentalismus, der über die USA nach Europa zurückgewandert ist, den historistischen Blick der Aufklärungszeit, nur mit dem Unterschied, dass alle biblischen Zahlen und Angaben im modernen Sinne als historisch angesehen werden. Daher rührt auch der Kreationismus, der die Schöpfungsgeschichte als naturwissenschaftlichen Bericht versteht und folglich die Evolutionstheorie ablehnt. In besonderer Weise bekämpfen Fundamentalisten – wie (z. B. in den USA – Homosexualität, Frauenemanzipation und Schwangerschaftsabbrüche.

Die Kathedrale von St. Denis nördlich von Paris ist eine der bedeutendsten Kirchen des Mittelalters.

Die Bibel – Gotteswort oder Menschenwort?

Diese Frage wird sehr unterschiedlich beantwortet. Manche verweisen darauf, dass Gott über weite Teile der Bibel nicht in der ersten Person spricht und in einigen Texten sogar gar nicht vorkommt. Deswegen betrachten viele die Bibel als ein Zeugnis der Erfahrungen, die Menschen mit Gott und seinem Wort gemacht haben. Andere lesen die Bibel so, als sei jedes Wort göttlichen Ursprungs, von Gott inspiriert (Verbalinspiration).

Es kommt jedoch nicht nur darauf an, ob man sich die Entstehung der Bibel als Menschen- und/oder Gotteswort vorstellt. Deswegen entwickelte sich die Vorstellung, dass Lesende von der Bibel inspiriert werden können, und zwar durch den Heiligen Geist. Auf diesem Wege werden die Worte der Bibel vielen Menschen zu Gottes Wort.

In den Hochschulen des 20. und 21. Jahrhunderts

Die Bibelwissenschaft an den Universitäten des 20. und 21. Jh.s ist durch eine große Vielfalt der Auslegungen und Zugänge geprägt.

Eine große Bedeutung hat nach wie vor die historisch-kritische Exegese, für die sich auch die katholische Kirche seit ihrem Zweiten Vatikanischen Konzil (1962–1965) geöffnet hat und die inzwischen in sehr unterschiedlichen Formen angewendet wird.

Aus der historisch-kritischen Exegese heraus hat sich die Sozialgeschichtliche Bibelauslegung entwickelt. Sie macht auf die soziale Situation der überwiegend ärmeren Menschen aufmerksam, an die sich die biblische Botschaft gerichtet hat und immer noch richtet. Hier gibt es eine Nähe zur befreiungstheologischen Bibellektüre, die den biblischen Texten Impulse zur Emanzipation von unterdrückten Menschen aus ungerechten Verhältnissen entnimmt.

In den letzten Jahrzehnten ist neben dem erforschten historischen Kontext der biblischen Überlieferung die heute vorliegende Fassung des kanonischen Bibeltextes in den Vordergrund getreten, die u. a. mit literaturwissenschaftlichen Methoden untersucht wird.

Dabei wird neuerdings auch immer stärker der Leser bzw. die Leserin der Texte in den Blick genommen, denn die Leserschaft mit ihren jeweiligen Vorprägungen spielt eine große Rolle für das Erkennen des jeweiligen Textsinns.

Nachdem seit Anfang des 20. Jh.s auch Frauen Theologie studieren durften, wurde in den letzten Jahrzehnten auch immer mehr untersucht, welche Rolle Frauen in den biblischen Texten spielen und welchen Aufschluss diese über das damalige Leben von Frauen geben.

In den christlichen Gemeinden und im Alltag

In vielen Gemeinden, aber auch im Privaten wird die Bibel auch nach vielen Jahrhunderten immer noch als unverzichtbarer Teil der Weltliteratur oder als Quelle des Glaubens gelesen.

Den Sonntagsgottesdienst der christlichen Gemeinden bestimmt eine planmäßige Auswahl alt- und neutestamentlicher Lesungen und Predigttexte. Sie steht den Liturginnen und Liturgen in Form eines „Perikopenbuches" zur Verfügung. Leider wird die alttestamentliche Lesung in der Praxis oft weggelassen. Auch in Tauf-, Hochzeits- und Trauergottesdiensten oder in Andachten werden biblischen Texte gelesen und ausgelegt.

Überlebensgroß blickt Martin Luther von einer Säule im Berliner Dom herab.

Oft bilden sich in den Gemeinden Bibelkreise. Häufig hat dabei der Pastor oder die Pastorin, die Pfarrerin oder der Pfarrer die Aufgabe, theologisches Wissen zur Verfügung zu stellen. Nicht selten ergibt sich aber dadurch eine Kluft zwischen Wissenschaft und Gemeinde, weil die historisch-kritischen Methoden zwar die Entstehung der Bibel erklären können, den Gläubigen aber wenig bei der Frage helfen, was der Text für ihr Leben bedeutet. So begeben sich viele Gemeinden selbst auf die Suche nach dem Sinn der Texte für sie.

Wie Texte in Gemeinden oder auch von Einzelnen gelesen und verstanden werden, ist noch weitgehend unerforscht. Für diese Frage beginnt sich die Bibelwissenschaft gerade erst zu interessieren.

Vielen Gemeinden ist der Name Rudolf Bultmann (1884–1976) gut bekannt, auch wenn seine Schriften die gegenwärtige Bibelwissenschaft nur noch in geringem Maße beeinflussen. Doch Bultmanns Grundfrage nach dem richtigen Bibelverständnis bleibt aktuell: „Welche Bedeutung hat die biblische Botschaft mit ihrem mythischen Weltbild für moderne Menschen, die in einer nichtmythischen Welt leben?" Bultmann antwortet darauf mit seiner „existentialen Interpretation", die den Kern der biblischen Botschaften in der Auslegung menschlicher Existenz vor Gott sieht.

Textüberlieferung und Kanonbildung

Die christliche Bibel ist in zwei Teile untergliedert, die gewöhnlich als Altes und Neues Testament bezeichnet werden. Die in sich geschlossene Sammlung jener biblischen Schriften, die aufgrund bestimmter Auswahlkriterien verbindliche Autorität für die Kirche gewonnen haben, bezeichnet man als Kanon. Das aus dem Griechischen stammende Wort „Kanon" bedeutet so viel wie Maßstab oder Richtschnur. Es hat sich als Fachbegriff für die festgelegte Anzahl der Bücher eingebürgert, die in einer bestimmten religiösen Gemeinschaft als Wort Gottes gelten. Wenn wir vom Bibelkanon sprechen, geht es also darum, welche Schriften den Maßstab oder die Richtschnur für den Glauben darstellen sollen. Der Kanon des Alten Testaments und der Kanon des Neuen Testaments blicken auf eine unterschiedliche Entstehungsgeschichte zurück. Die Kanonbildung ist ein komplexer Prozess, der sich über einen längeren Zeitraum hinzog und im 4. Jh. zum Abschluss kam. Auf einem anderen Blatt Papier steht die Frage, welche handschriftlichen Zeugen wir für den Bibeltext besitzen. Dabei zeigt sich, dass wir die Urgestalt des Bibeltextes nicht mehr besitzen, ihr aber durch eine textwissenschaftliche Analyse der alten Bibelhandschriften recht nahekommen.

Die Überlieferung des Bibeltextes

Keine einzige Schrift aus dem Alten oder Neuen Testament ist im Original erhalten. Die ursprüngliche Gestalt des Bibeltextes muss aus Handschriften aus späterer Zeit rekonstruiert werden.

Nicht wenige Christinnen und Christen glauben, unser Bibeltext sei eine feste Größe, die von Anfang an in einer ganz bestimmten Form vorhanden gewesen sei und bis heute in dieser Urgestalt vorliege. In der lutherischen Orthodoxie des 16. und 17. Jh.s wurde sogar die Lehre von der Verbalinspiration oder göttlichen Eingebung der Schrift entwickelt. Gott gilt dabei als der eigentliche Urheber des Bibeltextes. Die Funktion der biblischen Autoren wird auf die Rolle von Schreibgehilfen des Heiligen Geistes reduziert, der ihnen den Text wortwörtlich in der vorliegenden Form in die Feder diktierte. Dabei wurde sogar die These verfochten, dass in den alttestamentlichen Schriften auch die hebräischen Vokalzeichen auf einer Eingebung des Geistes beruhten. In Wirklichkeit ist die Bibel das Ergebnis einer längeren geschichtlichen Entwicklung, wobei der Bibeltext die gesamte Kirchengeschichte hindurch immer wieder Veränderungen ausgesetzt war. Die Form des Bibeltextes, die in der lutherischen Orthodoxie als verbalinspiriert galt, beruhte zumindest im Neuen Testament auf qualitativ eher schlechten Handschriften des Mittelalters, die sich an manchen Stellen weit vom ursprünglichen Text entfernt hatten. Dass die Ergänzung des hebräischen Konsonantentextes des Alten Testaments um Vokalzeichen erst im 5. Jh. einsetzte und damit keinesfalls den alttestamentlichen Autoren vom Geist eingegeben worden sein kann, ist nochmals ein Kapitel für sich.

Die Bibel ist Gottes Wort durch Menschenhand.

Die Bibel ist nicht vom Himmel gefallen, sondern Gottes Wort durch Menschenhand. Keine einzige Schrift aus dem Alten oder Neuen Testament ist im Original erhalten. Wir verfügen nur über Kopien oder Abschriften aus späterer Zeit. Der Text galt keineswegs als unantastbar. Die Abschreiber der Bibelhandschriften haben sich nicht immer penibel an ihre Vorlagen gehalten, sondern sich die Freiheit genommen, Ergänzungen oder auch Kommentare in den Bibeltext einzufügen, ohne sie kenntlich zu machen. Hinzu kommen unfreiwillige Abschreibefehler und Auslassungen. Erst die neuzeitliche Bibelwissenschaft mit ihrer Textkritik und Handschriftenkunde hat unseren Bibeltext auf ein wirklich tragfähiges Fundament gestellt. Ihr gelang es, mithilfe eines wissenschaftlich reflektierten Instrumentariums aus der vielfältigen handschriftlichen Überlieferung einen Bibeltext zu rekonstruieren, der dem Urtext des Alten und Neuen Testaments möglichst nahekommt. Die Erkennt-

Rolle oder Kodex?

Die Literatur der Antike ist überwiegend in Form von Schriftrollen überliefert. Einzelblätter aus Papyrus oder Leder wurden in gewünschter Länge zu einer Bahn zusammengeklebt, mit dem Text beschrieben und dann aufgerollt. Dieses Verfahren bringt Nachteile mit sich. Dadurch, dass die Rolle in aller Regel nur auf der Innenseite beschrieben ist, wird die Hälfte des zur Verfügung stehenden Platzes verschenkt. Zudem sind Rollen recht sperrig, was die Aufbewahrung oder den Transport erschwert. Die christlichen Bibelhandschriften sind dagegen alle in der Form des Kodex überliefert. Dazu nahm man einen Stapel von Papyrus- oder Pergamentblättern und faltete ihn in der Mitte. Jedes Blatt wurde auf der Vorder- und Rückseite beschrieben.

Wie wir es heute noch kennen, wurden die aus vier oder fünf Doppelblättern bestehenden Bögen zusammengeheftet und am Ende alle Bögen zu einem Buch gebunden. Der einzige Nachteil bestand darin, dass vorher genau berechnet werden musste, welche Zahl von Blättern man vom Textumfang her benötigte. Bei einer Schriftrolle hingegen konnte bei Bedarf immer eine weitere Bahn angeklebt werden. Dass das Christentum von Anfang an die Kodexform bevorzugte, dürfte maßgeblich zur schnellen Verbreitung der Bibel beigetragen haben. Der Kodex bot ökonomische und logistische Vorteile. Einerseits wurden die kostbaren Seiten beim Schreiben voll ausgenutzt, andererseits entstanden kompakte Bibeln, die sich gut transportieren ließen.

nisse der Textforschung fließen selbstverständlich in die modernen Bibelübersetzungen ein. Beispielsweise bietet unsere heutige Lutherbibel an vielen Stellen eine deutlich andere Gestalt des Bibeltextes als eine Lutherbibel aus der Zeit um 1900.

Die Textzeugen für das Alte Testament

Die älteste erhaltene Bibelhandschrift mit dem kompletten Text des hebräischen Alten Testaments ist der Codex Leningradensis aus dem Jahr 1008.

Nahezu alle Schriften des Alten Testaments wurden von ihren Autoren auf Hebräisch geschrieben. Nur einzelne Passagen der Bücher Esra und Daniel verwenden das Aramäische, das sich nach dem babylonischen Exil unter der Perserherrschaft auch in Palästina ausgebreitet und in den Tagen Jesu das Hebräische als Umgangssprache völlig verdrängt hatte.

Bis zur sensationellen Entdeckung der ersten Qumrantexte im Jahr 1947 war es um alte Zeugen für den hebräischen Bibeltext schlecht bestellt. Die Handschriften waren vergleichsweise jungen Datums und boten oft nur Bruchstücke des Alten Testaments. Der Papyrus Nash aus dem 2. Jh. v. Chr., der lange Zeit der älteste erhaltene Zeuge für das hebräische Alte Testament war, enthält lediglich die zehn Gebote. Auch eine 1979 gefundene Silberrolle, die aus dem Jahr 620 v. Chr. stammt und damit Jahrhunderte älter als der Papyrus Nash ist, bietet mit dem Priestersegen aus Num 6,24–26 nur einen verschwindend geringen Bruchteil aus dem Alten Testament. Aus dem 6. bis 8. Jh. sind einige Fragmente alttestamentlicher Handschriften vorhanden, die man Ende des 19. Jh.s auf dem Dachboden einer Kairoer Synagoge fand. Aus dem 9. und 10. Jh. besitzen wir immerhin zwei Handschriften, welche Teile der Propheten bieten, den Codex Cairensis und den Petersburger Prophetencodex. Der aus dem 10. Jh. stammende Codex von Aleppo enthielt zwar den gesamten Text des Alten Testaments, wurde aber, bevor er wissenschaftlich ausgewertet werden konnte, 1947 bei antijüdischen Ausschreitungen zu einem Viertel unwiderruflich zerstört. Die älteste erhaltene Bibelhandschrift mit dem kompletten Text des hebräischen Alten Testaments stammt aus Kairo, wo sie im Jahr 1008 angefertigt wurde. Seit Mitte des 19. Jh.s befindet sich die Handschrift in der Russischen Nationalbibliothek von Sankt Petersburg, das in Zeiten der Sowjetunion den Namen Leningrad trug. Daher wird sie gewöhnlich als Codex Leningradensis bezeichnet. Seit der Rückbenennung von Leningrad in Sankt Petersburg im Jahr 1991 spricht man auch vom Codex Petropolitanus.

Mit den Funden aus Qumran hat sich die Situation deutlich verbessert. Durch sie verfügt die alttestamentliche Bibelwissenschaft nun über sehr viel älteres handschriftliches Material als zuvor. In den Höhlen am Toten Meer wurden ab 1947 mehr als 200 Manuskripte solcher Schriften entdeckt, die Einzug in das Alte Testament hielten. Die Handschriften stammen aus der Zeit zwischen dem 1. Jh. v. Chr. und dem 1. Jh. n. Chr. Auch wenn die große Mehrzahl davon nur noch aus kleineren Fragmen-

Die Textfunde von Qumran

Die Geschichte von der Entdeckung der Qumranschriften liest sich wie ein Abenteuerroman. Im Jahr 1947 war ein Beduinenjunge am Nordwestufer des Toten Meeres in der Nähe des Ruinenplateaus Chirbet Qumran (Mondhügel) auf der Suche nach einer entlaufenen Ziege. Dabei entdeckte er im Felsen die Öffnung einer engen Höhle, in der er das Tier vermutete. Um es aufzuschrecken, warf er einen Stein hinein und hörte daraufhin ein Scheppern. Aus Furcht, er könnte in der Höhle wohnende Gespenster aufgeschreckt haben, suchte er das Weite. In Wirklichkeit hatte es sich um das Geräusch eines zerbrechenden Tonkruges gehandelt, der dem Schutz dorthin ausgelagerter Schriftrollen diente. Später siegte bei dem Beduinenjungen die Neugierde über die Angst. Er kehrte zurück, nahm die Höhle in Augenschein und leitete mit seiner Entdeckung der ersten Qumranschriften eine der größten archäologischen Sensationen des 20. Jahrhunderts ein.

Die Qumranschriften befanden sich in Tonkrügen.

In der Folgezeit konnten zehn weitere Höhlen in unmittelbarer Umgebung Qumrans aufgespürt werden. Die Summe der dort aufgefundenen fragmentarischen Dokumente beläuft sich auf rund achthundert, von denen sich ungefähr sechshundert inhaltlich bestimmen lassen. Der Erhaltungszustand der Qumrantexte ist außerordentlich schlecht. Lediglich zehn Schriftrollen bieten mehr als die Hälfte des ursprünglichen Textes und nur die große Jesajarolle aus Höhle 1 ist fast vollständig erhalten. Die Funde lassen sich grob in drei Gruppen einteilen. Sie umfassen zunächst Bücher, die als Bestandteil unseres Alten Testaments bekannt sind. Daneben wurden in den Höhlen um Qumran auch solche jüdischen Schriften entdeckt, die bei der späteren Kanonisierung der Hebräischen Bibel durch die Rabbinen keine Berücksichtigung fanden und heute zu den Apokryphen zählen. Eine dritte Gruppe machen schließlich Gemeindeordnungen, schriftgelehrte Abhandlungen und Hymnensammlungen aus, die einer elitären religiösen Gruppierung zugeordnet werden können, die sich selbst als *Jachad* (Einigung) bezeichnete. Bei dieser Gruppierung dürfte es sich um Essener gehandelt haben. Von ihnen wissen wir aus antiken Schriftstellerberichten, dass sie neben Pharisäern und Sadduzäern die dritte Religionspartei innerhalb des Judentums bildeten. Die antiken Nachrichten über die Essener stimmen bemerkenswert gut mit dem überein, was sich aus den Schriftrollen vom Toten Meer über die Lebensweise und religiöse Prägung der hinter den Texten stehenden Gemeinschaft entnehmen lässt.

Unmittelbar nach Entdeckung der ersten Höhle setzte ein gleichermaßen abenteuerlicher wie schlitzohriger Antikenhandel ein. Nachdem die Beduinen zunächst Teile der Schriften für ihr Lagerfeuer genutzt hatten, brachten sie später einige der Lederrollen nach Betlehem zu dem Schuster Kandu, der ihnen Sandalen daraus fertigen sollte. Kandu gab den Beduinen stattdessen einige Münzen und verkaufte vier Schriftrollen, darunter die große Jesajarolle, für umgerechnet knapp einhundert Dollar an den syrischen Metropoliten Athanasius in Jerusalem weiter. Der wiederum schmuggelte die Rollen in die USA, inserierte sie im *Wall Street Journal* und konnte sie 1954 für eine viertel Million Dollar an Yigael Yadin veräußern. Der renommierte Archäologe Yadin hatte im Unabhängigkeitskrieg die Position des Generalstabschefs der israelischen Armee bekleidet. Später wirkte er zeitweise auch als Minister und Vizepremier des Staates Israel. Drei andere Schriftrollen aus Höhle 1 waren bereits 1947 in den Besitz von Eliezer Sukenik gelangt, der als Archäologe an der Hebräischen Universität in Jerusalem wirkte und der Vater von Yigael Yadin war. Um 1960 herum hatte der Schuster Kandu von Beduinen auch die Tempelrolle aus Höhle 11 erworben, die er in einem Schuhkarton unter den Dielen seines Hauses versteckt hielt und über einen Strohmann für 750.000 Dollar auf dem Schwarzmarkt anbot. Als die Israelis während des Sechs-Tage-Krieges im Juni 1967 in Betlehem einrückten, ließ Yadin die Tempelrolle sogleich durch einen Trupp der Militärpolizei beschlagnahmen. Diese acht Rollen bilden den Grundstock jener in israelischem Besitz befindlichen Sammlung von Qumrantexten, die heute in Jerusalem im eigens dafür errichteten „Shrine of the Book“ zu besichtigen sind. Daneben existierte von Anfang an eine Sammlung von Qumranschriften im Rockefeller-Museum. Dieses befindet sich im Ostteil Jerusalems, der bis 1967 unter jordanischer Herrschaft stand.

ten besteht, können die Funde nicht hoch genug veranschlagt werden. Von herausragender Bedeutung ist die in Höhle 1 gefundene Jesajarolle mit ihrer fast kompletten Wiedergabe des Prophetenbuches. Sie ist knapp 8 m lang und in einem vorzüglichen Erhaltungszustand.

Die Rekonstruktion des alttestamentlichen Bibeltextes

Die modernen Bibelübersetzungen ins Deutsche beruhen im alttestamentlichen Teil auf der Biblia Hebraica Stuttgartensia. Dem darin abgedruckten Text des Codex Leningradensis kann allerdings bei der wissenschaftlichen Rekonstruktion des Urtextes nicht blind gefolgt werden.

Die wissenschaftliche Standardausgabe für den Originaltext des Alten Testaments ist die von der Deutschen Bibelgesellschaft in Stuttgart herausgegebene Biblica Hebraica Stuttgartensia. Sie bildet die Basis für die deutschen Übersetzungen des Alten Testaments. In der Biblia Hebraica Stuttgartensia ist, ebenso wie in der seit 2004 in Teillieferungen im Erscheinen befindlichen Biblia Hebraica Quinta, der Text des oben erwähnten Codex Leningradensis aus dem Jahr 1008 komplett abgedruckt. Diesem kann allerdings bei der wissenschaftlichen Rekonstruktion

Das Alte Testament ist in Hebräisch geschrieben. Hebräische Torarolle mit Zeiger (Jad)

des hebräischen Urtextes nicht blind gefolgt werden, da er an etlichen Stellen von Textverderbnis, Fehlern oder absichtlichen Veränderungen gekennzeichnet ist. Im Fußnotenbereich der Biblica Hebraica Stuttgartensia wie auch der Biblia Hebraica Quinta finden sich deshalb Alternativlesarten aus anderen Zeugen für den alttestamentlichen Text und konkrete Verbesserungsvorschläge, mit deren Hilfe der Text des Codex Leningradensis korrigiert werden kann. Zu diesen anderen Zeugen zählen nicht nur hebräische Handschriften alttestamentlicher Bücher, allen voran die Textfunde aus Qumran, sondern auch alte Übersetzungen des Alten Testaments in das Griechische, Aramäische, Syrische und Lateinische. Es ist nämlich immer auch mit der Möglichkeit zu rechnen, dass den jeweiligen Übersetzern hebräische Bibelhandschriften mit einem besseren Text zur Verfügung standen, als der Codex Leningradensis ihn bietet. Ergeben an umstrittenen Stellen weder die hebräischen Textzeugen noch eine der alten Übersetzungen einen erkennbaren Sinn, so ist als letzte Möglichkeit auch eine dem Kontext Rechnung tragende freie Änderung erlaubt. Dieses Vorgehen bezeichnet man als Konjektur.

Die Entstehung des alttestamentlichen Bibelkanons

Die exakte Umfangsbestimmung der zum christlichen Alten Testament gewordenen Hebräischen Bibel erfolgte erst im frühen 2. Jh. n. Chr., als sich nach der Katastrophe des Jüdischen Kriegs und der Tempelzerstörung das rabbinische Judentum konstituierte.

Den Kanon des Alten Testaments hat das Christentum vom Judentum übernommen. Die exakte Umfangsbestimmung der Hebräischen Bibel erfolgte erst im frühen 2. Jh. n. Chr. durch die Rabbinen. Das Alte Testament besteht aus drei Teilen, nämlich der Tora (Weisung), den Nebiim (Propheten) und den Ketubim (Schriften). Die aus den fünf Büchern Moses bestehende und daher auch als Pentateuch bezeichnete Tora gewann vermutlich in der frühen Zeit nach dem babylonischen Exil ihre heutige Gestalt und ist damit der älteste Baustein des alttestamentlichen Kanons. Im 3. Jh. v. Chr. war das Prophetenbuch, das neben den Propheten auch Geschichtswerke wie das Josuabuch, die Richterbücher, die Samuelbücher und die Königsbücher enthält, in seinem endgültigen Umfang festgelegt. Man kann dies daran erkennen, dass das Buch Daniel aus dem 2. Jh. v. Chr. keine Aufnahme in diese Schriftengruppe fand, obwohl es als prophetisches Werk der Sache nach eigentlich hineingehört hätte. Noch keine fest umrissene Gestalt hatte um die Zeitenwende der Bereich der „Schriften", zu denen beispielsweise die Weisheitsbücher, die Psalmen und das Buch Daniel gehören.

In den Tagen Jesu wurde im Judentum noch völlig kontrovers diskutiert, welche Teile des späteren Alten Testaments überhaupt als Heilige Schrift betrachtet werden sollten. Die Sadduzäer wie auch die Samaritaner vertraten eine Minimallösung, indem sie sich ausschließlich auf die Tora, also die fünf Bücher Moses stützten. Allgemein stand aber ein wesentlich umfangreicheres Korpus heiliger Schriften in autoritativer Geltung. Während die tempelzentrierten Sadduzäer und Samaritaner sich auf die Tora beschränkten, haben Gruppierungen, die in ihrer Religionsausübung nicht auf den Tempel fixiert waren, einen breiteren Bibelkanon besessen. Dazu gehörten beispielsweise Schriften, in denen sich prophetische Opposition zu Wort melden konnte. Jesus spricht an mehreren Stellen der Evangelien vom Gesetz und den Propheten, womit Tora und Prophetenbuch (Nebiim) gemeint sind. Bei Gruppierungen wie den Pharisäern, den Essenern oder den Zeloten standen über die Tora und das Prophetenbuch hinaus auch die im Umfang noch offenen „Schriften“ in autoritativer Geltung. Darunter befanden sich neben der Mehrzahl der Bücher, die später Aufnahme in den Kanon fanden, auch zahlreiche Werke, die wir heute nur noch als alttestamentliche Apokryphen kennen. Die Textfunde von Qumran bieten diesbezüglich ein anschau-

Alte Übersetzungen der Hebräischen Bibel

Die wichtigsten antiken Übersetzungen der Hebräischen Bibel, die für die Rekonstruktion des Urtextes herangezogen werden, sind die Septuaginta, der Targum, die Peschitta, die Vetus Latina und die Vulgata. Die Septuaginta als griechische Bibelübersetzung machte es den in Ägypten lebenden Juden möglich, die Heilige Schrift in der ihnen geläufigen Sprache zu lesen. In Alexandria wurde im 3. Jh. v. Chr. zunächst die Tora ins Griechische übertragen, weil die des Hebräischen nicht mehr mächtigen Juden auf eine solche Übersetzung angewiesen waren und zudem der ptolemäische Staat ein kulturelles wie politisches Interesse an einer griechischen Version des Mosegesetzes hatte. Der Aristeasbrief berichtet davon in legendenartiger Form. Später kamen die anderen Teile des Alten Testaments hinzu. Vom Umfang her geht die Septuaginta über die Hebräische Bibel hinaus. Sie enthält Schriften, die entweder von vornherein auf Griechisch geschrieben wurden oder deren hebräische Urfassung nicht mehr erhalten ist. Zudem bietet die Septuaginta einen 151. Psalm. Seit 2009 liegt die Septuaginta auch in deutscher Übersetzung vor.

Nachdem sich das Christentum die Septuaginta gewissermaßen angeeignet hatte, kam es im antiken Judentum zu neuen griechischen Übersetzungen des Alten Testaments, die sich in der Regel wörtlicher am hebräischen Urtext bewegen.

Der Targum ist die aramäische Bibelübersetzung. In den Tagen Jesu war in Palästina längst das Aramäische zur Umgangssprache geworden. Das Hebräische wurde zwar in Kreisen von Gesetzeskundigen und Schriftgelehrten nach wie vor gepflegt, doch die Mehrzahl der Menschen konnte in den Synagogen der Schriftlesung nicht mehr folgen. Es ergab sich die Notwendigkeit einer aramäischen Bibelübersetzung. Aus der Fülle der einst vorhandenen Targume, von denen auch viele im babylonischen Judentum entstanden sind, ist nur ein Teil erhalten geblieben. In den Targumen kommt es nicht nur zur Übersetzung, sondern auch zur Vergegenwärtigung und Deutung der alttestamentlichen Texte. Die Targume liefern damit neben Rückschlüssen auf den Urtext auch wichtige Informationen zum theologischen Denken des antiken Judentums.

Im Gegensatz zur Septuaginta und den Targumen gehen die Übersetzungen des Alten Testaments in der Peschitta, der Vetus Latina und der Vulgata nicht auf das Judentum zurück, sondern verdanken sich christlicher Initiative. Die Peschitta ist die Bibel der syrischen Kirche und weist eine komplizierte Textgeschichte auf. Als Vetus Latina bezeichnet man die alte lateinische Bibel. Anders als die Peschitta greift sie nicht auf den hebräischen Urtext des Alten Testaments zurück, sondern basiert als eine Art Septuaginta im lateinischen Gewand auf dessen griechischer Übersetzung. Die auf den Kirchenvater Hieronymus zurückgehende Vulgata ist demgegenüber von deutlich größerer textgeschichtlicher und kulturhistorischer Bedeutung, weil sie eine Übertragung des Alten Testaments aus dem Hebräischen in das Lateinische bietet. Dabei ist sie analog zur Vetus Latina dadurch gekennzeichnet, dass sie in Anlehnung an die Septuaginta einen gegenüber der Hebräischen Bibel erweiterten Umfang der alttestamentlichen Schriften aufweist. Es handelt sich im Wesentlichen um jene Bücher, die in der römisch-katholischen Kirche als deuterokanonische Werke Bestandteil der Bibel sind, während sie in der evangelischen Tradition als alttestamentliche Apokryphen gelten.

Toralesung in der Synagoge von Darmstadt

liches Bild. In den Höhlen am Toten Meer wurden Handschriften von praktisch allen Büchern entdeckt, die als Bestandteil der Hebräischen Bibel bekannt sind. Nur das Buch Ester fehlt. Es wurde in Qumran vermutlich deshalb nicht als Heilige Schrift akzeptiert, weil man das darin beschriebene Purimfest dort ablehnte. Daneben kamen in den Höhlen am Toten Meer auch jüdische Apokryphen und Pseudepigrafen zum Vorschein, die bei der späteren Kanonisierung der Heiligen Schrift durch die Rabbinen keine Berücksichtigung fanden. Es ist davon auszugehen, dass diese Schriften in Qumran in gleichem Ansehen wie die biblischen Bücher standen.

Die exakte Umfangsbestimmung der Hebräischen Bibel erfolgte erst nach dem Jüdischen Krieg, der im Jahr 70 zur Zerstörung des Jerusalemer Tempels durch die Römer führte und einen völligen Neubeginn nötig machte. Zur entscheidenden Größe wurde nun der gemäßigte Flügel des Pharisäismus, der relativ unbeschadet aus der Katastrophe hervorgegangen war und eine Führungsrolle bei der Neuformierung des Judentums übernahm. Mit dem ebenfalls gescheiterten zweiten Aufstand unter Bar Kochba mussten im Jahr 135 alle Hoffnungen auf einen Wiederaufbau des Tempels begraben werden. Zur Strafe für die erneute Revolte verfügten die Römer in Jerusalem ein Siedlungsverbot für Juden und benannten die Stadt in Aelia Capitolina um. In der geschichtlichen Rückschau hat die rabbinische Tradition den Neuanfang nach dem Jüdischen Krieg mit Jochanan ben Zakkai verbunden und in der Küstenstadt Jabne (Jamnia) verortet. Dort errichtete der Pharisäer Jochanan ben Zakkai mit Genehmigung der Römer ein Lehrhaus. Am Ende der langen und keineswegs geradlinigen Entwicklung von Jabne stand die Etablierung eines normativen rabbinischen Judentums. Aus einer von Tempel und Tora geprägten pluralen Gesellschaft wurde ein Gemeinwesen ohne Tempelkult, in dem die Rabbinen mit ihrer Gesetzesauslegung das jüdische Leben bestimmten.

Die Versammlung in Jabne trieb die im 2. Jh. n. Chr. zum Abschluss gekommene Festlegung des Kanons der Hebräischen Bibel zielstrebig voran. Bis dahin umstrittene Bücher wie Hohelied und Prediger (Kohelet) wurden für verbindlich erklärt. Umgekehrt wurde neben dem Weisheitsbuch des Jesus Sirach vor allem jüngeren apokalyptischen Büchern, die bis dahin in hohem Ansehen standen, die Aufnahme in den Bibelkanon verweigert. Dazu zählten auch die Henochapokalypse und die Himmelfahrt des Mose, die vom Verfasser des neutestamentlichen Judasbriefes um das Jahr 100 noch als heilige Schriften zitiert werden. Das apokalyptische Denken, das mit der Erwartung des Endzeitkrieges gegen die Mächte des Bösen und mit der Hoffnung auf den baldigen Anbruch der neuen Welt Gottes die Aufstände gegen Rom angefacht hatte, war durch die dramatischen geschichtlichen Entwicklungen diskreditiert und rückte an den Rand des religiösen Denkens. Es wurde maßgeblich für die nationale Katastrophe der Tempelzerstörung wie der Umwandlung Jerusalems in eine heidnische Stadt verantwortlich gemacht. Viele jüdische Apokalypsen haben nur deshalb überlebt, weil sie sich in christlichen Kreisen großer Beliebtheit erfreuten. Das frühe Christentum hat den vom Judentum geschaffenen Kanon übernommen und unter der Bezeichnung Altes Testament in seine eigene Bibel integriert. Dabei folgte man nicht exakt den von den Rabbinen festgelegten Kanongrenzen, sondern der im Umfang leicht erweiterten Septuaginta, welche zusätzlich die in der römisch-katholischen Kirche als Deuterokanonen bezeichneten und im Protestantismus als alttestamentliche Apokryphen geltenden Schriften enthält.

Die Textzeugen für das Neue Testament

Der älteste Textzeuge für das Neue Testament ist der Papyrus 52 mit Bruchstücken aus dem Johannesevangelium. Die wichtigsten neutestamentlichen Bibelhandschriften sind der Codex Vaticanus und der Codex Sinaiticus.

Sämtliche Schriften des Neuen Testaments sind von ihren Autoren in griechischer Sprache niedergeschrieben worden. Von keiner einzigen Schrift ist allerdings das Original erhalten. Die ältesten entdeckten Textzeugen sind Papyri aus dem zweiten und dritten Jahrhundert, die aber nur Teilstücke des Neuen Testaments wiederge-

Der Codex Sinaiticus ist die älteste Bibelhandschrift, die das ganze Neue Testament enthält.

ben und in der Regel stark beschädigt sind. Papyrus war in der Antike ein relativ preiswertes und daher weit verbreitetes Beschreibmaterial. Für seine Herstellung wurde das Mark der Papyrusstaude verwendet, einer vor allem in Ägypten am Nil gedeihenden Sumpfpflanze. Papyrus zeichnet sich zwar grundsätzlich durch eine erstaunliche Haltbarkeit aus, beginnt aber unter dem Einfluss von Feuchtigkeit sich zu zersetzen und zu verrotten. Der älteste erhaltene Textzeuge für das Neue Testament, der Papyrus 52 aus der Zeit um 125, enthält nur wenige Sätze aus Joh 18. Dieser Papyrusfetzen ist das einzige Überbleibsel einer Handschrift, die einst das gesamte Johannesevangelium bot.

Wesentlich besser erhalten sind dagegen Handschriften aus Pergament, das aus Tierhaut gewonnen wurde. Für eine Vollbibel waren nahezu vierhundert große Tierhäute notwendig, die sorgfältig präpariert werden mussten, bevor sie als Beschreibmaterial dienen konnten. Die beiden ältesten griechischen Handschriften, die den gesamten Text des Neuen Testaments enthalten und zudem das Alte Testament in griechischer Version voranstellen, sind der Kodex Sinaiticus und der Kodex Vaticanus. Der aus dem 4. Jh. stammende Kodex Sinaiticus wurde im 19. Jh. von Konstantin Tischendorf unter spektakulären Begleitumständen im Katharinenkloster auf dem Sinai entdeckt. Während Teile des Alten Testaments fehlen, ist das Neue Testament vollständig erhalten geblieben. Von der Bedeutung her vergleichbar ist nur der ähnlich alte Kodex Vaticanus, der von seiner Textqualität her sogar noch etwas höher einzuschätzen ist, allerdings für einzelne Partien des Neuen Testaments wie die Paulusbriefe oder den Hebräerbrief erhebliche Beschädigungen aufweist. Der Kodex Vaticanus geriet übrigens unter völlig unspektakulären Bedingungen in das Visier der Forschung. Er wird seit 1475 im Inventarverzeichnis der Bibliothek des Vatikans geführt und schlummerte dort vor sich hin, bis man im frühen 19. Jh. seine Bedeutung für die Rekonstruktion des ursprünglichen Bibeltextes erkannte und sich für ihn zu interessieren begann.

Die Rekonstruktion des neutestamentlichen Bibeltextes

Das Novum Testamentum Graece bildet die Grundlage der modernen Übersetzungen des Neuen Testaments. Es bietet einen von Bibelwissenschaftlern rekonstruierten Text, der alle bekannten Handschriften des Neuen Testaments mit ihren unterschiedlichen Textformen einbezieht.

Die Standardausgabe für den griechischen Urtext des Neuen Testaments ist das Novum Testamentum Graece des Instituts für neutestamentliche Textforschung in Münster. Es wird auch als Greek New Testament vertrieben und liegt weltweit nahezu allen wissenschaftlich verantworteten Übersetzungen zugrunde. Mit Blick auf das Alte Testament zeigte sich, dass in der Biblia Hebraica Stuttgartensia wie auch in der Biblia Hebraica Quinta der Text der qualitativ besten Bibelhandschrift mit all ihren Unzulänglichkeiten abgedruckt wird, wobei dann im Fußnotenbereich Verbesserungsvorschläge unterbreitet werden. Für das Neue Testament geht das Novum Testamentum Graece bewusst einen anderen Weg. Es bietet eine von Fachleuten künstlich rekonstruierte Form des Bibeltextes, wie sie sich in keiner einzelnen Handschrift wiederfindet. Dabei wird zu jeder

Die sensationelle Entdeckung des Codex Sinaiticus

Der Leipziger Gelehrte Konstantin von Tischendorf hat sich im 19. Jh. wie kaum ein anderer darum bemüht, Universitäts- und Klosterbibliotheken systematisch nach verborgenen literarischen Schätzen zu durchforsten. Vor allem ging es ihm um griechische Handschriften, die noch nicht für die Rekonstruktion des neutestamentlichen Bibeltextes fruchtbar gemacht worden waren. Ersten wissenschaftlichen Ruhm erwarb sich Tischendorf in der Pariser Nationalbibliothek mit der Untersuchung des *Kodex Ephraemi rescriptus*. Die Pergamentblätter dieser alten Bibelhandschrift waren im Mittelalter aus Mangel an Schreibmaterial abgewaschen und mit Werken des syrischen Kirchenvaters Ephraem überschrieben worden. Tischendorf gelang die Freilegung und Entzifferung des ursprünglichen Bibeltextes, woran zahlreiche Gelehrte vor ihm gescheitert waren.

Nach dieser wissenschaftlichen Pionierleistung begab er sich 1844 in Alter von nicht einmal dreißig Jahren zum Katharinenkloster am Berg Sinai, das angesichts der schwierigen wirtschaftlichen und politischen Gegebenheiten seine Bedeutung als Ort der Gelehrsamkeit längst eingebüßt hatte. Die Mönche waren aufgrund mangelnder Griechischkenntnisse nicht in der Lage, die in der Klosterbibliothek verwahrten Schätze in ihrem Wert zu würdigen, und gingen mehr als sorglos mit den kostbaren Büchern um. Fragmente wertvoller alter Handschriften lagen unbeachtet in den Regalen herum oder wurden zu Buchdeckeln verarbeitet. In einem Papierkorb neben dem Kamin fielen Tischendorf 129 Seiten einer prächtigen Pergamenthandschrift auf, die weite Teile des griechischen Alten Testaments bot. Die Mönche nutzten die ihnen bedeutungslos erscheinenden Blätter dazu, das Kaminfeuer zu entfachen, und hatten nach eigenem Bekunden bereits zwei Ladungen verheizt. Tischendorf erkannte am Schriftbild sofort, dass es sich um Teilstücke einer wertvollen Bibelhandschrift aus dem vierten Jahrhundert handeln musste. Gleichzeitig hegte er die Hoffnung, dieser griechische Kodex könne neben dem Alten Testament auch das Neue Testament enthalten haben. Die Mönche schenkten ihm großzügig 43 dieser Blätter, die noch heute in der Universitätsbibliothek von Leipzig liegen. Der Rest verblieb im Sinaikloster.

Im Jahr 1853 unternahm Tischendorf mit Finanzmitteln der sächsischen Regierung eine zweite Reise zum Katharinenkloster, um nach weiteren Bestandteilen der wertvollen Bibelhandschrift zu suchen. Dieses Unternehmen war ein Schlag ins Wasser. Bis auf ein Bruchstück aus dem Buch Genesis, das als Lesezeichen benutzt wurde, fand sich keine Spur der gesuchten Handschrift. Die Mönche konnten oder wollten sich nicht einmal an die verbliebenen 86 Blätter aus dem Papierkorb neben dem Kamin erinnern. Tischendorf musste unverrichteter Dinge abreisen, ließ sich aber nicht entmutigen. Im Januar 1859 brach der Gelehrte zu einer dritten Reise auf den Sinai auf. Diesmal bezog er finanzielle Unterstützung von Zar Alexander II., der gleichzeitig der Schutzherr der orthodoxen Mönche des Katharinenklosters war. Von der gesuchten Bibelhandschrift fand sich allerdings erneut keine Spur, sodass die Kamele bereits für die Abreise gerüstet waren. Am Abend des 4. Februar 1859 spielte sich dann jene legendäre Szene ab, die für die Gestalt unseres neutestamentlichen Bibeltextes von unschätzbarer Bedeutung sein sollte. Der Wirtschaftsleiter des Klosters lud Tischendorf zu einem Abschiedstrunk in seine Klause ein. Als das Gespräch auf die gesuchte Handschrift kam, gab er zu erkennen, im Besitz einer wertvollen griechischen Bibel zu sein. Dann holte er unvermittelt ein in rotes Tuch eingeschlagenes Bündel aus dem Schrank hervor. Darin befanden sich nicht nur die 1844 zurückgelassenen 86 Blätter aus dem Alten Testament, sondern darüber hinaus das gesamte Neue Testament. Zudem enthielt der Kodex zwei apokryphe Schriften der frühen Christenheit, den Barnabasbrief und den Hirten des Hermas, deren Inhalt man bis dahin nur bruchstückhaft kannte.

Tischendorf erreichte fürs Erste, dass man ihm die Mitnahme der Handschrift nach Kairo in den dortigen Konvent der Sinaiten erlaubte. In Kairo fand er zwei des Griechischen mächtige Deutsche, einen Arzt aus Königsberg und einen Apotheker aus Leipzig, die gemeinsam mit ihm den gesamten Kodex abschrieben, um zunächst einmal den Textbestand zu sichern. Später erhielt er von den Mönchen des Katharinenklosters die Erlaubnis, die Handschrift leihweise nach Sankt Petersburg zu überführen. In einer auf den 28. September

1859 datierten Quittung verpflichtete er sich, sie nach erfolgter Publikation zurückzugeben, sobald die Mönche dies forderten. Dabei wurde bereits die Möglichkeit einer Schenkung ins Auge gefasst, mit der die Verpflichtung zur Rückgabe erlöschen würde. Zum tausendjährigen Jubiläum der russischen Monarchie im Jahre 1862 veröffentlichte Tischendorf den Kodex Sinaiticus, wie er ihn nach seinem Fundort nannte, in einer prachtvollen vierbändigen Faksimileausgabe. Als Anerkennung für seine wissenschaftlichen Leistungen wurde Tischendorf vom Zaren in den Adelsstand erhoben. Die Handschrift selbst kehrte niemals auf den Sinai zurück, da sie zehn Jahre später von den Mönchen des Katharinenklosters dem Zaren als Geschenk übereignet wurde. Sie erhielt einen Ehrenplatz in der Bibliothek von Sankt Petersburg.

Im Dezember 1933 verkaufte die sowjetische Regierung unter Josef Stalin die kostbare Bibelhandschrift für die damals unglaubliche Summe von 100.000 Pfund nach London. Dort befindet sie sich bis heute in der British Library. Zur Hälfte wurde dieser Betrag in einer beispiellosen Spendenaktion von der englischen Bevölkerung aufgebracht. Inzwischen sind weitere Teile der Handschrift aufgetaucht. Als 1975 im Katharinenkloster nach einem Brand eine verschüttete Kammer entdeckt wurde, fanden sich unter den dort verborgenen Manuskripten zwölf Blätter aus dem Kodex Sinaiticus. Auch die Russische Nationalbibliothek in Sankt Petersburg beherbergt noch fünf fragmentarische Blätter in ihren Mauern. Insgesamt macht der erhaltene Bestand der Handschrift mehr als vierhundert Blätter aus. Über dreihundert Blätter, die das Alte Testament vervollständigten, sind unwiderruflich verloren gegangen. Vermutlich wurden sie im 19. Jh. von den Sinaimönchen im Kamin verheizt. Die erhaltenen Teile sind über vier Standorte verstreut, nämlich die Universitätsbibliothek in Leipzig, die British Library in London, das Katharinenkloster auf dem Sinai und die Russische Nationalbibliothek in Sankt Petersburg. Im Rahmen eines 2009 abgeschlossenen internationalen Projektes, an dem sich die vier genannten Institutionen beteiligten, wurden sämtliche Blätter der Handschrift digital erfasst und virtuell vereinigt, um den Kodex Sinaiticus in seinem erhaltenen Bestand der Öffentlichkeit zumindest im Internet wieder komplett zugänglich zu machen.

umstrittenen Textstelle der gesamte handschriftliche Befund in seiner Vielfalt gesichtet, um dann anhand bestimmter Kriterien festzulegen, welche der Varianten dem ursprünglichen Text wohl am nächsten kommt. Eine bewährte Regel der Textrekonstruktion ist die Einsicht, dass die kürzere Lesart meistens ursprünglicher als die längere Lesart ist. So ist beispielsweise der Schluss des Vaterunsers in Mt 6,13 unterschiedlich

Zwei Wissenschaftler des Instituts für neutestamentliche Textforschung in Münster untersuchen eine neutestamentliche Handschrift aus dem 13. Jahrhundert.

überliefert. Viele Handschriften lassen das Gebet mit dem vertrauten Lobpreis „Denn dein ist das Reich und die Kraft und die Herrlichkeit in Ewigkeit. Amen" enden, während er in anderen Handschriften fehlt. In diesem Fall ist es schwer vorstellbar, dass ein Abschreiber des Bibeltextes diesen inhaltlich bedeutsamen Passus weggelassen hat. Umgekehrt bereitet die Annahme, dass der Lobpreis unter Einfluss von 1 Chr 29,11–13 nachträglich angehängt wurde, keine Schwierigkeiten. Er ist also kein ursprünglicher Bestandteil des Gebets Jesu, sondern ein liturgischer Zusatz, der bald Einzug in die Textüberlieferung hielt. Eine weitere bewährte Regel lautet, dass die schwierigere Lesart meist die ursprünglichere ist. Hier spiegelt sich die Einsicht wider, dass schwierige Textpassagen beim Abschreiben häufig geglättet werden. So findet sich in der Erzählung vom reichen Jüngling in Mk 10,25 in der überwältigenden Mehrzahl der Bibelhandschriften das Jesuswort „Es ist leichter, dass ein Kamel durch ein Nadelöhr ginge, als dass ein Reicher in das Gottesreich käme". Einzelne griechische Handschriften bieten an dieser Stelle statt *kamelos* (Kamel) das Wort *kamilos* (Strick, Tau), um das sperrige Bild zu vereinfachen. Der schwierigeren Lesart ist an dieser Stelle bei der Rekonstruktion des ursprünglichen Bibeltextes klar der Vorzug zu geben.

Der Kanon des Neuen Testaments

Die Herausbildung des neutestamentlichen Bibelkanons erfolgte nicht auf einen Schlag, sondern ist das Ergebnis einer Entwicklung, die sich in mehreren Etappen vollzog und im 4. Jh. zum Abschluss kam.

Ebenso wenig wie der Bibeltext ist der Kanon vom Himmel gefallen. Jedes der 27 Bücher des Neuen Testaments wurde als Einzelschrift verfasst und stellte ursprünglich eine Einheit für sich dar. Keiner der neutestamentlichen Autoren dürfte damit gerechnet haben, dass seine Schrift einmal die Zeiten überdauern und Bestandteil eines Bibelkanons werden würde. Die Kanonbildung erfolgte nicht auf einen Schlag, sondern ist das Ergebnis eines Wachstums, das sich in mehreren Etappen vollzog. Zunächst bildeten sich durch die Zusammenfassung verwandter Schriften in Gruppen so etwas wie Keimzellen, die dann ihrerseits am Ende zum Kanon zusammenwuchsen. Man kann vier solcher Keimzellen oder Bausteine des neutestamentlichen Bibelkanons unterscheiden.

Die erste wichtige Etappe auf dem Weg zur Kanonbildung bestand darin, dass man in den Gemeinden Paulusbriefe sammelte und weitergab. Neben den dreizehn unter dem Namen des Paulus überlieferten Briefen wurde dazu meist auch der Hebräerbrief gerechnet, der keine Angaben zu seinem Verfasser macht. Der Inhalt der eigentlich nur an bestimmte Gemeinden oder Personen gerichteten Briefe des Apostels Paulus wurde im frühen Christentum als derart bedeutsam betrachtet, dass er auch außerhalb des eigentlichen Adressatenkreises Verbreitung finden sollte. Am Ende des Kolosserbriefes fordert der Briefautor ausdrücklich dazu auf, sein Schreiben auch der Nachbargemeinde in Laodizeia zugänglich zu machen und sich umgekehrt eine

Warum fehlen in unseren Bibeln einzelne Verse?

Beim intensiven Studium der Heiligen Schrift fällt auf, dass in unseren Bibeln zuweilen einmal ein ganzer Vers fehlt oder längere Textpassagen in Klammern gesetzt und als späterer Nachtrag kenntlich gemacht sind. Wer etwa in der Zürcher Bibel das achte Kapitel der Apostelgeschichte aufschlägt und die Geschichte von der Taufe des äthiopischen Kämmerers liest, erlebt eine Überraschung. Apg 8,37 ist überhaupt nicht zu finden; die Erzählung springt von 8,36 direkt zu 8,38. Eine Fußnote klärt darüber auf, dass Apg 8,37 erst von späteren Textzeugen hinzugefügt wurde. Kopisten des Bibeltextes haben es als theologisch falsch oder zumindest unbefriedigend gefunden, dass der Kämmerer aus Äthiopien ohne ausdrückliches Bekenntnis zu Jesus als dem Gottessohn getauft wurde. Deshalb haben sie beim Abschreiben der Erzählung an passender Stelle ein Taufbekenntnis eingefügt.

Die alten Bibelhandschriften bieten einen Fließtext, der weder Kapitel noch Verse kennt. Im 12. Jh. begann man, die Kapitelzählung einzuführen. Als im 16. Jh. zusätzlich die heutige Verseinteilung des Bibeltextes erstellt wurde, geschah dies auf der Grundlage schlechter mittelalterlicher Bibelhandschriften, die das Taufbekenntnis enthielten. Dadurch wurde das Taufbekenntnis des äthiopischen Kämmerers zum Bibelvers Apg 8,37. Erst im 19. Jh. wurden mit dem Codex Sinaiticus und dem Codex Vaticanus ältere und qualitativ höherwertige Bibelhandschriften entdeckt, die dieses Taufbekenntnis nicht enthalten und damit beweisen, dass es nicht zum ursprünglichen Text der Apostelgeschichte gehört. In vergleichbarer Weise haben diese alten Textzeugen auch zu der Erkenntnis geführt, dass der Schluss des Markusevangeliums (Mk 16,9–20) erst nachträglich von einem Abschreiber angefügt wurde und die Geschichte von Jesus und der Ehebrecherin (Joh 7,53–8,11) ursprünglich überhaupt kein Bestandteil des Johannesevangeliums war. Diese Texte sind heute in den Bibeln in Klammern gesetzt oder mit kommentierenden Bemerkungen versehen.

Einzelne Bibelausgaben weichen textlich voneinander ab.

Markion und die Kanonbildung

Markion war ein begüterter Schiffskaufmann aus der Stadt Sinope am Schwarzen Meer, der sich um 140 in Rom ansiedelte. Dort wurde er wenige Jahre später als Häretiker aus der Gemeinde ausgeschlossen. Gleiches soll ihm zuvor bereits in seiner Heimat am Schwarzen Meer widerfahren sein, und zwar von seinem eigenen Vater, der dort Bischof war. Nach der Exkommunikation ging Markion eigene Wege und schritt tatkräftig zur Gründung einer eigenen Kirche, die große Anziehungskraft entfaltete und sich schnell über das Römische Reich ausdehnte. Für Markion war es nicht vorstellbar, dass der Gott des Alten und des Neuen Testaments identisch sein sollten. Es müsse zwei Götter geben, den niederen Schöpfergott, der die jüdische Gerechtigkeit der Wiedervergeltung fordert, sowie einen absolut guten Gott, der verborgen blieb, bis er sich in Jesus Christus den Menschen offenbarte. Vor diesem Hintergrund verwarf Markion das Alte Testament und schuf sich einen eigenen Kanon neutestamentlicher Schriften.

Von den Evangelien ließ Markion allein das Werk des Lukas gelten. Das Evangelium des Markus mag ihm zu kurz erschienen sein, während die Evangelien des Matthäus und Johannes wegen der vielen alttestamentlichen Bezüge von vornherein nicht in Betracht kamen. Als einzig wahren Apostel betrachtete er Paulus und verleibte seinem Kanon zehn Briefe ein, die unter dessen Namen überliefert sind. Keine Berücksichtigung aus der Paulusbriefsammlung fanden die beiden Timotheusbriefe, der Titusbrief und der Hebräerbrief. Mit dieser Auswahl waren allerdings die Probleme des Markion noch nicht gelöst, da auch das Lukasevangelium und die zehn herangezogenen Paulusbriefe viele Aussagen enthalten, die im Widerspruch zu seiner Theologie standen. Diesbezüglich entwickelte Markion eine Verschwörungstheorie. Der Gott des Alten Testaments habe judenchristliche Pseudoapostel ausgesandt, welche eine Identität des Vaters Jesu Christi mit dem Schöpfergott und eine positive Beziehung des alttestamentlichen Gesetzes zum Evangelium proklamiert hätten, um es verfälschend in die neutestamentlichen Schriften einzutragen. Markion muss daher seinen aus dem Lukasevangelium und zehn Paulusbriefen bestehenden Kanon noch von angeblichen Zusätzen reinigen. Im Römerbrief werden von ihm die Ausführungen zum Geschick Israels (Röm 9–11) wegen ihres Festhaltens an der bleibenden Erwählung Israels fast völlig ausgemerzt; im Kolosserbrief wird die Beteiligung Christi an der Schöpfung (Kol 1,15–17) gestrichen. Im Lukasevangelium fällt die gesamte Vorgeschichte (Lk 1,1–4,15) dem Rotstift zum Opfer, da der alttestamentliche Gott nicht als Vater Jesu Christi erscheinen und das Alte Testament nicht als Weissagung auf Christus hin infrage kommen darf.

Mit diesen willkürlichen und zu Recht als Häresie verurteilten Thesen zwang Markion der Kirche nicht nur ein klares Bekenntnis zum Alten Testament ab, sondern beschleunigte ungewollt auch die verbindliche Festlegung des neutestamentlichen Bibelkanons.

Kopie des an die dortige Gemeinde gerichteten Briefes zu besorgen, der übrigens nicht mehr überliefert ist. Wer einen Brief vom Apostel Paulus erhalten hatte, bewahrte diesen demnach nicht nur sorgfältig auf, sondern tauschte auch mit benachbarten Gemeinden Abschriften aus. Dies führte dazu, dass viele Kirchengemeinden bald eine mehr oder weniger umfangreiche Sammlung von Paulusbriefen ihr eigen nennen konnten. Der um das Jahr 95 in Rom verfasste erste Clemensbrief zitiert nicht nur aus dem Römerbrief, sondern lässt auch eine Kenntnis des 1. Korintherbriefs und des Hebräerbriefs deutlich werden. Offensichtlich verfügte die Gemeinde von Rom zu jener Zeit schon über eine umfänglichere Paulusbriefsammlung. Wenige Jahre später lässt der Bischof Ignatius von Antiochien in seinen Briefen die Kenntnis mehrerer Paulusbriefe erkennen. Etwa um die

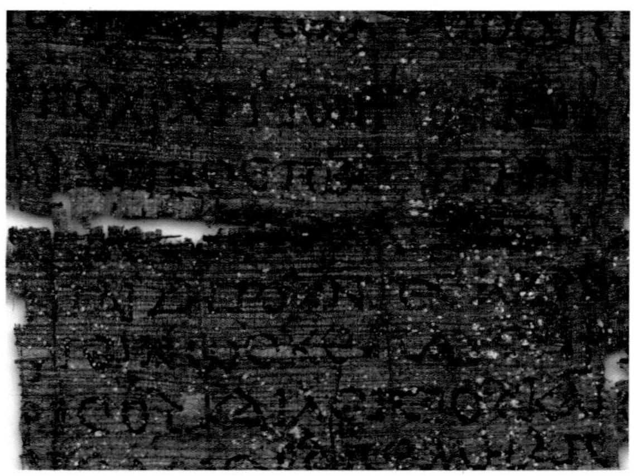

So wie dieser Brief aus dem 1. Jh. n. Chr. könnten auch die Briefe des Paulus ausgesehen haben.

Athanasius von Alexandrien auf einer bulgarischen Ikone aus dem 17. Jahrhundert

Mitte des 2. Jh.s war die Sammlung jener 13 oder 14 Briefe (je nachdem, ob man den Hebräerbrief dazu rechnete) vollständig, die von Paulus selbst geschrieben wurden oder für die man Paulus als Verfasser reklamierte.

Im 2. Jh. begann man parallel zu dieser Entwicklung damit, auch Evangelien zu sammeln und in Handschriften zusammenzustellen. Gemeinden, die zunächst nur ein Evangelium kannten oder benutzten, besorgten sich nun Abschriften weiterer Evangelien. Bald kursierten im frühen Christentum Handschriften mit unseren vier Evangelien, denen man häufig ergänzend die Apostelgeschichte des Lukas beifügte. Eine dritte Keimzelle des neutestamentlichen Bibelkanons ist die Sammlung von sieben sogenannten Katholischen Briefen. Katholisch ist hier in dem Sinn gemeint, dass diese Briefe an die gesamte Kirche gerichtet oder in der gesamten Kirche anerkannt sind. Man versteht darunter den Jakobusbrief, die beiden Petrusbriefe, die drei Johannesbriefe und den Judasbrief. In vielen Bibelhandschriften wurde nun die Apostelgeschichte nicht mehr an die Evangelien, sondern an die Katholischen Briefe angehängt. Die letzte Keimzelle des neutestamentlichen Kanons umfasst die Gruppe der Apokalypsen. Neben der Johannesoffenbarung standen in vielen Kirchengebieten zwei weitere apokalyptische Schriften in hohem Ansehen, nämlich die Petrusoffenbarung und der Hirt des Hermas. Als kanonisch konnte sich aber nur die Johannesoffenbarung durchsetzen, wobei im Osten der Kirche lange Zeit Zweifel bestanden, ob man sie in die Bibel aufnehmen sollte.

Aus diesen vier Keimzellen oder Bausteinen bildete sich um 200 ein neutestamentlicher Bibelkanon heraus, über dessen exakten Umfang allerdings noch Uneinigkeit herrschte. Beschleunigt wurde die Kanonbildung durch den Häretiker Markion, der für seine Gegenkirche einen eigenen, allein aus dem Lukasevangelium und zehn Paulusbriefen bestehenden Bibelkanon geschaffen hatte. Damit wurde der Großkirche auferlegt, den Umfang der biblischen Schriften verbindlich festzulegen. Neben der umstrittenen Frage, ob man den Hebräerbrief und die Johannesoffenbarung zu den heiligen Schriften rechnen sollte, war auch die Zahl der katholischen Briefe noch nicht endgültig festgelegt. Das älteste Kanonverzeichnis, der um 200 entstandene und nach seinem Entdecker benannte Kanon Muratori aus der Gemeinde in Rom, listet nur drei katholische Briefe auf, nämlich den Judasbrief und die ersten beiden Johannesbriefe. Umgekehrt standen in vielen Kirchengebieten auch heute weitgehend ins Abseits geratene Werke wie der Barnabasbrief, die Petrusapokalypse, der Hirt des Hermas oder die Paulusakten im Ansehen heiliger Schriften, ohne sich dauerhaft im Bibelkanon etablieren zu können. Entscheidender Maßstab für die Aufnahme einer Schrift in den Kanon war, dass man sie durch einen Apostel oder Apostelschüler abgefasst sah. Die kritische Bibelwissenschaft hat allerdings gezeigt, dass die Verfasserangaben der neutestamentlichen Schriften in vielen Fällen in Zweifel zu ziehen sind und die entsprechenden Schriften also gewissermaßen unter falschen Voraussetzungen Einzug in den Kanon hielten. Im Endergebnis kann jedoch die Auswahl der Alten Kirche als geglückt bezeichnet werden. Nur für wenige außerkanonische Schriften wäre vom heutigen Standpunkt aus ihre Zugehörigkeit zum Kanon als wünschenswert zu betrachten, während umgekehrt nahezu alle neutestamentlichen Schriften ihre Aufnahme in den Kanon unter inhaltlichen Gesichtspunkten auch verdient haben.

Der älteste Beleg für den neutestamentlichen Kanon im heutigen Umfang ist der Osterfestbrief des Athanasius von Alexandria aus dem Jahr 367. Nach Aufzählung aller Bücher des Alten Testaments listet der Bischof die 27 Schriften unseres Neuen Testaments auf. Ergänzend erklärt er, dies seien die Quellen des Heils und in ihnen allein werde die Lehre der Frömmigkeit verkündigt. Niemand solle ihnen etwas hinzufügen oder etwas von ihnen wegnehmen.

Der Prozess der Kanonbildung war damit weitgehend zum Abschluss gekommen, auch wenn es noch vereinzelte Nachhutgefechte um die Johannesoffenbarung gab.

Verbreitung und Erforschung der Bibel

Die Bibel ist nicht nur das am weitesten verbreitete, sondern auch das am intensivsten erforschte Buch der Welt. Die Anfänge der kritischen Bibelwissenschaft liegen in der Zeit des Humanismus und der Reformation, als es zu einer Rückbesinnung auf den hebräischen bzw. griechischen Urtext der Bibel kam.

Mit der Aufklärung setzte die Entwicklung eines ausgeklügelten methodischen Instrumentariums ein, mit dessen Hilfe biblische Texte untersucht und zum Sprechen gebracht werden können. Lange Zeit stand dabei die Suche nach älteren Quellenschriften im Alten und Neuen Testament im Vordergrund. Zudem öffnete sich der Blick auf festgeprägte Formen der biblischen Überlieferung und auf theologische Leitmotive der einzelnen Quellenschriften oder der biblischen Bücher.

Wichtige Etappen auf dem Weg der Bibelwissenschaft waren aber auch die religionsgeschichtliche Erforschung beider Testamente und die Entwicklung der biblischen Archäologie.

Chinesische Ausgabe des am meisten verbreiteten Buches der Welt

In evangelikalen Kreisen werden allerdings die historisch-kritischen Auslegungsmethoden mit Argwohn betrachtet oder sogar entschieden abgelehnt. Als evangelikal bezeichnet man unabhängig von der konfessionellen Zugehörigkeit eine theologische Richtung des Christentums, die sich auf die Bibel als einzige Glaubensgrundlage beruft und dabei dem kritischen Umgang mit der Bibel in aller Regel klare Grenzen setzt.

Bibelauslegung umfasst neben der Wahrnehmung der biblischen Texte in ihrer geschichtlichen Dimension auch eine auf die Gegenwart bezogene Interpretation der Schrift. Nach wie vor als bedeutsam erweist sich dabei die existenziale Bibelauslegung. In jüngerer Vergangenheit versuchen tiefenpsychologische Auslegungsmodelle oder feministische Deutungsmuster, den biblischen Überlieferungen neues Leben einzuhauchen. Daneben gewinnen auch die Rezeptionsästhetik und die wirkungsgeschichtliche Betrachtung von Bibeltexten an Bedeutung.

Die Verbreitung der Bibel

Kein Buch ist rund um den Globus so weit verbreitet wie die Bibel. Die Zahl der Bibelexemplare, die seit Erfindung des Buchdrucks über die Druckerpressen gelaufen sind, liegt sicher im Milliardenbereich.

Die Bibel ist das mit Abstand am meisten gedruckte und am weitesten verbreitete Buch, das es gibt. Von ihr existieren Gesamtübersetzungen in rund 450 Sprachen und Teilübersetzungen in weiteren rund 2500 Sprachen. Die Zahl der Bibelexemplare, die seit Erfindung der Buchdruckerkunst über die Druckerpressen gelaufen und auf den Markt gebracht worden sind, liegt sicher im Milliardenbereich. Ein Ende dieser Erfolgsgeschichte ist nicht abzusehen. Die Bibel bleibt ein weltweiter Bestseller mit alljährlich millionenfacher Auflage. Die Bibel ist aber nicht nur das am weitesten verbreitete, sondern auch das am häufigsten geschmuggelte Buch. Vor allem in der islamischen Welt, wo es immer wieder zu Zwangsmaßnahmen gegen Christen kommt, ist der Vertrieb der Bibel oder die öffentliche Werbung für die Bibel in vielen Ländern verboten.

Zur Förderung der Herstellung und Verbreitung der Bibel gibt es rund um den Globus etwa 150 Bibelgesellschaften. Diese machen es sich zur Aufgabe, Menschen aus allen Ländern der Erde eine Bibel in ihrer Muttersprache zu einem erschwinglichen Preis zur Verfügung zu stellen und gleichzeitig die Präsenz der Bibel in der christlich geprägten Welt weiterhin zu stärken. In Deutschland sind die Deutsche Bibelgesellschaft und das Katholische Bibelwerk die in diesem Zusammenhang wichtigsten Institutionen.

Die Deutsche Bibelgesellschaft mit Sitz in Stuttgart ist eine kirchliche Stiftung öffentlichen Rechts. Sie entstand 1981 aus dem Zusammenschluss von Evangelischem Bibelwerk und Deutscher Bibelstiftung, die ihrerseits aus den Bibelgesellschaften der evangelischen Landeskirchen hervorging. Zum Verlagsprogramm der Deutschen Bibelgesellschaft gehört eine Vielzahl unterschiedlichster Bibelausgaben. Von ihr werden beispielsweise die revidierte Lutherbibel, die Gute Nachricht, die Biblia Hebraica Stuttgartensia und das Novum Testamentum Graece hergestellt und vertrieben. Mit der „Aktion Weltbibelhilfe“ fördert die Deutsche Bibelgesellschaft gleichzeitig die

Die Gangsterbibel aus Chicago

Bibeln sind eigentlich zum Lesen da – oft finden sie aber auch noch ganz andere Verwendung. Weit verbreitet ist beispielsweise die Praxis, bei der Bibel zu schwören. So ist es beim Amtseid des Präsidenten der Vereinigten Staaten üblich, dass dieser während der Vereidigungszeremonie die rechte Hand zum Schwur erhebt und gleichzeitig die linke Hand auf eine Bibel legt.

Die Regenstein Library der University of Chicago kann mit der sogenannten Gangsterbibel eine wertvolle Bibelausgabe zu ihren Beständen zählen, die auf eine ganz besondere Geschichte zurückblickt. Es handelt sich um das Argos-Lektionar aus dem 9. Jh., das in der Zeit der Prohibition von den Gangsterbossen Chicagos als Schwurbibel benutzt wurde. Ein Lektionar ist eine Zusammenstellung von Bibeltexten für die Lesung im Gottesdienst. Der wertvolle griechische Kodex lag unter dem Tresen in „Colosimos Restaurant", einem beliebten Gangstertreff im Süden Chicagos, der von dem Mafioso Big Jim Colosimo betrieben wurde. Wenn dort Al Capone und andere Größen der Unterwelt ihre geschäftlichen Vereinbarungen besiegelten, wurde das Lektionar hervorgeholt und bei ihm geschworen, dass man sich an die Abmachungen halten werde. Später gelangte die Handschrift in den Besitz der University of Chicago.

weltweite Verbreitung der Bibel im Verbund der United Bible Societies. Daneben rückt in der westlichen Welt angesichts eines einschneidenden Traditionsabbruchs zunehmend die Aufgabe in den Vordergrund, den Menschen einen Zugang zu der in ihrem Besitz befindlichen, oft aber unbenutzt im Bücherregal herumstehenden Bibel zu erschließen.

Das ebenfalls in Stuttgart ansässige Katholische Bibelwerk ist als Verein organisiert, der 1933 als Bewegung von an der Bibel interessierten Laien und Theologen gegründet wurde. Zur Förderung der Verbreitung der Heiligen Schrift betreibt das Katholische Bibelwerk einen eigenen Verlag, von dem beispielsweise die Einheitsübersetzung der Bibel vertrieben wird, in dem aber auch Materialien zur Bibelarbeit und allgemein verständliche Zeitschriften zur Bibel erscheinen.

Rückbesinnung auf den Urtext der Bibel

Martin Luthers Bibelübersetzung auf der Wartburg markiert einen Meilenstein in der Geistesgeschichte. Luther griff als erster deutscher Bibelübersetzer auf den hebräischen Urtext des Alten Testaments und den griechischen Urtext des Neuen Testaments zurück.

Die Grundlage der wissenschaftlichen Erforschung der Bibel in der Neuzeit war die Rückbesinnung auf den hebräischen Urtext des Alten Testaments und den griechischen Urtext des Neuen Testaments. Eine wichtige Rolle spielten dabei die Bewegung des Humanismus, welche die geistigen Voraussetzungen für die Beschäftigung mit dem Urtext schuf, und die Erfindung der Buchdruckerkunst, welche die technischen Möglichkeiten zur raschen Verbreitung der wissenschaftlichen Textausgaben bot. Die christlichen Theologen des Mittelalters gaben sich in aller Regel mit dem lateinischen Text der Bibel zufrieden, wie er von der Vulgata geboten wurde. Als Vulgata („die Verbreitete") bezeichnet man die auf den Kirchenvater Hieronymus zurückgehende Form des lateinischen Bibeltextes, die seit dem 7. Jh. in der Kirche des Abendlands allgemein verbreitet war. Dass im literarischen Wissenschaftsbetrieb der Rückgriff auf die Originalquellen dem Gebrauch von Übersetzungen vorzuziehen ist, versteht sich von selbst. Übersetzungen sind nie frei von Fehlern oder Sinnentstellungen und bieten zudem immer auch eine Interpretation des Textes. Von daher ist die Vulgata als Grundlage einer tiefer gehenden wissenschaftlichen Beschäftigung mit der Bibel nicht geeignet.

Wer im Mittelalter auf den Urtext der Heiligen Schrift zurückgreifen wollte, musste sich Einblick in hebräische Handschriften des Alten Testaments und in griechische Handschriften des Neuen Testaments verschaffen. Ersteres war noch ein vergleichsweise leichtes Unterfangen, da jede Synagoge über eine hebräische Bibel verfügte. Letzteres gestaltete sich deutlich schwieriger, weil man auf eine Bibliothek angewiesen war, die eine griechische Handschrift des Neuen Testaments in ihren Mauern beherbergte. In der Praxis dürfte allerdings der Rückgriff auf den Urtext der Bibel schon deshalb kaum erfolgt sein, weil auch unter den gelehrten Theologen des Mittelalters die Kenntnis des Hebräischen und Griechischen weitgehend verloren gegangen war. Dies änderte sich durch die geistige Bewegung des Humanismus, der eine

Martin Luthers Bibelübersetzung

Martin Luthers Bibelübersetzung, die in die Zeit seines Wartburgaufenthalts nach der Ächtung auf dem Wormser Reichstag fällt, markiert einen Meilenstein in der Geistesgeschichte. Luther war keineswegs der Erste, der die Bibel ins Deutsche übersetzte. Nach Erfindung der Buchdruckerkunst durch Johannes Gutenberg um 1450 sind für die gut siebzig Jahre bis zum Beginn von Luthers Übersetzung nahezu zwanzig unterschiedliche Bibeldrucke in deutscher Sprache bekannt, von älteren handschriftlichen Übersetzungen einmal ganz abgesehen. Die große Leistung Luthers bestand darin, dass er ein Deutsch wählte, das auf große Akzeptanz stieß und weite Verbreitung fand. Zudem griff Martin Luther als erster deutscher Bibelübersetzer auf den hebräischen Urtext des Alten Testaments und den griechischen Urtext des Neuen Testaments zurück. Dabei profitierte er von der geistigen Bewegung des Humanismus, die sich dem wissenschaftlichen Studium der nahezu in Vergessenheit geratenen alten Sprachen wie Griechisch und Hebräisch verschrieben hatte.

Auf der Wartburg bei Eisenach übersetzte Martin Luther 1521/22 das Neue Testament ins Deutsche.

Bei seinem Aufenthalt auf der Wartburg übertrug Luther in der kurzen Zeit zwischen Dezember 1521 und März 1522 zunächst das Neue Testament ins Deutsche, das dann wenige Monate später als sogenanntes Septembertestament auf dem Buchmarkt erschien. Dabei konnte er sich der Erstausgabe des griechischen Neuen Testaments bedienen, die 1516 von dem Humanisten Erasmus von Rotterdam auf den Buchmarkt gebracht worden war. Anfang 1523 veröffentlichte Luther mit den fünf Büchern Moses auch die ersten Teile des Alten Testaments in deutscher Übersetzung. Endgültig abgeschlossen war die Übersetzung des Alten Testaments erst 1534. Neben der lateinischen Bibel griff Luther dabei auch auf den hebräischen Urtext zurück. Dabei stand ihm die erste Druckausgabe der gesamten hebräischen Bibel zur Verfügung, die 1488 in Soncino in Oberitalien publiziert worden war. Obwohl Luthers Textgrundlagen aus heutiger Sicht den wissenschaftlichen Ansprüchen nicht mehr genügen können, setzte er mit dem Rückgriff auf den hebräischen wie griechischen Urtext der Bibel Maßstäbe für die Bibelwissenschaft, die nicht mehr beiseite gerückt werden konnten.

wissenschaftliche Begeisterung für die alten Sprachen auslöste und in Erasmus von Rotterdam (1466–1536) seinen herausragenden Vertreter hatte. Die antike Bildung wurde von den Humanisten zum unübertrefflichen Vorbild erhoben und das Studium der antiken Literatur in den Mittelpunkt der geistigen Aktivitäten gestellt. Dabei verstand es sich für die Humanisten von selbst, dass man über die Befähigung verfügen sollte, die schriftstellerischen Werke der Antike im Original zu studieren. „Zurück zu den Quellen" lautete nun die Maxime. Dies führte zu einer Renaissance des weitgehend in Vergessenheit geratenen Griechischen und, wenn auch in deutlich bescheidenerem Maße, des Hebräischen. Im Falle des Griechischen wurde diese Rückbesinnung dadurch begünstigt, dass nach dem Fall Konstantinopels an die Türken (1453) zahlreiche griechischsprachige Gelehrte und eine Fülle von griechischen Handschriften in den lateinischsprachigen Westen gelangten. Auch die Erfindung des Buchdrucks durch Johannes Gutenberg war den Bestrebungen der Humanisten nützlich. Er verhalf ihren Werken zu weiter Verbreitung und machte die ganze gelehrte Welt mit ihren Ideen bekannt.

Vor dem skizzierten geistesgeschichtlichen Hintergrund stellt es keine Überraschung dar, dass die erste griechische Druckausgabe des Neuen Testaments durch Erasmus von Rotterdam erfolgte. Sie wurde im März 1516 in Basel veröffentlicht und in den Handel gebracht. Obwohl sie ein wirtschaftlicher Erfolg war, bietet diese

Erstausgabe des griechischen Neuen Testaments nach dem heutigen Stand der Forschung einen qualitativ schlechten Text. Sie wurde aus wirtschaftlichen Gründen vorschnell auf den Markt geworfen und entsprach schon bei ihrem Erscheinen nicht dem Stand der Textrekonstruktion, wie er zu jener Zeit wissenschaftlich möglich gewesen wäre. Erasmus stützte sich auf Handschriften des späten Mittelalters, die sich in vielen Punkten vom Urtext entfernt hatten, und griff an zahlreichen Stellen, wo es ihm nötig erschien, stillschweigend mit Korrekturen in den Text ein. Zudem stand ihm keine griechische Handschrift zur Verfügung, welche die Schlussverse der Johannesoffenbarung enthalten hätte. Kurzerhand übersetzte Erasmus den Buchschluss aus der lateinischen Bibel ins Griechische zurück, wobei ihm auch noch Fehler unterliefen. Diese Unzulänglichkeiten hängen damit zusammen, dass Erasmus um jeden Preis den Ruhm der Erstedition ernten wollte. Es war nämlich allgemein bekannt, dass auch der Erzbischof von Toledo eine griechische Ausgabe des Neuen Testaments in Auftrag gegeben hatte. Diese lag seit 1514 fertig in den Regalen der Buchdruckerei, konnte aber wegen der fehlenden Druckgenehmigung aus Rom noch nicht auf den Markt gebracht werden. Die Auslieferung erfolgte erst im März 1522, nachdem die aus der Vatikanischen Bibliothek nach Spanien ausgeliehenen Bibelhandschriften wieder unbeschadet in Rom eingetroffen waren. Bereits 1519 war die Ausgabe des Erasmus in zweiter, nunmehr erheblich verbesserter Auflage erschienen.

Die Edition des Alten Testaments in seiner Ursprache lag verständlicherweise zunächst in den Händen des Judentums. Für die Frühzeit erweist sich dabei Italien als unumschränktes Zentrum des Bibeldrucks. Als Erasmus von Rotterdam 1516 in Basel sein griechisches Neues Testament publizierte, lag die erste vollständige Druckausgabe der Hebräischen Bibel schon seit Jahrzehnten vor, obwohl der Buchstabensatz sich für das Hebräische deutlich schwieriger als für das Griechische gestaltete. Sie wurde von dem Rabbiner Joshua Solomon ben Israel Soncino 1488 in Soncino bei Mailand erstellt und in mehreren hundert Exemplaren auf den Markt gebracht. Eines davon erwarb übrigens der Humanist Johannes Reuchlin. Sowohl die Erstausgabe von 1488 als auch der 1494 in Brescia erfolgte Nachdruck sind mit zahlreichen Mängeln behaftet. Von wissenschaftlich größerer Bedeutung ist daher die etwas jüngere Bibeledition des Jakob ben Chajim, die 1524/25 bei Daniel Bomberg in Venedig erschien und daher auch als Bombergiana bezeichnet wird. Es handelt sich um eine vierbändige Rabbinerbibel, die neben dem hebräischen Text des Alten Testaments auch dessen aramäische Übersetzung und die Kommentare maßgeblicher Rabbiner bietet.

Erasmus von Rotterdam auf einem Kupferstich von 1526

Mit den ersten Druckausgaben des hebräischen Alten Testaments und des griechischen Neuen Testaments war die Grundlage geschaffen, beim wissenschaftlichen Studium der Bibel auf den Urtext zurückzugreifen. Die weitreichenden Auswirkungen dieser umwälzenden geistesgeschichtlichen Entwicklungen zeigen sich bei Martin Luthers Bibelübersetzung, die einem Quantensprung gleichkommt.

Anfänge der historisch-kritischen Bibelauslegung

Die Anfänge der kritischen Bibelwissenschaft richteten sich im Alten Testament auf den Pentateuch und im Neuen Testament auf die Evangelien. Dabei stand zunächst die Frage nach den Vorlagen oder Quellen der biblischen Schriften im Mittelpunkt der Betrachtung.

Bereits die Humanisten hatten sich beim Studium der antiken Textzeugnisse darum bemüht, die Vorlagen oder Quellen zu ermitteln, auf deren Grundlage die alten Schriftsteller ihre Werke verfasst hatten. Man bezeichnet dieses Verfahren als Literarkritik. Ansatzweise übten sie auch schon historische Kritik, indem sie danach fragten, aus welcher Zeit die einzelnen Werke stammten und inwieweit das darin Berichtete den Tatsachen entsprach. Diese Methodik wurde in der Neuzeit von der Bibelwissenschaft in weiterentwickelter Form auf die Untersuchung der biblischen Überlieferungen angewandt. Im Alten Testament rückten dabei zunächst die auch als Pentateuch bezeichneten fünf Bücher Moses, im Neuen Testament die Evangelien in den Mittelpunkt der Betrachtung.

In der alttestamentlichen Forschung setzte sich ab dem 17. Jh. die Erkenntnis durch, dass der Pentateuch das Endprodukt eines komplexen Überlieferungsprozesses ist, der erst in der Zeit nach dem babylonischen Exil zum Abschluss kam. Am Anfang stand die Einsicht, dass der aus den Büchern Genesis, Exodus, Levitikus, Numeri und Deuteronomium bestehende Pentateuch nicht auf Mose zurückgeht, sondern die in ihm verarbeiteten Traditionen aus späterer Zeit stammen. Die Bestreitung der mosaischen Herkunft des Pentateuch rief seinerzeit im Judentum wie im Christentum einen Sturm der Entrüstung hervor und trug den Verfechtern dieser These schwerste Anfeindungen bis hin zu Anschlägen auf ihr Leben ein. Heute ist sie in der Bibelwissenschaft allgemein anerkannt. Zudem zeigen Spannungen, Widersprüche, Doppelungen und Wiederholungen, dass der Pentateuch nicht

Oberer Teil des Toraschreins mit dem Tetragramm in der Synagoge von Benfeld/Elsass

aus einem Guss ist. In vielen Fällen begegnet ein und dieselbe Erzähltradition in Dubletten. So finden sich etwa in Gen 1,1–2,4a und 2,4b–2,25 zwei Erzählungen von der Erschaffung der Welt, die sich im Gottesbild, in der Gesamtszenerie und in der Abfolge der erzählten Ereignisse grundlegend unterscheiden. In anderen Fällen erwecken die Texte den Eindruck, als ob unterschiedliche Erzählvarianten ineinandergeflossen sind. Ein anschauliches Beispiel ist die Sintflutgeschichte in Genesis 6,5–9,17, in der alle wichtigen Etappen des Geschehens zweimal in stilistisch wie bildlich unterschiedlicher Gestalt erzählt werden. Überhaupt begegnen im Pentateuch in hohem Maße konkurrierende theologische Konzeptionen und Vorstellungen. Ein Meilenstein auf dem Weg der kritischen Pentateuchforschung war die im frühen 18. Jh. gewonnene Erkenntnis, dass der Wechsel der Gottesbezeichnung JHWH und Elohim auf eine Herkunft der betreffenden Textpassagen aus unterschiedlichen Quellen hindeute. Dieses Gesamtbild verdichtete sich im 19. Jh. in der klassisch gewordenen Vierquellentheorie. Sie geht davon aus, dass sich im Pentateuch ein jahwistisches Geschichtswerk aus der Zeit Salomos, ein etwas jüngeres elohistisches Geschichtswerk, ein Urdeuteronomium aus der Zeit des Königs Joschija und schließlich eine Priesterschrift aus der Zeit des babylonischen Exils als Quellenschriften nachweisen lassen. Dieses Modell fand bis in die zweite Hälfte des 20. Jh.s hinein weithin Akzeptanz, während man sich heute die Entwicklung meist noch komplexer vorstellt, ohne dass sich eine allgemeine Zustimmung zu einem bestimmten Erklärungsmodell abzeichnet.

Die kritische Analyse des Alten Testaments blieb selbstverständlich nicht auf den Pentateuch beschränkt, sondern erstreckte sich auf alle Bücher der hebräischen Bibel. So wurden beispielsweise im 19. Jh. die Erkenntnisse gewonnen, dass im biblischen Buch Jesaja drei verschiedene Prophetenbücher aus unterschiedlicher Zeit vereinigt sind und dass das in der Situation des babylonischen Exils angesiedelte Danielbuch in Wirklichkeit erst in der Makkabäerzeit geschrieben wurde. Insgesamt haben die Anfänge der kritischen Bibelwissenschaft deutlich aufgezeigt, dass das Alte Testament nicht einfach als ein Geschichtsbuch gelesen werden kann. Es erweist sich zwar als unschätzbar wertvolle Quelle für die Rekonstruktion der Geschichte Israels und enthält in hohem Maße geschichtlich zuverlässige Traditionen. Die Darstellung der geschichtlichen Ereignisse ist aber von theologischen Interessen gezeichnet. Zudem werden viele Erzählungen des Alten Testaments, beispielsweise der Schöpfungsbericht oder die Sintflutgeschichte, von der alttestamentlichen Forschung nicht als Tatsachenberichte, sondern als Mythen betrachtet. Damit ergibt sich ein erhebliches Konfliktpotenzial zwischen kritischer Bibelwissenschaft und evangelikaler Bibelauslegung.

Im Neuen Testament setzte die Bibelwissenschaft zunächst bei den Evangelien ein, deren eigentümliches Nebeneinander von enger Verwandtschaft und zugleich starker Verschiedenheit nach einer Klärung rief. Bis in das späte 17. Jh. hinein war man mit großer Selbstverständlichkeit davon ausgegangen, dass es sich bei den Evangelienschreibern um Augenzeugen der Wirksamkeit

Irrtumslosigkeit der Bibel?

Darüber, wie man mit der Bibel umgehen soll und darf, gibt es im Christentum sehr unterschiedliche Vorstellungen. Die historisch-kritische Bibelwissenschaft betrachtet die Bibel als Gottes Wort durch Menschenhand und analysiert sie mit philologischen Methoden, wie sie beispielsweise auch in der Literatur- und Geschichtswissenschaft Anwendung finden. Dabei geht es darum, die von der Bibel selbst aufgeworfenen Spannungen und Widersprüche zu erklären, das geschichtliche Wachstum der biblischen Traditionen zu erhellen und die Vielfalt wie Einheitlichkeit der Glaubensvorstellungen herauszuarbeiten. Diese Art des Umgangs mit der Bibel wird von evangelikalen Gemeinschaften oder fundamentalistischen Kreisen heftig kritisiert. Eine zentrale Rolle spielt in diesem Zusammenhang die 1973 entstandene Chicago-Erklärung zur Irrtumslosigkeit der Bibel, die von vielen evangelikal ausgerichteten Bibelschulen oder Ausbildungseinrichtungen als normativ betrachtet wird.

Im Zentrum der Chicago-Erklärung steht das Bekenntnis zur völligen Autorität, Unfehlbarkeit und Irrtumslosigkeit der Schrift, die frei von Fehlern, Fälschungen oder Täuschungen ist. Die Bibel gilt in ihrer Gesamtheit und allen ihren Teilen bis zu den Worten des Urtextes als göttlich inspiriert, auch wenn von der Extremposition Abstand genommen wird, die biblischen Autoren nur als willenlose Schreibwerkzeuge Gottes und des Heiligen Geistes zu betrachten. Vor diesem Hintergrund stößt die wissenschaftliche Bibelauslegung mit ihren Quellentheorien und ihrer kritischen Hinterfragung der Verfasserangaben in den biblischen Schriften auf entschiedene Ablehnung. In Artikel 18 der Chicago-Erklärung heißt es: „Wir verwerfen die Berechtigung jeder Behandlung des Textes und jeder Suche nach hinter dem Text liegenden Quellen, die dazu führen, dass seine Lehren relativiert, für ungeschichtlich gehalten oder verworfen oder seine Angaben zur Autorschaft abgelehnt werden."

Jesu handele. Die Unterschiede in den Evangelien erklärte man sich für gewöhnlich damit, dass jeder Evangelist das Geschehen aus seinem persönlichen Blickwinkel schildere. Die nun einsetzende historisch-kritische Erforschung der Evangelien zeigte, dass die Lage deutlich komplexer ist. Gotthold Ephraim Lessing rechnete 1776 mit einem verloren gegangenen aramäischen Urevangelium, von dem unsere Evangelien griechische Übersetzungsvarianten seien. Andere hingegen vermuteten, dass unsere Evangelien unabhängig voneinander auf mündliche Tradition zurückgehen oder das Endstadium eines Sammlungsprozesses von Einzelaufzeichnungen über Jesu Reden und Wirken darstellen. Durchgesetzt hat sich schließlich die Benutzungstheorie. Ihre Vertreter erklären sich die Übereinstimmungen der Evangelien durch ein literarisches Abhängigkeitsverhältnis. Umstritten war dabei freilich, wer von wem „abgeschrieben" hat. Johann Jakob Griesbach betrachtete 1789 das Matthäusevangelium als älteste Darstellung des Lebens Jesu. Das deutlich kürzere Markusevangelium sei ein Exzerpt aus den Evangelien des Matthäus und Lukas. Der Philologe Karl Lachmann arbeitete dagegen 1835 überzeugend die Markuspriorität heraus und wies nach, dass Markus sowohl Matthäus als auch Lukas als Vorlage gedient hat. Christian Hermann Weisse vertrat 1838 als erster die Auffassung, dass Matthäus und Lukas über Markus hinaus unabhängig voneinander eine verloren gegangene Spruchsammlung benutzten. Die Annahme, dass das Markusevangelium und die Spruchsammlung die beiden maßgeblichen Quellen des Matthäusevangeliums und des Lukasevangeliums darstellen, erscheint bis heute den meisten Neutestamentlern als die mit Abstand plausibelste Lösung des Problems, wie man sich die Gemeinsamkeiten und Unterschiede der Evangelien erklären soll. Die kritische Analyse der neutestamentlichen Briefe zeigte ebenfalls bereits im 19. Jh., dass dort in vielen Fällen prominente Personen wie Paulus, Petrus oder Jakobus als Verfasser ausgegeben werden, um dem Briefinhalt besondere Autorität zu verleihen. Man bezeichnet dieses in der Antike weit verbreitete Phänomen als Pseudepigrafie.

Wenn die Evangelienschreiber keine Augenzeugen des Wirkens Jesu waren, sondern sich auf Quellen von unterschiedlichem historischem Wert stützten, sind von vornherein auch die Möglichkeiten der zuverlässigen Rekonstruktion des Lebens Jesu begrenzt. Im 19. Jh. setzte sich daher die Einsicht durch, dass wir zwischen dem geschichtlichen Jesus und dem Christus des Glaubens unterscheiden müssen. Die Evangelien wurden unter dem Eindruck des Osterglaubens an den gekreuzigten und auferstandenen Herrn geschrieben. Sie lassen dabei in hohem Maße die Züge des himmlischen Christus in die Darstellung des irdischen Jesus einfließen, indem sie ihm beispielsweise über alles Menschliche hinausgehende Fähigkeiten zuschreiben. Viele Evangelienerzählungen sind ungleich stärker Glaubensgeschichten als Tatsachenberichte.

Die Bibel im Licht der antiken Religionsgeschichte

Durch die Betrachtung der Bibel im Licht der antiken Religionsgeschichte werden die biblischen Texte aus ihrer Isoliertheit gelöst und zu religiösen Traditionen ihres antiken Umfelds in Beziehung gesetzt.

Ein weiterer Meilenstein in der Bibelwissenschaft war die im späten 19. Jh. etablierte religionsgeschichtliche Erforschung der Bibel. Sie analysiert die Glaubensvorstellungen beider Testamente unter Berücksichtigung der Religionen in der Umwelt der Bibel. Durch den religionsgeschichtlichen Vergleich wird der biblische Text aus seiner Isoliertheit gelöst und zu religiösen Traditionen seines antiken Umfelds in Beziehung gesetzt. Pionierarbeit auf diesem Feld leistete die Religionsgeschichtliche Schule. Der Name steht für eine Gruppe von evangelischen Theologen, die Ende des 19. Jh.s überwiegend an der Universität Göttingen ihre akademische Laufbahn begannen und dabei die biblische Überlieferung gezielt vor dem Hintergrund der antiken Religionsgeschichte betrachteten. Herausragende Gestalten waren etwa auf dem Gebiet des Alten Testaments Bernhard Duhm und Hermann Gunkel, auf dem Gebiet des Neuen Testaments Wilhelm Bousset und Wilhelm Heitmüller.

Unter Aufnahme von Ansätzen aus der Religionswissenschaft, der Altphilologie und den Altertumswissenschaften traten die Mitglieder der Religionsgeschichtlichen Schule für einen radikalen Wandel in der theologischen Forschung ein, indem sie eine Abkehr von einer dogmatisch beeinflussten Bibelauslegung forderten; stattdessen sollten die biblischen Traditionen in den universalen Kontext der antiken Kultur- und Geistesgeschichte gestellt werden. Konsequent führte dieser Ansatz zu einer verstärkten Beschäftigung mit fremden Religionen, um Einflüsse aus der Umwelt der Bibel auf den alttestamentlichen wie neutestamentlichen Glauben zu ergründen. Im Blick auf das Alte Testament richtete sich der Fokus auf die Geschichte der altorientalischen Religionen in den Kulturräumen Ägyptens, Phöniziens und Mesopotamiens, durch die der alttestamentliche Glaube in Anknüpfung und Abgrenzung seine Prägung erfahren hat. Die Entwicklung der neutestamentlichen Theologie vollzog sich im Spannungsfeld von alttestamentlich-jüdischem Erbe und griechisch-römischem Denkhorizont. Die religionsgeschichtliche Erhellung des Neuen Testaments nimmt daher neben den Glaubensvorstellungen des antiken Judentums auch die religiösen Strömungen des Hellenismus in den Blick. Dazu zählen Mysterienreligionen, Volksglaube, Herrscherkult, Gnosis und philosophische Konzeptionen.

Ein wichtiges Anliegen war den Vertretern der Religionsgeschichtlichen Schule, die Ergebnisse ihrer Forschungsarbeit einer breiteren Öffentlichkeit zugänglich zu machen, um so zu einer Erweiterung des religiösen Bewusstseins in allen Bevölkerungsschichten beizutragen. Neben einer regen Vortragstätigkeit wurde dies auch durch populärwissenschaftliche Publikationen wie die „Religionsgeschichtlichen Volksbücher" erreicht. In mancherlei Hinsicht schoss die Religionsgeschichtliche Schule allerdings mit ihrer Programmatik und Entdeckerfreude über das Ziel hinaus. Ihr bleibendes Verdienst ist die heute unbestrittene Einsicht, dass die religiösen Traditionen aus der Umwelt der Bibel vergleichend einzubeziehen sind, um die biblischen Texte angemessen interpretieren zu können. Unentbehrliche Hilfsmittel dafür sind Textbücher, Quellensammlungen und Gesamtdarstellungen zur religiösen Umwelt des Alten wie des Neuen Testaments.

Hermann Gunkel

Der religionsgeschichtliche Vergleich ist allerdings mit drei unterschiedlichen Gefahren behaftet. Zunächst geht es darum, die biblischen Zeugnisse nicht vorschnell in die allgemeine Religionsgeschichte einzuflechten und in ihrer Bedeutung zu nivellieren. Methodisch wird deshalb beim Vergleich biblischer Texte mit religionsgeschichtlichen Parallelen zwischen direkten Abhängigkeiten und phänomenologischen Entsprechungen unterschieden. Wenn es eine religionsgeschichtliche Parallele zu einem biblischen Text gibt, darf also nicht vorschnell darauf geschlossen werden, dass die biblischen Erzähler an dieser Stelle einseitig von religiösen Vorstellungen aus ihrer Umwelt abhängig sind und ihr Denken keine besondere Originalität aufweist. Die zweite Gefahr besteht darin, religionsgeschichtliche Parallelen primär als Negativfolie heranzuziehen, um vor ihrem Hintergrund die biblischen Überlieferungen umso heller erstrahlen zu lassen. Daher ist eine unvoreingenommene Wahrnehmung der Parallelen geboten, ohne die Überlegenheit der Bibel erweisen zu wollen. Die dritte Gefahr hat mit der Auswahl des Materials aus der Umwelt der Bibel zu tun. So war es im

Blick auf die religionsgeschichtliche Erhellung des Neuen Testaments lange Zeit prägend, sich einseitig auf die hellenistischen Befunde zu fokussieren und den jüdischen Traditionshintergrund des Neuen Testaments nicht angemessen zu berücksichtigen. Dies führte zu einer verzerrten Wahrnehmung der biblischen Überlieferung bis hin zur Ausgrenzung Jesu aus dem Judentum.

An zwei Beispielen soll die Bedeutung einer Betrachtung der Bibel im Licht der antiken Religionsgeschichte kurz veranschaulicht werden. Hermann Gunkel untersuchte in seinem 1895 erschienenen Werk „Schöpfung und Chaos in Urzeit und Endzeit“ erstmals die biblische Schöpfungsgeschichte unter Einbeziehung des altorientalischen Schöpfungsmythos, des „Enuma-Elisch“. Gunkel gelang es, eine enge formale, sprachliche und inhaltliche Verwandtschaft zwischen beiden Überlieferungen aufzuzeigen. Damit ebnete er der Einsicht den Weg, dass der religionsgeschichtliche Vergleich die Aufnahme wie Abgrenzung von altorientalischen Weltschöpfungsmythen in der Bibel durchsichtig macht und zu einem besseren Verständnis der biblischen Schöpfungserzählungen beiträgt. Im Bereich des Neuen Testaments gebührt Wilhelm Heitmüller mit seinem 1903 veröffentlichten Werk „Taufe und Abendmahl bei Paulus. Darstellung und religionsgeschichtliche Beleuchtung“ das Verdienst, als Erster die beiden sakramentalen Handlungen des Urchristentums besonders in den Horizont der antiken Religionsgeschichte gestellt zu haben. Im Blick auf das Vergleichsmaterial holte er zwar aus heutiger Sicht entschieden zu weit aus, indem er die Leser zur Erhellung der Abendmahlsberichte auch in die Welt der Azteken und der Beduinen führte. Seit Heitmüllers Untersuchungen führt aber in der Bibelwissenschaft kein Weg mehr an der Einsicht vorbei, dass wir die Bedeutung von Taufe und Abendmahl im Neuen Testament erst dann in ganzer Tiefe erfassen, wenn rituelle Waschungen und sakrale Mahlzeiten aus der religiösen Umwelt des Urchristentums vergleichend in die Interpretation der biblischen Texte einbezogen werden.

Biblische Archäologie

Die biblische Archäologie öffnet den Blick auf materielle Relikte aus der Antike, welche die biblische Geschichte anschaulich machen und nicht selten auch neues Licht auf die Texte der Bibel werfen.

Materielle Hinterlassenschaften der Antike, darunter Grabanlagen, Kunstwerke, Gebrauchsgegenstände, Werke der Architektur oder ganze Siedlungen, geben wichtige

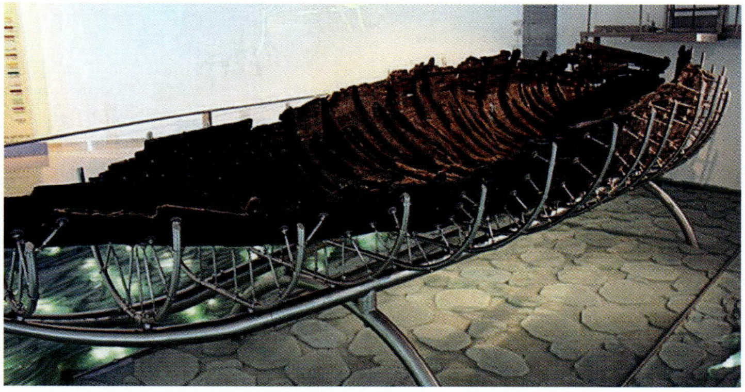

Das Jesusboot im Museum von Ginnosar

Aufschlüsse über soziale und wirtschaftliche Gegebenheiten aus biblischer Zeit. Zudem üben sie dadurch einen besonderen Reiz aus, dass sie die biblische Geschichte anschaulich machen. Es ist die Aufgabe der biblischen Archäologie, diese Befunde freizulegen und zu bewerten. Neben Palästina als Schauplatz der Geschichte des jüdischen Volkes und als Lebenswelt Jesu ist dabei für das Alte Testament der Alte Orient als Umwelt Israels, für das Neue Testament der gesamte östliche Mittelmeerraum als zentrales Ausbreitungsgebiet des Christentums mit in den Blick zu nehmen.

Die biblische Archäologie entwickelte sich im 19. Jh. im Zuge einer Wiederentdeckung des Heiligen Landes und eines neu erwachten Interesses an den Stätten der Bibel. Nachdem es zu ersten wissenschaftlichen Reisen von Gelehrten in den Vorderen Orient und zur Dokumentation antiker Relikte durch die neue Technik der Fotografie gekommen war, wurden in der zweiten Hälfte des 19. Jh.s Vereine ins Leben gerufen, die sich mit der topografischen und archäologischen Erforschung des Heiligen Landes beschäftigen sollten. Die bekanntesten dieser Vereine sind der in London gegründete Palestine Exploration Fund (1865), die American Palestine Exploration Society (1870) und der Deutsche Verein zur Erforschung Palästinas (1877). Bald entstanden auch in Palästina selber Forschungsinstitutionen wie die École biblique et archéologique, die Jerusalemer Dependance der American School of Oriental Research oder das Deutsche Evangelische Institut für Altertumswissenschaft des Heiligen Landes, die sich mit Genehmigung der staatlichen Behörden vor Ort archäologischen Ausgrabungen widmeten, um diese für die Interpretation der Bibel fruchtbar zu machen. Bis 1917 war Palästina Teil des Osmanischen Reiches, 1922 wurde es vom Völkerbund unter britisches Mandat gestellt, bevor es dann 1948 zur Gründung des Staates Israel kam.

Die biblische Archäologie war lange Zeit zu einseitig auf das Heilige Land beschränkt und wurde in den Dienst der Legitimation religiöser oder politischer Sachverhalte

In Kafarnaum am Nordufer des Sees Gennesaret wurden die Grundmauern des antiken Ortes mit seiner Synagoge ausgegraben.

gestellt. Auf christlicher Seite war dabei eine vorschnelle Vermischung von Grabungsergebnissen und biblischen Textbefunden zu beobachten, die einer unvoreingenommenen Interpretation des archäologischen Befundes im Wege stand. Viele Grabungen verfolgten allein die apologetische Tendenz, die Wahrheit der Bibel zu untermauern. Vonseiten des Staates Israel wurde die biblische Archäologie in den Gründerjahren in erheblichem Maße unter dem Aspekt der politischen Verwertbarkeit betrachtet, indem sie das Selbstverständnis Israels festigen und den Anspruch auf das Land untermauern sollte. Beispielsweise verfolgten die von Yigael Yadin in den 1950er-Jahren vorgenommenen Ausgrabungen in Hazor das Ziel, die im Josuabuch beschriebene kriegerische Landnahme der Israeliten zu belegen und gleichzeitig eine Begründung für das aktuelle politische Handeln zu liefern. Heute dominiert in der biblischen Archäologie eine unvoreingenommene Herangehensweise, welche die Grenzen Palästinas programmatisch überschreitet und neue Verständnismöglichkeiten für die Geschichte wie Kulturgeschichte der biblischen Orte eröffnet. Durch eine ergebnisoffene archäologische Forschung lässt sich ein eigenständiges Bild der Lebensverhältnisse in biblischer Zeit erheben, das über die literarischen Quellen hinausgehend auch zu völlig neuen Einsichten führen kann.

Neben systematischen archäologischen Expeditionen spielen für die biblische Archäologie immer wieder auch Zufallsfunde eine Rolle, die sich mit Gewinn für ein besseres Verständnis der Bibel heranziehen lassen. Dazu gehört beispielsweise die Entdeckung des „Jesusboots" im Jahre 1986. Eine lange Dürreperiode hatte dazu geführt, dass der Wasserspiegel des Sees Gennesaret dramatisch gesunken und die Uferlinie weit zurückgetreten war. Große Flächen am Rande des Sees, die normalerweise mit Wasser überspült sind, wurden aufgrund des niedrigen Pegelstandes begehbar. Zwei junge Männer aus dem Kibbuz Ginnosar nahe dem Ort Magdala, die sich auf der Suche nach antiken Münzen befanden, entdeckten bei ihrem Spaziergang am Ufer einige rostige Nägel. Beim Nachgraben im Schlamm traten zunächst Holzreste und dann die Umrisse eines Objektes zutage, das sich später als Fischerboot aus den Tagen Jesu entpuppen sollte. Es handelt sich um das einzige antike Schiff, das bislang am See Gennesaret entdeckt wurde. Die Maße des Bootes betragen ungefähr 8,2 Meter in der Länge, 2,3 Meter in der Breite und 1,2 Meter in der Tiefe. Sein Inneres bot etwa fünfzehn Personen Platz. Es verfügte vermutlich über zwei Paar Ruder, ein Steuerruder und einen Mast mit Segel. Erstellt wurde es in der Schalenbauweise, einer in der Antike im Mittelmeerraum weit verbreiteten Bootsbautechnik. Die Restaurierungsarbeiten an dem Boot waren langwierig. Erst vierzehn Jahre nach dem Ausgrabungstag konnte das aufwendig restaurierte Holzgerippe im Museum von Ginnosar erstmals einer breiteren Öffentlichkeit zugänglich gemacht werden. Im Ausstellungsraum ist es auf einem Stahlgestell über blaugrünen Glasplatten installiert, die den See Gennesaret darstellen sollen. Maßstabsgetreue Nachbauten des Bootes in der mutmaßlichen Gestalt, die es ursprünglich einmal hatte, sind im Kibbuz Ein-Gev sowie im Bibelhaus am Museumsufer in Frankfurt am Main zu sehen. Durch den sensationellen Fund von 1986 haben wir eine konkrete Vorstellung von den Booten, wie sie in neutestamentlicher Zeit beim Fischen zum Einsatz kamen oder von Jesus mit seinen Jüngern bei ihren Überfahrten über den See Gennesaret benutzt wurden. Theoretisch könnte sogar Jesus selbst irgendwann einmal in diesem Boot gesessen haben.

Gegenwartsbezogenes Verstehen der Bibel

Unterschiedliche Modelle eines gegenwartsbezogenen Verstehens der Bibel versuchen die Botschaft der biblischen Texte in unsere Zeit hinein zu übersetzen und Bezüge zur Situation des heutigen Menschen aufzuzeigen.

Die biblischen Texte sind in einer Lebenswelt entstanden, die uns fremd ist, und einem Weltbild verpflichtet, das sich grundlegend von dem der Neuzeit unterscheidet. Die historisch-kritische Rekonstruktion der geschichtlichen Ursprünge der biblischen Tradition, die den Blick auf den Ursprungssinn eines Textes eröffnet, hat diese Kluft zwischen damals und heute in ganzer Tiefe sichtbar werden lassen. Als Konsequenz ist die historische Betrachtung von Bibeltexten mit Freilegung von Quellenschriften, Traditionen und religionsgeschichtlichen Bezügen um eine gegenwartsbezogene Schriftauslegung zu ergänzen. Es ergibt sich die Notwendigkeit, die Botschaft der Bibel in die veränderten Gegebenheiten unserer Zeit hinein zu übersetzen und Bezüge zur Situation des heutigen Menschen herzustellen. Die distanzierte Betrachtung biblischer Traditionen als geschichtlicher Phänomene greift entschieden zu kurz, ihnen ist vielmehr eine weit über ihren ursprünglichen geschichtlichen Ort hinausweisende Aktualität zu eigen, die immer wieder neu erschlossen werden will. Die Durchführung und methodische Reflexion solch einer Übertragung von biblischen Aussagen in die Gegenwart bezeichnet man als Hermeneutik. Beispielhaft sollen einige Modelle zur Sprache kommen.

Ein wichtiger Ansatz gegenwartsbezogenen Verstehens der Bibel ist die von der Philosophie Heideggers beeinflusste existenziale Hermeneutik des Marburger Theologen Rudolf Bultmann (1884–1976). Sie war nach dem Zweiten Weltkrieg lange Zeit vorherrschend, hat allerdings in den letzten Jahrzehnten an Bedeutung eingebüßt. Bultmann geht von der Prämisse aus, dass man von Gott nicht unter Ausklammerung der eigenen Existenz reden kann. Die von Gott bestimmte Existenz des Menschen ist das eigentliche Thema der Bibel. Der existenzialen Interpretation biblischer Traditionen liegt die feste Überzeugung zugrunde, dass sich in ihnen die existenziellen Grundstrukturen menschlichen Daseins wie Glück, Sorge oder Angst niedergeschlagen haben und die Texte auf sie hin befragt werden können. Die biblischen Überlieferungen thematisieren demnach die gleichen menschlichen Grundfragen, die auch den modernen Leser bewegen. Es besteht eine grundsätzliche Gleichheit von damaliger und heutiger Existenz. Die von der Bibel angebotenen Daseinsmöglichkeiten gilt es zu erkennen und im Glauben zu ergreifen. Allerdings liegen sie nicht offen zutage, sondern sind in die Form mythologischer Vorstellungen gekleidet, welche das wirkliche Heilsgeschehen verhüllen. Zu diesen Mythen zählen beispielsweise Jungfrauengeburt und Wunder. Das Programm der Entmythologisierung verfolgt dementsprechend das Ziel, das Weltbild der Antike als für den modernen Menschen nicht annehmbares Glaubenshindernis zu überwinden und den dahinter liegenden Kern der Texte freizulegen. Es geht um die Möglichkeit christlichen Glaubens unter den Bedingungen des von den Naturwissenschaften geprägten neuzeitlichen Daseinsverständnisses. Um der Redlichkeit des Glaubens willen soll dem Menschen für seine Religion keine Bejahung eines Weltbildes abverlangt werden, das er in seinem sonstigen Leben verneint. Der Kern der hinter den Mythen verborgenen Glaubensbotschaft ist für Bultmann das Ärgernis vom Kreuz. Es hält dem Menschen, der sein Leben aus eigenem Willen und aus eigener Kraft gestalten zu können glaubt, seine Erlösungsbedürftigkeit vor Augen und stellt ihn in seiner alten Existenz radikal in Frage. Glaube bedeutet Preisgabe der menschlichen Selbstherrlichkeit im Angesicht des Kreuzes.

Rudolf Bultmann

Andere Akzente setzt die feministische Bibelauslegung mit ihrer emanzipatorischen Dimension, die die Männerzentriertheit der Bibelwissenschaft zu überwinden sucht. Dabei geht es zunächst einmal um eine geschichtliche Rekonstruktion der weithin vergessenen, im Überlieferungsprozess verdrängten oder heruntergespielten Bedeutung der Frau. Eine wichtige Aufgabe ist daher die Erforschung von Frauengestalten in der Bibel, aus der sich zudem wichtige Impulse für die Legitimation einer Zulassung von Frauen in das kirchliche Amt ergeben. Beispielsweise gab es noch vor einigen Jahrzehnten zwar unzählige Bücher über Petrus, aber kaum eines über Maria Magdalena. In den Kontext einer angemessenen Wahrnehmung von Frauen in der biblischen Überlieferung gehört auch die „Bibel in gerechter Sprache", die etwa deutlich macht, dass der Apostel Paulus nicht nur an die Römer, sondern auch an die Römerinnen geschrieben hat. Darüber hinaus macht sich feministische Bibelauslegung die kritische Prüfung frauenfeindlicher Bibelauslegungstraditionen zur Aufgabe, bemüht sich um eine eigenständige Bibelhermeneutik mit Gleichberechtigung der Geschlechter und ist an der Wiederentdeckung oder Entwicklung spezifisch weiblicher Formen von Spiritualität interessiert. Radikale Strömungen der feministischen Theologie brechen programmatisch mit weiten Teilen des von patriarchalen

Echt oder gefälscht?

Angesichts der Preise, die mittlerweile für Relikte aus biblischer Zeit erzielt werden können, werden immer wieder auch Fälschungen auf den Markt gebracht. Bei den technischen Möglichkeiten, die heute zur Verfügung stehen, wird es zunehmend schwerer, gefälschte Objekte als solche zu erkennen. In jüngerer Vergangenheit ist dies am Beispiel der Joasch-Inschrift und des Jakobus-Ossuars in besonderer Weise anschaulich geworden.

Im Januar 2003 ließ zunächst die israelische Tageszeitung Ha'aretz und wenig später die internationale Presse die Sensation verlauten, dass in Jerusalem eine Steintafel mit der ersten althebräischen Königsinschrift entdeckt worden sei. Sie stamme von König Joasch (9. Jh. v. Chr.) und berichte von Reparaturarbeiten am salomonischen Tempel. Ihre Echtheit sei durch mineralogische Analysen bestätigt. Damit schien der erste archäologische Beweis für die biblische Erzählung in 2 Kön 12 vorzuliegen. Die seit Bekanntwerden der Inschrift entbrannte wissenschaftliche Diskussion führte allerdings zu dem Ergebnis, dass es sich um eine Fälschung handelt. Maßgeblich für dieses Urteil sind inhaltliche Kriterien. Wortwahl, Orthografie und Grammatik der Inschrift sind von Ungereimtheiten geprägt oder widersprechen dem, was man über die hebräische Sprache zur Zeit des Königs Joasch weiß. Dabei ist es den Fälschern aber mit derart großer Perfektion gelungen, Alterungsprozesse am Kalksteinmaterial in Gang zu setzen und antike Buchstaben nachzuahmen, dass sich der zweifelsfreie naturwissenschaftliche Nachweis der Fälschung als ausgesprochen schwieriges Unterfangen darstellt.

Das Gleiche gilt für den im Oktober 2002 mit einem gewaltigen Medienecho der Weltöffentlichkeit präsentierten Steinsarg, der angeblich die sterblichen Überreste des Bruders Jesu in sich geborgen hat. Der Knochenkasten trägt die aramäische Inschrift „Jakob, Sohn des Josef, Bruder des Jeschua“. Bei Jeschua handelt es sich um die aramäische Ursprungsform des Namens Jesus. Wenn die Inschrift echt wäre, ständen die Chancen gut, dass wir den ersten archäologischen Beweis für die Existenz Jesu von Nazaret vor uns haben. Experten von der israelischen Altertumsbehörde sind allerdings der Auffassung, dass zumindest Teile der Inschrift eine Fälschung darstellen. Dem Besitzer des Steinsarges wurde vorgeworfen, die auch von vielen Experten für echt gehaltenen Worte „Bruder des Jeschua“ zur Wertsteigerung hinzugefügt zu haben, um das Objekt mit Jesus von Nazaret in Verbindung bringen und gewinnbringend veräußern zu können. Bei einer Razzia wurde ein Katalog mit Abbildungen von antiken Inschriften sichergestellt, der Fälschern als eine Art Musterbuch für ihre Tätigkeit gedient haben könnte. Diese haben nach Ansicht der israelischen Behörden mit Hilfe von Grafiksoftware antike Inschriften eingescannt, aus deren Buchstaben neue Formulierungen zusammengestellt und diese computergesteuert in antike Fundstücke eingraviert, um das Ganze schließlich mit selbst hergestellter Patina zu überziehen. Auch wenn ganz erhebliche Verdachtsmomente für eine Fälschung vorliegen, kann aufgrund weiterer Gutachten die Möglichkeit nicht völlig ausgeschlossen werden, dass die Inschrift in ihrem vollen Bestand echt ist. Dann könnte es sich bei dem Fundstück tatsächlich um einen Steinsarg handeln, der einst die sterblichen Überreste des Bruders Jesu in sich barg.

Die Diskussion um die Joasch-Inschrift und den Steinsarg des Jakobus ist ein Lehrstück für die Grenzen der Forschung. Angesichts der Möglichkeiten des technischen Fortschritts wird es immer schwerer, vermeintlich aus biblischer Zeit stammende Fundstücke als echt zu erweisen oder als Fälschung zu entlarven.

Denkstrukturen bestimmten Bibeltextes und ziehen damit auch massive Kritik auf sich. Exemplarisch machen sich solche Kontroversen an einer feministischen Ablehnung der Vorstellung vom Sühnetod Jesu fest, die angeblich dem blutrünstigen Denken der Männer entsprungen ist.

Die tiefenpsychologische Bibelauslegung indes ist davon überzeugt, dass die biblischen Überlieferungen eine Tiefenstruktur heilen und integrierten Lebens enthalten. Die in den Tiefenschichten der Bibel abgelagerten menschlichen Grunderfahrungen werden in unser Leben hineingeholt und können Selbsterfahrung bewirken. Das bedeutsamste tiefenpsychologische Interpretationsmodell stammt von Eugen Drewermann und ist dem Denken von Carl Gustav Jung verpflichtet. Dieser rechnet mit einer angeborenen Tiefenschicht der Psyche, die eine in jedem Menschen vorhandene Grundlage überpersönlicher Art darstellt und daher „das kollektive Unbewusste“ genannt wird. In die Tiefenschicht der Seele haben sich nach Jung bestimmte Urbilder, Archetypen, eingeprägt, die sich in eher rational bestimmte männliche, als Animus bezeichnete und in eher emotional bestimmte weibliche, als Anima bezeichnete Elemente unterteilen. Nicht nur eine Disharmonie zwischen Animus und Anima, sondern vor allem auch die sogenannten Schatten, vom Ich an sich selbst nicht akzeptierte und daher verdrängte Persönlichkeitsanteile, lassen demnach die Seele krank werden. Heilung geschieht in einem als Individuation bezeichneten allmählichen Prozess der Selbstwerdung. Ein intensives Hören auf das kollektive Unbewusste erweise sich dabei von unschätzbarem Wert, da dort die grundlegenden Möglichkeiten der Krisenbewältigung verborgen seien, wie sie von der Menschheit in ihrer Frühgeschichte erlernt wurden. Am Ende des Selbstwerdungsprozesses steht ein ganzheitliches Ich, das seine angstvoll zurückgewiesenen Persönlichkeitsanteile integriert und seine psychischen Gegensätze in ein harmonisches Gleichgewicht gebracht hat.

Von der Rezeptionsästhetik und der Wirkungsgeschichtlichen Betrachtungsweise dagegen wird die Frage aufgeworfen, ob es in der durch Beliebigkeit gekennzeichneten Postmoderne überhaupt noch so etwas wie richtiges oder falsches Verstehen der Bibel gibt. Die Rezeptionsästhetik zählt zu den synchronen Formen der Textauslegung, die vom Endtext als einem organischen Ganzen ausgehen und dessen „Funktionieren" untersuchen, hingegen auf ein diachrones Lesen des Textes verzichten, also an einer Rekonstruktion literarischer Vorstufen und überlieferungsgeschichtlicher Bausteine nicht interessiert sind. Das Aufkommen der Rezeptionsästhetik ist das Ergebnis eines Paradigmenwechsels in der Literaturwissenschaft, indem eine auf das Werk und den Autor zentrierte Betrachtungsweise dadurch abgelöst wird, dass nunmehr die Leserin oder der Leser als entscheidende Größe ins Blickfeld kommt. Es geht um die Interaktion zwischen Werk und Rezipienten. Der Text ist eine unfertige Größe, ein offenes Kunstwerk, das Steuerungssignale enthält und durch den Interpreten zur Vollendung kommt. Man kann ihn als Partitur begreifen, die erst durch den Leser zum Klingen gebracht wird.

Wenn der Sinn erst im Akt des Lesens konstituiert wird, lässt ein Text eine Reihe ganz unterschiedlicher Sinnzuschreibungen zu. Die Rezeptionsästhetik lehrt zu begreifen, dass ein Bibeltext keinen objektiven, zeitlos gültigen Sinn aufweist, sondern durch eine prinzipielle Offenheit gekennzeichnet ist, indem er in unterschiedlichen Zeiten und Situationen von unterschiedlichen Lesern in ganz unterschiedlicher Weise interpretiert werden kann. Damit gewinnt auch die von Bibeltexten hervorgerufene Wirkungsgeschichte an Stellenwert, indem die biblischen Überlieferungen im Spiegel ihrer Aktualisierung betrachtet werden. Wirkungsgeschichtliche Bibelauslegung geht folglich den Spuren nach, die ein biblischer Text im Laufe von fast zweitausend Jahren in der Kirchen- und Theologiegeschichte, aber auch in der Literatur und der bildenden Kunst hinterlassen hat. Sie basiert auf der Einsicht, dass alle Auslegung biblischer Überlieferungen, sei es bewusst oder unbewusst, immer bereits in einer langen Tradition steht, die den Horizont der eigenen Interpretation entscheidend mitbestimmt. Niemand kann sich von den Auslegungen seiner Vorgänger freimachen, vorurteilsfreie Bibelauslegung gibt es nicht. Deshalb ist es unumgänglich, die reiche Auslegungsgeschichte eines biblischen Textes quer durch alle Epochen hindurch wahrzunehmen und bei den eigenen Bemühungen um eine Sinngebung einzubringen. Gleichzeitig bewahrt ein wirkungsgeschichtliches Bewusstsein davor, theologisch problematische Auslegungstraditionen unreflektiert in die eigene Schriftinterpretation einfließen zu lassen.

Eugen Drewermann

Das Studium der Wirkungsgeschichte zeigt, dass es vielerlei unterschiedliche Möglichkeiten der Interpretation einer biblischen Überlieferung gibt und solche Offenheit in erheblichem Maße bereits im Text selbst angelegt ist. Die Wahrnehmung dieser Vielfalt leitet dazu an, sich der Vorläufigkeit der eigenen Auslegung bewusst zu sein und Toleranz gegenüber anderen Auslegungsmodellen zu üben. Umgekehrt heißt dies allerdings nicht, dass der biblische Text ein wehrloser Spielball des Auslegers wäre und jeder beliebigen Interpretation ihr Recht zuzugestehen sei. Je weiter sich Auslegungen von der ursprünglichen Intention eines Textes entfernt haben, desto kritischer sind sie auf ihre Rechtmäßigkeit hin zu befragen, zumal wenn eine Auslegung bedenkliche Züge aufweist, indem sie beispielsweise Gewalt legitimiert oder antijüdische Untertöne trägt. Historisch-kritische Rückbesinnung auf die ursprüngliche Aussageabsicht eines Textes stellt deshalb ein wichtiges Korrektiv zur Auslegungsgeschichte dar und hält dieser den Spiegel vor. Sie fungiert als Anwalt des Textes gegenüber willkürlicher Interpretation oder Fehldeutung durch den Interpreten.

Die Bibel im interreligiösen Dialog

Wenn nach der Bedeutung der Bibel im interreligiösen Dialog gefragt wird, richtet sich der Fokus auf die drei monotheistischen Weltreligionen Judentum, Christentum und Islam.

Mit dem Judentum teilt das Christentum den ersten Teil seiner Bibel als Heilige Schrift. Einerseits kommen darin die Verbundenheit des Christentums mit dem Judentum und das christliche Bewusstsein der eigenen Verwurzelung in der Heilsgeschichte Israels zum Ausdruck. Andererseits ist dadurch ein erhebliches Konfliktpotenzial gegeben, da die zum Alten Testament gewordenen heiligen Schriften Israels von Juden und Christen in sehr unterschiedlicher Weise gelesen und interpretiert werden.

Auch zum Islam gibt es vom Alten Testament her Querbezüge. Indem der Islam sich in seiner Herkunft auf Abraham beruft und eine Reihe alttestamentlicher Traditionen rezipiert, hat er gemeinsame Wurzeln mit dem Judentum. Damit stellt sich die Frage, wie sich Altes Testament und Koran zueinander verhalten.

Im Hinblick auf die Rezeption des Neuen Testaments im interreligiösen Diskurs ist bemerkenswert, dass uns Jesus sowohl im Talmud als auch im Koran begegnet. Auch wenn die dortigen Jesusbilder aus christlicher Perspektive nicht geteilt werden können, ergeben sich weitere Ansätze für den Dialog zwischen den drei monotheistischen Weltreligionen. Dabei darf allerdings die Wahrnehmung von Gemeinsamkeiten nicht im Horizont eines falschen Verständnisses von Toleranz zu einer Verwischung oder Einebnung der Unterschiede führen. Interreligiöser Dialog beinhaltet neben beiderseitigem Respekt, dem Abbau von Vorurteilen und der Bereitschaft zum offenen Diskurs immer auch ein glaubwürdiges Eintreten für die eigenen Überzeugungen und das eigene Schriftverständnis. Am Ende eines gelungenen interreligiösen Dialogs über die Bibel kann die von gegenseitiger Achtung getragene Wahrnehmung und Akzeptanz der bleibenden Unterschiede stehen.

Eine offene Torarolle

Das Schriftverständnis im Judentum

Grob kann man innerhalb des Judentums zwischen orthodoxen, konservativen und reformorientierten Strömungen unterscheiden, deren Verständnis von der Heiligen Schrift sich charakteristisch unterscheidet.

Ähnlich wie das Christentum hat auch das Judentum im Hinblick auf die religiösen Strömungen viele Gesichter, die sich durch ein unterschiedliches Schriftverständnis auszeichnen. Innerhalb der vom Christentum als Altes Testament bezeichneten Hebräischen Bibel ist dabei für alle jüdischen Strömungen die Tora, das in den fünf Büchern Moses offenbar gewordene Gesetz Gottes, von höchster Bedeutung. Eine hervorgehobene Rolle spielt zudem der Talmud, der um 400 n. Chr. Gestalt gewann und im Judentum der Tora vielfach gleichbedeutend zur Seite gestellt wird. In den Talmud („Belehrung", „Studium") sind neben der Mischna, die in thematisch ausgerichteten Ordnungen und Traktaten eine Art Kommentar zum Mosegesetz bietet, weitere Gesetzeslehren wie Erzählüberlieferungen eingeflossen. Der Talmud existiert in zwei Versionen, wobei der Babylonische Talmud den Palästinischen Talmud von der Bedeutung her in den Schatten stellt.

Grob kann man innerhalb des Judentums zwischen orthodoxen, konservativen und reformorientierten Strömungen unterscheiden. Das aus dem Griechischen stammende Wort „orthodox" bedeutet „rechtgläubig". Es dient seit dem 19. Jh. als Sammelbegriff zur Bezeichnung derjenigen Jüdinnen und Juden, die an der überlieferten Form der Religionsgesetze im wörtlichen Sinne festhalten und auch nur die geringste Abweichung von der Tradition für unzulässig halten. Die orthodoxe Bewegung ist davon überzeugt, die einzig wahre Form des Judentums zu verkörpern. Das orthodoxe Judentum stellt keine einförmige und in sich geschlossene Bewegung dar, sondern umfasst ein breites Spektrum mit unterschiedlichen Schattierungen bis hin zu ultra-orthodoxen Strömungen. Maßgeblich für das orthodoxe Schriftverständnis sind die Prinzipien, dass die Tora göttlichen Ursprungs ist und um ihrer selbst willen wörtlich beachtet werden muss. Der Buchstabe des Mosegesetzes ist zeitlos verbindlich und entzieht sich jeder Hinterfragung oder Neuinterpretation. Die Auslegung des Gesetzes durch die rabbinischen Gelehrten, wie sie sich im Talmud niedergeschlagen hat, wird der Tora mit gleicher Verbindlichkeit zur Seite gestellt.

Das konservative Judentum versucht, die jüdische Tradition mit den Anforderungen der Gegenwart ins Gleichgewicht zu bringen, um auf diese Weise ein Fortbestehen des jüdischen Volkes durch die Zeiten hindurch zu gewährleisten. Es erweist sich damit im Vergleich zum orthodoxen Judentum als offener und wird vielfach auch als liberal-konservatives Judentum bezeichnet. Es geht ihm um die Bewahrung traditioneller jüdischer Bräuche bei gleichzeitiger maßvoller Öffnung vor dem Hintergrund moderner Erkenntnisse und Lebensumstände. Auch für die konservative Bewegung ist die Tora das offenbar gewordene Wort Gottes, doch wird die Mitbeteiligung der Menschen bei der Interpretation der Tora in Rechnung gestellt und wahrgenommen, dass die Tora und die jüdischen Religionsgesetze im Laufe der Geschichte auch Wandlungen unterworfen waren. Dass die traditionellen Religionsgesetze einschließlich der Speisevorschriften (Kaschrut) einzuhalten sind, steht außer Frage. Dabei können aber einzelne rituelle Vorschriften der Tora vorsichtig an neue Gegebenheiten angepasst werden. Während nach Auffassung des orthodoxen Judentums die traditionelle Form des Synagogengottesdienstes nicht verändert werden darf, ist in den meisten konservativen Gemeinden die räumliche Trennung von Mann und Frau in der Synagoge aufgehoben und Hebräisch nicht die alleinige Gottesdienstsprache. Zudem können in konservativen oder liberalen Gemeinden Frauen als Rabbinerinnen tätig sein, was im orthodoxen Judentum auf schärfste Ablehnung stößt. Die erste Rabbinerin überhaupt war übrigens Regina Jonas aus Berlin, die 1935 ordiniert wurde und 1944 im Konzentrationslager Auschwitz starb.

Das Reformjudentum vertritt die Auffassung, dass das Judentum keine statische Religion darstellt. Es ist Entwicklungen unterworfen und muss sich auch in Zukunft wandeln, um zeitgemäß zu bleiben. In diesem Zusammenhang lässt das Reformjudentum einen Umgang mit der Tora erkennen, der sich charakteristisch vom Schriftverständnis des orthodoxen Judentums wie auch des konservativen Judentums unterscheidet. Allein die ethischen Vorschriften des Mosegesetzes gelten als zeitlos gültige Offenbarung Gottes, während die rituellen Regelungen der Tora in den Hintergrund treten. Charakteristische Merkmale der jüdischen Religion wie die Beschneidung, die Begehung der Feiertage und der Verzicht auf Schweinefleisch stehen zwar auch für das Reformjudentum außer Frage, doch nimmt es grundsätzlich gegenüber dem Ritualgesetz eine liberale Haltung ein. Beispielsweise verfügen alle orthodoxen und in der Regel wohl auch die konservativen jüdischen Haushalte über getrenntes Geschirr für Milchiges und Fleischiges, um die Speisevorschriften der Tora einzuhalten, während dies bei Anhängern des Reformjudentums eher nicht der Fall ist oder das betreffende Geschirr nur am Sabbat und bei den jüdischen Festen zum Einsatz kommt.

Die jüdische Bibel als Teil des christlichen Kanons

Die heiligen Schriften des Judentums wurden als Altes Testament zum Bestandteil des christlichen Bibelkanons. Dies darf dies nicht zu ihrer Abwertung oder einseitigen Vereinnahmung führen.

Das Christentum hat die jüdische Bibel zum ersten Teil seines eigenen Bibelkanons gemacht, ohne den für das Judentum zentralen rituellen Vorschriften der Tora noch irgendeine Bedeutung beizumessen. Es liest die fünf Bücher Moses nicht als normatives Gesetz, sondern als Zeugnis der Geschichte Gottes mit der Schöpfung und seinem erwählten Volk. Für die beiden Bestandteile der christlichen Bibel haben sich die Bezeichnungen Altes Testament und Neues Testament eingebürgert. Das lateinische Wort

Rabbi David Small – prominenter Vertreter des konservativen Judentums

Wer Krimis liebt und sich auf unterhaltsame Weise mit dem konservativen Judentum beschäftigen möchte, kommt kaum um die Werke von Harry Kemelman (1908–1996) herum. Dieser hat mit der Romanfigur des Rabbi David Small den wohl berühmtesten literarischen Vertreter des konservativen Judentums in den Vereinigten Staaten geschaffen. Zwischen 1964, als das Buch „Am Freitag schlief der Rabbi lang“ auf den Markt kam, und 1996, als die Reihe mit „Als der Rabbi die Stadt verließ“ ihr Ende fand, erschienen zwölf Bände mit dem Protagonisten, der die Leitung einer konservativen jüdischen Gemeinde in Barnards Crossing nahe Boston innehat und gleichzeitig mit den Mitteln rabbinischer Gelehrsamkeit Kriminalfälle löst. Neben spannender Unterhaltung wird in den Krimis lebensnahes Wissen über das Judentum und dessen Schriftverständnis vermittelt.

testamentum dient dabei als Übersetzung des griechischen *diatheke*, das die Bedeutung „Bund“ hat. Die Bezeichnung des hebräischen Bibelkanons als Altes Testament ist alles andere als unproblematisch. Sie wurde aus der Gegenüberstellung eines alten und neuen Bundes in 2 Kor 3,6 abgeleitet und begegnet erstmals in der zweiten Hälfte des 2. Jh.s in heilsgeschichtlichen Zusammenhängen bei den christlichen Theologen Melito von Sardes und Irenäus von Lyon. Die neutestamentlichen Autoren kennen keine Kategorisierung der heiligen Schriften Israels als „alt“. Sie ist erst im Rahmen der Abgrenzung der Kirche vom Judentum entstanden und nicht selten mit negativen Konnotationen verbunden, indem sie eine Abwertung des Judentums und eine Betrachtung seiner heiligen Schriften als alt im Sinne von überholt beinhaltet.

Elisa Klapheck ist Rabbinerin in der Jüdischen Gemeinde von Frankfurt am Main und Professorin in Paderborn.

Vielfach gibt es daher die Forderung, sich von dem Begriff Altes Testament völlig zu verabschieden und ihn durch „Erstes Testament“ oder „Hebräische Bibel“ zu ersetzen. Wenn an der Bezeichnung Altes Testament festgehalten wird, dann kann dies nur unter der Prämisse geschehen, dass „alt“ ohne jeden abwertenden Bedeutungsgehalt im Sinne von „altehrwürdig“ gemeint ist und die Gegenüberstellung zum Neuen Testament nicht als Gegensatz, sondern als Entsprechung verstanden wird. Beide Testamente sind durch denselben Gott verbunden, von dem sie in jeweils unterschiedlicher Weise Zeugnis geben. Als erster Teil der christlichen Bibel gewinnen die heiligen Schriften Israels eine neue Bedeutung, indem durch ihre Voranstellung das im Neuen Testament dokumentierte Handeln Gottes in Jesus Christus in den heilsgeschichtlichen Kontext der Erschaffung der Welt und der Bundesgeschichte mit Israel eingefügt wird. Als universalgeschichtlicher Rahmen der zweigeteilten christlichen Bibel dient das Motiv von Schöpfung bzw. Neuschöpfung. In der Vision des als Paradiesgarten gezeichneten neuen Jerusalem nimmt die Johannesoffenbarung am Ende des Neuen Testaments Motive aus dem Schöpfungsbericht auf, womit sich der durch den Sündenfall unterbrochene Kreis der Heilsgeschichte wieder schließt. Das Heilsgeschehen, das mit der Erschaffung der Welt begann, der gesamten Erwählungsgeschichte Israels seinen Stempel aufdrückte und im Christusgeschehen seinen Höhepunkt erreichte, ist mit dem Anbruch der neuen Welt Gottes zum Abschluss gekommen.

Das Bekenntnis der Kirche zum Alten Testament

Die Kontroversen mit Markion und der Gnosis führten dazu, dass sich die Kirche klar zum Alten Testament als unverzichtbarem Teil der Bibel bekannte und das Wissen um die Herkunft des Christentums aus dem Judentum nicht aus dem Bewusstsein verlor.

Dass das Christentum die heiligen Schriften Israels als Altes Testament zum Teil seines eigenen Bibelkanons machte, war keineswegs derart selbstverständlich, wie es auf den ersten Blick erscheinen mag. Die christliche Kirche ist von ihren Ursprüngen her eine innerjüdische Erneuerungsbewegung. Die Mehrzahl der in das Neue Testament aufgenommenen Schriften wurde von Judenchristen verfasst, die tief in den alttestamentlichen Traditionen und Glaubensvorstellungen verwurzelt waren. Indem das Christentum sich vom Judentum löste und als eigenständige Religion Gestalt annahm, schwand das Bewusstsein für die Verwurzelung des christlichen Glaubens in der jüdischen Tradition. Damit stellte sich die Frage nach der bleibenden Bedeutung der heiligen Schriften Israels für die christliche Kirche. Mitte des 2. Jh.s stand durch das Auftreten des Markion und die Entwicklung der christlichen Gnosis (s. u.) die Frage auf dem Prüfstand, wie das Christentum sich zum Alten Testament verhalten sollte.

Von Markion, der im Juli 144 von der Gemeinde in Rom exkommuniziert wurde und daraufhin eine eigene Kirche gründete, war oben bereits im Zusammenhang mit der Entstehung des christlichen Bibelkanons die Rede. In einer Schrift mit dem Titel „Antithesen“, die allerdings nicht mehr erhalten ist, versuchte Markion den Gegensatz zwischen dem Alten und dem Neuen Testament zu begründen. Gleichzeitig entwickelte er eine dualistische Gotteslehre, die mit der Spannung von Gesetz und Evangelium verbunden wird. Markion verwies etwa darauf, dass im Alten Testament die gewaltsame Eroberung Kanaans befohlen wird, während die Bergpredigt Gewaltverzicht propagiere, oder darauf, dass der alttestamentliche Schöpfergott den Sabbat angeordnet habe, wohingegen Jesus Christus ihn aufhebe. Diese Gegensätze verdichteten sich für Markion zur Annahme von zwei unterschiedlichen Gottheiten: Dem Schöpfergott, dessen Buch das Alte Testament sei und der die jüdische Gerechtigkeit der Wiedervergeltung fordere, stehe jener Gott gegenüber, der absolut gut sei und als fremder Gott den Menschen unbekannt war, bis er sich in Jesus Christus offenbarte. Der gerechte fremde Gott erbarmt sich der Menschen aus reiner Barmherzigkeit und offenbart das Evangelium. Der andere Gott hat die böse Welt geschaffen und regiert diese mit seinem Gesetz, das sich im Alten Testament findet. Als Konsequenz ergibt sich für Markion, dass das Alte Testament für den christlichen Glauben völlig bedeutungslos sei.

Ähnlich wie Markion hat auch die christliche Gnosis die Identität des alttestamentlichen Schöpfergottes mit dem Gott des Neuen Testaments in Abrede gestellt. Das griechische Wort „Gnosis" bedeutet Erkenntnis. Unter der Gnosis versteht man eine religiöse Erlösungsbewegung der Spätantike. Sie zeichnet sich in der Deutung des menschlichen Daseins durch eine konsequente Haltung der Weltverneinung aus. Die Mehrzahl der gnostischen Systeme ist durch einen strengen kosmischen Dualismus gekennzeichnet. Gott hat als transzendente, überweltliche Gestalt keinerlei Anteil am Kosmos. Die Weisheit (Sophia) brachte ohne Mitwirken Gottes oder gegen seinen erklärten Willen den negativ besetzten Weltschöpfer (Demiurg) hervor. Die Welt selbst wird von bösartigen Planetenherrschern (Archonten) regiert und ist damit nicht die bergende Heimat des Menschen, sondern eine ihm feindliche Macht. Zu den Grundlinien gnostischen Denkens zählt des Weiteren die Vorstellung, dass der Mensch einen nach Erlösung strebenden göttlichen Funken in sich trägt. Dabei setzt die Gnosis einen aus der platonischen Philosophie bekannten Leib-Seele-Dualismus voraus, der das wahre Ich im materiellen Körper eingesperrt und in der feindlichen Welt gefangen sieht. Erlösung besteht nach der gnostischen Weltanschauung darin, dass sich nach dem Tod der göttliche Lichtteil im Menschen vom Körper trennt und die Himmelsreise antritt. Durch die rettende Erkenntnis, die den Menschen zur Einsicht in seine wahre Natur und seinen himmlischen Ursprung bringt, vermag die Seele durch die Planetensphären in die heimatlichen Himmelsgefilde zurückzukehren. Der Schöpfergott des Alten Testaments wird also von den Gnostikern lediglich als untergeordnete Gottheit betrachtet und streng von dem Gott des Neuen Testaments unterschieden. Anders als Markion haben die Gnostiker das Alte Testament nicht ignoriert, sondern im Sinne ihrer abenteuerlichen Schöpfungsmythen neu interpretiert.

In Auseinandersetzung mit Markion und der Gnosis musste die Kirche wichtige Grundsatzentscheidungen treffen und sich bereits abzeichnende Entwicklungen festschreiben. Dazu zählen die Einbeziehung des Alten Testaments in den christlichen Bibelkanon, das Bewusstsein der Herkunft des Christentums aus dem Judentum, die Identifizierung des Schöpfergottes mit dem Vater Jesu Christi und die Einsicht in den positiven Charakter der Schöpfung. Mit ihren höchst provokativen theologischen Ideen haben Markion und die Gnostiker die Kirche indirekt und ungewollt dazu gezwungen, sich ihrer Grundlagen bewusst zu werden und diese zu fixieren. Vor allem die schockierende Haltung gegenüber dem Alten Testament und der Schöpfung hat die Großkirche dazu gebracht, das Wissen um die Herkunft des Christentums aus dem Judentum als unentbehrlichen Bestandteil im christlichen Bewusstsein zu verankern. Indem die Kirche die höchst provokativen Ideen des Markion und der Gnostiker als Irrlehre betrachtete, hat sie sich eindeutig zu den heiligen Schriften Israels bekannt und sich als Teil der Heilsgeschichte Gottes mit seinem erwählten Volk betrachtet. Es entwickelte sich im Christentum ein Gespür dafür, dass man mit der Ablehnung des Alten Testaments sein eigenes Fundament zerstören würde. Diese Grundsatzentscheidung wurde kirchengeschichtlich nochmals höchst bedeutsam, als es im Kirchenkampf während der nationalsozialistischen Schreckensherrschaft vonseiten der „Deutschen Christen" erneut zu dem Versuch kam, das Alte Testament als für die christliche Kirche bedeutungslose Schrift aus dem Kanon zu entfernen.

Vom christlichen Umgang mit der Bibel Israels

Von christlicher Seite ist nicht zuletzt unter dem Eindruck der Schoah die bleibend gültige Bedeutung der Bibel Israels für das Judentum wahrzunehmen und im theologischen Diskurs zu respektieren.

Von den durchweg in griechischer Sprache schreibenden neutestamentlichen Autoren wurde die später zum Alten Testament gewordene Sammlung der heiligen Schriften Israels in Form der Septuaginta benutzt. Es handelt sich um die im ägyptischen Alexandria entstandene Übertragung der alttestamentlichen Schriften aus dem Hebräischen ins Griechische, welche der Aristeasbrief in legendenhafter Form schildert. Nicht selten mussten die Übersetzer zwangsläufig auch eine Interpretation vollziehen, indem sie sich bei ihrer Wortwahl auf einen bestimmten Textsinn festlegten, der nicht immer mit der Intention des hebräischen Urtextes deckungsgleich ist. Auch wo die Septuaginta dem hebräischen Wortlaut eng folgt, vollzieht sich

Die Figur des David im Berliner Dom ist die einzige alttestamentliche Figur in diesem großen Gotteshaus.

Übersetzung als Übertragung der biblischen Texte in einen neuen Kulturkreis. Dabei werden mit Neuakzentuierungen und Sinnverschiebungen oft Anknüpfungspunkte für die spätere christliche Rezeption geschaffen.

Charakteristisch für die Schriftauslegung der neutestamentlichen Autoren ist die Deutung des Alten Testaments im Lichte des Christusgeschehens. Die urchristlichen Gemeinden lebten in der Überzeugung, dass sich im Auftreten Jesu Christi die Weissagungen des Alten Testaments erfüllt hatten und das Ostergeschehen den Beginn des in der Heiligen Schrift angekündigten endzeitlichen Heilshandelns Gottes markierte. Wenn die später zum Alten Testament gewordene Schrift von der Endzeit sprach und diese mit der Auferweckung Jesu von den Toten angebrochen war, dann ergab sich für das frühe Christentum ganz von selbst, dass sich auch Jesu ganzes Leben von der Schrift her erschloss. Neutestamentliche Autoren verleihen dem zuweilen durch die Voranstellung von Erfüllungsformeln bei der Rezitation alttestamentlicher Schriftstellen besonderen Ausdruck. Vorrangig ging es um den Nachweis, dass sich in Jesu Weg und Geschick Gottes verheißendes Wort erfüllt hatte. So wurde der Tod Jesu früh im Licht der Psalmen und der Gottesknechtstradition gedeutet. Die gesamte Darstellung des Kreuzesgeschehens ist von Motiven aus Psalm 22 durchdrungen, um die Passion Jesu im Horizont des Leidens des Gerechten zu deuten. Daneben werden für das älteste Christentum die Aussagen vom leidenden Gottesknecht in Jes 53 zum Schlüssel für das Verständnis des Todes Jesu. Die Ankündigung des Immanuel in Jes 7 und des Friedefürsten in Mi 5 gelten als messianische Weissagungen auf Jesus Christus hin. Aus der Jonageschichte wird die Auferstehung Jesu am dritten Tage abgeleitet. Als Schriftbeweis für die Erhöhung des Auferstandenen zur Rechten Gottes dient Psalm 110. Die erwartete Rückkehr des Herrn am Ende der Tage wird in apokalyptischen Bildern der Menschensohn-Tradition gemalt, wie sie im Danielbuch begegnet.

Auf einem anderen Blatt steht die Frage, mit welcher Berechtigung das frühe Christentum diese alten Texte christologisch versteht. Zumindest ist zur Kenntnis zu nehmen und zu respektieren, dass diese Traditionen in ihrem ursprünglichen historischen Kontext anders gemeint sind und das Judentum andere Deutungen vollzieht. Jesaja verstand unter dem Immanuel eine konkrete geschichtliche Gestalt der unmittelbaren Zukunft. Der im Prophetenbuch Micha verheißene Friedensherrscher ist als Regent gedacht, der mit seiner sich über ganz Israel erstreckenden Herrschaft an die glanzvolle Regierungszeit Davids anknüpft. Mit dem Gottesknecht meinte der Prophet Deutero-Jesaja vermutlich überhaupt keine individuelle Gestalt und schon gar keinen Messias, sondern am ehesten das Volk Israel. Bei dem zur Rechten Gottes erhöhten Priesterkönig hat der Dichter von Psalm 110 sicher ebenso wenig Jesus Christus im Blick gehabt wie der Verfasser des Danielbuches mit seinen Aussagen zum Menschensohn. Umgekehrt gewannen diese Texte vielfach bereits im Judentum eine Bedeutung, die über ihren ursprünglichen Sinn hinausgeht und Anknüpfungspunkte für die spezifisch christliche Rezeption bot oder diese sogar vorbereitete. So sind dem Immanuelzeichen bald messianische Konnotationen zu eigen, da man den zeitlos gültig bleibenden Heilskern der Verheißung in späteren Zeiten an anderen Personen als dem Sohn des Königs Ahas festmachen und weiterhin auf einen Zweig aus dem Geschlecht Davids hoffen konnte. Für die Gestalt des Gottesknechtes sind ebenso wie für den Priesterkönig aus Psalm 110 im antiken Judentum messianische Deutungsmuster nachweisbar. Wenn solche Traditionen dann bei den neutestamentlichen Autoren auf Jesus Christus bezogen werden, handelt es sich um die lebendige Aneignung von Tradition, die Sinnreserven und Sinnüberschüsse der alten Texte erschließt.

Neben der Betrachtung des Christusgeschehens als Erfüllung alttestamentlicher Verheißungen begegnet uns auch die typologische Kontrastierung des Christusgeschehens mit alttestamentlichen Ereignissen. Die Auslegungsmethode der Typologie (abgeleitet von dem griechischen Wort *typos*, Urbild, Vorbild) ist dadurch gekennzeichnet, dass eine Person oder ein Geschehen aus dem Alten Testament als Typos mit einer Person oder einem Geschehen aus dem Neuen Testament als Antitypos in Beziehung gesetzt wird. Dadurch soll eine Kontinuität der Heilsgeschichte sichtbar gemacht werden, die in den alttestamentlichen Traditionen eine unvollkommene Präfiguration der vollkommenen Wirklichkeit des Neuen Testaments sieht. Paulus stellt dem ersten, irdischen Adam Jesus Christus als den zweiten, eschatologischen Adam gegenüber. Am Beispiel beider Gestalten werden die Größen Tod und Leben, Ungehorsam und Gehorsam, Übertretung und Gnade in ihrer Gegensätzlichkeit aufgezeigt. Der Evangelist Johannes arbeitet den Kontrast zwischen der alttestamentlichen Mannagabe, die den Tod in der Wüste nicht verhindern konnte, und Jesus Christus als dem wahren Lebensbrot heraus. Der Verfasser des Hebräerbriefes betrachtet Jesus Christus als den wahren Hohepriester nach der Weise Melchisedeks und sieht das alttestamentliche Ritual des Versöhnungstages durch das Christusgeschehen überbo-

Drei problematische Verstehensweisen des Alten Testaments

Der katholische Alttestamentler Erich Zenger benennt mit Recht drei problematische Lese- und Verstehensweisen, die das Christentum im Hinblick auf das Alte Testament entwickelt hat:

Das Substitutionsmodell setzt die Kirche an die Stelle Israels. Es spricht dem Umgang des nachbiblischen Judentums mit den Texten des Alten Testaments die Bedeutung ab, da es diese nicht im Lichte des Christusgeschehens liest.

Das Relativierungsmodell spielt die Bedeutung des Alten Testaments herunter, indem es dieses zur „Dienerin" des Neuen Testaments degradiert. Das Alte Testament biete nur Verheißung und Vorausdarstellung dessen, was im Neuen Testament Erfüllung und Vollendung findet.

Das Selektionsmodell betrachtet das Neue Testament als exklusiven Maßstab für das, was im Alten Testament als bedeutsam zu gelten hat. Aus der Vielfalt der alttestamentlichen Heilsverheißungen wird selektiv nur das in den Blick genommen, was in der neutestamentlichen Christologie Aufnahme findet.

Allen Modellen ist gemeinsam, dass sie dem Selbstverständnis, der Komplexität und der Eigenbedeutung des Alten Testaments als der Bibel Israels nicht gerecht werden. Indem diese Verstehensweisen allein eine durch die Brille des Neuen Testaments erfolgende Lektüre des Alten Testaments für rechtmäßig halten, sprechen sie mit fatalen wirkungsgeschichtlichen Folgen dem jüdischen Umgang mit seinen heiligen Schriften die theologische Würde ab. Demgegenüber ist nicht zuletzt unter dem Eindruck der Schoah die bleibend gültige Bedeutung der Bibel Israels für das Judentum wahrzunehmen und im theologischen Diskurs zu respektieren.

ten. Auch hier wird die Schrift als Zeugnis eines Handelns Gottes verstanden, das in Christus zum Ziel kommt.

Das Deutungsschema von Verheißung und Erfüllung kann allerdings dann in die Irre führen, wenn nicht nur einzelne Worte und Ereignisse als Weissagung auf Jesus Christus hin verstanden werden, sondern die im Alten Testament an Israel ergangenen Verheißungen in ihrer Gesamtheit als im Christusgeschehen erfüllt und zum Abschluss gekommen gelten. Es droht die Gefahr, dass das Alte Testament zur entwicklungsgeschichtlichen Vorstufe des Neuen Testaments herabsinkt. Zumindest ist nicht zu übersehen, dass der exklusive Anspruch des Christentums auf die heiligen Schriften Israels eine verhängnisvolle antijüdische Wirkungsgeschichte nach sich gezogen hat.

Die Verwendung der alttestamentlichen Schriften im Horizont der Kategorien von Verheißung und Erfüllung blieb nicht auf das Jesusgeschehen beschränkt, sondern erstreckte sich auf alles, was mit dem Osterereignis von Gott in Gang gesetzt worden war. Wenn die christliche Gemeinde sich als das endzeitliche Volk Gottes verstand, von dem im Alten Testament die Rede ist, dann konnte sie ihr Wesen und ihre Beschaffenheit in den heiligen Schriften Israels prophezeit und begründet sehen. So gewinnt die Verheißung eines neuen Bundes beim Propheten Jeremia im Hebräerbrief zentrale Bedeutung für das Selbstverständnis der Kirche. Die paulinische Rezeption der Traditionen von Abraham bemüht sich um den Nachweis, dass die Christusgläubigen die wahren Erben der an den Erzvater ergangenen Verheißungen sind. An gegensätzlichen Paaren wie Kain und Abel, Sara und Hagar, Isaak und Ismael oder Jakob und Esau wird das Geheimnis von göttlicher Erwählung und Verwerfung veranschaulicht. Ein zentraler hermeneutischer Zugang des Paulus und anderer neutestamentlicher Autoren zum Alten Testament ist dabei die Allegorese (von griech. *allegorein*, „etwas anders ausdrücken"), die vor allem bei Philo von Alexandria bereits in der Bibelauslegung des Diasporajudentums eine zentrale Rolle spielte. Sie versucht, den biblischen Texten einen unter der Oberfläche verborgenen Sinn zu entlocken und ihnen neue Geltung zu verschaffen. Dabei vermag die Allegorese die Tiefe und den Reichtum eines Bibeltextes zu erschließen, ist aber immer auch kritisch daraufhin zu befragen, ob sie nicht zu einer Beliebigkeit oder Willkürlichkeit der Auslegung führt.

Jesus aus jüdischer Perspektive

Nachdem unter dem Einfluss der rabbinischen Tradition lange Zeit eine polemische Betrachtung Jesu vorherrschend gewesen war, setzte im 19. Jh. im Judentum eine angemessene und differenzierte Wahrnehmung seiner Person ein.

Die Akzeptanz der sich eigentlich von selbst verstehenden Tatsache, dass Jesus Jude war und sein Auftreten vor dem

Hintergrund der antiken jüdischen Religionsgeschichte zu betrachten ist, stellte nicht nur für das Christentum, sondern auch für das Judentum einen langwierigen und schmerzhaften Prozess dar. Über weite Strecken der Geschichte hinweg korrespondierte mit der exklusiven Vereinnahmung Jesu durch das Christentum auf jüdischer Seite eine polemische Betrachtungsweise, die faktisch auf eine Ausgrenzung Jesu hinauslief und ihn zum verstoßenen Sohn werden ließ. Erst seit dem 19. Jh. kam es zu einer allmählichen Heimholung Jesu in das Judentum.

Auf dieser Steinplatte, die in der Grabeskirche in Jerusalem zu sehen ist, soll der Überlieferung nach der Leichnam Jesu nach der Kreuzigung abgelegt worden sein.

Die kritische Betrachtung Jesu durch das Judentum setzte früh ein, wobei die Herkunft Jesu und die Bedeutung seiner Wundertaten die Hauptangriffspunkte darstellten. Bereits im 2. Jh. greift der griechische Philosoph Celsus in seiner Streitschrift gegen das Christentum die jüdische Polemik auf, die Jungfrauengeburt sei von den Christen erdichtet worden. In Wirklichkeit entstamme Jesus einer ehebrecherischen Beziehung. Seine Mutter, eine arme Handarbeiterin, habe sich mit einem Soldaten namens Panthera eingelassen, woraufhin sie von ihrem Mann verstoßen worden sei und das Kind heimlich zur Welt gebracht habe. Zudem ist bei Celsus, wiederum aus jüdischem Mund, von einem Ägyptenaufenthalt Jesu zum Erwerb von Zauberkünsten die Rede. Jesus habe in Ägypten als Tagelöhner gearbeitet und den Umgang mit zwielichtigen magischen Kräften erlernt, um sich nach der Rückkehr in seine Heimat öffentlich als Gott auszugeben. Vermutlich wurde dies von den Gegnern des Christentums aus der Notiz des Matthäusevangeliums herausgelesen, dass die heilige Familie von Betlehem nach Ägypten geflohen sei. Diese polemischen Traditionen sind in den Talmud eingeflossen und haben dadurch weite Verbreitung gefunden, während die Streitschrift des Celsus die christlichen Büchervernichtungen nach der Konstantinischen Wende nicht überlebt hat. Wenn Jesus im Talmud an mehreren Stellen den Beinamen Ben Pandera oder Pantera trägt, steht die polemische These von der Zeugung Jesu durch einen römischen Besatzungssoldaten im Hintergrund. Zudem wird Jesus im Talmud unter dem Decknamen Ben Stada mit ägyptischer Magie in Verbindung gebracht. Seit dem frühen Mittelalter kursiert im Judentum mit den „Toledot Jeschu“ ein satirisches Gegenevangelium. Jesu Vater ist dort Josef Panderi, der sich in die Jungfrau Miriam verliebt. Diese weist ihn ab, zumal sie bereits mit dem frommen Jochanan verlobt ist. Josef Panderi erschleicht sich das Vertrauen Jochanans, macht ihn nachts betrunken und wohnt Miriam bei, die ihn für ihren Bräutigam hält. Nach neun Monaten bringt Miriam in Betlehem ihr Kind zur Welt und behauptet, es ohne männliche Beiwohnung empfangen zu haben. Jesus tritt als Zauberer und Volksverführer auf, wird von Judas besiegt und der Gerechtigkeit überantwortet. Die Jünger entwenden seinen Leichnam und behaupten, er sei auferstanden. Diese Schrift hat selbstverständlich die religiösen Gefühle von Christen verletzt. Zur sachgerechten Einordnung ist zu berücksichtigen, dass die jüdische Polemik gegen Jesus in hohem Maße eine Reaktion auf den christlichen Antijudaismus darstellte.

Erst in der zweiten Hälfte des 19. Jh.s setzte im Judentum eine angemessene und differenzierte Wahrnehmung der Bedeutung Jesu ein. Es begann nun allmählich selbstverständlich zu werden, dass sich auch jüdische Historiker, Literaturwissenschaftler und Theologen wissenschaftlich mit dem Neuen Testament beschäftigen. Allerdings hatten sie zunächst auf jüdischer wie auf christlicher Seite mit erheblichen Widerständen zu kämpfen. So konnte der Rabbiner und Gelehrte Abraham Geiger (1810–1874) Jesus als Vorbild für ein Reformjudentum mit liberaler Auslegung der mosaischen Ritualgesetze würdigen. Auch der Historiker Heinrich Graetz (1817–1891), der von vielen in eine Reihe mit renommierten Geschichtsschreibern wie Mommsen und Ranke gestellt wird, würdigt in seiner „Geschichte der Juden“ die Bedeutung Jesu für die geistige Entwicklung des Judentums. Ein Meilenstein auf dem Weg der jüdischen Jesusrezeption ist bis heute die Jesusdarstellung von Joseph Klausner (1874–1958), der 1919 von Odessa nach Palästina auswanderte und an der Hebräischen Universität in Jerusalem lehrte. Seine Position, dass Jesus ein jüdischer Reformer gewesen und als überzeugter Jude gestorben sei, wurde zwar von christlicher wie jüdischer Seite scharf angegriffen, hat sich aber für die weitere Forschungsgeschichte als sehr wirkungsträchtig und befruchtend erwiesen. Fortgeführt wurde der Prozess der Heimholung Jesu in das Judentum im 20. Jh. von Jesusbüchern bedeutender jüdischer Gelehrter wie Schalom Ben-Chorin, David Flusser, Pinchas Lapide oder Geza Vermes, die mit unterschiedlicher Akzentuierung die Bedeutung Jesu vor dem Hintergrund der jüdischen Religionsgeschichte der Zeitenwende würdigen.

Der Islam und die christliche Bibel

Einzelne Traditionen der Bibel sind auch in den Koran eingeflossen. Jesus (Isa) findet dort an zahlreichen Stellen Erwähnung und zählt zu den großen Gesandten Gottes, wird aber als ein gewöhnlicher Mensch betrachtet.

Die heilige Schrift des Islam ist der aus 114 Suren bestehende Koran. Als unverfälschtes und direktes Wort Gottes erfährt er höchste Wertschätzung. Der Koran beinhaltet nach muslimischer Überzeugung jene Worte Allahs, die dieser durch den Engel Gabriel seinem Propheten Muhammad in arabischer Sprache eingab und die Muhammad dann öffentlich verkündigte. Nach dem Ort der Offenbarung wird zwischen Suren aus Mekka und Medina unterschieden. Die Offenbarung des Korans gilt als Wunder, das die Prophetenschaft Mohammeds beglaubigt. Im Koran selbst wird die Überzeugung geäußert, dass sich dessen Text in einer Urschrift im Himmel befindet. Inhaltlich bietet der Koran eine Mischung von Predigten, Visionen, Offenbarungen und Rechtsvorschriften. Im Koran findet sich in Sure 37 und 47 das Glaubensbekenntnis (Schahada), das neben dem fünfmaligen täglichen Gebet, den Almosen, dem Fasten im Monat Ramadan und der Pilgerfahrt nach Mekka einen der fünf Grundpfeiler des Islam ausmacht. Die Diskussion darüber, wie der Koran zu lesen und zu verstehen ist, wird kontrovers geführt.

Der Islam beruft sich in seiner Herkunft auf Abraham. Er zählt also mit dem Judentum und dem Christentum zu den abrahamitischen Religionen. Neben Abraham rechnet der Koran auch Gestalten wie Noach, Mose und Jesus zu den großen Persönlichkeiten, die von Gott auserwählt wurden. Zudem stimmt der Islam mit dem Judentum im Hinblick auf konstitutive rituelle Religionsvorschriften wie Beschneidung und Speisetabus (Verzicht auf Schweinefleisch, Forderung der Schächtung) überein. Auch wenn der Islam mit dem Judentum und dem Christentum den Glauben an den einen Gott sowie den Bezug auf Abraham und zahlreiche weitere biblische Propheten grundsätzlich teilt, kann er weder das Alte Testament noch das Neue Testament als Offenbarungsquellen anerkennen. Als Schriften von Religionen, die nicht im Islam aufgegangen sind, kommt ihnen keine autoritative Geltung zu. Jesus (Isa) findet im Koran an zahlreichen Stellen Erwähnung und gehört zu den großen Gesandten Gottes. Als Sohn Marias wird Jesus durch einen göttlichen Schöpfungsakt empfangen. Der Koran unterstreicht das Dogma der Jungfrauengeburt und verteidigt Maria ausdrücklich gegen den Vorwurf, sie habe ein uneheliches Kind zur Welt gebracht. In einzelnen Schichten des Korans gilt Jesus auch als Messias, als Gesalbter Gottes, ohne dass dieser Titel eine göttliche Würde im christlichen Sinne implizierte. Vielmehr wird vom Koran eine Gottessohnschaft Jesu strikt verneint. Als Prophet und Gesandter Gottes bleibt er ein gewöhnlicher Mensch. Die Botschaft von Kreuz und Auferstehung Jesu wird entschieden abgelehnt.

Vor diesem Hintergrund vertritt der Koran eine vom biblischen Befund deutlich abweichende Theorie bezüglich des Todes Jesu. Er kann sich nicht vorstellen, dass Gott seinen Gesandten den Händen der Frevler überließ. Von Pontius Pilatus und den Römern als den eigentlich für den Kreuzestod Verantwortlichen ist keine Rede. Den Juden als den frevlerischen Feinden Jesu gelingt es nach der Darstellung des Korans nicht, ihn zu kreuzigen. Vielmehr sei ihnen eine ähnliche Gestalt erschienen. Diese Aussage ist wohl so gemeint, dass anstelle Jesu eine andere, ihm zum Verwechseln ähnlich sehende Person am Kreuz starb. Weniger plausibel sind Auslegungstraditionen dieser Koranstelle, denen zufolge die Juden sich lediglich einbildeten, Jesus gekreuzigt zu haben. In jedem Fall hat nach Meinung des Korans Gott in seiner Weisheit und Allmacht seinen Gesandten Jesus errettet, indem er ihn unmittelbar zu sich nahm. Am Ende der Tage wird der in den Himmel erhobene Jesus gemäß der islamischen Tradition wiederkommen, das Leben eines rechtgläubigen Muslims führen, auch heiraten und Kinder zeugen, um schließlich zu sterben und neben Mohammed in Medina beigesetzt zu werden. Diese auf die Wiederkunft Jesu bezogenen Aussagen finden sich allerdings noch nicht im Koran selbst, sondern erst in späteren Zeugnissen muslimischer Frömmigkeit.

Der Felsendom auf dem Tempelberg in Jerusalem ist eines der wichtigsten Heiligtümer des Islam.

Paulus gilt im Islam als Verfälscher der Lehren Jesu. Insbesondere wird ihm vorgeworfen, dass er die Beschneidung und die Speisetabus außer Kraft setzte. Die christliche Trinitätslehre wird von Muslimen als Widerspruch zum strengen Monotheismus betrachtet.

Das muslimische Barnabasevangelium

Während die biblischen Evangelien im Islam keine Anerkennung finden, kursiert dort ein Barnabasevangelium, das in hohem Ansehen steht und vielen Muslimen als älteste Quelle für das Leben Jesu gilt. Bei dieser ursprünglich wohl auf Spanisch verfassten und später auch ins Italienische übersetzten Evangelienschrift handelt es sich allerdings um eine späte Fälschung, die im 16. oder frühen 17. Jh. entstanden ist. Über die näheren Umstände wird viel gerätselt.

Der Prolog der spanischen Fassung bietet eine aufregende Entdeckungsgeschichte. Ein Mönch namens Fra Marino will das Barnabasevangelium Ende des 16. Jh.s in Rom aus der Bibliothek von Papst Sixtus V. entwendet haben, als dieser ein Schläfchen hielt. Unmittelbar nach der Lektüre habe er sich zum Islam bekehrt und sei nach Istanbul geflohen. Daher dachte man bei dem unbekannten Verfasser der Schrift immer wieder an einen Christen, der sich später dem Islam zuwandte und mit seinem Werk Rache am Christentum üben wollte. In der neueren Forschung setzt sich dagegen zunehmend die Auffassung durch, dass das Barnabasevangelium wohl in Kreisen spanischer Muslime entstanden ist, die zur Annahme des christlichen Glaubens und zum Empfang der Taufe gezwungen wurden.

Im Barnabasevangelium spiegelt sich klar das muslimische Jesusbild wider. In Ausgestaltung der neutestamentlichen Evangelientradition wird das Leben Jesu von der Geburtsankündigung bis zur Himmelfahrt geschildert. In der Überschrift bezeichnet sich das mit 222 Kapiteln recht umfangreiche Werk als wahres Evangelium des Propheten Jesus, wie es von Barnabas aufgezeichnet wurde. Dieser zählt zu den zwölf Aposteln und erhält von Jesus vor der Himmelfahrt persönlich den Auftrag zur Abfassung des Evangeliums. Über weite Strecken hat das Barnabasevangelium den Charakter einer Evangelienharmonie, indem es eine ausführliche und mit Erweiterungen versehene Wiedergabe unterschiedlichster Erzählungen aus allen vier Evangelien bietet. Der Umfang der Reden Jesu liegt weit über dem der kanonischen Evangelien.

Inhaltlich sind vor allem drei Punkte bedeutsam, die aus dem Rahmen fallen und dem muslimischen Jesusbild Rechnung tragen: Jesus gilt als gewöhnlicher Mensch, verheißt das Kommen Mohammeds und erleidet nicht den Kreuzestod. Wie für eine muslimische Schrift nicht anders zu erwarten, wird im Barnabasevangelium die rein menschliche Natur Jesu besonders in den Vordergrund gerückt und eine Gottessohnschaft entschieden in Abrede gestellt. In gewisser Spannung zum Koran steht, dass zudem eine Bezeichnung Jesu als Messias zurückgewiesen wird. Mohammed dagegen wird von Jesus nicht nur als nach ihm kommender Prophet und Retter der Welt angekündigt, sondern auch als der Messias betrachtet, wie es im Koran nicht der Fall ist. Dabei ordnet sich Jesus als Vorläufer konsequent dem Propheten Mohammed unter und spricht davon, dass er nicht einmal würdig sei, diesem die Schuhriemen zu lösen. Eigenständige Akzente setzt das Barnabasevangelium zudem in der Schilderung der Kreuzigung, wo die vagen Angaben des Korans konkretisiert und ausgestaltet werden. Während Jesus nach dem letzten Abendmahl direkt in den Himmel entrückt wird, erleidet der Verräter Judas an seiner Stelle den Kreuzestod. Daneben finden sich Seitenhiebe gegen den Apostel Paulus, dessen Lehren im Widerspruch zum Willen Gottes stünden. Dabei steht die Aufhebung der Beschneidung und der alttestamentlichen Speisetabus durch Paulus im Mittelpunkt der Kritik.

Nicht zuletzt, weil Mohammed von Jesus als nach ihm kommender Prophet und Retter der Welt angekündigt wird, genießt das Barnabasevangelium in muslimischen Kreisen ausgesprochen hohes Ansehen. Dabei dient es häufig als Instrument in der Auseinandersetzung mit dem Christentum. Es wird die Behauptung aufgestellt, das Barnabasevangelium mit seiner in Einklang mit muslimischen Glaubensaussagen stehenden Darstellung sei das älteste und einzig authentische Evangelium, während die christlichen Evangelien ein von der kirchlichen Tradition verfälschtes Bild Jesu und seiner Lehren vermittelten. Vollauf berechtigte wissenschaftliche Zweifel an der Echtheit des Barnabasevangeliums werden von muslimischer Seite zuweilen als eine von Scharfmachern inszenierte Hetzkampagne betrachtet, die lediglich auf eine Herabsetzung des Werkes abziele und sich der Furcht vor der Wahrheit verdanke. In Wirklichkeit trägt das Barnabasevangelium nicht das Geringste zur Erhellung von Leben und Lehren des geschichtlichen Jesus bei, sondern ist das Produkt spätmittelalterlicher Kontroversen zwischen Islam und Christentum.

ALTES TESTAMENT

Auf der Flucht vor Saul versteckte sich David bei En Gedi in den Steinbock-Felsen (1 Sam 24,3). Steinböcke in En Gedi

Einführung in das Alte Testament

Das Alte Testament und die hebräische Sprache

Das Alte Testament ist der erste Teil der christlichen Bibel. Es geht auf die Hebräische Bibel zurück, die bis heute die jüdische Bibel ist. Altes Testament und Hebräische Bibel unterscheiden sich in ihrem Aufbau. Damit sind Altes Testament und Hebräische Bibel je auf ihre Weise Grundlage für das Judentum und das Christentum.

Ein Testament – und viele Namen

Der erste Teil der christlichen Bibel heißt gewöhnlich „Altes Testament". Auch nach Entstehung des Neuen Testaments hat sich das Christentum dafür entschieden, das Alte Testament nicht nur beizubehalten, sondern es sogar dem Neuen Testament vorzuordnen. Denn wer Gott ist – als Schöpfer der Welt – und welche Beziehung er zu seinem Volke hat – als Erwähler und Befreier –, versteht nur, wer zunächst das Alte Testament liest.

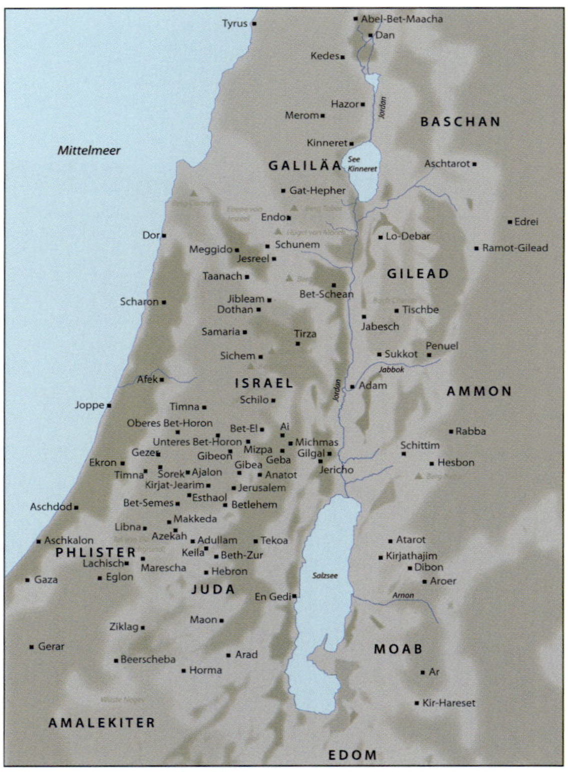

Israel zur Zeit des Alten Testaments

Weil jedoch in der heutigen Zeit das Wort „alt" oft „veraltet", bzw. „überholt" bedeuten kann, wird dieser Bibelteil häufig „Hebräische Bibel" oder „Erstes Testament" genannt, um damit seine bleibende Geltung auch für Christen festzuhalten.

Hebräische Bibel

Dieser Begriff verweist zunächst darauf, dass dieser Kanonteil größtenteils in hebräischer Sprache verfasst ist.

Wenige Ausnahmen bilden Texte (vor allem in Esr 4–8; Dan 2–7), die das biblische Aramäisch verwenden, das mit dem biblischen Hebräisch eng verwandt ist. Jesus hat wohl aramäisch gesprochen (vgl. Mt 27,46; Mk 5,41), und bis heute gibt es z. B. im Libanon, in Syrien, in der Türkei und im Irak einige Dörfer, die diese Sprache nach wie vor pflegen.

Die Hebräische Bibel ist zugleich die *Jüdische Bibel,* aus der Jesus gelernt hat, wie es jüdische Menschen bis heute tun. Im Kapitel „Textüberlieferung und Kanonbildung" haben Sie lesen können, dass die Hebräische Bibel in drei Stufen entstanden ist und sich daraus ein dreigliedriger Aufbau ergibt (vgl. den Kasten zum Aufbau des Alten Testaments, S. 55f.).

Auf diese Dreiteilung verweist auch der im Judentum verbreitete Begriff „Tanakh" (sprich: Tanach). Bei diesem Wort steht jeweils ein Konsonant für einen Teil der Hebräischen Bibel:

T für Tora, das „Gesetz" bzw. die „Unterweisung" in den fünf Büchern Mose;

N für Neviim, das ist der Kanonteil, der hier als „Propheten" bezeichnet wird;

K für die Ketuvim, die (poetischen) „Schriften".

Damit diese drei Buchstaben T-N-K ein Abkürzungswort, ein sog. „Akronym", ergeben, werden Vokale eingefügt, sodass **TaNaKh** zu lesen ist.

Im *frühen Christentum* wurden ältere jüdische Bezeichnungen benutzt wie „Tora/Gesetz und Propheten" (z. B. Mt 5,17) oder „Gesetz des Mose, prophetische Schriften und Psalmen" (Lk 24,44). Häufig wurde das, was damals als Bibel galt, auch die „Schrift" (Röm 4,3) oder „die „Schriften" (1 Kor 15,3f.) genannt. Das sollte besagen: „Dies sind *die* Schriften schlechthin, dies ist *die* Heilige Schrift."

Die Hebräische Bibel liegt heute in einer wissenschaftlichen Ausgabe vor, der „Biblia Hebraica Stuttgartensia", die zurzeit überarbeitet wird. Diese Fassung mit textkritischen und anderen Anmerkungen stützt sich vor allem auf eine Handschrift aus dem Jahre 1008 n. Chr., die in St. Petersburg aufbewahrt wird und nach dem früheren Namen des Ortes „Codex Leningradensis" heißt. Die lateinische Bezeichnung „Codex" zeigt an, dass diese

Handschrift uns in der bekannten Buchform begegnet und nicht mehr als Schriftrolle vorliegt – wie in der Antike oder noch heute in der Synagoge üblich.

Der Codex Leningradensis ist eine Abschrift der sog. Masoreten. Dieser Begriff kommt von dem hebräischen Wort „Masorah" (מָסוֹרָה), das „Tradition" bedeutet. Die Masoreten waren jüdische Gelehrte, die den hebräischen Bibeltext überlieferten und ihre Arbeit sehr genau nahmen. Sie achteten auf jeden Buchstaben, weil der biblische Text für sie sakrosankt, also heilig und unantastbar, war.

Die antiken Übersetzungen der Hebräischen Bibel

Die Hebräische Bibel wurde zunächst ins Griechische und dann ins Lateinische übersetzt. Dabei veränderte sich nicht nur die Sprache; die Übersetzer wählten auch eine andere Anordnung der Bücher als die später für die Hebräische Bibel festgelegte. So bildeten sich unterschiedliche Formen dieser Schrift aus: auf der einen Seite die *Hebräische Bibel,* auf der anderen Seite die griechische *Septuaginta* und die lateinische *Vulgata.*

Während für das Judentum die Hebräische Bibel die maßgebliche Heilige Schrift blieb, haben die Menschen in den ersten christlichen Gemeinden meist die Septuaginta benutzt, die im Mittelalter durch die Vulgata verdrängt wurde.

Als *Martin Luther* die Bibel ins Deutsche übersetzte, hielt auch er sich hinsichtlich der Reihenfolge der alttestamentlichen Bücher an die Vulgata, auch wenn er für seine Studien die hebräischen Texte mit heranzog. Nicht in die Bibel aufgenommen hat er die sog. Apokryphen, anders als Johannes Calvin. (Apokryph bedeutet „geheim" oder „verborgen"; damit werden hier jene Schriften bezeichnet, von denen unklar war, ob sie zum Kanon gezählt werden sollten.) Gleichwohl war Luther der Ansicht, dass die Apokryphen „gut und nützlich zu lesen" seien, und so ist es kein Widerspruch, wenn die Apokryphen in vielen evangelischen Bibeln mit abgedruckt sind.

Die katholische Kirche hat eine etwas andere Haltung zu diesen Schriften eingenommen; sie bezeichnet sie nicht als Apokryphen, sondern als Deuterokanonen. Mit diesem Begriff deutet sich schon an, dass die katholische Kirche diese Schriften sozusagen in einem zweiten („deutero") Schritt dem Kanon zugeordnet hat. Dies wurde auf dem Konzil von Trient 1546 festgelegt, auf dem die Deuterokanonen den Schriften des hebräischen Alten Testaments gleichgestellt wurden.Wer heute eine deutschsprachige Bibel liest, kann daher auf drei Traditionen stoßen:

- die *jüdische Tradition* als Übersetzung der Hebräischen Bibel;
- die *katholische Tradition* in der Reihenfolge von Septuaginta und Vulgata sowie einschließlich der Deuterokanonen (in der folgenden Übersicht *kursiv* wiedergegeben);
- die *evangelische Tradition* als Übersetzung des hebräischen Textes in der Anordnung der Septuaginta bzw. Vulgata und zunächst ohne Apokryphen.

Eine interessante Ausnahme unter den deutschsprachigen christlichen Bibelübersetzungen bildet die „Gütersloher Bibel in gerechter Sprache": Sie folgt in der Anordnung der alttestamentlichen Bücher der jüdischen Tradition, fügt aber die Deuterokanonen hinzu. In den beiden Fällen, in

Das biblische Hebräisch

Innerhalb des Hebräischen unterscheidet man verschiedene Sprachstufen, wie biblisches, rabbinisches, mittelalterliches und modernes Hebräisch. All diese Formen des Hebräischen sind eng miteinander verwandt. So kann ein Muttersprachler aus Israel mit einiger Mühe biblisches Hebräisch lesen, so wie wir das Frühneuhochdeutsche meist noch verstehen können.

Für uns ungewohnt ist, dass im Hebräischen zunächst nur die Konsonanten geschrieben wurden, und zwar von rechts nach links. So wird der Name „David" zunächst nur mit diesen Buchstaben wiedergegeben:

דוד

DWD

Weil damit aber die Aussprache und auch die Bedeutung oft unklar sind, wurden im Laufe der Zeit Vokale durch kleine Zusatzzeichen dargestellt:

דָוִד

bivaD

Es ist sehr lohnenswert, sich die hebräischen Zeichen einzuprägen, um hebräische Worte entziffern zu können. Als Methode hat sich bewährt, die Zeichen auf kleine Karten zu kleben und auf die Rückseite den Namen des Zeichens und seine Aussprache zu notieren, um so die Zeichen wie Vokabeln zu lernen.

Den Vokalen wird in dieser Tabelle im Hebräischen ein Lamed beigefügt, damit die Stellung zum Konsonanten deutlich wird.

Wenn in der folgenden Tabelle für einen Buchstaben zwei Formen angegeben sind, dann zeigt der linke Buchstabe das Aussehen am Ende des Wortes („Schlusskonsonant").

Konsonanten	Buchstabe	Aussprache
א	Aleph	leichter Stimmansatz wie in „be|achten“
ב	Bet	b
ג	Gimel	g
ד	Dalet	d
ה	He	h
ו	Waw	w
ז	Zajin	stimmhaftes s
ח	Chet	ch wie in „Koch“
ט	Tet	t
י	Jod	j
כ ך	Kaf	k
ל	Lamed	l
מ ם	Mem	m
נ ן	Nun	n
ס	Samech	stimmloses, scharfes s
ע	Ajin	harter Kehlkopflaut, heute wie das Aleph als Stimmansatzgesprochen
פ ף	Pe	p
צ ץ	Zade	z
ק	Qoph	q
ר	Resch	r
שׂ	Sin	stimmloses, scharfes s
שׁ	Schin	sch
ת	Taw	t

Vokale	Buchstabe	Aussprache
לִ	Chíreq	i
לֵ	Seré	e
לֶ	Segól	ä
לַ	Pátach	kurzes a
לָ	Qámes	langes a
לֹ	Chólem	o
לֻ	Qibbús	u
לִי	Chíreq mit Vokalsbuchstabe Jod	i
לוּ	Schúreq	langes u
לְ	Schwa	Murmelvokal, fast nicht gesprochen

denen ein biblisches Buch sowohl in der Hebräischen Bibel als auch in der griechischen Septuaginta vorkommt, werden in dieser Bibelausgabe beide Fassungen übersetzt (Ester, Daniel).

Im *Tanakh*, der Hebräischen bzw. jüdischen Bibel, bildet die Tora (תּוֹרָה) die Grundlage für ein Leben nach der Weisung Gottes.

Ketuvim „Schriften“	**Lehrbücher und Psalmen**	**Lehrbücher und Psalmen**
Psalmen	Hiob	Hiob
Hiob	Psalmen	Psalmen
Sprichwörter	Sprichwörter	Sprichwörter
Rut	Kohelet	Prediger Salomo (Kohelet)
Hoheslied	Hoheslied	Hoheslied
Kohelet	Weisheit Salomos	
	Sirach	
Klagelieder		
Ester		
Daniel		
Esra		
Nehemia		
1. Chronik		
2. Chronik		
	Prophetische Bücher	**Prophetische Bücher**
	Jesaja	Jesaja
	Jeremia	Jeremia
	Klagelieder	Klagelieder
	Baruch	
	Ezechiel	Hesekiel (Ezechiel)
	Daniel (gr.)	Daniel (hebr.)
	Hosea	Hosea
	Joel	Joel
	Amos	Amos
	Obadja	Obadja
	Jona	Jona
	Micha	Micha
	Nahum	Nahum
	Habakuk	Habakuk
	Zefanja	Zefanja
	Haggai	Haggai
	Sacharja	Sacharja
	Maleachi	Maleachi

Der zweite Teil, die Neviim (נְבִאִים), gliedert sich in vordere (Jos–2 Kön) und hintere Propheten (Jes–Mal) und kann als eine erste Kommentierung der Tora betrachtet werden. Dabei sind die vorderen Propheten, anders als die hinteren, von prophetischen Männern und Frauen geprägt, die selbst keine schriftlichen Werke hinterlassen haben.

Jüdische Tradition: Hebräische Bibel	Katholische Tradition: Altes Testament	Evangelische Tradition: Altes Testament
Tora „Weisung“	**Pentateuch**	**Geschichtsbücher**
Genesis	Genesis	1. Buch Mose (Genesis)
Exodus	Exodus	2. Buch Mose (Exodus)
Levitikus	Levitikus	3. Buch Mose (Levitikus)
Numeri	Numeri	4. Buch Mose (Numeri)
Deuteronomium	Deuteronomium	5. Buch Mose (Deuteronomium)
Neviim „Propheten“	**Geschichtsbücher**	
Josua	Josua	Josua
Richter	Richter	Richter
	Rut	Rut
1. Samuel	1. Samuel	1. Samuel
2. Samuel	2. Samuel	2. Samuel
1. Könige	1. Könige	1. Könige
2. Könige	2. Könige	2. Könige
	1. Chronik	1. Chronik
	2. Chronik	2. Chronik
	Esra	Esra
	Nehemia	Nehemia
	Tobit	
	Judit	
	Ester (gr., mit Zusätzen)	Ester (hebr.)
	1. Makkabäer	
	2. Makkabäer	
Jesaja		
Jeremia		
Ezechiel		
Hosea		
Joel		
Amos		
Obadja		
Jona		
Micha		
Nahum		
Habakuk		
Zefania		
Haggai		
Sacharja		
Maleachi		

Der dritte Teil, die Ketuvim (כְּתוּבִים), dient der Erbauung und Verinnerlichung. Die ersten drei Werke (Ps, Ijob, Spr) werden den drei großen Figuren David, Ijob und Salomo zugeschrieben. Danach folgen die Megilloth, die fünf Schriftrollen (Rut, Hld, Koh, Klgl, Est), die an den fünf großen jüdischen Festen gelesen werden. Abgeschlossen wird der Kanon durch fünf jüngere geschichtliche Werke.

Auch der *Kanon des Alten Testaments*, der im Christentum zur Tradition geworden ist, beginnt mit dem Pentateuch, dem Fünf-Rollen-Buch, als der Ur-Kunde Gottes am Sinai zur Einweisung in das Leben.

Danach folgen geschichtlich verstandene Bücher, die zeigen, wo dieses Leben nach dem Willen Gottes gelungen und wo es misslungen ist.

Die weisheitlichen und poetischen Bücher zielen auf die Gegenwart der Lesenden bzw. Hörenden, ermöglichen ihnen Meditation und ein Nachdenken über ein Sein vor Gott.

Am Schluss verweisen die prophetischen Bücher auf eine Zukunft, in der sich die Weisheit und die Weisungen Gottes Bahn brechen. Im Christentum wurde dieser Teil oft als Brücke zur prophetischen Botschaft Jesu verstanden.

Erstes Testament

Wenn ein Mensch mit Blick auf sein Lebensende ein neues Testament verfasst, dann verlieren die früheren Verfügungen ihre Gültigkeit. Daher könnte man denken, auch in der Bibel würde das Alte Testament durch das Neue Testament überboten und außer Kraft gesetzt. In der Tat wurde der Zusammenhang zwischen Altem und Neuem Testament in der Vergangenheit oft so verstanden und wird auch heute von vielen noch so formuliert.

Dass dies ein Missverständnis ist, erschließt sich, wenn man in den Blick nimmt, was „Testament" hier bedeutet. Denn dieses Wort bezeichnet kein Vermächtnis eines mittlerweile Verstorbenen. Vielmehr ist es die Übersetzung des hebräischen Wortes „Berit" (בְּרִית), das „Bund" bedeutet und im Griechischen mit διαθέκη *diathéke* wiedergegeben wird. Demnach erzählt die Hebräische Bibel, das Alte Testament, nicht nur vom vormaligen Bund Gottes mit Noach, Abraham und seinen Kindern, sondern auch vom verheißenen „Neuen Bund", bei dem die Weisungen Gottes in das Herz der Menschen geschrieben werden (Jer 31), sodass die Menschen dem Willen Gottes von innen heraus folgen.

In der griechisch-orthodoxen Kirche im jordanischen Madaba (vgl. Num 21,30) be-findet sich ein Mosaik aus dem 6. Jh. n. Chr., das eine Karte Palästinas darstellt.

Sowohl das Judentum als auch die ersten Christen wie Paulus glauben an die Unverbrüchlichkeit dieses ein für alle Mal geschlossenen einstigen Bundes zwischen Gott und Israel (vgl. Lk 1,72f.; Röm 9,4; 11,27) und warten darauf, dass alle Menschen an dem von Gott versprochenen erneuerten Bund Anteil gewinnen. Wer behauptet, Gott hätte den alten Bund mit Israel gekündigt, der zweifelt an der Treue Gottes und entzieht so auch dem neuen Bund den Boden.

Um die grundlegende Bedeutung des Alten Testaments bzw. der Hebräischen Bibel auch für das Christentum deutlich zu machen, haben Bibelwissenschaftler den neuen Begriff „Erstes Testament" geprägt.

Leben zur Zeit des Alten Testaments

Um die Lebensverhältnisse im Alten Israel mit seinen Schwierigkeiten besser verstehen zu können, ist es wichtig, einiges über das Land, den ökologischen und historischen Kontext und das soziale Leben zu erfahren. So kann man den Hintergrund kennenlernen, vor dem die hebräischen Texte entstanden sind, und sich dadurch die Erzählungen plastisch vorstellen.

Das Land der Bibel

Für das Land der Bibel werden verschiedene Namen gebraucht:

Kanaan

In der Bibel selbst heißt dieses Land zunächst „Kanaan" (z. B. Gen 12,6). Dieser Name ist auch außerhalb der Bibel im 2. Jahrtausend v. Chr. mehrfach bezeugt und benennt das Land zwischen Mittelmeerküste und Jordan nach seinen damaligen Bewohnern, den Kanaanäern.

Israel

Der Name „Israel" wurde zunächst Jakob verliehen (Gen 32,29) und dann für die zwölf auf Jakob zurückgehenden Stämme verwendet (V. 33). In der Zeit des Königtums Davids und Salomos (ca. 965–926 v. Chr.) wurde das gesamte Volk der Hebräer „Israel" genannt. Als sich dieses Reich nach dem Tode Salomos 929 v. Chr. spaltete, hieß nur noch das Nordreich „Israel" im Gegenüber zum Südreich „Juda". 722 v. Chr. aber wurde das Nordreich von den Assyrern erobert und die Bevölkerung verschleppt. Die im Land Verbliebenen, die sich mit den Zuwanderern vermischten, nannte man später nach der Hauptstadt des Nordens „Samaritaner". Seit dem Untergang des Nordreiches 722 v. Chr. konnte der Name „Israel" nur noch auf die Menschen im Südreich bezogen werden. Bis heute heißt der in diesem Land 1948 neu gegründete Staat „Israel".

Als Pilger zu Kreuzfahrern wurden

1095 riefen die Konzilien von Piacenza und Clermont dazu auf, das Heilige Land nicht nur zu bereisen, sondern für das Christentum zu erobern. Dem folgten die Kreuzzüge (1096–1099, 1146–1147 und 1189–1192), in deren Verlauf nicht nur im „Heiligen Land" viele Menschen sterben mussten, sondern auch in Frankreich, Lothringen, Böhmen, England und Deutschland zum Teil ganze jüdische Gemeinden oder Gelehrtenschulen vernichtet wurden. Die Kreuzzüge bildeten einen traurigen Auftakt für eine jahrhundertelange Feindseligkeit der Christen gegenüber Muslimen und ihren jüdischen Nachbarn, deren erschütternder Leidensweg schließlich in der von Deutschland ausgehenden Ermordung von sechs Millionen jüdischen Menschen im Holocaust gipfelte.

Palästina
Ebenfalls am Namen der Einwohner orientiert sich der Begriff „Palästina". Diese Bezeichnung geht auf die Philister zurück, jenes Seevolk, das in einer ägyptischen Quelle aus dem 12./11. Jh. v. Chr. erwähnt wird und am Mittelmeer wohnte. Die Hauptstadt der Philister war wohl Gaza.

Das Tote Meer ist die tiefste oberirdische Stelle auf der Erde.

Nachdem die Römer im Jahre 135 n. Chr. die jüdischen Aufstände gegen die römische Besatzungsmacht niedergeschlagen hatten, gaben sie der jüdischen Provinz Judäa den neuen Namen „Palästina", um auf diese Weise schon im Provinznamen die Erinnerung an Jüdinnen und Juden zu tilgen. Später setzte sich diese antike römische Benennung bei den im Land lebenden jüdischen, arabischen und christlichen Menschen durch. Im 20. Jh. wurde der Name „Palästina" zur Standardbezeichnung für die englische Kolonie, die in diesem Land von 1922 bis 1948 bestand. Heute wird dieser Begriff zum einen als Selbstbezeichnung der arabischen Menschen verwendet, die hier einen eigenen Staat gründen wollen. Zum anderen dient er häufig als geografische Bezeichnung für das Land.

Da bis heute ein heftiger Konflikt zwischen Israelis und Palästinensern, zwischen jüdischen und arabischen Menschen über die Frage besteht, wem welche Bereiche des Landes zustehen, kann aus dem Gebrauch dieser Begriffe auch eine politische Stellungnahme herausgehört werden. Deshalb sollte man sie je nach Kontext mit Vorsicht verwenden. Dies gilt auch für den Namen „Heiliges Land":

Heiliges Land
So nannten das Land jene Christinnen und Christen, die seit dem 4. Jh. n. Chr. Pilgerfahrten zu den sog. Heiligen Stätten unternahmen: etwa nach Betlehem als Ort der Geburt Jesu, nach Nazaret als Ort seines Wirkens und nach Golgota als Ort seines Sterbens.

Zwischen Meer, Gebirge und Wüste

Das Land der Bibel ist – grob skizziert – umgrenzt vom Mittelmeer im Westen, von der arabischen Wüste im Osten, vom Hochgebirge des Libanons im Norden und von den trockenen Steppengebieten im Süden, die in die Sinai-Halbinsel übergehen.

Der tiefe Grabenbruch des Jordans teilt das gesamte Land von Nord nach Süd. Im Norden befinden sich der Hule-See und der See Gennesaret. Beide Seen münden in den Jordan, der wiederum in das Tote Meer fließt. Das Tote Meer liegt 400 m unter dem Meeresspiegel und ist damit der tiefste Punkt im Land. „Tot" ist dieses Meer deswegen, weil es keinen Abfluss besitzt und sich daher der Salzgehalt ständig erhöht, was organisches Leben verhindert. Zum Baden ist das Tote Meer jedoch sehr beliebt.

Das Land östlich des Jordans bietet eine fruchtbare Hochebene, die durch die Flüsse Jarmuk, Jabbok und Arnon tief eingeschnitten wird. Hier lagen die traditionellen Lebensgebiete der Ammoniter und Moabiter.

Im Westjordanland lassen sich von Nord nach Süd drei Mittelgebirgsregionen unterscheiden:

- das galiläische Bergland nördlich der Jesreel-Ebene;
- das ephraimitische Bergland von der Jesreel-Ebene im Norden bis auf die Höhe von Jerusalem im Süden;
- das judäische Bergland von Jerusalem bis 25 Kilometer südlich von Hebron.

Die Menschen im Alten Israel siedelten vor allem in diesen Gebirgsregionen.

Die Küstenebene mit den Städten Gaza und Ekron ist zunächst flach. Das daran anschließende fruchtbare Hügelland (die Schefala) steigt nach Osten hin allmählich an, bis es das Gebirge erreicht. Da die vom Meer kommenden Regenwolken an diesen Bergen abregnen, bleibt das wasserarme Gebiet auf der anderen, östlichen Seite des Gebirges Wüste.

Die Jesreel-Ebene im Norden erstreckt sich zwischen Küste und Jordangraben und ist die fruchtbare Kornkammer des Landes. Hier siedelten die Kanaanäer; hier fanden die großen Kriege statt.

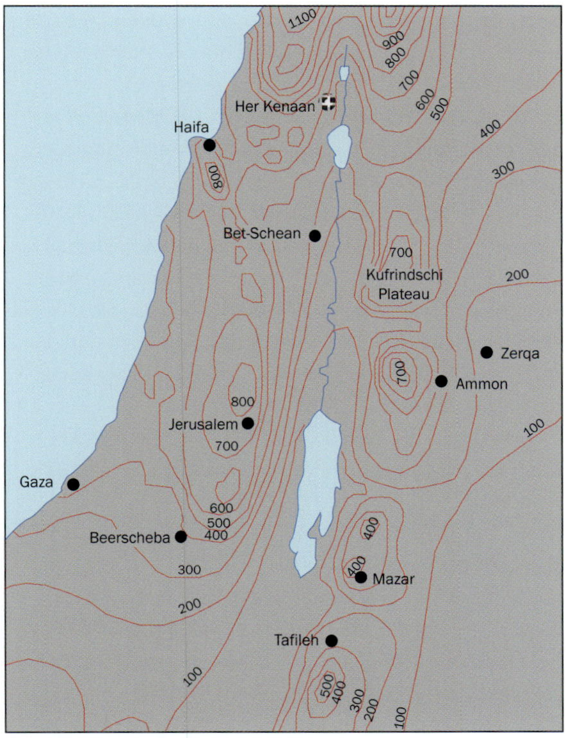

Niederschlagsmengen in Israel

Wer die Ausdehnung dieses Landes etwa mit Deutschland vergleicht, mag über seine geringen Entfernungen staunen. Von Dan im Norden bis Beerscheba im Süden sind es gerade einmal 220 Kilometer, und das ist auch schon die größte Entfernung im Land. Vom Mittelmeer bis zum Jordan werden zwischen 60 und 70 Kilometer gemessen. Als das Südreich Juda und das Nordreich Israel nebeneinander bestanden, lagen die beiden Hauptstädte Jerusalem und Samaria nur 55 Kilometer voneinander entfernt. Allerdings ist zu bedenken, dass Reisen damals unvergleichlich mühsamer waren als heute.

Ein kleines Land zwischen Großmächten

Der Lebensraum Israels ist kleinräumig und zerklüftet. Dies hat die Ausbildung eines großen, zentralisierten Staates lange Zeit verhindert. Zumindest die Bewohner der Bergregionen und des südlichen Teils des Landes lebten weitgehend abgeschieden und abseits von Handelsstraßen und von der Politik der Großmächte.

Schaut man jedoch auf die Ausdehnung und Lage der Weltmächte am Nil und am Eufrat, so wird unmittelbar einsichtig, warum Israel als Landbrücke eine große Bedeutung für Ägypter, Assyrer und Babylonier hatte. Alle wichtigen Fernhandelsstraßen zwischen Mesopotamien und Ägypten führten durch dieses Gebiet. Daher liegt dieses Land wie eingeklemmt zwischen den Interessen anderer Mächte, was sich bis heute nicht grundlegend geändert hat.

Warm und vom Regen abhängig

Durch das subtropische Mittelmeerklima gibt es im Land einen Wechsel zwischen der regenlosen Sommerzeit und der Regenzeit im Winter. Da der recht unzugängliche und nur wenig Wasser führende Jordan nicht zur Bewässerung genutzt werden konnte (anders als Eufrat, Tigris oder Nil), waren die Menschen im Alten Israel auf Regen und Tau am Morgen angewiesen. Im Norden des Landes und im Gebirge fiel deutlich mehr Regen als im Süden. Bei weniger als 200 mm durchschnittlichem Niederschlag im Jahr war kein Ackerbau mehr möglich.

Je weiter man in den Süden kam, desto wichtiger wurde es, wegen des fehlenden Regens, Wasser aus Quellen und Brunnen zu nutzen oder Regenwasser über aufwendige Sammelsysteme in große Zisternen zu leiten.

Wenn das Wasser ausging, führte die Dürre zur Hungersnot. Dann war oft der letzte Ausweg, in das durch den Nil vom Regen unabhängige Ägypten zu fliehen, wie es Abraham (Gen 12,10–20) oder die Söhne Jakobs taten (Gen 40ff.).

Wie dies bis heute noch in vielen Ländern der Welt der Fall ist, war gerade auch im Gebiet des Alten Israels die Versorgung mit Wasser eine ständige Herausforderung, die auch zu Konflikten führte (vgl. Gen 26,18–33).

Abseits der Wüste findet man natürliche Vegetation in der Buschsteppe und im Wald.

Selbstversorgung durch Ackerbau und Viehzucht

In biblischer Zeit mussten die Menschen alles für das Leben Notwendige selbst produzieren. Bis auf Eisen und Keramik gab es fast noch keine Güter, die gehandelt wurden. So versorgten sich alle selbst durch Ackerbau, Gartenbau und Kleinviehhaltung.

Auf kleinen Feldern in den Tälern und auf Terrassen in den Hügeln wurden Gerste, Weizen, Erbsen und Linsen, Wein, Gurken, Knoblauch, Zwiebeln oder Lauch angebaut. Dabei übernahmen häufig die Frauen den Gartenbau in der Nähe des Hauses. Feigen-, Oliven-, Mandel-, Johannisbrot- und Granatapfelbäume lieferten nicht nur wertvolle Früchte, sondern boten auch kühlen Schatten in sommerlicher Mittagshitze (vgl. Mi 4,4).

Die Männer, aber auch Frauen wie Rahel (vgl. Gen 29,6) kümmerten sich neben dem Ackerbau ebenfalls um das

Vieh. Die Zucht beschränkte sich vor allem auf das Kleinvieh: ca. 70 Prozent Ziegen und 30 Prozent Fettschwanzschafe. Als recht anspruchslose Tiere konnten Ziegen mit wenig Futter auch in den trockenen Monaten gehalten werden. Die Schafe hatten den Vorteil, dass sie während der futterreichen Zeit bis zu 10 kg Fett in ihrem Schwanz als Vorrat für die Dürreperiode speichern konnten.

Noch heute leben Menschen in der judäischen Wüste unter einfachsten Verhältnissen wie dieser Hirtenjunge in der Nähe von Jerusalem.

Rinder mit ihrem großen Wasser- und Futterbedarf konnten sich nur wenige Bauern leisten. Das Großvieh wurde vor allem dazu genutzt, um Karren, Dreschschlitten und Pflugscharen zum Bestellen größerer Ackerflächen zu ziehen.

Esel und gelegentlich auch Maultiere dienten als Lasttiere. Denn Kamele, die außerordentlich viel Wasser speichern und große Distanzen an einem Tag überwinden konnten, waren für Bauern und Kleinviehhirten unerschwinglich. Auch Pferde waren teuer und aufwendig in der Haltung und wurden daher nur für militärische und repräsentative Zwecke verwendet.

Der Verzehr von Schweinen wurde wohl erst nach dem Ende des babylonischen Exils 539 v. Chr. verboten.

Tauben lieferten Eier und Fleisch, während Hühner in der Bibel kaum erwähnt werden. Bienen machte man sich zunutze, um Honig zu gewinnen, und Hunde wurden eingesetzt, um das Haus bewachen und den Abfall beseitigen zu lassen.

Die Nahrung bestand hauptsächlich aus Brot, das die Frauen herstellten. Brot steht in der Bibel häufig für Essen schlechthin. Zum Brot wurden Gemüse, Früchte und Nüsse verzehrt. Aus Oliven presste man Öl; es wurden Speisegewürze und Salz verwendet.

Aber auch nicht pflanzliche Nahrung wie Fleisch, Geflügel, Fisch und Milchprodukte war von Bedeutung.

Zusammen mit Brot galt als Grundnahrungsmittel auch Wein, der zum Trinken mit Wasser verdünnt und ebenso zum Desinfizieren von abgestandenem Wasser eingesetzt wurde.

Mal sesshaft, mal wandernd

In den trockenen Perioden mussten die Kleinviehhirten oft lange Strecken zurücklegen, um ihre Tiere zu frischem Wasser und ausreichendem Futter zu führen. Wenn in der wissenschaftlichen Literatur von Nomadentum die Rede ist, dann ist meist an ein solches Wanderhirtentum gedacht: Mitglieder einer Familie machten sich saisonal begrenzt mit den Herden auf den Weg, während die anderen beim Haus, Garten und Acker blieben. Nur mit einer solchen Arbeitsteilung konnte man überleben.

Wenn der Eindruck erweckt wird, die Menschen in alttestamentlicher Zeit seien zunächst Wandernomaden gewesen, bis sie sesshaft wurden, entspricht das nicht den inzwischen erforschten damaligen Lebensverhältnissen. Denn für die Selbstversorgung waren die Menschen gerade auf den Wechsel zwischen Sesshaftigkeit und Wanderung angewiesen. Wenn sie unterwegs waren, gab es wohl auch keine Feindschaft zwischen den Nomaden und den örtlich Sesshaften, sondern eher ein Miteinander zu beiderseitigem Nutzen.

Das arabische Beduinentum, bei dem Stämme von Kamelzüchtern ungebunden in der Wüste leben, ist eine spätere Erscheinung.

Das Leben in der Familie

Die kleinste selbstständige ökonomische Einheit im agrarisch geprägten frühen Israel war der Haushalt, der auf Ackerbau, Viehbesitz und die Selbstversorgungswirtschaft gründete. Diese Einheit heißt im Alten Testament „Haus". Das heißt, mit dem Begriff „Haus" (בַּיִת *bajit*) ist nicht nur das kleine, oft aus vier Zonen bestehende, zweistöckige Wohnhaus, sondern auch die Familie gemeint. Die häufig Haus an Haus lebende Großfamilie wurde „Vater-Haus" (בֵּית אָב *bejt av*) genannt. Die weitere Familie hieß Sippe, hebräisch „Mischpacha" (מִשְׁפָּחָה), von dem sich das jiddische Wort „Mischpoke" ableitet.

Zur Familie gehörten auch Versklavte, die durch Kauf oder als Kinder von Sklavinnen in den Haushalt aufgenommen wurden. Sklavinnen und Sklaven waren der Verfügungsgewalt ihrer Herren und Herrinnen ausgeliefert (vgl. z. B. Gen 16) und mussten oft Gewalt und sexuelle Ausbeutung über sich ergehen lassen. Weil Israel als Volk selbst in Ägypten die Sklaverei erlebt hat (Ex 1,13f.; 2,23), zielen viele Vorschriften der Tora darauf ab, die Gefahr der Versklavung zu mindern und die negativen Folgen des Versklavtseins einzuschränken oder abzumildern. Manche Geschichten, wie jene über die Sklavin Hagar in Gen 16, enthalten Momente jener Befreiung, die Israel mit der Herausführung aus Ägypten erlebt hat und die zur Rücksicht auf die Menschenwürde von versklavten, fremden und in Not geratenen oder am Rande stehenden Personengruppen mahnt (Lev 19,34; Dtn 5,14f.; 15,15; 24,22).

Die Familie wurde durch einen Haushaltsvorstand repräsentiert, der in persischer Zeit auch schon einmal eine Frau sein konnte (Spr 31). Der Sippe standen Älteste vor, die aus der Mitte der Familienväter bestimmt wurden. In der Antike wurden Leben und Rollen der Einzelnen im Wesentlichen durch die Gemeinschaft bestimmt. So entschieden die Oberhäupter beispielsweise über eine Heirat oder über andere rechtliche Fragen.

Es ist wohl davon auszugehen, dass es eine Familienreligion gab, also religiöse Riten und Vorstellungen im häuslichen Rahmen, die sich von der erst später entstandenen sog. offiziellen Religion Israels unterscheiden konnten.

Früher hat man angenommen, aus den Erzeltern-Erzählungen Gen 12–50 den Glauben an einen „Vätergott" rekonstruieren zu können, der sich einer bestimmten Nomaden-Sippe zuwendet und ihr Beistand, Segen und die Vermehrung zusagt. Heute lesen die wissenschaftlichen Bibelauslegerinnen und -ausleger solche Texte auch vor dem Hintergrund des Neuanfangs nach dem Ende des Exils 539 v. Chr. und nehmen an, dass sich Familienreligionen bis in spätere Zeiten gehalten haben.

Auch wenn die soziale Größe des „Stammes" historisch kaum greifbar ist, begegnet doch immer wieder in der hebräischen Bibel das Zwölfersystem, das auf die Söhne Jakobs zurückgeht: Ruben, Simeon, Levi, Juda, Dan, Naftali, Gad, Ascher, Issachar, Sebulon, Josef und Benjamin.

Vom Leben in der Familie zum Staat

Für das Leben der Einzelnen war die Zuordnung zu einem „Stamm" jedoch viel weniger bedeutend als die Eingliederung in die engere und weitere Familie. Auch nach den Erzählungen der Bibel selbst gab es über die Familien hinaus bis zur Richterzeit (ca. 1200–1000 v. Chr.) keine zentrale Macht. Man sagt, die Gesellschaft des Alten Israels war zunächst „akephal", d. h. „kopflos" bzw. führungslos. Das änderte sich allmählich in der Richterzeit und spätestens vollends, als Israel ein Königtum wurde (ca. 1000–586 v. Chr.). Dieses Königtum bestand, bis auch das Südreich Juda von den Neubabyloniern erobert und samt dem Tempel zerstört wurde. Damals wurde die Oberschicht nach Babylonien ins Exil geführt. Erst 539 v. Chr., als der Perserkönig Kyrus die Neubabylonier besiegte und eine weitgehende religiöse Toleranz gewährte, konnten die israelitischen Menschen in

Nomaden

Das klassische Nomadentum im Nahen Osten bildete sich im 1. Jahrtausend v. Chr. heraus. Nomaden züchteten neben Schafen hauptsächlich die anspruchsloseren Ziegen, deren Milch getrunken und deren Fleisch gegessen wurde. Aus den Häuten der Ziegen fertigte man Kleidung und Zelte. Das Nomadentum ist nicht die primitive Vorstufe des sesshaften Bauerntums, sondern existierte parallel dazu. Bauerndörfer und Städte gab es zur selben Zeit, als die Nomaden mit ihren Herden unterwegs waren.

Nomaden nutzten die gleichen ökologischen Nischen wie die Bauern, jedoch ohne sesshaft zu sein. Mindestens zweimal jährlich brachen sie ihre Zelte ab und wanderten in ein anderes Gebiet. Man geht davon aus, dass es Sommer- und Winter-Weidegebiete gab. Im Sommer (Trockenzeit) weidete man wohl in der Nähe von Wasserstellen, Flüssen oder Seen, während im Winter (Regenzeit) die frisch erblühten Weiden aufgesucht wurden.

Die Frauen kümmerten sich hauptsächlich um das Handwerk (Spinnen, Weben, Nähen) und versorgten auch das Vieh; die Männer waren wohl vornehmlich mit Jagd, Krieg und Handel beschäftigt. Gerade der Handel mit Bauern und der städtischen Bevölkerung war ein wichtiges Standbein für die Nomaden. Die Lage Kanaans zwischen der Wüste im Osten und dem Meer im Westen führte dazu, dass die Handelsrouten genau durch das Land verliefen, was den Bewohnern sehr zugutekam. Durch die Domestizierung des Kamels im 1. Jahrtausend v. Chr. wurden die Nomaden sehr wichtige Händler im Nahen Osten. Jedoch war das Kamel nicht nur Lasttier, sondern wurde auch für die Jagd und in kriegerischen Auseinandersetzungen eingesetzt. Erst die Erfindung des Automobils in der Neuzeit löste das Kamel als Fortbewegungsmittel in diesen Regionen ab.

Nomaden lebten wahrscheinlich in runden Zelten, die aus Stoffbahnen und Ziegenhäuten angefertigt und wohl kreisförmig aufgestellt wurden, sodass sie eine runde Zeltstadt bildeten. Der entstandene Hof in der Mitte bot Schutz, diente als Platz für Tiere und als Versammlungsort. Eine solche ringförmige Zeltstadt erinnert an Ringdörfer, die von Bauern bewohnt waren.

Der Stamm ist für die gesellschaftliche Struktur des Nomadentums bestimmend. An seiner Spitze stand das männliche oder weibliche Familienoberhaupt. Gesetze, Traditionen und Bräuche wurden mündlich weitergegeben.

ihr Land zurückkehren, was viele trotz der langen Zeit des Exils auch taten. Mit dem Aufbau und der Einweihung des zweiten Tempels 515 v. Chr. begann eine Epoche, die mit der Tempelzerstörung 72 n. Chr. durch die Römer endete.

Erzählen, Lesen und Schreiben

Die mündliche Kommunikation und Überlieferung spielte in der Antike, in der nur 3–15 Prozent der Menschen lesen und schreiben konnten, eine weit größere Rolle als in der heutigen Gesellschaft. Auch viele biblische Texte sind wohl zunächst mündlich entstanden und wurden nicht vorgelesen, sondern in Familien als unterhaltsame oder lehrreiche Darbietung vorgetragen. Dabei war es möglich, die Geschichten den wechselnden Erzählsituationen anzupassen.

Schon in der zweiten Hälfte des 4. Jahrtausends v. Chr. entstanden im Alten Orient auch Schriftkulturen, nämlich in Ägypten und Mesopotamien. Auf den Inschriften aus dem Alten Israel findet sich zunächst eine althebräische Schrift, die sich von der späteren, bis heute verwendeten Quadratschrift unterscheidet. Berühmt ist das Ostrakon, also eine beschriebene Tonscherbe, mit dem Bittbrief eines Erntearbeiters aus dem 7. Jh. Sie zeigt, dass die Fähigkeiten Lesen und Schreiben nicht auf die Oberschicht begrenzt waren.

Als Schriftträger dienten neben Ostraka (Tonscherben) (für Briefe, Verwaltungs- und Schultexte), Stein (für Inschriften, Siegel, Graffiti), Putz, Ton (für Siegelabdrucke) und Papyrus, ferner auch Leder (für Buchrollen), Holztafeln, Metall (für Amulette) und Elfenbein. Als Werkzeuge benutzten die Schreiber Stifte (Jer 17,1), Tinte (Jer 36,18), Holztafeln für Notizen (Jes 30,8) sowie Messer zum Schneiden, Linieren und Radieren von Papyrus und Leder. Schriftrollen wurden in Kolumnen beschrieben.

Da erst für die Zeit ab dem 7. und 6. Jh. v. Chr. gehäuft Schriftträger erhalten sind, ist vor allem bei den Texten aus der frühen Geschichte Israels vollkommen unklar, wann sie von wem aufgeschrieben wurden. Dass z. B. Mose den Pentateuch zunächst in Keilschrift niedergeschrieben haben soll, ist durch nichts belegt.

Traditionen statt Autoren

Auch wenn viele biblische Bücher mittlerweile Namen als Überschriften tragen, sind die Texte des Alten Testaments ihrem Ursprung nach Traditionsliteratur und keine Autorenliteratur. Dies liegt daran, dass die frühe Antike noch nicht das moderne Konzept eines historischen Autors kannte, auf den jedes Werk zurückgeführt werden kann. Vielmehr haben oft mehrere Menschen an Büchern gearbeitet, und es galt auch nicht als Betrug, diese Bücher berühmten Persönlichkeiten zuzuschreiben.

Auch das Verhältnis zwischen mündlicher und schriftlicher Überlieferung muss neu bestimmt werden. Wahrscheinlich gibt es keine geradlinige Entwicklung von der Mündlichkeit zur Schriftlichkeit. Vielmehr ist wohl damit zu rechnen, dass auch schriftliche Texte wieder in die mündliche Überlieferung eingegangen sind und mündliche Traditionen schriftliche Texte beeinflusst haben.

Archäologie

Archäologie befasst sich mit den Hinterlassenschaften von Menschen vergangener Zeiten. Sie will erforschen, wie Menschen lebten, wie sie sich etwa ernährten und wie Klima und Umwelt beschaffen waren.

Ausgrabungen in Bet Schean im Norden Israels

Unter dem Begriff „biblische Archäologie“ versteht man heute jenen Bereich dieser Wissenschaft, der sich mit archäologischen Zeugnissen befasst, welche in biblisch erwähnten Gebieten gefunden und mit biblischen Themen verbunden wurden und zeitlich mit den Berichten der Bibel übereinstimmen. Sie wird hauptsächlich im syro-palästinischen Raum betrieben.

Die Anfänge der biblischen Archäologie waren von der Motivation geleitet, die „historische“ Wahrheit der Bibel zu belegen. Grundlegend war die Arbeit von Johann Jahn, der 1802 das Buch „Biblische Archäologie“ verfasste. Heute hingegen liefert die Israel- oder Palästina-Archäologie (wie die biblische Archäologie auch genannt wird) wichtige Anhaltspunkte, die das Wissen um die biblische Zeit erweitern.

Eng mit der Archäologie verbunden ist die moderne Exegese, die u. a. die Bibeltexte in ihrer Entstehungszeit verortet und damit Rückschlüsse auf damalige Lebensumstände erlaubt, in denen die Texte weitergegeben, niedergeschrieben und schließlich auch gelesen wurden.

Die Geschichtsbücher

Die fünf Bücher Mose

Fünf Bücher Mose, Pentateuch und Tora

Sowohl nach der jüdischen als auch nach der katholischen und der evangelischen Tradition beginnt der dreigliedrige alttestamentliche Kanon mit den fünf Büchern Mose, die im Judentum „Tora“ genannt werden (vgl. die Übersicht im vorhergehenden Kapitel S. 55f.). In der Bibelwissenschaft werden diese ersten fünf Bücher häufig „Pentateuch“ („das Fünfteilige“) genannt.

In den katholischen und mittlerweile auch in den evangelischen Bibeln werden die fünf Bücher nach den griechischen / lateinischen Namen bezeichnet:

1. Buch Mose	Genesis	„Ursprung“
2. Buch Mose	Exodus	„Auszug“
3. Buch Mose	Levitikus	„das Levitische / das priesterliche Buch“
4. Buch Mose	Numeri	„Zahlen“
5. Buch Mose	Deuteronomium	„das zweite Gesetz“

Hingegen werden diese fünf Bücher in der Hebräischen Bibel nach jeweils einem Wort aus dem ersten Vers benannt:

בְּרֵאשִׁית	*b^e^reschit*	„Im Anfang“
שְׁמוֹת	*sch^e^mot*	„Namen“
וַיִּקְרָא	*wajjiqra*	„Und er rief“
בְּמִדְבַּר	*b^e^midbar*	„In der Wüste“
דְּבָרִים	*d^e^varim*	„Worte“

Zusammengenommen verraten diese Namen schon einiges über die Inhalte der einzelnen Bücher:

Das Buch Genesis (Abkürzung: Gen) erzählt davon, wie alles angefangen hat: Ihren Ursprung hat diese Welt in Gott, der sie erschaffen hat. Im ersten Buch Mose erfahren wir auch, dass Gott mit den Menschen immer wieder neu angefangen hat, zuletzt mit Abraham als dem Urahn der Kinder Israels.

Das Buch Exodus (Ex) setzt mit den Namen der israelitischen Familien ein, die im Laufe der Jahre vor allem wegen Hungersnöten nach Ägypten geraten sind. Das zweite Buch Mose handelt wesentlich vom Auszug der Kinder Israels aus Ägypten, genauer gesagt, von der Befreiung aus der Sklaverei durch Gott.

Kopf eines Beters, Syrien, um 2500 v. Chr.

Im Buch Levitikus (Lev) hält während der langen Wüstenwanderung der Kinder Israels auf ihrem Weg ins Land der Handlungsablauf inne. Unvermittelt ruft Gott am Beginn des Buches Lev Mose zu sich, um ihm die Lebensordnungen für Israel als ein „heiliges und priesterliches Volk“ (Ex 19,5f.) mitzuteilen.

Das vierte Buch Mose, Numeri (Num), erzählt von dem, was Israel „in der Wüste“ auf seinem vierzigjährigen Weg in das verheißene Land erlebt hat, von dem Auf und Ab zwischen Hoffnung und Enttäuschung. Seinen lateinischen Namen „Numeri“ hat dieses Buch wegen seiner vielen Zählungen, Listen und Ordnungsversuche erhalten.

Das fünfte Buch, das Deuteronomium (Dtn), setzt mit den „Worten“ ein, die Mose nach dem Auftrag Gottes an die Kinder Israels gerichtet hat, und verweist darauf, dass dieses Buch im Wesentlichen eine Sammlung von Mosereden ist, fast wie ein Testament. Im Namen „Deuteronomium“ schwingt der Gedanke mit, dass dieses Buch die Weisungen der vorhergehenden Bücher rekapituliert, als Israel unmittelbar vor dem Einzug in das verheißene Land steht.

Wenn diese fünf Bücher im Judentum „Tora“ heißen, dann werden damit die Gebote und Weisungen betont, die den großen Mittelteil des Pentateuchs prägen (Ex 19 bis Num 10 und Dtn 12–26).

Wer hat die fünf Bücher Mose geschrieben?

Auch wenn nicht die biblischen Texte, sondern nur die dazugegebenen Überschriften den Eindruck erwecken, Mose könne der Autor dieser fünf Bücher sein, galt der Pentateuch bis in das 17. Jh. hinein in Christentum und Judentum als sein Werk.

Tora als Einweisung ins Leben

Das hebräische Wort Tora (תּוֹרָה) lässt sich am ehesten mit „Weisung" oder „Lehre" übersetzen. Im Alten Testament ist Tora die Einweisung der Kinder durch die Mutter (Spr 1,8; 6,20) oder den Vater, die Unterrichtung durch einen Weisheitslehrer (7,2) oder Propheten (Jes 8,16) sowie die Lehre der Priester (Jer 18,18) samt deren kultischen Ordnungen (Lev 6,2.7). Von daher konnte dieses Wort im Dtn zur Bezeichnung für den schriftlich vorliegenden Willen Gottes und schließlich für den ganzen Pentateuch werden.

Im Griechischen wurde „Tora" mit *nomos* (**νόμος**) übersetzt, das im Deutschen oft mit „Gesetz" wiedergegeben wird. Wenn nun auch „Tora" mit „Gesetz" wiedergegeben wird, dann besteht die Gefahr, dass man eher an das Bürgerliche Gesetzbuch als an die zugeneigte Einweisung ins Leben denkt, die Eltern ihren Kindern zuteilwerden lassen – oder Gott den Menschen schenkt.

Doch dann trauten sich allmählich Menschen, Fragen zu stellen: Wie konnte Mose von den Ereignissen aus der Zeit der Ur-Väter und -Mütter Israels wissen (Gen 12–50)? Wie konnte er in Dtn 34 über seinen eigenen Tod schreiben? Wie konnte er über die Zeit Abrahams berichten, „damals seien noch die Kanaaniter im Lande gewesen" (Gen 12,6), wenn er doch gar nicht wissen konnte, dass das später einmal nicht mehr der Fall sein würde. Mit diesen Fragen und den ersten Antwortversuchen war die historische Pentateuchkritik geboren: Vielleicht hat Mose ja Quellen benutzt, oder andere, etwa Josua, haben seine Texte bearbeitet.

Als der jüdische Gelehrte Baruch Spinoza 1670 die Meinung vertrat, Mose könne zwar als Schriftsteller oder Gesetzgeber gewirkt, aber unmöglich den so komplexen und vielschichtigen Pentateuch vollständig geschrieben haben, löste dies scharfe Ablehnung aus, bis dahin, dass Spinoza zweimal nur knapp einem Mordanschlag entging.

In den folgenden zweihundert Jahren bildete sich nach und nach die Theorie aus, dass der Pentateuch auf verschiedene Quellen zurückgeht – so etwa in den Veröffentlichungen des französischen Oratorianers Richard Simon (1678/1685), des Hildesheimer Pastors Henning Bernhard Witter (1711), des Medizinprofessors Jean Astruc (1753, anonym) sowie des Bibelwissenschaftlers Johann Gottfried Eichhorn (1779) und seiner Nachfolger.

Im 19. und 20. Jh. setzte sich die Hypothese durch, dass im Pentateuch vier Erzählfäden bzw. Quellen zu finden sind:

- der Jahwist (J), der Gott mit dem Namen JHWH bezeichnete und um 950 v. Chr. zu datieren ist, also in die Zeit Salomos und vor der Teilung des Reiches 926 v. Chr. in das Nordreich Israel und das Südreich Juda;
- der Elohist (E), der um 800 v. Chr. zu datieren ist, vor Schriftpropheten wie Hosea;

Der Pentateuch

Gen 1–11	Urgeschichte
Gen 12–50	Erzelternerzählungen
Gen 12–25	Abra(ha)m
26	Isaak
25.27–36	Jakob und Esau
37–50	Josef und seine Brüder
Ex 1–11	Mose
12–15	Israels Exodus
16–18	Israel in der Wüste
19–24.32–34	Israel am Sinai
Ex 25–31	
Ex 35–40	Priesterliche Vorschriften
Lev 1–27	Israel am Sinai
Num 1–10	
Num 10–20	Israel in der Wüste
Num 20–36	Landnahme (Ostjordanland)
Dtn 1–34	Mosereden
1–11	Einleitungsreden
12–26	Deuteronomisches Gesetz
27–30	Schlussreden
31–34	Abschluss des Pentateuch

- das Dtn (D), das in seiner Urform wahrscheinlich nur Teile aus Dtn 12–26 umfasste, vor der Reform Joschijas begonnen und später umfangreich erweitert wurde;
- die Priesterschrift (P), die um 550 v. Chr., also mitten im babylonischen Exil (586–538) entstanden ist und in nachexilischer Zeit ergänzt wurde.

Auf diese Quellenhypothese arbeiteten etwa Karl Heinrich Graf (1815–1869), Julius Wellhausen (1844–1918) und andere hin.

Heute überwiegt gegenüber diesem Quellenmodell die Skepsis. Denn auch mit viel gutem Willen lassen sich

Die weiteren Geschichtsbücher

Josua	
1–12	Landnahme Westjordanland
13–22	Landverteilung der Stämme
23–24	Ende des Wirkens Josuas
Richter	
1–2	Landnahme und Ausblick auf die Richterzeit
3–16	Richter-Erzählungen
17–18	Wanderung der Daniter
19–21	Untaten der Benjamiter
Rut	Erfolgsgeschichte einer Frau, datiert in die Richterzeit (Rut 1,1)
Samuel	
1 Sam 1–3	Samuels Jugend; Ladeerzählung
1 Sam 4–7	Verlust und Rückkehr der Bundeslade
1 Sam 8–15	Entstehung des Königtums
1 Sam 16–2 Sam 5	Davids Aufstieg zum König
2 Sam 6–8	Ladeerzählung; Nathansverheißung, Davids Wirken
2 Sam 9–24	Thronnachfolge Davids
Könige	
1 Kön 1–11	Salomos Königtum
1 Kön 12–2 Kön 17	Könige von Israel und Juda (1 Kön 16–2 Kön 9 Elija-Elischa-Geschichten)
2 Kön 18–25	Könige von Juda
Chronik	
1 Chr 1–9	Genealogien von Adam bis Saul
1 Chr 10–29	Königtum Davids
2 Chr 1–9	Königtum Salomos
2 Chr 9–36	Geschichte Judas bis zum Untergang
Esra	
1–6	Rückkehr aus dem Exil und Tempelbau
7–10	Esra und das Gesetz
Nehemia	
1–7	Nehemia, Bau der Jerusalemer Stadtmauer
8	Verlesung der Tora durch Esra, Laubhüttenfest
9–13	Gebet des Volkes, Verpflichtung, Weihe der Mauer
Ester	Erfolgsgeschichte einer Frau in persischer Zeit

Texte, die einer dieser Quellen zugehörig gewesen sein könnten, nur bis in das Buch Exodus verfolgen. Danach lässt einen das Quellenmodell rasch im Stich. So glauben heute nur noch wenige an einen derart früh datierten J oder gar an einen E. Was J angeht, wird etwa diskutiert, ob es eine solche Quelle überhaupt gegeben hat oder ob sie in eine spätere Zeit zu datieren ist, etwa in die Zeit des Exils (586–538).

Meist wird aber weiterhin davon ausgegangen, dass es in der exilischen Zeit eine priesterliche Quelle oder Überarbeitung der Texte gegeben hat. Auch wird heute noch angenommen, dass im Dtn (etwa in Teilen von Dtn 12–26) eine deuteronomische Schrift enthalten ist, die um 700 v. Chr. unter Hiskija entstanden ist, die Kultreform Joschijas 622 v. Chr. (vgl. 2 Kön 23) anstieß und mit der Zeit erweitert wurde.

Weitgehend Einigkeit besteht darin, dass die Entstehung des Alten Testaments deutlich komplexer zu denken ist, als es das Quellenmodell vermittelt. Wahrscheinlich muss man mit Erzählungen rechnen, die um Orte oder besondere Personen kreisten und in Familien tradiert wurden (die sog. Sagen), mit kleineren und größeren Erzählzusammenhängen, die mündlich und schriftlich tradiert wurden, mit Gesetzessammlungen, Geschichtswerken, Quellen, Großkompositionen und immer wieder mit Erweiterungen und Überarbeitungen. Da es letztlich aber immer moderne Augen sind, die in den Texten Nähte oder Brüche zu sehen meinen, bleibt fraglich, inwieweit die tatsächliche Entstehung der alttestamentlichen Texte aufgeklärt werden kann.

In den letzten Jahrzehnten wird in der Bibelwissenschaft zunehmend darauf hingewiesen, dass neben der Erforschung der Vergangenheit der Texte ihre gegenwärtige Form nicht vergessen werden darf. Dies gilt insbesondere, wenn nach der Bedeutung der biblischen Texte für die Religionsgemeinschaften gefragt wird, die die Bibel als Kanon verwenden: als einen feststehenden Text, der so, wie er vorliegt, eine Orientierung für den Glauben und das Leben der Menschen hat.

Die weiteren Geschichtsbücher

Nach der Tora folgen in dieser Zusammenstellung des biblischen Kanons weitere Bücher, die die Geschichte Israels erzählen: Das Buch Josua (Jos) berichtet von Israels Weg ins Gelobte Land und das Buch der Richter (Ri) von der Zeit, als es noch kein Königtum gab. Weil zu Beginn des Buches Ruth ebenfalls auf die Zeit der Richter Bezug genommen wird (Rut 1,1), wurde dieses Buch zu dem der Richter gestellt. Die beiden Bücher Samuel (Sam) erzählen von Israels Zeit bis zum ersten König David, die beiden Bücher Könige (Kön) und die beiden Chronik-Bücher (Chr) von der Königszeit bis zum Untergang des judäischen Königtums und dem Beginn des Exils. Die Bücher Esra (Esr) und Nehemia (Neh) gewähren einen Einblick in die Zeit nach dem babylonischen Exil, die Zeit der Rückkehr ins Land und des Neubeginns mit dem Bau des Zweiten Tempels in Jerusalem. Wie das Buch Rut, so schließt sich auch das Buch Esther aus chronologischen Gründen an und erzählt davon, dass eine Frau durch ihren großen Mut ein Pogrom an den Jüdinnen und Juden verhindert hat.

1. Buch Mose (Genesis) – Am Anfang das Buch von den Anfängen

Das Buch Genesis erzählt Geschichten von der Entstehung der Welt, wie wir sie kennen, und von der Familie Abrahams, Saras und ihrer Nachkommen, aus denen die zwölf Stämme Israels hervorgegangen sind.

Wie alles begann

Das Buch Genesis erzählt von den Ursprüngen: dem Ursprung der Welt in Gottes Schöpfungshandeln, dem Ursprung der ersten, von Gott gemachten Exemplare der Menschheit, dem Ursprung der Beziehung zwischen Gott und diesen Menschen; zunächst im Bund mit allen Menschen, dann im Bund mit Abraham und den Kindern Abrahams und Saras.

Das erste Buch Mose gliedert sich in

- die Urgeschichte (Gen 1–11),
- die Geschichte der Erzeltern (ab Gen 12),
- und in die Josefsgeschichte (Gen 37–50).

Damit wird der Blick der Lesenden immer weiter fokussiert: von der Welt auf die Menschheit, von allen Menschen zu Abraham und Sara als den Eltern vieler Völker, von allen Nachkommen Abrahams und Saras auf die Kinder Isaaks und Jakobs bzw. Israels.

Entsprechend beginnt die Urgeschichte in den Weiten der damals vorgestellten Welt zwischen Himmel und Erde, während die Erzelterngeschichten auf das Land zielen, in dem das Volk Israel einst leben wird. Die eigentliche Geschichte Israels beginnt in 11,31 damit, dass Abrams Vater Ur in Richtung Kanaan verlässt und sich mit seiner Familie in Haran niederlässt. Gott ruft dort Abram auf, in das Land zu ziehen, das er ihn sehen lassen wird (12,1). Diejenigen, die die spätere Geschichte Israels kennen, erinnert dies an die Herausführung der Kinder Israels aus dem Sklavenhaus Ägypten (Ex) und an die Rückkehr vieler aus dem babylonischen Exil ab 539 v. Chr. Danach dürfen Abraham und seine Familie wie Nomaden im Land leben (Gen 12ff.), bevor Josef nach einem Konflikt mit seinen Brüdern nach Ägypten gerät, wo später auch seine Verwandten während einer Hungersnot Zuflucht finden (Gen 37ff.). Hieran wird das Buch Ex anschließen.

Das Buch Genesis erzählt viele bekannte Geschichten mit einer ungeheuren Deutungskraft. Themen sind etwa: das Werden von Mann und Frau (Gen 1–3); die erste Sünde, die zum Brudermord führt (Gen 4); der Beinahe-Untergang der Welt in der großen Flut (Gen 7f.); die Selbstüberhebung der Menschen im Turmbau zu Babel

(Gen 11); die Versuchung Abrahams, seinen Sohn zu opfern (Gen 22); den Traum von der Himmelsleiter (Gen 28); das Ringen Jakobs am Jabbok (Gen 32) – Geschichten von der Ferne und der Nähe Gottes, von Not und Segen, von Ängsten und Hoffnungen. Früher haben sich vor allem die Nachkommen Israels solche Geschichten erzählt, um ihr Sein und Werden zu verstehen, heute lesen Menschen aus aller Welt diese Erzählungen, um ihr menschliches Dasein zu begreifen.

Die ersten Sätze der Bibel sind wahrscheinlich nicht die ältesten biblischen Worte. Auch wenn sich in der Genesis etliche sehr alte Überlieferungen finden mögen, sind viele Texte, zum Beispiel Gen 1, wohl erst in späterer Zeit, etwa im Exil, entstanden.

Gott ruft die Welt aus dem Chaos (Gen 1,1–2,4a)

Zunächst bringt Gott (hebr. אֱלֹהִים *ªlohim*) Ordnung ins Chaos, trennt Licht und Finsternis (V. 4) und schafft so Tag und Nacht (V. 5), und er trennt Wasser und Land (V. 9f.). Das Land entsteht dadurch, dass Gott ein Gewölbe ähnlich einer Käseglocke in das Wasser einzieht (V. 7), das von nun an in das untere Wasser, das Meer, und das obere Wasser, den Himmel, unterschieden ist (hebr. שָׁמַיִם *schamajim*, wörtlich: „dort Wasser"). Damit die Welt in einen guten Rhythmus kommt, befestigt Gott Leuchten an diesem Gewölbe, den Mond und die Sterne (V. 14ff.). Sie zeigen die Zeiten an: die Tage, die Jahre und die Festzeiten. Für das Festland und das Meer erschafft Gott Pflanzen und Tiere (V. 11–13 und 20–25).

Gegenüber altorientalischen Mythologien, in denen Himmel und Erde als Götter erscheinen, wirkt dieser Bericht geradezu aufklärerisch nüchtern.

Danach erschafft Gott die Menschheit (hebr. אָדָם *adam*), das Menschenwesen, und zwar „männlich und weiblich" (V. 27). Alles, was Gott gemacht hatte, war „sehr gut" (V. 31).

Als Vollendung der Schöpfung erdenkt sich Gott den Sabbat, den Feiertag, an dem er von seiner Arbeit ruht (2,1–3).

Das Menschenwesen wurde Mann und Frau (Gen 2)

Nun geht die Erzählung einen Schritt zurück, um genau darzustellen, wie das Menschenwesen zu Mann und Frau wurde. Zunächst wird nur das Menschenwesen in den Garten in Eden gesetzt, um ihn zu pflegen und zu hegen. Nach der griechischen Übersetzung des Wortes für Garten, παράδεισος *parádeisos*, wurde er „Paradies" genannt.

Dieser Garten wird durch die Erwähnung von vier Flüssen nur scheinbar lokalisiert, da diese Flüsse in Wirklichkeit nirgends zusammenfließen. Eden ist heute eben nicht mehr zu finden.

Als das Menschenwesen einsam wird, bringt Gott Tiere zu ihm, die aber seiner Einsamkeit auch nicht abhelfen können. Schließlich versetzt Gott den Menschen in einen narkotischen Tiefschlaf und nimmt aus seiner Seite etwas, was er zu einem weiblichen Körper formt. Diese Person nannte Adam dann Frau (hebr. אִשָּׁה *ischschah*; Luther: „Männin"), im Unterschied zu der er sich als „Mann" (hebr. אִישׁ *isch*) bezeichnen kann. Ihre Nacktheit genießen beide ohne Scham.

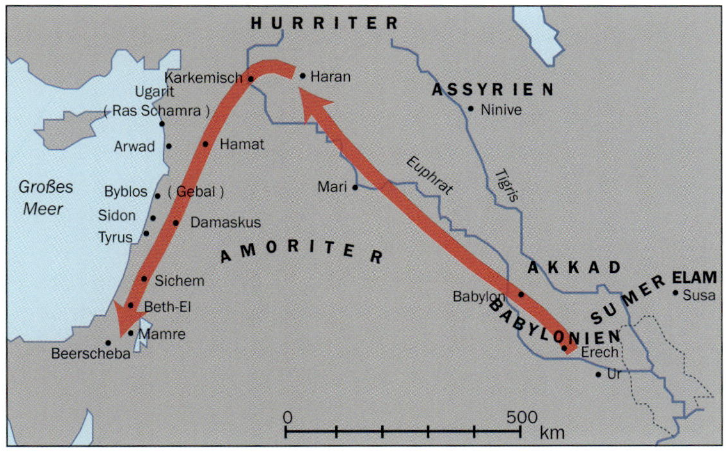

Genesis 12–25 stellt sich die Wanderung Abrahams so vor.

Von Sünde keine Rede (Gen 3)

Nackt ist auch die Schlange (im Hebräischen männlichen Geschlechts), allerdings auch ziemlich schlau. Sie lenkt die Aufmerksamkeit der Frau auf den von Gott verbotenen Baum in der Mitte des Gartens: jenen Baum des Erkennens von Gut und Böse, dessen Früchte wirklich verlockend sind. So kosten die Frau und der Mann davon und erkennen sogleich, dass sie nackt sind – und schämen sich. Mit dieser Frucht haben die Menschen die Möglichkeit gewählt, Gott gegenüber eigenständig zu handeln. Das hat Konsequenzen: Die Schlange wird verflucht und muss hinfort in Feindschaft zu den Menschen leben. Auch das Leben der Frau verändert sich mit dem Genuss der Frucht des Guten und Bösen: Die Frau wird nicht nur arbeiten wie der Mann, sondern auch Kinder gebären, was mit Schmerzen einhergeht (V. 16). Der Mann muss im Schweiße seines Angesichts dem verfluchten Erdboden die Nahrung abtrotzen.

Schließlich werden die beiden aus Eden vertrieben, damit sie nicht auch noch von der Frucht des ewigen Lebens essen, womit dieses Leben endlos und gottgleich wäre. Aus Fürsorge macht Gott ihnen Röcke aus Fellen.

In der Dogmatik wurde diese Geschichte zum „Sündenfall", auch wenn das Wort Sünde gar nicht vorkommt und die Folgen dieser menschlichen Entscheidung zweischneidig sind. Auch von einem Fluch gegen die Menschen ist im biblischen Text keine Rede.

Seele, Leib und Leben

Als Gott dem aus Erde geformten Menschenwesen den Atem einhauchte, so heißt es in Gen 2,7, da wurde er zu einer lebendigen נֶפֶשׁ *näfäsch*, zu einer lebendigen Seele, übersetzte Luther. Auch an vielen anderen Stellen wird dieses Wort mit „Seele" wiedergegeben.

Doch was bedeutet *näfäsch* wirklich? Nicht wenige Menschen aus der abendländischen Kultur neigen dazu, in den Begriffen „Seele und „Leib" zwei voneinander getrennte Größen oder sogar Gegensätze zu sehen. Einige Stellen im Neuen Testament stellen das Gegensätzliche auch heraus. So heißt es zum Beispiel in Mt 10,28, dass man sich nicht vor denen fürchten soll, die nur den Leib töten können, die Seele aber unangetastet lassen müssen. Hierbei muss man aber beachten, dass es sich um Übersetzungen aus dem Griechischen handelt und dass die griechischen Begriffe für „Leib" (gr. **σώμα** *soma*) und für Seele (gr. **ψυχή** *psyché*) einem anderen Denken entstammen als die hebräischen Begriffe, die mit den gleichen deutschen Worten übersetzt werden. Hier lässt sich ein Unterschied zwischen orientalischem und abendländischem Denken erkennen: Wo das griechische Denken oftmals zu trennen scheint, wird im hebräischen Denken die Verbindung zwischen den Teilen und dem Ganzen gesucht. Wenn im Alten Testament etwa von der näfäsch die Rede ist, dann ist damit keineswegs ein Unterschied zum Leib (hebr. בָּשָׂר *basar*) gemeint, sondern vielmehr ein Teil des Leibes. Denn die *näfäsch* bezeichnet ursprünglich die Kehle des Menschen als das Organ, in dem der Lebensatem des Menschen ein- und ausgeht; und wie wir in Gen 2,7 sehen, kann dieses Teil dann für den ganzen Körper bzw. das ganze Menschenwesen stehen. Das Menschenwesen wurde zu einer lebendigen Kehle, heißt dann: Es wurde zu einem Atem-Wesen, zu einem Lebe-Wesen.

„Lobe den HERRN, meine Seele" (z. B. Ps 146,1) ist dann kein Aufruf zu einer gleichsam psychischen Haltung, sondern im Gegenteil die Aufforderung, Gott aus voller Kehle zu preisen. An anderen Stellen kann die *näfäsch* für die äußere oder innere Bedürftigkeit des Menschen stehen, für seine Wünsche und Sehnsüchte, auch für seine Gier, und immer wieder auch für den Menschen an sich.

Die Frage, inwiefern die Seele unsterblich sei, wurde durch Platon im 4. Jh. v. Chr. im griechischsprachigen Raum populär. Alttestamentliche Aussagen über eine mögliche Unsterblichkeit der Seele finden sich nicht. Nach den Aussagen des Alten Testaments kann Gott zwar zu Leben erwecken und auch die Toten wieder ins Leben führen (z. B. Ez 37). Im Totenreich selbst aber gibt es dieses Leben nicht mehr, und die Toten können Gott auch nicht mehr loben (vgl. Ps. 115,17).

Der erste Mord (Gen 4)

Nachdem Adam seine Frau Eva „erkannt" hatte, gebar sie zwei Söhne: Kain und Abel. Als Kain und Abel Gott ein Opfer darbringen, nimmt Gott das Geschenk Abels an, nicht aber das Kains. Daraufhin verfinstert sich die Miene Kains bedrohlich, sodass Gott ihn warnt, dass die Sünde vor seiner Tür lagere und er sie beherrschen solle. Dennoch erschlägt Kain seinen Bruder Abel. Als Kain erkennt, dass nun das Blut seines Bruders aus dem Acker schreit und er von diesem Stück Land hinweg, unstet und flüchtig bleiben muss, da begreift er, dass er die Folgen dieser Tat, seine Schuld, nicht ertragen kann. Das Kainsmal, mit dem Gott ihn kennzeichnet, will ihn gerade nicht als Mörder brandmarken, sondern vielmehr davor bewahren, dass andere nun ihn umbringen.

Die Nachkommen Adams (Gen 5)

Durch eine ausführliche Aufreihung der Nachkommen Adams wird dargestellt, dass die Menschen tatsächlich fruchtbar waren und sich vermehrt hatten (vgl. 1,28). Die Genealogie leitet über von der Erschaffung der Menschen bis zu ihrer Geschichte, die im Grunde erst jenseits (bzw. für uns: diesseits) von Eden begonnen hat.

Die in dem Geschlechtsregister aufgeführten Männer erreichen ein märchenhaft hohes Alter. Am ältesten wurde Metuschelach mit 969 Jahren. Die Aufzählung ist patrilinear, d. h. es wurden jeweils nur die Söhne namentlich genannt. Die Töchter werden zwar auch erwähnt, aber nicht mit Namen aufgeführt.

Die Reihe führt bis zu Noach.

Von Göttersöhnen, Riesen und Menschen (Gen 6,1–4)

Wie ein Mythos aus einer anderen als der biblischen Welt wirkt die Erzählung von den Göttersöhnen, die zusammen mit den Menschentöchtern Riesen zeugen.

Gott will die Menschheit vernichten – nur Noach nicht (Gen 6,5–22)

Weil die Bosheit der Menschen groß und das Dichten und Trachten ihres Herzens böse ist, bereut Gott, dass er die Menschen erschaffen hat, und beschließt, die Menschheit wieder zu vernichten.

Nur Noach ist aufrichtig und lebt gerecht; darum will Gott ihn verschonen und erklärt ihm genau, wie er sich eine Arche bauen solle. Zum ersten Mal in der Bibel erscheint hier das Wort „Bund“ (hebr. בְּרִית *berit*) als jene besondere Verbindung, die Gott mit Noach zu schließen beabsichtigt. An Bord nehmen soll Noach von jedem Tier ein Männchen und ein Weibchen sowie genügend Nahrung.

Die große Flut kommt (Gen 7)

Noch einmal präzisiert Gott die Anweisungen, welche Tiere Noach auswählen soll, und lässt von den reinen Tieren (vgl. Lev 11) und den Vögeln sicherheitshalber sieben Paare mitnehmen (V. 2f.), jedoch ist in den V. 8f. und 15 nur noch von jeweils zwei Tieren die Rede. Als es beginnt, vierzig Tage und Nächte zu regnen, besteigen Noach und seine Familie mitsamt den Tieren die Arche – und Gott schließt die Tür der Arche hinter ihnen zu.

Allmählich hebt sich die Arche empor, während alle Tiere und Menschen vernichtet werden. Nach den 150 Tagen der Flut ist nur noch Noach übrig mit allen Menschen und Tieren, die sich in der Arche befinden.

Das Ende der Flut (Gen 8)

Nachdem Gott die Schleusen des Himmels wieder geschlossen hat, verlaufen sich allmählich die Wasser. Als die Arche im Gebirge Ararat, dem über 5100 m hohen, in der heutigen Türkei, nahe der Grenze zu Armenien liegenden Berg, aufsetzt, schickt Noach zunächst einen Raben und dann eine Taube aus, die beide jedoch zurückkehren, ohne Land gefunden zu haben. Die nach weiteren sieben Tagen ausgeschickte Taube bringt einen Ölzweig zurück – ein Zeichen für das Sinken des Wassers und bis heute ein Symbol der Hoffnung. Beim nächsten Versuch nach weiteren sieben Tagen kommt die Taube nicht zurück, denn die Erde ist wieder trocken.

Gott erlaubt Noach und seiner Familie, die Arche zu verlassen, mitsamt den Tieren. Nachdem Noach Gott einen Altar gebaut und geopfert hat, fasst Gott den Beschluss, die Erde trotz der Bosheit der Menschen fortan nicht mehr zu verfluchen, sodass nun Saat und Ernte, Frost und Hitze, Sommer und Winter, Tag und Nacht nicht mehr aufhören (V. 22).

Am Berg Ararat soll die Reise von Noachs Arche zu Ende gegangen sein.

Segen und Bund (Gen 9,1–17)

Gott fängt mit den Menschen neu an: Er segnet Noach und seine Söhne und fordert sie zur Fruchtbarkeit auf, wie einst die ersten Menschen (vgl. 1,28). Er gibt ihnen diese Gebote als Grundregeln des Lebens: Vor allem sollen sie kein Fleisch essen, in dem noch Blut enthalten ist, und keine Menschen töten, sondern Kinder zeugen.

Gott schließt seinen Bund mit Noach, der hier stellvertretend für die ganze Menschheit steht, und verspricht erneut, keine weitere vernichtende Flut heraufzuführen. Häufig wird diese Flut „Sintflut“ genannt, was nichts mit dem Wort Sünde zu tun hat, sondern „umfassende Flut“ bedeutet.

Der betrunkene Noach verflucht Kanaan (Gen 9,18–29)

Beschlossen wird dieser Kranz an Noach-Geschichten mit der Szene, in der der betrunkene Noach entblößt im Zelt liegt und sein Sohn Ham ihn so erblickt. Daraufhin ver-

Die Noachidischen Gebote

Nach jüdischer Tradition hat Gott damals Noach sieben Gebote und Verbote gegeben, die nicht, wie die 613 Gebote und Verbote, nur für das Judentum, sondern für alle Menschen gelten. Diese Gebote werden aus Gen 9,1ff. und aus weiteren Stellen in der Tora abgeleitet und im Talmud erstmals zusammenhängend aufgelistet:

1. Gebot der Rechtspflege
2. Verbot des Götzendienstes
3. Verbot der Gotteslästerung
4. Verbot der Unzucht
5. Verbot von Blutvergießen
6. Verbot von Raub
7. Verbot von Blutgenuss

Das siebte Verbot führte zu der Notwendigkeit, Tiere zu „schächten“, d.h. so zu schlachten, dass das Blut vollständig herausfließt. Das Wort „schächten“ kommt vom hebr. Wort für schlachten (שָׁחַט *schachat*).

Dieses mesopotamische Rollsiegel von ca. 2200 v. Chr. zeigt Götter beim Bau eines Turmes.

flucht der erwachte Noach seinen Sohn – und mit ihm das Volk Kanaan, als dessen Urahn Ham gilt.

Gott ist der Schöpfer aller Menschen (Gen 10)

Die sogenannte „Völkertafel", die Aufzählung von etwa 70 Völkern, macht deutlich, dass alle Menschen von jenem Menschen abstammen, den Gott geschaffen hat. Auch wenn diese Zusammenstellung aus moderner Perspektive Lücken enthält, ist es ein grandioser Versuch, einen Überblick über die damals bekannten Völker zu geben. Damit hat sich Israel in die Geschichte der Menschheit eingeordnet.

Der Turmbau (Gen 11)

Als alle Menschen noch dieselbe Sprache teilten, versuchten sie, einen Turm zu bauen, der bis zum Himmel reichte, um sich einen großen Namen zu machen. Gott hatte jedoch Sorge, dass von nun an die Menschen alles erreichen, was sie wollen. Deshalb verwirrte er die Sprache der über die ganze Welt zerstreuten Menschen, sodass man diesen Ort „Babel" („Wirrsal") nannte.

Hintergrund dieser berühmten und auf unterschiedliche Weise deutbaren Erzählung könnte die Erfahrung sein, dass das Streben nach Weltherrschaft häufig mit der Vereinheitlichung der Sprache (wie z. B. in der Perserzeit ab 6./5. Jh. v. Chr.) und mit monumentalen Bauwerken (wie dem Zikkurat von Babylon im 7. Jh. v. Chr.) verbunden ist. Solche Ansprüche lässt Gott hier nicht zum Ziel kommen, sondern führt die Vielfalt der Sprachen herbei und verteilt die Menschen von dem einen Machtzentrum aus über die ganze Erde.

Die Geschlechterfolge bis Abraham (Gen 11,10–32)

Die genealogische Liste in V. 10–26 führt direkt zu Terach, dem Vater Abrahams. Dieser zieht mit seiner Familie aus Ur heraus (V. 30f.), das im späteren Babylonien liegt – dem Land, in das die Kinder Israels später verbannt werden. Abraham, der bis zu seiner Umbenennung in Gen 17 Abram heißt, heiratet Sara, hier noch Sarai, die aber keine Kinder gebiert. Zusammen mit Lot, Abrahams Neffen, ziehen sie alle nach Haran, wo Terach stirbt.

Abraham wird berufen (Gen 12,1–9)

Um einen neuen Anfang mit den Menschen, und zwar mit den Vorfahren der Kinder Israels zu machen, ruft Gott

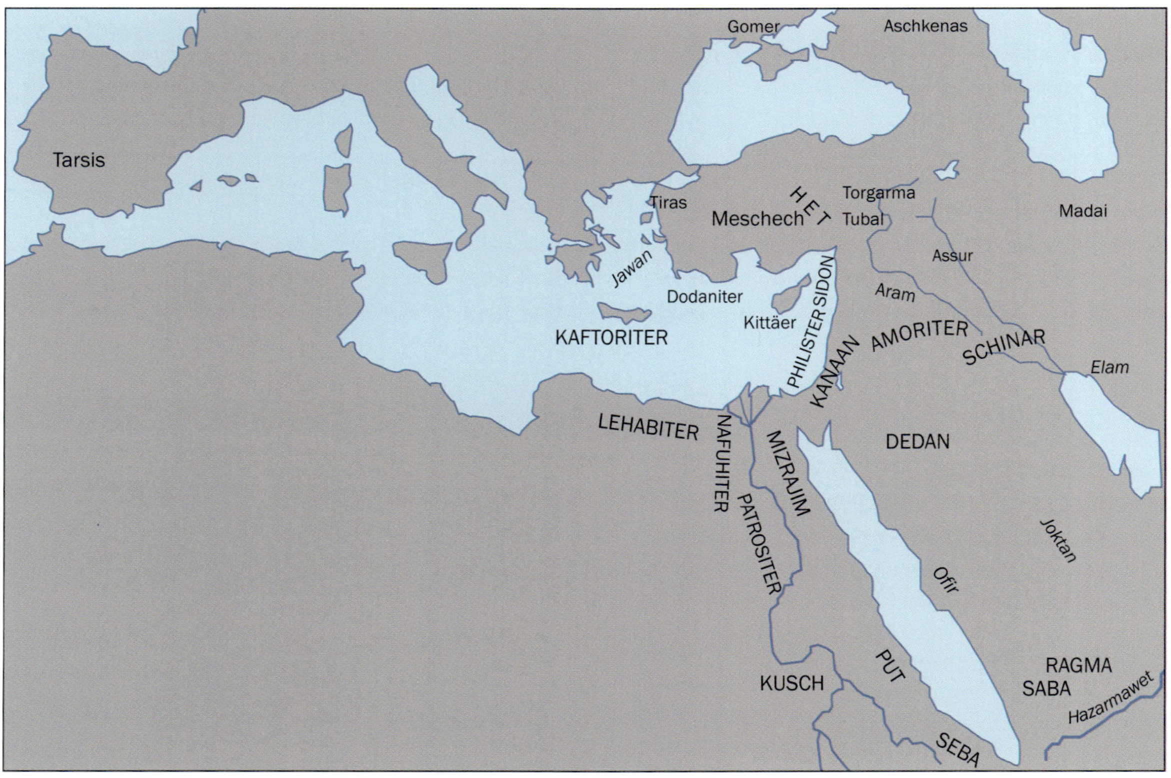

Auswahl der Völker, die in der Völkertafel aufgezählt werden

Abram und Saraj, die Erzeltern

Die sogenannte Urgeschichte der Menschheit endet mit dem Turmbau zu Babel, und die Frühgeschichte Israels setzt mit den Worten Gottes ein, der Abram aus dem Land der Väter ruft. Abram ist die Figur des Alten Testaments, bei der die Verheißung Gottes an sein Volk ihren Anfang nimmt. Abram macht sich voller Vertrauen auf den Weg in eine ungewisse Zukunft, da Gott ihm versprochen hat, er werde ihn das Land sehen lassen, das Abram und seinen Nachkommen versprochen worden ist. Land, Nachkommen und Segen sind die drei großen Versprechen, die Gott Abram macht. Dass die Geschichte von Gott und diesem ersten der Erzväter eine Geschichte des großen Vertrauens und der engen Bindung ist, zeigt auch der Namenswechsel, den Abram (hebr. אַבְרָם *avram*) und seine Frau Saraj (hebr. שָׂרָי *saraj*) vollziehen. Die Namen des Erzvaters und der Erzmutter werden „groß gemacht“, wie Gott es versprochen hat, indem beide einen Buchstaben aus dem heiligen und unaussprechlichen Namen Gottes hinzubekommen. Fortan heißen sie Abraham (hebr. אַבְרָהָם *avraham*) und Sara (hebr. שָׂרָה *sarah*).

Weil Abram und Saraj im hohen Alter immer noch keine Kinder haben, sind sie verzweifelt. Saraj drängt ihren Mann sogar, mit ihrer ägyptischen Magd Hagar ein Kind zu zeugen. Aus dieser Verbindung entsteht Ismael, der Stammvater der arabischen Völker. Schließlich lässt Gott Sarah schwanger werden, und weil ihr Gott mit dieser späten Geburt ein Lachen bereitet hat, nennt sie ihren Sohn Isaak (hebr. יִצְחָק, *jizchak* = „er lacht“).

Abrahams Vertrauen in Gott ist so groß, dass er sogar dazu bereit ist, seinen Sohn Isaak auf Geheiß Gottes hin zur Opferstätte zu bringen (Gen 22). Gott erweist sich jedoch als ein Gott des Lebens, und so fällt ein Engel Abraham im letzten Moment in den Arm, um ihn an dem Opfer zu hindern. Abraham ist es auch, der mit Gott darum feilscht, wie viele Gerechte in der Stadt Sodom zu finden sein müssen, damit Gott diese Stadt der bösen Menschen verschont und nicht untergehen lässt.

Die Gestalt des Abraham ist nicht ungebrochen, die Geschichte der Bindung Isaaks und die (zweimal erzählte) Geschichte, in der Abraham seine Frau Sara als seine Schwester ausgibt und in Gefahr bringt, werfen zumindest Fragen auf.

Dennoch ist Abraham der Erzvater schlechthin. Entsprechend der Verheißung Gottes, nach der sich alle Sippen der Erde im Namen und nach dem Beispiel Abrahams segnen und durch ihn gesegnet werden, ist er bis heute nicht nur ein Stammvater aller Israeliten, sondern auch der Araber und der Muslime sowie der Christenheit.

den 75-Jährigen Abraham aus seinem Heimatort heraus, der nach 11,31 Haran sein muss. Gott fordert ihn auf, aus seinem Land in ein neues Land zu ziehen, und deutet dem kinderlosen alten Mann an, dass er dort zu einem großen Volk wird. Er soll zum Segen werden – auch für alle Familien der Erde. Als Abraham Kanaan erreicht, errichtet er einen Altar und ruft Gottes Namen an.

Die Preisgabe der Ahnfrau (I) (Gen 12,10–20)

Abraham rettet sein Leben und gefährdet seine Frau Sara sowie die Verheißung eigener Nachkommenschaft, als er wegen einer Hungersnot nach Ägypten zieht und dort seine attraktive Frau als seine Schwester ausgibt und damit für andere Männer verfügbar macht – aus Angst, man könne ihn erschlagen, um an seine Frau zu gelangen. Als Sara in das Haus des Pharaos gebracht wird, peinigt Gott den Pharao mit Plagen. Daraufhin wirft der Pharao Abraham mitsamt einem üppigen Brautpreis und seiner Frau aus dem Land.

Trennung von Lot und erneute Verheißung (Gen 13)

Nach diesem Exkurs, dem kleinen Exodus nach Ägypten und zurück, knüpft Abraham wieder an sein Leben im neuen Land an. Zunächst trennt er sich einvernehmlich von seinem Neffen Lot, da das Land beide Familien nicht tragen kann. Danach baut Abraham wiederum einen Altar, und Gott verheißt ihm erneut das Land und eine große Nachkommenschaft.

Abraham und Lot im Krieg (Gen 14,1–17)

Abraham erscheint hier nicht mehr nur als Halbnomade, der Ackerbau oder Kleinviehzucht betreibt, sondern als ein Kriegsführer, der mit 318 ausgebildeten Männern seinen in Gefangenschaft geratenen Neffen Lot aus der Hand mächtiger, von Norden eingedrungener Könige befreit.

Religionsgespräch mit Melchisedek (Gen 14,18–24)

Abraham trifft Melchisedek, den Priester von Salem, worin hebräische Ohren „Jeru-salem“ oder שָׁלוֹם schalom,

Frieden, hören. Der Gott, an den Melchisedek glaubt, – El Eljon, der „Höchste Gott“, wie oft übersetzt wird – ist der Schöpfer des Himmels und der Erde (V. 19). Dies erinnert die Lesenden bzw. Hörenden an Gen 1, und so kann man den Eindruck haben, dass hier eine ökumenische Begegnung geschieht, in der der eine seinen Gott in den Worten des anderen wiedererkennt.

Gottes Bund mit Abraham (Gen 15)

Gott schließt mit Abraham einen Bund, der auch Abrahams zukünftige Nachkommen mit einschließt – auch wenn Abraham noch nicht glauben kann, dass er in seinem hohen Alter noch Kinder bekommen wird. Dennoch beharrt Gott darauf, dass Abrahams Kinder so zahlreich wie die Sterne am Himmel sein werden.

Wenn im Alten Testament ein Bund geschlossen ist, dann ist im Hebräischen davon die Rede, dass der Bund „geschnitten“ wird. Diese etwas rätselhafte Redeweise setzt Gen 15 ins Bild: Abraham zerschneidet beim Bundesschluss nach Gottes Anweisung Tiere, und eine Feuerfackel fährt in der Mitte zwischen den Hälften hindurch. Abraham wird vorausgesagt, dass seine Nachfahren in einem fremden Land versklavt und erst nach vier Generationen in dieses Land zurückkehren werden.

In christlicher, besonders in reformatorischer Tradition rechnet Gott den Glauben Abrahams an die Verheißung diesem zur Gerechtigkeit an (V. 6). Doch wird die Stelle im Judentum auch so ausgelegt, dass Abraham in Gottes Verhalten Gerechtigkeit erkennt.

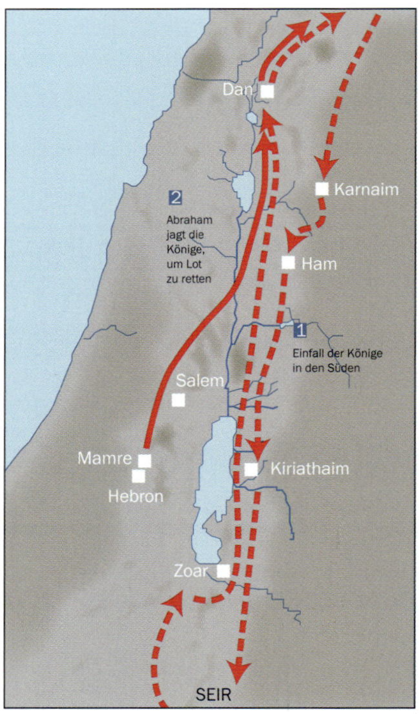

Die Kämpfe von Abraham und Lot nach Gen 14. Außerbiblische Zeugnisse existieren nicht.

Hagar gebiert Ismael (Gen 16)

Als Sara nach wie vor nicht schwanger wird, verliert sie die Geduld und führt ihren Mann zu ihrer ägyptischen Sklavin Hagar, damit diese an Saras Stelle ein Kind gebiert. Weil die schwanger gewordene Hagar auf ihre unfruchtbare Herrin herabschaut, jagt Sara sie buchstäblich in die Wüste. Dort wird sie von einem Boten Gottes gefunden – und wieder nach Hause geschickt, wo sie Ismael als dem ersten Sohn des mittlerweile 86-jährigen Abrahams das Leben gibt.

Gottes Bund mit Abraham (II) (Gen 17)

Mit dem 99-jährigen Abraham erneuert Gott den Bund und die Zusage einer zahlreichen Nachkommenschaft. Nach Ismael will Gott den Bund auch mit einem weiteren Sohn Abrahams und dessen Kindern errichten, der Isaak heißen und von Sara geboren werden soll. Als Zeichen des Bundes sollen nur die männlichen Nachkommen Abrahams an ihrer Vorhaut beschnitten werden, was mit Ismael im Alter von 13 Jahren geschieht.

Abram wird nun in „Abraham“ umbenannt, was „Vater einer Menge“ bedeuten könnte, Sarai heißt von nun an „Sara“, „Fürstin“.

Drei Männer zu Besuch – oder Gott? (Gen 18,1–15)

In der Mittagshitze kommen drei Männer zu Abraham und Sara, um der 90-jährigen Ahnfrau die Geburt ihres ersten Sohnes anzukündigen. Wenn Abraham sie mit אֲדֹנָי *adonaj* „Meine Herrschaften“ anredet, dann klingt das für hebräische Ohren wie eine Gottesanrede – so, als ob Abraham in den drei Männern Gott erkennt. Sara ist sich unsicher, ob sie noch einmal die Liebeslust überkommen wird. Doch Gott bleibt bei seiner Ankündigung.

Abraham bittet für Sodom (Gen 18,16–33)

Gott kündigt Abraham an, dass er Sodom wegen seiner Verfehlungen vernichten will, und gibt so dem Erzvater die Gelegenheit, für Sodom einzutreten. Abraham feilscht geradezu mit Gott und bewegt ihn, die Stadt nicht zu vernichten, wenn es 50 oder 45 oder 40 oder 30 oder 20, ja vielleicht auch nur zehn Gerechte in ihr geben sollte.

Besuch bei Lot (Gen 19,1–14)

Zwei der Boten aus Gen 18 lädt der in Sodom wohnende Lot zu sich ein. Da kommen die Männer des Ortes zu ihm und verlangen nach den beiden Boten, um sie zu vergewaltigen. Dies hat nichts mit gleichgeschlechtlicher Liebe zu tun, sondern ist ein Beispiel für sexuelle Gewalt, die diese Boten „als Frauen“ erniedrigen soll. Für moderne Leser schockierend ist, dass Lot seine beiden Töchter als Ersatz zur Vergewaltigung anbietet. Die sexuelle Selbstbestimmung und Unversehrtheit der jungen Frauen war offenbar weniger wichtig als die Pflicht des Gastgebers zum Schutz seiner Gäste.

Sodom und Gomorra werden vernichtet (Gen 19,15–29)

Die beiden Boten drängen Lot und seine Familie, rechtzeitig zu gehen, was auch gelingt. So wird nur eine Familie der Stadt gerettet – außer Lots Frau, die sich trotz Verbotes zur Vernichtung hin umdreht und darum zur Salzsäule

Der Bund im Alten Testament

Mehrmals schließt Gott mit Menschen einen Bund (hebr. בְּרִית berit), vor allem:

- mit Noach als dem Repräsentanten aller Menschen (Gen 9), Bundeszeichen: Regenbogen;
- mit Abraham und dessen Nachkommen, allen Kindern Abrahams (Gen 15); Bundeszeichen: Bundesschluss zwischen Tierhälften;
- mit Abraham und dessen Nachkommen in Zuspitzung auf den jüngeren Sohn Isaak (Gen 17); Bundeszeichen: Beschneidung;
- mit dem Volk Israel bzw. mit den zwölf Stämmen am Sinai (Ex 24; 34); vgl. auch Dtn 28 f.; Erneuerung in Jos 24, vgl. auch 2 Kön 11,17; 2 Kön 23; Esr 10,3.

Die Bundesschlüsse sind wie konzentrische Kreise zu denken; ein neuer Bundesschluss kann zwar eine Fokussierung auf bestimmte Bundespartner bedeuten, der vorherige Bund wird aber nicht aufgehoben.

Weitere Bünde sind der Levi-Bund (Num 18,19), der Priester-Bund (Num 25,13); der David-Bund (2 Sam 7,10–16; 23,5; 2 Chr 13,5); der Bund mit Jerusalem (Ez 16) und vor allem der neue Bund in Jer 31.

Hier geht der Bundesschluss jeweils von Gott aus und verpflichtet auch die Menschen zur Treue. Im zwischenmenschlichen Bereich kann ein Bund auch eine Vereinbarung auf Augenhöhe sein.

erstarrt. Hierin wurde oft eine Verbindung zu den Salzkristallformen gesehen, die es bis heute in der Gegend des Toten Meeres gibt.

Der Inzest in der Familie Lots (Gen 19,30–38)

Es wird erzählt, nach der Flucht hätten die Töchter Lots ihren Vater betrunken gemacht, damit dieser unwissentlich mit ihnen Kinder zeugt. Die fehlende Bewertung dieser Geschichte macht eine Deutung sehr schwierig. Wird hier ein Mythos vom Neuanfang nach einem Weltenbrand, eine Geschichte vom Überlebenswillen der Töchter überliefert? Werden die Ammoniter und Moabiter als Kinder Lots aus reinstem Blut präsentiert – oder eher verächtlich gemacht? Oder beschönigt sie den Inzest eines alkoholisierten und angeblich unschuldigen Vaters?

Die Preisgabe der Ahnfrau (II) (Gen 20)

Offenbar hat Abraham aus der ersten, in Gen 12 erzählten Erfahrung mit der Preisgabe seiner Frau so wenig gelernt, dass er abermals seine Frau als seine Schwester ausgibt. Gott teilt diesmal dem König von Gerar mit, dass die Frau, die er sich ins Haus geholt hat, verheiratet und unantastbar ist. Wiederum wird Abraham zur Rede gestellt, diesmal vom König von Gerar.

Am Ende kommt heraus: Gott hatte im Hause des Königs jeden Mutterschoß verschlossen, um die Ahnfrau zu schützen.

Isaak wird geboren (Gen 21,1–8)

Endet die erste Preisgabe-Geschichte in Gen 12 mit der Rückkehr ins verheißene Land, so hat die zweite in Gen 20 ein letztes Mal die Geburt des ersten für Abraham und Sara gemeinsamen Sohnes Isaak spannungsvoll hinausgezögert.

Vertreibung Hagars und Ismaels (Gen 21,9–21)

Nun gibt Abraham Ismael preis, indem er ihn mit Hagar in die Wüste vertreibt. Als Hagar ihren kleinen Sohn schon unter einen Busch geworfen hat, weil sie sein Sterben nicht mit ansehen kann, rettet Gott sie und zeigt ihnen eine Quelle. Ismael wächst heran, wird Bogenschütze und lebt mit seiner Mutter in der Wüste Paran.

Dieses Amulett aus dem 5./6. Jh. n. Chr. stammt vom östlichen Mittelmeer. Es zeigt Abraham mit einem langen Schwert – bereit, seinen Sohn Isaak zu opfern.

Bund mit Abimelech (Gen 21,22–34)

Nach einem Streit um die Rechte für die Wasserbrunnen schließen Abraham und Abimelech einen Bund. Die Erzählung ist ein Vorspiel für Gen 26.

Isaak wird nicht geopfert (Gen 22)

Von Anfang an wird der göttliche Auftrag, Isaak zum Opfer hinaufzuführen, als Prüfung dargestellt. Abraham unterzieht sich dieser Prüfung, und da Gott die Opferung des gebundenen Isaaks in letzter Sekunde verhindert, weiß Gott am Ende, dass Abraham auf ihn auch im Letzten hört. Isaak aber ist körperlich nichts geschehen.

Früher ging man davon aus, dass diese Erzählung erklärt, warum in Israel im Gegensatz zu den Nachbarvölkern keine Kinder geopfert werden sollen. Heute weiß man, dass auch außerhalb Israels Kinderopfer nur in Ausnahmefällen belegt sind.

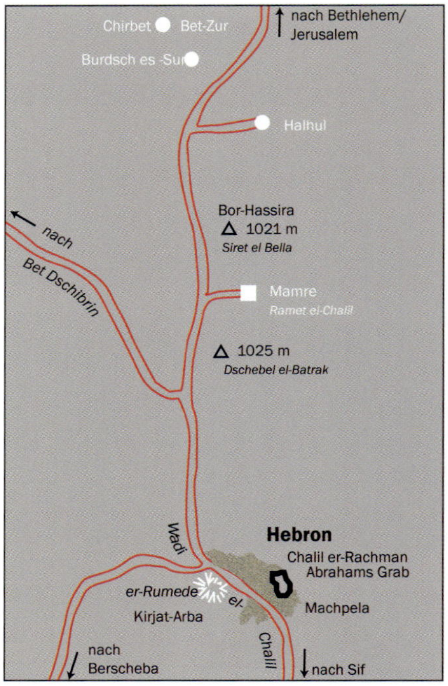

Hebron und Umgebung. Hier liegt die Höhle Machpela.

Wahrscheinlich haben sich die Kinder Israels diese Geschichte in der Exilzeit erzählt. In diesem Kontext lehrt sie die Israeliten, dass Gott sie vor manchem Gang in den Tod nicht bewahrt, oft aber auch gerettet hat.

Die Geschichte ist erschütternd und soll es wohl auch sein. Wenn sie als archaisch und grausam bezeichnet wird, dann verstellt das eher den Blick auf die Moderne, in der etwa Eltern ihre Söhne in Kriegen – tatsächlich – geopfert haben.

Die darauffolgende Genealogie von Abrahams Bruder Nahor schließt an 11,29 an.

Sara stirbt und wird begraben (Gen 23)

Nach der jüdischen Tradition ist Sara durch die Kunde von der Beinahe-Opferung Isaaks buchstäblich zu Tode erschrocken. In langen Verhandlungen erwirbt Abraham eine Grabstätte in Machpela, wodurch Sara nach ihrem Tod zur ersten Erbin eines Teiles dieses Landes wird.

Eine Frau für Isaak: Rebekka (Gen 24)

Weil er sich für Isaak eine Frau aus der eigenen Sippe wünscht, schickt Abraham seinen Knecht nach Mesopotamien, in Abrahams alte Heimat. Der Knecht erkennt die geeignete Frau daran, dass sie nicht nur ihm, sondern auch seinen Kamelen zu trinken gibt. Es fügt sich, dass die schöne Hirtin (V. 16) eine Tochter Nachors, des Bruders Abrahams, ist. Mit der Heirat Rebekkas tröstet sich Isaak über den Verlust der Mutter hinweg.

Möglicherweise behandelt diese Geschichte in exilischer Zeit die Frage, ob man in Babylon Mischehen eingehen darf. Gen 24 würde dann für Ehen innerhalb der Sippe plädieren.

Abrahams Nachkommen. Sein Tod (Gen 25)

Die Genealogie liefert die Nachkommen Abrahams mit einer bisher nicht erwähnten Frau, Ketura, nach, zu denen auch Midian, der Vorfahre der Midianiter, gehört (V. 1–6). Im Alter von 175 Jahren stirbt Abraham „alt und lebenssatt" (V. 8) und wird neben seiner Frau in der Höhle Machpela begraben.

Bevor die Isaak-Linie weiterverfolgt wird, schließt die Genealogie der zwölf aus Ismael hervorgehenden Stämme diesen Zweig ab (V. 12–18).

Isaaks zunächst unfruchtbare Frau Rebekka wird mit Zwillingen schwanger, deren Kampf im Mutterleib völkergeschichtlich gedeutet wird: Der erste, rothaarige Sohn, Esau, muss einst dem jüngeren, Jakob, dienen, der bei der Geburt Esaus Ferse hält (Jakob = Fersenhalter) (V. 19–26).

Diese Vorhersage wird Wirklichkeit, als Jakob das Erstgeburtsrecht des hungrigen Esau gegen ein rotes Linsengericht eintauschen kann (V. 27–34).

Die Preisgabe der Ahnfrau (III) (Gen 26)

Im Orient lieben die Menschen in besonderer Weise das Wiederholen von Geschichten. Das wird auch in Gen 26 deutlich, wo ein drittes Mal ein Erzvater, diesmal Isaak, seine schöne Frau, nämlich Rebekka, als seine Schwester ausgibt. Wie in Gen 12 und Gen 20 kommt es zum Konflikt mit dem örtlichen König, der Isaak vorhält, einer seiner Männer hätte sich schuldig machen können, wenn er mit der angeblichen Schwester geschlafen hätte (V. 1–11).

Isaak wird an diesem Ort durch Ackerbau und Viehzucht reich, worauf die Einwohner neidisch werden. Als er den Ort verlässt und die Brunnen seines Vaters sucht (vgl. Gen 21), setzen ihm die Hirten des Ortes immer weiter nach, bis er schließlich offenbar außerhalb ihrer Reichweite einen Brunnen findet.

Auch wenn Isaak dort hätte bleiben können, zieht er noch weiter nach Beerscheba, nach „Sieben-Brunnen" oder „Eid-Brunnen", dem siebten Brunnen Abrahams – einem besonderen Ort: Hier schloss sein Vater Abraham mit Abimelech einst einen Bund. (vgl. Gen 21,22 ff.). Hierhin folgt Abimelech Isaak mit den anderen Philistern, segnet ihn und schließt mit ihm Frieden und einen Bund. Auch deswegen heißt die Stadt Beerscheba, „Eidbrunnen" (V. 33).

In der Notiz über Rebekkas Missfallen gegenüber der hetitischen Abstammung der beiden Frauen Esaus wird möglicherweise eine nachexilische Kritik an Mischehen deutlich (V. 34f.).

Der Segensbetrug (Gen 27)

Hat Jakob sich schon das Erstgeburtsrecht erhandelt, so erschleicht er sich nun mit Rebekkas tatkräftiger Hilfe auch noch den Segen für den Erstgeborenen, indem er seinen sterbenden, blinden Vater Isaak mit verstellter Stimme und einer Fellbedeckung seiner glatten Haut täuscht. Auch wenn Isaak der Irrtum mitgeteilt wird, kann er den Segen nicht mehr rückgängig machen.

Weil Esau sich am Leben Jakobs rächen will, muss dieser fliehen (V. 41–45).

Jakob in Bet-El (Gen 28)

Jakob macht sich auf den Weg, um eine Frau zu suchen. Als er unter freiem Himmel mit nichts als einem Stein unter dem Kopf übernachten muss, träumt er von einer Leiter, die bis in den Himmel reicht und auf der Boten Gottes auf und ab gehen. Gott verheißt ihm eine reiche Nachkommenschaft und seinen Beistand. Diesen besonderen Ort nennt Jakob Bet-El, Haus Gottes, und gelobt, bei einer glücklichen Rückkehr hier ein Gotteshaus zu errichten.

Jakob heiratet Labans Töchter Lea und Rahel (Gen 29,1–30,24)

Auf seinem Weg nach Osten trifft Jakob auf seinen Onkel Laban und dessen Töchter. Um Rahel heiraten zu können, arbeitet er sieben Jahre für Laban – erkennt aber nach der Hochzeitsnacht, dass er Lea erhalten hat. So dient er um Rahel weitere sieben Jahre, die ihm wie wenige Tage vorkommen, weil er sie so sehr liebt.

Rahel bleibt zunächst unfruchtbar. Lea hingegen gebiert Ruben, Simeon, Levi und Juda – die ersten vier Urahnen der zwölf Stämme Israels.

Bilha, die Sklavin Rahels, gebiert an ihrer Stelle Dan, Naftali und Gad. Silpa, die Sklavin Leas, gebiert Ascher, Issaschar und Sebulon. Nach alledem wird Rahel doch noch schwanger und gebiert Josef, was bedeutet: Er, nämlich Gott, „fügt ihn hinzu".

Damit war das Volk Israel gegründet.

Jakob wird reich (Gen 30,25–43)

Laban erkennt, dass Gott ihn wegen Jakob segnet, und so lässt er Jakob einen Lohn für sich bestimmen. Jakob sucht sich alle gesprenkelten und gefleckten Tiere aus und hält allen starken Tieren bei der Begattung gestreifte Ruten vor, sodass sie starke, gestreifte Tiere gebären, während die schwachen, einfarbigen Tiere für Laban übrig bleiben.

Jakobs Trennung von Laban (Gen 31)

Die Söhne Labans werfen Jakob vor, sich auf ihre Kosten bereichert zu haben. Da folgt Jakob der Anweisung Gottes, in seine Heimat zurückzuziehen, und flieht unbemerkt.

Laban aber jagt ihm hinterher und beschuldigt ihn, einen Terafim mitgenommen zu haben, eine kleine Figur, die wahrscheinlich als Hausgottheit gilt. Wie nur die Lesenden und Rahel selbst wissen, hat Rahel die Figur unter ihrem Rock versteckt, wo sie nicht zu finden ist.

Nachdem sich Laban und Jakob ausgesprochen haben, schließen sie einen Vertrag, der bestimmt, dass Jakob seine Frauen gut behandeln soll und beide Seiten eine Grenze respektieren, die zwischen dem späteren Aram und Israel verläuft.

Jakob nähert sich seinem Bruder (Gen 32)

Bevor Jakob sich mit der stetigen Beistandszusage und Ermutigung Gottes seinem Bruder nähert, schickt Jakob Boten und Geschenke voran.

Kampf am Jabboq (Gen 32,24–32)

Vor einem Wiedersehen mit Esau hat Jakob jedoch noch einen nächtlichen Kampf bis zur Morgenröte mit einem rätselhaften Mann zu bestehen, der Jakob in Israel umbenennt, was „Gottesstreiter" heißt und damit begründet

Das alte Ägypten

Lange bevor es das Volk Israel gab, war Ägypten schon eine Hochkultur mit eigener Schrift und Sprache, einem von Beamten und Schreibern getragenen Verwaltungssystem und künstlerischen wie architektonischen Hochleistungen.

Kulturell wie politisch ist Ägypten seit jeher eine Brücke zwischen Afrika und Asien. Das im Osten vom Roten Meer und im Westen von Libyen begrenzte Land wird unterteilt in das Nildelta (Unterägypten) und das Gebiet südlich Kairos (Oberägypten). Zu biblischen Zeiten war Ägypten eine Großmacht neben den Reichen in Mesopotamien (Sumer, Assur, Babylon).

In Ägypten herrschte die absolute Monarchie, an deren Spitze der König stand, der in der Bibel einfach „Pharao" genannt wird.

Die Ägypter verehrten verschiedene Gottheiten, für die jeweils ein Tempel gebaut wurde.

Die Mehrheit der ägyptischen Bevölkerung bestand aus Bauern, die das Wasser der periodischen Nilschwemme ausnutzen konnten und darüber hinaus auf ein ausgeklügeltes Kanalsystem zur Bewässerung ihrer Felder angewiesen waren.

Die Beziehungen zwischen Israel und Ägypten waren vielfältig und nicht selten zwiespältig. Einerseits bot Ägypten häufig Zuflucht vor Hungersnot, und viele Texte zeugen davon, dass Israel auch kulturell von Ägypten profitierte. Auf der anderen Seite blieb die Gefangenschaft der Kinder Israels in Ägypten stets im kollektiven Gedächtnis, zumal Israel bzw. Juda im 7. Jh. v. Chr. zunehmend in den Machtkampf zwischen Ägypten und Assur bzw. Babylon geriet.

wird, dass Jakob mit Menschen und mit Gott gestritten habe. Aus diesem Kampf behält Jakob-Israel einen Schaden an der Hüfte zurück – aber auch den Segen, den er dem Kämpfer abgerungen hat.

Jakob und Esau versöhnen sich (Gen 33)

Jakob schickt seine Frauen und Kinder voraus, wirft sich auf den Boden und macht Esau Geschenke. Daraufhin versöhnen sich die beiden Brüder.

Danach reist Jakob auf den Spuren seines Vaters zurück nach Sukkot, wo er Hütten baut, die an das Laubhüttenfest erinnern. In Sichem schließlich errichtet er einen Altar für jenen Gott, der zum ersten Mal „Gott Israels" genannt wird.

Die Gewalttat an Dina (Gen 34)

Sichem, der Sohn des Landesfürsten, tat etwas Ungeheuerliches: Er „nahm" die einzige Tochter Jakobs, Dina. Aber er nahm sie nicht zur Frau, sondern er „schlief mit ihr" und „erniedrigte sie" (V. 2), was oft als Vergewaltigung verstanden wird. Weil Sichem Dina liebt, umwirbt er sie und will sie heiraten. In den Verhandlungen um Dina fordern die Söhne Jakobs die Beschneidung aller Männer Sichems und töten sie, als sie noch in den Schmerzen liegen. Zudem rauben sie deren Habe, Frauen und Kinder, was Jakob in Sorge und Angst um sich und seine Familie versetzt. Über Dinas Gedanken und Wünsche erfahren wir in dieser Geschichte nichts.

Jakob kehrt heim (Gen 35)

Zunächst reinigt Jakob seine Familie von allem, was an fremde Götter erinnert. Ein Gottesschrecken überfällt die umliegenden Städte wie z. B. Sichem, sodass sie sich nicht an Jakob und seiner Familie rächen.

In seiner zweiten Gotteserscheinung in Bet-El („Haus Gottes", vgl. Gen 28,19), erhält Jakob-Israel einen Mehrungssegen, der an 1,28 erinnert.

Nach der Geburt des zwölften Sohnes, Benjamin, stirbt Rahel. Etwas später stirbt auch Jakob.

Die Nachkommen Esaus (Gen 36)

Der erste Teil dieses Geschlechtsregisters (V. 1–8) führt die Kinder Esaus, der zweite Teil (V. 9–19) seine Enkel auf, und in V. 20–30 schließt die Liste der Horiter an.

Seïr (V. 8) ist das Bergland südlich des Toten Meeres. Hier wohnt Esau, der wegen seines rötlichen Aussehens (hebr. אֱדוֹם *ädom* „rot") mit Edom gleichgesetzt wird, dem späteren Volk in dieser Gegend. Auch die Namen der Esau-Söhne sind zugleich Namen von Sippen und Stämmen (zum Beispiel Amalek); so erklärt sich hier Israel seine Verwandtschaft zu den Nachbarvölkern.

Josefs Konflikt mit seinen Brüdern (Gen 37)

Die in Gen 37–50 folgende Geschichte Josefs, die sich wie eine Novelle lesen lässt, bildet die Brücke zwischen der Geschichte der Erzeltern und der Geschichte des Volkes ab Ex 1.

Die Erzählung von Josef und seinen Brüdern beginnt damit, dass Josef von zwei Träumen berichtet, in denen sich die von seinen Brüdern gebundenen Korn-Garben vor seinen Garben verneigen. Dies deuten die Brüder so, als wolle Josef „König" über sie werden. Josefs zweiten Traum von elf Sternen, die sich mit der Sonne und dem Mond vor ihm verneigen, deutet Jakob, als sollten er, Rahel und Josefs Brüder vor ihm niederfallen.

Daraufhin ziehen die Brüder Josef seinen bunten Rock aus, werfen ihn in eine Zisterne und verkaufen ihn schließlich an midianitische Kaufleute, die auf dem Weg nach Ägypten sind.

Der Konflikt zwischen Juda und Tamar (Gen 38)

Der Erzählfluss der gerade begonnenen Josefsgeschichte wird unterbrochen, um von Juda und seiner Schwiegertochter Tamar zu berichten. Tamar wird Witwe, und nach damaligem Recht soll der nächste Sohn Judas, Onan, mit Tamar für Nachwuchs sorgen. Onan verweigert dies und muss deswegen sterben. Nun wäre der nächste Sohn Judas in der Pflicht, aber Juda lässt dies aus Angst nicht zu. Erst als Tamar sich als Dirne verkleidet, schläft er unwissentlich selbst mit ihr und erkennt dies erst, als er sie wegen ihrer „Unzucht" töten lassen will. Perez, der neben Serach aus dieser Verbindung hervorgeht, führt die Linie Judas zu David weiter (vgl. Rut 4,18–22).

Aufstieg und Fall Josefs (Gen 39,1–20)

In Ägypten macht Josef eine steile Karriere vom Sklaven zum Vorsteher des Hauses des Pharaos. Weil der Segen Gottes auch in der Fremde auf ihm liegt, gelingt ihm alles, bis die Frau Potifars, seines Herren, mit ihm schlafen will; als Josef sich weigert, entreißt sie ihm das Gewand und ruft um Hilfe. So landet Josef im Gefängnis.

Aufstieg Josefs zum Gefängnisaufseher (Gen 39,21–40,23)

Im Gefängnis steigt Josef zum Aufseher auf und macht sich einen Namen als Traumdeuter. Den Traum des inhaftierten Mundschenks von Trauben, die er für den Pharao presste, interpretiert Josef so: Der Mundschenk werde in Kürze wieder in sein Amt eingesetzt. Dagegen liest Josef aus dem Traum des Oberbäckers, in dem dieser sich in unverantwortlicher Weise das Backwerk von Vögeln wegfressen lässt, dass der Oberbäcker gehängt wird. Beides tritt ein.

Aufstieg Josefs zum Stellvertreter des Königs (Gen 41)

Der Mundschenk erinnert sich an Josef, als der Pharao niemanden findet, der seinen Traum deuten kann: Sieben fette Kühe steigen aus dem Nil und verzehren sieben magere; sieben dicke Ähren verschlingen sieben dünne.

Josef deutet den Traum nicht nur auf das Bevorstehen von je sieben guten und sieben schlechten Erntejahren, sondern überzeugt den Pharao auch, dies nicht als unabwendbares Schicksal zu nehmen, sondern den Spielraum zu nutzen, der angesichts dieser Ankündigung bleibt. Der Pharao setzt Josef daraufhin als Beamten ein, auf den das ganze Volk hören soll (V. 40ff.).

Die erste Reise der Jakob-Söhne nach Ägypten (Gen 42)

Josefs Brüder kommen in Bedrängnis: Wegen einer Hungersnot im Land reisen die Jakobssöhne ohne Benjamin nach Ägypten und bitten Josef, den sie nicht erkennen, der aber sie erkennt, um Nahrung. Doch Josef erteilt ihnen eine Lektion: Er gibt vor, die Wahrheit ihrer Rede von ihrem kleinen Bruder überprüfen zu lassen, und verlangt, sie sollen Benjamin nachholen, während Simeon als Geisel im Gefängnis bleiben muss. In dieser Not werden sie von der Erinnerung an das eingeholt, was sie Josef angetan haben. Als die Jakobssöhne ins Land zurückgelangt sind und in jedem ihrer Getreidesäcke einen Geldbeutel finden, packt sie die Angst, als Betrüger dazustehen und bei der nächsten Reise mit Benjamin ihrem Vater Jakob auch den letzten Sohn zu nehmen.

Die zweite Reise der Jakob-Söhne nach Ägypten (Gen 43–45)

Mit der zweiten Reise erreicht die Dramatik ihren Höhepunkt. Josef lässt einen Silberbecher auf den Sack Benjamins legen und diesen durch seinen Hausverwalter „finden". Seine Brüder, die denjenigen tot sehen wollten, der diesen Becher gestohlen hat, sind nun in einer verzweifelten Lage. Nachdem Juda das Wort ergriffen und das gesamte Geschehen mit Blick auf ihren bemitleidenswerten Vater Jakob dargestellt hat, kann Josef nicht mehr an sich halten und gibt sich zu erkennen. Jakob beschließt, nach Ägypten zu gehen, um Josef wiederzusehen.

Die dritte Reise der Jakobsöhne mit ihrem Vater nach Ägypten (Gen 46–47)

Die verfeindeten Brüder söhnen sich aus, und Josef reist Jakob entgegen, sodass sie sich beide um den Hals fallen können.

Bei der ersten Audienz des Pharaos erhält die Familie das Land Goschen im östlichen Nildelta als Weidegebiet. In der zweiten Audienzszene segnet Josef den Pharao.

So gelangen die Kinder Israels nach Ägypten. Am Anfang stand die Absicht der Kinder Jakobs, Josef zu töten – am Ende hat der Verkauf Josefs und sein Aufstieg in Ägypten allen das Leben gerettet. Mit Gottes Hilfe ist also alles gut geworden. Andererseits haben die Kinder Israels das verheißene Land verlassen, und all dies ist ein Vorspiel für die Unterdrückung im Sklavenhaus Ägypten.

Segen für Efraim und Manasse (Gen 48)

Kurz vor seinem Tod gliedert Jakob die von einer ägyptischen Frau geborenen Söhne Josefs, Efraim und Manasse sozusagen in die Geschlechterfolge der Kinder Israels ein. Dabei wiederholt sich die Geschichte von der Vertauschung des Erstgeborenensegens; damit erklärte man sich dadurch, dass Efraim, der auf das Nordreich Israel verweist, in Wirklichkeit der deutlich wichtigere Stamm war.

Ägyptisches Grabrelief, um 2600 v. Chr.

Segen für die zwölf Söhne und Stämme (Gen 49,1–28)

Jakob segnet seine zwölf Söhne nicht nur, sondern spricht in visionärer Weise über die Zukunft der aus ihnen hervorgehenden zwölf Stämme im Land Israel (vgl. Dtn 33).

Tod und Begräbnis Jakobs (Gen 49,29–50,14)

Jakob stirbt und erhält geradezu ein ägyptisches Staatsbegräbnis.

Die Aussöhnung der Brüder (Gen 50,15–26)

Als krönender Abschluss dieser spannungsreichen Erzählung wird dargestellt, dass sich Josef mit den immer noch verängstigten Brüdern endgültig aussöhnt. Die Brüder haben Böses erdacht, aber Gott hat es gut gemacht, so ist Josefs Fazit, der seinen Lebensabend in Ägypten genießen kann.

2. Buch Mose (Exodus) – Gott befreit sein Volk

Die Kinder Israels wachsen in Ägypten zu einem großen Volk heran und werden versklavt, bis Gott sie durch Mose herausführen lässt – auf einem langen Weg durch die Wüste, auf dem Israel lebenswichtige Weisungen erhält.

Der Name Exodus („Auszug") betont einen Hauptinhalt des 2. Buches Mose, den Auszug der Kinder Israels aus Ägypten. Dabei wird nun nach den Erzeltern-Erzählungen der Genesis die eigentliche Volksgeschichte Israels als Befreiungserzählung dargestellt, die in der Bibel wie im Judentum bis heute als Gottes Urtat der Errettung aus jener Not und Sklaverei gilt, die ein Pharao verursacht hatte, der nichts mehr von Josef und Jakob wusste. Auch außerhalb des Judentums wird das Buch Exodus bis heute, insbesondere in der Dritten Welt, als eine Befreiungsgeschichte gelesen, in der Gott die Unterdrückung von Menschen bekämpft und dazu auffordert, repressive und ungerechte Verhältnisse zu beseitigen.

Innerhalb der Exodusgeschichte stellt sich Gott erstmals mit seinem Eigennamen JHWH, hebr. יהוה, vor (Ex 3). Das Lied, das Mirjam in Ex 15 aus Freude über die Herausführung durch diesen Exodus-Gott singt, ist wahrscheinlich einer der ältesten Texte in der Hebräischen Bibel.

Da der Begriff: „Exodus" die Einzelthemen Auszug, Wüstenwanderung, Sinai und auch (als Zielpunkt) Landgabe mit umfassen will, bestimmt die Thematik „Auszug aus Ägypten" nur den ersten Teil des Exodus-Buches. Danach folgen die Wanderung durch die Wüste zum Sinai, wo Israel seinem Gott begegnet, der einen Bund mit seinem Volk schließt, seine Weisungen zum Leben durch Mose übermitteln lässt und die Erstellung eines tragbaren Heiligtums anordnet. Vom Aufenthalt am Sinai wird bis Num 10 erzählt. Somit ergibt sich folgende Gliederung:

- Auszug aus Ägypten (Ex 1–15);
- Wanderung durch die Wüste zum Sinai (Ex 16–18);
- Aufenthalt am Sinai (ab Ex 19–Num 10)
  - Gottesoffenbarung und Bundesschluss (Ex 19–24)
  - Anordnungen für Heiligtum und Kult (Ex 25–31,18)
  - Abwendung von Gott und Erneuerung des Bundes (Ex 31,18–34)
  - Ausführung der kultischen Anordnungen (Ex 35–40)

Theologisch wichtig ist, dass Israel durch Gott befreit wird, *bevor* es Regeln für ein gelingendes Leben miteinander und mit Gott erhält (vgl. Ex 20,2). D. h. die Weisungen Gottes und ihre Befolgung durch Israel bewirken nicht erst Wohlergehen; sie sind vielmehr nachfolgende Hilfen für Israel, seine von Gott geschenkte Freiheit zu bewahren. So ist auch der Inhalt des sog. *Bundesbuches* (Ex 20,22–23,33) zu verstehen, das ebenfalls die Zehn Gebote enthält.

Als ein Raum, seine Beziehung zum Exodus-Gott auf dem Weg durch die Wüste zu leben, wird Israel hier das Begegnungs- oder Offenbarungs-Zelt vorgestellt, durch das Gott sein Volk begleiten will und das dem späteren Tempel-Bau als Vorbild dienen soll.

Wie schon in Gen 2–3, so zeigt sich auch an der Verehrung des Goldenes Kalbes in Ex 32: Gott hat die Menschen so geschaffen, dass sie seinem Willen nicht automatisch, sondern nach eigener Entscheidung entsprechen.

Indem Mose die – im Zorn über Israels Abfall von Gott – zerschmetterten Tafeln der Zehn Gebote erneuert, findet das Buch Exodus ein hoffnungsvolles Ende.

Israels Knechtschaft in Ägypten (Ex 1)

Eine Aufzählung der Söhne Jakobs bzw. Israels nimmt den Faden aus der Genesis wieder auf. Nachdem sich die Kinder Israels in Ägypten vermehrt haben, macht sie ein neuer Pharao zu Sklavinnen und Sklaven, die harte Arbeiten verrichten müssen. Da dies aber zu einer weiteren Zunahme des Volkes Israel führt, gibt der Pharao

Modell eines Bootes, Ägypten, um 2000 v. Chr.

Mose

Mose wird als die zentrale Persönlichkeit des frühen Israels geschildert. Mose war der größte aller Propheten, der Beauftragte Gottes, der sein Volk auf dem Weg in die Freiheit angeführt hat, und er ist die Gestalt, mit der Gottes heilige Tora eng verknüpft ist. Mose ist der Protagonist in den letzten vier der fünf Bücher des Pentateuchs. Deswegen wurden später auch diese fünf Bücher ihm als Autor zugeschrieben.

Die Bedeutung des Mose zeigt sich bereits bei seiner Geburt. In einer Situation, in der die Kinder Israels Sklaven in Ägypten waren und all ihre erstgeborenen Jungen getötet werden sollten, wird Mose in einem Schilfkörbchen im Nil ausgesetzt, überlebt und wird von der Tochter des Pharaos großgezogen. Wegen der Tötung eines grausamen ägyptischen Aufsehers muss Mose als junger Mann nach Midian fliehen. Dort erscheint ihm Gott in einem brennenden Dornbusch und beauftragt ihn damit, sein Volk aus der Sklaverei in jenes Land zu führen, das er den Vorfahren des Mose zum Besitz gegeben hat.

Zahlreiche Wunder flankieren die Befreiung der Kinder Israels und den Weg durch die Wüste. Gemeinsam mit seiner Schwester Mirjam und seinem Bruder Aaron führt Mose sein Volk durch die Wüste, wehrt alle Formen des Widerstands ab und vermittelt nicht selten zwischen dem unzufriedenen Volk und seinem zornigen Gott.

Nicht weniger als vierzig Jahre lang sind die Israeliten unterwegs, bevor sie an den Berg Sinai kommen, an dem Mose Gottes Weisung für Israel empfängt. Diese Weisung, Gottes Tora, ist die Grundlage des Bundes zwischen Gott und seinen Kindern. Mose selbst ist es nicht gestattet, das verheißene Land zu betreten, er darf es lediglich vom Gebirge aus überblicken. Vor seinem Tod übergibt Mose das Amt, die Kinder Israels anzuführen, seinem Nachfolger Josua.

den Hebammen der Hebräerinnen die Anweisung, alle männlichen Säuglinge zu töten. Weil couragierte und (nach einem späteren jüdischen Terminus für fromme Nichtisraeliten) „gottesfürchtige“ Hebammen wie Schifra und Pua dem nicht nachkommen, sollen alle neugeborenen Jungen in den Nil geworfen werden.

Mose überlebt (Ex 2,1–10)

Um ihr Kind vor dem Pogrom zu retten, setzt eine hebräische Mutter aus dem Stamm Levi ihr Kind in einen kleinen Kasten, dessen hebräische Bezeichnung (תֵּבָה *tewa*) schon für die Arche in Gen 6,14 b verwendet wurde. Ausgerechnet die Tochter des Pharao findet den Jungen, bekommt Mitleid mit ihm und lässt eine hebräische Amme für ihn rufen – in Wahrheit seine Mutter. Die Pharaotochter nennt das Kind „Mose“, (hebr. מֹשֶׁה *mosche*) und legt damit in seine Persönlichkeit eine frühe Spannung zwischen ägyptischer und israelitischer Identität: Als ägyptischer Name wie „Tutmose“ oder „Ramses“ bezeichnet „Mose“ die ägyptische Sohnschaft; die wortspielhafte Verknüpfung mit dem hebräischen Verb משׁה (*mascha* „herausziehen“.).- aus dem Wasser) lässt bereits das israelitische Motiv vom „geretteten Retter“ anklingen, der Gottes Befreiungsauftrag ausführen wird und dabei zwangsläufig mit seiner ägyptischen Prägung in Konflikt geraten muss. Diese Rettungserzählung beschreibt Mose als einen der Großen der antiken Welt, wie z. B. Sargon von Akkad (3. Jt. v. Chr.), der ebenso ausgesetzt, gefunden und adoptiert wurde.

Mord und Flucht (Ex 2,11–2,22)

Der herangewachsene Mose tötet einen Ägypter – aus Zorn darüber, dass dieser einen hebräischen Bruder geschlagen hat. Doch diese Gewalt verbessert die Lage der versklavten Israeliten nicht; sie erregt nur den Argwohn der anderen Hebräer. Als Mose merkt, dass sein Totschlag bekannt geworden ist, flieht er nach Midian, wo er an einem Brunnen den von Hirten bedrängten Töchtern des Priesters Reguel beim Tränken ihrer Schafe und Ziegen hilft. Reguel lädt den hilfsbereiten Mose als Gast in sein Haus ein. Mose entschließt sich, in diesem Hause zu bleiben. Er heiratet Reguels Tochter Zippora, die ihm einen Sohn gebiert. Wenn Mose diesen Sohn „Gerschom“, „ansässiger Fremder“, nennt, dann beschreibt er damit seine eigene Situation und die seines Volkes in Ägypten.

Mose wird berufen (Ex 2,23–4,17)

Nachdem Gott das Schreien der Kinder Israels in Ägypten gehört hat, begegnet Mose mitten in seinem Hirtenalltag am Gottesberg Horeb dem Engel Gottes in der Flamme eines brennenden Dornbusches, der ihn fasziniert, weil er nicht verbrennt. Damit Mose diesem Feuer nicht zu nahe kommt, ruft Gott ihn aus dem Dornbusch heraus zweimal beim Namen. Nachdem Mose geantwortet hat, befiehlt ihm Gott, er solle fernbleiben und auf diesem heiligen Boden die Schuhe ausziehen. Dann stellt Gott sich vor als der Gott Abrahams, Isaaks und Jakobs, der die Kinder Israels aus Ägypten erretten und in ein schönes, weites Land führen wird, in dem Milch und Honig fließen. Danach erhält Mose von Gott den Auftrag, sein Volk Israel aus Ägypten herauszuführen.

Tetragramm über dem Toraschrein der Dohany-Synagoge in Budapest

Wie die Propheten Jesaja (Jes 6,5) und Jeremia (Jer 1,6) widersetzt sich Mose Gottes Beauftragung: Wer sei er schon, dass er mit Pharao reden und die Israeliten befreien könne. Zudem sei den Israeliten zwar der Gott ihrer Väter nicht unbekannt, doch sie wüssten nicht, welches Wesen und Wirken sich hinter diesem Benannten verberge.

Daraufhin nennt Gott seinen Namen JHWH יהוה und umschreibt ihn mit einem Wortspiel, das in etwa lautet: „Ich werde sein, der ich sein werde". Der JHWH, der „Er-wird-sein", so soll Mose zu den Israeliten sagen, werde sie herausführen. Damit wird hier schon angedeutet, was dann Ex 34 ins Zentrum der Bundeserneuerung stellt: Dieser Name dient dazu, dass Israel ausschließlich diesen – in keinem Namen oder Bild dingfest zu machenden – Gott verehrt und nun das wunderbare Geschenk der Gnade/Huld und Barmherzigkeit Gottes erhält, sich in ihrer Lebensnot über diesen Eigennamen doch an Gott wenden zu dürfen.

Mose ist von dieser Berufung wenig begeistert. Zur Beglaubigung seines Willens und seiner Macht über Leben und Tod verwandelt Gott einen Stab in eine Schlange, belegt eine Hand mit Aussatz und macht sie wieder gesund und lässt Wasser zu Blut werden.

Weil Mose sich schon wegen mangelnder rhetorischer Fähigkeiten der Aufgabe immer noch nicht gewachsen fühlt, beruft Gott Aaron, den Bruder des Mose, zu dessen „Munde".

Bei seiner Rückkehr, so wird in einer der rätselhaftesten Episoden der Bibel erzählt, begegnet Mose Gott, der ihn töten will.

Warum Zippora ihren Sohn beschneidet und Mose „Blutbräutigam" nennt, bleibt unerklärlich. Vielleicht kommt Martin Buber der Aussageabsicht am nächsten, wenn er auf die Zwiespältigkeit jeder menschlichen Gotteserfahrung als Rettung (hier durch die Beschneidung symbolisiert) und Gefährdung im Sinne von Jes 45,7 hinweist, wo gesagt wird, dass Gott Heil und Unheil schaffe. Eine ähnlich ambivalente lebensbedrohliche Gotteserfahrung hat auch schon Jakob bei seinem nächtlichen (Gottes?-)Kampf am Jabbok erleiden müssen (s. Gen 32,23–33).

Aaron und Mose versammeln die Ältesten und das Volk am Gottesberg, wie ein Vorspiel der Gründung des Gottesvolkes in Ex 19ff. Aaron verkündet dem Volk Gottes Befreiungsauftrag durch Mose, und Mose vollbringt die von Gott angekündigten Zeichen. Das Volk vertraut ihnen und lässt sich auf Gottes Zusage ein.

Kein Erfolg beim Pharao (Ex 5,1–6,1)

Mose versucht, seinen Auftrag auszuführen, indem er mit dem Pharao darüber verhandelt, dass die Hebräer in die Wüste ziehen und für Gott ein Opferfest feiern dürfen. Doch der Pharao erschwert stattdessen die Arbeitsbedingungen, sodass sich die gepeinigten Israeliten nicht nur beim Pharao, sondern auch bei Mose und Aaron bitter beschweren. Als Mose sich daraufhin bei Gott deswegen beklagt, verspricht Gott ihm, der Pharao werde Gottes Macht noch zu spüren bekommen und dann die Kinder Israels ziehen lassen.

Neue Berufung und Stammbaum (Ex 6,2–7,7)

Gott bekräftigt die Berufung des Mose und sagt sich seinem erwählten Volk ausdrücklich als ihr Bundesgott zu (vgl. Gen 17,7–8; Ex 29,45).

Der Stammbaum in 6, 14ff., der hier auf Mose und Aaron zuläuft, führt die Genealogien aus Ex 1,1 und aus der Genesis weiter.

Der Abschnitt 6,28ff. eröffnet bereits den Plagenzyklus, der zur Befreiung des Volkes Israel führen und die Ägypter zur Erkenntnis des wahren Gottes bringen soll. Dabei dienen die Plagen nicht als eine Art „Gottesbeweise" im „Krieg der Titanen": Gott gegen Pharao, sondern als „Zeichen und Wunder" zur bildreichen Bekräftigung der (prophetischen) Verkündigung des Mose und Aaron.

Mose und Aaron vor dem Pharao (Ex 7,8–13)

In einem Wettstreit mit ägyptischen Zauberern weisen sich Mose und Aaron durch ihre überlegenen Wunder aus. Das Verwandeln eines Stockes in eine Schlange ist das erste Zeichen, dem weitere folgen (meist als Plagen bezeichnet).

Die Plagen gegen Ägypten (Ex 7,14–11,10)

Im Anschluss an diesen Wunderwettkampf lässt Gott Mose noch einmal den Auszug der Hebräer vom Pharao fordern und ermächtigt dann Mose zu Zeichen, die für die Ägypter zu Plagen werden. Nach jeder dieser Plage wird berichtet, dass der Pharao immer noch nicht einlenkt:

Das lebensspendende Wasser des Nils wird in todbringendes *Blutwasser* verwandelt, sodass die Fische sterben und die Ägypter durstig bleiben (7,17ff.).

Das Land wird von *Fröschen* heimgesucht, die sonst in Ägypten an die segensreiche Schöpfungs- und Fruchtbarkeitsgöttin Heket erinnern, doch nun den Tod mit sich bringen, indem sie alles bedecken und sich in stinkende Kadaverhaufen verwandeln (8,2ff.).

Aller Staub im Lande wird zu *Mücken*, die Menschen und Tiere plagen (8,12ff.). Nun sehen auch die ägyptischen Zauberer den „Finger Gottes" am Werk; doch Pharao bleibt hartherzig.

Ungeziefer, wahrscheinlich Fliegen, bedeckt sogar den Boden, auf dem die Ägypter stehen (8,16ff.). Nun will auch Pharao die Israeliten ziehen lassen. Doch als Gott daraufhin die Plage beendet, wird er wieder rückfällig.

Die *Viehpest* tötet alle Tiere der Ägypter, nicht aber die der Hebräer (9,3ff.).

Alle ägyptischen Menschen und Tiere bekommen *Geschwüre*, die wie Blasen aufplatzen (9,9ff.).

Hagel zerstört die Ernte und tötet Tiere und Menschen, die sich im Freien aufhalten (9,18ff.). Diesmal bekennt Pharao seine Schuld vor Gott und will die Israeliten entlassen. Doch sobald der Hagel auf Mose Bitte hin aufgehört hat, ändert Pharao wieder seine Meinung.

Was der Hagel noch nicht vernichtet hat, fressen die *Heuschrecken* (10,4ff.). Wieder bekennt Pharao seine Schuld und will Israel ziehen lassen; und wieder ändert er seine Meinung, nachdem die Plage vorüber ist.

Drei Tage und Nächte müssen nur die Ägypter in *Finsternis* sitzen (10,21ff.). Diesmal bedroht Pharao sogar Mose mit dem Tod.

Als der Pharao immer noch verstockt ist, schreitet Gott durch Ägypten und lässt jeden *Erstgeborenen* sterben, sodass man ein beispielloses Wehklagen hört (12,30ff.), weil den Ägyptern nun das geschieht, was sie den Hebräern angetan hatten.

Das erste Pascha (Ex 12)

Endlich können die Kinder Israels ein Fest feiern: das Paschafest. Möglicherweise war Pascha, (פֶּסַח hebr. *päsach),* früher ein Hirtenfest. Das Blut des geschlachteten Tieres soll hier an die Pfosten gestrichen werden, um Unheil abzuwehren. Mit dem Pascha verbindet sich das Mazzotfest, das Fest der ungesäuerten Brote, das auch den Bauern ihren Festbeitrag ermöglicht.

Gott stellt sich vor

In der hebräischen Bibel wird Gott nicht nur mit dem Begriff „Gott" (hebr. אֱלֹהִים *ᵃlohim),* sondern auch mit einem Eigennamen bezeichnet, der ab Gen 2 erscheint und in Ex 3 erstmals erläutert wird. Dieser Eigenname lautet nach den Konsonanten JHWH, hebr. יהוה. Dass hebräische Augen darin das Verb „sein, werden" erkennen können, verdeutlicht der Satz, mit dem Gott selbst diesen Namen in Ex 3 erläutert: JHWH heiße er, weil er der „Er-wird-sein" oder „Er-wird-sich-erweisen" ist.

Alle Bibelübersetzungen haben das Problem, dass sich Eigennamen nicht übersetzen lassen, und das gilt vom Eigennamen Gottes natürlich in gesteigertem Maße. Niemand würde versuchen, in einem englischen Text etwa den Namen „Einstein" zu übersetzen.

Beim Eigennamen Gottes kommt hinzu, dass dieser schon in antiker Zeit wohl wegen des zweiten Gebotes (Ex 20,7; Dtn 5,11) nicht ausgesprochen werden durfte, was im Judentum bis heute gilt. Weil aber irgendetwas gesprochen werden muss, wenn ein Bibeltext vorgelesen wird, haben sich Ersatz-Aussprachen gebildet, vor allem „Adonaj", hebr. אֲדֹנָי, was „meine Herrschaften" bedeutet (und nicht „Herr", wie oft fälschlicherweise behauptet wird) und „Ha-Schem", הַשֵּׁם, „der Name". Die Septuaginta ersetzte den hebräischen Eigennamen Gottes dann durch die verkürzende Übersetzung der Ersatzaussprache „Adonaj", indem sie griech. **κύριος** kyrios, „Herr" schreibt.

Wenn also heute in einer deutschen Bibel von dem „Herrn" oder „HERRN" die Rede ist, dann begegnet uns darin nicht die Übersetzung des hebräischen Eigennamens Gottes, sondern lediglich eine Übertragung der griechisch übersetzten Ersatzlesung für diesen Eigennamen.

Die Aussprache von JHWH mit J-a-h-w-e ist nicht mehr und nicht weniger als eine bloße Hypothese, die durch eine griechische Handschrift gestützt wird. Ebenso wie die auf einem Missverständnis beruhende Lesung „J-e-h-o-w-a" ist auch diese Aussprache ein Affront gegenüber dem Judentum.

Weil der Gottesname JHWH, יהוה, unübersetzbar und unaussprechlich ist, haben sich besonders in der jüdischen Tradition viele Ehrfurchtswörter gebildet, die bei Übersetzungen benutzt werden, wie: der Ewige, der Heilige, Ha-Maqom, hebr. „der Ort".

Einzig in der Gütersloher Bibel werden auch weibliche Bezeichnungen, wie „die Ewige" oder „die Lebendige", benutzt, weil das Bild Gottes männlich und weiblich ist (Gen 1,27) und Gott daher die Geschlechterkategorien übersteigt (vgl. auch Hos 11,9).

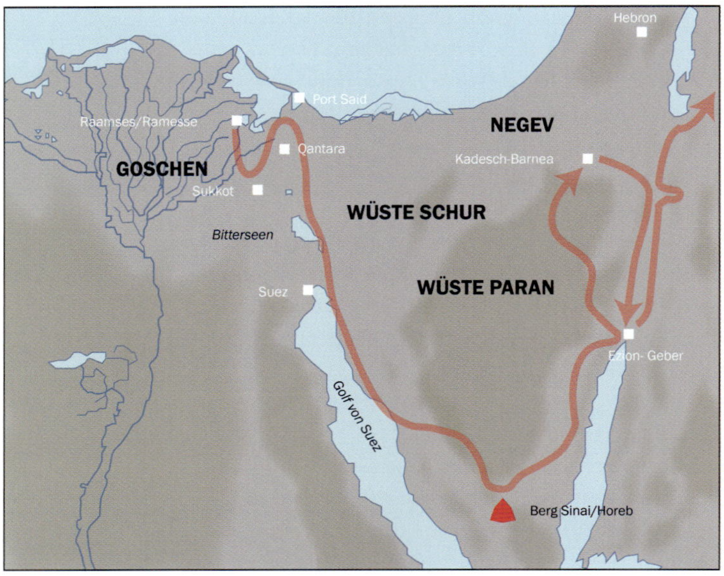

Der Weg des Volkes Israel durch die Wüste ist außerbiblisch nicht zu belegen.

Bis heute feiert das Judentum Pascha als Erinnerung an die Herausführung aus Ägypten.

Die Erstgeburt gehört Gott (Ex 13,1–16)

Weil jede Erstgeburt Gott zusteht, wird hier geregelt, dass die Erstgeburt durch ein Tieropfer ausgelöst wird.

Am Schilfmeer gerettet (Ex 13,17–14,31)

Nun lässt der Pharao Israel ziehen, bereut es aber kurz darauf und befiehlt, sie mit Streitwagen zu verfolgen. Auf wunderbare Weise rettet Gott sein Volk, indem er erst durch den Ostwind, dann durch die ausgestreckte Hand des Mose das Rote Meer auseinandertreten lässt, damit die Kinder Israels hindurchziehen können. Doch die Soldaten auf den Streitwagen versinken in dem zurückkehrenden Meer, sodass die Ägypter jener Tod ereilt, den der Pharao in Ex 2 allen hebräischen Knaben zugedacht hatte.

Der lange Weg des Exodus

Die Geschichte des Auszugs der Israeliten aus der Sklaverei in Ägypten ist der zentrale religiöse Identifikationspunkt im israelitischen und jüdischen Selbstverständnis. Alle maßgeblichen theologischen Eckpunkte sind in der Erzählung vom Exodus enthalten, und die meisten nehmen hier ihren Anfang. Gott offenbart sich Mose im brennenden Dornbusch und gibt sich zum ersten Mal als der eine Gott Israels zu erkennen. So erweist er sich in Ex 3,14 als der Gott, der in seinem rettenden Handeln an den Israeliten erkannt und kennengelernt werden will.

Am Vorabend des Auszugs wird in Ex 12 das jährliche Pessachfest eingesetzt, an dem sich die Israeliten zukünftig daran erinnern sollen, dass sie einst Sklaven in Ägypten gewesen sind.

Israel muss nach biblischer Überlieferung 40 Jahre lang durch die Wüste ziehen, bevor es das verheißene Land erreichen kann. Diese Zeit ist geprägt von vielen Auseinandersetzungen der Kinder Israels untereinander und mit Gott. Die Geschichte des Auszugs ist daher auch eine Erzählung davon, wie aus den Nachkommen des Stammvaters Jakob schließlich ein Volk wird. Der Höhepunkt der Beziehung zwischen Gott und seinen Kindern ist die Gabe der Tora am Sinai (bzw. Horeb). Gott offenbart dem Mose seinen Willen für das gelingende Leben eines jeden Einzelnen.

Es ist maßgeblich für das israelitische Selbstverständnis, dass die Offenbarung des Gotteswillens nicht hinter befestigten Mauern geschehen ist, sondern in der Wildnis, in einer Situation der Wanderschaft und des Ausgeliefertseins. Israels Gott begleitet sein Volk und offenbart sich an Orten, die menschlicher Verfügungsgewalt nicht unterliegen. Dass es sich bei dem Gott Israels wirklich um einen mitwandernden Gott handelt, bestätigt auch der Bau des sogenannten Stifts- oder Begegnungszeltes, in dem die Lade des Bundes mit Gottes Weisung aufbewahrt wurde. Das Zelt war so konstruiert, dass es immer wieder abgebaut werden konnte, wenn das Volk weiterzog.

Am Ende des Auszugs ist eine Generation von Israeliten verstorben. Zwar lässt Gott den Mose das verheißene Land Kanaan vom Berg Nebo aus schon einmal überblicken, weiterziehen darf er allerdings mit seinem Volk nicht; er stirbt in der Wüste wie alle Mitglieder der ersten Auszugsgeneration.

Doch gerade wegen dieser Unmittelbarkeit des Mose zu Gott als dessen Mitarbeiter spricht die Tradition von Mose als dem größten Propheten Gottes. Keine andere Figur des Alten Testaments ist so eng mit dem jüdischen Selbstverständnis besonders im Hinblick auf den Exodus als dem zentralen Ereignis der Geschichte Israels verknüpft wie Mose.

Mirjam singt und tanzt vor Freude (Ex 15,1–21)

Das Lied, das Mirjam aus Freude über den Sieg als Gottes alleinige Rettungstat singt und zu dem sie mit den Frauen tanzt, gehört wohl zu den ältesten Texten der Bibel überhaupt.

Der schwere Weg zum Sinai (15,22–17,16)

In der Wüste ist das Volk mit einigen Gefährdungen konfrontiert und hat deswegen immer wieder Anlass, sich über seine Lage zu beklagen und zu „murren", wie meist übersetzt wird.

Erst wird das Brunnenwasser bitter – bis Gott es wieder genießbar macht. Dann plagt sie der Hunger – und Gott lässt Manna vom Himmel regnen. Dabei lernen die Kinder Israels, dass man nur jeweils soviel Essen sammeln soll, wie man für den Tag und gegebenenfalls für den anstehenden Sabbat braucht.

Als das Volk Amalek, das in der Bibel und in jüdischer Tradition zum Feind schlechthin wird, Israel angreift, müssen Mose und Josua zum ersten Mal einen Krieg führen.

Der gute Rat des Schwiegervaters (Ex 18)

Der Erzählkreis zu Ex 2–4 wird damit geschlossen, dass Mose von seinem Schwiegervater Besuch bekommt und den guten Rat erhält, wichtige Aufgaben an sogenannte Richter zu delegieren, damit er sich nicht überfordere.

Gott bietet einen Bund an (Ex 19)

Der Erzählzusammenhang von der Offenbarung Gottes und dem Bundesschluss am Sinai in Ex 19,1–24,18 beginnt damit, dass Gott in Feuer und Rauch auf dem Berge Sinai erscheint.

Die Zehn Gebote (Ex 20,1–21)

Unklar ist, zu wem Gott die nun folgenden Zehn Gebote spricht. Denn Mose hält sich unten beim Volk auf, und das Volk ist nach 20,19 auf Moses Vermittlung angewiesen.

Das Bundesbuch (Ex 20,22–23,33)

Dem Dekalog folgt das sogenannte Bundesbuch (vgl. Ex 24,7), das mit Altargesetzen beginnt (Ex 20,22–26).

Im Abschnitt über hebräische Sklaven und Sklavinnen wird festgelegt, unter welchen Umständen ein versklavter oder in Sklaverei geborener Mensch wieder freigelassen werden soll (Ex 21,2–11).

Es folgen Regelungen für den Umgang mit Kapitalverbrechen (21,12–17), die auch die Todesstrafe vorsehen. Für die Durchführung der Todesstrafe gibt es hier keine Anweisungen.

Das Judentum hat im Laufe der Jahre die Voraussetzungen für die Bestrafung mit dem Tod so weit verschärft, dass die Todesstrafe faktisch unterblieb. So wurde seit Gründung des Staates Israel 1948 – anders als etwa in den USA – nur einmal die Todesstrafe verhängt, nämlich gegen Adolf Eichmann.

Ex 21,18–32 behandelt – wohl beispielhaft konstruierte – Fälle, in denen es um Schadensersatz für Körperverletzungen geht. In diesem Zusammenhang erscheint auch die sogenannte Talionsformel: „Auge für Auge – Zahn für Zahn" (V. 24), die bis in den heutigen Sprachgebrauch hinein als Rache-Formel gilt. Der Blick in den biblischen Kontext zeigt jedoch, dass dies eine Fehlinterpretation ist: Denn hier geht es um Regelungen, die blinde Rache oder Überreaktionen gerade ersetzen sollen. Die Talionsformel wird in diesem Kontext unterschiedlich gedeutet: als Begrenzung der Buße, als Ersatzleistung (Augen-Ersatzleistung statt Auge) oder als eine Formulierung, die in Erinnerung hält, dass einem Schaden am Leib letztlich nur eine gleiche (bzw. gleichwertige) Schädigung entspricht.

Um Haftungsfragen und daraus erwachsende Ersatzansprüche geht es in dem darauf folgenden Abschnitt (Ex 21,33–22,14).

Danach werden die Verführung einer Jungfrau, die Strafe für Zauberinnen, die Rücksicht gegenüber Fremden, Witwen, Waisen und Verschuldeten sowie die Übereignung der Erstgeburt an Gott behandelt (22,15–30).

Zur sozialen Gerechtigkeit gehören die Verpflichtung zur Wahrheit, Hilfeleistungen und das Verbot von Rechtsbeugung, insbesondere gegenüber Armen (23,1–9).

Alle sieben Tage sollen Tiere und alle Menschen einschließlich Sklaven und Fremden ruhen, alle sieben Jahre soll ein Feld, nicht zuletzt für die Armen, brachliegen (23,10–13).

Regelmäßig soll Israel für Gott ein Fest feiern (mehr dazu unter Ex 34, „Israels Festkalender"). Dazu werden bestimmte Regelungen gegeben, die im Judentum zu den Speisevorschriften, den Kaschrut, ausgebaut werden (23,14–19).

Auf dem Weg ins verheißene Land will Gott die Kinder Israels begleiten und beschützen. Er ermahnt sie, keine Bündnisse mit fremden Völkern oder Göttern zu schließen (23,10–33).

Gott schließt den Bund mit Israel (Ex 24)

Nach dem Ende der Gottesrede verliest Mose dem Volk das Bundesbuch mit allen Weisungen für ein geregeltes Leben. Stellvertretend für Israel steigen Mose, Aaron, Nadab und Abihu auf den Berg und dürfen dort Gott schauen.

Gott übergibt Mose steinerne Tafeln mit den Weisungen, vom „Finger Gottes geschrieben", um die Kinder Israels zu unterrichten. Mose bleibt 40 Tage und Nächte auf dem Berg.

Anweisungen für den Bau des Heiligtums und den Kult (Ex 25–31)

Mit großer Genauigkeit schreibt Gott vor, wie das Zelt der Begegnung (hebr. אֹהֶל מוֹעֵד *ohel moed*) („die Stiftshütte" in der Lutherbibel) und seine Einrichtung aussehen sollen: die Lade aus Akazienholz, ein Tisch mit den Schaubroten, ein Leuchter mit sieben Lampen (Ex 25); zehn Teppiche, Bretter zum Aufstellen, ein Vorhang vor der Lade des Gesetzes (Ex 26); der Altar mit den Hörnern, ein Vorhof mit dem Vorhang und eine immer brennende Lampe (Ex 27). Dabei wird das Begegnungs- oder Offenbarungszelt als ein kleines, transportables Heiligtum vorgestellt, dessen Einrichtung als Vorbild für den 586 v. Chr. untergegangenen Jerusalemer Tempel galt, der darum im späteren Glauben Israels nie zu einer statischen Götterwohnung erstarrte, sondern stets ein dynamischer Offenbarungsort blieb: Denn das ursprüngliche Zelt der Offenbarung ist im Exodusbuch die Begegnungsstätte mit der Herrlichkeit Gottes, die aus der Mitte des Gottesvolkes heraus das durch die Wüste wandernde Israel am Tage in Gestalt einer Wolke und des Nachts als Feuersäule begleitet – gleichsam wie der „mit-wandernde Sinai".

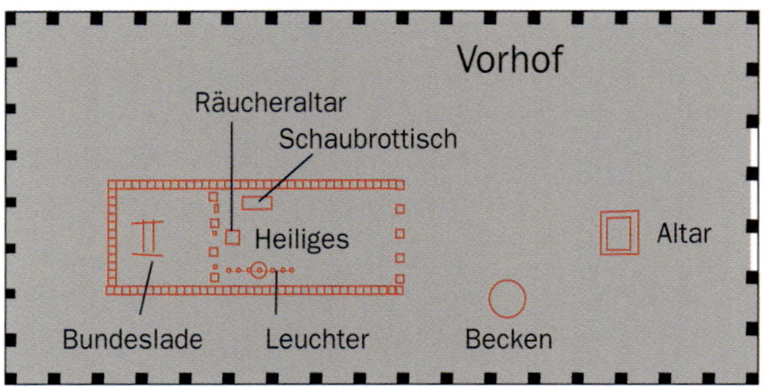

Nach diesem Plan sollte Israel dereinst das Heiligtum bauen.

Priester sollen berufen werden, die eine bestimmte Kleidung tragen und durch verschiedene Opfer eingesetzt werden (Ex 29).

Einmal im Jahr soll Aaron als erster Priester an den Hörnern des Altares die Sühne vollziehen (Ex 30). Ein Zeichen für den Bund zwischen Israel und Gott ist das Halten des Sabbats (Ex 31).

Das Goldene Kalb und die Folgen (Ex 32)

Ausgerechnet Aaron gibt dem Drängen des Volkes auf eine goldene, kalbförmige Götzenfigur nach, die ironischerweise als der Gott verehrt wird, der Israel aus Ägypten herausgeführt haben soll. Zornig zerschmettert Mose die Tafeln mit den Weisungen.

Wahrscheinlich reagiert diese Geschichte auf ein Stierbild, das Jerobeam I. (vgl. 1 Kön 12) um 920 v. Chr. nach dem Vorbild umliegender Völker im Nordreich „Israel" von den dortigen Tempeln in Bethel und Dan aufgestellt hatte.

Israels Festkalender

Mazzotfest. Fest der ungesäuerten Brote, das im Monat Aviv zum Beginn der Ernte gefeiert wird. Später mit Pascha verbunden, vgl. Ex 12; 23,14; 34,18; Dtn 16,1–8. In der Nähe des christlichen Ostertermins.
Wochenfest. Sieben Wochen nach Mazzot mit Darbringung der ersten Weizenernte, vgl. Ex 23,16; 34,22; Dtn 16,10. Christliche Entsprechung Pfingsten, gr. **πεντηκοστή** *pentecoste*, was 50 bedeutet und auf die Zahl der Tage dieser sieben Wochen verweist.
Laubhüttenfest. Ursprünglich ein Herbstfest zum Jahreswechsel. Vgl. Ex 23,16; 34,22; Dtn 16,13.16, durch Lev 23,43 mit dem Exodus verbunden.

Als Gott das abtrünnige Volk vernichten will, tritt Mose für die Kinder Israels ein.

Mose darf Gott sehen (Ex 33)

Nachdem Gott seine Verheißung an Israel erneuert hat, redet er mit Mose „von Angesicht zu Angesicht" (33,11). Später zieht Gott an Mose vorüber und lässt sich von hinten sehen, während er seine Hand schützend vor Moses Augen hält – weil niemand das Angesicht Gottes sehen darf (33,23).

Erneuerung des Bundes und der Tafeln (Ex 34)

Der Gott, der nicht nur in bei den drei unter einem Dach lebenden Generationen kritisch an Kindern und Enkeln überprüft, ob sich die Verfehlungen der Eltern bei ihnen weiter negativ auswirken, sondern der vielmehr barmherzig, gnädig und langmütig für 1000 Generationen sorgt (Ex 34,7), schließt mit Israel einen neuen Bund. Erneut trägt Gott Israel auf, drei Feste im Jahr zu begehen.

Auf zwei neuen Tafeln lässt Gott Mose die Zehn Gebote als Worte des Bundes aufschreiben (vgl. zu Ex 20: „Die Zehn und die vielen anderen Gebote").

Ausführungsbestimmungen zum Heiligtum (Ex 35–40)

Es werden Regelungen getroffen: zum Sabbat (35,1–3), zu Spenden für das Heiligtum (35,4–29), zur Beauftragung von Künstlern und Handwerkern (35,30–36,7), Ausstattung des Heiligtums (36,8–38,31) und Anfertigung der Priestergewänder (39,1–31).

Über die Beendigung der Arbeiten wird mit einer Formulierung berichtet, die an Gen 2,2 erinnert, den Abschluss der Schöpfung (39,32–43).

Der Bau des Heiligtums erreicht damit seinen Höhepunkt, dass Gott in einer Wolke in das Heiligtum einzieht (Ex 40).

Die Zehn und die vielen anderen Gebote

Nachdem Gott die Kinder Israels aus Ägypten befreit hat, gibt er ihnen am Sinai Gebote und Weisungen, mit denen sie diese Freiheit und den Bund mit Gott bewahren können. Die Zehn Gebote markieren die Grenze, hinter der ein heilvolles und dem Bund entsprechendes Leben nicht mehr möglich ist.

Die Zehn Gebote werden häufig auch nach dem griechischen Wort für „Zehnwort" Dekalog genannt.

Der Dekalog findet sich ein zweites Mal in Dtn 5 mit 13 Abweichungen gegenüber Ex 20. Erzählerisch ist dies darin begründet, dass Mose die Tafeln mit den Gesetzen aus Zorn über die Vergötzung des Goldenen Kalbes zerschlägt (Ex 32,19) und daher neu anfertigen muss.

Die Bibelwissenschaft geht vor allem wegen der Hinzufügungen davon aus, dass Ex 20 die ältere Fassung des Dekalogs ist.

In der folgenden Übersicht werden die beiden Fassungen gegenübergestellt. Die ersten drei Spalten präsentieren die Zählung der Gebote nach der lutherischen/römisch-katholischen Zählung (luth.), nach der jüdischen (jüd.) sowie nach der reformierten (ref.) Tradition. Danach folgen der Inhalt der Gebote sowie die Fundstellen in Ex 20 und Dtn 5.

luth.	jüd.	ref.	Inhalt	Ex 20	Dtn 5
1	1	1	Selbstvorstellung Gottes	2	6
	2	1	keine Fremdgötter!	3	7
	2	2	keine Bilder!	4-6	8-10
2	3	3	Gottesnamen nicht missbrauchen!	7	11
3	4	4	Sabbat heiligen!	8-11	12-5
4	5	5	Eltern achten!	12	16
5	6	6	nicht töten!	13	17
6	7	7	nicht fremdgehen!	14	18
7	8	8	nicht stehlen!	15	19
8	9	9	niemanden verleumden!	16	20
9	10	10	nicht auf ein fremdes Haus aus sein!	17a	21a
10	10	10	nicht auf des Nächsten Frau, Sklave oder Sklavin und Besitz aus sein!	17b	21b

Darüber hinaus folgen in den nächsten Kapiteln und Büchern zahlreiche weitere Reihungen von Rechtssätzen.

Dabei bezeichnet man den Stil der Verbote oder Gebote wie im Dekalog ohne Fallbeschreibung als apodiktisch. Ein kasuistischer Rechtssatz nennt hingegen einen Beispielfall und die dazugehörige Strafandrohung (wie in Ex 21,2ff.).

Nach jüdischer Tradition sind den Menschen insgesamt 613 Gebote und Verbote gegeben.

Am Berg Sinai empfing Mose nach den Erzählungen der Tora die Zehn Gebote.

3. Buch Mose (Levitikus) – Ordnungen für das Heilige als Energiequelle des Lebens

Weil Gott heilig ist, möchte er, dass auch sein Volk heilig ist. Damit die Kinder Israels diese lebensfördernde Heiligkeit erlernen und bewahren, gibt Gott ihnen eine Vielzahl von Weisungen für den Kult und den Alltag.

Als das mittlere Buch der Tora hat Levitikus auch inhaltlich eine *zentrale Stellung* für die Lebensordnung, die Gott seinem Volk Israel mit auf den Weg gibt. Aus dem am Sinai errichteten Offenbarungszelt, dem „Haus des Lebens", „der Schöpfung in der Schöpfung" heraus übermittelt Gott Mose, wie Israel nicht nur sein kultisches, sondern auch sein alltägliches Leben „heiligen" soll. „Ihr sollt heilig sein!", befiehlt Gott diesem Volk und begründet dies damit, dass er selbst heilig ist und Israel Anteil an seiner Heiligkeit gibt; denn durch die Herausführung Israels aus Ägypten hat Gott sein Volk zu seinem ausgesonderten Eigentum gemacht und damit dessen Heiligung durch Befolgung dieser kultischen und ethischen Heiligungsgebote überhaupt erst ermöglicht (vgl. Lev 22,31–33). Nach der Vorstellung des Buches Levitikus bedeutet Gottes Heiligkeitsforderung keine Willkür, sondern eine Lebensnotwendigkeit; denn die göttliche Heiligkeit als grundlegende „Energiequelle" des Lebens kann nur fließen, wenn keine Störung besteht.

„Heiligen" bedeutet dabei, Gegenstände, Orte, Zeiten, Tiere oder Menschen aus ihrem normalen Zusammenhang herauszunehmen („auszusondern") und sie in die Nähe Gottes und seiner Heiligkeit zu bringen.

Nun gibt es aber Bereiche, die zwar zum Leben gehören, aber dieses Heiligsein stören und die deswegen in Gottes Anwesenheit zu meiden sind. Das kultische Urteil „unrein" bezeichnet darum keine nur moralische Kategorie, sondern vielmehr Bereiche und Verhaltensweisen, die in einem von Gott kultisch geordneten Leben als nicht-„heilig" gelten und darum als „tabu" verworfen sind.

Weil Gott zu seinem Volk kommen will, soll es sich in seinem ganzen Leben darauf vorbereiten, kultisch und ethisch richtig zu handeln, um so der Heiligkeit Gottes zu entsprechen. Diese lebensdienliche Heiligung des Alltags hat später vor allem das rabbinische Judentum intensiv bedacht und erörtert.

Das Buch Levitikus wurde mit einer „Haus- und Lebensordnung" verglichen, die das Zusammenleben Israels mit seinem Gott im „Haus des Lebens" ermöglicht. Wo sich Menschen an diese Hausordnung halten, die auch auf erwartbare Störungen der Lebensordnung realistisch eingeht, da will Gott gegenwärtig sein und seine heiligende und segnende Lebenskraft schenken. Eine besondere Aufgabe in diesem Haus haben die „Hausdiener", die Priester. Wie Israel insgesamt ein priesterliches, von Gott durch die Herausführung aus Ägypten geheiligtes Volk ist, so haben die Priester innerhalb dieses Volkes besondere Funktionen im Kult.

Das Buch gliedert sich in folgende Teile:

- Opfervorschriften (Lev 1–7);
- Aufgaben der Priester (Lev 8–10);
- Tabus im Alltag (Lev 11–15);
- Großer Versöhnungstag: Jom Kippur (Lev 16);
- Heiligkeitsgesetz (Lev 17-26): – Opfern und Fleischverzehr (17) – Heiligkeit im Alltag (18–20) – Heiligkeit der Priester (21–22) – Feste und Feiern (23–24) – Sabbatjahr und Jubeljahr (25) – Segen und Fluch (Lev 26).

In Lev 19,18 findet sich einer der bekanntesten biblischen Verse als theologische Mitte der Tora: das Gebot der Nächstenliebe, das dazu auffordert, dem Nächsten, sei er Nachbar, Freund, Fremder oder Feind, Gutes zu tun mit der elementaren Begründung: „Er ist wie du"! („Das Gebot der Nächstenliebe", s. S. 89 oben).

Entstanden ist das Buch Levitikus wahrscheinlich in der Exilzeit ab 586 v. Chr., als die nach Babylon verbannten Israeliten, und besonders ihre Priester, an die Wüstenzeit erinnerten und ihre eigenen Diaspora-Erfahrungen und Visionen in diese Zeit eintrugen. So zeigt dieses Buch, wie die Kinder Israels in ihrem babylonischen Exil daran festhalten, ein von Gott ausgesondertes Volk zu sein, das einer von Gott gegebenen Lebensordnung folgt.

Opfervorschriften (Lev 1–7)

Die Opfervorschriften in Lev 1–7 lassen sich unterteilen in jene für das Volk (Lev 1–5) und jene für die Priester (Lev 6–7). Insbesondere muss dabei die Heiligkeit der Opfergabe gewahrt werden, damit der Opferkult seine Wirkung für den Einzelnen und das ganze Volk erzielt.

In der folgenden Aufstellung wird zunächst der biblische Begriff genannt, danach die verschiedenen Übersetzungen, die Angabe der Bibelstellen und eine kurze Beschreibung des jeweiligen Opfers.

ola, hebr. עֹלָה, Brandgabe, Brandopfer, Ganzopfer, Aufstiegsopfer, (Lev 1; 6,1–6). Ein makelloses Tier – etwa Rind, Ziege, Schaf, Taube – wird geschlachtet, nachdem der Darbringende durch Handaufstemmen auf den Kopf des Tieres dieses als sein Tier angezeigt hat. Der Priester besprengt mit dem Blut den Altar. Bis auf die Tierhaut wird das Tier, dem zuvor Eingeweide und Beine entnommen wurden, vollständig verbrannt.

Dabei steigt der Rauch zum Himmel auf als ein beruhigender und erfreuender Duft für Gott.

Diese Steintafel von ca. 1821 v. Chr. gibt die Ritualgesetze in den Tempeln der babylonischen Stadt Larsa wieder.

Dieses verbrannte Ganzopfer (lateinisch: *holocaustum*) wurde im 20. Jh. als „Holocaust" zum Schreckenssymbol für die Ermordung von 6 Millionen Jüdinnen und Juden in den Gaskammern und Vernichtungsöfen der Nationalsozialisten.

mincha, hebr. מִנְחָה, pflanzliche Gabe, Mahlgabe, Mehlopfer, Speiseopfer (Lev 2; 6,7–11). Geopfert wird eine gebackene, gebratene oder gekochte Speise, die stets Mehl, Öl, Salz und Weihrauch enthält, aber weder Gesäuertes noch Honig beinhalten darf. Ein Teil wird auf dem Altar verbrannt, der Rest ist den Priestern zugedacht. In der rabbinischen Tradition wird diese Gabe als das Opfer der Armen verstanden, die es sich nicht leisten können, ein Tier darzubringen.

s^e^vach sch^e^lamim, hebr. זֶבַח שְׁלָמִים, Schlachtmahlgabe, Friedensopfer, Gemeinschafts-Schlachtopfer, Heils-Schlachtopfer (Lev 3; 7,11–34). Zunächst ähnlich wie bei der Brandgabe ist der Ablauf der Gabe: 1. Der Priester erklärt durch Handaufstemmen das Tier, ein Rind oder Kleinvieh, zu seinem Eigentum. 2. Er schlachtet bzw. schächtet es. 3. Der Priester besprengt den Altar mit dem Blut des Tieres. 4. Anders als bei der Brandgabe werden die Fettteile und die Eingeweide des Tieres herausgelöst. 5. Bei der Schlachtmahlgabe werden nur das Fett und die Nieren verbrannt, der Rest kann verzehrt werden.

Das Tier wird zwischen Gott, den Darbringenden und den Priestern geteilt, es kommt zu einem Gemeinschaftsmahl.

chattat, hebr. חַטָּאת, Reinigungsgabe, Reinigungsopfer, Sündopfer, Verfehlungsopfer (Lev 4; 6,17–23). Diese Gabe wird dargebracht, wenn sich jemand ohne Vorsatz verfehlt hat. Die genauen Ausführungsbestimmungen richten sich danach, ob sich der Priester, einer der Ältesten oder die ganze Gemeinde verfehlt hat.

ascham, hebr. אָשָׁם, Schuldgabe, Schuldopfer (Lev 5). Diese Gabe wird bei unbeabsichtigten oder beabsichtigten Verfehlungen dargebracht, nachdem der angerichtete Schaden mit einer Zugabe von einem Fünftel des Wertes ersetzt wurde. Dabei opfert der Priester zur Entsühnung einen fehlerlosen Widder.

Der Beginn des Kultus (Lev 8–10)

Mose und Aaron haben die Aufgabe, den Kult einzusetzen. Mose und seine Söhne werden gesalbt, das Begegnungszelt und der Altar geheiligt (Lev 8).

Die ersten Gaben werden für die Priester und für die ganze Gemeinde dargebracht (Lev 9).

Der einzige durchgängig erzählende Text im Buch (Lev 10) stellt dar, wie wichtig das Einhalten all dieser Vorschriften ist: Als die Söhne Aarons, Nadab und Abihu, ein unrechtmäßiges Opfer darbringen, sterben sie im Feuer dieses Opfers.

Tabus im Alltag (Lev 11–15)

Die Kinder Israels sollen das Heilige, das Besondere und Ausgesonderte nicht nur im Kult, sondern auch dadurch erleben, dass sie ihren Alltag heiligen. Dies ist möglich, wenn zwischen Erlaubtem und nicht Erlaubtem unterschieden wird. Die Übersetzung mit „rein" und „unrein" führt in die Irre, es geht nicht um hygienische Sauberkeit, erst recht nicht um moralische Bewertung, sondern darum, dass in einem Leben in Heiligkeit manche Bereiche und Verhaltensweisen „tabu" sind.

Für das Judentum haben diese Kapitel deswegen eine besondere Bedeutung, weil aus ihnen die für jüdisches Leben fundamentalen Speisegesetze abgeleitet sind, die mit der grundlegenden Einteilung in essbare und nicht essbare Tiere in Lev 11 beginnen. Diese Speisegesetze heißen in Hebräisch *kaschrut,* hebr. כַּשְׁרוּת, was wörtlich „Tauglichkeit" bedeutet und damit auf die Eignung

Die Speisegesetze

In Lev 11 und anderen Texten erfahren die Kinder Israels, was sie essen dürfen und was tabu ist. Weil sie zu einem heiligen, besonderen Volk gehören, gelten für sie auch besondere Vorschriften, nach denen sie manches nicht essen dürfen:

essbar	nicht essbar
Wiederkäuende Paarhufer wie Schaf, Rind u. a.	Tiere, die nicht wiederkäuen oder keine Paarhufen haben, wie Schwein, Kamel, Hase
Fische mit Schuppen und Flossen, wie Lachs u. a.	Fische ohne Schuppen oder Flossen, wie Aal, Hai, Krebse, Muscheln, Shrimps
Vögel	Verschiedene Vögel: Aasgeier, Raben
Vier Arten von Heuschrecken	Kleintiere mit Flügeln und vier Füßen (fliegende Insekten, Reptilien) Erjagte oder gerissene Tiere
Fische müssen nicht geschächtet werden.	Blut von Großtieren, wie Schafe, Ziegen, Rind. Diese Tiere müssen daher geschächtet werden. Fett von Großtieren
Nach rabbinischem Recht müssen zwischen dem Verzehr von milchigen und fleischigen Speisen einige Stunden liegen.	Milchige Speisen zusammen mit fleischigen (wegen Ex 23,19)

für den Kult verweist. Wir kennen das Wort *koscher,* hebr. כֹּשֵׁר, mit dem Erlaubtes bezeichnet wird.

Neben den Speisegeboten gibt es auch Regelungen, die die Geburt von Kindern betreffen. Eine Frau, die ein Kind geboren hat, soll einige Zeit abwarten, bevor sie wieder Kontakt mit heiligen Bereichen haben darf. Diese besondere Zeit des „Mutterschutzes" nach der Geburt wird mit einem Brandopfer abgeschlossen.

Die folgenden zwei Kapitel befassen sich mit dem Phänomen „Aussatz", *zara'at,* hebr. צָרַעַת. Aussatz (oder Lepra) kann sowohl bei Menschen als auch an der Kleidung oder sogar an Häusern auftreten. Es ist die Aufgabe der Priester, die Art und Bösartigkeit des Aussatzes einzuschätzen. Auch an dieser Stelle ist der zentrale Gedanke, dass Gott unter den Menschen leben will. Da Gott der Gott des Lebens ist, die Krankheit aber auf den Tod verweist, ist vom Aussatz befallenen Menschen die Teilnahme am Kult verboten. Diese Menschen sind jedoch keinesfalls aufgegeben. Allerdings gilt die Zeit der Krankheit nicht dann schon als beendet, wenn der Priester die „Reinheit" des Patienten (die Heilung des Aussatzes) feststellt, sondern erst zu dem Zeitpunkt, an dem Gott ein Dankopfer dargebracht wird. Dieses Opfer variiert je nach Art der Krankheit und nach Vermögensstand des Patienten.

Ebenso sind die folgenden Vorschriften über Ausfluss bei Frauen und Männern nicht in erster Linie als hygienische Regelungen zu verstehen, sondern wiederum als die Frage, was dem Bereich Gottes entspricht und damit als rein, *tahor,* hebr. טָהוֹר, gilt oder was hier völlig fremd und darum unrein, *tamé,* hebr. טָמֵא, ist.

Der Versöhnungstag (Lev 16)

Der bekannte Begriff des „Sündenbocks" hat im 16. Kapitel des Buches Levitikus seinen Ursprung. Einmal im Jahr soll Aaron zwei Böcke aussuchen und über sie das Los werfen. Einer davon wird zum Opfer für Gott bestimmt, dem anderen wird symbolisch die Schuld der Kinder Israels aufgeladen, bevor er wirklich „in die Wüste geschickt" wird.

Die Einsetzung dieses wichtigen Festes ist leider oft missverstanden worden. Ein Sündenbock gilt landläufig als derjenige, der *unrechtmäßig* die Schuld anderer tragen muss. Vor allem Christinnen und Christen stehen in der Gefahr, Lev 16 für eine überkommene Form der Schuldüberwindung zu halten. Dieses Missverständnis kann sogar dahin führen, dass Lev 16 als Racheritual für einen nur durch Vergeltung zu besänftigenden Gott gelesen wird.

Der Bock in Lev 16 ist jedoch keine Person, der schuldlos Rache widerfährt, sondern steht als Opfertier für eine symbolische Handlung. Der Bock wird eingesetzt, um jede offensichtliche und verborgene Schuld, die

Der Tallit, der Gebetsmantel, wird nach der heutigen Zeremonie zu Beginn des Yom Kippur angelegt. Der Abschluss wird durch Blasen des Schofar-Horns markiert.

den gesamten Lebensraum vergiftet, zu eliminieren. Er trägt sie buchstäblich in die Wüste und „entgiftet“ damit die Gemeinschaft der Kinder Israels, die erst dadurch wieder lebensfähig werden.

Wie wenig dieser Versöhnungstag (hebr. יוֹם כִּיפּוּר, *jom kippur*) mit Rache zu tun hat, zeigt der hohe Stellenwert, den dieses Fest im Judentum bis zum heutigen Tage hat. Jüdische Menschen legen bei dieser Gelegenheit ihre Streitigkeiten bei und vergeben einander. Dabei wird auch die große Nähe zwischen Gott und Mensch deutlich: Denn nicht nur vergibt Gott die Schuld der Menschen, sondern auch diese vergeben sich untereinander ihre Verfehlungen und „entgiften“ und „reinigen“ damit die Atmosphäre ihrer Gemeinschaft.

Das Heiligkeitsgesetz (Lev 17–26)

„Seid heilig, denn ich, JHWH, euer Gott, bin heilig.“ Diese Worte aus Lev 19,2 können als Programm für eine ganze Reihe von Bestimmungen gelesen werden, die genau das zum Ziel haben: die Gemeinschaft der Kinder Israels zu heiligen und damit die Nähe zu ihrem Gott zu verwirklichen, die Gott durch die Aussonderung *seines* Volkes erst ermöglicht hat. Weil nun der Gott Israels ein Gott des Lebens ist, wird alles, was auf das Leben hindeutet, Gott zugeordnet und damit heilig.

Kultort (Lev 17)

Nur am Heiligtum ist opfern erlaubt, weil das Vergießen von Blut so ernst ist, dass es nur hier, gleichsam im Angesicht Gottes, vorgenommen werden darf. Denn Blut als Lebensträger gehört Gott und darf darum nie verzehrt werden. Als koscher, d. h. essbar, gilt ein Tier nur, wenn es vorher ausgeblutet ist. Verendetes oder gerissenes Wild zu verzehren macht unrein.

Sexualität (Lev 18)

Die Heiligung der Kinder Israels bedeutet, dass sie Gott ihr gesamtes Leben zuordnen – bis in die intimsten Bereiche ihrer Sexualität. Dabei schaffen die Weisungen zur Sexualität eine klare Abgrenzung zu Ägypten und Kanaan. Inzestuöse Verbindungen werden, wie auch Sodomie, strikt untersagt und einzelne Regeln für sexuelle Beziehungen zwischen den Menschen aufgestellt.

Eine der sehr kontrovers diskutierten Stellen des Buches Levitikus beschreibt das Verbot für zwei Männer, beieinanderzuliegen wie Mann und Frau (Lev 18,22). Diese Stelle diente zusammen mit Lev 20,13 über Jahrhunderte hinweg als Argument gegen homosexuelle Lebensweisen. Zur *Lebenspartnerschaft* gleichgeschlechtlich liebender Menschen kann der Text jedoch nichts sagen, weil es diese Form des Zusammenlebens damals noch nicht gab.

Kultische und soziale Gebote (Lev 19)

Nach außen hin hat die Heiligung der Kinder Israels zwei Orte: den Kult mit seiner räumlichen und rituellen Hinwendung zu JHWH und das ethische Verhalten, das sich seinem Nächsten zuwendet.

So werden in Lev 19 verschiedene Gebote aufgestellt, die hauptsächlich das alltägliche Leben, aber auch kultische Bereiche betreffen. Ermahnungen zur Einhaltung des Ruhetags (Sabbat), das Verbot von Götzendienst, Wahrsagerei, Zauberei, Totenkult und kultischer Prostitution sowie Vorschriften zum Verzehr von Heilsopfern stehen neben Anweisungen zur Achtung der Eltern, Ehrfurcht vor dem Alter, Überlassung der Ernte-Nachlese an Arme und Fremde, Lohngerechtigkeit gegenüber Tagelöhnern, unparteilichen Rechtsprechung, zum fairen Umgang mit Blinden und Tauben, zum hassfreien Verhalten gegenüber israelitischen Nachbarn ohne Meineid und Handelsbetrug, zur artgerechten Viehzucht, zum sexuellen Umgang mit Sklavinnen sowie zur Obsternte bei neu gepflanzten Bäumen (deren Früchte erst ab dem fünften Jahr genossen werden dürfen).

Im Mittelpunkt dieser Gebotereihe steht zweifellos JHWHs Forderung, den Nächsten zu lieben wie sich selbst, d. h. ihm all das zukommen zu lassen, was jeder Mensch zum Leben dringend braucht (Lev 19,18b). Und mit dem Nächsten ist sowohl der Mitisraelit wie auch der Fremde im Lande gemeint (vgl. Lev 19,34), den es besonders zu beschützen gilt, gerade weil dessen Existenz Israel ständig an das eigene Fremdlingsein in Ägypten erinnert.

Nur wenn sie Nächstenliebe üben, können die Kinder Israels sich wirklich heiligen.

Götzendienst und Inzest (Lev 20)

Götzendienst, insbesondere die Verbrennung von Kindern, ist mit der Hinwendung zu Gott nicht zu vereinbaren.

Ebenso wenig die Beschwörung von Toten oder die Befragung von Wahrsagern. Okkulte Praktiken, Verfluchung der Eltern, Ehebruch sowie Inzest widersprechen der Heiligung (Lev 20,27).

Priestergesetze (Lev 21)

Priester dürfen sich an Leichen nur dann verunreinigen, wenn es sich um verstorbene Angehörige, wie Mutter, Vater, Tochter, Sohn, Bruder oder eine unverheiratete Schwester, handelt. Priester dürfen sich keine Glatze scheren, ihren Bart nicht stutzen, ihre Haut nicht einritzen. Ihre Ehefrau darf weder eine Prostituierte noch eine Geschiedene sein. Der Hohepriester darf nur eine Jungfrau aus seinem Stamm heiraten und nicht einmal seine verstorbenen Eltern berühren. Alle Priester müssen makellos sein.

Weitere Opfergesetze (Lev 22)

Priester, die Opfergaben verzehren, dürfen nicht unrein sein. Weiter wird bestimmt, wer aus der Familie des Priesters von den Opfergaben essen darf. Anschließend werden Vorschriften zum Mindestalter und Zustand von Opfertieren aufgestellt: Diese dürfen weder verendet noch verletzt sein und keine anderen Mängel aufweisen.

Toraschrein in der Synagoge von Darmstadt

Festtage (Lev 23)

Es sind nicht nur Orte und Verhaltensweisen, die Gott geheiligt werden, sondern auch bestimmte Festzeiten. Vor allem die Bewahrung des siebten Tages, des *Sabbats*, hebr. *schabbat* שַׁבָּת, als Ruhetag ist ein wichtiger Bestandteil der Heiligung des Lebens. Aber nicht nur der wöchentlich wiederkehrende Sabbat, sondern auch die Jahresfeste, die alle die Erinnerung an die Knechtschaft in Ägypten und an den Auszug sichern wollen, gehören dazu. Darum werden dezidierte Anweisungen für diese Festtage im Jahreskreis, für den Sabbat sowie für Ablauf, Ruhefristen und Opferungen zu Pascha, Schawuot, Rosch ha-Schana, Jom Kippur und Sukkot genau dargelegt. Denn diese Feste unterstreichen die enge Beziehung von Adonaj/JHWH zu seinem Volk:

- Pascha, hebr. פֶּסַח, *päsach* das auch das Fest der ungesäuerten Brote (Mazzotfest) heißt und den Auszug aus Ägypten vergegenwärtigt;
- Schawuot, hebr. שָׁבֻות, Dankfest für den Beginn der Weizenernte sieben Wochen nach Pascha (50 Tage/ gr. πεντηκοστή *pentecosté*, vgl. „Pfingsten“) und Dankfest die Tora;
- Rosch ha-Schana, hebr. רֹאשׁ הַשָּׁנָה, *rosch ha-schana*, Neujahrsfest als Tag der Selbstbesinnung und Reue;
- Versöhnungsfest, hebr. יוֹם קִיפּוּר, *jom kippur*, zur Versöhnung mit Gott und der Israeliten untereinander;
- Laubhüttenfest, hebr. סֻכּוֹת, *sukkot,* das an die Zeit der Wüstenwanderung erinnert.

Lampen, Schaubrote, Talionsformel (Lev 24)

Eine goldene Lampe mit reinem Olivenöl soll im Offenbarungszelt ständig brennen. Es folgen Anweisungen für die Schaubrote: Sie sollen aus Weizenmehl hergestellt und in zwei Lagen zu je sechs Broten auf den Altar geschichtet werden, mit reinem Weihrauch zwischen den Lagen, der als Feueropfer für Gott verbrannt wird. Die Priester dürfen die Schaubrote am heiligen Ort essen. Es folgen Strafgesetze, die für Fälle von Gotteslästerung, Totschlag oder Viehtötung alltägliches Leben regeln und durch strikte Begrenzung der Strafe auf das begangene Unrecht gerade jene grenzenlose Blutrache verhindern sollen, wie (z. B. Lamech sie androht, der erlittene Untaten „siebenundsiebzigfach“ rächen will (Gen 4,24).

Heilige Zeiten und Umgang mit Notleidenden – Sabbat- und Erlassjahr (Lev 25)

Alle sieben Jahre soll das Sabbatjahr eingehalten werden: kein Ausbringen der Saat und keine Pflege der Weinberge. Nach jeweils 49 Jahren soll das Erlassjahr dazu dienen, Knechte freizulassen, Übervorteilungen im Handel auszuschließen und verlorenen Grundbesitz zurückzukaufen. Es ergehen an Mose die Verbote, das verheißene Land zu verkaufen, Zinsen von Notleidenden zu nehmen und Notleidende zu versklaven: Dies sind wichtige Aspekte des Heiligkeitsgesetzes, denn die ausdrückliche Erinnerung an Israels Frondienst in Ägypten mündet in diese Schutzbestimmung für alle Unfreien und Unterdrückten im Land.

Verheißung und Androhung von Sanktionen (Lev 26)

Werden Adonajs/JHWHs Gebote befolgt, so erfährt das Volk Gutes: Frieden im Land, reiche Ernten, Überfluss, Siege in Kriegen. Gott verspricht, den Bund zu halten. Werden Adonajs/JHWHs Gebote missachtet, erfolgt siebenfache Strafe als schreckliche Katastrophe. Adonaj/JHWH droht, das Volk unter die Völker zu zerstreuen und dort dem Untergang anheimzugeben und das Land wüst zu machen, damit es endlich „Sabbat“-Ruhe habe. Doch wenn die Überlebenden ihre Schuld eingestehen, dann, so verspricht Adonaj/JHWH, werde er zu ihren Gunsten seines Bundes mit früheren Generationen gedenken und ihn niemals widerrufen.

Über die Auslösung (Lev 27)

Viele Leserinnen und Leser des Buches Levitikus stehen vor dem Problem, dass die Vielzahl von Vorschriften und die oftmals äußerst detaillierten Beispiele schnell unübersichtlich werden. Doch trägt gerade die Genauigkeit der Vorschriften zum Schutz gegen ihren Missbrauch bei, was sich auch im letzten Kapitel zeigt.

In Lev 27 werden verschiedene Möglichkeiten der Auslösung für den Fall beschrieben, dass jemand ein Feld oder ein Tier Gott weiht, aber diese Gaben durch einen bestimmten Betrag ersetzen will oder muss. Durch diese Einzelbestimmungen werden die Gebote an die Lebenspraxis angepasst und in ihrer Geltung bewahrt.

4. Buch Mose (Numeri) – Durch die Wüste zum gelobten Land

Dieses Buch schildert den langen und von Schwierigkeiten begleiteten Weg der Kinder Israels durch die Wüste ins versprochene Land. Die Wanderer in der Wüste hadern mit ihrem Gott, streiten sich, verzweifeln manchmal beinahe, finden aber immer wieder auf den verheißungsvollen Weg zurück.

Am Ende des vierten Buch Mose steht Israel nach der von Gott auferlegten vierzigjährigen Wüstenwanderung kurz vor dem Einzug ins verheißene Land – es wird ernst!

Auf dieser Wanderung wird Israels Gemeinde unter Moses und Aarons Leitung vor allem von den drei großen Themenkreisen Führung, Priester und Land bestimmt.

Das Buch Numeri beginnt am Sinai, wo sich das Volk Israel seit Ex 19 befindet. Dabei knüpfen Num 1–10 an die vorangegangenen priesterlichen Gesetze an und schließen damit die sogenannte Sinaiperikope ab.

Aus diesem ersten Abschnitt des Buches Num ist besonders der Priestersegen bekannt geworden (Num 6,22–27).

Ab Num 10,11 gehen die Erzählungen auf das Ostjordanland zu, wobei immer wieder kultische und gesetzliche Regelungen eingeschoben werden. Dieser stetige Wechsel von Erzähltexten und Gesetzen kennzeichnet das Buch Numeri wie den gesamten Pentateuch.

Nach dem Bericht über den Zug durch die Wüste nach Moab (Num 10–21) mit den Geschichten von Mirjam (Num 12; 20) und den Kundschaftern (13–14) folgt die spannende Erzählung vom Seher Bileam (Num 22–24).

Das Buch endet mit der Wanderung Israels durch das Ostjordanland, das vorläufig schon den Stämmen Ruben und Gad unter der Bedingung zugeteilt wird, dass ihre wehrfähigen Männer weiter mitkämpfen, bis alle Stämme ihre Landanteile erhalten haben (Num 25–32). Das Buch schließt mit ergänzenden Angaben zu den Wanderstationen seit Ägypten, zu den Asylstädten und zu den Erbvorschriften für Frauen.

Damit ergibt sich als Aufbau:

- Priesterliche Gesetze als Abschluss der Sinaiperikope (Num 1–10,11);
- Zug nach Moab (Num 10,11–21,35);
- Bileamerzählung (Num 22–24);
- Wanderung in das Ostjordanland (Num 25–32);
- Angaben über Wanderstationen seit Ägypten, Asylstädte, Erbvorschriften für Frauen (Num 33–36).

Der hebräische Name des Buches (hebr. בְּמִדְבַּר, *bamidbar*, „in der Wüste") gibt den Schauplatz der Erzählungen an.

Der lateinische Name „Numeri" verweist auf die Zahlen in den vielen Listen und Zusammenstellungen, die in diesem Buch auffällig oft vorkommen.

Die Entstehung dieses Buches erstreckt sich vermutlich über mehrere Jahrhunderte etwa von 700 v. Chr. (Königszeit) bis etwa 400 v. Chr. (nach dem Exil), möglicherweise mit einigen späteren Bearbeitungen.

Bestandsaufnahme (Num 1)

In der Wüste Sinai trägt Gott im Zelt der Begegnung Mose auf, die Gesamtzahl der Israeliten zu ermitteln. Dazu ordnen Mose und Aaron alle wehrfähigen Männer, die mindestens 20 Jahre alt sind, nach ihren Stammmüttern. Von der Musterung werden die Nachkommen der Leviten ausgenommen, die mit der Pflege des Heiligtums betraut sind. Damit ist die Gemeinde Israel als geordneter Heeresverband gegründet, der nun das große Ziel der Gemeinschaft, die Einnahme des von Gott zugesagten Landes, „in Angriff nehmen" kann.

Aufgrund der angegebenen 603.550 Wehrdienstfähigen (Num 1,46) müsste die Gesamtzahl der Nachkommen Israels bei über zwei Millionen gelegen haben. Im Allgemeinen wird angezweifelt, dass eine solch große Gruppe die Wüste durchqueren kann. Doch auf historische Genauigkeit im modernen Sinne kommt es diesen nachexilischen Texten auch nicht an, mit denen die kultische Gemeinde Israels angesichts ihres Landverlustes im Exil an ihrem unerschütterlichen Glauben festhält, Gott werde Israel das gelobte Land zurückgeben.

Die Ordnung im Lager (Num 2)

Gott trägt Mose und Aaron auf, die Nachkommen Israels im Lager und für den Marsch zu ordnen, indem sie bei ihrer Fahne, dem Zeichen ihrer jeweiligen Elternhäuser und im Sicherheitsabstand um das heilige Begegnungszelt versammelt werden.

Musterung und Dienst der Priester und der Leviten (Num 3–4)

Vermutlich aufgrund von nachexilischen Konflikten wird hier grundlegend unterschieden zwischen den Priestern (Aaron und seine beiden noch lebenden Söhne Eleasar und Itamar) und den Leviten, die den Priestern kultbegleitend helfen, da es z. B. für nicht geweihte Personen lebensgefährlich wäre, die von göttlicher Heiligkeit „aufgeladenen" Tempelgeräte zu berühren (vgl. 2 Sam 6, 6ff).

Als Ersatz für die Gott zustehende Erstgeburt galten die Leviten, die hier gesondert gemustert werden, um für priesterliche Hilfsdienste verfügbar zu sein. Die Aufgaben der Leviten beziehen sich auf den Dienst am Vorhof, am Heiligtum selbst sowie an den Fundamenten des Heiligtums.

Nach der Kultzentralisation Joschijas von 622 v. Chr. verloren die landbesitzlosen Leviten, die an den verschiedenen Kultstätten im Land tätig waren, mit ihren Dienstorten auch ihre Lebensgrundlage. Darum erhielten sie nun neue untergeordnete kultische Aufgaben am Jerusalemer Tempel und wurden durch das Auslösungsgeld für die Erstgeburten und aus dem Tempelzehnten mit finanziert.

Verfahren bei Unreinheit, Schadensersatz, Eifersucht (Num 5)

Die Heiligkeit des Versammlungsortes sollen drei Regelungen bewahren helfen: Menschen mit wohl ansteckender Hautkrankheit oder Körperausfluss oder nach einer Leichenberührung sollen fortgeschickt werden. Bei Veruntreuung soll nach dem entsprechenden Schuldbekenntnis der Schaden mit einem Aufschlag von 20 Prozent ersetzt werden. Der Verdacht auf den Ehebruch einer Frau soll durch ein Gottesurteil geklärt werden, das die verdächtigte Frau zunächst einmal vor der Selbstjustiz ihres Mannes schützt und im Falle ihrer Überführung durch Gott mit Kinderlosigkeit, aber nicht mit der Verstoßung durch ihren Ehemann oder gar mit dem Tod bestraft. Nach intensiver innerjüdischer Diskussion wurde diese Verfahrensweise im ersten Jh. n. Chr. außer Kraft gesetzt

Nasiräergelübde (Num 6)

Nasiräer sind Männer oder Frauen, die sich z. B. zur Einlösung eines Versprechens für einen festgelegten Zeitraum freiwillig dazu verpflichten, keinen Wein und kein Bier zu trinken, die Haare frei wachsen zu lassen und keine Toten zu berühren. Dafür sind sie in besonderer Weise für den Geist Gottes empfänglich.

Das Kapitel wird mit dem priesterlichen Segen abgeschlossen, der auch aaronitischer Segen heißt (Num 6, 22–27) und bis heute als fester Bestandteil der Liturgie in vielen Gottesdiensten gesprochen wird. In der festen Überzeugung, das Zusagte auch umgehend zu bewirken, erbittet der priesterliche Segensspruch für den Gesegneten den Segen Gottes in sechsfacher Form: (1.) als Zusage für gelingendes Leben und Schutz vor Krankheit, Armut, sozialer Kälte und anderen Lebensminderungen, (2.) als umfassende Geborgenheit, (3.) als wirksame Gottes-Gegenwart, (4.) als immerwährendes göttliches Erbarmen, (5.) als spürbare Zuwendung Gottes und (6.) als umfassenden Schalom Gottes.

Auf dem Titusbogen in Rom befindet sich ein Relief, das an die Plünderung des Tempels in Jerusalem durch die Römer 70 n. Chr. erinnert. Hier werden unter anderem Trompeten aus dem Tempel getragen.

Gaben der Stämme für den Altar (Num 7)

In einer langen Liste wird festgehalten, welche Gaben die Vertreter der einzelnen Stämme zur Einweihung des Altars darbrachten. So wird klargestellt, dass alle Stämme ihren Anteil geleistet haben.

Der Leuchter und die Leviten (Num 8)

Genau wird beschrieben, wie der siebenarmige goldene Leuchter bedient werden soll, der das Licht des Lebens symbolisiert, und mit dem Gott dem Todeschaos der Finsternis entgegenwirkt. Zudem werden Weihe und Dienst der Leviten dargestellt, die als priesterliche Opfer- und Sakralgehilfen zwischen diesen geheiligten Personen und dem Volk vermitteln sollen.

Die Paschafeier (Num 9,1–14)

Gegenüber Ex 12 wird hier hervorgehoben, dass das Paschafest zu einer festgelegten Zeit stattfinden soll, wobei Regelungen für den Fall getroffen werden, dass dies nicht möglich ist. Wer das Pascha halten kann, aber nicht dazu willens ist, schließt sich dadurch aus der Gemeinschaft aus, weil er damit seine Teilhabe an Israels Befreiung und Identität selbst aufgibt.

Die Wolken- und Feuersäule (Num 9,15–23)

Tagsüber begleitet Gott die Nachkommen Israels mit einer Wolkensäule, nachts mit einer Feuersäule, ähnlich wie in Ex 40. Damit kündigt sich der Aufbruch in das Ostjordanland an.

Trompetensignale (Num 10,1–10)

Diese optischen Signale werden durch akustische ergänzt: Trompeten sollen Alarm blasen oder Feste ankündigen.

Die beiden Trompeten sind aus dem nachexilischen Tempel bekannt, etwa von der Darstellung des Titusbogens in Rom.

Segen im Alten Testament

Ein Segen ist die in Worten und Gesten vermittelte Zusage der Fülle göttlicher Kraft. Mit dem Segen wird ein gelingendes Leben gewünscht, zu dem Wohlergehen, Gesundheit, Reichtum und Fruchtbarkeit gehören. Sowohl Menschen als auch Gott können segnen und gesegnet werden: Menschen können einander segnen wie der Vater seinen Sohn (Gen 27); Gott segnet Menschen wie Abraham (Gen 12), der zugleich für andere ein Segen sein soll; und auch Menschen segnen Gott (z. B. Ps 18,47), auch wenn dies meist durch Übersetzungen mit anderen Verben wie „preisen" verunklart wird.

Auch Tiere (Gen 1,22), der Ackerboden oder Gegenstände (Dtn 28,5) können gesegnet sein.

Aufbruch vom Sinai (Num 10,11–36)

Endlich bricht Israel vom Sinai auf. Die Wüste Paran, in der die Nachkommen Israels haltmachen, ist nicht genau lokalisierbar. Mose überredet seinen Schwager Hobab, nicht in seiner Heimat zurückzubleiben, sondern Israel beim Zug durch die Wüste von seinen Ortskenntnissen profitieren zu lassen. Die Lade des Bundes zieht vor ihnen her.

Das Volk ist unzufrieden (Num 11)

Weil das Volk immer nur Manna zu essen hat, beklagt es sich und verlangt nach Fleisch und Gemüse. Mose ist zu Tode ermüdet von der Last der Leitung seines Volkes. Darum gibt er dessen Klage gleich weiter an Gott und erinnert daran, dass Gott sein Volk wie eine Mutter in seinem Schoß getragen habe. Gott lässt sich erweichen und schenkt dem Volk Wachteln. Zudem soll Mose siebzig Älteste um das Begegnungszelt einberufen, damit Gott ihnen zur Entlastung Moses Anteil an dessen Leitungsgeist geben kann.

Doch dann entbrennt Gottes Zorn gegen alle, die sich gierig über die Wachteln hermachen. Sie werden mit einer Plage geschlagen – nach Meinung des jüdischen Kommentators Ibn Esra haben sie mehr gegessen, als gut für sie war.

Mirjam wird krank (Num 12)

Als Leitungspersönlichkeit zeichnet sich Mose vor allem durch Demut aus. Als Aaron und Mirjam hinter Moses Rücken abfällig über seine kuschitische Frau (vielleicht aus Äthiopien oder aus Midian: s. dazu Hab 3,7) reden, wird Mirjam mit ansteckendem Aussatz geschlagen, muss das Lager verlassen und darf nach Intervention Moses bei Gott sieben Tage später geheilt zurückkehren. Damit ist die Infragestellung der Leitungsautorität Moses wegen seiner religionsverschiedenen Mischehe endgültig abgewiesen.

Die Erkundung des Landes (Num 13–14)

Vor dem Eintritt in das verheißene Land schickt Mose Kundschafter aus, um die ökonomischen und kulturellen Bedingungen des Landes sowie die militärische Situation zu erkunden.

Die Späher berichten, dass das Land fruchtbar sei, allerdings die Gegner mit ihren großen militärisch befestigten Stadtanlagen beängstigend stark erschienen. Der Judäer Kaleb widerspricht zwar dieser pessimistischen Schilderung, doch die anderen Kundschafter bleiben bei ihren falschen Gerüchten von einem menschenfressenden Land voller schrecklicher Riesen. Als das Volk deswegen verzagt, gerät auch Gott an den Rand seiner Geduld. Mose bittet für sein Volk um Gnade.

Als Konsequenz für das wiederholte Murren verfügt Gott, dass Israel zur Strafe für seine Rebellion und Misstrauen gegen Gott vierzig Jahre in der Wüste bleiben muss, sodass die gesamte Exodusgeneration das Verheißungsland niemals betreten wird, nur Kaleb und Josua und alle derzeit nichtvolljährigen Israeliten (d. h. unter 20 Jahre) werden in das fruchtbare Land einziehen, „in dem Milch und Honig fließen". Die Kundschafter fallen sogar tot um, weil sie das Volk zum Murren verführt haben. Israels eigenmächtiger Versuch, in das gelobte Land einzudringen, misslingt umgehend.

Verschiedene Vorschriften (Num 15)

In der für das Buch Numeri typischen Weise wird der Erzählgang wieder unterbrochen durch einige Regelungen für die verschiedenen Opferarten (vgl. zu Lev 1–7), für die Erstlingsgabe des Brotteigs, für die Sühne von unabsichtlichen Vergehen und für das Holzsammeln am Sabbat. Als Zeichen der Erinnerung sollen sich alle Nachkommen Schaufäden an den Saum ihrer Kleidung nähen, sogenannte Quasten.

Konflikte mit Korach, Datan und Abiram (Num 16–17)

Ist es gut, eine solche Führungsperson wie Mose zu haben? Oder nimmt sich Mose nicht zu viel heraus? Hat Mose die gescheiterte Landnahme zu verantworten? Sind nicht alle heilig? Diese kritischen Fragen nach der Verteilung von Macht und Autorität stellen Korach und die Gruppe um ihn sowie Datan und Abiram, die Söhne des Stammesführers Eliab. In vielen Übersetzungen wird Korachs Gruppe abwertend als „Rotte" bezeichnet, obwohl sie im hebräischen Text neutral als „Gemeinschaft" erscheint.

Korach stammt vom Jakobs Sohn Levi ab und ist damit einer der Ausgesonderten, die den Dienst vor dem Zelt der Begegnung verrichten dürfen. Dieser Konflikt bezieht sich auch auf die beiden Fragen, inwiefern nicht der gesamten heiligen Gemeinde durch Gottes Gegenwart in ihrer Mitte der Priesterdienst zusteht und inwiefern Aaron den Leviten vorgeordnet und mit einer besonderen Vollmacht Gott gegenüber ausgestattet ist. Die an ihrer Stammesführung beteiligten Datan und Abiram werfen Mose Leitungsversagen vor, da die Landnahme gescheitert und stattdessen eine unwürdige Wüstenexistenz eingetreten ist.

Schaufäden bei einem orthodoxen Juden in Jerusalem

Um zu belegen, dass die Priester- und Leitungshierarchie unter den Kindern Israels nicht von Mose und Aaron erfunden, sondern von Gott angeordnet sind, lässt Mose – nach der vergeblichen Vorladung von Datan und Abiram – Korach und seine Gemeinschaft mit Räucherpfannen vor dem Zelt der Begegnung erscheinen. Ebenso erscheint Aaron mit einer Räucherpfanne vor dem Zelt. Auf Aarons und Moses Fürbitte hin straft Gott nicht die ganze Gemeinschaft, sondern nur die von der Gemeinde Israel geächteten Familien Korachs, Abirams und Datans, indem er ein unmissverständliches Zeichen dafür setzt, dass er der Herr über Leben und Tod ist. Um den Text an dieser Stelle nicht falsch zu verstehen, muss ein besonderes Augenmerk auf *seine Symbolik* gelegt werden. Wenn Unbefugte den heiligen Tabubereich betreten, dann verwandelt sich die belebende Wirkkraft der Heiligkeit in eine vernichtende Unheilsmacht: Gott öffnet die Erde und lässt die Familien Korachs, Datans und Abirams von der Unterwelt verschlingen (Num 16,1–35).

Ihre Räucherpfannen sollen umgeschmiedet werden und fortan als Überzug für den Altar dienen, als ein Erinnerungsmal für die Gemeinschaft Israels. Neben der Symbolik des Todes benutzt der Text auch die Symbolik des Lebens, um Aarons Stellung zu legitimieren: Jeder der zwölf Stämme Israels soll einen Holzstab mit dem Stammesnamen versehen. Auf den Stab des Stammes Levi soll Aaron als dessen Repräsentant seinen eigenen Namen schreiben. Die Stäbe werden auf den Altar im Zelt der Begegnung gelegt. Am nächsten Tag werden alle Stäbe hinausgebracht, und der Stab Aarons/Levis hat ausgeschlagen und Knospen und Blüten bekommen (Num 17, 1–24). Gott hat die Macht über Tod und Leben, und daher ist er allein befugt, diese streng geordnete Hierarchie innerhalb der Gemeinde Israels einzusetzen: Nur die Aaroniden verrichten den Priesterdienst, die Leviten alle nichtpriesterlichen Dienste im Heiligtum; das Volk hat keine priesterliche Funktion.

Bestimmungen über den Dienst der Priester (Num 18–19)

Es ist nur folgerichtig, dass nach dieser Klärung der Rangordnung Amt und Versorgung der Priester und Leviten näher bestimmt werden. Erneut wird betont, dass allein die aaronidischen Priester den Kult ausüben und das Heiligtum und darin auch das Allerheiligste betreten dürfen, während die untergeordneten Leviten kultische Hilfsdienste vor dem Zelt der Begegnung ausführen und damit eine wichtige Vermittler- und Schutzfunktion innehaben: Sie vermitteln zwischen Priester und Volk und schützen dieses vor der für alle Nicht-Priester tödlichen Sphäre göttlicher Heiligkeit. Gut versorgt werden die Priester, die kein Land besitzen dürfen, durch zahlreiche Opferanteile sowie durch direkte Abgaben. Die ebenfalls landbesitzlosen Leviten erhalten als Kompensation für ihren fehlenden Landanteil und als Belohnung für ihre „Schutzschildfunktion" am Heiligtum den vorgeschriebenen „Abgabe-Zehnten", der eigentlich Gott als Eigentümer des Landes gehört. Wie wichtig diese Absicherung der Leviten ist, zeigt Dtn 14,27–29, wo neben Witwen, Waisen und Fremden auch Leviten als hilfsbedürftige soziale Gruppe genannt werden.

Gnade, Liebe und Freundlichkeit

Wo, insbesondere in der Lutherbibel, das Wort „Gnade" erscheint, steht im Hebräischen zumeist der Begriff חֶסֶד *chäsäd*. Dieses Wort deckt ein großes Bedeutungsfeld ab und lässt sich daher kaum nur mit *einem* deutschen Wort wiedergeben. Zunächst bezeichnet es die freundliche Zuwendung, ohne dass es für diese Hilfe eine formal-rechtliche Verpflichtung gibt. So kann *chäsäd* Liebe bedeuten, aber auch das freudige Tun zugunsten eines anderen.

Die Freundlichkeit der *chäsäd* üben in der Bibel nicht nur Menschen, sondern auch Gott aus. Er ist „gnädig" (Ex 20,6; 34,7), indem er sich Menschen zuwendet, umsichtig und nachsichtig ist und ihnen treu bleibt.

Besonders ausführlich wird beschrieben, wie Reinigungswasser für Personen hergestellt wird, die Tote berührt und sich damit kultisch verunreinigt und gefährdet haben. Der priesterliche Kultdienst zielt nun darauf ab, selbst unter diesen Bedingungen noch die Leben erhaltende Gottesnähe für die Gesamtgemeinde zu bewahren (Num 19,1–22).

Mirjams Tod, Wasser aus dem Felsen (Num 20,1–13)

Die Kinder Israels ziehen weiter bis in die Wüste Zin zur Oase Kadesch, dem Ort der entscheidenden Volksrebellion, die Gott mit dem vierzigjährigen Zwangsaufenthalt in der Wüste bestraft hatte. Auffällig knapp vermerkt ein Halbsatz, dass Mirjam, Moses und Aarons Schwester, stirbt. Dieser erste Tod eines Mitglieds der Exodus-Leitungsgruppe (Num 12) im vierzigsten Jahr des Wüstenzuges soll offensichtlich dessen nahes Ende signalisieren.

Doch als ob sie nichts gelernt hätten, rebellieren die Israeliten erneut in Kadesch gegen Mose und Aaron und murren über ihre mühselige Wüstenexistenz, die ihnen nicht einmal Trinkwasser gibt. Daraufhin erhalten Mose und Aaron nach ihrer Fürbitte von Gott die Anweisung, den Stab zu nehmen und in Gegenwart der versammelten Gemeinde „dem" Felsen zu befehlen, den Israeliten und ihren Tieren Wasser zu geben.

Doch Moses fragt zunächst die Israeliten, ob Aaron und er aus diesem Felsen Wasser fließen lassen können. Dann schlägt er – wie der Erzähler nachdrücklich betont – zweimal mit seinem Stab gegen den Felsen und vertraut damit nicht ausschließlich auf Gottes wirksames Wort. Wegen ihres fehlenden Vertrauens und ihrer verweigerten Zeugenschaft für Gott wird Mose und Aaron der Auftrag entzogen, Israel in das verheißene Land zu führen (Num 20,12).

Aarons Tod, Beginn der Landnahme (Num 20,13–21,35)

Nach einem weiteren Umweg, den das Volk Israel machen muss, weil es nicht durch das Gebiet Edoms ziehen darf, kommt es zum Berg Hor, an dem Aaron stirbt. Nach der dreißigtägigen Trauerzeit wird die Gemeinschaft Israels in einen Kampf mit Arad, dem König der Kanaaniter, verwickelt, aus dem es siegreich hervorgeht (Num 20,13–21,3). Dennoch ist das Volk unzufrieden und beklagt sich. Zur Strafe schickt Gott Feuerschlangen, deren Biss tödlich ist. Die Gebissenen können jedoch durch den Anblick einer bronzenen Feuerschlange gerettet werden, die Mose auf Gottes Geheiß hin anfertigen und an einer Stange befestigen soll (Num 21,4–9).

Die Landnahme vollzieht sich zunächst im Ostjordanland, in dem Israel von Süden nach Norden zieht, verschiedene Gebiete durchquert, immer wieder in Kämpfe verwickelt wird und Land in Besitz nimmt.

Bileam (Num 22–24)

Die Geschichte von Bileam, dem einzigen außerbiblischen Propheten im Alten Testament, gehört zu den bekannteren des Buches Numeri. Bileam ist ein Seher, dessen prophetische Fähigkeiten weithin berühmt sind, sodass ihm Balak, der König Moabs, durch Boten den Auftrag erteilt, die Gemeinschaft Israels zu verfluchen. In nächtlicher Rücksprache mit Gott erfährt Bileam, dass das Volk Israel gesegnet ist und er es schlechterdings nicht verfluchen kann. Daher schickt Bileam die Boten fort. Nachdem Balak ein zweites Mal Boten sendet und Bileam größere Geschenke verspricht, lässt ihn Gott nach Moab ziehen unter der Bedingung, nur zu tun, was Gott ihm sagt. Bileam erreicht Moab nach einigen Unterbrechungen (Num 22,22–35). Balak bittet Bileam insgesamt dreimal, Israel zu verfluchen – und dreimal legt Gott Bileam Segen für Israel in den Mund. Schließlich kehrt Bileam in seine Heimat zurück (Num 22,36–24,25).

Die judäische Wüste. Das verheißene Land rückt näher.

Gefahr des Götzendienstes (Num 25)

Die Nähe zu Moab birgt für das Volk Israel die Gefahr, fremde Götter anzubeten. Gott verhängt eine Plage und gebietet, diejenigen Israeliten zu töten, die trotz Gottes Gebotes zu seiner Alleinverehrung auch dem moabitischen Gott Baal-Pegor anhängen. Der Priester Pinhas, ein Enkel Aarons, befolgt Gottes Anweisung, und Gott schließt mit ihm und seinen Nachkommen einen Friedensbund.

Zählungen (Num 26,1–27,11)

Die Zeit der Wüstenwanderung neigt sich dem Ende zu, und das verheißene Land wird aus einer fernen Utopie zu einem konkreten Ziel. Darum lässt Mose durch den Priester Eleasar, Aarons Sohn und Nachfolger, alle über zwanzig Jahre alten Israeliten zählen, um festzulegen, wer welchen Anteil am Land erhalten soll.

Josua (Num 27,12–23)

Vor seinem Tod darf Mose das verheißene Land vom Abarimgebirge aus zwar anschauen, aber sein Volk nicht dort hineinführen. Auf Gottes Geheiß hin ernennt Mose einen Nachfolger. Josua, der Sohn Nuns, wird von Gott erwählt, Nachfolger des Mose zu werden. Mose legt Josua die Hand auf, und ein Teil von der „Würde" (hebr. הוֹד *hod*) des Mose geht auf Josua über. Mose war einzigartig, was daran zu erkennen ist, dass er mit Gott von Angesicht zu Angesicht reden durfte (Ex 33,11), während Josua die Entscheidungen Gottes durch den Priester Eleasar übermittelt bekommt, der dafür das Los werfen muss.

Bestimmungen über Opfer, Festzeiten und Gelübde (Num 28–31)

Die folgenden Kapitel stellen gewissermaßen eine Zusammenfassung der von Gott an Mose übermittelten sinaitischen Bestimmungen über Opfer und Feste dar (Lev 1–7; 23). Es wird aufgeführt, zu welchen Tageszeiten welches Opfer erbracht werden soll. Ebenso werden die Zeiten und die Ordnungen der Feste dargelegt. Sowohl Opfer als auch Feste dienen der Erinnerung an den Bund Gottes mit Israel und gewährleisten den Fortbestand der Welt und ihrer von Gott gesetzten Ordnung. Doch Israel steht vor der Gefahr, fremden Göttern und Götzen zu verfallen. Die Einhaltung der Ordnungen stellt einen Schutz gegen diese Gefahr dar.

Die Regelungen zu den vor Gott abgelegten Gelübde versuchen einerseits, deren Einhaltung abzusichern und andererseits z. B. durch Widerspruchsmöglichkeiten von Vätern, Ehemännern und Ehefrauen, Konflikte zu vermeiden.

Krieg gegen die Midianiter (Num 31)

Midian ist ein großer Landstrich südöstlich des Toten Meeres. Mose bekommt den Auftrag, gegen die Midianiter in den Krieg zu ziehen. Israel führt gegen die fünf Könige der Midianiter Krieg und besiegt sie. Die Krieg führenden Männer werden getötet, die Frauen werden gefangen genommen. Da aber gerade die Frauen der Midianiter für den Abfall Israels von Gott verantwortlich gemacht werden, sollen auch diese – mit Ausnahme von kleinen Mädchen – auf Gottes Geheiß hin getötet werden. Wie wichtig die Unterscheidung zwischen dem Gott Israels und den Götzen der Midianiter ist, zeigt sich daran, dass unter anderem sogar alle Soldaten, die auf Israels Seite gegen die Midianiter gekämpft haben, für sieben Tage als unrein gelten. Ebenso gilt, dass sämtliche Beute in Wasser oder Feuer rein gemacht werden muss. In Num 31 wird ein von Großmächten grausam misshandeltes Israel beschrieben. Es wird eine altorientalische Kriegswirklichkeit geschildert, der bereits in Israel selbst im Namen Gottes widersprochen worden ist (vgl. u. a. Jes 2,4, Mi 4,3–4).

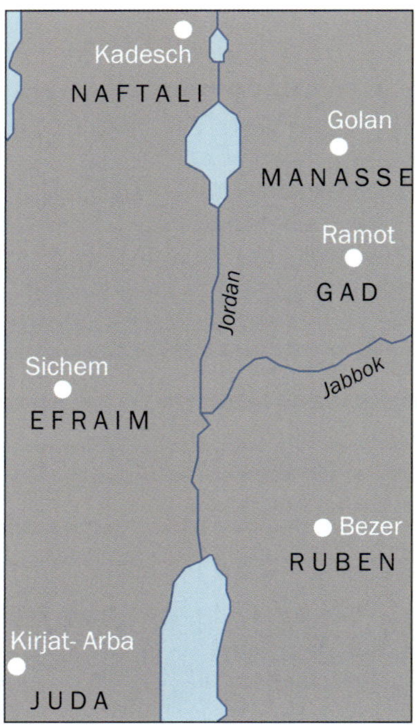

Karte der sechs Asylstädte nach Num 35

Die Zuteilung des Landes wird konkret (Num 32–35)

Der Auszug ist vollendet, und die Landnahme steht bevor. Da Israel bereits Krieg geführt und Land in Besitz genommen hat, ist die Gefahr groß, dass sich einzelne Stämme nicht mehr an der Landnahme beteiligen wollen. In Num 32 verhandeln die Vorsteher der Stämme Ruben und Gad mit Mose darüber, ob sie das bereits eingenommene Land Gilead in ihren Besitz nehmen dürfen. Sie begründen ihren Wunsch damit, dass gerade Gad und Ruben viel Vieh besitzen und Gilead große Weideflächen bietet. Ihnen wird das Land unter der Voraussetzung zugestanden, dass sie sich auch am Abschluss der Landnahme beteiligen und sich nicht auf den bisherigen Ergebnissen des Krieges aller Stämme Israels ausruhen. Während Num 33,1–49 als eine geografische Chronik der Wanderung Israels vom Auszug aus Ägypten bis in das Land Moab gelesen werden kann, wird von Num 33,50 bis 34,29 wiederum das Land an die einzelnen Stämme verteilt.

Num 35 weist dem Stamm Levi, der aufgrund des Dienstes am Zelt der Begegnung nicht an Kriegen teilnimmt, 48 Städte im verheißenen Land zu, darunter sechs *Asylstädte* für alle, die ohne Vorsatz einen Menschen getötet hatten. Da Gott das Leben will, soll auf diese Weise unkontrollierte Blutrache verhindert werden: Erst nach der gerichtlich bewiesenen Tötungsabsicht wird das entsprechende Urteil gesprochen und vollzogen.

Erbrecht (Num 36)

Das Buch Numeri schließt mit Bestimmungen ab, die sicherstellen sollen, dass nicht durch Heirat und Erbrecht ein Stamm Land dazugewinnt, das einem anderen Stamm verheißen worden war. Die Regelung sieht deshalb vor, dass nur Männer und Frauen innerhalb desselben Stammes heiraten dürfen.

5. Buch Mose (Deuteronomium) – Das Land ist zum Greifen nahe

Am Ende der Wüstenwanderung Israels begründet Mose – wie in einem Vermächtnis – noch einmal Gottes Sinai-Gebote als grundlegende Weisungen für ein gelingendes Leben im Gelobten Land.

Kurz vor dem Einzug ins Land wird die Zeit angehalten. So erzählt das 5. Buch Mose die Ereignisse des letzten Tages vor der Landgabe und gleichzeitig den letzten Tag im Leben Moses. In der heute vorliegenden Fassung ist der Text als Abschiedsrede Moses gestaltet, in der auch denen, die den Exodus und die Wüstenwanderung nicht miterlebt haben, die Geschichte des frühen Israels nacherlebbar gemacht wird.

Beim Übergang von der Wüste zum fruchtbaren Land begründet und kommentiert Mose wie ein rabbinischer Tora-Lehrer die in Exodus und Numeri vorgegebenen Gesetze noch einmal aus der bisherigen Rettungsgeschichte Israels heraus und verpflichtet deshalb Gottes Bundesvolk auf das Erlernen und Tun der Tora.

Diese Absicht hält der Name „Deuteronomium", „zweites Gesetz", fest. Er verweist darauf, dass viele Vorschriften aus den vorangegangenen Büchern wiederholt, z. T. angepasst und ausgelegt werden. Die Zehn Gebote beispielsweise erscheinen in Dtn 5 ein zweites Mal (vgl. Ex 20).

Weitere zentrale Texte sind das „Höre Israel!" in Dtn 6 oder das sog. kleine geschichtliche Credo in Dtn 26,5-9, das sich wie ein kurzes Glaubensbekenntnis der Nachkommen Israels liest.

Die Bestimmungen des Buches Deuteronomium zielen darauf ab, die Freiheit, die Israel durch die Herausführung aus Ägypten durch Gott erfahren hat, auch im verheißenen Land zu bewahren. Deswegen ist es wichtig, soziale Ungerechtigkeiten zu vermeiden, den Benachteiligten (Witwen, Waisen und Fremden) Rechtsschutz zu gewähren und den Gott der Freiheit nicht in ein männliches oder weibliches Bild zu pressen (Dtn 4,16).

Das 5. Buch Mose ist wie eine russische Puppe aufgebaut, die einen Kern und mehrere Schalen hat: Um die Weisungen in Dtn 12–26, dem sog. Ur-Deuteronomium, legen sich die Einleitungsreden in Dtn 1–11 und die Schlussreden in Dtn 27–30. In Dtn 31–34 folgen das sog. Moselied und der Mosesegen, bevor Moses Tod erzählt wird. Damit ergibt sich als Gliederung:

- Einleitungsrede mit Rückblick auf die bisherige Geschichte Israels und seine Erwählung durch Gottes Liebe und Weisungen (Dtn 1–11);
- Mittelteil des Buches mit der Tora, den Weisungen (Dtn 12–26);
- Schlussreden mit Segen und Fluch, Bundesschluss und Umkehrruf (Dtn 27–30);
- Schlussteil: Moselied, Mosesegen, Tod des Mose, Josua als Nachfolger (Dtn 31–34).

Eine besondere Rolle hat das Buch Deuteronomium offenbar für die kultischen Reformen Joschijas 622 v. Chr. gespielt (vgl. 2 Kön 22f.). Hier kam vor allem das Anliegen des Buches Deuteronomium zum Tragen, die exklusive Verehrung Gottes durch das auserwählte Volk an nicht mehr als einem Ort durchzusetzen.

Das Dtn ist vermutlich zwischen dem 8. und 5. Jh. v. Chr. entstanden.

Ort und Zeit der Rede und des Aufbruchs (Dtn 1,1–18)

Die umfangreiche Überschrift markiert das Buch als Rede des Mose an die Nachkommen Israels. Ort und Zeit werden genau angegeben, wobei der aus den früheren Texten bekannte Sinai nun „Horeb" („Wüstenberg") genannt wird.

Mose mahnt zum Aufbruch in das Land und erinnert an die Verheißungen, die Gott mit diesem Land verbunden hat.

Israels Murren in Kadesch Barnea (Dtn 1,19–46)

Mose erzählt und interpretiert die sog. Kundschafter-Erzählung gegenüber Num 13–14 auf neue Weise, indem er sie als Sündengeschichte lesbar macht. Spätere Lesende hören hier die Klage über das Verhalten Israels vor dem Untergang des Landes im 6. Jh. heraus.

Der friedliche Weg ins Ostjordanland (Dtn 2,1–23)

Auf dem Umweg über das Ostjordanland zieht Israel los ins Gelobte Land. Die Gebiete der Brüdervölker Edom, Moab und Ammon werden friedlich durchzogen.

Die Auseinandersetzung mit Sihon und Og (Dtn 2,24–3,7)

Im Kontrast zum friedlichen Zug durch das Ostjordanland werden die Reiche Sihon und Og vernichtend geschlagen. Es ist wichtig, darauf hinzuweisen, dass diese literarischen Geschichten keine historischen Berichte aus der Frühzeit Israels sind. Zudem ist äußerst unklar, ob der Vernichtungsbann gegen die unterlegenen Gegner in dieser Weise durchgeführt wurde. Deswegen eignet sich diese Erzählung auch nicht dazu, kriegerische Gewalt zu legitimieren.

Die Verteilung des Ostjordanlandes (Dtn 3,8–29)

Das eroberte Land wird von den Stämmen Ruben, Gad und Manasse besiedelt. Diese Erzählung gibt Anlass für die Vermutung, dass Dtn 3 erklären soll, warum es im Ostjordanland Stämme Israels gibt, obwohl eigentlich das Westjordanland verheißen wurde.

Mose, der sich immer wieder als solidarisch mit dem Volk Israel gezeigt hat, soll den Einzug ins Land nicht mehr erleben.

„Höre die Bestimmungen!" (Dtn 4,1–43)

Mose fordert Israel auf, die Gesetze und Rechtsvorschriften zu hören, mit denen Gott ein Leben im Land möglich macht. Weil Gott am Horeb nicht sichtbar war, wird davor

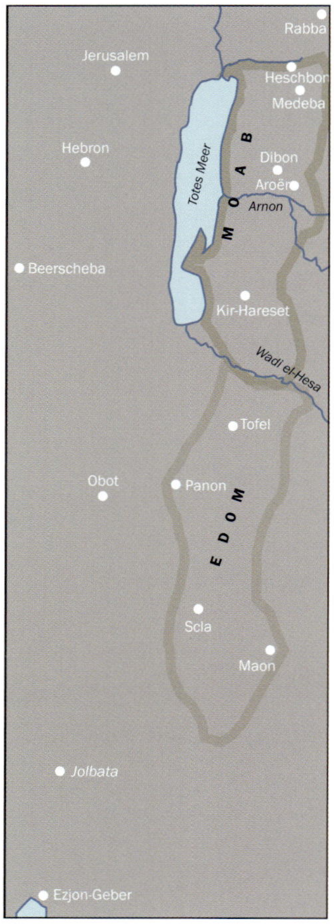

Siedlungsgebiete von Moab und Edom

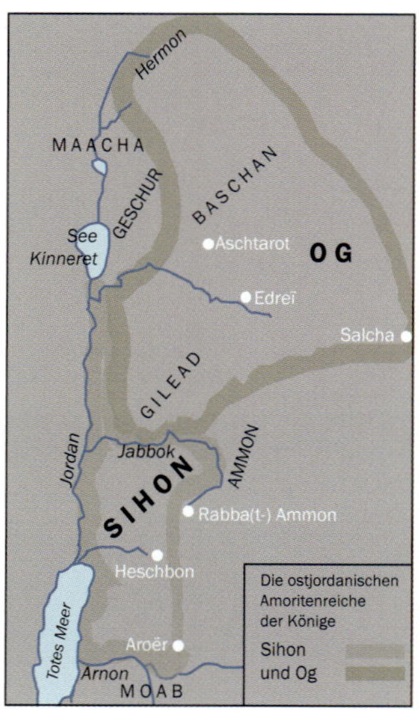

Die Reiche Sihon und Og

gewarnt, sich ein männliches oder weibliches Bild von ihm zu machen, das etwa einer Statue oder einem Tier gleicht. Nur wenn sich Israel im Land an die Lebensgebote und an den Gott hält, der sein Volk ins Land führen will, wird es in diesem Land bleiben können.

In diesem Land sollen Menschen Asyl erhalten, wenn sie z. B. jemanden unbeabsichtigt zu Tode gebracht haben.

Mose übermittelt die Zehn Gebote (Dtn 4,44–6,3)

Die Verkündigung der Weisungen, die bis Dtn 28 reicht, beginnt nach einer Angabe von Zeit und Ort damit, dass Mose Israel an den Horeb-Bund erinnert und noch einmal die Zehn Gebote nennt, die hier z. T. etwas anders gefasst werden (vgl. Ex 20).

„Höre, Israel!" (Dtn 6,4–25)

Israel wird aufgefordert, seinen einen Gott mit ganzem Herzen und ganzer Kraft zu lieben und diesen Glauben an die nachfolgenden Generationen weiterzugeben.

Israel und die Völker des Landes (Dtn 7)

Israel soll sich nicht mit den Völkern im Lande vermischen, sondern den Bann an ihnen vollstrecken. Historisch ist unklar, was damit gemeint ist. Dass Israel sich nicht an den Völkern bereichern soll, zeigt an, dass es nicht um einen Kriegs- und Beutezug geht. Vielleicht ist die soziale Trennung von den Fremdvölkern gemeint.

Israels Reichtum (Dtn 8)

Israel geht den Weg vom Hunger in die Fülle und soll erkennen, dass es nicht vom Brot allein, sondern vom Wort jenes Gottes lebt (8,3), der Israel in ein reiches und fruchtbares Land führt.

Gott gehört das Land (Dtn 9,1–7)

Weil das Land Eigentum Gottes ist, kann Israel es nicht aus eigenem Recht in Besitz nehmen.

Erinnerung an Israels Untreue (Dtn 9,8–10,11)

Mose erinnert noch an den Bruch des Bundes am Sinai, jetzt Horeb, als Israel sich mit einem Stierbild einen fremden Gott machte und Gott dennoch den Bund mit seinem Volk erneuerte.

Gottes Segen für Israel (Dtn 10,11–11,32)

Jede Generation muss wieder daran erinnert werden, was Gott mit der Herausführung aus Ägypten für Israel getan hat. Die Gesetze sind Israel zum Segen vorgelegt – einen Fluch würde es bedeuten, sie nicht zu halten. Die Menschen haben die Wahl.

Nur eine Kultstätte! (Dtn 12)

Der Mittelteil des Buches Dtn in den Kapiteln 12–26 beginnt mit der Aufforderung Gottes, den Kult an einer Stätte zu konzentrieren und alle anderen, fremden Opferstätten aufzugeben. Im Erzählkontext liest sich das wie die Aufforderung, die Kultstätten der Völker im Land zu zerstören. Im historischen Kontext des 7. Jh.s ist damit aber wahrscheinlich gemeint, dass die als ausufernd empfundenen Kulte Israels an den verschiedenen Orten zugunsten einer zentralen Stätte, nämlich Jerusalem, aufgegeben werden sollen (die sog. Kultzentralisation durch die Reform Joschijas 622 v. Chr.). Die nun „arbeitslos" gewordenen landlosen Leviten der zahlreichen Kultstätten sollen weiter unterstützt werden. Damit auch an den früheren Kultorten weiter Fleisch gegessen werden kann, muss neben dem Opfer die profane Schlachtung eingeführt werden. In keinem Fall darf das Blut genossen werden, weil in ihm die Lebenskraft ist (Dtn 12,23) und Blut nach Gottes Willen durch das Leben Sühne schafft (Lev 17,11).

Umgang mit Anstiftern zur Untreue (Dtn 13)

Wie gefährlich die Anstiftung zum Abfall von Gott angesehen wird, machen die Vorschriften für drei verschiedene Fälle (Propheten und Traumdeuter, Verwandte, Mitbürger) deutlich, bei denen die Verführer mit dem Tod bestraft werden sollen.

Keine Gebräuche anderer Völker (Dtn 14)

Israel soll (z. B. die Trauergebräuche der (kanaanäischen) Völker meiden und an den Weisungen Gottes hinsichtlich der reinen und unreinen Speisen (vgl. Lev 11) festhalten.

Um Gott zu danken, soll in jedem Jahr der zehnte Teil zunächst der Ernte, dann aber auch der Erstlinge des Viehs am Heiligtum abgegeben werden. Da der Zehnte auch in Silber umgetauscht und abgeliefert werden kann, bedeutet dies, wirtschaftsgeschichtlich gesehen, den Anfang einer Tempelsteuer mit Geldmitteln.

In jedem dritten Jahr soll der Zehnte an die sonst unversorgten Leviten, Fremden, Witwen und Waisen

Sabbat

Zu den Zehn Geboten in Ex 20 und Dtn 5 gehört auch die Weisung, den „Sabbat" zu wahren.

Dieses Gebot gewann vor allem in der Zeit nach dem babylonischen Exil an Bedeutung. Während der Königszeit war der Tempel in Jerusalem der zentrale Bezugspunkt für das religiöse Denken und Handeln der Kinder Israels. Nach seiner Zerstörung und während des Exils aber entfiel dieses räumliche Zentrum für die Orientierung auf Gott, sodass andere Formen der Identitätsbildung gefunden werden mussten. Der Sabbat als der Ruhetag, an dem die Israeliten keine profane Arbeit verrichten sollten, entspricht gewissermaßen dem Tempel, der in die Dimension der Zeit versetzt wurde.

Mit Verweis auf das schöpferische Handeln Gottes in Gen 2,1–4 ist der siebente Tag ein heiliger Tag, der sich von den anderen, den profanen, also nicht heiligen Arbeitstagen, unterscheiden soll. Wahrscheinlich hat das Wort Sabbat eine Verbindung zum hebräischen Verb *schavat*, שׁבת, das „aufhören" bedeutet.

Dieser Anspruch, den siebten Tag zu heiligen, wird durch die Erzählung Israels in der Wüste in Ex 16 untermauert, in der die Israeliten am Freitag die doppelte Menge Manna sammeln sollen, damit sie am Samstag, dem Sabbattag, auch ohne Arbeit genug zu Essen haben.

Die Bedeutung des Sabbats für die religiöse Identifikation Israels ist so groß, dass ein eigenes Gebot, das vierte der Zehn Gebote, in Ex 20 und Dtn 5 zum Halten des Sabbats aufruft. Die Würde des Sabbattages hat auch einen universellen Charakter. Ex 20,10 weitet das Gebot ausdrücklich auf all jene aus, die bei den Israeliten leben. Auch Sklavinnen und Sklaven bezieht das Gebot mit ein.

Die entschiedene Heiligung des siebenten Tages der Woche schlägt sich auch auf weitere Gebote im Pentateuch nieder. So soll für jedes Feld und jeden Weinberg das siebente Jahr als ein sogenanntes Sabbatjahr gelten, in dem weder Feld noch Weinberg bearbeitet werden dürfen.

Der Sabbat hat neben den biblischen Vorgaben in der Zeit des rabbinischen Judentums nach der Zerstörung des zweiten Tempels schärfere Konturen und einen detaillierten Ablauf bekommen. Gemäß der Zeiteinteilung der Schöpfungsgeschichte, in der zuerst der Abend, dann der Morgen kommt, beginnt der Sabbat am Freitagabend und endet am Samstagabend. Der Rückbezug auf Gottes befreiendes Handeln ist am Sabbat stets gegenwärtig. Weil Gott die Kinder Israels aus der ägyptischen Sklaverei geführt hat, wird am Sabbat kein Unterschied zwischen freien Menschen und Sklaven gemacht: An diesem einen Tage sollen alle Menschen von ihrer „Sklaven"-Arbeit befreit werden und schon so leben, wie Gott sie nach seinem Ebenbild erschaffen hat – als freie Königskinder (vgl. Gen 1,26–27). So gibt der Sabbat bereits einen Ausblick auf die Zeit am Ende der Tage, wenn alle Menschen gleichwertig vor Gott treten und ihre Unterschiede in der Welt keine Rolle mehr spielen.

gegeben werden. Damit wurde hier viele hundert Jahre vor der Erfindung der Sozialversicherung ein System zur grundlegenden Versorgung von ökonomisch Benachteiligten eingerichtet.

Hilfen für Verschuldete (Dtn 15)

So wie die Schöpfung an jedem siebten Tag ruhen soll, so sollen die Menschen in Israel alle sieben Jahre die Schulden erlassen. Davon werden Menschen außerhalb von Israel ausgenommen.

Zur Freigebigkeit wird aufgefordert, wenn ein Mensch in Israel kurz vor dem Erlassjahr um einen Kredit bittet.

Im siebten Jahr soll man auch seine israelitischen Sklavinnen und Sklaven frei lassen, die sich selbst verknechtet haben, und ihnen als Lohn ein Startkapital mitgeben. Möchte der Sklave oder die Sklavin jedoch nicht gehen, kann er oder sie sich auch unbefristet weiter verpflichten.

Israels Feste (Dtn 16,1–17)

Nach Ex 23f. erscheint hier ein zweiter Festkalender, der das Mazzenfest mit Elementen des Paschafestes zu einem Frühlingsfest verbindet und das Wochen- sowie das Laubhüttenfest beschreibt (Schawuot und Sukkot).

Dreimal, nämlich zu jedem der drei Feste im Jahr, sollen die Menschen in Israel mit ihren Gaben zu dem zentralen Kultort kommen.

Israels Verfassung (Dtn 16,18–18,22)

Im Folgenden werden die Ämter eingesetzt und wichtige kultische Gesetze genannt bzw. wiederholt:

- Zur *Rechtsprechung* und zur *Verwaltung* sollen Fachleute eingesetzt werden, die das Recht nicht beugen und sich nicht bestechen lassen (Dtn 16,18–20).
- Der *Kult* soll nach dem Willen Gottes gefeiert werden, indem keine Symbole von Fremdgöttern

Israels Glaubensbekenntnis

Die Tefillin, auch Gebetsriemen genannt, werden von Juden zum Morgengebet getragen.

Bis zum heutigen Tage gilt der Text in Dtn 6,4 als *das* jüdische Glaubensbekenntnis. Der erste Vers enthält wie die meisten anderen Texte der Tora den Eigennamen Gottes (vgl. zu Ex 3), JHWH, hebr. יהוה, im Folgenden mit Adonaj („meine Herrschaften") wiedergegeben: „Höre, Israel, Adonaj, unser Gott, Adonaj ist einzig", oder: „Höre, Israel, Adonaj ist unser Gott, Adonaj allein." Nur dieser Gott soll verehrt und geliebt werden. Deswegen soll man sich seine Weisungen so gut merken, als seien sie direkt ins Herz eingeschrieben. Dafür ist es nötig, seine Worte und Gebote ständig zu wiederholen und den Kindern, Söhnen und Töchtern, zu lehren.

Auf Dtn 6,8f. geht die jüdische Tradition zurück, mit einem Lederband den ersten Buchstaben des „Höre Israel" (hebr. שְׁמַע יִשְׂרָאֵל, *sch^{e}ma jisrael*) auf die Hand und einen kleinen Kasten mit diesem Text an die Stirn zu binden (die Tefillin). Ein jüdisches Haus erkennt man heute noch daran, dass sich am Türpfosten eine Mesusa befindet, ein kleiner länglicher Kasten, der ebenfalls diesen Text enthält. In der NS-Zeit gab es einige Menschen, die eine solche Mesusa neben ihrer Tür befestigten, um Jüdinnen und Juden ihre Hilfe anzubieten.

benutzt und keine fehlerhaften Opfertiere verwendet werden (Dtn 16,21–17,1).
- In Fällen von Götzendienst durch die Anbetung von Gestirnen darf eine *Verurteilung* nur aufgrund von zwei oder drei Zeugen erfolgen (Dtn 17,2–7).
- Bei Mord, Eigentumsdelikten oder Körperverletzung soll die Verhandlung besser nicht im Ortsgericht, sondern im *Zentralgericht* stattfinden (Dtn 17,8–13).
- Ein von Gott ausgewählter *König* aus dem Volk soll eingesetzt werden, der nicht zu viele Frauen und Pferde haben, sondern vor allem die Weisungen Gottes studieren soll (Dtn 17,14–20).
- Die *Priester* sollen durch die Abgabe der Erstlinge und andere Opfertarife versorgt und auch die Leviten sollen bedacht werden (Dtn 18,1–8).
- Hellseherei, Wahrsagerei, Totenbeschwörung oder andere Formen von *Magie* soll es nicht geben (Dtn 18,9–22).

Asylgesetze (Dtn 19)

Um willkürliche Blutrache zu vermeiden, sollen drei zentral gelegene Asylstädte eingerichtet werden, in die sich nichtvorsätzliche Totschläger retten können. Mörder erhalten kein Asyl. Die mögliche Vorsätzlichkeit einer Tötung untersucht ein Ältestengericht.

Einzelgesetze (Dtn 19,14–21)

Grenzen dürfen nicht verrückt werden. Es muss mindestens *zwei oder drei Belastungszeugen* für eine Verurteilung geben. Macht jemand eine belastende *Falschaussage*, so soll ihm das geschehen, was dem zu Unrecht Belasteten bei einer Verurteilung geschehen wäre.

Kriegsgesetze (Dtn 20)

Vom Kriegsdienst wird ausgenommen, wer gerade ein Haus gebaut, einen Weinberg angelegt, sich verlobt hat oder unter zu großer Angst vor dem Krieg leidet.

Wenn eine Stadt angegriffen wird, soll ihr zunächst der Frieden, d. h. die Kapitulation, angeboten werden. Wird dies abgelehnt, sollen bei der Eroberung Frauen und Kinder nicht getötet, sondern als Beute betrachtet werden. An den Fremdvölkern im Lande soll allerdings generell der Vernichtungsbann vollstreckt werden. Dies hat Israel wohl öfter am eigenen Leib erlebt als selbst durchgeführt.

Im Krieg soll man keine verbrannte Erde zurücklassen, sondern die Bäume schonen.

Weitere Einzelgesetze (Dtn 21–26)

- Wird ein von einem unbekannten Täter *Ermordeter* gefunden, so bringen die Ältesten, die jetzt gleichberechtigt neben den Richtern erscheinen, ein Sühneritual dar (Dtn 21,1–9).
- Verliebt sich jemand in eine *Kriegsgefangene*, so muss sie ein Jahr Zeit haben, um ihre Verwandten zu betrauern, danach darf man sie heiraten (Dtn 21,10–14).
- Das *Erstgeborenenrecht* darf nicht wegen größerer Zuneigung zu einem anderen Sohn entzogen werden (Dtn 21,15–17).

- Ein *trinkender, verschwenderischer Sohn,* der noch bei seinen Eltern lebt und diese nicht achtet, darf nicht eigenmächtig von diesen bestraft, sondern muss von den Ältesten im Tor verurteilt und ggf. von den Männern des Ortes gesteinigt werden (Dtn 21,18–21).
- Ein *Hingerichteter* soll noch am selben Tag beerdigt werden (Dtn 21,22f.).
- Wer das Tier oder Gewand eines Nächsten *findet,* soll alles bis zur Rückgabe sicher verwahren (Dtn 22,1–3).
- Eine Frau soll nicht die *Kleider* eines Mannes tragen und umgekehrt, wobei nicht gesagt wird, was Frauen- und Männerkleider jeweils ausmacht. An Transvestismus wird man hier noch nicht gedacht haben (Dtn 22,5).
- *Vogelnester* dürfen zum Schutz des Lebens nicht ausgehoben werden (Dtn 22,6f.).
- Beim *Hausbau* ist mit einer Brüstung das Leben der Menschen zu schützen (Dtn 22,8).
- *Vermischungen* sollen vermieden werden, durch andere Pflanzen im Weinberg, Ochse und Esel vor dem Pflug oder Mischgewebe aus Wolle und Flachs (Dtn 22,9–11).
- An allen vier Zipfeln des Gewandes soll man *Schaufäden,* sog. Quasten, befestigen (Dtn 22,12).
- Der Ehebruch ist ein todeswürdiges Verbrechen, deswegen wird *falsche Ehebruchsanschuldigung* gleichermaßen unter Strafe gestellt (Dtn 22,13–21).
- *Bricht ein Mann in die Ehe* eines anderen ein, indem er mit dessen Frau schläft, sollen beide Ehebrecher sterben (Dtn 22,22).
- Das gilt auch für den *Beischlaf* eines Mannes mit einer verlobten Frau *in der Stadt,* wenn diese nicht geschrien hat. Anders *auf dem Feld,* hier gilt dies als mögliche Vergewaltigung, weil niemand ihre Schreie gehört hätte. Dann muss nur der Mann sterben (Dtn 22,23–27).

Tontafel mit rechtlichen Verfügungen, Syrien, 17.–13. Jh. v. Chr.

- Schläft ein Mann mit einer Frau, *die noch nicht verlobt ist,* so soll er ihrem Vater 50 Schekel Silber bezahlen und sie heiraten. Er darf sie ihr Leben lang nicht verstoßen (Dtn 22,28.29).
- Ein Mann darf nicht die *Frau seines Vaters* heiraten (Dtn 23,1).
- Kein Mann, der einen zerquetschten Hoden hat oder dessen Glied abgeschnitten worden ist, darf der *Versammlung Gottes* beiwohnen (Dtn 23,2).
- Ebenso wenig darf jemand in die Versammlung Gottes kommen, dessen Geschlecht nicht bestimmbar ist. Auch seinen *Nachkommen* bis in die zehnte Generation ist der Eintritt in die Versammlung Gottes verwehrt (Dtn 23,3).
- Dasselbe gilt für *Ammoniter und Moabiter,* weil diese Israel auf seiner Wüstenwanderung keine Hilfe geleistet haben (Dtn 23,4–7).
- Anderes gilt für *Edomiter und Ägypter,* weil Israel in Ägypten Gast gewesen ist: Nachkommen ab der drit-

Sklaverei im Alten Israel – Israel als Sklave

Ein Sklave oder eine Sklavin ist eine Person, die einem anderen Menschen gehört und in ihre Verfügungsgewalt gegeben ist. Im Einzelnen bedeutet das, dass die Arbeitsergebnisse, aber auch die Kinder von Sklavinnen und Sklaven ihren Herrinnen und Herren gehören, dass Sklavinnen und Sklaven verschiedenen Formen der Gewalt ausgesetzt sind und auch sexuell ausgebeutet werden können. Die größte Angst der Menschen war es, etwa durch Verarmung oder durch Krieg in Sklaverei zu geraten. Die größte Hoffnung der Sklavinnen und Sklaven war es, dieser Sklaverei zu entrinnen.

Die Bestimmungen der Tora, die sich im Wesentlichen an freie Männer richten, zielen darauf ab, die Sklaverei abzumildern und die Lebensbedingungen der Sklavinnen und Sklaven zu verbessern. Durch die Abgabe von 10 Prozent des Einkommens an Witwen, Waisen und Arme wird eine gewisse Sicherung dieser Menschen angestrebt. Im Sabbatjahr sollen die Schulden erlassen und nach sechs Jahren sollen israelitische Sklavinnen und Sklaven mit einer Grundausstattung zum Leben freigelassen werden (Dtn 15,1–11; Ex 21,2–6; Dtn 15,12–15). Sklavinnen und Sklaven sind Personen und müssen bei Schädigungen durch körperliche Gewalt freigelassen werden (Ex 21, 26–27).

Israel hat sich stets daran erinnert, dass es als Volk in Ägypten versklavt worden war. Wenn das Volk Israel oder einzelne Menschen aus diesem Volk als „Sklave Gottes" oder „Knecht Gottes" bezeichnet werden (vgl. etwa Jes 42,1), dann ist dies ein Bekenntnis zur Bindung an Gott.

ten Generation dürfen an der Versammlung Gottes teilnehmen (Dtn 23,8.9).

- Auch im *Kriegslager* gelten die Reinheitsvorschriften. Ist ein Soldat unrein geworden, so soll er das Lager bis zum Abend meiden. Er darf es schließlich wieder betreten, nachdem er sich rein gewaschen hat (Dtn 23,10–12).
- Da Gott auch im Kriegslager ist, soll es *heilig* sein. Wer austreten muss, soll dies außerhalb des Lagers tun und seine Exkremente mit einer Schaufel vergraben.
- Ein *Sklave*, der bei einem der Kinder Israels Zuflucht sucht, soll seinem Herrn nicht ausgeliefert werden (Dtn 23,16.17).
- Unter den Kindern Israels soll es keine *Tempelprostituierten* geben, weder männliche noch weibliche. Gott missfallen Gelder, die durch Prostitution verdient worden sind (Dtn 23,18.19).
- Untereinander dürfen die Kinder Israels allgemein keine *Zinsen* nehmen. Lediglich von Ausländern dürfen Zinsen genommen werden (Dtn 23,20–22).
- Wenn ein *Gelübde* ausgesprochen worden ist, so soll es auch gehalten werden (Dtn 23,22–24).
- Beim Durchqueren von fremden *Weinbergen* und *Kornfeldern* dürfen die Kinder Israels zwar Trauben essen und mit der Hand Ähren abreißen, nicht aber Erntewerkzeuge benutzen und Gefäße füllen (Dtn 23,25.26).
- Ein Mann, der sich *von seiner Frau getrennt* hat, darf sie nicht wieder zu sich nehmen, wenn sie zwischenzeitlich einen anderen Mann geheiratet hat, der sie wiederum verstoßen hat oder verstorben ist (Dtn 24,1–4).
- Ein *frisch verheirateter Mann* ist für ein Jahr vom Militärdienst freigestellt, um seine Frau glücklich zu machen (Dtn 24,5).
- Ein Mühlstein oder eine Handmühle darf nicht als Pfand genommen werden, da dem Schuldner so die *Lebensgrundlage* entzogen wird (Dtn 24,6).
- *Menschenraub* und *gewaltsame Versklavung* sind unter den Kindern Israels streng verboten. Wer sich dieser Verbrechen schuldig macht, soll sterben (Dtn 24,7).
- Besondere Beachtung fordert der *Aussatz*. Die Anweisungen des levitischen Priesters sollen genau eingehalten werden (Dtn 24,8.9).
- Wer etwas verliehen hat und ein *Pfand* fordert, soll es sich von seinem Schuldner geben lassen und nicht selbst aus dessen Haus holen. Sollte der Schuldner arm sein, so soll ihm sein Pfand zügig zurückgegeben werden (Dtn 24,10–13).
- Arbeitgeber sollen ihren *Tagelöhnern* deren Lohn nicht vorenthalten und die Bezahlung nicht hinausschieben (Dtn 24,14.15).
- *Eltern* sollen für die Schuld der *Kinder* nicht verantwortlich gemacht werden, ebenso wenig wie die Kinder für die Schuld der Eltern (Dtn 24,16).
- Das Recht von *Witwen, Waisen* und *Fremden* soll in Erinnerung an Israels früheres Versklavtsein in Ägypten nicht gebeugt werden (Dtn 24,17–18).
- *Felder, Ölbäume* oder *Weinberge* sollen in Erinnerung an Israels früheres Versklavtsein in Ägypten nicht komplett abgeerntet werden, damit immer noch etwas für Fremde, Witwen und Waisen übrig bleibt (Dtn 24,19–22).
- Die Prügelstrafe darf 40 Schläge nicht überschreiten (Dtn 25,1–3).
- Einem arbeitenden Ochsen soll das Maul nicht verbunden werden (Dtn 25,4).
- Stirbt ein Mann, so soll seine Ehefrau zunächst ihren *Schwager* heiraten. Haben die beiden Kinder, dann soll der erste Sohn als Sohn des Verstorbenen gelten, damit dessen Name nicht ausstirbt. Sollte sich der Bruder weigern, seine Schwägerin zu heiraten, und lässt er sich auch nicht vom Rat der Ältesten umstimmen, so gilt sein Haus als Haus der Schande (Dtn 25,5–10).
- Eine Frau soll bei einer Schlägerei zwischen ihrem und einem anderen Mann nicht die *Genitalien* seines Gegners ergreifen, um ihren Ehemann zu befreien. Ansonsten soll sie ihre Hand verlieren (Dtn 25,11.12).
- Dies ist eine im AT einmalige Körperverstümmelungsstrafe, die wohl Zeugungsfähigkeit und Tabubereich des Hodens besonders schützen sollte, der beim Schwören berührt wurde (vgl. Gen 24,2; 47,29).
- Niemand soll falsche *Maße* besitzen und sie gebrauchen, um andere zu betrügen (Dtn 25,13–16).
- Da *Amalek* Israel in der Wüste angegriffen hat, soll es ausgerottet werden, wenn die Landnahme vollendet ist (Dtn 25,17–19).

Darbringung der Erstlingsfrüchte und des Zehnten mit dem Bekenntnis zu Gott als Geber des Landes (Dtn 26)

Bei Darbringung der Erstlingsgabe soll jeder Israelit noch einmal vor Gott ausdrücklich dieses „kleine geschichtliche Glaubensbekenntnis" (s. Dtn 26,5–9) ablegen: von der Volkswerdung und Versklavung in Ägypten, der Befreiung durch Gott mit der anschließenden Landgabe. Auch seine Zehnt-Abgaben, sowohl für den Tempeldienst als auch für die Fremden, Witwen und Waisen, soll Israel aus dieser Perspektive heraus entrichten.

Die Reihe von Einzelgeboten schließt mit einer Bundesverpflichtung ab, dass diese auch alle „mit ganzem Herzen und mit ganzer Seele" einzuhalten seien (Dtn 26,16–19).

Regelungen für die Überquerung des Jordan (Dtn 27)

Sämtliche Gebote sollen nach der Überquerung des Jordan, d. h. nach dem Einzug in das Land, in dem Milch und Honig fließen, auf mit Kalk getünchte, aufgerichtete Steine geschrieben werden.

Während die Kinder Israels den Jordan überqueren, sollen sich Vertreter aus den sechs Stämmen Simeon, Levi, Juda, Issachar, Josef und Benjamin auf den Berg Garizim stellen, um das Volk zu segnen. Vertreter der Stämme Ruben, Gad, Ascher, Sebulon, Dan und Naftali sollen sich auf den Berg Ebal stellen, um die Feinde zu verfluchen.

Der Durchzug soll mit einem Wechselgesang zwischen den Leviten und dem Rest der Gemeinschaft Israels erfolgen, bei dem die Leviten grundlegende Verbote bestätigen und die Gemeinschaft Israels mit „Amen" antwortet.

Segen und Fluch (Dtn 28)

Eine ausführliche Formel beschreibt, wie sich der Segen Gottes auf diejenigen auswirkt, die Gottes Gebote einhalten (Dtn 28,1–14).

Dtn 28,15–68 wiederum zeigt, wie Gottes Fluch bei allen wirkt, die Gottes Gebote übertreten.

Der zusätzliche Moab-Bund (Dtn 29)

In Moab schließt Mose im Auftrage Gottes einen zusätzlichen Bund Israels mit Gott. Mose sieht schon vorher, wie Israels Verstöße besonders gegen das 1. und 2. Gebot das Exil nach sich ziehen wird. Doch angesichts der unbekannten Zukunft verweist Mose tröstend auf das, was Gott offenbart hat: die Beachtung seiner Tora.

Ausblick auf die Zukunft (Dtn 30)

Selbst wenn Israel unter andere Völker versprengt werden sollte und sich weit entfernt vom verheißenen Land aufhalten muss, so soll es sich doch an die Gebote Gottes erinnern und sie einhalten. Dann, so der Ausblick dieses Kapitels, wird sich Gott an sein Volk erinnern und es zurückbringen in das Land, das er ihm verheißen hat. Erneut wird daran erinnert, dass sich Segen oder Fluch an der Einhaltung der Gebote festmachen.

Auf der literarischen Ebene geht es hier um die Zukunft der Kinder Israels damals in der Wüste. Vor dem Hintergrund des Exils ab 586 v. Chr. deuten diese Texte die Katastrophe als Israels Bestrafung für seine Verstöße gegen Gebote Gottes und verheißen Israel einen Neuanfang durch erneutes Beachten der Weisung Gottes.

Ermahnungen des Mose, Verschriftlichung der Weisung (Dtn 31)

Moses Leben neigt sich dem Ende zu. Aufgrund seines Versagens am Felsen Meriwa (Num 20,12) darf er das Land, das seinem Volk verheißen worden ist, zwar sehen, aber nicht betreten. Mose ermahnt das Volk zum letzten Mal, sich an die Gebote Gottes zu halten und diesem Gott, der einen Bund mit ihm geschlossen hat, dauerhaft die Treue zu halten. Mose wird gemeinsam mit seinem Nachfolger Josua von Gott in das Zelt der Begegnung gerufen. Es besteht die Gefahr, dass sich Israel, das auch zu Lebzeiten Moses immer wieder von Gott abgefallen ist, nach dem Tod Moses umso mehr gegen Gott auflehnt. Daher schreibt Mose alle Worte der Weisung auf und lässt sie neben die Lade des Bundes legen.

Das Moselied (Dtn 32)

Das Lied, das Mose gemeinsam mit Josua den Kindern Israels gegenüber anstimmt, ist einer der schönsten Texte der Bibel. In der Form der Psalmen (vgl. Ps 78) wird die Beziehung Gottes zu seinem Volk besungen. Im Lied wechseln sich intime Passagen, in denen Gott wie eine liebevolle Mutter im Verhältnis zu Israel als seiner Erstgeburt geschildert wird (Dtn 32,9–14), mit Ermahnungen und der Darstellung von Gottes Zorn über die Halsstarrigkeit Israels (Dtn 32,15–26) ab. Darauf folgt ein Lobgesang auf die Macht Gottes gegenüber den Feinden Israels (Dtn 32,27–36) und schließt mit der Feststellung, dass der Gott Israels die Macht über Leben und Tod hat und kein anderer Gott neben ihm ist (Dtn 32,37–43).

Den Abschluss des Kapitels bildet eine letzte Ermahnung, dass die Worte der Weisung nicht leer sind, sondern für Israel das Leben bedeuten.

Blick in das Gelobte Land vom Berg Nebo mit den beiden Gesetzessteinen (Dtn 27,2)

Der Mosesegen (Dtn 33)

Nach seinem Psalm segnet Mose das ganze Volk Israel, indem er jedem einzelnen Stamm eine besondere Verheißung zuspricht.

Der Tod des Mose (Dtn 34)

Auf dem Berg Nebo, der im Land Moab liegt, hat Mose den freien Blick auf das verheißene Land. Betreten darf er es nicht. Das 5. Buch Mose beschreibt Mose als einen Mann, der im Alter von 120 Jahren gestorben ist, mit klarem Blick und ohne dass ihn die Frische verlassen hätte. Ein letztes Mal sind Gott und Mose allein. Interessant ist, dass nicht davon berichtet wird, ob jemand Mose auf den Berg Nebo begleitet. Nachdem der große Prophet gestorben ist, beschreibt Deuteronomium, dass „er" ihn begräbt (Dtn 34,6). Ist die Beziehung zwischen Mose und Gott so innig, dass Gott ihn selbst beerdigt? Der folgende Vers, in dem berichtet wird, dass der Aufenthaltsort von Moses Grab bis heute unbekannt ist, könnte dafür sprechen.

Das Deuteronomium und mit ihm der gesamte Pentateuch, die fünf Bücher Mose, schließen mit der Feststellung, dass nach Mose kein Prophet mehr aufgetreten ist, der Gott „von Angesicht zu Angesicht kannte" (Dtn 34,10)

Josua – Ein lang erwarteter Anfang

Wie sind wir in dieses Land gekommen? Was verbindet uns als Volk? Wer ist unser Gott? Das Buch Josua bewahrt Erinnerungen und Zeugnisse vieler Generationen in Israel.

Das Buch Josua ist nach seiner Hauptperson benannt: Josua, Sohn des Nun. Auf Hebräisch lautet der Name *Jehoschua* und bedeutet „JHWH ist Hilfe". Dieser Name ist Programm. Das Buch Josua erzählt, wie JHWH, der Gott Israels, sein Volk nach vierzig Jahren Wüstenwanderung in das verheißene Land Kanaan führt – das Land, das von Milch und Honig fließt.

Das Buch lässt sich in vier Teile gliedern:

- Jos 1–5: Einzug in Kanaan;
- Jos 6–12: Eroberung des Landes;
- Jos 13–21: Verteilung des Landes;
- Jos 22–24: Abschiede und Abschiedsreden.

Die Zeit, von der im Josuabuch erzählt wird, ist nicht die Zeit, in der das Buch entstanden ist, darin sind sich Bibelwissenschaftler einig. Zwar lässt das Buch an vielen Stellen die Verwendung älterer Quellen erkennen, sein grundlegender Entwurf stammt aber wohl aus der Zeit des babylonischen Exils, das mit der Eroberung und Zerstörung Jerusalems um 587 v. Chr. begann. Nicht lange nach diesen Ereignissen und vermutlich in Palästina ist dieser erste Entwurf des Josuabuches als Teil eines größeren literarischen Zusammenhangs entstanden, der mit Dtn 1 beginnt und bis 2 Kön 25 reicht. Wenn man sie nacheinander liest, erzählen diese Bücher die Geschichte, wie Israel durch Gottes Gnade in sein Land gekommen ist und es später durch seinen Ungehorsam gegen die Gebote Gottes wieder verloren hat. Geschichtsschreibung in unserem Sinne will das Josuabuch dagegen nicht bieten.

Der Nachfolger Moses (Jos 1,1–9)

Josua ist der Nachfolger Moses, der das Volk Israel eine Generation lang angeführt hat. Unter Moses Führung sind die Israeliten aus Ägypten ausgezogen und haben trockenen Fußes das Schilfmeer durchquert. Unter Moses Führung hat Israel am Berg Sinai einen Bund mit seinem Gott geschlossen und von ihm die Tora empfangen, die Weisung, wie das Volk Gottes nach Gottes Willen leben soll. Unter Moses Führung sind die Israeliten dann vierzig Jahre lang durch die Wüste gezogen. Nun endlich ist es so weit, dass sie in das Land Kanaan einziehen dürfen, das Gott ihnen von alters her versprochen hat und zu dem sie seit dem Auszug aus Ägypten unterwegs sind.

Diesen lang erwarteten Einzug führt nicht mehr Mose an, sondern Josua. Unmittelbar zuvor ist Mose, nachdem er eine große Abschiedsrede an das Volk gehalten hat, gestorben; nach Gottes Beschluss durfte er das verheißene Land nicht betreten. Moses Nachfolge tritt Josua an, der eng vertraute Mitarbeiter Moses. Diese Nachfolge ist keine Überraschung: Josua hat sich nicht nur als Mitarbeiter Moses, sondern auch in seinem Gehorsam vor Gott bewährt. An dem Götzendienst, den das Volk mit dem Goldenen Kalb treibt, während Mose auf dem Gottesberg ist, war Josua nicht beteiligt (Ex 24,13; 32,17). Später ist er unter den zwölf Kundschaftern, die das verheißene Land erkunden (Num 13–14). Während zehn von ihnen mehr auf ihre Zweifel als auf Gottes Zusage hören, erweist sich Josua (gemeinsam mit Kaleb) als gehorsam. Auf Anweisung Gottes bestimmt ihn Mose selbst zu seinem Nachfolger (Dtn 3,27–28; 31,7–8).

Die Gottesrede an Josua, die am Anfang des Josuabuches steht, bestätigt Josua in seiner Rolle als Nachfolger Moses und stärkt ihm den Rücken. Ganz direkt, wie er früher mit Mose geredet hat, redet Gott jetzt mit Josua. „Zieh über den Jordan", das bedeutet: Führe das Volk in das verheißene Land! Wie Mose das Volk aus Ägypten herausgeführt hat, so führt Josua es nach Kanaan hinein. Diese Aufgabe muss er aber nicht allein erfüllen. Vielmehr hat hier Gott selbst seine Hand im Spiel; ja, er hat den Israeliten bereits das Land gegeben, bevor sie es über-

Modelle der „Landnahme"

Die Kapitel Jos 6–12 erzählen die Geschichte, wie Israel gewaltsam das gesamte Land Kanaan erobert und dessen Bewohner ausrottet. Historisch gesehen hat die „Landnahme" aber kaum so stattgefunden. Das belegen sowohl anderslautende biblische Überlieferungen (vgl. nur Ri 1,16–36) als auch archäologische Erkenntnisse. So war z. B. die Stadt Ai zu der Zeit, als die Israeliten sie nach der Erzählung zerstörten, längst das, was ihr Name besagt: ein Trümmerhaufen. Deshalb ist das früher gern vertretene *Eroberungsmodell* überholt. Eine alternative Erklärung bietet das *Infiltrationsmodell*: Die „Israeliten" seien als Vieh züchtende Nomaden der Steppe im Zuge des jährlichen Weidewechsels nach und nach im kanaanäischen Kulturland sesshaft geworden. Dagegen rechnet das *Revolutionsmodell* mit einer Art Klassenkampf, in dem sich eine antiurbane Unterschicht innerhalb Kanaans mit der aus Ägypten geflohenen Exodus-Gruppe zu einem Aufstand gegen das städtische Establishment verbündet habe. Von einer innerkanaanäischen Entwicklung ohne Revolution geht das *Evolutionsmodell* aus. Auch gegen jedes dieser Erklärungsmodelle sprechen gewichtige Gründe. Eines aber können sie uns zumindest lehren: Bei der „Landnahme" ist doch nicht so viel Blut geflossen, wie man zunächst befürchten muss – Gott sei Dank!

haupt betreten! Josua und das Volk müssen ihrem Gott nur gehorsam sein, dann sorgt er für alles Weitere. Die Bedingung, die diesen Gehorsam möglich macht, ist das Buch der Tora, in dem Mose die Weisungen Gottes für das Leben im Land aufgeschrieben hat (vgl. Dtn 31,9) und das uns im biblischen Buch Deuteronomium überliefert ist. Hält Israel sich an diese Weisungen Gottes, dann hält sich Gott an sein Versprechen, ihnen das Land zu geben. So kann Josua mutig und stark, getrost und unverzagt sein: Gott ist mit ihm.

Ganz Israel steht hinter Josua (Jos 1,10–18)

Keine Minute verliert Josua nach der Rede Gottes, unverzüglich gibt er Anweisung, sich für den Zug durch den Jordan bereit zu machen. In diesem Zusammenhang steht sofort auch die Autorität Josuas als Nachfolger Moses auf dem Prüfstand. Denn von den zwölf Stämmen Israels haben zweieinhalb – Ruben, Gad und halb Manasse – bereits Gebiete im Ostjordanland erhalten. Zwar hat Mose den Ostjordaniern damals geboten, ihren Geschwistern bei der Eroberung des Landes zur Seite zu stehen (Dtn 3,18–20; vgl. Num 32). Werden sie diesem Gebot nun aber auch unter Josua gehorsam sein? Die Antwort lautet: Ja! Ganz Israel steht hinter Josua.

Schon wieder Kundschafter! (Jos 2)

Damit richtet sich nun der Blick über den Jordan, auf das zu erobernde Land. Zunächst sollen Kundschafter die Lage sondieren. So ist das bereits vor dem ersten Eroberungsversuch von der südlichen Landesgrenze aus gemacht worden (Num 13–14), damals mit katastrophalem Ergebnis. Vor dem Hintergrund dieser Kundschafter-Episode, die den vierzigjährigen „Umweg" durch die Wüste zur Folge hatte, steigt die Spannung bei den Zuhörerinnen und Zuhörern: Was wird aus den Kundschaftern, die Josua nach Jericho schickt?

Die beiden Männer selbst scheinen aber kaum an strategisch relevanten Informationen interessiert. In Jericho begeben sie sich schnurstracks in das Haus von Rahab, der örtlichen Prostituierten. Diese Begegnung erweist sich als Glücksfall für beide Seiten. Rahab versteckt die Kundschafter vor deren Verfolgern. Im Gegenzug versprechen die Kundschafter Rahab, sie und ihre Familie bei der Eroberung Jerichos zu schonen – gegen das Gebot von Dtn 20,16–17.

Damit stellt sich die Erzählung von den Kundschaftern bei Rahab pointiert gegen die Vorstellung, die Israeliten hätten bei der Eroberung alle Landesbewohner ausgerottet. Wahrscheinlich spiegelt Jos 2 die theologische Überzeugung einer späteren Generation, dass eine Gesellschaft nach Gottes Willen anders gestaltet werden muss. Wer JHWH fürchtet und zu seinem Volk hält, hat einen Platz in Israel! Besonderen Eindruck auf die Hörerinnen und Hörer der Erzählung dürfte gemacht haben, dass sich ausgerechnet die nichtisraelitische „Hure" Rahab in einer Weise zum Gott Israels bekennt, die einem Schriftgelehrten zur Ehre gereicht hätte (Jos 2,9–11).

Trockenen Fußes durch den Jordan (Jos 3,1–5,1)

Nach dem Bericht der Kundschafter steht der Eroberung nichts mehr im Weg. Die erste Etappe des Einzugs macht aber sofort deutlich: Nicht Israel nimmt sich Land – Gott gibt seinem Volk Land.

Trockenen Fußes ziehen die Israeliten durch den Jordan. Dieses Wunder beim Einzug erinnert unübersehbar an das Wunder beim Auszug. Trockenen Fußes zogen die Israeliten damals durch das Schilfmeer und entkamen so den Ägyptern (Ex 13,17–14,31). Die „Neuauflage" dieses

Wunders am Jordan zeigt auch dem letzten Zweifler: Gott ist mit Josua, wie er mit Mose gewesen ist, und er ist mit seinem Volk Israel und führt es ins Land.

Um sich immer daran zu erinnern, sollen die Israeliten zwölf Steine aus dem trockenen Flussbett nehmen und als „Denkmal“ aufstellen – nach einer Form der Überlieferung in Gilgal, ihrem ersten Lager in Kanaan, nach einer anderen im Jordanbett selbst. Die Zwölfzahl der Steine steht dabei für die Vollzahl der Stämme Israels: Ganz Israel ist nach Kanaan eingezogen, wie die Erzählung unter Hinweis auf die Einlösung des Versprechens der ostjordanischen Stämme ausdrücklich vermerkt. Das Denkmal selbst soll ein Erinnerungszeichen für die Zukunft sein. Wenn später einmal Kinder nach der Bedeutung dieser Steine fragen, sollen ihre Eltern ihnen erklären, wie Gott in der Geschichte für Israel gesorgt hat und noch sorgt.

Für die Israeliten ist dies eine gute Nachricht, bei den Völkern des Landes dagegen löst sie Panik aus, wie Jos 5,1 abschließend festhält.

Beschnitten in Gilgal (Jos 5,2–9)

In Gilgal, ihrem ersten Lager in Kanaan, bereiten sich die Israeliten allerdings keineswegs auf die anstehende militärische Konfrontation vor. Stattdessen führt Josua eine Massenbeschneidung durch. Diese Neuigkeit kommt sehr überraschend, denn nach der biblischen Erzählung müssten eigentlich alle männlichen Israeliten dem Gebot Gottes an Abraham gemäß beschnitten sein (vgl. Gen 17). Aber anscheinend waren die Israeliten dem Beschneidungsgebot während der vierzigjährigen Wüstenwanderung nicht gehorsam. In bildhafter Weise bringt die Erzählung damit den Ungehorsam der Wüstengeneration zum Ausdruck. Die Israeliten dieser Generation hatten Gott nicht vertraut, als er sie zum ersten Mal ins Land führen wollte (Num 13–14; Dtn 1,19–46). Deshalb mussten sie in der Wüste sterben. Erst danach kann die neue, an diesem Ungehorsam unschuldige Generation ins Land einziehen. Der lange Weg aus Ägypten kommt jetzt endlich an sein Ziel, dafür ist die Beschneidung in Gilgal ein im wahrsten Sinne spürbares Zeichen.

Pascha im Land (Jos 5,10–12)

Zugleich ist die Beschneidung, die Josua an den Israeliten durchführt, auch die Voraussetzung für das erste Pascha im verheißenen Land. Wie wir aus den Zeitangaben in Jos 3–4 bereits wissen, fällt der Einzug auf den ersten Monat. Unter dem 14.1. steht das Paschafest im israelitischen Festkalender. So sehen es die Regelungen vor, die im Zusammenhang der Einrichtung des Festes und seiner ersten Begehung in Ex 12 gegeben werden. Dort ist auch festgelegt, dass man beschnitten sein muss, um am Pascha teilnehmen zu dürfen.

Zum ersten Mal haben die Israeliten das Paschafest, so wird in Ex 12 erzählt, in der Nacht des Auszugs aus Ägypten gefeiert. Es wird zur Erinnerung an diesen Auszug eingerichtet. Dass die Israeliten das Pascha jetzt bei ihrem Einzug in Kanaan feiern, ist deshalb von besonderer Bedeutung. Mit diesem Einzug ist der Auszug aus Ägypten endlich vollendet. Das Volk Israel ist jetzt im verheißenen Land. Diese Erkenntnis wird noch dadurch unterstrichen, dass kein Manna mehr vom Himmel fällt. Das Manna hat die Israeliten in der Wüste ernährt und ist so zum Symbol ihrer vierzigjährigen Wanderung geworden.

Josua barfuß (Jos 5,13–15)

Angefangen hat der Exodus aus Ägypten mit dem Auftrag Gottes an Mose (Ex 3–4): Führe mein Volk aus Ägypten! Das Ziel dieses Auszugs war von Anfang an klar: der Einzug in das verheißene Land Kanaan. Dass dieses Ziel jetzt erreicht ist, wird auch in einer denkwürdigen Begegnung deutlich. Josua trifft auf einen Engel, den „Fürsten der Heerscharen JHWHs“. Dieser sagt zu ihm: „Zieh deine Schuhe von deinen Füßen, denn der Ort, auf dem du stehst, ist heilig!“ Genau dieses Wort hatte Mose bei seiner Berufung zum Exodus am brennenden Dornbusch gehört (Ex 3,5). Dass der Engelfürst es in diesem Moment zu Josua sagt, markiert mit aller Deutlichkeit: Gott hat sein Versprechen gehalten und Israel in das verheißene Land geführt.

Wie die Erzählungen von Beschneidung und Pascha, so hat auch die Notiz von der Begegnung Josuas mit dem Engelfürsten die gesamte Exodus-Erzählung vor Augen und ist vermutlich bei einer späteren Bearbeitung des Josuabuches in den Zusammenhang eingeschrieben worden.

Die Eroberung Jerichos (Jos 6)

Mit Jos 6 beginnt, was man eigentlich unmittelbar nach dem Jordandurchzug erwarten könnte: die Konfrontation

Landschaft am Westufer des Toten Meers

mit den Bewohnern des Landes. Nun stehen die Israeliten vor Jericho, der ersten befestigten Stadt auf ihrem Eroberungszug. Doch gerade dieser Auftakt zeigt deutlich, dass sie nicht in eigener Regie in den Krieg ziehen, sondern dass es letztlich und eigentlich Gott ist, der für Israel streitet. Sichtbares Zeichen dafür ist die Bundeslade, die sieben Tage lang um die Stadt getragen wird. Am Ende bezwingen weder Rammböcke noch eine List die Mauern Jerichos, sondern die Posaunen der Priester. Durch ein Wunder erobert Israel die erste Stadt in Kanaan.

Weil es Gott ist, der für Israel streitet, gehört ihm die Stadt. Durch ihre Vernichtung soll sie ihm „geweiht" werden; alles, was Odem hat, muss ausgelöscht werden. Das gebietet der sogenannte Bann (vgl. Dtn 20,16–17). Dieses Gebot gehört zur Ideologie des ersten Entwurfs des Josuabuches, der die Vorstellung vermittelt, die Israeliten hätten bei der Eroberung Kanaans alle Vorbewohner ausgerottet. Spätere Generationen haben das Buch im Licht ihrer gesellschaftlichen Gegenwart und anderer theologischer Überzeugungen fortgeschrieben. Dabei wird betont: Wer JHWH fürchtet und zu seinem Volk Israel hält, wird nicht ausgerottet – eine Kanaanäerin ebenso wenig wie ein Israelit. Einer solchen Bearbeitung verdanken wir die Rahab-Erzählung (Jos 2), die in Jos 6,17–19;22–25 abgeschlossen wird.

Achans Ungehorsam (Jos 7)

So erfolgreich die erste, so verheerend verläuft die zweite Etappe der Landnahme. Ai ist nur ein kleines Bergnest, und auf Rat von Kundschaftern wird beschlossen, nicht das gesamte Heer, sondern nur einen kleinen Stoßtrupp dorthin zu schicken. Aber Hochmut kommt vor dem Fall: Israel erleidet eine demoralisierende Niederlage. Sind zuvor die Herzen der Landesbewohner vor Angst geschmolzen, so schmelzen jetzt die Herzen der Israeliten (vgl. Jos 7,5 mit Jos 2,9–11; 5,1).

Als Josua deshalb zu Gott schreit, erklärt dieser ihm den Grund des Debakels: Bei der Eroberung Jerichos hat ein Israelit für sich selbst Beute gemacht. Das aber war im Fall von Jericho unter Verschärfung der Bestimmungen von Dtn 20,16–17 ausdrücklich verboten (Jos 6,18–19). Das Losorakel überführt den Schuldigen: Achan hat den Bann übertreten. Dass er zur Strafe mitsamt seiner Familie von ganz Israel gesteinigt wird, zeigt die Bedeutung dieses Zwischenfalls. In ihrer Konzentration auf das Banngebot bietet die Achan-Erzählung ein Gegenstück zur Rahab-Erzählung. Ist das Ziel dort eine kritische Überprüfung des Bannes im Blick auf Nichtisraeliten, so geht es hier darum, dass dieses Gebot Gottes nach wie vor gilt – auch und gerade für Israel.

Jericho, am Westufer des Jordans gelegen, ist eine der ältesten Städte der Welt.

Ai im zweiten Anlauf (Jos 8,1–29)

Die Bestrafung von Achans Ungehorsam hat offensichtlich Gottes Zorn besänftigt; im zweiten Anlauf gelingt die Eroberung von Ai. Mit der taktischen Variante eines Hinterhalts gelingt es den Israeliten, die Leute von Ai aus ihrer Stadt zu locken, die sie stürmen und anstecken, um ihre Gegner auf offenem Feld zu schlagen. Nachdem die Israeliten Ai ausgeraubt haben (das war für Jericho nur ausnahmsweise verboten), machen sie die Stadt einem Trümmerhaufen gleich – und genau das bedeutet der Name *Ai* auf Hebräisch.

Auszug und Einzug

Jos 1–5, der erste Teil des Buches, stellt Israels Einzug in Kanaan dar. Diese Darstellung erinnert an wesentliche Stationen des Auszugs aus Ägypten:

- Mose und Josua, Vorbild und Nachfolger (Dtn 1–3; 31 und Jos 1);
- die zwei Kundschafter-Episoden (Num 13–14 und Jos 2);
- trockenen Fußes durch das Schilfmeer, trockenen Fußes durch den Jordan (Ex 13–14 und Jos 3–4);
- Beschneidung und Pascha beim Auszug und beim Einzug (Ex 12 und Jos 5,2–9.10–12);
- Mose und Josua barfuß an heiligem Ort (Ex 3,1–5 und Jos 5,13–15).

So entsteht ein kunstvolles Spiegelbild von Auszug und Einzug. Diese Darstellung erinnert in eindrücklicher Weise daran, dass Gott seine Verheißung an Israel erfüllt hat.

Die Veröffentlichung der Tora (Jos 8,30–35)

Etwas unvermittelt berichtet das Buch im Anschluss an die Ai-Erzählung, dass Josua einen Altar auf dem Berg Ebal bei Sichem baut. Dort feiern die Israeliten einen Dankgottesdienst, dort lässt Josua in einer monumentalen Inschrift die Tora veröffentlichen. Diese Weisung, die Mose aufgeschrieben hat und nach der Josua handelt (vgl. Jos 1,1–9), ist das Grundgesetz für das Leben im Land. Schließlich werden zwischen Ebal und dem gegenüberliegenden Garizim Segens- und Fluchworte ausgerufen. Sowohl dieses Ritual als auch Altarbau und Toraveröffentlichung folgen Bestimmungen, die in der Tora selbst für den Einzug ins Land festgelegt sind (Dtn 27,1–8 und Dtn 11,29).

Die fünf Verse dieser Nachricht sind vermutlich bei einer späteren Überarbeitung des Buches in den Zusammenhang eingefügt worden. Sie stehen in den drei wichtigsten Bibelversionen an drei unterschiedlichen Stellen: im hebräischen Text, der den meisten modernen Ausgaben zugrunde liegt, am Ende von Jos 8, in der griechischen Übersetzung dagegen am Anfang von Jos 9 – und nach der hebräischen Überlieferung in den Qumran-Rollen am Anfang von Jos 5. Diese letzte Version ist besonders interessant, denn hier steht die Nachricht an der Position, an der man sie nach den Bestimmungen des Deuteronomiums erwarten würde: unmittelbar nach dem Jordandurchzug.

Die listigen Gibeoniter (Jos 9)

Jericho und Ai sind besiegt, aber diese ersten beiden Siege mobilisieren eine Koalition der Völker des Landes gegen die Israeliten. Einzig die Bewohner der Stadt Gibeon beschließen, nicht gegen Israel zu kämpfen. Stattdessen suchen sie ihr Heil in einer List: Sie behaupten, aus einem fernen Land gekommen zu sein, und bitten die Israeliten, mit ihnen Frieden zu schließen. Ein solcher Friedensschluss mit Bewohnern Kanaans ist den Israeliten laut Banngebot untersagt. Doch lassen sie sich von der Maskerade der Gibeoniter täuschen und willigen ein. Als der Schwindel auffliegt, können die Israeliten ihr Versprechen nicht mehr zurücknehmen und müssen die Gibeoniter am Leben lassen. So leben diese bis in die Gegenwart der Hörerinnen und Hörer unter den Israeliten, wenngleich in untergeordneter sozialer Position. Auch diese Erzählung spiegelt wohl Fragen der gesellschaftlichen Verhältnisse in Israel.

Relief einer Schlachtszene im Libanon, Ninive, Palast des assyrischen Königs Sanherib, um 700 v. Chr.

Den Süden erobert (Jos 10)

Im Anschluss an diese Episode wird es endgültig ernst. Die Gibeoniter werden von ihren Nachbarn bedroht, weil sie sich auf Israels Seite geschlagen haben. Als sie daraufhin ihren neuen Verbündeten zu Hilfe rufen, schlägt Israel die kanaanäischen Koalitionäre vernichtend. Mehr noch als das Schwert der Israeliten sind es dabei vom Himmel fallende Hagelsteine, die für den Sieg sorgen. Außerdem bleibt, wie mit den Worten eines alten Gedichts erzählt wird, auf wundersame Weise die Sonne so lange am Himmel stehen, bis die Israeliten mit ihren Feinden „fertig" sind – wiederum ein Zeichen, dass es Gott ist, der die Geschicke Israels lenkt. Danach erobern die Israeliten den gesamten Süden des Landes, wie am Schluss summarisch festgehalten wird.

Und den Norden (Jos 11,1–15)

Dieses Muster wiederholt sich im Norden: Auch dort bildet sich eine Koalition gegen Israel, auch dort kommt es zu einer Entscheidungsschlacht, der Schlacht am „Wasser von Merom". Wieder ist es Gottes Hilfe, durch die Israel die übermächtigen Gegner schlagen kann und so den Norden Kanaans in seine Gewalt bringt. Im Vergleich mit den ausführlichen Erzählungen von Jericho oder Ai ist der Bericht summarisch gehalten; wie bereits in Jos 10 wird aber die Erfüllung des Banngebotes betont.

Resümee (Jos 11,16–23)

Als Abschluss der „Landnahme"-Erzählung wird in allgemeiner Form festgehalten: Unter Josuas Führung und mit Gottes Hilfe hat Israel das ganze Land erobert und dessen Bewohner nach dem Banngebot ausgerottet. Jetzt kehrt Ruhe ein im Land.

Liste besiegter Könige (Jos 12)

Sozusagen als Anhang werden die Könige aufgezählt, deren Gebiete die Israeliten eingenommen haben. In diese Liste werden nicht nur die bereits unter Mose eroberten Stammesgebiete im Ostjordanland eingeschlossen, sondern auch Orte, die nach der biblischen Überlieferung erst später erobert werden ((z. B. Jerusalem).

Die Verteilung des Landes an die Stämme Israels (Jos 13,1–21,42)

Im zweiten Teil des Josuabuches wird von der Verteilung des Landes an die neuneinhalb Stämme berichtet, die im Westjordanland wohnen sollen. Der Zusammenhang

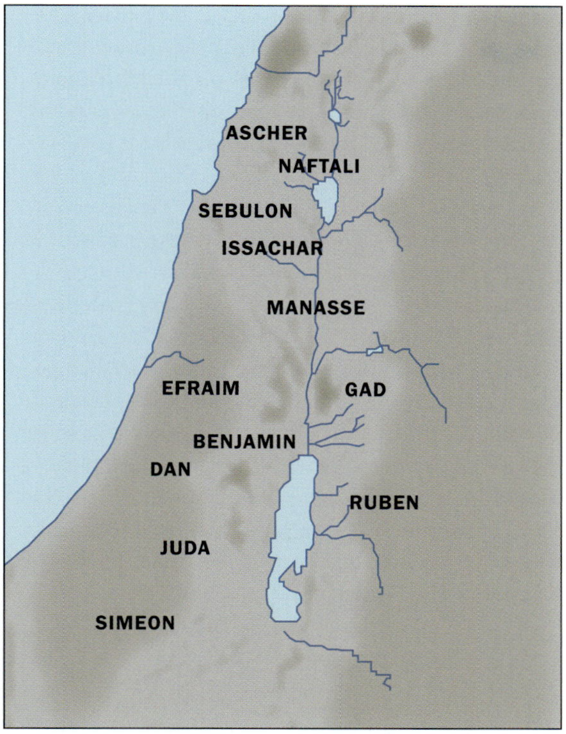

Die zwölf Stämme und ihre Siedlungsgebiete

ses Berichts, der in Jos 13,1–21,42 vorliegt, enthält recht unterschiedliche Texte. In der Forschung ist umstritten, aus welchen Traditionen diese Texte stammen und wie sie in ihren jetzigen Zusammenhang gekommen sind. Zumindest muss auffallen, dass einerseits wiederholt von Gebieten im Inneren des Landes die Rede ist, die – anders als im Resümee der Eroberung (Jos 11,16–23) festgehalten – offensichtlich zunächst nicht erobert werden konnten (Jos 13,13; 15,63; 16,10; 17,12–13), andererseits aber einleitend auch Gebiete erwähnt werden, die die Erzählung von der Eroberung gar nicht im Blick hatte. Außerdem wird der konkrete Vorgang der Landverteilung auf unterschiedliche Weisen beschrieben, die sich nicht ohne Weiteres harmonisieren lassen: durch Josua, per Los, durch eine Landverteilungskommission (vgl. die einleitenden Passagen in Jos 13,1–7; 14,1–5).

Auf mehrere Einleitungen folgen detaillierte Beschreibungen der Stammesgebiete. Gelegentlich sind zusätzliche Erklärungen und Erinnerungen angefügt und verwandte Themen behandelt:

- *Ruben*, *Gad* und *halb Manasse* haben bereits Gebiete im Ostjordanland erhalten (Jos 13,8–32);
- Kaleb, einer der beiden gehorsamen Kundschafter von Num 13–14, erhält Hebron (Jos 14,6–15);
- das Gebiet des Stammes *Juda* (Jos 15);
- die Gebiete der Josefsstämme *Efraim* und *Manasse* (Jos 16–17);
- Josua spornt die übrigen sieben Stämme an, sich ebenfalls aktiv um die Besetzung des Landes zu kümmern (Jos 18,1–10);
- *Benjamin* (Jos 18,11–28);
- *Simeon* (Jos 19,1–9);
- *Sebulon* (Jos 19,10–16);
- *Issachar* (Jos 19,17–23);
- *Ascher* (Jos 19,24–31);
- *Naftali* (Jos 19,32–39);
- *Dan* (Jos 19,40–48);
- Schluss der Landverteilung und Vergabe der Stadt Timnat-Serach an Josua (Jos 19,49–51);
- Anhang: Festlegung von Asylstädten gemäß Num 35,9–34; Dtn 19,1–13 und von Städten für die Leviten (Jos 20,1–21,42).

Nicht ein Wort ist hingefallen! (Jos 21,43–45)

Nach den detaillierten Ausführungen über die Eroberung und Verteilung des Landes steht ein feierlicher Abschluss. Gott hat sein Versprechen erfüllt und Israel das verheißene Land gegeben, und zwar das ganze Land, wird resümiert. Alle Feinde sind besiegt, das Volk lebt in Ruhe und Frieden: Nicht ein Wort der Verheißung ist „hingefallen", keine der Zusagen an Israel ist ausgeblieben – „alles ist eingetroffen!"

Auf Wiedersehen, Ostjordanier! (Jos 22)

Nachdem die Eroberung des Westjordanlandes erfolgreich abgeschlossen ist, können Ruben, Gad und halb Manasse in ihre Gebiete östlich des Jordans zurückkehren. Sie haben dem Gebot Moses – wie versprochen – auch unter Josua Gehorsam geleistet (Dtn 3,18–20 und Jos 1,12–18) und gemeinsam mit ihren westjordanischen Geschwistern deren Land erobert (in Jos 4,12–13 ist das ausdrücklich vermerkt). Über die bloße Waffenhilfe hinaus hatte diese Solidarität auch eine wichtige theologische Bedeutung: „Ganz Israel" hat das Land gemeinsam erobert – und „ganz Israel" besteht eben nicht aus neuneinhalb, sondern aus zwölf Stämmen! Auch wenn die ostjordanischen Stämme in ihre Gebiete zurückkehren: Ganz Israel gehört zusammen, das hält die Erinnerung an die gemeinsame Eroberung des Landes fest.

Später ist dieser Abschied noch um die Geschichte fortgeschrieben worden, nach der die Ostjordanier am Jordan – also an dem Grenzfluss zwischen Ost- und Westjordanland – einen Altar bauen. Es kommt zu einem im besten Sinne merkwürdigen Missverständnis, das fast zum Krieg führt. Im Hintergrund steht dabei eine Frage des Gottesdienstes Israels: Unter welchen Umständen ist ein Altar außer dem Altar im zentralen Heiligtum in Jerusalem zulässig (vgl. die Bestimmungen in Dtn 12)? Am Ende gelingt es, die Gemeinschaft mit den Ostjordaniern zu bewahren.

Abschied von Josua (Jos 23)

Schließlich gilt es auch für Israel, Abschied zu nehmen – von Josua. Hochbetagt versammelt er das Volk und hält eine Abschiedsrede, die im Licht der gemeinsamen Erfahrungen in die Zukunft blickt. Josua erinnert: Gott hat für Israel gestritten und die Völker des Landes vertrieben, nicht eines seiner guten Worte ist „hingefallen". Und Josua mahnt: Bleibt treu dem Gott, der euch dieses Land gegeben hat, bleibt ihm treu, auf dass ihr auch in diesem Land bleiben könnt! Das ist Josuas Vermächtnis.

Dieses Vermächtnis war den frühen Leserinnen und Lesern des Buches so wichtig, dass es noch ergänzt wurde. Im jetzt vorliegenden Text warnt Josua ja auch: Haltet euch fern von den Völkern, die noch im Land verblieben sind! Diese Warnung passt nicht gut zu der ersten Fassung der „Landnahme"-Erzählung, nach der das ganze Land ohne Ausnahme erobert worden ist (vgl. das Resümee Jos 11,16–23). Eine Vorbereitung findet sie dagegen in der Nachricht von Jos 13,1–6, nach der das Land doch noch nicht vollständig in Israels Hand ist. Diese Verse in Jos 13 und die Warnung Josuas in der Abschiedsrede gehören zusammen. Nun wird deutlich, was die für diese Ergänzungen Verantwortlichen befürchten: Unter dem Einfluss der im Land verbliebenen fremden Völker könnte Israel sich fremden Göttern zuwenden – und damit von JHWH abwenden.

Gemeinsam im Bund (Jos 24)

Aber das ist nicht das letzte Wort Josuas. Direkt im Anschluss an die erste Abschiedsszene bietet das Buch noch eine zweite. Wieder beruft Josua eine Versammlung ein, und zwar in Sichem. Wieder hält er eine Rede, dieses Mal aber antworten ihm die Angesprochenen auch. Josua beginnt mit einem ausführlichen Geschichtsrückblick. Von den Anfängen bei Terach und Abraham bis in die Gegenwart erzählt er, von Gottes Verheißungen für Israel und ihrer Erfüllung. Die rhetorische Pointe seiner Rede ist, seine Zuhörer mit einer Entscheidung zu konfrontieren: für oder gegen JHWH.

Dieser Ruf zur Entscheidung für – oder gegen! – den Gott Israels kommt überraschend. Wer muss so nachdrücklich eigens eingeladen werden? Wem kann man Götzendienst mit Göttern vorwerfen, von denen zuvor keine Rede war (Jos 24,14–15)? Die Antwort auf diese Fragen liegt in der Lokalisierung in Sichem, und sie verweist in eine andere Zeit. In Sichem befand sich die zentrale Kultstätte, an der die Bewohner Samarias, also des ehemaligen Nordreichs, Gottesdienst feierten. Ob dabei allerdings wirklich nur JHWH verehrt wird oder nicht vielmehr auch andere religiöse Traditionen eine Rolle spielen, das ist in der Zeit nach dem Exil immer weniger klar – jedenfalls in den Augen der Leute im südlichen Judäa. In diese Situation hinein spricht die Rede, die hier Josua in den Mund gelegt wird. In Person des autoritativen Anführers der guten alten Zeit wird den Samariern auseinandergesetzt, warum es sich lohnt und was es kostet, zum Gott Israels zu gehören. Ziel der Rede ist, dass auch die Samarier den Gott Israels verehren und so dem Bund beitreten, in dem Israel steht. Und eben diese Entscheidung hält das einhellige Votum der Angesprochenen fest: JHWH verlassen? „Bloß das nicht!"

Dass Jos 24 aus einer anderen Zeit als der Hauptteil des Josuabuches stammt, zeigt auch der literarische Horizont des Kapitels: Es blickt auf die gesamte bisherige Heilsgeschichte zurück, wie sie in den fünf nach Mose benannten Büchern des Pentateuch vorliegt. Am Schluss wird sogar berichtet, dass Josua die Ereignisse seiner Tage mit der Mose-Überlieferung zu einem Buch zusammenfasst (so ist Jos 24,26 wohl zu verstehen). Als Josua schließlich stirbt, wird er des Ehrentitels gewürdigt, den früher allein Mose trug: Josua, Sohn des Nun, „Knecht JHWHs".

Joachim J. Krause

Richter – Als es noch keinen König gab

Israel fällt wiederholt in sündhaftes Verhalten zurück und erleidet dessen unausweichliche Folgen. Trotzdem hält Gott unermüdlich am Bund mit seinem Volk fest und schickt Israel kraftvolle Rettergestalten für jede neue Bedrängnis durch übermächtige Feinde.

Das Richterbuch erzählt über die Zeit von der sogenannten Landnahme bis zur Königszeit Israels (etwa von 1200 bis 1000 v. Chr.). Die in diesem Buch versammelten Geschichten sind sehr unterschiedlich: außerordentlich heiter oder ernst und traurig und z. T. sogar schockierend.

Der Name des Buches lässt an Menschen denken, die Rechtsprechung ausüben. Doch das ist irreführend, denn Richter, hebr. שֹׁפְטִים *schoftim,* sind z. T. geistbegabte Rettergestalten, die in Israel das Volk in Bedrohungs- und Friedenszeiten geleitet und geführt und damit überhaupt erst eine Ordnung hergestellt haben, die das Funktionieren von (Lebens-)Recht ermöglicht. Insgesamt steuert alles auf das Königtum zu, auch wenn Israel zwischen der Sehnsucht nach einem geordneten Königtum und der Kritik an einem König immer wieder hin- und hergerissen scheint. Häufig unterscheidet man in dem Buch zwischen den sog. kleinen und den großen Richterinnen und Richtern:

Auffällig ist die große Bedeutung von Frauengestalten, die entscheidende Wendungen für die Stämme Israels herbeiführen (so die Prophetin und Retterin Debora oder Jaël).

Viele der Geschichten werden nach demselben Schema erzählt (vgl. Ri 3,7–11): Dem *Abfall* von Gott (Ri 3,7) folgen der *Zorn* Gottes und die Strafe bzw. *Not* (Ri 3,8). Nach der Klage des Volkes erweckt Gott eine *Rettergestalt* (Ri 3,9–10) zur Befreiung des Volkes aus der Hand überlegener Feinde im Inneren (Philister, Kanaanäer und Phönizier) und aus den benachbarten Ländern ((z. B. Ammoniter, Moabiter, Midianiter, Amalekiter) (Ri 3,11). Doch nach dem Tod eines Richters oder einer Richterin fällt Israel jedes Mal wieder von Gott ab, sodass alles von Neuem beginnt. Damit soll jedoch kein sinnloser Kreislauf aufgezeigt, sondern vielmehr die Unermüdlichkeit von Gottes Gnade und Kampf um den Fortbestand seines Bundes mit Israel dargelegt werden.

Bei der Beurteilung der uns heute so verstörenden *Gewaltbilder* ist zu berücksichtigen, dass hier Unterlegene gegen übermächtige Feinde ums eigene Überleben kämpfen.

Das Richterbuch ist möglicherweise in *vier* Stufen aus Einzelgeschichten entstanden, die im 9. und 8. Jh. v. Chr. zu einem Erzählkranz (Ri 3–16) zusammengebunden und nach der Exilkatastrophe von 586 v. Chr. mit dem Schema: Sünde – Gericht – Rettung – Ruhe deuteronomistisch überarbeitet und später nachdeuteronomistisch um Ri 1,1–2,6 und Ri 17–21 ergänzt wurden.

- Insgesamt lässt sich das Buch folgendermaßen gliedern:
- Situation der Stämme nach der Landnahme (Ri 1,1–2,5);
- Zustände in der Richterzeit (Ri 2,6–3,6);
- erschiedene Richtererzählungen (Ri 3,7–16,31);
- Nachtrag zum Stamm Dan (Ri 17–18);
- Nachtrag zur Strafaktion gegen Benjamin (Ri 19–21).

Nach Josuas Tod wird das Land eingenommen (Ri 1,1–3,6)

Der Anfang des Richterbuchs berichtet vom Tod Josuas und schafft so eine Verbindung zum Buch Josua. Die begonnene Landnahme wird fortgeführt, und die Stämme Israels kommen zunehmend im Land an, wobei nicht alle Eroberungen erfolgreich sind: Nicht jeder Stamm hat die ortsansässigen Völker so vertrieben, wie Gott es geboten hatte.

Große Rettergestalten	**Kleine Rettergestalten**
Ehud	Otniël
Schamgar	Tola
Debora und Barak	Jaïr
Gideon	Ibzan
Jiftach	Elon
Simson	Abdon

Das Schema des Richterbuchs (Ri 2,1–3,6)

Da Israel sich nach Josuas Tod gegen Gottes Gebot auf die ansässigen Völker im Lande sozial und religiös eingelassen und ihren Götzenkult weiter geduldet hat, lässt Gott seinem Volk durch einen Engel ankündigen, er werde die Kinder Israels in die Hand jener Völker geben, die Israel nicht vertrieben hatte (Ri 2,1–9).

Die mangelnde Treue der Kinder Israels zu ihrem Gott wird daran festgemacht, dass nach dem Tod Josuas und seiner gesamten Generation niemand mehr von Gott und den Taten für sein Volk wusste. Die jüngere Generation ließ sich demnach dazu verführen, dem ansässigen Götzenkult zu folgen und nicht ihren Gott, sondern Baale und Aschere anzubeten (Ri 2,10–14).

Als erste „Leseanleitung" zu Ri 3–16 beschreibt Ri 2,11–19, wie Gott *wegen der Untreue der Israeliten* die anderen Völker im Land mächtig werden und die Kinder Israels versklaven lässt. Da Gott jedoch an seinem Bund festhält, sendet er *Richter*, die einzelne Stämme Israels aus ihrer Not befreien. Allerdings wird bereits im zweiten Kapitel dargelegt, dass Israel nur in Zeiten der Not zu seinem Gott hält und sich, sobald die Unterdrückung abnimmt, wieder dem Götzendienst zuwendet.

Die zweite, evtl. jüngere „Leseanleitung" zu Ri 3–16 hält in Ri 2,20–3,6 fest, Gott habe die Fremdvölker mit ihren Kulten im Lande gelassen, um *Israels Tora-Gehorsam* zu erproben.

Die Richter Otniël, Ehud und Schamgar (Ri 3,7–23)

Mit der Einleitungsformel „Und die Israeliten taten, was böse war in den Augen Gottes" beginnt ein Muster, das typisch für das Richterbuch ist.

Die Israeliten „vergessen" Gott und werden ihm untreu; der lässt sie zur Strafe von König Kuschan-Rischatajim besiegen, dem sie acht Jahre lang dienen müssen.

In der Not der Unterdrückung kehren die Kinder Israels zu Gott um und rufen ihn um Hilfe an. Gott sendet ihnen den ersten Richter: *Otniël*, den Sohn Kenans, den Neffen Kalebs. *Gottes Geist* erfasst Otniël, und er besiegt Kuschan-Rischatajim und verschafft Israel vierzig Jahre lang Ruhe (Ri 3,7–11).

Nach Otniëls Tod fallen die Israeliten wieder von Gott ab. Eglon, der König der Moabiter, besiegt – im Verband mit den Ammonitern und Amalekitern – Israel und versklavt es 18 Jahre lang.

Wieder flehen die Israeliten zu Gott, und der sendet ihnen als zweiten Richter *Ehud*. Ihm wird eine detail-

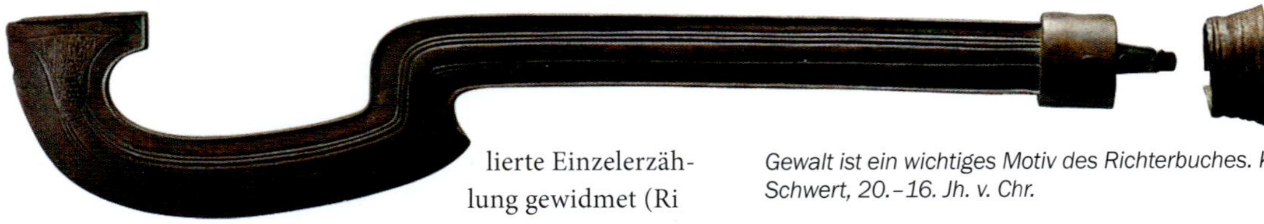

Gewalt ist ein wichtiges Motiv des Richterbuches. Kanaanitisches Schwert, 20.–16. Jh. v. Chr.

lierte Einzelerzählung gewidmet (Ri 3,12–29).

Als Linkshänder kann Ehud deshalb mit einem Dolch in den Palast Eglons kommen, weil er die Waffe an der rechten Seite trägt, die Wachen aber nur die linke kontrollieren. Ehud trifft den feindlichen König allein an, während dieser gerade seine Notdurft verrichtet. Als Ehud den König ersticht, wird beschrieben, wie das Fett des königlichen Bauches das Messer umschließt.

Ehud kann unerkannt aus dem Palast entkommen und führt die Kinder Israels erfolgreich gegen die Moabiter.

Wesentlich knapper, nämlich nur in einem Nachsatz, wird auf *Schamgar* als nächsten Richter hingewiesen, der zur Rettung Israels eine Übermacht von sechshundert Philistern erschlagen hat.

Debora und Barak, Sisera und Jaël (Ri 4–5)

Eine besondere Rolle unter den Richtern Israels nimmt *Debora* ein. Sie ist die einzige Frau, eine Prophetin und ihrer Selbstbezeichnung nach „Mutter in Israel". Debora unterstützt den israelitischen Heerführer *Barak* darin, gegen die Kanaaniter Krieg zu führen, die Israel nach Ehuds Tod unterdrücken. Debora und Barak können die kanaanitische Armee trotz deren militärischer Überlegenheit schlagen. Sisera, der Heerführer der Kanaaniter, flieht und will sich im Zelt Jaëls, der Frau eines Keniters, verstecken; denn zwischen den Kanaanäern und den Kenitern bestand ein Friedensvertrag.

Jaël bittet Sisera in ihr Zelt, gibt ihm Milch zu trinken und lässt ihn bei sich schlafen. Während Sisera schläft, treibt ihm Jaël einen Holzpflock durch die Schläfe.

- Die Stämme *Juda* und *Simeon* siedeln im Süden, und Juda erobert Jerusalem.
- Die Stämme *Josef* und *Benjamin* nehmen die Mitte des Landes in Besitz.
- Da der Stamm *Dan* sich im Westen von Jerusalem nicht halten kann, siedelt er weiter im Norden an einer Jordanquelle.
- Die Stämme *Sebulon, Issachar, Ascher* und *Naftali* besetzen das fruchtbare Land nördlich von Jerusalem.
- Die Stämme *Ruben* und *Gad* siedeln östlich des Jordans.

Mit dem Tod des kanaanäischen Heerführers ist Israel unter Barak und Debora in der Lage, Jabin, den kanaanäischen König, zu unterwerfen und für vierzig Jahre Frieden im Land zu sorgen.

Unmittelbar an diese Erzählung schließt sich das sogenannte *„Deboralied"* an (Ri 5,1–31).

Debora und Barak besingen die Herrlichkeit Gottes und den Sieg Israels. Das Deboralied gehört, ähnlich wie das Moselied in Ex 15, zu den ältesten Texten der Bibel.

Gideon (Ri 6–8)

Neben der Erzählung von Simson erhält die Geschichte von *Gideon* den weitesten Raum im Richterbuch. Sie berichtet, wie Gideon zum Richter berufen wird und wie er sich immer wieder Gottes Beistands versichert, indem er Zeichen fordert.

Die Israeliten hatten wieder „getan, was böse in den Augen Gottes war", sodass sie in die Knechtschaft der Midianiter und Amalekiter gerieten. Gideon wird von Gott ausersehen, Midian und Amalek zu bezwingen. Er besiegt die Midianiter, deren Heer in großer Überzahl ist, indem er sie nachts mit Fackeln und Posaunen in Panik versetzt.

Gideon ist eine zwiespältige Person. So wird berichtet, dass er den Baals-Altar seines Vaters zerstört, ebenso wie eine Aschera-Statue, die er buchstäblich zu Brennholz verarbeitet. Dies bringt Gideon den Beinamen „Jerubbaal" (hebr. יְרֻבַּעַל) ein, „der mit dem Baal kämpft" (Ri 6,32). Jedoch wehrt Gideon die Bitte der Kinder Israels ab, ihr König zu werden. Er begründet dies damit, dass allein Gott über Israel herrschen soll (Ri 8,23). Dennoch nimmt er von der Kriegsbeute ca. 27 kg Gold und schmilzt es zu einem Efod (hebr. אֵפוֹד), einem Götzenbild, ein. Diese Tat wird nicht erklärt; sie ist es aber, die Gideon und seiner Familie „zum Fallstrick" wird (Ri 8,27).

Abimelech und die Jotamfabel (Ri 9)

Hatte Gideon das Amt des Königs noch vehement abgelehnt, so lässt sich Abimelech, ein Sohn Gideons, vom Gedanken an die Macht sogar dazu verführen, seine siebzig Brüder als potenzielle Konkurrenten um das Königsamt zu ermorden. Lediglich Jotam, der jüngste Sohn Gideons, kann entkommen. Nachdem sich Abimelech zum König gemacht hat, erzählt Jotam den Bewohnern Sichems eine Fabel, in der sich die Bäume einen König wählen wollen. Doch Ölbaum, Feigenbaum und

Weinstock lehnen empört ab, weil sie ihr Fett, ihre Süße und ihren Wein weiter zur Freude der Götter und Menschen hervorbringen möchten und lange noch nicht so heruntergekommen sind, dass sie schon ein so nutzloses Geschäft wie das Königsamt übernehmen müssen. Doch gerade der völlig wertlose Dornenstrauch übernimmt gern die angebotene Königskrone und verspricht großspurig, was die orientalischen Völker von einem König erwarteten: Schatten zu spenden – mit seinen blattlosen Zweigen. Zudem trägt er als „Bocksdorn" (wie genau übersetzt werden müsste) kleine giftige, Durchfall verursachende Beeren. So sind also die Könige, will diese königskritische Fabel sagen: Vollmundig versprechen sie, was sie nicht halten können, und zudem sind sie ungenießbar und gefährlich, mitunter tödlich.

Darum klagt Jotam die Israeliten wegen der Freveltat erbittert an, einen Mörder zum König zu salben. Er entzieht sich der Rache Abimelechs und lässt sich in Beer nieder.

Abimelech herrscht drei Jahre, bevor er immer wieder in bürgerkriegsähnliche Kämpfe verwickelt wird und unwürdig stirbt. So scheitert das selbst ernannte Gewaltkönigtum schließlich an seiner eigenen Gewalttätigkeit.

Tola und Jaïr (Ri 10,1–5)

Zu den „kleinen" Richtern gehören *Tola* und *Jaïr,* von denen knapp berichtet wird, dass sie in Israel 23 und 22 Jahre lang gerichtet haben. Auf die Kinder Jaïrs gehen dreißig antike Orte zurück, die zusammenfassend „Dörfer-Jaïrs" heißen.

Jiftach (Ri 10,6–12,7)

Nach dem Tod Jaïrs fallen die Kinder Israels wiederum von Gott ab und betreiben Götzendienst, sodass sie unter die Herrschaft der Philister und Ammoniter geraten.

Jiftach, unehelicher Sohn einer Prostituierten und Gileads, wurde von Gileads herangewachsenen ehelichen Söhnen verstoßen, weil sie ihr väterliches Erbe sichern wollten. Jiftach flieht und wird Anführer einer Räuberbande. Als die südlichen Nachbarn Israels, die Ammoniter, das (gileaditische) Israel mit Krieg überziehen, bitten die Ältesten Gileads ausgerechnet den zuvor verstoßenen und derzeitigen „Räuberhauptmann" Jiftach, Israels Verteidigungskrieg zu befehligen und dazu ihr Anführer und Oberhaupt zu werden (Gilead ist sowohl der Name des Vaters Jiftachs als auch des Landes).

Nachdem Jiftach dem König der Ammoniter, der auf einmal israelitisches Siedlungsgebiet beansprucht, vergeblich dargelegt hat, warum Israel hier rechtmäßig lebt, sieht Jiftach nur noch die Möglichkeit des Kampfes und leistet Gott ein folgenschweres Gelübde: Sollte Gott ihm den Sieg über die Ammoniter schenken, so will Jiftach ihm das opfern, was ihm (als Erstes) aus seiner Haustür entgegengeht.

Barak zog auf den Berg Tabor westlich des Sees Gennesaret, um von dort aus Sisera anzugreifen.

Nach erfolgreichem Kampf gegen die Ammoniter kehrt Jiftach nach Hause zurück. Seine Tochter kommt ihm durch die Haustür entgegen. Jiftachs Tochter fügt sich in ihr Schicksal. Sie fordert vom Vater jedoch zwei Monate Aufschub, um mit ihren Freundinnen ihre Jugend zu beweinen.

Die Opferung der Tochter Jiftachs soll von den Töchtern Israels einmal im Jahr vier Tage lang beklagt werden (Ri 11,40). Diese Erzählung kann als eine Gegengeschichte zur verhinderten Opferung Isaaks in Gen 22 gelesen werden.

Der Stamm Efraim, der sich nicht am Krieg gegen die Ammoniter beteiligt hatte, greift Jiftach an, wird aber schnell vertrieben. Die Männer Jiftachs besetzen die Furten des Jordans an der Grenze zu Efraim und befragen jeden, der den Fluss überqueren will. Um festzustellen, ob es sich um flüchtige Efraimiter handelt, müssen sie das Wort „*Schibbolet*" (hebr. שִׁבֹּלֶת = Strom) vorsprechen. Efraimiter können das Wort nur mit scharfem S als „*Sibbolet*" artikulieren. So erkannt, wurden die flüchtigen Efraimiter erschlagen.

Jiftach war sechs Jahre lang Richter in Israel. Nachdem er gestorben war, wurde er in seiner Stadt Gilead begraben.

Die kleinen Richter Ibzan, Elon und Abdon (Ri 12,8–15)

Jiftachs Geschichte wird wiederum mit kurzen biografischen Notizen über die folgenden kleinen Richter und die Länge ihrer Amtszeit fortgesetzt: Ibzan (sieben Jahre, vom Stamm Sebulon), Elon (zehn Jahre, vom Stamm Sebulon) und Abdon (acht Jahre, vom Stamm Efraim).

Simson (Ri 13,1–16,31)

Die Geschichten über Simson gehören zu den bekanntesten Stücken des Richterbuchs. Dass hier etwas Besonderes beginnt, wird bereits daran deutlich, dass Simsons un-

Baal wird oft als schlagender Gott dargestellt. Diese silberne Statuette einer Gottheit entstand zwischen 1500 und 1000 v. Chr.

fruchtbarer Mutter durch einen Engel die Geburt angekündigt wird. Sehr detailliert wird das Unverständnis von Simsons Mutter und seinem Vater Manoach geschildert, die sich beide mit einer unbegreiflichen Größe konfrontiert sehen. So ist sich die Mutter Simsons nicht sicher, ob sie einen Engel gesehen hat oder einfach einen Furcht einflößenden Mann. Ihr Ehemann Manoach ist ebenso ratlos und betet um die Rückkehr des Engels. Geradezu rührend liest sich die Einladung Manoachs an den Engel, er möge noch zum Essen bleiben.

Simson ist nicht nur Richter, sondern auch Nasiräer (hebr. *nasir* נָזִיר), ein Ausgesonderter Gottes. Daher soll er sich nicht die Haare schneiden und keinen Alkohol trinken (vgl. Num 6,2–21).

Außerdem ist Simson mit übermenschlicher Kraft begabt. Im Unterschied zu den anderen Richtern, die vor allem in ihrer politischen Funktion beschrieben werden, wird bei Simson viel Privates erzählt, das allerdings auch politisch brisant ist.

Simson verliebt sich als junger Mann in eine Philisterin, eine Angehörige jenes fremdreligiösen Volkes also (Ri 14,3), das mit Israel im Dauerkonflikt lebt. Weder seine Eltern noch die Eltern seiner zukünftigen Frau sind mit einer Heirat einverstanden. Auf dem Weg zu seinen Schwiegereltern rast Simson ein brüllender Löwe entgegen, den er jedoch mit seiner übermenschlichen Kraft mühelos töten kann. Einige Zeit später kehrt er zum Löwenkadaver zurück und findet einen Bienenstock im toten Tier.

Beim Gastmahl in der Familie seiner Verlobten gibt Simson den Anwesenden dieses Rätsel auf: Aus dem Fresser kommt Nahrung, und aus dem Starken kommt Süßes. Wer in sieben Tagen das Rätsel löst, erhält 30 Hemden und 30 Festgewänder. Da die Gäste das Rätsel in der gesetzten Frist nicht beantworten können, zwingen sie Simsons Verlobte dazu, ihm die Antwort zu entlocken. Als die Philister auf einmal Simsons Rätsel lösen können, erkennt dieser den Betrug. Er geht in die Philisterstadt Aschkelon, erschlägt dort 30 Männer und löst mit ihren Gewändern seine Wettschuld ein.

Nun kann Simson die Philisterin nicht mehr heiraten. Als er aber erfährt, dass jetzt sein bester Freund seine Verlobte zur Frau hat, fängt er 300 Füchse, bindet jeweils zwei aneinander, mit einer brennenden Fackel dazwischen, und jagt sie in die Felder, Weinberge und Ölbaumhaine der Philister, damit sie diese verbrennen.

Die Feindschaft zwischen Israel und den Philistern spitzt sich durch Simsons Taten so weit zu, dass sie den besetzten Judäern das Ultimatum stellen, Simson auszuliefern. Mit Gottes Hilfe kommt der gefesselte Simson wieder frei und erschlägt tausend Philister mit dem Backenknochen eines Esels. Anschließend wird berichtet, dass Simson 20 Jahre lang Richter über Israel zur Zeit der Philister war.

Da sie ihn nicht mit militärischer Gewalt überwinden können, ersinnen die Philister eine List. Sie stiften Delila, eine schöne Philisterin, an, Simson zu verführen.

Simson nimmt sich Delila zur Frau. Sofort versucht sie, Simson das Geheimnis seiner Kraft zu entlocken. Dreimal kann er sie täuschen. Doch beim vierten Mal hat Delila endlich Erfolg. Sie erfährt das Geheimnis. Im Schlaf schneidet sie ihm das Haar ab, und es stellt sich heraus, dass Simson damit seine Kraft verliert. Nun können ihn die Philister gefangen nehmen und blenden.

Nachdem Gott Simson in der Gefangenschaft das Haar wieder wachsen und damit die Kraft zurückkehren ließ, kann sich dieser an den Philistern ein letztes Mal rächen. Die Philister feiern ihren Sieg über Simson mit einem großen Opferfest für ihren Gott Dagon. Als der gefangene Simson nun zur Belustigung von Fürsten und Volk vorgeführt werden soll, bringt er das voll besetzte Haus zum Einsturz, auf dessen Flachdach allein 3000 Männer und Frauen sitzen. Damit reißt Simson mehr Philister mit sich in den Tod, als er zu Lebzeiten je umgebracht hat. Dieser eigentümlichste aller Richter hat Israel 20 Jahre lang Recht verschafft.

Aus einer typischen antiken „Heldengeschichte", wie über Gilgamesch oder Herakles, ist nun im Richterbuch eine *Rettungsgeschichte* aus Israels Überlebenskampf gegen die Philister geworden – und ein Bekenntnis zum befreienden Gott Israels gegen die Verknechtungsgötzen der Bedrücker.

Der Efraimit Micha (Ri 17,1–13)

Simson ist der letzte Richter, dessen Geschichte im Richterbuch erzählt wird. Mit Kapitel 17 beginnt ein neuer Handlungsabschnitt. Die Frevelhaftigkeit der Israeliten, die auch aus der Konkurrenz der Stämme untereinander herrührt, wird in den letzten Kapiteln des Richterbuchs ebenso thematisiert wie die Hilflosigkeit bei kultischen Fragen.

Unvermittelt setzt die Erzählung von Micha, dem Efraimiter, damit ein, dass er seiner Mutter 1100 Schekel zurückgibt, die er sich offenbar ohne ihr Wissen von ihr genommen hatte; sie hatte diese als gestohlen betrachtet und danach den Dieb verflucht.

Auf den ersten Blick erscheint Micha im Hinblick auf Lev 5,1 und Spr 29,24 als ein frommer Mann, der darum bemüht ist, das Missverständnis aufzudecken und keine falsche Anschuldigung im Raum stehen zu lassen.

Von einem Teil des Geldes lässt die Mutter ein mit Metall überzogenes Gottesbild herstellen und in Michas Haus aufstellen. Dieses wird dadurch zum Gotteshaus. Micha fertigt deshalb ein Efod und Terafim an und macht einen seiner Söhne zum Priester für das Gotteshaus.

Mit den Anklängen an das Verbot, Bilder von Gott anzufertigen (Ex 20,4 = Dtn 5,8), und dem Hinweis auf die Willkür der Israeliten in der königslosen Zeit kritisiert diese Erzählung Michas Handeln als Abfall vom richtigen Gottesglauben.

Schließlich kommt ein Levit in das Gebirge Efraim, und Micha kann ihn dazu überreden, den kultischen Dienst in seinem Gotteshaus zu übernehmen. Damit ist anscheinend das Gebot korrekt erfüllt, nach dem rechtmäßige Priester für den Dienst am Haus Gottes aus dem Geschlecht Levis stammen müssen. Doch die Erzählung zeigt wieder deutliche Kritik an Michas Handeln: Der Levit wird nicht als Priester Gottes, sondern als Michas Privatpriester beschrieben, dem es vorrangig um seine Bezahlung geht und durch den Micha sich von Gott Vorteile erhofft.

Der Frevel der Daniter (Ri 18)

Aufgrund des erfolgreichen Widerstands der Amoriter konnte der Stamm Dan kein Land für sich in Besitz nehmen (vgl. Ri 1,34). Daher senden die Daniter fünf ihrer tapfersten Leute aus, um zu erkunden, wo sie Land erobern können. Auf ihrem Weg kommen sie in das Gebirge Efraim, kehren in Michas Haus ein und lassen sich von dessen Leviten Auskunft geben, ob Gott ihren Weg ebnen wird.

Nachdem der Levit ihnen ein gutes Gelingen vorausgesagt hat, kommen die Daniter nach Lajisch, einer Stadt, in der sorglose Menschen fernab von anderen Städten friedlich ihr Leben führen. Die Kundschafter beschließen, diese Stadt einzunehmen. Mit 600 bewaffneten Männern ziehen sie gegen Lajisch. Auf dem Weg dorthin berauben sie das Gotteshaus des Micha und werben den levitischen Priester ab, damit er für sie in Zukunft den kultischen Dienst tut. Die offensichtliche Freveltat an Micha sowie der Überfall auf Lajisch, dessen Bewohner ermordet werden, bleiben ungesühnt, da es niemanden gibt, der sich der bewaffneten Männer erwehren kann. Lajisch wird eingenommen und bekommt den Namen Dan. Inmitten der Stadt wird ein Gotteshaus errichtet, in dem die gestohlenen Efod und Terafim sowie das Standbild aufgestellt werden. Der Levit, der nun als Jehonaton, der Enkel Moses, identifiziert wird, dient fortan den Daniten als Priester. Nach diesem ersten Beispiel der Gesetzlosigkeit im Land, bei der allein das Recht des Stärkeren zählt, folgt nun ein zweites, noch drastischeres Beispiel.

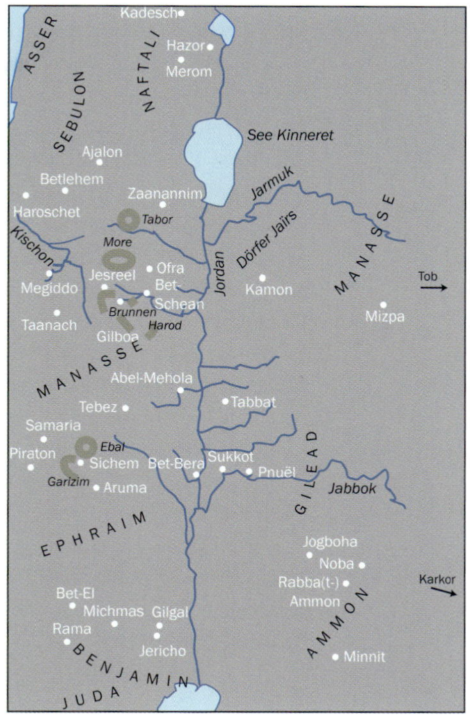

Orte der Richterzeit

Das Verbrechen Gibeas (Ri 19–21)

Der rechtlose Zustand zu der Zeit, da „kein König im Land war" (Ri 19,1), wird mit einer grausamen Geschichte illustriert, die eine Variation der Geschichte von Sodom und Gomorra aus Gen 19 darstellt. Aufgrund eines Ehestreits sieht sich ein Levit gezwungen, aus dem Gebirge Efraim nach Betlehem zu reisen, um seine Zweitfrau zu beschwichtigen und zu sich zurückzuholen. Sein Versuch ist erfolgreich, und der Levit findet im Haus seines Schwiegervaters so freundliche Aufnahme, dass er sich erst nach fünf Tagen gegen Abend verabschieden und wieder auf den Heimweg machen kann. Auf dem Rückweg finden die Eheleute Unterkunft bei einem Gastvater in der Stadt Gibea im Gebiet des Stammes Benjamin. Der alte Mann, der ihnen Obdach gewährt, ist selbst ein Fremder in Benjamin; auch er stammt aus dem Gebirge Efraim. Offenbar weiß er um die Bosheit der Bewohner von Gibea, denn er rät ihnen, keinesfalls in der Stadt zu übernachten. Am Abend fordert die Stadtbevölkerung die Herausgabe des Mannes, damit sie ihm Gewalt antun können. Als Gastgeber bietet der alte Efraimiter statt seines Gastes seine Tochter und die Nebenfrau des Leviten an, damit die Männer der Stadt mit ihnen verfahren können, wie es ihnen beliebt.

Obwohl die Männer der Stadt dies ablehnen, schickt der Levit seine Nebenfrau vor die Tür. Sie wird den Männern der Stadt überlassen und so lange vergewaltigt, bis sie stirbt. Dramatisch wird geschildert, dass die geschändete Frau noch die Türschwelle des Gastgebers erreicht und dort tot zusammenbricht.

Oftmals wurde diese Geschichte als biblische Kritik an Homosexualität gelesen. Die Lektüre des Textes legt dieses jedoch nicht nahe, da sich die mörderische Bosheit der

Männer Gibeas sowohl auf Männer als auch auf Frauen bezieht, wie die Vergewaltigung und der Tod der Zweitfrau belegen. Darüber hinaus stellen sich vor allem Fragen nach der Verantwortung des Leviten für seine Nebenfrau und die Stellung des Gastgebers in der Geschichte. So kann die Erzählung als Darstellung einer allgemeinen Bosheit im Land gelesen werden, die noch kein königlicher Regent zügelt, denn die Gewalttätigkeit an einer wehrlosen Frau ist neben einem Verstoß gegen das heilige Gastrecht vor allem ein Verbrechen gegen den Gott der Befreiung. Zudem setzt die Erzählung dem bösen Gibea, Sauls Heimatort, der Brutstätte von menschenunwürdiger Gewalt, das gastfreundliche Betlehem als Davids Herkunftsort kritisch gegenüber.

Die Grausamkeit der Geschichte setzt sich fort, indem der Reisende seine tote Nebenfrau nimmt und in zwölf Stücke zerschneidet. Jedes der Stücke wird in ein Gebiet Israels gesandt, um darzustellen, wie grausam sich die Bewohner Gibeas vom Stamm Benjamin gegenüber Fremden verhalten haben.

Betlehem, die Heimatstadt Davids, bietet dem Leviten freundliche Aufnahme. Blick auf Betlehem heute

Die Stämme Israels führen daraufhin Krieg gegen die Benjaminiten, töten 25.000 Männer und zünden Gibea an. Darüber hinaus wird Benjamin mit einem Bann belegt, damit keiner aus den anderen Stämmen seine Tochter einem Benjaminiten zur Frau gibt. Da dies zum Ende Benjamins geführt hätte, wird der Bann schließlich aufgehoben.

Die Quintessenz insbesondere der letzten Kapitel des Richterbuchs findet sich in den letzten Versen, die eine Wiederholung der Aussage sind: „Es war aber zu der Zeit kein König im Land, und jeder tat, was in seinen Augen gut war."

Rut – Eine Frau geht ihren Weg

Das Buch Rut erzählt die Geschichte einer mutigen Frau, die ihrer Schwiegermutter in eine unsichere Zukunft folgt und ihre Treue mit der Treue ihres Gottes beantwortet findet, der sie zur Stammmutter Davids werden lässt.

Das Buch Rut bietet eine kunstvolle Erzählung mit *Happy End*, die von der Solidarität zwischen Frauen und dem Geschick der Hauptperson Rut handelt.

Weil zu Beginn des Buches das berichtete Geschehen in die Richterzeit datiert wird, hat Martin Luther das Buch Rut nach dem der Richter eingeordnet.

Auf den ersten Blick erzählt das Buch eine filmreife Romanze. Doch auf den zweiten Blick gewinnt diese Erzählung eine politische Bedeutung: Denn wenn hier eine Frau aus einem fremden Volk einen Israeliten für sich gewinnt, dann ist dies in nachexilischer Zeit ein wichtiger Beitrag zur Diskussion um sogenannte Mischehen. Dies gilt erst recht, wenn man bedenkt, dass David (und damit auch Jesus, vgl. Mt 1) ein Nachfahre dieser „fremden" Frau ist.

In jedem Fall will dieses Buch nicht künstlich gegliedert, sondern genussvoll gelesen und freudig weitererzählt werden.

Dabei sei darauf hingewiesen, wie sich die räumliche und zeitliche Perspektive der Erzählung immer weiter verengt: Das erste Kapitel spielt in Moab, die weiteren spielen auf dem Feld, auf der Tenne und im Tor. Dem entspricht eine zeitliche Zuspitzung: So verkürzt sich die erzählte Zeit mit jedem Kapitel, von zunächst zehn Jahren auf einen Tag, eine Nacht und schließlich nur noch eine Stunde.

Im Judentum wird das Buch Rut wegen des Themas Ernte zum Wochenfest (Schawuot) gelesen.

„Wo du hingehst …“ (Rut 1)

Die Vorgeschichte des Buches beginnt in Betlehem und führt dort wieder hin. Betlehem, hebr. בֵּית לֶחֶם *bet-lächäm,* ist zum einen ein besonderer Ort, weil hier David geboren und der Messias erhofft wird (vgl. 1 Sam 16,1–13; Mi 5,1–3). Zum anderen ist es ein sprechender Name: „Haus des Brotes“. Denn Brot fehlt einem Mann namens Elimelech, der mit seiner Frau Noomi und seinen Söhnen Machlon und Kiljon aus Juda in das fremde Moab zieht.

Machlon und Kiljon sind symbolische Namen, die etwa „schwächlich“ und „gebrechlich“ bedeuten. So verwundert es nicht, dass nach Elimelech auch diese beiden sterben und ihre moabitischen Frauen Orpa und Rut unversorgt zurücklassen.

Da die Witwen nun keinen Ernährer mehr haben, rät Noomi ihren beiden Schwiegertöchtern, zu ihrer Familie zurückzukehren, während ihr nichts anderes übrig bleibt, als den unsicheren Rückweg nach Betlehem anzutreten. Orpa ist vernünftig und folgt dem Rat. Doch Rut verbindet ihr Schicksal mit dem ihrer Schwiegermutter und gelobt ihr die Treue mit einem Satz, der heute gern bei Trauungen verwendet wird (Rut 1,16): „Wo du hingehst, da will ich auch hingehen; wo du bleibst, da bleibe ich auch.“

Rut trifft Boas (Rut 2)

In der Heimat des verstorbenen Mannes trifft Rut einen wohlhabenden und großzügigen Verwandten namens Boas, der die tüchtige Rut unter guten Bedingungen Nahrung für sich und Noomi erarbeiten lässt. Boas segnet Rut, und dieser Segen zeigt sich zunächst in einer reichlichen Ernte. Zudem sorgt er dafür, dass Rut nicht von den Erntearbeitern belästigt wird.

Am Ende des Kapitels wird es spannend: Rut erfährt, dass Boas ein „Löser“ ist (vgl. Lev 25,23ff.). Das heißt, es wäre an ihm, sie als verwitwete Verwandte durch das Eingehen einer sogenannten Leviratsehe zu versorgen (vgl. Dtn 25,5–9). Ist Boas, dessen Name „in ihm ist Kraft“ bedeutet, also die Lösung?

Die Nacht auf der Tenne (Rut 3)

Noomi sorgt dafür, dass das Geschehen vorangetrieben wird: Sie fordert Rut auf, sich – als Braut verkleidet – unerkannt neben Boas zu legen, wenn dieser nach dem Essen und Trinken auf der Tenne, dem Dreschplatz im Freien, schläft wohl um das Getreide zu bewachen.

Boas erschrickt, als er aufwacht und merkt, dass die herausgeputzte Frau (mindestens!) seine Füße aufgedeckt und sich zu ihm gelegt hat. Rut gibt sich zu erkennen und bittet ihn, als Löser sein Gewand über sie zu decken.

Darauf segnet der – vielleicht nicht mehr ganz junge – Boas die tüchtige Rut, weil sie nicht den jungen Burschen hinterhergelaufen sei. Er gibt ihr etwas Gerste mit. Doch heiraten kann er Rut noch nicht. Denn Boas weiß: Es gibt noch einen Löser, der näher verwandt ist und darum zunächst gefragt werden muss.

Entscheidung im Tor (Rut 4)

Weil solche Fragen im Tor, dem zentralen öffentlichen Ort in Israel, besprochen werden, begibt sich Boas dorthin

Auszug und Einzug

Seitdem in der ersten Hälfte des 20. Jh.s auch Frauen Theologie studieren durften, sind die Frauengestalten im Alten Testament zunehmend in den Blick gerückt. Dabei wurde erkannt:

- Die meisten alttestamentlichen Texte sind aus einer männlichen Perspektive geschrieben, wobei das Buch Rut und einige Psalmen die Ausnahmen bilden könnten. Denn sonst werden die Frauen im Alten Testament fast immer durch eine männliche Brille gezeichnet.
- Der öffentliche Bereich wurde schon damals von Männern dominiert. Auch im privaten Bereich standen Frauen zumeist unter der Verfügungsgewalt ihrer Väter oder Männer.
- Angesichts dieser männlichen Dominanz in Kult und Politik sind gerade die Beispiele interessant, in denen Frauen als selbstständig dargestellt werden (wie Tamar, Mirjam, Debora, Hanna, Judit, Ester, Rahab, Delila, Rut) oder eine gesellschaftlich hervorgehobene Rolle spielen (wie Debora als Richterin und Prophetin, Isebel oder die Königin von Saba als Königinnen). Darüber hinaus werden viele Bereiche sichtbar, in denen Frauen ähnliche Funktionen wie Männer hatten (z. B. in der Unterweisung der Kinder, bei Festen) oder sogar eine wichtigere Rolle als die Männer spielten (bei Geburten und Todesfällen).
- Das höchste Ansehen erhielt eine Frau als Mutter. Auch Gott selbst scheut sich nicht davor, diese Mütterlichkeit anzunehmen, indem er Barmherzigkeit übt – eine Eigenschaft, deren Wort im Hebräischen vom Wort für Gebärmutter, hebr. רֶחֶם *rächäm*, abgeleitet ist.

Am Jaffator in Jerusalem

und trifft zufällig den zuerst berechtigten Löser. Dieser will zunächst auch für Noomi sorgen, womit die Felder Elimelechs in seinen Besitz kämen. Doch als Boas die Versorgung Noomis mit der Forderung nach einer Leviratsehe mit Rut verknüpft, verzichtet der namenlose Löser. Er deutet an, dass er einen wirtschaftlichen Schaden hätte, weil ein mit Rut gezeugter Sohn rechtlich als Elimelechs Sohn gelten würde und als solcher erbberechtigt wäre.

Daraufhin darf Boas Rut heiraten, die – als eine Fremde! – von den Umstehenden mit Rahel und Lea verglichen wird.

Am Ende schenkt Gott Rut nicht nur Brot, sondern auch Fruchtbarkeit, und sie gebiert einen Sohn namens Obed („Diener"). Die Frauen segnen Noomi, weil Gott es nicht an einem Löser hat fehlen lassen.

Wenn diese wunderbare Geschichte mit einem Stammbaum von Perez bis David abgeschlossen wird, dann ist der Schritt vom Löser zum Er-Löser nicht weit.

Erstes und Zweites Buch Samuel – Israel wird zum Königtum

Im Zentrum dieser beiden Bücher, die vom großen politischen Umbruch von der Richter- zur Königszeit erzählen, stehen Samuel, Saul und David. Samuel ist ein Prophet und Richter in Israel und setzt sich mit dem Wunsch des Volkes nach einem König auseinander. Dabei wird immer wieder deutlich, dass das Königtum für Israel sowohl Vorteile als auch Nachteile bzw. Gefahren birgt.

Saul wird König. Sein von Gott begünstigter Gegenspieler heißt David, der schließlich Sauls Nachfolger wird. Trotz aller Geschichten, die David im negativen Licht erscheinen lassen, wird David für Israel der König schlechthin sein, was bis in die messianischen Texte hinein deutlich wird.

So gliedert sich das erste Buch Samuel folgendermaßen:

- Geburt, Jugend und Weihe Samuels in Schilo (1 Sam 1–3);
- die Lade und die Philisternot (1 Sam 4–7);
- das Königsrecht (1 Sam 8);
- Aufstieg Sauls (1 Sam 9–15);
- Aufstieg Davids und Niedergang Sauls (1 Sam 16–31).

Das zweite Buch Samuel beginnt mit der Königsherrschaft Davids und schildert, wie Davids Gegner einer nach dem anderen beseitigt werden, ohne dass dies ausdrücklich kritisch gewertet wird. Davids Erfolg gipfelt in der von Natan überbrachten Verheißung Gottes, dass die Dynastie Davids für immer erhalten wird.

- Immer wieder wird von kämpferischen Handlungen berichtet, auch im 2. Buch Samuel:
- David wird König über Juda und Israel und erobert Jerusalem (2 Sam 1–5);
- die Lade wird nach Jerusalem überführt, Natanweissagung (2 Sam 6–7);
- Davids Siege und seine Großmut gegenüber Jonatans Sohn (2 Sam 8–9);
- Davids Regierung und Thronfolge, Aufstände von Abschalom und Scheba (2 Sam 10–20);
- Schluss: Rache an Sauls Verwandten, Kämpfe mit den Philistern, Davids Danklied und letzte Worte, Volkszählung (2 Sam 21–24).

Die Samuel-Bücher erzählen deutend von einer Geschichte Israels, über die ihr Gott weiterhin souverän gebietet, obwohl er nun seltener als in vorstaatlicher Zeit direkt durch Propheten, Gottesurteile oder Plagen eingreift.

Beide Bücher Samuels waren, wie die Königebücher, ursprünglich ein Buch und wurden erst in der Septuaginta, der griechischen Übersetzung des Alten Testaments, getrennt. Entstanden sind die Bücher Samuels wohl vom 8. bis zum 6. Jh. v. Chr.

Samuel wird geboren und geweiht (1 Sam 1)

Häufiger im Alten Testament sind Stammmütter zunächst unfruchtbar (Sara, Rahel) und bekommen erst nach einer Leidenszeit von Gott die Fähigkeit, ein Kind bzw. einen Sohn zu gebären. So geht es auch Hanna. Erst als sie verspricht, ihr Kind als Nasiräer zu weihen (vgl. Num 6), wird sie schwanger.

Hanna dankt Gott (1 Sam 2,1–11)

Aus Freude über die Geburt Samuels betet Hanna ein Danklied über die Kraft Gottes und die Umkehrung der Verhältnisse.

Die Schuld des Hauses Eli (1 Sam 2,12–36)

Weil die Söhne des Priesters Eli ihr Priesteramt in Schilo, der Kultstätte, missbrauchen, wird ihnen Unheil angesagt. Denn wenn sich Menschen aneinander versündigen, kann Gott das Verhältnis zwar in Ordnung bringen; wenn sich Menschen aber gegen Gott versündigen, kann dies niemand mehr heilen. Alle Hoffnungen ruhen nun auf Samuel.

Archäologische Forschungen haben gezeigt, dass es in Schilo mindestens zwischen 1150 und 1050 v. Chr. eine Kultstätte gab. Diesen Erzählungen zufolge wurde dort die Lade aufbewahrt.

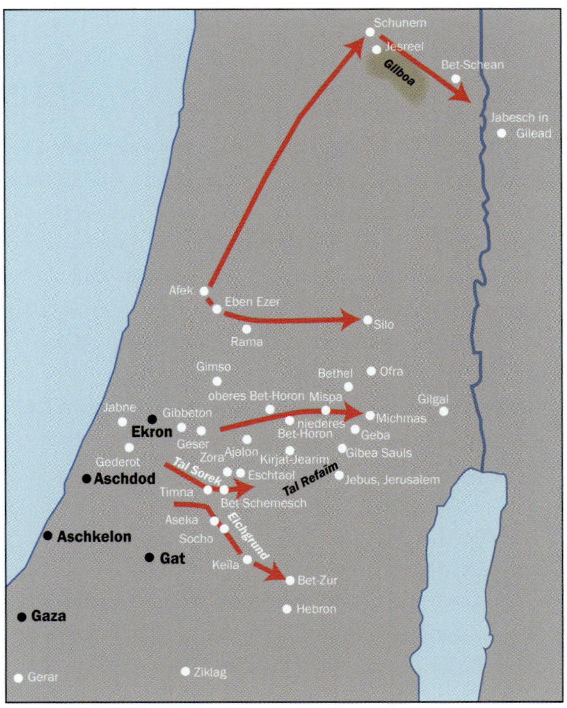

So werden die Ereignisse in 1 Sam lokalisiert.

Samuel hört das erste Mal Gott (1 Sam 3)

In einer Zeit, in der Offenbarungen des Herrn nicht häufig waren, hört der junge Samuel, der bei Eli den Priesterdienst einübt, im Schlaf eine Stimme und lernt sie als Stimme Gottes von menschlichen Stimmen zu unterscheiden. Eli leitet ihn an, sich für Gottes Botschaft bereitzuhalten – auch wenn Gott Unheil für das Haus Elis vorhersagt. So wird Samuel zum Propheten.

Die Lade geht verloren (1 Sam 4)

Immer wieder wird Israel von den Philistern bedrängt, die sich um 1200 v. Chr. an der Küste angesiedelt hatten. Nun geschieht das Schlimmste: Auch die Lade als Zeichen der Gegenwart Gottes wird von den Philistern mitgenommen. Vor Schreck fällt Eli, der 40 Jahre lang „Richter" gewesen ist (zu diesem Begriff vgl. die Einleitung zum Buch Richter), rücklings vom Stuhl und bricht sich das Genick.

Die Philister bringen die Lade zurück (1 Sam 5–7,1)

Die Philister haben mit der Lade wenig Glück. Als sie Plagen verursacht, bringen sie sie lieber wieder zurück. Die Lade wird von den Leviten in Empfang genommen und von Bet-Schemesch nach Kirjat-Jearim verlagert.

Samuel als Richter (1 Sam 7,2–17)

Als Samuel das versammelte Volk Israel zur Umkehr ruft, wird dies von den Philistern wohl als Bedrohung wahrgenommen. So greifen sie Israel an, werden aber besiegt dank der Führung Samuels als Richter.

Israel fordert einen König (1 Sam 8)

Samuel setzt seine Söhne als Richter ein, die allerdings bestechlich sind und das Recht beugen. Da fordert das Volk nachdrücklich einen König trotz der Warnungen Samuels.

Saul wird König (1 Sam 9–10)

Der hochgewachsene und attraktive Saul, ein Mann aus Gibea in Benjamin, geht eines Tages aus, um die verloren gegangenen Eselinnen seines Vaters zu suchen. Als Samuel Saul trifft, bedeutet ihm Gott, dass er ihn als Retter für Israel ausersehen hat. Samuel salbt Saul zum König; diese Wahl wird durch einen Losentscheid bestätigt.

Sauls Sieg über die Ammoniter (1 Sam 11)

Auch der Sieg Israels unter der Führung des vom Geist Gottes ergriffenen Saul zeigt, dass der richtige König gewählt wurde. Der Sieg wird als Heilshandeln Gottes gedeutet.

Samuels Abschiedsrede (1 Sam 12)

Die Abschiedsrede Samuels macht deutlich, dass nun die Epoche uneigennütziger Richter zu Ende geht. Samuel schärft dem Volk ein, dass ein Königtum nicht vor einem sündigen Verhalten schützt, ja selbst die Forderung nach einem König unrecht ist. Nach königsfreundlichen Texten dominieren hier also wieder die königskritischen Töne.

Krieg gegen die Philister (1 Sam 13)

Der Überfall eines Philisterpostens durch Sauls Sohn Jonatan entfacht einen weiteren Krieg mit den Philistern, die an Mut und auch an technischer Ausrüstung überlegen scheinen. Offenbar erinnert sich Israel, das erst um 1000 v. Chr. Eisen zu verarbeiten begann, an die Zeit, in der dies anderen Völkern schon möglich war.

Ein anderes Problem entsteht dadurch, dass Saul ein Opfer nicht angemessen vollzieht.

Sieg über die Philister (1 Sam 14)

Nach Sauls Sieg über die Philister übertritt Jonatan unwissentlich ein von Saul verhängtes Enthaltsamkeitsgebot. Lose lassen dies offenbar werden, doch das Volk schützt den Helden Jonatan vor der tödlichen Verurteilung.

Sieg über die Amalekiter und Verwerfung Sauls (1 Sam 15)

Saul wird von Gott verworfen, weil er nach dem Sieg über die Amalekiter, die Erzfeinde Israels, deren König und das wertvolle Vieh verschonte. Samuel reißt ein Stück von Sauls Mantel ab und sagt ihm voraus, dass Gott ihm das Königtum entreißen wird.

David wird von Samuel zum König gesalbt (1 Sam 16)

In 1 Sam 16 beginnt die Geschichte von Davids Aufstieg (1 Sam 16–2 Sam 9). Nachdem Gott bereute, Saul zum König eingesetzt zu haben, wird David als der jüngste Sohn Isais zum König gesalbt.

An den Hof Sauls gelangt der gut aussehende David zunächst als Musiktherapeut, der Sauls Verstimmung aufhellt, sowie als Waffenträger. Als Harfenspieler wird David später zum Psalmendichter erklärt.

David besiegt Goliat (1 Sam 17)

So groß, wie die Übermacht der Philister erschien, so riesenhaft kam den mitunter verzagten Israeliten der Kämpfer Goliat vor, der in seiner beinahe grotesken Rüstung nicht nur Israel, sondern auch deren Gott verhöhnte. David stellt sich dem Kampf und durchdringt mit einem Schleuderstein Goliats Stirn, sodass dieser tot umfällt, ohne dass David das Schwert ziehen muss.

In der jüdischen Exegese wird mitunter darauf hingewiesen, dass das mit „Stirn“ übersetzte Wort (hebr. מֵצַח/מִצְחָה *mezach/mizchah*) als Beschreibung für den Unterschenkelpanzer Goliats erscheint (vgl. 17,6). Daher könnte David auch einen Stein oben in den Kniepanzer Goliats geworfen haben, sodass dieser mit seiner schweren Rüstung stolperte und zu Tode fiel.

Alle lieben David (1 Sam 18)

David ist äußerst beliebt. Jonatan liebt ihn so sehr wie sein eigenes Leben, daher schließen die beiden einen Bund miteinander.

Den neidischen Saul überkommt ein böser Geist, sodass er David mit einem Speer an die Wand spießen will. Doch David entkommt, sogar, als Saul ihm eine Tochter zur Frau gibt und von ihm als Brautpreis die Vorhäute der Philister verlangt, was als Falle gedacht ist. Ganz Israel liebt den vom „Glück verfolgten“ David.

David muss fliehen (1 Sam 19)

In seinem Wahn trachtet Saul – trotz der zunächst erfolgreichen Fürsprache Jonatans für David – weiter mit Eifer danach, David zu töten. Davids Frau, Sauls Tochter Michal, warnt ihren Mann. Bei der Verfolgung geraten Saul und die anderen Verfolger Davids in Ekstase, Saul zieht seine Kleider aus und denkt offenbar nicht mehr an Mord und Totschlag.

Jonatan erweist David seine Freundschaft (1 Sam 20)

Jonatan erkundet Sauls Stimmung und warnt seinen geliebten Freund durch das Abschießen von Pfeilen. Saul verflucht Jonatan und versucht, ihn zu töten.

Daraufhin küssen Jonatan und David einander – und nehmen Abschied.

David beim Priester Ahimelech (1 Sam 21–22)

Auf seiner Flucht gelangt David zu dem Priester Ahimelech, der ihm von den Schaubroten zu essen gibt und ihn mit Waffen ausstattet. Darüber wird Saul später derart zornig, dass er sich grausam an den Priestern rächt.

Um seine Haut zu retten, geht David ungewöhnliche Wege: Als er in Gat erkannt wird, stellt er sich verrückt, kratzt an einer Tür und lässt Speichel aus seinem Mund laufen.

Sogar in das Philisterland rettet sich David, was zeigt, dass die Grenzen zwischen Freund und Feind verschwimmen können.

David flieht weiter vor Saul (1 Sam 23)

David befreit Kegila von den Philistern, muss aber fliehen, als ihm ein Orakel die Ankunft Sauls und die Auslieferung durch die Menschen in Kegila voraussagt. Noch brenzliger wird es für ihn, als die Menschen in Sif ihn verraten. Ein Philistereinfall kann Saul gerade noch davon abhalten, David zu ergreifen.

David verschont Saul (1 Sam 24)

In einer Höhle bei En-Gedi kommt David Saul so nahe, dass er ihn hätte töten können. Stattdessen schneidet er einen Zipfel seines Gewandes ab und beschämt Saul, indem er ihm später davon berichtet.

David und Abigail (1 Sam 25)

Mit Samuel stirbt einer der größten Propheten Israels. David erbittet am Karmel vom Gutsherrn und Viehzüchter Nabal eine angemessene Vergütung für die geleisteten Schutzdienste seiner Freischärler. Doch Nabal (hebr. = Dummkopf, Tor) weist diese Bitte schroff zurück. Seine Ehefrau Abigail will die Torheit ihres Mannes ausgleichen und bringt David und seinen Leuten Nahrung. Als Nabal davon erfährt, bekommt er einen Herzanfall. Nach zehn Tagen lässt Gott ihn sterben. Die Witwe Abigail folgt David und wird seine Frau.

David verschont Saul zum zweiten Mal (1 Sam 26)

Saul macht sich auf die Suche nach David und lagert mit 3000 Männern in der Wüste. David kann in die Wagenburg Sauls eindringen, und es wäre ihm wiederum ein Leichtes gewesen, den König zu töten. David nimmt einen Speer und einen Wasserkrug, die neben Saul gelegen haben, um beweisen zu können, wie nahe er ihm gekommen ist.

David bei den Philistern (1 Sam 27)

David flieht vor Saul zu Achisch, dem König von Gat. Der gibt ihm die Stadt Ziklag, damit David und seine Familie dort wohnen können. Danach führt David Schlachten gegen die ansässigen Stämme des Südens, von denen er niemanden am Leben lässt.

Saul befragt die Toten (1 Sam 28)

Da Saul keine Weisung von Gott erhält, wendet er sich an die Totenbeschwörerin von En-Dor. Diese beschwört den verstorbenen Samuel, welcher Saul den nahen Tod ankündigt.

Misstrauen der Philister (1 Sam 29)

David ist als derjenige bekannt, der Zehntausende Philister besiegt hat. Daher ist es nicht erstaunlich, dass es Vorbehalte der Philister gegen seine Teilnahme an einer Schlacht gegen Israel gibt. David wird aus dem Militär der Philister entlassen und nach Ziklag zurückgeschickt.

Davids Kampf gegen die Amalekiter (1 Sam 30)

In der Zeit seiner Abwesenheit sind die Amalekiter in Ziklag eingefallen, haben es gebrandschatzt und die Frauen und Kinder entführt. Nach der Befragung des Efods setzt David den Amalekitern mit 600 Männern nach, erreicht sie mit 400 davon und besiegt sie. Die Frauen, Kinder und alles Diebesgut können gerettet werden.

In einer Höhle bei En Gedi kommt es nach 1 Sam 24 zu einer schicksalhaften Begegnung von David und Saul.

Der Tod Sauls (1 Sam 31)

Im Krieg Israels gegen die Philister werden zunächst Sauls Söhne Jonatan, Abinadab und Malkischua getötet. Saul wird von Bogenschützen umringt und bereitet seinem Leben schließlich selbst ein Ende, indem er sich in sein eigenes Schwert stürzt. Zunächst nehmen die Philister den Leichnam Sauls und spießen ihn an die Mauer von Bet-Schean. Der tote Saul wird aber von Bewohnern aus Jabesch-Gilead geborgen und unter der Tamariske in Jabesch beerdigt und sieben Tage betrauert.

Davids Trauer um Jonatan (2 Sam 1)

David erfährt vom Tod Sauls und Jonatans durch einen Soldaten, der ihm die Nachricht wie eine Siegesbotschaft überbringt. Da er sich auch damit brüstet, Saul den Todesstoß versetzt zu haben, lässt David ihn hinrichten. Seine Männer und er trauern und fasten bis zum Abend. Der *Trauerpsalm Davids* um Saul und Jonatan gehört zu den berühmten Texten des Samuelbuchs.

Könige von Israel und Juda (2 Sam 2,1–3,5)

David wird zum König von Juda gesalbt; Isch-Boschet (vermutlich „Ischbaal", doch aus Abgrenzung zum kanaanäischen Baalskult Isch-Boschet: „Mann der Schande" genannt), ein Sohn Sauls, wird König über Israel. Infolge einer Stellvertreterschlacht zwischen jeweils zwölf jungen Männern aus Israel und Juda wird Asaël, der Bruder Joabs, von Isch-Boschets Heerführer Abner umgebracht.

Abner läuft zu David über (2 Sam 3,6–39)

Isch-Boschet beschuldigt Abner der Unzucht, woraufhin der mit seinen Männern zu David überläuft. Joab ermordet Abner, weil dieser seinen Bruder Asaël getötet hat.

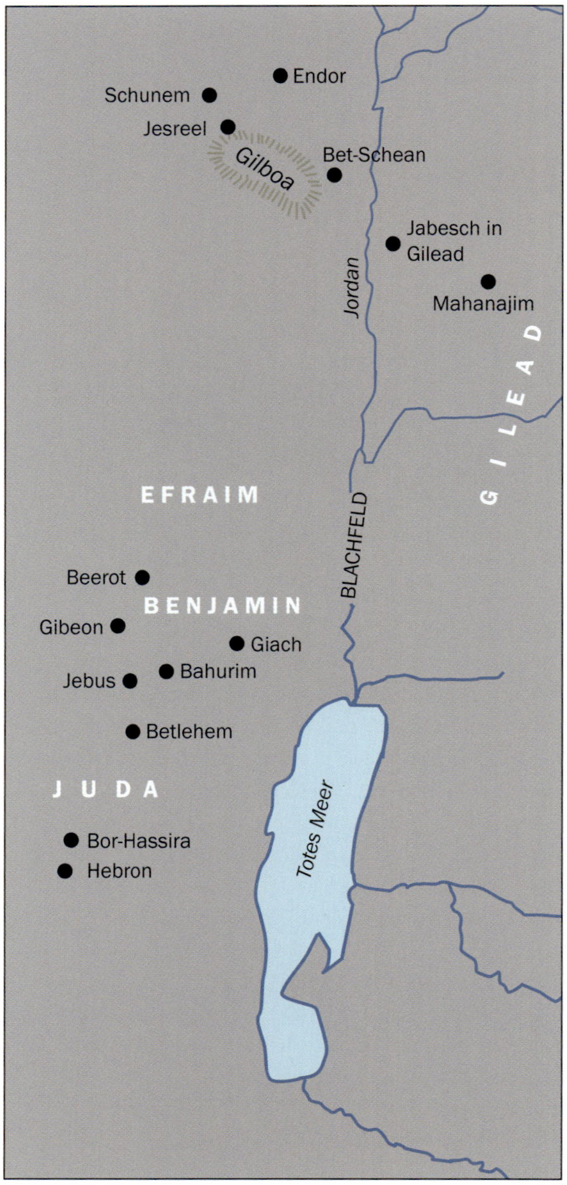

Orte zur Geschichte Israels nach dem Tod Sauls

Der Tod Isch-Boschets (2 Sam 4)

Nach dem Tod Abners wird die Herrschaft Isch-Boschets über Israel zunehmend unsicher. Schließlich wird er von zwei seiner Offiziere ermordet, die zuvor auch schon den Sohn Jonatans umgebracht hatten. Sie schlagen Isch-Boschet den Kopf ab und bringen ihn David als Siegesbeute. David reagiert wie bei der Nachricht über den Tod Sauls und lässt die beiden hinrichten.

David wird König über ganz Israel (2 Sam 5)

David wird zum König über Israel und Juda ernannt und nimmt die Jebusiterstadt Jerusalem ein. Die alte Festung Zion lässt er ausbauen und macht sie zur legendären „Stadt Davids“. Damit hat David zum Mittelpunkt seines aus Juda und Israel vereinigten Königreiches eine Stadt ausgewählt, die auf „neutralem“ Boden liegt: Sie gehört weder zum Nordreich Israel noch zum Südreich Juda. Mit seinem Herrschaftsbereich wächst auch seine Familie: Er nimmt sich weitere Frauen und zeugt elf Kinder.
Die Philister, denen der neue König zu mächtig wird, wagen einen Angriff gegen David und scheitern.

David wird König über ganz Israel (2 Sam 6)

Die Bundeslade, die nach der Rückgabe durch die Philister in Kiriat-Jearim untergebracht war, wird nach Jerusalem gebracht. Ein Opferritual begleitet den Einzug der Lade in Jerusalem, und David tanzt in Verzückung, was Michal, die Tochter Sauls, befremdet.

David wird Stammvater eines ewig währenden Königtums (2 Sam 7)

Als Krieger ist es David nicht gestattet, einen Tempel als Wohnstatt für Gott zu erbauen. Aber Gott verheißt ihm durch den Propheten Natan ein Königtum, das ewig währen wird („Natanverheißung“). Der Bezug auf das „Haus Davids“ ist eine Größe, die die ganze Hebräische Bibel durchzieht.

Davids Siege (2 Sam 8)

David besiegt die Moabiter und Aram im Salztal. Es wird berichtet, dass die Söhne Davids Priester waren, obwohl David selbst nicht aus einem Priestergeschlecht stammt.

Merib-Baal wird Gnade erwiesen (2 Sam 9)

Der gelähmte Sohn Jonatans, Merib-Baal (Mefiboschet), lebt verborgen in einer Pflegefamilie. Nachdem das Königtum Israels gesichert ist, sucht David Sauls Nachkommen und findet Merib-Baal. Er nimmt ihn zu sich und erweist ihm Gnade, um dessen Vater Jonatan zu ehren.

David besiegt die Ammoniter und Aramäer (2 Sam 10)

Nach dem Tod des Königs der Ammoniter wird Hanun sein Nachfolger. David sendet Boten zu ihm, um diplomatische Beziehungen aufzunehmen. Weil jedoch Hanun die Boten verspottet und demütigt, kommt es zum Krieg. Um gegen Israel bestehen zu können, gehen die Ammoniter mit den Aramäern eine Allianz ein. Davids Heerführer Joab kann jedoch beide Armeen besiegen.

David und Batseba (2 Sam 11)

Recht ausführlich wird die Geschichte von David und Batseba beschrieben. David erblickt vom Balkon seines Palastes aus Batseba, die sich gerade wäscht. Er verliebt sich in sie, die beiden schlafen miteinander, und Batseba wird schwanger. Damit ihr Mann Urija, ein Offizier im Heer Davids, nichts vom Ehebruch erfährt, gibt David ihm zunächst Urlaub von der Kriegshandlung, damit er selbst mit seiner Frau schlafen kann.

Doch im krassen Gegensatz zum israelitischen „Super-König“ David hält sich der nicht-israelitische Hetiter Urija (*Uri-Ja = „mein Licht ist Adonaj/JHWH“*) an Gottes Vorschrift für den *„Heiligen Krieg“* und schläft – auch aus Solidarität mit seinem Heer und der ganzen Kriegsgemeinschaft Israels – nicht mit seiner Frau. Dieses gesetzestreue Verhalten wird ihm zum Verhängnis. Hinterhältig lässt David ihn auf einen aussichtslosen Posten stellen, wo er mit Sicherheit getötet wird, damit David seine Untat vertuschen kann. Nach der offiziellen Trauerzeit über Urijas Tod wird seine Witwe Batseba Davids Frau und gebiert einen Sohn.

Natans Gleichnis (2 Sam 12)

Gott missfällt die Tat Davids, und er sendet ihm den Propheten Natan, der dem König ein Gleichnis erzählt. Ein reicher Mann, der viele Schafe besitzt, bekommt Gäste. Statt eines seiner Schafe für den Gast zuzubereiten, nimmt er das einzige Schaf seines armen Nachbarn.

Zornig ruft David aus, der Mann sei des Todes! „Du selbst bist der Mann!“, erwidert ihm Natan darauf. Das Kind, das David und Batseba erwarten, stirbt unmittelbar nach der Geburt. David zeugt mit ihr ein zweites Kind. Sein Sohn Salomo wird geboren, überlebt und wird Natan zur Pflege übergeben.

Amnon vergewaltigt Tamar (2 Sam 13)

Amnon, Davids Sohn und erster Thronanwärter, verliebt sich in seine Halbschwester Tamar. Er stellt sich krank, lässt sie in seine Kammer kommen und vergewaltigt sie, obwohl er sie hätte heiraten können Anschließend verstößt er sie sogar und stürzt sie damit noch tiefer ins Unglück. Genau zwei Jahre später nimmt Tamars Bruder Abschalom, als Davids Sohn ein weiterer Thronnachfolger, Rache und lockt seinen Halbbruder Amnon in einen Hinterhalt und lässt ihn ermorden. Abschalom flieht nach dem Mord.

Tekoas Gleichnis (2 Sam 14)

Davids Feldherr Joab bemerkt, wie sehr David unter der Flucht Abschaloms leidet. Er lässt eine Frau namens Tekoa zu David kommen und ihm vorspielen, sie sei eine Witwe, deren einzige Söhne in Streit geraten seien, sodass einer den anderen erschlagen habe. Nun sei dieser auf der Flucht, denn er soll wiederum zum Tode verurteilt werden. David hat Mitleid und erkennt, dass auch er Abschalom vergeben kann, wie er dem Mörder im Gleichnis Tekoas vergeben hat. Abschalom kehrt zum Hof zurück.

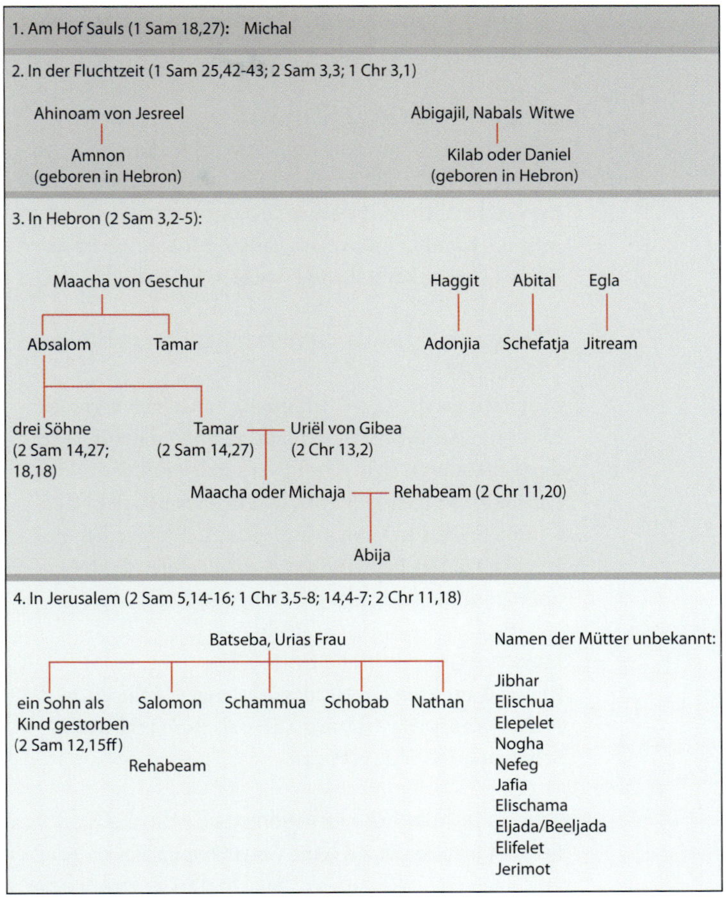

Davids Frauen und Kinder

Abschaloms Rebellion (2 Sam 15)

Da Amnon tot ist, wäre Abschalom der Nachfolger Davids als König über Israel. David hat aber Abschaloms jüngeren Bruder Salomo zu seinem Nachfolger bestimmt. Abschalom schart Männer um sich zum Aufstand. David muss Jerusalem verlassen.

Ziba und Schimi (2 Sam 16–17)

Nach Davids Flucht werden Nachkommen Sauls animiert, den bereits aufgegebenen Anspruch auf den Thron zu erneuern. Ziba und Schimi versuchen jeweils, sich den politischen Wandel zunutze zu machen.

David hat mit Huschai und Ahitofel zwei Spione im Palast untergebracht, die das Vertrauen von Abschalom gewinnen.

Abschalom wird besiegt und stirbt (2 Sam 18–19)

Mit Joabs Hilfe kann David die Stadt Jerusalem wieder einnehmen, doch bringt er es nicht über sich, seinen Sohn zu bestrafen. Im Kampf verfängt sich Abschalom, der auf einem Maulesel reitet, mit den Haaren im Geäst eines Baumes und wird von Joab getötet.

Davids Trauer um seinen Sohn ist so groß, dass sein Sieg zu einem Trauerzug wird.

Schebas Revolte (2 Sam 20)

Ein ruchloser Mann namens Scheba ruft zur Revolte gegen David auf. Joab verfolgt ihn und kann ihn mithilfe der Bevölkerung Israels besiegen. Bei der Verfolgung gerät er in einen Konflikt mit Amasa, einem anderen Heerführer Davids, den er kurzerhand ersticht.

Gibeon rächt sich an den Nachkommen Sauls (2 Sam 21)

Saul hat einst die enge Verbindung zu Gibeon verraten. Eine Hungersnot erinnert an die Schuld, in der Juda bei den Gibeonitern steht. David verhandelt mit dem König Gibeons und erwirkt Sühne, indem er sieben der Nachkommen Sauls an Gibeon ausliefert. Ihnen werden die Knochen gebrochen, und sie werden getötet. Damit enden die Blutschuld und auch die Hungersnot.

Davids Dankpsalm (2 Sam 22)

Ein Lied zur Ehre Gottes, das sehr enge Parallelen zu Psalm 18 aufweist: Gott wird hier als Burg und Retter, Schirm und Schild gepriesen.

Davids poetisches Vermächtnis (2 Sam 23)

In Versform legt David seine Gedanken darüber nieder, was einen guten Regenten ausmacht. Das Zentrum einer gelungenen Königsherrschaft ist immer die Orientierung auf Gott. Ab 2 Sam 23,8 werden die „Helden Davids" aufgeführt und ihre Taten gerühmt.

Volkszählung und Kauf des Tempelplatzes (2 Sam 24)

David führt eine Volkszählung zur Erhebung seiner Militärstärke (vgl. 2 Sam 24,9) durch, was in den Augen Gottes eine Sünde ist. Denn solche „Musterungen" sind ausschließlich Gottes Recht, wie Num 1; 26; Ex 30,11–16 zeigen. David erkennt seine Schuld, und Gott lässt ihn zwischen drei Strafen wählen: sieben Jahre Hunger im Land, drei Monate lang Flucht vor seinen Feinden oder drei Tage lang Pest im Land. David entscheidet sich für die Pest, und ein Engel Gottes lässt insgesamt 70 000 Menschen sterben. Auf einem Platz in Jerusalem trifft David auf den Engel und bittet diesen, er möge statt seines Volkes nur David und sein Haus hinrichten. Er erhält die Möglichkeit, die Plage mit dem Bau eines Altars auf dem Platz abzuwehren. David kauft den Platz seinem Eigentümer Arauna ab und baut den Altar. Dieser Platz ist der Ort, an dem später der Tempel Gottes gebaut werden soll. Nachdem David Brandopfer und Heilsopfer dargebracht hat, lässt Gott sich „um des Landes willen erweichen" und beendet die Plage.

Erstes und zweites Buch der Könige

Von den Höhen und Tiefen des damaligen Staates Israels erzählen die Bücher der Könige. Vom großartigen Anfang unter David und Salomo, von der Blütezeit bis hin zum bitteren Ende des Nordreiches Israel und des Südreiches Juda durch die Wegführung ins Exil reicht der Spannungsbogen dieser beiden Bücher.

Die Blüte und das Ende des Königtums

Die Bücher der Könige setzen mit der Regentschaft des – durch alle Zeiten hindurch herausragenden – Königs David ein und reichen bis zum bitteren Ende des Königtums im Exil. Dadurch bieten diese beiden Bücher, die wie die Samuelbücher ursprünglich als ein Buch konzipiert waren, einen Überblick über den größten Teil der Geschichte Israels und Judas in der staatlichen Zeit.

Dazu gehören drei tiefe Einschnitte:

- die Trennung zwischen dem Nordreich Israel und dem Südreich Juda 931 v. Chr.;
- der Untergang des Nordreiches Israel 722 v. Chr.;
- der Untergang des Südreiches Juda 586 v. Chr.

Orientiert man sich an diesen Ereignissen, so ergibt sich als Gliederung der beiden Bücher über die Königszeit:

- die Geschichte Salomos (1 Kön 1–11);
- die Entwicklung der beiden Landesteile nach ihrer Trennung bis zum Untergang des Nordreiches (1 Kön 12–2 Kön 17);
- die Geschichte des Südreiches bis zum babylonischen Exil (2 Kön 18–25).

Während die Samuelbücher nur einen Zeitabschnitt von ca. 50 Jahren behandeln, entwerfen die Königebücher ein Panorama der Geschichte Israels und Judas über vier Jahrhunderte.

Gleichwohl bieten die Bücher keine Geschichtsschreibung im modernen Sinne, sondern die Geschichte in Geschichten und damit Theologie in erzählter Form.

Die Bücher der Könige haben erst ab dem Exil ihre heutige Prägung erhalten. Sie wollen in der Rückschau erklären, wie es zum Untergang Israels und Judas kam.

Hier entwickeln die Königebücher eine ähnliche Perspektive wie das Deuteronomium und viele andere Texte in den Büchern Jos, Ri, 1 Sam und 2 Sam. Man nennt die Bücher Jos bis 2 Kön auch das deuteronomistische Geschichtswerk, weil angenommen wird, dass ab dem Exil Menschen im Geiste von Dtn 12–26 eine Geschichtstheologie entworfen haben, die den Untergang des Reiches damit erklärt, dass Israel sich zu fremden Völkern und

Göttern nicht abgegrenzt und seinen Kult nicht in Jerusalem zentralisiert hat.

Vor allem nach diesen Kriterien werden die Könige Israels und Judas entweder positiv (+) oder negativ (–) bewertet, wobei es innerhalb dieses Musters weitere Abstufungen gibt, die im Bibeltext nachzulesen sind. Die im Folgenden aufgeführten Jahreszahlen sind nur als erste Orientierung zu verstehen.

Neben dieser schematischen Beurteilung der Könige ist für die Königebücher auch die stereotype Darstellung von Propheten charakteristisch: Sie kündigen das Unheil an, begründen es und stellen schließlich das Eintreffen des Angekündigten fest, als Zeichen für Gottes wirksames Wort in der menschlichen Geschichte.

Salomo wird König (1 Kön 1)

Die ersten beiden Kapitel in 1 Kön erzählen vor allem von Hofintrigen. David ist in die Jahre gekommen und lässt sich von einem Mädchen, Abischag von Schunem, wärmen. Als Adonija König werden will, sorgt der Prophet Natan gemeinsam mit Davids Frau Batseba dafür, dass David seinen Sohn Salomo zum König bestimmt. An der Gihon-Quelle wird Salomo gesalbt. Das Volk erkennt ihn an.

David stirbt und Salomo tritt die Regierung an (1 Kön 2)

Bevor David stirbt, ermahnt er seinen Sohn und Nachfolger Salomo zur Gesetzestreue und rät ihm, Gegner zu töten. In den darauf folgenden Wirren müssen einige ihr Leben lassen oder in die Verbannung gehen, bevor Salomo seine Herrschaft gefestigt hat.

Salomos Hochzeit, Opfer und Gebet (1 Kön 3)

Die Kapitel 1 Kön 3–11 berichten von Salomos Königsherrschaft, die von 965 bis 926/5 v. Chr. bestand. Durch Heirat mit einer Pharaonentochter verschwägert sich Salomo mit dem politisch mächtigen Ägypten. Gott bittet er nicht um Reichtum oder Macht, sondern um ein „hörendes Herz“, also um wahre Weisheit – und erhält dafür Reichtum, Einfluss und ein langes Leben. Seine Weisheit belegt das sogenannte salomonische Urteil: Im Streit zweier Frauen um ein Kind befiehlt er, das Kind zweizuteilen, und erkennt in der Frau, deren Mutterschoß sich daraufhin regt und die daher auf das Kind verzichtet, die wahre Mutter.

Was noch fehlt, ist aber der Tempel, das Haus Gottes.

Salomos Verwaltung (1 Kön 4)

Salomos Weisheit zeigt sich auch darin, dass er sein Land mit den zwölf Provinzen so zu verwalten versteht, dass die Menschen in Israel fröhlich essen und trinken können.

Salomos Hofleben und Außenpolitik (1 Kön 5)

Während Salomo am Hof gut und sicher wohnt, genießen auch die Menschen in Israel den geschützten Frieden, ein jeder unter seinem Feigenbaum.

Salomo war weiser als alle anderen Menschen, dichtete 3.000 Sprüche und 1.005 Lieder, kannte sich in Fauna und Flora aus und war international gefragt.

Als Voraussetzung für den Tempelbau schließt Salomo einen Liefervertrag mit Hiram von Tyrus und dingt Fronarbeiter.

Salomo baut den Tempel (1 Kön 6–7)

Nachdem es Israel wegen der Auseinandersetzung mit den Nachbarvölkern lange nicht vergönnt war, einen Tempel zu bauen, kann Salomo diese Aufgabe endlich in Angriff nehmen. Gott sagt ihm zu, in diesem Haus zu wohnen. In allen Einzelheiten wird geschildert, welche Maße, welche Dekoration und welche Einrichtung dieser Tempel hat. Zudem errichtet sich Salomo einen Palast.

Cheruben (vgl. 1 Kön 7,29) stellte man sich als geflügelte Wesen vor. Diese Elfenbeinplastik stammt aus Syrien, 845 - 805 v. Chr.

Der Tempel wird eingeweiht (1 Kön 8)

Feierlich wird der Tempel eingeweiht, indem zunächst die Lade mit den zwei Tafeln der Zehn Gebote hineingetragen wird, woraufhin Gott in einer Wolke das Haus erfüllt.

Der Tempelweihrede mit ihrem Bezug auf die Natan-Verheißung (2 Sam 7) folgen das große Bittgebet und die Mahnung zum Gehorsam.

Nach einem Segensgebet feiert Israel ein gigantisches Fest, das mit dem Schlachten von 22.000 Rindern und 12.000 Schafen als Heilsgabe beginnt.

Gott verheißt und ermahnt Salomo (1 Kön 9,1–9)

Gott verspricht Salomo, dass sein Königreich auf ewig bestehen bleibt – wenn das Volk denn auf die göttlichen Weisungen und Satzungen hört. Im anderen Fall wird Israel nicht im Land bleiben können.

Salomos Bautätigkeit (1 Kön 9,10–28)

Mit Fronarbeitern kann Salomo eine Reihe von Gebäuden, u. a. in Jerusalem, Hazor und Megiddo, aufbauen. Zudem schafft er eine Handelsflotte an.

Der Jerusalemer Tempel

Obwohl es in Israel an verschiedenen Orten Heiligtümer gegeben hat (in Schilo, Dan, Bet-El u.a.), ist allgemein mit dem Begriff „Tempel“ (hebr. הֵיכָל *hejchal*) das zentrale Heiligtum in Jerusalem zur Zeit der Könige in Israel und Juda gemeint. Nachdem David Jerusalem zur Hauptstadt Israels gemacht hat, beauftragt Gott seinen Sohn Salomo mit dem Bau des Tempels. Der Grundriss des Tempels richtet sich nach dem Muster des Begegnungs- oder Stiftszelts, das zur Zeit der Wüstenwanderung durch Mose und Aaron die Bundeslade beherbergt hatte. Wie im Begegnungszelt, so war auch im Allerheiligsten, dem Zentrum des Tempels, die Bundeslade untergebracht. Die erstaunliche Größe und Kostbarkeit seiner Materialien sind in 1 Kön 6–7 bzw. 2 Chr 3–4 beschrieben.

Aus dem Stamm der Leviten stammte eine große Zahl von Tempeldienern und Priestern, die das Opfer sowohl im Rahmen des täglichen Gottesdienstes als auch im Rahmen der großen Wallfahrtsfeste gewährleistete. Über Jahrhunderte hinweg war der Tempel in Jerusalem der zentrale Bezugspunkt für die religiöse Identität der Kinder Israels. Hier erlebten sie die rettende und alles richtende Gegenwart ihres Gottes als Zions- und Weltenkönig. So oblag auch die Pflege des Tempels den Königen, die Gott, der Zionskönig, als seine Beauftragten eingesetzt hatte (vgl. Ps 2,6). Doch leider folgten sehr viele dieser Könige nicht der Weisung Gottes, sodass der Tempel zur Zeit des Königs Joschija ziemlich heruntergekommen war. Joschija restaurierte den Tempel und schloss 621/620 v. Chr. alle anderen Heiligtümer in seinem Reich, nachdem man das „Buch der Weisungen“ gefunden hatte, vielleicht eine Kopie des Deuteronomiums (2 Kön 22,1–23,30): So durfte Israels Kult nur noch im Jerusalemer Tempel stattfinden. Im Zuge der Eroberung Jerusalems durch die Babylonier wurde der Tempel Salomos im Jahr 586 v. Chr. zerstört. Dies bedeutete für das religiöse Selbstverständnis der Kinder Israels eine fundamentale Erschütterung. Nach der Rückkehr ihrer Elite durch das Dekret des persischen Königs Darius wurde von 520 bis 515 v. Chr. ein zweiter Tempel gebaut und eingeweiht. Dieser konnte sich an Pracht nicht mit dem ersten messen. Dennoch war er ein Symbol für die Eigenständigkeit Israels und das Ende des Zornes Gottes.

Der vom römischen Imperium eingesetzte König Herodes ließ den Tempel in den Jahren 19–9 v. Chr. umbauen und maßgeblich erweitern, sodass man architektonisch von einem neuen Tempel sprechen müsste. Da die Herrschaft des Königs Herodes jedoch voller Schrecken für die jüdische Bevölkerung war, wird ihm der Ehrentitel eines Tempelbauers verweigert. Darum gilt der bis zu seiner Zerstörung durch die Römer im Jahr 70 n. Chr. existierende Tempel „nur“ als zweiter Tempel.

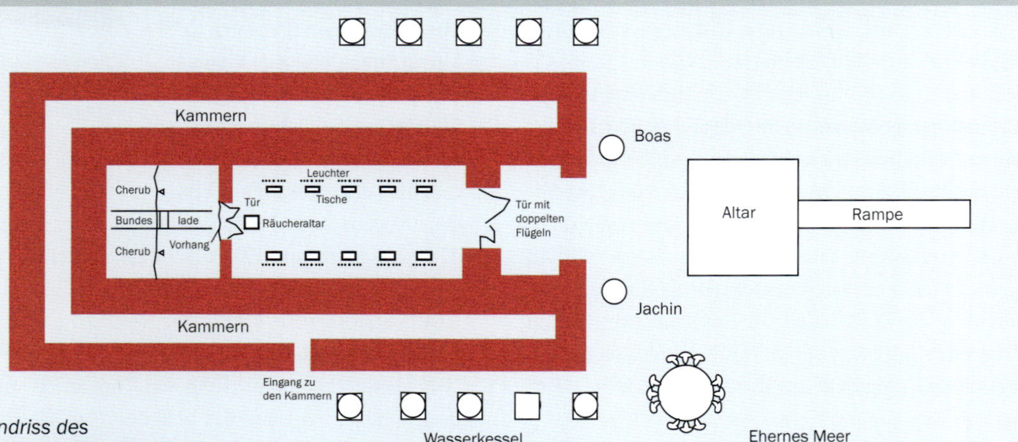

Grundriss des Jerusalemer Tempels

Die Königin von Saba (1 Kön 10)

Mit vielen kostbaren Geschenken kommt die Königin von Saba zu Salomo, um dessen Weisheit auf die Probe zu stellen. Als sie sich von Salomos staunenswerter Weisheit und seinem Reichtum überzeugt hat, gibt Salomo ihr alles, was sie begehrt.

Wie außerordentlich wohlhabend Salomo ist, belegt eine ausführliche Aufzählung seines Besitzes.

Aufstände gegen Salomo (1 Kön 11)

Weil Salomo sich durch seine vielen Frauen (700 Hauptfrauen und 300 Nebenfrauen) zur Verehrung von Fremdgöttern und zum Bau von Kultstätten abseits von Jerusalem verführen ließ, lässt Gott in Hadad einen Widersacher entstehen. Als König von Edom bedrängt er Israel.

Jerobeam, ein Aufseher über Salomos Fronarbeiter, wird die Herrschaft über zehn Stämme Israels vorhergesagt – nur ein Stamm soll dem Sohn Salomos bleiben. Als Salomo stirbt, ist er 40 Jahre lang König über Israel gewesen.

Die Trennung der beiden Reiche (1 Kön 12)

Ab 1 Kön 12 wird bis 2 Kön 17 die Geschichte der beiden Teilreiche erzählt.

Salomos Sohn Rehabeam (926–910 v. Chr., Südreich) verweigert den Fronarbeitern eine Erleichterung ihrer Lasten. Als der Norden das nicht hinnehmen will, kommt es zur Spaltung des Reiches in ein Nordreich Israel und ein Südreich Juda, was Rehabeam auch mit militärischen Mitteln nicht verhindern kann. Jerobeam I. (–) (926–906 v. Chr., Nordreich) errichtete zwei Höhenheiligtümer in Bet-El und Dan mit goldenen Stierkälbern als Ersatz für Wallfahrten nach Jerusalem – die sogenannte Sünde Jerobeams.

Weissagung gegen Bet-El (1 Kön 13)

Ein Gottesmann sagt voraus, dass das Heiligtum in Bet-El dereinst durch den König Joschija zerstört wird (vgl. dazu die Einführung zum Dtn). Als Vorzeichen dafür zerbirst der Altar. Durch eine Lüge lässt sich der Gottesmann von dem von Gott befohlenen Weg abbringen und wird von einem Löwen getötet.

Weissagung gegen Jerobeams Sohn (1 Kön 14,1–18)

Weil Jerobeam I. sich nicht an die Weisungen Gottes gehalten hat, wird ihm der Tod seines Sohnes Abija vorhergesagt.

Bevor Jerobeams I. Tod berichtet wird, erscheint über seine Amtszeit ein summarischer Verweis auf eine Chronik der Könige Israels, die nicht erhalten ist. Ähnliche Hinweise gibt es auch in 1 Kön 11,41; 14,29; 15,7.

Rehabeams Regierungszeit (1 Kön 14,19–31)

Weil Rehabeam (–) (926–910 v. Chr.) in Juda Höhenheiligtümer, Steinsäulen und Ascheren geduldet hat, wird auch er negativ beurteilt. Zum ständigen Krieg mit dem Nordreich Israel kommt ein Angriff aus Ägypten, der 922/921 v. Chr. mit der Plünderung Jerusalems endet.

Abija und Asa von Juda (1 Kön 15,1–24)

Abija (–) (910–908 v. Chr.; Südreich) setzt die Sünden Rehabeams fort. Sein Nachfolger Asa (+) (908–868 v. Chr.) hingegen führt eine kleine Kultreform durch, bei der er Götzenbilder beseitigt und nicht davor zurückschreckt, seiner eigenen Mutter die Würde der Königinmutter zu entziehen, weil sie sich eine Aschera anfertigen ließ.

Durch ein Bündnis mit Ben-Hadad von Damaskus zwingt Asa das Nordreich, mit dem sich der Süden im Dauerkrieg befindet, zu einem Zweifrontenkrieg.

Nadab und Bascha von Israel (1 Kön 15,25–34)

Nadab (–) (907–906 v. Chr., Nordreich), Sohn des Jerobeam I., regiert zwei Jahre lang in Israel. Er hält sich ebenso wenig an Gottes Weisung wie sein Vater. Durch eine Verschwörung stirbt Nadab, und Bascha (–) (906–883 v. Chr., Nordreich) wird König an seiner Stelle. Bascha tut aber ebenfalls nicht das, was Gott gefällt.

Ela, Simri, Omri und Ahab in Israel (1 Kön 16)

In kurzer Folge wechseln die Könige in Israel. Alle sind Frevler und werden von ihren Nachfolgern ermordet.

Ela (–) regiert zwei Jahre lang (883–882 v. Chr., Nordreich), bevor er von Simri (–) erschlagen wird, der wiederum nur sieben Tage (882 v. Chr., Nordreich) lang König ist, bis ihn der Heerführer Omri (–) umbringt. Omri setzt sich gegen einen Konkurrenten namens Tibni durch und macht Samaria zur Hauptstadt Israels. Er frevelt schlimmer als seine Vorgänger, wird aber nicht ermordet, sondern stirbt im Alter (882/78–871 v. Chr.). Sein Sohn Ahab (–) (871–852 v. Chr., Nordreich) wird sein Nachfolger.

Ahab heiratet die phönizische Königstochter Isebel aus Sidon.

Der Prophet Elija (1 Kön 17–19)

Eine zugleich sehr populäre wie sagenumwobene Gestalt in der Hebräischen Bibel ist der Prophet Elija. Elija verkündet König Ahab Gottes Zorn über sein frevelhaftes Handeln und den Götzendienst, der von Ahabs Frau Isebel ausgeht. Gott lässt eine Dürre über das Land kommen. Elija muss vor dem Zorn Isebels und Ahabs fliehen und kommt bei einer Witwe unter, deren Hunger Elija lindert und deren Sohn er wieder zum Leben erweckt.

Elija lässt sich schließlich auf einen Wettstreit mit Isebels Baalspriestern ein, bei dem Gott seine Macht erweist, indem er einen nassen Holzblock mit dem Stieropfer in Flammen aufgehen lässt. Die erfolglosen Baalspriester tötet Elija.

Zur Geschichte dieses Propheten gehört auch die große Not, die er immer wieder durch die Verfolgung des Königs erfährt. Schließlich offenbart sich Gott Elija in einem Windhauch. Als Antwort auf Elijas Verzweiflung soll sich der Prophet einen Gehilfen und Nachfolger nehmen: Elischa, ein Bauer, wird von Gott dazu auserwählt.

Vom hörenden und denkenden Herzen

In unserer Kultur wird das Herz mit oft romantischen Empfindungen in Verbindung gebracht oder mit Vertrautheit und Liebe, ebenfalls mit Mut (sich ein Herz fassen) oder mit Aufrichtigkeit (das Herz am rechten Fleck haben). Das Herz kann zerbrechen, und man kann es verschenken. – So wird das Herz heute im Allgemeinen mit dem Begriff „Gefühl" verbunden.

Als Organ im Körper pumpt es das Blut durch die Adern. Hört es damit auf, stirbt der Mensch. Das Herz ist das Organ, das man ständig spüren kann, während es seine Arbeit verrichtet. Wir fühlen es in Entspannung ruhig schlagen oder bei Aufregung rasen.

An vielen Stellen, an denen im Alten Testament Herz, hebr. לֵב *lev*, steht, findet sich aber in heutigen Übersetzungen dieses Wort nicht mehr. Das liegt daran, dass die Autoren der biblischen Texte z. T. andere Assoziationen mit dem Begriff „Herz" verbanden, als wir es heute tun.

So steht im Alten Testament „Herz" einmal für das Zentrum des Menschen, die innere Mitte, die bewegt und erregt sein kann (z. B. Jer 4,19). Dabei ist überwiegend dann vom Herzen die Rede, wenn es um den Verstand geht, um Überlegungen und Pläne. Im Herzen werden rationale Entschlüsse gefasst. Ein „weites Herz" bedeutet große Bildung; „zu wenig Herz" bedeutet Dummheit, Gedankenlosigkeit oder auch Unvernunft. Kohelet etwa (Koh 1,13) nutzt sein Herz genau für diese verstandesmäßigen Operationen, indem er mit ihm überlegt, plant und forscht. Er geht den Dingen nach und beobachtet, nutzt also seinen Verstand, um die Welt zu verstehen. Er spricht immer wieder in seinem Herzen und stellt drängende Fragen, die es zu klären gilt. Er bewegt die Dinge, die ihn beschäftigen, gewissermaßen in seinem Herzen. Dabei erreicht er auch die Grenzen seines Verstandes und erkennt sie spätestens dann, wenn er die Ungerechtigkeit nicht nachvollziehen kann. Das bringt ihn dazu, am liebsten sein „Herz der Verzweiflung zu überlassen" (Koh 2,20).

Ein „hörendes Herz", wie es Salomo erbittet (1 Kön 3,9), ist ein Herz, das in der Lage ist, Eindrücke aufzunehmen, zu verstehen und danach zu handeln, also Know-how, nützliches Lebenswissen zu entwickeln.

Ahab führt Krieg gegen die Aramäer (1 Kön 20)

Ben-Hadat, der König Arams, belagert Samaria. Weil er jedoch die Macht Gottes anzweifelt, kann Ahab ihn besiegen, obgleich das aramäische Heer in der Überzahl ist.

Nabots Weinberg (1 Kön 21)

Ahab möchte den Weinberg seines Nachbarn Nabot kaufen. Dieser weigert sich jedoch, seinen Erbbesitz aufzugeben.

Isebel arrangiert daraufhin eine falsche Anschuldigung gegen Nabot, sodass dieser hingerichtet wird und Ahab den Weinberg in Besitz nehmen kann. Elija spiegelt Ahab seine Schuld und kündigt ihm an, dass Gott ihn und sein Haus ausrotten wird.

Krieg gegen Aram, Ahabs Tod (1 Kön 22)

Joschafat (868–847 v. Chr., Südreich), der König von Juda, und Ahab gehen eine Allianz gegen Aram ein, um das besetzte Gebiet Ramot-Gilead wieder zu befreien. Obwohl der Prophet Micha ben-Jimla ihre Niederlage prophezeit, beginnen die Könige den Krieg gegen Aram.

Ahab wird verletzt und stirbt noch am selben Tag. Sein Nachfolger wird Ahasja (852–851 v. Chr., Nordreich), der zwei Jahre lang regiert und ebenfalls gegen Gott frevelt.

Ahasja und Elija (2 Kön 1)

Nach Ahabs Tod will das besetzte Moab wieder unabhängig werden. König Ahasja befragt die Götter der Philister nach einem militärischen Rückschlag. Elija prophezeit ihm die Strafe Gottes, und alle Versuche, Elija umzustimmen, misslingen.

Elija wird entrückt (2 Kön 2)

Elijas Sonderstellung unter den Propheten wird auch dadurch betont, dass erzählt wird, er sei nicht gestorben, sondern mit einem Feuerwagen in den Himmel entrückt. Elischa bleibt gegen Elijas Willen bei seinem Lehrer und erhält einen Teil von dessen Wirkmacht.

König Joram von Israel (2 Kön 3)

Joram (–) wird der Nachfolger Ahasjas. Er regiert Israel 14 Jahre lang (851–845 v. Chr.) und frevelt gegen Gott wie seine Vorfahren. Joram führt Krieg gegen die Moabiter; sein erster Feldzug muss wegen Wassermangels unterbrochen werden. Mit Elischas Hilfe gelingt es ihm jedoch, die Moabiter zu überlisten und zu besiegen.

Elischa vollbringt Wunder (2 Kön 4)

Wie Elija vor ihm, so kann Elischa mit Gottes Hilfe Wunder vollbringen: Er vermehrt das Öl einer Witwe, damit sie es verkaufen kann und ihre Kinder nicht Sklaven werden müssen; einer kinderlosen Frau verheißt er die Geburt eines Sohnes, der dann als Jugendlicher stirbt und den er wieder zum Leben erweckt; giftiges Essen macht er wieder genießbar, und eine Hundertschaft Menschen sättigt er mit zwölf Gerstenbroten.

Naaman, der Aramäer (2 Kön 5)

Ein bedeutender Kriegsherr der Aramäer mit Namen Naaman leidet an Aussatz und kommt zu Elischa, um sich dessen Rat zu holen. Elischa erlegt ihm lediglich auf, sich im Jordan zu waschen, um den Aussatz loszuwerden. Obwohl Naaman diese Aufgabe zunächst zu simpel erscheint, befolgt er auf Anraten seiner Diener den Rat und wird gesund. Elischa weist eine Bezahlung zurück; sein Diener Gehasi aber folgt Naaman, um einen Lohn für sich zu bekommen. Zur Strafe befällt ihn der Aussatz, den Naaman zuvor hatte.

Elischa vollbringt weitere Wunder (2 Kön 6,1–23)

Elischa lässt eine eiserne Axt, die in den Jordan gefallen ist, auf dem Wasser treiben. Im Krieg gegen die Aramäer schlägt Elischa die feindlichen Kämpfer mit Blindheit und gibt sie so in die Hand des Königs von Israel, der sie allerdings gnädig behandeln soll.

Die Belagerung Samarias (2 Kön 6,24–7,20)

Entgegen Elischas Prophezeiung wird Samaria schließlich von den Aramäern belagert, und in der Stadt bricht eine Hungersnot aus. Der Mangel an Lebensmitteln wird so akut, dass Eltern ihre Kinder essen. Als Racheakt will der König Elischa umbringen lassen, doch der kann sich schützen und prophezeit das Ende der Belagerung am nächsten Tag. Gott lässt das Heer der Aramäer einen gewaltigen Kriegslärm hören, die aramäischen Soldaten fliehen in Panik, und Samaria ist wieder frei.

Die Summanitin erhält ihren Besitz zurück (2 Kön 8,1–6)

Zu Beginn einer siebenjährigen Hungersnot rät Elischa jener Frau, deren Sohn er zum Leben erweckt hatte, das Land zu verlassen. Sieben Jahre später kehrt sie zurück und erbittet ihren Besitz und ihr Land vom König zurück. Die Tatsache, dass sie es war, deren Sohn vom Tod gerettet worden war, stimmt den König um, sodass er ihr den Besitz zurückgibt.

Hasael wird König von Aram (2 Kön 8,7–15)

Elischa prophezeit Ben-Hadad, dem König von Aram, dass der sich von seiner schweren Krankheit zwar erholen, aber dennoch bald sterben wird. Der Bote Hasael, der dem König die Nachricht von Elischa überbringt, erstickt den König und tritt seine Nachfolge an.

Joram und Ahasja von Juda (2 Kön 8,16–29)

Joram (852–845 v. Chr.; Südreich) wird Joschafats Nachfolger auf dem Thron von Juda. Er regiert acht Jahre lang und frevelt gegen Gott (–). Seine Frau ist eine Tochter

Israel und seine Nachbarn

Das Land Israel wird im Westen vom Mittelmeer und im Osten durch die Wüste begrenzt. Im Süden liegt die Negev-Wüste und im Norden der Gebirgszug des Libanon. Das Land selbst ist von den Bergen des Karmel und dem Gebirge Juda gekennzeichnet.

Verschiedene klimatische Verhältnisse und geografische Gegebenheiten sind typisch für das Land Israel. Fruchtbares Land und Wüsten – das Meer und Gebirge. Der Negev und der Sinai sind Schauplätze der Wüstenwanderung des Volkes auf dem Weg von Ägypten ins „Land der Verheißung". Die fruchtbaren Ebenen sind den Lesenden aus den Geschichten um die Erzeltern bekannt, die mit ihren Herden durchs Land wanderten. Das Mittelmeer spielt in der Wahrnehmung der Hebräer eine große Rolle, steht doch das hebräische Wort für „Meer" – *jam*, hebr. יָם – gleichzeitig für „Westen". Nach Westen gehen bedeutet: in Richtung Meer ziehen.

Mit Ägypten im Süden, Kleinasien im Norden und Mesopotamien im Osten umgaben Israel Großmächte, die ihre Handelsrouten durch das von Wüste und Meer begrenzte Land führten. Diese außergewöhnliche Lage wirkte sich natürlich vorteilhaft auf die Handelsbeziehungen aus, führte allerdings auch zu großen Problemen bei kriegerischen Auseinandersetzungen. So wurde Israel oft zum Spielball der großen Mächte. Vor allem Ägypten und die Mächte im Zweistromland (Assyrer, Babylonier, Perser, Griechen) strebten immer wieder nach politischer und militärischer Vorherrschaft in der Region. Die meiste Zeit in seiner Geschichte war Israel nicht selbstständig, sondern stand unter der Vorherrschaft verschiedener Großreiche. Die Hebräische Bibel berichtet an vielen Stellen von Auseinandersetzungen, bei denen Israel umkämpftes Gebiet war.

Ahabs. Joram muss Krieg gegen die Edomiter führen, weil diese sich von Juda getrennt haben. Sein Nachfolger ist Ahasja (–) (845 v. Chr.; Südreich), der Juda ein Jahr lang regiert und wie Ahab und Omri gegen Gott frevelt.

Jehu, König von Israel (2 Kön 9)

Auf Elischas Geheiß hin wird Jehu (845–818 v. Chr.; Nordreich) zum König gesalbt. Er schart Männer um sich und tötet Joram und dessen Mutter Isebel. Damit erfüllt sich die letzte Prophezeiung Elijas.

Der Untergang des Hauses Ahab (2 Kön 10)

Jehu richtet ein Blutbad unter den Nachkommen Ahabs an und rottet den Dienst an den Baalen im Land aus. Allerdings hält er an der Anbetung der goldenen Kälber fest, die durch Jerobeam I. aufgestellt wurden. Jehu stirbt im Alter.

Atalja, König Joasch von Juda (2 Kön 11,1–12,21)

Atalja (845–840 v. Chr.; Südreich), Ahasjas Mutter, rottet alle Nachkommen Davids aus. Nur das Kleinkind Joasch (+) wird gerettet, und sieben Jahre später wird Atalja im Tempel gefangen und schließlich im Palast getötet. Joasch wird mit sieben Jahren König und regiert ungefähr 40 Jahre (840–801 v. Chr.; Südreich). Unter Anleitung des Priesters Jojada regiert Joasch gerecht und lässt Reparaturarbeiten am Tempel ausführen.

Joahas von Israel (2 Kön 13, 1–9)

Joahas regiert 17 Jahre lang (818–802 v. Chr.; Nordreich). Unter seiner Herrschaft fällt Israel an Aram.

Joasch von Israel (2 Kön 13,10–13)

Joasch (–) ist 16 Jahre lang König von Israel (802–787 v. Chr.). Er frevelt gegen Gott, stirbt im Alter und wird in Samaria begraben.

Modell des Jerusalemer Tempels

Elischa wird krank und stirbt (2 Kön 13,14–25)

Elischa erkrankt, und König Joasch besucht ihn ein letztes Mal. In einer Zeichenhandlung kurz vor Elischas Tod, bei der Joasch einen Pfeil aus dem Ostfenster des Hauses schießen soll, sagt Elischa den Sieg über Aram voraus. Elischas Wirkmacht ist über seinen Tod hinaus so groß, dass ein versehentlich in sein Grab geworfener toter Mann wieder lebendig wird.

Amazja von Juda und Jerobeam II von Israel (2 Kön 14,1–17,6)

Amazja (+) (801–773 v. Chr.; Südreich) ist ein gottesfürchtiger König. Er regiert 29 Jahre lang und besiegt die Edomiter. Die Truppen Joaschs können ihn jedoch schlagen; sie dringen in Jerusalem ein und plündern den Tempel. Ein Verrat kostet Amazja das Leben. Jerobeam II. regiert Israel 41 Jahre lang mit starker Hand (787–747 v. Chr.). Sein Reich hat die größten Grenzen in der Zeit der Reichsteilung.

Verschiedene Könige (2 Kön 15)

In stetiger Folge wechseln die Könige auf den Thronen in Israel und Juda. Asarja (+) regiert 22 Jahre lang gottesfürchtig in Juda (773–736? v. Chr.). Secharja (–) regiert Israel sechs Monate lang (747 v. Chr.) frevelhaft, bevor er von Schallum ermordet wird, der wiederum nur einen Monat lang regiert (747 v. Chr.). Er wird abgelöst von Menahem (–), der neun Jahre lang regiert (747–738 v. Chr.). Nach ihm kommt Pekachja (–), der zwei Jahre lang regiert (737–736 v. Chr.) und von Pekach (–) abgelöst wird, der elf Jahre lang König ist (736–732 v. Chr.). Jotam (+) ist 16 Jahre lang König von Juda (756?–741? v. Chr.); ihm folgt Ahas (–), der ebenfalls 16 Jahre lang regiert (741?–725? v. Chr.). Hoschea (731–722/3 v. Chr.) schließlich ist König in Israel, als das Nordreich in die assyrische Verbannung geführt wird.

Israel wird in die Verbannung geführt (2 Kön 17,6–41)

Der lange Götzendienst in Israel und die falsche Außenpolitik führen zu einem dreijährigen Krieg Assurs gegen Israel, an dessen Ende die Bevölkerung ins Exil verschleppt wird.

Hiskija in Juda (2 Kön 18,1–20,21)

Bei elf negativ bewerteten judäischen Königen gehört Hiskija (728–699 v. Chr.) zu den acht postiv beurteilten Regenten und unter ihnen zu den wenigen, die auch noch dem Vorbild Davids entsprechen; denn Hiskija hatte bereits eine kleine Kultreform durchgeführt und Baals-Steinmale, Kultpfähle und Kulthöhen abgeschafft, ja sogar die auf Mose zurückgeführte eherne Schlange (Num 21,4–9) im Tempel beseitigt. In der Logik der Königebücher darf gefolgert werden: Darum gelingt es den Assyrern trotz militärischer und taktischer Überlegenheit nicht, Jerusalem einzunehmen und Juda – wie acht Jahre zuvor Israel – als Staat zu vernichten. Jesaja, der Prophet am Hofe, verkündet die Rettung durch Gottes Hilfe und behält recht. Während Hiskijas Krankheit prophezeit Jesaja ihm zwar Genesung, kündigt aber den Judäern das babylonische Exil an.

Manasse und Amon, Könige in Jerusalem (2 Kön 21)

Manasse (–) regiert als Sohn Hiskijas nach dessen Tod 50 Jahre lang (696–642 v. Chr.). Seine Regentschaft ist ebenso frevelhaft wie die seines Nachfolgers Amon (–), der zwei Jahre lang in Israel regiert (641–640 v. Chr.). Amon wird von seinen Dienern ermordet und der achtjährige Joschija (+) (639–609 v. Chr.) als König eingesetzt.

König Joschija und die Tempelreform (2 Kön 22,1–23,30)

Joschija ist einer der gottesfürchtigsten Könige Judas. Er regiert 31 Jahre lang und lässt den Tempel renovieren. Dabei wird „das Buch der Weisungen" (evtl. eine Kopie des Deuteronomiums, vgl. 5. Buch Mose) 622 v. Chr. gefunden. Anhand dieses Buches vollzieht Joschija eine grundsätzliche religiöse Reform: vor allem die Alleinverehrung Gottes und die Zentralisierung des Kultes in Jerusalem ist sein Ziel.

Könige in Juda (2 Kön 23,31–24,17)

In den folgenden Jahren regieren die Könige (–) Joahas (609 v. Chr.), Jojakim (608–598 v. Chr.), Jojachin (598/7 v. Chr.). Sie alle haben in ihrer Bosheit die Reform des Joschija zunichte gemacht. Jojachin wird schließlich vom neubabylonischen König Nebukadnezzar ins Exil verschleppt.

Die Neubabylonier

626 v. Chr. begann mit dem König Nabopolassar das sog. Neubabylonische Reich. Er eroberte Ninive, die Hauptstadt Assyriens, und erweiterte damit sein Reich beträchtlich. Namensgebend für das Reich war die Hauptstadt Babylon. Diese Stadt erreichte eine Größe, die sehr beeindruckend gewesen sein muss. Babylon wurde für lange Zeit zum Inbegriff für Dekadenz.

Nabopolassars Nachfolger Nebukadnezzar II. gelang es, viele Gebiete zu erobern, die Assyrien an umliegende Staaten, wie z. B. Ägypten, verloren hatte, so auch Juda. In Jerusalem gab es eine Gruppierung, die mit den Ägyptern sympathisierte, und eine pro-assyrische Partei. Jojakim, König in Jerusalem, fügte sich den Tributzahlungen und wurde ein Vasall der Neubabylonier. Damit bewahrte er Jerusalem vor der Zerstörung. Sein Nachfolger Jojachin fügte sich den antiassyrischen Rebellen im eigenen Land und beendete die Tributzahlungen. Daraufhin drang Nebukadnezzar 597 v. Chr. in Jerusalem ein und deportierte die Oberschicht der Jerusalemer Gesellschaft nach Babylon. Zidkija wurde

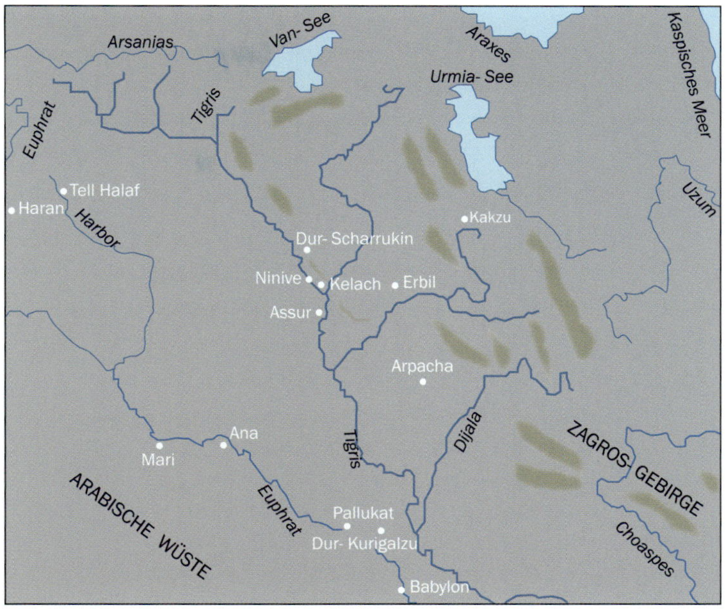

Assyrien

neuer Vasall Nebukadnezzars. Obwohl er von den Propheten Jeremia und Ezechiel eingehend davor gewarnt worden war, brach auch Zidkija den Vasallenvertrag. Daraufhin zerstörte Nebukadnezzar im Jahre 586 v. Chr. Jerusalem.

Diese Ereignisse und ihre Auswirkungen haben in den alttestamentlichen Schriften tiefe Spuren hinterlassen. Die Erfahrung der Zerstörung Jerusalems (und des Tempels) und das Exil in Babylon sind Themen vieler Psalmen, der Klagelieder Jeremias, Ezechiels, Teilen Jesajas u. v. m.

Die Hebräische Bibel nennt als letzten König des Neubabylonischen Reiches den Kronprinzen Belschazzar, obwohl dieser vermutlich nur Thronanwärter blieb. Der regierende König Nabonid war hauptsächlich auf Kriegszügen unterwegs, um die Staatskasse zu füllen. Ihm wird nachgesagt, er habe den babylonischen Religionskult um den Hauptgott Marduk vernachlässigt und einen Gott aus seiner alten Heimat verehrt. So erscheint es nicht verwunderlich, dass der Achämenide Kyrus, der 539 v. Chr. Babylon eroberte, wohlwollend von den Marduk-Priestern und vielen babylonischen Einwohnern empfangen wurde.

König Zidkija, Zerstörung Jerusalems und Exil (2 Kön 24,18–25,30)

Zidkija (598/7–587/6 v. Chr.) ist eigentlich als Marionette von Babylon in Jerusalem eingesetzt worden. Er rebelliert jedoch gegen die Besatzer, was zu einer Belagerung Jerusalems führt, an deren Ende die Stadt und der Tempel vernichtet werden. Zidkija wird mit der gesamten Oberschicht ins Exil geführt und das Land verheert zurückgelassen.

Durch ihre Notiz von der Erhebung des eingekerkerten davidischen Königs Jojachin an die Tafel des babylonischen

Königs im 37. Jahr der Verbannung (561 v. Chr,) enden die Königebücher mit einem hoffnungsvollen Ausblick: Gottes Geschichte mit dem Haus Davids ist offensichtlich noch nicht zu Ende, wie Natan verheißen hat (2 Sam 7), und Gott wird die Davididen „nicht für alle Zeiten" bestrafen (s. 1 Kön 11,39).

Die Bücher der Chronik – Schriftgelehrte Bibelauslegung in der Bibel

Beide Bücher der Chronik wollen aufgrund der bereits kanonisierten biblischen Überlieferung in den Büchern der Könige, Samuels, Moses und der Propheten die Summe der Tora und der Propheten noch einmal zusammenfassen, um die von hellenistischen Machthabern religiös, sozial und kulturell sehr bedrängte Tempel-Gemeinde Israels in Jerusalem in ihrer Treue gegenüber Gott zu bestärken.

Von Adam bis zum Ende des Exils

Die ursprünglich nicht in zwei Bücher geteilte Chronik nimmt noch einmal die gesamte Geschichte von Adam und Eva bis zum Ende des babylonischen Exils in der Mitte des 6. Jh.s. v. Chr. in den Blick. Dabei verarbeitet die Chronik vor allem die Königebücher, aber auch Texte aus den Büchern Samuels, des Pentateuchs und der Propheten zu einer neuen Darstellung der Geschichte Israels, die nun den Chronik-Autoren einer levitischen Tempelschule zur „Beispielgeschichte" für glaubens-treues oder glaubenswidriges Verhalten gegenüber Gott wird.

Dabei sind die Bücher der Chronik davon überzeugt, dass Gott gerecht und verlässlich handelt und daher alle Menschen für ihre guten oder schlechten Taten entsprechend zur Rechenschaft zieht.

Um einen Eindruck von der Neuinterpretation der Chronikbücher zu erhalten, empfiehlt es sich, parallel dazu die maßgeblichen Abschnitte aus den Büchern der Könige zu lesen. Für einen Vergleich eignet sich besonders die Gütersloher Bibel, in der die aus den Königebüchern bezogenen Texte in den Chronikbüchern kursiv gedruckt sind.

- Genealogie von Adam bis Saul (1 Chr 1–9; vgl. Gen–1 Sam);
- Königtum Davids (1 Chr 10–19; vgl. 1 Sam 9–1 Kön 2);
- Vorbereitung des Tempelbaus durch David (1 Chr 22–29; ohne Parallele in Kön);
- Königtum Salomos (2 Chr 1–9; vgl. 1 Kön 2,11);
- Reichsspaltung bis zum Kyrus-Edikt (2 Chr 10–36; vgl. 1 Kön 12–2 Kön 25).

Der erste Teil (1 Chr 1–9) enthält eine lange Liste der Vorfahren Israels und wurde „die genealogische Vorhalle" genannt. Der zweite (1 Chr 10–2 Chr 9) und der dritte Teil (2 Chr 10–36) behandeln das „goldene Zeitalter" unter David und Salomo. Hier ist auffällig, dass jene Erzählungen aus 1 u. 2 Kön fehlen, die David in ein negatives Licht rücken. Von Davids Vorbereitungen zum Tempelbau berichten nur die Kapitel 1 Chr 22–29, nicht aber die Bücher der Könige.

Anschließend wird nach der Abspaltung des Nordreiches die Geschichte des Südreiches Juda bis zum Ende des Exils verfolgt. Damit enden die Chronikbücher dort, wo die Geschichte Israels gleichsam neu beginnt: mit dem Edikt des Königs Kyrus 538 v. Chr., das den Exilanten in Babylon die Möglichkeit gab, nach Israel zurückzukehren und schließlich dort den Tempel wieder aufzubauen.

Der besondere Fokus auf die Leviten und die Tatsache, dass das Nordreich so gut wie nicht berücksichtigt wird, lassen vermuten, dass die Chronikbücher durch judäische Menschen unterhalb der Priesterebene niedergeschrieben wurden. Als Entstehungszeit kann das 2 . Jh. v. Chr. angenommen werden: Die Chronik setzt bereits große Teile des Kanons der Hebräischen Bibel voraus und zeigt keinerlei persische oder hellenistische Prägung aus der nachexilischen Zeit, sondern (z. B. in den Kriegserzählungen in 2 Chr) eine tiefe Identitätskrise, die – wie das Danielbuch – eher in die Zeit der extremen Verfolgung jüdischer Religion durch seleukidische Machthaber wie Antiochus IV. (175–164 v. Chr.) passen würde. Während die Makkabäer 167 v. Chr. gegen die hellenistische Bedrohung bewaffneten Widerstand leisten, widerstehen die levitischen Bibelausleger, indem sie die Israel-Gemeinde „um den Tempel" in Jerusalem als identitätsstiftender Mitte ihres Gottes-Glaubens sammeln.

Früher wurde ein chronistisches Geschichtswerk vermutet, das neben Chronikbücher auch die Bücher Esra und Nehemia umfasste. Heute führt man die Ähnlichkeiten eher auf die zeitliche Nähe zurück. Die Bücher Esra und Nehemia nehmen den Faden dort auf, wo die Chronikbücher enden.

Adam bis Abraham (1 Chr 1,1–27)

In 1 Chr 1–9 finden sich umfangreiche Genealogien von Adam bis zu den Bewohnern Israels nach dem Exil.

Der erste Stammbaum beginnt mit Adam und lässt Kain und seine Nachkommen aus (vgl. Gen 5; 10; 11).

Abraham bis Jakob und Esau (1 Chr 1,28–34)

Bei den Söhnen Abrahams wird der zweitgeborene Isaak zuerst genannt, weil er in die direkte Abstammungslinie Israels gehört. Anders bei Isaaks Söhnen: Hier wird der erstgeborene Esau auch zuerst genannt. Der zweitgeborene Jakob erscheint sogleich mit seinem Ehrennamen Israel (vgl. Gen 25).

Die Nachkommen Esaus (1 Chr 1,35–54)

Entsprechend folgt zunächst die Liste der Nachkommen Esaus und damit des Stammes Edom (vgl. Gen 36).

Die Nachkommen Jakobs bis David (1 Chr 2,1–17)

Die Aufzählung der Nachkommen Jakobs setzt mit den Urahnen der zwölf Stämme ein und legt ein besonderes Gewicht auf den Stamm Juda. Weil der Stammbaum Davids am wichtigsten ist, wird er zuerst aufgeführt.

Die Nachkommen Kalebs (1 Chr 2,18–55)

In der Aufzählung der Nachkommen Kalebs, der ein Urenkel Judas ist, erscheinen viele Orts- und Sippennamen. Wichtig unter den Nachkommen Kalebs ist Bezalel, der als Kunsthandwerker am Stifts- oder Begegnungszelt mitgewirkt hat.

David bis zu den Nachkommen Serubbabels (1 Chr 3)

Wohl wegen des starken Interesses an David und dem Tempel wird die Liste der Nachkommen Judas unterbrochen, um die Nachkommen Davids zu nennen (vgl. 2 Sam 3; 5).

Aufgezählt werden die Könige Judas bis zum Untergang des Südreiches und die möglichen Thronanwärter. Damit wird ein Bogen zur nachexilischen Tempelgemeinde geschlagen.

Die Nachkommen Judas (1 Chr 4, 1–23)

Die Liste der Nachkommen Judas enthält Namen, die nur hier erscheinen und häufig mit Orten und Landschaften in Verbindung zu bringen sind. Der in 4,13 genannte Otniël war der erste sog. Richter Israels (s. zum Buch Richter).

Die Nachkommen Simeons (1 Chr 4,24–42)

Möglicherweise existierte der Stamm Simeon zur Zeit Davids nicht mehr als solcher, weil er im Nachbarstamm Juda aufgegangen ist.

Die Nachkommen Rubens (1 Chr 5,1–10)

Der Fokus auf den Stamm Juda wird auch in dieser Genealogie sehr deutlich. Unvermittelt setzt in 5,4 eine nicht ganz zu erklärende Liste mit dem Nachkommen eines „Joel“ ein.

Die Nachkommen Gads (1 Chr 5,11–17)

Die Liste der „Nachkommen Gads“ zählt nicht die Kinder Gads, sondern die Häupter des Stammes auf. Es folgt ein Abschnitt mit militärischen Angaben zu Ruben, Gad und dem halben Stamm Manasse (5,18–22).

Der halbe Stamm Manasse im Ostjordanland (1 Chr 5,23–26)

Die erste, im Ostjordanland lebende Hälfte des Stammes Manasse wird hier aufgeführt, die andere Hälfte folgt in 7,14–19.

Die Nachkommen Levis (1 Chr 5,27–6,66)

Die Ausführlichkeit der Liste der Leviten zeigt das besondere Interesse am Tempel. Zunächst folgt eine Aufzählung der Hohenpriester von Aaron bis zur Zerstörung Jerusalems in der Mitte des 6. Jh.s v. Chr. (5,29–41).

Auffällig ist, dass Eli (vgl. 1 Sam 2,27–36) fehlt, Samuel dagegen zu den Leviten gezählt wird (1 Chr 6,12).

Nach einem Abschnitt über die Funktionen der Leviten im Tempel werden die levitischen und die aaronitischen Wohnsitze im Land aufgezählt.

Die Nachkommen Issachars (1 Chr 7,1–5)

Viele Namen in der Liste der Nachkommen Issachars sind nur hier bezeugt. Eingeflochten sind einige militärische Angaben.

Die Nachkommen Benjamins (1 Chr 7,6–12)

Viele Namen in dieser Liste weichen von anderen Aufstellungen der Benjamin-Nachkommen ab (vgl. Gen 46,21; Num 26,38–39).

Die Nachkommen Naftalis (1 Chr 7,13)

Nur vier Söhne werden als Nachkommen Naftalis genannt.

Die Nachkommen Manasses (1 Chr 7,14–19)

Der Zusammenhang dieser Aufzählung der Nachkommen Manasses mit 1 Chr 5 ist unklar; zudem ist die Textüberlieferung unsicher.

Eva wird aus der Rippe Adams erschaffen. Relief im Dom von Orvieto, Italien

Die Nachkommen Efraims (1 Chr 7,20–29)

Der bekannteste Nachkomme unter den Kindern Efraims ist Josua, Moses Nachfolger.

Die Geschlechterfolge Benjamins (1 Chr 8,1–40)

Noch einmal wird nach 7,6–12 der Stamm Benjamin aufgeführt – wohl deswegen, weil er mit Juda und Simeon die Bevölkerung des Südreiches Juda bildete.

Die Aufzählung wird bis zu Saul und seinen Nachkommen geführt.

Auf einem Kapitell in Kafarnaum am See Gennesaret ist die Bundeslade dargestellt.

Die Bewohner Jerusalems nach dem Exil (1 Chr 9,1–34)

Nach Meinung der Verfasser von Chron wurden die Menschen aus Jerusalem ins Exil weggeführt, weil sie die Treue gegenüber Gott gebrochen hatten. Die Laien, Priester und Leviten werden aufgezählt, wobei wiederum ein Schwerpunkt auf die Leviten und ihre Aufgaben gelegt wird. Damit wird ein Bogen zur Gegenwart nach dem Ende des Exils geschlagen.

Weitere Nachkommen Sauls (1 Chr 9,35–44)

Die Genealogie Sauls aus 1 Chr 8 wird wieder aufgenommen, sodass eine Überleitung zu 1 Chr 10 entsteht.

Sauls Tod (1 Chr 10)

Im Kampf mit den Philistern wird Saul schwer verwundet und lässt sich töten. Diese Passage ist nahezu wortgleich mit 1 Sam 31. Der Schreiber der Chron begründet Sauls Untergang mit seiner Treulosigkeit gegenüber Gott (1 Chr 10,13).

David als König in Jerusalem (1 Chr 11)

David wird zum König gesalbt und erobert Jerusalem, vgl. 2 Sam 5,1–10. Der chronistischen Darstellung ist wichtig, dass ganz Israel, also nicht nur das Nordreich, David als König anerkennt und bei der Eroberung beteiligt ist.

Die „Helden Davids“ und ihre Taten werden aufgezählt, vgl. 2 Sam 23.

Davids Mitkämpfer (1 Chr 12)

Unter den zahlreichen hier aufgezählten Männern, die sich an Davids Seite stellten bzw. zu ihm überliefen, sind sogar Stammesbrüder Sauls.

Der vom Geist bewegte Amasai wünscht David Schalom, hebr. שָׁלוֹם, also Wohlergehen oder Frieden.

Insgesamt umfasst Davids Heer 297.400 Männer.

David holt die Bundeslade (1 Chr 13)

Die Bundeslade wird von Kirjat-Jearim nach Jerusalem gebracht. Als Usa sie berührt, muss er sterben. Anders als im Vorlagetext 2 Sam 6 interessiert die Chronisten nicht, wie die Bundeslade nach Kirjat-Jearim gekommen ist.

Davids Siege gegen die Philister (1 Chr 14)

Davids Söhne werden genannt und seine Siege beschrieben. Gegenüber 2 Sam 5 lässt David die Götterbilder sogar verbrennen.

David bringt die Bundeslade nach Jerusalem (1 Chr 15,1–16,6)

David bereitet eine Stätte für die Bundeslade und überführt sie nach Jerusalem. Die notwendige Vorbereitung durch die Leviten wird ausführlich dargestellt. Es folgt der Bericht über die Aufstellung der Bundeslade und die Ordnung des Dienstes (vgl. 2 Sam 6).

Davids Danklied (1 Chr 16,7–43)

„Danket dem Herrn!“ – so beginnt Davids Lied, das mit Ps 105 vergleichbar ist.

Natans Verheißung für David (1 Chr 17)

Natan verheißt dem Geschlecht Davids ewigen Bestand, lässt im Gegensatz zu 2 Sam 7 aber die Drohung für den Fall des Ungehorsams aus.

Davids Siege (1 Chr 18,1–20,8)

David siegt über die Philister, Moabiter, Syrer, über Damaskus und die Edomiter. Hamat schickt Geschenke. David setzt Verwaltungsleute ein (vgl. 2 Sam 8).

Danach zieht er gegen die Ammoniter und Syrer zu Felde und erobert Rabbat-Ammon (vgl. 2 Sam 10; 12).

Davids Volkszählung (1 Chr 21)

Satan, der „Widersacher“, bringt David dazu, eine Volkszählung in seinem Reich durchzuführen. Dies ist in den Augen Gottes eine große Sünde.

David erkennt seine Schuld, und Gott lässt ihn zwischen drei Strafen wählen: sieben Jahre lang Hunger im

Land, drei Monate lang Flucht vor Davids Feinden oder drei Tage lang Pest im Land. David entscheidet sich für die Pest, und ein Engel Gottes lässt insgesamt 70.000 Menschen sterben. Auf einem Platz in Jerusalem trifft David auf den Engel und bittet ihn, er möge statt seines Volkes nur David und sein Haus hinrichten. Er bekommt die Möglichkeit, mit dem Bau eines Altars auf dem Platz die Plage abzuwehren. David kauft den Platz seinem Besitzer Arauna ab und baut den Altar. Dieser Platz ist der Ort, an dem später der Tempel Gottes gebaut werden soll (vgl. 2 Sam 24,1–17).

Vorbereitung für den Tempelbau (1 Chr 22)

Obwohl es David als Krieger nicht gestattet ist, einen Tempel als Wohnstatt für Gott zu bauen, stellt er das Material zur Verfügung, bereitet den Bau für seinen Sohn Salomo vor und spart nicht an guten Ratschlägen.

Das Personal im Tempel (1 Chr 23,1–26,32)

Der Tempel Gottes soll hinsichtlich seiner Größe alles Dagewesene übertreffen. Daher werden nicht weniger als 38.000 Leviten in verschiedenen Aufgaben, z. B. als Aufsichtshabende, Schreiber und Torwächter, für den Dienst am Tempel verpflichtet. Die Nachkommen Aarons nehmen unter den Leviten besondere Abteilungen ein.

Die königliche Verwaltung (1 Chr 27)

Neben dem Dienst am Tempel wird die Bürokratie im Reich festgelegt. Die Zahl der Beamten beträgt 24.000 pro Abteilung.

Salomo wird König, Auftrag zum Tempelbau, Davids Tod (1 Chr 28,1–29,30)

Die Herrschaft des lebenssatten David geht an seinen Sohn Salomo über. Eine öffentliche Krönung besiegelt das. Der Tempel soll nach den Plänen gebaut werden, die einst Mose für das Stifts- oder Begegnungszelt erhalten hat. Nach einer reichen Spende, die David aus seinem Privatbesitz macht, feiert das Volk ein großes Opferfest. Das erste Buch der Chronik endet mit dem Hinweis auf den Tod dieses größten Königs in Israel (vgl. 1 Kön 2,11–12).

Salomo etabliert sein Königtum (2 Chr 1)

Ebenso wie seinem Vater David hält Gott auch Salomo die Treue, sodass dieser ein starker und erfolgreicher König ist. Als junger Mann erscheint ihm Gott im Traum und gewährt ihm einen Wunsch. Salomo bittet ihn um Weisheit und Einsicht vor seinem Volk (vgl. 1 Kön 3,5–13).

Der Tempelbau (2 Chr 2–6)

Der Bau des Tempels ist ein Projekt von immenser Größe. Nicht überschaubare Mengen von Baumaterial und mehrere zehntausend Arbeiter sind nötig, um die Wohnstatt Gottes zu errichten. Zur Größe kommt eine gewaltige Pracht. Salomo verwendet „Gold und Silber, als wären es Steine“, edle Hölzer und kostbare Stoffe. Der Bau des Tempels dauert 20 Jahre an. Das Gebäude entspricht in seinem Grundriss dem Stifts- oder Begegnungszelt, und der Bau kommt zu seinem Abschluss, indem die Bundeslade zum Laubhüttenfest aus der Stadt Davids in den Tempel gebracht wird (vgl. 1 Kön 8,1–11).

Zur Einweihungsfeier hält Salomo eine Rede, in der er sich auch mit der Frage befasst, inwiefern ein Haus, so prachtvoll es auch sein mag, Gott angemessen ist, der größer ist als alle Himmel (vgl. 1 Kön 8,12–15).

Gott nimmt im Tempel Wohnung (2 Chr 7)

Gott zieht in den Tempel ein, indem Feuer vom Himmel regnet, die Schlachtopfer verzehrt und die „Herrlichkeit Gottes“ (hebr. כְּבוֹד־יְהוָה *kevod adonaj*) den Tempel erfüllt (vgl. 1 Kön 8,62–9,9).

Salomos Bautätigkeit (2 Chr 8)

Mit Fronarbeitern kann Salomo eine Reihe von Gebäuden in Jerusalem, Hazor, Megiddo u. a. aufbauen. Zudem schafft er eine Handelsflotte an (vgl. 1 Kön 9,10–28).

Die Königin von Saba, Salomos Tod (2 Chr 9)

Mit vielen kostbaren Geschenken kommt die Königin von Saba zu Salomo, um dessen Weisheit zu erproben. Als sie sich von Salomos staunenswerter Weisheit und seinem Reichtum überzeugt hat, gibt Salomo ihr alles, was sie begehrt.

Dass Salomo außerordentlich wohlhabend war, belegt eine ausführliche Aufzählung seines Besitzes (vgl. 1 Kön 10).

Salomo regiert 40 Jahre lang über Israel, bevor er im Alter stirbt (vgl. 1 Kön 11,41–43).
Der Name Salomo hängt eng mit dem hebräischen Begriff für Frieden (hebr. שָׁלוֹם *schalom*) zusammen und ist ein Kennzeichen für seine Regentschaft: Salomo ist der König, der niemals Krieg geführt hat.

Die Trennung der beiden Reiche, Rehabeam und Jerobeam (2 Chr 10–11)

Salomos Sohn und Nachfolger Rehabeam verweigert den Fronarbeitern eine Erleichterung ihrer Lasten. Als der Norden das nicht hinnehmen will, kommt es zur Spaltung des Reiches, die Rehabeam auch mit militärischen Mitteln nicht verhindern kann.

Jerobeam I. errichtet zwei Höhenheiligtümer in Bet-El und Dan mit goldenen Stierkälbern als Ersatz für Wallfahrten nach Jerusalem – die sog. Sünde Jerobeams (vgl. 1 Kön 12).

Der Angriff der Ägypter, Rehabeams Tod (2 Chr 12)

Nachdem er seine Herrschaft etabliert hat, verlässt Rehabeam die Weisungen Gottes und hört auch nicht auf die Warnungen des Propheten Schemaja. Als direkte Folge

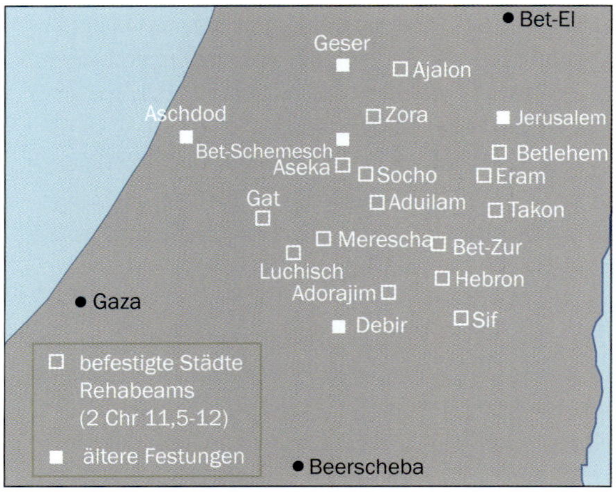

Befestigte Städte Rehabeams

der Treulosigkeit des Königs fallen die Ägypter in Juda ein, besetzen Jerusalem und plündern den Tempel. Rehabeam kann seine Herrschaft unter ägyptischer Besatzung fortsetzen, regiert 17 Jahre lang und stirbt als alter Mann.

König Abija (2 Chr 13)

Anders als im Buch der Könige wird Abija hier als ein König beschrieben, der Gott die Treue hält. Er führt Krieg gegen das Nordreich Israel, um die Linie Davids als Königsdynastie über beide Reiche wiederherzustellen. Weil sich die Judäer auf Gott stützen, können sie Israel besiegen und Städte des Nordreichs einnehmen. Jerobeam I stirbt infolge des Krieges (vgl. 1 Kön 15).

König Asa von Juda (2 Chr 14–16)

Asa ist ein gottesfürchtiger König, der den Götzenkult im Land unterbindet. Sogar seine eigene Mutter wird als Königinmutter abgesetzt, weil sie dem Kult der Aschera anhängt. Er baut die Städte in Juda aus und lässt sie befestigen. In einer Schlacht besiegt er mit Gottes Hilfe die Kuschiter, geht aber bei einer Bedrohung durch Bascha, den König des Nordreichs, eine Allianz mit Aram ein und verärgert so Gott. Nach 41 Jahren Regierungszeit wird Asa krank und stirbt (vgl. 1 Kön 15).

König Joschafat von Juda (2 Chr 17–20)

Weniger zwiespältig als sein Vater ist Joschafat, der die Regierung im Geiste Davids fortführt, die Weisung Gottes im Volk bekannt macht und allseits anerkannt ist. Er verschwägert sich mit König Ahab von Israel und sorgt so für Frieden zwischen dem Nord- und Südreich.

Die beiden Könige gehen eine Allianz gegen Aram ein, um das besetzte Gebiet Ramot-Gilead wieder zu befreien. Obwohl der Prophet Micha ben-Jimla die Niederlage in diesem Krieg prophezeit, ziehen die Könige gegen Aram. Ahab wird verletzt und stirbt noch am selben Tag (vgl. 1 Kön 22, 1–37).

Joschafat reformiert die zivile Verwaltung in Juda und setzt Priester und Leviten als Richter ein, um die Durchsetzung von Gottes Weisung zu garantieren. Sein Vertrauen auf Gott lässt Joschafat eine Allianz aus Ammonitern, Moabitern und Edomitern besiegen. Er stirbt im Alter, nachdem er 25 Jahre lang in Juda regiert hat (vgl. 1 Kön 22,52–54).

Joram und Ahasja von Juda (2 Chr 21,1–22,9)

Joschafats Sohn Joram regiert acht Jahre lang in Juda, lässt Götzendienst zu und ist militärisch wenig erfolgreich. Er stirbt an einer Krankheit und wird nicht betrauert. Sein Nachfolger ist Ahasja, der Juda ein Jahr lang regiert und wie Ahab und Omri gegen Gott frevelt (vgl. 2 Kön 8).

Atalja, König Joasch von Juda (2 Chr 22,10–24,27)

Atalja, die Mutter Ahasjas, rottet die Nachkommen aus dem Hause David aus. Nur das Kleinkind Joasch kann gerettet werden; sieben Jahre später wird Atalja im Tempel gefangen und schließlich im Palast getötet. Joasch wird mit sieben Jahren König und regiert für 40 Jahre. Unter Anleitung des Priesters Jojada regiert Joasch gerecht und lässt Reparaturarbeiten am Tempel ausführen.

Weitere Könige Judas (2 Chr 25–31)

Amazja ist ein zwiespältiger König. Er regiert 29 Jahre lang und besiegt die Edomiter. Die Truppen Joaschs können ihn jedoch schlagen, sie dringen in Jerusalem ein und plündern den Tempel. Ein Verrat kostet Amazja das Leben (vgl. 2 Kön 14).

Usija ist zunächst ein gerechter König mit großer Liebe für sein Land und sein Militär. Aus Hochmut macht er sich jedoch selbst zum Priester und wird von Gott mit Lepra geschlagen (vgl. 2 Kön 15,1–7).

Auch Jotam ist ein gerechter König, gegen Ammon militärisch erfolgreich, aber nicht dazu in der Lage, den Götzendienst im Land auszurotten (vgl. 2 Kön 15,32–38).

König Ahas treibt mit seiner Regentschaft das Land Juda beinahe in die Vernichtung (vgl. 2 Kön 16).

Hiskijas Verdienst besteht darin, dass er den Tempel renoviert und ihn seiner ursprünglichen Aufgabe zuführt. Die Neueinweihung des Tempels wird mit einem großen Paschafest gefeiert, zu dem auch die restlichen Bewohner des von Assyrien zerstörten Nordreichs eingeladen sind. Das Fest hat ein allgemeines Umdenken zur Folge: Die Bewohner Judas zerschlagen ihre Götzen und kehren zu Gott um (vgl. 2 Kön 18–20).

Der Angriff Assurs scheitert (2 Chr 32)

Trotz militärischer und taktischer Überlegenheit gelingt es den Assyrern nicht, Jerusalem einzunehmen und Juda dasselbe anzutun wie acht Jahre zuvor Israel. Jesaja, der Prophet am Hofe, verkündet die Rettung durch Gottes Hilfe und behält recht. Hiskija stirbt im Alter.

Manasse und Amon, Könige in Jerusalem (2 Chr 33,1–25)

Manasse ist der Sohn Hiskijas und regiert nach dessen Tod 50 Jahre lang. Seine Regentschaft ist ebenso frevelhaft wie die seines Nachfolgers Amon, der zwei Jahre lang in Israel regiert. Amon wird von seinen Dienern ermordet, und an seiner Stelle wird der achtjährige Joschija König.

König Joschija und die Tempelreform (2 Chr 34–35)

Joschija ist einer der gottesfürchtigsten Könige Judas. Er regiert 31 Jahre lang und lässt den Tempel renovieren. Bei der Renovierung wird „das Buch der Weisungen" (evtl. eine Kopie des Deuteronomiums, vgl. dort) gefunden. Anhand des Buchs vollzieht Joschija eine grundsätzliche religiöse Reform. Wie schon zuvor Hiskija, so feiert auch Joschija ein großes Paschafest im Tempel von Jerusalem.

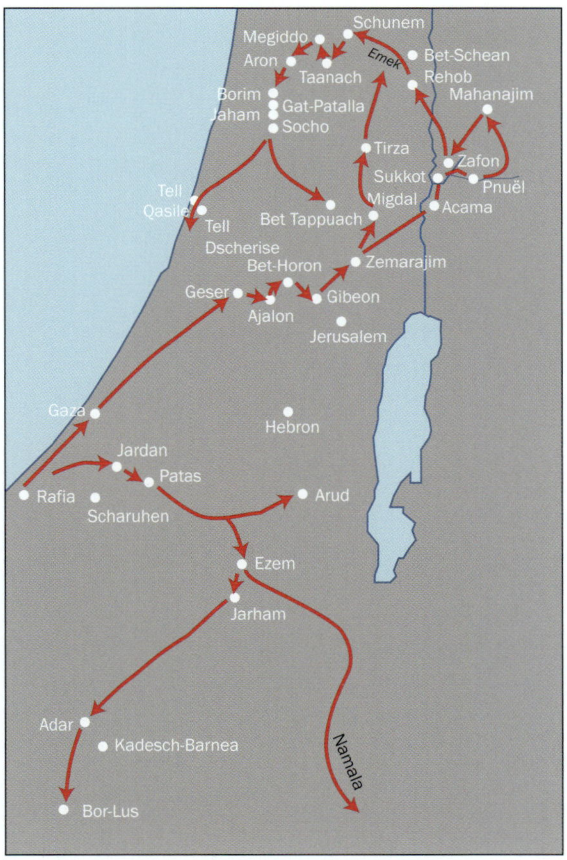

So könnte der Beutezug der Ägypter (vgl. 2 Chr 12) verlaufen sein. Verschiedene archäologische Funde haben Zerstörungen in der Zeit um 925 v. Chr. belegt.

Die letzten Könige in Juda (2 Chr 36,1–21)

In den folgenden Jahren regieren die Könige Joahas, Jojakim, Jojachin. Sie alle haben in ihrer Bosheit die Reform des Joschija zunichte gemacht. Jojachin wird schließlich vom babylonischen König Nebukadnezzar ins Exil verschleppt (vgl. 2 Kön 23,31–24,17).

Zidkija ist eigentlich als Marionette von Babylon in Jerusalem eingesetzt worden. Er rebelliert jedoch gegen die Besatzer, was zu einer Belagerung Jerusalems führt, an deren Ende die Stadt und der Tempel vernichtet werden. Zidkija wird mit der gesamten Oberschicht ins Exil geführt, und das Land wird verheert zurückgelassen.

Der Erlass des Kyrus (2 Chr 36,22–23)

Das Buch der Chronik, das Jojachins Begnadigung (s. 2 Kön 25,27–30) nicht erwähnt, gibt (im Gegensatz zur indirekten Andeutung in 2 Kön) einen klaren Ausblick auf das Ende des babylonischen Exils. Der persische König Kyrus wird nach der Eroberung Babylons das Exil der Kinder Israels aufheben und gestatten, dass der Tempel in Jerusalem wiedererrichtet wird.

Esra und Nehemia – Heimkehr und Wiederaufbau

Endlich ist ein Ende des babylonischen Exils in Sicht, und ein Traum geht in Erfüllung: Der Tempel wird wiedererrichtet, und die Gemeinde sammelt sich neu. Aber solch ein Neubeginn ist auch nicht ohne Schwierigkeiten.

Die Bücher Esra und Nehemia, ursprünglich ein Werk, erzählen von der Rückkehr aus dem babylonischen Exil nach 538 v. Chr. und den Schwierigkeiten des Neubeginns der jüdischen Gemeinde im Tempel und in Jerusalem

Der Perserkönig Kyrus nimmt Babylon ein und erlaubt den exilierten Jüdinnen und Juden die Rückkehr. Doch nach ca. 40 Jahren fühlen sich viele im Exilland heimisch, manche haben nichtisraelitische Frauen geheiratet, was der jüdischen Oberschicht in Babylon nicht gefällt. Andere wollen gern zurückzukehren, aber in Israel einen unabhängigen Staat unter einem davidischen König errichten. Dies jedoch widerspricht der Loyalität, die Kyrus als Gegenleistung für eine weitgehende religiöse und kulturelle Toleranz fordert.

So ringen die Bücher Esra und Nehemia um jüdische Identität durch ein toragemäßes religiöses und soziales

Lebens der Tempelgemeinde und um loyale Beziehungen zum persischen Staat in der Umbruchzeit etwa um die Mitte des 5. Jh. v. Chr.

Esra wird als Priester und Schriftgelehrter vom persischen König beauftragt, mit den Exulanten nach Jerusalem zurückzukehren und dort den Tempel wiederaufzubauen:

- Heimkehr und Wiederaufbau des Altars (Esr 1–3,6);
- Wiederaufbau des Tempels (Esr 3,7–6,18);
- Abgrenzung der Tempelgemeinde von Fremden (Esr 7–10).

Vermutlich sind die Abschnitte 4,8–6,18 und 7,11–26 in der damaligen aramäischen Verkehrssprache abgefasst, weil die von den Buchautoren verfassten Briefe und Urkunden als staatliche Dokumente erscheinen sollten. Und tatsächlich geben diese literarischen Texte die historischen Verhältnisse im persischen Staat angemessen wieder. Das Buch Nehemia schließt erzählerisch an das Buch Esra an. Nehemia wird vom persischen König als Statthalter eingesetzt und kommt 445 v. Chr. nach Jerusalem, um die Stadt wieder aufzubauen und Judä zur neuen, von der Provinz Samaria unabhängigen Provinz „Jehud" umzugestalten.

- Bericht über den Bau der Stadtmauer (Neh 1–7; in Ich-Form);
- Esra verliest das Gesetz und verpflichtet das Volk von Jerusalem auf die Tora (Neh 8–10);
- Einweihung der Stadtmauer (Neh 11–12);
- Nehemias Reformen: keine Ehen mit Nichtisraelitinnen, keine Privilegien für Verwandte.

Von besonderer Bedeutung ist die Verlesung der Tora in Neh 8–10. Dies zeigt, dass die fünf Bücher Mose, der Pentateuch, zu diesem Zeitpunkt schon als Einheit galt, die vom Perserkönig als religiöses Gesetz Israels „autorisiert" worden war und darum nun öffentlich verlesen wurde („Reichsautorisation").

Traditionell wurde Esra als Verfasser dieser beiden Bücher betrachtet. Wahrscheinlich haben schriftgelehrte Tempelkreise in der frühhellenistischen Zeit der 2. Hälfte des 4. Jh.s v. Chr. das Esra-Nehemia-Buch zur inneren und äußeren Bestärkung ihrer Tempelgemeinde verfasst.

Der Aufbruch (Esr 1)

Der Perserkönig Kyrus (558–529 v. Chr.) nimmt 539 v. Chr. Babylon ein. Wie der Prophet Jeremia angekündigt hatte, beauftragt Gott den Kyrus, den Tempel in Jerusalem wieder aufzubauen.

Weil es zur Politik des Kyrus gehörte, die von den Babyloniern zerstörten Kulte wiederherzustellen, veranlasst er die Rückgabe der von Nebukadnezzar geraubten Tempelschätze an Scheschbazzar, den Statthalter Judas.

Dass die ersten Verse fast wörtlich 2 Chr 36,22f. entsprechen, zeigt den engen Zusammenhang zwischen diesen beiden Büchern.

Die Heimkehrenden (Esr 2)

Es folgt eine Liste derer, die nach Israel zurückziehen. Jene Priesterfamilien, die ihr Geschlechterregister nicht finden können (2,62), werden nicht wieder zum Kult zugelassen, weil für den Priesterdienst ein lückenloser Nachweis der Abstammung erforderlich ist. Die Liste wird abgeschlossen mit Angaben über die Spenden für den Wiederaufbau.

Wiederaufbau des Altars (Esr 3,1–6)

Als alle Heimkehrenden wieder in ihren Ortschaften angekommen sind, machen sich die Priester unter Leitung des Davididen Serubbabel und des Priesters Jeschua an den Wiederaufbau des Altars. Ein erstes Opfer wird dargebracht, das Laubhüttenfest gefeiert, die täglichen und festzeitlichen Opfer werden wieder aufgenommen.

Grundsteinlegung des Tempels (Esr 3,7–13)

Bei der Grundsteinlegung 520 v. Chr. für den Tempel lachen und weinen die Jungen und die Alten, die den ersten Tempel noch kannten, laut vor Schmerz über das Exil und den verlorenen Tempel – und vor Freude über den Neubeginn.

Zurückweisung der Samaritaner (Esr 4)

Den „Widersachern Judas und Benjamins", die Samaritaner,, die im Norden des Landes ihren eigenen Kult pflegen, wird es nicht erlaubt, am Tempel mitzubauen.

Von den drei genannten Briefen bzw. Anklageschriften der Samaritaner gegen die Menschen in Juda und Jerusalem an die persischen Könige Xerxes (486–465 v. Chr.) und Artaxerxes I. (465–423 v. Chr.) wird ab 4,9 der dritte Brief in aramäischer Sprache zitiert.

Die heute zu sehende Stadtmauer Jerusalems wurde erst im 16. Jh. n. Chr. errichtet.

Beschwerdegrund ist offenbar weniger der 515 v. Chr. unter König Darius bereits abgeschlossene Tempelbau als vielmehr die Wiederherstellung der Mauer, die um 465 v. Chr. (nach Neh 6,15 im Jahre 445 v. Chr.) zu datieren sein dürfte. In einem Antwortschreiben verbietet Artaxerxes den Wiederaufbau Jerusalems.

Wiederaufnahme des Tempelbaus (Esr 5)

Die Propheten Haggai und Sacharja ermutigen Serubbabel, trotz der Rückschläge den Tempelbau wieder aufzunehmen.

Nach einer offiziellen Inspektion der Bauarbeiten fragt der persische Statthalter den König Darius (522–486 v. Chr.) nach dem Edikt, das diesen Bau erlaubt bzw. befohlen hat. Auch dieses Kapitel ist in aramäischer Sprache verfasst.

Weiterbau und Einweihung des Tempels (Esr 6)

König Darius von Persien findet den Erlass des Kyrus, wonach der Tempel auf Kosten des Königs gebaut werden soll. Er gibt die geraubten Tempelgeräte frei, und der Bau kann nach vier Jahren vollendet werden. Israel feiert die Einweihung mit einem großen Paschafest.

Esra kehrt nach Jerusalem zurück (Esr 7–8)

60 Jahre nach Einweihung des Tempels kehrt Esra (hebr. = „Adonaj/JHWH ist Hilfe“) aus Persien nach Jerusalem zurück. Er ist ein Nachfahre Aarons und gelehrt in der Weisung des Mose. Er installiert religiöse Schulen und stellt den Opferdienst im Tempel sicher. Mit Esra kehren 1.700 Menschen aus dem Exil zurück, unter ihnen viele Priester.

Das Problem der Mischehen (Esr 9–10)

Die nach dem Gesetz verbotene Eheschließung mit Personen aus anderen Völkern ist in Israel inzwischen gängige Praxis. Doch es wird befürchtet, dass die Mischehen wieder zu jenem Götzendienst führen, der eine Ursache für den Untergang Israels war. Beschämt darüber, dass seine Landsleute aus dem gerade beendeten Exil offenbar nichts gelernt haben, betet Esra zu Gott und bewirkt mit seinem Gebet, dass die ganze Gemeinde trauert und schwört, alle Mischehen aufzulösen, um die religiöse Identität der neuen Tempelgemeinde zu bewahren.

Nehemias Trauer um Jerusalem und seine Rückkehr (Neh 1–2)

Nehemia (hebr. = „Adonaj/JHWH tröstet“) bekleidet am persischen Hof den Posten eines Mundschenks, ein hohes Amt. Er ist erschüttert, als er hört, in welch erbärmlichem Zustand sich das zerstörte Jerusalem befindet. Er betet und trauert nicht weniger als vier Monate lang. Dann fasst er Mut und bittet König Artaxerxes darum, nach Juda reisen zu dürfen, um die Stadt seiner Vorfahren, vor allem ihre Stadtmauer, wieder aufzubauen. Der persische König gewährt ihm die Bitte und stattet ihn mit den notwendigen Papieren aus.

Der Wiederaufbau der Mauern (Neh 3–6)

Nachdem sich Nehemia einen Überblick über den Zustand Jerusalems verschafft hat, ruft er von überall her Bauleute herbei, die sich an den Aufbau der Stadtmauer machen. Jerusalem ist vollständig vernichtet, sodass der Wiederaufbau zunächst nur Spott, später Wut hervorruft. Der Mauerbau muss gegen Araber, Ammoniter und Aschdoditer verteidigt werden. Doch Nehemias Vertrauen in Gott bleibt ungebrochen, und so kann die Mauer verteidigt und vollendet werden. Neben äußeren Angriffen muss Nehemia den Sklavenhandel innerhalb seines Volkes unterbinden. Während er hebräische Sklaven freikauft, verkaufen die reichen Bewohner Judas ihre Geschwister als Sklaven an andere Völker. Nehemia unterbindet diese Art von Sklavenhandel.

Alle Versuche, ihn von der Aufsicht über den Mauerbau abzubringen, scheitern. Unter Nehemia wird die Jerusalemer Stadtmauer nach 52 Tagen Bauzeit im August/September 445 v. Chr. vollendet.

Liste der Rückkehrer (Neh 7)

Die Liste der Rückkehrer aus dem persischen Exil ist weitgehend mit Esr 2 identisch.

Einweihung, Gebet und Bekenntnis (Neh 8–10)

Die Stadtmauer Jerusalems wird zum Laubhüttenfest eingeweiht. Esra verliest die Weisung Gottes, die fünf Bücher Mose, vor dem ganzen Volk Israel, und zum ersten Mal seit Josuas Tagen wird das Fest in Laubhütten gefeiert. Esra spricht ein langes Bekenntnisgebet, das Gottes Güte als Schöpfer der Welt und Retter Israels betont. Der Bund Gottes mit den Menschen wird erneuert und schriftlich festgelegt.

Liste der Einwohner (Neh 11,1–12,26)

Teile der Einwohnerliste Jerusalems und der umliegenden Orte finden sich auch in 1 Chr 9, 2–17.

Einweihung der Mauer (Neh 12,27–47)

Die Mauer wird mit zwei Prozessionszügen aus unterschiedlichen Richtungen eingeweiht. Die Prozessionszüge treffen sich am Tempelbezirk, und ein großes Freudenfest beginnt.

Verstöße während Nehemias Abwesenheit (Neh 13)

Nehemia kehrt zeitweilig nach Persien zurück. Bei seiner Rückkehr nach Jerusalem muss er feststellen, dass viele seiner Reformen nicht mehr in Kraft sind. Mischehen sind geschlossen worden, die Abgaben für den Tempel sind nicht ordnungsgemäß entrichtet und der Sabbat ist nicht eingehalten worden. Erneut muss Nehemia hart durchgreifen, um die Ordnung wieder herzustellen.

Ester – Zwischen Sexismus, Antisemitismus und dem Schweigen Gottes

Der persische König Xerxes verstößt seine Frau Waschti und macht Ester zur Königin. Das von Haman geplante Pogrom gegen Mordechai und die Juden scheitert an Esters Mut.

Die Lektüre des Buches Ester ist eine Herausforderung. Zunächst scheint es sich bei dieser Schrift um ein Geschichtsbuch zu handeln, in dem ein Ausschnitt der Regierungszeit des persischen Königs Xerxes (hebr. Ahaschverorsch) dargestellt wird. Dieser Ausschnitt betrachtet die Situation der jüdischen Minderheit im persischen Großreich. Es berichtet anhand der Figuren der (jüdischen) Königin Ester und ihres Onkels Mordechai, wie sich antisemitische Strukturen in einem totalitären Staat herausbilden können.

Eine große Zahl historischer Ungenauigkeiten legt jedoch nahe, das Buch nicht als Chronik zu lesen.

Ein weiterer Punkt am Buch Ester ist bemerkenswert: Die höchstwahrscheinlich älteste Überlieferung des Buchs in hebräischer Sprache spart Gott als Thema aus (zur kontroversen Stelle Est 4,14 s. u.). Die jüngeren Überlieferungen in griechischer Sprache gleichen dieses „Gottesschweigen“ durch umfangreiche Einschübe aus.

Eine dritte Herausforderung bezieht sich auf das neunte Kapitel des Buchs, in dem davon berichtet wird, wie die jüdische Minderheit, von der im letzten Moment das mörderische Pogrom Hamans abgewendet worden ist, nun ihrerseits und offenbar mit der Erlaubnis des Großkönigs ein gewaltiges Blutbad im gesamten persischen Reich anrichtet.

Einige Gründe sprechen dafür, das Buch Ester nicht als den Versuch einer historischen Darstellung zu lesen. Es lässt sich vielmehr als ein Stück Literatur betrachten, das exemplarisch arbeitet wie ein Märchen, stellenweise beißend satirisch ist, erotische Züge nicht vermissen lässt und letztlich eines gewissen Humors nicht entbehrt.

Man geht allgemein davon aus, dass „Ester“ im 3. Jh. v. Chr. im hellenistischen Raum entstanden ist. In der Epoche der Diadochenkämpfe war Judenhass durchaus verbreitet, und eine grundlegende Kenntnis der Verhältnisse am vergangenen persischen Hof war allgemeines Bildungsgut.

Waschti – eine Frau verweigert sich (Est 1,1–22)

König Ahaschverosch, Herrscher über das persische Großreich, veranstaltet in seiner Burg Susa, dem Zentrum der Macht, ein Fest immensen Ausmaßes. Zunächst wird für die obersten seiner Untertanen und dann für das gesamte Volk ein Gastmahl bereitet, das – so scheint es – einen gewaltigen Lobpreis des Königs und seines Reichtums darstellt. Obgleich Est 1,5 von allem Volk spricht, dem das Fest bereitet wird, ist wenige Verse später klar, dass hier nur die Männer gemeint sind. Die Frauen im Reich feiern getrennt, und hier ist es Königin Waschti, die das Fest ausrichtet. Bereits von Anfang an wird der Unterschied betont, den Ahaschverosch und der persische Hof zwischen Frauen und Männern machen. Frauen haben sich von ihren Männern beherrschen zu lassen, und jede Form von selbstbestimmten Handeln wird insbesondere von den Mächtigen des Reiches als große Gefahr empfunden.

Im Laufe des Festes betrinkt sich Ahaschverosch und fordert, dass Waschti sich dem Hofstaat und allem Volk zeigen möge. Die Formulierung „mit dem königlichen Diadem“ in Est 1,11 steht hier wohl beschönigend für die Forderung, Waschti solle mit nichts anderem bekleidet sein. Die totalitäre Struktur am Hof zeichnet sich dadurch ab, dass der König Boten schickt, um Waschti zu holen. Die gesamte Kommunikation am Hof ist davon gekennzeichnet, dass sie nur über Dritte vermittelt geschehen kann. Erst Ester bricht diese Struktur, wie später in Est 6 berichtet wird.

Waschti weigert sich, vor dem König zu erscheinen. Dies verstehen der König und seine Berater als unzumutbares Aufbegehren gegen die männliche Herrschaft. Vor allem fürchten sie, dass Waschtis Verhalten beispielhaft für andere oder gar alle Frauen sein könnte. Daher wird in einem bürokratischen Akt unrealistischen Ausmaßes im gesamten Reich bekannt gegeben, dass Waschti von Ahaschverosch verstoßen wird. Ihr weiteres Schicksal bleibt unklar, allerdings hat sie mit ihrer Weigerung ihre Würde bewahrt und – gemessen an dem Aufruhr, den sie verursacht hat – das frauenfeindliche System des persischen Hofes an einer empfindlichen Stelle getroffen.

Ahaschverosch sucht die Super-Frau (Est 2,1–23)

Ahaschverosch sucht nun eine neue Frau. Entsprechend den übersteigerten Dimensionen, in denen der persische Hof beschrieben wird, veranstaltet der König eine Brautschau enormen Ausmaßes. Dabei werden die Mädchen, die sein Wohlgefallen erregen, nicht weniger als zwölf Monate lang mit Schönheitsmitteln behandelt, bevor sie dem König offiziell gegenübertreten dürfen. Eines der jungen Mädchen, an dem der König Gefallen gefunden hat, ist Ester, die Nichte und Ziehtochter Mordechais, eines Hofbeamten von Ahaschverosch. Sie besteht das Auswahlverfahren und Ahaschverosch nimmt sie in seinen königlichen Harem auf. Auffälligerweise wird Ester in Est 2,20 von ihrem Onkel verboten, ihre (jüdische) Abstammung zu verraten. Mordechai kennt als Beamter das politische System und seine judenfeindliche Struktur.

Mordechai ist trotz seiner inneren Distanz loyal zu seinem König. So deckt er einen Putschversuch auf und verhindert ihn. Diese solidarische Tat wird im Buch des Königs notiert.

Feindschaft zwischen Mordechai und Haman (Est 3–5)

Ahaschverosch ernennt den Agagiter Haman zu einem Fürsten, der über allen anderen Fürsten steht.

Die (jüdische) Leserschaft der Antike wusste, welchem Volk Ester angehört und welche Abstammung sie geheim halten soll, und ebenso wusste sie sofort, dass es sich bei Haman nur um einen Feind der Juden handeln könne. Agag stammt aus dem Volk der Amalekiter, der Feinde der Israeliten par excellence (vgl. Ex 17,8–16; Dtn 25,17–19). Von daher ist auch verständlich, dass Mordechai dem frisch ins Amt gesetzten Fürsten den Respekt verweigert, der diesem nach dem königlichen Gesetz in Form eines Kniefalls zusteht. Haman reagiert auf diese Ehrabschneidung nicht etwa, indem er den Schuldigen zur Rechenschaft zieht, sondern indem er beim König alle Juden als Feinde des Reichs verleumdet und ein Dekret erwirkt, nach dem die gesamte jüdische Bevölkerung ausgerottet werden soll.

Mordechai erfährt von Hamans Plan und bittet Ester, die mittlerweile Königin geworden ist, um ihre Hilfe. Das Gespräch zwischen den beiden umfasst fast das ganze vierte Kapitel des Esterbuchs und macht die totalitäre Struktur des persischen Hofes deutlich. Für den Hofbeamten gibt es keine Möglichkeit, mit seiner Nichte, der Königin, direkt zu sprechen. Ein Bote muss alle Nachrichten überbringen. Darüber hinaus stellt Ester klar, dass eine Eigeninitiative ihrerseits dem König gegenüber höchstwahrscheinlich mit dem Tod bestraft würde, sofern er ihr nicht symbolhaft Gnade erweisen sollte, in Form eines goldenen Zepters, das er ihr reicht. Die Willkür königlicher Herrschaft geht mit drastischen und letztlich nicht nachvollziehbaren Strafen einher.

Wenn es an irgendeiner Stelle einen Bezug zu Gott gibt, dann in der Entgegnung Mordechais, in der er Ester zurechtweist. Dabei stellt er ihr vor Augen, dass den Juden im Fall von Esters Weigerung „Hilfe von einem anderen Ort" käme (Est 4,14). Der hebräische Begriff מָקוֹם *maqom* bedeutet nicht nur „Ort", sondern ist in der jüdischen Tradition auch eine der Ersatzbezeichnungen für den Eigennamen Gottes (vgl. Ex 3).

Ester fasst Mut, tritt geschmückt vor den König, erlangt Gnade und richtet für Ahaschverosch und Haman ein Essen aus, bei dem sie sich ein zweites Essen für ihn und seinen Fürsten erbittet. Haman fühlt sich durch die Einladung der Königin in besonderer Weise geadelt und lässt auf Anraten seiner Frau hin einen Holzpfahl errichten, an dem Mordechai hingerichtet werden soll.

Die Wendung; Hamans Tod (Est 6–7)

Das Buch Ester zeichnet sich in vielerlei Hinsicht durch eine komplexe Struktur aus. Anfangs nebensächliche Motive werden aufgegriffen und erhalten in späteren Kapiteln nachträglich Bedeutung. So beginnt das sechste Kapitel mit einer schlaflosen Nacht Ahaschveroschs, in der er sich gewissermaßen als Bettlektüre das Buch geben lässt, in dem die loyale Tat Mordechais verzeichnet worden ist (vgl. Est 2,23). Am nächsten Tag fragt der König seinen obersten Fürsten Haman, wie ein Untertan für seine besonderen Leistungen geehrt werden könne. Haman bezieht die Frage auf sich selbst und ist schließlich gezwungen, dem Juden Ehre zu erweisen, der ihm den Respekt verweigert hat. Darüber hinaus klagt Ester Haman bei ihrem zweiten Essen des geplanten Mordes an ihrem Volk an, woraufhin der König ihn an jenem Pfahl aufhängen lässt, der für Mordechai errichtet worden war.

Das Pogrom schlägt um (Est 8–10)

Ester wird ebenso wie Mordechai vom König geehrt und erhält das Haus Hamans zum Besitz. Eine lange Geschichte der Feindschaft zwischen Agag und Saul findet ihr Ende, und dieses Ende setzt auch einen Schlusspunkt hinter die Geschichte des Versagens von Saul (vgl. 1 Sam 15). Ester erwirkt die Zurücknahme des Dekrets von Haman. Darüber hinaus haben die Juden im persischen Großreich auf einmal mit königlicher Autorisation die Möglichkeit, sich für die an ihnen geplanten Verbrechen zu rächen.

Bronzene Figur einer Göttin, 10. Jh. v. Chr.

So grausam die letzten Kapitel des Esterbuches erscheinen müssen, wenn man es als historisches Dokument liest, so folgerichtig sind sie, wenn man das Buch als ein literarisches Werk liest.

Kennzeichnend für das Buch Ester ist die Frage, inwiefern sich eine jüdische Minderheit in einer wohl antisemitischen Mehrheit behaupten kann. Parallel dazu stellt es sich dem Problem der Situation von Frauen in einer chauvinistischen Gesellschaft. Verschiedene Übersetzungen des Textes, vor allem der letzten Kapitel, verwischen diese doppelte Problematik jedoch. So wird beispielsweise in Kap. 8,17 in vielen Übersetzungen davon gesprochen, dass „die Nichtjuden eine große Furcht" ergreift. Das hebräische Verb beschreibt aber vielmehr „ein Wahrnehmen in besonderer Form". Dieses Wahrnehmen kann als eine direkte Folge der Emanzipation einer Minderheit verstanden werden, die sich als selbstbewusste Größe mit eigenen Rechten darstellt.

Sebastian Huck

Die Schriften der Weisheit

Lehrbücher und Psalmen

Nach der Tora, den fünf Büchern Mose, und den weiteren Büchern der Geschichte (Josua bis Ester) folgt in den christlichen Bibeln ein alttestamentlicher Kanonteil, der „Bücher der Weisheit", „Lehrbücher und Psalmen" oder „Die poetischen Bücher" genannt wird. Diese Bezeichnungen lassen erkennen, dass die Bücher dieses Kanonteils überwiegend in lyrischer, poetischer Form menschliche Erfahrungen verdichten – in Gebeten, Liedern, Gedichten, einzelnen Sprüchen und größeren Zusammenhängen. Es sind die Bücher Ijob, Psalmen, Sprüche, Prediger (Kohelet) und das Hohelied.

Die Verfasser und Überlieferer dieser Bücher, geben hier nicht nur ihre Erfahrungen weiter, die sie mit Gott gemacht haben, sondern auch Beobachtungen, die unabhängig von Gottes Offenbarungen entstanden sind. Die Weisheit, die sie überliefern, ist praktisches Lebenswissen darüber, wie der Lebensweg im religiösen wie im weltlichen Bereich trotz aller Gefährdungen gelingen kann, wenn Menschen auf Gott vertrauen, der in seiner Schöpfung das Böse bekämpft und das Gute fördert.

Ijob – Ist Gott gerecht?

Ijob wird von Gott all dessen beraubt, was ihm wichtig ist. Er streitet mit seinen Freunden über die Frage, inwiefern Gott gerecht ist, und erhält schließlich eine Antwort.

Ijob gehört zu den Figuren der Bibel, die um einiges bekannter sind als das biblische Buch selbst, in dem sie vorkommen. Zunächst geht es im Buch Ijob nicht um die Frage, ob Gott trotz des menschlichen Leids gerecht ist, sondern wie gerecht Ijob in Wahrheit ist. Ijob ist fromm, und es geht ihm gut. Da kommt der Satan, der im Alten Testament noch kein Teufel ist, sondern eher ein „Widersacher", der die Dinge hinterfragt, und argwöhnt, dass Ijob nur deswegen fromm ist, weil es ihm gut geht. Daher wird er auf die Probe gestellt: Wird Ijob gottesfürchtig bleiben, wenn ihm alles, sein Wohlstand, seine Familie, seine Gesundheit, genommen wird und er Leid erfährt?

Als die sprichwörtlich gewordenen Hiobsbotschaften eintreffen, setzen sich Ijob, seine Frau und seine Freunde mit dem Warum dieses unabänderlichen Leidens auseinander. Im Hintergrund steht der sogenannte Tun-Ergehen-Zusammenhang, d. h. die Überzeugung, die Hoffnung oder der Wunsch, dass einem gerechten Tun ein gutes Ergehen folgt. Dieser Tun-Ergehen-Zusammenhang ist eine wichtige Denkfigur in der Strömung der Weisheit.

Ijobs Freunde glauben an dieses Tat-Folge-Denken und versuchen, von Ijobs Ergehen auf sein Tun zurückzuschließen: Weil Gott ja gerecht ist, muss der leidende Ijob böse gehandelt haben. Doch was, wenn Gott nicht gerecht ist?

So fragt Ijob, der daran festhält, dass er recht gehandelt hat und folglich Gott ungerecht sein müsse. Dennoch hält Ijob am Leben und an Gott fest, bei dem er sich allerdings bitter beklagt.

Am Ende wird weder die Frage nach Gottes Gerechtigkeit noch die nach dem Grund des Leidens ausdrücklich beantwortet. Es werden jedoch alle menschlichen Erklärungsversuche für unabänderliches Leid als Folge der Schuld, als naturgegeben, als Erziehungsmaßnahme oder Glaubensprüfung radikal verworfen.

Nur Gott gibt eine Antwort in einer ausführlichen Rede über die Schöpfung und Erhaltung der Welt und macht Ijob klar, dass dieser nicht von seinem eigenen Ergehen auf den Zustand der ganzen Welt schließen kann.

In mancher Hinsicht bleibt das Ijobsproblem also offen – und muss wohl auch angesichts des vielfältigen menschlichen Leidens in der Welt offen bleiben. Das Problem der biblischen Ijobsfigur jedoch löst sich am Schluss des Buches: Ijob wird wieder gesund, hat neue Kinder und stirbt reich, alt und lebenssatt.

Das Buch gliedert sich in drei Teile in prosaischer und poetischer Sprache:

1. Prolog (Prosa): (Ijob 1–2)
   - Ijobs Versuchung (1–2)
2. Dialogteil (poetisch): (Ijob 3,1–42,6)
   - Ijobs Klage (3)
   - Elifas, Bildads und Zofars Reden und Ijobs jeweilige Antworten in drei Durchgängen (4–14; 15–21; 22–27)
   - Lobpreis der Weisheit Gottes (28)
   - Ijobs Herausforderung Gottes (29–31)
   - Elihus vier Reden (32–37)
   - Gottes Reden und Ijobs Antworten (38–42,6)
3. Epilog (Prosa): (Ijob 42,7–17)
   - Ijobs Wiederherstellung

Ijob ist kein Israelit. Dieser Sachverhalt zeigt: Das Ijobproblem bleibt nicht auf Menschen innerhalb Israels begrenzt. Wenn Ijob als Araber aus Uz bezeichnet wird, dann entspricht das zudem der Internationalität der Weisheit in der damaligen Zeit, die als weltweite Erzählgemeinschaft mit dem Bedeutungsträger Ijob ein Menschheitsproblem erörtert. Entstanden ist das Buch Ijob vermutlich in einem längeren Zeitraum zwischen dem 6. bis 2. Jh. v. Chr.

Ijobs Frömmigkeit (Ijob 1)

Der Satan, ein Gegenspieler Gottes und im Alten Testament noch kein Teufel, beargwöhnt Ijobs Frömmigkeit. Gott lässt sich auf ein böses Experiment ein und übergibt dem Satan die Verfügungsgewalt über Ijob. Nur ihn selbst darf er nicht antasten.

Die Hiobsbotschaften: 1. Ijobs Rinder und Esel wurden durch Beduinen geraubt. 2. Sein Kleinvieh, seine Schafe und Ziegen sind verbrannt. 3. Seine Kamele werden geraubt. 4. All seine sieben Kinder sind gestorben.

Doch Ijob gibt nichts Unflätiges gegenüber Gott von sich, er segnet sogar den, der ihm all dies gegeben und wieder genommen hat.

Eine Schafherde im Jordantal. Die Menschen sind auf die Tiere angewiesen.

Neue Versuchung (Ijob 2)

Als Satan vermutet, Ijob würde Gott verfluchen, wenn es an seine Haut geht, gibt Gott ihm auch die Verfügungsgewalt über Ijobs Körper. Daraufhin wird Ijob mit Hautgeschwüren geschlagen, sodass er sich in den Staub setzt und mit einer Tonscherbe kratzt. Seine Frau empfiehlt ihm, Gott den Abschiedssegen zu geben und zu sterben. Doch Ijob beharrt darauf, nicht nur das Gute, sondern auch das Böse aus Gottes Hand zu nehmen.

Ijobs Freunde zeigen ihre Solidarität, indem sie angesichts seines Schmerzes wie bei einer Totenklage sieben Tage und sieben Nächte lang schweigend bei ihm sitzen.

Ijobs Klage (Ijob 3)

Ijob wünscht sich, der Tag möge verschwinden, an dem er geboren wurde. In einer ausgedehnten Klage bringt er nicht nur sein eigenes Leid vor Gott, sondern fragt, warum Gott überhaupt noch Menschen ins Licht bringe, nur damit diese dann verbittert den Tod herbeisehnen, der aber doch nicht kommt.

Elifas erste Rede (Ijob 4–5)

Den ersten Redegang in Ijob 4–14 eröffnet Elifas von Teman: Nicht die Gerechten, sondern nur die Ungerechten werden nach Elifas Ansicht bestraft. Zudem sei kein Mensch vor dem allmächtigen Gott gerecht: Er lasse leiden, um dadurch zu erziehen und letztlich aus allen Nöten zu retten. Ijob werde dann wiederhergestellt, wenn er das nur anerkennen wolle. „Ich an deiner Stelle würde mich an Gott wenden", sagt Elifas. Denn eine Anklage gegen Gott zu erheben sei dumm.

Ijobs Antwort auf Elifas erste Rede (Ijob 6–7)

In seiner Antwort zeigt Ijob, dass er voller Kummer ist, voller Verzweiflung. Von seinen Freunden ist er enttäuscht und wünscht sich, dass Gott ihn tötet. Das Leben des Menschen ist eine Qual. Warum lässt Gott dies zu oder verursacht das Leid sogar?

Bildads erste Rede (Ijob 8)

Bildad weist Ijobs Anklage gegen Gott zurück, weil der nur Schuldige verfolge. Darum fordert auch Bildad seinen Freund Ijob auf, zu Gott umzukehren.

Ijobs Antwort auf Bildads erste Rede (Ijob 9–10)

Doch Ijob beharrt darauf, dass er im Recht sei, weil er keine Schuld trage. Gott aber sei zu mächtig, und seine Gewalt sei willkürlich. Er könne Ijob vernichten, wann er wolle; könne ihn schuldig sprechen, auch wenn Ijob unschuldig sei. Ijob dagegen habe keine Macht, sein Recht gegen Gott durchzusetzen.

Warum, so fragt Ijob, sei Gott so grausam gegen ihn? Warum habe er ihn überhaupt geschaffen? Ijob ist des Lebens überdrüssig.

Zofars erste Rede (Ijob 11)

Zofar von Naama verschärft in seiner Reaktion auf Ijobs Worte noch einmal den Ton und fordert im Sinne seiner traditionellen Tun-Ergehen-Vorstellung, Ijob solle endlich anerkennen, dass er sich an seine Verfehlungen vermutlich nicht erinnern könne. Doch falls Ijob seine Hände zu Gott ausbreite, werde es ihm gut gehen.

Ijobs Antwort auf Zofars erste Rede (Ijob 12–14)

Ijob verspottet die „Weisheit" seiner Freunde, die doch endlich schweigen sollen, denn er sei ebenso weise wie sie. Ijob fordert weiterhin ein Rechtsverfahren von Gott. Schließlich betrachtet er ausführlich die Vergänglichkeit des Menschen. Scheidet ein Mensch dahin – wo ist er dann?

Elifas zweite Rede (Ijob 15)

Die Diskussion wird zunehmend hitzig. Elifas beschimpft Ijob und unterstellt ihm Hochmut. Alle Beschuldigungen, die Ijob ausspreche, verdeutlichten nur seine eigene Schuld, und seine Rechtfertigungsversuche unterstrichen dies noch einmal. Es stimme einfach nicht, dass die Schuldigen ohne Sühne blieben. Ihr Schicksal sei furchtbar.

Ijobs Antwort auf Elifas zweite Rede (Ijob 16–17)

Ijob wirft seinen Freunden mangelndes Mitleid vor. Es sei leicht für sie, denn er sei derjenige, der leiden müsse. Ausführlich stellt Ijob sein Leid dar und erklärt, seine Schmerzen würden durch die Grausamkeit seiner Mitmenschen nur noch stärker. Doch obwohl er Gott für all sein Leid verantwortlich macht, kann Ijob nicht glauben, dass Gott grundsätzlich ungerecht ist. Daher ruft er Gott im Himmel als Zeugen gegen seine Freunde und gegen Gott selbst an. Die Gerechtigkeit aber müsse sich zu Lebzeiten erweisen, denn es gäbe keine Hoffnung über den Tod hinaus.

Bildads zweite Rede (Ijob 18)

Bildad weist Ijobs Worte empört zurück und beschreibt ausführlich und bildhaft das grausame Schicksal, das die Frevler erwarte.

Ijobs Antwort auf Bildads zweite Rede (Ijob 19)

Die Diskussion hat die Freunde zunehmend von Ijob entfremdet. Anfangs wollten sie ihn trösten, nun werden sie zunehmend zu einer weiteren Qual für ihn. Ijob fühlt sich isoliert, geächtet, von seinen Freunden und von Gott verfolgt. Mitten in dieser Verzweiflung ruft Ijob – wie schon in Ijob 16,19 – Gott gegen Gott an, der ihn als ein dazu verpflichteter Verwandter aus seiner Schuldknechtschaft freikaufen, „lösen" wird (vgl. Ijob 19,25ff.; Lev 25,47–54). Während die christliche Bibelauslegung seit dem Kirchenvater Hieronymus den Ausruf: „Ich weiß, dass mein Erlöser lebt" (Ijob 19,25a) als ein deutliches Bekenntnis zur Auferstehung der Toten las, formuliert Ijob mit dieser familienrechtlichen Vorschrift des „Lösers" (Ijob 19,23–27) in der vorgetragenen Klage sein Vertrauensbekenntnis zu Gott auf ein Leben und Schauen Gottes vor dem Tod.

Zofars zweite Rede (Ijob 20)

Zofars zweite und letzte Rede greift das weisheitliche Thema des Bildad erneut auf: Die Ruchlosen hätten vielleicht zunächst Erfolg, doch sei ihr Gewinn nur von kurzer Dauer und ihre Strafe sicher. Diese Lehre ist der alttestamentlichen Weisheit vor allem für die Erziehung junger Menschen besonders wichtig, doch in Ijobs Lage völlig deplatziert.

Ijobs Antwort auf Zofars zweite Rede (Ijob 21)

Ijob unterstellt darum Zofar eine Theologie mit geringem Realitätsbezug. Es liege auf der Hand, wie erfolgreich böse Menschen sein können; ihnen widerfahre mitnichten Gerechtigkeit und Bestrafung, und er, der schuldlos Leidende, sei das beste Beispiel dafür, dass sich Zofars Auffassung kaum halten ließe.

Elifas dritte Rede (Ijob 22)

Elifas greift in seiner letzten Rede die Schuldlosigkeit Ijobs an und wirft ihm Heuchelei vor. Er habe durchaus gesündigt und zwar schwer gegen die Normen der Mitmenschlichkeit und der Tora verstoßen (Ijob 22,2–9). Sehr wohl

Vom Widersacher zum Teufel

Der Satan ist im Alten Testament zunächst noch kein Teufel, erst recht keine Figur mit zwei Hörnern, sondern ein „Widersacher": eine Person, die sich einer anderen entgegenstellt (vgl. Num 22), die jemanden anfeindet (vgl. Gen 50,15) oder sich mit Widersprüchen zwischen dem Glauben und der Erfahrung befasst, wie im Buch Ijob. Ein solcher „Satan" ist also jemand, der Sachverhalte hinterfragt und Menschen auf die Probe stellt.

Die Figur dieses Satans ist eng mit der Frage nach der Macht und der Güte Gottes verknüpft. Das lässt sich am Beispiel von 2 Sam 24,1 und 1 Chr 21,1 verdeutlichen: Nach 2 Sam 24,1 reizt Gott den König David zu der verwerflichen Volkszählung. Nach 1 Chr 21,1 dagegen hat der Satan David dazu verleitet. So ist Gott entlastet, doch gleichzeitig hat der Satan an Macht gewonnen. So erscheint paradoxerweise der Satan umso mächtiger, je gütiger Gott gedacht wird. Letztlich läuft dies auf einen Dualismus hinaus. Die andere Möglichkeit vertritt eine Theologie, die sowohl das Gute als auch das Böse in Gott verankert (vgl. z. B. Jes 45,7).

Erst im Neuen Testament wird der Satan oder Teufel zu einer personalen Größe.

sehe Gott die Sünden der Frevler, darum solle Ijob zum Allmächtigen umkehren. Elifas Anschuldigungen gegen Hiob sind, wie Ijob 1,1 und auch die Gottesrede in Ijob 42,7f. bestätigen, reine Verleumdungen.

Ijobs Antwort auf Elifas dritte Rede (Ijob 23–24)

Darum weist Ijob die Anschuldigung, er würde etwas vor Gott verheimlichen, strikt zurück und fordert im Gegenteil, Gott möge sich endlich seiner Sache annehmen. Wie gerne würde er gegen Gott ins Gericht ziehen, doch es ist Gott selbst, der sich verborgen hält.

Bildads dritte Rede (Ijob 25)

Ohne ein neues Argument anzuführen, wiederholt Bildad in seiner letzten Rede, dass vor dem unendlich erhabenen Gott Menschen nur Maden und Würmer seien und darum niemand komplett schuldlos sein könne, also auch Ijob nicht.

Ijobs letzte Antwort (Ijob 26–31)

Ijob setzt zu einer letzten großen Rede gegenüber seinen Freunden an, die er für inkompetent hält. Gott könne nicht begriffen werden. Die gesamte Schöpfung gebe nur eine schwache Ahnung von Gottes wahrem Wesen (Ijob 26). Noch einmal beteuert Ijob nachdrücklich seine Unschuld und „belehrt" seine Freunde (Ijob 27,11), dass sie durch ihr Verhalten inzwischen zu seinen Feinden geworden sind, denen nun jenes Geschick der Frevler drohe, das sie selbst so lehrreich beschrieben haben. (So ist Ijob 27,7–23 deutbar, wenn am vorliegenden Text ohne Umstellungen festgehalten wird.)

Mit einem dreistrophigen Lied über die Weisheit (Ijob 28,1–28) legt Ijob dar: Nur Gott kenne den Ort der Weisheit (Ijob 28,23), die für Menschen unzugänglich sei; Weisheit könne lediglich im täglichen Leben durch Gottesfurcht und gutes Handeln praktiziert werden (Iob 28,28). Darum sind auch Ijobs Freunde gescheitert, weil sie „nichtwissbares" Wissen vermitteln wollten und dadurch Ijob den Weg zu Gott als Quelle der Lebensweisheit verstellt haben. Ähnlich wie in einem Klagepsalm blickt Ijob wehmütig auf die Zeit zurück, in der Gott ihm Gnade und Segen eines umfassend gerechten und von allen geachteten Lebens erwiesen hatte. Die Erinnerung wird immer bitterer, da er sie nur durch den Spiegel der Gegenwart betrachten kann und Gott ihm jetzt all seine Zuwendung entzogen hat (Ijob 29–30).

In der Form eines „Reinigungseides" beteuert Ijob noch einmal anhand einer Liste von vierzehn möglicher sozialer Vergehen, dass er all dies nicht begangen habe und darum nun sehr gern aufrechten Herzens Gott gegenübertreten möchte, um Gerechtigkeit von ihm einzufordern (Ijob 31).

Elihus Rede (Ijob 32–37)

Statt der Freunde, die nun stumm geworden sind, beginnt ein junger Mann namens Elihu zu reden, ein Nachfahre aus der Sippe Ram. Er kritisiert zunächst die Freunde Ijobs hart, da keiner von ihnen ein stichhaltiges Argument geliefert hätte, um Ijob tatsächlich zu widerlegen. Er zweifelt grundsätzlich die Verbindung von Weisheit und Alter an (Ijob 32).

Elihu wirft Ijob vor, dass er von Gott wie von einem Automaten denke. Die Logik, dass gutes Tun unweigerlich zu einem erfolgreichen und glücklichen Leben führen müsse, sei eine Beleidigung für die lebendige Gottesbeziehung. Ijob beklage das Schweigen Gottes, doch sei er nicht bereit, auf Gott zu hören, wenn dieser mit ihm im Traum spreche. Auch sei die Not, in der sich Ijob befinde, keinesfalls als Strafe, sondern als Antwort Gottes zu verstehen. Gott lasse Menschen leiden, um sie zu warnen und vor größerem Übel zu bewahren (Ijob 33).

Sich selbst für gerechter zu halten als Gott, ist für Elihu eine Anmaßung. Gott Unrecht vorzuwerfen bedeute nichts anderes, als seinen Ratschluss zu verkennen (Ijob 34).

Letztlich sei alles Streben nach Gerechtigkeit sinnlos, falls es nur aus dem Wunsch nach Erfolg und Glück geboren werde und nicht aus der Liebe zu Gott. Leid sei vor allem ein Produkt zwischenmenschlicher Störungen und nicht Folge göttlicher Strafe (Ijob 35).

Gott selbst sei allmächtig, und sein Wunsch sei es, die Menschen seine Wege zu lehren. Ijob solle sich daher nicht nach dem Tod sehnen, sondern vielmehr danach forschen, was Gott ihn lehren will (Ijob 36).

Schließlich stellt Elihu noch einmal den Unterschied zwischen Gott und Mensch heraus. Gott sei entschieden mächtiger und größer als alles, was Menschen jemals erreichen könnten. Wie kann eine Anklage an Gott da etwas anderes sein als eine Anmaßung (Ijob 37)?

Gottes Antwort (Ijob 38–41)

Es entbehrt nicht einer gewissen Ironie, dass Gott antwortet, nachdem Elihu viele gute Gründe dafür geliefert hat, warum Ijob nicht auf eine Antwort Gottes hoffen dürfe. Jetzt tritt Gott in das argumentative Gespräch ein, das sich Ijob mehrmals gewünscht hatte. Freilich ist es nun Gott, der Ijob befragt: „Wo war Ijob, als die Welt geschaffen wurde? War er an der Schöpfung beteiligt? Ist Ijob in der Lage, die Welt im Gleichgewicht zu halten, wie Gott es kann?" (Ijob 38–39).

Gottes bewahrendes Handeln ist ebenso unfassbar wie seine Macht, zu zerstören. Ijob mag sich erheben, doch steht er dabei in der Gefahr, sich lächerlich zu machen wie ein geschmückter Götze, der letztlich doch nichts zu tun vermag. Behemot und Leviathan, zwei Urzeitwesen von gewaltiger Kraft, dienen Gott als Beispiel für die Endlich-

Krankheit und Tod

Krankheiten verschiedener Art, vor allem aber Hautkrankheiten, waren im Alten Orient kein seltenes Phänomen. Schon die ausführlichen Bestimmungen bezüglich des Aussatzes im Buch Levitikus belegen dies (vgl. Lev 13,14).

Nach alttestamentlicher Vorstellung kann es verschiedene Gründe für Gebrechen, Missbildungen oder Krankheiten geben. So wird z. B. geschildert, dass die schleichende Erblindung Isaaks eine Folge seines Alters ist (vgl. Gen 27,1). Der Sohn Jonatans wiederum ist von Geburt an gelähmt (2 Sam 4,4).

Während zum einen beschrieben wird, dass Krankheiten zum Leben dazugehören, erscheinen sie manchmal auch als eine Strafe Gottes. Mirjam befällt der Aussatz als direkte Folge dessen, dass sie sich mit Aaron gegen Mose verschworen hat (Num 12,10).

Gott ist der Herr über Gesundheit und Krankheit. Da er ein Gott des Lebens ist und Krankheit und Gebrechen als Lebensminderung angesehen werden, darf der Dienst am Stifts- oder Begegnungszelt und später am Tempel nur von denen versehen werden, die ohne Aussatz und Gebrechen sind. Ebenso macht die Berührung von Toten unrein und verhindert den Dienst am Heiligen.

Nach alttestamentlicher Vorstellung hat der Mensch sein Leben von Gott eingehaucht bekommen. Es ist der göttliche Atem, der beim Sterben des Menschen entweicht. Da Gott den Menschen nach dem sogenannten zweiten Schöpfungsbericht aus Erde geformt hat (vgl. Gen 2,7), wird der Mensch nach seinem Tod wieder zum Staub des Erdbodens (vgl. Koh 3,20).

Die hebräische Vorstellung von einem Totenreich wird mit dem Begriff *scheol* (שְׁאוֹל) wiedergegeben. Zunächst ist das Totenreich einfach ein Synonym für „Grabstätte". Ein individuelles Leben nach dem Tod wird nicht gedacht. Entscheidend ist der Fortbestand des Volkes, in dessen Erinnerung die Verstorbenen weiterleben. In den Psalmen wird lebhaft beklagt, dass der Beter im Totenreich das Gotteslob nicht mehr anstimmen könne (vgl. Ps 6,6). Spätere Texte beschreiben das Totenreich als „Ort der verminderten Existenz". Die Verstorbenen führen eine Schattenexistenz (vgl. Jes 14,9). Schließlich sprechen Dan 12,1–4 und Ez 37, 9–10 (vielleicht auch das ganze Kapitel Ez 37) ausdrücklich von einer Auferstehung der (gerechten) Toten.

keit von Ijobs Denk- und Handlungsmöglichkeiten. So mächtig diese Kreaturen auch sein mögen, Gott kann sie kontrollieren und damit täglich die Welt vor dem Chaos bewahren, Ijob hingegen kann dies nicht einmal im Ansatz (Ijob 40).

Schließlich hinterfragt Gott die Rechtsgrundlage, auf der Ijob ihn anklagt. Was hätte Ijob je für Gott getan, dass dieser in seiner Schuld steht und überhaupt an ihm schuldig werden kann? Alles unter dem Himmel gehört Gott, und er tut, was kein Mensch kann: Er hält das Böse in Grenzen, damit es nicht die ganze Schöpfung verschlingt (Ijob 41).

Ijobs Antwort (Ijob 42,1–6)

Die direkte Konfrontation mit Gott hat Ijob grundlegend erschüttert. Alles, was er von Gott zu wissen glaubte, hat sich als Stückwerk erwiesen. Ijob bittet Gott um Weisung für eine neue Gottes- und Lebenserfahrung. In Staub und Asche will er sich nun trösten.

Epilog (Ijob 42,7–17)

Nach seiner Rede tadelt Gott Elifas und dessen Freunde: Sie hätten wenig Verstand bewiesen und Ijob ein falsches Bild von Gott vermittelt. Ijob selbst sei in seinem Zorn verständiger gewesen. Daher lässt Gott sie Rauchopfer darbringen, Ijob aber soll Fürbitte für sie einlegen. Gott hört auf Ijob und beendet dessen Leiden. Das Buch Ijob endet mit der Feststellung, dass Ijob all seinen Reichtum mehrfach zurückerhält und wiederum mit einer großen Familie gesegnet wird. Ijob stirbt im hohen Alter und satt an Lebenstagen.

Die Psalmen – Israels Gesang- und Gebetbuch

Als Israels Antwort auf Gottes Handeln in Schöpfung und Geschichte sind die Psalmen Lob Gottes, Gesang und Gebet Einzelner und der Gemeinschaft in verschiedenen Lebenslagen, in vielfältigen Formen und mit berührenden Bildern.

Der Psalter enthält eine Sammlung von 150 Liedern, Gebeten und Gedichten, die zu Hause, bei gottesdienstlichen Feiern, in kleinen oder großen Gruppen verwendet wurden.

Mit den Psalmen haben Menschen in Israel ihre jeweilige Lebenssituation vor Gott gebracht, ihre Klage und ihre Hoffnung, ihr Leid und ihre Freude. Zugleich antworten die Betenden und Singenden als „Ich“ und als „Wir“ auf Gottes Wirken und Gegenwart in Israel und in der Welt: So enthalten manche Psalmen einen Gesang über die Schöpfung, andere über die Geschichte Israels oder die Gerechtigkeit Gottes.

Im Judentum heißen die Psalmen Lobpreisungen, hebr. תְּהִלִּים *tehillim.* Das mag angesichts der vielen Lieder der Klage auf den ersten Blick überraschen. Man kann es als einen Ausdruck dafür ansehen, dass die gläubigen Menschen auch oder gerade in der Klage und sogar in der Anklage gegen Gott trotz allem an ihm festhalten und es zu schätzen wissen, dass es jemanden gibt, auf den sie ihre Sorgen werfen können. Darum enden die Klagelieder stets mit einem positiven Bekenntnis zu Gott.

Jesus hat – wie die anderen Juden auch – die Psalmen gebetet und gesungen und hat sie z. T. auf sich bezogen (wie Ps 22 in der Passion). So sind die Psalmen auch für diejenigen, die Jesus als dem Messias nachfolgen, Teil der christlichen Tradition geworden. Ein Drittel der alttestamentlichen Zitate im Neuen Testament stammen aus den Psalmen.

Auch wenn der Psalter als Buch wohl erst im 2. Jh. v. Chr. entstanden und erst in der Zeit der frühen Christenheit abgeschlossen wurde, sind viele Psalmen vermutlich deutlich älter. Eine genaue Datierung ist allerdings nicht möglich.

In Entsprechung zur Tora sind die Psalmen in fünf Bücher eingeteilt worden, was ein Lobpreis auf Gott am Abschluss jedes dieser Teile erkennen lässt:

1. Buch (Ps 1–41);
2. Buch (Ps 42–72);
3. Buch (Ps 73–89);
4. Buch (Ps 90–106);
5. Buch (Ps 107–150).

Innerhalb dieser Teile lassen sich weitere Psalmgruppen unterscheiden. Viele Psalmen werden dem musisch begabten König David zugeschrieben, der hier aber nicht als der kriegsmächtige Herrscher, sondern als der verfolgte, zweifelnde und bereuende Mensch erscheint (Ps 3–41; 51–72; 86; 108–110; 138–145). Andere werden mit dem Namen Korach verbunden (Ps 42–49; 84–85; 87–88) oder mit Asaf (50; 73–83).

Zudem unterscheidet man verschiedene *Gattungen* mit gemeinsamen Sprach- und Bildmustern:

- *Klagepsalmen Einzelner* (z. B. Ps 6; 13) oder *des Volkes* (Ps 74): Anrufung des Gottesnamens mit Notschilderung, Bitte um Rettung, Vertrauensbekenntnis bzw. Dankversprechen in Vorwegnahme der erhofften Rettung;
- *Bittpsalmen* (Ps 5; 17): einleitende Bitte mit Betonung der Unschuld, zentrale Bitte mit breiter Schilderung der Not, abschließende Bitte mit Blick auf Feinde und Freunde;
- *Hymnen/Lobpsalmen* (Ps 113; 117): Aufforderung zum Lob Gottes, Begründung und Durchführung des Lobpreises und Ausklang;
- *Dankpsalmen* (Ps 30; 116): Ankündigung des Dankes, Rettungserzählung, Aufforderung zum Danken;
- *Zionspsalmen* (Ps 46; 47; 48): chorisch aufgeführte Kulthymnen zur Feier des im Tempel gegenwärtigen Gottes;
- *Königspsalmen* (Ps 2; 45; 72; 89; 110): altorientalisch beeinflusste Lieder zu Thronbesteigung, Hochzeit oder Jubiläum des Königs;
- *Weisheitspsalmen* (Ps 1; 8; 49; 73; 104; 112): Meditationen über das Gelingen des Lebens, über das Schicksal der Guten und Bösen, über die Schöpfung und über die Weisung Gottes.

Das wichtigste Stilmittel der Psalmendichtung ist der *„Parallelismus der Glieder“ (lat. Parallelismus membrorum),* bei dem *zwei* (seltener drei) aufeinanderfolgende *poetische Verszeilen eine ähnliche Aussage* formulieren. Dies entspricht der hebräischen Kunst, durch Wiederholungen, die immer auch Variationen sind, eine sprachliche Dynamik herzustellen.

Psalmenhandschrift auf einem Papyrusfragment aus dem 4. Jh. n. Chr.

Der *Parallelismus der Glieder* begegnet am häufigsten in seiner *synonymen* Form, bei der die zweite Verszeile die Aussage der ersten leicht abgewandelt wiederholt (vgl. z. B. Ps 8,5–6).

Der *antithetische Parallelismus der Glieder* formuliert eine Sinneinheit durch zwei gegensätzliche Formulierungen (vgl. Ps 1,6), während beim *synthetische Parallelismus der Glieder* sich die inhaltliche Aussage erst aus beiden Verszeilen ergibt (vgl. Ps 27, 1.10).

Martin Luther hat den Psalter „eine kleine Bibel“ genannt, weil sich darin vieles von dem konzentriert, was das Leben der Menschen vor Gott ausmacht.

ERSTES BUCH (PSALM 1–41)

Lob der Tora (Ps 1)

Der *weisheitlich geprägte* Psalm 1 eröffnet als *begründete Seligpreisung* den Psalter. Ps 1 preist die Tora als Unterweisung Gottes zu einem gelingenden Leben. Als eine Art Vorrede stellt damit Ps 1 auch alle nachfolgenden *Psalmen* als Tora, als *Lebensweisungen Gottes,* vor. Psalm 1 konfrontiert den Weg der Gottlosen mit dem der Gerechten. Der Weg der Gewissenlosen und Machtgierigen verliert sich wie unbeachtete Spreu; doch Gott beachtet den Weg der Tora-Treuen, die fest in diesem Dasein wurzeln und denen gelingt, was sie tun.

Eine Tora-Krone (Kether)

Gott setzt seinen Gesalbten als „Sohn" ein (Ps 2)

Dem Christentum ist dieser zunächst auf das judäische Königtum bezogene, nach dessen Ende ab 586 v. Chr. dann aber auf den *Messias* ausgeweitete *Königspsalm* wohl vertraut, weil er häufiger als andere Psalmen im Neuen Testament zitiert wird, insbesondere zur Taufe Jesu, bei der eine Stimme vom Himmel ruft: „Du bist mein geliebter Sohn" (vgl. Lk 3,22/Ps 2,7). Das Alte Testament, die Hebräische Bibel, bezeichnet als *Kind Gottes* zunächst das ganze Volk Israel und – unter ägyptischem und neuassyrischem Einfluss – vor allem Israels gesalbten König, der bei seiner Thronbesteigung von Gott rechtlich als „Sohn" eingesetzt wird (vgl. Ps 2,6 mit Ps 2,7). Die Völker und Könige, die nun gegen Gott und seinen „Gesalbten" rebellieren wollen, werden in Starre versetzt. Sie sollen Gottes Sohn Respekt erweisen, damit es ihnen nicht ergehe wie den Gottlosen nach Ps 1. Die Seligpreisung in 2,12d deutet für einsichtige Rebellen einen guten Ausgang an. In neutestamentlicher Zeit hat der Psalter wohl mit Ps 2 begonnen, und Ps 1 ist erst später vorangestellt worden.

Hilferuf eines verfolgten Menschen (Ps 3)

Der erste der David zugeschriebenen Psalmen in 3–41 ruft die Situation ins Gedächtnis, in der David vor seinem Sohn Abschalom flieht (vgl. 2 Sam 15). In Davids Hilferuf und Vertrauensaussagen in der typischen Form des Klageliedes einer einzelnen Person (Anrufung Gottes, Schilderung der Not, Bitte um Ende der Not und Gewissheit zukünftiger Errettung) können sich Flüchtlinge und Verfolgte wiederfinden.

Gebet zur Nacht (Ps 4)

Dieser Psalm beginnt mit dem Hinweis, dass er mit Saitenspiel zur musikalischen Aufführung gedacht ist. Mit dem Wort Psalter verbindet sich das Musikinstrument Psalterion, das als eine Art Harfe, heute noch gelegentlich verwendet wird.

Als Klage- und Bittgebet spricht Psalm 4 von der sozialen Not eines Menschen, den Einflussreiche verleumden, den alltäglicher Unglaube bedrückt, der dennoch in Gott sein Lebensglück findet und darum nun in Frieden sorglos einschlafen kann, am Ende des Tages wie am Ende des Lebens.

Bitte um Rechtshilfe am Morgen (Ps 5)

Nach dem Nachtgebet in Ps 4 beschwört David am Morgen Gott, die Feinde nicht zu ihrem Ziel kommen zu lassen; denn er vertraut fest auf Gottes Schutz und Schild.

Wie in Ps 7 und 17 wird auch in Ps 5 das Bittgebet eines schuldlos Angeklagten als Rechtshilfegesuch formuliert, das – so die Glaubensvorstellung – der Betende bei der morgendlichen Rechtsverhandlung im Tempel dem gerecht richtenden Gott vorträgt.

Bittgebet in äußerster Not (Ps 6)

Jemand ist am Rande des Todes, starr vor Not und überschwemmt das Bett mit Tränen. Dass Gott sein Gebet erhört, ist dem betenden Menschen ebenso gewiss wie der Beginn seiner Heilung. Bei diesem Klagelied einer einzelnen Person handelt es sich vermutlich um einen Krankenpsalm.

Bittgebet eines verfolgten Menschen (Ps 7)

David appelliert an den in seinem Königspalast, dem Tempel, residierenden Gott der Gerechtigkeit (vgl. Ps 5), ihn als Unschuldigen vor den Feinden zu erretten. Davids festes Vertrauen auf den Retter- und Richtergott sieht die Feinde schon von ihren eigenen Waffen getroffen und sich selbst vom gerechten Gott gerettet.

Die Herrlichkeit Gottes und die Würde des Menschen (Ps 8)

Dieser *hymnisch geprägte Psalm* staunt über die Hoheit und Schöpfermacht Gottes, der sich jedem einzelnen Menschen zuwendet und ihm ausnahmslos – ohne ethnische, soziale oder geschlechtliche Unterscheidung – königliche Würde und Machtbefugnis über Gottes Welt verleiht (vgl. Gen 1,26–28).

Gott rettet Arme und Bedrängte (Ps 9–10)

David dankt Gott, dass er ihn wie andere Arme und Verfolgte rettet. Bei Ps 9/10 handelt es sich um einen alphabetischen Psalm *(Akrostichon)*, d. h. der erste Vers beginnt mit *Aleph*, א, der zweite mit *Bet*, ב, der dritte mit *Gimel*, ג, bis Taw ת, dem letzten Buchstaben im hebräischen „Alephbet". Die Hebräische Bibel teilt diesen alphabetischen Psalm (wie hier) in Ps 9 und Ps 10 auf. Das griechische Alte Testament, die Septuaginta (LXX), liest dagegen Ps 9–10 als *einen* Psalm, ebenso wie Ps 114–115. Sie bewahrt die Ausgangszahl von 150 Psalmen durch Trennung der Psalmen 116 und 147 (116,1–9 und 116,10–19 sowie 147,1–11 und 147,12–20 sind dort je ein Psalm). Daher kommt es zu abweichenden Zählungen zwischen jenen Bibeln, die aus dem griechischen Text übersetzt sind, und jenen, die dem hebräischen Text folgen.

Nach Aufteilung des neunten Ursprungspsalms erscheint Ps 9 als *Danklied* eines *Erretteten*, das das Gotteslob von Ps 8,10 aufnimmt, während Psalm 10 nun als *Klagelied* über einen gottlosen Feind die Klagepsalmgruppe Ps 10–14 eröffnet.

Gott ist gerecht (Ps 11)

Dieser *Klage- und Vertrauenspsalm* betet zu Gott, dem königlichen Richter, dessen Thron im Tempel bis zum Himmel reicht. Nach sorgfältiger juristischer Prüfung wird Gott als gerechter Richter Gottlose bestrafen, die hinterhältig sind und damit jede menschliche Ordnung stören. Er wird die Gerechten sein Angesicht schauen lassen, d. h. sie am geretteten Leben teilhaben lassen.

Gegen die Falschheit (Ps 12)

Auf die *Klage* über sozialen Betrug und ruinöse Unterdrückung durch machtvolle Wortführer antwortet Gott als Schutzherr der Ausgebeuteten und Ruinierten mit einer Rettungszusage, der die Klagenden fest vertrauen – mitten im fortbestehenden System von Lug und Trug.

Wie lange noch? (Ps 13)

Wann wird Gott endlich helfen? Die Zuversicht ist bereits da. Ps 13 zeigt den typischen Aufbau des *Klagelieds einer einzelnen Person*, die Gott ihre Not klagt – hier als Gottesferne, körperlich-seelische Krankheit und

Messias

Mit dem Begriff *Messias* verbinden viele fast ausschließlich die Person Jesu Christi. In der Hebräischen Bibel bedeutet der Begriff *maschiach* מָשִׁיחַ zunächst „Gesalbter". Gesalbt wurden Priester bei der Amtseinführung und Könige, wobei jedoch der Titel „Gesalbter" in der Regel nur auf Könige angewandt wurde. Die Salbung nahm kein hoher Beamter vor, vielmehr salbte meist ein Prophet den zukünftigen König im Auftrag Gottes. Daher stammt auch die Beschreibung als ein „von Gott Gesalbter", das heißt: ein *von Gott* Auserwählter. Der Messias ist also nach dem engeren Verständnis der Hebräischen Bibel ein von Gott für die Leitung Israels „Beauftragter". Im Psalter und in den sog. „Vorderen Propheten" tritt die Bezeichnung „Gesalbter" gehäuft auf. Mit ihr wird eine Hoffnung auf die Wiederherstellung des (idealisierten) davidischen Königreiches verbunden, ohne dass schon endzeitliche Heilserwartungen daran geknüpft werden.

In den sog. messianischen Weissagungen bei Jes, Mi und Sach, die von einem „neuen Herrscher" aus Betlehem, einem „Wundertäter" oder von einem „königlichen Kind" reden, kommt die Hoffnung zur Sprache, dass das Reich in Frieden und Gerechtigkeit neu errichtet werden wird. Immer wieder wird auf König David Bezug genommen. Dem Herrscher wird das idealisierte Bild König Davids vorgehalten. Auch die Wendung „Friedefürst" in Jes 9,5 drückt den Wunsch nach einem Herrscher aus, der für dauerhaften Frieden sorgt; wobei Frieden (hebr. שָׁלוֹם *schalom*) nicht nur die Abwesenheit von Krieg meint, sondern auch Wohlstand und Sicherheit.

Jesaja nennt den persischen König Kyros *maschiach* (Jes 45,1) und bringt damit zum Ausdruck, dass der Perserkönig als Werkzeug Gottes verstanden wurde, nämlich als derjenige, der von Gott eingesetzt und beauftragt wurde, die Rückkehr der Kinder Israels aus dem Exil in das eigene Land zu ermöglichen.

Die Messias-Vorstellungen in der Hebräischen Bibel beziehen sich also vornehmlich *nicht* auf eine endzeitliche Heilsgestalt, sondern auf einen Herrscher, der König über Israel sein und als direkter Mittler zwischen Gott und den Menschen stehen wird. Erst die Texte der Hebräischen Bibel, die spät entstanden sind und apokalyptische Themen verarbeiten, lösen die Messiasgestalt von der Bindung an ein konkretes Königtum und ermöglichen so die Interpretation des Messias als Heilsgestalt, die am Ende der Zeit auftritt und mit der die große „Weltenwende" einhergeht. An diese Vorstellung konnte das Neue Testament anschließen.

Statuette einer Beterin, Mesopotamien, 2700–2500 v. Chr.

Beschämung durch Feinde – und um das Ende dieses dreifachen Leides bittet. Im Bekenntnis der Zuversicht ist dem klagenden Menschen die erhoffte Rettung schon so gewiss, dass er bereits jetzt ein Danklied an Gott anstimmen kann.

Gegen die Gottlosen (Ps 14)

Ps 14 *beklagt* die Torheit der Gottesleugner, die verbrecherisch die „kleinen Leute", nämlich jene Armen, berauben, auf deren Seite Gott steht. Weisheitlich und prophetisch geprägt, verwendet Ps 14 die Struktur eines Gerichtsverfahrens: V. 1: Anklage, V. 2–3: Untersuchung, V. 4: Schuldfeststellung, V. 5: Bestrafung, V. 6: Schlussfolgerung. In V. 7 erfleht die nachexilische Gemeinde Gottes Gericht über ihre Feinde und erschaut die endgültige Wiederherstellung des Gottesvolkes. Ps 14 ist fast wortgleich mit Ps 53.

Wer darf zu Gott kommen? (Ps 15)

Zu Gott darf kommen, wer gerecht lebt, seine Verträge einhält, keine Wucherzinsen nimmt und sich nicht für Unrechtsurteile bestechen lässt. Ps 15 gestaltet vielleicht (wie Ps 24) einen *liturgischen Ritus* nach, bei dem Pilger die *Einlassbedingungen zum Heiligtum* erfragen, die levitischen Torhüter die Zutrittsbedingungen aufzählen und der Priester beim Vorliegen dieser Voraussetzung die Heilsgaben des Tempels zusagt. Diesen sakralen Akt überträgt das betende Ich auf sein alltägliches Leben: Wer toragemäß lebt, der bleibt in Gott so fest verankert wie der heilige Zionsberg selbst.

Hoffnung eines frommen Menschen (Ps 16)

Hier begegnet uns das *Bittgebet* einer einzelnen Person, die trotz tiefer Lebensangst an seinem Vertrauen auf Gott als Lebensgrundlage (V. 6) und Lebensberater (V. 7f.) festhält und von Gott allein das Gelingen des Lebensweges in Gottes heilvoller Gegenwart erhofft. Ps 16 wird als Septuaginta-Übersetzung in Apg 2,31 und 13,35 auf Jesu Auferweckung bezogen.

Hilferuf eines verfolgten Menschen (Ps 17)

Ein unschuldig Verfolgter sucht im Tempel unter dem Schatten der Flügel Gottes Schutz und Rechtsbeistand.

Ps 17 stellt das *Bittgebet* eines von Feinden bedrängten Menschen dar (vgl. Ps 5 und Ps 7), der den königlichen Richter-Gott, die „Sonne der Gerechtigkeit" (V. 15), bei dessen morgendlicher Audienz im Tempel um ein gerechtes Gerichtsverfahren ersucht, das fünf Schritte umfasst: Bitte um Rechtsgehör, Unschuldsbeteuerung des Bittstellers als Mittel der Rechtsfindung, Bitte um Rechtsschutz vor den äußerst aggressiven Feinden, Bitte um Vollstreckung des Urteils an den Feinden sowie die Gewissheit des Beters, Gerechtigkeit als rettende Lebenserfüllung in Gottes Gegenwart zu erfahren.

Dank- und Siegeslied (Ps 18)

König David dankt Gott für seine Rettung und seinen Sieg.

Ps 18,1 als Überschrift und Ps 18,51 als Unterschrift ordnen diesen drittlängsten Psalm in den Lebenslauf Davids ein, der ihn in 2 Sam 22 als rückschauendes Danklied zitiert. Der Psalm lässt deutlich unterschiedliche Teile erkennen, die vermutlich aus verschiedenen Zeiten stammen: Die Aufforderung zum Lob Gottes, die Rettung eines unbekannten Einzelnen (aus exilischer Zeit), die Gründe für Gottes Eingreifen (nachexilisch), der Kampf des Jerusalemer Königs und sein Sieg über feindliche Völker (bereits vorexilisch formuliert), das Dankgelübde (nachexilisch). Damit wird aus dem vorexilischen *Triumphlied* eines judäischen Königs das nachexilische *Dankgebet* eines jüdischen Glaubenden, der auf Gott vertraut, dessen Weisung befolgt und für eine gerechte Ordnung der Völker eintritt, also in der *messianischen Hoffnung* lebt, die Ps 18,51 festhält.

Lob der Schöpfung und der Weisung Gottes (Ps 19)

Die Schöpfung als von Gott geordnetes „Lebenshaus" wird gepriesen – ebenso wie die kostbare und köstliche Tora als Gottes vollkommene „Hausordnung", die der betende Mensch gern einhalten möchte, für deren unbeabsichtigte Übertretung er jedoch um Vergebung bittet.

Fürbitte für den König (Ps 20)

Gott möge dem König helfen. Und Gott wird seinen Gesalbten (vgl. dazu den Infokasten zu Ps 2: „Messias") erhören, der nicht durch Streitwagen und Rosse (vgl. Jes 2,7 und Spr 21,31), sondern durch Gottes Namen, d. h. durch die Orientierung an Gottes Lebensordnung siegen wird.

Ps 20 und Ps 21 sind zwei aneinandergefügte *Königspsalmen,* die den König als Kämpfer gegen die Feinde und als Sieger über sie durch Gottes Macht beschreiben. So erscheint Ps 20 nun als *Bitte* um Rettung des Königs beim Kampf gegen seine Feinde, während Ps 21 jetzt den

Dank für den Sieg und das Vertrauen in eine gute Zukunft ausdrückt.

Dank für des Königs Sieg (Ps 21)

Gottes Stärke und Kraft werden gepriesen, mit der er den König siegreich und segensvoll gemacht hat.

Der Königspsalm Ps 21 entfaltet die innenpolitischen und außenpolitischen Aufgaben des Königs: Er ist Segensmittler für sein Volk und Sieger über die Feinde. Ps 21 zeigt sich dabei –wie auch Ps 2; 18; 72; 89 und 110 – stark von altorientalischen Königsvorstellungen beeinflusst, die zwar in ihrer Zeit verständlich, aus heutiger Sicht jedoch theologisch kaum zu akzeptieren sind.

Gottesverlassenheit und Heilsgewissheit (Ps 22)

In diesem sehr bekannten, besonders dramatisch ausgestalteten *Klagepsalm*, der Jesus in seiner Todesstunde Worte verleiht (vgl. Mk 15,34), schreit ein Mensch seine Not der Gottverlassenheit heraus, fleht um Errettung aus seiner großen Not und erschaut in seinem versprochenen Dank die erhoffte Rettung schon als gegenwärtig – in der Treue Gottes und im Lobpreis der Gemeinde (vgl. Ps 13). Damit findet selbst dieser beinahe verzweifelnde Beter den für Klagepsalmen des Einzelnen typischen, äußerst spannungsvollen Weg von der Klage über die Bitte zum Dankversprechen, das die im Gebet ersehnte Rettung schon jetzt feiern darf.

Mit V. 28–32 folgt ein Teil, der nun als Rettung des Beters die *kommende endzeitliche* und *universale Königsherrschaft Gottes* beschreibt und – einzigartig für die Psalmen – sogar Tote auffordert, den lebendigmachenden Gott zu preisen (V. 30).

Gott ist mein Hirte (Ps 23)

Dieser zumindest in der Christenheit wohl bekannteste Psalm hat als tief berührendes *Vertrauenslied* Generationen von Menschen Zuversicht und Trost in vielen Lebenslagen geschenkt und ihnen oft bei Taufen, Konfirmationen oder auch Beerdigungen Gottes verlässliche Lebensbegleitung besonders einfühlsam zugesprochen. Dieses Vertrauensgebet prägen eindrückliche Bilder für Gottes Geleit, die sich immer weiter verdichten: Zunächst wird Gott als fürsorglicher, Halt gebender Hirte gezeichnet, der seine Ziegen und Schafe in dürrer Steppe zu sogar noch im Sommer grünenden Weiden und Wasser spendenden Ruheplätzen führt, sie vor wilden Tieren, feindlichen Hirten oder Räubern wirksam beschützt, sie selbst in engen, gefährlichen Schluchten gegen Feinde und Raubtiere kraftvoll verteidigt und vor dem tödlichen Absturz sicher bewahrt (V. 1–4). Dieses sehr anschaulich beschriebene Stillen des Grundbedürfnisses nach Essen, Trinken und Ruhen als Sinnbild für Gottes gütige Begleitung des menschlichen Lebensweges wird nun im zweiten Bild gesteigert: Die betende Person verwandelt sich aus dem betreuten Tier in den vor Feinden geretteten Gast, der sein Dasein fürstlich feiern darf; Gott, der königliche Gastgeber, ehrt sie wie ein Königskind (vgl. Gen 1,26 und Ps 8,6) durch ein großes Festmahl mit Ölsalbung des Kopfes und großzügiger Weinspende (V. 5). Diese sehr dichte Gottesbeziehung wird in einem dritten Bild nochmals intensiviert: „Gutes und Barmherzigkeit" (Lutherbibel) oder „Gutes und Freundlichkeit" (Gütersloher Bibel in gerechter Sprache) bzw. „lauter Güte und Huld" (Einheitsübersetzung) werden den Beter von nun an auf seinem Lebensweg wie zwei göttliche Schutzengel begleiten, und er erhält zudem dauerhaftes Wohnrecht, Gottes lebenslangen Schutz. Die jüdische Tradition nimmt Ps 23 auch als *Hoffnungspsalm* bei Totenbestattungen in Anspruch: Den Wortlaut des hebräischen Textes, der in V. 6b davon spricht, dass der oder die Betende in Gottes Haus „zurückkehren werde" (s. Gütersloher Bibel), deutet jüdische Auslegung als Hoffnung, Tote kehrten in die ewige Lebensgemeinschaft mit Gott zurück.

Die sozialgeschichtliche Bibelauslegung hat Psalm 23 auch als das *Vertrauenslied* eines Tempelasylanten gelesen, der (z. B. als entlaufener Schuldsklave oder bei fahrlässigem Totschlag vor den Verfolgern in das Tempelasyl geflohen und dort vor seinen „Feinden" (23,5) sicher sei.

Einzug ins Heiligtum (Psalm 24)

Wer unschuldige Hände und einen reinen Sinn hat, darf in das Heiligtum Gottes, des Schöpfers und Erhalters der Welt, einziehen. Das bekannte Adventslied: „Macht hoch die Tür" bezieht sich auf diesen Psalm.

Ps 24 erzählt, wie Gott, der Schöpfer der Welt und Erhalter des „äußeren Lebenshauses" (24,1–2), als König in das „innere Lebenshaus", in den Jerusalemer Tempel, einzieht (24,7–10). Ps 24, 3– 5 fragen und antworten im Stil eines alten Rituals für den Tempeleinlass (vgl. Ps 15) nach den Zutrittsbedingungen: keine Unrechtstaten, wie z. B. Betrug, und keine böse Gesinnung, wie (z. B. Meineid. Wer so lebt, wird Segen und Heil Gottes, des Schöpfers und Retters, erfahren. Im hebräischen Ursprungstext betont 24,6 (s. Gütersloher Bibel), das Volk Israel müsse den inneren Zusammenhang von gerechtem und gesegnetem Leben den Völkern vermitteln.

Bitte um Vergebung und Leitung (Ps 25)

In dem wieder alphabetisch geordneten (vgl. Ps 9–10) nachexilischen Ps 25, einem *Bittgebet*, fleht ein vor Gott „armer" Mensch (vgl. 25,9.16) um Vergebung seiner tiefen Sündhaftigkeit und um Leitung auf dem gerechten Weg um Gottes Namens willen.

Ruach

Das hebr. Wort *ruach* רוּחַ ist grammatisch weiblich und bedeutet zunächst Wind, Windhauch oder selten auch Sturm. Erst in einer übertragenen Bedeutung lässt es sich im Sinne von „Geist“ verstehen. Bereits am Anfang der Hebräischen Bibel wird der Windhauch oder der Geist Gottes mit der Schöpfung in Verbindung gebracht: In Gen 1,2 heißt es, dass dieses Wehen, dieser *spirit*, über der Urflut schwebt.

Auch in anderen Texten ist die *ruach* nichts Statisches, sondern eine Kraft, die selbst in Bewegung ist und andere(s) bewegt. Eng verbunden mit dem Wort *ruach* ist das hebräische Wort für Raum oder Weite (hebr. רֶוַח *revach*). Gottes *ruach* schafft Weite. Die *ruach* ist dazu in der Lage, die Kehle eines Menschen zu weiten, also seinen Lebensatem zu vermehren. Übertragen bedeutet dies, dass die Lebenskraft, auch die Seele des Menschen, Raum erhält und verfahrene Strukturen aufgebrochen werden.

Darüber hinaus bezeichnet die *ruach* Gottes eine besondere Begabung, die einzelne Personen im Alten Testament auszeichnet. So waltet z. B. ein besonderer Geist in Josef (vgl. Gen 41, 38), in Mose (vgl. Ex 31,3) oder in Daniel (vgl. Dan 4,15). Der Geist, der Windhauch Gottes, kann, wenn er auf Menschen liegt, diese in Verzückung versetzen, also im wahrsten Sinn des Wortes begeistern.

Dieser besondere Geist, der in Menschen waltet, kann auf verschiedene Menschen aufgeteilt werden. So wird der Geist Gottes in Mose auf siebzig Älteste aufgeteilt (vgl. Num 11,17), Elischa erhält einen Teil des Geistes, der in seinem Lehrer Elija gewaltet hat (vgl. 2 Kön 2,9).

Doch es gibt auch eine Form von *ruach*, die Menschen verwirren oder sie mit Schwermut und Missgunst erfüllen kann. In 1 Sam 16,14 etwa heißt es, dass der gute Geist Gottes von Saul weicht und durch einen bösen Geist ersetzt wird, der ihn schwermütig macht.

Angesichts ihrer triumphierenden gottlosen Feinde und vor allem eingedenk ihres eigenen Armseins vor Gott (25,6) hofft diese „Armenfrömmigkeit“ allein auf den Bundesgott, der sich am Sinai als barmherzig und gnädig erwiesen (Ex 34,6) und als gerechter Lehrer lebensdienliche Weisungen geschenkt hat. Wer darum auf Gottes Gnade vertraut und auf seinen Wegen geht, gelangt in das nun individuell erhoffte „Land des Lebens“. Mitten in tiefer Verstrickung, Herzensangst und tödlicher Bedrängnis werden den Beter „Unschuld“ und „Redlichkeit“ wie zwei Schutzengel Gottes (vgl. Ps 23) sicher begleiten (25,15–21). Die spätere Erweiterung in 25,22, verwandelt nun die leidenschaftliche *Bitte einer einzelnen Person* in ein *Gebet des ganzen Volkes Israel.* Hierauf antwortet dann Ps 34,23 als Abschluss der Psalmenkomposition der Psalmen 25 bis 34.

Bitte eines unschuldigen Menschen (Ps 26)

Das betende Ich beteuert seine Unschuld und bittet deswegen, Gott möge es am Leben erhalten. Hinter diesem *Bittgebet* eines Menschen, der gerecht leben will, aber zu Unrecht beschuldigt wird, könnte ein Ritus stehen, bei dem ein Pilger den Priester um Einlass in den Tempel bittet (vgl. Ps 15 und 24). Hauptmotiv ist jedoch die Frage nach dem „vollkommenen Lebenswandel“, wie Rahmen (26,1.11) und Schluss (26,12a) zeigen. Der gerechte Weg im Alltag ist Priesterdienst und verleiht Halt und Geborgenheit in Gottes Nähe – mitten in der sozialen Unordnung. 26,1–3 bitten Gott, der den Bestand von Welt und Lebensordnung garantiert, die betende Person umfassend zu überprüfen. Denn sie ist unschuldig und hat mit bösen Menschen nichts gemein (26,4–7). Darum bittet sie um Bewahrung vor den Bösen und um Verschonung im Strafgericht Gottes über Sünder und Mörder (26,8–11). Abschließend verspricht sie, in seiner Gemeinde Gottes Rettungsmacht im Lobpreis zu bezeugen (26,12).

Bittgebet in Feindesnot (Ps 27)

Der betende Mensch spricht sein Vertrauen zu Gott aus und fleht um Gottes Beistand in seiner bedrängten Lage.

Ps 27 besteht vermutlich aus zwei ursprünglich eigenständigen Psalmen, die der gemeinsame Schlussvers (27,14) zusammenfügt. Im *Vertrauensbekenntnis* (27,1–6) spricht der Beter inmitten von Angst und Feindesgefahr seine Gewissheit über Gottes schützende Nähe mit Kriegs- und Tempelbildern aus. Das folgende *Bittgebet* (27,7–13) vertraut ganz fest auf Gottes gerechtes Gericht, das den Beter von falschen Anklagen freisprechen und in das „Land des Lebens“ führen will. Wie einst Mose den Josua (vgl. Jos 1,6–9), so will der Schlussvers V. 14 die Beter von Ps 27 ermutigen, auf Gottes Nähe zu hoffen und den Weg ins „Land des Lebens“ zu wagen.

Hilferuf in Todesnot (Ps 28)

Ps 28 enthält das typische *Klage- und Bittgebet einer einzelnen Person.* In 28,1–2 schreit sie zu Gott aus der Not der Gottesferne. In 28,3–5 bittet sie um Beendigung der Bedrängnis durch hinterhältige und frevelhafte Menschen. Allen, deren Bosheit das Zusammenleben erheblich stört, soll Böses widerfahren. Dabei sollen die Gerechten nicht mit zugrunde gehen. Im festen Vertrauen auf Gott versprechen 28,6–7 Lob und Dank für erfahrene Errettung.

Wie schon Ps 13 und 22 zeigten, geht auch hier der oder die Bittende den Weg der Klage über die Bitte zum Lob: Dieser Mensch „betet sich gewissermaßen in die innere Gewissheit hinein, dass Gott ihn hören wird; diese von ihm im Gebet gesuchte Zuversicht *ist* der Anfang seiner Rettung, die er im Dankversprechen und im Bekenntnis V. 6–7 als bereits geschehen vorwegnimmt" (Erich Zenger).

Auf Ps 29 mit seinem Königsthema verweist der nachexilisch angefügte Abschluss (28,8–9). Da es zu dieser Zeit in Israel/Judäa keine Könige mehr gab, wird hier ein „neues" Königtum Gottes erwartet, das seinem geschundenen Volk erneut Lebensraum und Bestand gewährt.

Lobpreis auf Gottes Königtum (Ps 29)

Der *Hymnus* Ps 29 (vgl. Ps 46 und 99) feiert, wie Gott sein Königtum *ausübt*, indem er das urzeitliche Chaosmeer bändigt und seinem Volke Leben und Frieden schenkt. 29,1–2 fordern die untergebenen Götter zur Huldigung Gottes auf: Sie sollen ihm als Geschenke „Ehre" und „Kraft" darbringen. 29,3–9 stellen in hymnischer Form Macht und Herrlichkeit des Königtums Gottes dar, dessen „Stimme" (vgl. Gen 1,1) das Todes-Chaos von Urwasser, Götterberg und Wüste eindämmt und beherrscht. 29,10–11 betonen noch einmal zum Abschluss, was Gott mit seinem Königtum *bewirken* will: Bewahrung seiner bedrohten Schöpfung und dauerhaften Bestand und Frieden für sein Volk.

Dank für Hilfe in Todesnot (Ps 30)

Ps 30 stellt das typische *Danklied einer einzelnen Person* dar, insbesondere 30,2–6, mit den drei Teilen:

- 30,2 als Selbstaufforderung zu Lob und Dank an Gott für die Rettung des Beters und die Entmachtung der Feinde,
- 30,3–4 als Erzählung davon, wie Gott den tödlich Erkrankten gerettet hat,
- 30,5–6 als Aufforderung der „Frommen" zum Lob ihres Gottes, der wohl kurzzeitig zürnt, doch lebenslang Güte schenkt.

Das ursprünglich eigenständige Danklied wurde bei Einfügung dieses Psalms in den Zusammenhang von Ps 25–34 um ein *weiteres Danklied* in 30,7–12 ergänzt, das in 30,7–8 auf die frühere Sorglosigkeit des betenden Ich und sein Erschrecken über Gottes Abwesenheit zurückblickt, in 30, 9–11 seinen Hilferuf wiedergibt, in 30,12 die Rettung als wunderbare Wandlung der Trauer in Freude, des Todes in Leben sehr bildhaft beschreibt und in 30,13 im nie verstummenden Gotteslob das neu geschenkte Leben preist.

Gott – die sichere Zuflucht (Ps 31)

Ps 31 begegnet uns als *individuelles Danklied*, das ein *Bittgebet*, ein *Klagegebet* und den *Dankpsalm* einer einzelnen Person enthält. In der charakteristischen Struktur eines *Bittgebetes* (31,2–9) wird zunächst die Rettung aus Feindesnot erfleht, das unerschütterliche Vertrauen auf Gottes Hilfe bekannt und im Dankversprechen die erflehte Rettung schon als unbedrohter Lebensraum erfahren. Das *Klagegebet* (31,10–19) schildert nach der kurzen Bitte mit Anklängen an Jeremia (vgl. Jer 20,10) die Not als tiefe körperlich-seelische Störung, soziale Isolierung, Ächtung und Lebensbedrohung. Der Betende vertraut auf Gottes königliche Pflicht und Güte, seinen Diener zu schützen und öffentlich zu rehabilitieren.

Fragment einer Stele aus Ur mit einem Cymbelspieler, um 2000 v. Chr.

Der *Dankpsalm einer einzelnen Person* (31,20–25) preist in hymnischer Form die Güte Gottes, blickt noch einmal auf die dramatische Angst vor Gottesverlassenheit zurück und fordert die Frommen auf, die Rettungserfahrung des oder der Bittenden auch zur Grundlage der eigenen Zuversicht werden zu lassen; denn Gott ist gerecht, er rettet die Gerechten und vergilt den Hochmütigen ihr böses Tun.

Dank für Sündenvergebung (Ps 32)

Ps 32 verbindet – entweder schon ursprünglich oder erst nachträglich bearbeitet – zwei unterschiedliche Psalmformen: ein *individuelles Danklied* für empfangene Sündenvergebung (32,3–5.11) und eine *weisheitliche Lebenslehre* (32,1–2.6.9–11). Insgesamt sind fünf Untergliederungen in Ps 32 erkennbar:

- 32,1–2: Zwei Seligpreisungen benennen Schuld und Schuldvergebung als grundlegend für menschliches Dasein; denn Gottes Vergebung unterbricht die fatale Unheilswirkung religiöser, existenzieller und sozialer Schuld.

- 32,3–5: In der Rettungserzählung bezeugt das betende Ich die tödliche Last verschwiegener und die befreiende Wirkung eingestandener und von Gott vergebener Schuld.
- 32,6–7: Aufgrund der erlebten Errettung legt der oder die Betende allen Frommen ein Bittgebet (32,7) ans Herz.
- 32,8–10: Der oder die Betende schildert, wie Rettung aus der Not durch Einsicht in die Weisungen Gottes, des „Lehrmeisters", geschenkt wird.
- 32,11: Dieser Lobaufruf empfiehlt allen Menschen, ihr Dasein nach Gottes gerechter Lebensordnung zu gestalten.

Loblied auf Gottes Macht und Güte (Ps 33)

Ps 33 ist ein gutes Beispiel für einen *Hymnus.* 33,1–3 fordert als *hymnischer Aufgesang* von den Gerechten ein gemeinschaftliches, instrumental begleitetes, dreifach „neues Lied" (vgl. Ps 40,4; 96,1; 98,1): Es soll Gottes erneute Zuwendung, seine weltweite Königsherrschaft und deren endzeitlichen Horizont besingen. 33,4–19 enthält als *hymnischer Hauptteil* das Thema des Hymnus: Gottes gerechte, seine ganze Schöpfung durchwaltende Lebensordnung (33,4–5), das Ziel des göttlichen Schöpfungs- und Geschichtshandelns, also die Erwählung Israels (33,6–12), und Gottes königliches Rettungshandeln für alle Menschen, insbesondere für Schwache und Arme (33,13–19).

33,20–22: Im *hymnischen Abgesang* begegnet uns das Vertrauenslied einer Gemeinschaft, die in ihrem alltäglichen Leben ihre ganze Hoffnung auf Gottes Schutz und Güte setzt.

Unter Gottes Schutz (Ps 34)

Der alphabetisch gestaltete Psalm 34 (vgl. Ps 9–10) orientiert sich im ersten Teil (34,2–11) formal am *Danklied einer einzelnen Person,* der die „Armen" zu Gottes Lob aufrufen und von ihrer Rettungserfahrung „kosten" (vgl. 34,9) lassen will: Der gütige Gott versorgt jeden, der ihm ehrfürchtig vertraut, mit allen guten Gaben.

Der zweite Psalmteil (34,12–22) ähnelt einem *weisheitlichen Lehrvortrag* über gottesfürchtiges, gelingendes Leben, das sich auf Dauer gegen die Bösen durchsetzen wird, weil es der Gerechtigkeit Gottes entspricht. Auch wenn diese Verheißung die Gerechten nicht vor Leiderfahrungen verschont, werden sie doch nicht am Leid zerbrechen wie die Bösen, die sich durch ihre Bosheit selbst zerstören, während die gerechten „Sklaven" Gottes die Erlösung erfahren werden.

Der alphabetisch nicht eingeordnete Schlussvers 34,23 verbindet die Motive der beiden Teile: Das Lob über die geschenkte Rettung lehrt arme und leidende Menschen ein Leben im Gottvertrauen.

Bitte um Rettung vor falschen Anklägern (Ps 35)

Ps 35 ist das *Klagegebet einer einzelnen Person,* das wahrscheinlich aus drei vorgegebenen Textteilen zusammengefügt wurde. In drei Redegängen (35,1–10; 11–18; 19–28) mit den jeweiligen Schritten Klage, Bitte und Dank bringt der oder die Arme und „Stille im Lande" die Not (Verleumdung, Falschanklage, Undank, Lebensbedrohung durch aggressive Feinde) vor Gott, bittet Gott um seinen königlichen Schutz durch die Wiederherstellung der gestörten Rechtsordnung und verspricht das lebenslange Gotteslob in der großen Gemeinde.

Gott, die Quelle des Lebens (Ps 36)

Der *weisheitlich* geprägte, nachexilische Psalm 36 kann als ein *Bittgebet* gegen die Macht des Bösen und als leidenschaftliches Bekenntnis zu Gottes guter Gegenmacht der Gerechtigkeit und des Lebens gelesen werden.

36,2–5 zeichnen die Frevler und Gottlosen in finsteren Farben als todbringende Quelle des Bösen und des Unheils in der Gemeinschaft. Dem stellen 36,6–10 das strahlende Gegenbild der Güte und Gerechtigkeit Gottes gegenüber, der als lebendig machende Quelle des Guten und des Heils Menschen und Tiere vor der Vernichtung durch das Böse bewahrt.

36,11–13 bitten Gott um die Durchsetzung seiner heilsamen Gerechtigkeit und um die Bewahrung vor den Bösen, die damit endgültig ihren Einfluss verlieren.

Gott lässt die Gerechten bestehen, die Frevler werden vergehen (Ps 37)

Der alphabetisch geordnete Psalm 37 (vgl. Ps 9/10) erscheint wie eine *weisheitliche Lebenslehre*, die drei Glaubensmotive miteinander verbindet: den Tun-Ergehen-Zusammenhang, die persönliche Frömmigkeit als eigentliches Lebensglück und die Verwehrung des Landes als Heilsgabe Gottes an die Armen.

Der oder die Betende ist darüber empört, dass diese gerechte Grundordnung Gottes zerbrochen ist, die eine klare Entsprechung von menschlichem Handeln und dem daraus folgenden Geschick fest verbürgt hatte. Nun tun Böse und Gewalttäter den Armen Gewalt an und nehmen ihnen das Land, ohne dass dies negative Folgen für die Untäter hat.

Der zornige betende Mensch – vielleicht ein Mitglied der Oberschicht – steht kurz vor der gewalttätigen Rebellion gegen diesen Unrechtszustand. In dieser Situation mahnt Ps 37 den Empörer dringend zum Gewaltverzicht, da die Frevler vernichtet und die Armen und Gerechten durch Gottes Fürsorge Land und Frieden erhalten werden.

Redeformen und Argumente lassen drei Psalmteile erkennen: 37,1–11 enthalten *Warn- und Mahnsprüche* an

Bis in alle Zeit: Olam

An vielen Stellen ist in gängigen Bibelübersetzungen von der „Ewigkeit" die Rede, z. B. in 1 Chr 29,19; Dan 2,20; Dan 12,10. Im Hebräischen steht dort das Wort עוֹלָם *olam*. Mit diesem Wort ist der unüberschaubare Zeitraum bezeichnet, der im modernen Sinne des Wortes „unbefristet" ist. *Olam* bezieht sich dabei aber nicht ausschließlich auf die Zukunft, sondern kann ebenso zurückliegende Zeit beschreiben und hat dann die Bedeutung „immer schon".

Die alttestamentliche Vorstellung eines *olam* ist nicht ohne Weiteres mit dem Begriff der Unendlichkeit gleichzusetzen. Denn bei dem Begriff *olam* geht es noch nicht um eine mathematische Unendlichkeit oder um die Ewigkeit als eine philosophische Kategorie, sondern um die Beschreibung von etwas Unüberschaubarem. Der Sklave auf Lebenszeit aus Ex 21,6 ist kein ewiger Knecht, sondern ein Sklave für *olam*: für sehr lange Zeit, allenfalls für die Zeit seines Lebens. Der Knecht entscheidet sich in Ex 21 selbst, dauerhaft seinem Herrn zu dienen.

Olam kann ebenso „Weltzeit" bedeuten: Die Zeitspanne vom Anfang bis zum Ende der Welt (man denke an die Wendung „von olam zu olam" – „von Ewigkeit zu Ewigkeit" z. B. in Ps 41,14).

Es gibt neben dieser chronologischen und quantitativen Bedeutung von *olam* jedoch auch die Bedeutungsweite, die über die Grenzen des vergänglichen Lebens hinausgeht. So wird z. B. Gott selbst als *olam* bezeichnet (Gen 21,33). Das „ewige Leben" ist ein Leben, das der Vergänglichkeit trotzt und als ein Leben in Gerechtigkeit den Tod überdauert (Dan 12,2f.).

Im Alten Testament hat das Wort, das häufig mit „ewig" oder „Ewigkeit" übersetzt wird, neben der Beschreibung einer unabsehbaren Zeitspanne bereits Anklänge, die an das moderne Verständnis von Ewigkeit erinnern. Gerade der Blick auf das „ewige Leben" bei Daniel weist auf eine Hoffnung hin, die in *olam* mitschwingt: Gerechtigkeit wird dauerhaft sein. In der späteren jüdischen Tradition steht *olam* auch für die „Welt" und bezeichnet sowohl diese (hebr. עוֹלָם הַזֶּה *olam ha-se*) als auch die kommende Welt (hebr. עוֹלָם הַבָּא *olam ha-ba*).

die „Hitzigen", sich nicht selbst zum Bösen verleiten zu lassen, sondern vielmehr wie die „Schweiger" und „Stillen" darauf zu vertrauen, Gottes Gerechtigkeit werde das Gute für die Armen durchsetzen und die Bösen gingen dann an ihrer eigenen Bosheit zugrunde. 37,12–26: In *Aussagesätzen* wird das *Lebensfazit* des Weisheitslehrers formuliert: Die Frevler werden trotz ihrer augenblicklichen Erfolge am Ende scheitern, die Gerechten und Armen durch Gottes Schutz und durch eine solidarische Grundhaltung ein erfülltes und sozial geachtetes Leben führen.

37,27–40: In *weisheitlichen Mahnsprüchen* und *Aussagesätzen* wird noch einmal versichert, die Frevler würden durch eigenes Unrecht zerstört werden, doch – und hierin liegt das Hauptinteresse dieses Psalmteiles – die Gerechten wird Gott schützen und mit Land und erfülltem Leben belohnen.

Paul Gerhardts bekanntes und beliebtes Lied: „Befiehl du deine Wege" (EG 361), das Motive dieses Psalms verwendet, greift Ps 37,5 in der Luther-Übersetzung auf („Befiehl dem Herren deine Wege und hoffe auf ihn, er wird's wohl machen") und beginnt kunstvoll – der alphabetischen Ordnung von Ps 37 entsprechend – jede der zwölf Liedstrophen mit einem Wort dieses Verses.

Klage eines schwerkranken Menschen (Ps 38)

Ps 38 ist das *Klagegebet eines schwerkranken Menschen,* der Erkrankung, gesellschaftliche Isolierung und unverschuldete Gefährdung durch hinterhältige, überlegene Feinde als von Gott geschickte Folgen seiner Sünde erlebt und nun Gottes Nähe, Hilfe und Heil vertrauensvoll erfleht. Hinter seiner Bitte steht die Anschauung, Krankheit sei im Sinne der Tun-Ergehens-Ordnung durch Sünde verursacht, die grundsätzlich ein Unheilsgeschehen auslöse, das nur Gott unterbrechen könne. Damit verwirft biblischer Glaube die religiöse Vorstellung seiner Umwelt, dass Krankheit von Dämonen verursacht sei. Ps 38 schildert ungewöhnlich umfangreich die Klage über die Not, sehr knapp nur dagegen die Bitte um Hilfe ganz am Ende des Psalms; die Erhörungsgewissheit (38,16) erscheint hier *vor* der Bitte. Die betonten Gottesanrufungen in 38,2a.16a.22 gliedern Ps 38 in vier Teile:

- 38,2–9: In der ersten Klageschilderung erkennt das betende Ich seine Sünden als zerstörerische Ursache für das schwere körperliche und seelische Leiden und bittet dennoch Gott um Verschonung vor noch schlimmerer Strafe.
- 38,10–15: Im zweiten Klagegang betrauert der leidende Mensch, dass er, ohnmächtig vor Gott,

verlassen von Freunden und verfolgt von Feinden, keine Teilhabe am Leben mehr habe.

- 38,16–21: Im Vertrauensbekenntnis erhofft der oder die Bittende einen Ausweg aus dem Leid von jenem Gott, der Klagende erhört und Leidende errettet.
- 38,22–23: Die kurze, aber äußerst emphatische Abschlussbitte verwandelt das strafende Gottesbild (38,2) in ein Bild des heilenden Gottes. Der betende Mensch bedrängt Gott geradezu, ihm nun wieder nahe und heilsam zu sein.

Die Not des vergänglichen Menschen (Ps 39)

Ps 39 ist ein *weisheitlich* umgestalteter *individueller Klagepsalm*, in dem ein vermutlich schwer erkrankter Mensch um Gottes Hilfe für sich bittet, doch dann über sein privates Leid hinaus die allgemeine Erfahrung menschlicher Vergänglichkeit intensiv vor Gott bedenkt. Damit wird der Tod als lebensbedrohlicher Schatten jedes Menschen zum Hauptthema des Psalms wie in Ijob oder Kohelet mit seinem Leitwort: *häwäl,* הֶבֶל „Hauch, Nichts", das gleich viermal in 39,6–7.12 verwendet wird. Während jedoch Kohelet die Vergänglichkeitsfrage grundsätzlich reflektiert und Ijob nachdrücklich dagegen revoltiert, wendet sich das in Ps 39 betende Ich mit seiner existenziellen Zerrissenheit an Gott und bittet ihn dringend nicht um Errettung vor dem Tod, sondern um Belehrung über die richtige Haltung zum Tod.

Sitzender Flötenspieler, Bronze, 8.–7. Jh. v. Chr., Sardinien

In Ps 39 sind vier Teile erkennbar:

- 39,2–4: Dieses „Vorwort" konfrontiert zwei typische Grundhaltungen (s. Ps 37) miteinander: das unbeherrschte Verhalten der „Hitzigen" oder „Geschwätzigen" mit der Ruhe, Gelassenheit und dem Gottvertrauen der „Stillen" oder „Schweigenden", denen auch die betende Person gleichen möchte. Doch ein Problem brennt ihr auf den Nägeln, darüber muss sie jetzt reden.
- 39,5–7: Sie bittet Gott um Unterweisung über den Sinn der Nichtigkeit des Menschen und seines Handelns.
- 39,8–12: In seiner Bedrückung durch die Toren, durch seine schwere körperlich-seelische Erkrankung und durch seine Schuld vertraut der bittende Mensch darauf, dass Gott Kraft zum Ertragen jener Vergänglichkeit schenkt, die Gott ja dem menschlichen Leben zugewiesen hat.
- 39,13–14: Statt des sonst üblichen Dankversprechens gibt es hier einen „offenen Schluss", in dem das betende Ich als Gottes Gast gerade nicht um Gottes Hinschauen, sondern erstaunlicherweise um *Gottes Wegschauen* bittet, damit Menschen trotz ihrer Hinfälligkeit „heiter" und gelassen die wenigen Lebenstage angstfrei und in Würde gestalten können.

Dank, Hingabe und Bitte (Ps 40)

In einer ungewöhnlichen Abfolge beginnt Ps 40 mit einem kurzen *Dankpsalm*, der später durch ein *Bekenntnis* erweitert und schließlich mit einer *Klage und Bitte* abgeschlossen wurde.

Der *Dankpsalm* (40,2–5) schildert mit Motiven aus Jeremia und den Liedern des Gottesknechts aus Deutero-Jesaja (vgl. Jer 1,9; 38,6 und Jes. 52,14f.) die Rettung des betenden Menschen aus der Todesgefahr und seine prophetische Berufung, die er nun mit seinem „neuen" Danklied bezeugt. Mit einem *Bekenntnis* (40,6–11) zu einem „erneuerten", der Tora gemäßen Leben, das besser ist als Opferdienst, antwortet der oder die Betende auf Gottes Rettungstat. Genauso hatte einst Israel mit Übernahme der Tora am Sinai der wunderbaren (vgl. 40,6) Befreiung aus Ägypten entsprochen.

Ihre eigene Rettung will die betende Person vor der großen Gemeinde auf einer besonderen Schriftrolle, einer „Votivtafel", festhalten (vgl. 40,8b). Falls dieser Vers die Tora-Rolle meint, bedeutet dies, dass der betende Mensch Gottes Weisung ständig hören und bedenken will (vgl. Ps 1, Dtn 6,4–9), sodass sie sein Denken, Fühlen und Handeln vollständig bestimmt.

Die *Klage und Bitte* (40,12–18) um Hilfe aus Leid und Schuld beendet diesen Psalm. Er hält im Vertrauen auf den Gott (40,12) der Barmherzigkeit, Güte und Treue (vgl. Ex 34,6) daran fest, dass Gott einst gerettet hat und immer wieder retten wird. Durch Einfügung des kurzen *Bittpsalms* (40,14–18), der uns in Ps 70 nochmals eigenständig begegnet, wird Ps 40 nun zu einem Bittgebet aus der Gruppe der Unterdrückten und Armen (vgl. 40,8).

Das Gebet eines kranken und verfolgten Menschen (Ps 41)

Ps 41 vereint in sich eine *Seligpreisung*, das *Bittgebet eines Kranken*, den *Vorausblick auf die Rettung* sowie eine *Doxologie* (also einen Lobpreis Gottes) als Abschluss des David-Psalters I (Ps 3–41). Die *Seligpreisung* (41,2–4) verspricht denen, die einem Armen helfen, ebenfalls Gottes Hilfe in Feindes- oder Krankheitsnot. Jesu Seligpreisung in Mt 5,7 stellt eine „Kurzform" von 41,2–4 dar. In einem *Bittgebet* (41,5–11) erfleht der oder die Leidende von Gott Heilung durch Schuldvergebung und Aufrichtung aus der Not, die als verächtlicher Feindes-Spott und verstörende

Freundesbelehrung die lebensnotwendige Verbindung zur Umwelt zerrissen und damit den sozialen Tod gebracht habe. Gesellschaftliche Ächtung durch Feinde und gemeinen Verrat der Freunde möchte das betende Ich insofern „vergelten“, als dass er nach seiner Heilung Feinden wie Freunden öffentlich widersprechen will, wie dies in unserer Zeit z. B. bei der Aufarbeitung erlittenen Unrechts durch Streitgespräche, kritische Veröffentlichungen oder auch durch „Wahrheits- und Versöhnungs-Kommissionen“ geschieht. In seinem *Vorausblick auf die Rettung* (41,12–13) erkennt der betende Mensch, dass Gott auf seiner Seite steht und ihm wieder zu einem aufrechten „Stand“ in Gottes königlichem Herrschafts- und Lebensbereich verhilft. Die *Doxologie* (41,14) öffnet dieses in 41,13b schon abgeschlossene Psalmgebet einer einzelnen Person noch einmal und beansprucht damit die Glaubenserfahrung dieses Psalms 41 wie auch die aller voranstehenden Psalmlieder 3–40 *für ganz Israel*, das freudig zustimmt und mit dem liturgischen Bekräftigungsruf „Amen, Amen“ seinen Gott immerwährend preist, wie dies die Verdoppelung des ursprünglichen Abschlusses „immer“/„in alle Zeit“ (*olam)* betont.

ZWEITES BUCH (PSALM 42–72)

Korach-Psalmen (Ps 42–49)

Die folgenden Korach-Psalmen beklagen das Leid der Gottesferne, bejubeln aber auch immer wieder die erfahrene Rettung durch Gott, der von seinem Zions-Heiligtum aus das lebensbedrohliche Chaos bekämpft und damit den auf ihn Vertrauenden seine schützende und heilende Gegenwart gönnt. Die Psalmen Korachs werden in der nachexilischen Zeit verortet (vgl. 1 Chr 6,7). Sie sind von der Zions-Theologie geprägt – von der Überzeugung, dass Gott vom Hügel der Davidsstadt aus herrscht, indem er an seinem Volk handelt und den Bestand Jerusalems garantiert.

Schrei der Sehnsucht nach Gott (Ps 42)

Es ist umstritten, ob Ps 42 und Ps 43 ursprünglich einen Psalm bildeten oder getrennt zu lesen sind. Wer beide Gebete als *einheitlichen dreistrophigen Psalm* verstehen will, kann dies mehrfach begründen: durch die gleiche Gebetssituation, die Strophengliederung mit dreimaligem Refrain in 42,6.12; 43,5 und dem Gebetshöhepunkt im 3. Refrain, den Motivkontrast zwischen 42,2 (die verdurstende Hirschkuh) und 43,4 (die überschwänglichen Freudenlieder des Beters), das gleiche hebräische Versmaß und die fehlende Überschrift bei Ps 43 in der am besten bezeugten Überlieferung des hebräischen Textes.

Für die *Unabhängigkeit von Ps 42 und 43* sprechen die getrennte Überlieferung in der Mehrzahl der Handschriften sowie in der gr. (Septuaginta) und der lat. (Vulgata) Übersetzung; die unterschiedliche Gebetsperspektive: Ps 42 *klagt* und sucht Hoffnung in *früherer* Gotteserfahrung, Ps 43 *bittet* und hofft auf *zukünftiges* Gotteshandeln; das Fehlen des in Ps 42 zentralen Wassermotivs in Ps 43; außerdem ist 43,1 als Psalmanfang gut vorstellbar, da auch Ps 26,1 und 35,1 ähnlich beginnen. So lesen auch deutsche Bibelübersetzungen Ps 42 und 43 als selbstständige Psalmen. Ps 42 eröffnet die Korach-Psalmen (Ps 42–49 und 84; 85; 87; 88), welche die Asafpsalmen (Ps 50–83) umgeben. Mit Ps 42 beginnt zugleich das 2. Psalmbuch.

Ps 42 ist die *zweistrophige Sehnsuchtsklage* eines Menschen nach dem lebendigen, aber ihm fehlenden Gott. 42,2–6: In der ersten Strophe beklagt der oder die Betende (42,2–4) mit dem Todesbild der verendenden Hirschkuh im wasserlosen Wüsten-Wadi Gottes grausame Unzugänglichkeit. Die *näfäsch* („Seele“: vgl. zu „Seele, Leib und Leben“, S. 68) des Beters, sein ganzes menschliches Wesen, verlangt nach dem lebendigen Gott wie nach Wasser und Brot und erhält stattdessen als Speise und Trank nur Tränen und Hohn (42,4). Doch in dieser Todeswelt leuchtet die herzergreifende Erinnerung an Gottes beglückende Lebenswelt, wie sie den Beter einst in der jubelnden Festgemeinde im Tempel ergriffen hatte (42,5). Darum kann er nun seine ungeduldige, hoffnungslose *näfäsch* „Seele“ zur Geduld und Hoffnung auf die ganz gewisse Rettung durch Gott ermahnen (42,6).

Die zweite Strophe (42,9–12) wählt als Todesbild für die Gottesferne die urzeitliche Chaosflut, die die betende Person zu überschwemmen droht. Sie sieht sich am äußersten Nordrand Israels auf den Hermon stehen, erblickt den weit entfernten Tempel als schützenden Fels und hört den Hohn der Feinde über ihre Gottesverlassenheit (42,7–11). Doch wiederum tröstet der Betende seine „Seele“ – wie eine Mutter ihr weinendes Kind – mit der sicheren Erwartung auf das rettende „Zuhause“ bei Gott.

Bitte um Gottes Weggeleit (Ps 43)

Ps 43 ist ein *Bittgebet* um Gottes Geleit beim Weg zum Tempel, in Feindesnot sowie auf dem menschlichen Lebensweg. Weil Gott für die Durchsetzung von Recht und Gerechtigkeit zuständig ist, möge er von seinem heiligen Zionsberg aus als Rettungsengel sein „Licht“ gegen das finstere Unrecht und seine „Wahrheit“ (genauer: „Treue“) gegen die verlogenen Feinde schicken und damit den Betenden in Gottes Nähe zurückführen, wo er endlich zum wahren Sinn seines Lebens gelangt: Gott zu lobpreisen (42,4; Ps 6,6; 30,10; 88, 12f.; 115,17f.). Diese freudige Zukunft kann seinem ganzen Wesen Ruhe und Zuversicht schenken. Zum Verhältnis von Ps 42 und 43 s. o. zu Ps 42.

Israels Klage in Kriegsnot (Ps 44)

Ps 44 erscheint als ein dreigliedriger *gottesdienstlicher Volkspsalm*, einige meinen, dass hier ein spätvorexilischer *Bitt- und Vertrauenspsalm* (44,2–9) nach der Exilskatastrophe durch Ergänzung eines *Volksklageliedes* (44, 10–27) insgesamt zu einem *Volksklagepsalm* „fortgeschrieben" wurde. 44,2–9: In diesem *vorexilischen Bitt- und Vertrauenspsalm* bekennt der heilsgeschichtliche Rückblick, dass Israel sein Land nicht den eigenen Waffen, sondern ausschließlich Gottes Kriegsführung verdanke (44,2–4). In gleicher Weise werde Gott auch die gegenwärtige assyrische und babylonische Bedrohung niederschlagen (44,5–8), sodass Israel Gottes Rettungstat dann preisen könne. (44, 9). Der *nachexilische Volksklagepsalm* beginnt dann mit einer *Klage und Anklage* gegen Gott wegen der Zerstörung Jerusalems, der Besetzung des verheißenen Landes und der Deportation der Elite (44,10–27). Diese Katastrophe habe das Heils- und Sicherheitsversprechen der Kriegstheologie ins genaue Gegenteil verkehrt: Nicht die Feinde, sondern *die Israeliten* seien Schlachtopfer und Spott der Nachbarvölker geworden (44,10–17). 44,18–28 steigert noch diese *Anklage* gegen Gott: Er verstoße jetzt sein Volk, obwohl dieses sich einst nach Joschijas Reform von 622 v. Chr ganz mit ihm verbunden habe. Doch selbst mit dieser Anklage sagt sich Israel nicht von Gott los, sondern ringt weiter mit ihm. Leidenschaftlich fordern die *Schlussbitten* (44,24–27) Gott auf, die Gottesferne zu beenden und Israel aus seiner tödlichen Lage wieder herauszuführen, wie einst aus dem Sklavenhaus Ägypten. Damit verändern die Betenden im Verlauf ihres Klageweges ihr Gottesbild erheblich: Aus dem kriegerischen Sieger-Gott wird ein barmherziger Helfer in Niederlagen und danach.

Diese Stele aus dem 10.–8. Jh. v. Chr. zeigt ein Paar mit einem reich gedeckten Tisch.

Ein Hochzeitslied für König und Königin (Ps 45)

Ps 45 ist ein u. U. vorexilisch entstandener und später nachexilisch überarbeiteter *Königspsalm*, dessen hymnischer Aufgesang (45,2) und hymnischer Abgesang (45,18) einen zweigliedrigen Hauptteil rahmen: ein *Hochzeitslied*, das den königlichen Bräutigam (45,3–9) und seine königliche Braut (45,10–17) im höfischen Stil bewundernd besingt und auf einer zweiten Textebene über die Aufgaben des Königs spricht.

Die Königspsalmen (s. Ps 2; 20; 21; 45; 72; 89; 101; 110) sehen unter ägyptischem und assyrischem Einfluss den König als „Gottes Sohn", d. h. als Gottes Beauftragten (vgl. Ps 2, 6 und 7), der die göttliche Welt- und Lebensordnung gegen alle Bedrohungen zu verteidigen hat. Diese grundlegende Bedeutung des Königs für sein Volk macht jedes wichtige Ereignis in seinem Leben – wie Geburt, Hochzeit, Thronbesteigung, Sieg – zu einem Anlass, der festlich begangen und wie in diesem Hochzeitslied feierlich besungen wird.

Selbst nach dem unrühmlichen Ende des judäischen Königtums sang die nachexilische Gemeinde dieses jubelnde königliche Ruhmeslied noch weiter, weil die Liedaussage nun auf die Beziehung Gottes bzw. des Messias zu Israel übertragen wurde, wozu der hebräische Wortlaut von 45,7 besonders beitrug: „Dein Thron, *o Gott*, ist auf immer und ewig."

„Ein' feste Burg ist unser Gott" (Ps 46)

Ps 46 erscheint als zweiteiliger *Zionspsalm* (vgl. Ps 47 und 48).

46,2–8: Sein erster, möglicherweise vorexilischer Teil besingt Gott als König auf dem Zionsberg und Regent der Gottesstadt Jerusalem, der die Menschen seiner Stadt mitten im welt- und lebensbedrohlichen Chaos schützt wie eine sichere Zufluchtsburg (46,2a) und eine hoch gelegene Festung (46,8b).

46,9–12: Nach der brutalen Zerstörung dieser Fluchtburg und Festung Jerusalem 586 v. Chr. nimmt die nachexilische Gemeinde diese Zionsverheißung trotz deren Scheiterns in diesem zweiten Psalmteil bewusst wieder auf (vgl. 46,8 mit 46,12) und entschränkt sie zeitlich und räumlich. Friede wird sein, wenn alle Kriege beendet, alle Waffen vernichtet, alle Völker von diesem Friedensgott überzeugt sind (46,11). Die gute Botschaft dieses 46. Psalms hat auch Martin Luther inspiriert, mitten im gefahrvollen Reformationsjahr 1529 aus tiefem Vertrauen auf Gott „Ein' feste Burg ist unser Gott" (EG 362) zu dichten und damit allen evangelischen Christinnen und Christen bis zum heutigen Tage *ihr Reformationslied* zu schenken.

Israels Gott, der König über alle Völker (Ps 47)

Ps 47 besingt als zweistrophiger Hymnus, wie sich die universale Königsherrschaft des einzigen Gottes auf Israel (47,2–6) und die Völkerwelt (47,7–10) auswirkt. Ps 47 feiert (vielleicht mit einem großen „Gott-König-Fest" im Herbst) die Landnahme als Gottes Königstat, die mit seiner Thronbesteigung auf dem Zion abschließt. Dabei bringt der „Gott Abrahams" den Segen (Gen 12,1–3) über alle Völker (47,10) und gerade nicht den Krieg, wie 47,4; 44,2–9 u. a. behaupten. Während Ps 42–44 Israels Leid und Schmach betrauert haben, zeichnet Ps 47 als Gegenbild Israels universale Bedeutung für die Völker.

Die Stadt des großen Zionskönigs (Ps 48)

Ps 48,2–9 besingt beim „*Gott-König-Fest*" im Herbst (Laubhüttenfest) Gottes „felsenfesten" Schutz gegen die anstürmenden Königsheere, die Gott durch Angst und Schrecken lähmt und deren angebliche Superwaffen er vernichtet.

In Ps 48,10–12 bedenkt die nachexilische Tempelgemeinde im zerstörten Jerusalem noch einmal dieses frühere Gotteslob und preist nun Gottes Gerechtigkeitsordnung als seine wahre Herrschaft über die Völker.

Damit wird auch Ps 48,13–15 als Mahnung an die von Gott besiegten Könige (vgl. 48,5–8) verständlich; beim genauen Betrachten der Stadt Jerusalem sollten nun auch sie Gott als ihren Gott anerkennen.

Die Vergänglichkeit des Menschen (Ps 49)

Ps 49 ist ein zweigliedriges *weisheitliches Lehrgedicht,* das sich an alle Menschen richtet (49,2–5).

Der erste Hauptteil (49, 6–13) lehrt: Alle Menschen müssen unterschiedslos und endgültig sterben und können dies durch nichts verhindern. Der zweite Hauptteil (49,14–21) modifiziert diese Lebenseinsicht mit der eigentlichen Lehre des Gedichtes: Wirklich endgültig sterben werden alle, die nur auf sich selbst und ihren Reichtum vertrauen; wer dagegen Gottes Nähe sucht, darf hoffen, dass er auch nach dem Tod in Gottes Nähe bleibt (ähnlich Ps 73).

1. Asafpsalm: Der rechte Gottesdienst (Ps 50)

Hinter diesem *Festpsalm* (vgl. auch Ps 81 und 95, zu den Asafpsalmen vgl. S. 163) steht vermutlich die gottesdienstliche Verlesung und Auslegung der Tora in einer Festversammlung wie beim Bundeserneuerungs- oder Laubhüttenfest (vgl. Dtn 31,9–13; Neh 8,8.18). Zu Festbeginn (50,2–6) erinnert Gott sein Bundesvolk an sein Bundesgesetz der Gerechtigkeit und klagt in 50,7–15 als richtiges Opfer Lob und Dank für erfahrene Rettung und in 50,16–23 gesetzestreues Leben ohne Stehlen, Ehebrechen, Töten (hier durch Falschaussagen bei Todesurteilen) ein. Nur wer Gott das richtige Lobopfer bringt und gegenüber seinem Nächsten gerecht lebt, erfährt Gottes Heil (50,23).

König David

David ist eine der populärsten Figuren des Alten Testaments. Der neutestamentliche Bezug auf David, dessen Nachkomme Jesus ist, stellt eine starke Verbindung zwischen Altem und Neuem Testament her.

David hat ungefähr zwischen 1000 und 961 v. Chr. regiert. Er ist der Sohn Isais und tritt zum ersten Mal in 1 Sam 16,13 auf, als Samuel ihn zum König salbt. Wie zahlreiche andere zentrale Figuren des Alten Testaments ist David zunächst Schafhirte. Er wird als ein schöner und musikalischer Mann beschrieben, dessen Charisma in seiner Geschichte und der Geschichte seines Volkes mehrmals entscheidend für den Ausgang eines Konflikts ist. Eine große Zahl von Psalmen wird ihm zugeschrieben.

Davids Karriere ist beispiellos. Schon als Jugendlicher erringt er in einem Stellvertreterkrieg gegen den Furcht einflößenden Goliat einen maßgeblichen militärischen Sieg für Israel. Er wird der Vertraute seines Königs Saul und enger Freund von dessen Sohn Jonatan. Als Heerführer unter Saul erringt David zahlreiche Siege über alle Feinde Israels.

Saul wiederum, für den David zunehmend zur Konkurrenz wird, schmiedet Mordpläne gegen ihn, der doch nie sein Feind war. Das Reich wird geteilt und David in Juda zum König gesalbt. Nach dem Tod Sauls und seiner Söhne wird David König über ganz Israel und besiegt die Philister. Er erobert die vom Volk der Jebusiter behauptete Stadt Jerusalem und baut sie – als „neutralen" Ort – zur gemeinsamen Hauptstadt der beiden Königreiche Juda und Israel aus. Unter der Herrschaft Davids erfährt Israel den Erzählungen nach seine größte Ausdehnung und kann sich für ein paar Jahrzehnte zu den Großmächten im Nahen Osten zählen. Obwohl es Davids Sohn Salomo ist, der den Tempel Gottes bauen lässt, erstand David den Platz, auf dem der Tempel entstehen soll.

Davids enges und vertrauensvolles Verhältnis zu Gott ist beispielhaft. Dennoch wird er nicht als fehlerloser Heiliger geschildert. Als König, Liebhaber und Vater begeht er zuweilen schreckliche Verbrechen. Da er seine Fehler aber bereut und stets auf den Weg Gottes umkehrt, steht der Name David stellvertretend für eine gerechte Herrschaft, und die Hoffnung auf den Messias orientiert sich bis heute an König David.

DAVIDPSALMEN (PS 51–72)

Bitte um Vergebung und Neuschaffung (Ps 51)

Der nachexilische Ps 51 wird als besonders eindrücklicher biblischer Text zur menschlichen Schuldverstrickung und zur Vergebungsbereitschaft Gottes in der jüdischen Liturgie des Versöhnungstages, in kirchlichen Bußgottesdiensten sowie zur Begründung der altkirchlichen Erbsündenlehre und der reformatorischen Rechtfertigungsbotschaft verwendet.

Das Grab Davids auf dem Berg Zion in Jerusalem ist eine heilige Stätte der Juden.

Ps 51 begegnet uns als *individuelles Klagelied,* in dem die „Notschilderung" als Sündenbekenntnis und die Rettungsbitte als Bitte um Sündenvergebung erscheinen.

Die Überschrift (51,1–2) ordnet den Klagepsalm Davids Ehebruch mit Batseba zu (vgl. 2 Sam 11–12). In 51,3–7 klagt ein Mensch, dass der gnädige, solidarische und barmherzige Gott ihn aus seiner tödlichen Schuldverstrickung herausführe und ihn völlig wiederherstelle durch Wiederaufnahme in die Kultgemeinschaft sowie durch ein erneuertes glückliches Leben (51,8–14). Dann wolle das betende Ich auch andere Sünder zur Tora und zum Gotteslob führen und sich selbst als an Herz und Geist „erneuerter" Mensch, als wahres Dankopfer, Gott übergeben (51,15–19). Der Schluss (51,20–21) bittet um den Bau Jerusalems als der Stadt, von der nun Heil und Frieden ausgehen (vgl. Jes 2,1–5; Ps 46; 48).

Überheblichkeit des Bösen – Vertrauen des Frommen (Ps 52)

Ps 52 ist eine dreigliedrige *individuelle Klage* über die schon von den Propheten heftig kritisierte Unterdrückung und Entrechtung der „kleinen" Leute durch rücksichtslose Reiche und Einflussreiche, die Gottes Gericht treffen wird. Bestätigt werden dagegen die Gerechten, die fest in Gottes gerechter Lebensordnung wurzeln wie grünende Ölbäume.

Gegen die Gottlosen (Ps 53)

Ps 53 ist weitgehend wortgleich mit Ps 14, betont aber stärker das Gericht an den Unterdrückern und erscheint als *weisheitlich-prophetische Klage* über das Treiben der verbrecherischen Gottlosen.

Hilferuf eines Bedrängten (Ps 54)

Ps 54 begegnet uns als dreigliedrige *Klage einer einzelnen Person* (vgl. Ps 13), die Gott vierfach um Hilfe vor tödlicher Bedrohung durch gottlose Feinde anfleht (54,3–5). Im festen Vertrauen auf Gott als Helfer der Armen und Verfolgten bittet der oder die Klagende darum, die Täter sollten – nach der Tun-Ergehen-Ordnung – durch ihre eigenen Untaten vernichtet werden (54, 6–7). Das Lob preist Gottes Namen, indem das Wesen Gottes in „Treue", „Huld" und „Erbarmen" (vgl. Ex 34,6) sich dem oder der Betenden zuwendet und die für Klagepsalmen typische Wende von der Not zur Rettungsgewissheit bewirkt (54,8–9).

Klage und Vertrauen eines Alleingelassenen (Ps 55)

Gegen soziale und individuelle Gewalt richtet sich Ps 55 als dreiteiliger *Klagepsalm einer einzelnen Person*, die in *drei Anläufen* die sie bedrohende Feindschaft beklagt und Gott um Zerschlagung dieses bösen Netzwerks der Feinde und ihrer betrügerischen Sprache bittet (55,2–12). Als noch größeres Übel beklagt der betende Mensch den Verrat des Freundes und Mitpilgers und erfleht in seinen Tagesgebeten im festen Vertrauen auf Gottes Schutz für Verfolgte das Ende jedes Gewalttäters (55,13–20).

In 55,21–24 beklagt der oder die Betende die heimtückischen Worte und Taten der aalglatten Feinde gegen die Freunde Gottes und bekennt ein tiefes Vertrauen auf den sicheren Schutz Gottes, dem sich auch andere Gerechte in Bedrängnis getrost anvertrauen sollen.

Vertrauensbekenntnis eines Angefeindeten (Ps 56)

Als *individueller Klagepsalm* über tatsächliche oder nur so empfundene tödliche Bedrohung durch Feinde wird der oder die Betende in Ps 56 in fünf Schritten aus dem Tod ins Leben geführt: Bitte und Notschilderung (56,2–3), Vertrauensbekenntnis (56,4–5), zentrale Schilderung der Feinde und Ausblick auf Rettung (56,6–10a), Vertrauensbekenntnis (56,10b-12).

Geborgen in Gottes Schutz (Ps 57)

Als *individuelles Bittgebet*, dem eine schon vorliegende *Klage* in 57,8–12 (wortgleich auch in Ps 108,2–5) eingefügt ist, erscheint Ps 57 wie eine „Gebetsvorlage" für konkrete Anlässe feindlicher Bedrohung: 57,2–4 bittet um Gottes Schutz und vertraut darauf – vor dem Ansturm der Feinde; 57,5.7.6 beklagt tödliche Feindesgefahr und bittet um Gottes Gericht; 57, 8–12 will mit festlicher Musik den weltweit wirkenden Rettergott wecken und seine bestimmt einsetzende Rettungstat preisen.

Gottes Gerechtigkeit gegen Richter-Unrecht (Ps 58)

Ps 58 wird meist von christlicher Seite als sog. *Fluchpsalm* kritisiert. Erich Zenger schlägt dagegen vor, Ps 58 als einen „*Gerechtigkeitspsalm*" zu werten, der wie die sozialkritischen Propheten gegen massives Unrecht im Namen Gottes und der von ihm gesetzten Lebensordnung protestiert, um Opfern zu ihrem Recht zu verhelfen und Tätern ihr Unrecht vorzuhalten.

Der prophetisch-weisheitliche Ps 58 beklagt den Rechtsmissbrauch durch Richter, wünscht die Zerstörung des zerstörerischen Unrechts und seiner Täter und hält in 58,12 als Kernbotschaft fest: „Gerechtes Leben zahlt sich aus; nicht das Unrecht, sondern Gott behält das letzte Wort!"

Gott als Schutzburg der Verfolgten (Ps 59)

Ps 59 ist der wohl ursprünglich individuelle, später auf Israel erweiterte *Klagepsalm*, der seine Gebetsbewegung von Bitte, Klage und Vertrauensbekenntnis in 59,2–10 und 59,11–18 zweimal ausführt.

Ps 59 beklagt mit dem Doppelbild der von feindlichen Heeren belagerten und nachts von streunenden Hunden heimgesuchten Stadt die tödliche Bedrohung Israels wie die einer einzelnen Person. Mit Lobgesang vertrauen die Bedrohten auf ihren Gott als ihre Schutzburg.

Bitte um Hilfe nach einer Niederlage (Ps 60)

Ps 60 erscheint als dreigliedrige *Psalmenliturgie*, die möglicherweise einen gottesdienstlichen Ablauf nachzeichnet: 60,3–7 beklagt die Not des Volkes als von Gott verursacht und bittet darum nun auch Gott um das Ende der Not; in 60,8–10 antwortet eine direkte Gottesrede (vermutlich als Orakelspruch) mit dem Hinweis auf Gottes Sieg. 60,11–14 verstärkt noch einmal Bitte und Vertrauen gegenüber Gott: Er werde den Sieg über die Feinde herbeiführen.

Für heutige Lesende ist es sehr wichtig, das in Ps 60 begegnende kriegerische Gottesbild als altorientalisch beeinflusst und als „Hilfeschrei" in höchster politischer Not und Ohnmacht zu verstehen und zudem die klaren kriegskritischen Selbstkorrekturen der Hebräischen Bibel wahrzunehmen, die einen Gott des Friedens bezeugen, der allen Kriegen gerade ein Ende setzen will (vgl. Ps 46,9–11).

Bitte um Heimholung zum Zion (Ps 61)

Wer 61,3a mit: „*Vom* Ende der Erde her" übersetzt, liest Ps 61 als *Bittgebet* aus der Ferne um *Heimholung* zum schützenden *Berg Zion* und um ein langes Leben für den (judäischen oder persischen) König, dessen Wohlergehen auch dem Volke guttut. Wer dagegen 61,3a mit: „*Am* Ende der Erde" (im Bereich des Todes) übersetzt, versteht Ps 61 als allgemeine Bitte um Gottes Schutz vor der Todesbedrohung.

Vertrauen auf Gottes Macht und Huld (Ps 62)

In Ps 62 bestimmen Elemente der *Vertrauenspsalmen*, die in *andauernden* Notlagen um *Bewährung in* Not bitten, während Klagepsalmen in *einzelnen* Notlagen *Bewahrung vor* Not erflehen. Vor dem Ansturm heimtückischer Feinde vergewissert sich der oder die Betende in 62,2–8 Gottes als beständiger Schutzburg. Mit seiner *weisheitlichen Lebenslehre* in 62,8–13 lädt der betende Mensch andere ein, mit ihm die Erfahrung jenes Gottvertrauens zu teilen.

Sehnen nach Gott (Ps 63)

Ps 63 ist als individuelles *Vertrauensgebet* eines verfolgten Menschen im Tempel zu verstehen. In 63,2–4 spricht das betende Ich von seiner ungestillten Sehnsucht nach Gottes heilsamer Nähe im Tempel. In 63,5–9 bekennt der oder die Betende die beglückende Gottesgewissheit als kindliche Geborgenheit bei Gott und liebevolle Beziehung zu ihm. In 63,10–11 erwartet er zuversichtlich die Vernichtung der Gewalttäter durch jene Gewalt, die sie selbst angezettelt haben. Die in 63,12 später angefügte Fürbitte nennt den König als Rechtsinstanz, die zwischen Beter und Feinden richten soll.

Bitte um Schutz vor Feinden (Ps 64)

Ps 64 ist von Elementen eines *Klagepsalms* über *individuelle* Not bestimmt. Doch zudem beklagt der Psalm auch die *grundlegende* Bedrohung der von Gott verteidigten Weltordnung. So bittet nur in 64,2–3 ein klagendes *Ich* um Rettung vor seinen Feinden, während jeweils *ohne Angabe ihrer Sprecher* in 64,4–7 die abgrundtiefe Bosheit der Feinde, in 64,8–9 die gerechte Bestrafung dieser Täter mit ihren eigenen Tatwaffen durch Gott und in 64,10–11 Lob und Freude aller Menschen und des Gerechten über Gottes wiederhergestellte Weltordnung *geschildert* werden.

Lobpreis des Schöpfergottes (Ps 65)

Ps 65 ist als eine dreigliedrige *hymnische Meditation* über die Schöpfung als Gabe und Segen Gottes zu verstehen: In 65,2–5 wird mit einer besonderen Liturgie aufgefordert, Gott im Tempel des Zions für Gebetserhörungen, Sündenvergebung und seine wohltuende Nähe (65,5a) zu loben; 65,6–9: Lob gilt auch dem Zions- und Schöpfergott als Bewahrer der Erde gegen die ständig drohende Chaosflut; in 65,10–14 erklingt schließlich ein begeistertes Schöpfungslob dem segnenden Gott, dessen Regen das dürre Land Jahr für Jahr in einen „Garten Eden" verwandelt.

Dank für Gottes Befreiungstaten (Ps 66)

Nach dem Schöpfungslob von Ps 65 feiert der dreigliedrige Ps 66 die geschichtlichen Befreiungstaten Gottes. In den Versen 66,1b–4 wird dazu aufgerufen, Gott wegen seiner Machttaten gegenüber den Feinden weltweit zu huldigen.

Nach 66,5–12 sollen die Völker Gottes Ur-Befreiungstat preisen – Israels Herausführung aus Ägypten (Ex 14–15) – sowie Gottes neue Befreiungstat: Israels Herausführung aus dem babylonischen Exil. In 66,13–20 bringt dann ein einzelner Mensch sein Dankopfer und bezeugt der Gemeinde im Tempel seine Errettung (vgl. Ps 30,2–6).

Bitte um Gottes Segen (Ps 67)

Der dreistrophige Ps 67 entstammt wohl der *Jerusalemer Tempelliturgie* und besingt in seiner ersten (67,2–3) und seiner dritten (67,7–8) Strophe Gottes Segen auch für die Völker (vgl. Num 6,24–26: Aarons Segen). Die zweite Strophe (67,4–6) preist Gottes Gerechtigkeit: Sie fordert in *hymnischer* Form die Völker zum Dank an Israels Gott auf, weil er seine gerechte Weltordnung auch für sie durchsetzt.

Ein Lied auf Gottes Sieg und Herrschaft (Ps 68)

Ps 68 ist ein *Hymnus* auf Gottes weltweite Herrschaft, die er als Retter Israels vor dessen Feinden beweist. Der Psalm kann als eine lockere Verbindung schon vorhandener Lieder oder, wie hier, als planvolle neunstrophige Komposition verstanden werden, die mit der jetzigen Psalmmitte (68,12–28) begann und von Gottes Sieg über die Feinde und von seinem Triumphzug zum Zion erzählt. Hinzu kam ein Doppelrahmen: Der innere Rahmen beschreibt in 68,8–11 Gottes Fürsorge für die „Armen“ durch die Landnahme als Exodus-Abschluss und erfleht in 68,29–32 Gottes Abwehr der Großmächte.

Der äußere Rahmen 68,5–7 u. 68,33–36 fordert dazu auf, Gott als König der Armen und der Gefangenen im Exil sowie als Gott-König für Israel und die ganze Welt zu loben (vgl. Ps 29; 46; 76). Die zuletzt entstandene Einleitung 68,2–4 beschreibt Gottes endzeitliches Gericht über Frevler.

Diese Statuetten von Trommlerinnen stammen aus Zypern. Im 7. Jh. v. Chr. waren solche Figuren weit verbreitet.

Hilferuf eines unschuldig Angefeindeten (Ps 69)

Ps 69 ist ein dreiteiliger *individueller Klagepsalm* (vgl. Ps 13), bei dem Klage (69,2–14a), Bitte (69,14cd–30ab) und Dankversprechen (69,31–37) jeweils zwei Ebenen ansprechen: Beklagt werden übermächtige, chaoshafte Feinde *und* soziale, von Gott mitverursachte Ächtung; erfleht werden Befreiung (s. Exodus) von chaoshaft bedrohlichen Feinden *und* Verschonung von Gottes Gericht über scheinheilig „giftende“ Nachbarn; als Dank versprochen wird das individuelle Lob des Gottes der Armen *und* das Gotteslob der ganzen Schöpfung für Zions Wiederherstellung nach dem Exil.

Bitte um Gottes Hilfe (Ps 70)

Ps 70, nahezu wortgleich mit Ps 40,14–18 und wohl die Erstfassung, ist ein dreigliedriges *Bittgebet*, das in 70,2 dringend um Gottes Zuwendung bittet, in 70,3–5 den siegessicheren Feinden eine beschämende Niederlage und den Gottsuchern einen triumphalen Sieg ihres Rettergottes wünscht und sich in 70,6 ganz unter den Schutz Gottes als Retter der Armen und Gebeugten stellt.

Gott – Zuflucht im Alter (Ps 71)

Ps 71 ist eine fünfgliedrige *Komposition* von *Bitten, Klagen, Vertrauensäußerungen, hymnischen Lobpreisungen* und *Dankversprechen* eines alten, angefeindeten Menschen (vgl. 71,9–10), die so im Psalter kein weiteres Mal vorkommt. Das *Bittgebet*: „Lass mich niemals scheitern!“ wendet sich in 71,13: „Alle, die mich bekämpfen, werden scheitern!“.

Den Gebetsgang *eröffnen* die Verse 71,1–4 mit der *Bitte* an Gott, als Fels und Fluchtburg vor Frevlern zu schützen; in den Versen 71,3–8 wird das lebenslange *Gottvertrauen* und *Gotteslob* des grundlos Gezeichneten bekannt. In 71,9–16 *beklagt* er sein Alter als Zerfall und soziale Ächtung, *erbittet* das Scheitern seiner Verächter und *verspricht* ständiges Gotteslob als Fazit seines Lebens. In 71,17–21 *bekennt* er sein Vertrauen auf Gottes Kraft und Trost im Alter und *gelobt* in 71,22–24, Gott für die schon als geschehen erlebte Erlösung (71,23b) zu preisen.

Der Friedenskönig und sein Reich (Ps 72)

Ps 72, ein *Königspsalm* (vgl. Ps 2; 45; 89; 110), ist das *Bittgebet* um gottgeleitete Amtsführung für Israel *und* alle Völker durch den König in Jerusalem. Anders als in Ägypten und Assur üblich, erscheint der König hier nicht als Gottheit, sondern vielmehr als irdischer Akteur, der für Gott das Richteramt ausübt, Gerechtigkeit bringt (72,1), den Armen in Gottes Volk hebr. שָׁלוֹם *schalom* (Wohlergehen, Heil und Frieden) verschafft und den Ausbeutern den Kampf ansagt (72,2–4). Das soziale Verhalten dieses Königs strahlt segensreich aus: auf das Volk Israel (72,5–7), auf alle Könige und ihre Völker (72,8–11), auf die Gebeugten und Schwachen (72,12–14), ja sogar auf Fruchtbarkeit und Kultur des ganzen Landes (72,15–17). Die *redaktionelle Überschrift*, die (wie in der Septuaginta) mit „für Salomo“ übersetzt werden muss und nicht – wie (z. B. in der Luther- oder der Zürcher-Bibel – mit „von Salomo“, deutet diesen Schlusspsalm des Davidpsalters als Lied des alt gewordenen Davids *für* seinen Sohn Salomo.

DRITTES BUCH (PSALM 73–89)

Asaf-Psalmen (Ps 73–83)

Die Asaf-Psalmen setzen sich mit Israels Bedrohungen auseinander und flehen um Gottes Hilfe. Die Asaf-Psalmen werden einem Leviten zugeschrieben, der Davids Gesangsmeister im Heiligtum war (vgl. 1 Chr 6,16–32) und auf den sich eine Gilde von Tempel-Sängern und -Musikern beruft (vgl. Esra 2,41).

Die Asaf-Psalmen blicken auf die Geschichte Israels vom Exodus bis zu den ausdrücklich reflektierten Katastrophen des Nordreiches von 722 v. Chr. und des Südreiches von 586 v. Chr. zurück und erwarten von Gottes endzeitlichem Gericht die Durchsetzung der universalen Weltordnung des Schöpfergottes. Sie interessieren sich für die großen Gründergestalten Israels wie Mose, Aaron (Ps 77,21) und David (Ps 78,70–72) und sind darum auch für die sog. „Davidisierung“ des Psalters verantwortlich, indem sie den Davidpsalter II (Ps 51–72) schaffen, ihn mit den eigenen Asafpsalmen umgeben sowie einzelne Psalmen nachträglich David zuordnen. David erscheint so als der beispielhafte Beter in der Not und in der Fremde, den Gott erhört.

Wahres Lebensglück (Ps 73)

In Ps 73 erzählt ein Gerechter von seiner *schweren Lebens- und Glaubenskrise* angesichts des „unverdienten“ Lebensglücks der reichen Gottlosen. 73,1: Sein Bekenntnis, dass Gott Israel und allen Gerechten gütig sei, vergleicht der betende Mensch mit seiner Alltagserfahrung und stellt erschüttert fest (73,2–12), dass es Gottlosen gerade wegen ihrer Ungerechtigkeit viel besser geht als „normalen Sterblichen“. Fast hätte diese Einsicht die betende Person zum gottlosen Weg verleitet; doch im Tempel erschaut sie auf einmal das nahe Ende dieses vorgetäuschten Glücks (73,13–22) und erkennt als einzig verlässliches Lebensglück die unzerstörbare, selbst noch den Tod überdauernde Gemeinschaft mit Gott (73,23–26).

Klage über die Verwüstung des Heiligtums (Ps 74)

Ps 74 ist ein *Volksklagepsalm* über die Zerstörung Jerusalems (586 v. Chr.) und die dadurch ausgelöste Glaubenskrise. In 74,1–11 wird die Zerstörung des Tempels beklagt und Gott befragt, warum er nicht eingreife – gegen die babylonischen Besatzer und für sein Volk und Heiligtum. Die Verse 74,12–17 bekennen in hymnischer Form Gott als bleibenden Weltkönig über die Schöpfung und die Geschichte, der nun in 74,18–23 zum Kampf gegen die Zerstörer des Tempels und die Unterdrücker der Armen gedrängt wird.

Gott – der gerechte Richter (Ps 75)

Ps 75 ist als dreigliedrige *Gottesrede* deutbar, die im Psalter nun auf die Volksklage in Ps 74 antwortet (vgl. 75,4a). Die lobende Gemeinde erzählt von Gottes Wundertaten (75,2) und vernimmt, wie Gott selbst trotz der erschütternden (75,4a) Katastrophe (vgl. Ps 74) verspricht, seine gerechte Weltordnung so gewiss durchzusetzen, wie er die Erde gegen das Chaos geschaffen hat und erhält. Darum warnt Gott in 75,5–8 (hier als Gottesrede gelesen) die zurzeit mächtigen Frevler, er werde sie entmachten und den Machtlosen Macht geben (vgl. 1 Sam 2,7: Hannas Lied). In 75,9–10 bestätigt der Psalmsänger oder die Psalmsängerin noch einmal Gottes universales Gericht an Einzeltätern und Feindvölkern (Ps 74) und hört in 75,11, wie Gott selbst sein endzeitliches Gericht ankündigt, das Frevler entmachtet und Gerechte rettet.

Cymbeln wie diese bronzenen Exemplare aus Syrien mit einem Durchmesser von ca. zehn Zentimetern wurden über Jahrtausende hergestellt.

Der himmlische Weltenrichter auf dem Zion (Ps 76)

Ps 76, ein (vielleicht) vierstrophiger *Zionspsalm* (vgl. Ps 46 u. 48), besingt Gott als himmlischen Weltkönig, der vom Zion aus das kriegerische Chaos bekämpft und die Armen der Gottesstadt wie der ganzen Erde (vgl. 76,10) schützt und rettet. 76,2–4: Zur Wohnung nahm Gott den Zion und Jerusalem, hier als Salem (Schalom/Frieden) bezeichnet, um Frieden (vgl. 76,4) als sein Regierungsprogramm zu betonen. So besiegt er jede Kriegsmacht allein durch seinen Zorn (76,5–8) und bekämpft jede Gewalt gegen alle Armen dieser Erde (76,9–11). Darum sollen die Gemeinde des Zions und alle Völker der Erde diesem Gott des Friedens und der Gerechtigkeit Lobopfer und Dankesgaben bringen.

Gottes Rettungsweg für sein Volk in der Glaubenskrise (Ps 77)

Der dreiteilige Ps 77 beginnt mit der – stellvertretend für die ganze exilische Gemeinde vorgetragenen – erschütternden *Klage* einer betenden Person über die fundamentale

Diese Münze mit einem Harfenspieler stammt von 132/133 n. Chr., dem ersten Jahr des zweiten jüdischen Aufstands unter Ben Kosiba/Bar Kochba von 132–135 n. Chr. gegen die römische Besatzung.

Krise des Gottesglaubens nach der Katastrophe des Exils. Bohrend fragt der Klagende, ob Gott nun sein Volk verstoßen habe, seinen Willen zur Rettung und seine Verheißungen preisgebe (77,2–10). Der *reflektierende Mittelteil* (77,11–13) lenkt den Blick des betenden Ichs von seiner negativen Gotteserfahrung in der Gegenwart auf Gottes wunderbares Heilshandeln in der Vergangenheit.

Der *hymnische Rückblick* (77,14–21) auf Gottes vergangenes Rettungshandeln beim Auszug aus Ägypten weist nun auch allen Klagenden Gottes gegenwärtigen Weg der Rettung aus ihrer schweren Glaubenskrise.

Israels Geschichte als Warnung und Verheißung (Ps 78)

Ps 78, der zweitlängste Psalm des Psalters (nach Ps 119), ist ein *theologisches Lehrgedicht*, das aus der Geschichte Israels, vor allem seiner Katastrophenerfahrung, warnende und verheißende *Weisungen* (vermutlich) für die Erneuerungsbewegung in Jerusalem nach 586 v. Chr. entnimmt. Dabei erscheint Israels Geschichte von den Anfängen in Ägypten über die erste Königszeit bis zum Untergang des Nordreiches 722 v. Chr. und der Bewahrung Jerusalems 701 v. Chr. wie eine mehrfach wiederholte Abfolge von folgenden Ereignissen:

- *Gottes Heilstaten:* Tora, Befreiung aus Ägypten, Rettung am Schilfmeer, Bewahrung in der Wüste, Gabe des verheißenen Landes;
- *Israels Abfall:* Bundes- und Gesetzesbruch, Zweifel an Gottes Führung, Götzendienst;
- *Israels Bestrafung*: insbesondere durch die Preisgabe des Nordreiches im 8. Jh.;
- *Umkehr Israels* und *Gottes erneutes Erbarmen*, das Ps 78 in der Erwählung Davids und des Zions verwirklicht und durch die Errettung Jerusalems vor den Assyrern bestätigt sieht.

Klage über Gottes verletzte Rechtsordnung (Ps 79)

Ps 79 ist eine viergliedrige *Volksklage* nach der Zerstörung Jerusalems 586 v. Chr. Das Volk beklagt Israels Entrechtung (79,1–4), klagt Gott an und bittet für die derzeitige Generation darum, die Schuld der Vorfahren nicht angerechnet zu bekommen (79,5–8). Es fleht um die Wiederherstellung der durch Völkerrechtsverbrechen verletzten Rechtsordnung Gottes (79,9–12) und verspricht gerade in dieser Leidenssituation unter Anspielung auf Gottes Bund mit Israel, Gott zu danken (79,13).

Bitte für Israel, den Weinstock Gottes (Ps 80)

Der vierstrophige *Klagepsalm* Ps 80 ist als *Bittgebet* zu verstehen, Gott möge sich nach der Feindesnot nun wieder seiner Herde und seinem Weinberg Israel als guter Hirt und zuverlässiger Gärtner zuwenden. Geschichtliche Bezüge sind der Untergang des Nordreiches (732–722 v. Chr.) und Joschijas versuchte Wiedererrichtung des alten Davidreiches (641–609 v. Chr.).

Aufruf zur Rückkehr zu Gott (Ps 81)

Ps 81 ist – wie Ps 50 und 95 – ein *Festpsalm*, der aus exilischer Perspektive zu einer Festversammlung aufruft, in der eine längere Gottesrede an die Befreiung, den Abfall und die Bestrafung Israels durch Gott erinnert und Israel, wenn es wieder gehorsam ist, die Verwandlung der Feinde in Freunde sowie paradiesischen Wohlstand verheißt.

Gott vernichtet falsche Götter (Ps 82)

Mit den *mythischen Bildern* seiner Umwelt verkündet Ps 82 Gottes Schutzrecht für alle Völker und sein Todesurteil über die unfähigen und darum falschen Götter, die ihrer sozialen Schutzpflicht gegenüber den Armen nicht nachkamen und so den Bestand der Welt gefährdeten.

Bitte um Gottes Einschreiten gegen seine Feinde (Ps 83)

Ps 83 ist – als Abschluss der Asaf-Psalmen (Ps 50; 73–83) – ein zweiteiliger *Volksklagepsalm* aus der Exilszeit, in dem das Treiben der Feindvölker gegen Israel und seinen Gott vehement beklagt wird. Gott soll durch sein Eingreifen öffentlich erweisen, dass er Gott ist.

Gottes Tempel: Die Quelle des Lebens (Ps 84)

Ps 84, ein Korach-Psalm (vgl. S. 157), oft als Wechsel-Liturgie zwischen Pilgern und Priestern gelesen, ist wahrscheinlich eher eine dreistrophige „*Sehnsuchtsklage*“, die, weit entfernt vom Tempel, eine Liebeserklärung für ihn abgibt, die große Kraft der Sehnsucht nach Gott im Tempel beschreibt und Gott im Zion als Lebensquelle bezeugt. Der angesprochene Pilgerweg kann real, aber auch symbolisch als „Weg“ des alltäglichen Lebens verstanden werden.

Bitte um das verheißene Heil (Ps 85)

Je nach Übersetzung von 85,2 (als bereuender Rückblick oder als prophetischer Vorausblick) ist der Korach-Psalm 85 entweder als *Bußliturgie* mit der Bitte um Neuanfang nach dem Exil oder als *prophetische Vision einer endzeitlichen „Gegenwelt“* zu lesen, in der „Gerechtigkeit und Frieden sich küssen“ (85,11b), und die darum schon jetzt zum Handeln ermutigt.

Hilferuf eines armen Menschen zu Gott (Ps 86)

Ps 86 ist das dreigliedrige *Bittgebet einer einzelnen Person*, der in Anspielung auf Gottes Güte, Vergebung und Gnade (Ex 34,6.9) als gebeugter Knecht seinen Herrn um Schutz bittet (86,1–7), vor der Götter- und Völkerwelt Gott hymnisch preist, ihm für die Errettung als grundsätzliche Entmachtung des Todes dankt (86,8–13) und in 86,14–17 darum bittet, dass Gott sich als jener erweist, als der er sich am Sinai (Ex 34,6–7.10) geoffenbart hat; so sollen alle Feinde entlarvt bzw. beschämt werden.

Loblied auf Zion, die Mutter aller Völker (Ps 87)

Ps 87, ein Korach-Psalm. ist ein nachexilischer *Zionspsalm*, bei dem Zion kein Ort, sondern *eine Gestalt* ist: die Geliebte Gottes und Mutter aller Völker, die Gott durch Adoption vor dem Chaos rettet und die nun ihre neue Quelle des Lebens jubelnd besingt (87,7).

Klage eines todkranken Menschen (Ps 88)

Der Korach-Psalm 88 ist ein untypisches *individuelles Klagegebet*, dem die entfaltete Bitte, die dreifache (Ich-, Feind- und Gott-) Klage sowie das Dankversprechen mit Erhörungsgewissheit fehlen (vgl. Ps 13). Wegen der tödlichen Bedrohung des Beters, die von Jugend an besteht, wird hier als Feind der Gott des Lebens angeklagt und dennoch als Wundermacht erwartet.

Klagelied über die Verwerfung des Hauses Davis (Ps 89)

Als Gegentext zu Ps 2 (Einsetzung des davidischen Königtums) ist *Ps 89* eine vielleicht von messianischen Überarbeitern der Psalmensammlung Ps 2–89 geschaffene *Psalmen-Komposition,* die ein u. U. vorexilisches Loblied und ein Königsorakel mit einer nachexilischen Totenklage über einen König verbindet und nun als *dreiteiliges Klagelied* das Ende des judäischen Königtums betrauert und seine Erneuerung von Gott erfleht. In 89,2–19 wird als *Hymnus* Gottes unvergleichliche Macht über die Götter besungen, die Schöpfung und die Geschichte. In 89,20–38 werden als möglicherweise *vorexilisches Gottesorakel* die Inthronisation Davids und die Dynastieverheißung an sein Haus geschildert. Das *nachexilische Klagelied* über den Tod des judäischen Königtums in 89,39–52 wirft Gott Bundesbruch vor und klagt seine Einhaltung des Davidsbundes ein, damit Israels messianische Hoffnung erhalten und die Gotteslästerung der Feinde beendet werde (89,50–52).

VIERTES BUCH (PSALM 90-106)

Ewiger Gott – vergänglicher Mensch (Ps 90)

Ps 90 ist ein *Klage- und Bittgebet* über die Vergänglichkeit des Menschen, das in der bedrohlichen Welt den Schutz des ewigen Schöpfers hymnisch bekennt, angesichts der unendlichen Gotteszeit und des Gotteszornes die Bedeutungslosigkeit des Einzelnen und seine ständig vom Tode bedrohte Lebensmühsal beklagt und um die Lebensweisheit bittet, jeden Tag des Lebens als Geschenk des trotz allem guten Schöpfergottes anzunehmen (90,11–12: die Psalmmitte). Abschließend flehen die Beter um Gottes Erbarmen vor seinem Zorn, um ein Fortleben in der Kette der Generationen sowie um Gottes Zuwendung zum Einzelnen und seinem Werk.

Ps 90 eröffnet das 4. Psalmbuch (Ps 90–106), das stark vom Bekenntnis zu Gottes universaler Königsherrschaft geprägt wird.

Unter dem Schutz des Höchsten (Ps 91)

Ps 91 ist als dreigliedrige *Nachahmung einer Liturgie* lesbar, die den bedrohlichen Mächten der Welt Gottes Schutz und Heil entgegensetzt. Der *Lehrsatz* in 91,1–2 bekennt Gott als vertrauenswürdige Schutzburg. In eindrücklichen Bildern des Vertrauens, wie „Schild“, „Schutzburg“ und „Schutzengel“ in 91,3–13, wird dem auf Gott Vertrauenden Gottes Schutz und ein erfülltes Leben zugesagt. Ps 91 ist *der* kirchliche Abendgebetspsalm (vgl. EG 786.4 im Nachtgebet/in der Komplet).

Loblied auf die Treue Gottes (Ps 92)

Ps 92, *der* jüdische Sabbat-Psalm (vgl. die Überschrift), verbindet einen *Hymnus* (92, 2–6) über Gottes Güte und Treue (Ex 34,6) mit der *weisheitlichen Lehre* (92,7–10) über die rasch vergehenden Frevler sowie einem *Dankpsalm* (92,11–16) für die Rettung vor den Feinden, der die *weisheitliche Schlussfolgerung* enthält, gleichsam wurzellose Frevler würden schnell verdorren, Gerechte dagegen seien lebenslang vital, weil sie in der Tora wurzeln und grünen wie die Palmen und Zedern des Libanon (vgl. Ps 1).

Loblied auf Gottes Weltkönigtum (Ps 93)

Ps 93 ist ein *Hymnus* auf Gott, den Weltkönig, der das weltbedrohende Chaos von Anfang an ständig bändigt und dadurch den Bestand der Welt erhält. Darum ist das Weltkönigtum Gottes – anders als (z. B. beim kanaanäischen Wettergott Baal – nicht *Folge*, sondern *Voraussetzung* von Gottes siegreicher Bekämpfung des Chaos (vgl. Ps 29). Dabei vermitteln der Tempel, seine Liturgie und die Tora Gottes welterhaltende Macht.

Ps 93 eröffnet die sog. Gott-König-Psalmen 93–100.

Der barmherzige Gott im Alten Testament

Die Vorstellung vom Rachegott des Alten Testaments gegenüber dem in Jesus Mensch gewordenen Gott der Liebe im Neuen Testament ist *das* große und tragische Missverständnis des Alten Testaments in der Kirchengeschichte. Allzu lange sind die Geschichten von Jesus gelesen worden als Überwindung des alten jüdischen Gesetzesglaubens durch neue, christliche Barmherzigkeit. Wer jedoch beide Testamente aufmerksam liest, stellt leicht fest, dass fast alle Motive der Evangelien den Büchern des Alten Testaments entnommen sind, dass Jesus also aus seiner Bibel zitiert, die wir als das Alte Testament kennen.

Die Barmherzigkeit Gottes ist eines der Themen, die der Jude Jesus in der Hebräischen Bibel kennengelernt hat. Die erzählenden Texte des Alten Testaments berichten uns von einem Gott, der sich gerade nicht nach dem Reflex „Wie du mir, so ich dir!" verhält. Bereits in der Urgeschichte vergilt Gott den Mord an Abel nicht mit erneuter Tötung, sondern stattet Kain sogar mit einem Schutzzeichen aus, das die Selbstjustiz an ihm verhindern soll. Außerdem kann man mit Gott verhandeln, wie Abraham (Gen 18,16–33) und öfter auch Mose feststellen. Die Weisung Gottes ist kein Gesetz, das die Menschen knechten soll; es ist vielmehr eine Weisung zum Weg des Lebens.

Die vielfach angesprochene und oft missverstandene Aussage: „Auge um Auge, Zahn um Zahn" ist z. B. kein Freibrief, körperliche Gewalt mit erneuter Brutalität zu beantworten, sondern vielmehr die entschiedene Eingrenzung von Gewalt. Es wird eine Obergrenze markiert, über die hinaus keine Strafe verhängt werden darf, und ein Maß für mögliche und wünschenswerte geldliche Ersatzleistungen genannt. Völlig ausgeschlossen ist jedoch eine maßlose Rache wie die des Lamech, der für seine Wunde einen Mann erschlagen will und für seine Tötung 77 Getötete fordert (vgl. Gen 4,23–24).

Hinzu kommt, dass nach Auffassung des Alten Testaments Schuld auch vergeben werden kann und Gott menschliche Schuld tatsächlich auch immer wieder vergibt.

„Barmherzigkeit" heißt auf Hebräisch *r*^{e}*chama* (רְחַמָה). Dieses Wort ist eng mit dem Wort *rächäm* (רֶחֶם) verwandt, dem hebräischen Ausdruck für die Gebärmutter. D. h. Barmherzigkeit ist eine weibliche, ja mütterliche Eigenschaft, die in der Bibel fast ausschließlich Frauen zugeschrieben wird – und Gott. Aus diesem Grund wurde die Barmherzigkeit Gottes auch als „Mutterschößigkeit" beschrieben (Magdalene Frettlöh u. a.). Hier zeigt sich, dass Gott kein Mann ist (vgl. Hos 11,9), sondern die menschlichen Kategorien „männlich" und „weiblich" übersteigt (vgl. Gen 1,27; Dtn 4,16).

Appellation an den gerechten Gott (Ps 94)

Ps 94 ist ein *Klagepsalm* mit eingefügter *weisheitlicher Rede*. Das betende Ich drängt Gott dazu, seine Rechtsordnung wiederherzustellen und in Treue zu Israel und zu seiner Schöpfung die Bedrückung großer Teile seines Volkes durch reiche und gottlose Mitglieder der Oberschicht zu beenden. Diese erwartete „Vergeltung" sieht das Vertrauensbekenntnis bereits vollzogen (vgl. Ps 13), wenn der hebräische Text im Sinne des „Tun-Ergehen-Gesetzes" in 94,23a konstatiert: „Er *ließ* auf sie ihr Verbrechen zurückfallen" (Erich Zenger).

Aufruf zum Gehorsam gegen Gott (Ps 95)

Im *Festpsalm* Ps 95 mit seinem Aufruf zur Teilnahme an einem großen Fest im Jerusalemer Tempel (vgl. Ps 81) erinnert Gott, als Weltkönig, Schöpfer des Kosmos und guter Hirt Israels, sein Volk an die Sünden und Bestrafung der Väter und Mütter der Auszugsgeneration und fordert von Israel „heute" eine Entscheidung zwischen dem Tod und dem Weg mit Gott in ein Leben im Land der Verheißung.

Gott – König und Richter aller Welt (Ps 96)

Ps 96 ist die (wohl nach Vorlage von Ps 98) für den vorliegenden Zusammenhang geschaffene und von Deutero-Jesaja beeinflusste *hymnische Auslegung* des Weltkönigtums Gottes (96,10): Diesem alleinigen Schöpfer und Richter der Welt sollen gemeinsam mit Israel alle Völker und der gesamte Kosmos auf einem rauschenden „Schöpfungsfest" das „neue" Lied von der Befreiung Israels aus dem Exil (vgl. Jes 42,10) singen.

Freude über den kommenden Weltherrscher (Ps 97)

Während Ps 93 die uranfängliche Königsherrschaft Gottes feierte, bejubelt Ps 97 Gottes *endzeitliche Königsherrschaft* als Durchsetzung seiner universalen Gerechtigkeitsordnung und Entmachtung der Götter zur Freude Zions und der ganzen Welt (97,2–9). In der Gegenwart des betenden Ichs ist allerdings Gottes Reich der Gerechtigkeit erst in den Gerechten angebrochen und in ihrem „redlichen“ Leben präsent (97,10–12).

Neues Lied auf den Weltkönig als Retter und Richter (Ps 98)

Ps 98 ist (vgl. die „Nachahmung“ in Ps 96) ein dreistrophiges *Loblied auf Gottes Kommen als Weltkönig* zur endgültigen Durchsetzung seiner gerechten Weltordnung, die mit Israels Wiederherstellung beginnt: Für Ps 98,3cd ist das von Deutero-Jesaja in Jes 52,10 angekündigte Heil als Exodus Israels aus dem babylonischen Exil bereits erfüllt.

Diese neue Heilstat Gottes soll von Israel (98,1–3), allen Völkern (98,4–6) und dem ganzen Kosmos (98,7–9) bejubelt werden.

Der heilige Gott auf dem Zion (Ps 99)

Ps 99 orientiert sich an Jesajas Vision vom heiligen Gott auf dem Zion (vgl. Jes 6) und feiert als *dreiteiliges Loblied* die *Macht* dieses heiligen Königsgottes (99,1–3), der nicht (wie die meisten orientalischen Götter) militärische Stärke, sondern *Recht und Gerechtigkeit* liebt (99,4–5) und durch sein gerechtes Handeln an Israel allen Völkern seine Gerechtigkeit kundtun will (99,6–9).

Aufruf zum universalen Gottesfest (Ps 100)

Auch wenn der Begriff vom Königtum Gottes hier nicht verwendet wird, kann Ps 100 dennoch wegen seiner Sprache und Motive als krönender Abschluss der Gott-König-Psalmen 93–99 gelesen werden, zumal Ps 100 vor allem aus Zitaten dieser Psalmen besteht, die nun neben Israel auch die Völker mit einbeziehen. So ist Ps 100 ein *hymnischer Aufruf* an Israel *und die Völker*, an der großen Festversammlung in Gottes Tempelresidenz teilzunehmen und das Loblied des Weltkönigs als Schöpfer und Erhalter der Welt zu singen.

Bittgebet eines Königs um richtige Amtsführung (Ps 101)

Ps 101 gilt wohl weiterhin zu Recht als *Königspsalm*, der als viergliedriges *öffentliches Bittgebet eines Königs* um richtige Amtsführung zu Regierungsbeginn (vgl. 1 Kön 3) eine Art *Königsspiegel* darstellt, d. h. es werden Verhaltensregeln eines ideal vorgestellten Königs formuliert: Einsatz für Schwache und Gottes Recht (101,1–2b), persönliche Integrität und Rechtstreue des Königs (101,2c–4), redliche und vor allem unbestechliche Verwaltung (101,5–7) sowie täglicher Kampf gegen die Bösen im Land (101,8).

Klagegebet in großer Not (Ps 102)

Das betende Ich dieses *individuellen Klagepsalms* schreit in unerträglicher Not körperlich-seelischen Leids (Ich-Klage), sozialer Ächtung (Feind-Klage) und schuldloser Bedrohung durch Gott (Gott-Klage) nach Gottes baldiger Hilfe (102,2–12). Diese erwartet der oder die Betende vom gnädigen und barmherzigen Weltenkönig, der den zerstörten Zion wiederherstellt und so seine weltweite Anerkennung einleitet, die mit der Befreiung der Todgeweihten schon jetzt beginnt (102,13–23). Vor diesem weiten Hoffnungshorizont bittet der betende Mensch in 102,24–28 den Gott unendlicher Lebensfülle „bescheiden“ um Gewährung einer normalen Lebensfrist (vgl. Ps 90,10). Dem betenden Ich ist gewiss, dass seine Bitten für sich und den Zion erhört werden (102,29). Ps 102 ähnelt stark Ps 90, der jedoch durch eine *„Wir-Klage“* die Vergänglichkeit des Menschen allgemein betrauert, während Ps 102 in *individueller* Form – wie Ijob – leidenschaftlich den unerklärlichen Widerspruch zwischen Gottes Barmherzigkeit und dem Leid seiner Geschöpfe beklagt.

Lobpreis auf Gottes Vergebungsbereitschaft (Ps 103)

Ps 103 ist ein *dreigliedriges Loblied auf Gottes Königsherrschaft*, die sich in seiner Vergebungsbereitschaft zeigt. In 103,1–5, dem „Aufgesang“, fordert der betende Mensch zweimal seine *näfäsch*, seine Kehle als zentrales Lebensorgan (vgl. Infokasten S. 68), auf, Gott und seinen heiligen Namen zu preisen, dessen Wesen (vgl. Ex 34,6) das betende Ich als Vergebung, Heilung, Erlösung, Erbarmen und Fürsorge erfährt, die sein Leben verjüngen, weil sie ihm neuen „Auftrieb“, neuen Schwung verleihen, wie die Thermik den am Boden schwerfälligen „Adler“ (wörtlich: Geier) leicht in die Höhe steigen lässt. Es schließt sich in 103,6–18 eine Meditation über Gottes Wesen an, dessen Bereitschaft zur Vergebung so umfassend ist wie der gesamte Kosmos und so unaufhörlich wie elterliche Liebe, was Israel bereits in Ägypten und vor allem nach seinem Abfall zum Goldenen Kalb (vgl. Ex 19–34) erfahren hat.

Der „Abgesang“ in 103,19–22 fordert nun vom gesamten himmlischen Hofstaat, von allen Schöpfungswerken und noch einmal von der *näfäsch* des oder der Betenden selbst den Lobpreis der Königsherrschaft Gottes und seiner Vergebungsbereitschaft.

Loblied auf den Schöpfer (Ps 104)

Dieser altorientalisch beeinflusste *weisheitliche Schöpfungshymnus* preist (wörtlich: „segnet“) Gott für seine bestaunenswerte Erschaffung des Kosmos aus Himmel, Erde und Meer als verlässliches Lebenshaus der Menschen, Tiere und Pflanzen. Zudem preist das Loblied – und das ist seine Kernbotschaft – Gott für die Gabe seines Atems (*„ruach“*, vgl. Infokasten zu Ps 31), seiner Lebenskraft (vgl. Gen 1,7), als großzügiges Königsgeschenk an alle Lebewesen, die er dadurch jeden Morgen erneuert (104,27–30).

Loblied auf Gottes ewigen Bund mit Abraham (Ps 105)

Ps 105 ist ein *Geschichtspsalm* aus dem 4. Jh. v. Chr., der in Zeiten von Landverlust, Zerstreuung Israels unter die Völker und fremden Mächten im Land an die *Heilsgeschichte* Gottes mit seinem Volk erinnert: Ewiger Bund und Landverheißung für Abraham, Isaak und Jakob, Josef in Ägypten, Volkwerdung und Versklavung Israels in Ägypten, seine Herausführung und Wanderung durch die Wüste und Gottes Gabe des Landes an Israel zur Befolgung der Gebote. Die Geschichtssicht des Ps 105 erwähnt nicht die Sünde Israels und Gottes Sinaibund und -gebote (Tora) für Israel.

Das Schlusswort: „Halleluja" („Lobt Adonaj!") schließt den *Hymnus* ab und bindet ihn zugleich an Ps 104,35 und Ps 106,1.

Die hungernde Seele wird mit Gaben gefüllt (Ps 107,9). Stände in der Jerusalemer Altstadt

Gottes Güte – Israels Undank (Ps 106)

Ps 106, dessen Hauptteil (106,6–47) ein *Gemeinde-Bußgebet* darstellt, ist ein *Geschichtspsalm,* der die Vergangenheit vom heilsgeschichtlichen Beginn mit der Rettung aus Ägypten bis zum Exil als Abfolge des fortwährenden Ungehorsams Israels und der Strafgerichte eines Gottes beschreibt, der am Ende um seines Bundes willen Israel dennoch aus dem Exil befreit (106,43–46).

Ps 106 setzt den Pentateuch sowie Ri und Kö voraus und ist frühestens im 4. Jh. v. Chr. entstanden. Die Psalmen-Redaktion hat Ps 106 wohl bewusst hinter Ps 105 als „Zwillingspsalm" gestellt, wobei beide Psalmen jeweils aus einer anderen Sicht gemeinsam Gottes Heilswillen loben und dies durch den Halleluja-Ruf fest mit dem Schöpfungslob von Ps 104 verbinden.

FÜNFTES BUCH (PSALM 107–150)

Danklied der Erlösten (Ps 107)

Ps 107 fordert die aus dem Exil erlösten Israeliten auf, ein *Danklied* zu singen, und verbindet eine *Dankliturgie* für gerettete Verirrte, Inhaftierte, Schwerkranke und Seefahrer kunstvoll mit dem nachexilischen *Lobpreis* des machtvollen und gütigen Handelns Gottes. Wie für Psalmen typisch, wird dabei individuell erfahrene Rettung mit kollektiven Heilserfahrungen eng verwoben, wie sie Israel als Befreiung aus Ägypten und dem Exil, als Landnahme oder sogar als Bewahrung der Schöpfung vor dem Chaos erlebt hat (vgl. 107,29).

Davidpsalmen (Ps 108–110)

In diesem kleinen Davidpsalter wird David als von Feinden bedrängter Armer dargestellt, der nach Gottes Hilfe schreit.

Gott – Hilfe und Schutz seines Volkes (Ps 108)

In dem *Klage- und Bittgebet* antwortet Gott als himmlischer König auf die Bitte um Rettung Israels in der Völkerwelt mit der Zusage des Landes. Ps 108, der aus Ps 57,8–12 und Ps 60,7–14 besteht, ahmt eine *Liturgie* mit einer *Gottesrede* nach.

Bitte um Hilfe gegen erbarmungslose Feinde (Ps 109)

Ein tödlich bedrohtes, physisch wie psychisch krank gemachtes Opfer schreit hier sein *individuelles Klagelied* heraus, das jedem mit vergleichbaren Erfahrungen sozialer Ächtung, feindseliger Verfolgung, korrupter Justiz und wirtschaftlicher Ruinierung als „Gebetsvorlage" dienen kann. In seiner äußersten Feindesnot sucht und erwartet der Klagende mit diesem Psalm zuversichtlich Rechtshilfe bei Gott, dem Beschützer der Elenden und Armen (109,22). Ps 109 ist keineswegs ein „Fluchpsalm", wie oft aus 109,6–19 fälschlich geschlossen wird. Hier *zitiert* der Beter vielmehr (vgl. andere Klagepsalmen wie Ps 3,3; 10,4; 13,5 u.ö.) *die falschen Anklagen seiner Feinde,* wie die richtige Übersetzung von 109,20 belegt: „Dies ist, was meine Widersacher mir von Gott wünschen, die Böses reden gegen mein Leben (*näfäsch*, s. S. 68)." Der Beter dagegen fleht für sie zum gerechten Gott und vergilt so ihren Hass mit Liebe (vgl. 109,4–5).

Darum ist Ps 109 ein „Gerechtigkeitspsalm" (Erich Zenger).

Einsetzung des Königs auf dem Zion (Ps 110)

Ein möglicherweise *vorexilischer* und wie Ps 2 stark von anderen altorientalischen Kulturen beeinflusster *Königspsalm,* der die Einsetzung des judäischen Königs als Gottes Sohn und als Sachwalter der göttlichen Gerechtigkeitsordnung – wie einst Melchisedek („König der Gerechtigkeit") – durch

Gott beschreibt. Bei nachexilischer Einordnung dieses Psalms haben dann *messianische* Kreise ihren Protest gegen die hellenistische Fremdherrschaft und ihre Hoffnung auf ein „neues" Königtum in Ps 110 bestätigt gefunden. In dieser messianischen Sicht wird Ps 110 im NT mehrfach auf Jesus bezogen (Mt 22,44; Apg 2,34; Hebr 1,13; 5,6 u. ö.).

Preislied auf Gottes Heilstaten (Ps 111) und Segen der Gottesfurcht (Ps 112)

Ps 111 und Ps 112 sind alphabetisch angeordnete (vgl. Ps 9/10) Zwillingspsalmen mit einigen weiteren Gemeinsamkeiten; wobei uns allerdings *Ps 111* als *individuelles Danklied* für Gottes Heilstaten, wie Exodus, Landnahme und „erlösende" Bundesgebote (vgl. 111,9) begegnet, während *Ps 112* als *Seligpreisung* der Gerechten (vgl. Ps 19 und Ps 119), erscheint, deren Lebensweg, anders als der der Frevler, licht und fest ist, weil er Gottes Tora entspricht. Der „Halleluja"-Ruf verknüpft Ps 111 und Ps 112 mit dem beim jüdischen Pessachmahl gesungenen „ägyptischen", also an die Zeit in Ägypten erinnernden Hallel (= Lobgesang, vgl. Ps 113–118), das in Ps 113–115 Gottes Einzigartigkeit verkündet und in Ps 116–118 Gott lobt und dankt.

Loblied auf Gottes Hoheit (Ps 113)

Der wohl nachexilische Ps 113 feiert als *Hymnus* die in Kosmos und Völkerwelt unvergleichbare Herrlichkeit Gottes (hebr. כָּבוֹד *kavod),* die auch die Rettung verarmter Kleinbauern und verstoßener kinderloser Ehefrauen mit einschließt (vgl. Jes 57,15; 1 Sam 2,8).

Lobpreis auf Israels Befreiung (Ps 114)

Ein *Hymnus* auf Gottes Königtum, das mit Israels Befreiung aus Ägypten begann und sich auch gegenwärtig als Leben spendend erweist (114,8; Ex 17,1–7; Jes 43,20).

Israels bildloser Gott und die Götzen anderer Völker (Ps 115)

Vor den Völkern mit ihren Götzen aus Menschenhand (vgl. Jes 44,9–11) feiert der wohl nachexilische Ps 115 als *poetische Liturgie* die einzigartige Wirksamkeit seines himmlischen Gottes, dessen Schutz und Segen Israel vertrauen und den es preisen soll.

Dank für Rettung aus Todesnot (Ps 116)

In diesem *zweiteiligen Danklied* bekennt sich das betende Ich innig (vgl. 116,1) zu Gott und zu seiner Rettung aus Todesnot (116,1–11) und kündigt das Dankopfer im Tempel als Festmahl an (116,12–19).

Alle Völker sollen Gott loben (Ps 117)

Der kürzeste Psalm des Psalters ist ein *typischer Hymnus* mit *Aufgesang*: der hymnische Aufruf an die Völker, Gott zu loben (117,1); *Begründung* des Hymnus: Gottes Güte ist für Israel *und* die Völker verlässlich (117,2ab); *Abgesang*: der hymnische Aufruf zum Lobpreis (117,2c).

Eine Dankliturgie (Ps 118)

Eine *poetische Dankliturgie,* die das *Danklied* eines aus äußerer wie innerer Todesbedrohung geretteten Menschen mit einem Dankfest im Tempel verbindet, hinter dem das in Jes 24–28 verheißene große *endzeitliche Rettungsfest* Israels *und* der Völker aufscheint (vgl. Ps 118,19–20.24 mit Jes 26,2 und 25,9).

Lobpreis auf Gottes Wort (Ps 119)

Dieser mit 176 Versen längste Psalm ist das *Klage- und Bittgebet eines torafrommen Menschen,* der in seiner bedrohlich-chaotischen Welt Hilfe und Heilung durch das unaufhörliche *Meditieren* über Gott als *Geber und Lehrer der Tora* erwartet. Die Tora begrenzt er dabei nicht auf Sinaigebote oder Pentateuch, sondern versteht sie als Gottes direkte Willensoffenbarung, als Gottes belebende und welterhaltende Gegenwart. Diese gute Lebensordnung spiegelt auch die sehr kunstvolle Struktur von Ps 119 wider: Seine 22 Strophen sind alphabetisch geordnet (vgl. Ps 9/10 u.a.), zudem hat jede Einzelstrophe acht Verse, von denen wiederum jeder mit dem Konsonanten seiner Strophe beginnt.

Die hellenistische Bildungskultur im 3./2. Jh. v. Chr. hatte große Bibliotheken (u. a. auch in Jerusalem) hervorgebracht, die „Heilstätten der Seele" genannt wurden. Dieser Bildungsfaszination setzt die Tora-Frömmigkeit in ihrer „kleinen Bibliothek" des Ps 119 die lebenslange Meditation der Weisung Gottes als wahres Heil für die menschliche Seele entgegen.

Der Tempel war das Ziel der Wallfahrt vieler Gläubigen. Blick vom Ölberg auf den Tempelberg in Jerusalem

Wallfahrtspsalmen (Ps 120–134)

Die Psalmen 120 bis 134 können als *Lieder- und Gebetbuch* (etwa aus dem 4. Jh. v. Chr.) verstanden werden für eine reale oder geistlich-meditative Wallfahrt zur Segenswelt Gottes (vgl. Num 6,24–26) auf dem Zion nach Jerusalem, der Stadt des Schalom, des Friedens.

„Wenn ich dich je vergesse, Jerusalem ..." (Ps 137,5) Blick in die Jerusalemer Altstadt

Hilferuf aus chaotischer Welt (Ps 120)

Im *Klagelied* über die, die *Schalom* hassen, *dankt* das betende Ich für Gottes Erhörung.

Der Wächter Israels (Ps 121)

Das Sippenoberhaupt spricht den *Reisesegen*: Gott als der Wächter Israels möge Helfer und Schützer auf *allen Wegen* des Lebens sein.

Lied zur Jerusalem-Wallfahrt (Ps 122)

Ein Pilger oder eine Pilgerin besingt die große Freude über Jerusalem als *Schalom-Stadt* für Gottes Schutz, Heil und Gerechtigkeit, der alle Pilger gern Schalom, d. h. äußeren Schutz und inneren Bestand, wünschen.

Aufblick zu Gott (Ps 123)

Dieses erste *kollektive Bittgebet* in Jerusalem fleht zu Gott um Schutz vor giftigem Spott aus Israel oder den Völkern.

Israels Dank für die Befreiung (Ps 124)

Ein *Dank- und Vertrauenslied* der aus großer Not Befreiten (Antwort auf Ps 123).

Gott – Beschützer der Redlichen (Ps 125)

Ein *Bittgebet* zu Gott um die Befreiung derer, die Gutes tun, vom Unrecht fremder und israelitischer Frevler (vgl. Ps 129).

Tränen und Jubel der Wende (Ps 126)

Die Deutung dieses *Bittgebetes* hängt davon ab, ob 126,1–3 als *Ausblick* auf die *zukünftige* Wende (der Endzeit) oder als *Rückblick* auf die *vergangene* Wende (des Exils) verstanden wird. Im ersten Fall wird die *endzeitlich-umfassende Wiederherstellung* des Zions, im zweiten Fall die *innere Erneuerung* der aus dem Exil Befreiten erfleht (vgl. Ps 85). Beide Verstehensweisen sind möglich.

Des Menschen Mühe und Gottes Segen (Ps 127)

Eine spruchartige *Weisheitslehre:* Lebensglück – wie gelingende Arbeit oder Kinder – kann nur Gottes Segen schenken.

Eine gesegnete Familie (Ps 128)

Der gottesfürchtige Mensch wird mit einer glücklichen Familie gesegnet, die gesund, gut ernährt und friedlich im eigenen kleinbäuerlichen Haus frei leben kann und diesen Schalom als Gottes Segen nun auch Israel, Jerusalem und den Nachkommen wünscht.

Hoffnung in der Bedrängnis (Ps 129)

Bittgebet Israels, das nach individuell und kollektiv erfahrener Befreiung aus sozialer Unterdrückung und Versklavung nun endgültige Befreiung von Zions Feinden zum Segen der Freunde Zions erfleht.

Bitte aus tiefer Not (Ps 130)

Ps 130, einer der sieben kirchlichen Bußpsalmen, entspricht in seiner ersten Form (130,1–6) einem *Klagepsalm*, der einen einzelnen Menschen aus dem Chaosdunkel der Gottesferne unentrinnbarer Sünde löst und in die Morgensonne der Gottesnähe führt, wo Gottes Vergebung den Unheilskreis der Sünde heilend durchbricht und damit Israels Hoffnung auf das Ende *aller* Unheilszusammenhänge weckt (130,7–8).

Wie ein Kind in Gott geborgen (Ps 131)

Weisheitliches Selbstgespräch einer Frau, die nach heftigem Kampf ihre selbstherrliche Weltsicht verwirft und im (mütterlichen) Gott jene stille Geborgenheit findet, die sie nun ganz Israel empfiehlt.

Die genaue Übersetzung des hebräischen Textes in 131,2bc: „Wie ein kleines Kind *auf/bei seiner Mutter*, wie das kleine Kind *auf/bei mir* – so ist *meine* Seele (bei dir als der mich stillenden Mutter!)" verweist wohl auf eine Frau.

Davids und Zions Erwählung (Ps 132)

Ein *Wallfahrtspsalm* aus dem 4. Jh. v. Chr., der den Zion als bleibenden Ort der Gegenwart Gottes zum Segen für Arme und als Erwartungsort eines erneuerten davidischen Königtums besingt, dem Gott ewigen Bestand verheißen hatte.

Lob geschwisterlicher Eintracht (Ps 133)

Weisheitlicher Lobpreis, der zunächst die Eintracht leiblicher Geschwister besingt, doch eigentlich die Geschwisterlichkeit der Festpilger meint, die füreinander so gut „riechen" sollen wie Salböl und Israel so gut befruchten können wie Hermon-Tau.

Nächtliches Loblied im Tempel (Ps 134)

Ps 134 enthält die *Schlussliturgie* beim *abendlichen Abschied* der Pilger mit einem Aufruf an Priester und Leviten zum stellvertretenden Gotteslob in der Nacht und einen Reisesegen, der als Kraft Gottes die Pilger lebensfördernd begleitet.

Lob auf Gottes Schöpfungs- und Geschichts-Wirken (Ps 135)

Dieser *Hymnus* aus dem 3./4. Jh. v. Chr. wurde kunstvoll aus Psalmenzitaten komponiert (113,1; 115,3–13). In ihm wird Gottes einzigartiges Schöpfungs- und Geschichtshandeln zur Befreiung Israels gepriesen. Das auf Israels Gott übertragene altorientalische Bild des „niederschlagenden Gottes" (135,10) soll dabei gerade nicht Gewalt verherrlichen, sondern Gottes Macht bezeugen, die ohne menschliche Beteiligung Großmächte und ihre Götzen entmachtet und Ohnmächtige, wie Israel, Arme und Unterdrückte, rettet.

Gottes Gnade währt ewig (Ps 136)

Wie sein „Zwillingspsalm" Ps 135 ist auch Ps 136 ein *Hymnus* über Gottes rettende Macht in Schöpfung und Geschichte. Besonderheiten sind in Ps 136: (1) die litaneihafte liturgische Formel „denn seine Huld währt ewig" nach jedem der 26 Verse; (2) die Verwendung des Gottesnamens JHWH, ausgesprochen Adonaj (vgl. Ex 3), nur in 136,1; (3) eine Sprechergruppe (136,23), die ihre Rettung aus Bedrängnis mit den Anfängen Israels und Gottes Schöpfung verbindet. Die Güte Gottes, der alles Lebendige nährt und erhält, wird auch in Zukunft andauern (136,25).

Klage über Zions Zerstörung (Ps 137)

In Ps 137,1–4 erzählen die deportierten Judäer in Babel von ihrer Verzweiflung: von ihrer Totenklage über Zion und der zynischen Zumutung ihrer Zwingherren, ihnen den Gesang von Liedern der Freude über Zion abzuverlangen. In 137,5–6 schwört ein Sprecher mit einer bedingten Selbstverfluchung, niemals Jerusalem zu vergessen. Die anschließenden, sehr grausamen Strafwünsche in 137,7–9 zielen auf die Wiederherstellung von Gottes Rechtsordnung: Wie Jerusalem vollständig zerstört wurde, so sollen auch Edom und Babel ganz vernichtet werden. Vielleicht ist 137,8–9 auch übertragen zu verstehen: Babylons herrschende Dynastie möge endgültig besiegt werden.

DAVIDPSALMEN (PS 138–145)

Dank für Gottes Güte (Ps 138)

Dieser *individuelle Dankpsalm* enthält drei verschiedene Liedformen: In 138,1–3 begegnet uns ein *Danklied,* in dem ein „Ich" stellvertretend für die „arme" Israel-Gemeinde (vgl. 138,6) Gott für seine Güte und Treue (vgl. Ex 34,6) als Erfüllung der Verheißungen von Jes 40–66 (Heimkehr aus dem babylonischen Exil und erneuter Aufbau des Tempels und Jerusalems) vor den Göttern der Bedrängervölker dankt. 138,4–6 ist ein *Hymnus*, der voraussieht, wie die Könige der Welt sich bekehren und den Gott Israels als König der Götter und der Welt preisen, weil er Stolze entmachtet und Armen Gerechtigkeit verschafft und damit eine „neue" Weltordnung einleitet. Im *Vertrauenspsalm* (138,7–8) bezeugt das betende Ich Gottes Schutz in großer Feindesnot und bittet, Gott möge seinem Geschöpf weiterhin treu bleiben (vgl. 138.8c).

Die Oase En Gedi bot lange Zeit Zuflucht inmitten der Wüste.

Gottes allumfassende Gegenwart (Ps 139)

Mit Elementen von *Dankpsalm*, *Klagepsalm* und *weisheitlichem Denken* umkreist Ps 139 das Geheimnis des Menschen vor Gott und des Bösen in der Welt (vgl. Ps 73 u. Ps 90) und zeichnet dabei den dramatischen Weg einer ambivalenten, aber lebensentscheidenden Gotteserfahrung nach, die an Ijob erinnert. Zunächst erlebt der betende Mensch die umfassende Gegenwart Gottes in dieser an keinem Ort „gottfreien" Welt als erdrückende Überwachung und als Belagertsein, bis er erfahren darf, wie wichtig er für Gott ist, der ihn mit viel Liebe und Kunst geschaffen und in sein Buch des Lebens eingetragen hat und nun mit seiner *gütigen* Gegenwart umgibt. Nach dieser neuen Gotteserfahrung kann das betende Ich nun Gott getrost seinen ganzen Lebensweg anvertrauen und in seinem Horizont gegen das gottfeindliche Böse in der Welt kämpfen. Dies meinen die Verben „hassen" und „verabscheuen" in ihrem alttestamentlichen Umfeld. Der oder die Betende wendet sich nicht gegen persönliche Feinde, sondern gegen ihre „strukturelle Gewalt", die Gottes „Lebenshaus" (vgl. Ps 104) in ein Todeshaus verwandelt.

Hilferuf zu Gott, dem Anwalt der Armen (Ps 140)

Ps 140 ist zwar ein *individuelles Bittgebet,* wird jedoch *stellvertretend für „die Armen"* und *„die Gerechten"* gesprochen. Angesichts der Bedrohung der Welt durch chaoshafte Feinde bittet Ps 140 nun *Gott selbst,* den Bewahrer der Weltordnung und Schutzherrn der Armen, gegen das Böse zu kämpfen (vgl. Ps 139,19–22). In der Sicht dieser Bitte verweist 140,8 („Tag des Kampfes"), noch verstärkt durch Ps 141–143, auf das *endzeitliche Weltgericht,* das die Feinde endgültig vernichten und *Gottes neue Weltordnung* heraufführen wird.

Bitte um Bewahrung vor dem Bösen (Ps 141)

Die attraktive hellenistische Weltkultur führte zu einer tiefen Spaltung der jüdischen Gemeinde in sozial erfolgreiche, aber religiös entfremdete sogenannte „Frevler" und in verarmte „Gerechte", die ihrem jüdischen Gottesglauben bewusst treu blieben. Dieses private *Bittgebet* Ps 141 ergreift nun in der offiziellen Gebetsstunde Israels beim Speise- und Weihrauchopfer entschieden Partei und bittet Gott um seinen gnädigen Schutz für Gerechte vor den eingängigen Parolen und dem verführerischen Lebensstil dieser beinahe apokalyptisch gefährlichen Frevler (141,7).

Hilferuf in schwerer Not (Ps 142)

Ps 142 ist ein *individuelles Klagegebet* in auswegloser Not und tödlicher Bedrohung, das im Geiste der „Armen" und „Gerechten" auch für die in der Welt zerstreuten Jüdinnen und Juden Gott anruft und ihn unter Berufung auf seine früheren Heilstaten des Exodus, der Landgabe und der Bewahrung in Kriegsnot nun auch in dieser Verfolgung um Rettung anfleht, für deren zukünftiges Eintreten Gott schon jetzt im Kreise der Gerechten gepriesen wird.

Gebet um Kraft und Hilfe gegen Feinde (Ps 143)

Dieser *Klagepsalm* ist einer der jüngsten Psalmen und besteht fast vollständig aus Psalmenzitaten. Der Mensch erscheint hier wie in Ps 51 und Ps 130 unentrinnbar in Schuld verstrickt. Nur Gott ermöglicht ihm durch seine Vergebung das Leben. Darum beruft sich das betende Ich in seiner lebensgefährlichen Not angesichts der Feinde nicht auf seine eigene Gerechtigkeit, sondern auf Gottes erwiesenen Heilswillen, mit dem er den tödlich Bedrohten zum Leben verhelfen und durch den guten Gottes-Geist den rechten Lebensweg zeigen will (vgl. Ps 119).

Danklied für das Glück des Gottesvolkes (Ps 144)

Ps 144 verbindet den *Klagepsalm* des Königs David (vgl. Überschrift und 144,10b) über extreme, im Kontext von Ps 139–144 durchaus als endzeitlich empfundene Not durch die Feinde (144,1–11) mit der *Beschreibung von Gottes umfassendem Segen* für ganz Israel nach erfolgter Rettung (144,12–15). Die Psalmenredaktion hat wohl Ps 144 für Ps 138–145 auf der Grundlage von Ps 18 (Königspsalm) mit Zitaten aus Ps 8; 33 und 39 kunstvoll geschaffen. Ps 144 nimmt die Klagetendenz des Davidpsalters I (Ps 3–41) auf, zitiert jedoch vor allem Danklieder oder Hymnen (Ps 8; 18; 33) und klagt damit die dort bezeugten Heilstaten Gottes im Kontext von Ps 140–142 als erneuerte Gottesverheißung *endzeitlich* wieder ein. Das für Klagepsalmen typische und in 144,9 auch angekündigte „neue" Danklied des Psalms 144 begegnet uns erst in Ps 145.

Lobpreis der Größe und Güte Gottes (Ps 145)

Ps 145 ist als *alphabetisch geordneter Hymnus* (vgl. Ps 9/10; 119) ein umfassender Lobpreis auf Gottes unverwechselbare, machtvolle und gleichzeitig barmherzige Königsherrschaft in der Schöpfung und in der Geschichte (vgl. Ex 32–34). Gottes zeitlich wie räumlich unbegrenzte Königsherrschaft, die alle anderen Machtansprüche infrage stellt, gilt in ihrer Treue und Verlässlichkeit allen Menschen, insbesondere Armen und Gebeugten. „Alles, was lebt", singt das immerwährende Gotteslob und erfüllt damit den Sinn seines Lebens.

Ps 145 ist Lieblingspsalm der jüdischen Synagogenliturgie und wird im bekannten „Te Deum" (4. Jh. n. Chr.) aufgenommen, das Luther als liturgischen Gesang: „Herr Gott, wir loben dich" (EG 191) übersetzt und 1768 Ignaz Franz als Choral: „Großer Gott, wir loben dich" (EG 331, GL 257) ins Deutsche übertragen hat. Ps 145,15–16 wird gern als Tischgebet gesprochen.

Kleines Hallel (Ps 146–150)

Die fünf Schlusspsalmen 146 bis 150 haben einiges gemeinsam: eine hymnische Struktur; keine Überschrift, stattdessen nur ein „Halleluja" am Psalmanfang und -schluss, sodass ein zehnfaches „Halleluja" entsteht, das sich in Ps 150 als zehnfacher Lobruf wiederholt; schließlich die Weiterführung des Schlussthemas im nachfolgenden Psalm: Gott, der gute Weltenkönig, Schöpfer des Kosmos, Retter seines Volkes, Erneuerer des Zions durch Zuwendung zu Schwachen und Armen und durch Entmachtung chaotischer Mächte und Gewalten.

Lobpreis auf Gott, König der Armen (Ps 146)

Ps 146, ein *Loblied* mit *hymnischen* und *weisheitlichen Elementen*, das die Psalmenredaktion aus Psalmen- und Jesaja-Zitaten geschaffen hat, entfaltet in Anknüpfung an Ps 145 das Thema der universalen Königsherrschaft Gottes, der als Zions-Gott die Schöpfung (vgl. Gen 9,1–7) vollendet, indem er sich um die Not der Schwachen und Kranken (vgl. Ps 103,6; Jes 61,1) liebevoll kümmert. Auf diese Königsherrschaft Gottes hat sich Jesus mit Worten und Taten im Leben (Lk 4,17–21) und Sterben (Mk 14,25) bezogen.

Lobpreis auf Gott, König Jerusalems (Ps 147)

Ps 147 ist ein *Doppelhymnus*: Im *ersten Loblied* (147,1–11) wird Gott als mächtiger und fürsorglicher Schöpfer gepriesen, der seine Stadt *Jerusalem* wieder aufbaut, die Verschleppten aus Babylon zurückführt, ihre Wunden heilt und nicht die selbstsicheren Starken, sondern die ihrem Gott vertrauenden Kleinen und Schwachen umsorgt. Im *zweiten Hymnus* (147,12–20) wird Zion nun auch zum Lobpreis Gottes für die innere Erneuerung Jerusalems aufgefordert, die zwar schon begonnen habe, aber noch auf ihre *endzeitliche Vollendung* warte: auf Gottes umfassenden Segen und Frieden für die Stadt durch sein Leben schaffendes Wort, das in der nur Israel verkündeten *Tora* seinen strahlenden Höhepunkt findet. Diese Abfolge: „Wiederaufbau Jerusalems" und „erneute Verpflichtung auf die Tora" entspricht den Büchern *Esra* und *Nehemia*. Obwohl Ps 147 Gott nie „König" nennt, wird doch Gottes Handeln wie in Ps 146 als königlich beschrieben.

Lobpreis auf Gott, König des Kosmos (Ps 148)

Ps 148 ist ein Hymnus, der den ganzen Kosmos zum Lobpreis Gottes auffordert: Gottes himmlischen Hofstaat, die Gestirne als Ordnungsmächte, die Himmelssphäre, die Erde und ihre verschiedenen Regionen mit Flora, Fauna und meteorologischen Erscheinungen (vgl. Gen 1 und Ps 104). Begründet wird der Aufruf zum Gotteslob damit, dass der Kosmos seine Existenz Gott verdanke und dass Gott seinem Volk in dieser Welt das „machtvolle" Amt anvertraut habe (vgl. Ps 148,14a), Psalmen als Gotteslob zu singen und zu hüten.

Das endzeitliche Offenbarwerden der Königsherrschaft Gottes (Ps 149)

Dieser zweiteilige *Hymnus* (2. Jh. v. Chr.) über Gottes endzeitliche Königsherrschaft als rettendes (149,1–4) und richtendes (149,5–9) Geschehen ist oft als Aufruf zur Gewalt im Namen Gottes missverstanden worden, wie (z. B. im Dreißigjährigen Krieg. Doch Ps 149 hat wohl genau die gegenteilige Absicht: Er verkündigt Gottes endzeitliche Königsherrschaft, die die bedrängten „Frommen" Israels retten und die unterdrückenden Machthaber entmachten wird, indem deren Untaten auf sie selbst zurückfallen. Somit „entwaffnen" gerade die für uns missverständlichen Gewaltbilder von Psalm 149 im Grunde jede menschliche Gewalt, indem sie Ohnmächtigen und Unterdrückten die Widerstandskraft und Gewissheit verleihen, dass letztlich der gerechte Gott und nicht das ungerechte Böse siegen wird. „Ps 149 ist kein ‚Kampflied', sondern die hymnisch formulierte Hoffnung von unterdrückten und entrechteten, aber gleichwohl als ‚Arme' ihr Leben in Gott gründenden Menschen. Inhalt ihrer Hoffnung ist die rettende und richtende Gerechtigkeit Gottes" (Erich Zenger).

Das endzeitliche Schöpfungsfest (Ps 150)

Mit den beiden ähnlichen *Festpsalmen* Ps 149 und Ps 150 schließt der Schlussteil des Psalters glanzvoll ab. Während Ps 149 die *Gemeinde der „Frommen" (Chassidim)* zum Gotteslob aufruft, will nun – angesichts der weltweiten Offenbarung Gottes als Weltenkönig in seiner Königsresidenz über der Himmelsfeste – Ps 150 als zweiteiliger *Hymnus „alles, was lebt"* zur Feier eines *kosmischen Festes* begeistern (150,1–2).

Dazu soll die Festgemeinde alles aufbieten, was sie hat: Gesang, Tanz und Musik mit Schofar-Hörnern, Harfe (als große höfische Standleier) und Zither (als kleine bäuerliche Tragleier), Handtrommeln („Pauken"), Flöten und Zimbeln (Becken). Erst mit diesem überschäumenden Festtaumel für das buchstäblich allumfassende Königtum Gottes, das den ganzen Kosmos durchwirkt und erhält, wird nun Gottes Schöpfung vollendet.

Ps 150 umreißt noch einmal die Grundbotschaft der Psalmen:

- Psalmen sind Musik am Königshofe Gottes und jubelndes Ja zu seiner Gegenwart und seiner Welt, trotz ihrer negativen Seiten;
- Psalmen nehmen schon jetzt Gottes endzeitliches Königsfest vorweg und halten die Hoffnung auf Gottes endgültiges Kommen lebendig;
- Wer Psalmen singt und betet, steht in der Gegenwart des belebenden und rettenden Gottes.

Die Sprüche – Ein Buch der Weisheit

Das Buch der Sprüche will ein Wegführer zur Weisheit sein; ein Ratgeber und Bildungshelfer für alle, die sich wünschen, dass ihr Leben vor Gott gelingt.

Wie die Bücher Hohelied und Prediger (Kohelet), so wird auch das Buch der Sprüche traditionell Salomo zugeschrieben, der – so eine jüdische Überlieferung – in der Hitze seiner Jugend das Hohelied, im Alter das Buch Kohelet und als Erwachsener das Buch der Sprüche verfasst habe.

Kaum ein biblisches Buch spricht mehr über die Weisheit als diese Spruchsammlung. Weisheit ist dabei nicht nur Lebensklugheit und Know-how, das sich z. B. aus der Beobachtung von Gesetzmäßigkeiten der Natur oder des menschlichen Zusammenlebens entwickelt. Vielmehr stellt hier die auch altorientalisch beeinflusste Weisheit (ohne Bezug auf die Heilsgeschichte Israels) eine grundlegende *Lebensorientierung* dar, die in dieser komplexen Welt Adonaj/JHWH und seine Gerechtigkeitsordnung respektiert und zwischen gerechtem, Adonaj-fürchtigem und ungerechtem, törichtem Verhalten kritisch zu unterscheiden lehrt.

Die Weisheit hat in der jüdischen Religion einen hohen Stellenwert.

Auch wenn die Verfasserschaft Salomos nicht nachweisbar ist, so wird doch allgemein davon ausgegangen, dass die Volksweisheit in der Mitte des Buches, Spr 10–29, seit dem Beginn der Königszeit im 10. Jh. v. Chr. entstanden ist. Vermutlich wurden die älteren Sprüche mit einem Rahmen versehen (1–9; 30–31), der aus dem 5./4. Jh. v. Chr., also aus nachexilischer Zeit, stammen dürfte.

In Spr 9,1: „Die Weisheit hat ihr Haus gebaut, ihre sieben Säulen behauen", wird ein siebengliedriger Aufbau des Buches signalisiert: 1–9; 10,22–22,16; 22,17–24,22; 24,23–34; 25–29; 30; 31.

Der erste Teil der Sprüche Salomos als weisheitliche Lehrrede über die Frau Weisheit in Spr 1–9 lässt sich folgendermaßen gliedern:

- Lob der Weisheit (1–4)
- Warnung vor Leichtfertigkeit (5–7)
- Weisheit und Torheit (8–9)

Der vermutlich früher entstandene Mittelteil in Spr 10–29 besteht aus vier Sentenzensammlungen:

- Sprüche Salomos (10,1–22,16)
- Worte von Weisen (22,17–24,22)
- Worte von Weisen (24,23f.)
- Sprüche Salomos, von den Männern Hiskijas gesammelt (25–29)

Der Schlussteil Spr 30–31 enthält:

- Worte Agurs, Jakes Sohn aus Massa (ein Nicht-Israelit) (30)
- Worte an Lemuël, des Königs von Massa, von seiner nicht-israelitischen Mutter (31,1–9)

Die Weisheit stellt sich vor (Spr 1)

Diese Sprichwörter sehen in der Weisheit die „Steuermannskunst" (Spr 1,5b) des Lebensschiffes, die Bildung, Erkenntnis, Einsicht, Gerechtigkeit, Aufrichtigkeit, Klugheit, Übung im Denken und Weitsicht vermittelt. Der Anfang dieser Einsicht ist die Achtung und Ehrfurcht vor Adonaj/JHWH (Spr 1,1–7).

Die *elterliche Lehrrede* in spr 1,8–19 warnt den Sohn vor dem Lockruf derer, die ihren Reichtum durch Mord und Raub erlangt haben; sie rauben sich damit selbst das Leben, indem sie ihre Strafe ereilt.

Hören dagegen soll man auf die Weisheit (Spr 1,20–33), die hier als Person auf den Straßen, Plätzen und Stadttoren die Törichten und Zuchtlosen zur Erkenntnis und Ehrfurcht vor Adonaj/JHWH aufruft, um sie vor dem Verderben zu bewahren. Doch leider mahnt die Weisheit die Haltlosen und Törichten vergeblich.

Der rechte Weg zum Leben (Spr 2)

Wer der elterlichen Weisung zum Weg des Lebens folgt, sich an Gottes Gebote hält, versteht Gerechtigkeit, Recht und Aufrichtigkeit und lässt sich nicht von bösen Menschen oder von der Frau eines Fremden zum Weg des Todes verführen.

Liebe, Treue und Güte (Spr 3)

Wer auf Gottes Güte vertraut, auch durch alle Widerstände hindurch, der kommt zu einer Einsicht, die wichtiger ist als Silber oder Gold. Diese Einsicht führt zur Solidarität gegenüber dem Nächsten und zu Friedfertigkeit.

Schutz und Schmuck der Weisheit (Spr 4)

Was einst der Großvater den Vater gelehrt hat, das lehrt dieser heute den Enkel: „Erwirb dir Weisheit und sie wird dich schützen und schmücken wie eine prächtige Krone; die Weisheit wird dir den Weg des Gerechten zum Leben zeigen und dich vor dem Frevler-Weg des Verbrechens bewahren; die umfassende Orientierung an der Weisheit wird dir an Leib und Seele gut tun und dir einen gradlinigen und aufrechten Lebenswandel schenken."

Die richtige Beziehung zu Frauen (Spr 5)

Die *Lehrrede* warnt vor der Verführung durch die fremde Frau (als Prostitutierte oder Frau eines anderen Mannes) und den schlimmen gesundheitlichen, ökonomischen, sozialen und rechtlichen Folgen einer solchen Beziehung (Spr 5,1–14) und empfiehlt die berauschende und belebende Hingabe an die eigene Ehefrau, während die Frevler ins Verderben stürzen (Spr 5,15–23).

Die schlimmen Folgen des falschen Verhaltens (Spr 6)

Jedes Mal – unter Hinweis auf die schlimmen Folgen – warnt die *elterliche Lehrrede* nachdrücklich vor Bürgschaften, Faulheit, Betrug und Ehebruch.

Warnung vor der Verführung (Spr 7)

Die *Lehrrede* warnt vor der Verführung durch die Ehefrau eines anderen Mannes und den tödlichen Folgen dieser Tat.

Was ist Weisheit? (Spr 8)

Die Weisheit gibt hier selbst Auskunft. Sie ist nicht zu trennen von Gerechtigkeit, Ehrfurcht vor Gott und Klugheit. Wer weise spricht, der sagt stets die Wahrheit. Auch die politische Ordnung untersteht der Weisheit. Die Weisheit ist der Weg ins Leben. In Spr 8,22–31 stellt sich die Weisheit selbst vor: Sie ist in inniger Gemeinschaft mit Gott vor Erschaffung der Welt entstanden; sie hat darum Gottes Erschaffung des Kosmos begleitet und spielt als Gottes geliebtes Kind zu seiner Freude vor ihm; die Weisheit freut sich, bei den Menschen zu sein.

Weisheit und Torheit (Spr 9)

Weisheit und Torheit werden personalisiert und einander gegenübergestellt. Die Weisheit führt einen guten Haushalt, schickt ihre Töchter aus und ruft die Unverständigen, um ihnen ihre Speise zu geben, die auf den Weg zum Leben führt. Die Torheit wiederum sitzt vor ihrem Haus und ruft den Menschen Lügen und Schmeicheleien zu. Wer ihr Haus betritt, der ist des Todes. Die nun folgende erste Salomonische Spruchsammlung (Spr 10,1–22,16) enthält 375, z. B. durch Wiederholungen gruppierte Einzelsprichwörter. 375 entspricht dem Zahlenwert der (hebräischen) Buchstaben des Wortes Salomo.

Lobrede auf die Gerechtigkeit (Spr 10–13,13)

Nur wer Gerechtigkeit übt, kann ein gesegnetes Leben führen, das Bestand hat und ein gutes Andenken behält. Der *Gerechte* hält sich an die Gebote und erwirbt nichts Unrechtmäßiges, er ist fleißig, aufrichtig, redet weise und wahrhaftig, leitet viele, ist wohltätig, liebt Belehrung und Erkenntnis. Den *Ungerechten* werden Gier, Faulheit, törichte Rede, Betrug, Gewalttat, Verleumdung, Leichtsinn, unsolidarische Hartherzigkeit und Unbelehrbarkeit unter der Verurteilung Gottes und der Verfluchung durch seine Mitmenschen in Armut und Schande vergehen lassen.

Die Lehre des Weisen ist ein Lebensquell (Spr 13,14–14,27)

Die Lehre des Weisen (Spr 13,14) und die Ehrfurcht vor Adonaj/JHWH (Spr 14,27) sind die Quelle des Lebens, die vor dem Tod bewahrt: Zwischen diesem Rahmen werden die Folgen gerechten und frevlerischen Verhaltens als Einsicht und Dummheit einander gegenübergestellt.

In Spr 14,1a geht es um die Weisheit von Frauen (hebr. חַכְמוֹת נָשִׁים *chachmot naschim),* die ihr Haus gebaut haben. Wie andere Weisheitsworte auch, so signalisiert dieser Versteil, dass Weisheit nicht nur Männersache ist, sondern für ein gelungenes Leben Männer und Frauen gleichermaßen die Verantwortung tragen.

Gott wacht über Böse und Gute (Spr 14,28–15,33)

Wieder werden das Verhalten des verständigen Gerechten dem Handeln des törichten Frevlers entgegengesetzt: Der *Gerechte* beherrscht seine Affekte, hilft dem Bedürftigen und ehrt damit dessen Schöpfer, nimmt Kritik an, hat einen geraden Lebensweg, hat ein fröhliches Herz, genießt seine begrenzte Habe in Ruhe und Liebe, erfreut seinen Vater, seine Gebete werden erhört. Der *Frevler* ist unbeherrscht, bedrückt den Geringen und schmäht damit dessen Schöpfer, lässt sich nicht kritisieren, hat ein kummervolles Herz, verstrickt sich auf seiner Lebensbahn, zerstört sein Haus durch Hass und Betrug, verachtet seine Mutter, ist fern von Adonaj/JHWH.

Ohne Gott kann niemand Erfolg haben (Spr 16,1–17,6)

Gelingendes Leben bleibt trotz aller menschlichen Aktivität ein Geschenk Gottes. Der König gewährleistet Gerechtigkeit. Wer einen Weg einschlagen will, der Gott gefällt, der meide Böses, Hochmut, Torheit, Streit, Verleumdung und Betrug und halte sich an Weisheit, Rechtschaffenheit, Gottes Wort und die Gerechtigkeit, die alte Menschen krönt.

Gemeinschaftsförderliches Verhalten (Spr 17,7–25)

Wenn Zusammenleben gelingen soll, müssen Zank und Streit, Lüge und Betrug, Verspottung von Armen und Schadenfreude, Verleumdung, Aufruhr, Bestechung, Rechtsbeugung und verstellte Rede abgewiesen werden. Der geehrte Freund soll als Bruder in der Not helfen; doch vor Bürgschaften wird wieder gewarnt (vgl. Spr 6,1ff.; 22,26f.).

Die Kraft der richtigen Worte (Spr 17,26–18,24)

Mit ihren falschen Worten stellen sich die *dummen Frevler* selber bloß und ernten Verachtung, sie sprechen vor Gericht die Schuldigen frei, erzeugen Streit und fremdes wie eigenes Verderben, antworten vor der Frage und bringen ihre Freunde gegen sich auf.

Die Worte der *Verständigen* sind dagegen eine Quelle der Weisheit, schenken Erkenntnis und spenden Leben.

Probleme der Armut und Bedingungen des Wohlergehens (Spr 18,23–20,3)

Es ist zwar besser, Armut in Würde zu ertragen, als lügnerisch oder raffgierig zu werden; dennoch macht Armut einsam, obwohl manche Freundschaft trotzdem erhalten bleibt (Spr 18,24). Die Bedingung des Wohlergehens sind: Nachsicht, Harmonie, Fleiß, Beachtung der Gebote, Unterstützung der Armen, gute Erziehung der Kinder, Ehrfurcht vor Adonaj/JHWH, Ehrung der Eltern, Selbstbeherrschung.

Suche nach den wahren Werten (Spr 20,4–21,31)

Eindringlich wird wieder vor Faulheit und Unredlichkeit im privaten, wirtschaftlichen und politischen Leben gewarnt; denn Gott will Recht und Gerechtigkeit. Und Weisheit wie Erfolg kommen aus seiner Hand.

Zusammenfassung der Sprüche des Salomo (Spr 22,1–16)

Die Themen des zweiten Teils der Sprüche klingen noch einmal kurz an: den falschen Lebensweg meiden, richtige Kindererziehung, Rechtstreue, Segen der Armenhilfe, friedliches Zusammenleben, Aufrichtigkeit, Einsicht, Fleiß, Warnung vor der Frau des anderen, wohltuende Disziplin für Heranwachsende.

Worte von Weisen (Spr 22,17–24,34)

Der dritte Teil des Buches der Sprüche, der in 22,20 Kenntnis und Verarbeitung der ägyptischen Lehre des Amenemope (ca. 1100 v. Chr.) anzeigt, greift die Themen der vorausgehenden Teile wieder auf:

- 22,22–29: Vermieden werden sollen Unterdrückung der Armen, Kumpanei mit Hitzköpfen, Bürgschaften, Grenzsteinversetzung;
- 23,1–8: Gute Tischsitten in vornehmer Gesellschaft, keine Gier nach Reichtum, keine Rede vor Toren, keine Bedrückung von Armen;
- 23,12–35: Wertschätzung der elterlichen Erziehung und ihrer Warnung vor sexuellen und alkoholischen Ausschweifungen:
- 24,1–14: Der Gegensatz von Weisheit und Torheit:
- 24,15–22: Die richtige Lebensweise als Weisheit ohne Schadenfreude und mit Ehrfurcht vor Adonaj/JHWH.

Ein Anhang (Spr 24,23–34)

Warnung vor Rechtsbeugung, falschen Zeugenaussagen aus Rache, Faulheit als Ursache von Verarmung.

Warnung vor Überheblichkeit (Spr 25)

Bei allen Anliegen ist es wichtig, die sozialen Verhältnisse richtig einzuschätzen. Gegenüber dem König sowie beim Rechtsstreit muss man angemessen auftreten.

Wer anderen schaden will, schadet letztlich sich selbst (Spr 26)

Nach den Anweisungen zum richtigen Umgang mit Toren wird davor gewarnt, dass Täuschung und Verletzung durch Worte immer wieder auf den zurückfallen, der anderen schaden will. Das Sprichwort „Wer anderen eine Grube gräbt, fällt selbst hinein" hat seinen Ursprung in Spr 26,27.

Eine Frage der Perspektive (Spr 27)

Die eigene Person loben, ist problematisch, andere Menschen sollen das tun: Jeder soll seine mitmenschlichen Beziehungen achtsam pflegen und sich auch um sein Eigentum sorgsam kümmern.

Eine Gesellschaft ohne Ordnung lebt im Bürgerkrieg (Spr 28–29)

Was im unmittelbaren sozialen Umfeld gilt, trifft umso mehr für ein ganzes Volk zu. Recht, das sich auf Gott gründet, sorgt für Frieden. Rechtlosigkeit und Unkenntnis der Gesetze sorgen für Gewalt bis hin zum Bürgerkrieg. Daher sind Erziehung und Unterweisung entscheidend für Rechtssicherheit und Frieden im Land.

Die Worte Agurs (Spr 30)

Formal unterscheidet sich Spr 30 von den vorherigen Abschnitten darin, dass es sich hier weniger um einen belehrenden Text handelt, als vielmehr um das Gespräch eines Einzelnen mit Gott. Daher erinnert dieser Abschnitt eher an das sogenannte „Klagelied des Einzelnen", das dem Leser vor allem im Buch der Psalmen begegnet (vgl. Ps 22).

Der Beter bittet Gott um ein Leben fern von Lüge und ohne Extreme. Nicht zu reich und nicht zu arm will er sein, um weder übersättigt zum Gottlosen noch aus Not zum Verbrecher zu werden. Sehr verwundert bemerkt der weise Nicht-Israelit Argur die tiefe Erschütterung der sozialen Ordnung im Land.

Worte an Lemuël (Spr 31,1–9)

Wieder werden die Worte der Weisheit von einer nicht-israelitischen Frau, der Königsmutter des Lemuël, gesprochen: Ganz im Sinne des israelitisch-altorientalischen Königsethos ermahnt sie ihren Sohn, kein Luxusleben zu führen, sondern Stimme der Stummen und Anwalt der Armen zu sein (Spr 31,8), ein Bibelwort, mit dem *Dietrich Bonhoeffer* seinen aktiven Widerstand gegen Hitler auch begründet hat.

Die tüchtige Hausfrau hat den Haushalt fest im Griff, auch die Herstellung von Kleidung wie auf diesem Webstuhl.

Lob der tüchtigen Frau (Spr 31,10–31)

Hier wird die fähige, unermüdlich tätige, ihr Haus wie ein Kleinunternehmen erfolgreich verwaltende Frau buchstäblich von „A bis Z“ gelobt: Die Zeilenanfänge folgen dem hebräischen Alphabet. Dabei ist es sicher beabsichtigt, dass diese geradezu ideale „Hausfrau“ wie die irdische Verkörperung der Frau Weisheit aus Spr 8,22–31 wirkt, deren wundervolles Wirken im Alltag dieser gelobten Ehefrauen erahnt werden soll.

Kohelet (Prediger) – Zwischen Lebensfreude und Resignation

Kohelet ist ein Suchender und Zweifelnder, der herausfordert. Gleichzeitig spricht aus diesem Buch der Glaube an Gott, der zu achten und dessen Gebote zu bewahren sind.

Die einen sehen in Kohelet den Prediger der Lebensfreude, die anderen halten ihn für einen depressiven Pessimisten. So gegensätzlich die Reaktionen auf das Buch Kohelet sind, so widersprüchlich erscheinen viele Aussagen Kohelets über das Leben. Er widerspricht weisheitlichen Traditionen, macht umgehend seine eigenen Gedankenfortschritte zunichte, klammert sich an Sicherheiten, die wieder fraglich werden, und trifft Aussagen, die ebenso wahr erscheinen wie ihr Gegenteil. Doch gerade diese Gegensätze und Widersprüche machen die Lektüre dieses Buches so spannend. Mit Kohelet kann man über den Sinn des Lebens nachdenken, kritische Fragen über die Verhältnisse dieser Welt stellen und gängige Antworten überprüfen.

Einiges deutet darauf hin, dass das Buch Kohelet im 3. Jh. v. Chr. verfasst wurde: So zeigt etwa sein Hebräisch aramäische Einflüsse und andere Kennzeichen jüngerer Sprachstufen. Schon sprachlich weist das Buch in die hellenistische Zeit, die von einschneidenden sozialen und wirtschaftlichen Umbrüchen geprägt war.

Über den historischen Verfasser weiß man nichts. Weil Kohelet in 1,1 als „Sohn Davids“ und „König in Jerusalem“ vorgestellt wird, war früher die These verbreitet, dass Kohelet in Wahrheit der König Salomo aus dem 9. Jh. v. Chr. sei.

Im christlichen Sonntagsgottesdienst werden nur sehr selten Texte aus dem Buch Kohelet gelesen. In vielen Hochzeits- oder Trauergottesdiensten sind jedoch Abschnitte aus Koh 3 oder Koh 4 zu hören. Im Judentum wird das Buch Kohelet dagegen in ganzer Länge beim Sukkot-Fest, dem Erntefest vorgetragen.

Darf ich vorstellen: Kohelet (Koh 1,1)

In der Überschrift führt ein Rahmenerzähler eine Person namens „Kohelet“ als Sprecher ein. „Kohelet“ könnte der Eigenname eines sonst Unbekannten oder eine Funktionsbezeichnung wie „Versammler“ (Martin Buber) sein.

Alles ist Mist! (Koh 1,2)

„Alles ist *Häwäl*“ (hebr. הֶבֶל), so lautet Kohelets Grundthese, die im Buch refrainartig wiederkehrt: Alles ist „Windhauch“ oder „Dunst“, alles ist vergänglich, nichts, absurd, zwecklos, hoffnungslos, unverständlich, alles verweht und vergeht.

Was bleibt? (Koh 1,3)

Kohelet beginnt sein philosophisches und theologisches Traktat mit der existenziellen Frage: Was bleibt den Menschen am Ende von all ihrer Mühe?

Alles dreht sich im Kreis (Koh 1,4–11)

Das Gedicht in 1,4–11 kann in zweifacher Weise gelesen werden: entweder als ein Loblied auf die Verlässlichkeit der Schöpfung, in der auf unaussprechliche Weise alles zuverlässig seinen Gang geht und nie aufhört. Oder als Klage darüber, dass sich das Leben letztlich stets im Kreis dreht und es dadurch nichts Sagbares und „nichts Neues unter der Sonne“ gibt.

Weisheit bringt Schmerzen (Koh 1,12–18)

Nun stellt sich Kohelet erstmals selbst als (früherer) König in Jerusalem vor, der all seine Vorgänger an Weisheit übertroffen hat.

Im Folgenden berichtet Kohelet von seinen Forschungen, mit denen er wie ein Wissenschaftler alles Tun „unter dem Himmel“ erkundet habe. Das negative Ergebnis nennt er gleich vorweg: Letztlich habe ihm seine Weisheit nur Schmerzen und Verdruss gebracht.

Sogar Lebensfreude bringt keinen Gewinn (Koh 2,1–11)

Auch Kohelets Versuch, sich der Lebensfreude und dem Wein zuzuwenden, ist letztlich aussichtslos. Zwar erfreuen seine königlichen Prachtbauten, seine zahlreichen Frauen und vielerlei Vergnügungen sein Herz, doch am Ende muss er als Antwort auf 1,3 erkennen: Selbst dieser Luxus erbringt keinen nachhaltigen Gewinn.

Der Tod macht alle gleich (Koh 2,12–23)

Nicht einmal die Weisheit selbst gibt einen wirklichen Ertrag. Kohelet räumt zwar ein, dass die Weisen einen relativen Vorteil gegenüber den Unverständigen haben, weil die Dummen stets im Dunkeln tappen. Doch müssen die Weisen ebenso sterben wie die Unverständigen.

Dem Verzweifeln nahe (Koh 2,18–23)

Kohelets Zweifel am Sinn der Mühe erreichen einen Tiefpunkt, als er sich vorstellt, dass faule oder unverständige Menschen eines Tages über das verfügen, was er sich mühsam erarbeitet hat. Dies vor Augen, beginnt Kohelet seinen Besitz zu hassen und ist drauf und dran, sich der Verzweiflung hinzugeben.

Gräber auf dem Ölberg in Jerusalem

Gibt es überhaupt etwas Gutes? (Koh 2,24–26)

So schließt Kohelet diesen ersten Gedankengang mit der Frage ab, ob es denn irgendetwas Gutes im Leben gibt. Immerhin, so hält er fest, schenkt Gott den Menschen die Möglichkeit, im Essen und Trinken das Gute zu genießen. Jedenfalls dann, wenn die Menschen nicht sündigen, sondern sich vor Gott als gut erweisen.

Für alles gibt es eine Zeit (Koh 3,1–9)

Mit diesen Worten beginnt jenes großartige Gedicht im dritten Kapitel, das zu den bekanntesten Texten der Bibel zählt. Für jedes Vorhaben gibt es eine geeignete Zeit – doch wann wofür Zeit ist, müssen die Lesenden selbst herausfinden. Offen bleibt auch die Frage nach dem Gewinn angesichts des Wechsels der Zeiten und der verschiedenen Möglichkeiten, in ihnen zu handeln. Kohelet glaubt daran, dass Gott alles zu seiner Zeit schön gemacht hat – auch wenn wir nicht wissen können, was Gott vom Anfang bis zum Ende wirkt.

Wir sind Rechenschaft schuldig vor Gott (Koh 3,16–17)

Wenn es für jedes Vorhaben eine geeignete Zeit gibt, dann bedeutet das für Kohelet aber auch, dass die Menschen eines Tages vor Gott Rechenschaft ablegen müssen für das, was sie jeweils getan haben. Das gilt ebenfalls für jene, die sogar an den Orten der Gerechtigkeit noch das Recht beugen und brechen.

Der Mensch: Dem Menschen ein Tier (Koh 3,18–22)

Im Folgenden lässt Kohelet seinen Blick auf die Menschen fallen, die nicht anders als die Tiere sterben oder einander wie Tiere behandeln.

Fast nichts ist so, wie es sein sollte (Koh 4,1–15)

Vieles sieht Kohelet, was ihm das Leben verleidet: Menschen werden unterdrückt und finden keinen Trost, sodass es besser wäre, gar nicht geboren zu sein. Die einen werden von Neid getrieben und arbeiten ohne Rast, die anderen erarbeiten nicht mal ihren Lebensunterhalt. Die einen finden wenigstens einen Partner, der sie stützt; die anderen haben niemanden, der ihnen aufhilft.

Auch im politischen Bereich ist zu vieles nicht so, wie es sein sollte: Ein alter König nimmt keinen Rat mehr an, ein junger mag zwar die Volksnähe versprechen, aber enttäuscht letztendlich ebenfalls die Menschen.

Weise Ratschläge und Lebensfreude – Ein Ausweg? (Koh 4,17–5,18)

Damit wir in diesem schwierigen Leben bestehen, hält Kohelet einige Ratschläge bereit: Wer vor Gott tritt, soll mit Bedacht zu ihm sprechen und einhalten, was er ihm gelobt. Wer sieht, dass armen Menschen weder Recht noch Gerechtigkeit widerfährt, soll dies als Folge des hierarchischen Verwaltungssystems begreifen. Habgier kennt keine Grenzen, deswegen werden Reiche auch nie ruhig schlafen können. Erst recht dann nicht, wenn sie sich verspekuliert haben und so nackt sterben, wie sie auf die Welt gekommen sind.

Auch das fünfte Kapitel schließt Kohelet mit der Perspektive auf das Gute ab: auf das Essen, das Trinken und den Reichtum, an dem sich Menschen auch erfreuen können.

Lieber genießen als sich verspekulieren! (Koh 6,1–11)

Erneut beklagt Kohelet den Fall, dass Menschen ihr Vermögen nicht genießen können, und zeigt daran, dass es gut ist, sich an dem zu freuen, was unmittelbar vor einem liegt.

Noch mehr Ratschläge (Koh 7,1–14)

7,1–6 versammelt eine Reihe von Weisheitssprüchen, die das Miteinander der Menschen betreffen. Es ist nicht klar, ob Kohelet diese Ratschläge den Lesenden mitgeben will oder ob er sie im letzten Vers mit dem Kommentar ablehnt, all diese Mahnungen seien „*Häwäl*", d. h. abstrus.

Die in 7,17–14 folgenden Sprüche und Ratschläge stammen offenbar von Kohelet, oder er macht sie sich zu eigen. Diese Weisheitssprüche und Lebensregeln beziehen sich auf die negative Wirkung von Unterdrückung und Bestechung, auf den Umgang mit den eigenen Gefühlen, auf den Vorteil der Weisheit und auf die Gabe, nicht nur die guten, sondern auch die schlechten Tage aus Gottes Hand zu nehmen.

Unrecht Gut gedeiht gut (Koh 7,15–23)

Kohelet muss feststellen, dass es Menschen gibt, die trotz ihrer Gerechtigkeit zugrunde gehen, während andere das Recht brechen, aber lange leben. Dennoch hält Kohelet an der Mahnung fest, dass man das Recht nicht brechen soll, um nicht vor der Zeit zu sterben – auch wenn niemand vollkommen ohne Sünde ist.

Je mehr Kohelet den Rechtsbruch und andere Themen ausgeforscht hat, umso unergründlicher erscheint ihm das gesamte Gebiet der Weisheit. So muss er sich letztendlich eingestehen, dass ihm die Weisheit ferngeblieben ist.

Ist Kohelet ein Frauenfeind? (Koh 7,26–29)

Lange Zeit ist dieser Abschnitt als ein frauenfeindlicher Text gelesen worden, der entweder eine bestimmte Frau oder Frauen generell als ein „Fangnetz" bezeichne. Im „Hexenhammer" dienten diese Verse als Begründung für die Ermordung von Frauen. In jüngerer Zeit mehren sich aber die Stimmen, die davon ausgehen, dass Kohelet hier eine frauenfeindliche Tradition nur zitiert, um sie dann zu widerlegen. Dies kommt (z. B. in der Einheitsübersetzung oder in der Gütersloher Bibel gut zum Ausdruck.

Sei weise im Umgang mit Höhergestellten! (Koh 8,1–16)

Ein neues Thema ist in diesem Kapitel der besonnene Umgang mit dem König oder der Königin. Daneben greift Kohelet vieles auf, was er in den bisherigen Kapiteln bereits behandelt hat – etwa den Ratschlag, die Zeiten zu beobachten und das Recht zu halten, aber auch die schwierige Erkenntnis, dass es den Rechtsbrechern oft gut und den Gerechten oft schlecht ergeht. Immer wieder ermahnt Kohelet die Lesenden, sich bewusst zu machen, dass ihr Tun und ihr Wissen nicht zuletzt durch das Wirken Gottes begrenzt sind. Deswegen gehört zur Weisheit auch das Wissen um deren Beschränkungen.

Genieße das Leben und achte die Weisheit der Armen! (Koh 9,1–12)

Kohelet beklagt, dass der Tod Gerechten und Ungerechten in gleicher Weise bevorsteht, und betont vor diesem Hintergrund den Wert des Lebens angesichts des Todes.

Diese Beschäftigung mit der Endlichkeit des Menschen führt Kohelet zu einem emphatischen Aufruf, das Leben in seiner ganzen Fülle zu genießen.

Abgeschlossen wird das Kapitel durch Weisheitssprüche und eine Beispielgeschichte, die den Erfolg ausgerechnet jener Menschen infrage stellt, die auf den ersten Blick überlegen scheinen. Manchmal, so arbeitet Kohelet heraus, sind es gerade die unscheinbaren Menschen, deren Weisheit eine wichtige, ja notwendige Funktion für die Gesellschaft hat. Daher bedauert es Kohelet, dass die Weisheit der Armen oft nicht erkannt wird.

So kommst du gut durchs Leben (Koh 10,1–11,7)

In einer Sammlung von Sprüchen thematisiert Kohelet den Vorteil der Weisheit, die sich in vielfältiger Weise zeigt: etwa in Gelassenheit, in einer guten Ausbildung, in einer besonderen Umsicht bei gefährlichen Tätigkeiten, in einer sorgfältigen Wahl der Worte, im Fleiß oder in der Unterstützung von Menschen, denen ein Unglück zugestoßen ist.

Genuss ohne Reue (Koh 11,8–10)

Mit Blick auf ein langes, beschwerliches Leben rät Kohelet den Lesenden, sich ihrer Jugend zu erfreuen und den Weg ihres Herzens zu gehen, aber auch daran zu denken, dass Gott sie für ihr Handeln zur Rechenschaft ziehen wird.

Deine Tage sind gezählt (Koh 12,1–8)

Die letzten Worte Kohelets in diesem Buch werden gewöhnlich als eine Allegorie auf die Mühen des Alterns

Gott achten und ehren

In vielen Bibelübersetzungen ist immer wieder zu lesen, dass Gott zu fürchten ist ((z. B. in Koh 12,14). Dabei ist zu beachten, dass das hebräische Verb יָרֵא *jare* eine deutlich breitere Bedeutung hat als das deutsche „fürchten".

Zwar bezieht sich dieses Verb im Alten Testament ebenfalls auf die Angst der Menschen vor Tieren, Feinden, Krieg, Krankheit und Tod, und in Ex 3,6 scheint auch der Anblick Gottes Schrecken auszulösen. Weil darum Gottes Boten eine ähnliche Reaktion hervorrufen, muss Menschen immer wieder gesagt werden: „Fürchtet Euch nicht".

Darüber hinaus bezeichnet *jare* jedoch auch den Respekt, die Achtung und die Verehrung. In Dtn 5,29, 6,2 geht es also nicht unbedingt darum, Gott zu lieben und zu fürchten, sondern darum, Gott zu lieben, zu ehren und zu achten. Ebenso könnte in Koh 12,14 dazu aufgerufen werden, Gott Achtung entgegenzubringen, indem man auf seine Gebote achtet.

gelesen, auf die der Tod folgt. Alles ist *Häwäl,* alles vergeht und verweht – die Anfangsthese aus 1,2 hat sich somit bis zum Ende bewahrheitet und rahmt die Reden Kohelets.

Halte Dich an Gott! (Koh 12,9–14)

Am Ende des Buches meldet sich wieder der Rahmenerzähler aus 1,1 und spricht mit Hochachtung von Kohelet und dessen Werk. Dieses Lob auf Kohelet sowie die Mahnung, Gott zu ehren und sich an seine Gebote zu halten (12,14), wurde oft als frommes Schlusswort eines Herausgebers verstanden, der das in sich so widersprüchliche Buch Kohelet etwas entschärfen und damit für kanonfähig erklären wollte. Dennoch bleibt Kohelet bis heute ein unvermindert herausforderndes Buch.

Das Hohelied – Zwischen Erotik und Frömmigkeit

Zwei junge Menschen besingen ihre Liebe zwischen Leidenschaft und Sehnsucht. Anfangs müssen sie ihre Beziehung geheim halten, schließlich können sie ihre Liebe jedoch offen zeigen.

Das Hohelied ist eine Sammlung von Liebesliedern, in der überwiegend eine Frau ihre Sehnsucht und ihr Verlangen nach dem Geliebten besingt. Viele Stellen in diesem Buch sind eindeutig zweideutig, manche sagen sogar, eindeutig eindeutig. Dies wird besonders dann erkennbar, wenn man den hebräischen Text liest: Seine Verfilmung wäre nicht jugendfrei. Diese Beziehung von Frau und Mann ist von starker Leidenschaft und anrührender Zärtlichkeit geprägt. In poetischer Form beschreiben sie den Körper des anderen und das Beieinandersein. Dabei werden viele Bilder benutzt, die nicht einfach zu entschlüsseln sind. Doch wo Liebe brennt, ist der Schmerz nicht fern, und so bringen die Erzählungen vom gegenseitigen Suchen und Nichtfinden eine intensive Dramatik in den Text ein.

- Das Buch lässt sich in sieben Teile gliedern:
- Lied auf die Liebe und die Sehnsucht (1,2–2,7)
- Einladung des Mannes an die Frau zur Liebe in der freien Natur (2,8–17)
- Traum der Frau und Zusammensein der Liebenden (3,1–5)
- Hochzeit (3,6–5,1)
- Traum der Frau, Bewunderung und Zusammensein (5,2–7,11)
- Einladung der Frau an den Mann zur Liebe in der freien Natur (7,12–8,4)
- Lied auf die Liebe und die Sehnsucht (8,5–14)

Was macht man mit einem Lied, in dem Gott kaum vorkommt und sich die Liebe zweier Menschen an keine Konventionen zu halten scheint? Schon in antiker Zeit haben viele das Hohelied allegorisch gelesen, d. h., sie sind davon ausgegangen, dass das in dem Lied Gesagte eigentlich etwas anderes meint, nämlich die leidenschaftliche Liebe zwischen Gott und den Menschen, der Synagoge oder der Kirche.

Seit der neuzeitlichen Bibelkritik wird das Hohelied wieder vermehrt als Lied auf die Liebe zweier Menschen gelesen und damit als eine erotische Dichtung verstanden. Andere deuten das Buch weiterhin als innige Aussagen zur Frömmigkeit gegenüber Gott – so spannend ist die Auslegungsgeschichte des Hoheliedes, das in der hebräischen Bibel das „Lied der Lieder“, hebr. שִׁיר הַשִּׁירִים *schir haschirim,* genannt wird. Im Judentum wird das Hohelied zum Paschafest gelesen, weil es an die Liebe Gottes zu seinem aus Ägypten herausgeführten Volk erinnert.

Das Buch gehört zur Weisheitsliteratur und wurde in früherer Zeit dem König Salomo zugeschrieben, der bekanntlich eine Vielzahl von Frauen hatte (vgl. 1 Kön 1,11). Vermutlich entstand das Buch aber nicht in der frühen Königszeit, sondern in persisch-hellenistischer Zeit, dem 5. bis 3. Jh. v. Chr.

Ein Lied an die Liebe (Hld 1)

Die weibliche Stimme im Hohelied besingt die ausgelassene Liebe und sehnt sich danach, von ihrem Geliebten, der ihr wie ein König erscheint, geküsst zu werden. Sie singt ein Lied auf ihre eigene Schönheit, die sie nach dem Willen ihrer Brüder hüten sollte wie einen Weinberg. Doch ihren eigenen Weinberg hat sie nicht gehütet vor dem, den sie wie ihr Leben liebt. Offenbar kann die Liebe nicht frei gelebt werden, sondern muss sich immer wieder verstecken. Auf die Anrede an den Geliebten (1,7–8) folgt dessen Antwort: Er sieht sie als reizvolle Stute in einem Gespann mit goldenen Ketten und silbernen Kugeln. Sie träumt ihn als Liebsten, der wie Myrrhe zwischen ihren Brüsten ruht. Schließlich fordern Geliebte und Geliebter einander auf zu sehen, wie schön sie beide sind – auf ihrem grünen Bett.

Die Zeit des Frühlings (Hld 2)

Die Gedanken der Sprecherin sind erfüllt von dem Begehren nach Liebe. Sie selbst ist jung und schön, doch einsam. Sie vergleicht sich mit einer Lotosblume, die in Tälern wächst, ihren Geliebten mit einem Apfelbaum, der inmitten eines Waldes steht und ihr Schatten spenden kann. Für ihn verwendet sie Bilder der Kraft und Anmut, sie vergleicht ihn mit Gazellen und Hirschen. Der Winter ist vorbei, und die Zeit ist angebrochen, die

Erotik und Sexualität

Das Alte Testament spricht über alle Facetten des Lebens, so auch über die Sexualität des Menschen, auch wenn es diesen Begriff in der Bibel freilich noch nicht gibt. Dass Sexualität zum Leben dazugehört, wussten auch die Autoren der alttestamentlichen Texte. Sinnlichkeit, Verführung und Hingabe sind Themen, die z. T. ausführlich behandelt werden – an einigen Stellen sogar sehr direkt.

Im Hohelied findet z. B. die Sehnsucht nach dem Partner ihren Ausdruck in Liedern, die sich die Geliebten gegenseitig singen. Klare und sehr deutliche Aussagen, die eine Sprache der tiefen Zuneigung sprechen, beziehen sich dabei nicht nur auf eine „platonische" Liebe, sondern zeugen auch von tiefer körperlicher Zuneigung. Weil im Hohelied der Gottesname (vgl. zu Ex 3) nicht vorkommt, könnte man meinen, dass die Erotik hier nicht im Schutzbereich Gottes steht. Oder besteht der Schutz für die Liebenden gerade darin, dass auch Gott sie nicht stört?

Sexualität ist für die Hebräische Bibel insgesamt ein schützenswerter und schutzbedürftiger Bereich des Lebens, den Gott selbst geschaffen hat (Gen 1,26; 2,18). Viele Gebote, die an das Volk Israel ergehen, sollen darum der Sexualität einen Rahmen geben, den die Menschen verantwortlich gestalten dürfen.

Wenn zwei Menschen miteinander schlafen (vgl. (z. B. Gen 4,1), dann wird dafür häufig das hebr. Verb ידע *jada* verwendet, das eigentlich „erkennen" bedeutet. Dieses Erkennen meint nicht nur, einer Sache oder eines Menschen gewahr zu werden, sondern in einen intensiven Kontakt zu treten, etwas oder jemanden in den persönlichen Bereich eintreten zu lassen, ja, mit etwas oder jemandem eins zu werden. Wenn zwei Menschen miteinander schlafen, dann erkennen sie sich wirklich.

Die Freimütigkeit, mit der die Hebräische Bibel über die Themen Erotik und Sexualität spricht, zeigt einmal mehr, dass sich die Bibel nicht als ein leibfeindliches Buch bezeichnen lässt.

wie für die beiden geschaffen ist. Das Warten aufeinander hat ein Ende, und der Sprecher ermuntert seine Geliebte, sich endlich von ihm sehen zu lassen.

Dennoch bleibt ein Schatten über ihrem Zusammensein. Sie müssen immer auf den richtigen Moment warten, dürfen nur an bestimmten Orten und zu bestimmten Zeiten zusammenkommen.

Erster Traum der Braut, Hochzeit (Hld 3,1–5,1)

Der erste Vers legt nahe, dass es sich im Folgenden um einen Traum handelt, allerdings ist diese Deutung nicht zwingend. Die Geliebte durchstreift Straßen und Plätze auf der Suche nach dem, den ihre Seele liebt. Sie befragt die Wächter und findet schließlich den Geliebten. An die Vereinigung mit dem Geliebten schließt sich eine Beschreibung von Salomos Pracht an. Es wird beschrieben, wie der König in einer Sänfte naht: 60 Männer mit Schwertern begleiten ihn, die Sänfte ist kostbar und prachtvoll gestaltet. Der plötzliche Themenwechsel von Hld 3,5 zu 3,6 legt nahe, dass es sich bei der Beschreibung der Sänfte um eine Hochzeitsdarstellung handelt, die im europäischen Kulturraum der Gegenwart jedoch möglicherweise befremdlich wirkt.

Der Bräutigam schließt eine ausführliche, bewundernde Rede über die Schönheit seiner Braut an. Wie zuvor werden auch hier Symbole verwendet, die dem Denken und Empfinden des Alten Orient entstammen und heute missverständlich geworden sind.

Zweiter Traum der Braut (Hld 5,2–16)

Der zweite Traum der Braut hat wiederum das Spannungsfeld von Liebe und Sehnsucht zum Thema. Der Bräutigam will seine Braut besuchen, doch sie ist zu langsam, ihn zu sich einzulassen. Die Verliebte unterhält sich mit einer Gruppe von Menschen, die eine Art Chor für sie bilden. Ihnen beschreibt sie die Schönheit ihres Geliebten.

Zusammensein (Hld 6,1–7,11)

Wiederum befragt der Chor die Geliebte.

Sie suchen gemeinsam den Geliebten und finden ihn. Der Feststellung, dass die beiden zueinander gehören, schließt sich eine weitere bewundernde Rede des Geliebten über seine Braut an.

Einladung zur Liebe (Hld 7,12–8,4)

Die Braut schlägt ihrem Geliebten vor, mit ihm aufs Feld zu gehen und mit ihm in der freien, frühlingshaften und gerade erwachenden Natur zu schlafen.

Zusammensein (Hld 8,5–14)

Schließlich sind die beiden Geliebten zusammen, und nicht einmal der Tod scheint sie noch trennen zu können.

Die Prophetenbücher

Einführung

Im heutigen Sprachgebrauch sind Propheten Menschen, die die Zukunft vorhersagen. Im Alten Testament dagegen sind Propheten von Gott Berufene oder Ausrufer des Wortes Gottes. Nicht selten haben sie den Auftrag, gerade dasjenige abzuwenden, was für die Zukunft droht – falls Menschen ihr Verhalten nicht ändern.

Schon in den Büchern über die Richter- und die Königszeit begegnen vom Geist ergriffene und in Ekstase auftretende Männer und Frauen wie Debora, Samuel, Natan, Gad, Elija, Elischa, Micha ben-Jimla oder Hulda. Oft leben sie in Gemeinschaften und treten als „Gottesmänner“ auf, die Wunder vollbringen (z.B. Elija, Elischa).

Eng verwandt mit dem Begriff des Propheten, hebr. נָבִיא *navi*, ist auch die Bezeichnung „Seher“, hebr. רֹאֶה *roäh*. Die Seher mit ihren intuitiven Fähigkeiten hatten im Umkreis von Tempel und Hof die Funktion, den Königen Auskünfte zu erteilen. Dort gab es auch gleichsam verbeamtete Propheten, die ihren Unterhalt vom König und vom Volk erhielten und damit in der Gefahr standen, ihren Auftraggebern nach dem Munde zu reden (vgl. Amos 7,10–14).

Jesaja stammte aus Jerusalem. Hier die Jerusalemer Stadtmauer

Anders die sog. Schriftpropheten zwischen 750 und 500 v. Chr., die unabhängig waren und häufig eine Opposition zu den Herrschenden einnahmen. Zu ihnen gehören die sog. Großen Propheten Jesaja, Jeremia und Hesekiel/Ezechiel. Die Klagelieder Jeremias und das Buch Daniel gehören im hebräischen Kanon noch zu den Schriften und wurden erst später den Prophetenbüchern zugeordnet. Danach folgen die zwölf Kleinen Propheten, das sog. Zwölfprophetenbuch (gr. Dodekapropheton).

In einer Zeit, in der Israel politisch unterzugehen drohte und tatsächlich dann auch unterging, bis es nach einer Generation aus dem Exil ins Land zurückkehren konnte, richteten die Schriftpropheten ihre dringende Botschaft nicht nur an die Herrschenden, sondern auch an das ganze Volk. Diese Propheten verstanden sich als Boten Gottes, die das unbequeme Gotteswort verkündigten. So warnten sie das Volk vor den bitteren Konsequenzen seines Handelns, riefen zur Umkehr zu Gott und stellten unmissverständlich das sonst drohende Unheil vor Augen.

Jesaja – Der Evangelist unter den Propheten

Jesaja, der mit Gottes Heils- und Gerichtsbotschaft forderte, nicht auf Waffen, sondern allein auf Gott zu vertrauen und die Tora einzuhalten, wird mit seinem Namen „Gott hat Heil geschaffen“ zum Programm für ein ganzes Prophetenbuch, das mehrere Jahrhunderte biblischer Glaubensgeschichte umspannt und auf das Heil für die ganze Menschheit in Gottes Schöpfung und Geschichte zielt.

Das Jesaja-Buch ist ein gutes Beispiel für die besondere Eigenart des biblischen Israel, mündliche Prophetenbotschaften schriftlich festzuhalten, weil dem prophetisch übermittelten Gotteswort bleibende Aktualität zukommt (vgl. Jes 55,10–11). So haben in nachexilischer Zeit prophetische Kreise der nach Jerusalem heimgekehrten Exilierten Jesajas Gottesbotschaft mit der Verkündigung späterer anonymer Propheten im Geiste Jesajas verbunden und daraus immer wieder neue Antworten Gottes auf die Fragen und Nöte ihrer eigenen Zionsgemeinde vernommen. Vielleicht waren diese nach Jerusalem zurückgekehrten Hüter und Bearbeiter der Prophetenworte levitische Laienkreise, die sich wesentlich am Wiederaufbau der Stadt und des Tempels beteiligten. Als Nachfahren und Nachfolger des leidenden Gottesknechts mit seinem Auftrag, „Bund der Menschheit“ und „Licht der Völker“ zu sein, war ihr Ziel ein weltoffenes Jerusalem, zu dem die Völker kommen und die Friedenstora (Jes 2,2–4) Gottes empfangen.

Unter Jesajas programmatischem Namen „Adonaj/Gott hat Heil/Rettung gebracht“ hat nun diese nachexilische prophetische Gemeinde im wiedererstehenden Zion Jesajas Prophetenworte aus der 2. Hälfte des 8. Jh.s v. Chr. und die späteren Jesaja-verwandten Prophetenbotschaften aus der Exil- und Nachexilzeit von ca. 540 bis 510 v. Chr. zusammengetragen und an einigen Stellen für ihre Glaubens- und Lebenslage vor Gott „fortgeschrieben“ (s. Sach 9–11). Darum ist nun auch der Zeitraum so groß, über den sich die Texte in diesem Buch erstrecken. Weil Jesaja etwa im Jahre 740 v. Chr. als Prophet zu wirken begann, viele Texte aber in die exilische Zeit ab 540 v. Chr. oder sogar in die nachexilische Zeit ab 520 v. Chr. hineinsprechen, hatte die Bibelwissenschaft schon 1775 durch Christoph Döderlein für Jes 40–55 und 1892 durch Bernhard Duhm für Jes 56–66 erkannt, dass diese Worte nicht von Jesaja selbst stammen können. Die Bibelwissenschaft unterscheidet deshalb zwischen „Proto-", „Deutero-" und „Trito-Jesaja":

- Proto-Jesaja mit ursprünglichen Texten Jesajas 740–701 v. Chr. (Jes 1–39),
- Deutero-Jesaja mit Texten aus der exilischen Zeit ab 540 v. Chr. (Jes 40–55),
- Trito-Jesaja mit Texten aus der nachexilischen Zeit ab 520 v. Chr. (Jes 56–66).

Jesaja, Sohn des Amoz, ist Jerusalemer Bürger und stammt vermutlich aus vornehmem Hause, wie sein unproblematischer Zutritt zum königlichen Hofe und seine genauen Kenntnisse über die Oberschicht vermuten lassen. Jesajas Frau, deren Name und Abstammung unbekannt bleiben, wird „Prophetin" genannt (Jes 8,3). Seine beiden Söhne tragen die Symbol- bzw. Verkündigungsnamen Schear-Jaschub („Ein Rest kehrt um") und Maher-Schalal-Haschbas („Schnelle Beute – rascher Raub"). Jesaja selbst nennt sich „Seher" bzw. spricht von „Visionen" (Jes 1,1 und öfter). Er erlebte seine prophetische Berufung im Jahre 739 v. Chr. im Tempel von Jerusalem. Er kennt die politischen, sozialen und kultischen Verhältnisse der Stadt gut. Wichtige Themen sind ihm der Zion als der heilige Ort des heiligen Gottes im Tempel und das davidische Königtum.

Jesajas Wirken fällt in die Zeit der judäischen Könige Ahas und Hiskija und ist damit ungefähr von 740 bis 701 v. Chr. zu datieren. In dieser Zeit drängen die Assyrer nach Juda, und die Bauern im Land sind von Ausbeutung und Verarmung bedroht. Jesaja mahnt im Auftrag Gottes zu einer bündnisfreien Politik. Nach 701 v. Chr., dem Zeitpunkt der Errettung Jerusalems vor dem assyrischen König Sanherib, schweigt Jesaja.

Jesajas ursprüngliche Verkündigung aus dem 8. Jh. v. Chr. ist vornehmlich in Jes 1–39 *(Proto-Jesaja),* vor allem aber in Jes 1–23 und 28–32 zu finden. Die übrigen Texte in diesem ersten Teil des Jesaja-Buches sind wohl jünger. Sehr erstaunlich ist, dass weder in diesem ersten Teil von Jes 1 bis 39 noch im folgenden zweiten Teil von Jes 40–55 die *Zerstörung Jerusalems und des Tempels* berichtet wird, obwohl diese verheerende Katastrophe von 586 v. Chr. doch das gesamte Jesaja-Buch entscheidend prägt. So bleibt zwischen dem ersten und zweiten Teil des Jesaja-Buches eine rätselhafte *Leerstelle.*

Die Kapitel Jes 40–55 *(Deutero-Jesaja)* enthalten eine Sammlung prophetischer Texte aus exilischer Zeit. Die Texte setzen voraus, dass die babylonische Herrschaft beendet ist, weil der Perserkönig Kyros die Stadt 539 v. Chr. nach kampfloser Kapitulation eingenommen hat. Kyros wird als Hoffnungsträger und Heilsbringer, ja sogar als „Messias" und „Knecht Gottes" gefeiert. Die Bibelwissenschaft geht gegenwärtig davon aus, dass die Kapitel Jes 40–48 als „Babel-Teil" wohl vor allem prophetische Worte Deutero-Jesajas und seiner Schülerschaft enthalten, während in Jes 49–55, dem „Zion-Jerusalem-Teil", vorrangig spätere Jerusalemer Redaktionen zu Wort kommen. Hauptthemen des Deutero-Jesaja-Buches sind: Trost für Zion zur Überwindung des Exils nach dem Fall Babylons durch den persischen König Kyrus, Heimkehr der Verbannten, Wiederherstellung Jerusalems als Gottesstadt und Zions als Gottesbraut sowie Herrschaftsantritt Gottes als König über Israel und die Völker.

Besonders auffällig in Jes 40–55 sind *vier Gedichte oder Lieder* von einem namenlosen *Gottesknecht* (vgl. Jes 42,1–9; 49,1–6; 50, 4–9; 52,13–53,12). Diese Texte stammen möglicherweise nicht von Deutero-Jesaja, sondern sind erst in späterer nachexilischer Zeit in die anwachsende Propheten-Buchrolle eingefügt worden. Der aufgeschlossene und lernwillige (Jes 50,4ff.) *namenlose Gottesknecht* dieser Lieder, der das „Licht der Völker" sein soll, steht im klaren Gegensatz zum blinden, tauben und mutlosen *Knecht Jakob/Israel,* der das müde gewordene Volk Israel repräsentiert (41,8f.; 44,1f., 21; 45,4; 48,20). Die tragende Bedeutung der Gottesknechtslieder für Jes 40–55 und ihre innerjüdische Wirkungsgeschichte legen die *kollektive Deutung* des Gottesknechts nahe: Diese „Figur" repräsentiert die auszugsbereiten Exilierten (42,1ff.), die in Jerusalem ihr prophetisches Amt für die mutlose Bevölkerung wahrnehmen (Jes 49,1ff.) und dabei stark abgelehnt werden (Jes 50,4ff.), bis ganz überraschend viele erkennen, dass der leidende Knecht ihre Schuld trägt (Jes 53,12). Die Aufgabe dieses treuen Gottesvolks für Jerusalem, die Diaspora und die Völkerwelt wird von den *Knechten* in Jes 54,17 fortgesetzt.

Blick auf die südlich der Jerusalemer Altstadt gelegene Davidstadt

Die *individuelle Deutung* des leidenden Gottesknechtes sieht ihn als eine anonyme prophetische oder königliche Gestalt, die stellvertretend für das Gottesvolk leidet.

Der dritte Teil des Buches (Jes 56–66) *(Trito-Jesaja)* besteht aus einer Sammlung von Texten aus nachexilischer Zeit. Auch dieser Teil stammt evtl. von mehreren Autoren. Die neuere Bibelforschung sieht überwiegend die Heilszusage in Jes 60–62 als trito-jesajanischen Kernbestand an, um den sich drei Rahmungen legen (vgl. Sach 9–11): (1) Jes 56,1–8 und 66,18–24: Absonderung aus der neu aufzubauenden Gemeinde, (2) Jes 56,9–58,14 und 65,1–66,11: Anklage zur Trennung von Frevlern und Frommen, (3) Jes 59 und 63,1–64,11: kollektive Klage über das Ausbleiben des Heils. Nach den Psalmen und dem Deuteronomium ist das Jesaja-Buch die im Neuen Testament am meisten zitierte Schrift der Hebräischen Bibel. Mit den Verheißungen vom messianischen König und der Verkündigung vom leidenden Gottesknecht werden Auftrag und Sendung Jesu gedeutet.

PROTO-JESAJA (JES 1–39)

Worte über Juda und Jerusalem aus der Frühzeit des Propheten (1,1–12,6)

Wenn alle 66 Kapitel des Jesaja-Buches aus dem Zeitraum von 740 v. Chr. bis etwa 510 v. Chr. unter der Überschrift „Vision des Jesaja“ zusammengefasst sind, dann werden damit alle folgenden Heils- und Unheilsworte in den Horizont des programmatischen Namens „Jesaja“ und damit unter das Heil gestellt, das Gott gebracht hat. Die Kapitel 1–12 sind zeitgeschichtlich von der syrisch-efraimitischen Krise (734–732 v. Chr.) bis zum Fall Samarias sowie des Nordreiches (722 v. Chr.) einzuordnen.

Modell von Babylon zur Zeit von Nebukadnezzar

Klagerede gegen das Volk Israel (Jes 1)

Jesaja, Sohn des Amoz, hat zur Zeit der judäischen Könige Usija (767–739 v. Chr.), Jotam (739–734 v. Chr.), Ahas (734–728 v. Chr.) und Hiskija (728–699 v. Chr.) gelebt (Jes 1,1). Vor dem Forum von Himmel und Erde klagt Gott in einem *Prozess* sein Volk an, gegen ihn treulos zu sein, der es aufgezogen hat wie ein Kind. In seiner *Scheltrede* verwendet Jesaja das Bild eines kranken Menschen: Aufgrund seiner Treulosigkeit ist Israel bereits so geschlagen wie ein Kranker, an dessen Körper keine gesunde Stelle mehr ist. Es fehlte nicht viel, und Israel wäre ausgerottet worden wie Sodom und Gomorra, hätte Gott nicht einen *Rest* übrig gelassen. Hierdurch bietet der Autor den Lesern und Hörern des Buches einen Identifizierungsort in Zions Restgemeinde (Jes 1,5–9). Die prophetische *Weisung* in Jes 1,10–17 stuft das Verhalten der Herrscher wie der Bevölkerung von Jerusalem als *gottwidrig* ein. Israel hilft es nicht, wenn es die Opferdienste der Feiertage erfüllt, solange die Menschen nicht befolgen, worauf es wirklich ankommt: Recht zu sprechen und den Schwachen der Gesellschaft zu helfen (Jes 1,10–17). Dennoch will Gott Israel ermutigen, seine Vergebungsbereitschaft zu suchen. Denn nur durch Gottes Vergebung und Israels Gehorsam ist eine Weiterexistenz im Land nach den Katastrophen noch möglich (Jes 1,18–20). Eine *Totenklage* (Jes 1,21–26) unterstreicht Jerusalems/Zions moralischen Untergang: Die Führungsschicht hat Gottes Recht z. B. für Witwen und Waisen gravierend verletzt. Jerusalem muss sich unbedingt reinigen, denn die größte Gefahr für die Gottesstadt droht nicht von äußeren Feinden, sondern von inneren Frevlern wie rechtlosen Fürsten und korrupten Richtern. Deshalb betonen spätere Redaktoren, dass Zion als Zentrum des nachexilischen Gottesvolkes durch das ausgeübte Recht derer, die umkehren, gerettet wird (Jes 59,17-20; 61,8). Die umkehrunwilligen Anhänger von Götzenkulten werden dagegen vernichtet (Jes 1,27–31).

Jerusalem als Mittelpunkt des messianischen Reiches (Jes 2,1–5)

Mit der erneuten Überschrift „Wort, das Jesaja ... als Vision über Juda und Jerusalem gehört hat“, wird die Weissagung der Völkerwallfahrt (vgl. Mi 4,1ff.) eingeleitet. Nur wenn in Zion/Jerusalem die Tora/Weisung Gottes von der umkehrwilligen Zionsgemeinde der Gottesknechte (s. Jes 42,6; 49,6; vgl. 51,4) im Licht Gottes (2,5) gelebt und diese Gottesknechtsgemeinde damit selbst als „Licht der Völker“ erlebt wird, so unterstreichen möglicherweise wieder nachexilische Kommentatoren, kann es zur Völkerwallfahrt kommen: Dann werden alle Völker der Erde zum Zion ziehen, um dort Gottes Friedenstora zu empfangen wie einst Israel am Sinai die mosaische Tora. Gott selbst wird alle Streitigkeiten unter den Völkern der Erde schlichten, darum können die Nationen getrost ihre tödli-

Exil

Die Geschichte der Kinder Israels als Volk nimmt ihren Anfang mit der Gabe der Weisung am Sinai (der in der Bibel z. T. Horeb genannt wird) und dem Bund Gottes mit Israel. Teil des Bundes ist die Verheißung eines Landes und eines Lebens in politischer Selbstständigkeit. Der Höhepunkt israelitischer Politik war die Herrschaft der Könige David und Salomo; mit dem Bau des Tempels in Jerusalem scheint auch die Verehrung Gottes in einer nie da gewesenen Weise möglich zu sein.

Die von zahlreichen Propheten kritisierte soziale Ungerechtigkeit und vor allem der neben der Verehrung Gottes bestehende Götzendienst werden schließlich als wiederholter Bundesbruch gegenüber Gott gewertet. Gott selbst ist es daher, der nach Überzeugung vieler Israeliten sein Volk in die Hände anderer Mächte gibt. Das Nordreich Israel findet sein Ende im Jahr 722 v. Chr. mit der assyrischen Eroberung Samarias. Die einschneidendste Katastrophe ist aber die Eroberung Jerusalems durch die Babylonier unter König Nebukadnezzar und die Zerstörung des Tempels 587/586 v. Chr.: Die gesamte Oberschicht Judas wird nach Babylon ins Exil (hebr. *gola* גּוֹלָה) verschleppt, Israel liegt brach, und die nationale Unabhängigkeit scheint ein für alle Mal ein Ende gefunden zu haben. Das religiöse Selbstverständnis der Kinder Israels verändert sich im babylonischen Exil grundlegend. Da der Tempel als kultisches Zentrum weggefallen ist, entwickeln israelitische Theologen ein neues Religionskonzept auf Grundlage der Schrift. War zuvor der Ausdruck „Israel" für die Bestimmung der Volksgruppe maßgeblich, so spricht man fortan zum ersten Mal von der Religionsgemeinschaft der Juden (hebr. *jehudim*, יְהוּדִים). Allerdings kann man die kleine Gruppe der damaligen Kinder Israels mit der gegenwärtigen Religionsgemeinschaft der Jüdinnen und Juden nicht gleichsetzen. Trotz verschiedener Parallelen und Kontinuitäten hat das Judentum seither erhebliche Veränderungen erfahren.

Das Exil dauert bis ins Jahr 539 v. Chr. an. In diesem Jahr wird Babylon von Persien erobert, und die deportierten Judäer dürfen aufgrund eines Erlasses von König Kyrus in ihr Land zurückkehren. Nach und nach (vgl. Jes 48,1–22, s. S. 196) kehren Gruppen von Exilanten nach Jerusalem zurück und beteiligen sich ganz wesentlich am Wiederaufbau des Tempels in der Zeit von 520 bis 515 v. Chr. Dennoch bleibt die Erinnerung an das Exil gegenwärtig. Die Bibelwissenschaft geht davon aus, dass ein großer Teil der alttestamentlichen Literatur in Babylon ihren Anfang genommen hat. Daher sind auch viele theologische Konzepte auf die Zeit des Exils zurückzuführen.

chen Waffen wie Schwerter und Lanzen in lebensförderliche Ackerbaugeräte wie Pflugscharen und Winzermesser für Brot und Wein umschmieden.

Bedingungen für den Tag der Gerechtigkeit (Jes 2,6–4,6)

Hier begegnen ein *Gedicht vom Tag Gottes* (s. Jes 13,6.9; 34,8; Am 5,18–20; Joel 1,15: 2,1.11) gegen allen Hochmut (Jes 2,6–22), zwei *Gerichtsschilderungen* gegen Jerusalems Oberschicht (Jes 3,1–15) und Luxus-Frauen (3,6–4,1) sowie die Beschreibung der *Reinigung Zions* beim Kommen Gottes (Jes 4,2–6).

Der Tag Gottes (Jes 2,6–22)

Das Gedicht vom „Tag Gottes" (Jes 2,12–16) ist ein *Herzstück der Predigt des Jesaja:* Gott will eine große Läuterung herbeiführen. Bevor jemand Zutritt zum heiligen Zion erhält, bevor es zur Völkerwallfahrt kommen kann, muss in Israel all das abgeschafft werden, was der Beziehung zwischen Gott und Mensch im Wege steht: Götzendienst und jede wirtschaftliche wie militärische Überheblichkeit.

Beseitigung der Oberschicht (Jes 3,1–15)

Die exilisch-nachexilische Zeit schaut auf die chaotischen Zustände der Willkür und Sünde in Jerusalem (s. Klgl 1,10–20). Gott wird Zions korrupte Oberschicht richten, die die Armen ausbeutet und damit den Weinberg Gottes (Jes 5,1–7) plündert. Dabei soll doch Zion ein Schutzraum besonders für Arme sein (Jes 10,2; 11,4; 14,30.32; 25,4; 26,6; 29,19; 32,7; 41,17–20; 57,1.15; 58,6ff.; 61,1ff.).

Beseitigung der Luxus-Frauen (Jes 3,16–4,1)

Wie alle korrupten Männer, so wird Gott auch alle dem Luxus und Konsum verfallenen Frauen aus Jerusalem entfernen und nur einen *heiligen Rest* aus Männern und Frauen übrig lassen (Jes 4,3).

Rettung der Übriggebliebenen (Jes 4,2–6)

Am Tage des reinigenden Gottesgerichtes wird nur ein *heiliger Rest*, ein Zehntel der Bevölkerung Jerusalems und Judäas (vgl. 6,13), übrig bleiben, der den Spross (4,2), die Keimzelle des zukünftigen Gottesvolks, nach der Katastrophe (1,8–9) bildet. Dieser heilige Rest der Gerechten wird ins Buch des Lebens eingetragen werden, damit er sein Bürgerrecht (vgl. Esra 2,62) bei Gott habe, der ihm auf dem Zion Zuflucht und Obdach gewährt.

Das Lied vom Weinberg (Jes 5,1–7)

Jesaja vergleicht das Volk Israel mit einem Weinberg, Gott mit dem Besitzer des Berges. Trotz großer Mühe und Pflege bringt der Weinberg keine gute Frucht hervor, sondern nur Fäulnis. Der Besitzer beschließt daraufhin, seinen Berg nicht mehr zu bestellen, die Schutzzäune einzureißen und den Berg der Verwüstung preiszugeben. Das positive Gegenlied findet sich in Jes 27,2–6.

Sechs Weherufe über das trotzige Israel (Jes 5,8–24)

Dem Bild vom Weinberg schließen sich als *Schreie der Totenklage* sogenannte „*Weherufe*" (hebr. הוֹי *hoj) an*, die ein Ausdruck von Trauer über die ständige Missachtung der sozialen Weisungen Gottes sind. Dieses Unrecht führt Juda und Jerusalem in die Verwüstung und das Gottesvolk ins Exil.

Ankündigung der assyrischen Invasion (Jes 5,25–30)

Das angekündigte Strafgericht Gottes über Juda und Jerusalem wird die assyrische Armee vollziehen. Geschichtlicher Hintergrund sind die „syrisch-efraimitische" Krise (734–733 v. Chr.) (vgl. Jes 7,1–9) und der Fall des Nordreiches mit seiner Hauptstadt Samaria 722 v. Chr.

Die Berufung Jesajas (Jes 6)

Dieser Abschnitt erzählt von einer Vision Jesajas im Todesjahr des Usija (735 v. Chr.). Jesaja sieht im Tempel den Königsthron Gottes, umgeben von Serafen, den sechsflügeligen Engeln. Die Serafen rufen einander das berühmte „Heilig, heilig, heilig ist der Herr der Heerscharen" zu (hebr. קָדוֹשׁ קָדוֹשׁ קָדוֹשׁ יְהוָה צְבָאוֹת = *kadosch kadosch kadosch adonaj/JHWH zevaot)*. Jesajas Unreinheit, die der Gegenwart Gottes und der Verkündigung seines Wortes nicht angemessen ist, wird durch eine glühende Kohle getilgt, die einer der Serafen an Jesajas Lippen hält. Nach der Bereitschaft des Propheten, Gottes Sendungsauftrag zu übernehmen, kommt der „*Verstockungsauftrag*" (Jes 6,9–10) überraschend, der nicht aus Jesajas tatsächlicher Verkündigung, sondern aus der nachträglichen exilischen Beurteilung der früheren Prophetie abzuleiten ist. Dieses exilische Nachdenken will sagen: Dass es zum Exil kam, hat nicht am Unvermögen der Propheten z. B. Jesajas gelegen, sondern ist Bestandteil der Gottesbotschaft selbst gewesen. Die verzweifelte Frage nach der Dauer des göttlichen Strafgerichtes erhält dann als Antwort neben dem Verweis auf die traurige Verwüstung des Landes doch auch einen *kleinen Funken Hoffnung* auf einen (bei jedem Baumfällen) übrig bleibenden *Baumstumpf* als Bild für den „heiligen Rest" Zions (Jes 4,3), für die Nachkommenschaft des gottgetreuen Gottesknechtes (Jes 53,10) und Jerusalems (61,3; 62,12).

König Ahas nimmt Gottes Hilfe nicht an (Jes 7)

Rezin, der König von Aram/Syrien, und Pekach, der König des Nordreichs Israel (Efraim), kämpfen gegen Jerusalem, da sich der judäische König Ahas geweigert hat, ihrer Allianz gegen ihre assyrischen Tributherren beizutreten (vgl. 2 Kön 16). Jesaja wird mit seinem Sohn Schear-Jaschub („Ein Rest kehrt um") zu Ahas gesandt, um ihm Gottes Beistand in dieser „syrisch-efraimitischen" Krise (734–733 v. Chr.) zuzusprechen: Nur gläubiges Vertrauen garantiere Standfestigkeit. Dies erklärt Jesaja eindrücklich (7,9b) mit dem hebr. Wortspiel *im lo taaminu – ki lo taamenu* אִם לֹא תַאֲמִינוּ כִּי לֹא תֵאָמֵנוּ: „Wenn ihr nicht beständig vertraut, werdet ihr keinen Bestand haben" (Bibel in gerechter Sprache). Wobei der Name des Jesaja-Sohnes „Rest-kehrt-um" nun entweder bedeuten könnte: „Mit Gottvertrauen werden die Angreifer scheitern, und nur ein Rest von ihnen wird heimkehren", oder: „Ohne Gottvertrauen jedoch werden die Feinde siegen und nur ein kleiner Rest des Gottesvolkes wird sich retten" (Jes 7,1–9). Auf seine Glaubensverweigerung bekommt Ahas als paradoxe Antwort die Verheißung eines königlichen Sohnes (vielleicht des Ahas) mit dem heilvollen Namen *Immanu-El* (hebr. עִמָּנוּ אֵל = „mit uns Gott") (Jes 7,14). Aus der griechischen und lateinischen Übersetzung der gebärenden jungen Frau (hebr. עַלְמָה *almah*) mit gr. παρθένος *parthenos (junge Frau, Jungfrau)* bzw lat. *virgo (= Jungfrau)* ist dann eine Weissagung der Jungfrauengeburt in Mt 1,23; Lk 1,31 entwickelt worden. Ahas schlägt die Hilfe Gottes aus und sucht stattdessen Hilfe bei den Assyrern, die – so kündigt es Jesaja an – zu Judas Schermesser werden, da sie sich bald gegen Juda wenden (Jes 7,10–25).

Diese Statuette eines Bogenkämpfers stammt aus dem 10. bis 8. Jh. v. Chr., der Zeit, als die Assyrer Jerusalem angriffen.

Jesajas Sohn (Jes 8,1–4)

Jesaja zeugt mit einer (namenlosen) Prophetin einen Sohn, und Gott lässt ihm den Symbolnamen „Schnelle Beute – rascher Raub" geben. Dies soll ein Zeichen dafür sein, dass Assyrien sehr bald mächtig wird und Kriegsbeute aus Damaskus und aus Samaria raubt, noch bevor das Kind sprechen lernt.

Untergang von Juda und Gericht über die Völker (Jes 8,5–23)

Jesaja spricht bildhaft von einem mächtigen Strom, der für Assur steht und der Juda überflutet. Ebenso wie es Juda mit Assur ergehen wird, so ergeht es am Tag des Gerichts allen Völkern, wenn Gott die Herrschaft der Welt beenden und sein Reich aufrichten wird. Jesaja ruft die Menschen dazu auf, nicht nach den Launen und der Meinung des Volkes zu gehen, sondern sich stets an der Weisung Gottes zu orientieren, denn nur wer sich an Gott hält, wird am Tag des Gerichts bestehen. Der Prophet und seine Kinder sind ein lebendiges Zeichen, ähnlich dem des Immanuel, und bilden den Grundstock des heiligen Restes (Jes 4,3), zu dem alle gehören, die der Botschaft der Propheten Glauben schenken.

Das Lied vom Friedefürst (Jes 9,1–6)

Die Verse vom Kommen des messianischen Friedefürsten gehören zu den berühmtesten des Jesaja-Buches. Sie sprechen eigentlich von der Thronbesteigung eines außergewöhnlichen Königs (2 Sam 7; Ps 2; 110). Es wird ein Tag verheißen, an dem ein königlicher Spross (vgl. Jes 7,14: Immanuel; Jes 11,1–9: Spross aus dem Baumstumpf Isais) geboren wird und das Joch von den Völkern abfällt, alle Menschen gerecht gesprochen sind und Gottes Herrschaft in dem Maße zunimmt, in dem sich auch der Frieden auf der ganzen Welt ausbreitet. An diesem Tag ist ein Königreich entstanden, das auf Recht und Gerechtigkeit gründet.

Strafandrohung gegen das Nordreich Israel (Jes 9,7–10,4)

Alle göttliche Schläge wie Erdbeben, Bedrohung durch Aram und Philister, wachsendes politisches Chaos in Israel und Bedrängnis durch die assyrische Großmacht haben keine Umkehr Israels zu Gott bewirkt. Daher bleibt Gott nichts anderes übrig, als den Staat aufzulösen und die Israeliten in die Verbannung zu schicken. In diesem Zusammenhang (Jes 10,3) verwendet der hebräische Text das Wort *schoah* שׁוֹאָה, das eine verheerende Vernichtung und Verwüstung beschreibt und im modernen Hebräisch den Massenmord der Nationalsozialisten an sechs Millionen jüdischer Menschen benennt. Gott beschließt, das Nordreich Israel in die Hände der Assyrer zu geben (Kap 10,1-4). (Zu dem vom Ganzopfer (Lev 1; 6,1-6) abgeleiteten Begriff „Holocaust" s. S. 87)

Assyrische Gottheit

Gottes Plan mit Assur (Jes 10,5–35)

Zwar lässt Gott sein Volk unter die Herrschaft der Assyrer kommen, weil er Arroganz und Ungerechtigkeit im Staate Israel bestrafen will. Doch die Assyrer verstehen sich nicht als dienendes Werkzeug Gottes. Vielmehr sehen sie sich als ein gottähnliches Volk. Diesen Größenwahn verwirft Gott. Jesaja kündigt darum an, dass auch Assur bestraft wird, während Gott in seinem Volk *eine kleine Restgemeinde* bewahrt, damit sie zu ihm umkehren kann.

Das messianische Friedensreich (Jes 11)

Das Motiv des *messianischen Friedensreichs,* das schon in Jes 2,1–5 und Jes 9,1–6 anklingt, wird noch einmal ausführlicher dargestellt: Aus dem nach der Katastrophe des Exils übrig gebliebenen *Rest-Stamm Isais*, d. h. aus dem von David (Sohn Isais) und Salomo (Davids Sohn) sowie den nachfolgenden davidischen Königen moralisch und politisch noch nicht verdorbenen *Urgrund,* geht ein gerechter Immanuel (7,14) und Friedensfürst (9,5f.) hervor, der – mit Gottes Geist begabt – die Armen rettet und Gottes Plan einer weltweiten, gerechten Herrschaft umsetzt. Wie die politische Neuordnung wird auch die geschöpfliche im kommenden Friedensreich an einem Ort ansetzen, an dem es noch kein Verderben gab: im Paradies, wo nach Jesajas Bild der Wolf beim Lamm, der Tiger bei der Ziege, der Löwe bei den Kälbern und die Bärin bei den Kühen in Frieden liegen. Kein Tier reißt das andere, und sogar der Löwe frisst statt Fleisch nur noch Stroh, wie die ursprüngliche Schöpfungsordnung dies in Gen 1,29–30 vorsah. In der jüdischen und in der christlichen Tradition ist das elfte Kapitel des Jesaja-Buches wegen seines berühmten „Tierfriedens" oft zitiert und bildlich dargestellt worden. Diese Vorstellung setzt plastisch ins Bild, wie sich prophetische Verheißung das Ende von Feindschaft und Unterdrückung vorstellt: gerade nicht durch physische „Vernichtung der Feinde", sondern vielmehr durch *„Entfeindung",* d. h. durch ihre wunderbare Verwandlung in versöhnte Freunde, was schließlich im endzeitlichen Jerusalem (65,25) endgültig Wirklichkeit werden soll (Jes 11).

Danklied der Geretteten (Jes 12)

Wie die grundsätzliche Beziehung der Lebewesen untereinander erneut die ursprüngliche, von Gott gesetzte Ordnung angenommen hat, so wird sich auch die Beziehung zwischen Israel und Gott wieder wie von Gott vorgesehen gestalten. Israel wird Gott anrufen, ihm voll Vertrauen danken und auch den Völkern verkündigen, dass Gott Israels Stärke ist. Das Heil am Ende der Tage zeigt jubelnde Menschen, die aus den „Quellen der Rettung" Wasser schöpfen, also voller Freude aus dem *unerschöpflichen Brunnen der Tora,* der Weisung Gottes, ihren Durst nach Leben und nach Gott stillen werden (vgl. 55,4–5; Ps 87,7). Ähnliche Wendungen finden sich bei Sach 13,1 und Ez 47 (vgl. Joh 4,10: Jesu Gespräch mit der Samaritanerin am Brunnen; s. auch zu Jes 55,1ff.).

Gottes Gericht über die Völker und über Jerusalem (Jes 13–23)

Da Gottes Friedensplan die ganze Welt umfasst, müssen alle Völker der Erde sowie auch das unverbesserlich verstockte Jerusalem (Jes 22) von Schuld und Sünde gereinigt werden, damit die Gerechten aus Israel *und* den Völkern das endzeitliche Mahl auf dem Gottesberg Zion feiern können (Jes 25,6–8). Nacheinander kündigt nun Jesaja den Völkern der (damaligen) Welt Gottes *Reinigungsgericht* an, das letztlich auch bei den Völkern dem Ziel dient, die *Gerechten zu erretten.*

In Persepolis befand sich der Adapana-Palast, in dem die persischen Könige residierten. Auf diesem Relief sind Diener zu sehen, die Essen und einen Weinschlauch tragen.

- *Babel* wird wegen seiner Verbrechen wie Sodom und Gomorra sein (Jes 13,1–14,23; 21,1–10).
- *Assur* wird zerschmettert werden (Jes 14,24–27; 17,12–14).
- *Die Philister* sollen in all ihren Ortschaften verzagen (Jes 14,28–32).
- Die Gebiete *Moabs* sollen vertrocknen (Jes 15,1–16,14).
- *Damaskus* soll zur Trümmerstätte werden (Jes 17,1–11).
- *Kusch* soll Israel einst dienen (Jes 18,1–7; 20,1–6).
- *Ägypten* soll vor Angst erbeben. Jes 19,1–25; 20,1–6: Jesajas zweite Zeichenhandlung: Er geht „*als Knecht Gottes*" drei Jahre „nackt", d. h. barfuß und spärlich bekleidet wie ein Kriegsgefangener, um vor der pro-ägyptischen Politik eindringlich zu warnen. Allerdings atmet *Jes 19,16–25,* einer der Höhepunkte der eschatologischen Bearbeitung des Jesaja-Buches, einen ganz anderen Geist: *Ägypten werde sich zu Gott bekehren* und gemeinsam mit Assur und Israel Gott anbeten (vgl. Sach 2,15; Ps 47,10; 82,8; 100,3).
- *Jerusalem* wird trotz seines zwischenzeitlichen Jubels im Jahre 701 v. Chr. bei der Errettung der Stadt vor Sanherib (s. Jes 36ff.) auf jeden Fall untergehen (Jes 22,1–25).
- *Tyrus* und *Sidon* sollen erschüttert werden (Jes 23,1–18).

Vision über das Ende aller Tage (Jes 24–27)

Nach einer abschließenden Vision über den 482 v. Chr. durch den persischen König Xerxes herbeigeführten Untergang Babylons, der in Jes 24 zum Weltgericht über alle Sünder dramatisiert wird, feiert das Danklied in Jes 25 die positive persische Religionspolitik sowie den Wiederaufbau Jerusalems und des Tempels als endzeitliche Wende für Israel und die Völker, die nun auch Israels Gott verehren, der besonders die Schwachen schützt. Zu Beginn seiner endgültigen Herrschaft als Weltkönig lädt Israels Gott alle Völker auf seinen Berg Zion zu einem Festmahl ein, bei dem Leid und Tod beendet werden. In Jes 26 singen die nach Jerusalem zurückgekehrten Schwachen und Armen aus Israel *und* den Völkern dankbar das Lied von Gottes Gerechtigkeit und seiner Verheißung der zukünftigen Auferstehung der Toten *der Gemeinde* (Jes 26,19; vgl. Dan 12,1–3; 2 Makk 7,9.14). Nach Gottes sintflutähnlichem Völkergericht, das auch Israel einschließt, lässt er auf dem Zion einen neuen, diesmal fruchtbaren Weinberg (vgl. 5,1–7) für die Gerechten Israels und die Völker erblühen. Jes 27,2–6 wird zum positiven Gegenlied zu Jes 5,1–7. Freilich verengt sich diese offene Perspektive eines universalen Völkerbundes auf dem Zion während der hellenistischen Zeit der Ptolemäer und Seleukiden nach dem Tod Alexanders des Großen 323 v. Chr. in die innerjüdische Bemühung um Sammlung der Zerstreuten Israels (Jes 27).

Unheils- und Heilsworte über Israel und Juda aus der späteren Zeit des Propheten (Jes 28–35)

Dieser Dritte Hauptteil Proto-Jesajas beschreibt, wie die Jerusalemer sich unter der Königsherrschaft Gottes verhalten sollen. Wie bereits dem Weinberglied in Jes 5,1–7 Wehe- bzw. Trauerrufe (hebr. הוֹי hoj) in Jes 5,8ff. folgten, so schließt sich auch dem Weinbergmotiv aus Jes 27,2ff. wieder eine Reihe von Trauerrufen an (Jes 28,1; 29,1.15; 30,1; 31,1; 33,1). Hier wurden kritische Einzelworte des Jesaja gegen die anti-assyrische und pro-ägyptische Politik des Königs Hiskija um 705–701 v. Chr. im späten 5. Jh. v. Chr.

König Hiskija ließ 701 v. Chr. aus Furcht vor Wasserknappheit bei einer Belagerung Jerusalems durch die Assyrer einen Tunnel bauen, mit dem Wasser in den Teich Siloah in der Davidstadt geleitet wurde. Der Teich Siloah wurde erst in jüngster Zeit wieder freigelegt.

des Nachexils mit Blick auf die hohe Bedeutung Zions überarbeitet und mit apokalyptischen Erwartungen angereichert, deren Eintreffen also erst nach dem Ende jeder menschlichen Geschichte erwartet wird. In Jes 28–33 wechseln Gerichts- und Heilsworte ständig miteinander wie auch in 34–35: Der Vernichtung des Erzfeinds Edom in Jes 34 folgt in Jes 35 die Schilderung von Zions Heil.

Untergang Samarias (Jes 28,1–4)

Hinter dem ersten *Trauerruf* über Samaria als *Schrei der Totenklage* über die Hauptstadt des Nordreiches Israel steht Jesajas Erfahrung, wie rasch der Untergang des Nordreiches 722/721 v. Chr. durch die assyrischen Eroberer im Südreich in Vergessenheit geraten ist, sodass König Hiskija 705–701 v. Chr. wieder eine riskante anti-assyrische Koalition eingeht und dabei illusionär auf Ägyptens Hilfe hofft. So richtet sich der Weheruf eigentlich gegen die Führer Jerusalems (vgl. Jes 28,7ff.). Hiskija, den die Kapitel Jes 36–38 (im Unterschied zu Jes 39) als einen König voller Gottvertrauen zeichnen, wird von keinem Jesaja-Wort kritisiert wie z. B. König Ahas.

Der heilige Rest (Jes 28,5–6)

Ein mit dem Geist des Rechts begabter *Herrscher* (vgl. Jes 4,4; 11,1–5) wird den *Rest Israels*, die gerechte und fromme Zionsgemeinde leiten.

Untreue Priester und Propheten (Jes 28,7–15)

Jesaja kritisiert die von Wein und Visionen trunkenen Priester und Propheten, die mit Ägypten paktieren und dessen Unterweltgötter propagieren. Dabei parodiert Jes 28,7–11 wohl nicht – wie immer wieder angenommen – den Propheten, sondern genau umgekehrt ahmt Jesaja in 28,10 כִּי צַו לָצָו צַו לָצָו קַו לָקָו קַו לָקָו „*ki zaw lazaw, zaw lazaw, qaw laqaw, qaw laqaw*“) die betrunkenen Priester und Propheten nach, wenn sie wie Kleinkinder unsinnig daherlallen. Darum wird nun auch Gott so unverständlich (grausam) mit Jerusalem reden.

Ungläubige Spötter (Jes 28,16–22)

Gegen alle falschen Beruhigungen der Anhänger Hiskijas hält Jesaja kritisch fest: Der Pakt mit Ägypten gegen Assur führt zu nichts. Die nachexilische Zionsgemeinde ergänzt knapp zweihundert Jahre später: Nur das Vertrauen auf Gott, das schon König Ahas verweigerte (Jes 7,9), ist das sichere Fundament jedes menschlichen Handelns.

Gleichnis vom Bauern (Jes 28,23–29)

Wie der Bauer von Gott Belehrung für sein richtiges landwirtschaftliches Tun annimmt, so sollen sich auch die Zuhörer von Gott belehren lassen: Gottes Gericht will nicht vernichten, sondern wie der erntende Bauer Gottes „Ertrag“, den Bestand der Zionsgemeinde, sichern.

Belagerung und Rettung der Stadt (Jes 29,1–8)

Dieser zweite Weheruf des Jesaja richtet sich gegen Ariel (= „*Löwe Gottes*“, vgl. Gen 49,9: Symbolname für Jerusalem). Genau auf dem Opferplatz des Jerusalemer Tempels werden recht bald schon die geschlachtet, die zurzeit noch unbekümmert ihre festlichen Gottesdienste feiern. Scharf kritisiert Jesaja in Jes 29,1–4 die trügerische Sicherheit, in der sich Jerusalem nach dem plötzlichen Tod des Assyrerkönigs Sargon II. im Jahre 705 v. Chr. wiegt und die König Hiskija zu anti-assyrischen Bündnissen verleitet. Die nachexilische Fortschreibung in Jes 29, 5–8 sieht – mit dem Wissen der damaligen Errettung Jerusalems vor dem Assyrerkönig Sanherib – den Ansturm der Völker gegen die Gottesstadt und ihren heiligen Berg Zion kläglich scheitern.

Drohung gegen Verblendete (Jes 29,9–16)

Wieder kritisiert Jesaja – auch mit einem dritten Weheruf – die verfehlte, vor Gott geheim gehaltene proägyptische Bündnispolitik der verblendeten und „verstockten“ Jerusalemer Führer, für die aufgrund von Gottes Einwirkung (vgl.

Jes 6,9–11) jede prophetische Gottesoffenbarung zu einem versiegelten, unlesbaren Buch wurde.

Friede und Glück für Israel (Jes 29,17–24)

Nach diesem Hoffnungsbild werden in naher Zukunft sogar die Tauben die Worte des (Jesaja-)Buches hören und die Blinden seine Visionen sehen (Jes 29,18); die Armen und Unterdrückten können jubeln, denn ihre Unterdrücker und Verleumder sind nicht mehr da. Die neue Zionsgemeinde als „Haus Jakob" muss sich nicht mehr schämen; sie kann sich ganz der Heiligung Gottes hingeben und wird die Mehrung ihrer Mitglieder erleben, wie ihr dies Gottes Geschichte mit Abraham verspricht (Jes 29,22; 51,2; 63,16). Schließlich lassen sich auch die letzten Zweifler belehren, und die Verstockung wird beendet (vgl. Jes 6,9–11).

Nutzloses Bündnis mit Ägypten (Jes 30,1–7)

Auch dieser vierte Weheruf Jesajas richtet sich gegen die verfehlte Koalitionspolitik um 703 v. Chr. nach der offenen Abkehr von Assur. Nachdem ein ägyptischer Unterstützungsversuch für Juda durch das assyrische Heer 701 v. Chr. verhindert wird, steht jedem in Jerusalem das Scheitern dieser anti-assyrischen Politik deutlich vor Augen.

Bestrafung des trotzigen Volkes (Jes 30,8–17)

Bisher hatte Jesaja zwei prophetische Zeichenhandlungen ausgeführt: In Jes 8,1–4 gab er im Auftrage Gottes seinem neugeborenen Sohn zum Zeichen drohenden Unheils den Namen „Schnelle Beute – rascher Raub"; in Jes 20,1–6 zeigte sich der Prophet zur Ankündigung der bevorstehenden Verbannung drei Jahre lang barfuß und fast nackt, d. h. wie ein Kriegsgefangener spärlich bekleidet. Als *dritte Zeichenhandlung* gegen die trügerische Bündnispolitik mit Ägypten ritzt Jesaja auf eine Platte ein kurzes Wort, das wörtlich so übersetzt werden kann: „Rahab sind sie, Untätige" (30,7; Ps 87,4). Die *nachexilische Fortschreibung* von Jes 30,8–9 in Jes 30,10–11.15 erkennt in Jesajas politischer Erfolglosigkeit das Geschick aller früheren Propheten und Seher sowie die verpasste Gelegenheit des Gottesvolkes, durch Vertrauen auf Gott wieder Rettung und Heil zu erfahren (Jes 30,15; 28,16; 7,9).

Begnadigung des Volkes (Jes 30,18–26)

Anders als die vorexilischen Propheten predigt die *nachexilische Zionsgemeinde*, dass Gott Gnade gewährt, weil er zuvor so hart gestraft hat. Sollten die Seher in Jes

Qumran und das Alte Testament

Eine Sensation war der Fund der sogenannten Qumran-Schriftrollen am nördlichen Rand des Toten Meers. Im Zeitraum von 1947 bis 1956 wurden ca. 15.000 Fragmente von etwa 850 Buchrollen gefunden. Der archäologische Befund ergibt, dass es bis ca. 63 n. Chr. in Qumran eine Gemeinschaft von abgesonderten Menschen gegeben hat, die sich einem Leben in Heiligkeit verschrieben haben. Man geht davon aus, dass es sich bei ihnen um Essener gehandelt hat, eine asketische Bewegung innerhalb des Judentums dieser Zeit. Die gefundenen Schriftrollen sind zumeist in hebräischer Sprache verfasst (weit weniger Schriften sind in Aramäisch gehalten) und bieten – neben der Ordensregel von Qumran, verschiedenen Hymnen und anderen Schriften – einen fast vollständigen Bestand der Hebräischen Bibel. Die Schriftrollen von Qumran stellen den ältesten Handschriftenfund des Alten Testaments in hebräischer Sprache dar und sind ein gewichtiger Textzeuge für den Stand der Heiligen Schriften zur Zeit Jesu. Besonders wertvoll ist in dieser Beziehung der Fund einer Jesaja-Rolle, die Archäologen auf ca. 200 v. Chr. datieren und die den biblischen Text des Jesaja-Buches beinahe lückenlos enthält.

Beeindruckend ist besonders, dass sich der Text der Jesaja-Rolle aus Qumran, abgesehen von marginalen Abweichungen, mit dem Text des sogenannten Codex Leningradensis deckt, der auf das Jahr 1008 n. Chr. datiert wird. Das bedeutet, dass dieser biblische Text nach seiner Kanonisierung über 1200 Jahre hinweg mit erstaunlicher Genauigkeit abgeschrieben wurde. Da sich die Schriften aus Qumran inhaltlich sehr von denen der Septuaginta unterscheiden, geht man davon aus, dass es bis 70 n. Chr. zeitgleich unterschiedliche hebräische Textvarianten gegeben hat. Eine davon wurde schließlich die Vorlage zur Septuaginta. Neben dem biblischen Text selbst liefern die Qumran-Rollen auch Kommentare zur Tora, sodass man die Gemeinschaft von Qumran als Vorläufer des rabbinischen Judentums bezeichnen könnte.

Zu den Funden in den Höhlen von Qumran gehört auch die Jesaja-Rolle.

30,10 nicht sehen, so *sieht* nun *das Volk auf dem Zion* als größte Heilsgabe *Gott*, seinen Lehrer (30,20), und hört aufmerksam seine Weisung (30,19); die Zionsgemeinde muss nicht mehr weinen (Jes 30,19a), weil Gott ihr jeden Wunsch von den Lippen abliest (Jes 65,24). Götzendienst erledigt sich nun von selbst (Jes 30,22), so dass Gott die Fruchtbarkeit des Landes sichert und das Licht seines Heils sogar noch die Leuchtkraft von Sonne und Mond um ein Vielfaches übersteigt.

Das Gericht über Assur (Jes 30,27–33)

Das Bild vom „Tag des großen Mordens, wenn die Türme einstürzen" (Jes 30,25), wird in 30,27–33 vor-apokalyptisch, d. h. ohne Spekulation über ein Ende der Weltgeschichte, fortgesetzt: Die Völker, vor allem Assur, kommen an Gott zu Fall (vgl. Jes 29,5–8).

Erneute Warnung vor Ägypten (Jes 31,1–3)

Jesajas fünfter Weheruf kritisiert wieder Judas und Jerusalems Ägypten-hörige Bündnispolitik von 705–701 v. Chr. als unverantwortlich und vor allem als Missachtung Gottes, von dem allein vertrauensvoll die Rettung zu erwarten ist. Die nachexilische Zionsgemeinde aktualisiert Jesajas Kritik für sich, indem sie auch für die Trennung von den Übeltätern in ihren eigenen Reihen auf Gottes Eingreifen vertraut.

Gottes Kampf für seine Getreuen (Jes 31,4–9)

Die vor-apokalyptische Lektüre Jesajas (s. Jes 29,5–7; 30,27–33) sieht Gott wie einen Löwen das von ihm erwählte Jerusalem (Ps 132,13f.) verteidigen. Diese Vorstellung bezieht sich auf die Erzählung von der Errettung Jerusalems (Jes 36ff.; 2 Kön 18ff.). Assur ist nur noch Sinnbild für alle gottwidrigen Angreifermächte, die in Gottes Feuerofen auf dem Zion verbrennen. Dabei wird in der nachexilisch-persischen Zeit Jerusalems Bedrohung vor allem in den Angeboten der Fremdreligionen gesehen.

Das Reich der Gerechtigkeit (Jes 32,1–8)

Nach den fünf Weherufen weist nun ein freudig-nachdrückliches „Seht!" (hebr. הֵן *hen*) auf den kommenden *gerechten König* hin (Jes 32,1; 33,5.15): Es ist Gott selbst, wie Jes 33,22 ausdrücklich betont. Nun ist die Verstockung gegenüber der Gottesbotschaft aufgehoben (Jes 32,3ff.). Die Fürsten, d. h. die hohen Beamten, werden als Stellvertreter des gerechten Gottkönigs für die Durchsetzung des Rechtes sorgen, damit die aus den Fugen geratene Gemeinschaft zur gottgewollten Gerechtigkeitsordnung zurückfindet, die ruchlose Verbrecher in die Schranken weist und Armen wieder zu ihrem bisher immer wieder vorenthaltenen Recht verhilft.

Die leichtsinnigen Frauen (Jes 32,9–14)

Die nachexilische Zionsgemeinde kritisiert – unter Rückgriff auf Jesajas Anklage gegen die Oberschichtsfrauen (3,16–4,1) – die sorglose Selbstsicherheit der umkehrunwilligen wohlhabenden Frauen und droht ihnen das Schicksal von Klagefrauen an, die die Verwüstung von Stadt und Land öffentlich zu betrauern haben.

Wirkung des Geistes aus der Höhe (Jes 32, 15–20)

Das endzeitliche Hoffnungsbild erzählt von der Geistausgießung (Jes 44,3; Ez 36,27; Joel 3,1–5), die ein bescheidenes innerweltliches Ziel hat: Ruhe und Sicherheit durch praktizierte Gerechtigkeit.

Der Weheruf über den Feind (Jes 33,1)

Völlig unerwartet begegnet uns nach der Geist- und Heilsgabe erneut ein Weheruf gegen ein letztes Hindernis, gegen einen nicht genannten Verwüster (vgl. Jes 21,2), der geschichtlich vermutlich die persische Großmacht meint, die die Babylonier beerbt hatte. Diese Kritik wurde wohl verschlüsselt, um angesichts der ägyptischen Aufstände im 5. Jh. v. Chr. gegen die persische Herrschaft jede Tendenz für eine pro-ägyptische Bündnispolitik wie zur Zeit Hiskijas zu verhindern.

Gebet in der Not (Jes 33,2–6)

Die geistbegabte, erneuerte Zionsgemeinde der Nachexilszeit bittet Gott um sein baldiges Eingreifen, das Recht und Gerechtigkeit, Weisheit, Erkenntnis und Gottesfurcht in die Gemeinde bringt.

Gericht über alle Völker der Erde (Jes 33,7–12)

Auch hier sieht die apokalyptische Bearbeitung des Jesaja-Buches das Ende der Völker gekommen, weil diese den noachidischen Bund gebrochen haben (Jes 24,5; Gen 9,1ff.).

Rettung der Gerechten (Jes 33,13–16)

Die poetische Tora-Liturgie (Jes 33,13–16) stellt unmissverständlich klar: Zugang zur Zionsgemeinde und zu ihrem endzeitlichen wunderbaren Heil mit der Bewahrung vor Gottes Gericht werden sowohl aus den Völkern als auch aus dem Gottesvolk nur diejenigen haben, die Gottes Tora-Gebote einhalten.

Die bessere Zukunft (Jes 33,17–24)

Die *größte Heilsgabe* an die endzeitliche Gemeinde auf dem Zion ist die Erlaubnis, „den dreimal heiligen" (Jes 6,3) *Gott* als Richter, Gesetzgeber und König des Zions und der Welt *in seiner Schönheit schauen zu dürfen.* Da es keine Sünde mehr gibt (Jes 33,24; Jes 6,7), ist auch keiner mehr krank.

Damit werden die in Jes 1,4–6 bekannten Sünden in Jes 33,24 vergeben, sodass Deutero-Jesajas Trostbotschaft in Jes 40,2 an diese Vergebung der Sünde Zions anknüpfen kann. Wenn die Taue stolzer Schiffe zu Seilen für Jerusalems Zelte werden, dann verheißt dieses Bild die endzeitliche Hoffnung auf Freiheit von der Ausbeutung durch den Welthandel (vgl. Jes 23,1ff.). Blinde und Lahme, die nach Meinung der Jebusiter das sehr gut befestigte Jerusalem hätten verteidigen können (2 Sam 5,6ff.), werden beim endzeitlichen Sieg Jerusalems besondere Vorteile haben.

Ankündigung des Gerichtes über Edom (Jes 34)

Nach der mit Babels Ende verglichenen Vernichtung Edoms, des Erzfeindes Israels, ist der letzte Widersacher des Gottesvolkes aus dem Weg geräumt. Historisch ist es unzulässig, Edom der Mittäterschaft an der Zerstörung Jerusalems und des Tempels zu bezichtigen.

Verheißung des messianischen Heils (Jes 35)

Jes 35 stellt einen Brückentext zu Jes 40 dar, der zur Einheit des Jesaja-Buches beiträgt. Eine Gruppe von Menschen, die sich mit Gott besonders verbunden fühlen, will das nachexilische Israel ermutigen, es erneut mit Gott zu wagen (35,4; 40,9), der mit Macht auf seiner Straße komme. Das wunderbare Heilsgelände auf dem Zion und in Jerusalem lässt die „Wüste“ (vgl. Jes 40ff.) von einem lebensfeindlichen Raum zu einem Zion-freundlichen Durchzugsgebiet der „erlösten“ und „befreiten“ erwartungsfrohen Rückkehrer aus Babel zum Zion werden.

Die Buchmitte: Bedrohung und Rettung Zions (Jes 36–39)

Die Kapitel Jes 36–39 sind nicht unwichtiger Anhang, sondern vielmehr zentraler Teil des Jesaja-Buches, weil sie einerseits den Endpunkt der proägyptischen und antiassyrischen Politik Hiskijas veranschaulichen und andererseits die Erfüllung der prophetischen Gerichtsworte über die Völker aufzeigen. Das Eintreffen dieser Gerichtsworte sichert auch die Heilsworte aus Jes 40ff. besonders ab. *Die Rettung Jerusalems vor Sanherib und dessen Reichsgott Assur* hat religionsgeschichtlich wesentlich zur Herausarbeitung der *Einzigartigkeit Adonajs/JHWH* beigetragen.

Sanheribs Feldzug gegen Jerusalem (Jes 36–37)

Sanherib, der König von Assur, erobert die meisten Städte in Juda und zieht gegen Jerusalem. Dort lässt er durch seinen Mundschenk Rabschake König Hiskija und seine Männer auffordern, sich angesichts der riesigen Übermacht der Assyrer und der Unzuverlässigkeit Ägyptens, seines Verbündeten, zu ergeben. Jesaja verheißt dem verzweifelten König Rettung durch die Hand Gottes. Im

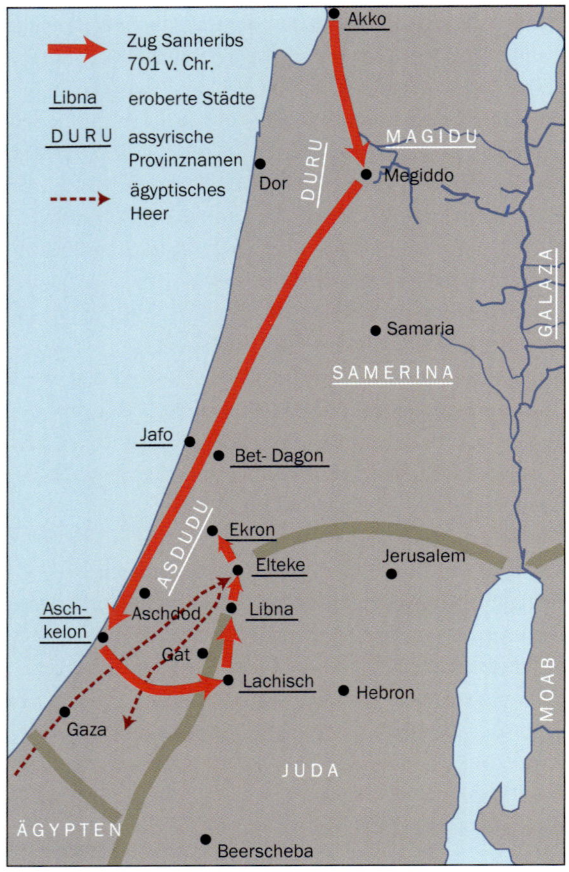

Sanheribs Feldzug gegen Jerusalem

scharfen Gegensatz zum König Ahas (Jes 7,9.12) vertraut Hiskija dem Prophetenwort. Da in einem anderen Gebiet des assyrischen Großreiches ein Konflikt ausbricht, muss Sanheribs Heer abziehen, sodass Jerusalem und seine Bewohner (vorerst) gerettet sind, auch wenn ihnen Sanherib noch einmal durch Boten drohen will. Hiskija bringt die Botschaft des Drohbriefes im Gebet vor Gott. Dies wird zu einem Zeichen dafür, dass auch die Gebete der Frommen den Zion verteidigen. Schließlich nimmt Gott selbst den Kampf gegen die Fremdgötter auf, wobei sein Sieg zur Erkenntnis von Gottes Einzigkeit führt (Jes 43,10–11; 44,6–8; 45,5–7.18–25). Durch Jesaja lässt Gott dem König Hiskija noch einmal die Rettung Jerusalems ankündigen, die auch wirklich wie einst die Befreiung in Ägypten durch den Engel Gottes eintritt, der 125.000 assyrische Belagerer Jerusalems erschlägt. Daraufhin kehrt der König Sanherib nach Assur zurück, wo ihn seine Söhne ermorden.

Hiskijas Krankheit (Jes 38)

Hiskija erkrankt und betet in seiner Not zu Gott. Daraufhin werden ihm, der kurz vor dem Tod stand, noch 15 Lebensjahre gewährt. Zum Zeichen dafür, dass Hiskija errettet ist, lässt Gott die Sonne rückwärts laufen. Hiskija dankt Gott für die Errettung aus Todesnot mit einem bewegenden Danklied (Jes 38,9–20).

Gesandtschaft aus Babel (Jes 39)

Merodach-Baladan, der chaldäische Stammesfürst und neue König von Babel, scheint Hiskija freundlich gegenüberzustehen. Er schickt ihm Grüße und Geschenke. Hiskija zeigt der Gesandtschaft aus Babel sein ganzes Reich und all seinen Reichtum. Daraufhin kündigt Jesaja dem König Hiskija an, dass ganz Juda nach Babylon ins Exil verschleppt wird. Hatte Jerusalem also die Bedrohung durch Sanherib überstanden, so sind die Zerstörung und Deportation durch Babylon in den Jahren 597–586 v. Chr. nicht mehr aufzuhalten. Mit Jesaja endet auch die Geschichte der davidischen Könige. Doch merkwürdigerweise wird die Katastrophe von 586 v. Chr. im Jesaja-Buch nicht beschrieben; auf die Ankündigung des Exils folgt gleich die Trostbotschaft von Jes 40ff.

DEUTERO-JESAJA (JES 40–55)

Gott erbarmt sich seiner Kinder, führt sie als guter Hirte wieder aus dem babylonischen Exil nach Jerusalem zurück und macht Israel zu einem Licht für die ganze Welt.

DER BABEL-TEIL (JES 40–48)

Einleitung: Die Verheißung der Heimkehr (Jes 40,1–11)

Jes 40 setzt mit einem Trostlied über das geschlagene Zion-Volk im Exil ein: Der Prolog verkündet einen Gott, der als König wie ein „guter Hirte" (vgl. Ps 23) wieder von Neuem Verantwortung für seine Herde übernimmt. Dies wird erst in Jes 52,7–10; 55,10–12; 62,10–12 verwirklicht. Das Volk „trösten", d. h. ihm eine neue Hoffnung geben, soll eine prophetische Gruppe, die den Neuaufbau Jerusalems verantwortlich begleitet. Diese Gruppe soll alles aus dem Weg räumen, was die Wiederentdeckung von Gottes Herrlichkeit behindern könnte. Noch werden die prophetischen Verkündiger von der Trägheit des Volkes und dessen rasch und leicht wie Gras „verdorrender" Treue (Jes 40,6–8) entmutigt. Doch diesem Widerstand wird die vertrauensvolle Einsicht entgegengehalten: „Das Wort unseres Gottes setzt sich am Ende durch." (40,8; vgl. 55,10–11).

Preis der Erhabenheit Gottes (40,12–31)

Dieses *Disputationswort* weist die Klage ab, Gott sei nicht mehr Lenker der Geschicke seines Volkes (40,12–14). Mit rhetorischen Fragen wird Gottes Unvergleichlichkeit unterstrichen und aufgezeigt, dass ihn niemand über seine Welt- und Geschichtslenkung belehren kann. Der Siegeszug des Kyrus, den einige als Ohnmacht Gottes und Sieg der persischen Götter deuten, zeigt dagegen Gottes Macht, die hier – im Gegensatz zum Nichts der Völker und ihrer Götter – aus Gottes Schöpfungstätigkeit (40,21f. 26) abgeleitet wird und nicht aus der Exodus-Überlieferung. Gott ist Erhalter der Erde, und nur *er* lenkt die Gestirne – nicht die babylonischen Astralgötter. Darum hält Israels Gott auch die Geschicke der Mächtigen in seiner Hand, die schließlich kommen und gehen; nur Gott bleibt ewig und ermüdet nicht, sondern „beflügelt" Kraftlose mit neuer Lebensenergie (vgl. Jes 40,31 und *Ps 103,5*!), an der auch die kritisch befragten Verkündiger der Befreiung (vgl. Jes 40,6–8) Anteil bekommen, wenn sie auf Gott vertrauen.

Die Berufung des Kyrus (Jes 41,1–7)

Diese *Gerichtsrede* gegen die Völker und ihre Götter zielt wie das vorangehende Disputationswort auf die Anerkennung des ewigen Gottes. Er hat das unaufhaltsame Vordringen des Persers Kyrus vom Osten her bewirkt. Anders als die von Menschen angefertigten Götter hat Israels Gott die Kraft, *wirklich Neues* anzukündigen und dieses zu verwirklichen. Daraus sollen auch die Völker neue Kraft bekommen.

Trost für Israel (Jes 41,8–16)

Dieses *Heilsorakel* richtet sich an den Teil des Gottesvolkes, der nach Babylon verschleppt wurde und der hier den Ehrentitel „Knecht Israel/Jakob" erhält. Deutero-Jesaja betont, dass Gott trotz Israels Untreue seinem Volk treu bleibt und den in der babylonischen Diaspora lebenden Jüdinnen und Juden wie einst dem Abraham Landbesitz und zahlreiche Nachkommen verheißt durch die Erweckung des Kyrus. Nicht mehr dem davidischen König, sondern seinem Knecht Israel/Jakob, der sich nicht fürchten soll, will Gott helfen, der *Löser/goel (hebr.* גאל *gaal/„lösen"* in: 41,14; 43,14; 44,6.24; 47,4; 48,17; 49,7.26; 54,5.8) und *Heilige Israels* (41,16.20; 43,3.14f.; 45,11; 47,4; 48,17; 49,7; 54,5; 55,5; 60,9.14: diese Gottesbezeichnung setzt Proto-Jesajas Tradition fort, wie Jes 1,4; 10,20; 12,6; 29,19; 30,12.15 zeigen). Der familienrechtliche Begriff *Löser* (vgl. Ijob 19,25a) deutet den ersten Exodus als einen Freikauf der versklavten Israeliten aus dem Sklavenhaus Ägypten durch Gott.

Erkenntnis des wahren Gottes (Jes 41,17–20)

Gottes Schöpfermacht verwandelt Wüste in eine fruchtbare Oase, nicht um die Heimkehr der Exilierten vorzubereiten, sondern um die Erkenntnis des wahren Gottes (Jes 41,20) zu ermöglichen, der das verwüstete Zion in einen Gottesgarten (Jes 51,3) vor allem für Arme und Elende verwandeln wird.

Die Götzen der Völker sind Nichtse (Jes 41,21–29)

In dieser *Gerichtsrede* gegen die Götter der Völker und ihre wesenlosen Bilder belegt Gott seine Macht über die Geschichte mit seiner Fähigkeit, völlig Unerwartetes wie den Aufstieg des Kyrus, den Niedergang Babels und die Befreiung Zions anzukündigen und auch durchzuführen.

Erstes Lied vom Gottesknecht (Jes 42,1–9)

Hier begegnet uns das erste von insgesamt vier Liedern vom *Gottesknecht* (vgl. Jes 49,1–6; 50, 4–9; 52,13–53,12; s. o. Einleitung zu Deutero-Jesaja), der in diesem Text auf jeden Fall das exilierte Gottesvolk als Träger prophetischer und königlicher Gaben (vgl. Jes 9,6; 11,2) repräsentiert und – anders als die Mächtigen der Welt – Gottes menschenfreundliche Rechtsordnung durchsetzen soll. Jes 42,5–8 meint ursprünglich Kyrus bzw. Darius (522 bis 486 v. Chr.), der als „Bund der Menschheit" und „Licht der Völker" den Abschluss der früheren Heilstaten Gottes darstellt.

Der Sieg Gottes (Jes 42,10–17)

Der *hymnische Aufruf* an die ganze Welt (von den Inseln bis zu den Wüsten) zum Gotteslob antwortet als *„neues" Lied* auf die neue Gestalt des Gottesknechtes. Der *Klage*, von Gott sei nichts mehr zu erwarten, antwortet die *Heilsankündigung* (42,14–16) mit dem Hinweis auf Kyrus' Siegeszug, den Gott angekündigt und auch herbeigeführt habe.

Israel, blinder und tauber Knecht Gottes (Jes 42,18–25)

Das *Diskussionswort* begründet in mehreren Gedankenschritten, dass die heimkehrwilligen Exilierten ihren Auftrag, als Gottes Knechte den Völkern die Tora zu verkünden, nur dann recht ausüben können, wenn sie ihre Blindheit, d. h. ihre Zurückhaltung gegenüber Gottes Heimkehrangebot, aufgeben und das Exil endlich als gerechte Bestrafung für Israels früheren Ungehorsam gegenüber Gottes Tora begreifen.

Israels Heimkehr (Jes 43,1–7)

Dieses *Heilsorakel* an die Exilierten in Babel und an die Diaspora unterstreicht als Gottes Beistandserklärung die göttliche Rettung des Gottesvolkes aus aller Gefahr von Wasser und Feuer (vgl. Ps 66,12), weil Gott Israel liebt, das – wie im Übrigen jeder an Gott Glaubende – sein Schöpfungswerk ist.

Obwohl Israel durch seine Untreue alles Recht auf Hilfe verwirkt hat, erinnert sich Gott an seinen ewigen Bund und schenkt seinem Volk Freiheit, weil er Israel liebt. Die Wendung „Fürchte dich nicht" (hebr. אַל־תִּירָא *al-tira*) aus Vers 1 taucht in der Bibel immer wieder auf. Sie ist gewissermaßen ein Erkennungszeichen für Gottes Verheißung. Gott ruft sie Abraham, Isaak, Jakob, Mose, Josua und David und nun auch den Exilierten mit dem Versprechen zu, dass er sie nicht verlassen wird.

Gott, der einzige Retter (Jes 43,8–13)

Die *Gerichtsrede* ruft das blinde und taube Israel, d. h. die heimkehrzögerlichen Exilierten in Babel, sowie alle Völker gegen deren Götter zu Zeugen für Gottes eingetroffene Vorhersage des Kyrus-Sieges auf, der allein der Rettung Israels und nicht der Machterweiterung Gottes diente.

Weg durch die Wüste (Jes 43,14–21)

Kyrus' Einnahme Babels 539 v. Chr. befreit mit den exilierten Judäern (2 Chr 36,22f.; Esra 1,1ff.) auch andere verschleppte Völker, wie Ähnliches auch beim Auszug aus Ägypten geschah. Dabei ist das eigentlich Unfassbare, das Gottes frühere Heilstaten wie den Auszug aus Ägypten eindeutig übersteigt, die Umgestaltung der Wüste in wasserreiches Gebiet: Diese Macht Gottes soll die Exilierten zur Rückkehr und zum „neuen Lied" des Gotteslobs ermutigen.

Die Schuld Israels und die Gnade Gottes (Jes 44,22–28)

Gottes *Gerichtsrede* widerspricht dem Einwand Israels, es könne im fremden, Zion-fernen Land Gott zwar loben, aber ihm nicht opfern (anders Ps 137,4): Nicht Gott hat Israel mit der Forderung nach Opfern beschwert, sondern vielmehr hat Israel Gott mit seinen Sünden belastet. Doch Sündenvergebung gibt es sehr wohl ohne Opferkult, wenn Gott die Vergehen wirklich auslöscht. Denn Israel selbst hat durch seine Sündengeschichte das Ende des Opferkultes heraufbeschworen.

Die Ausgießung des Geistes (Jes 44,1–5)

Das feierliche *Heilsorakel* gilt dem anwachsenden, von Gott auserwählten und nun hörwilligen Gottesvolk aus dem Exil, das furchtlos wie sonst nur Könige sein soll, weil Gottes Geist und Segen Zions Nachkommen, ja auch Einzelne aus den Völkern aufblühen lassen will.

Gott, der Ewige und Einzige (Jes 44,6–8)

Gottes verkündigende *Gerichtsrede* führt als Gottesbeweis, den Israel bestätigen soll, die Übereinstimmung von Ankündigung und Eintritt des Angekündigten an wie Kyrus' Sieg, Babels Fall und Israels Befreiung. Dem werden die Ahnungslosigkeit und Haltlosigkeit der Fremdgötter gegenübergestellt.

Gott ist der Herr der Geschichte und im Gegensatz zu den Götzen Babylons der Einzige, der Israel retten kann. Die neutestamentliche Formulierung „Ich bin das A und O, der Anfang und das Ende" aus der Offenbarung des Johannes hat hier ihre Grundlage. Gott nennt sich selbst in Jes 44,6 „König Israels, der Erste und der Letzte".

Die hilflosen Götzen (Jes 44,9–20)

Die nur im Babel-Teil (Jes 40–48) vorhandene Götzenpolemik zeigt: Die judäischen Exilierten verlassen mit ihrem Auszug aus Babel auch dessen Götzen, die ohnmächtig sind und nutzlos wie Asche.

Die Erlösung Israels (Jes 44,21–23)

Mit diesem *Mahnwort* und dem *hymnischen Abschlussvers* wirbt Gott um das erneute Vertrauen der Exilierten zu ihm, wobei Gott die Sündenvergebung bereits vollzogen hat, die allerdings auch noch von Israel angenommen werden muss.

Berufung und Aufgabe des Kyrus (Jes 44,24–45,8)

Durch die *Botenformel* „So spricht der Herr" wird Israel/Jakob von Gott angeredet, der als alleiniger Schöpfer durch seine Propheten zugleich die Geschichte lenkt und durch Kyrus als seinen „Hirten" Jerusalem und den Tempel wieder aufbauen lassen will. Das *Königsorakel* in Jes 45,1–8 nennt erstaunlicherweise Kyrus Gottes „Gesalbten" (Messias = hebr.: מָשִׁיחַ *maschiach*, s. S. 149), obwohl der Perserkönig Kyrus den Gott Israels doch gar nicht kannte. Das hebräische Wort *maschiach* wurde im Hinblick auf den Friedensbringer am Ende der Tage mit „Messias" eingedeutscht, und die griechische Übersetzung von *maschiach* lautet *„christos"*. Was wir also gegenwärtig für Jesu Eigennamen halten, ist hier ein *Funktionstitel*, den Gott für eine bestimmte Aufgabe verliehen hat. Um seines Knechtes Jakob/Israels willen übergibt Gott Babel an Kyrus, um gegenüber Fremdgöttern wie Marduk seine unvergleichliche Macht zu zeigen.

Gegen Unzufriedene und Zweifler (Jes 45,9–13)

Das (um eine *Botenformel*) erweiterte *Diskussionswort* weist mit dem Argument der Souveränität des göttlichen Schöpfers die Kritik der Deportierten an Gott zurück, er habe ausgerechnet einen fremden Herrscher zur Befreiung und Wiederherstellung seines Volkes bestellt.

Huldigung der Heidenvölker (Jes 45,14–25)

Gefangene fremder Völker aus dem Süden bringen Gaben zum Zion und bekennen sich zum alleinigen, bildlosen Gott, der mit der Errettung Israels aus dem Exil die Götterwelt als zwar sichtbar, aber machtlos erscheinen lässt. Durch sein Wort hat Gott die geordnete Schöpfung erschaffen, und er leitet öffentlich die Weltentwicklung zu Heil und Gerechtigkeit. Das *Diskussionswort* in Jes 45,20–25 wirbt bei den mit Israel geretteten Völkern wie auch unter allen anderen Völkern für die Anerkennung Adonajs als alleinigen Gott, was Israels einzigartige Gottesbeziehung nicht gefährden werde.

Der Sturz der Götzen Babels und die Allmacht Gottes (Jes 46,1–7)

Zunächst erlangte der Marduk-Kult von Babel, der unter dem letzten König Nabonid vernachlässigt worden war, nach der unerwartet friedlichen Einnahme Babels durch Kyrus 539 v. Chr. seine verlorene Geltung wieder zurück. Als dann der spätere persische König Darius in den Jahren 522/521 v. Chr. babylonische Aufstände (vgl. Jes 47) blutig niederschlug, versuchten die Babylonier ihre schweren Götterbilder von Marduk (Bel) und Nabu (Nebo) mit Lasttieren in Sicherheit zu bringen (vgl. Jes 46,1–2). Diese kuriose Fluchtsituation der mühevoll weggeschleppten, bewegungsunfähigen „hilflosen Helfer" greift die Gottesrede genüsslich-ironisch auf und kontrastiert sie mit Gott, der solche Rettungsaktionen nicht nötig hat, denn *er trägt* von Anbeginn sein Volk und rettet es.

Pazuzu ist ein Dämon, der in der sumerischen Mythologie vorkommt. Amulett, 8.–7. Jh. v. Chr.

Kyrus, Werkzeug Gottes (Jes 46,8–13)

Jes 46,9–11 fasst Deutero-Jesajas Botschaft noch einmal zusammen: Gott ist einzig, weil er zutreffend den Siegeszug des Kyrus geweissagt hat, durch den Gott seine Lenkung der Geschichte fortsetzt. Darum kann Gott auch alle stärken, die über die Verzögerung seines Heils verzagen wollen (vgl. Jes 59,9–14): Gottes Hilfe für den Zion und Israel kommt gewiss.

Der Sturz Babels (Jes 47)

Die Niederschlagung der babylonischen Aufstände von 522/521 v. Chr. durch den Perserkönig Darius bringt das demütigende Ende Babels und den Aufstieg Zions (46,13b; 52,1ff.). Zwei Gründe gibt es für den Untergang Babels: seine Unbarmherzigkeit gegenüber Israel, das Gott nur bestrafen, aber nicht vernichten wollte, und Babels Anmaßung der Gottgleichheit (s. Jes 47,7.10; vgl. 44,6; 45,14;

46,9). Wie das gedemütigte Zion (49,14ff.) wird nun Babel kinderlos und verwitwet dasitzen, und all ihre Magier und Sterne- und Traumdeuter werden Gottes Geschichtsmacht nicht wegzaubern können.

Gott als Lenker der Geschichte mahnt zum Auszug aus Babel (Jes 48,1–22)

Die *Gottesrede* kritisiert jene im babylonischen Exil lebenden jüdischen Menschen, die zwar an Israels Gott glauben und sich zu seinem Volk zählen, doch die nach der Eroberung Babylons durch Kyrus die ermöglichte Heimkehr nach Jerusalem verweigern, weil sie meinen, sie hätten in ihrer neuen großstädtischen Heimat bessere Lebensmöglichkeiten als im kleinbäuerlichen Juda und verwüsteten Jerusalem (vgl. Jer 29,1–11). Im Übrigen könnten sie auch in Babel Gott anbeten und zur jüdischen Gemeinde gehören. Diesen Heimkehrverweigerern erklärt die von Deutero-Jesaja wiedergegebene Gottesrede: Die Heimkehrunwilligen leugnen die Geschichtslenkung Gottes, der durch die vorherige Ankündigung der neuen Befreiung seine Herrschaft über die Geschichte erwiesen hat. So werden nur die nach Jerusalem in die ihnen unbekannte Heimat (wie einst Abraham, s. Gen 12,1ff.) aufbrechenden Exilanten zum Volk Gottes gehören, zum Samen Abrahams, den Gott liebt (Jes 41,8). Obwohl Gott als Schöpfer der Welt und Lenker der Geschichte Kyrus als Gottes Wegbereiter zum Sturz Babels und zur Befreiung Israels berufen hat, ist doch nicht Kyrus der wahre *„Knecht Gottes“*, sondern die *auszugswillige Exilgemeinde,* die in Jes 48,16c zum ersten Mal als prophetisch-königliche Gestalt selbst das Wort ergreift (vgl. 49,1ff.). Zu Gottes großer Enttäuschung befolgt nicht die gesamte Exilsgemeinde seinen dringenden Aufruf zum Auszug aus Babel, obwohl sie doch nur in Jerusalem eine glückliche und heilvolle Zukunft erwartet und gerade nicht in Babel. Anders als beim unbemerkten Auszug aus Ägypten verlassen diesmal die auszugsbereiten Exilierten vor den Augen der Weltöffentlichkeit mit einem *hymnischen Auszugsbefehl* Babel, um der Jerusalemer Bevölkerung in Jes 49,1–6 als *Knecht Gottes* vorgestellt zu werden, während die in Babel und dem dortigen Götzendienst Verbliebenen als Frevler keinen Frieden finden werden (57,21).

„Alle Berge mache ich zu Wegen, und meine Straßen werden gebahnt sein.“(Jes 49,11)

DER ZION-JERUSALEM-TEIL (JES 49–55)

Zweites Lied vom Gottesknecht (Jes 49,1–6)

Der *Knecht* reflektiert als Prophet (vgl. Jer 1) seine bisherige Sendung (vgl. Jes 42,1ff.) gegenüber dem exilierten Jakob/Israel und vor allem gegenüber der Völkerwelt als „Bund der Menschheit“ und „Licht der Völker“ (Jes 42,6). Dabei belegt Jes 49,3, wo *Israel* als Knecht angesprochen wird, eine *frühe Tendenz* der *kollektiven* Deutung des Gottesknechtes. Die rückkehrbereiten Exilierten stöhnen über ihre Mühe, Jakob/Israel wieder zu Gott zurückzuführen, und erhalten von Gott den neuen Auftrag, nun über den engeren Umkreis des Gottesvolkes hinaus als „Licht der Völker“ zu missionieren und dazu möglichst viele Glaubende aus der Diaspora zur Heimkehr nach Jerusalem zu bewegen.

Die wunderbare Heimkehr (Jes 49,7–13)

Dieser vermutlich spät abgefasste, verschiedene Aspekte der Botschaft Deutero-Jesajas zusammenstellende Abschnitt (vgl. 40,3f.; 9f.; 42,6f.; 61,2) gleicht das zweite Gottesknechtslied an das vierte an (bes. 53,3) und verheißt die Gottesverehrung durch Könige und Fürsten. Zudem wird zu „Licht der Völker“ ein Parallelbegriff eingeführt, aber auf Israel verengt: „Bund des Volkes“ (vgl. Jes 49, 8d). Zum Vorteil der heimkehrenden Diaspora soll das nachexilische Israel gestärkt werden.

Gottes Trost für Zion (Jes 49,14–50,3)

Die heimgekehrten Exilierten versuchen die an Gott verzweifelten Jerusalemer zu überzeugen. Darum wechseln auch so rasch die einzelnen *Redeformen* wie *Klage* (49,14), *Disputation* (49,15.24–26), *Heilsankündigung* (49,18.22f.) und *Paradoxie* (49,20–21). Der hoffnungslosen Zion/Jerusalem wird nicht die Klage, wohl aber deren endlose Dauer vorgehalten. Denn Israels zurzeit noch fehlender Kindersegen wird sich im scharfen Gegensatz zur bestehenden Kinderlosigkeit Babels mit der Heimkehr der Söhne und Töchter Israels aus den Völkern einstellen, nachdem Gott den Nationen das entsprechende „Zeichen“ (Jes 49,22) gegeben hat. Allen Jerusalemern, die behaupten, Gott habe seine Frau Zion verlassen, widerspricht Gott mit Verweis auf die fehlende Scheidungsurkunde: Der Ehebund zwischen Gott und Zion bestand auch im Exil, das im Übrigen nicht wegen Zions/Jerusalems Verfehlungen, sondern aufgrund der

Verfehlungen ihrer Kinder, der Bewohner der Stadt, kam. Alle an Gottes Rettung Zweifelnde sollen wissen: Gott kann jede aussichtslose Lage zum Guten wenden.

Das dritte Lied vom Gottesknecht (Jes 50,4–9)

Der *Vertrauenspsalm* spricht über die Mühen der aus Babel heimgekehrten prophetischen Gruppe der Verkünder der Heilsbotschaft. Als redebereite und hörwillige Schüler (den *Plural* des hebräischen Textes (s. Bibel in gerechter Sprache) geben z. B. die Luther-, Zürcher- oder Einheitsbibel leider im Singular wieder) empfangen sie täglich Gottes Hoffnungswort für die resignierten Jerusalemer und Gottes Hilfe bei allen Anfeindungen.

Gottes mächtige Hilfe (Jes 50,10–51,8)

Alle, die diese prophetische Gruppe der Heimgekehrten in Jerusalem hören, müssen sich im Dunkel ihres Lebens entscheiden, ob sie allein Gott vertrauen und sich folglich von denen distanzieren wollen, die weiterhin diese Botschaft anfeinden und dafür ein vernichtendes Ende erleiden (Jes 50,10–11).

Allen, die Gott und seine Gerechtigkeit suchen, aber im verelendeten Jerusalem resigniert sind, wird versichert, dass Zions felsenfester Bestand und ihr gesicherter Wasservorrat auch durch die Katastrophe von 586 v. Chr. nicht zerstört worden sind. Die gegenwärtig geringe Bevölkerung kann Gottes Erbarmen so zahlreich wie Abrahams und Saras Nachkommen machen und Jerusalems Ruinen in einen Garten Eden verwandeln (Jes 51,1–3).

Trotz der notwendigen Missionsarbeit in Jerusalem bleibt die prophetische Gruppe der Rückkehrer auch ihrem weltweiten Sendungsauftrag treu: Vom Zion wird die Tora Gottes an die Völker ausgehen (vgl. Jes 2,2ff.). Nach und nach wird das gesamte Gottesvolk wieder Gottes Weisung im Herzen tragen, während die Völker die Tora durch Israels Vermittlung empfangen müssen, sodass Israels Vorzug bestehen bleibt (Jes 51,4–8).

Der starke Arm Gottes (Jes 51,9–16)

Mit einem dreifachen *Weckruf* rüttelt die heimgekehrte Exilsgemeinde den als schlafend vorgestellten Gott wach und erinnert ihn im Sinne der *Zionstheologie* an seine früheren Heilstaten wie die Bezwingung des Chaosmonsters Rahab zur Erschaffung der Welt (vgl. Jes 30,7; Ps 74,13ff.; 89,11), die Herausführung Israels aus Ägypten und die Rettung des Gottesvolkes am Schilfmeer vor dem Heer der Ägypter. Wie in jedem *Klagepsalm* endet dieser dramatische *Weckruf* mit dem *Bekenntnis der Zuversicht*, das die erhoffte Errettung im Gebet schon als real erlebt (vgl. Ps 13; 22; 28; u. a.): Freudiger Jubel über die aus Exil und der Diaspora nach Zion/Jerusalem durch die Chaosfluten Heimkehrenden ist bereits vernehmbar (Jes 51,9–11).

Die Klage der Zionsgemeinde über Gottes angebliches Schlafen und seinen ausbleibenden Schutz vor sterblichen Bedrängern bei ihrer prophetischen Sendung beantwortet ein *kultisches Heilsorakel* an Jerusalems hörwillige Bevölkerung, die auf Gottes chaosbändigende Kraft und Befreiungsmacht fest vertrauen solle (51,12–16).

Gottes Zornesbecher (Jes 51,17–23)

Nach der wirksamen Tröstung durch Gott solle Zion ihre Trauer aufgeben und nach dem Fall Babels (vgl. Jes 47,1ff.) sich wieder erheben; denn der Zornesbecher Gottes voller Krieg, Hunger und Tod, der einst Zion gereicht wurde, gilt nun denen, die damals grausam über Zions Rücken hinwegstampften (vgl. Klgl 4,21).

Das neue Heil für Zion (Jes 52,1–12)

Gottes *Weckruf* an Zion ergänzt sein Trostwort von Jes 51,17 und fordert Jerusalem auf, als Gottes Braut ihre Festgewänder anzuziehen, um Gott als siegreichen König (vgl. Jes 52,7ff.) zu empfangen, denn die jahrhundertelange Unterdrückung durch Ägypten, Assur und Babel geht zu Ende, und die Geschichte kommt zu ihrem wahren Ziel: Israels Erkenntnis Gottes, der zu Recht von sich selbst bezeugen kann: „Ich bin da!" (Jes 52,1–6).

Eine *hymnische Vision* bejubelt den in Deutero-Jesajas Prolog (Jes 40,1–11) bereits angekündigten und nun beginnenden Triumphzug, mit dem Gott als siegreicher König vor den Augen der Völker nach Zion/Jerusalem zurückkehrt. Die Wächter geben die *gute Botschaft* (griech.: εὐαγγέλιον *„euaggelion" = Evangelium"*) des Freudenboten weiter, der Frieden (Schalom) und Rettung als sein *Regierungsprogramm* für Zion ankündigt, nämlich die Befreiung der Exilierten, den Untergang Babels und den Wiederaufbau Jerusalems als „Werke seines Armes" (Jes 52,10; 40,10; 51,5.9; 53,1). Mit den Exilierten aus Babel sollen auch *alle Diaspora-Juden* nach Jerusalem zurückkehren.

Das vierte Lied vom Gottesknecht (Jes 52,13–53,12)

Die ersten drei Gottesknechtslieder (42,1–4; 49,1–6; 50,4–9) werden mit diesem vierten Lied fortgesetzt, das durch das Völkerthema (52,15) in seinen Kontext eingebunden ist (53,10). Von *Heilsworten* (vgl. Kap. 52; 54) umgeben und von einer Gottesrede (Jes 52,13–15; 53,11b–12) umrahmt, denkt eine Gemeinschaft („Wir": Jes 53,1–11a) darüber nach, wie sich ihre Beziehung zu diesem Knecht (52,13; 53,11b) erstaunlicherweise von völliger Ablehnung zur Anerkennung seines stellvertretenden Leidens (Jes 53,4–6) gewandelt hat. Die bei Deutero-Jesaja erwähnten beiden Gestalten, der zum Tode verurteilte Gebeugte (vgl. Klgl 3) und die gepeinigte Frau Zion (53,4.7; 51,21.23; 54,11), nähern sich immer weiter an: Beiden wird reiche Nachkommenschaft verheißen (53,10; 54,1ff.). Das als „Wir“ auftretende Kollektiv ist wahrscheinlich die Gruppe von Judäern, die im nachexilischen Israel auch nach der ersten Welle der Heimkehrer aus Babel und der Diaspora immer noch nicht auf eine gelingende Wiederherstellung Jerusalems vertrauen können. Nun müssen sie einsehen, dass das verwüstete Jerusalem, nämlich der Knecht, die Schuldtilgung getragen hat, die eigentlich *sie* hätten ableisten müssen (Jes 53,10; vgl.53,12b). Eine andere, *auch mögliche Deutung* sieht den leidenden Gottesknecht in der namenlosen Prophetengestalt „Deutero-Jesaja“, der stellvertretend für das Gottesvolk leidet. Die rahmende Gottesrede (52,13–15; 53,11b–12) zeigt auf, wie nicht nur Israel, sondern auch die große Völkerwelt das überraschende Überleben des Knechtes, d. h. die unerwartete Wiederbelebung Jerusalems, bestaunt. Zum Schluss wird dem Knecht, also dem aus seiner schrecklichen Verwüstung geretteten Jerusalem, Anteil an der Beute der Mächtigen versprochen. Wie im Buche Ijob (Ijob 42,12) erhält auch in Jes 53,10f. ertragenes Leid seinen gerechten Lohn.

Die christliche Überlieferung hat gerade mit diesem vierten Gottesknechtslied das Leiden und Sterben Jesu gedeutet.

Das verheißene Glück im neuen Zion/Jerusalem (Jes 54,1–55,5)

Als Wirkung des göttlichen Wortes (55,10–11) wird die zukünftige Wandlung Zions von der kinderlos verstoßenen Frau (vgl. 1 Sam 2,1–11) zur kinderreichen Mutter und Braut Gottes dargestellt.

Gottes Segen für das Volk (Jes 54,1–10)

Trotz der noch ausstehenden Heilswende soll Zion/Jerusalem schon wie eine kinderreiche Mutter jubeln, weil bald viele Rückkehrer in ihr wohnen und die Völker beerben werden (Jes 54, 1–3). Mit einem *Heilsorakel* (Jes 54,4–6) und der *Heilsankündigung* aus einem *Disputationswort* (Jes 54,7–10) soll Jerusalem von seiner guten Zukunft überzeugt werden. Wie einst nach der Sintflut schwört Gott noch einmal mit dem dreifachen Noach-, Zions- und David-Bund, nach einer kurzen Zeit des Zorns, sich wieder durch seinen Friedensbund (*berit schalom)* mit Treue/Gnade (*chesed*) und Erbarmen Zion zuzuwenden.

Das neue Jerusalem (Jes 54,11–17)

Jerusalem soll völlig erneuert und gesichert werden. Gottes *Schüler*, deren Aufgabe innerhalb des frühnachexilischen Israel erst bei Trito-Jesaja in Jes 56–66 (vgl. 56,6; 63,17; 65,8.9.13–15; 66,14) erkennbar wird, sind die wahren Nachkommen Zions und des *leidenden Gottesknechtes* (vgl. Jes 53,10).

Heil für das ganze Volk (Jes 55,1–5)

Alle Durstigen und Hungrigen sind eingeladen, sich kostenlos am Wasser des Lebens und beim Bundesmahl mit Gott zu laben. Wie in Jes 12,3 verheißen, sollen alle nach Gott Suchenden aus der nie versiegenden Lebensquelle der Tora-Belehrung schöpfen dürfen und dabei an dem nun demokratisch auf alle Gotteszeugen übertragenen „ewigen“ Davidbund teilhaben. Freiwillig werden nun die Völker zur Tora-Belehrung nach Jerusalem kommen (Jes 2,2–4). Im Gespräch mit der Samaritanerin in Joh 4,10 hat sich Jesus vielleicht auch auf diese Stelle bezogen, wenn er vom Wasser spricht, das jeden Durst stillt (s. auch Jes 12, 3).

Epilog: Mahnung zu Umkehr und Vertrauen auf Gottes Wort (Jes 55,6–13)

Die Verse Jes 55,10–13 nehmen die Aussage von 40,6–8 wieder auf: Gegen allen Zweifel wird Gottes Wort Heil bewirken. Zur Teilhabe an diesem Heil sind alle eingeladen, wiederholt eine *priesterliche Belehrung* (Jes 55,6–7); selbst Frevler haben noch eine Umkehrchance, solange Gott nahe ist. Nicht nur die aus Exil und Diaspora Heimkehrenden, sondern *alle* Menschen aus Israel *und* den Völkern dürfen sich nun „über die Rückkehr von Gottes Heil nach Jerusalem“ freuen. Selbst die übel riechendem, sperrigem Gestrüpp gleichenden Frevler verwandeln sich in fruchtbare, wunderbar duftende Bäume – zu Gottes Ruhm und ewigem Zeichen.

TRITO-JESAJA (JES 56–66)

Trotz der Heilsverzögerung, für die das nachexilische Israel allein verantwortlich ist, hält Gott an seinem endzeitlichen Heilsziel fest: die neue Gottesgemeinde aus Israel und den Völkern, die allein Gott anbetet, seine Tora hält und unaufhörlich das weltumspannende Gotteslob singt.

„Statt Dornen wachsen Zypressen.“ (Jes 55,13)

DIE INNERE ERNEUERUNG DER ZIONSGEMEINDE (JES 56–59)

Gottes Heil auch für gerechte Fremde und Kinderlose (Jes 56,1–8)

Einmalig in der Hebräischen Bibel (vgl. Apg 15) wird die Zulassung zur Israel-Gemeinde *entschränkt*: Nicht mehr die *Beschneidung* (Gen 17; vgl. Ez 44,9ff.), sondern *gerechtes soziales Verhalten* und die *Einhaltung des Sabbats* eröffnen auch Fremden, Eunuchen (vgl. Apg 8,26ff.) und den nach Dtn 23,2 aus der „Versammlung Gottes" ausgeschlossenen Männern mit zerquetschten Hoden den Zutritt zum Gottesbund und Gottesgarten auf dem Zion. Diese Entschränkung des Heils dient allerdings seiner Beschränkung auf die Gerechten: Nur die Sammlung der Diaspora und die Gerechten aus den Völkern dürfen auf dem heiligen Zionsberg im Tempel Opfer und Gebete vor Gott bringen.

Die Notwendigkeit der Umkehr zu Gott (Jes 56,9–59,21)

Ein Schülerkreis des Propheten Trito-Jesaja hat Mitte des 5. Jh. v. Chr. diese prophetischen Anklagen in Jes 56,9–59,21 vor die großen Heilskapitel ihres Lehrmeisters (Jes 60–62) gesetzt, um aufzuzeigen: Nicht Gott, sondern das nachexilische Israel ist für die Heilsverzögerung verantwortlich; darum muss nun unbedingt das falsche Verhalten geändert und Umkehr vollzogen werden.

Drohung gegen die Oberschicht (Jes 56,9–57,13)

Die *prophetische Anklage* (Jes 56,9–57,3) beschuldigt die führenden Kreise des Volkes wegen ihres egoistischen und liederlichen Verhaltens und ihrer kultischen Vergehen. In Form einer *gerichtlichen Anklage* (Jes 57,3–13) ergeht ein Wort der prophetischen Gemeinde gegen schlimmen Götzendienst wie Fremdgötterverehrung und sogar Kinderopfer (vgl. Lev 18,21; Dtn 12,31; 2 Kön 17,17; 23,10).

Verheißung für die Frommen (Jes 57,14–21)

Das *Heilswort* (57,14–19) und die *Reflexion* über das Wesen der Frevler (57, 20–21) legen den Leitern des Volkes nahe, alle Hindernisse für die richtige Gottesverehrung der Gemeinde sowie soziale (56,9–57,2) und kultische Missstände (57,3–13) aus dem Weg zu räumen (vgl. Jes 40,3). Denn Trost für die Trauernden, Heil für die Gottesgemeinde und Frieden für die Gerechten Jerusalems, der Diaspora und der Völkerwelt wird es erst dann geben, wenn wirklich alle Missstände als Hinderungsgründe für Gottes Gegenwart beseitigt sind.

Vorbereitung auf das kommende Heil (Jes 58–59)

Dem anfänglichen *Schuldnachweis* (58,1b) entspricht die abschließende Verheißung (59,20). Gott kommt als Löser (*goel*; vgl. Jes 41,14b und Ijob 19,25a) nur für die umkehrwilligen Israeliten zum Zion. Nach Gottes Willen müssen alle Hindernisse (Jes 57,14) auf dem Weg des Volkes weggeräumt werden: Zunächst müssen die Fragen zum *Fasten* und *Sabbat* geklärt werden (Jes 58), und danach ist die *Klage* zurückzuweisen, Gott könne oder wolle nicht retten.

Wahre Frömmigkeit (Jes 58)

In der exilisch-nachexilischen Zeit fanden wohl *regelmäßige Klagefeiern mit begleitendem Fasten* zum Gedenken an die Zerstörung Jerusalems und des Tempels sowie zur Bitte an Gott um die Errettung aus der anhaltenden Not statt. Bei ihrer Kritik an diesen Feiern verbinden die prophetischen Schüler Trito-Jesajas einige soziale und kultische Grundsätze des Propheten Jesaja (Jes 1,10–20) mit der Heilsverkündigung ihres prophetischen Lehrers in Jes 60–62 und übertragen diese in ihre Zeit (Jes 58,8a.10b). Dabei wird nicht das Fasten selbst getadelt, sondern die ausbleibende konkrete Hilfe für Arme. Allerdings fehlt bei der Ermahnung zur Sabbatbeachtung der Hinweis auf die soziale Verantwortung.

Hindernisse für das kommende Heil (Jes 59)

Die *Scheltrede* in 59,3–8 deckt auf, dass nicht Gott, sondern Israel für die nachexilische Not verantwortlich ist, weil die Zionsgemeinde immer noch erhebliches soziales Unrecht in ihrer Mitte duldet (59,1–8). Nach dieser zurückgewiesenen Klage, dass Gott das Heil verzögere, *gestehen* die Beschuldigten gemeinsam ihre Schuld ein: Abkehr von Gott, Gewalttat, Lügen, Unrecht, Hereinlegen des Redlichen im Handel und vor Gericht. Diese Schuld wird mit dem Ausbleiben des Heils bestraft (59,9–15a). Gott kommt nur zu denen als Löser (vgl. Jes 41,14b), die ihre Schuld bekennen, und er bekämpft als mächtiger Krieger alle Sünder. Dabei zeigen Gottes Gewänder der „Vergeltung" und des „Eifers" nicht Rachsucht, sondern Gottes leidenschaftlichen Einsatz für die Durchsetzung des Rechtes zum Schutz der Benachteiligten (Jes 59,15b–20). Nur den *Umkehrwilligen* gilt Gottes Bund, der ihnen und ihren Nachkommen den Geist Gottes, d. h. eine prophetische Begabung (Jes 51,16), verspricht und sie so zu geistbegabten, von Gott gesalbten *prophetischen Nachkommen des leidenden Gottesknechtes* erklärt (Jes 53,10), wie die Stichworte aus Jes 61 „Bund", „Geist" und „Nachkommen" anzeigen (Jes 59,21).

Die künftige Herrlichkeit Zions (Jes 60–62)

Trito-Jesajas Kernbestand in Jes 60,1–62,17 wird von einigen Auslegern auch als rein literarische „Fortschreibung" (s. Sach 9–11) von Jes 40–55 erklärt. Geschichtlich beziehen sich die Kapitel Jes 60–62 auf die Jahrzehnte nach der Einweihung des restaurierten Tempels im Jahre 515 v. Chr., wobei der anonyme Prophet Zions strahlende Zukunft mit Deutero-Jesajas Verkündigung ausmalt (51,17; 52,1). Jes 60 und 62 schildern die Ankunft des lichten Heils für Jerusalem; Jes 61 erschaut die Durchsetzung der sozialen Rechtsordnung Gottes in Jerusalem.

Völkerwallfahrt zum gesegneten Jerusalem (Jes 60)

Der *trito-jesajanische Grundbestand* von Jes 60,1–9.13–16 lässt sich in drei Teile gliedern:

1. 60,1–3 beschreibt den Aufgang des Lichtes aus dem Dunkel mit der beginnenden Völkerwallfahrt. Jerusalem soll sich erheben, und Babel muss herabsteigen. Zion kann selbst zum Licht werden, weil Gottes Herrlichkeit (hebr. כָּבוֹד *kavod*) über ihr aufgegangen ist. Von diesem Licht angezogen, kommen die Weltvölker zum Zion.
2. Die Verse 60,4–9 verheißen die Heranführung der Kinder Zions und der Schätze der Völker.
3. In 60,13–16 erscheint Jerusalem als „Gottesstadt", die mit ihrer Gotteserkenntnis die Aufgabe des Gottesknechtes übernimmt, „Licht der Völker" zu sein (Jes 42,6; 49,6). *Jes 60, 10–12* fügen sich an und zeigen eine negativ imperiale Einstellung gegenüber den Völkern. Hinzu kommen *Jes 60,17–22,* wo angekündigt wird, dass nun nicht mehr die Völker ihre Gaben bringen, sondern Gott aktiv wird und minderwertige Werkstoffe beim Tempel- und Stadtaufbau (vgl 1 Chr 22,14) gegen wertvollere austauscht: ein eindringliches Bild dafür, wie Gott die völlig ungeeigneten Führungskräfte gegen seine Friedens- und Gerechtigkeitsordnung austauscht (vgl. Jes 60, 17–18). Nachdem nun Gottes ewiges Licht Sonne und Mond für Jerusalem ersetzen und jede Trauer beendet wird, wohnen nur noch Gerechte in der Stadt und bilden ein großes Volk, das für immer das Land besitzt und Gottes blühenden Garten darstellt.

Die frohe Botschaft des Gesalbten Gottes (Jes 61)

Zion spricht als geistbegabter prophetischer Gottesknecht mit der königlichen Aufgabe, Gottes Recht durchzusetzen, d. h. in der damaligen persischen Zeit in und um Jerusalem jene Menschen zu befreien, die vor allem wirtschaftlich geknechtet wurden. Die persische Finanz- und Steuerpolitik unter Darius I. (522–468 v. Chr.) hatte zur Entsolidarisierung der judäischen Bevölkerung und zur extremen Verarmung vor allem der Kleinbauern geführt. Sie konnten nur durch die Freilassung aus der Schuldknechtschaft befreit werden, was normalerweise erst im Sabbat- bzw. Jubeljahr vorgesehen war (Lev 25,10; Ez 46,17; Jer 34,8.15.17). In *Lk 4,16–21* beansprucht *Jesus* diese Zion-Verheißung Trito-Jesajas zur messianischen Deutung seiner Sendung.

Nachdem der „Besitz der Völker" auf Jerusalem übergegangen ist, werden Fremde dort die weltliche Arbeit der Landwirtschaft übernehmen, damit alle Einwohner Zions mit prophetischem Geist begabte Priester (vgl. Ex 19,6) sein und gut davon leben können: Sie erhalten einen Zweitbesitz in fremden Ländern. Jüdische Auslegung versteht Jes 60,10–11 als ein Danklied, das Zion singt, weil es am Ende seiner prophetisch-königlichen Sendung vor den Augen der Weltvölker von Gott Gewänder des Heils und der Gerechtigkeit erhält, also eine gerechte Gesellschaft bekommt.

Die verherrlichte Stadt Gottes (Jes 62)

Dem Argument seiner Gegner, Gott verzögere sein Heil, entgegnet der Prophet Trito-Jesaja mit dem Gotteswort, Gott werde nicht schweigen, bis er sein heilsames Recht in Jerusalem/Zion durchgesetzt habe. Dann kommen Völker und Könige, und Jerusalem erhält einen neuen Namen (62,4 vgl. 62,12; 60,14) und königliche Würde an der Seite Gottes (Jes 61,10). Jetzt schließt Gott seinen Einzug in Jerusalem, der Stadt seiner Wonne, ab. Gleichwohl dürfen die Wächter auf der Stadtmauer weder schweigen noch ruhen: Unermüdlich sollen sie Gott an den Wiederaufbau Jerusalems erinnern. Im Kontrast zur „globalen" Heilsverheißung für Jerusalem/Zion beschreiben die Verse Jes 62,8–9 die wirklichkeitsnahe *„Vision" der kleinen Leute:* die Früchte der eigenen Arbeit selbst genießen zu dürfen (vgl. 65,21f.) ohne Ausbeutung durch Fremde (Jes 1,7; Neh 9,36f.), und auch beim Jerusalemer Gottesdienst nicht weiterhin zu kurz zu kommen, sondern in den Tempelvorhöfen die eigenen Erträge dankbar verzehren zu können (Dtn 12,7; 14,22; 16,1ff.). Die Stadtwächter sollen vor die Mauern Jerusalems gehen und allen aus Israel und den Völkern, die zu diesem Ort der Gerechtigkeit und des Heils unterwegs sind, den von Hindernissen bereinigten Weg in die Gottesstadt zeigen. Hier sollen sie Gottes Ankunft und seinen Siegpreis ansagen: alle, die er aus Israel und den Völkern gewonnen hat. Sie erhalten nun den Ehrentitel „Das heilige Volk" (Ex 19,6; vgl. Jes 61,6), wie auch Jerusalem ab jetzt „Begehrte, nicht mehr verlassene Stadt" heißen wird (vgl. Ez 48,35).

Völkergericht und Endzeitheil (Jes 63–66)

Die *Wächterbefragung* (Jes 63,1–6) weist auf die Vorbereitung Gottes zum Kampf gegen die Frevler (Jes 59,15b–20), das *Volksklagegebet* mit dem Bekenntnis der Sünden (Jes 63,7–64,11) auf das kollektive Sündenbekenntnis (59,9–15a) zurück.

Feinde Gottes (Jes 63,1–6)

Das von Trito-Jesaja angekündigte Heil wird sich erst einstellen, wenn die nicht bekehrungswilligen Sünder vernichtet werden, die immer noch ihr asoziales und götzendienerisches Verhalten weiterführen und darum mit Edom, dem Mitte des 5. Jh. v. Chr. untergegangenen Erzfeind Israels, gleichgesetzt werden.

Klagegebet des Volkes um Gottes Erscheinen (Jes 63,7–64,11)

Diese *Volksklage* spricht die Knechtsgemeinde (Jes 59,21), die der prophetischen Mahnung (vgl. Jes 56,9ff.) bereits entsprochen und sich von ihren religiösen und sozialen Sünden abgewendet hat. Die hörende, geistbegabte Zionsgemeinde betet in tiefer Solidarität zur Gruppe der Gottesknechte diese *Volksklage* mit, die überraschend mit einem *hymnischen Gotteslob* beginnt, anschließend auf die Geschichte des Gottesvolkes wie auf eine Abfolge von Israels Ungehorsam und Gottes Heilstaten zurückblickt und in der gegenwärtigen nachexilischen Not erneut um Gottes baldige Rettung bittet. Wie Mose mit Gottes Geist begabt war, so möge auch die geistbegabte Zions- und Knechtsgemeinde nach der schweren Exils- und Wiederaufbauzeit durch Gottes Geist endlich zur Ruhe kommen (Jes 63,7–14). Blickte der erste Teil der Volksklage auf Israels Geschichte zurück, so wendet sich der zweite Teil an Gott und fragt nach Gottes kriegerischem Verteidigungseifer und seinem mütterlich-väterlichen Erbarmen; denn der Bruch der Betenden mit ihrem bisherigen Vertrauen auf die Herkunft von ihrem Stammvater Abraham ist radikal: Sie erhoffen sich nur noch Hilfe von *Gott als ihrem Vater* (vgl. Tob 13,4 (so in Einheitsübersetzung, Zürcher Bibel und Bibel in gerechter Sprache, die die Tobit-Version der griech. Handschriften *Codex Vaticanus* und *Alexandrinus* übersetzen); vgl. Jes 45,10; Ps 103,13; Ex 4,22; Hos 11,1) und ihrem Löser (*goel*) (vgl. Jes 41,14b), der nun so eingreifen möge, dass Gegner und Völker den *einzigartigen* Namen Gottes erkennen. Wegen ihrer eigenen Sünden habe Gottes Zorn sich auch nach dem Exil und der Heimkehr noch nicht gelegt. Auf die abschließende Frage des Volksklagegebets, warum denn Gott zu all diesen Klagen schweige, ergeht unverzüglich Gottes Antwort in Jes 65,1ff.

Gegen die Götzendiener (Jes 65,1–16d)

Dem Vorwurf, er sei unerreichbar gewesen, entgegnet Gott in einer die letzten beiden Kapitel Jes 65–66 bestimmenden *Gottesrede*, er sei immer auf ein störrisches Volk gestoßen, das Götzen nachgelaufen und keineswegs ein „heiliges Volk" gewesen sei. Doch um Zions willen könne er nicht schweigen und wende sich aktiv gegen Abtrünnige und Götzendiener. Erst nach der Scheidung der getreuen Knechte von ihren untreuen götzendienerischen Gegnern innerhalb der nachexilischen Gemeinde werde das Heil für die Knechte im neuen Jerusalem da sein. Nur diese Knechte würden als die wahren Nachkommen des Gottesknechtes und des Zions das nachexilische Israel vor der völligen Vernichtung bewahren (Jes 65,1–7). Während die Volksklage von Jes 63,7–64,11 das Gottesvolk noch als eine Einheit anspricht, wird nun zwischen Knechten und Gegnern unterschieden und werden nur noch die Knechte zum Gottesvolk gezählt, die nicht auf Glücksgötter vertrauen, sondern beim „Gott des Amen" schwören (Jes 65,8–16d).

Blick durch das Kidrontal auf die Stadtmauer von Jerusalem

Das endzeitliche Heil (Jes 65,16e–25)

Eine neue Schöpfung wird den Nachkommen der von Gott Gesegneten, d. h. der getreuen Knechte und ihrer Nachfahren, eine paradiesische, irdisch erlebbare Friedensordnung auf dem Zion schenken, die das gegenwärtige vielfältige Leid von frühem Tod, Ausbeutung und Fremdherrschaft in heilsame Lebensfülle und friedfertige Beziehungen verwandelt.

Beschreibung der Endzeit (Jes 66)

Der 515 v. Chr. neu geweihte Tempel mit seinem Opferdienst sowie der Umgang der Menschen miteinander stehen zurzeit nicht im Einklang mit Gottes neuer Schöpfung und Friedensordnung, denn Ausgrenzung der nicht jüdischen Ehepartner (vgl. Esra 9,2–4; 10,3), Menschenverachtung und Götzendienst bestehen weiter. Dies wird Gott von der Stadt und vom Tempel aus beseitigen (Jes 66,1–6). Geburt und Heranwachsen der neuen Zionsgemeinde werden verheißen: Zion gebiert plötzlich den *Gottesknecht* (vgl. Jes 52,15; 53,12), d. h. *die Gruppe der Gottesknechte*. Sie und ihre Nachkommen sind Zions Kinder, die lebenslang von Zion gestillt, getragen und getröstet werden. Dieser *Trost*, ein abschließend verwendetes *Leitwort des Jesaja-Buches*

Der Tempel nach dem Jerusalem-Modell im Israel Museum in Jerusalem

(Jes 12,1; 40,1 (!); 49,13; 51,3.12; 52,9), gilt nun nicht mehr den Heimkehrern aus dem Exil oder der gesamten Jerusalemer Bevölkerung, sondern nur noch den Trauernden Zions (Jes 61,2), d. h. der *Gemeinde der Knechte*: Ausschließlich deren Gebeine (vgl. Jes 58,11; Ez 37) werden wieder erblühen (Jes 66,7–14). Der letzte Abschnitt des Jesaja-Buches (66,15–24) erzählt von der Völkerversammlung, der Völkerwallfahrt sowie den Diaspora-Heimkehrern und deren priesterlichem Dienst. Gott wird vom Tempel aus alle Götzendiener und ihre schlimmen Praktiken vernichten und die Völker sowie die Diaspora-Judenschaft sammeln (Jes 56,8), sodass der Tempel zu Recht ein Bethaus für alle Völker (Jes 56,7) heißt. Nun werden auch die Gottesanbeter aus den Völkern zu missionarischen Gottesknechten für die Nationen (Jes 52,15; 53,1). Diese Völker werden bei ihrer Wallfahrt von allen Diaspora-Juden begleitet, die am priesterlichen Dienst im Jerusalemer Tempel teilhaben sollen. Die *neue Gottesgemeinde* aus Israel *und* den Völkern, die sich im Jerusalemer Tempel zur Verehrung Gottes versammelt und die jüdischen Feste feiert, heißt *„alles Fleisch“*, so die genaue Übersetzung aus dem Hebräischen, und verweist damit auf die noch ungetrennte Menschheit vor der Sintflut (vgl. Gen 6–9) und auf das weltumspannende Gotteslob (vgl. Ps 65,2–3; 136,23; 145,21). Das neue Jerusalem hat keinen Platz mehr für Rebellen gegen Gott, darum werden ihre Leichen nicht verwesen, sondern auf ewig ein Zeichen des Abscheus für alle Menschen sein.

Doch die jüdische Tradition resigniert nicht vor diesem hoffnungslosen Ende in Jes 66,24, sondern wiederholt bei jedem Verlesen dieses letzten Kapitels des Jesaja-Buches noch einmal das *welt- und völkerumspannende Gotteslob aus 66,23* und beendet damit das Jesaja-Buch gerade mit *diesem Hoffnungsbild*, das an Jesajas „Namensprogramm“ festhält: *„Gott hat Heil gebracht!“*

Jeremia – Letzte Warnung vor dem Gericht

Jeremia wird als ein empfindsamer Prophet geschildert, der sich vor seinen Feinden fürchtet, unter der Last der Offenbarung leidet und dennoch konsequent zu seinem Gott hält, dessen Auftrag er trotz heftigster innerer und äußerer Widerstände treu und buchstäblich erfüllt, immer wieder Unheil, aber zuweilen auch Heil anzukündigen.

Der Untergang Judas mit der Zerstörung Jerusalems durch Nebukadnezzar im Jahre 586 v. Chr. ist das zentrale Ereignis im Buch Jeremia. Dabei deutet der Prophet Jeremia die von ihm lange vorher angekündigte Katastrophe als Gericht Gottes, das wegen der langjährigen religiösen und sozialen Verstöße der Regenten des Volkes sowie der Priester und Propheten kommt. Jeremia wird als Sohn einer priesterlichen Familie aus Anatot nahe Jerusalems vorgestellt. Er wirkte zwischen 627 v. Chr. und 586 v. Chr., wobei vier Phasen seiner Verkündigung zu unterscheiden sind:

1. die Frühzeit-Verkündigung vielleicht schon unter Joschija 609 v. Chr. (Jer 1–6),
2. die Regierungszeit Jojakims bis 598 v. Chr. (Jer 7–20),
3. die darauf folgende Zeit bis zum Ende Jerusalems (Jer 21; 22; 24; 27–29) und
4. die frühe Exilzeit (Jer 40–44).

Vermutlich ist das Buch in drei Schritten entstanden: Die Basis bilden die Aussprüche Jeremias in Jer 1–23 und Jer 46–49. Dazu kommen Erzählungen seines Schreibers Baruch über Jeremia in Jer 19–20; 26; 28; 29; 34; 36–45. In nachexilischer Zeit wurden die Texte vermutlich im Geist des Deuteronomiums und des deuteronomistischen Geschichtswerkes „fortgeschrieben" (s. zu Sach 9-11, S. 262). Der hebräische Text des Jeremiabuches ist etwa um ein Siebtel länger als der griechische Text in der Septuaginta.

Die ersten Kapitel erzählen, wie Jeremia trotz seines Unwillens von Gott als Prophet in Beschlag genommen wird. Er soll Juda ein letztes Mal verwarnen, bevor die Konsequenzen für den Abfall von Gott und für die Missachtung seiner religiösen und sozialen Gebote drohen. In dieser Situation eröffnet Gottes liebende Güte dem Volk die Möglichkeit, in letzter Minute umzukehren. Die Kapitel Jer 4–26 beschreiben die Eroberung Jerusalems und Judas, die Kapitel 27–45 das Schicksal Jeremias. Darin enthalten die Kapitel 30–33 Heilsworte von der liebenden Zuwendung Gottes und die Ankündigung eines neuen Bundes. In Jer 46–51 wird deutlich, dass auch die benachbarten Völker vom Schicksal der Eroberung betroffen sind. Jer 52 schließlich erzählt von der Zerstörung Jerusalems.

Jeremias Berufung (Jer 1)

Jeremia hat als junger Mann eine Vision, in der Gott ihn zum Propheten der Völker beruft. Wie Mose, so erschrickt auch Jeremia über die Berufung, denn er hält sich selbst nicht für redegewandt und für viel zu jung (vgl. Ex 4,10). Da es aber die Worte Gottes sind, die Jeremia in den Mund gelegt werden, sind weder Alter noch rednerische Fähigkeit für das Prophetenamt wichtig. Im Bild eines Mandelbaums (hebr. שָׁקֵד *schaqed* = der Wachsame) zeigt Gott Jeremia mithilfe eines Wortspiels, wie er selbst über die Ausführung seines göttlichen Wortes wachen (hebr. שֹׁקֵד *schoqed*) will. Die Vision von einem glühenden Kessel, der sich von Norden her neigt, zeigt die Gefahr des babylonischen „Feindes aus dem Norden" für Jerusalem. Gott kündigt an, dass der Untergang nahe ist. Dem Propheten Jeremia jedoch verheißt Gott seinen Schutz.

Israels Untreue (Jer 2,1–3,10)

Gott verweist auf die frühe Wüstenzeit ungetrübter Gottesliebe der Vorfahren, als Israel ihm noch treu war. Verschiedene Vergleiche stellen bildhaft Israels religiöse Untreue, sein soziales Unrecht und seine fatale politische Fehleinschätzung durch Könige, Beamte, Priester und Propheten als Abfall von Gott dar. Andere Völker, die Gott nicht kennen, sind ihren Götzen treuer als Israel dem lebendigen Gott. Die Propheten weissagen nicht mehr wahrhaftig, sondern im Namen der Baale. Israel hat die Quelle lebendigen Wassers aufgegeben, um aus rissigen Brunnen zu trinken. Anstatt auf Gott zu vertrauen, hat Israel immer wieder bei anderen Völkern Hilfe gesucht. Wiederholt ist es Verträge mit Ägypten und Assur eingegangen. Obwohl einst als eine edle Rebe gepflanzt, wurde Israel durch seine Untreue zu einem verwilderten Weinstock. Wie eine Prostituierte, die den Männern nachläuft, betet Israel Götzen an. Keine der Strafen, die Gott seinem Volk gesandt hat, nicht einmal der Untergang des Nordreichs 722 v. Chr., hat Juda und Jerusalem zur Umkehr bewegt.

Schon früher drohte Gefahr aus dem Norden: Assyrischer Beamter auf einer Stele, ca. 859–825 v. Chr., ca. 250 Jahre vor der Zeit Jeremias

Aufruf zur Umkehr (Jer 3,11–4,4)

Gott verheißt ein neues Heil als Rückkehr aus dem Norden zum Zion mit weisen Hirten (Königen), vielen Nachkommen, in die Herzen eingeschriebenen Geboten und Gottes Gegenwart auf dem Zion, die eine Völkerwallfahrt ausgelöst. „Kehre um" (hebr. שׁוּבָה מְשֻׁבָה *schuwa m*[e]*schuwa*): Dieser zentrale Ausruf zu äußerer und innerer Umkehr soll Israel vor Gericht und Vernichtung retten. Israel soll sich von den Götzen der umliegenden Völker lösen und sich wieder Gott zuwenden. Die lebendige Beziehung zu Gott wird keine Rituale und Gegenstände zur Erinnerung mehr benötigen, nicht einmal die Bundeslade mit den Gesetzen Gottes. Gott allein wird am Tag der wahren Umkehr Israels in dessen Mitte thronen, und Israel wird ein Beispiel für alle Völker, welche sich im Namen Israels den Segen zusprechen. Die innere Umkehr beschreibt Jeremia den Israeliten als Beschneidung der „Vorhaut ihrer Herzen": Die lebendige Gottesbeziehung soll sinnentleerte Rituale ersetzen (Jer 4,4).

Ankündigung der Katastrophe (Jer 4,5–31)

Die Vision vom Unheil aus dem Norden beschreibt, wie ganz Juda angegriffen wird und niemand der drohenden Kriegskatastrophe entgeht. Das Gericht über Juda und Jerusalem kommt als sintflutartiger Zusammenbruch der göttlichen Schöpfungsordnung. Alle Verheißungen der falschen Propheten, die das Volk in Sicherheit wiegen, werden sich als Lügen erweisen. Das Horn taugt nur zum Warnruf, da die Babylonier ohnehin siegen. Die Menschen sollen gleich Trauerkleidung anlegen, denn die meisten werden sterben und die wenigen Überlebenden müssen in die Verbannung.

Judas und Jerusalems schwere Schuld (Jer 5)

Als Prostitution wird die Schuld der einfachen wie der führenden Leute in Jerusalem und Juda gegenüber Gott bezeichnet. Wie in Sodom und Gomorra wird auch in Jerusalem kein einziger Gerechter mehr zu finden sein. Weil Juda den Glauben an Gott und seine sozialen Gebote wie den Schutz der Ehe, der Waisen und Armen aufgegeben hat, sind die falschen Worte der Jerusalemer Propheten nicht mehr Gottes Aufträge. Die Worte Gottes aus Jeremias Mund sind dagegen Feuer, das das Volk wie Brennholz entzündet.

Unheil aus dem Norden gegen Jerusalem und „Rest-Israel" (Jer 6)

Der Zusammenhang von festgestellter Schuld und Untergangsandrohung in Jer 2 und Jer 4 wiederholt sich in Jer 5 und Jer 6. Weil alle Aufrufe Gottes zur Umkehr auf taube Ohren stoßen, bringt Gott durch den Feind aus dem Norden über Jerusalem und Rest-Israel sein Gericht: wegen des Unrechts an den Armen, der Friedenslüge der Propheten, der Götzenanbetung der Priester und der grundsätzlichen Verachtung von Gottes Tora/Weisung. Jerusalem solle schon jetzt die eigene Totenklage anstimmen, denn der Prophet Jeremia habe nicht einmal durch läuterndes Überprüfungsfeuer das Böse aus Gottes Volk „herausschmelzen" können.

Tempelrede (Jer 7,1–8,3)

Die angekündigte Zerstörung Judas schließt auch den Tempel mit ein. Jeremia soll am Tempeleingang allen Ankommenden dieses Wort von Gott verkünden:

Weder Rituale, die nicht mit dem Herzen ausgeführt werden, noch der Tempel garantieren Gottes Schutz. Gott will die *Abkehr* von gottlosem und unsozialem Verhalten wie Diebstahl, Mord, Ehebruch, Falschaussage, Götzenanbetung bis hin zum Kindsopfer und die *Umkehr* zur Alleinverehrung Gottes und zu seiner Gerechtigkeit in Israel. Wenn dies nicht geschieht, wird es Jerusalem gehen wie einst Schilo, dessen Tempel Gott wegen der Untreue und Gesetzlosigkeit des Nordreichs Israel zerstört hat.

Da Jerusalem und Juda auf Jeremia nicht hören werden, soll der Prophet seine Haare abschneiden, auf einen kahlen Berg steigen und als Zeichenhandlung die Trauerklage über Jerusalem anstimmen, das mitsamt seinen Königs-, Priester- und Propheten-Gräbern radikal verwüstet wird.

Jeremias erste Klage (Jer 8,4–17)

Juda und Jerusalem bleiben uneinsichtig. Selbst Priester und Propheten, die Gottes Weisung kennen, halten sich nicht daran. Verwundert stellt Gott fest: Zugvögel kennen den Zeitpunkt ihrer Rückkehr aus Gottes Schöpfungsordnung, doch Juda und Jerusalem kennen Gottes Rechtsordnung nicht. Wer stürzt, steht wieder auf, und wer sich gestritten hat, sucht die Versöhnung. Nur Israel scheint unbelehrbar, denn immer wieder fällt es von Gott ab und ignoriert die Mahnrufe des Propheten. Darum wird der „Feind aus dem Norden" auch Juda und Jerusalem mit Krieg überziehen.

Jeremias zweite Klage (Jer 8,18–9,26)

In Form eines *Klagepsalms* spricht Jeremia verzweifelt über sein schwer krankes Volk, dem nicht zu helfen ist, weil es seinen drohenden Untergang nicht erkennt. Gegen Gottes Willen haben sie Götzenbilder aufgestellt und sind Betrüger, Ehebrecher und Lügner geworden; niemand ist sicher, ob sein Nachbar, Ehepartner, Bruder oder Freund ihn nicht vor Gericht verleumdet. Das Schicksal Judas und Jerusalems ist besiegelt, Klagefrauen können bereits den Tod des Volkes beweinen.

Nach außen hin ist die Situation paradox: Israels Gott, der sich auf ganz einzigartige Weise seinem Volke zugewandt und mit ihm einen einmaligen Bund geschlossen hat, will nun eben dieses Israel vernichten. Wer soll das verstehen? Gottes Antwort darauf ist einfach. Er hat Israel seine Weisung vorgelegt, und sie wurde übergangen. Israel machte sich Götzen wie alle anderen Völker auch und fiel vor diesen Baalen nieder.

Der lebendige Gott und die Götzen (Jer 10,1–16)

So viel Mühe sich die Völker mit der kunstvollen Gestaltung ihrer Götzen auch geben, so bleiben diese doch nichts anderes als tote Objekte. Sie können nicht sprechen, müssen bewegt werden und sind lediglich Produkte des Handwerkers. Sie sind nicht in der Lage, Böses oder Gutes zu vollbringen. Der Gott Israels dagegen ist ein lebendiger Gott. Er tritt in Beziehung zu den Menschen, er hat die Erde und den Himmel geschaffen, und er kann die Erde erbeben lassen. Israel soll daher nicht dem Beispiel der Völker folgen und sich durch Anbetung von Götzen lächerlich machen. Ebenso lachhaft ist es, vor Erscheinungen des Himmels zu erschrecken, sich vor der Sonne zu verneigen oder ein Abbild zu fürchten, das allzu leicht zerbricht. Der lebendige Gott Abrahams, Isaaks und Jakobs dagegen kann Nationen besiegen und Heere in den Untergang treiben. Doch statt auf ihn zu vertrauen, suchen die Israeliten Hilfe bei fremden (und zuweilen sogar feindlichen) Völkern.

Jeremias dritte Klage (Jer 10,17–25)

Jeremia sieht Juda und Jerusalem bereits als ins Exil zerstreute Herde, deren Land und Städte Gott durch den „Nordfeind" Babylon zerstören ließ, weil die Hirten der Herde (Könige, Fürsten, Beamten) im religiösen wie im sozialen Bereich Gott vergessen hatten. Jeremia bittet daher Gott, dass er im anstehenden notwendigen Gericht Israel nicht völlig vernichte, wohl aber dessen Feinde.

Der Bundesbruch (Jer 11,1–17)

Weil Gottes Sinaibund mit Israel auch heute noch mit Juda und Jerusalem besteht, fragt Gott, wie mit einem Volk zu verfahren ist, das diesen Bund kontinuierlich bricht, indem es trotz der vertraglich vereinbarten Alleinverehrung Adonajs ständig zahlreiche fremde Götter verehrt. Darum verflucht Gott Juda und Jerusalem trotz ihrer regulären Zehntabgaben und offiziellen Opfergottesdienste und verbietet Jeremia jede Fürbitte. Juda und Jerusalem gleichen einem Ölbaum, den Gott gepflanzt hat und dem er durch seine Pflege zu großer Pracht, grünen Zweigen und reicher Frucht verholfen hat. Doch wegen der bösen Taten seines Volkes will Gott nun die grünen Ölbaumzweige durch das Kriegsfeuer zu einem hässlichen Gestrüpp versengen lassen.

Die erste Konfession des Propheten Jeremia (Jer 11,18–12,6)

„Konfessionen" (lat. = „Bekenntnisse") nennt die Bibelwissenschaft jene fünf Textstellen des Jeremiabuches (11,18–12,6; 15,10–21; 17,12–18; 18,19–23; 20,7–18), an denen der Prophet sein inneres Ringen mit Gott und sein Leiden am prophetischen Auftrag in einem sehr persönlichen Stil wie private Aufzeichnungen beschreibt. Heute liest die Bibelforschung diese Texte eher als nachträgliche Deutungen der Prophetengestalt des Jeremia.

Schlimmer noch als die anderen Judäer, die Jeremias Worte missachten, sind die Bewohner Anatots, die Jeremia mit dem Tode bedrohen. Vielleicht waren die Bewohner Anatots so feindselig, weil Jeremia selbst aus diesem Ort kommt und bekanntlich „der Prophet im eigenen Land nichts zählt". Da der Name „Anatot" sich von einer kanaanäischen Gottheit ableitet, soll hier womöglich eine Veranlagung zum Götzendienst anklingen. Dem zunächst arglosen Jeremia deckt erst Gott die Todesgefahr auf, die von den Bewohnern seiner Heimat ausgeht. Auf Jeremias Klage hin verspricht Gott, den Bewohnern Anatots und ihrer Nachkommenschaft genau das anzutun, was diese Jeremia zugedacht hatten. Trotz seiner Klage über das Wohlergehen von Frevlern und Abtrünnigen, das diesem Tun-Ergehen-Grundsatz widerspricht, vertraut Jeremia weiterhin auf die Gerechtigkeit Gottes, der Frevler durchschaut und sie zur Rechenschaft zieht und Jeremia darin bestärkt, weiterhin als sein Prophet zu wirken.

Statuetten babylonischer Gottheiten

Jeremias Klage über sein Land (Jer 12,7–12,17)

Die Gottesklage über die Zerstörung Judas und Jerusalems betont, dass dies Geschehen nicht Gottes Ohnmacht, sondern vielmehr sein Strafgericht zeige. Zudem werde Gott auch Judas feindliche Nachbarvölker deportieren und nur unter der Bedingung zurückführen lassen, dass sie sich allein zum Gott Israels bekennen; verweigern sie dieses Bekenntnis, werden sie völlig vernichtet.

Die Zeichenhandlung am Euphrat (Jer 13)

Jeremia wird von Gott beauftragt, einen Hüftschurz aus Leinen zu kaufen, zum Eufrat zu gehen, ihn dort in einer Felsspalte zu vergraben und nach einer Weile wieder auszugraben. Jeremia stellt fest: Der Schurz ist bereits verrottet. Genauso soll es Juda und Jerusalem in Babylon am Euphrat ergehen: Gott hatte es einst als kostbaren Gürtel zu seiner Zierde geschaffen; nun aber sei diese Zierde, sein Volk, verdorben, weil es nicht auf ihn höre, sondern schamlos andere Götter anbete. Zuallererst sollen Könige und (falsche) Propheten vernichtet werden, denn sie tragen die Hauptverantwortung für die Irrwege des Volkes. Dann aber wird Gott auch gegenüber dem Rest der Judäer und Jerusalemer keine Gnade walten lassen, da sie immer wieder fremden Götzen hinterhergelaufen sind. Jeremia ermahnt das Volk, zumindest in diesen letzten Tagen vor dem Strafgericht allein Gott die Ehre zu geben. Sein Gericht würde dadurch zwar nicht mehr abgewendet, wohl aber wäre Gott vielleicht eher bereit, sich seinen Kindern danach wieder in Gnade zuzuwenden. Der König wird besonders zur Demut gemahnt, da seine Herrschaft nur auf seinen eigenen Ruhm abzielt und so dazu führt, dass er entmachtet und zu einem der Niedrigsten im Volk gemacht wird.

Dürre in Juda und Jerusalems Ende (Jer 14,1–15,9)

Eine schwere Dürre ist in Juda ausgebrochen, die Menschen leiden Hunger und flehen zu Gott. Wegen der Verehrung fremder Götter beachtet Gott weder das Fasten noch die Opfergottesdienste oder die Fürbitten und Klagen des Volkes. Jeremia versucht Gott davon zu überzeugen, dass sein Volk schlicht von falschen Propheten verführt worden sei, doch Gott hört nicht einmal auf ihn. „Selbst wenn Mose und Samuel vor mich träten, diesem Volk würde ich mich nicht zuwenden" (Jer 15,1). Und so ist Jerusalems Ende durch die Kriegswirren besiegelt.

Wüstenlandschaft

Die zweite Konfession des Propheten (15,10–21)

Das Volk dankt Jeremia nicht einmal für seine Fürbitte bei Gott, sondern hasst ihn. Jeremia verfällt in tiefe Verzweiflung, weil er sich von allen angefeindet und von Gott verlassen fühlt. Gott fordert Jeremia auf, sich von seiner Verzweiflung abzuwenden und zu ihm umzukehren, damit Jeremia wieder Gottes Mund sein könne. Gott verspricht Jeremia neue Widerstandskraft gegen Anfeindungen aus seiner Umgebung und Rettung aus der Gewalt der Machthaber.

Jeremias Einsamkeit – Ein Zeichen für Israel (Jer 16,1–9)

Jeremia wird verboten, sich eine Frau zu nehmen und Kinder zu zeugen. In einer Gesellschaft, in der die Familie von hohem Wert ist, erscheint die Entscheidung, allein zu leben, absurd. Wiederum soll Jeremia ein Zeichen setzen. Die Vernichtung steht unmittelbar bevor. Ehe und Kinder haben keinen Sinn mehr, da in kurzer Zeit der Tod wütet. Auch an anderen Ritualen wie Totenklagen und Freudenfesten, die im zivilen Leben Israels von großer Bedeutung sind, soll der Prophet nicht mehr teilnehmen, denn die Totenklage, die Israel sehr wichtig nimmt, ist sinnlos geworden, da es bald nur noch Tote geben wird und niemanden mehr, der sie beweinen kann. Ebenso wird sich die Freude von Braut und Bräutigam bei der Hochzeit in Trauer wandeln.

Gründe für Gottes Gericht (Jer 16,10–18)

Da die Vorfahren sich nicht an die Weisung Gottes gehalten haben, fremden Göttern nachgelaufen sind und die Kinder aus den Fehlern ihrer Eltern nichts gelernt haben, wird Gott die Judäer jetzt schwer bestrafen und ins fremde Land Babylon deportieren, wo sie nun Tag und Nacht diese fremden Götter verehren können – doch ohne Gottes gnädige Anwesenheit. Ein nachexilischer Bearbeiter fügt hier Gottes Verheißung der Rückkehr aus dem Exil tröstend ein.

Bekehrung der Völker (16,19–21)

Eines Tages werden die Völker ihre Götzen als Trug und Wahngebilde erkennen und in einer großen Wallfahrt (vgl. Jes 2,1–5) zum Tempel in Jerusalem ziehen, um dort Israels Gott allein anzubeten.

Judas Vergehen und Strafe (Jer 17,1–4)

Die Schuld Judas ist den Menschen auf Herztafeln, d. h. ins Gewissen geschrieben und auf den Hörnern des Altars so fest eingraviert, dass sie dort selbst am Versöhnungstag nicht mehr mit dem Entsühnungsblut abgewaschen werden kann: Die Sünde der Fremdgötter-Verehrung ist darum im Volk tief verankert und wird unweigerlich mit der Deportation nach Babylon bestraft werden.

Vom Vertrauen (Jer 17,5–11)

Gott verflucht die Menschen, die nur auf sich selbst vertrauen und in schlimmer Selbstüberschätzung ihre eigene Kraft für das Maß aller Dinge halten. Ihnen stellt er die Menschen gegenüber, die ihr Vertrauen ganz auf ihn setzen und daher wie tief verwurzelte Bäume an Wasserläufen auch schlimmste Krisenzeiten überstehen und als Gerechte gesegnete Früchte bringen, während die Frevler wie leichte Spreu verwehen (vgl. Ps 1). Zudem kann jeder fest darauf vertrauen: Gott durchschaut jedes Herz und unterscheidet klar gerechtes von ungerechtem Verhalten und stellt damit die Grundordnung von Tun und Ergehen wieder her, sodass (z. B. unrechtmäßig erworbenes Gut vorzeitig verloren geht.

Die dritte Konfession des Propheten (17,12–18)

Mit einer Klage bittet Jeremia in der ermutigenden Gegenwart Gottes im Tempel, an der Quelle lebendigen Wassers, um Heilung von der schweren seelischen Belastung seines Prophetenamtes. Jeremia fleht um Gottes Hilfe wegen des Spotts seiner Gegner und um ihre Bestrafung.

Die Sabbatheiligung (17,19–27)

Jeremia warnt an einem Jerusalemer Stadttor *am Sabbat* die Könige und alle Judäer davor, Lasten durch das Stadttor zu tragen und damit Gottes Sabbatgebot zu brechen. Jeremia stellt das Gottesvolk vor die aufrüttelnde Alternative: Bei Befolgung des Sabbatgebots wird das davidische Königtum erhalten, Jerusalem bewohnbar, der Tempelkult bestehen bleiben; bei Missachtung des Gebots wird Jerusalem im Kriegsfeuer enden.

Ton und Töpfer (Jer 18,1–17)

Anhand der Arbeit eines Töpfers mit seinem Ton veranschaulicht Gott seine Stellung gegenüber Israel. Er ist der Töpfer, der mit Israel, seinem Geschöpf, verfahren kann, wie es ihm richtig erscheint. Ein Gefäß, das dem Töpfer missrät, wird von diesem *neu gestaltet* oder *weggeworfen*, d. h. Gott hat und will sich durchaus beide Möglichkeiten vorbehalten: *Gericht* als Zerstörung oder *Heil* als Neugestaltung. Erst die endgültige Absage der Judäer an Gott und das Festhalten an ihren fremden Götzen bringt Gott zu dem Entschluss, sein Volk (wie der Töpfer sein Gefäß) zu verwerfen, weil es durch seinen dauerhaften Bundesbruch missraten ist.

Vierte Konfession des Propheten (Jer 18,18–23)

An das Gleichnis schließt sich wiederum eine Klage Jeremias über seine Feinde an. Eine Reihe von Priestern, Ältesten und falschen Propheten will eine verleumderische Anklage gegen Jeremia erheben. Dabei verlassen sich die Ankläger auf ihre rhetorischen Fähigkeiten, mit denen sie die Richter überzeugen wollen. Jeremia bittet Gott um seinen Schutz gegen jene, die ihn zum Verstummen bringen wollen. Bitter ist für ihn die Erkenntnis, dass gerade Menschen, für die er Gnade vor Gott erwirken wollte, nun mit verräterischen Mitteln seinen Tod herbeizuführen suchen. Umso drastischer ist seine Anklage bei Gott. Er bittet darum, Gott möge nicht nur die Verleumder selbst bestrafen, sondern auch ihre Familien. Am Tag der Vergeltung soll Gott niemanden von ihnen am Leben lassen und ihre Sünde soll ihnen nicht vergeben werden.

Zeichenhandlung mit einem Tonkrug am Scherbentor (Jer 19,1–13)

Auf Gottes Geheiß kauft Jeremia einen Tonkrug, ruft die Ältesten des Volkes und die Priester zusammen und führt sie ins Tal Ben-Hinnom. Dort hält er eine Rede über Israels Verbrechen (soziales Unrecht, Kinderopfer, religiöse Untreue) und über die Strafe, die Gott seinem Volk dafür zugedacht hat. Dann zerbricht Jeremia den Krug und erklärt, so werde Gott die Städte und das Volk durch Krieg zerbrechen und Jerusalem und die Paläste der Könige durch hingeworfene Leichen verunreinigen.

Jeremia wird vom Priester Paschhur misshandelt (Jer 19,14–20,6)

Die Drohreden Jeremias provozieren den Priester Paschhur so sehr, dass er Jeremia schlägt und für eine Nacht an den Pranger stellen lässt. Nach seiner Freilassung verflucht Jeremia Paschhur und gibt ihm den Namen „Schreckenringsum". Er kündigt ihm an, dass das allgemeine Unglück, das ganz Israel erleiden muss, auch Paschhurs Familie hart trifft: Sie wird nach Babylon verbannt.

Die fünfte Konfession des Propheten (Jer 20,7–18)

Obwohl er gegenüber Paschhur noch selbstbewusst aufgetreten ist, verfällt Jeremia unmittelbar im Anschluss an diese Begegnung in tiefe Verzweiflung, weil er so unerträglich angefeindet wird und sehr versucht ist, die Gerichtsbotschaft zu verschweigen; doch sie brennt in ihm wie ein Feuer, das er nicht löschen kann. Danach erringt der Prophet wieder tiefes Gottvertrauen und kehrt doch am Ende zu radikaler Verzweiflung zurück: Er verflucht sogar den Tag seiner Geburt.

Ankündigung des Falls von Jerusalem (Jer 21,1–10)

Ironischerweise schickt der amtierende König Zidkija ausgerechnet Paschhur zu Jeremia, um nach einer tröstlichen Verheißung Gottes zu fragen. Der Krieg mit Nebukadnezzar, dem König von Babylon, hat begonnen, und Zidkija forscht nun nach einem Zeichen für Gottes Erbarmen. Doch Jeremias Antwort an Paschhur ist vernichtend: Gott selbst wird die Babylonier unterstützen und das ohnehin unterlegene Jerusalem mit Pest, Hunger und Zerstörung schlagen. Überleben wird nur, wer sich den Babyloniern ergibt.

Drohworte gegen das Königtum (Jer 21,11–22,30)

Weil das judäische Königtum nicht seinen göttlichen Auftrag wahrgenommen hat, Armen, Unterdrückten und Fremden Recht zu verschaffen, wird den Königen wie dem scheinbar so sicheren und darum überheblichen Jerusalem Gottes Gericht angedroht (Jer 21,11–14 und 22,20–23).

Jeremia soll vom Tempel zum Königspalast hinabgehen und dort den König und seinen ganzen Hofstaat noch einmal an die königliche Pflicht erinnern, das göttliche Recht für Hilflose und Schwache durchzusetzen. Jede Missachtung dieses Rechtes bedeute den Bruch des Bundes mit Gott und werde mit dem Ende des judäischen Königtums und der Verwüstung Jerusalems bestraft (Jer 22,1–9).

So wird zunächst der König Joahas („Schallum"), Sohn und Nachfolger des Königs Joschija, zu betrauern sein, wenn er aufgrund seiner schlechten Regentschaft (vgl. 2 Kön 23, 29–34) nach Ägypten verschleppt und dort im Exil sterben wird (Jer 22,10–12).

Auch Joahas Nachfolger, dem König Jojakim, droht Jeremia wegen seiner gottlosen Regierung und misst ihn an seinem berühmten Vater Joschija, einem erfolgreichen König und zugleich gottesfürchtigen Mann. Jeremia wirft Jojakim vor, sein Prunkhaus mit Zedernholz auf Lohnbetrug, sozialer Ausbeutung und despotischer Unterdrückung gebaut zu haben; ein weiser König baue sein Haus dagegen auf unparteiische Rechtsprechung und Gerechtigkeit, vor allem für Arme und Schwache. Darum werde Jojakim nach seinem Tode wie ein wertloser Eselskadaver einfach vor die Stadt geworfen – ohne ehrenvolles Begräbnis (22,13–19). Nach 2. Kön 24,6 ist Jojakim allerdings sehr wohl angemessen betrauert und bestattet worden.

Und dem König Jojachin, Jojakims Sohn und Nachfolger, kündigt Jeremia an, er werde gemeinsam mit seiner Mutter vom babylonische König Nebukadnezzar nach Babel in die Verbannung verschleppt werden und dort sterben. Nach ihm werde es auf Davids Königsthron keinen Nachfolger mehr geben (Jer 22,24–30).

Von guten und schlechten Hirten (Jer 23)

Jeremia kritisiert alle Würdenträger des Volkes, angefangen bei der Regierung über die Propheten bis hin zu den Priestern als Hirten, die ihre Herde zugrunde richten. Der Missbrauch im Namen Gottes ist ein Gräuel und soll nicht ungestraft bleiben. Gott wird aus dem Königshaus David einen gerechten Spross erwecken mit dem programmatischen Namen: „Adonaj/JHWH ist unsere Gerechtigkeit" (Jer 23,6). Er wird als Gegenbild zum ungerechten König Zidkija („Meine Gerechtigkeit ist Adonaj") alle bisherigen Könige ablösen. In gleicher Weise werden auch die falschen Heilspropheten enden.

Das Bild von den guten und den schlechten Feigen (Jer 24)

Gott lässt Jeremia zwei Körbe sehen. Der eine ist mit guten, der andere mit schlechten Feigen gefüllt. Die guten Feigen stehen für die Judäer, die bereits 597 v. Chr. ins babylonische Exil geführt wurden. Sie werden eines Tages zurückkehren und eine sichere Heimstatt in Juda haben. Die ungenießbaren Feigen sind die bisher mit König Zidkija in Jerusalem und Juda Verbliebenen. Ihre Deportation nach Babylon wird ein abschreckendes Beispiel für die umliegenden Völker sein.

Ankündigung der Invasion durch die Babylonier (Jer 25)

Jahrzehnte der Warnungen durch Jeremia liegen zurück – und nichts hat sich verändert. Gott lässt nun durch Jeremia ankündigen, dass Juda ins Exil geführt und dort 70 Jahre lang bleiben wird. Aber nicht nur Juda wird Verwüstung und Exil erfahren. Im Bild eines Kelches, der Zorn statt Wein enthält, will Gott alle Völker irremachen und auch sie der Vernichtung preisgeben. Die Auflistung der Völker in Jer 25,18–26 weist auf die Drohworte gegen die Völker in Jer 46–51 hin, ohne dass völlige Übereinstimmung besteht. Unter dem Namen „Scheschach" in Jer 25,26 verbirgt sich „Babel".

Jeremias Tempelrede und Gefangennahme (Jer 26)

Nachdem das Buch Jeremia bisher vor allem prophetische Rede wiedergab, folgen nun 19 erzählende Kapitel, die von Jeremias Schicksal und den geschichtlichen Entwicklungen seiner Zeit berichten. Jeremia hält eine Drohrede im Vorhof des Tempels und wird deshalb von den Priestern gefangen genommen. Sie inszenieren einen öffentlichen Prozess, um den Propheten zum Tode zu verurteilen. Doch die Königsbeamten erklären Jeremia für unschuldig; es sei kein Verbrechen, im Namen Gottes zur Umkehr aufzurufen. Dies bestätigen einige Älteste des Landes unter Hinweis auf die gleichen Drohreden des Propheten Micha. So wird Jeremia freigelassen. Maßgeblich dafür mag auch gewesen sein, dass Jeremia sich freiwillig stellte. Denn ein anderer Prophet, der ebenfalls im Namen Gottes gegen Jerusalem gepredigt hatte, wurde zum Tode verurteilt, nachdem er vor der Anklage nach Ägypten geflohen war.

Das Zeichen des Jochs: Der falsche Prophet Hananja (Jer 27–28)

Nachdem die ersten Gefangenen 597 v. Chr. nach Babylon weggeführt worden sind und Zidkija zum König eingesetzt worden ist, läuft Jeremia mit einem hölzernen Joch durch die Straßen Jerusalems, um zu demonstrieren, dass

Die Judäer fliehen vor Nebukadnezzar bis an den Nil.

nur die bewusste Unterwerfung unter Babylon Juda und Jerusalem vor der vollständigen Zerstörung bewahren kann. Er gerät an Hananja, einen Propheten aus Gibeon, der das Ende der babylonischen Herrschaft nach zwei Jahren ankündigt. Hananja zerbricht Jeremias Jochstange, um das Ende der Unterdrückung zu demonstrieren. Gott antwortet Hananja durch Jeremia, dass nun an die Stelle des hölzernen Jochs ein eisernes trete und Hananja als falscher Prophet binnen weniger Monate sterben werde. Das Kapitel endet mit der Notiz von Hananjas Tod noch im selben Jahr.

Jeremias Brief an die Exilierten (Jer 29)

Nach der Ankündigung Gottes, das Exil werde siebzig Jahre andauern, rät Jeremia den Exilierten, sich nicht gegen die Gesellschaft Babylons zu stellen, sondern um ihrer selbst willen Frieden mit dem Land und für das Volk zu suchen und für seinen Schalom (d. h. für umfassendes Wohl) zu Gott zu beten. Jeremia empfiehlt den Verbannten dringend, ein normales Leben zu führen und auch die Ehe mit den Einwohnern Babylons nicht auszuschließen. Nur wenn Israel sich um Einigkeit mit der babylonischen Bevölkerung bemüht, wird es Frieden finden. Entschieden weist Jeremia die nach Jerusalem geschickte schriftliche Kritik des falschen judäischen Propheten Schemaja an seinem Brief zurück.

Trostschrift: Versprechen der Erlösung (Jer 30–31)

Jetzt, da die Katastrophe eingetreten ist, gibt Gott Jeremia den Auftrag, die Menschen zu trösten und ihnen Worte der Hoffnung auf eine wunderbare Wiederherstellung Israels und auf einen neuen priesterlichen Regenten zuzusprechen. Die Erlösung, die Jeremia verkündet, vollzieht sich in zwei Schritten. Zunächst wird Israel unter großem Jubel aus dem Exil geführt, dann wird Gott seinen Bund mit den Menschen erneuern und sein Haus fest und ewig in Zion gründen. Die Erneuerung des Sinaibundes besteht darin, dass nun die Weisung und Erkenntnis Gottes jedem Mitglied der israelitischen Gemeinde unverlierbar ins Herz geschrieben ist. Wenn die Verse Hebr 8,8–12 diesen schon für Israel geltenden „neuen" Bund aus Jer 31,31–34 auf Jesus Christus übertragen, dann bedeutet dies nicht, dass damit Israel und das Judentum zum veralteten, d. h. abgelösten Bund und das Christentum zu dem nun endgültig geltenden Bund erklärt werden soll, was Paulus in seinem Römerbrief in den Kapiteln 9–11 ausdrücklich zurückweist: Christen sind nach Paulus nachträglich aufgepfropfte wilde Zweige auf dem auch sie tragenden echten Ölbaum des jüdischen Gottesvolkes (vgl. Röm 11,17–24), dem immer noch zuerst Gottes Christusbotschaft des Heils gilt, vor den (nichtjüdischen) Völkern (vgl. Röm 1,16).

Prophetisches Zeichen des Feldkaufs in Notzeit (Jer 32)

Obwohl das Land 587 v. Chr. unter feindlicher Besatzung steht, kauft der wegen seiner prophetischen Gerichtspredigt im Wachhof des Königspalastes inhaftierte Jeremia in seinem Heimatdorf Anatot ein Stück Land von seiner Verwandtschaft. (Jer 37,11ff. berichtet davon, wie Jeremia beim Verlassen Jerusalems zur Abwicklung dieses Landkaufs im knapp zehn Kilometer entfernten Dorf Anatot verhaftet wird; ihm wird vorgeworfen, zum Feind überlaufen zu wollen.) Der Landkauf soll ein prophetisches Zeichen für die Menschen in Juda sein, dass ein Tag kommt, an dem die Verbannten wieder heimkehren und das Land wieder bebauen und fruchtbar machen. Dies erscheint angesichts der Verwüstung Judas und der Bedrohung Jerusalems als Utopie. Da Gott aber über Himmel und Erde herrscht, liegt es auch in seinen Möglichkeiten, das verwüstete Land nach seinem Willen wieder fruchtbar zu machen.

Das neue Heil für Jerusalem und Juda (Jer 33)

Gott erneuert sein Versprechen, seine Kinder aus dem Exil in ihr Land zurückzubringen. Darüber hinaus werden sich Israel und Juda vereinigen. Zudem soll es kein Unrecht mehr im Land geben und all die Schuld, die auf dem Gottesvolk lastet, soll vergeben werden. Die Verwüstungen, die Israel und Juda erlitten haben, werden behoben und die Einöde wieder mit Menschen und Tieren belebt werden. Die zerstörten Städte werden wieder aufgebaut. Zu dieser Zeit wird einer für Gerechtigkeit sorgen, der ohne Abstriche Gottes Willen erfüllt (Jer 33,15). Sein neuer Königsname „Adonaj ist unsere Gerechtigkeit" (vgl. 23,5–6 u. 33,16) wird auf Juda und Jerusalem übertragen, wie die genaue Übersetzung des hebräischen Textes zeigt. Damit ist gesichert, dass Davids Dynastie fortbesteht – wie im Übrigen auch die levitische Priesterschaft für Opfergottesdienste im Tempel. Gott versichert erneut, dass sein Bund mit Israel und mit der Daviddynastie so wenig kündbar ist wie die Ordnung von Tag und Nacht.

Zidkijas Edikt über die Freilassung von Sklaven (Jer 34)

Nachdem Jeremia dem König Zidkija die Eroberung Jerusalems durch den babylonischen König Nebukadnezzar sowie ein friedliches Lebensende mit einem ehrenvollen Begräbnis vorausgesagt hat, versucht Zidkija den Verlust Jerusalems noch einmal durch ein Edikt abzuwenden, nach dem alle Judäer ihre Sklavinnen und Sklaven freilassen sollen, sofern es sich ebenfalls um Hebräer handelt. Es waren damals viele freie Bürger durch die Kriegswirren in Schuldknechtschaft geraten, sodass es wohl Unruhe in der Bevölkerung gab und zudem Zidkija Mitkämpfer gegen die Babylonier fehlten. Zidkijas Edikt wird überwiegend eingehalten. Doch als das babylonische Heer wieder abzieht und sich die Lage entspannt, holen innerhalb kurzer Zeit die Mächtigen ihre Freigelassenen zurück und versklaven sie erneut. Daraufhin kündigt Jeremia im Auftrag Gottes den Judäern ironisch ihre *Freilassung* zu Tod und Verwüstung durch das *Zurückholen* der Babylonier an. Begründet wird dieses Verdikt damit, dass Juda nun Gottes Bundesgebot übertreten habe, die Sklavinnen und Sklaven eines Haushalts höchstens sechs Jahre arbeiten zu lassen und dann zu freien Menschen zu machen (so in Ex 21,2). Dabei wird Zidkijas Freilassungsedikt als Einhaltung dieses Gebotes gelobt, die anschließende Zurückholung der Versklavten als Bruch des Bundes mit Gott verurteilt.

Die Rechabiter (Jer 35)

Das Kapitel fällt in die Zeit Jojakims (609-598 v. Chr.). Jeremia stellt auf Gottes Geheiß die nomadischen Rechabiter auf die Probe, indem er ihnen Wein anbietet. Die Rechabiter weigern sich unter Hinweis auf ihren Vorfahren Jonadab, der ihnen das Weintrinken verboten habe. Die Treue dieses Stammes zu den menschlichen Weisungen ihres Ahnherrn ist ein gutes Gegenbeispiel zur Untreue der Judäer gegenüber Gottes Weisung. Darum werden die Rechabiter eine heilvolle Zukunft im Dienste Gottes haben, während über Juda und Jerusalem Unheil kommt.

DIE BERICHTE BARUCHS (JER 36–45)

Verbrennung der Schriftrolle Jeremias (Jer 36)

Nach Gottes Anweisung beauftragt Jeremia seinen Schreiber Baruch, alle Drohreden Gottes gegen Israel und Juda, die Jeremia seit den Tagen König Joschijas bis heute übermittelt hat, auf einer Schriftrolle festzuhalten. Als Baruch diese Schriftrolle am Fastentag im Vorhof des Tempels verliest, erregt er großes Aufsehen. Die Oberen der Stadt erkennen die politische Brisanz dieses Dokuments sofort, nehmen die Rolle an sich und raten Baruch und Jeremia, sich zu verbergen. Die Nachricht von der Niederschrift der Drohworte kommt vor König Jojakim, der sich die Rolle vorlesen lässt und – im krassen Gegensatz zu seinem bußfertigen Vater Joschija vor etwa 30 Jahren (vgl. 2 Kön 22,11) – Stück um Stück abschneidet und ins Feuer wirft. Doch Jeremia und Baruch können sich verstecken und schreiben die bisherigen Drohworte und noch viele weitere auf eine neue Schriftrolle. Jojakim aber wird das schmachvolle Ende seines Lebens und der Dynastie Davids angekündigt.

Jeremia wird gefangen genommen (Jer 37)

Der Text erzählt von Zidkijas Regentschaft, der anstelle seines Neffen Jojachin von Nebukadnezzar zum König eingesetzt wurde. Obwohl Zidkija nicht auf Jeremias Worte hört, lässt er den Propheten doch um seine Fürbitte bei Gott bitten. Die ägyptische Armee bedroht gerade die Babylonier, die ihrerseits Jerusalem belagern. Der Angriff aus dem Süden zwingt die Babylonier, einstweilen die Belagerung Jerusalems zu unterbrechen. Jeremia weiß durch Gott von der Vorläufigkeit dieser Entwicklung und warnt vor Jubel. Der Prophet wird beim Versuch, Jerusalem zu verlassen, um sein Erbteil nach dem Tod seines Onkels zu kaufen (vgl. 32,6ff.), als (wie gesagt) potenzieller Überläufer des Verrats angeklagt und in einen provisorischen Kerker gesperrt. Der Wunsch des Königs Zidkija nach einem Trostwort ist jedoch so groß, dass er Jeremia im Geheimen befragt und daraufhin dessen Haftbedingungen verbessert.

Anschlag und Rettung (Jer 38)

Schefatja und Schelemja, zwei der Oberen, haben Angst, Jeremias Rede vom sicheren Ende Jerusalems und der einzigen Rettungsmöglichkeit durch Überlaufen zu den Babyloniern könnte die Verteidigungsmoral der Soldaten untergraben. Sie planen darum, ihn zu töten. Nachdem der König den Mord an Jeremia genehmigt hat, werfen sie den Propheten in eine Zisterne, damit er dort verhungere. Der Zivilcourage eines *Äthiopiers* mit dem sprechenden Namen Ebed-Melech (Königsdiener) ist es zu verdanken, dass Jeremia gerettet wird. Die Schwäche des Königs und seine Abhängigkeit vom Prophetenwort treten offen zutage: Noch einmal befragt Zidkija den Propheten Jeremia im Geheimen nach Gottes Plan. Jeremia rät dem König im Auftrag Gottes dringend, sich freiwillig den Babyloniern zu ergeben und damit das Leben seiner Familie und die Stadt Jerusalem zu retten. Doch Zidkija verweigert dies aus Angst vor seinen kriegstreibenden Beamten und den inzwischen vom babylonischen Heer nach Jerusalem übergelaufenen Judäern. Über das Geheimgespräch bewahren beide absolutes Stillschweigen.

Jerusalem wird erobert (Jer 39,1–40,6)

Nebukadnezzar nimmt schließlich 586 v. Chr. Jerusalem ein und ermordet die gesamte Oberschicht Jerusalems. Auch Zidkijas Kinder werden vor seinen Augen getötet. Danach wird ihm das Augenlicht geraubt und er kommt – in Ketten gefesselt – mit der Restbevölkerung Jerusalems nach Babylon. Die arme Landbevölkerung erhält Weinberge und Äcker zur wirtschaftlichen Grundabsicherung. Jeremia wird befreit und beschließt, in Mizpa, im Haus des Statthalters Gedalja, zu bleiben. Jeremias Lebensretter, der Äthiopier Ebed-Melech, kann den Babyloniern entfliehen.

Der Statthalter Gedalja (Jer 40–41)

Eine interessante Außensicht beschreibt, wie Nebusaradan, Befehlshaber der babylonischen Leibwache und

Leiter der Deportation der Judäer, Jeremia beiseite nimmt: Sehr knapp und klar schildert er, dass er die Offenbarungen des Gottes Israels kennt und die Einnahme Jerusalems für dessen Wirken hält. Ihm ist auch bekannt, dass die Stadt zerstört wurde, weil Israel untreu war. Damit bestätigt hier ein Fremdgötter-Verehrer Gottes Strafgericht an Juda als gerechtfertigt! Da Nebusaradan weiß, dass Jeremia Gottes Prophet ist, der den Fall Jerusalems vorausgesehen hat, lässt er ihn frei. Jeremia kann entscheiden, ob er mit den Verbannten nach Babylon zieht oder beim Rest in Jerusalem und Juda bleibt. Der Prophet beschließt, in Juda zu bleiben, und geht nach Mizpa. Nach der Eroberung wird Gedalja als Statthalter in Mizpa eingesetzt, um die Interessen der babylonischen Besatzungsmacht und die der judäischen Bevölkerung miteinander in Einklang zu bringen. Gedalja ist um Ausgleich bemüht und rät den im Land verbliebenen Menschen zur Kooperation mit Babylon. Als die judäischen Flüchtlinge in den umliegenden Ländern hören, dass der babylonische König Judäa nicht ganz ohne Regierung gelassen hat und dass es durchaus noch eine kleine Bevölkerung im Land gibt, kehren sie in ihre Heimat zurück und helfen dabei, die Infrastruktur und vor allem die Landwirtschaft in Judäa wieder aufzubauen. Durch ein ammonitisches Komplott wird Gedalja Opfer eines Mordanschlags. Der Attentäter ist Jischmael, der Sohn des Netanja. Er stammt aus der davidischen Königsfamilie und meint, dass eine Marionette des babylonischen Königs, die an seiner statt die Regierungsautorität besitzt, nicht leben dürfe. Auch mag religiöser Eifer ein Grund für seinen Mord gewesen sein. Zwei Tage später erschlägt Jischmael wiederum eine Gruppe von Pilgern aus dem Norden, die dem Gott Israels opfern wollten. Schließlich führt Jischmael die Bevölkerung Mizpas in die Gefangenschaft und läuft zu den Ammonitern über. Die Gefangenen Jischmaels können jedoch vom israelitischen Heerführer Johanan befreit werden. Auch wenn Jischmael in Ammon seinem Zugriff entzogen ist, so kann Johanan die Menschen aus Mizpa nach Ägypten führen, um sie dort vor der Vergeltung des babylonischen Königs für die Ermordung seines Verwalters Gedalja zu schützen.

Flucht nach Ägypten (Jer 42–44)

Die Anführer der judäischen Heere um Johanan erbitten von Jeremia ein Gotteswort, wie sie weiter verfahren sollen. Was auch immer es sein möge, sie wollen sich daran halten. Nach zehn Tagen empfängt der Prophet ein Gotteswort, das lautet, die Israeliten sollen im Land bleiben und nicht nach Ägypten ziehen. Ihnen sei der besondere Schutz Gottes sicher, damit sie das zerstörte Land wieder aufbauen können. Bereits jetzt reue Gott seine Härte und gerade der Rest der Israeliten solle das Zeichen für Gottes Neuanfang mit seinen Kindern sein. Sollten sie jedoch nach Ägypten ziehen, wäre das nur ein weiterer Vertrauensbruch und die Flüchtlinge würden ihr Land niemals wiedersehen. Nachdem sie die Worte Gottes vernommen haben, bezichtigen die Heerführer den Propheten der Lüge und vermuten eine durch Baruch vermittelte Verschwörung der Babylonier, die zum Ziel habe, auch diesen Rest der Israeliten noch in die Verbannung zu locken.

Entgegen dem ausdrücklichen Wunsch Gottes, die Israeliten mögen im Land bleiben, flieht also eine Vielzahl von ihnen unter der Führung von Johanan nach Ägypten. Auch Jeremia wird gezwungen, sie zu begleiten. Schließlich lagern sie in Tachpanhes am östlichen Rand des Nildeltas, wo Jeremia wiederum das Wort Gottes empfängt. Auf Gottes Geheiß senkt der Prophet große Steine in den Ziegelboden vor dem Palast des Pharaos ein und kündigt den Judäern an, dass der babylonische König hier seinen Thron errichten wird. Die Annahme, in Ägypten seien die Judäer vor dem Zugriff Nebukadnezzars sicher, sei ein Trugschluss. Gott selbst werde Ägypten in die Hand Babylons geben. Nicht allzu lange Zeit zuvor galt Jerusalem als uneinnehmbar und die Judäer fühlten sich sicher in ihrem Land. Ebenso wie diese Überzeugung erschüttert worden ist, kann Gott auch die Hoffnung erschüttern, Ägypten sei den Babyloniern militärisch gewachsen. Hätten die Judäer auf Gottes Wort gehört, wären sie am Leben geblieben. Nun werden sie Opfer eines weiteren Krieges, den sie nicht überleben. Darum sehen sie ihre Heimat nicht wieder.

Die Reaktion auf dieses Wort Gottes aus dem Mund des Propheten ist verheerend. Da sie ihr Land verlassen haben und die Wahrheiten des Gottes Abrahams, Isaaks und Jakobs sehr unbequeme Wahrheiten sind, sehen die Flüchtlinge keinen Grund, sich noch an diesen Gott zu halten. Sie werfen Jeremia nicht etwa vor, ein falscher Prophet zu sein, sie ignorieren vielmehr bewusst die Worte Gottes, als würden diese sie nicht betreffen. Stattdessen nehmen sie die Sitten der Ägypter an und opfern mit großer Inbrunst den ägyptischen Göttern. Der Prophet kündigt am Ende des Kapitels den Tod aller abtrünnigen Judäer an und wiederholt die Prophezeiung, dass Pharao Hofra (589–570 v. Chr.) in die Hände Nebukadnezzars fallen wird. (Wie in Jer 24 gibt es auch hier in Jer 44 für die Judäer in Ägypten kein Heil. Dieses sollen sie nach Gottes Willen im besetzten Juda und im babylonischen Exil erwarten.)

Schutz für Baruch (Jer 45)

Auf den ersten Blick ohne Zusammenhang mit dem Kontext erfolgt hier ein Schutzwort, das Gott über Baruch spricht, den Schreiber der Schriftrolle aus Jer 36. Offenbar ängstigt sich Baruch, er könnte als Schreiber der provokativen Worte aus Rache getötet werden. Gott lässt ihm durch Jeremias Mund ausrichten, dass Gott die gesamte gesellschaftliche Ordnung auf den Kopf stellen wird. Bei Baruch handelt es sich offensichtlich um einen Schreiber, der Karriere machen will. Dies wird am Tag der Vergeltung nicht mehr möglich sein, doch Baruch kann sich glücklich schätzen, denn Gott schützt sein Leben!

Drohreden über die Völker (Jer 46–51)

Jeremia prophezeit neun Völkern den militärischen Untergang. Die Reihenfolge entspricht der Auflistung in Jer 25,19–26. Nur das Damaskusgedicht (Jer 49,23–27) fehlt dort. Diese Drohreden zeigen: Jeremia ist nicht nur Prophet für das Volk Gottes, sondern auch für die Völker. Ihr Unheil bedeutet nicht Judas Heil: Vielmehr soll sich Juda nach Gottes Willen Babylon unterwerfen. Es finden sich verschiedene Drohworte:

- gegen *Ägypten* (es soll durch Babylon besiegt werden: Jer 46),
- gegen die *Philister* (Eroberung durch Ägypten, Jer 47),
- gegen *Moab* (Jer 48),
- gegen *Ammon* und *Edom, Damaskus, Kedar* und die *Königreiche von Hazor* sowie *Elam* (Jer 49) und
- gegen *Babylon* (Jer 50–51).

Eroberung Jerusalems (Jer 52)

Das letzte Kapitel im Jeremia-Buch berichtet erneut von der Eroberung und Zerstörung Jerusalems. Hier werden vor allem Jer 39 sowie 2 Kön 24–25 aufgegriffen. Es wird akribisch festgehalten, zu welcher Zeit die Belagerung stattfand und wie lange es gedauert hat, bis Jerusalem erobert und zerstört worden war. Das Heer König Zidkijas wird in alle Winde verstreut, der König selbst gefangen genommen und vom König von Babylon grausam behandelt. Zidkijas Kinder werden (wie gesagt) vor dessen Augen umgebracht, anschließend wird er selbst geblendet und in Ketten nach Babylon gebracht. Jerusalems Tempel, Königspalast und Stadtmauer werden zerstört und die Tempelschätze nach Babylon geschafft. Es wird genau aufgelistet, wie viele Menschen wann aus Israel nach Babylon verschleppt worden sind: Insgesamt hat König Nebukadnezzar 4.600 Israeliten in den Jahren 597, 586 und 582 v. Chr. in die Verbannung geführt und damit Juda seiner gesamten Elite beraubt.

Die letzten drei Verse im Buch Jeremia berichten davon, dass König Jojachin 37 Jahre nach seiner Verbannung (560 v. Chr.) vom babylonischen König Ewil-Merodach schließlich aus dem Kerker entlassen wird und – offenbar seinem Status als König eines besetzten Landes entsprechend – an der Tafel des babylonischen Königs speisen darf. Mit diesem ansatzweise heilvollen Ausblick schließt das Buch des Jeremia, dessen Name auch einen Aspekt dieser kleinen geschichtlichen Episode erhellt: „Adonaj möge *erheben*".

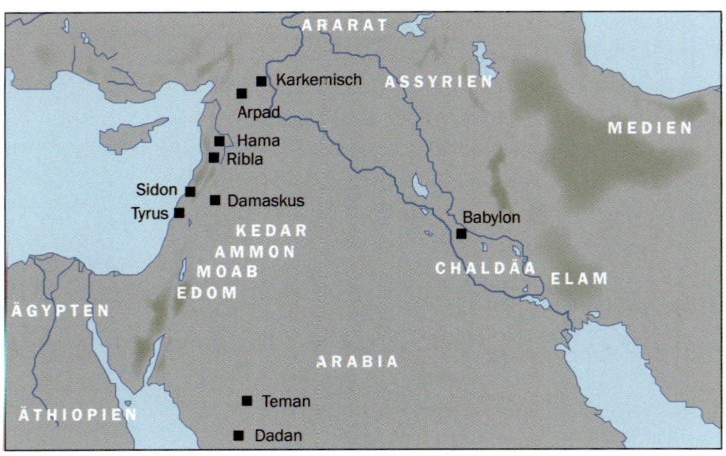

Jeremias Drohreden gegen die Völker

Klagelieder – Von der Klage zur Umkehr

Opfer von Gewalt konfrontieren hier den biblischen Gottesglauben mit ihrem schweren Leid. Damit verhindern sie eine vorschnelle Verdrängung oder Vertröstung – weil wahrer Trost nur nach intensiver Klage bei Gott zu finden ist.

In poetischer Sprache der Klage werden in diesem Buch in fünf kunstvoll gestalteten Einzelgedichten fünf eigenständige Antworten auf die Zerstörung Jerusalems und des Tempels im Jahre 586 v. Chr. gegeben. Dabei wird dieses schwere Leid als Folge der Abwendung Israels von Gott gedeutet und gleichzeitig in eine hoffnungsvolle Perspektive gestellt, die Schuld eingesteht und der noch verborgenen Gerechtigkeit Gottes Zeit einräumt, sich wieder zu zeigen (3,31f.).

Weil sowohl Septuaginta als auch Targum, die aramäische Umschreibung des Bibeltextes, die Klagelieder dem Propheten Jeremia zuschreiben, wird das Buch in den christlichen Bibelausgaben an dieser Stelle nach dem Jeremiabuch eingefügt. In der Hebräischen Bibel stehen die Klagelieder mitten in den Schriften, zwischen dem Buch Rut und dem Buch Kohelet/Prediger. Seit dem 6. Jh. n. Chr. werden die Klagelieder im Judentum bis heute am 9. Av, dem Gedenktag an die Zerstörung des ersten und zweiten Tempels in Jerusalem, gelesen.

Das ziemlich sicher nicht von Jeremia verfasste Buch der Klagelieder beschreibt aus Sicht der Jerusalemer Restbevölkerung schonungslos Not und Schrecken in der Zeit, in der Jerusalem und der Tempel zerstört und die

Menschen weggeführt wurden (586 v. Chr.). Dabei wird nicht nur vor Gott geklagt, sondern zuweilen sogar Gott angeklagt, aber auch die eigene Schuld eingestanden. Hier wird der Wille zur Umkehr sichtbar, und es entsteht eine neue Hoffnung und ein neues Vertrauen auf Gott.

Dies alles geschieht in Form von poetisch gefassten Gebeten. Die ersten vier Lieder sind, im Gegensatz zum fünften Lied, als Akrostichon gefasst, d. h. die ersten Buchstaben jeder Strophe folgen den 22 Buchstaben des hebräischen Alefbets (vgl. Ps 9/10; 119). Die Sprache hat einen besonderen Rhythmus, die Wortfolge ist oft sehr eigentümlich, als würde die Sprache angesichts des Leides fast zerbrechen.

Erste Klage (Klg 1)

Wie in anderen Texten des Alten Testaments auch, so wird hier die Stadt Jerusalem bildlich als Frau angesprochen. In seiner Totenklage über die Katastrophe von 586 v. Chr. vergleicht der Beter die Stadt mit einer Witwe bzw. einer Fürstin, die zur Fronarbeit gezwungen wird. Als Verwaiste hat die Stadt niemanden, der sie in ihrer Trauer tröstet. Die Bewohner Judas sind in die Verbannung verschleppt worden und leben nun inmitten ihrer Feinde. Es ist niemand da, der Feste feiern könnte, die Tore der Stadt sind verwüstet und die wenigen Übriggebliebenen sind vor Trauer wie gelähmt und können nur noch seufzen.

Der Stadt bleibt allein die Erinnerung an ihre längst vergangene Pracht und Kostbarkeit. Sogar dieses Gedenken ist schmerzhaft, denn schließlich war es Jerusalems Hochmut, der zu ihrer Zerstörung geführt hat. Voller Scham erinnert sich die Stadt daran, dass ihre Bewohner Fremde in das Heiligtum eingelassen und all ihre Kostbarkeiten für Brot verkauft haben. So deutet der Beter die schreckliche Katastrophe als Gottes Gericht, das er als auferlegte Krankheit, blutige Kelter, verhängnisvolles Fangnetz und schweres Joch für Israels sündige Abwendung von Gott erlebt, der nun mit dieser Schilderung des schweren Leids zum Eingreifen bewegt werden soll. Diese erste Klage endet mit der Bitte, Gott möge mit den Feinden ebenso verfahren wie mit Jerusalem, das wegen seiner Sünden so schwer bestraft worden ist.

Zweite Klage (Klg 2)

Der Beter beschreibt den Zorn Gottes am Tag der Vergeltung, als Gott mitleidlos seine Stadt mit dem Tempel der Zerstörung preisgab – und dies nicht etwa, weil er den Göttern der Feinde unterlegen war, wie antike Völker eine solche Niederlage religiös bewertet hätten, sondern vielmehr weil Gott sein Volk für dessen Sünde strafen wollte: So ist ganz Juda verwüstet worden, die Städte und Felder samt allen Menschen und Tieren. An diesem Tag war *Gott* seinem Volk gegenüber wie der *größte Feind*. Er hat seinen Zorn ausgegossen wie flüssiges Feuer. Alles, was die Beziehung zu Gott ausgemacht hatte, ist nun vernichtet: sowohl der Tempel mit allen Altären als auch die Ordnungen der Feste und Sabbattage, da niemand mehr übrig ist, der die Festzeiten einhalten könnte. Die wenigen Überlebenden leiden Hunger und leben im Elend. Diese große Not muss Israel bei seiner Klage zu Gott noch weiter antreiben; denn bitter ist die Erkenntnis, dass Gott nur ausgeführt hat, was er seinem Volk angedroht hatte, sollte dieses nicht zu ihm umkehren.

Hinterhof in Jerusalem

Dritte Klage (Klg 3)

Dieses längste und zentrale Klagelied hat einen männlichen Sprecher, der dem „Gottesknecht" in Deutero-Jesaja ähnelt. Es erinnert sehr an einen Klagepsalm (tatsächlich finden sich ähnliche Motive in den Psalmen 22 und 143), der verschiedene Formen wie zwei individuelle Klagelieder mit einem Volksklagelied, einer weisheitlichen Lehre und einem Danklied verbindet. Im ersten Klagelied 3,1–24 beschreiben viele kurze Verse die umfassende Not des Beters (körperlich-seelische Qualen, soziale Ächtung und Gottesfeindschaft) bis zum Vers 20. Dann wechselt die Perspektive und der Beter bekennt, dass Gottes Treue und Erbarmen ihm helfen, sein Leid zu tragen, und Hoffnung auf einen Neubeginn geben. Er ruft sich selbst zur Geduld auf und spricht die Erkenntnis aus, dass Gott Schlimmes und Gutes schafft. Die Erfahrung zeigt dem Beter, dass Gott nicht für immer zürnt. Die Einsicht, dass der Zorn Gottes eine Folge der Widerspenstigkeit seines Volkes war, lässt den Beter Mut fassen, dass eine Umkehr zu Gott Errettung aus tiefem Elend bewirken kann. Schließlich bittet er darum, dass Gott den Feinden Israels das antun möge, was Juda widerfahren ist.

Vierte Klage (Klg 4)

Wiederum betrauert der Beter in der Form einer Totenklage das Elend, das er auf den Straßen Jerusalems sieht:

Kinder verhungern, weil niemand da ist, der ihnen etwas zu essen gibt. Vormals reiche Leute wühlen im Müll, um etwas Essbares zu finden, und die einstmals schönen Frauen sind nun schmutzig und verwelkt. Die Schuld Jerusalems beschreibt der Beter als eine Schuld, die sogar größer ist als die Sodoms. Und die Strafe dafür ist schlimmer. Der Beter preist diejenigen, die im Kampf einen schnellen Tod gefunden haben, statt langsam zu verhungern. In ihrer Not betreiben Mütter sogar Kannibalismus und kochen ihre eigenen Kinder. Einstmals galt Jerusalem als uneinnehmbar, aber ohne den Schutz Gottes liegt es nun offen vor seinen Feinden. Am Tag der Vergeltung ist die Schuld der falschen Propheten, der Priester und der Fürsten offenbar geworden. Die einst zu den Geachteten im Land gehört haben, sind nun wie Verbrecher aus Jerusalem vertrieben worden und irren in der Fremde umher. Selbst der „Lebensatem" und „Lebensschatten" (4,20 f.) des Volkes, der König, wird auf der Flucht von gnadenlosen Verfolgern gefangen. Am Ende dieser Klage prophezeit der Beter der Tochter Edom dasselbe Schicksal, das die Tochter Zion erlitten hat.

Die Klagelieder beschreiben auch die seelische und materielle Not einzelner Gruppen.

Fünfte Klage (Klg 5)

Während in den Klagen zuvor über Gott reflektiert wurde, sprechen ihn die Betenden in dieser nicht mehr alphabetisch geordneten *Volksklage* direkt an. Sie flehen zu Gott, er möge das Elend seiner Kinder und ihre völlig ruinierte Wirtschafts- und Sozialordnung wahrnehmen. Er möge sehen, dass aller Besitz in Israel an Fremde gefallen ist, dass die Kinder verhungern, während die Feinde sich an den Schätzen des Landes bereichern. Frauen werden geschändet, Nahrung muss wilden Tieren in der Wüste abgerungen werden, und allzu viele Menschen sind Meuchelmorden zum Opfer gefallen. Die Klagenden erkennen klar die Sünden ihrer Vorfahren und die ihrer Zeitgenossen und bitten Gott um Vergebung. Der Erkenntnis, dass Gott ewig ist und von Generation zu Generation beständig bleibt, stellen die Bittenden schließlich gegenüber, dass Gott nicht dauerhaft zornig sein kann. Für sie kann es nicht in Gottes Interesse liegen, sein eigenes Volk auf ewig zu vergessen.

Der letzte Vers der Klagelieder klingt daher wie eine *rhetorische Frage,* wenn Gott gefragt wird, ob er sein Volk denn ganz und gar verstoßen habe.

Ezechiel – Visionär und Verkünder von Gottes Gericht und Heil

Mit vielfältigen und ausdrucksvollen Sprach- und Handlungsformen verkündet Ezechiel Gottes Umkehrruf an das Haus Israel in Jerusalem, Juda und im Exil bis zum Fall Jerusalems und danach Gottes umfassendes Heil für ein vom Lebensgeist Gottes erneuertes und geeintes „Haus Israel" mit dem wiedererbauten Tempel als Wohnung für die Herrlichkeit Gottes.

Die prophetische Verkündigung im Buch Ezechiel (Ez), in der Lutherbibel „Hesekiel", bezieht sich auf die Zeit zwischen 593/2 v. Chr. bis 573/2 v. Chr., die Phase kurz vor und nach Jerusalems und Judas Untergang und das beginnende Exil.

Der Geburtsname „Ezechiel", d. h. „Gott möge stark/kräftig machen", verweist schon auf Ezechiels besonderes Prophetenamt, „mit hartem Gesicht wie Diamant und härter als Kieselstein" (vgl. Ez 3,7–9) Gottes strenges Gericht anzusagen. Die Gerichtsdrohung richtet sich vor allem an das Haus Israel wegen Götzendienstes und sozialen Unrechts und in zweiter Linie auch an die Exilsgemeinde in Babylon (= der Gola).

Ezechiel entstammt einer zadokidischen Priesterfamilie aus Jerusalem. 597 v. Chr. wurde der 26-jährige Ezechiel zusammen mit Angehörigen der Oberschicht und seinem König Jojachin nach Babylon verschleppt und in Tel-Abib am Kerbar-Kanal bei Nippur angesiedelt. Dort in der Gola erlebte er dann 593 v. Chr. in seinem 30. Lebensjahr, dem Antrittsalter für Priester, seine Berufung zum Propheten.

Zunächst hat Ezechiel Jerusalem, Juda und der Gola Gottes unerbittliches Gericht angesagt; nach dem Fall der Stadt 586 v. Chr., von dem er ein halbes Jahr später durch einen Flüchtling erfuhr (Ez 33,21f.), verkündete er der Gola wie den Überlebenden in Jerusalem und Juda zunehmend Gottes Heil.

573/72 v. Chr. beendete er im priesterlichen Pensionsalter von 50 Jahren mit seiner letzten großen Vision des zukünftigen Jerusalemer Tempels (vgl. Ez 40–48) sein prophetisches Wirken.

Ezechiel war verheiratet. Als kurz vor dem Fall Jerusalems seine faszinierend schöne Frau plötzlich verstarb, durfte Ezechiel nicht einmal öffentlich um sie trauern – eine Symbolhandlung für das Verstummen der Gola nach dem „Tod" ihres heiß geliebten Jerusalems.

Ezechiel besaß ein Haus, in oder vor dem die öffentlichen Sitzungen der Ältesten unter seiner Leitung stattfanden, ein deutliches Anzeichen dafür, wie wichtig er für die Verbannten war, die sich oft auch von seinen prophetischen Auftritten gut unterhalten fühlten, wie von Liebesliedern und Harfenspiel, ohne Ezechiels Umkehrruf zu folgen (vgl. Ez 33,30–33). Manchmal stöhnten sie aber auch darüber, dass er immer nur in Gleichnissen redete (Ez 21,5).

Wie seine Vorgänger von Amos bis Jeremia und dennoch unverwechselbar hat Ezechiel als Prophet vielfältig gewirkt: Er war Gerichtsprediger, Wächter, Umkehrrufer, Heilsverkünder, Visionär, Fürbittender, Theologe und Jurist, Öffentlichkeitsarbeiter, kritischer Zeitbeobachter, sprachbegabter Dichter und Sänger, Regisseur und Schauspieler.

Für seine einzigartige Prophetenbotschaft hat Ezechiel eine Fülle von *Rede- und Sprachformen* genutzt wie den durchgängig von der *Gottesrede* umschlossenen *Ich-Bericht,* untergliedernde *Redeformeln* wie z.B. *Wortereignisformeln* (52-mal bei Ez) *oder Wortbekräftigungsformeln* (eine Besonderheit bei Ezechiel), *vier Visionsberichte* (Ez 37 ist keine Vision, sondern ein dramatisiertes Gleichnis von Israels Wiederbelebung), sieben *Zeichenhandlungen,* mit denen Ezechiel seine Gerichts- und Heilsansage „verleiblicht", die Menschen wachrüttelt und das Zukünftige im Voraus inszeniert; *Disputationsworte,* die den Gottesglauben gefährdende Volksmeinungen aufgreifen und widerlegen, *Bildreden* als Gleichnisse, Allegorien, Totenklagen, freie Geschichtsrückblicke und *systematische Abhandlungen.*

Der Prophet Ezechiel verkündigt Adonaj (ausschließliche Gottesbezeichnung bei Ez) als alleinigen Gott der Welt und der Geschichte. Fremde Götter, deren Namen er niemals nennt, sind für ihn Scheusale, deren Verehrung durch das Haus Israel Gottes Gericht auslöste und deren Verwerfung Voraussetzung für Gottes neue Heilszusage ist. Denn die Heiligung seines göttlichen Namens erfordert auch die Heiligung seines Volkes, das umkehren darf aus seiner schweren, tödlichen Schuld: Gott macht jede gegenwärtige Generation ausschließlich für ihre eigene Schuld verantwortlich und gibt ihr die Chance, sich zu ändern, weil er leidenschaftlich will, dass sein geliebtes Volk nicht stirbt, sondern lebt (vgl. Ez 18) und seine kultischen und sozialen Lebensgebote einhält.

Darstellung des Propheten Ezechiel auf der Mariensäule in Köln

Dazu schließt Gott von Neuem einen nun „ewigen Friedensbund" mit einem von seinem Geist erneuerten Israel, von dessen neuem Tempel „Ströme lebendigen Wassers fließen" und dessen erneuertes Jerusalem nun den Ehrennamen trägt: „Hier ist Gott!"

- Das Ezechielbuch gliedert sich in vier Hauptteile:
- Unheilsworte über Israel/Juda (Ez 1–24),
- Unheilsworte über Fremdvölker (Ez 25–32),
- Heilsworte nach der Zerstörung Jerusalems (Ez 33–39) und
- Das neue Jerusalem (Ez 40–48).

Die Drohworte gegen die Fremdvölker stammen sehr wahrscheinlich von Schülern des Propheten, denn der wird von Gott ausdrücklich nur zu Israel und nicht zu Völkern „mit fremder Sprache und unverständlicher Rede" (Ez 3,5) gesandt.

EZECHIELS BERUFUNG ZUM PROPHETEN (EZ 1–3)

Ort und Zeit der Berufung (Ez 1,1–3)

Ohne Überschrift beginnt das Ezechielbuch sogleich mit dem Berufungsbericht, in dem Ezechiel Gottes Herrlichkeit schaut und seinen prophetischen Auftrag vernimmt. Der zadokidische Priester Ezechiel gehört zu jener Gruppe von Hofbeamten, Handwerkern und Priestern, die mit König Jojachin als erste Judäer 597 v. Chr. von Nebukadnezzar II. nach Babylon verschleppt wurde. Mit anderen Verbannten der „Gola" (hebr. Exil), wie die Gruppe der außerhalb Israels im Exil und in der Diaspora lebenden Jüdinnen und Juden genannt wird, wohnt Ezechiel bei Tel Abib am Fluss Kebar, einem Eufratkanal zwischen Babylon und Nippur. Zum Zeitpunkt eines diplomatischen Besuches des in Jerusalem regierenden Königs Zidkija bei Nebukadnezzar II. in Babylon (vgl. Jer 51,59) im Jahre 592 v. Chr. wird Ezechiel durch eine Vision zum Propheten berufen.

1. Vision: Gottes Herrlichkeit (Ez 1,4–28)

Das „Unerfassbare" nur umschreibend und nie das Gottesbildverbot brechend, berichtet Ezechiel, wie, umgeben von himmlischen Wesen, Gottes Herrlichkeit auch im Exil weitab vom Jerusalemer Tempel erscheinen kann. Ezechiel sieht einen Sturmwind von Norden her, eine große Wolke und ein Feuer, von einem großen Lichtkranz umleuchtet. Im bernsteinfarbenen Feuer erkennt Ezechiel vier menschengestaltige Lebewesen mit bronzenen Beinen und runden Füßen und mit jeweils vier Gesichtern – und zwar das eines Menschen, eines Löwen, eines Stiers und eines Adlers – mit vier einander berührenden Flügeln und mit Menschenhänden darunter. Die Lebewesen begleiten eine Art *Thronwagen* mit beliebig beweglichen Rädern, die laufen, wohin sie der Windhauch, der Geist (hebr. רוּחַ *ruach*, s. Infokasten, S. 152) treibt. Sie bestehen aus kostbarem Material und sind voller Augen, die die universale Übersicht und Kontrolle im Kosmos andeuten, der durch die Vierzahl repräsentiert wird.

Unter dem Himmelsgewölbe aus Eiskristall schweben vier Lebewesen mit markerschütterndem Lärm, zwei Flügel sind ausgespannt, zwei Flügel umhüllen ihren Leib. Oberhalb des Gewölbes über den Köpfen der Lebewesen erscheint *etwas, was einem Thron vergleichbar ist,* aus Lapislazuli-Stein – wie der dunkle Nachthimmel mit seinen hellen Sternen; und auf dem, was *einem Thron gleicht,* nach oben hin, *eine Gestalt wie ein Mensch*, und nach unten *hin etwas wie aus Feuer*, von einem regenbogenähnlichen Lichtglanz umstrahlt. So *etwa* sah die *Herrlichkeit* (hebr. *k^evod adonaj*, כְּבוֹד־יְהוָה) Gottes aus.

Dieses Glasfenster aus dem 19. Jahrhundert zeigt Ezechiel, wie er von Gott die Schriftrolle erhält.

Mit dieser verhaltenen Umschreibung fasst Ezechiel seine reich gestaltete Vision zusammen und betont damit, dass er nie Gott direkt darstellt, ihn nicht einmal als Redenden eindeutig identifiziert (vgl. Ez 1,28), sondern nur schemenhaft seine Menschenähnlichkeit andeutet, die für Ezechiels Hörer und Leser nach Gen 1,27 aus der Ebenbildlichkeit des Menschen mit Gott erschließbar ist. Ezechiel ist von seiner Vision völlig überwältigt und fällt auf sein Angesicht und hört, „wie *jemand* redete".

Ezechiels Sendung (Ez 2,1–3,15)

Der Geist Gottes richtet Ezechiel wieder auf. Und Ezechiel erhält von dem, der in der Berufungsvision „mit ihm geredet hat", den Auftrag, Gesamtisrael Gottes Botschaft zu verkünden, deren Inhalt an dieser Stelle noch nicht beschrieben wird. Dabei wird der Prophet hier wie im gesamten weiteren Buch nur mit der „Niedrigkeitsaussage" *„Mensch" oder „Menschensohn"* (hebr. בֶּן־אָדָם *ben adam)* angesprochen: soll also in seiner Hinfälligkeit und Sündhaftigkeit *stellvertretend* für alle Schuldbeladenen und Sterblichen Gottes Botschaft hören und weitersagen. Gott weiß, dass die Herzen der Israeliten hart und widerspenstig sind und viele seine Prophetenbotschaft nicht ernst nehmen werden. Doch Ezechiel solle sich weder verängstigen noch entmutigen lassen und auch selbst nicht widerspenstig sein (vgl. Jer 1,6), sondern eine Schriftrolle essen, die auf ihrer Vorder- und Rückseite mit Klagen, Seufzern und Weherufen „gefüllt" ist und darum auf *Ezechiels Gerichtsbotschaft* hinweist. Der Prophet verzehrt die Schriftrolle und ist nun bereit, Gottes Botschaft an die Fernen in der Heimat in Juda/Jerusalem, an Gesamtisrael wie auch an die Nahen in der Verbannung, an die Gola, auszurichten. Dabei solle Ezechiel der Hartherzigkeit Israels mit jener noch größeren Härte begegnen, die ihm mit seinem Geburtsnamen „Gott möge stark machen" buchstäblich schon in die Wiege gelegt worden ist. Die Gola dagegen könne er verwandtschaftlich vertraut als „Söhne und Töchter seines Volkes" anreden, denn bei ihnen habe er eine solche störrische Grundhaltung nicht zu erwarten. Der Geist entrückt Ezechiel aus seiner Berufungsvision und entlässt ihn wieder in seinen Alltag in Tel-Abib am Eufratkanal Kebar in den Kreis seiner Mitverbannten. Unter ihnen sitzt er schreckensstarr – ähnlich wie die Freunde des trauernden Ijob (vgl. Ijob 2,13) oder wie gerade geweihte Priester (vgl. Lev 8,33) – sieben Tage lang.

Ezechiel: Wächter Israels (Ez 3,16–21)

Nach Ablauf dieser sieben Tage erhält Ezechiel mit der bei ihm 52-mal begegnenden Wortereignisformel „das Wort Gottes erging an mich" den Auftrag, *Wächter* über Israel zu sein und dabei sowohl den Sünder wie auch den schuldig werdenden Gerechten zu warnen, damit sie umkehren und dem Todesurteil Gottes entgehen. Denn unterlässt der Prophet seine Warnung, sodass der Sünder nicht umkehrt, dann wird Gott den Frevler sterben lassen, doch von Ezechiel Rechenschaft für sein Leben fordern, weil Gott will, dass der Sünder am Leben bleibt, indem er umkehrt.

Ezechiels Verstummen (Ez 3,22–27)

Ezechiel soll vom Fluss weg und in die Ebene ziehen. Dort erscheint ihm erneut die Herrlichkeit Gottes. Wieder fällt Ezechiel nieder; er wird vom Geist Gottes aufgerichtet und vernimmt den Auftrag: Er solle sich in seinem Hause einschließen; dort werde er mit Stricken gebunden und sein Mund werde verklebt, sodass er nicht mehr hinausgehen und sein widerspenstiges Volk warnen könne. Gott löse seine Zunge nur für die kurze Zeit, in der Ezechiel wieder Gottes Gerichtsworte an sein widerspenstiges Volk weitergeben solle. Drei verschiedene Zeiträume werden für diese immer wieder einmal unterbrochene Stummheit des Propheten angegeben:

1. Nach Auffassung der Überlieferer des Ezechielbuches hält sie während der Unheilsverkündigung von der Berufung 593 v. Chr. bis zum Eintreffen der Nachricht vom Fall Jerusalems bei ihm im Exil 585 v. Chr. an.

2. Nach Ez 24,27 dauert dagegen (unter Verweis auf Ez 33,21f.) Ezechiels Verstummen nur ein halbes Jahr: vom Fall Jerusalems bis zum Eintreffen dieser Botschaft beim Propheten.
3. Und bei Ez 33,21f. verstummt Ezechiel sogar nur vom Abend bis zum nächsten Morgen.

DROHWORTE GEGEN ISRAEL, JERUSALEM UND JUDA (EZ 4–24)

Zeichenhandlungen gegen Jerusalem, gegen Israel und Juda (Ez 4–5)

Nach dem Berufungsbericht beginnt Ezechiels Unheilsverkündigung durch Zeichenhandlungen mit anschließender Deutung. In einer Art „Straßentheater" nimmt der Prophet die Zukunft gleichsam vorweg und rüttelt sein Publikum wach, um es zur Umkehr zu bewegen.

Zeichenhandlung: Belagerung Jerusalems (Ez 4,1–3)

Als erstes Warnzeichen soll Ezechiel mit einfachen Mitteln die „Belagerung Jerusalems" inszenieren: Er muss auf einem Ziegelstein die Konturen der Stadt Jerusalem einritzen, den Stein mit einem Belagerungswall umgeben, ein Heerlager mit Mauerbrechern gegen die Stadt in Stellung bringen und zur bildlichen Bekräftigung für Gottes „eisernen" Entschluss zur unerbittlichen Belagerung eine Eisenplatte zwischen sich und Jerusalem aufstellen.

Zeichenhandlung: Dauer der Verbannung (Ez 4,4–8)

In der zweiten Zeichenhandlung des prophetischen Mitleidens mit seinem Volk in der Straf- und Exilzeit soll sich Ezechiel auf die Seite legen und so die Schuldenlast ganz Israels zu spüren bekommen. Auf seiner linken Seite soll er dreihundertneunzig Tage liegen, um dreihundertneunzig Jahre Schuldenlast des Nordreiches Israel mitzutragen, auf seiner rechten Seite vierzig Tage für vierzig Jahre Schuld des Südreiches Juda. Diese Berechnung könnte den in Ex 12,40 genannten 430 Jahren Knechtschaft in Ägypten nachgebildet sein. Dabei entsprechen 390 Jahre ungefähr dem Zeitraum von Salomo (931 v. Chr.) bis zum Kyrus-Edikt zur Aufhebung der Verbannung (etwa 539 v. Chr.). Die 40-jährige Schuldbestrafung Judas als Exilszeit ist darin inbegriffen.

Zeichenhandlung: Hungersnot und Unreinheit (Ez 4,9–17)

Während Ezechiel 390 Tage auf der Seite liegt und die Schuld des Nordreichs trägt, soll er sich nur von rationiertem Brot und Wasser ernähren, um damit die kommende Hungersnot schon am eigenen Leib zu spüren. Das kultisch unerlaubt vermischte Brot (vgl. Lev 19,19 u. Dtn 22,9), das Ezechiel in dieser Zeit essen wird, soll er zudem mit Menschenkot (vgl. Dtn 23,13f.) backen, als Zeichen dafür, dass die Belagerten und die Verbannten extrem unreine Nahrung zu sich nehmen müssen, um zu überleben. Auf Ezechiels entsetzten Einwand gegen Menschenkot als Brennmaterial darf er Rindermist nehmen. Doch die Bestrafung der Belagerten in Jerusalem bleibt bestehen: Sie werden sogar verunreinigtes Wasser und Brot kaum noch haben.

Zeichenhandlung: Die Vernichtung (Ez 5,1–4)

Nun soll Ezechiel zum Zeichen der völligen Entehrung (vgl. Jes 7,20) sein Haar und seinen Bart mit einem scharfen Schwert scheren und das abgeschnittene Haar dritteln. Ein Drittel soll er verbrennen, das zweite Drittel mit dem Schwert in der Nähe des Stadtmodells zerhauen, das letzte Drittel in den Wind verstreuen und einige wenige Haarreste in den Saum seines Gewandes binden; doch selbst von diesen solle er noch einen Teil verbrennen, sodass von diesem Feuer ganz Israel ergriffen werde. Wieder muss Ezechiel vorwegnehmen, was geschehen wird: Jerusalems Bevölkerung wird untergehen – beim Verbrennen der Stadt, beim Tod auf der Flucht oder durch die Zerstreuung in die Welt. Nur ein ganz kleiner Rest im Mantelzipfel des Propheten (vgl. 1 Sam 25,29) wird gerettet, ganz Israel jedoch gerichtet.

Deutung der symbolischen Handlungen (5,5–17)

Weil Jerusalem trotz seiner Erwählung durch Gott und seiner Vorbildfunktion für die Völker (vgl. Jes 2,2–4) Gottes Recht schlimmer als andere gebrochen und Gottes heiligen Tempel durch Götzendienst verunreinigt hat, bestraft Gott nun Jerusalem mit Pest, Hunger, Schwert, Verbannung und Verwüstung der Stadt und des Tempels.

Gerichtsworte (Ez 6–7)

Die frühe Gerichtsverkündigung Ezechiels weitet sich hier auf das ganze Land aus und kritisiert in Ez 6 Götzendienst und in Ez 7 soziales Unrecht in Israel.

Zerstörung der Kultstätten (Ez 6)

Nun bekommt der Prophet den Auftrag, sein Gesicht gegen die götzendienerischen *Höhenkulte* auf den Bergen Israels zu richten und ihre endgültige Vernichtung anzudrohen, weil hier die geforderte Alleinverehrung Gottes fortwährend durch einflussreiche Fremdgötterkulte unterlaufen wurde, was die Propheten schon immer scharf kritisierten (vgl. z. B. Am 7,9).

Ein *Rest* wird in der Verbannung aus diesem fürchterlichen Gericht den richtigen Schluss zur Abkehr vom früheren Götzendienst und zur Umkehr zur wahren Gotteserkenntnis ziehen und allein Gott als Herrn des Landes und des Volkes Israel wie der ganzen Welt verehren.

Ankündigung des Gerichts über Israel am Tage Gottes (Ez 7)

Ez 7 nimmt die frühere prophetische Gerichtsansage vom Ende Israels (Am 8,1f.) und vom drohenden „Tag Adonajs" (Am 5,18) wieder auf und kündigt das Unheil über die Bewohner Israels, Jerusalems und des Umlandes an. Die Sprache des siebten Kapitels mit ihren eindrücklichen Wiederholungen und hektischen Staccato-Sätzen wirkt poetischer als die der vorangegangenen Kapitel und deutet noch Spuren eines ursprünglichen, jetzt vielfach ergänzten und *übermalten Gedichtes* an.

Der Prophet soll Gottes mitleidloses Zornesgericht über Israel wegen dessen Gräueltaten ankündigen. Die Gesellschaft wird an ihrem Rechtsbruch, ihrer Anmaßung und Gewalttat zugrunde gehen; Gottes heiligem Krieg mit seinen Waffen von Pest, Hunger und Schwert wird niemand entkommen; alle werden völlig verstört, trostlos, beschämt, mit kahlgeschorenen Köpfen entehrt dasitzen und entsetzt feststellen, dass man Silber und Gold nicht essen und vor Ekel auch nicht mehr ansehen kann, nachdem Israel daraus abscheuliche Götzenbilder gemacht hat; die Bösen dieser Erde sollen Israels Schmuck rauben, Gottes kostbaren Besitz entweihen und ein Blutbad im Land anrichten; die Gesellschaft bricht zusammen, weil alle Autoritäten im Land ihre Macht verlieren: Propheten und Priester erhalten keine Gottesbotschaft mehr, die Ältesten keinen Rat, der König/Fürst und die ehemals freien Bürger sind handlungsunfähig. Mit diesem Unrecht Israels wird Gott sein Rechtsurteil über Israel begründen

Leonhard Kern schuf das Alabaster-Relief „Vision des Ezechiel" um 1640/50.

und bei seinem Volk die Einsicht durchsetzen, dass allein Gott Herrschaft und Ehre gebührt.

VISIONEN (EZ 8–11)

Entrückung des Propheten nach Jerusalem (Ez 8,1–4)

Im sechsten Jahr der Verschleppung ins Exil (591 v. Chr.) erschaut der Prophet in einer Vision eine Gestalt wie von Feuer. Ezechiel fühlt sich „von etwas wie einer Hand" an den Haaren gepackt und vom Geist (hebr. רוּחַ *ruach*, s. Infokasten S. 152) „in göttlichen Visionen" nach *Jerusalem*, zum Eingang des inneren Nordtors, dorthin entrückt, wo das Kultbild (vielleicht der kanaanäischen Göttin Aschera oder der mesopotamischen Göttin Ischtar) stand, das so „leidenschaftliche Eifersucht erregt".

Wieder fällt auf, wie konsequent Ezechiels Visionsbericht jede direkte Benennung oder gar Beschreibung Gottes vermeidet. Erst Ez 8,4 stellt klar, dass der Prophet auch hier die „Herrlichkeit Gottes" gesehen hat, wie bereits in Ez 3,23. Doch auch im Folgenden wird der Führer durch die Vision stets nur als „er" bezeichnet und nie mit „Gott" identifiziert.

Entweihung des Tempels (Ez 8,5–18)

Zuerst blickt Ezechiel auf einen Altar mit einem Götzenbild nördlich vom Tempeleingang. Dieser Kultgräuel verstößt gegen zwei Grundgebote Gottes: die Alleinverehrung Adonajs und das Gottesbildverbot (Ez 8,5–6).

Anschließend lässt Gott den Propheten in einer geheimen Kammer der Umfassungsmauer des Tempels siebzig Älteste Israels entdecken, die mit typisch ägyptischen Räucherpfannen vor Wänden stehen, auf denen ägyptische Göttergestalten mit Tierköpfen oder Tiersymbolen für Götter und Göttinnen eingeritzt sind. Zum allein schon todeswürdigen Bruch des ersten und des zweiten Gebots kommt hier noch strafverschärfend die Verehrung von Tieren hinzu, die nach Lev 11,10–42 kultisch unrein sind und daher streng gemieden werden müssen. Geschichtlicher Hintergrund für diese kultische Verirrung ist die politische und religiöse Annährung einflussreicher Gruppen Jerusalems und Judas gerade in der letzten Zeit vor dem Exil an Ägypten (Ez 8,7–13).

Am Nordtor des Tempels bekommt Ezechiel eine Reihe von Frauen zu sehen, die um die sumerisch-babylonische Vegetationsgottheit des sterbenden und wieder auferstehenden Tammus kultisch weinen (Ez 8,14–15). Im Innenhof des Tempels stehen fünfundzwanzig Priester und beten, *nach Osten* gewandt, eine vermutlich assyrische oder ägyptische Sonnengottheit an. Dieser Kultgräuel ist vor allem deswegen besonders verwerflich, weil Gottes Priester hier dem unsichtbar im Allerheiligsten auf dem Kerubim-Thron vorgestellten Adonaj/JHWH den Rücken zukehren. Nach diesem unerträglichen Götzendienst kündigt Gott dem Propheten sein mitleidloses Gericht an.

Die Zerstörung der Stadt (Ez 9,1–10,7)

Ez 9 erzählt den symbolischen *Vollzug des angekündigten Gottesgerichts*. Ezechiel hört, wie Gott ihm mit lautem Schrei das nahe Strafgericht über Jerusalem ankündigt und Arbeiter zum Zertrümmern der Stadt herbeiruft. Sechs Männer kommen mit ihren Richtschwertern in der Hand. Sie bringen auch einen Priester mit, in einem Leinengewand mit Schreibzeug in der Hüfte. Der Priester soll durch die Stadt gehen und allen nicht an den Gräueln beteiligten Jerusalemern ein T *(ת tav)* als Schutzzeichen (vgl. Gen 4,15) auf die Stirn malen (den letzten Buchstaben des hebräischen Alphabets, nach alter Schriftform ein Kreuz). Nur diese Gezeichneten sollen vor dem Schwertgericht verschont bleiben. Die Männer beginnen ihren blutigen Auftrag im Tempel und führen ihn dann in der Stadt fort, bis nur noch Ezechiel allein übrig ist. Diese Feststellung lässt übrigens erkennen, dass die ursprüngliche Vision die Ausrottung aller Einwohner Jerusalems erschaut und die dargestellte Verschonung einer kleinen Gruppe nachträglich den *späteren historischen Sachverhalt einfügt*, dass tatsächlich ein *„Rest"* der Bevölkerung die Zerstörung ihrer Stadt überlebt hat. Ezechiels entsetzter Schrei bezieht sich dann auch wieder auf Gottes Totalgericht. Als fürbittender Prophet fleht Ezechiel Gott an, nicht alle Jerusalemer restlos zu vernichten. Doch Gott erwidert, Bluttaten und Rechtsbrüche des Nordreiches Israel, des Südreiches Juda und der Stadt Jerusalem seien so übergroß, dass er nun sein gerechtes Gericht mitleid- und schonungslos an seinem Volk vollziehe. In seiner Vision vernimmt Ezechiel, wie von einem Throngebilde aus Lapislazuli über dem Himmelsgewölbe und den Kerubim nun der Priester im Leinengewand den Befehl erhält, glühende Kohlen dem Feuer zwischen den Rädern des Throngefährts unter den Kerubim zu entnehmen und damit Jerusalem anzuzünden. Um den direkten Zugriff eines Menschen auf das heilige Feuer zu verhindern, überreicht ein Kerub dem Priester glühende Kohlen zur Verbrennung der Stadt.

Ez 10,1.3.5–7a führen nachträglich das Throngefährt aus Ez 1,15–25 ein. Denn ursprünglich bewegt sich die Herrlichkeit Gottes (hebr. *k^evod adonaj*, כְּבוֹד־יְהוָה) ohne Thronwagen, wie (z. B. Ez 10,4 erzählt, wo sie vom Kerubim-Thron zur Schwelle des Tempels schwebt und den ganzen Tempel und seinen Vorhof mit ihrem Lichtglanz erfüllt.

Der Thronwagen Gottes (Ez 10,8–17)

Hier wird noch einmal mit ausdrücklichem Rückbezug auf Ezechiels Vision am Eufratkanal Kebar (Ez 10,15) das schon in Ez 1,4–25 dargestellte, allseits bewegliche Throngefährt für die Herrlichkeit Gottes mit geringfügigen Veränderungen beschrieben: So werden (z. B. die „Lebewesen" aus der ersten Vision nun als Kerubim bezeichnet und in ihrem Vier-Gesicht das Stiergesicht gegen das Kerubgesicht ausgetauscht: Vielleicht, um jeden Verdacht einer eventuellen Nähe zum kanaanäischen Stierkult zu vermeiden?

An der Fassade der Kathedrale Notre Dame in Paris werden auch Dämonen gezeigt, über die die Heiligen siegen.

Auszug der Herrlichkeit Gottes aus dem Tempel (Ez 10,18–22)

Als Zeichen der Abwendung Gottes vom Jerusalemer Tempel verlässt die Herrlichkeit Gottes die Schwelle des Tempels und bewegt sich zum Osttor der Tempelmauer. In der Grunderzählung (Ez 10,18a.19b) geschieht dies ohne Thron und Gefährt. In einem offensichtlichen Nachtrag wird dann noch einmal das Platznehmen der Herrlichkeit Gottes auf dem im Tempelinnenhof geparkten Thronwagen erzählt.

Das Strafgericht über die führenden Männer Jerusalems (Ez 11,1–13)

Ezechiel wird vom Geist (Gottes) an das östliche Tor des Tempels gebracht. Dort spricht der Prophet ein Disputationswort gegen 25 führende Männer aus Jerusalem, die sich für viel wichtiger und wertvoller als die übrigen Einwohner halten und darum die Häuser der Hauptstadt an sich reißen, indem sie Wehrlose aus ihren Häusern treiben und erschlagen.

Dieses verbrecherische Verhalten der in Jerusalem verbliebenen Oberschicht deckt der Prophet auf Gottes Geheiß hin auf und kündigt dieser raub- und mordwütigen Elite Gottes Gericht als schreckliche Umkehrung der Verhältnisse an: Der wertvollere Teil der Stadt sind die Erniedrigten und Erschlagenen; doch die völlig wertlose und im Übrigen auch überflüssige Oberschicht wird Gott durch Krieg vertreiben und töten lassen, weil sie Gottes gute und lebensförderliche Rechtsordnung zerbrochen hat und stattdessen den Willkürgesetzen der Nachbarvölker gefolgt ist.

Der babylonische König Nebukadnezzar wird Gottes Gericht vollziehen und die Oberschicht in Ribla, an der Grenze Israels, hinrichten.

Während Ezechiel zu den 25 Ältesten noch prophetisch spricht, stirbt einer von ihnen. Wiederum ist Ezechiel über die Unverzüglichkeit und Härte von Gottes Gericht entsetzt. Wie schon bei der Vision über die Zertrümmerung Jerusalems (vgl. Ez 9,8b) schreit der Prophet auch diesmal zu Gott fürbittend um Verschonung, zumindest für den „Rest Israels" (Ez 11,13c). Hierauf antwortet das Disputationswort in Ez 11,14–25.

Die Erneuerung Israels (Ez 11,14–25)

In einem weiteren Disputationswort setzt sich Gott mit der Behauptung der Einwohner von Jerusalem auseinander, Ezechiels Verwandte und Leidensgenossen im Exil seien selbst schuld daran, allen Besitz verloren zu haben; schließlich lebten sie gegenwärtig ohne Tempelkult fern von Gott und darum könnten sich die Jerusalemer jetzt mit gutem religiösen Gewissen den Besitz der Exilierten aneignen. Dieser merkwürdigen Argumentation widerspricht Gott entschieden: Er habe die Weggeführten, zu denen auch Ezechiel und seine Familie gehören, keineswegs verlassen, wie die Berufungsvision des Ezechiel und vor allem die Exilsgottesdienste zeigten, mit denen die „Gola" die feste Verbindung zu Israels Gott hält. Darum werden gerade die Verbannten Gottes Heil erfahren und einen neuen Exodus als Sammlung aus der Zerstreuung erleben. Sie werden das Land Israel zurückbekommen, dort die letzten Reste des Götzendienstes entfernen und die Alleinverehrung ihres Gottes durchsetzen. Dieser schließt dann mit ihnen einen *neuen Bund*, indem er ihnen einen erneuerten Geist schenkt und ihr Herz aus Stein gegen ein Herz aus Fleisch austauscht, damit sie seine Rechtsordnung fest verinnerlichen können.

Danach wird Ezechiel Zeuge, wie die Herrlichkeit Gottes ihren Auszug aus dem Tempel vollendet und auf den Ölberg im Osten der Stadt zieht. Der Prophet selbst wird durch den Geist zurück zur Gemeinde der Verbannten an seinem Wohnort versetzt, denen er berichtet, was Gott ihn hatte erschauen lassen.

Weitere Symbolhandlungen und Disputationswort (Ez 12)

Wie schon der Berufungsvision folgen auch der ersten Tempelvision Zeichenhandlungen, die den großen Abschnitt von Drohungen gegen Israel und vor allem gegen Jerusalem einleiten (vgl. Ez 12,1–16.17–20) und beschließen (vgl. Ez 24, 15–24).

Die Verschleppung (Ez 12,1–16)

Grundsätzlich hat Ezechiels Zeichenhandlung zwei Ziele: Sie soll das Verhalten des Publikums ändern, indem die zukünftige Bedrohung inszeniert wird. Doch schon Ez 12,2 stellt fest, dass der Prophet mit seinem ersten Ziel scheitert: Das zuschauende, widerspenstige Volk ist veränderungs- und umkehrunwillig. Dennoch bildet Ezechiel mit seiner Zeichenhandlung die Zukunft ab und „spielt" auf Gottes Anweisung das *Theaterstück „Zug in die Verbannung"*. Dazu nimmt er das kleine Exulantengepäck, wie einen Beutel für etwas Mehl und Wasser, eine Schlafmatte und eine Schale, und zieht damit am Abend in der Dunkelheit los, das Gesicht verhüllt vor Trauer und Scham. Die Fragen des Publikums beantwortet er am nächsten Morgen mit Gottes Deutung dieses „Mahnzeichens": Der von Nebukadnezzar eingesetzte judäische König Zidkija, im Ezechielbuch nur als „Fürst" tituliert, wird zusammen mit der Jerusalemer Bevölkerung in die Verbannung ziehen müssen. Ein später Nachtrag in Ez 12,6–7.10.12–15a erzählt, wie Zidkija, der im Dunkel der Nacht aus Jerusalem floh, dann gefangen, gefesselt und auf Befehl von Nebukadnezzar geblendet wurde, sodass er sein Land nicht mehr sehen konnte, und schließlich im babylonischen Exil verstarb.

Ein weiterer Nachtrag in Ez 12,15b–16 erzählt von einem Rest, der überlebt (vgl. Ez 5,3–4a), damit er der Gola die Notwendigkeit des Gottesgerichtes bezeugen kann (vgl. Ez 14,22–23).

Die Not der Belagerten (Ez 12,17–20)

Nun nimmt Ezechiel auf Gottes Geheiß die *„Henkersmahlzeit"* der Jerusalemer und Judäer von Wasser und Brot mit Angst und Zittern kurz vor ihrer Verschleppung aus der in seiner Inszenierung schon zerstörten Stadt und dem bereits verwüsteten Land vorweg.

Gegen die Verächter des Propheten (Ez 12,21–28)

Mit einem dreiteiligen *Disputationswort* (Sprichwort, Antwort Gottes, Gerichtsansage) widerspricht Ezechiel der in Juda grassierenden Ablehnung prophetischer Ankündigungen wegen der ausbleibenden Erfüllung und dem Widerspruch von Heils- und Unheilsprophetie. Ezechiel versichert, das von ihm angekündigte Gericht stehe unmittelbar bevor.

Gegen falsche Prophetinnen und Propheten (Ez 13)

In einer einzigartigen Abhandlung setzt sich Ezechiel hier mit *männlicher und weiblicher Falschprophetie* (vgl. Jer 29,21–23) auseinander.

Die falschen Heilspropheten haben eine vorgefundene Schulprophetie ohne eine Gottesoffenbarung eigenmächtig weitergegeben und damit Lüge geredet und Täuschung geschaut, statt Israel vor Gottes Gericht zu warnen und zur

Umkehr zu bewegen. Darum kündigt ihnen Ezechiel nun den Ausschluss aus dem Gottesvolk und aus der späteren Heimkehr-Gemeinde der Gola an. Denn die falsche Heilsankündigung hat wie eine nur notdürftig übertünchte, doch in Wahrheit brüchige Mauer Sicherheit für Jerusalem lediglich vorgetäuscht, wo es keine gab. Darum werden Gottes Sturmwind und Hagelschauer die übertünchte Mauer zum Einsturz bringen und die falschen Vorhersager mit ihren Zuhörern erschlagen. Danach soll Ezechiel Gottes Gericht *prophetischen Zauberinnen* ansagen, die für ein paar Lebensmittel Menschen aus Gottes Volk mit zauberischen Handbinden und Kopfmützen an sich fesseln. Dadurch verunsichern sie Gerechte, bestärken Böse in ihrem verkehrten Tun und gefährden so für alle den richtigen Glauben an Gott.

Gegen Götzendiener (Ez 14,1–11)

In einer öffentlichen Sitzung mit den Ältesten Israels (vgl. Ez 8,1 u. 20,1) ergeht an Ezechiel ein Gotteswort mit der Frage, ob diese Ältesten, die fremde Kulte ausgeübt haben, noch Gott bzw. seinen Propheten befragen dürfen; sie haben z. B. ja die grundlegenden Gebote der Alleinverehrung Gottes und des Gottesbilderverbots gebrochen. In der Art eines fallbezogenen („kasuistischen") Rechtsatzes wird festgehalten: Götzendienst und Gottesbefragung sind miteinander unvereinbar. Darum muss diese Feststellung zu der Konsequenz führen, den Götzendienst aufzugeben. Danach werden die Folgen für die Fragenden und für den antwortenden Propheten erörtert; beiden droht die Ausmerzung aus dem Gottesvolk, damit Israel sich besinnt, seine Bundes-Gemeinschaft mit Gott zu erneuern.

Gottes unerbittliches Gericht (Ez 14,12–23)

Angesichts der großen Untreue Jerusalems erklärt Gott, dass sogar die drei in der Hebräischen Bibel und in der altorientalischen Weisheit wohlbekannten Gerechten Noach, Daniel und Ijob (durch ihre Fürbitte) die Gottesstadt nicht vor Gottes Strafen retten könnten. Nicht einmal ihre eigenen Kinder könnten sie retten, sondern ausschließlich sich selbst wegen ihrer Gerechtigkeit (vgl. Abrahams Fürbitte für Sodom in Gen 18,23–33). Es werden also nur wenige Gottes Strafgericht über Jerusalem überleben, damit die Exulanten an ihnen erkennen, dass Gottes Strafe notwendig und gerecht war (vgl. 12,15a–16).

Gegen Jerusalem, das unnütze Holz vom Weinstock (Ez 15)

Mit Ez 15 beginnen *Bildreden,* die bis Ez 24 reichen. Gott vergleicht die Bewohner Jerusalems mit einem Weinstock, der keine Früchte mehr bringt, schon gar nicht mehr nach der Schrumpfung Israels auf Jerusalem und Umgebung. So ist Israel nun keineswegs mehr der üppige Rebstock, den Gott einst erwählt und sich mit viel Mühe herangezogen hatte (vgl. Hos 10,1 u. Jes 5,1–7). Gegenwärtig bietet Israel nur noch Weinstockholz, das lediglich zum Verbrennen taugt. So wird Gott die Jerusalemer verbrennen, damit sie erkennen, dass er Gott ist.

Gleichnis von Jerusalem als treuloser Frau (Ez 16)

Ezechiel erhält von Gott den Auftrag, Jerusalem seine götzendienerischen Schandtaten mit dieser *Bildrede* bewusst zu machen: Als kanaanäische Tochter eines Amoriters und einer Hetiterin neige sie schon von Geburt an zum Götzendienst. Als ausgesetzten Säugling habe Gott sie auf freiem Feld gefunden, versorgt und ernährt und ihr glückliches Heranwachsen zu einer heiratsfähigen Frau ermöglicht, mit der Gott das Bündnis der Ehe einging und sie so als seine Ehefrau zur strahlenden „Königin" machte.

Sie aber trieb wahllos die *religiöse Hurerei des Götzendienstes* mit jedem, der des Wegs kam, und beging dabei drei besonders schwere Kultvergehen: Götzendienst auf den Höhen, Anfertigung der Götzenbilder und Opfern von Kindern.

Die Klagemauer, die Westmauer des Tempels, bei Nacht

Auch *politisch hat sie Unzucht* getrieben und ist jedem nachgelaufen, den superpotenten Ägyptern, den eigentlich feindseligen Philistern, schließlich auch noch den Assyrern und den krämerischen Babyloniern.

In einem drastischen Bild kündigt Gott *Jerusalems Bestrafung* an: Er will die Stadt vor den Augen ihrer Liebhaber als Ehebrecherin öffentlich entblößen und sie mit ihrem Schmuck, ihren Häusern und ihren götzendienerischen Kulthöhen durch die versammelten Völker steinigen, verbrennen und zerstören lassen.

Jerusalems Schuld übersteigt die Sünde Samarias, ihrer Schwester im Norden, und Sodoms, ihrer Schwester im Süden, bei Weitem. Selbst nach dem Wiederaufbau aller zerstörten Städte und Jerusalems wird die Erinnerung an diese übergroße Sünde der Gottesstadt bestehen bleiben.

So entspricht Gottes strenges Gericht der Schwere des Bundesbruchs durch Jerusalem. Dennoch gibt Gott die Stadt Jerusalem nicht auf, sondern geht mit ihr einen ewigen Bund ein, der auch ihren Schwester- und Töchter-Städten gilt. Wenn Jerusalem sich wirklich seiner Vergehen schämt, wird Gott seiner Stadt ihre Sünde vergeben.

Lied von der Untreue des Königs (Ez 17)

Eine *Bildrede* von der judäischen Geschichte um 600 v. Chr. (Ez 17,2–10) wird anschließend gedeutet (Ez 17,11–21) und mit einer messianischen Verheißung für die Nachexilszeit ergänzt (Ez 17,22–24).

Ein großer Adler (Babylon unter Nebukadnezzar II.) reißt von einer *Libanonzeder* (Wappenbaum des davidischen Königshauses) einen Stammzweig ab und bringt ihn in die „Krämerstadt" Babylon (vgl. Ez 16,29): Die Deportation Jojachins nach Babylon im Jahre 597 v. Chr. wird hier in einem Rätselbild versteckt. Das Lied setzt anschließend in Ez 17,5–10 die Geschichte des judäischen Kleinkönigs Zidkija bildlich um: Als Jojachins Nachfolger wird aus einem anderen Daviden-Zweig, nämlich aus einem *Weinstock*, als Nebukadnezzars Vasall der König Zidkija eingesetzt, der unter Babylons Herrschaft aufblüht. Doch der inzwischen üppig gewachsene Weinstock Juda wendet sich einem anderen mächtigen Adler zu, der Großmacht Ägypten unter Pharao Psammetich II.: Statt seinen Vasallenvertrag mit Nebukadnezzar einzuhalten und das Erreichte zu bewahren, bricht Zidkija seinen politischen Bund mit Babylon und damit auch seinen Eid gegenüber Gott, der schließlich Garant und Zeuge dieses Vertrags war. Darum wird Gott den Vasallenkönig Zidkija durch Nebukadnezzar nach Babylon verschleppen und seine stolzen Truppen vernichten lassen. Zidkija wird in Babel sterben, der Pharao wird dem belagerten Jerusalem nicht zu Hilfe kommen; die Stadt wird erobert und viele Menschen getötet werden.

Ein Bearbeiter schreibt in Ez 17, 22–24 Ezechiels Bildrede messianisch fort und kündigt an, dass Gott nach dem Gericht selbst einen zarten Zweig aus dem hohen Wipfel der Libanonzeder abbrechen und als Schössling wieder einpflanzen, d. h. aus einem „Spross" des davidischen Königshauses ein neues Königtum auf dem Zion errichten wird, das sich mit Gottes Hilfe in der Völkerwelt behauptet.

Über die Verantwortlichkeit vor Gott (Ez 18)

Ez 18 führt theologisch Grundlegendes über die ethische Verantwortung des Einzelnen im Zusammenhang der Generationen sowie über das Verhältnis von persönlicher und gemeinschaftlicher Schuld aus.

Das Kapitel 18 wendet sich gegen die Behauptung, Gott bestrafe die Nachfahren für die Sünden ihrer Väter und Mütter und lasse diese selbst womöglich noch ungeschoren davonkommen. Das bis dahin gängige Sprichwort in Israel: „Die Väter essen saure Trauben und den Kindern werden die Zähne stumpf.", soll nicht mehr gebraucht werden (vgl. Jer 31,29–30), weil Gott nach dem *Rechtsprinzip individueller Verantwortung* jeden Einzelnen und jede Generation nur für das eigene Tun und Ergehen haftbar macht. Der Gerechte erwirkt mit seiner toragemäßen Lebensführung (richtige Gottesverehrung und Solidarität in Familie, Nachbarschaft und Gesellschaft) nur für sich das Leben und der Ungerechte mit einer gegenteiligen Lebensweise ebenfalls nur seinen eigenen Tod. Der gerechte Vater kann nicht seinen ungerechten Sohn vor den schlimmen Folgen seiner Sünden bewahren. Genauso hat auch ein gerechter Sohn nichts mit der Schuld seines ungerechten Vaters zu tun.

Natürlich wird auch ein Gerechter, der auf einmal ein ungerechtes Leben zu führen beginnt, sich damit den Tod erwirken. Doch das Hauptziel Gottes, des Schöpfers und Eigentümers aller Menschen (Ez 18,4), ist es, dass der Sünder umkehrt und damit am Leben bleibt. Weil er ein Gott des Lebens ist, wünscht er sich auch von Israel diese Umkehr und Erneuerung.

Totenklage über Israels Fürsten (Ez 19)

In der Form einer *Totenklage* über davidische Fürsten wird in diesen beiden *Bildworten* von der Mutter als Löwin und von der Mutter als Weinstock das Schicksal von drei Mitgliedern des davidischen Königshauses beklagt.

Die erste Klage in Ez 19,2–9 bezieht sich auf die regierende Königinmutter Hamutal mit ihren beiden Söhnen Joahas und Zidkija. Joahas wurde nach Ägypten verschleppt und verstarb dort (vgl. 2 Kön 23,31–34). Zidkija erlebte als Vasallenkönig Nebukadnezzars einen Aufstieg, wurde dann aber wegen seines Aufstandes mit Blendung und Verbannung nach Babylon bestraft, wo auch er verstarb (2 Kön 24,18–25,7).

Die zweite Klage betrauert nur Zidkija und dessen Geschick, wie es bereits im Rätselwort Ez 17,5–10 erzählt wurde. Die Unterschrift in Ez 19,14 bestätigt den inzwischen eingetretenen Tod der besungenen Personen.

Israels Untreue und Gottes Geduld (Ez 20)

Eigenwillig blickt Ez 20 auf die Geschichte Israels vom Exodus über die Gabe der Tora bis zum Exil unter Aussparung der Nationalgeschichte von Josua bis Zidkija zurück und auf einen neuen Auszug aus Babylon mit einem erneuerten Gottesdienst auf Gottes Zionsberg voraus. Als Rahmen dient die Ablehnung einer Gottesbefragung.

Im Jahre 591 v. Chr. versammeln sich die Ältesten Israels vor Ezechiel zu einer offiziellen Befragung des Propheten. Sie hoffen auf eine Auskunft über die vielleicht schon bald mögliche Rückkehr aus der Verbannung, wie dies auch in Juda und Jerusalem zu dieser Zeit erhofft und (z. B. vom Propheten Hananja sogar angekündigt wurde (vgl. Jer 28,1–4). Zudem wünschten sie Ezechiels Fürbitte bei Gott für die Exu-lanten. Doch Gott lehnt jede Befragung ab und lässt stattdessen den Propheten eine *Gerichtsrede* halten, die Israels Geschichte als eine Abfolge von Gräueltaten darstellt.

Schon beim Auszug aus Ägypten begann, was sich dann in der Wüstenzeit und im verheißenen Land ständig wiederholte: Gott schwört, Israels Gott zu sein und gibt seinem Volk darum seine lebenserhaltenden Gebote; Israel bricht Gottes lebensförderliche Rechtsvorschriften wie das Alleinverehrungsgebot, das Gottesbildverbot, das Sabbatgebot; Gott schüttet seinen Zorn über Israels Gräueltaten aus, doch mit Rücksicht auf seinen Namen und sein Ansehen vor der Weltöffentlichkeit der Völker mildert Gott jedes Mal seine Strafe so weit ab, dass die Israeliten am Leben bleiben, wenn auch nur als Verbannte unter die Völker verstreut.

Auch die Verbannten sind Gott untreu, wenn sie sagen: „Wir wollen sein wie die anderen Nationen, wie der Rest der Welt, und Holz und Stein anbeten." Dieser gefährlichen, weil für die Exulanten äußerst attraktiven Tendenz ihrer religiösen Selbstaufgabe durch soziale Anpassung an die überlegene und faszinierende Kultur Babylons tritt Gott energisch entgegen: Er wird der König seines Volkes bleiben (vgl. Jes 6; 40,1–11; 52,7) und sein Volk im Exil zunächst „in die Wüste der Völker" (vgl. Ez 20,35) führen, um dort die Untreuen auszuscheiden (vgl. Ez 13,9 u. 34,10); denn nur ein gereinigtes Gottesvolk wird zurückkehren und nach diesem Scheidungsgericht in der „Wüste der Völker" (vgl. Ez 20,23) als ganzes Haus Israel auf Gottes heiligem Berg wieder gottwohlgefällige Opfergottesdienste feiern dürfen. Israel soll sich dabei stets an die eigenen Untaten erinnern, damit es nie vergisst, dass es dieses neue Heil der unverdienten Gnade Gottes verdankt.

Das Gleichnis vom Waldbrand (Ez 21,1–5)

Die *Bildrede* vom Waldbrand im Südland, dem judäischen Bergland, sagt gegen das Land das totale Gericht Gottes aus, wobei der Sinn dieses Gleichnisses sich erst im Zusammenhang mit der folgenden *Bildrede* vom Schwert erschließt, sodass die Verstehensprobleme von Ezechiels ersten Hörern auch heute noch nachvollziehbar sind: „Er redet ja immer nur in Gleichnissen!" (Ez 21,5)

Lied vom Schwert Gottes (Ez 21,6–22)

Ez 21,6–10: Das angekündigte totale Gericht gegen Jerusalem, den Tempel und das Umland, das unterschiedslos Gerechte und Schuldige vernichten soll, widerspricht eklatant der Verkündigung von Ez 18. Hier redet ganz offensichtlich ein anderer Autor.

Ez 21,11–12: Ezechiels scheinbar unbegründetes Stöhnen, die erstaunte Rückfrage der Verbannten nach dem Grund seines Stöhnens und die anschließende Deutung dieser dreiteiligen Zeichenhandlung nehmen die Reaktion der Verbannten auf den Fall Jerusalems vorweg.

Ez 21,13–22: Angetrieben von Gott und begleitet vom Mitleidsschrei des Propheten, verrichtet ein anonymes Schwert sein grausames Werk gegen Israels Fürsten und Volk. Erst in der folgenden Zeichenhandlung wird der babylonische König Nebukadnezzar als Führer dieses Schwertes identifiziert.

Das Schwert des Königs von Babel (Ez 21, 23–37)

In einer Zeichenhandlung bildet Ezechiel den Anmarschweg des babylonischen Königs nach, der sich an einer Weggabelung entscheiden muss, ob er gegen Rabbat-Ammon, der Hauptstadt der Ammoniter, oder gegen Jerusalem zum Kampf weiterziehen soll. Eine Befragung seines Gottes weist ihm den Weg nach Jerusalem, dessen Belagerung er unverzüglich vorbereitet, während sich die Einwohner noch in Sicherheit wähnen, trotz ihres Eidbruchs gegenüber Gott und dem König von Babylon durch ihr Paktieren mit Ägypten. Darum wird auch der wortbrüchige König Zidkija völlig entmachtet und Jerusalem zertrümmert.

Das Schwert des Herrn ist gewaltig.

Gegen Jerusalem (Ez 22)

Gott klagt Jerusalem sozialer „Blutschuld" und götzendienerischer „Gräuel" an und veranschaulicht dies mit folgender Vorwurfsliste: Machtmissbrauch der Fürsten, Justizmorde durch Verleumdung, Mordtaten durch

Korruption, Elternentehrung, Unterdrückung der sozial Schwachen wie Fremden, Waisen und Witwen, Entheiligung des Sabbats, Götzendienst in Höhenkulten, verbotene sexuelle Beziehungen innerhalb und außerhalb der Familie, soziale Wirtschaftsvergehen wie Zinsnahme, Wucher und Erpressung. So ist Jerusalem eine völlig verdorbene Stadt und hat darum sein von Gott beschlossenes Ende selbst herbeigeführt.

Im Schmelzofen des göttlichen Zorns wird darum von Jerusalem und dem „Haus Israel" nur Asche übrig bleiben und nicht wie bei einem Läuterungsfeuer gereinigtes Metall. Denn alle führenden Schichten des Volkes sind vollkommen pervertiert: Die Fürsten und leitenden Beamten sind besitzgierige Menschenfresser und Ehebrecher, die Priester missachten jede Kultordnung, die Propheten täuschen Visionen und angeblich empfangene Gottesworte vor, die Bürger beuten Schwache und Arme aus und erpressen die Fremden. Und keiner erfüllt die wichtige Aufgabe von Propheten und springt vor Gott für das Volk fürbittend in die Bresche (vgl. Ez 13,5). Darum kommt nun über alle das Gericht.

Gleichnis von den schamlosen Schwestern Israel und Juda (Ez 23)

Ähnlich der Struktur von Ez 16 vergleicht die stark konstruierte *Bildrede* von Ez 23 Israel und Juda mit den beiden Gott untreuen hurerischen Schwestern Ohola (= Samaria für das Nordreich Israel) und Oholiba (= Jerusalem für das Südreich Juda), die schon in Ägypten Hurerei getrieben haben sollen und die Gott dann gegen die Vorschrift von Lev 18,18 geheiratet hat. Während Ez 16 besonders kultische Sünden anklagt, zielt Ez 23 vor allem auf politische Vergehen.

Das Nordreich (Ohola) wird verurteilt, weil es nicht auf Gottes Hilfe, sondern auf seine politischen Bündnisse mit Assur und auch Ägypten vertraut hat und dafür 722 v. Chr. mit der Verschleppung seiner Nachkommen und seiner Zerstörung durch den Krieg bestraft wurde.

Dieses schreckliche Ende des Nordreiches hielt das Südreich (Oholiba) nicht davon ab, es schlimmer als ihre ältere Schwester zu treiben und noch mehr falsche, gottwidrige politische Bündnisse mit Assyrern, Babyloniern und Ägyptern einzugehen. Darum wird nun auch Oholibas Bestrafung viel härter sein: Ihr babylonischer Oberherr (vgl. Ez 17) wird ihre judäische Schaukelpolitik schrecklich abstrafen. Auch Oholibas Götzendienst war ein wichtiger Grund für ihre Bestrafung.

Die abschließende prophetische Gerichtsrede in Ez 23,36–49 verschiebt die ursprüngliche Botschaft der Bildrede in Ez 23 *zulasten von Frauen*, die nun nicht mehr sozial-kollektive Sinnbilder für falsches Verhalten von damals durchaus männlich dominierten staatlichen Gemeinschaften aus Männern *und* Frauen bleiben, sondern stattdessen zu privaten Ehebrecherinnen werden, die „gerechte Männer" angeblich bestrafen müssen.

Die vergebliche Reinigung der Stadt (Ez 24,1–14)

Das Gleichnis aus der Endphase der frühen Gerichtsprophetie Ezechiels stammt aus dem Jahre 587 v. Chr., dem Beginn der Belagerung Jerusalems durch Nebukadnezzar (vgl. 2 Kön 25,1). In Umkehrung von Ez 11,3, wo die Oberschicht Jerusalem als Topf beschreibt, aus dem sie sich mit dem gekochten Fleisch der von ihnen ausgeraubten Bewohner bedienen können, wird die Stadt hier mit einem durch Blutschuld verrosteten Kessel verglichen, der dringend gereinigt werden muss. Doch selbst das stärkste Feuer kann den Rost der Schandtaten nicht mehr lösen, sodass der Kessel nun als unbrauchbar weggeworfen wird. Gottes mitleidloses Gericht über Jerusalem steht darum unmittelbar bevor.

Zerstörung Jerusalems und der Tod der Ehefrau des Propheten (Ez 24,15–27)

Die in Ez 24,15–24 geschilderte *Zeichenhandlung* bezieht den plötzlichen Tod der Frau des Propheten in dessen Verkündigung mit ein, um die zukünftige Reaktion der Exilanten auf den kurz bevorstehenden Untergang Jerusalems abzubilden.

Gott kündigt Ezechiel den jähen Tod seiner Ehefrau an, „der Freude seiner Augen". Doch der Prophet solle sie weder für sich beklagen und beweinen noch öffentlich durch die vorgeschriebenen Bräuche betrauern, er dürfe lediglich leise vor sich hin stöhnen. Als seine Ehefrau kurz darauf stirbt, tut der Prophet, wie Gott ihm befohlen hat, und erklärt dem irritierten Volk auf dessen Nachfrage sein seltsames Verhalten als eine Zeichenhandlung: Gott werde den Tempel in Jerusalem zerstören, der für Israel als schützender Zufluchtsort, freudige Augenweide und ständiges Sehnsuchtsziel unverzichtbar ist. Und darauf werden die Exilanten sich als Gemeinschaft einfach aufgeben, weil sie keine Kraft mehr zu rituellen Klagen und Trauerbräuchen haben, sondern nur noch ihre eigene Schuld beklagen und leise vor sich hin stöhnen können.

Die Verse Ez 24,25–27 weisen schon jetzt auf den später eintreffenden Bericht von Ez 33,21–22 hin: Dort wird erzählt, wie ein Flüchtling aus Jersualem 585 v. Chr. Ezechiel über den Fall der Gottesstadt ein halbes Jahr nach dieser Katastrophe benachrichtigt. An diesem Tag des Flüchtlingsberichtes endet dann Ezechiels Stummheit, die mit der Zerstörung Jerusalems begann, also sechs Monate dauerte (vgl. dazu die Anmerkung zu Ez 3,22f.).

Im Unterschied zu den Exulanten, die nach dem Katastrophenbericht im Grunde verstummen, erlebt Ezechiel diese Nachricht als Befreiung zu einer „*neuen*" Redemöglichkeit; denn nun ist er mit seiner prophetischen Gerichtsbotschaft an sein hörunwilliges widerspenstiges Volk (vgl. Ez 2,5) endgültig bestätigt und damit auch zu einer neuen Heilsbotschaft für das „Haus Israel" von Gott beauftragt worden.

Drohsprüche gegen die Nachbarvölker (Ez 25–32)

Die folgenden *Drohreden* an die Fremdvölker (Ez 25–32) fallen in die Zeit der Stummheit des Propheten. Das Ezechielbuch weist sie damit indirekt *Schülern Ezechiels* zu, was auch mit Ez 3,4–6 übereinstimmt, wo Ezechiel zum Propheten ausdrücklich nicht für fremde Völker, sondern nur für Israel bestimmt wird.

Die *Drohworte gegen sieben Fremdvölker* (Ez 25–32), die verschiedene Ezechielschüler (vgl. die mehrfachen Abschlüsse in Ez 28,24.35f.; 29,21) entwickelt haben, trennen die *Gerichtsbotschaft* (Ez 1–24) des Propheten von seiner *Heilsverkündigung* (Ez 33–48). Die Fremdvölker sollen wohl an die sieben Vorbewohner des Landes erinnern, das Israel verheißen war (vgl. Dtn 7,1). Sie werden nacheinander im Uhrzeigersinn von Nordosten (Ammon) nach Nordwesten (Sidon) angesprochen.

Die Nachbarvölker, gegen die sich die Drohsprüche des Ezechielbuches richten

Gegen Ammon, Moab, Edom und die Philister (Ez 25)

Ez 25 stellt (offensichtlich nach 586 v. Chr.) fünf ähnlich strukturierte Gerichtsworte über die unmittelbaren Nachbarvölker Ammon (zwei Gerichtsworte), Moab, Edom und die Philister wegen deren Reaktion auf das Schicksal Judas und Jerusalems zusammen. Sie sollen darum alle mit der Auslöschung ihrer staatlichen Existenz bestraft werden, was dann historisch auch wirklich eintraf.

Gegen Tyrus (Ez 26,1–28,19)

Tyrus und *Ägypten* haben im 6. Jh. v. Chr. bedeutenden kulturellen, wirtschaftlichen und politischen Einfluss in Palästina. Deshalb wenden sich besonders umfangreiche Drohworte an sie.

Auch die reiche Insel- und Handelsstadt *Tyrus* soll mit der Eroberung und ihrer Verkleinerung bis auf den nackten Felsen und der Vernichtung ihrer Tochterstädte bestraft werden, weil sie 587/586 v. Chr. über das absehbare Ende ihrer Konkurrentin Jerusalem triumphiert hat. Nach der kurz bevorstehenden Eroberung von Tyrus durch Nebukadnezzar könne ihr und ihrem Fürsten nur noch die Totenklage gehalten werden (Ez 28,1–19): Seine (scheinbar) uneinnehmbare Festung galt als Göttersitz im Meer. Daher hielt er sich selbst für einen Gott. Doch der wahre und alleinige Gott wird ihm nun zeigen, dass auch der Fürst von Tyrus nur ein Mensch ist, der zwar außergewöhnlich weise und reich wurde, aber dennoch sterblich blieb, was er in seiner sündigen Überheblichkeit vergaß. Nun wird er wieder seine menschliche Sterblichkeit erkennen, wenn ein Fremder, der König von Babel, ihn durchbohrt und ermordet, und der „gottgleiche" Stadtkönig von seinem hohen lichten Felsenschloss hinunter muss in die finstere Unterwelt, wo er einen besonders unehrenhaften Platz bei Ermordeten, Durchbohrten, Hingerichteten und Unbeschnittenen erhält, damit endlich seine Gottesanmaßung vor aller Augen widerlegt wird. Ez 29,18 hält ausdrücklich fest, dass dieses Gericht nicht eingetroffen ist.

(In Ez 28,11–19 hat die spätere Bearbeitung die Totenklage über einen König in einen wichtigen Paralleltext zu Gen 2–3 über die Deutung menschlichen Lebens vor Gott verändert.)

Gegen Sidon (Ez 28,20–23)

Das begründungslose Wort gegen die Handelsstadt *Sidon* dient wohl nur zur Vervollständigung der Sieben-Völker-Liste. Ez 28, 24 trägt dann eine Gerichtsbegründung nach: Nach dem Gericht auch über Sidon hat das wiederhergestellte Gottesvolk endlich keine feindseligen Nachbarn mehr.

Verheißung für Israel (Ez 28,24–26)

Den Verbannten in Babylon werden ein neuer Auszug (vgl. Ez 11,17 u. 20,32–44) und die „Rückgabe" des Landes Israel verheißen. Dort werden sie als Gesegnete Gottes in Frieden leben und arbeiten und ausschließlich ihren Gott verehren.

GEGEN PHARAO UND ÄGYPTEN (EZ 29–32)

Das Gericht über König und Land (Ez 29,1–16)

Bei den Drohworten gegen Ägypten folgen den Gerichtsansagen in Ez 29–30 die Klagelieder in Ez 31–32. Von den vier Gerichtsansagen in Ez 29 durch Ezechiels Schüler stammt das Grundwort gegen Pharao in Ez 29,1–6a aus dem Jahre 587 v. Chr. vor der Belagerung Jerusalems (vgl. Ez 24,1), als in der Stadt und ihrem Umland vermutlich die Bündnisalternative – Babylon oder Ägypten – heftig diskutiert wurde. Im *ersten Gerichtswort* in Ez 29,1–6a tritt Gott der Selbstvergottung des Pharao entgegen, der doch tatsächlich behauptet, ihm gehöre der Leben spendende Nil, weil er ihn angeblich selber geschaffen hätte: Gott wird dem Pharao wie ein Krokodilfänger einen Haken durch die Kinnlade schlagen und ihn daran aus „seinem" Nil ziehen und in die Wüste werfen, wo er jämmerlich zugrunde geht und von anderen Tieren gefressen wird. Und danach werden alle Ägypter erkennen, wer in Wahrheit Gott und damit Schöpfer und Eigentümer auch ihres Landes ist.

Eine Libanonzeder kann bis zu 50 Meter hoch werden.

Das *zweite Gerichtswort* (Ez 29,6b–9a) droht Ägypten die Entvölkerung und Verwüstung an: Trotz der erwiesenen Unzuverlässigkeit und Zerbrechlichkeit gerade dieses Landes will sich Israels Schaukelpolitik (vgl. Ez 17) unsinnigerweise immer noch auf Ägypten stützen.

Das *dritte Gerichtswort* (Ez 29,9b–12) begründet wieder mit der Selbstvergottung Pharaos die angekündigte Verwüstung und Zerstreuung der Bevölkerung Ägyptens für die Dauer von vierzig Jahren.

Das *vierte Gerichtswort* (Ez 29,13–16) relativiert die Ansagen eines Totalgerichts in den ersten drei Drohworten.

Hier wird offensichtlich die Prophetenankündigung dem später tatsächlich eingetretenen Geschichtsverlauf angepasst. *Dies ist eine Besonderheit Ezechiels und seiner Schule*: Die prophetische Verkündigung soll auch später noch gültig sein.

Ägypten soll nach vierzig Jahren als Kleinstaat wiedererstehen. Dies ist zur Zeit der Perserherrschaft wirklich geschehen.

Als Lehre aus der Geschichte (vgl. Ez 17 u. 19) gab es keine Bündnisse mehr zwischen Ägypten und Israel.

Der Sieg Nebukadnezzars (Ez 29,17–21)

Dieses nicht von Ezechiel stammende Wort aus dem Jahre 571 v. Chr. ist das jüngste im ganzen Ezechielbuch. Es berichtigt die Gerichtsworte gegen die Mittelmeerstadt Tyrus (Ez 26–28), mit der Nebukadnezzar nach 13-jähriger ergebnisloser Belagerung (586–573 v. Chr.) einen Kompromiss geschlossen hatte. Nebukadnezzar soll nach Gottes Willen mit Ägypten „entschädigt" werden. Auch hier ist wieder wie in Ez 29,13–16 die ursprüngliche Zukunftsaussage durch Korrektur dem späteren Geschichtsverlauf angepasst worden.

Das Gericht über Ägypten (Ez 30)

Ein Weheruf leitet den Tag Gottes über Ägypten ein und sagt dieser selbstgefälligen Großmacht mit ihren Götzen in Memfis das umfassende Gericht an, das Nebukadnezzar als Gottes Gerichtswerkzeug vollziehen soll. Damit wird auch die falsche Hoffnung der Parteigänger Ägyptens in Jerusalem endgültig beendet.

Gleichnis vom Pharao, dem mächtigen Baum (Ez 31)

Kurz vor dem Untergang Jerusalems fand im Jahre 587 v. Chr. diese *Totenklage* über den „Pharao, den König von Ägypten" in der Form einer *Bildrede* statt: Pharao wird mit der prachtvollen, vielen Tieren Schutz gewährenden Libanonzeder (vgl. Ez 17,3) verglichen, die im Orient als mythischer Weltenbaum galt. Doch weil diese Zeder überheblich wurde, wird sie von Fremden umgehauen, und ihre Schützlinge werden unter die Völker zerstreut. Danach muss die Zeder ihren ersten Ehrenplatz mit dem letzten unehrenhaften Platz eintauschen, den die Unterwelt kennt.

Totenklage über den Pharao, das gefangene Krokodil (Ez 32,1–16)

Diese *Totenklage* stammt aus dem Jahr 585 v. Chr. nach dem Fall Jerusalems und ist ein sehr junger Text unter den Worten über Ägypten. Er verbindet die universale und kosmische Totenklage über das Ende Pharaos und die Pracht Ägyptens mit einer Gerichtsansage, die auch das Wirken der Babylonier als Strafwerkzeug Gottes mit einbezieht. Die Totenklage entlehnt ihre Bilder und Motive aus verwandten Ezechiel-Texten: für Pharaos Wirken das Löwenbild aus Ez 19, für seine Bestrafung das Fangen des Krokodils aus Ez 29,1–6a und das Ende des Weltenbaumes aus Ez 31,12–13, für die umfassende Trauer über Pharaos Tod die kosmische Verfinsterung aus Jes 13,10 und das Entsetzen der Völker und Könige aus Ez 26,15–18.

Die Totenklage über Pharao und sein Gefolge (Ez 32,17–32)

Dieses *Jammerlied* aus dem Jahre 585 v. Chr. soll das gefallene prachtvolle Ägypten in die Unterwelt begleiten und dort seine unehrenhafte Bestattung auf einem hinteren Platz der Unbeschnittenen bejammern, wo Ägypten neben den schon früher abgestiegenen Mächten Assur, Elam aus Südpersien, Meschech und Tubal aus Kleinasien sowie Israels Feinden Edom und Sidon liegen muss. Auf den vorderen Plätzen sind dagegen die kriegerischen Größen der Vorzeit (vgl. Gen 6,1–4; 10,8–12) ehrenhaft aufgebahrt.

Das Gericht und das neue Heil (Ez 33,1–37,28)

Das von Ezechiel angekündigte Unheil ist mit der Eroberung Jerusalems 586 v. Chr. eingetroffen. Was dies für Israels Gottesglauben bedeutet, bewegt nun Ezechiels Verkündigung ab Kapitel 33. In Ez 33,21 erfährt der Prophet die Nachricht vom Fall Jerusalems. Nun wollen die Exulanten – anders als früher – unbedingt das klärende Wort Ezechiels dazu hören. Ez 33 enthält die zweite Berufung des Propheten zum Wächter und Umkehrprediger (Ez 33,1–20), Ezechiels Benachrichtigung über Jerusalems Fall (Ez 33, 21–22), das Disputationswort über die Trümmerbewohner (Ez 33, 23–29) und die Mitteilung Gottes über das Verhalten der Verbannten (Ez 33,30–33).

Ezechiel als Wächter (Ez 33,1–20)

Nach seiner Erstberufung in Ez 1–3 zum Unheilspropheten empfängt Ezechiel nun seine *Zweitberufung zum Umkehrprediger*. In starker Anlehnung an Ez 3,16–21 wird er nun erneut von Gott zum Wächter über Israel bestellt.

Wie ein Wächter im Krieg, den Israel ja gerade erlebt hat, mit dem Signalhorn (hebr. *schofar* שׁוֹפָר) vor der nahenden Todesgefahr Alarm schlägt, so soll Ezechiel nun im Volk Israel den Sünder vor dem Todesurteil alarmieren, das Gott schon gefällt, aber noch nicht vollstreckt hat. Warnt Ezechiel den Sünder nicht, wird dieser sterben, aber Gott fordert dann dessen Blut von Ezechiel, d. h. auch er muss sterben; mahnt der Prophet aber den Sünder und dieser kehrt nicht um und stirbt, so ist er selbst schuld an seiner Todesstrafe. Doch Gott will, dass der *Sünder umkehrt* und dadurch dem *Todesurteil entgeht* (vgl. Jer 23,14–22).

Israels verzweifelter Resignation, seine übergroßen Sünden und die inzwischen eingetroffene Bestrafung würden dem Volk ohnehin jede Kraft zur Lebensänderung rauben, setzt Gott in einem *Disputationswort* noch einmal mit ganzem Nachdruck *sein Angebot zur Umkehr* entgegen. Denn es gibt bei Gott weder für den Gerechten noch für den Sünder eine feststehende Guthaben- oder Schuldbilanz, die den einen stets entschulden und den anderen ständig erdrücken würde. Was vor Gott für Gerechte wie für Sünder allein zählt, ist *ihr gegenwärtiges Verhalten,* d. h. ob sie in der Gegenwart *umkehren* oder *in ihrer Schuld verharren.* Während Gott in diesem Disputationswort den Blick der Exulanten auf ihr gegenwärtiges umkehr- und veränderungsfähiges Leben lenken will, hält die Exilsgemeinde starr an der überkommenen Tun-Ergehen-Lehre fest und fühlt sich dadurch von ihrer schuldbeladenen Vergangenheit geradezu erdrückt.

Jerusalem ist gefallen (Ez 33,21–33)

Mit dem Eintreffen eines Flüchtlings aus Jerusalem im Jahre 585 v. Chr., der Ezechiel die etwa ein halbes Jahr zurückliegende Eroberung der Stadt schildert, nimmt Gott die Schweigelast vom Propheten, und seine am Abend gefesselte Zunge ist am Morgen wieder gelöst (vgl. die Anmerkung in Ez 3,22f. zu unterschiedlichen Angaben über den Zeitraum von Ezechiels Verstummen). Zunächst soll Ezechiel gegen die „Bewohner der Ruinen im Land“ sprechen, die glauben, dass sie nun das Land ihres Stammvaters Abraham allein für sich beanspruchen könnten, weil sie so viele sind. Es ist bleibt unklar, gegen wen dieser Landanspruch erhoben wird: gegenüber den Verbannten (vgl. 11,14f.) oder den feindlichen Nachbarn. Doch Gott bestreitet den „Ruinenbewohnern“ überhaupt ein Anspruchsrecht wegen ihrer kultischen, sozialen und familienrechtlichen Vergehen. Sie werden darum Gottes Gerichtsstrafen zu spüren bekommen.

Nach diesem Drohwort gegen die Ruinenbewohner in Jerusalem/Juda kritisiert Gott nun die Exulanten in Babylon. Diese hören Ezechiel wohl gern von Gott erzählen, richten sich aber nicht nach seinen Worten. Sie fühlen sich vom Propheten wie von einem Harfenspieler oder Bänkelsänger von Liebesliedern gut unterhalten, unterlassen aber nicht ihre Lügen und ihre Profitgier. Wenn nun jedoch eintrifft, was Ezechiel wieder und wieder angekündigt hat – und dies Ereignis steht kurz bevor –, dann werden sie erkennen, dass Ezechiel wirklich als Prophet im Auftrag Gottes mitten unter ihnen gesprochen und gehandelt hat.

Die schlechten Hirten (Ez 34,1–10)

Das Bild vom Hirten ist ein altes Königssymbol und kann sowohl den Zions- und Weltkönig Gott als auch den irdischen König Israels darstellen. Die große Hirtenrede in Ez 34, die die neutestamentliche Verkündigung vom guten Hirten in Joh 10 stark beeinflusst hat, greift dieses Hirtensymbol auf, indem sie Gottes gute Leitung als Hirte seines Volkes rühmt und die irdischen Leiter Israels wie den König und die führenden Schichten im Land „wegen schlechter Führung“ kritisiert und absetzt und den Opfern der schlechten Hirten Heil verkündet. Nach der Wende in Ez 33,21–22 wird damit auch Ez 34 in die Heilsverkündigung eingefügt: So beginnt Ez 34 zwar als Gerichts- und Wehewort gegen die schlechten Hirten mit nur angedeuteter Errettung der Schafe, doch dann folgt die Verheißung von Gottes gutem Hirtenamt und des wiederhergestellten davidischen Königtums sowie eines *messianischen Friedensbundes*.

Das *Gerichtswort* in Ez 34,1–10 klagt die bisherige führende Oberschicht (gewiss unter Einschluss des Königs und seiner Beamten) als schlechte Hirten ihres Volkes an, die ihr Amt nur zur Selbstbedienung und zur Ausbeutung des Volkes schändlich missbraucht haben, statt ihre Fürsorgepflicht, insbesondere gegenüber den Schwachen und Verirrten, wahrzunehmen (vgl. Jer 23,1–4). Da sie so nur sich selbst geweidet haben, ist es zur Zerstreuung der Schafe und zum Untergang der Herde gekommen. Darum setzt Gott diese Hirten nun ab.

Der gute Hirt (Ez 34,11–22)

Jetzt übernimmt Gott selbst (wieder) das Hirtenamt. Denn grundsätzlich war stets er Hirte und König über Israel; die irdischen Hirten und Könige des Volkes amtierten lediglich als Gottes Beauftragte. Da sie aber so kläglich versagt haben, nimmt Gott nun wieder selbst den Hirtenstab in die Hand und kümmert sich persönlich um seine Herde. Darum war er auch am Tage des Gerichts, der Verbannung, mitten unter seinen Schafen, die er jetzt wieder in einem neuen Auszug aus Babylon (vgl. Ez 20,32–44) heimholt zu einem behüteten und begüterten Leben auf den Bergen Israels in der guten Rechtsordnung Gottes; diese wacht über einen fairen sozialen und rechtlichen Ausgleich zwischen starken und schwachen Mitgliedern der Gemeinschaft.

„Ich rotte die wilden Tiere im Land aus" (Ez 34,25). Darstellung aus dem 19. Jahrhundert

Das messianische Reich (Ez 34,23–31)

Gott setzt als seinen Stellvertreter einen irdischen Hirten in seiner Herde ein, den die nachexilischen Bearbeiter des Ezechielbuches dann mit David gleichsetzten, weil sie das Wiedererstehen des davidischen Königtums erwarteten.

Gott schließt einen Friedensbund (*berit schalom)* mit seiner Herde (Ez 34,25), die darum jetzt in einem fruchtbaren und sicheren, d. h. reich gesegneten Land des Schaloms als Gottes Volk leben darf, ohne Bedrohung durch Raubtiere von innen, d. h. ohne ausbeuterische Führung (vgl. Ez 34,10d!), und ohne Kriegsgefahr durch fremde Völker von außen.

Drohspruch gegen die Berge von Seïr (Edom) (Ez 35) und Weissagung über die Berge Israels (Ez 36,1–15)

Ez 35,1–36,15 entspringen demselben prophetischen Wortereignis, sie gleichen einem zweiflügeligen Altarbild: Die eine Bildhälfte in Ez 35,1–15 zeigt den Drohspruch gegen das Bergland der Edomiter südlich des Toten Meeres. Dieses Gerichtswort über Israels Erzfeind Edom ist Voraussetzung für die andere Altarbildhälfte: das Heilswort an Israel in Ez 36,1–15.

Die *vier Gerichtsworte* gegen Edom in Ez 35,1–15 kündigen diesem Volk die Feindschaft Gottes und die Verwüstung seines Landes an, weil es beim Fall Jerusalems mit dem babylonischen Feind kollaboriert, hilfesuchende Judäer aufgespürt, getötet und damit Verbrechen gegen die Rechte der Völker begangen hat. Zudem haben die Edomiter durch Ansprüche auf Landesteile Israels und durch die Schmähung des Gottesvolkes auch Gottes Ehre als Eigentümer und Geber des Landes Israel verletzt.

In der „Israel-Bildhälfte" (Ez 36,1–15) erinnert Gott an die Schmähreden gegen die „Berge Israels" durch die feindlichen Nachbarn, insbesondere durch Edom, und kündigt nun allen Völkern, die so viel Schadenfreude über Jerusalems und Judas Fall gezeigt haben, ein gleiches schimpfliches Schicksal an. Israel aber wird prachtvoll wiedererstehen: Die Exulanten kehren heim, Israels Bevölkerung wächst, Städte und Häuser werden wieder aufgebaut – Israel wird es besser ergehen als jemals zuvor; denn Israel wird, dauerhaft und von allen respektiert, ohne erneute Verschleppung in seinem von Gott geschenkten Land leben dürfen.

Verheißung eines neuen Lebens (Ez 36,16–38)

Weil Israel das von Gott geschenkte Land durch schreckliche Bluttaten und abscheuliche Götzendienste verunreinigt hatte (vgl. Ez 22,1–12), ließ Gott *sein Volk* zur Strafe in die Verbannung treiben. Da jedoch alle Völker wussten, dass Israel Gottes eigenes Volk ist, waren sie über Israels Exilschicksal sehr erstaunt. Sollte ihr Gott nicht die Macht haben, sein Volk zu schützen? Oder hatte es so schwere Schuld auf sich geladen, dass Gott es derart hart bestrafen musste? Auf jeden Fall hat Israel durch sein Verhalten verursacht, dass Gottes Name entweiht wurde.

Darum will und muss Gott vor dem Forum der Völker seinen Namen wieder heiligen, damit alle Völker Gott anerkennen. Um sein Volk von all seinen moralischen Untaten und religiösen Götzendiensten wirksam zu reinigen, will Gott Israels Herz aus Stein durch ein neues Herz aus Fleisch ersetzen: Israel soll nicht mehr innerlich unberührt lediglich die Steintafeln der Gebote Gottes herunterlesen, sondern vielmehr durch einen neuen Geist Gottes seine Gesetze wirklich „beherzigen“ und seine Gebote tatsächlich erfüllen. In diesem neuen Geist kann Israel mit einer ständig wachsenden Bevölkerung wieder im eigenen heiligen Land leben, das fruchtbar sein wird wie ein Garten Eden; Unrecht und Götzendienst werden nicht mehr wiederkehren, da sich Israel vor dem begangenen Frevel ekelt.

Vision von der Auferweckung Israels (Ez 37,1–14)

Dieser Abschnitt ist einer der bekanntesten und am meisten diskutierten Ezechieltexte, weil er vielfach als ein in der Hebräischen Bibel sehr seltener *Zeuge für die Auferstehung der Toten* gelesen wurde. Religionsgeschichtlich steht Ez 37,1–14 zwischen den älteren Erzählungen von Totenerweckungen als Wiederbelebung kurz zuvor Verstorbener (1 Kön 17 u. 2 Kön 4; 13) und den jungen Bezeugungen einer individuellen Hoffnung auf die Auferstehung der Gerechten wie z. B. der Märtyrer in 2 Makk 7 beim letzten Gericht Gottes (vgl. Jes 26; Dan 12; Weish 3).

Ez 37 hat neben der jüdischen Bibelauslegung (vgl. die Ausmalung der Synagoge von Dura Europos aus dem 3. Jh. n. Chr.) auch die frühe Christenheit stark beeinflusst (vgl. z. B. Mt 27,51–53).

Ez 37,1–14 besteht aus einem *Visionsbericht* (37,1–11a) und einem *Disputationswort* (37,11b–14). Dem Visionsbericht fehlen die für Ezechiel charakteristischen Merkmale wie Datierung, Erwähnung der „Herrlichkeit Gottes“, Rückverweise, erkennbarer Abschluss wie Rückkehr des Propheten in den Alltag oder Vermittlungsauftrag. Daher wird die Beziehung zwischen Vision und Disputationswort unterschiedlich gedeutet und dadurch die Vision verschieden erklärt:

Wer *Vision und Disputationswort* als *Einheit* versteht, der interpretiert mithilfe des Disputationsworts die Vision als eine Verbildlichung des Exilantenzitats Ez 37,11b und damit als Symbolisierung der *Wiederherstellung des Volkes Israel.* Wer jedoch *Visionsbericht* und *Disputationswort* als *zwei getrennte Einheiten* liest, für den enthält die Vision *die reale Auferstehung Toter* und verkündigt das Disputationswort dann auf bildliche Weise die *Heimkehr der Verbannten.*

Dieses Relief von Leonhard Kern im Passauer Domhof zeigt die Vision Ezechiels aus Kap. 37.

Zudem werden von manchen Auslegern des Ezechielbuches auch spätere redaktionelle Bearbeitungen der beiden Einheiten vermutet, die im 6. Jh. v. Chr. und zur Zeit der Makkabäer im 2. Jh. v. Chr. durchgeführt wurden.

Ezechiel wird vom Geist Gottes mitten in eine Ebene entrückt, ein bei Ezechiel bevorzugter Ort der Gottesoffenbarung außerhalb der Wohnbereiche in der babylonischen Tiefebene (vgl. Ez 3,14f.). Die Ebene ist voller menschlicher Gebeine, die schon ganz verfallen sind. Ezechiel wird an ihnen vorbeigeführt und sieht, dass diese Menschen unwiderruflich tot sind. Gott beginnt ein Gespräch mit Ezechiel und fragt ihn, ob diese Knochen wieder lebendig werden können. Nur Gott wisse das, erwidert Ezechiel und lässt damit die Antwort offen, ohne seine Motive dafür anzugeben. Daraufhin beantwortet Gott seine Frage selbst und fordert den Propheten auf, diesen Gebeinen Gottes Wort zu sagen, Gott werde ihre Sehnen wieder spannen, sie mit Fleisch umgeben und alles mit Haut überziehen und dem ganzen Körper seinen Geist einhauchen.

Sehr anschaulich kommt hier die biblische Auffassung von der Ganzheitlichkeit des Menschen aus Körper und Lebensatem zum Ausdruck (vgl. Gen 2,7; 3,19; Ijob 10,8–10; Ps 104, 29f; Koh 3,20f. u. ö., s. Infokasten, S. 68). Ezechiel führt Gottes Auftrag aus und hört, während er noch redet, ein großes Lärmen wie ein Erdbeben (vgl. Mt 27,51): Die Knochen verbinden sich wieder miteinander, plötzlich sind wieder Sehnen auf ihnen, Fleisch umgibt sie und Haut überzieht sie. Doch damit sind sie noch nicht lebendig, weil ihnen der Lebensgeist fehlt. Diesen Windhauch solle der Prophet jetzt herbeirufen.

Und hier sieht nun die makkabäische Ezechielbearbeitung aus dem 2. Jh. v. Chr. in den aufzuerweckenden Toten von Ez 37,9 „Erschlagene“, nämlich die Gefallenen aus den makkabäischen Glaubenskämpfen, denen ein selbstständig handelnder kosmischer Weltgeist aus allen vier Himmelsrichtungen seinen Geist einhauchen müsse, damit sie wieder lebendig werden.

Gottes Windhauch, sein Lebensgeist, so der ursprüngliche Visionsbericht in Ez 37,10b, kommt in die schon wiedererschaffenen Körper und belebt sie. Sie stellen sich auf: ein gewaltiges Heer, eine unzählbar große Menge einst in Jerusalem 598/597 und 587/586 v. Chr. Gefallener, aber nun das riesige wiederhergestellte „ganze Haus Israel", bestehend aus Israel in der Heimat, in der Gola und in der Diaspora.

Die dem Visionsbericht *nun später angefügte, ursprünglich eigenständige Einheit des Disputationsworts* nimmt zu dem Trauerzitat der völlig verzweifelten Exilgemeinde in Ez 37,11b Stellung: „Unsere Knochen sind vertrocknet, unsere Hoffnung ist verloren, wir sind vom Leben abgeschnitten" (Bibel in gerechter Sprache). Gott widerspricht dieser tödlichen Resignation und verheißt einen neuen Auszug aus den Gräbern des Exils zurück in die Heimat des Landes Israel. Denn Gott bleibt seinem Volk treu. Gott wird die neu erstandene Gemeinde herausführen, durch seinen Geist auch innerlich erneuern, und sie darf dauerhaft im Land Israel wohnen.

Symbolische Handlung: Die Wiedervereinigung Israels und Judas (Ez 37,15–28)

Wie bei der Berufungsvision (Ez 1–3) und der Tempelvision (Ez 8–11) folgt auch der Totenvision eine *Zeichenhandlung*, die die Zukunftsansage der Vision, hier die Wiederherstellung Israels, inszeniert.

Gott fordert Ezechiel auf, zwei Holzstücke zu nehmen. Auf das eine Stück soll er „Juda" für das Südreich, auf das andere „Josef, das Holzstück Efraims" für das Nordreich schreiben. Beide Stäbe, auch Symbole für die königlichen Zepter, soll er zu einem Stab zusammenfügen und auf Nachfrage der Exilanten erklären: So werde Gott eines Tages Israel und Juda wieder miteinander vereinen. Diese Symbolhandlung belegt noch einmal, dass gerade die Propheten immer wieder die Hoffnung auf die Wiedervereinigung der getrennten Reiche wachgehalten haben (vgl. Jes 11,11–16; Jer 3,12; 31,2–6; Hos 2,2; Obd 17–18).

Ein *erster Nachtrag* in Ez 37, 20–24a weitet den neuen Exodus auf die Heimholung auch der Einzelisraeliten aus der gesamten Diaspora aus. Im Land Israel werden sie als ein Volk in einem geeinten Königreich unter einem davidischen König leben (vgl. die Natanverheißung in 2 Sam 7), ohne Götzendienst und soziales Unrecht.

Der *zweite Nachtrag* in Ez 37,24b–28 vervollständigt dieses Zukunftsprogramm durch die priesterlichen Vorstellungen von der realistischen machtpolitischen Einordnung Davids als Fürst neben den Großkönigen, von der genauen Gesetzesbeachtung, dem ewigen Friedensbund, einer starken Bevölkerungsvermehrung und dem dauerhaften Heiligtum Gottes unter den Israeliten. Die Völker werden erkennen, dass Gott als Herr der Schöpfung und der Geschichte Israels Bundesgott ist. Die Themen Land, Fürst, Heiligtum verweisen schon auf den *Verfassungsentwurf* von Ez 40–48.

Der Kampf Gottes gegen Gog (Ez 38–39)

In Ez 38 und 39 begegnet ein Schlüsseltext zu besonderen endzeitlichen Vorstellungen, die die Bibelwissenschaft der *Apokalyptik* (gr. = *apokalyptein* / ἀποκαλύπτεῖν, „enthüllen") zuordnet, die alle Enthüllungen von Geheimnissen über zukünftige dramatische Ereignisse beim Untergang der bestehenden alten Welt und beim Beginn der neuen Welt Gottes begrifflich zusammenfassen will. Solche apokalyptischen Auffassungen werden auch in den jüngeren Texten der Hebräischen Bibel wiedergegeben wie in den Büchern Daniel; Joel 2–4; Sach 9–14; Jes 24–27; Jdt 9,5–6 und Tob 14,5.

Apokalyptisches Denken entstand im Judentum, als unter hellenistischer Fremdherrschaft ab ca. 330 v. Chr. bis 64 v. Chr. die Unterdrückung so übermächtig wurde, *dass jede Hoffnung auf Befreiung durch Gott innerhalb der Geschichte erstarb* und diese Rettung durch Gott erst an einem Tag am Ende der irdischen Geschichte erwartet wurde.

In Ez 38–39 verschmelzen historische Kenntnisse von kleinasiatischen Völkern des 7. Jh. v. Chr. aus dem fernen Norden mit der prophetischen Ankündigung eines mächtigen Feindes aus dem Norden (vgl. Jer 4–6) zur mythischen Figur des übermächtigen „Nordfeindes" Gog. Kurz vor der Rückkehr der Exulanten und der endgültigen Wiederherstellung des geeinten Hauses Israel (vgl. Ez 34–37) *wird geschehen*, was Ez 38–39 in der Form einer prophetischen Gottesrede *ankündigt:*

Gog aus Magog wird mit einem gut gerüsteten, gigantischen internationalen Völkerheer angreifen und durch Gottes Strafgericht von kosmischen Ausmaßen und Natur- und Kriegskatastrophen Israel vernichtend schlagen. Damit wird Gott vor den Völkern seine Offenbarung als Herr der Welt und Israels vollenden. Und Israel wird von diesem Siegestag über Gog an endgültig die Alleinverehrung Gottes für einen langen Zeitraum in der Endzeit anerkennen.

Der *Abschluss* in Ez 39,23–29 will das Gericht über Gog in die Verkündigung des Ezechielbuches einfügen: Selbst die Völker werden erkennen, warum Gott mit dem Exil sein Volk Israel bestrafen musste, dem er nun aber eine dauerhafte Heilszeit verspricht, in der kein Israelit in der Fremde bleiben, Gott sich nie wieder abwenden und ganz Israel Gottes Geist empfangen wird.

Vision vom neuen Israel (Ez 40–48)

Die Kapitel Ez 40–48 beschreiben als *Zukunftsprogramm* den *neuen Tempel, seine Kultordnung und die Neuverteilung des Landes.*

Der *Tempel* wird dabei als religiöser und sozialer Mittelpunkt Israels und als „Nabel der Welt" (Ez 5,5; 38,12) für altorientalische Verhältnisse ungewöhnlich detailliert beschrieben. Wie ein Vermessungsarchitekt und ein Deuteengel führt ein anonymer Mann den Propheten in seiner Vision des neu zu bauenden Tempels von außen, dem Osttor der Außenmauer (Ez 40,6), nach innen, bis zum Allerheiligsten (Ez 41,1–4), und von innen wieder zurück nach außen.

DER NEUE TEMPEL (EZ 40–42)

Entrückung des Propheten (Ez 40,1–4)

Die *letzte Datierung* des Ezechielbuches überhaupt gibt als Zeitpunkt für die *zweite Tempelvision des 50-jährigen Propheten* den 28. April *573 v. Chr.* an. Nach 20 Jahren im Priester- und Prophetenamt hat er das Ende seines Priesterdienstes erreicht.

Ganz Babylon feiert als „Nabel der Welt" gerade das Neujahrsfest des großen Gottes Marduk. Genau an diesem Tag wird der Prophet Ezechiel zu einer „Gegenveranstaltung" nach Jerusalem zum Heiligtum des wahren Gottes der Welt auf den Tempelberg, dem tatsächlichen Weltzentrum, entrückt. Ein namenloser Mann wie aus Erz, eine *Botengestalt* aus dem göttlichen Bereich, mit einer Messschnur aus Leinen und einem sechs (königliche) Ellen (6 × 52,5 Zentimeter), also 3,15 Meter langen Messrohr in der Hand, misst wie ein bauleitender Architekt und erklärt wie ein Deutebote (lat. *angelus interpres*) dem Propheten den visionär schon erschauten neuen Tempel. Anschließend soll der Prophet Ezechiel alles Gesehene und Gehörte dem „Haus Israel" berichten. Die Tempelführung mit entsprechender Deutung, die in der ersten Tempelvision Gott selbst übernommen hatte, muss bei der zweiten Tempelvision die Botengestalt übernehmen, weil Gott den Tempel vor dem Fall Jerusalems verlassen hatte (vgl. Ez 10,18–22) und erst jetzt wieder „nach der Wende" zum Heil in den Tempel zurückkehren wird (vgl. Ez 43,1–12).

Der Tempel, seine Tore, Höfe und Nebengebäude (Ez 40,5–41,26)

Der Messvorgang durch die Botengestalt beginnt am äußeren Osttor, führt weiter zu den anderen fünf Toreingängen, den dreißig Kammern und dem Pflaster an der Außenmauer im Tempelhof. Die Schächtanlagen im Vorhof für die heiligen Schlachtopfer und im Innenhof für die hochheiligen Schlachtopfer setzen den grundlegenden Gedanken des gesamten Tempelplans räumlich um: die abgestufte Heiligkeit, die auch die Trennung der Sakristeianlagen für die am Altar dienende privilegierte Priesterschaft der Zadokiden und für eine andere, namentlich nicht genannte Priestergruppe notwendig macht (Ez 40,5–46). Im Zentrum des Tempelbereiches liegt der Innenhof mit dem Opferaltar, westlich davon das Tempelgebäude als Langhaustempel mit Vorhalle, Hauptraum und dem Allerheiligsten, wie der salomonische Tempel angelegt (vgl. 1 Kön 6). Mit 25 Stufen über dem Außenbezirk liegt der Tempel auf der höchsten Stufe der Heiligkeitsleiter, zehn Stufen unter ihm der Innenhof, weitere acht Stufen tiefer der Vorhof, von dem noch einmal sieben Stufen bis zur Ausgangsebene hinunterführen. Die Zugänge zu den drei Räumen des Tempelgebäudes werden nach innen hin immer enger, um den Zutritt zum Allerheiligsten zu erschweren.

Nachdem nun die Vermessung des Tempels von außen nach innen ihr Ziel erreicht hat, kehrt sie wieder von innen nach außen zurück (Ez 40,47–41,4). Ein dreistöckiger Umbau umgibt das Tempelgebäude wie ein Schutzschild.

Die Räume für die Priester (Ez 42,1–14)

Im Norden und Süden grenzen die Priestersakristeien an das westliche Gebäude. Die Botengestalt deutet in Ez 42,13–14 die Sakristeien als *„Heiligkeitsschleusen"*, die zwischen dem heiligen Bereich des Innenhofes und dem auch für Laien zugänglichen Vorhof vermitteln. In der Sakristei legen die Priester die hochheiligen Gaben nieder, verzehren dort ihre Opferanteile und wechseln ihre priesterliche Dienst- und ihre Alltagskleidung.

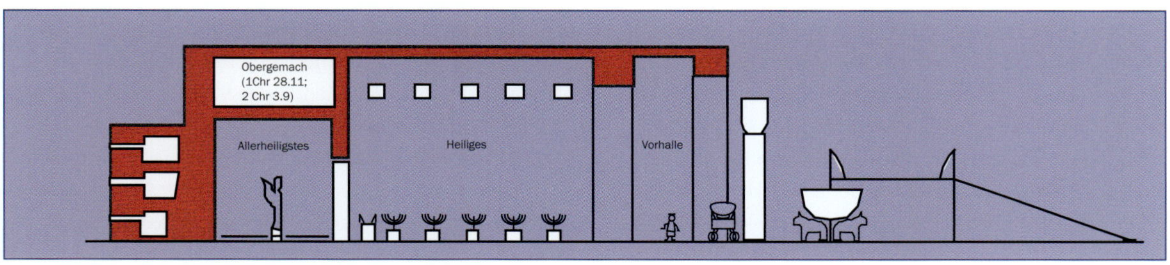

Längsschnitt des Tempels mit Vorhalle, Tempelhalle und Allerheiligstem

Die Maße des Tempelbezirks (Ez 42,15–20)

Die Vermessung des gesamten Tempelgebietes ergibt 500 × 500 Ellen. Die Außenmauer trennt den heiligen Tempelbezirk vom weltlichen Umland.

Wiedereinzug der Herrlichkeit Gottes in den Tempel (Ez 43,1–12)

Ebenso wie die Körper in Ez 37 ohne den Lebensgeist Gottes zwar unversehrt sind, aber dennoch unbelebt bleiben, ist der Tempel Gottes wohl ein intaktes Gebäude, doch erst durch die Anwesenheit von Gottes Herrlichkeit wird er zum Heiligtum. Erneut erlebt Ezechiel die Offenbarung der Herrlichkeit Gottes in einem machtvollen Rauschen und strahlenden Leuchten ähnlich der im Osten aufgehenden Sonne als göttlichem Symbol. Gottes Ehrfurcht erregende Gegenwart zwingt Ezechiel auch beim dritten Mal zu Boden.

Die heilige Stadt wird zwölf Tore haben. Das Damaskus-Tor in Jerusalem

Wie Gottes Herrlichkeit in Ez 11 den Tempel nach Osten hin verlassen hat, so kehrt sie nun auch wieder durch das Tor im Osten, dem Haupteingang, in den Tempel zurück. Gottes Stimme versichert dem Propheten, dass von nun an der Tempel die ewige Wohnstatt Gottes als König inmitten seines Volkes sein wird. Dabei sollten ab jetzt Gottes Tempel von Israels Königen radikal getrennt bleiben, um jede Wiederholung vergangener Gräueltaten und der dann notwendigen Gottesgerichte sicher auszuschließen. Zudem solle der Prophet dem Haus Israel auch seine zweite Tempelvision berichten, damit es sich seiner früheren Freveltaten schämt und unverzüglich den Tempelplan (Ez 41–42) ausführt und die Kultgesetze von 43–46 einhält.

VORSCHRIFTEN FÜR DEN TEMPELKULT (EZ 43,13–46,24)

Der Altar (Ez 43,13–27)

Die Vorschriften für den Tempelkult beginnen wie vergleichbare Gesetze des Pentateuchs (vgl. Ex 29,22ff.; Lev 17; Dtn 12) mit einem Altargesetz. Der zehn Ellen (5,25 m) hohe Opferaltar auf quadratischer Grundfläche besteht aus drei nach oben hin sich verjüngenden Stufen. Der Opferherd hat an seinen oberen Ecken vier Hörner. Die Altarweihe vollzieht der Prophet im Auftrag Gottes. Er übergibt dem zadokidischen Priester den Stier zur Schlachtung des Sündopfers und vollzieht selber den „kleinen Blutritus“ zur Entsühnung. Verbrannt wird der Kadaver des Stiers außerhalb des Heiligtums. Am zweiten Tag findet ein weiteres Sündopfer statt, diesmal mit einem Ziegenbock. Nach zweitägiger Entsündigung werden ein Stier und ein Widder durch die Mithilfe von Priestern und ihrem Salzritus geopfert. In Ez 43,25–27 wird eine andere Entsühnung vorgeschrieben: tägliche Opferung eines Ziegenbocks, eines Stiers und eines Widders sieben Tage lang und danach der alltägliche Opferdienst. Mit großem Bedacht wird also das erste Opfer im wiedererrichteten Tempel *kein Einweihungsopfer*, sondern ein *Opfer zur Entsühnung* sein, das sieben Tage lang dargebracht werden muss, damit der Tempel wieder kultisch gereinigt und somit von Neuem geweiht wird; denn es darf auf keinen Fall in Vergessenheit geraten, weshalb der erste Tempel vernichtet wurde. Erst nach dieser sorgfältigen Entsühnung wird Gott sein Volk wieder gnädig annehmen, wie er dies in Ez 20,41 verheißen hat.

Anweisungen für den Tempeldienst (Ez 44)

Das äußere Osttor soll für immer verschlossen bleiben, damit niemals ein Mensch diesen Weg der Herrlichkeit Gottes gehen kann und zudem auch Vergehen verhindert werden, wie sie Ez 8,16 beschreibt: Sonnenanbetung in die Ost-Richtung, die verächtlich Gott den Rücken zukehrt!

Unbeschnittene Ausländer dürfen nicht mehr, wie in der Vergangenheit leider geschehen, den Tempel betreten oder Opfer darbringen (vgl. Lev 22,25). Da sich die Leviten am Götzendienst beteiligt hatten, werden sie zu Tempeldienern herabgestuft. Der eigentliche Priesterdienst, das Hinzutreten zu Adonaj/JHWH und das Darbringen von Opfergaben im Innenhof des Tempels bleiben den Adonaj/JHWH-treuen Zadokiden vorbehalten, sie sind die *„levitischen Priester“*.

Die *Ordnung für den zadokidischen Priesterdienst* soll den *Bereich des Heiligen vor dem Profanen schützen*. Dazu werden *folgende Vorschriften* erlassen: leinene Dienstkleidung; Wechseln der Dienstkleidung in der Sakristei; gestutzte Haartracht; kein Weingenuss während des Altardienstes im Innenhof; keine Heirat mit einer Witwe oder Geschiedenen aus dem Volk, Erlaubnis der Heirat mit einer Priesterwitwe; Unterweisung des Volkes über die Trennung von rein und unrein; Richteraufgaben; strikte Wahrung der Fest- und Sabbatordnung; Verbot der Berührung von Leichen, mit den Ausnahmen der nächsten Blutsverwandten, dann allerdings sieben Tage Reinigungs- und sieben Tage Wartezeit mit anschließendem Sündopfer bis zur Wiederaufnahme des nächsten Priesterdienstes.

Für den Unterhalt der Priester gilt: Ihnen sind Erb- und Grundbesitz verboten; sie erhalten dafür Anteile von den drei hochheiligen Opferarten: Speise-, Sünd- und Schuldopfer, von Weihegaben Israels, das Beste von den Erstlingen, das Zehnte vom Zehnten (Num 18,26) und das Beste von mit Mehl Gebackenem. Fleisch von verendeten Tieren dürfen Priester nicht essen (vgl. Ex 22,30; Dtn 14,21).

Aufteilung des Kerngebietes (Ez 45)

Bei der Landverteilung wird für Gott ein Rechteck von 25.000 Ellen (13,125 Kilometern) Länge und 20.000 Ellen (10,5 Kilometern) Breite reserviert. Im oberen Teil des Rechtecks steht das hochheilige Heiligtum; das umgebende Land dürfen die Priester zum Hausbau und Ackerbau nutzen; der untere Teil dient den Leviten zum Wohnen und Unterhalt. Ein schmaler Streifen gehört der Stadt als allgemeines Eigentum. Der Fürst erhält auch einen Anteil am Kerngebiet, den er nur an seine Söhne vererben darf (vgl. Ez 46,16–18). Gibt er Teile seines Grundbesitzes an andere Personen weiter, fallen diese Anteile beim nächsten Erlassjahr wieder an das Königshaus zurück. Unklar bleibt, ob das tatsächliche Erlassjahr alle sieben Jahre (Dtn 15) oder das Jubeljahr alle 50 Jahre (Lev 25) gemeint ist.

Die Fürsten sollen gerecht leben (vgl. Ez 18 und 33,12–20) und auf soziales Unrecht (vgl. Ez 22,1–12) wie (z. B. gewaltsame Enteignungen verzichten. Um jeden Betrug auszuschließen, sollen sämtliche handelsüblichen Gewichte erneut „geeicht" und aufeinander abgestimmt werden.

Der Fürst soll eine Kultsteuer von etwa 1,7 Prozent des Weizen- und Gerste-Ertrages, 1 Prozent des Olivenöl-Ertrages und 0,5 Prozent des Viehbestandes erheben und muss dafür den Opferbetrieb unterhalten, ohne aktive Beteiligung am Opferdienst.

Der Festkalender soll drei große Feste haben: das Entsühnungsfest am Neujahrstag, das Doppelfest von Pascha- und dem siebentägigen Mazzotfest und am 15.7. ein siebentägiges Fest, das nach Art des Mazzotfestes gefeiert und in Lev 23,33–36 als Laubhüttenfest bezeichnet wird.

Anweisung für den Fürsten (Ez 46,1–18)

Gerade den Machtmissbrauch der Fürsten haben die Propheten stets scharf kritisiert. Deshalb verbietet auch Ez 46,2 jede liturgisch-priesterliche Beteiligung des Fürsten am Opferdienst: Er darf der priesterlichen Opferdarbringung am Sabbattag und Neumondfest – wie alle anderen auch – lediglich zuschauen und dann wirklich *als Erster unter Gleichen* sich bis zur Schwelle des inneren Osttores nähern, aber nicht den Innenhof des Tempels betreten. Darüber hinaus sind dem Fürsten klare Grenzen gesetzt: er darf auf keinen Fall sich den Besitz eines anderen aneignen.

Die Opferküchen des Tempels (Ez 46,19–24)

Auch in den Opferküchen des Tempels wird die konsequente Trennung der Heiligkeitsbereiche strikt eingehalten.

Das Osttor in der Tempelmauer ist noch nie geöffnet gewesen.

Heilendes Wasser aus dem Tempel (Ez 47,1–12)

Ezechiel erschaut eine Wasserquelle, die unter der Tempelschwelle hervorströmt und vom Osttor des Tempels nach Süden fließt. In seiner Vision nimmt der Wasserstrom immer weiter zu, schwillt schließlich zu einem breiten Fluss an.

Der Deuteengel erklärt dem Propheten, dieser Wasserstrom sei so heilsam, dass er sogar das stark salzhaltige Tote Meer „heilen" und zu einer Trinkwasserquelle machen werde. Ezechiels Vision lässt auf bildliche Weise erspüren, was durchaus auch rational verstehbar ist: Aus dem neuen Tempel strömt eine heilende Kraft, die das geschundene Gottesvolk auf wunderbare Weise befruchtet und erneuert.

Aufteilung des Landes (Ez 47,13–48,29)

In diesem Abschnitt wird noch einmal detailliert die Aufteilung des Landes in der Richtung von Norden nach Süden gemäß der ursprünglichen Verteilung an die zwölf Stämme Israels aus dem Buch Numeri vorgenommen, allerdings mit einer veränderten Anordnung der Stämme. Es wird nachdrücklich gefordert, dass die Aufteilung gerecht geschieht. Auch Nichtisraeliten, die beschnitten und zum Gottesglauben gekommen sind, erhalten Landbesitz. Insgesamt ergibt sich am Ende der Landnahme das Bild Israels aus einer Zeit, als es noch kein Königtum gab. (vgl. Jos 11).

Dieser Plan einer Landverteilung ist eine *Utopie* geblieben, die in der Aufbruchszeit zwischen dem Kyrus-Edikt 539 v. Chr. bis zur Weihe des neuen Tempels 515 v. Chr. entstanden war.

Die Tore des neuen Jerusalem (Ez 48,30–35)

Das neue Jerusalem wird zwölf Tore haben, die die Namen der zwölf Stämme Israels tragen, denn die Stadt ist gesamtisraelitischer Besitz. Weil Gott diese Stadt nicht mehr bestrafen wird, heißt sie statt „Jerusalem" (hebr. jeruschalaim, יְרוּשָׁלַיִם =„Stadt des Friedens") ab sofort „Gott ist hier". Die zweite Tempelvision wie das ganze Ezechielbuch enden mit dieser Zusage der bleibenden Gegenwart Gottes.

Daniel – Glaubenstreuer Weiser im Exil und Seher des kommenden Gottesreiches

Selbst bei größten Konflikten im Exil bleiben der weise Daniel und seine drei Freunde glaubenstreu und staatsloyal zugleich. Dem Seher Daniel enthüllt Gott seinen geheimen Geschichtsplan, in naher Zukunft jede Gewaltherrschaft zu beenden und das Gottesreich aufzurichten, an dem auch alle auferstandenen Gerechten teilhaben werden.

Nach der Erzähllogik der Daniel-Geschichten und der Verfasser des Daniel-Buches gehörte Daniel mit seinen drei Freunden zu jenen vornehmen jungen Judäern, die bei der Zerstörung Jerusalems durch Nebukadnezzar II. (605–562 v. Chr.) zum Palastdienst nach Babylon verschleppt wurden. Daniel lebte treu nach der Tora, der Weisung Gottes, betete täglich und konnte besser als die Berater des Königs Träume und Zeichen deuten. Darum hatte er am Hofe eine ähnlich hohe Stellung inne wie einst Josef beim Pharao.

Die ersten sechs Kapitel des Buches erzählen berühmte und oft bildlich dargestellte Geschichten wie die von Daniels drei Freunden im Feuerofen (Dan 3), Belschazzars Gastmahl (Dan 5) oder von Daniels Bedrohung in der Löwengrube (Dan 6). Die zweite Hälfte des Buches (Dan 7–12) enthält Daniels Visionen wie jene von den vier schrecklichen Tieren: Sie symbolisieren vier aufeinanderfolgende Weltreiche, die eine Gestalt „wie ein Menschensohn" richtet, der anschließend ewig herrschen wird. Diese Vorstellung wurde später auf Jesus übertragen und der Begriff „Menschensohn" dann als Hoheitstitel gelesen.

In den letzten drei Kapiteln des Buches wird offenbar die Geschichte Alexanders des Großen und seiner Nachfolger bis in die 160er-Jahre v. Chr. dargestellt.

Damit ergibt sich als Grobgliederung:

- Geschichten Daniels (Dan 1–6),
- Visionen Daniels (Dan 7–12).

Der Abschnitt Dan 2,4b–7,28 wechselt aus nicht geklärten Gründen vom Hebräischen, der Sprache der Juden, ins Aramäische, der damaligen Verkehrssprache. Das Danielbuch wird als ein „apokalyptisches" Buch bezeichnet, weil hier Wissen über die Endzeit enthüllt wird (apokalyptein, gr. αποκαλύπτειν = aufdecken, offenbaren).

Das Buch wurde wahrscheinlich kurz vor dem Tode Antiochus IV. (164 v. Chr.) vollendet und ist damit das jüngste Buch der Hebräischen Bibel.

Somit hat das Danielbuch, das um die Wahrung jüdischer Identität auch unter widrigsten Bedingungen ringt, möglicherweise eine lange Entstehungsgeschichte:

In einem ersten Gang sammelten wohl etwa zur Zeit Alexanders des Großen (seit 334 v. Chr.) in den persischen Staat gut integrierte Mitglieder der Oberschicht des babylonischen Diasporajudentums ihnen vertraute Legenden vom weisen Daniel und seinen drei Freunden. Sie wollten damit auch ihre Treue zum jüdischen Glauben und ihre Loyalität zum fremdreligiösen persischen Staat belegen.

Als jedoch die aggressive Großmachtspolitik des Seleukiden Antiochus IV. (175–164 v. Chr.) zusammen mit der erdrückend dominanten hellenistischen Kultur jüdischen Glauben und jüdische Gläubige aufs Äußerste gefährdete – die Naturforschung verdrängte Gott aus der Deutung des Weltgeschehens, der Jerusalemer Tempel wurde in ein Zeus-Heiligtum verwandelt – leisteten die glaubenstreuen Juden erbitterten Widerstand: Die Makkabäer griffen 167 v. Chr. zu den Waffen und bekämpften die hellenistische Fremdherrschaft, die Redaktoren des Danielbuches verwandelten die staatsloyale Sammlung jüdischer Diapora-Legenden durch Anfügung der Kapitel 7–12 in ein *„apokalyptisches" Buch* einer Art „Untergrundliteratur": Sie enthüllt in unvergleichlicher Notzeit (vgl. Dan 12,1) allen sehnsüchtig nach Gottes Gerechtigkeit suchenden Glaubenden den geheimen Geschichtsplan Gottes, nach dem jede Gewaltherrschaft durch Gottes kommendes Reich bald beendet wird.

Freilich geschieht auch diese „Enthüllung" nur für „verständig Lesende" und immer noch so verschlüsselt, dass die staatlichen Überwacher und Verfolger nichts bemerken und darum nicht eingreifen können. Die Frage nach dem Verbleib der inzwischen noch vor dem Anbruch des Gottesreiches verstorbenen Glaubenszeugen beantwortet das Danielbuch, indem es – für die Hebräische Bibel sehr erstaunlich – in Dan 12,1–4 die Auferstehung der gerechten Toten und das Ende der Welt verheißt, dessen Eintreffen von Dan 8,14 bis 12,12 allerdings immer wieder neu berechnet wird.

Je stärker das frühe Christentum das Danielbuch als Prophetie wertete und die Gestalt des „Menschensohnes" für Jesus messianisch in Anspruch nahm, desto intensiver konzentrierte sich das rabbinische Judentum vor allem auf die „nicht-apokalyptischen" Daniel-Legenden des babylonischen Diasporajudentums und ordnete das Danielbuch „nur" unter die „Schriften" in der Hebräischen Bibel ein.

Daniel am babylonischen Hof (Dan 1)

Nach der Eroberung Jerusalems durch Nebukadnezzar wird der offenbar aus adligem Geschlecht stammende Daniel gemeinsam mit seinen Freunden Hananja, Mischaël und Asarja an den königlichen Hof in Babel gebracht. Sie sollen als körperlich-geistig makellose, schöngestaltete Diener für den König arbeiten. Dafür werden sie nach babylonischer Tradition in den weltweit berühmten Wissenschaften unterrichtet und bekommen neue Namen, die nun nicht mehr ihre jüdische Herkunft und ihre namentliche Bezogenheit auf Gott anzeigen (s. Dani-El; Hanan-Ja; Mischa-El; Asar-Ja): Hananja wird Schadrach genannt, Mischaël Meschach, Asarja Abed-Nego und Daniel schließlich Beltschazzar.

Bereits im ersten Kapitel deutet sich das Spannungsfeld an, in dem Daniel steht – zwischen der Verpflichtung, allein in der Bundesgemeinschaft mit Gott zu leben und der Zumutung des babylonischen Hofes, die tägliche Mahl- und Vertrauensgemeinschaft (vgl. Dan 14,2) mit dem glaubensfremden König zu ertragen.

Daniel überredet den Aufseher, ihm und seinen Gefährten sieben Tage lang nur Gemüse und Wasser vorzusetzen und dann zu schauen, ob die Judäer davon weniger gut ernährt werden als die anderen Bediensteten des Königs, die Fleisch und Wein zu sich nehmen. Die vegetarische Kost bekommt den Judäern gut und sie wirken gesünder als alle anderen. So können sie bald in den Dienst des Königs treten und dort als Berater tätig sein, die den babylonischen Zeichendeutern und Wahrsagern zehnmal überlegen sind.

Erster Traum Nebukadnezzars (Dan 2)

Im zweiten Jahr seiner Herrschaft wird Nebukadnezzar von Träumen verfolgt, die er nicht versteht. Er beauftragt Deuter und Magier, ihm zu seiner Kontrolle zunächst den Traum wiederzugeben und dann zu deuten. Die Magier und Deuter des Reichs sind mit dieser Aufgabe überfordert und werden umgebracht (hier beginnt der aramäische Teil des Danielbuchs).

Nur Daniel empfängt eine nächtliche Vision (aram. *chesu*, חֱזוּ) und kann den Traum wiedergeben und deuten: Der König hatte von einem gewaltigen Standbild geträumt, das aus Gold, Silber, Bronze und einem Gemisch aus Eisen und Ton besteht und von einem Stein aus einem Berg zermahlen wird.

Daniel deutet das Standbild als verschiedene Königreiche; das goldene Reich stellt Babylons gleichsam paradiesische Herrschaft dar. Andere Königreiche werden es ablösen. Das letzte (wahrscheinlich das hellenistische unter Alexander dem Großen) wird ein geteiltes Reich sein: Als eisernes Reich wird es alle anderen Reiche vernichten, als tönernes Reich selbst vom kommenden Gottesreich zerschlagen werden. Der König ist tief beeindruckt von Daniels Fähigkeiten und erkennt den Gott Daniels als obersten Gott der Götter an. Er bestellt Daniel zum Obersten über die Provinz Babel. Auch Daniels Gefährten erhalten hohe Posten im babylonischen Reich.

Darstellung von Daniel bei den Löwen an der Fassade der mittelalterlichen armenischen Kirche zum Heiligen Kreuz in Akdamar im Südosten der Türkei

Der Feuerofen (Dan 3)

Im Stile einer weit verbreiteten weisheitlichen Hofgeschichte des Alten Orients wird erzählt, wie Nebukadnezzar ein goldenes Standbild aufstellen lässt, vor dem sich alle Bewohner des Reichs zum Klang einer bestimmten Melodie niederwerfen und es anbeten müssen. Daniels Gefährten folgen dieser Anordnung nicht, weil sie ausschließlich Gott anbeten dürfen. Sie werden zum Tode verurteilt und gefesselt in einen Feuerofen geworfen. Ein Engel Gottes bewirkt jedoch, dass das Feuer ihnen nichts anhaben kann. Nachdem sie den Ofen unversehrt wieder verlassen haben, verkündet Nebukadnezzar ein Schutzedikt für die israelitische Religionsausübung und bringt die drei Judäer wieder in ihre alten Stellungen zurück.

Zweiter Traum Nebukadnezzars und seine Strafe (Dan 4)

Wiederum träumt Nebukadnezzar, und Daniel legt ihm den Traum aus. Mitten auf der Erde stand ein gewaltiger Baum, dessen Krone die Welt umspannte und der reiche Frucht für alle Lebewesen trug. Ein Wächter des Himmels lässt den Baum abholzen, den Stumpf aber unversehrt in Ketten legen. Daniel kündigt dem König an, er werde sieben Jahre lang vom Wahnsinn befallen und wie ein Tier auf dem Feld umherirren und sich von Gras ernähren. Erst die demütige Einsicht, seine große und erfolgreiche königliche Macht entstamme nicht der eigenen Kraft, sondern ausschließlich der Entscheidung Gottes, werde ihn zu den Menschen zurückkehren lassen. Es tritt ein, was Daniel vorhergesagt hat.

Dass der mythische Weltenbaum im Mittelpunkt der Erde hier die Herrschaft Nebukadnezzars allegorisch darstellt (vgl. Ez 31,3.5a.6), hat die Leserschaft bereits durch Dan 2,38 erkannt. Nun kann sie zudem getröstet wahrnehmen, dass Gott auch die überhebliche Herrschaft ihrer gegenwärtigen hellenistischen Machthaber nicht in den Himmel wachsen lässt, sondern vielmehr begrenzt und eines Tages sogar vernichtet.

Das vierte Kapitel stellt formal ein Sendschreiben des Königs an alle Provinzen seines Reiches dar (vgl. Dan 3,31–33; 4, 34): der König blickt auf die bisherigen Ereignisse zurück und erkennt Gottes große Macht an.

Belschazzars Mahl (Dan 5,1–6,1)

Im Stile einer typischen Hofgeschichte von der Bewährung eines Weisen wird erzählt, wie Belschazzar, in der Daniel-Erzählung Nebukadnezzars Nachfolger und Sohn, ein riesiges Fest für Babels oberste Tausend ausrichten lässt. Der historische Belschazzar war als Sohn des babylonischen Königs Nabonid (556–539 v. Chr.) stets nur Mitregent bei Abwesenheit seines Vaters von 550 bis 545 v. Chr.

Als Besonderheit reicht Belschazzar die geraubten heiligen Tempel-Gefäße aus Jerusalem, damit seine Gäste daraus Wein trinken und gleichzeitig die Götzen preisen.

Plötzlich erscheinen aus dem Nichts Finger, die die berühmte Wendung *„M^{e}ne T^{e}kel uFarsin“* (aram. מְנֵא תְּקֵל וּפַרְסִין) an die weißgetünchte Wand des Königssaals schreiben. Der zu Tode erschrockene König zieht nach den wiederum vergeblichen Bemühungen seiner Fachleute auf Anraten und durch Vermittlung seiner Mutter Daniel zur Deutung heran. Dieser eröffnet dem König, dass es sich bei den (als *Substantive* gelesenen) Worten um die aramäischen Münzwerte „Mine, Mine, Schekel, Halbmine“ handelt, deren absteigende Wertfolge den „Abwärtstrend“ der Königsherrschaft Belschazzars ankündigen. – Wer jedoch mit dem Erzähler die Konsonanten in Dan 5,25 als *Verben* vokalisiert, kann deuten: *„Mene“ = gezählt* sind die Tage der Belschazzar-Herrschaft (vgl. Ps 90,12); *„tekel“= gewogen,* d. h. moralisch bewertet (vgl. Hiob 31,6; Ps 62,10) und als zu minderwertig befunden; *„u-parsin“=* und geteilt wird die Herrschaft unter Medern (Dan 6,1) und Persern (Dan 6,29), die hier nicht nur sprachlich anklingen, sondern bereits vor Babels Toren stehen, während der König noch ausgelassene Feste feiert.

Trotz dieser Unheilbotschaft wird Daniel vom König für seine Deutung fürstlich belohnt. Das Kapitel endet mit der Notiz, dass Belschazzar noch in derselben Nacht umgebracht wird und der 62-jährige Meder Darius die babylonische Königsherrschaft übernimmt.

Daniel in der Löwengrube (Dan 6,2–29)

Diese weisheitliche Hofgeschichte von der wunderbaren Rettung eines Weisen in Dan 6 ähnelt stark der Erzählung aus Dan 3.

Unter König Darius war Daniel inzwischen zum dritthöchsten Beamten aufgestiegen, als seine intriganten Neider den König zu einem Edikt anstiften können, das verbietet, während der nächsten dreißig Tage einen Gott anzurufen. Allein der König dürfe wie ein Gott angefleht werden. Daniel, der dem Gott Israels treu ist, betet trotz des Verbotes weiterhin dreimal am Tag zu ihm, woraufhin ihn seine Konkurrenten beim König anzeigen. Darius weiß von der Weisheit Daniels und bestraft ihn nur ungern, ist aber durch sein Edikt gebunden. Der König, der hofft, Daniel werde durch seinen Gott gerettet, lässt Daniel in eine Löwengrube werfen und diese wohl aus Misstrauen gegenüber seinen Beamten mit einem Stein versiegeln. Dabei symbolisiert die Grube den Schattenbereich des Todes (vgl. Ps 57,5.7), das Bild des Löwen, vor allem in der Psalmensprache, die Bedrohung des Frommen (Ps 7,3; 10,9; 17,12; 22,14.22; 58,7; 91,13).

Am nächsten Tag schaut Darius nach Daniel, der in der Nacht von einem Engel beschützt worden ist und darum der Löwengrube unversehrt entsteigen kann. Der König lässt nun Daniels Denunzianten mit ihren Familien in die Löwengrube werfen, wo sie die Löwen zerreißen. Dann ordnet Darius in einem neuen Edikt die Verehrung von Daniels Gott in seinem ganzen Königreich an. Daniel geht es nun gut – unter König Darius (522–486 v. Chr.) und unter dem Perserkönig Kyrus (538–530 v. Chr.), der historisch vor Darius in Babel geherrscht hat.

In dieser Daniel-Erzählung erkennen jüdische Menschen aus zwei verschiedenen Epochen ihre eigenen Glaubenserfahrungen wieder: In persischer Zeit bemerkte das Diasporajudentum, wie die *eigene religiöse Praxis* immer wieder zu vereinzelten Konflikten mit der fremdreligiösen Umgebung führte; in der Zeit der Religionsverfolgungen unter dem Seleukiden Antiochus IV. erlebten die jüdischen Gerechten den heidnischen Staat als judenfeindlich und lasen Dan 6 als eine Märtyrergeschichte.

Schauungen Daniels (Dan 7–12)

Das Danielbuch besteht im Folgenden aus verschiedenen *Visionen Daniels,* die sämtlich den Wechsel der vier Weltreiche und die Endzeit zum Thema haben:

In Kap. 7 sieht Daniel zunächst aus dem chaotisch aufgewühlten Meer vier Tiere aufsteigen: einen Löwen, einen Bären, einen Panther und ein viertes, grauenvolles Tier mit zehn Hörnern und einem gefährlichen kleineren Horn mit Menschenaugen und einem überheblichen Maul.

In einer Thronvision (vgl. Jes 6; Ez 1) erschaut Daniel Gottes Gericht über das vierte Tier und dessen totale Vernichtung durch das Feuer, eine typisch apokalyptische Vorstellung.

Danach schaut Daniel, wie einer „wie ein Menschensohn", der Erzengel Michael (vgl. Dan 12,1), Anführer und Schutzengel des jüdischen Volkes vor Gott, gleichsam dessen himmlische Idealgestalt, ewige und unvergängliche Herrschaft über alle Völker erringt – und zwar eine menschliche Herrschaft und keine „tierische", woran den Verfassern des Danielbuches entschieden lag.

Der Engel Michael, im Folgenden der Deuteengel (vgl. Sacharja) der Visionen im Danielbuch, erklärt, dass die vier Tiere für vier Königreiche stehen, welche ihre Macht verlieren. Das vierte Königreich wird das mächtigste sein: Es bestimmt als die Gewaltherrschaft des hellenistischen Seleukiden Antiochus IV. mit seinen religionsfeindlichen Erlassen (s. Dan 7,25) ganz offensichtlich die Gegenwart der Verfasser und Leser des Danielbuches. Doch nach dreieinhalb Jahren, das heißt nach einer begrenzten Zeitspanne, muss auch dieses Reich der ewigen Herrschaft Gottes weichen, die dann vom Volk der Heiligen des Höchsten (vgl. Dan 7,18), also vom jüdischen Volk, ausgeführt wird.

Mit Kapitel 7 endet der aramäische Teil, und das Danielbuch wird auf Hebräisch fortgesetzt.

Im Kapitel 8 erschaut Daniel einen Widder, der von einem Ziegenbock getötet wird. Der Deuteengel – hier trägt er den Namen Gabriel (=„Mann Gottes") – erklärt, dass die beiden Tiere wiederum für Königreiche stehen. Die Könige der Perser und Meder werden von den Hellenen besiegt werden. Die Vision reflektiert die unglaublich rasche Eroberung des medo-persischen Reiches durch Alexander den Großen, dessen frühen Tod und die Aufteilung seines Weltreiches unter seinen Nachfolgern, den Diadochen, sowie die Feldzüge des Seleukiden Antiochus IV. gegen Palästina mit der Schändung des Jerusalemer Tempels, die die täglichen Opfer für 2.300 Abende und Morgen unmöglich machte und einen Angriff gegen Gott selbst darstellte. Doch Antiochus' IV. Tage in dieser „Endzeit" sind schon gezählt. Allerdings soll Daniel, der vom Erzähler an den babylonischen Königshof des 6. Jh. v. Chr. platziert wird, seine Vision „geheim halten, weil sie sich auf eine ferne Zeiten bezieht" (vgl. Ez 12,27).

Münzbildnis des Antiochus IV.

Im neunten Kapitel wird beschrieben, wie Daniel über dem an Jeremia ergangenen Gotteswort brütet, Jerusalem und der Tempel würden nach 70 Jahren wieder aufgebaut (Jer 25,11; Jer 29,10). Die 70 Jahre ergeben sich aus der Zeit von der Zerstörung Jerusalems im Jahre 586 v. Chr. bis zur Einweihung des wiedererrichteten 2. Tempels 515 v. Chr. Für den Autor des Danielbuches sind Jerusalem und der Tempel offensichtlich noch nicht wieder von Gott in Besitz genommen worden.

Zerknirscht bittet Daniel in einem traditionellen Bußgebet Gott um die Vergebung der Sünden seines Volkes, damit Gottes gerechte Weltordnung des Tun-Ergehen-Grundsatzes wiederhergestellt wird. Dabei vertraut Daniel jedoch nicht auf die guten Taten des Volkes, sondern allein auf Gottes großes Erbarmen (Dan 9,18).

Der Erzengel Gabriel verkündet Daniel, dass Gott bereits *vor* Daniels Bußgebet Jeremias Prophezeiung grundsätzlich bestätigt habe: Nach 70 Jahrwochen zu je sieben Jahren, d. h. nach (symbolisch gemeinten) 490 Jahren werde der Frevel in Jerusalem und Israel ein für alle Mal beendet; nach sieben Jahrwochen (= 49 Jahre) von der Ankündigung der Exilsbefreiung bis zum Wiederaufbau Jerusalems erscheine ein Gesalbter, der Hohepriester Jeschua, der den Wiederaufbau des Tempels nach dem Exil von 520 bis 515 v. Chr. leiten werde (Esra 3,8ff.; Sach 4,14).

Die folgenden, gewiss wieder symbolisch gemeinten 62 Jahrwochen führen bis in die Zeit Antiochus' IV. (175–164 v. Chr.). In der letzten der siebzig Jahrwochen wird ein Gesalbter, der Hohepriester Onias III., im Exil heimtückisch ermordet (2. Makk 4,30.34).

Und das Ende des verbrecherischen seleukidischen Besatzers von Jerusalem, Antiochus IV., steht bevor, ist jedoch nicht schon während der Abfassungszeit des Danielbuches, sondern erst später, 164 v. Chr., eingetroffen.

Die Kapitel 10–11 erzählen, wie Daniel nach intensiver Fastenvorbereitung in tiefer Ergriffenheit die Vision von der Endzeit seines Volkes in Form eines ziemlich genauen Geschichtsberichtes empfängt, der von der Perserzeit über Alexander den Großen, dessen frühen Tod 323 v. Chr. mit den daran anschließenden wechselvollen Kämpfen seiner Nachfolger, den Ptolemäern und Seleukiden, bis schließlich zu Antiochus IV. Epiphanes reicht, der 175 v. Chr. die Alleinherrschaft im Seleukidenreich erringt, 170 v. Chr. auch die Ptolemäer besiegt.

Mit seinem verbrecherischen Religionsfrevel durch Plünderung des Tempels, Umwidmung des Brandopferaltars in einen Zeus-Altar sowie durch seine Eingriffe in Festzeiten und Tora wird Antiochus IV. für jüdische Fromme geradezu zum Inbegriff des Frevlers, dessen schmähliches Ende auf seinem dritten Ägyptenfeldzug prophezeit wird. Tatsächlich starb Antiochus IV. jedoch schon 164 v. Chr. in Persien, bevor er einen dritten Feldzug gegen Ägypten unternehmen konnte.

Im Schlusskapitel 12 des Danielbuches begegnet zum ersten Mal in der Hebräischen Bibel die Hoffnung auf die Auferstehung der Toten: In der unvergleichlichen Notzeit (s. Dan 12,1b), die die Autoren von Dan 12 als ihre Jetztzeit verstehen, können die zu Unrecht verfolgten und leidenden Gerechten Israels sich mit der Gewissheit ihrer Auferweckung zum ewigen Leben trösten. Damit setzt Gott seine Gerechtigkeit schließlich doch durch.

Auf die Frage nach der Dauer bis zu dieser nahen „Vollendung" gibt ein Engel in einer Vision den Zeitraum von „dreieinhalb Jahren" an. Gemeint ist der Tod von Antiochus IV., der jedoch im Danielbuch nicht erwähnt wird, sodass dieses Buch vor diesem Zeitpunkt abgeschlossen sein muss.

Abschließend wird Daniel die Auferstehung „am Ende der Tage" versprochen und ihm damit die Belohnung mit seinem Erbteil um Gottes Gerechtigkeit willen zugesagt, nachdem er in seinem irdischen Leben so viel Unrecht erfahren hatte. In dieser Zusage an Daniel erkennt die Leserschaft des Danielbuches auch die eigene Lebenserfahrung und Glaubenshoffnung wieder.

Hosea – Mahner zur Umkehr

Hosea spricht gegen das Nordreich in einer Situation des Wohlstands, die Israel zu Götzendienst, politischer Machtpolitik und unsolidarischem Verhalten verführt hat. Der Prophet kündigt an, dass Gott diese schweren religiösen, sozialen und politischen Verfehlungen mit der Vernichtung des Nordreichs und seiner Hauptstadt bestrafen wird, wenn Israel nicht zu Gott umkehrt.

Hosea wirkte ca. 750 bis 722 v. Chr. im Nordreich Israel, als die Großmacht Assyrien ihre kleineren Nachbarstaaten durch innere Unruhen, Koalitionen und auch Kriege destabilisierte und so 722 v. Chr. mit dem Fall der Hauptstadt Samaria das Ende des Nordreichs herbeiführte. Hoseas Verkündigung bezieht sich jedoch auch auf das Südreich, wie in Hos 1,1 die Überschrift zeigt, die vier judäische Könige – Usija (767–739 v. Chr.), Jotam (739–734 v. Chr.), Ahas (734–728 v. Chr.) und Hiskija (728–699 v. Chr.) – nennt, aber aus dem Nordreich nur den König Jerobeam II. (782–747 v. Chr.) erwähnt. Das Buch Hosea ist nach dem Untergang des Nordreichs 722 v. Chr. in das Südreich gelangt und dort überarbeitet worden. Das Hosea-Buch beschreibt, wie Gott mit sich selbst zwischen Zorn und Erbarmen ringt und dabei gegen jede Erwartung Gottes Liebe siegt und zukünftige Umkehr zu Gott und zum Leben ermöglicht. Diese Perspektive prägt nun auch das vom Hosea-Buch eröffnete Zwölfprophetenbuch. Hosea bewegen vor allem drei Themen:

- die Baalisierung des israelitischen Gottesglaubens,
- die Unvereinbarkeit von Gottesglauben und Vertrauen auf politische Machtbündnisse und
- das falsche Vertrauen auf Wohlstand und blühenden Kult bei fehlender Solidarität in der Gesellschaft.

Für Hosea hängt der Fortbestand Israels von der Erkenntnis des wahren Gottes und der Solidarität untereinander sowie der Treue zu Gott ab.

Im ersten Teil des Hosea-Buches 1,2–3,5 wird die Geschichte des Volkes Israel mit seinem Gott als Ehegeschichte inszeniert. Hosea soll eine Prostituierte zur Frau nehmen, um die „Hurerei" des Volkes mit anderen Göttern zeichenhaft darzustellen. Dabei erscheint die Abfolge von Unheilsansage und Heilswort dreimal hintereinander.

Schmuckanhänger mit Darstellung einer Fruchtbarkeitsgöttin, Kanaan, 1500–1300 v. Chr.

Der zweite Teil (Hos 4,1–11,11) deckt Schuld vor allem im Politik- und Kult-Bereich auf und droht deswegen Katastrophen an; ab Hos 9,10 begegnen uns Geschichtsrückblicke. In Hos 4,1–3 beginnt ein Prozess gegen Israel, der erst in Hos 11 in eine Heilsansage mündet. Der dritte Teil (Hos 12,1–14,9) beginnt wieder mit einer schweren Anklage und endet in 14,2–9 mit der von Gott ermöglichten Umkehr zum Heil.

Besonders nah am manchmal schwer verständlichen hebräischen Text bleibt die Gütersloher Bibel in gerechter Sprache.

Überschrift (Hos 1,1)

Das gesamte Buch wird als Wort Gottes an Hosea charakterisiert (vgl. Am 1,1) und – neben der Nennung des Nordreichskönig Jerobeam (II.) – vor allem aus Sicht des Südreichs durch vier judäische Könige historisch eingeordnet.

EINE EHEÄHNLICHE UNHEILS- UND HEILSGESCHICHTE ZWISCHEN GOTT UND ISRAEL (HOS 1,2–3,5)

Erste Zeichenhandlung gegen Israel (Hos 1,2–2,3)

Die folgende Zeichenhandlung sieht Gottes Beziehung zu Israel als Ehe. Darum erhält Hosea von Gott den Auftrag, die stadtbekannte Prostituierte Gomer, die Tochter des Diblajim, zu heiraten. Hosea zeugt mit Gomer zwei Jungen und ein Mädchen und nennt auf Gottes Geheiß zeichenhaft den ersten Sohn Jesreel (= „Gott sät"), die Tochter Lo-Ruchama (= „keine Barmherzigkeit") und den zweiten Sohn Lo-Ammi (= „nicht mein Volk"). Diese Symbolnamen stellen das Verhältnis Gottes zu seinem Volk dar: Israel gebärdet sich wie eine Prostituierte und betet ständig Götzen an und fordert so Gottes Zorn heraus. Darum erinnert der Unheilsname „Jesreel" an Jehus grausame Königsmorde (2 Kön 9f.) zur Aneignung des Königsthrons im Nordreich und an Gottes Drohung, das blutbefleckte Königtum zu beenden. Lo-Ruchama und Lo-Ammi besagen: Im Widerspruch zu seinen Zusagen in Ex 34,6 und Ex 3,14 wird Gott sein Volk verstoßen und nicht barmherzig sein.

Wende zum Heil für Gesamt-Israel (Hos 2,1–3)

Das zweite Kapitel beginnt unvermittelt mit der wunderbaren Umkehrung der unheilvollen Kindernamen zum Heil, wenn Gott sich erneut seinem Volk zuwendet, Israel und Juda wieder vereint unter einem Regenten leben und über ihr Land selbst verfügen. Diesen zukünftigen Heilszustand mögen die Leser schon in der Gegenwart real vorwegnehmen und ihre Brüder „mein Volk" und ihre Schwestern „Erbarmen" nennen.

Das Volk als Prostituierte (Hos 2,4–17)

Gott vergleicht sein Volk mit einer Ehebrecherin, die er erwählt und versorgt hat. Doch statt ihm dankbar und treu zu sein, ist sie fremden Männern, den anderen Göttern, nachgelaufen.

Darum will Gott sein Volk wie eine ehebrecherische Frau bloßstellen und nackt den Blicken der Menschen aussetzen. Den Weg zu ihren Liebhabern, den Götzen, will Gott ihr versperren, damit sie bei ihm bleibt. Denn er will sie noch einmal in die glückliche Anfangszeit ihrer Liebe, in die Wüste, zurückführen, neu um sie werben und sie dabei an ihre wunderbare Befreiung aus Ägypten erinnern.

Erneute Vermählung (Hos 2,18–25)

An jenem Tag wird Israel Gott wieder „meinen Mann" nennen und den Liebhaber Baal vergessen. Gott wird für Israel einen Friedensbund mit der Schöpfung und den politischen Mächten schließen.

In dieser Zeit wird es auch innerhalb Israels Recht und Gerechtigkeit, Liebe und Erbarmen und die Erkenntnis Gottes und seiner Bundesweisung geben: Nachbarn werden keinen Streit miteinander führen, sondern solidarisch leben. Und das Land wird mit Korn, Wein und Öl, also mit Lebens- *und* mit Genussmitteln reich gesegnet sein.

Zweite Zeichenhandlung (Hos 3,1–5)

Hosea soll im Auftrage Gottes eine ungenannte Ehebrecherin zu sich nehmen und eine Zeit lang keinen Geschlechtsverkehr mit ihr haben – als Zeichen dafür, dass Israel für eine lange Zeit ohne Fürsten, Könige, Priester und Statthalter sein, also seine politische Selbstständigkeit verlieren wird. Dies ist 722 v. Chr. auch wirklich geschehen, als Assyrien das Nordreich Israel endgültig zerstörte. Erst wenn die Israeliten aufrichtig bereuen und zu Gott umkehren, wird sich Gott ihrer wieder annehmen.

ANKLAGE VON FÜHRUNG UND VOLK (HOS 4–11)

Der Deutehorizont 4,1–3

Hier, in 4,1–3, wird eine „Leseanleitung" für die Kapitel 4–11 gegeben: Gott führt einen Prozess gegen Israel und verklagt sein Volk wegen gebotswidriger Zerrüttung des Verhältnisses zu Gott und den Menschen untereinander. Es droht eine umfassende Katastrophe in der Schöpfung. Rechtsgrund der Anklage ist Gottes Bund mit dem Volk Israel. Die Israeliten sind nach dem Bund verpflichtet, sich an Gottes Weisung zu halten. Das bedeutet für Hosea vor allem zweierlei:

Israel muss sich ausschließlich an Gott halten und darf keine fremden Götzen anbeten oder militärische Hilfe in anderen Ländern suchen.

Die sozialen Regelungen der Tora sind unbedingt zu beachten.

Im Gegenzug verpflichtet sich Gott, sein Volk zu verteidigen, ihm seinen Segen zu geben und Frieden im Land zu gewährleisten. Weil das Volk und seine führenden Instanzen wie Priester und politische Leiter diesen Bund durch Götzendienst, falsche politische Bündnisse und asoziales Verhalten fortlaufend brechen (vgl. Hos 4–11), fühlt sich Gott ebenfalls nicht mehr an den Vertrag gebunden und will sein Volk Israel den Feinden preisgeben.

Anklage gegen die Priester (Hos 4,4–4,19)

Gott klagt die Priester wegen ihrer fehlenden Erkenntnis der Tora und ihrer eigensüchtigen Opferpraxis an. Denn diese Desorientierung der Priesterschaft führt zu einem verfehlten Kult mit unerlaubten Orakel- und Sexualpraktiken. Darum soll Juda nicht nach den Wallfahrtsorten des

Nordreichs ziehen: Denn Bet-El („Haus Gottes") sei zu Bet-Awen („Haus des Unheils") geworden (vgl. Am 5,5). Diese religiös-kultischen Verfehlungen werden das gesamte Nordreich zerstören.

Anklage der politischen Führung (Hos 5,1–7)

Die politische Führung aus Ältesten und königlichen Beamten hütet und wahrt nicht mehr das Recht, sondern bedroht die Existenz des Volkes, weil sie den Götzendienst mit betreibt. Darum schützen ihre Opfergottesdienste nicht mehr vor dem Untergang.

Kriegsalarm und scheinbare Umkehr (Hos 5,8–6,6)

Das Nordreich wird nach Gottes Willen wegen Götzenverehrung verwüstet und auch Judas politische Führung bestraft. Gott heilt Israel und Juda nicht mehr, sondern macht sie krank. Da beide fatalerweise ihre Hilfe bei der Weltmacht Assur suchen, wird Gott nun nicht nur von innen, sondern auch von außen wie ein reißender Löwe angreifen. Doch selbst dieser Angriff soll nur zu einer erneuten schuldbewussten Suche nach Gott anleiten.

Die Verse Hos 6,1–3 geben einen angenommenen Aufruf des Volkes zu einer Umkehr wieder, die aber nur äußerlich und zudem in der falschen Annahme geschieht, Gott werde umgehend positiv antworten und ohne eine schmerzhafte Buße „nach zwei Tagen" ganz rasch die von ihm gerissenen Wunden wieder heilen.

(Die Kirchenväter haben in Hos 6,2 einen Verweis auf Jesu Auferweckung gesehen.)

Hos 6,4–6 ist eine Gottesrede, die die Unbeständigkeit des Nordreichs Israel und des Südreichs Juda beklagt und das strafende Gottesgericht ankündigt, damit endlich Gottes Rechtsordnung der Tora „aufleuchtet", in der statt isolierter Tieropfer die Liebe zu Gott die Liebe zum Nächsten mit einschließt.

Soziale und kultische Missstände (Hos 6,7–7,16)

Im scharfen Widerspruch zu dieser göttlichen Rechtsordnung stehen die schändlichen Verbrechen in den Orten des Nordreichs Adam und Gilead (ohne dass wir Genaueres darüber sagen könnten). Wieder wird auch Juda mit Gottes Gericht bedroht. Eine unerklärliche Wende zum Guten wird das Böse in Gesamtisrael sowie in der Hauptstadt Samaria noch schärfer erkennen lassen.

Die Verse Hos 7,3–7 sind textlich schwierig: Es wird auf die im Nordreich häufigen *Königsmorde* angespielt; das Bild vom glühenden Backofen könnte auf Revolten hinweisen.

In Hos 7,8–16 wird deutlich, wie Israel allmählich seine Identität unter den Völkern verliert, durch Tributleistungen ausgesaugt wird und dem Ende entgegengeht, insbesondere durch die unstete Schaukelpolitik zwischen Ägypten und Assur, die Gott beenden wird. Der Abfall Israels von Gott zu den unbrauchbaren Baalen bleibt erschreckend, auch wenn die Israeliten verschiedene Bußübungen ausführen. Die politischen Führer werden wegen ihrer dreisten Reden gegen Gott und seine Propheten umkommen.

Kriegsalarm wegen der Verwerfung des Guten (Hos 8)

Israels Alarmrufe wegen eines plötzlich heranfliegenden Unheils wird Gott nicht hören, weil die Israeliten sich nicht an Gottes Willen halten: Sie haben ihre eigenen Götzen gemacht, sich selber Gesetze gegeben und Könige nach ihrem Gutdünken eingesetzt. Ein zentrales Beispiel für die Schuld des Nordreichs Israel ist der Kult um die beiden goldenen Kälber, die Jerobeam I. hat aufstellen lassen, um ein Gegengewicht zum Tempel in Jerusalem zu schaffen (vgl. 1 Kön 12,28).

Sie sind keine Götter, ein Handwerker hat sie gegossen, und dennoch werfen sich die Bewohner Israels vor ihnen nieder. Israel hat sich einfach den anderen Völkern angepasst und Assur als Schutzmacht gewählt. Da Israel vergaß, wer es geschaffen und aus Ägypten befreit hat, wird Gott diese Heilsgeschichte wieder rückgängig machen und sein Volk „zurück" in die Verbannung schicken.

Der Prophet als Störenfried (Hos 9,1–9)

Ausgerechnet auf einem fröhlichen *Erntefest* kündigt der Prophet großes Unheil an: den Verlust der Lebensmittel, des Landes, der Gottesdienste und Feste, der Existenz Israels sowie die Verwüstung des Landes. Die Strafe ist schon da, sie wird nur noch nicht wahrgenommen; deshalb gilt der Prophet als Verrückter, dem sie nachstellen wie einst die Gewalttäter in Gibea (Ri 19f.). Die Abwehr der prophetischen Gerichtsbotschaft und der Boten Gottes ist der Höhepunkt der Schuld Israels.

Geschichte des Abfalls von Gott in Kult und Politik (Hos 9,10–17)

Schon Israels wunderbarer Anfang mit Gott wird rasch durch die Hinwendung zum Baal-Pegor (vgl. Num 25) mit schlimmen Folgen wie dem Verlust der Ehre, Fruchtbarkeit und dem Kriegstod der Kinder und Jugendlichen verdorben. Mit dem Königtum haben sie sich gegen Gott gerichtet (1 Sam 11,15). Wie im Kult, so hat sich Israel auch in der Politik von Gott abgewendet; deshalb wird er Israel verbannen und verstoßen.

Untergang von Kult, Königtum und der Hauptstadt Samaria (Hos 10)

Der Reichtum des Nordreichs Israel steht in direktem Zusammenhang mit seinen Freveln: Je fruchtbarer das Land ist, desto stärker blüht der Götzendienst vor Opferaltären, Steinmalen und dem goldenen „Staatskalb" von „Bet-Awen", dem „Haus des Unheils", das einst wirklich Bet-El, nämlich Gottes Haus, war. Heute verehrt Israel seinen Gott nur noch mit „aalglattem" Herzen. Darum zerschlägt Gott diesen falschen Kult und lässt das Kalb in das Siegerland Assur bringen, um dort den König zu erfreuen. Mit der Hauptstadt Samaria vernichtet Gott auch Israels Königtum, das inzwischen wegen seiner schädlichen Politik und seiner vergiftenden Rechtsprechung nutzlos geworden ist. Gott wird einen schrecklichen Völkerkrieg gegen das Nordreich führen, um es wegen seiner religiös und sozial völlig zerrütteten Gemeinschaft und falschen Politik wie einst Gibea (vgl. Ri 19–21) nahezu vollständig zu zerstören.

Gottes große Liebe (Hos 11)

Dieses Kapitel ist der Höhepunkt des gesamten Hosea-Buches: Hier zeigt Gott, wie seine Liebe zu Israel dessen Sünde immer wieder übersteigt. Wie ein herzlich liebender Vater hat Gott Israel als sein frei erwähltes, adoptiertes Kind aus dessen Versklavung in Ägypten herausgerufen, ihm das Laufen beigebracht, es wieder aufgerichtet, wenn es gefallen war, und wie einen Säugling als Vater und Mutter an die Wange gedrückt, um es zu trösten. Doch ganz unbegreiflicherweise hat Israel sich immer wieder von seinem so väterlich-mütterlichen Gott abgewandt und die fremden Baalsgötzen angebetet. Darum muss das abtrünnige Kind Israel wieder hinter den Anfang seiner Befreiung zurück nach „Ägypten", das jetzt Assur heißt und Israels Städte und Menschen vernichten wird.

Doch dann (Hos 11,8–11) gewinnt auf einmal in Gottes Herz gegen seinen eigenen Zorn „loderndes Mitleid" für sein geliebtes Kind Israel die Oberhand, das er trotz aller Treulosigkeit gerade nicht wie Adma und Zebojim, d. h. wie Sodom und Gomorra (s. Dtn 29,22 u. Gen 19), behandeln, sondern ganz im Gegenteil wieder heimkehren und in seinen Häusern wohnen lassen will.

ANKLAGE UND ERNEUTE UMKEHRMÖGLICHKEIT (HOS 12–14)

Erneute Anklage (Hos 12,1–15)

Erneut wird Anklage wegen Betrugs erhoben und dies an der falschen Bündnispolitik des Nordreichs verdeutlicht. Dann wird unter Verweis auf den lügnerischen und betrügerischen Jakob – als Typus des schuldigen Gottesvolkes – Juda angeklagt, mit dem sich die damaligen Leser (lange nach Fall des Nordreichs 722 v. Chr.) identifizierten.

Das Nordreich wird aus dem Wohlleben in die Wüste zurückgeführt. Gott hat seinem Volk Propheten zur Lebensdeutung, zur Befreiung aus Ägypten und zur Behütung

Darstellung eines Flügelgreifen, Elfenbein, Assyrien, 8.–7. Jh. v. Chr.

geschickt, doch das Volk missachtete sie und wird darum von Gott bestraft.

Die letzte Abrechnung (Hos 13,1–14,1)

Das Nordreich hat durch seinen Wohlstand vor allem das erste und das zweite Gebot, Gottes Alleinverehrung und das Verbot von Gottesbildern, gebrochen; darum wird Gott nun zu einem reißenden Tier gegen Israel. Da kann auch das Königtum nicht mehr helfen, das im Übrigen nie Gottes uneingeschränkten Segen hatte. Gott ruft nun für Samaria und das ganze Land den Tod herbei durch die Assyrer mit ihrem grausam plündernden und mordenden Heer.

Angebot von Vergebung und Heilung (Hos 14,2–9)

Das Buch Hosea endet mit dem Aufruf zur Umkehr an Israel und dem Vorschlag eines Bußgebetes, mit dem das Gottesvolk sich von falscher Bündnispolitik und Götzendienst abwenden soll. Eine solche mögliche, zurzeit allerdings noch nicht vollzogene Umkehr würde Gott mit einer eigenen Umkehr vom Zorn zu großmütiger Liebe beantworten und daraufhin seinem geliebten Volk wieder Erhörung, Nähe und Heil in paradiesischer Fülle schenken.

Nachwort (Hos 14,10)

Im letzten Vers wendet sich das Hosea-Buch an seine Lesenden und hält fest, dass der Weg Gottes mit seinem

Volk ein gerader sei. Während die Ungerechten auf ihm straucheln, folgt der gerechte Mensch Gottes Weisung zum richtigen Lebensweg.

Joël – Ein Mahner zur Umkehr

Joël ruft Israel zur fundamentalen Umkehr in seinem Denken auf, da der Zorn Gottes groß geworden ist. Denen, die „jetzt noch" Buße tun, verheißt er eine Zukunft in Frieden und Wohlstand.

Von Joël ist nur der programmatische Name „Adonaj/JHWH ist (der wahre) Gott" bekannt. Das Joël-Buch aus dem 4. Jh. v. Chr. deutet die gegenwärtig *beklagte* Not als Anbruch des von früheren Propheten wie Amos, Jesaja, Zefanja, Ezechiel, Obadja und Maleachi angekündigten endzeitlichen Tages JHWHs, auf den sich die Lesenden durch glaubwürdige Buße einstellen sollen. Die intensive Aufnahme der vorliegenden Prophetenbücher zeigt: Das Joël-Buch will als kunstvoll gestaltete literarische Prophetie und prophetische Prophetenauslegung in einem endzeitlichen Horizont verstanden werden.

Dabei enthält Joëls Prophetenbotschaft vor allem drei neue Aspekte:

- Der bisher zukünftige Tag JHWHs ist nun *„nahe herbeigekommen"*.
- Er kann für Israel endgültiges *Heil oder Vernichtung* bedeuten.
- *Alle* Mitglieder des Volkes erhalten die Gabe der Gottunmittelbarkeit durch Gottes endzeitlichen Geist zur Umkehr und Rettung.

Auf die *Klage* über die Not (Joël 1,2–2,17) *antwortet Gott* mit seiner Heilszusage (Joël 2,18–4,21).

Juda wird von Unheil heimgesucht: Naturkatastrophen, Heuschreckenplagen und kriegerische Angriffe beuteln das Land. Es scheint, als wäre der Tag nahe, an dem Gott selbst sich gegen sein Volk und dessen Land wendet. Was „auch jetzt noch" (vgl. Joël 2,12) bleibt, sind Gebet und Klage, aber auch die Möglichkeit zur Umkehr, zur der Joël aufruft. Und dies ist sein entscheidendes Gotteswort. Nur in Joël 2,12 erscheint in diesem Prophetenbuch die für jede Prophetie typische „Gottesspruchformel": „Spruch Adonajs/JHWHs".

Eine Quelle vorsichtiger Hoffnung birgt die Erinnerung an den Gott, der zu seinem Volk stand und es nicht preisgab. Und tatsächlich stellt sich im letzten Teil des Buches heraus, dass Gott zusagt, die Feinde zu vernichten und die Katastrophen abzuwenden. Am Ende gibt Gott den endzeitlichen Geist, der alle Verhältnisse umstürzt und die Menschen für ihr Unrecht zur Rechenschaft zieht.

Das Buch Joël will zeigen: Mitten in der vielfältig bedrohten Gegenwart kündigt sich Gottes guter und heilender Geist an. Dieser Geist will letztlich alle zur rettenden Umkehr führen, die sich für Gottes Ruf öffnen.

Die Schilderung der Not – Gottes naher Tag drängt zur Buße (Joël 1,2–2,17)

Der Prophet sieht sich einer Situation der Sorglosigkeit gegenübergestellt, die in keinem Verhältnis zum Zorn Gottes an seinem *nahenden Tag* steht. Joël beschreibt die Bedrohung als eine Mischung von Naturkatastrophen, Feindangriffen und Gottesabwesenheit, und er sieht keine angemessene Reaktion der Menschen. Er ruft die Bevölkerung zur Trauer auf. In plastischen Bildern beschreibt er das Leid im Land: Die Weinstöcke sind verdorrt, die Felder liegen brach, und die Bäume tragen keine Frucht mehr. Joël kündigt die zudem noch ausstehende Strafe Gottes an. Aber der Tag Gottes ist noch nicht gekommen. Noch haben die Bewohner Israels die Chance zur Buße. Wenn der Tag Gottes gekommen ist, wird es zu spät für Reue sein. Doch noch steht der Tempel, und es gibt daher einen Ort für Bußgottesdienste und für die aufrichtige Zerknirschung der Kinder Israels.

Joël gibt gewissermaßen ein Beispiel, indem er zu Gott um Erbarmen fleht. Er erkennt die Not im Land als Vorzeichen für den Tag der Strafe Gottes (Joël 1).

Doch die Bewohner des Landes scheinen die Einstellung zu haben, dass es nicht noch schlimmer kommen kann. Joël dagegen beschreibt in drastischen Bildern, dass das Erlebte nur ein kleiner Vorgeschmack auf den

Bäume tragen wieder Frucht (2,22), so wie diese Olivenbäume.

Ausbruch des ganzen Gotteszorns darstellt. Der Tag wird sich verdunkeln, und ein gewaltiges Heer, dem eine Feuersbrunst vorausgeht, wird wie ein albtraumhaftes Ungeheuer das ganze Land verwüsten. Die Mauern der Städte werden fallen, und kein Stein wird auf dem anderen bleiben. Die Erde wird beben, und es wird niemanden geben, der am Tag der Vergeltung vor Gott bestehen kann. Doch „auch jetzt noch" (Joël 2,12: „Spruch Adonaj/JHWHs") besteht die freilich einzige Möglichkeit, die Katastrophe abzuwenden – durch die Umkehr zu Gott. Darum fordert Joël dringend zu einem allgemeinen Fasten und zu einem Bußgottesdienst auf. Wenn die Bewohner des Landes ihren Alltag unterbrechen, in Sack und Asche gehen, ein ehrliches Fasten halten und die Priester wie einst Mose (vgl. Ex 32,12) für das Volk bittend vor Gott treten, dann könnte der Zorn Gottes noch abgewendet werden. Schließlich ist das Volk Israel Gottes Volk (Joël 2).

HEILSZUSAGE GOTTES (JOËL 2,18–4,21)

Die Wende in Gott (Joël 2,18–27)

Gott selbst antwortet auf die Klage der Not und verspricht seinem Volk Schutz vor der feindlichen Bedrohung aus dem Norden und paradiesischen Erntesegen. So kann jeder erkennen, dass nur der Gott mit dem Eigennamen Adonaj/JHWH (vgl. dazu Ex 3) Israels Gott ist (s. der programmatische Name „Joël").

Ausgießung des Geistes (Joël 3)

Gott will seinen Geist über ganz Israel ausgießen und damit *alle* Mitglieder des Gottesvolkes zu *Propheten* machen, die dann auch das Gotteswort an die Völker vermitteln sollen. Der Tag Gottes kommt und wird furchtbar sein. Doch all jene sollen gerettet werden, die ehrlich den Namen Gottes anrufen, und Zion und Jerusalem sollen Orte der Rettung heißen.

Gericht gegen die Völker (Joël 4)

Das Gericht Gottes wird vor allem die Feinde Israels treffen. Die Grausamkeiten, die sie Israel angetan haben, will Gott auf sie selbst zurückfallen lassen. Alle Heere und Waffen werden ihnen nichts nützen, wenn Gott mit den Völkern ins Gericht geht. Dann wird Juda Frieden haben und Jerusalem wird eine heilige Stadt und der Wohnsitz Gottes sein. Hunger und Armut werden der Vergangenheit angehören, und die Schuld der Vorfahren wird ein für alle Mal getilgt sein. Dann wird Juda für immer Bestand haben und erkennen, dass der Gott Israels der lebendige Gott ist, der auf dem Berg Zion wohnt.

Amos – Ein wütender Laienprophet

Amos ist ein Laienprophet, der vor allem das soziale Unrecht im Nordreich Israel als Hauptgrund für Gottes Anklage scharf herausstellt. Gott hat ihm in fünf verschiedenen Visionen sein drohendes Gericht gezeigt, mit dem er die Menschen durch Umkehr oder Läuterung zum Heil führen will.

Amos wirkte um 760 v. Chr., kurz vor Hosea, im Nordreich Israel. Er stammt aus dem Südreich, aus Tekoa, und war kein berufsmäßiger, am Tempel angestellter Prophet, sondern ein Schaf- und Maulbeerbaum-Züchter, der gleichsam als Laienprophet wirkte.

Amos trat als ungebetener, die Ruhe störender Prophet in der Regierungszeit Jerobeams II. (787–747 v. Chr.) im Nordreich auf. In dieser Zeit der wirtschaftlichen Blüte, die nur durch das assyrische Reich bedroht zu werden schien, prangerte Amos die Korruption der Oberschicht an, die immer reicher wurde, während die Landbevölkerung wegen hoher Abgabelasten zunehmend verarmte. Feierliche Gottesdienste und rauschende Opferfeste entlarvte Amos als Selbstbetrug, wenn Mitmenschlichkeit und Gerechtigkeit gleichzeitig verloren gehen.

Um die Anklage gegen Israel zu betonen, beginnt das Buch Amos – für die Prophetie singulär – zuerst mit Reden gegen die Nachbarvölker, denen es Kriegsverbrechen vorwirft. Dann folgen als Steigerung Drohworte gegen das Südreich Juda und gegen das Nordreich Israel, in dem die Oberschicht ohne Bedrängnis von außen faktisch Krieg gegen das eigene Volk führt. Nach den Visionen im Mittelteil wird eine neue Perspektive für die Wiederherstellung des davidischen Königtums und des Landes sowie für das Heil Gesamtisraels eröffnet:

- Überschrift (Am 1,1–2)
- Drohworte gegen die Nachbarvölker, gegen Juda und gegen Israel (Am 1,3–2,16)
- Unheilsworte gegen Israel (Am 3–6)
- Visionen und Bericht (Am 7,1–9,6)
- Heilsworte für Gesamt-Israel (Am 9,7–15)

Amos ist der erste Prophet, dessen Botschaft in einem eigenen biblischen Buch erscheint.

Überschrift (Am 1,1)

Die Buchüberschrift nennt den Empfänger der in Visionen gehörten Gottesworte, seine biografische Herkunft, zeitliche Einordnung und den Grundton seiner Gottesbotschaft. Amos, ein bäuerlicher Schafherdenbesitzer aus dem Ort Tekoa im Südreich Juda, 15 Kilometer südlich von Jerusalem am Rande der judäischen Wüste, zur Zeit des judäischen Königs Usija (767–739 v. Chr.) und des israelitischen Königs im Nordreich Jerobeam II., tritt zwei Jahre vor einem zeitlich nicht bestimmbaren Erdbeben, d. h. wohl nur knapp ein Jahr lang (vermutlich 760 v. Chr.), als Seher mit einer prophetischen Botschaft auf, die Gottes Gericht über Israel angesichts dessen sozialem Krieg gegen die Armen als furchtbares „Beben" beschreibt. Gott bedroht wie ein brüllender Löwe (vgl. Am 3,8 u. Hos 11,10) Israels Lebensgrundlage, um sein Volk zur Umkehr zu bewegen und Arme wie ihre Unterdrücker zu retten.

Drohworte gegen Nachbarvölker und gegen Juda und Israel (Am 1,2–2,16)

Nach dieser kurzen Einleitung erhebt Amos mit seinen Drohworten Anklage gegen die sechs Nachbarvölker Israels – Syrer, Philister, die Stadt Tyrus, Edomiter, Ammoniter, Moab und das Südreich Juda. Er klagt sie in einem achtstrophigen Gedicht an, dessen Strophen ähnlich strukturiert sind: Botenspruch, Unwiderruflichkeitserklärung mit Zahlenspruch („wegen der drei Vergehen [...] und wegen der vier"), Anklage, Strafankündigung und Botenformel. Die Nachbarvölker haben Verbrechen gegen das Recht der Völker begangen, wie Zerstörung der zivilen Lebensgrundlagen, Menschenraub zum Sklavenhandel, Bündnisverrat, Völkermord, Leichenschändung. Das Südreich *Juda* hat Gottes religiöse und soziale Gesetze der Tora gebrochen und ist Götzen gefolgt. Besonders streng klagt Amos *Israel* wegen sozialer Verbrechen an. Während die anderen Völker ihre Verbrechen unter erschwerten Kriegsbedingungen gegen fremde Völker begangen haben, führen die Mitglieder der israelitischen Oberschicht mitten im Frieden Krieg gegen die Armen des eigenen Volkes. So missbrauchen sie bedenkenlos die legale Schuldknechtschaft (vgl. Ex 21,2–11) und verkaufen verarmte israelitische Kleinbauern oder Schuldknechte nach Bagatellschäden auf dem Sklavenmarkt; skrupellos misshandeln sie nach Belieben kleine Leute, beugen deren Recht, beuten Mägde und Schuldsklavinnen sexuell aus und feiern mit Pfand und Bußgeld der Armen ihre Luxusgottesdienste. Durch diese schweren Verbrechen zerstören die Reichen in Israel Größe und Zusammenhalt des Gottesvolkes und missachten die Rechtsordnung des Gottes, der sein Volk aus solcher Sklaverei schon einmal befreit hat. Darum wird Gottes Gericht wie ein Erdbeben über Israel kommen, um es zur Umkehr zu bewegen.

Die „Herrin der wilden Tiere" war als Gottheit in der Antike weit verbreitet. Dieser Kamm stammt aus Iran, 10.–7. Jh. v. Chr.

Die Anklage in Am 2,6–8 fasst die Kritik des geschichtlichen Propheten Amos wie des ganzen Amos-Buches zusammen.

Mit dieser für ein Prophetenbuch einzigartigen Reihenfolge der Drohworte, die sich hier zunächst an die anderen Völker und danach erst an das Gottesvolk richten, betont Amos die besondere Schwere der Schuld Israels und Judas. Gott jedoch will sein Volk durch das Gericht hindurch retten.

Die Schuld des Gottesvolkes (Am 3–4)

Israels Schuld ist besonders schwer, weil es von Gott erwählt ist und dessen Rechtsordnung genau kennt. Gottes Wunder und Befreiungstaten ebenso wie die Propheten haben Gottes Willen stets deutlich gezeigt. Darum wird Gott nun sein Volk zur Rechenschaft ziehen: Die stolze Hauptstadt *Samaria* wird der Feind zerstören und wie ein Löwe die reiche Bevölkerung zermalmen, denn mit wirtschaftlicher Macht und krimineller Gewalt rauben sich Regierungsbeamte und reiche Großgrundbesitzer mit ihren trunksüchtigen, fetten Frauen rücksichtslos von ihren Kleinbauern, was sie für ihr Schlemmerleben auf den Luxusdiwanen in ihren Prachtvillen brauchen. Ebenso wird *Bet-El* als Ort des asozialen Gottesdienstes vernichtet werden, denn hier feiert eine Kumpanei aus Oberschicht und Priestern zum Ruin verarmter Kleinbauern und Lohnarbeiter rauschende Tempelfeste mit üppigen Opfergelagen als Höhepunkte des gesellschaftlichen Lebens. Zudem führt der regelrechte Wettstreit bei Privatopfern zu genüsslicher Selbstdarstellung, wie Amos sarkastisch anmerkt durch die ironische Parodierung der offiziellen Priesterformel „So gefällt es Gott!" in „Denn so gefällt es *euch*, ihr Söhne Israels!".

TOTENKLAGE DES PROPHETEN ÜBER DAS GOTTESVOLK (AM 5–6)

Da die drei Orte der Gerechtigkeitsordnung Gottes in Israel – Rechtsprechung, Gottesdienst und Königspalast – völlig versagen, ist Israel zu einem Totenhaus geworden, um das Amos nun die Totenklage anstimmt.

Das Fehlen von Recht und Gerechtigkeit (Am 5,1–17)

Nicht bei imposanten Wallfahrtsfesten nach Bet-El und Gilgal soll Israel sein Leben in der Gemeinschaft mit Gott suchen, sondern im gerechten und solidarischen

Zusammenleben. Doch stattdessen wird gerade am Stadttor das überlieferte Gottesrecht verletzt – dem Ort, an dem normalerweise Gerichtsverhandlungen stattfinden und der ein Ort der heilsamen Gerechtigkeit für die Schwachen und Armen sein sollte. Die Mächtigen, deren Vertreter die Rechtsversammlung leiten, schüchtern Rechtssuchende ein, bestechen Zeugen, setzen willkürlich hohe Abgaben für Kleinbauern fest, um sie zu ruinieren und so an deren Land zu kommen, verleiten zu Falschaussagen, lassen sich als Richter bestechen und verweigern Armen die Rechtsklage.

Nur wenn dieses Verhalten sich ändert, Gottes Recht wieder gilt und das *Gute* getan wird, das dem Nächsten und der Gemeinschaft *gut tut*, kann *„vielleicht"* ein Rest des Hauses Israels durch Gottes Gnade das kommende Gericht überleben (vgl. Joël 2,14; Jona 3,9). Doch bis dahin wird Gott selbst den Tod über sein Volk bringen, sodass die Klageweiber für die große Zahl der Toten nicht mehr ausreichen, sondern sogar Ackerknechte, Winzer und Sänger bei der Totenklage mithelfen müssen.

Worte gegen den Kult (Am 5,18–27)

Ein Gottesdienst von Leuten, die andere schamlos ausbeuten und um ihr gutes, von Gott gesetztes Recht bringen, liebt und gefällt Gott ganz und gar nicht, allen gegenteiligen priesterlich-liturgischen Beteuerungen zum Trotz! Wer so unsolidarisch Gottesdienst feiert, kommt in die Verbannung, wo er dann seine selbst gemachten Götzen vor sich hertragen kann, die das Wohlergehen Israels ohnehin nicht interessiert.

Gerichtswort gegen die Hauptstadt und das Königshaus (Am 6)

Dieser Teil der Totenklage gilt der Oberschicht der Hauptstadt: Während das ihnen anvertraute Volk zugrunde geht (Am 6,6c), feiern Samarias Vornehme auf glanzvollen „Festen" mit üppigen Mählern und Liedgegröle sich selbst als die Ersten der Gesellschaft. Darum werden sie auch die ersten sein, die in die Verbannung kommen. Ihre Hauptstadt wird restlos zerstört, weil sie das zum Lebenserhalt gedachte Heilmittel des Rechts und der Gerechtigkeit in tödliches Gift verwandelt haben.

VISIONEN DES PROPHETEN AMOS (AM 7,1–9,6)

Im ersten Visionenpaar kann Amos Gott noch zum Aufschub des Unheils bewegen. Das zweite Visionenpaar zeigt schon die Unabänderlichkeit der Strafe, die dann in der fünften Vision vollzogen wird. In der Bibelwissenschaft gibt es drei unterschiedliche Deutungen dieser Visionen. Einmal werden sie als Berufungserlebnisse des historischen Amos gewertet; andere erkennen hier eine nachexilische Amos-Deutung nach Untergang des Nordreiches 722 und des Südreiches 586 v. Chr. Eine dritte Position ordnet Am 7–9 Amos-Schülern zu, die hier aufzeigen, dass der von Amos angekündigte Untergang der Reichen und Mächtigen im Nordreich doch die Rettung des „kleinen Jakob" (Am 7,2), d. h. der Kleinen und Schwachen, mit einschloss.

Erste Vision: Heuschreckenschwarm (Am 7,1–3)

Die erste Vision zeigt einen Schwarm von Heuschrecken, der alles frisch gewachsene Grün vollständig vertilgt. Der Landwirt Amos schreit entsetzt auf und fleht zu Gott um das Ende der Plage. Die Frage, in die Amos seine Fürbitte kleidet, will sagen: Die ohnehin schon durch reiche Ausbeuter bedrückten Kleinbauern sind nun wieder die ersten Opfer der Strafe Gottes, der eigentlich doch ein Schutzherr der Kleinen und Schwachen ist. Nach diesem Einwand beendet Gott die Plage.

Zweite Vision: Feuersglut (Am 7,4–6)

Gott ruft eine riesige Feuerflamme, die anfängt, jene Urflut zu fressen, aus der alles Wasser für die Erde kommt, sodass katastrophale Dürre und Bodenverkarstung entstehen, was den Kleinbauern und Armen die Lebensgrundlage nimmt. Wieder bittet der agrarkundige Amos unter Verweis auf das schlimme Schicksal der kleinen Leute um Abwendung der Plage, und Gott lässt von seinem Plan ab.

Dritte Vision: Senkblei (Am 7,7–9)

Nach der dritten Vision jedoch lenkt Gott nicht mehr ein. Der Bildgehalt der Vision ist umstritten: Entweder wird hier von einem Senkblei gesprochen, das die Standfestigkeit einer Mauer überprüfen soll, oder das Wort „Zinn" meint ein Schwert, mit dem Gott von der Mauer aus nicht mehr die Stadt verteidigt, sondern sie vielmehr wegen Machtmissbrauchs, sozialen Unrechts und Kultperversion unter Jerobeam II. angreift und zerstört, was 722 v. Chr. dann durch die Assyrer auch tatsächlich vollzogen wurde.

Die dritte Vision von Amos könnte von einem Senkblei handeln.

Konflikt zwischen dem Königspriester Amazja und Gottes Propheten Amos (Am 7,10–17)

Hier wird keine Episode aus dem Leben und Wirken des Amos, sondern vielmehr ein für das gesamte Amos-Buch *grundlegender Konflikt* zwischen *„Staatsraison"* und *Gotteswillen* dargestellt, wenn Amazja, Oberpriester des königlichen Reichsheiligtums von Bet-El, dem judäischen Propheten Amos mit dem Vorwurf des Landesfriedensbruches verwehren will, Gottes Gerichtsbotschaft an das Nordreich Israel im Tempel vorzutragen, welche lautet: „Jerobeam wird umgebracht und Israel verbannt!" Amazja verschweigt in seinem Bericht an König Jerobeam Amos' Kritik am sozialen, kultischen und staatlichen Leben in Israel. Doch

Amos bleibt dem Auftrag Gottes treu, dem er allein verpflichtet ist. Amos hat keine berufliche Ausbildung als Hof- oder Tempelprophet, er gehört auch keiner Prophetengilde an (vgl. 1 Kön 22). Amos ist ein wirtschaftlich und politisch unabhängiger Vieh- und Maulbeerfeigen-Züchter, dem Gott mitten in seinem Berufsalltag die prophetische Botschaft an Israel übertragen hat.

Amos prophezeit der Familie des Oberpriesters Amazja das typische Kriegsschicksal: Vergewaltigung, Tod, Enteignung, Verschleppung.

Vierte Vision: Erntekorb (Am 8)

Amos sieht einen „Erntekorb" mit (oder für) Obst, der die „Gerichts-Ernte" versinnbildlichen soll, die über Israel hereinbricht. In der Prophetie wird die Ernte oft als Bild für Gottes Gericht verwendet. Zudem liegt ein hebräisches Wortspiel mit קַיִץ *(kaiz,* Sommerernte) und קֵץ *(kez,* Ende) vor.

Gegen die gängige Auffassung, nun sei das absolute Ende Israels angekündigt, spricht Am 8,3. Dort wird Gottes Gericht gezielt auf den Regierungsbezirk von Samaria und die Totenklagen auf die Sängerinnen des Palastes begrenzt, sodass doch wohl auch hier der „kleine Jakob" (Am 7,1–3) nicht vergessen ist.

Die erneute Begründung für Gottes Zorn über Israel ist die wahrscheinlich exilisch-frühnachexilische Überarbeitung der Sozialkritik aus Am 2,6–8. Die Reichen und Machthaber unterdrücken die Armen, halten aus Gewinnsucht die Feste und den Sabbat nicht ein, fälschen Verkaufsmengen und Gewichte, versklaven Kleinbauern und Lohnarbeiter aus geringfügigem Anlass, lassen nicht einmal Getreidereste für die Armen übrig.

Darum wird der bittere Tag des Todes und der Totenklagen über sie kommen. Gott wird sich ihnen entziehen; sie werden vor Hunger und Durst nach Gott und seinem Wort umkommen, und ihr Götzenbild von Samaria wird ihnen nichts nützen.

Fünfte Vision: Vernichtung des Tempels (Am 9,1–15)

Die letzte Vision des Amos beschreibt die Endgültigkeit des Gerichtes. Gott vernichtet das Staatsheiligtum von Bet-El und alle, die dort versammelt sind. Gottes Nähe im Tempel rettet nicht mehr, sondern tötet. Gott führt einen schrecklichen Krieg gegen Israel, und es wird niemanden geben, der dem Gericht entkommt.

Annahme des Gottesgerichts (Am 9,5–6)

Nach Eintritt des angekündigten Gottesgerichtes im Jahre 722 v. Chr. mit der Zerstörung des Nordreiches durch die Assyrer und dem Fall des Südreiches Juda mit Jerusalem im Jahre 586 v. Chr. verstummt die biblische Anbetung Gottes in der Exilszeit nicht, sondern Gottes Volk lobt weiterhin den Schöpfer und Erhalter der Welt; damit entsteht die Hoffnung auf das künftige Heil Gottes.

Heilsworte für Gesamt-Israel (Am 9,7–15)

Am 9,7–15 ist eine nachexilische „Leseanleitung", die Am 1,3–9,6 als Gottes Gericht der Läuterung deutet und seine neue Heilssicht entwirft (Am 9,11–15).

Gottes Läuterungsgericht (Am 9,7–10)

Gottes Gericht trifft die Schuldigen, vernichtet aber nie das Gottesvolk total; denn das Gericht dient letztlich dem „Haus Jakob", das Gott erwählt hat.

Verheißung künftigen Heils (Am 9,11–15)

Im klaren Gegensatz zu den Gerichtsbildern vor allem der Visionen verheißt Gott hier die Wiederherstellung des davidischen Königtums, nicht als expansive Großmacht, sondern als eine friedfertige Gesellschaft mit einem Land voll paradiesischer Fruchtbarkeit, ohne Feinde von außen und ohne Unterdrückung der Kleinbauern im Innern: ein Land, das Gesamtisrael nun noch einmal aus Gottes Hand empfängt und nie wieder verlassen muss.

Trümmer des antiken Tempels in Selinunt, Sizilien

Obadja – Der Rechtsbote Gottes

Auch gegen größtes Unrecht und tiefstes Leid wird der barmherzige und gerechte Gott Israels seine königliche Rechtsordnung zum Heil seines Volkes und zum Recht für alle Völker durchsetzen.

„Besteht Gottes Königsherrschaft überhaupt noch, wenn sein Volk Israel die Zerstörung Jerusalems und des Tempels (586 v. Chr.) und die Bedrückung durch Fremdvölker erleiden muss?" Diesem Grundzweifel an Gottes Macht widerspricht Obadja („Knecht Gottes") und prophezeit Gottes Gericht über Edom, die Nachkommen Esaus, wegen ihrer (historisch zweifelhaften) Mitschuld an Jerusalems Vernichtung. Zudem verheißt er die erneute Landnahme für Gesamtisrael (Nordreich und Südreich) in den alten davidischen Grenzen sowie den Beginn der *endzeitlichen Königsherrschaft* des gerechten und barmherzigen Gottes für alle Völker.

Das Buch des Obadja, das kürzeste Buch im Alten Testament, ist im Grunde genommen ein einziger Fluch gegen Edom, der im Kontrast zur Hoffnung auf die Erwählung Israels steht. Dieses nur aus einem Kapitel bestehende Buch ist nicht leicht zu lesen, weil die Ich-Rede Gottes und die Wir-Reden des Volkes oder Obadjas ständig wechseln.

Die 21 Verse dieses Buches beginnen mit Sprüchen gegen Edom und enden mit der Erwartung des *Tages Gottes,* der Heil für Israel und Unheil für die anderen Völker (vgl. Joël 4) bringt:

- Gericht über Edom (Obd 1–15) und
- Gericht über andere Völker und Rettung für Israel (Obd 16–21).

In der Bibelforschung wird angenommen, dass einzelne Sprüche bis in die frühe exilische Zeit (nach 586 v. Chr.) reichen und vielleicht bei den jährlichen Klagegottesdiensten am Gedenktag der Stadteroberung und des Tempelbrandes als Erhörungszuspruch vernommen wurden. Teile des Buches werden aber auch in das 4. oder 3. Jh. v. Chr. datiert.

Gericht über Edom (Obd 1–15)

Es wird angekündigt, dass Gott einen Boten aussendet, um alle Völker gegen Edom zu versammeln. Das kleine Edom, das sich aufgrund seiner geografischen Lage in den Bergen für sicher und uneinnehmbar hält, wird besiegt und gedemütigt werden. Gerade seine Arroganz ist ihm zum Verhängnis geworden, und Gott wird alles daran setzen, damit der Feind Israels besiegt wird. Edom könnte sich glücklich schätzen, wenn es nur beraubt und verwüstet würde, doch Gottes Plan ist umfassender. Edom soll ausradiert werden und nichts soll ihm bleiben, mit dem ein Neuanfang gemacht werden könnte. Damit wird am Tage Gottes das Unrecht Edoms an Israel auf diesen Verbrecher zurückfallen.

Gericht über andere Völker und Rettung für Israel (Obd 16–21)

Obgleich Edom der Erzfeind Israels ist, scheint es nur ein Beispiel für die Völker um Israel herum zu sein, die vom Haus Jakob mit Gottes Hilfe besiegt und besetzt werden. Vom Negev bis in den Norden Samarias, von der Küste des Philisterlandes bis nach Edom, d. h. in den Grenzen des ehemaligen Davidreiches soll das aus Nordreich (Haus Jakob) und Südreich (Haus Josef) nach dem Exil wiederhergestellte Gesamtisrael herrschen. Das Zentrum wird Zion sein und Gott wird von hier aus seine endzeitliche Königsherrschaft über Israel und alle Völker errichten.

Jona –Von Gottes Liebe zu allem Lebendigen

Das Buch Jona, „eine Perle der israelitisch-jüdischen Literatur" (Ludwig Schmidt) ist eine theologische Propheten-Erzählung darüber, wie der Gott Israels als Schöpfer der Welt und allen Lebens sich als ein Gott grenzenloser Liebe zu allem Lebendigen erweist, indem er seinem „Wesen" gemäß (s. Ex 34,6) Gnade und Barmherzigkeit einsetzt (s. Jon 4,2) und durch Umkehr und Vergebung das von ihm erschaffene Leben erhält (vgl. 4,11).

Das Büchlein Jona ist keine Sammlung von Prophetensprüchen wie die anderen Prophetenbücher, sondern eine Erzählung *über die Belehrung eines Propheten* durch Gott. Diese Novelle mit märchenhaften Zügen hat den drohenden Untergang der Stadt Ninive und Gottes Auftrag an Jona zur Gerichtspredigt gegen diese sündige Großstadt zum Thema. Jona versucht sich diesem göttlichen Auftrag zu entziehen. Als er seiner Aufgabe doch nachkommt, Ninive den drohenden Untergang zu prophezeien, Ninive aber umkehrt und verschont bleibt, fühlt sich Jona von Gott genarrt. Somit bleibt die theologische Frage offen, wie sich Gottes Gerechtigkeit und Barmherzigkeit zueinander verhalten.

Bezüge auf prophetische Bücher, auf Psalmen, aramäische Lehnwörter und griechisch-mythologische Stoffe legen das späte 4. Jh. v. Chr. als Entstehungszeit nahe, auch wenn die Erzählung selbst zeitlos wirkt.

Der Aufbau:

- Jonas Beauftragung und Flucht (Jon 1,1–3)
- Jona wird ins Meer geworfen und im Wal gerettet (Jon 1,4–2,1)
- Jonas Dankpsalm (Jon 2,2–11)
- Zweite Beauftragung Jonas und Umkehr Ninives (Jon 3,1–10)

Zorn über Gott und Lehrstück für Jona (Jon 4,1–11)

Im Judentum wird dieses Buch, das die Umkehr Gottes und der Menschen schildert, am Versöhnungstag in der Synagoge verlesen.

Jonas Beauftragung und Flucht (Jon 1)

Jona (=„Taube"), der Sohn des Amittai (s. 2 Kön 14,25), wird von Gott zum Propheten berufen und damit beauftragt, der Stadt Ninive, der ehemaligen assyrischen Hauptstadt im Nordosten Israels, Gottes Strafgericht anzukündigen. Die Bosheit der Stadt sei groß und Jona solle die Bewohner zur Umkehr bewegen. Jona will vor seinem Auftrag in Richtung Westen nach Tarschisch fliehen (=Tartesus in Südspanien). Er kommt in die Küstenstadt Jafo, bezahlt seine Mitreise auf einem Schiff, das ihn nach Tarschisch bringen soll, an einen weit entfernten Ort im äußersten Westen also, wo ihn Gott nicht finde, so hofft Jona. Als das Schiff auf See ist, lässt Gott einen gewaltigen Sturm aufkommen, der so heftig ist, dass das Schiff auseinanderzubrechen droht. Die Seeleute geraten in Panik, beten zu ihren Göttern und werfen alles nur irgendwie Entbehrliche von Bord, um das Schiff und ihr Leben zu retten. Jona indes hatte sich im Bauch *(scheol = Sinnbild für die Unterwelt)* des Schiffes schlafen gelegt und wird nun vom Kapitän geweckt, damit auch er seinen Gott um Gnade anrufe. Derweil beschließen die Matrosen, den Schuldigen durch das Werfen von Losen im Sinne eines Gottesurteils ausfindig zu machen. Das Los fällt auf Jona und die Seeleute verlangen Rechenschaft von ihm. Jona beichtet, er sei ein Hebräer und habe einen Auftrag vom Gott Israels bekommen, gegen die boshafte Stadt Ninive zu weissagen. Die Seeleute fürchten den Schöpfergott des Jona und sind zugleich darüber ratlos, was denn mit diesem flüchtigen Propheten zu tun sei. Jona nimmt den Matrosen die Entscheidung ab, indem er sie darum bittet, ihn über Bord zu werfen. Schließlich sei es seine Schuld, dass alle auf dem Schiff in große Not geraten seien, und er könne den Tod der anderen nicht verantworten. Zunächst hält sie die Furcht davon ab, einen Propheten Gottes zu töten. Sie versuchen mit eigener Kraft durch Rudern, das Schiff ans rettende Land zu bringen. Als ihnen das jedoch nicht gelingt, weil der Sturm immer stärker wird, beten die vorbildlichen Seeleute zum Gott Israels und bitten ihn darum, er möge ihnen ihre Tat vergeben (vgl. Dtn 21,8; Ps 115,3; 135,6). Nachdem sie Jona schließlich ins Meer geworfen haben, ebbt der Sturm schlagartig ab. Eine große Ehrfurcht vor dem Gott des Himmels und der Erde überkommt die Seeleute, sie schlachten ein Dankopfer und legen ein Gelübde ab, in Zukunft nur den Gott Israels anzubeten.

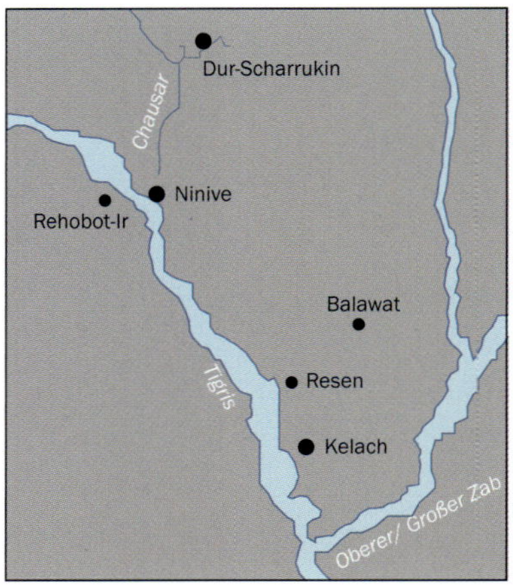

Ninive und die benachbarten Städte

Jona im Fisch (Jon 2)

Gott lässt einen Fisch vorbeischwimmen und Jona verschlucken. Drei Tage und drei Nächte war Jona im Bauch des Fisches. (Nicht zuletzt wegen dieser Zeitangabe ist das von griechischer Mythologie beeinflusste Bild von Jona im Fisch für Christen ein beliebtes Auferstehungsmotiv geworden (vgl. Mt 12,39ff.; Lk 11,29ff.)). Aus dem Bauch des Fisches heraus betet Jona zu Gott. In der Form eines *Dankpsalms* beschreibt Jona *rückblickend* seine Not. Buchstäblich hat ihm das Wasser bis zur Kehle gestanden, Schilf hatte sich um seinen Kopf gewickelt und er war gefangen in der tiefsten Tiefe. Aber Gott hat ihn errettet und zurück ans Licht gezogen. Für diese Rettung aus Todesnot dankt Jona in seinem Gebet. Denn er hat erlebt: Keine Entfernung ist zu groß, als dass ein Gebet nicht den Wohnsitz Gottes erreichen könnte. Formulierungen aus dem Danklied des Jona finden sich in vielen Psalmen wieder (so z. B. Ps 3, 22, 30, 69 und 142). Der letzte Satz des Psalms: „Vom Herrn kommt die Rettung." hat für das ganze Buch programmatische Bedeutung (vgl. Jon 2,10d). Das Kapitel endet mit der kurzen Notiz, dass der Fisch auf Gottes Geheiß Jona ans Land spuckt.

Jonas Predigt in Ninive (Jon 3)

Nach dem lakonischen Schluss des zweiten Kapitels beginnt auch das dritte mit dem knappen Hinweis, Gottes Wort erginge zum zweiten Mal an Jona, er möge nach Ninive ziehen und dort zur Umkehr aufrufen. Diesmal macht sich Jona auf, um Gottes Wort zu erfüllen. Ninive ist eine so große Stadt, dass ein Fußgänger drei Tage benötigt, um sie zu durchqueren. (Dieses Bild soll die „bösartige Großstadt" darstellen, nicht das historische Ninive.) Jona wandert einen Tag lang durch Ninive und beginnt dann, zur Umkehr aufzurufen. Unklar bleibt, ob er die Worte Gottes wiedergibt oder eine eigene Dramatik aufbaut. Das Jonabuch berichtet jedenfalls lediglich von einem Satz, den Jona den Bewohnern Ninives entgegenschleudert: „Noch vierzig Tage, dann ist die Stadt zerstört." Die Bewohner Ninives reagieren, wie es ein Prophet sich nur wünschen kann und zeigen mit rituellen Gesten ihren aufrichtigen Umkehrwillen: Sie halten in ihrer Arbeit inne, kleiden sich in Sack und Asche und rufen ein allgemeines Fasten aus, das alle Bewohner betrifft, auch die Diener und Sklaven, ja sogar die Tiere innerhalb der Stadtmauern Ninives. Auch der König der Stadt legt seinen Mantel ab und setzt sich als Zeichen der Selbsterniedrigung zu den anderen Bußfertigen in den Staub. Er unterscheidet sich damit deutlich vom judäischen König Jojakim in Jer 36, der das Buch des Propheten verbrennen lässt. Offenbar ist den Bewohnern Ninives wohl bewusst, dass ihr bisheriger Weg zur Bosheit führt, denn sie wissen alle sofort, wovon sie ablassen sollen, um Gottes Zorn vielleicht doch noch abzuwenden.

Tatsächlich lässt Gott von seinem Zorn ab und beschließt, die Stadt zu verschonen, weil alle Bewohner schlagartig und umfassend Reue zeigen.

Jonas Zorn und Gottes Fragen (Jon 4)

Anstatt hoch erfreut über die wunderbare Wirkung seiner Propheten-Botschaft zu sein, ärgert sich Jona über den Stimmungswechsel Gottes und beschwert sich bei ihm. Genau aus diesem Grunde habe er diesen Auftrag gar nicht erst annehmen wollen, weil ihm von Anfang an klar war, dass der Gott Israels seinem Wesen nach ein gnädiger und barmherziger Gott sei (s. Ex 34,6 u. 32,12.14), der seine Androhungen ohnehin nicht wahr machen würde. Drastisch verleiht Jona seiner Frustration Ausdruck, indem er Gott darum bittet, ihm das Leben zu nehmen, denn der Tod scheint für Jona erstrebenswerter zu sein als ein Weiterleben im Angesicht von Gottes Gnade und Barmherzigkeit, der Israel sein Leben verdankt (s. Ex 32–34).

Gott lässt sich wie *ein guter Lehrer* auf die Diskussion mit Jona ein und fragt ihn (zu Recht), ob der Zorn des Propheten gerechtfertigt sei. Doch da Gott ihm das Leben nicht nimmt, lässt sich Jona östlich der Stadt nieder, baut eine Hütte und wartet ab, ob die Stadt nicht vielleicht doch noch zerstört würde. In der Nacht lässt Gott einen Rizinusstrauch vor der Hütte emporwachsen, damit sich Jona am Tag darunter vor der Sonne schützen und dadurch auch seine Laune verbessern kann. Jona genießt den Schatten unter dem Strauch sehr. Doch am Morgen des zweiten Tages schickt Gott einen Wurm, der den Rizinus annagt, damit dieser wieder verdorrt. Zusätzlich dazu sendet Gott einen heißen Ostwind, der den sonnengeplagten Jona nun noch zudem quält. Sämtliche Entspannung ist schlagartig vom frustrierten Propheten gewichen und dieser bittet Gott erneut darum, er möge ihn sterben lassen. Wiederum fragt Gott, ob Jonas Zorn wirklich angemessen sei. Trotzig beharrt Jona auf seinem Todeswunsch. Darauf antwortet ihm Gott mit dem *Schluss vom Kleineren aufs Größere*: Wenn Jona schon seine Trauer über diesen unwichtigen, kurzlebigen, von ihm weder bearbeiteten und großgezogenen Rizinusstrauch für berechtigt halte, um wie viel mehr sollte da nicht Gottes Mitleid und Erbarmen mit Ninive berechtigt sein, einer Stadt von immenser Größe und voller Menschen und Tiere, die Gott alle geschaffen hat und die ohne des Propheten Wort gar nicht entscheiden können, was gut ist und was schlecht? Das Buch endet mit dieser rhetorischen Frage. Eine Reaktion Jonas ist zumindest im kanonischen Endtext nicht überliefert (s. Weisheit 11,21–26).

Fazit: Von Gottes grenzloser Liebe, „die alles liebt, was ist, und nichts verabscheut von dem, was sie gemacht hat“ (s. Weisheit 11,24a), erzählt dieses Lehrstück und fragt bis heute seine Lesenden, ob sie in ihrem Leben dieser Liebe Raum geben wollen.

Micha – Ein scharfer Kritiker der Oberschicht

Der Prophet Micha klagt im Juda des 8. Jh.s v. Chr. die Reichen und Mächtigen an, weil sie soziale Missstände verursachen, die zur Verarmung von Handwerkern und Kleinbauern führen. Obwohl Jerusalem deswegen die Zerstörung droht, gibt es noch Hoffnung auf Vergebung und Rettung durch Gott.

Der Prophet Micha („Wer ist wie *Adonaj/JHWH*?“, vgl. Mi 7,18a) von Moreschet-Gat wirkte ca. 740 bis 705 v. Chr. in Juda – ungefähr zeitgleich mit den im Nordreich auftretenden Propheten Amos und Hosea sowie mit Jesaja im Südreich.

Scharf kritisierte Micha die reiche Oberschicht und die politisch Mächtigen, denen er soziale Missstände vorwarf wie rücksichtslose Fronarbeit für Kleinbauern und Handwerker, z. B. bei Großbauprojekten in Jerusalem, Korruption in Verwaltung und Justiz, Wirtschaftskriminalität der reichen Großgrundbesitzer, ungerechte Steuerpolitik und Wucherzinsen, die Kleinbauern ihr Land raubten, das ihnen doch Gott als unverlierbares Erbteil zugewiesen hatte.

Vermutlich war Micha selbst *Großbauer* und Vorsitzender des Ältestenrates, d. h. wohl *Bürgermeister in Moreschet-Gat*, das im Hügelland Schefala ca. 40 Kilometer südwestlich von Jerusalem zwischen den Bergen Judas und der Küstenebene lag. Wegen seines Amtes kam Micha öfter nach Jerusalem und erlebte dort den Überfluss der Reichen und die menschenverachtende Unterdrückung der wirtschaftlich Unterlegenen. Diesem torawidrigen Ausbeutungssystem kündigt Micha Gottes Gericht und den Ausgebeuteten Rettung und Heil an.

Jerusalem, Samaria und elf andere Städte sollen zerstört werden. Ruinen am Teich Betesda in der Jerusalemer Altstadt

Dieses Heil wird *vom Zion* ausgehen, dem zentralen Ort der Gegenwart Gottes für Israel und die gesamte Völkergemeinschaft, die *Adonaj/JHWH* so befrieden wird, dass Kriegsschwerter zu Friedenspflugscharen umgeschmiedet werden können. Michas große Friedensvision in Mi 4,1–4, die bereits im Jesaja-Buch in Jes 2,2–5 zitiert wird, hat bis heute ihre Ausstrahlungskraft nicht verloren. Michas Vision vom neuen davidischen Königtum (vgl. Mi 4,14–5,5) überträgt Mt 2 auf die Geburt des Messias Jesus.

Michas Anhänger haben wohl etwa um 700 v. Chr. in Mi 1–3 die historische Botschaft des Propheten zusammengestellt. Nach dem Exil, zwischen dem 5. und dem 3. Jh. v. Chr., wurden die Kapitel 4–7 verfasst, die nach der Exils-Katastrophe von 586 v. Chr. die Hoffnung festhalten, dass Gott sein Volk doch noch retten könnte.

Die Gliederung des Micha-Buches lässt seine Entstehungsgeschichte und seinen für Prophetenbücher typischen „Pendelschlag“ von Unheil und Heil gut erkennen:

- Drohworte an die Oberschicht in Juda (Mi 1–3, Unheil); 8./7. Jh.v. Chr.
- Heilsworte (Mi 4–5, Heil); 500 v. Chr.
- Drohworte gegen Juda (Mi 6,1–7,7, Unheil); 5./4. Jh. v. Chr.
- Psalm über die Hoffnung auf Vergebung (Mi 7,8–20, Heil); 3.Jh. v. Chr.

Die Welt soll Zeuge vom Untergang Israels werden (Mi 1–2)

Der für Micha typische Zuruf „Hört“ (hebr. שִׁמְעוּ *schim'u*) fordert alle Völker der Erde auf, wahrzunehmen, wie Gott Israel und Juda richtet und wegen der religiösen (und sozial-ökonomischen) Vergehen ihrer Hauptstädte Samaria und Jerusalem verurteilt: Gott wird Samaria mit seinen Götzenbildern zerstören und das Land mit seinen Landstädten durch Eroberer verwüsten lassen. Der hebräische Text des Michabuches nennt elf zerstörte Städte. Die Spur der Verwüstung wird bis vor die Tore Jerusalems reichen. Historisch handelte es sich um die Invasion des assyrischen Königs Sanherib im Jahre 701 v. Chr., der tatsächlich die Belagerung Jerusalems wegen eines Aufstandes in Assur abbrechen musste.

Das zweite Kapitel begründet den Zorn Gottes mit vielfältigem sozialen Unrecht: Die reichen Großgrundbesitzer missbrauchen ihre Macht, um sich selbst durch legale und illegale Machenschaften zu bereichern. Durch Wucherzinsen und übermäßige Abgaben werden Kleinbauern enteignet, in die Sklaverei verkauft, Frauen vergewaltigt und vom Hof getrieben, Kinder auf den überregionalen Sklavenmärkten gegen israelitisches Recht (Ex 21,2–11) für immer verkauft.

Michas Gerichtsankündigung von ihrer kommenden Deportation und Versklavung wegen ihrer Sozialverbrechen (vgl. Mi 2,1.3) wollen die reichen Großgrundbesitzer nicht hören (vgl. Mi 2,6). Sie lauschen lieber den „wein- und bierseligen“ Lügenworten ihrer Heilspropheten (vgl. Mi 2,11).

Ein frühnachexilischer Nachtrag verheißt in Mi 2,12–13, dass Gott wie ein guter Hirte den Rest Israels im Exil sammelt, nach Jerusalem zurückführt und dort die Königsherrschaft übernimmt, die den Opfern der Großgrundbesitzern dann tatsächlich ein freies und gesichertes Leben ermöglicht.

Drohworte gegen die Machthaber (Mi 3)

Wieder beginnt Micha seine Rede mit der Aufforderung: „Hört!“ Diesmal spricht er die politischen und geistlichen Machthaber Judas und Israels an. Sie würden ihr Volk wie in einem kannibalischen Akt ausbeuten: die Haut abreißen, das Fleisch vertilgen und sogar die Knochen auskochen, so lange, bis nichts mehr von den Untergebenen übrig bleibe. Genau so werde Gott auch die Mächtigen schlachten lassen (Mi 3,2–3).

Danach kritisiert Micha die berufsmäßigen Tempel- und Hofpropheten, die denen Frieden verheißen, die ihnen Geld zustecken, mittellose Arme jedoch zu Gottesfeinden erklären, gegen die sie einen Heiligen Krieg führen. Statt lichter Visionen sehen sie Nacht und Tag nur Finsternis und hören kein Wort von Gott. Micha dagegen ist erfüllt vom lebendigen Geist Gottes und kämpft mutig und leidenschaftlich für Gottes Rechtsordnung, indem er die bestehende Unrechtsordnung in Israel aufdeckt und als Gottes Gericht die Verwüstung Jerusalems ansagt, weil sich die Stadt gegenwärtig mit dem Blut der Fronarbeiter ausbauen und seine Richter und Priester durch Geld bestechen lässt.

DIE HEILSANKÜNDIGUNG (MI 4-5)

Diese frühnachexilische Heilsansage (Anfang des 5. Jh. v. Chr.) setzt dem in Mi 3,12 angekündigten kriegszerstörten Jerusalem das messianische Heils- und Friedensbild des Zionsbergs entgegen, auf dem Gott die Völkergemeinschaft zusammenruft und auf Gottes Recht und Frieden einschwört (Mi 4,1–5), den überlebenden Rest Israels sammelt (Mi 4, 6–7), das davidische Königtum wiederherstellt (Mi 4,8–5,5) und alle Kriegsinstrumente in Juda vernichtet (Mi 5,9–14).

Wallfahrt der Völker zum Zion und Beseitigung aller Waffen (Mi 4,1-5)

In Mi 4,1–4 beschreibt der Prophet die endzeitliche Wallfahrt aller Völker zum Zion, der in fernen Tagen die Mitte der Welt und Licht für alle Menschen sein wird. Dann ist Zion der Ort, von dem die Weisung Gottes an alle Menschen ausgeht. Es wird keine Kriege mehr geben, alle Schwerter werden zu Pflugscharen und alle Speere zu Winzermessern umgeschmiedet (vgl. Jes 2,2–4 als Zitat aus Mi 4,1–4). Mi 4,5 betont (richtig übersetzt): „Auch wenn die Völker" noch ihren Kriegsgöttern folgen, will Israel jetzt schon mit Gottes Friedensprogramm beginnen – und so die Völkerwallfahrt bereits in *gegenwärtiger Zeit* auslösen.

Sammlung des heiligen Restes durch Gott (Mi 4,6-7)

Gottes Königsherrschaft auf dem Zion will ihre im Exil verstreute Herde in Jerusalem sammeln und die hinkenden und schwachen Opfer von einst zu einem mächtigen Volk machen.

Wende der Not durch das neue davidische Königtum (Mi 4,8-5,5)

Auch wenn das Ende des davidischen Königtums (Mi 4,8–10) und die Schadenfreude der unsolidarischen Nachbarvölker (Mi 4,11–13) immer noch heftig schmerzen, wird dies bald vergessen sein, denn aus Betlehem, Davids Herkunftsort, wird ein neuer König kommen, der seine Macht nicht mehr missbraucht, sondern als guter Hirte die Schwachen, den heiligen Rest Israels und das ganze Land schützen wird. (Mt 2,6 deutet die Geburt des Messias Jesus von Mi 5,1–3 her.)

Der heilige Rest (Mi 5,6-8)

Nun wird sich der heilige Rest Jakobs auch unter den Völkern als Segen selbstbewusst behaupten.

Friede in Israel (Mi 5,9-14)

Damit endlich Friede in Israel werden kann, muss Israel alle Macht- und Manipulationsmittel wie Kriegsgeräte, Festungsstädte, Zauberwesen und Götzen vernichten und sich ganz auf Gott verlassen.

DIE UNHEILSANKÜNDIGUNG (MI 6,1-7,7)

Gottes Streit mit seinem Volk (Mi 6,1-8)

Diesmal ruft Micha mit: „Hört!" Berge und Grundfesten der Erde zu Zeugen in Gottes Rechtsstreit mit seinem Volk auf. Durch den Mund des Propheten fragt Gott, was das Volk ihm denn vorwerfen könne, da er es aus Ägypten geführt und stets vor dem Untergang bewahrt habe. Das Volk könne sich auch nicht darauf berufen, es wisse nicht, was Gott zuallererst fordere: Richtigen Gottesdienst oder Gerechtigkeit im Alltag? Das Volk habe Gottes Weisung erhalten, die Mi 6,8 unmissverständlich mit der Forderung zusammengefasst: Der Mensch soll gerecht und gütig leben und in Einsicht den Weg mit Gott gehen. Gefordert sind also lebensförderliche, gerechte Taten, die im Geiste der Liebe ein Leben lang geschehen.

Gerichtsankündigung gegen Jerusalem (Mi 6,9-7,7)

Die sozial-ökonomischen Anklagen von Mi 2–3 werden noch einmal erhoben und Jerusalem dafür der Untergang angekündigt, wie ihn die Hauptstadt des Nordreiches, Samaria, 722 v. Chr. bereits erlebt hat. Mi 7,1–7 steigert die Vorwürfe noch zum Bild einer von Grund auf verdorbenen Gesellschaft. Dennoch schließt die Anklage mit dem – vielleicht stellvertretend für die korrupte Gesellschaft gebeteten – Vertrauensbekenntnis zu Gott: Er werde erhören.

Die Heilsankündigung: Psalm der Hoffnung (Mi 7,8-20)

Der vermutlich als „Leseanleitung" für das ganze Michabuch verfasste Abschnitt Mi 7,8–20 beginnt mit einem Vertrauenslied (Mi 7,8–10), das in der niederdrückenden Lage des Nachexils Israels Zuversicht zu Gott bekennt und darauf die real wie symbolisch zu verstehenden Zusagen (Mi 7,11–13) erhält: Wiederaufbau der Stadtmauer, Ausweitung der Grenzen, Sammlung der Zerstreuten und – wie für die Apokalyptik typisch – Vernichtung der Feinde als Rettung für Israel. Gemeinsam mit Israel werden die Völker Gottes Weltherrschaft und Gerechtigkeitsordnung anerkennen.

Darum preist das Micha-Buch zum Abschluss die Einzigartigkeit Gottes, der die Sünden und ihre Folgen für immer „in die Tiefe des Meeres hinabwirft" (vgl. Mi 7, 19b) und damit auch Israel noch einmal einen völlig neuen Anfang gewährt.

Nahum – Ein zorniger Tröster

Der Prophet Nahum tröstet die Menschen in Juda, indem er ihrem übermächtigen und brutalen Gegner aus Assur das Vernichtungsgericht Gottes ankündigt, das für Juda die Befreiung bedeutet.

Der Prophet Nahum, „(Gott) hat getröstet", wirkte zwischen 663 und 640 v. Chr. zur Zeit des judäischen Königs Manasse (699–643 v. Chr.), der die von seinem Vater Hiskija abgeschafften fremden Kultformen wieder einführte (vgl. 2 Kön 21,1–17) und eine pro-assyrische Politik betrieb. Dagegen prophezeit Nahum – wie einst Jesaja in Jes 10,3–34 und 30,27–30 – den Niedergang der Besatzungsmacht Assur und die Rettung des besetzten Juda.

Nahum stellt vor Augen, dass die Assyrer bereits die oberägyptische Stadt Theben zerstört haben (663 v. Chr.), und kündigt dasselbe Schicksal nun für Assurs Hauptstadt Ninive an. Tatsächlich wurde Ninive 612 v. Chr. vernichtet. Der 2. Hauptteil des Nahumbuches (Nah 1,9–3,19) müsste dann kurz vor der Zerstörung Ninives entstanden sein, wenn er nicht danach geschrieben und dabei das bereits vergangene Ereignis als Vorhersage eines zukünftigen Geschehens (*„vaticinium ex eventu"*) berichtet wurde.

Dieses ursprüngliche Nahum-Buch (Nah 1,9–3,19) über die Vernichtung Ninives und die Rettung von Juda wurde etwa im 5. oder 4. Jh. v. Chr. möglicherweise durch den Vorbau des Psalms (Nah 1,2–8) zu einem allgemeinen Beispiel für Gottes Rettung seines Volkes aus der Übermacht des Bösen erhoben und auf diese Weise in das „Zwölfpropheten-Buch." eingefügt.

So zeigt das Buch Nahum unter seiner Doppelüberschrift (Nah 1,1) folgende Gliederung:

- Psalm über die Offenbarung von Gottes großer Geschichtsmacht (Nah 1,2–8) und
- Gericht über Ninive und Judas Rettung (Nah 1,9–3,19).

Der 2. Hauptteil enthält ein *Trostwort* für Juda und Jerusalem (Nah 1,9–2,1) und drei *Gerichtsworte* über Ninive: (a) Schilderung der Zerstörung Ninives (Nah 2,2–14), (b) Weheruf und Leichenklage über Ninive (Nah 3,1–7), (c) Spottrede über Ninive und ironisches Triumphlied über den entmachteten König (Nah 3,8–19).

Das ältere Nahumbuch (Nah 1,9–3,19) kann als ein *prophetisches Dokument des judäischen Widerstandes* gegen eine überlegene Weltmacht Assur gelesen werden, die 722 v. Chr. das Nordreich Israel vernichtet und anschließend das Südreich Juda zu einem abhängigen Vasallenstaat degradiert hatte. Durch den nachexilischen Vorbau von Nah 1,2–9 wird das Nahumbuch zu einem *Zeugnis der Hoffnung auf Gottes Geschichtsmacht*, die Mächtige stürzt und Niedrige erhebt (vgl. Ez 21,31; Ps 147,6; Ijob 5,11; Lk 1,52). Darum sind die oft problematisierten göttlichen Verhaltensweisen von Rache und Zorn (vgl. Nah 1,2) hier keine emotionalen Willkürakte, sondern vielmehr *Rechtsvorgänge*, die sich gegen Feinde richten, die Gottes Rechtsordnung zerstören wollen. Indem Gott diese „Gegner" bekämpft, will er alle retten, die seine gerechte, nämlich lebensdienliche Gemeinschaft suchen. So hat z. B. auch die verfolgte Qumran-Gemeinde das Nahumbuch gelesen und zu ihrem Lieblingsbuch erklärt.

Überschrift (Nah 1,1)

Das Nahumbuch beginnt mit zwei Überschriften, von der die erste eine Drohbotschaft gegen Ninive ankündigt und erst die zweite dies als „Visionen Nahums aus Elkosch" erklärt, ohne dass hier – ähnlich wie bei Habakuk (vgl. Hab 1,1) – ein Gottesbezug erscheint. Dieser wird erst im folgenden Psalm über die Machtoffenbarung Gottes nachgetragen.

Lied über die Macht Gottes in Gnade und Gericht (Nah 1,2–8)

Nahum beginnt mit einem Psalm über die Erscheinung von Gottes großer Macht.

Mit Nah 1,2–3a und 1,7–8 umschließen zwei Aussagen über Adonaj/JHWH den Psalm.

In Nah 1,2–3a richten sich Gottes Rache und Zorn gegen Feinde, die Gottes Rechtsordnung zerstören, indem sie Schwache (wie z.B. Juda und seine Bevölkerung), denen

Modell von Ninive

Gottes Langmut (vgl. Ex 34,6) gilt, nicht vor der Willkür der Starken (z. B. Assurs) schützen.

Nah 1,7–8 wiederholt diese gegensätzliche Beziehung Gottes zu Menschengruppen noch einmal: Gut ist Adonaj/JHWH und eine feste Fluchtburg (vgl. Ps 46,2) für alle, die seinen Schutz suchen und sich zu ihm bekennen; ein gefährlich reißender Fluss wird Adonaj/JHWH für alle Gegner seiner Lebensordnung, für deren Erhaltung er weiterhin so kämpft, wie für seine wohlgeordnete, doch stets vom Chaos bedrohte Schöpfung.

DAS GERICHT ÜBER NINIVE (NAH 1,9–3,19)

Dieser vermutlich älteste Teil des Nahumbuches schildert die Zerstörung Ninives mit einem Trostwort an Jerusalem und Juda über das baldige Ende der Bedrückung durch Assur (Nah 1,9–2,1), mit einer Visionsschilderung über den Fall Ninives (Nah 2,2–13) und einem ersten Drohwort (Nah 2,14), einem zweiten Drohwort mit Wehruf und Leichenklage (Nah 3,1–7) und einer Spottrede gegen Assur und Ninive (Nah 3,8–19).

Ninives Demütigung und Judas Befreiung (Nah 1,9–2,1)

Mit Nah 1,9–2,1 begann einmal das ältere Nahumbuch. Obwohl das Trostwort weder seine Empfänger noch die von ihm Bedrohten nennt, werden Nahums Hörerinnen und Hörer in Juda und Jerusalem (wie auch seine Leserschaft unter Rückgriff auf Nah 1,1 und Vorgriff auf Nah 2,9) die Judäer als die Adressaten des Trostwortes und Ninive als Ziel der Bedrohung erkannt haben.

Doch darüber hinaus blieb noch einiges – vielleicht sogar absichtlich – offen: Wer plant in Nah 2,9 vergeblich gegen Adonaj/JHWH? Jerusalemer, die die Unabhängigkeit von ihrer assyrischen Besatzungsmacht erfolglos anstreben? Oder der assyrische König Assurbanipal, dessen Unterdrückungspläne gegenüber Juda scheitern?

Wer hat den „bösen" Plan entwickelt, von dem Nah 2,11 spricht? Der judäische König Manasse, der die fremden Kultformen wieder zulässt? Oder die Stadt Ninive und ihr König, der schon einmal Jerusalem erobern wollte?

Auch der Feind in Nah 2,12–14, dessen Herrschaft und Götzen schon vernichtet sind, wird nicht benannt. Historisch hat Nahum Recht behalten: Assurbanipal hat Jerusalem nicht erobert; vielmehr wurde sein Reich von den Babyloniern besiegt. Und seitdem sind die *Freudenboten* (vgl. Nah 2,1) unterwegs, um Juda den Schalom, d. h. hier das Ende der Besatzung anzusagen und zum festlichen Dank an Gott aufzufordern. Diese Freudenboten werden zum festen Bestandteil der messianischen Erwartung (vgl. Jes 52,7; Rö 10,15).

Wiederherstellung Israels, Zerstörung Ninives (Nah 2,2–14)

In einer dreiteiligen *Visionsschilderung* (Schlacht um Ninive: Nah 2,2–11; Löwen-Symbolik für die Könige: Nah 2,12–13; Drohwort gegen Ninive: Nah 2,14) erhalten Errettung und Vernichtung ihre Namen. *Groß-Israel,* das von Assur eingenommen wurde, wird wiederhergestellt (Nah 2,3), und *Ninive*, die Hauptstadt des Assyrerreichs, wird erobert, geschändet, verheert und geplündert werden, wie dies früher Israel geschah. Die einst so mächtigen, raubgierigen Löwen, wie sich Assurs Könige gern darstellten, werden ganz verschreckt fliehen.

Das evtl. von der Redaktion eingefügte *Drohwort (*Nah 2,14), das eigentlich die Zerstörungsvision (Nah 2,2–13) hätte einleiten müssen, erhält nun eine mehrfache Aufgabe: Es deutet den Angriff auf Ninive als Gottes Angriff und lässt schließen, dass die Vision wirklich Noch-nicht-Geschehenes ansagt und keine „Prophetie" im Rückblick auf das bereits geschehene Ereignis („*vaticinium ex eventu*") ist. Zudem sind die Boten Ninives mit ihrer räuberischen Kriegsbotschaft endgültig verstummt (vgl. Nah 2,14c); zu hören sind nur noch Gottes Freudenboten mit ihrer Friedensbotschaft für Juda (vgl. Nah 2,1).

Assyrische Kämpfer

Weheruf und Leichenklage über Ninive (Nah 3,1–7)

Das zweite *Drohwort* gegen Ninive in Nah 3,1–7 beklagt noch einmal – offensichtlich ohne Kenntnis von Nah 2,14 – die grenzenlose Raffgier dieser „Stadt voll Blutschuld" und schildert, sprachlich sehr verdichtet, die grausame Eroberung der Stadt mit riesigen Leichenbergen.

Ninive musste fallen, weil sie wie eine Hure ihr schmutziges Geschäft mit zahllosen hinterhältigen politischen Machenschaften trieb und aus nackter Profitgier die Völker gnadenlos ausbeutete. Dafür wird Ninive nun nach Gottes Willen (s. Nah 3,5a) als besonders abstoßendes Beispiel für die Welt ganz zu Recht so radikal entehrt und verwüstet werden, dass die Suche nach einem Tröster sinnlose Zeitverschwendung ist. Niemand hat Mitleid, weil alle Völker unter der assyrischen Gewaltherrschaft so stark gelitten haben.

Spott über Ninive (Nah 3,8–19)

Weil die Macht Assurs und Ninives so gewaltig ist, muss der Prophet Nahum seine Ankündigung der Vernichtung Ninives offenbar noch einmal mit einer dreiteiligen poetischen Spottrede (Nah 3,8–19) verstärken:

Dieses Lied droht in Nah 3,8–11 Ninive das Schicksal des 664 v. Chr. vom assyrischen König Assurbanipal eroberten und niedergebrannten Thebens (No-Amon) an, einer oberägyptischen Stadt, die ähnlich groß und einflussreich war wie Ninive zur Zeit der Assyrer.

Die Liedverse Nah 3,12–17 besingen die fortschreitende Entmachtung der „betrunkenen" (s. Nah 3,11) Weltstadt Ninive: Ihre Verteidigungsanlagen fallen den feindlichen Kriegern wie reife Feigen in den Mund, ihre Verteidiger sind zu feige, ihre Feinde zahlreich und gefräßig wie Heuschrecken, ihre Grenzwächter und Beamten unzuverlässig und flüchtig wie Wanderheuschrecken.

Und in Nah 3,18–19 stimmt der Prophet Nahum ein abschließendes ironisches Triumphlied über den entmachteten König von Assur an, der die Vernichtungskatastrophe noch überlebt haben muss; es ist also wohl nicht mehr Assurbanipal, sondern vielleicht der letzte assyrische König, der erst 610 v. Chr., in der Schlacht um Haran getötet wurde.

Es ist schon sehr erstaunlich, wie der Prophet Nahum angesichts der zu seiner Zeit – trotz einiger Schwächen Assurbanipals – noch überlegenen Weltmacht Assur historisch so richtig urteilen konnte, dass er – offensichtlich unbemerkt von der assyrischen Besatzungsmacht – deren Überheblichkeit aufdeckte und ihren Untergang ansagte. Für Nahum war die Quelle seiner prophetischen Gewissheit keine Zeitanalyse, sondern Gottes Offenbarung, auf die er sich – vielleicht zur Widerlegung von Einsprüchen – in Nah 2,14 und 3,5f. ausdrücklich berief. Dabei wollte Nahum keineswegs einfach hämisch und schadenfroh Ninives Fall beklatschen. Vielmehr verstand sich der Prophet Nahum als einer der tröstenden „Freudenboten" (vgl. Nah 2,1; Jes 52,7; 40,1), die Juda nach sehr langem Leiden die kommende Rettung Gottes zurufen.

Habakuk – Ein prophetischer Psalmist

Habakuk beklagt den Frevel in Israel wie auch in Babylon. Spürt er zu Beginn nur die Gottesferne, so hat er am Ende des Buches den Plan Gottes jubelnd erkannt: Der Gerechte bleibt durch seinen Glauben an Gott am Leben.

Über die Person des Propheten Habakuk ist nichts bekannt. Deutlich wird hingegen der zeitliche Hintergrund des Buches: Als die babylonische Großmacht die Herrschaft Assyriens mit der Eroberung Ninives 612 v. Chr. ablöst, sind sowohl Außenpolitik als auch innere Verhältnisse in Juda von Ungerechtigkeit und Gewalt geprägt.

Das unsoziale, Gottes Gebote verachtende Verhalten der judäischen Oberschicht kritisiert Habakuk und sieht in den heranrückenden Babyloniern Gottes Strafwerkzeuge gegen Juda. Nach quälendem Nachdenken über das äußerst brutale babylonische Vorgehen erkennt Habakuk (oder ein späterer Bearbeiter des Habakukbuches in der Exilszeit) mit Gottes Hilfe, dass auch Babylon wegen seiner maßlosen Untaten von Gott bestraft wird. Denn Gott handelt nach dem Grundsatz, der *Kernbotschaft des Propheten*: „Wer nicht rechtschaffen ist, schwindet dahin, *der Gerechte aber bleibt wegen seiner Treue am Leben.*" (Hab 2,4b).

Mit diesem Gotteswort aus Hab 2,4b haben dann im Neuen Testament *Paulus* seine Verkündigung von der Rechtfertigung des Sünders durch den Glauben allein aus Gottes Gnade (vgl. Röm 1,17; Gal 3,10–13) und der *Hebräerbrief* seine Ermahnung zum beharrlichen Warten auf Christi Wiederkunft gestützt (vgl. Hebr 10,37).

Das Buch Habakuk ist wahrscheinlich um das Jahr 600 v. Chr. entstanden und wurde möglicherweise mehrfach überarbeitet. Die Sprache dieses Propheten ist oft so poetisch, dass man sie nur schwer verstehen kann.

DIALOG DES PROPHETEN MIT GOTT (HAB 1,1–2,5)

Erste Klage des Propheten (Hab 1,1–4)

Das in Hab 1,1 angekündigte wegweisende Wort Gottes bleibt gerade aus: Vergeblich erhebt der Prophet Habakuk sein „Zetergeschrei" (Hab 1,2), um Gott zum rettenden Eingreifen gegen Gewalt und Rechtlosigkeit in dem von Bösen beherrschten Volk zu bewegen, denn es herrschen Misshandlung, Unterdrückung und Zwietracht. Gottes gute Weisung für ein gelingendes Leben wird missachtet und damit Gottes lebensdienliches Recht außer Kraft gesetzt. Wie lange will Gott mit seiner Rettung nun noch warten?

Dieser Beginn des Buches Habakuk erinnert sprachlich und thematisch an Psalm 55 (vgl. Ps 55,10–12).

Gottes erste Antwort (Hab 1,5–11)

Gott beantwortet Habakuks Klage nicht, sondern kündigt an, er werde die sprichwörtlich grausamen „Chaldäer" (d. h. die Babylonier unter Nebukadnezzar II., 604–562 v. Chr.) wie schreckliche Raubtiere gegen Israel senden, um die Freveltaten seines Volkes zu bestrafen. Diese Strafe wird beispiellos in der Geschichte Israels sein. Das babylonische Heer wird mit Leoparden, Wölfen und Geiern verglichen, die gekommen sind, um ihre Beute zu schlagen. Die Gefangenen der Babylonier werden zahlreich wie Sandkörner sein; selbst befestigte Städte bilden für die Babylonier kein Hindernis.

Doch mitten in dieser Strafandrohung begegnet Israel auch ein *Heilsaspekt*: Auch die Babylonier werden einmal fallen, nicht wegen ihrer Grausamkeit, sondern weil sie sich überschätzen und selbst vergötzen (Hab 1,11b).

Zweite Klage des Propheten (Hab 1,12–17)

Die zweite Klage des Propheten ist sehr bildhaft gestaltet, was damit gemeint sein könnte, ist nicht leicht zu sagen. Es liegt aber der Verdacht nahe, dass Habakuk über die Grauensherrschaft der Babylonier klagt. Er vergleicht sie mit einem Fischer, der die Fische mit einem Schleppnetz fängt, schlachtet und sich selbst dafür beweihräuchert. Habakuk fragt Gott – ähnlich wie Ijob –, ob es tatsächlich Gottes Wille sein könne, die Gräueltaten Israels durch Freveltaten eines anderen Volkes zu ersetzen. Wie könne der gute Gott ein solch grausames Werkzeug benutzen?

Gottes zweite Antwort (Hab 2,1–5)

Zunächst berichtet Habakuk über seine angestrengte und sehnliche Ausschau vom Wachtturm nach Gottes Antwort sowie über Gottes Anweisung an ihn, die von Habakuk schon erschaute Antwort erst einmal aufzuschreiben. Die Verzögerung hat zwei dramaturgische Wirkungen; sie steigert die Spannung des Gerechten auf die erwartete Antwort Gottes und unterstreicht deren Bedeutung als *Kernbotschaft des gesamten Habakuk-Buches*: Gottes gerechte Grundordnung hat – allem Unrecht zum Trotz – weiterhin Bestand. *Der Gerechte bleibt* wegen seines unerschütterlichen Vertrauens auf Gott mitten im Chaos bestehen (Hab 2,4b), während Babylons Reichtum, Hochmut und Machtgier nur kurz dauern werden. Die Verwirklichung dieser Ankündigung mit der Zerstörung Babylons im Jahre 538 v. Chr. durch die Perser hat der Prophet wohl nicht mehr erlebt.

Ein chassidischer Jude betet an der Klagemauer in Jerusalem.

Die Gottesrede in Hab 2,4b korrigiert das gesamte Habakuk-Buch: Die Rettung des Gerechten soll nun nicht mehr durch Gottes rettendes Eingreifen in die Geschichte geschehen, sondern vielmehr durch das konsequente Festhalten des Gerechten an Gott gegen allen Zweifel.

WEHRUFE (HAB 2,6–20)

Nach Verkündigung dieser Botschaft werden nun Weherufe gegen den Habsüchtigen, Ausbeuter, Gewalttäter und Götzendiener ausgesprochen.

Über den Habsüchtigen (Hab 2,6–8)

Die Habsucht, die Babylon zur Ausplünderung anderer Völker geführt hat, wird jetzt auf Babylon selbst zurückfallen, das die früher Ausgeplünderten nun entmachten werden.

Über den Ausbeuter (Hab 2,9–14)

Die auf „schreiendem Unrecht" gegründete despotische Herrschaft wird keinen Bestand haben, und die auf Blut gebaute babylonische Königsherrschaft wird im Feuer verbrennen, während die Herrlichkeit Gottes das ganze Land erfüllt.

Über den Gewalttätigen (Hab 2,15–17)

Wer – wie die Babylonier – sich göttliche Vollmacht anmaßt und mit dem „Becher des Zorns" andere zu Trunkenheit und Selbstentehrung zwingt, dem wird Gott gleiche Schande auferlegen. Zudem werden die Babylonier für ihr ökologisches Verbrechen bestraft, den Libanonwald abgeholzt, sein Großwild abgeschossen und damit das Land auf Dauer unbewohnbar gemacht zu haben.

Über den Götzendiener (Hab 2,18–20)

Hier fasst vielleicht ein späterer Redaktor die Weherufe in seinem Sinne zusammen: „Der selbst ernannte Götze Babylon ist wie jeder andere Götze stumm, aus Holz und tot. Von ihm ist kein Orakel zu erwarten, denn ein solches steht nur dem wahren Gott zu … Der wahre Gott wohnt im Tempel." (Heinz-Josef Fabry). Ein Weheruf fehlt hier.

Habakuks Gebet (Hab 3,1–19)

Der abschließende, literarisch eigenständige *Theophanie-Psalm* mit Gebetstexten (Hab 3,2.18–19) und Visionsbericht (Hab 3,3–17) weist wiederum große Ähnlichkeit zu verschiedenen Psalmen auf. Es wird sogar seine Vortragsmelodie angegeben.

Inhaltlich stellt dieser Abschlusspsalm eine Erwiderung auf Gottes Antworten dar. Der Beter hat verstanden, dass Gottes Wort trotz aller Unruhen, Kriege und politischen Umstürze ewig bestehen bleibt und Gottes Plan mit seinem Volk über alle Strafen hinaus Bestand hat. Alle Macht der Fürsten unter den Völkern ist nichts im Vergleich zur offenbaren Macht und Treue Gottes, der die Erde erbeben lassen und Berge einreißen kann und der seine Absicht zur Rettung seines Volk bis zum Ende aller Zeiten nicht aufgibt.

Neben einer Anmerkung zur Art der Vertonung schließt das Buch Habakuk mit dem persönlichen Jubel über die Treue Gottes. Selbst wenn das Land vor der Zerstörung stehen und das Elend sich ausbreiten sollte, will der Jubelnde sich *jetzt erst recht* zum Gott Israels bekennen, der ihn aus seinem Leiden an der scheinbar gottverlassenen Gegenwart zu der buchstäblich „bewegenden“ Einsicht (vgl. Hab 3,19) geführt hat: Der Gerechte hat durch seinen festen Glauben an Gott jetzt und zukünftig bleibenden Bestand (Hab 2,4b).

Zefanja – Künder von Gericht und Rettung

Zefanja prophezeit Gottes Gericht über die reichen Machthaber und Ausbeuter sowie Gottes Rettung der unterdrückten Armen, deretwegen Jerusalem überleben darf und die als Lehrer der Gerechtigkeit und wahres Israel nach dem Exilsgericht die zukünftige Rettung des Volkes Gottes und der Völker mit ermöglichen.

Der Prophet Zefanja scheint um 630 v. Chr., also vor den sozialen und kultischen Reformen des judäischen Königs Joschija, aufgetreten zu sein und könnte diese Erneuerungen mit befördert haben.

Zefanja kritisiert die religiöse und soziale Beeinflussung von Oberschicht und Königshaus durch die assyrische Kultur und Religion: Gott werde in einem großen „Schlachtopferfest“ diese Oberschicht durch Fremdvölker opfern lassen (Zef 1,7–9), was 586 v. Chr. tatsächlich geschah. Leidenschaftlich bekämpft Zefanja die soziale Brutalität der Amtsträger und reichen Großbauern gegenüber den Armen wie Kleinbauern, Lohnarbeitern und Tagelöhnern. Hinter dieser gewissenlosen sozialen und wirtschaftlichen Ausbeutung der kleinen Leute entdeckt Zefanja einen „praktischen Atheismus“, der „dickfellig“ (vgl. Zef 1,12) meint, Gott habe nichts mit dem wirtschaftlichen Leben zu tun. Damit dieses soziale Unrecht nicht auch noch den biblischen Gottesglauben gefährdet, wird Gott an seinem *„Tag des Zorns“* seine gestörte Rechtsordnung wiederherstellen, die reichen Unterdrücker bestrafen und die unterdrückten Armen retten. Dann werden auch die Weltvölker Israels Gott als alleinigen Gott verehren, wie spätere Bearbeiter Zefanjas Botschaft ausweiten.

„Die Botschaft des Zefanja“, formuliert der Bibelwissenschaftler Erich Zenger, „hat man zu Recht eine *‚Theologie für die Armen‘* genannt, denn er verkündet JHWH als den Schutzgott der ökonomisch und geistlich Armen.“

Das Thema „Tag des Zornes“, „Tag JHWHs“, das Zefanjas Verkündigung bestimmt und von dem auch Joël und Obadja reden, hat der mittelalterliche Hymnus „Dies irae, dies illa“ aufgegriffen, und die Totenmessen haben es weitergeführt wie etwa das Requiem von Wolfgang Amadeus Mozart: „Dies irae, dies illa, solvet saeculum in favilla – Der Tag des Zornes, jener Tag, verbrennt die Welt zu Asche.“

Bibelwissenschaftler vermuten, das Buch Zefanja sei vom 7. bis zum 3. Jh. v. Chr. mehrfach überarbeitet worden und erst dabei habe das Thema „Tag Adonajs/JHWH“ (zum Gottesnamen vgl. Ex 3) diese große Bedeutung erlangt.

Gericht über Juda und Jerusalem (Zef 1)

Schon der Name des Propheten, Zefanja (mit der Bedeutung „Adonaj/JHWH hat schützend/rettend geborgen“), verkündet in Kürze die Kernbotschaft dieses wichtigen Inspirators der Reformen Joschijas von 622 v. Chr.: Gott wird mit einem „heiligen Rest“ sein weltweites Heil herbeiführen, nachdem sein Gericht zunächst Juda und Jerusalem, dann aber auch die Völker erreicht hat.

Gegen Juda und Jerusalem kündigt Gott sein Gericht so an: Wie einst in der Sintflut (Gen 6–9) will er *alles* Leben vernichten, jedenfalls das, was vom Bösen verdorben worden ist Dieses Strafgericht wird mit einem großen Opferfest beginnen, bei dem die Oberschicht Judas geschlachtet wird – wegen der Übernahme fremder Religion und Lebensweise, der Unterdrückung Armer und der faktischen Leugnung der Herrschaft Gottes über das ganze Leben.

Jerusalems und Judas Schuld ist so groß, dass mit dieser Stadt und diesem Land auch die ganze Erde am Tage Adonajs/JHWH von der völligen Vernichtung bedroht ist.

Gericht über die Völker und über Jerusalem (Zef 2,1–3,8)

Nach einer verhaltenen Heilsperspektive für die kleinen Leute in Juda und Jerusalem (Zef 2,1–3) begegnen uns Drohworte über Fremdvölker (Zef 2,4–15) und ein Gerichtswort gegen Jerusalem im Rahmen eines universalen Strafgerichtes über Völker und Königreiche (Zef 3,1–8), womit als Gegenüber die Vision der weltweiten Gottesverehrung ab Zef 3,9 vorbereitet wird.

Hoffnung für die Gedemütigten (Zef 2,1–3)

Voller Ironie fordert Gott die religiös und sozial „gleichgültigen" reichen Ausbeuter auf, ruhig in die scheinbar sicheren Städte zu fliehen, um dann zu merken, dass sie sich dort nur zur blutigen Ernte ihrer Eroberer „gesammelt" haben.

Die „bitterarmen" Opfer der Jerusalemer Oberschicht und judäischen Großbauern sollen dagegen Gottes Rechtswillen in Bescheidenheit weiter suchen mit der schon in Zefanjas Namen begründeten Hoffnung, am Tag des Zorns vielleicht verschont zu bleiben.

Gericht über die Nachbarvölker (Zef 2,4–15)

Nach Himmelsrichtungen geordnet: Westen (Philister und Kereter), Osten (Moabiter und Ammoniter), Süden (Kuschiter) und Norden (Assur mit seiner Metropole Ninive), werden die Nachbarvölker aufgeführt, die Juda – und damit auch dessen Arme – bedrängt haben und nun ebenfalls Gottes Strafe erleiden und völlig verwüstet und entvölkert werden. Positiv wird erwähnt, dass ein „Rest Judas", d. h. Überlebende der Katastrophe von 586 v. Chr. in Aschkalon eine neue Heimat finden werden und Gott sich um sie kümmert und ihr Geschick wendet.

Im Zentrum dieser Gerichtsworte steht die *gute Doppelbotschaft*: Da mit dem Fall der Völker auch deren Götzen fallen, beten nun alle Völker nur noch Israels Gott an. Dies geschieht in ihren Heimatorten: Sie müssen dazu nicht mehr in einer Völkerwallfahrt (vgl. Mi 4,1ff.; Jes 2,1–5; Ps 100 u. a.) nach Jerusalem zum Zion ziehen.

Gericht über Jerusalem im Rahmen eines Völkergerichts (Zef 3,1–8)

Jerusalem wird Gewalttätigkeit gegenüber sozial Bedürftigen, Schwerhörigkeit und Hartherzigkeit gegenüber prophetischen Warnungen und Unglaube gegenüber Gott vorgeworfen. Eine harsche „Ständepredigt" kritisiert Beamte und Richter als beutegierige Raubtiere, die Propheten als freche Betrüger (die z.B. vom Frieden und Wohlstand reden, während Krieg und Untergang drohen) und ihre Priester als korrupte Gesetzesbrecher. Doch Gott bleibt der unbestechliche Hüter von Recht und Gerechtigkeit, die er durch seine täglichen Rechtsurteile bei der morgendlichen Audienz in seinem Königssaal im Tempel auf dem Zion auch gegen die Bösen durchsetzt, indem er Völker und Könige als Gerichtswerkzeuge gegen die Bosheit Jerusalems einsetzt und danach auch über diese ein Weltgericht halten wird.

Die Nachbarvölker, gegen die sich Zefanjas Prophetien richten

Verheißung für die Völker und für Jerusalem (Zef 3,9–20)

Gottes Weltgericht will nicht vernichten, sondern läutern: Als Gegenbild zu Zef 1,2–3,8 beschreibt dies die Vision einer „neuen" Welt (Zef 3,9–20), in der Gottes Heil allen Völkern (Zef 3,9–10) und auch Jerusalem und dem Gottesvolk (Zef 3,11–13) verkündigt, zum Sieges- und Rettungsjubel (Zef 3,14–17) aufgerufen und mit einem Bild vom endgültig geretteten „neuen" Gottesvolk abgeschlossen wird (Zef 3,18-20).

Die weltweite Verehrung des Gottes Adonaj/JHWH (Zef 3,9–10)

Alle Völker werden nun nur noch den Gott Israels verehren. Dieser Text aus persischer Zeit entwirft ein eindrucksvolles Gegenbild zum damaligen Herrschaftssystem: Während alle Völker aus den Provinzen ihre Gaben zur Hauptstadt Persepolis als Huldigung zum persischen Großkönig bringen, kommen hier die Gottesgläubigen aus dem Machtzentrum der damaligen Welt in die vermeintliche Provinz Jerusalem, in der nun Gott als der Weltkönig das „wahre" Zentrum der Welt aufgerichtet hat.

Arme und Demütige als das neue Gottesvolk (Zef 3,11–13)

Die Demütigen und Armen, die als ehemalige Opfer der Oberschicht nun das Exil überlebt haben, werden als geretteter „heiliger Rest" Israels die Keimzelle eines erneuerten Israels bilden, das nun in äußerem Frieden und in innerem festen Vertrauen auf Gottes heiligem Berg leben darf, weil es die toragemäßen Zutrittsbedingungen für ein Dasein in Gottes Nähe erfüllt, wie sie in Ps 15 und 24 aufgestellt werden.

Armut

Arm sein kann in den alttestamentlichen Geschichten Verschiedenes bedeuten. Zum einen charakterisiert Armut materiellen Mangel, der die Existenz bedroht. Zum anderen kann damit aber auch „Armut vor Gott“ gemeint sein, die positiv gewertet wird. Armut vor Gott wäre dann das, was viele Bibelübersetzungen mit „Demut“ wiedergeben.

Die Wörter, die Armut beschreiben, z. B. (רֵאשׁ resch, אֶבְיוֹן ävjon, דַּל dal), werden nicht selten vergleichend gebraucht. Man ist arm im Gegensatz zum Reichen und Mächtigen. Der Begriff anaw, hebr. עָנָו, kann im Verhältnis zwischen Menschen soviel bedeuten wie „gedemütigt sein“, z. B. wenn man unterdrückt wird. Im Verhältnis zu Gott bedeutet anaw aber „demütig“ – in diesem Sinn verwenden fromme Beter das Wort in den Psalmen als Selbstbeschreibung (vgl. Ps 9,13.19).

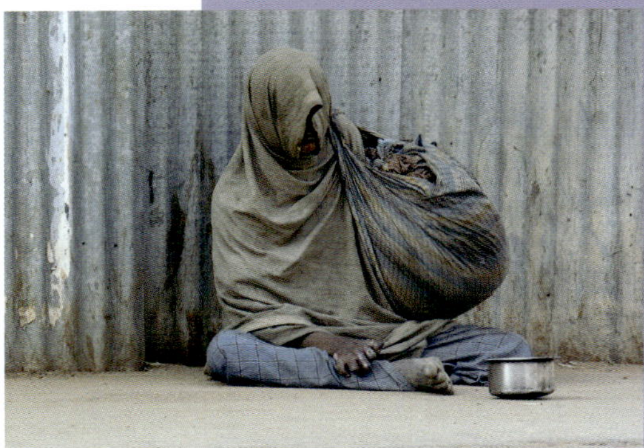

Die Hebräische Bibel ruft dazu auf, den Armen Recht zu verschaffen.

Einige Rechtstexte in der Hebräischen Bibel widmen sich besonders dem Thema „Armut“. So wird untersagt, den Notleidenden der eigenen Gemeinschaft zum Sklaven zu machen; stattdessen soll er als Arbeiter angestellt werden, damit er sein Auskommen hat (Lev 25). Für Witwen und Waisen, die wohl ohne besondere Regelungen keine Chance gehabt hätten, gelten ähnliche Gebote, die Unterstützung garantieren sollen. Sie stehen sogar unter dem besonderen Schutz Gottes (Ex 22,22f.). Dort, wo Armut herrscht, soll auch Solidarität gegenüber den Armen geübt werden. Von Armen Zinsen zu nehmen, ist genauso verboten, wie Arme weiter auszubeuten. Das Gesetz im zweiten Buch Mose (Ex), das auf die Armen bezogen ist, gilt als das älteste biblische Wirtschaftsgesetz.

Materielle Armut wird weithin zwar als negativ verstanden und in manchen weisheitlichen Texten auch als selbst verschuldet (Spr 10,4; 20,13; und öfter). Aber Armut kann auch von Gott selbst kommen als Prüfung oder Läuterung – wie die Ijobsgeschichte zeigt. In jedem Fall jedoch gilt die Ermahnung, dem Armen Recht zu verschaffen (Spr 31,9) und ihn nicht auszubeuten.

Aufruf zur Freude an die gerettete und erneuerte Tochter Zion (Zef 3,14–17)

Die nachexilische Gemeinde wird nach dem Ende des Strafgerichtes und dem Wiederaufbau des Tempels zum Jubel aufgefordert: Es gibt keinen Grund mehr für Angst, weil Gott erneut die Königsherrschaft übernommen hat, nun Jerusalem und sein Volk verteidigt und seine Braut Jerusalem wieder liebt wie ein Mann, der seine Jugendliebe neu entdeckt.

Vision von der Wiederherstellung des Gottesvolkes vor dem Forum der Völkerwelt (Zef 3,18–20)

In persönlicher Rede, wie die Schlussformel noch einmal betont, versichert Gott selbst dem erneuerten Israel nachdrücklich: Er werde ihre Ausbeuter und Unterdrücker endgültig beseitigen und sein verletztes und hinkendes (vgl. Gen 32,32: Jakob) Volk als guter Hirte (vgl. Ps 23) sicher leiten – und dies schon „jetzt“, nämlich „wenn und wo die Gottesbotschaft der Zefanja-Schrift gehört und angenommen wird“ (Erich Zenger).

Haggai – Werber für den Tempelbau

Im Jahr 520 v. Chr. ruft Haggai dazu auf, den Tempel wiederaufzubauen, damit die schwierige wirtschaftliche Lage ein Ende hat und der Segen Gottes nach Jerusalem zurückkehrt.

Der Prophet Haggai („der am Festtag Geborene“) tritt nach dem Exil auf, wie auch Sacharja, Joël und die Propheten, die hinter Maleachi und dem dritten Teil des Jesaja-Buches (Trito-Jesaja, Jes 56–66) stehen.

Die Zeit, um die es in diesem Buch geht, wird mit dem zweiten Jahr des Perserkönigs Darius (520 v. Chr.) genau angegeben. Damals war Juda kein eigenständiger Staat mehr, sondern eine persische Provinz. Als Statthalter in dieser Provinz wird in Haggai Serubbabel vorgestellt, der ein Davidide, d. h. ein Nachkomme Davids, sein soll.

Die schwierige wirtschaftliche Lage nach Missernten erklärt Haggai damit, dass die Menschen in Juda Gottes Gebote missachtet und außerdem noch keinen Tempel gebaut haben. Der Tempelbau ist das Hauptthema dieses Buches. Nach Meinung Haggais kehrt der Segen Gottes erst zurück, wenn der Tempel wiedererrichtet wird. Dann sei auch eine Völkerwallfahrt zum Zion zu erwarten, bei der die Menschen außerhalb Judas zum Tempel kommen.

Aufruf an Serubbabel (Hag 1)

Der Prophet wendet sich an Serubbabel, um ihm Gottes Wort zu offenbaren. Die Menschen leben in Armut, und obgleich sie hart arbeiten, haben sie keinen richtigen Gewinn von ihrer Arbeit.

Gott hat eine Dürre geschickt, damit die Menschen einsehen, dass sie in ihrem Leben das Maßgebliche vergessen haben. Sie leben in ihren Häusern, und doch liegt der Tempel in ihrer unmittelbaren Nachbarschaft in Trümmern. Weil die Bewohner Jerusalems und das ganze Volk Israel sich weigern, den Tempel wieder aufzubauen, weil sie andere Geschäfte für dringlicher halten, wird ihnen die schwere Arbeit ohne Lohn bleiben.

Das erste Kapitel endet damit, dass Serubbabel sowie das Volk Israel vom Geist Gottes erfüllt werden und sich an den Aufbau des Tempels machen.

Der Glanz des Tempels (Hag 2,1–9)

Der Prophet macht Serubbabel, allen Beamten, dem Hohepriester und den Arbeitern Mut, am Bau des Tempels festzuhalten. Zwar steht allen die Pracht des ersten Tempels vor Augen, auch wenn nur noch wenige leben, die ihn mit eigenen Augen gesehen haben: Der Tempel Salomos ist legendär, und verglichen mit ihm müssen die Arbeiten am zweiten Tempel kläglich aussehen. Doch sei dieser Unterschied unerheblich, wenn man die Herrlichkeit bedenkt, mit der am Ende aller Tage der Tempel von allen Nationen der Erde in einer umfassenden Wallfahrt zum Zion ausgestattet wird.

Das Volk soll sich heiligen (Hag 2,10–19)

Haggai weist die Menschen anhand von Reinheitsvorschriften darauf hin, dass der Bau des Tempels zwar eine notwendige, aber keine ausreichende Veränderung in Israel ist. Gott wird sich nicht eher von den Menschen finden lassen, bis dass diese ihn mit ihren Herzen suchen werden. Der Bau als solcher ist wertlos. Der Wiederaufbau aber und das Umdenken der Menschen werden dazu führen, dass Gott seine Kinder segnet.

Verheißung an Serubbabel (Hag 2,20–23)

Haggai offenbart Serubbabel die Worte Gottes über das Ende aller Tage. Die Mächtigen der Erde werden von ihren Thronen gestoßen, und alle Ordnung wird eine Umkehr erfahren. An diesem Tag wird Serubbabel zum „Diener Gottes“ werden (hebr. עֶבֶד יְהוָה *äväd adonaj*), ein Ehrentitel, wie ihn (z. B. Mose trägt. Hierbei mag es eine Rolle spielen, dass Serubbabel ein Davidide ist, also ein Nachfahre des Königs, der als Inbegriff für eine intensive Gottesbeziehung steht.

Sacharja – Ein außergewöhnlicher Seher

Sacharja ruft mit eindrücklichen Bildern zu religiöser und sozialer Umkehr zu Gott und den Menschen auf und erschaut schon jetzt, wie Jerusalem in messianischer Heilszeit zur Quelle weltweiten Friedens und intensiver Gottesverehrung für Israel und die Völker wird.

Dieses Buch handelt vom Propheten Sacharja (=„Adonaj/JHWH war/ist eingedenk“), der zwischen 520 und 518 v. Chr. wirkte. Sacharja, Angehöriger einer angesehenen Jerusalemer Priesterfamilie und jüngerer Zeitgenosse des Propheten Haggai, interpretiert dessen Weissagung zur Grundsteinlegung des Tempels vom 18.12.520 v. Chr. in seinem großen Visionszyklus (Sach 1,7–6,15). Sacharja deutet das Exil als Gerichtshandeln Gottes an seinem Volk und fordert nach der Rückkehr ins Land die Umkehr zu Gott im Kult wie auch im sozialen Bereich. Dann werde auch Gott zu seinem Volk umkehren. Weil es eine Beziehung zu Gott nur über sein Volk gibt, müssen auch die anderen Völker ein Interesse haben, sich dem Volk Gottes anzuschließen.

Die „Zwischenüberschriften“ in Sach 9,1 und 12,1 untergliedern das Buch in drei Teile und lassen durch sprachliche, literarische und theologische Unterschiede auf eine dreistufige Entstehungsgeschichte schließen:

- Kap. 1–8, Proto-Sacharja: 5. Jh. v. Chr.
- Kap. 9–11, Deutero-Sacharja: 4.Jh. v. Chr.
- Kap. 12–14, Trito-Sacharja: 3./2. Jh. v. Chr.

Während Proto-Sacharja durch den Wiederaufbau des Tempels und andere historische Angaben zeitgeschichtlich geprägt ist, werden Deutero- und Trito-Sacharja endzeitlich und sogar apokalyptisch (vgl. Ez 38–39; Einleitung zu Dan) bestimmt.

Unterschiedlich sind auch die messianischen Vorstellungen: In acht Visionen sieht Proto-Sacharja die Verfassung der künftigen Heilsgemeinde vor sich, in der zwischen einem kultisch-priesterlichen und einem politisch-königlichen Messias unterschieden wird. Deutero-

Sacharja verheißt nur noch einen politischen Messias als demütigen Friedenskönig (vgl. Sach 9,9), den Mt 21,4–5 in Jesus erkennt, als er zum Pessachfest in Jerusalem einzieht. Trito-Sacharja verkündet einen leidenden und sterbenden Messias als „Durchbohrten" (vgl. Sach 12,10), der eine innere Umkehr auslösen wird und den Joh 19,37 mit dem gekreuzigten Jesus gleichsetzt.

„Kehrt zu mir um, dann werde ich zu euch umkehren." Gebete an der Klagemauer in Jerusalem

Gliederung des Buches:

- Berufung und Ruf zur Umkehr (Sach 1,1–6)
- 1. Vision: Himmlische Reiter (Sach 1,7–17)
- 2. Vision: Vier Hörner und vier Schmiede (Sach 2,1–4)
- 3. Vision: Der Mann mit der Messschnur in der Hand (Sach 2,5–17)
- 4. Vision: Entsündigung des Hohepriesters Jeschua (Sach 3,1–10)
- 5. Vision: Leuchter zwischen den zwei Ölbäumen (Sach 4,1–14)
- 6. Vision: Fliegende Schriftrolle (Sach 5,1–4)
- 7. Vision: Entfernung der Göttin im Fass (Sach 5,5–11)
- 8. Vision: Himmlische Streitwagen (Sach 6,1–8)
- Goldene Krone des Hohepriesters Jeschua (Sach 6,9–15)
- Vom wahren Gottesdienst (Sach 7,1–14)
- Künftige Rettung (Sach 8,1–23)
- Gottes Herrschaft über die Nachbarvölker (Sach 9,1–8)
- Verheißung vom Friedenskönig für Israel und die Völker (Sach 9,9–17)
- Krieg Gottes gegen die Feinde und Heimholung Israels (Sach 10,1–11,3)
- Zeichenhandlung gegen Israels Hirten und gegen die Herde Israel (Sach 11,4–17)
- Rettung Jerusalems und Klage um den Durchbohrten (Sach 12,1–13,1)
- Vernichtung der Götter und der falschen Propheten (Sach 13,2–6)
- Läuterung des Restes (Sach 13,7–9)
- Beginn von Gottes universaler Königsherrschaft in Jerusalem am endzeitlichen Tag Gottes (Sach 14,1–21)

PROTO-SACHARJA (SACH 1–8)

Berufung des Sacharja (Sach 1,1–6)

In den ersten Worten Gottes an Sacharja für das aus dem Exil zurückgekehrte Volk erschließt sich kurz vor Beginn des Tempelwiederaufbaus bereits das gesamte *Programm* seiner prophetischen Gottesbotschaft: *„Kehrt zu mir um, dann werde ich zu euch umkehren"* (Sach 1,3).

Gott verheißt seinem Volk, dass er sich seinen Kindern gnädig erweisen wird, wenn diese wieder auf ihren Gott achten und von dem Unrecht ablassen, das sie einander und Gott antun.

In einer Nacht empfängt Sacharja acht Visionen, die als Entfaltung der Weissagung Haggais (vgl. Hag 2,21–23) ein Geschehen in Bilder fassen, das im Himmel beginnt und auf Erden mit dem Wiederaufbau des Tempels zur Erneuerung der ganzen Welt führt. Die Visionen werden nach dem Schema Eröffnung, Visionsbeschreibung, Deutegespräch und Deuteengel wiedergegeben.

Erste Vision: Himmlische Reiter (Sach 1,7–17)

In seiner ersten Vision sieht Sacharja im himmlischen Bereich, symbolisiert von Myrtenbäumen, auf einem rotbraunen Pferd einen Anführer, dem noch weitere Reiter auf rotbraunen, blutroten und weißen Pferden folgen. Der Deuteengel erklärt, die Reiter hätten die Erde durchstreift und an der Ruhe und Stille festgestellt, dass zwei Monate nach Grundsteinlegung des Tempels die von Haggai geweissagte Erschütterung der Welt noch nicht eingetreten sei. Der Engel erfährt von Gott, dass nun Sacharja als freundliche Trostbotschaft den Heilsplan Gottes für Zion überbringen solle: Nach diesen siebzig Jahren der Strafe für Israel durch die Völker als Gottes Strafwerkzeuge werden nun diese von Gott entmachtet, weil sie vernichten wollten, statt nur zu strafen. Gott wird sich aber voll Erbarmen Zion wieder zuwenden und seinen Tempel und Jerusalem wieder aufbauen lassen.

Zweite Vision: Vier Hörner und vier Schmiede (Sach 2,1–4)

In seiner zweiten Vision schaut Sacharja, wie vier Schmiede vier Hörner umwerfen, die der Deuteengel als jene Mächte erklärt, die Israel und Juda zerstört haben und die Gott nun seinerseits entmachtet, damit Juda wie Jerusalem einen Neuanfang erfahren.

Dritte Vision: Mann mit der Messschnur in der Hand (Sach 2,5–17)

Sacharja sieht einen Mann, der eine Messschnur trägt, um Jerusalem zur Errichtung einer Stadtmauer zu vermessen (519 v. Chr.). Doch diese Vorbereitung ist überflüssig, da Jerusalem, so der Engel, als Mitte der Welt eine offene Stadt ohne Eingrenzungsmauer sein wird, die Gott selbst mit einer schützenden Feuermauer gegen Angriffe von außen verteidigt. Nun sollen alle Israeliten aus der Diaspora, vor allem aus Babel, nach Jerusalem zurückkehren. Gott wird in Jerusalem als König Israels und als Weltkönig aller Völker wohnen, die sich zu ihm und seinen Bund bekennen, wobei die Sonderstellung des Gottesvolkes erhalten bleibt.

Vierte Vision: Entsündigung des Hohepriesters (Sach 3)

Die Verse Sach 3,1–10 sind nachträglich in die sieben ursprünglichen Visionen eingefügt worden. Sie enthalten keine Symbolvision, sondern erzählen von einer Gerichtsverhandlung im Himmel über den Hohepriester Jeschua, der in nachexilischer Zeit priesterliche *und zugleich* königliche Aufgaben (neben dem Statthalter für weltliche Verwaltung) ausführte: Hier steht Jeschua in „schmutzigen", d. h. mit Schuld und Brandspuren des Exils beschmutzten, Kleidern vor Gericht; der Engel Gottes fungiert dabei als Richter und der Widersacher „Satan" als Ankläger.

Der Hohepriester Jeschua wird „gereinigt" und erhält neue fürstliche Kleider, sodass er würdig ist, das Haus Gottes, den Tempel, zu verwalten und nun auch – wie sonst nur die Propheten – an Gottes himmlischer Ratsversammlung teilzunehmen. Zudem wird Jeschua in eine (unklare) Beziehung zum künftigen messianischen Königtum gesetzt, das als traditionelles Friedensmotiv (vgl. 1 Kön 5,5; Mi 4,4) eine Heilszeit friedlichen und gemeinsamen Glücks ankündigt.

Fünfte Vision: Leuchter zwischen zwei Bäumen (Sach 4)

Diese Vision vom goldenen, zwischen zwei Ölbäumen stehenden Leuchter, auf dem sich eine Schale mit sieben Öllampen befindet, bildete im ursprünglich siebenteiligen Zyklus als vierte Vision die Mitte. Sie knüpft an Sach 2,5–9 an (Gottes *kavod*/Herrlichkeit in Jerusalem) und symbolisiert Gottes lichtvolle Gegenwart in Jerusalem, die über die ganze Erde ausstrahlt.

Brennende Leuchter vergegenwärtigten im Alten Orient die Gegenwart der Gottheit. Dieser besonders kostbare Leuchter versinnbildlicht nun die lichte und heilvolle Allgegenwart (vgl. 2 Chr 16,9) des Gottes Israels, der hier starke Helfer auf der Erde sucht – wie die beiden „Öl-Söhne", die in dauernder Abhängigkeit von ihrer göttlichen Lichtquelle als priesterliche und königliche messianische Diener gleichberechtigt Gottes Regierungsprogramm umsetzen: Serubbabel wird in seinem königlichen Amt den Berg an Schwierigkeiten überwinden und den auserlesenen Schlussstein auf das vollendete Tempelgebäude setzen; Jeschua wird den Tempeldienst wiederherstellen, und damit wird Israel seine kultische und soziale Integrität wiedererlangen.

Sechste Vision: Fliegende Schriftrolle (Sach 5,1–4)

Die sechste Vision zielt auf die innere soziale Reinigung des Landes Israel und der ganzen Erde: Sacharja sieht eine fliegende Schriftrolle des riesigen Ausmaßes von 10 × 5 Metern, die wirkmächtig Diebstahl und Meineide verflucht, offensichtlich häufige Verbrechen im Zusammenhang mit Eigentumsrechten in der Zeit der Rückkehr der Exilierten.

Siebte Vision: Entfernung der Göttin im Fass (Sach 5,5–11)

Diese Vision stellt die innere kultisch-religiöse Reinigung Jerusalems von fremden Göttern am Beispiel der Entfernung der oft verehrten Himmelskönigin (Jer 7,16–20; 44,15–25) dar, die als personifizierte „Gottlosigkeit" in ein 32-Liter-Fass mit Bleideckel gesteckt und von zwei Frauen mit Flügeln in das äußerst entfernte Land Schinar (Babylon) ganz am Rande der Welt in eine Region der Gottesfeindschaft weggeschafft wird, wo sie auch noch einen Tempel erhält.

Achte Vision: Himmlische Streitwagen (Sach 6,1–8)

Vier pferdebespannte Streitwagen durchziehen in alle vier Himmelsrichtungen die Welt und entmachten mit Gottes Geist die unterdrückenden Mächte, insbesondere die traditionelle Feindesmacht im Norden, Babylon. Was in Hag 2,22 verheißen wird, soll nun in Gang gesetzt werden: Got-

Der Tempelberg ist heute ein weites Plateau.

tes Geist (hebr. רוּחַ *ruach,* siehe Info-Kasten S. 152) soll als schöpferische Lebensmacht die Welt vom Bösen befreien und das Neue durchsetzen.

Prophetische Zeichenhandlung: Krönung des Jeschua (Sach 6,9–15)

Sacharja soll aus dem Silber und Gold der jüdischen Diaspora zwei Kronen anfertigen. Mit der einen Krone soll er den Hohepriester Jeschua krönen und damit die Erfüllung der Verheißung von Hag 2,6–8 beginnen lassen. Die zweite Krone soll er im Tempel deponieren, bis der „Spross“, d. h. der verheißene königliche Davidide erscheint und gemeinsam mit dem Hohepriester (vgl. Sach 4,1–14) die messianische Herrschaft über Gottes Volk ausübt.

Abschließende Sammlung von Prophetenworten (Sach 7–8)

In dem von Fasten und Buße bestimmten Abschnitt Sach 7,1–14 wird der Wiederaufbau des Tempels fest mit der sozialen Weisung Gottes verbunden, während die von Fest und Freude geprägten *zehn Gottesorakel* in Sach 8,1–23 das erwartete Heil weiter ausmalen.

Vom wahren Gottesdienst (Sach 7)

Am 7.12.518 v. Chr., also genau in der Halbzeit des von 520 bis 515 v. Chr. ausgeführten Tempelbaus, wird angefragt, ob nun, nach Ende des Exils, das seit 70 Jahren für den 5. und den 7. Monat vorgeschriebene Bußfasten zum Gedenken an die Tempelzerstörung weiterhin noch begangen werden müsse. Im Auftrag Gottes antwortet Sacharja darauf, dass nicht Gott, wohl aber Israel die intensive Besinnung über sein Versagen nötig habe. Zudem solle Israel stets vor Augen haben, wozu der Tempel wiederaufgebaut werde: zur Wiederherstellung einer gerechten, gottgewollten Gesellschaftsordnung. Daher übe jedes Fasten soziale Gerechtigkeit ein, vor allem für Notleidende, und beklage die immer noch fehlende Gerechtigkeit und mangelnde Umkehr; denn schließlich wurde Israel gerade wegen seines asozialen Verhaltens verbannt und sein Land verwüstet.

Künftige Rettung (Sach 8)

Was in Kap Sach 1,14–16 bereits angekündigt wurde, wird hier weiter ausgeführt. Gott verkündet Sacharja in der Form von *Gottesorakeln* zehn Worte des Heils, die weit mehr beinhalten als nur die einfache Wiederherstellung der kultischen und politischen Integrität Israels.

- Sach 8,1–2: Gott will leidenschaftlich für seine Stadt Zion gegen deren Feinde kämpfen (vgl. Sach 1,14).
- Sach 8,3: Gott wird wieder in Jerusalem wohnen und der Stadt seine Treue erweisen.
- Sach 8,4–5: Jerusalem wird eine unerschöpfliche Lebensfülle haben.
- Sach 8,6: Gegen alle Zweifelnde will Gott seinen Heilswillen durchhalten.
- Sach 8,7–8: Gott will gemäß seiner Ur-Befreiungsgeschichte (Auszug, Landgabe, Bund) an Israel handeln.
- Sach 8,9–13: Der Tempel soll zum Segen des Landes und der ganzen Erde zügig vollendet werden.
- Sach 8,14–17: So wie Gott das Gute tut, sollen auch Jerusalem und Juda soziale Gerechtigkeit üben.
- Sach 8,18–19: Buß- und Fasttage sollen Anlässe zu Freude und Fest sowie zu Treue und Feindesliebe bzw. Frieden sein.
- Sach 8,20–22: Die Weltvölker werden durch Opfer Gottes Zorn besänftigen.
- Sach 8,23: Israel wird andere Völker Gotteserkenntnis lehren und ihnen Gottes Heil vermitteln.

DEUTERO-SACHARJA (SACH 9–11)

Heil und Unheil für die Völker und für Israel

Wie Hag 2,21–23 durch Sach 1–8 fortgeschrieben, d. h. ausgelegt und aktualisiert wird, so wird die in Sach 1–8 verkündete Wiederherstellung Jerusalems und Israels mit (endzeitlicher) Unterwerfung der Feinde nun in Sach 9–11 fortgeschrieben, indem die ergangenen Verheißungen unter Einbeziehung früherer Prophetie wie (z. B. bei Amos, Jesaja, Micha, Zefanja, Ezechiel auf neue zeitgeschichtliche Verhältnisse wie den Siegeszug Alexanders des Großen um 330 v. Chr. und das soziale Ausbeutungssystem der hellenistisch beeinflussten Jerusalemer Oberschicht hin aktualisiert werden. Sach 12–14 dürfte dagegen zeitgeschichtlich von der Auseinandersetzung zwischen Ptolemäern und Seleukiden um Palästina/Israel mit dem Sieg der Seleukiden 198 v. Chr. geprägt sein. Inhaltlich bestimmen Sach 9–11 Hirt-Herde-Vergleiche mit einem starken Gegensatz: Dem Vergleich von Gott mit einem „Kriegshelden“ stehen Bilder vom messianischen Friedensfürsten, von der Vernichtung der Waffen und dem paradiesischen Glück gegenüber.

Porträtbüste Alexanders des Großen, 2.–1. Jh. v. Chr.

Gottes Herrschaft über die Nachbarvölker (Sach 9,1–8)

Ab sofort tritt Sacharja als Person nicht mehr auf. Die Kapitel Sach 9–11 werden mit der Überschrift „Ausspruch" oder „Lastspruch" eingeleitet, was bei Jesaja „Fremdvölkersprüche" kennzeichnet und den Beiklang „Gerichtswort" hat. Wie die Kapitel Sach 9–11 insgesamt, prägen auch das *Gottesorakel* Sach 9,1–8 zwei gegensätzliche Seiten: Einerseits besiegt Gott die Nachbarvölker Israels durch einen grausamen Kriegszug, andererseits beschützt Gott die unterworfenen Völker wie die Stämme Israels und Juda als Teile seines Königreiches.

Verheißung vom Friedenskönig für Israel und die Völker (Sach 9,9–17)

In dieser Texteinheit schildern Sach 9,9–10 und 9,16–17 die verheißene Heilszeit, Sach 9,11–15 Gottes Kampf gegen die Feinde.

In Sach 9,9–10 ermuntert ein Heroldsruf Zion/Jerusalem, den einziehenden messianischen Friedenskönig mit Königsjubel zu feiern. Als demonstratives *Gegenbild zum hellenistischen Kriegskönig* (wie Alexander der Große) zieht dieser Friedensfürst nicht mit Kriegsrossen und Heeren in Jerusalem ein, sondern nach der Verheißung in Gen 49,11 auf einem *Esel*, dem Reittier der vorköniglichen Richterzeit (vgl. Ri 10,4). Zudem kennzeichnen diesen Friedenskönig drei für einen hellenistischen Kriegskönig gerade *untypische Eigenschaften:*

1. Er praktiziert Gerechtigkeit;
2. er rettet und hilft, weil ihm selbst geholfen wurde, wie die genaue Übersetzung des hebräischen Textes lautet;
3. als Demütigem sind ihm Hochmut und Gewalt üblicher Machthaber völlig fremd.

Dieser Friedenskönig beseitigt in Gesamtisrael Streitwagen und Rosse als Inbegriff aller Kriegswaffen, deren Ende schon Hag 2,22 verheißen und die auch der Prophet Jesaja als politischen Hochmut heftig kritisiert hatte (vgl. Jes 2,7; 30,16 u. ö.). Weil Gott generell den Kriegen ein Ende (vgl. Jes 2,4; Ps 46,10; Jdt 9,7) bereiten will, soll sein messianischer Stellvertreter in Jerusalem mit der Kraft seines Wortes weltweiten Frieden *für alle Völker* auf der gesamten „Weltscheibe" herbeiführen.

Zeitlich vor diesem Friedensbild liegen die nun geschilderten schrecklichen Kriege in Sach 9,11–15: Gott bekämpft das Kriegsheer Alexanders des Großen oder dessen Nachfolgers (vgl. Sach 9,13: „Söhne Jawans") und befreit aufgrund seiner Bundeszusage die in der Fremde lebenden „Gefangenen" Israels und führt sie heim. In Sach 9,16–17 wird für die messianische Heilszeit verheißen, dass Gott als guter Hirte sein Volk vor allen Gefahren schützt und es wie ein „Kronjuwel" bewahrt, sodass alle Israeliten ausnahmslos glücklich in ihrem paradiesischen Land leben dürfen, wie die Wendung in Sach 9,17 „junge Männer – junge Frauen" zeigt, die eine Gesamtheit durch zwei Gegensatzbegriffe beschreibt.

Das neunte Kapitel ist eines der populärsten des Sacharja-Buches. Nach ihm hat Friedrich Heinrich Ranke das Kirchenlied „Tochter Zion" (EG 13) gedichtet, das bis heute in der Adventszeit große Beliebtheit genießt. Die Anrede „Tochter Zion" und das Zeichen, dass der Friedenskönig auf einem Esel reitet, beziehen die Autoren des Neuen Testaments auf Jesus.

Krieg Gottes gegen die Feinde und Heimholung Israels (Sach 10,1–11,3)

Das ohnmächtige, von fremden Völkern unterdrückte Israel beschreibt hier seine inständige Hoffnung, Gott möge als guter Schöpfer und guter Hirte endlich Israel sammeln und im Land Israel friedlich leben lassen und dazu alle widergöttlichen Mächte entmachten – vom kleinen Hausgötzen über die Götter der großen Götterberge bis zu den Leitfiguren der Mächte und Großmächte wie Ägypten und Assur. Gesamtisraels Geschichte solle mit der Wiederherstellung des Gottesvolkes noch einmal ganz von vorn beginnen – mit dem Meerwunder beim ersten Exodus und der geglückten Landnahme.

Zeichenhandlung gegen Israels Hirten und gegen die Herde Israel (Sach 11,4–17)

In der spätnachexilischen Zeit mit ihrem hellenistisch geprägten ausbeuterischen Wirtschaftssystem, das zu entsetzlicher Verarmung der Bevölkerungsmehrheit führte, bereichern sich die Amtsträger sowie die Hohepriester und die Tempelpriester und verkaufen die ihnen anvertrauten Menschen wie Schlachtschafe zu Höchstpreisen an reiche Leute in Jerusalem und Umgebung, ja sogar im Ausland.

Dieser eklatanten Missachtung Gottes als guten Hirten seiner Herde Israel soll ein (namenloser) Prophet mit zwei Zeichenhandlungen das Gericht ankündigen, indem er zunächst zeigt, wie ein guter Hirte im Namen Gottes Israel hüten sollte: Er nimmt zwei Hirtenstäbe, von denen der eine (vermutlich eingeritzt) das Leitwort *„Freundlichkeit"* (als liebevolle Zuwendung) trägt und der andere das Leitmotto *„Verbindung"* (als Zusammenhalten des Volkes, insbesondere Judas und des Nordreichs Israel, vor allem der Samaritaner). Doch weder Amtsträger noch Herde sind an diesem Leitbild vom guten Hirten interessiert. Darum bricht der Prophet seine Zeichenhandlung ab und überlässt die Verwarnten sich selbst und ihrer eigenen Selbstzerstörung. Er zerbricht die Hirtenstäbe und lässt sich seinen Hirtenlohn auszahlen: jämmerliche 30 Silberstückchen, das Ersatzgeld für den Tod eines Sklaven, so gering wird die Hirtenaufgabe eingeschätzt. Darum weist ihn Gott an, den minderwertigen Geldpreis doch gleich in der Schmelzwerkstatt des Tempels öffentlich einschmelzen zu lassen.

In einer zweiten Zeichenhandlung (Sach 11,15–17) soll der Prophet dem besonders korrupten Hohenpriester die Strafe Gottes ankündigen. Der Wehruf (Sach 11,17) zeigt, dass Gott diese verbrecherische Amtsführung wie die jener schon in Sach 11,8a erwähnten drei üblen Priester beenden wird.

Der Herr wird am Ölberg erscheinen und Gericht halten. Seit 3000 Jahren werden hier Menschen begraben und warten auf die Auferstehung am Tag des Herrn. Sacharja selbst soll hier beerdigt sein.

Trito-Sacharja: Die Endzeit in Jerusalem (Sach 12–14)

In diesem dritten Teil des Sacharja-Buches begegnet in Jerusalem ein *apokalyptisch geprägtes Endzeitgeschehen*, bei dem das Heil nicht mehr innergeschichtlich, sondern nur noch nach dem Ende jeder menschlichen Geschichte in einer jenseitigen Welt Gottes erwartet wird (vgl. Ez 38).

Gegen Jerusalem rotten sich die bewaffneten Völker zu einer endzeitlichen Entscheidungsschlacht zusammen, bei der Gott nach Opfern und Leiden der Jerusalemer die Völker richtet, die Stadt rettet und den geretteten Rest der Völker bekehrt, sodass die Gottesstadt zum Zentrum friedlicher Menschen wird, die dort gemeinsam Gottesfeste feiern. In Sach 12,10–13,1 erscheint die Einzelgestalt eines „Durchbohrten", dessen heftig beklagter Tod für das Haus der Davididen wie für die Bewohner Jerusalems die Reinigung von Sünde bewirkt. Das Neue Testament beschreibt mit den beiden messianischen Gestalten im Sacharja-Buch, dem Friedenskönig und dem Durchbohrten, Jesu Sendung.

Rettung Jerusalems und Klage um den Durchbohrten (Sach 12,1–13,1)

Die beiden Überschriften „Ausspruch"/„Lastspruch" und „Wort Gottes über Israel" fassen Sach 12–14 als eine Einheit zusammen, wobei die dritte Überschrift „Der Spruch des Herrn, der den Himmel ausgespannt, die Erde gegründet und den Geist im Innern des Menschen geformt hat" das verkündete Endzeitgeschehen als Vollendung der Schöpfung *und* als Neuschaffung des Menschen bewertet.

Gott lässt den Völkerangriff gegen Jerusalem scheitern und rettet die Kleinstädte in Juda zuerst. Zukünftig werden die Reinigung von Schuld sowie das Mitleid und das Gebet die rettenden Lebenskräfte für Jerusalem sein, was in der Totenklage um die unbekannte Gestalt eines „Durchbohrten" erfahrbar wird.

Nicht zu klären ist, ob hier (z. B. von einem leidenden Messias oder von einem durch Machthaber getöteten Propheten oder vielleicht vom „leidenden Gottesknecht" aus Jes 52,13–53,12 geredet wird. Auf jeden Fall wird hier im frühapokalyptischen Zusammenhang die rettende Kraft des stellvertretenden Martyriums verkündet, so dass Joh 19,37 damit die erlösende Kraft des Leidens und Sterbens Jesu aufzeigen kann.

Vernichtung der Götter und der falschen Propheten (Sach 13,2–6)

Die Reinigung des Gottesvolkes wird nun durch die Vernichtung der Götzenbilder und der falschen Propheten weitergeführt. Im Untergrund und in Geheimbünden hatten sich prophetische Bewegungen gebildet, die vermutlich um 200 v. Chr, zur Zeit der Entstehung von Sach 12–14, eine wirkliche Gefahr darstellten.

Läuterung des Restes (Sach 13,7–9)

Der Tod des „Hirten" eröffnet das Endzeitgericht Gottes, dem zwei Drittel seines Volkes zum Opfer fallen, wobei auch das überlebende Drittel noch einmal durchs Feuer geläutert werden muss, bevor wieder die Gemeinschaft mit Gott aufgenommen werden kann. Selbst dieses apokalyptische Gottesbild will im Sinne von Sach 1,2–6 *zur Umkehr* ermahnen und einladen.

Beginn von Gottes universaler Königsherrschaft in Jerusalem am endzeitlichen Tag Gottes (Sach 14,1–21)

Die Verse Sach 14,1–21 werden stark von traditionellen Bildern bestimmt wie:

- dem *Tag Adonajs,* an dem Gott kriegerisch zur Rettung seines Volkes, aber auch gegen dieses Volk eingreifen wird;
- dem Völkersturm gegen Jerusalem;
- Erzählungen von der Eroberung Jerusalems 586 v. Chr.;

- der Völkerwallfahrt zum Zionsberg als Zentrum der Welt zur Verehrung Gottes als König Israels und der Welt.

In Sach 14,1–11 wird erzählt, wie die Völker im endzeitlichen Heiligen Krieg Jerusalem erobern. Dann greift Gott mit seinen himmlischen Heerscharen ein und führt durch eine kosmische Erschütterung eine *erneuerte Welt* herbei – voll immer leuchtendem Licht, mit einem Leben spendenden Wasserstrom vom Tempel her zur Bewässerung der gesamten Erde (vgl. Gen 2,10–14; Ez 47) und mit Gottes weltweiter Königsherrschaft von Jerusalem aus, der ewig sicheren Stadt.

In Sach 14,12–15 geht der Blick noch einmal auf den endzeitlichen Kampf und die schreckliche Vernichtung vor dem Beginn von Gottes Herrschaft zurück.

Mittelpunkt von Sach 14,16–21 ist das *Laubhüttenfest,* das nun alljährlich in Jerusalem *Israel und die Völker gemeinsam* begehen. Gottes wunderbare Lebensfülle wird bei diesem Fest alle Unterschiede zwischen „heilig“ und „weltlich“, zwischen Israeliten und Nichtisraeliten aufheben. Wie bereits in Jes 25,6–8 erschaut, werden alle Völker auf dem Zion ein *großes Friedensmahl* feiern.

Maleachi – Ein diskussionsfreudiger Prophet

Gottes Liebe zu seinem Volk ist ungebrochen. Allerdings nehmen die Kinder Israels die Weisung nicht ernst und sind sich dabei oftmals keiner Schuld bewusst. Nur wer umkehrt, erlangt Gottes Segen und endgültiges Heil.

Maleachi setzt den Schlusspunkt des sogenannten Zwölfpropheten-Buches, das mit Hosea beginnt, und schließt damit auch den gesamten Kanonteil der Prophetie ab. In der Reihenfolge jener evangelischen und katholischen Bibeln, die der Septuaginta, der griechischen Übersetzung der Hebräischen Bibel, folgen, ist Maleachi zugleich das letzte Buch des Alten Testaments.

Wer sich hinter Maleachi verbirgt, ist nicht ganz klar – Maleachi („mein Bote“) kommt sonst als Eigenname nicht vor und könnte daher auch eine Amtsbezeichnung sein, wie die Septuaginta meint, die Mal 1,1 übersetzt: „Wort des Herrn (*kyrios*) durch die Hand *seines Engels*“.

Klar hingegen ist, dass das Buch Maleachi nach dem Exil, möglicherweise um 480 v. Chr., geschrieben wurde. Maleachi prangert religiöse und soziale Missstände im Volk an, die es seiner Meinung nach verhindern, dass sich der Segen Gottes entfalten kann. Weitere Themen sind die Liebe Gottes, das Fehlverhalten der Priester und Verwaltungsbeamten durch Kollaboration mit der persischen Verwaltung, Bedrückung der Kleinbauern durch das für sie ungünstige Steuersystem, die Problematik der Mischehen und der Ehescheidung, Zweifel wegen des ausbleibenden Heils, der Kult und die Fruchtbarkeit sowie der Tag Adonajs/JHWHs, der hier – anders als in biblischen Büchern sonst – als Scheidung zwischen Ungerechten und Gerechten begriffen wird.

Maleachi inszeniert seine Inhalte überwiegend als *Diskussionsgänge* in vier Schritten:

- *Feststellung:* Zusage Gottes (Mal 1,2a), Sentenz (Mal 1,6a), rhetorische Frage (Mal 2,10), Vorwurf (Mal 2,17; 3,13), Selbstaussage (Mal 3,6);
- *Rückfrage des Diskussionspartners* (meist als Zitat, z. B. Mal 1,6e);
- *Zurückweisung des Einspruches* durch Gott oder den Propheten (Mal 1,7–9);
- *Folgerung:* Gerichts- oder Heilsankündigung (Mal 1,10).

Bei Maleachi überlagern sich eine auf seine Gegenwart bezogene Aussage-Ebene und eine endzeitliche Perspektive sowie eine Konzentration auf Jerusalem und ein universaler Bezug auf alle Völker.

Das *Neue Testament* zitiert Mal 3,1.17–21.23f., um Johannes den Täufer als Vorläufer des Messias Jesus zu deuten und die Botschaft Johannes des Täufers und Jesu vom kommenden endzeitlichen Gericht Gottes zu begründen (vgl. Mk 9,11–13; Lk 3,17; Mt 25, 31–46).

Gottes Liebe zu Israel (Mal 1,1–5)

Programmatisch beginnt das Maleachi-Buch mit Gottes Feststellung seiner vergangenen, gegenwärtigen wie zukünftigen Liebeserweise gegenüber seinem Volk – allen ökonomischen und gesellschaftlichen Nöten der Gegenwart zum Trotz. Gott hat sich Israel auserwählt. Damit steht es in einem fundamentalen Gegensatz zu den Edomitern, den Nachfahren des Jakob-Bruders Esau, die von Gott gerade keine Taten der Zuwendung erhalten und trotz kurzzeitiger Erfolge nun wieder die Verlierer im 5. Jh. v. Chr. sind. Israel wird Gottes Liebe erkennen und seine Größe, die weit über die Grenzen des Landes hinausgeht, verkünden. Und Gott wird Israel gerade wegen seiner Liebeserweise besondere Verantwortung abfordern.

Anklage gegen Priester (Mal 1,6–2,9)

Gott ist der Vater des Volkes Israel; doch obwohl einem Vater Ehre gebührt, wird Gott seine Ehre vorenthalten. Die Priester tun zwar ihren Dienst, nehmen den Opferdienst aber nicht wichtig genug. Sie achten nicht darauf, dass die zu opfernden Tiere ohne Makel sind. Kein persischer Statthalter in Israel würde so etwas annehmen, sagt Gott ironisch und fügt sarkastisch hinzu: Bei solch unwürdiger Opferpraxis sollten Priester die Tore des Tempelinnenhofes vor dem Opferaltar abschließen und den Opferdienst ganz einstellen. Denn im Grunde braucht Gott Israels Opfer gar nicht, weil zukünftig die Völker Gott, dem Weltkönig, Opfer darbringen werden. Sollte sich das Verhalten der Priester nicht ändern, so wird Gott ihnen seinen Segen entziehen, und sie werden ihre ehrenvolle Stellung im Volk verlieren. Weil sie ihren für Gottes Gemeinde grundlegenden Dienst nicht mehr tun, sondern vielmehr erheblich zum Niedergang Israels beitragen, droht Gott diesen Priestern das Ende an.

Anklage der judäischen Männer (Mal 2,10–16)

Wer sich eine Frau aus einem anderen Volk nimmt und ihren Gott statt den Gott Israels verehrt, der wird den Segen Gottes verlieren, und sein Feld wird keinen Ertrag bringen. Er soll sich nicht wundern, denn er selbst hat die Folgen seiner Taten zu verantworten. Ebenso ergeht es einem, der seine Frau für eine andere verlässt. Gott erfreut sich an der Treue und hasst es, wenn sich ein Mann von seiner Frau scheiden lässt, um mit einer anderen zusammen zu sein.

Gebet an der Klagemauer

Dieses Diskussionswort kritisiert die im 5. Jh. v. Chr. in Jerusalem und Judäa weit verbreitete Ehepraxis verheirateter judäischer Männer der Oberschicht, um sozialer und ökonomischer Vorteile willen reiche persische „Zweitfrauen" zu heiraten und dann ihre judäischen „Erstfrauen" zu verstoßen. Dies zerstöre die jüdische Identität, weil durch dieses verwerfliche Verhalten Gottes Bund mit seiner „Familiengemeinschaft Israel" und der von Gott gestiftete Bund zwischen Mann und Frau gebrochen und die schöpfungsgemäße Lebensgemeinschaft der Ehe zerstört werde.

Gottes rettendes Gericht (Mal 2,17–3,5)

Das Diskussionswort zu Gottes rettendem Gericht setzt sich mit dem Vorwurf der Frommen auseinander, Gott belohne die Gottlosen und Verbrecher, wie deren Erfolg, Macht und Reichtum zeigten. Ja, Gott mache mit diesen Gaunern gemeinsame Sache. Darauf erwidert Maleachi: Gott ist ermüdet von solchem Gerede; darum wird er kommen und diese Sozialverbrecher richten und durch seine Gerechtigkeitsordnung das Unrecht beseitigen.

Umkehr zur Ehrlichkeit bringt Segen (Mal 3,6–12)

Auf Israels Vorwurf, Gott habe sich geändert, seine Barmherzigkeit aufgegeben und die schwere soziale und ökonomische Not zugelassen, erwidert Gott ironisch, er habe sich genauso wenig verändert wie die Israeliten; sie seien immer noch „waschechte" Nachkommen ihres Vaters Jakob, des Betrügers seines Bruders Esau. Fortlaufend betrögen sie beim „Tempelzehnt" und den „Abgaben", weil sie meinten, Gott merke das nicht, denn er kenne ja ihre Ernteerträge und ihren Viehnachwuchs nicht so genau. Doch nur wahrhaftige Umkehr des ganzen Volkes (vgl. Mal 3,9) von seiner schweren Verirrung hätte die Verheißung Gottes umfassenden Segens, würde die gegenwärtige Not beenden und alle Völker tief beeindrucken.

Gottes endzeitliches Gericht (Mal 3,13–21)

Dem Vorwurf toratreuer Frommer, ein Leben nach Gottes Geboten lohne sich nicht, weil Ungerechte viel erfolgreicher seien und ungestraft davonkämen (vgl. Mal 2,17–3,5), werden zwei Argumente entgegengesetzt: Gott schreibe schon jetzt jeden Namen eines Gerechten in sein himmlisches „Buch des Gedenkens". Zudem werde beim kommenden endzeitlichen Gericht jede gute Tat Gewicht haben und der Unterschied zwischen Ungerechten und Gerechten wieder sichtbar sein: Die ungerechten Frevler würden wie unbrauchbare Getreidespreu im Feuerofen zu Asche verbrennen, doch die Gerechten würden bei Gott sein, ihrer „Sonne der Gerechtigkeit", deren Flügel die vom Leben schwer verletzten Gerechten endgültig heilen würden (Mal 3,20), sodass sie wieder fröhlich tanzen und springen könnten wie junge Kälber.

Nachwort (Mal 3,22–24)

Das Nachwort unterstellt alle vorangehenden Prophetenbücher der Autorität des Mose und der vom ihm vermittelten Tora: Ganz Israel solle sich an die Weisung des Mose halten und sich von dem nicht verstorbenen, sondern vor seinem Tod in den Himmel entrückten (vgl. 2 Kön 2,11), nun aber wiederkommenden Propheten Elija kurz vor Gottes endzeitlichem Gerichtstag wieder zu einem gerechten Miteinander bekehren lassen, damit *alle* gerettet werden.

Denjenigen, die sich gegenüber Gott und dem hilfsbedürftigen Nächsten richtig verhalten, gilt mitten im Unrecht und Elend Gottes Verheißung, am Ende doch „die Sonne der Gerechtigkeit" sehen und Heilung durch ihre Flügel erfahren zu dürfen.

Die Apokryphen

Was sind Apokryphen?

Das aus dem Griechischen stammende Wort „apokryph" bedeutet „verborgen" oder „geheim"; apokryphe Schriften sind in dem Sinne geheim oder verborgen, dass ihnen der Eingang in den Bibelkanon verwehrt blieb. Aus der Spätzeit des Alten Testaments gibt es eine Vielzahl religiöser Schriften, die bei der endgültigen Festlegung des Umfangs der Hebräischen Bibel durch die Rabbinen keine Berücksichtigung fanden. Die Septuaginta, das griechische Alte Testament, enthält über den Kanon der Hebräischen Bibel hinausgehend weitere Bücher. Es handelt sich um Judit, Tobit, 1. bis 4. Makkabäerbuch, Weisheit Salomos, Jesus Sirach, Baruch und den Brief des Jeremia. Zudem finden sich zu den biblischen Büchern Ester und Daniel noch Zusätze, welche die Septuaginta über den hebräischen Text hinaus bietet.

Die Alte Kirche hat sich den Bibelkanon des Alten Testaments im Wesentlichen im Umfang der Septuaginta zu eigen gemacht. Die Reformatoren schieden dagegen alle nicht in hebräischer Textfassung vorliegenden Bücher und Buchteile aus dem Bibelkanon des Alten Testaments aus. Dies gilt auch für das in der Septuaginta nicht anzutreffende, aber von einem Teil der lateinischen Bibelausgaben des Mittelalters als Ergänzung zu 2 Chr 33 eingefügte „Gebet des Manasse". In der lutherischen Tradition ist der Begriff „Alttestamentliche Apokryphen" zur geläufigen Bezeichnung für Judit, Weisheit Salomos, Tobit, Jesus Sirach, Baruch, Brief des Jeremia, 1. und 2. Makkabäerbuch, Zusätze zu Ester, Zusätze zu Daniel und Gebet des Manasse geworden. Martin Luther vertrat die Auffassung, dass diese Bücher nützlich zu lesen, aber der Heiligen Schrift nicht gleichzustellen seien. Leider hat sich der Protestantismus nur Letzteres wirklich zu Herzen genommen. Die alttestamentlichen Apokryphen sind den evangelischen Gläubigen weitgehend unbekannt, zumal sie als Lese- oder Predigttexte im Gottesdienst nicht vorkommen. In der regulären Bibel sucht man sie vergebens. Wer sich mit ihnen beschäftigen will, muss eigens in eine Lutherbibel mit Apokryphen (oder in die Einheitsübersetzung) investieren. Die Zürcher Bibel mit Apokryphen trifft eine noch stärker begrenzte Auswahl. Sie enthält als zusätzliche Schriften lediglich die ersten beiden Makkabäerbücher, Judit, Tobit, Jesus Sirach und Weisheit Salomos.

Anders sieht es dagegen in der römisch-katholischen Kirche aus. Auf dem Konzil von Trient wurde 1546 zwar das Gebet des Manasse verworfen, aber nochmals bekräftigt, dass die Bücher Judit, Tobit, das 1. und das 2. Makkabäerbuch sowie die Bücher Weisheit, Jesus Sirach und Baruch (einschließlich des Briefes des Jeremia) als kanonisch gelten sollen. Deshalb sind sie selbstverständlicher Bestandteil der katholischen Bibeln und des gottesdienstlichen Lebens. Im Katholizismus werden sie dementsprechend nicht als alttestamentliche Apokryphen, sondern als Deuterokanonen bezeichnet, da sie gewissermaßen den zweiten Kanon innerhalb des Alten Testaments bilden. Der alttestamentliche Kanon der orthodoxen Kirchen hat übrigens nochmals einen anderen Umfang. In der griechisch-orthodoxen Kirche gelten auch das 3. Esrabuch und das 3. Makkabäerbuch als kanonisch. Das Alte Testament der äthiopisch-orthodoxen Kirche enthält aus dem Bereich der apokryphen Schriften des Judentums das Henochbuch und das Jubiläenbuch.

Judit – Gott rettet sein Volk durch die Hände einer schönen Frau

Das Buch Judit ist ein Roman mit lehrhaften Zügen, der im späten 2. Jh. v. Chr. entstand. Das Werk erzählt davon, wie Gott durch die Hände einer schönen Frau die heilige Stadt Jerusalem und den Tempel vor der feindlichen Streitmacht des Nebukadnezzar errettet.

Das Buch Judit wurde ursprünglich auf Hebräisch oder Aramäisch verfasst. Dieser Text diente dem Kirchenvater Hieronymus bei seiner lateinischen Bibelübersetzung als Vorlage, ist aber nicht mehr erhalten. Die in mittelalterlichen hebräischen Handschriften anzutreffenden Versionen des Buchs Judit dürften von der Septuaginta und Vulgata inspirierte Nacherzählungen sein. Das Buch kann nicht als geschichtlicher Bericht gelesen werden. Der vom Autor geschaffene historische Rahmen ist in vielerlei Hinsicht unstimmig und dient nur als Staffage. Es handelt sich um einen fiktiven Roman mit lehrhaften Zügen. Entstanden ist das Werk wohl Ende des 2. Jh.s v. Chr. Theologisch werden in den lehrhaften Passagen der Monotheismus, die Souveränität Gottes und die Bedeutung eines torakonformen Lebens betont. In der Person der Judit verdichten sich Eigenschaften bedeutsamer biblischer Frauen wie Miriam, Debora oder Jaël, die einst dem kanaanäischen Feldherrn Sisera in ihrem Schlafzelt einen Pflock durch den Kopf getrieben hatte (Ri 4,21). Auch andere Figuren des Romans werden mit Zügen großer biblischer Gestalten ausgestattet. Mit den Leitmotiven Gott, Macht, Erotik und Tod übt das Buch Judit große Faszination aus, ruft aber auch zwiespältige Gefühle hervor.

Nebukadnezzars Macht und Herrschaftsanspruch (Jdt 1,1–3,10)

Der erste Hauptteil des Buchs Judit beschreibt als eine Art Vorspiel in großen Zügen die kriegerischen Erfolge und den Herrschaftsanspruch von Nebukadnezzar (604–562 v. Chr.). Die Darstellung setzt im zwölften Regierungsjahr Nebukadnezzars mit dessen glanzvollem Sieg über Medien ein (1,1–16). Dabei zeigen sich historische Ungereimtheiten. Der Autor schafft aus Versatzstücken aus der Geschichte des Alten Orients den zeitgeschichtlichen Hintergrund, vor dem er die Juditgeschichte spielen lässt. Nebukadnezzar war nicht König der Assyrer, sondern lenkte die Geschicke des neubabylonischen Reiches. Ninive kann nicht sein Regierungssitz gewesen sein, da es 612 v. Chr. von seinem Vater Nabopolassar zerstört und erst in hellenistischer Zeit wieder besiedelt wurde. Ein Mederkönig namens Arphaxad ist sonst nirgendwo belegt. Ekbatana allerdings war in der Tat die Hauptstadt des sich bis ins heutige Armenien erstreckenden Mederreiches und liegt etwa 350 Kilometer nordöstlich von Bagdad. Der Kriegsschauplatz Regu ist vermutlich im iranischen Hochland zu lokalisieren. Die mit detaillierten geografischen Angaben versehene Botensendung an die Völker im Westen soll Nebukadnezzars universalen Herrschaftsanspruch demonstrieren. In schroffem Kontrast dazu steht die Feststellung, dass die Adressaten Nebukadnezzar die Gefolgschaft verweigern und ihn als einen gewöhnlichen Menschen betrachten. In seinem Zorn plant Nebukadnezzar einen Rachefeldzug gegen die westlichen Völker.

Es erfolgt eine Einberufung des Hofrates und Instruktion des Oberbefehlshabers der Streitmacht (2,1–13). Nachdem Nebukadnezzar im achtzehnten Jahr seiner Herrschaft den Ministern und Generälen seinen Vergeltungsplan vorgestellt hat, betraut er Holofernes als seinen obersten Feldherrn mit der Durchführung des Unternehmens. Aus assyrisch-babylonischer Zeit ist bislang kein Träger dieses gut persischen Namens bekannt. Nach der Einberufung und Musterung des Heeres (2,14–20) beginnt der brutale Unterwerfungsfeldzug, dessen Ziel die Anerkennung Nebukadnezzars als einzige Macht und als Gott ist. Dabei gelingt es Holofernes mit seiner überlegenen Streitmacht ohne Schwierigkeiten, das obere Zweistromland, Kleinasien und Syrien zu unterwerfen (2,21–28). Die beschriebene Wegroute stellt eine kunstvolle Komposition dar und ist aus geschichtlicher Perspektive nur bedingt plausibel. Von Syrien aus bewegt sich der Feldzug entlang der phönizischen Mittelmeerküste, deren Städte sich kampflos ergeben, nach Judäa in die Jesreelebene (3,10). Dort schlägt das Heer des Holofernes an der Grenze zum jüdischen Tempelstaat in der Nähe von Skythopolis, dem alten Bet-Schean, sein Lager auf.

Wird sich auch das jüdische Volk Nebukadnezzar als Gott unterwerfen? (Jdt 4,1–7,32)

Im zweiten Hauptteil des Buchs Judit geht es um die Frage, ob die Israeliten wie alle anderen Völker ringsum den göttlichen Anspruch Nebukadnezzars anerkennen oder auf die Macht des Gottes der Bibel vertrauen. Die Kamera schwenkt vom Feldlager des feindlichen Heeres nach Jerusalem. Zunächst wird die Not der Israeliten angesichts der drohenden Invasion geschildert (4,1–15). Erneut ist die Darstellung durch geschichtliche Unkenntnis oder die bewusste Verwebung von Versatzstücken aus der Geschichte zu einem Hintergrundbild für die Juditerzählung gekennzeichnet. Im achtzehnten Regierungsjahr des Nebukadnezzar, also um 586 v. Chr., war das jüdische Volk weder gerade aus Gefangenschaft heimgekehrt noch hatte es eine Entweihung seines Heiligtums hinnehmen müssen. Das Motiv von der Reinigung des Tempels spielt wahrscheinlich auf die Wiedereinweihung des Tempels im Jahr 164 v. Chr. durch Judas Makkabäus an. Ein Hohepriester namens Jojakim ist nur aus der Frühzeit nach dem Babylonischen Exil, nicht aber aus den Tagen Nebukadnezzars bekannt (Neh 12,10–12). Die Israeliten ergeben sich nicht in ihr Schicksal. Einerseits tragen sie durch Entsendung von Boten dafür Sorge, dass die strategisch bedeutsamen Orte an den Gebirgspässen des mittelpalästinischen Hochlands militärisch befestigt werden. Andererseits tun sie im Tempel Buße und flehen Gott um Rettung an.

In der Achior-Episode (5,1–6,21) reagiert Holofernes voller Zorn auf die Nachricht, dass die Söhne Israels sich zum Krieg rüsten, anstatt sich zu unterwerfen. Seine Frage, wer dieses widerspenstige Volk in den Bergen sei, beantwortet Achior mit einem geschichtlichen Rückblick auf die Rettungstaten Gottes an seinem erwählten Volk. Der Anführer der Ammoniter wird zum weisen Vertreter der nicht jüdischen Völkerwelt stilisiert, der die Macht des Gottes Israels anerkennt. Der Geschichtsrückblick setzt mit Abrahams Weg von Chaldäa über Mesopotamien in das verheißene Land ein. Neu gegenüber dem Bericht des biblischen Buchs Genesis ist die Nachricht, dass Abraham um der Religionsfreiheit willen aus dem Land der Chaldäer fliehen musste. Anschließend kommt das Exodusgeschehen mit der Landnahme in den Blick. Auf die Erwähnung des Mose wird bewusst verzichtet, um die Macht Gottes zu betonen. Der letzte Teil des Abrisses der Heilsgeschichte Israels widmet sich der Tempelzerstörung, dem Babylonischen Exil und der Heimkehr mit Wiederaufbau des Heiligtums. Wieder zeigen sich gravierende Unstimmigkeiten. Die Eroberung Jerusalems durch Nebukadnezzar und der Beginn des Babylonischen Exils fallen in Wirklichkeit genau in die Zeit, in der das Buch Judit mit seiner Erzählung vom gescheiterten Feldzug der Babylonier gegen Judäa spielt. Beendet wurde das Exil 539 v. Chr., mehr als zwanzig Jahre nach dem Tod Nebukadnezzars, mit der Eroberung Babylons durch den Perserkönig Kyros. Segen und Fluch Israels werden im Juditroman geschichtstheologisch als Folge der Beachtung oder Nichtbeachtung der Gebote Gottes betrachtet. Achior hält Holofernes klar vor Augen, dass er in einer militärischen Auseinandersetzung nur dann bestehen könnte, wenn Israel gesündigt und Gott sich von seinem Volk abgewendet hätte. Die Reaktion des Holofernes auf diese Rede ist von Wut und Zorn gekennzeichnet (6,1–21). Er proklamiert Nebukadnezzar als einzigen Gott und Herrn über die ganze Erde, der die widerspenstigen Israeliten vernichten und ihr Land verwüsten wird. Den Ammoniter Achior lässt Holofernes als Strafe für seine frevelhaften Worte in Fesseln legen und den Israeliten übergeben, mit denen gemeinsam er dem Strafgericht anheimfallen soll, das die Truppen Nebukadnezzars an dem jüdischen Volk vollstrecken werden. Die Israeliten finden Achior und führen ihn nach Betulia.

Der zweite Hauptteil des Buchs Judit endet mit dem Bericht von der Belagerung Betulias (7,1–32). Betulia ist ein Deckname für Jerusalem. Holofernes schlägt an einer Quelle vor den Toren Betulias sein Feldlager auf und sendet Kundschafter aus. Aufgrund ihrer Erkenntnisse beschließt er, die Stadt von der Wasserversorgung abzuschneiden, sie zu umzingeln und auszuhungern. Nach vierunddreißigtägiger Belagerung will die Bevölkerung Betulias sich ergeben. Das Stadtoberhaupt Usija („Meine Kraft ist Gott") kann sie überzeugen, noch fünf Tage zu warten und auf das Erbarmen Gottes zu hoffen.

Gott rettet sein Volk durch Judit (Jdt 8,1–16,25)

Nun endlich betritt die Namensgeberin des Buchs Judit die Bühne. Die Szenerie ist ganz von ihrer herausragenden Gestalt bestimmt. Im ersten Abschnitt dieses Buchteils (8,1–9,14) wird Judit zunächst in einem biografischen Abriss vorgestellt. Ein auffallend langer Stammbaum dient dazu, sie in die Geschichte Israels einzuordnen. Zudem werden ihre Schönheit, ihr untadeliger Lebenswandel als Witwe und ihre Gottesfurcht hervorgehoben. Danach verknüpft der Autor die Figur Judits mit der aktuellen Situation der Bedrängnis (8,9–36). Judit wird mit ihrer vorbildhaften Frömmigkeit von beiden in Betulia vertretenen Positionen abgegrenzt. Eine kampflose Übergabe der Stadt kommt für sie erst gar nicht in Betracht. Sie kritisiert aber auch entschieden die Haltung Usijas, der vor einer Kapitulation Gott noch fünf Tage zum Eingreifen gewähren wollte. Dies wird als unzulässiges Ultimatum an Gott und als Ausdruck mangelnden Gottvertrauens betrachtet. Gott lässt sich nicht wie ein Mensch unter Druck setzen. Auch ohne eine Rettung der Stadt innerhalb von fünf Tagen würde er doch über die Macht zur Vernichtung der Feinde verfügen. Die gegenwärtige Bedrängnis der Bewohner Betulias wird als Versuchung und Erprobung durch Gott verstanden, wie sie einst auch den Erzvätern Israels zuteilwurde. Nach dieser theologischen Positionierung wird offenbar, dass Judit selbst das Werkzeug ist, mit dem Gott sein Volk erretten wird. Wenn das Buch Judit als kriegslüsternes Buch mit unreflektierter Gewaltverherrlichung betrachtet wird, hängt das nicht zuletzt mit Judits Gebet (9,1–14) zusammen. Darin wird die blutrünstige Geschichte aus Gen 34, die von der grausamen Rache an den Sichemiten für die Schändung von Jakobs Tochter Dina berichtet, als gottgewolltes Vorbild für das an Holofernes zu vollziehende Blutbad heraufbeschworen, der sich anschickt, die Jungfrau Jerusalem und ihr Heiligtum zu beflecken. Andererseits zwingt Gott im Buch Judit die Feinde Israels nicht in einer blutigen Schlacht in die Knie, sondern bedient sich dazu der List einer Frau. Manche wollen darin eine Kritik des Buchs Judit am Kriegswesen erkennen.

Nebukadnezzar errichtete in Babylon das Ischtar-Tor, eines der Stadttore. Darstellung eines Löwen am Ischtar-Tor

Danach wird das Gelingen von Judits Plan erzählt (10,1–13,10). Im Festgewand und mit prächtigem Schmuck schleicht sich die wunderschöne Frau aus dem Stadttor Betulias heraus und begibt sich ins feindliche Feldlager. Begleitet wird sie von ihrer Leibmagd, die Wein und edle Speisen mit sich führt. Unter dem Vorwand, sie wolle Holofernes einen geheimen Weg zur Eroberung des gesamten jüdäischen Berglandes zeigen, kann sie sich Zutritt zu dessen Zelt verschaffen. In der Begegnung mit Holofernes (10,23–11,23) kündigen die an Jes 10 und Ez 28 anklingenden Schmeicheleien Judits vor dem Hintergrund der alttestamentlichen Texte dessen drohendes Schicksal schon an. Mit einer erfundenen Geschichte wiegt sie ihn in Sicherheit. Achior hatte davon gesprochen, dass die Feinde dem Gottesvolk nur dann Schaden zufügen können, wenn dieses gesündigt hat. In Anknüpfung an diese Bemerkung versucht Judit den Eindruck zu erwecken, Gott habe sich von Israel abgewandt. Indirekt wird in diesem Kontext die Bedeutung der jüdischen Speisegebote eingeschärft. Im Feldlager des Holofernes führt Judit ein toratreues Leben in kultischer Reinheit, indem sie nur von den mitgebrachten Speisen isst und täglich rituelle Waschungen vollzieht (12,1–9). Während eines Gastmahls, bei dem Holofernes sie verführen will, erfüllt sie dann ihren Auftrag (11,10–13,1–10). Es entbehrt nicht einer gewissen Ironie, dass am Ende der vor Leidenschaft kopflos gewordene Holofernes im wahrsten Sinne des Wortes den Kopf verloren hat.

Der Schlussteil des Buchs beschreibt die Wirkungen des Machterweises Gottes durch Judit (13,11–16,25). Judit bringt den abgeschlagenen Kopf des Feindes nach Betulia und gibt Anweisungen zum weiteren Vorgehen (13,11–14,5). Das Haupt des Holofernes soll an der Stadtmauer aufgehängt werden. Dies ruft die Erinnerung an den Sieg des Judas Makkabäus über den syrischen Feldherrn Nikanor wach, dessen Kopf an der Jerusalemer Burg angebracht wird (1 Makk 7,47). Diese Parallele des Geschehens unterstreicht die Annahme, dass das Buch Judit auf die Makkabäerkämpfe anspielt und mit Betulia in Wirklichkeit Jerusalem gemeint ist. Wenn Achior angesichts der wunderbaren Errettung Betulias zum Judentum übertritt und sich beschneiden lässt, ist dies ein eindrucksvoller Erweis für die Überlegenheit des jüdischen Gottes. Bei den feindlichen Soldaten löst der Anblick des enthaupteten Oberbefehlshabers Schrecken und Flucht aus, sodass sie für ihre Verfolger zur leichten Beute werden (14,11–15,7). Durch die Ehrungen, die Judit empfängt, wird sie in die Gruppe der großen Rettergestalten aus der Frühzeit Israels eingereiht (15,8–14). Mit dem Freudengesang Judits und des ganzen Volkes, der das gesamte Geschehen nochmals hymnisch zusammenfasst, erreicht die Erzählung ihren Höhepunkt (16,1–20). Sie schließt mit Informationen über das lange Leben der heldenhaften Witwe und ihre über den Tod hinaus bleibende Bedeutung für Israel (16,23–25).

Tobit – Grundkoordinaten jüdischen Lebens in der Diaspora

Das Buch Tobit entwirft in unterhaltsamer Form das Ideal des gottgefälligen Lebens in der Diaspora und bringt die Überzeugung zum Ausdruck, dass Gott auch fernab des Heiligen Landes die Gebete der Gerechten erhört und Menschen durch Gefahren geleitet.

Das Buch Tobit ist ein von der jüdischen Weisheit inspirierter Roman mit lehrhaften Zügen. In unterhaltsamer Form wird vor Augen geführt, wie ein gottgefälliges Leben in der Diaspora aussieht und der Herr die Gebete der leidenden Gerechten erhört. Wer Gott mit ganzem Herzen dient, wird auch in der Fremde inmitten der Völker dessen Zuwendung erfahren. Das Werk entstand wohl im späten dritten oder frühen zweiten Jh. v. Chr. in Syrien oder im Zweistromland. Auch Palästina kann wegen der Zentralstellung Jerusalems als Abfassungsort nicht gänzlich ausgeschlossen werden. Der Roman spielt in der Zeit des assyrischen Königs Asarhaddon (681–669 v. Chr.), umspannt aber in Form des Rückblicks und der Vorschau die jüdische Geschichte von der Zeit vor der assyrischen Invasion bis zum Wiederaufbau des Jerusalemer Tempels nach dem Babylonischen Exil. Im Mittelpunkt des Geschehens steht die Figur des frommen Juden Tobit, der in der Diaspora unverschuldet erblindet und auf wunderbare Weise das Augenlicht zurückgewinnt. Damit verschränkt wird die Geschichte der Sara, der bereits siebenmal jeweils in der Hochzeitsnacht der Bräutigam von einem bösen Geist hinweggerafft wurde.

Die alte Vermutung, dass das nur auf Griechisch überlieferte Buch Tobit auf ein hebräisches oder aramäisches Original zurückgeht, hat sich durch die Textfunde von Qumran bestätigt. In den Höhlen am Toten Meer wurden aramäische wie auch hebräische Fragmente des Buchs Tobit entdeckt.

Die Not Tobits und Saras (Tob 1,1–3,17)

Die Buchüberschrift (1,1–2) bietet neben einem Stammbaum Tobits die Information, dass er aus Galiläa stammt und zu den Personen gehört, die von den Assyrern deportiert wurden. Nach dem Tod Salomos war das von David geschaffene Großreich wieder in zwei eigenständige Staatsgebilde, nämlich das Nordreich Israel und das Südreich Juda, zerfallen. Im ausgehenden 8. Jh. v. Chr. wurde das Nordreich Israel, dessen Zentrum in Samaria lag, Opfer der assyrischen Expansionspolitik und von König Salmanassar V. (727–722 v. Chr.) erobert. Das Südreich Juda mit der Hauptstadt Jerusalem war davon nicht betroffen. Die Oberschicht des Nordreiches wurde von den Assyrern deportiert und an unterschiedlichen Orten im Zweistromland angesiedelt.

In Ich-Form wird zunächst ein biografischer Rückblick geboten, der Tobit als ein Musterbeispiel des von Wahrheit und Gerechtigkeit geprägten Frommen charakterisiert (1,3–22). Am Anfang richtet sich der Blick auf seine Jugend im Land Israel. Tobits vorbildhafter Lebenswandel zeigt sich an der engen Verbundenheit mit dem Jerusalemer Tempel und der konsequenten Einhaltung der alttestamentlichen Abgabebestimmungen. Dabei geht es im Wesentlichen um die Erstlingsgaben von den Feldfrüchten und um den Zehnten, der sowohl der Priesterversorgung als auch der Armenfürsorge diente. Ninive, der Ort von Tobits Exil, wurde unter Sanherib (704–681 v. Chr.) die Hauptstadt des Assyrischen Reichs. Auch in der Verbannung erweist sich Tobit als untadeliges Vorbild an Frömmigkeit. Der Fokus richtet sich nun auf andere Aspekte, nämlich auf die Wahl eines Ehepartners aus der eigenen Großfamilie, die Armenfürsorge, die Fernhaltung von den Speisen der Heiden und vor allem die ordnungsgemäße Bestattung der Toten, die im antiken Judentum neben dem Almosengeben zu den bedeutendsten Liebeswerken gehörte. Dass Tobit das Begräbnisverbot des assyrischen Königs für hingerichtete Juden nicht einhält, zieht eine Anzeige bei den Behörden nach sich und zwingt ihn zur Flucht aus Ninive.

Unter dem neuen Herrscher Asarhaddon (681–669 v. Chr.) kann Tobit nach Ninive zurückkehren. Die sagenumwobene Figur des Achikar, der in antiken Papyri als Berater des assyrischen Königs Sanherib vorkommt, wird in diesem Zusammenhang zum Neffen Tobits erhoben und in das Judentum integriert. Als Tobit in Ninive sogleich seine vorbildhaften Liebeswerke fortsetzt, ereilt ihn das Schicksal (2,1–10). Tobit bestattet heimlich einen ermordeten Juden, vollzieht die nach der Verunreinigung durch einen Toten notwendigen rituellen Waschungen und schläft im Freien ein. Da fällt ihm aus der Luft Vogelkot ins Auge und lässt ihn allmählich erblinden. Im griechischen Text ist von Leukomen die Rede. Die antike Augenheilkunde versteht darunter weiße Hornhautflecken, die aus einer Vernarbung der Iris resultieren und zur Sehunfähigkeit führen können. Keiner der von Tobit aufgesuchten Ärzte vermag ihm zu helfen. Tobit wird nach dem Vorbild Ijobs als leidender Gerechter gezeichnet, der trotz untadeliger Frömmigkeit schwer vom Schicksal geschlagen ist. Wie Ijob (vgl. Ijob 2,7–10) muss auch er über sich ergehen lassen, dass die eigene Ehefrau angesichts des Leidens seine Gerechtigkeit infrage stellt (2,11–14). Wie an anderen zentralen Stellen des Buchs Tobit schließt sich ein Gebet an, das aus einem Lobpreis Gottes, einem Schuldbekenntnis und der Bitte um Erlösung durch den Tod besteht (3,1–6).

Zur selben Zeit wird in Ekbatana die fromme Jüdin Sara von ihren Dienerinnen verhöhnt (3,7–15). Schon siebenmal erlitt sie in der Hochzeitsnacht durch den Dämon Aschmodai den Tod ihres Bräutigams, bevor die Ehe überhaupt vollzogen werden konnte. Nun steht sie im Verdacht, ihre Ehemänner erwürgt zu haben, und trägt sich mit Selbstmordgedanken. Im Bittgebet fleht sie Gott an, sie von ihrem Leid zu erlösen und sterben zu lassen.

Ekbatana wurde im 8. Jh. v. Chr. als Hauptstadt des Mederreichs gegründet. Die Assyrer siedelten dort nach der Eroberung des Nordreichs Israel Angehörige der jüdischen Oberschicht an (2 Kön 17,6). Auffallend sind die Strukturparallelen zwischen dem Geschick Tobits und Saras. Zwei gerechte Menschen begegnen als Opfer sinnlos erscheinenden Leids, sind Vorwürfen oder Spott aus ihrem direkten Umfeld ausgesetzt und flehen Gott im Gebet an, sie durch den Tod aus ihrer bedrückenden Situation zu erlösen.

In einer zusammenfassenden Notiz wird das Schicksal beider Hauptfiguren miteinander verknüpft und der weitere Verlauf der Geschichte vorweggenommen (3,16–17). Gott sendet Rafael aus, um Tobit zu heilen, Sara von dem bösen Geist zu befreien und sie mit Tobits Sohn Tobias zu vermählen. Der Engel Rafael („Gott hat geheilt") ist erstmals im Tobitbuch belegt und avanciert in den Schriften des antiken Judentums als einer der vier Erzengel zu einer zentralen Figur.

Die Entsendung des Tobias (Tob 4,1–6,1)

Erzählerisch werden die beiden parallelen Szenen nun durch einen neuen Erzählstrang miteinander verknüpft, um die Rettung beider Protagonisten einzuleiten. Tobit erinnert sich im Angesicht seines scheinbar bevorstehenden Todes an das Silber, das er bei Gabael in Rages deponiert hat, und entsendet Tobias zur Einforderung der Vermögenswerte. Rages war eine bedeutsame Stadt im Mederreich und wird mit dem heutigen Rai identifiziert, das in unmittelbarer Nähe Teherans liegt. Vor dem Aufbruch des Tobias teilt Tobit in Form einer Mahnrede seinem Sohn noch sein letztes Vermächtnis mit (4,3–21). Dabei werden die Grundkoordinaten frommen jüdischen Lebens in der Diaspora umrissen. Am Anfang der Mahnrede Tobits stehen die Anweisung zur Bestattung und das Gebot der Elternehrung. Das Leben des Gerechten in Sündlosigkeit zeichnet sich zudem durch Gabe von Almosen, Heirat innerhalb des eigenen Familienverbundes und Nächstenliebe aus. In diesem Zusammenhang begegnet auch die Goldene Regel „Was dir selbst verhasst ist, das mute auch einem anderen nicht zu!", die in der Bergpredigt Jesu in positiver Form aufgegriffen wird (Mt 7,12). Auf der Suche nach einem Reisebegleiter für Tobias findet sich Rafael, der zunächst als Engel Gottes unerkannt bleibt und sich unter dem Namen Asarja („Gott hat geholfen") vorstellt (5,1–5,17). Die Trauer seiner Ehefrau Hanna über den Aufbruch ihres Sohnes beschwichtigt Tobit mit einer von Zuversicht und Gottvertrauen getragenen Trostrede (5,18–6,1).

Im Buch Tobit werden Anweisungen zum frommen jüdischen Leben gegeben. Orthodoxe Juden in Jerusalem

Die Reise von Ninive nach Ekbatana (Tob 6,2–7,9a)

Als Tobias und Rafael auf ihrer Reise den Tigris erreichen, vollzieht sich ein bedeutsamer Fischfang, der sich im späteren Erzählverlauf in seinem vollen Sinn erschließt (6,2–9). Auf Geheiß des Engels bewahrt Tobias die Innereien des gefangenen Fisches, namentlich Herz, Leber und Galle, auf. In diesem Zusammenhang erfährt er bereits, dass der beim Verbrennen von Herz und Leber entstehende Rauch sich zur Dämonenvertreibung eignet, während die Galle ein bewährtes Augenheilmittel darstellt. In dieser Szene spiegeln sich magische und medizinische Praktiken aus der Umwelt Israels wider. Breit bezeugt ist in der antiken Magie die Vorstellung, dass böse Geister sich durch üblen Geruch vertreiben lassen. Aus Ägypten sind magische Rezepte überliefert, die das Räuchern von Fischmaul und Fischknochen zur Dämonenabwehr empfehlen. Fischgalle ist ein bewährtes Augenheilmittel und fand bis in das 20. Jh. hinein auch an Augenkliniken Verwendung. Für die altassyrische Medizin ist Fischgalle als Bestandteil von Augensalben belegt. In der altägyptischen Medizin begegnet sie als Heilmittel gegen weiße Flecken auf den Augen, wie Tobit sie aufweist. Im antiken Judentum gab es große Vorbehalte gegenüber Magie und Medizin. Magische Riten waren oftmals mit der Anrufung heidnischer Gottheiten verbunden, und die Anwendung von Medizin konnte als unzulässiger Eingriff in die Entscheidung Gottes über Leben oder Tod verstanden werden. Deshalb ist es vom Erzählablauf her bedeutsam, dass Rafael als der Engel Gottes die Bedeutung der Fischinnereien offenbart. Nach Überzeugung des Tobitbuchs ist es Gottes Wille, dass das Judentum bewährte magische oder medizinische Techniken aus seiner Umwelt kennenlernt und zur Anwendung bringt.

Als sie nach dem Fischfang in die Nähe von Ekbatana kommen, wird Tobias eröffnet, dass sie bei seinen Verwandten Raguel und Edna einkehren werden. Gleichzeitig offenbart ihm Rafael, dass deren Tochter Sara ihm als Braut zugedacht ist (6,10–19). Die Sorge des Tobias, er werde wie die sieben Ehemänner vor ihm in der Hochzeitsnacht dahingerafft, zerstreut der Engel mit dem Verweis auf die Fischinnereien, deren Rauch den bösen Dämon vertreiben wird. Im Haus von Ragul und Edna kommt es nach Ankunft der beiden Reisenden aus Ninive zu einem Freudenfest (7,1–9a).

Hochzeit, Rückholung des Silbers und Aufbruch (Tob 7,9b–10,14)

Die Hochzeit von Tobias und Sara wird mit einem Heiratsvertrag besiegelt (7,9b–17). Im Unterschied zu den Eheverträgen des rabbinischen Rechts hält dieser nicht die Verpflichtungen des Mannes gegenüber der Frau fest, sondern ist vom Schwiegervater formuliert. Einzelheiten des Vertrages werden nicht genannt; er könnte die Frage der Mitgift geregelt haben. In der Hochzeitsnacht wird der Dämon den Instruktionen des Engels Rafael gemäß erfolgreich vertrieben und ein Lobpreis Gottes angestimmt (8,1–9). Die Erzählung legitimiert an dieser Stelle die Anwendung exorzistischer Techniken aus der antiken Magie, sofern sie mit einem Gebet zum Gott der Bibel verbunden sind. Auch Raguel, der bereits ein Grab für seinen Schwiegersohn ausgehoben hat, preist Gott angesichts der Errettung des Tobias (8,10–18). Tobias selbst macht sich nicht mehr nach Rages auf, sondern betraut Rafael mit der Rückholung des Silbers und der Einladung Gabaels zu den weiteren Hochzeitsfeierlichkeiten (9,1–6). Die Säcke mit dem Silber sind mit Siegeln versehen, die den Eigentümer kennzeichnen und die Unversehrtheit des Inhalts sicherstellen. Während Tobit und Hanna in Sorge um ihren ausbleibenden Sohn sind (10,1–7a), bittet Tobias nach Ablauf der vierzehntägigen Hochzeitsfeierlichkeiten seinen Schwiegervater um seinen Segen zur Abreise. Gemeinsam mit Sara und der Mitgift tritt er den Heimweg nach Ninive an (10,8–13). Auch der Engel Rafael begleitet ihn weiterhin.

Eine Silberschale könnte zur Mitgift von Sara gehört haben. Diese Schale entstand im 3. oder 2. Jh. v. Chr. vermutlich in Persien.

Heilung Tobits und Selbstoffenbarung des Reisebegleiters (Tob 11,1–13,18)

Bei der Ankunft in Ninive kommt es zur Heilung Tobits durch Bestreichen der erblindeten Augen mit Fischgalle. Die Notiz, dass Tobits Augen brannten, spiegelt schmerzhafte Begleitumstände dieses Heilsverfahrens wider. Zudem lässt das Buch Tobit eine Kenntnis der von antiken Medizinern betonten Tatsache durchschimmern, dass die Heilkraft von Galle entscheidend auf deren wärmeentfaltender Wirkung beruht. Auch die Augenheilung ist von Lobpreis begleitet und wird so in den jüdischen Gottesglauben integriert. Nach der freudigen Aufnahme Saras und einer siebentägigen Fortsetzung der Hochzeitsfeierlichkeiten in Ninive (11,16–18) soll der Reisebegleiter des Tobias fürstlich entlohnt werden. Erst jetzt gibt er sich als der Engel Rafael zu erkennen und offenbart, dass Gott seine Gerechten nicht im Leid lässt (12,1–22). Er begleitet sie auch dann, wenn er fern zu sein scheint. Erneut wird die Bedeutung von Barmherzigkeit und Gerechtigkeit als Grundpfeiler eines mustergültigen Lebens vor Gott hervorgehoben. Ein großer Lobgesang Tobits auf Jerusalem (13,1–13,18) bildet den eindrucksvollen Abschluss. Zunächst wird das Heilshandeln Gottes gepriesen und dann ein Ausblick auf die zukünftige Herrlichkeit Jerusalems geboten. Der Hymnus weist keine direkten inhaltlichen Bezüge zur Handlung des Tobitbuchs auf und ist unabhängig von diesem entstanden.

Epilog (Tob 14,1–15)

Das Buch endet mit einem Epilog, der die Abschiedsworte Tobits vor seinem Ableben bietet. Im Horizont des Prophetenbuchs Jona ist es Tobits letzter Wille, dass Tobias mit seiner Familie Ninive verlässt und nach Medien übersiedelt, um dort ein gottgefälliges Leben zu führen. Ein letztes Mal begegnen Wahrheit, Gerechtigkeit und Barmherzigkeit als Leitmotive der Ethik. Zugleich prophezeit der sterbende Tobit die Zerstörung Jerusalems im Jahr 586 v. Chr. und sieht den Wiederaufbau des Tempels nach dem Babylonischen Exil voraus. Ein Ausblick auf das weitere Leben des Tobias, den kurz vor seinem Tod in Ekbatana noch die Nachricht vom Untergang Ninives erreicht, beschließt den Roman.

Erstes Makkabäerbuch – Vom Freischärlerkampf zum autonomen jüdischen Staat

Das 1. Makkabäerbuch erzählt die Geschichte des makkabäischen Freiheitskampfes gegen die Seleukiden, der neben der Wiederherstellung der Religionsfreiheit die Errichtung eines autonomen jüdischen Staats unter der Herrschaft der Hasmonäer nach sich zog.

Das auf Hebräisch verfasste, aber nur in Übersetzungen erhaltene 1. Makkabäerbuch hat die Ereignisse vom Feldzug Alexanders des Großen gegen die Perser (334 v. Chr.) bis zum Tod des hasmonäischen Priesterfürsten Simon (135 v. Chr.) zum Inhalt. Im Mittelpunkt stehen die geschichtlichen Entwicklungen unter der Seleukidenherrschaft über Palästina, die zum Aufstand der Makkabäer führten. Auch wenn die Darstellung nicht in allen Teilen als glaubwürdig anzusehen ist und in der Bewertung der Ereignisse deutliche Sympathien für die Hasmonäerdynastie erkennen lässt, zeichnet das Werk sich durch relativ große Objektivität und einen hohen Geschichtswert aus. Der Autor hat zahlreiche offizielle Dokumente in sein Buch aufgenommen, die ihm vermutlich aus dem Hofarchiv der Hasmonäer zugänglich waren. Das Werk dürfte um 100 v. Chr. in Jerusalem entstanden sein.

Krise und Beginn des Widerstands (1 Makk 1,1–2,70)

Der Autor bietet zunächst einen Geschichtsabriss von Alexander dem Großen bis zu Antiochus IV. Epiphanes (1,1–10). Nach dem Tod Alexanders zerfiel sein Reich in mehrere eigenständige Staatsgebilde. Syrien und Vorderasien gelangten in die Hände von Seleukus, der einer der tüchtigsten Generäle Alexanders war und in Antiochia das Seleukidenreich begründete. Aus diesem Herrscherhaus ging „als sündhafter Spross" Antiochus IV. Epiphanes hervor. Im Seleukidenreich setzte die Zeitrechnung mit dem 312 v. Chr. errungenen Sieg des Dynastiebegründers Seleukus über seinen Widersacher Demetrius ein. Das Jahr 137 der griechischen Herrschaft entspricht damit dem Jahr 175 v. Chr. Die Thronbesteigung von Antiochus IV. war das Signal für Teile der Jerusalemer Oberschicht, den scheinbar rückständigen jüdischen Tempelstaat in eine moderne Polis hellenistischer Prägung zu verwandeln (1,11–15). Zu den Hellenisierungsmaßnahmen zählte die Errichtung einer Sportschule (*gymnasion*). Jüdische Jünglinge, die sich beim Wettkampf mit entblößtem Körper ihrer Beschneidung schämten, ließen diese durch einen chirurgischen Eingriff rückgängig machen.

Nach dem Krieg gegen Ägypten, in dessen Verlauf Antiochus IV. im Jahr 168 v. Chr. von Rom an der Unterwerfung des Ptolemäerreiches gehindert wurde, musste der Seleukidenkönig neue Finanzquellen erschließen und bemächtigte sich des Tempelschatzes (1,16–28). Darunter befanden sich auch für den Kultbetrieb unentbehrliche Stücke wie der Schaubrottisch und die Menora, der siebenarmige Leuchter. Zudem entweihte Antiochus IV. den Tempel, indem er das Allerheiligste betrat. Dies war nur dem Hohepriester an Jom Kippur erlaubt. Bald darauf ließ Antiochus IV. in Jerusalem zur Herrschaftssicherung eine befestigte Zitadelle errichten (1,29–40). Dass die harten Strafmaßnahmen gegen Jerusalem die Folge eines Aufstands gegen die seleukidische Besatzungsmacht waren, kommt im 1. Makkabäerbuch nicht zur Sprache. Das Tempelareal befand sich nun unter Kontrolle der in der Festung stationierten syrischen Soldaten.

Um den jüdischen Staat in das Seleukidenreich zu integrieren, schlossen sich radikale Religionsreformen an (1,41–64). Der große Brandopferaltar im Jerusalemer Tempel wurde mit einem Aufsatz versehen, auf dem man auch Schweineopfer darbrachte. Aus der Perspektive der Frommen war dieser heidnische Altaraufsatz ein Gräuelbild der Verwüstung (vgl. Dan 9,27). Über die Verpflichtung zur Verehrung griechischer Gottheiten hinaus erließ Antiochus IV. Religionsgesetze, welche die traditionelle Opferdarbringung, den Besitz von Torarollen, die Beschneidung und die Sabbateinhaltung unter Todesstrafe stellten.

Chanukka und Weihnachten

Chanukka fällt in unseren Monat Dezember und ist zusammen mit Purim das jüngste Fest im jüdischen Jahreszyklus. An den Chanukka-Abenden versammelt man sich zu Hause in der Familie oder im Freundeskreis. Nach Einbruch der Dunkelheit wird unter Rezitation von Segenssprüchen Tag für Tag ein zusätzliches Licht am Chanukkaleuchter entzündet, bis schließlich alle acht Lichter brennen. Zum Entzünden dient ein weiteres Licht am Chanukkaleuchter, der sogenannte Schamasch (Diener). Seit dem späten 19. Jh. hat Chanukka, das bis dahin eher ein Schattendasein im Festkalender des Judentums fristete, ein stärkeres Gewicht erhalten. Die Chanukkageschichte gewann eine wichtige symbolische Funktion für die zionistische Bewegung, die den Befreiungskampf der Makkabäer als Vorbild für den Kampf um jüdische Unabhängigkeit und die Errichtung eines eigenen Staates deutete. Gleichzeitig wurde das Chanukkafest durch Weihnachtsbräuche beeinflusst und in seiner Bedeutung aufgewertet.

Chanukka und Weihnachten haben theologisch völlig unterschiedliche Hintergründe. Am Chanukkafest gedenkt man alljährlich im Dezember der Wiedereinweihung des Jerusalemer Tempels durch Judas Makkabäus, während am Weihnachtsfest die Geburt Jesu Christi gefeiert wird. Dennoch liegen die Gemeinsamkeiten beider Feste auf der Hand. Es sind gesellige Lichterfeste in der dunklen Jahreszeit; sie fallen kalendarisch ungefähr fünfmal in jedem Jahrhundert sogar zusammen. Im deutschen Bürgertum des 19. Jh.s kam es erstmals zu einer wechselseitigen Durchdringung von Chanukka und Weihnachten. Da Weihnachtsfeiern mit Baum, Kerzen und Geschenken ein Symbol für die Zugehörigkeit zum Bürgertum darstellten, wollten auch jüdische Familien ihren Kindern Geschenke und Baum nicht verwehren. Zudem erhoffte sich das liberale Judentum von einer Assimilation an die vorherrschenden christlichen Gebräuche eine bessere Integration in die bürgerliche Gesellschaft. Dadurch wurde das Schlagwort vom „Weihnukka“ geprägt. Viele jüdische Familien übertrugen weihnachtliche Bräuche auf ihr Chanukkafest. So entstanden beispielsweise Kippas im Design von Weihnachtsmannmützen, der dem christlichen Adventskranz ähnelnde Chanukkakranz und Plätzchenformen in Gestalt von Davidsternen. Selbst der Zionist Theodor Herzl hat sich Ende des 19. Jh.s dem Zeitgeist gebeugt und für seine Kinder die Kerzen am „Chanukkabaum“ angezündet. Heute sind zur Weihnachtszeit vor allem in den Vereinigten Staaten in vielen jüdischen Haushalten „Chanukkabäume“ anzutreffen, was vom orthodoxen Judentum freilich scharf kritisiert wird.

Anders als der Menora-Leuchter hat der Chanukka-Leuchter neun Kerzen.

Das Religionsverbot wurde nicht überall im Land widerstandslos hingenommen. In dem kleinen Ort Modeïn nahe Jerusalem erhob sich der Priester Mattatias mit seinen fünf Söhnen zur Rebellion gegen die Reformen (2,1–28). Sein Sohn Judas trug wegen seiner Kampfkraft und Durchsetzungsfähigkeit den Beinamen Makkabäus (Hammer), welcher der Bewegung den Namen Makkabäer gab. Mattatias erschlug eigenhändig den ersten Juden, der zum Opfer für griechische Gottheiten bereit war. Auch der für die Beaufsichtigung der Opferhandlungen zuständige seleukidische Beamte wurde ermordet. Danach zog sich Mattatias mit seinen Söhnen zum Partisanenkampf in die Berge zurück. Nach einer verheerenden Niederlage am Sabbat kamen die Makkabäer zu der Überzeugung, dass der Kampf für die Religion über das Gebot der Sabbatruhe zu stellen sei, und feierten erste Erfolge (2,29–48). Sie zerstörten heidnische Altäre im Land, gingen gewaltsam gegen Kollaborateure aus dem eigenen Volk vor und vollzogen Zwangsbeschneidungen an den Kindern assimilationsbereiter Juden. Dem Kampf der Makkabäer schloss sich eine „Gemeinschaft der Frommen“ (Asidäer/Chassidim) an, aus der später die Pharisäer und die Essener hervorgingen. Die Abschiedsrede des Mattatias stellt den Kampf der Makkabäer in den Horizont der alttestamentlichen Heilsgeschichte und schärft den Eifer für das Gesetz ein (2,49–70).

Der Kampf des Judas Makkabäus und die Befreiung des Tempels (1 Makk 3,1–9,22)

Nach dem Tod des Mattatias übernahm sein Sohn Judas Makkabäus die Führung der Aufstandsbewegung. Mit seinen Kämpfern gewann er zwei Schlachten gegen syrische Truppen (3,1–26). Während Antiochus IV. mit der einen Hälfte des Heers einen Persienfeldzug zur Beschaffung neuer Finanzmittel für das angeschlagene Seleukidenreich unternahm, marschierte auf Befehl seines Stellvertreters Lysias die andere Hälfte des Heeres in Palästina ein (3,27–45). Judas Makkabäus rekrutierte in Mizpa, das bereits in der Richterzeit als Versammlungsort des Volkes gedient hatte (Ri 20–21), jüdische Kämpfer (3,46–60) und fügte den seleukidischen Streitmächten mehrere verheerende Niederlagen zu (4,1–35). Danach zog er mit seinen Kämpfern in Jerusalem ein und bereitete der Entweihung des Jerusalemer Tempels durch den Zeuskult ein Ende. Das Heiligtum wurde einer rituellen Reinigung unterzogen und der reguläre Tempelkult für den Gott Israels wiederhergestellt (4,36–61). Dies geschah im Dezember 164 v. Chr. exakt drei Jahre nach der Entweihung des Tempels und markiert den Ursprung des jüdischen Chanukkafestes. Der späteren Legende zufolge wurde im entweihten Tempel noch ein einziges Fass kultisch reinen Öls gefunden, das für acht Tage Licht spendete. Im Anschluss unternahm Judas Makkabäus erste Eroberungsfeldzüge in die Nachbarregionen zur Erweiterung seines Territoriums (5,1–68). Zudem ergriff er Schutzmaßnahmen für die in Gilead im Ostjordanland und in Galiläa lebenden Juden, indem er deren Umsiedlung in das jüdische Kernland veranlasste.

Antiochus IV. starb in Persien (6,1–17). Vor seinem Tod setzte er Philippus zum Reichsverweser und Mentor seines noch minderjährigen Sohnes Antiochus V. ein. Der Versuch von Judas Makkabäus, in Jerusalem die nach wie vor in der Hand der Seleukiden befindliche Burg zu erobern, hätte beinahe zum Untergang geführt (6,18–63). Antiochus V. und Lysias rückten mit einer überlegenen Heeresmacht, darunter Kampf-elefanten, an und schlossen die Makkabäer im Tempelareal ein. Es kam nur deshalb zu einem Friedensabkommen, weil die syrischen Truppen nach Antiochia abziehen mussten, denn dort hatte sich der Reichsverweser Philippus des Thrones bemächtigt. Antiochus V. sicherte den Makkabäern den väterlichen Gesetzen gemäß die freie Religionsausübung zu.

Das Thronkarussell im Seleukidenreich drehte sich indes immer rasanter. Demetrius I., der als Sohn von Seleukos IV. bei der Thronfolge übergangen worden war, hatte aus römischer Gefangenschaft nach Syrien fliehen können. Dort ließ er 162 v. Chr. Antiochus V. ermorden und übernahm die Herrschaft. Zudem veranlasste er die Ernennung von Alkimos zum Hohepriester. Dieser wurde zwar mit militärischer Gewalt in Jerusalem in das Amt gehoben und vertrat konsequent die seleukidischen Interessen, war aber aaronitischer Abstammung und erfüllte damit die Ansprüche der Tora. Daher wurde er von den Frommen akzeptiert, doch richtete er ein Blutbad unter ihnen an. Als Judas Makkabäus den Freiheitskampf fortsetzte, betraute Demetrius I. seinen General Nikanor mit einem neuerlichen Feldzug gegen die Makkabäer, der für das seleukidische Heer mit einer schweren Niederlage endete (7,26–50).

Nach seinem Sieg über Nikanor nahm Judas Makkabäus diplomatische Kontakte nach Rom auf, das den makkabäischen Befreiungskampf mit Wohlwollen betrachtete, weil er zur Destabilisierung des Seleukidenreichs beitrug. Es kam 161 v. Chr. zu einem Freundschaftsabkommen zwischen dem jüdischen und römischen Volk, sich im Kriegsfall gegenseitig beizustehen und den jeweiligen Feinden keine Unterstützung zu gewähren (8,1–32). Dieses Abkommen und ein Drohbrief des Senats nach Syrien blieben allerdings ohne die erhoffte Wirkung. Demetrius I. hatte bereits eine Streitmacht nach Judäa entsandt, die den Makkabäern eine empfindliche Niederlage zufügte. Judas Makkabäus fand bei den Kämpfen den Tod (9,1–22).

Fortsetzung des Befreiungskampfes unter Jonatan (1 Makk 9,23–13,30)

Nach dem Tod des Judas übernahm sein Bruder Jonatan die Führung der Aufstandsbewegung. Obwohl die erneuerten Privilegien der Jerusalemer Kultgemeinde von den Seleukiden nicht angetastet wurden, zogen sich die Makkabäer wieder als Partisanen in die Berge zurück und führten an den Grenzen Judäas einen Partisanenkrieg gegen den seleukidischen General Bakchides (9,23–73).

Das Blatt wendete sich abermals durch skurrile Thronwirren im Seleukidenreich. Alexander Balas landete mit einer starken Streitmacht in Ptolemais und residierte dort als Gegenkönig zu Demetrius I. Beide warben zur Stärkung ihrer Position um Jonatan, der die Rivalen zu seinem eigenen Vorteil geschickt gegeneinander ausspielte. Zunächst ging Jonatan ein Bündnis mit Demetrius I. ein und erhielt im Gegenzug die Erlaubnis, eigene Truppen zu unterhalten. Kaum hatte Jonatan Jerusalem in seine Gewalt gebracht, wechselte er die Partei und ließ sich von Alexander Balas in das Hohepriesteramt einsetzen (10,1–21). Demetrius I. versuchte, durch neue Zugeständnisse Jonatan wieder auf seine Seite zu bringen (10,22–45), doch dieser blieb bei seinem engen Schulterschluss mit Alexander Balas, der im seleukidischen Thronkampf die Oberhand behielt und ihn zum Statthalter über Judäa ernannte (10,46–66).

Demetrius II., ein Sohn von Demetrius I., kehrte aus dem Exil auf Kreta zurück und nahm den Kampf um den seleukidischen Thron auf. Er bestimmte Apollonius zum Statthalter von Zölesyrien („das hohle Syrien", Untersyrien), zu dem das jüdische Territorium gehörte. Dieser scheiterte allerdings beim Versuch, Jonatan auszuschalten (10,67–89). Mit militärischer Hilfe von Ptolemaios VI., der mit allen Mitteln den ägyptischen Einfluss nach Norden auszudehnen suchte, wurde Alexander Balas gestürzt und

Demetrius II. zum neuen Herrscher über das Seleukidenreich (11,1–19). Jonatan unternahm einen weiteren Versuch, die nach wie vor von einer syrischen Garnison kontrollierte Felsenburg in Jerusalem zu erobern, und zog damit den Zorn von Demetrius II. auf sich. Mit diplomatischem Geschick vermochte er aber Demetrius II., der zur Festigung der Herrschaft auf Unterstützung angewiesen war, in Ptolemais von seiner Loyalität zu überzeugen und ihm weitere Zugeständnisse abzuringen. Jonatan behielt die Hohepriesterwürde, erwirkte Steuererleichterungen und konnte zudem seinen Einflussbereich auf drei südliche Bezirke Samarias ausdehnen (11,20–37). Mit seinen Streitkräften avancierte Jonatan zum gefragten Bündnispartner in neuerlichen Thronkämpfen zwischen Demetrius II. und

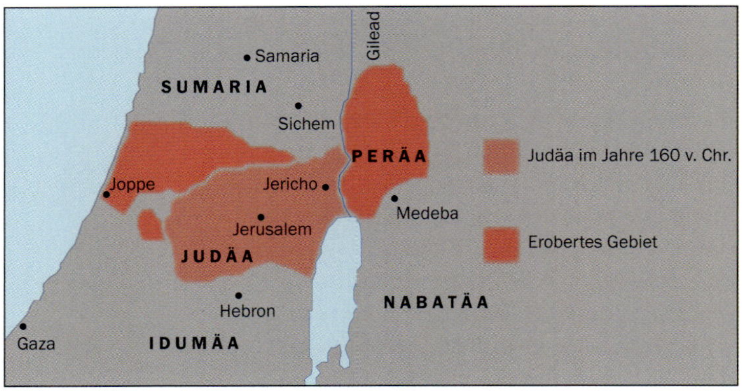

Judäa unter Jonatan

Trypho, einem ehemaligen General des Alexander Balas, der nun als Vormund des noch minderjährigen Antiochus VI. die Herrschaft beanspruchte. Jonatan kämpfte zunächst aufseiten von Demetrius, wechselte dann aber die Fronten. Als Gegenleistung wurde er von Antiochus VI. in seiner Position bestätigt und erreichte, dass sein Bruder Simon die Befehlsgewalt über die Küstenebene von Tyrus bis zur ägyptischen Grenze erhielt (11,38–74). Das von den Makkabäern kontrollierte oder im Auftrag der Seleukiden befriedete Gebiet erstreckte sich nun weit über Judäa hinaus. Jonatan sicherte seine Expansionsbestrebungen durch eine Erneuerung des Freundschaftsvertrages mit dem römischen Senat ab. Hinzu kam ein außenpolitisches Abkommen mit Sparta als wichtigstem Bundesgenossen Roms auf griechischem Boden (12,1–23). Nach einem neuerlichen Sieg über die Truppen von Demetrius II. und weiteren militärischen Aktivitäten wurde Jonatan dem hinter Antiochus VI. stehenden General Trypho zu mächtig. Trypho lockte Jonatan in Ptolemais in einen Hinterhalt und rückte mit ihm als Geisel auf Jerusalem vor. Als Trypho wegen eines Schneesturms den Feldzug abbrechen und den Rückmarsch nach Antiochia antreten musste, ließ er Jonatan töten (12,24–13,30).

Errichtung des Hasmonäerstaates unter Simon (1 Makk 13,31–16,24)

Neuer Anführer der Makkabäer wurde Jonatans Bruder Simon. Nachdem Trypho auch die Hinrichtung des minderjährigen Königs Antiochus VI. veranlasst hatte, um selbst den Thron zu besteigen, ging Simon ein Bündnis mit dem von Antiochus VI. aus der Herrschaft verdrängten Demetrius II. ein, der im Gegenzug 142 v. Chr. den Bewohnern Judäas Steuerfreiheit gewährte (1 Makk 13,31–42). Obwohl formal weiterhin eine Abhängigkeit von den Seleukiden bestand, war „das Joch der fremden Völker von Israel genommen" und Judäa faktisch erstmals seit der Eroberung Jerusalems durch die Babylonier wieder ein souveräner Staat. Simon nannte sich nun großer Hohepriester, Befehlshaber und Führer der Juden. Damit kommt zum Ausdruck, dass er die höchste geistliche, militärische und politische Gewalt in seiner Hand vereinigte. Nach Art eines Königs zählte er die Jahre vom Beginn seiner Amtszeit an neu.

Zu den ersten militärischen Aktionen Simons nach Gewinn der Steuerfreiheit gehörten die Eroberung der strategisch wichtigen Stadt Geser und die Befreiung Jerusalems von der verhassten syrischen Garnison (13,43–53). Demetrius II. war bei seinem Feldzug gegen den über Persien und Medien regierenden Partherkönig Arsakes in Gefangenschaft geraten. Das Seleukidenreich war damit kaum noch in der Lage, seine Herrschaftsansprüche über Judäa durchzusetzen und Simon gefährlich zu werden, zumal dieser die Freundschaftsverträge mit Rom und Sparta erneuerte (14,1–24). Von politischer Weitsicht zeugt die Maßnahme Simons, seine Machtstellung in einer Staatsverfassung festzuschreiben und diese 140 v. Chr. von der Volksversammlung verabschieden zu lassen (14,25–49). Simon gab damit seiner Herrschaft einen verbindlichen rechtlichen Rahmen, versicherte sich der Zustimmung breiterer Bevölkerungsschichten und legte das Fundament für die Hasmonäerdynastie.

Antiochus VII., der Nachfolger von Demetrius II., befand sich zu jener Zeit im Exil auf Rhodos und bestätigte zunächst die Unabhängigkeit des jüdischen Staates (15,1–9). Nachdem er Trypho in die Flucht geschlagen und den Thron in Antiochia erobert hatte, machte er allerdings eine Kehrtwende und versuchte, die alten seleukidischen Ansprüche auf die Simon unterstehenden Territorien militärisch durchzusetzen (15,10–16,10). Im Jahr 135 v. Chr. wurde Simon mit zweien seiner Söhne während eines Trinkgelages in der Nähe von Jericho von seinem Schwiegersohn Ptolemaios, der selbst die Macht anstrebte, hinterrücks ermordet (16,11–24). Von den Söhnen Simons entging nur Johannes Hyrkan dem Attentat. Damit endet die Geschichtsdarstellung des 1. Makkabäerbuchs. Das im Buchschluss erwähnte Werk, in dem das Hohepriesteramt des Johannes Hyrkan beschrieben wird, ist nicht erhalten.

Zweites Makkabäerbuch – Bewaffneter Kampf für Religionsfreiheit

Das 2. Makkabäerbuch stellt einen Auszug aus dem Geschichtswerk des Jason von Kyrene dar. Es erzählt mit chronologischen Unstimmigkeiten die Geschichte des Makkabäeraufstands und rückt die Person des Judas Makkabäus in den Mittelpunkt der Darstellung.

Das 2. Makkabäerbuch, dessen Hauptinteresse in der Verherrlichung des Tempels und der Betonung jüdischer Gesetzesfrömmigkeit liegt, stellt keine Fortsetzung des 1. Makkabäerbuchs dar, sondern bietet eine den Zeitraum von 187 bis 161 v. Chr. abdeckende Paralleldarstellung. Mit Ausnahme der vorangestellten Briefe, die sich als Übersetzungen aus dem Hebräischen erweisen, wurde es wohl von vornherein auf Griechisch abgefasst. Es handelt sich beim 2. Makkabäerbuch um einen mit redaktionellen Erweiterungen versehenen Auszug aus dem verloren gegangenen Geschichtswerk des Jason von Kyrene über den Aufstand der Makkabäer. Neben legendarischem Material enthält das Werk bedeutsame seleukidische Urkunden und liefert vor allem für die Vorgeschichte des jüdischen Aufstandes historisch wertvolle Nachrichten. Sehr viel differenzierter als im 1. Makkabäerbuch wird deutlich, dass die Reformen nicht nur von außen aufgezwungen waren, sondern auch von Teilen des Judentums zielstrebig vorangetrieben wurden. Andererseits geht der um 100 v. Chr. wirkende Autor bei seiner Verkürzung des Werkes von Jason nicht chronologisch, sondern systematisch vor. Dadurch gerät die Abfolge der Ereignisse zuweilen durcheinander, und es entstehen Doppelungen. Neben einer Tendenz zur Verherrlichung des makkabäischen Befreiungskampfes trägt das Werk auch kritische Züge, indem von Verrat und Götzendienst in den Truppen des Judas Makkabäus berichtet wird. Mit der Betonung dessen, dass die Makkabäer nur zu Verteidigungszwecken in den Kampf zogen, werden wahrscheinlich indirekt die späteren Eroberungskriege der Hasmonäer kritisiert.

Zwei Briefe zum Tempelweihfest (2 Makk 1,1–2,18)

Die Einleitungsbriefe gehörten nicht zum Geschichtswerk des Jason von Kyrene, sondern sind unbekannter Herkunft. Sie erweisen sich als griechische Übersetzungen von verloren gegangenen hebräischen Originalen. Bei dem ersten der beiden Schreiben (1,1–9) handelt es sich um einen Festbrief, in dem auf ein früheres Schreiben aus der Zeit des Kampfes gegen die Reformen des Hohepriesters Jason Bezug genommen wird. Das Jahr 188 der Seleukidenära entspricht dem Jahr 124 v. Chr. Wenn am Ende des Briefes zur feierlichen Begehung der Tage des Laubhüttenfestes aufgerufen wird, ist dies missverständlich. Es geht um das Tempelweihfest (Chanukka) im jüdischen Monat Kislev, der nach unserem Kalender in den Dezember fällt. Mit der Wiedereinweihung des Tempels nach dessen Entheiligung durch die Seleukiden verlebten die Jüdinnen und Juden „acht Tage lang ein fröhliches Fest nach Art des Laubhüttenfestes" (2 Makk 10,6).

Der zweite Brief (1,10–2,18) will in der Situation unmittelbar nach der Rückeroberung des Tempels durch Judas Makkabäus und vor dem Tempelweihfest (Chanukka) entstanden sein. Damit ergäbe sich eine Abfassung im Dezember 164 v. Chr. Absender des Briefes sind die Jerusalemer Juden, der Ältestenrat und Judas Makkabäus. Als Empfänger werden Aristobul, ein in der Zeit von Ptolemäus VI. (181–145 v. Chr.) in Alexandria wirkender Interpret der Thora, und die gesamte Judenschaft Ägyptens genannt. Wesentlicher Inhalt des Briefes ist die Bekanntmachung, dass der Seleukidenkönig Antiochus IV. in Persien beim Versuch einer Tempelplünderung ums Leben kam (1,11–17). Daran schließt sich ein geschichtlicher Rückblick an, der die Kontinuität zwischen dem Tempel Salomos und dem gegenwärtigen, von der Entweihung durch die Seleukiden zu reinigenden Tempel hervorhebt. Rätselhaft ist die Erwähnung Nehemias als angeblichen Erbauers des zweiten Tempels (1,18). Auch die Erzählung von der Aufbewahrung des Altarfeuers, das aus dem von den Babyloniern zerstörten Tempel heimlich mit in das Exil genommen und auf Initiative Nehemias später nach Jerusalem in den wiederaufgebauten Tempel zurückgeführt wurde (2,19–36), hat keinen Anhalt in der biblischen Überlieferung. Die Legende soll wohl verbürgen, dass die von Mose gegebene Anweisung, das heilige Altarfeuer niemals verlöschen zu lassen (Lev 6,5–6), über die Zeiten hinweg eingehalten wurde.

Umzeichnung eines Münzporträts von Judas Makkabäus

Vorwort des Autors (2 Makk 2,19–32)

Im Vorwort meldet sich der Autor des 2. Makkabäerbuchs zu Wort und beschreibt seine Arbeitsweise. Er hat nach eigenem Bekunden auf selbstständige Forschungen verzichtet und nichts anderes getan, als einen Auszug aus dem fünfbändigen Werk des Jason von Kyrene über den Befreiungskampf der Makkabäer herzustellen. Mit diesem Exzerpt soll die geschichtliche Darstellung des Jason von Kyrene in ihren wesentlichen Punkten einem breiteren Leserkreis bekannt gemacht werden. Jason ist die hellenisierte Form von Jeschua bzw. Jesus. Kyrene liegt in Nordafrika im heutigen Libyen, das zum Ptolemäerreich gehörte und ein Zentrum des Diasporajudentums war. Über Jason von Kyrene ist sonst nichts bekannt. Sein Werk ging verloren.

Verteidigung des Tempels gegen Heliodor (2 Makk 3,1–4,6)

Die geschichtliche Darstellung setzt in den Tagen des Seleukidenkönigs Seleukus IV. (187–175 v. Chr.) ein, als in Jerusalem Onias III. das Hohepriesteramt innehatte. Der jüdische Tempelstaat gehörte innerhalb des Seleukidenreichs zu Zölesyrien, dem „hohlen Syrien". Darunter verstand man die Senke zwischen den Quellen des Orontes und dem Toten Meer, das Hinterland der phönizischen Küste. Unter Seleukos IV. kam es durch den Statthalter Apollonius und den Schatzkanzler Heliodor zum Versuch, sich des Jerusalemer Tempelschatzes zu bemächtigen. Dabei ging es einerseits um Geld aus der Tempelsteuer, das zur Sozialfürsorge für Witwen und Waisen bestimmt war, andererseits um Vermögenswerte der reichen Tobiadenfamilie. Wie viele Kultstätten der Antike diente auch der gut bewachte Jerusalemer Tempel als eine Art Bank mit Depots für die Reichen. Die Konfiskation des Tempelschatzes hätte einen gravierenden Eingriff in die jüdische Religionsfreiheit dargestellt. Der Bericht erzählt in Form einer Legende, wie Heliodor scheiterte. Der geschichtliche Hintergrund wird nicht ausgeleuchtet. Nach der 190 v. Chr. erlittenen Niederlage gegen die Römer wurde das Seleukidenhaus im Friedensabkommen von Apamea zu immensen Reparationszahlungen verpflichtet. Zur Begleichung der Kriegsschuld gegenüber Rom kam es in den unter seleukidischer Herrschaft stehenden Territorien zu systematischen Tempelplünderungen.

Hellenistische Reformen und Entweihung des Tempels (2 Makk 4,7–7,42)

Die Thronbesteigung von Antiochus IV. war für hellenistisch gesinnte Kreise das Startsignal zum Versuch, mit Unterstützung der Seleukiden die Gesellschaft und den Tempelstaat grundlegend zu modernisieren (4,7–22). Der konservative Hohepriester Onias III. verweigerte sich diesen Reformen. Er wurde von seinem Bruder Jason aus dem Amt gedrängt, der den seleukidischen Herrscher durch hohe Steuerzusagen und hellenistische Reformversprechen dazu brachte, ihn mit den hohepriesterlichen Aufgaben zu betrauen. Die auf der Tora basierende Ordnung des jüdischen Tempelstaates wurde durch eine Verfassung ersetzt, wie sie für griechische Stadtstaaten charakteristisch war. Dort verfügte nur die Oberschicht über das Bürgerrecht. Zu den Hellenisierungsmaßnahmen Jasons zählte auch die Errichtung einer Sportschule unterhalb des Jerusalemer Tempels, wie sie in jeder ambitionierten griechischen Stadt anzutreffen war.

Eine neue Dimension erreichten die Umwälzungen, als 172 v. Chr. abermals ein überraschender Wechsel im Hohepriesteramt eintrat (4,23–50). Menelaus, der zur Überbringung von Steuerzahlungen nach Antiochia entsandt worden war, überbot Jasons Tributzusage an die Seleukiden um die immense Summe von dreihundert Silbertalenten, womit ihm die Hohepriesterwürde zugesprochen wurde. Mit Menelaus war nun zum ersten Mal das Amt des Hohepriesters in die Hände einer Person gelangt, die nicht aus dem Geschlecht Zadoks stammte. Der von Jason verdrängte Onias III., der sich in Antiochia im Exil befand und in den Augen der Frommen nach wie vor der rechtmäßige Hohepriester war, wurde im Auftrag des Menelaos mit falschen Versprechungen zum Verlassen des Exils bewogen und getötet. Um seinen immensen finanziellen Verpflichtungen gegenüber den Seleukiden nachkommen zu können, war Menelaus zur Veräußerung von Kultgegenständen aus dem Tempel gezwungen. Dabei unterstützte ihn sein Bruder Lysimachus, den er zum stellvertretenden Hohepriester ernannt hatte. Mit seiner Skrupellosigkeit verlor Menelaus auch in der Oberschicht Jerusalems an Rückhalt. Auf Initiative des Hohen Rats kam es in Tyrus zu einer gerichtlichen Untersuchung durch die Seleukiden, die aber mit Freispruch endete.

Als das Gerücht umlief, Antiochus IV. sei im Feldzug gegen Ägypten gefallen, eskalierte die Situation in Jerusalem (5,1–27). Der frühere Hohepriester Jason, der von den gemäßigten liberalen Kräften gestützt wurde und nun auch konservativen Kreisen als das geringere Übel erschien, versuchte, Menelaus zu stürzen, und entfachte einen blutigen Bürgerkrieg, musste aber nach Sparta fliehen. Antiochus IV. stellte nach der Rückkehr aus Ägypten, das er auf Druck des römischen Senats hatte verlassen müssen, mit größter Grausamkeit die Ordnung wieder her und behandelte Jerusalem nach Kriegsrecht. Zudem bemächtigte er sich des Tempelschatzes. Mit der Notiz vom Rückzug des Judas Makkabäus in die Wüste wird ein Vorausblick auf den Makkabäeraufstand gegeben.

Nun kommt der Autor auf das Religionsverbot und die Glaubensnot zu sprechen (6,1–11). Der Jerusalemer Tempel wurde Zeus, dem Herrscher des Olymp, geweiht. Auf dem Brandopferaltar brachte man unreine Tiere dar. Zudem wurden der Herrscherkult und die Dionysosverehrung eingeführt. Wer an Beschneidung und Einhaltung der jüdischen Feiertage festhielt, musste mit der Todesstrafe rechnen. An dieser Stelle fügt der Autor in das Werk des Jason von Kyrene eine Geschichtsbetrachtung ein, die das Unglück als Mittel der Erziehung durch Gott begreift

(6,12–17). Der Märtyrertod des hochbetagten Schriftgelehrten Eleasar, der lieber in den Tod geht als Schweinefleisch zu essen, bietet ein vorbildhaftes Beispiel für Standhaftigkeit und Festhalten am Glauben (6,18–31). Anschließend wird das Martyrium von sieben Brüdern und ihrer Mutter geschildert, die ebenfalls lieber sterben, als sich von dem Seleukidenkönig Antiochus IV. zum Genuss von Schweinefleisch zwingen zu lassen (7,1–42). Jedem der sieben Söhne, die samt ihrer Mutter in der christlichen Kirche als Märtyrer und Heilige Verehrung fanden, wird vor dem Dahinscheiden eine kurze Abschiedsbotschaft an den Seleukidenkönig in den Mund gelegt. In zwei Reden kommt die Hoffnung auf künftige Auferstehung zum Ausdruck, die in Analogie zur Erschaffung des Menschen bzw. zu seinem Werden im Mutterschoß begriffen wird. Neben dem alttestamentlichen Danielbuch ist das 2. Makkabäerbuch damit das älteste Zeugnis für einen reflektierten jüdischen Auferstehungsglauben.

Sieg des Judas Makkabäus und Wiederherstellung des Tempelkults (2 Makk 8,1–10,9)

Die Darstellung des Makkabäeraufstands setzt mit der Rekrutierung von Freiheitskämpfern durch Judas Makkabäus und mit der Schlacht gegen das von Nikanor angeführte Seleukidenheer ein (8,1–36). Die im 1. Makkabäerbuch geschilderten Anfänge des Aufstands und die Bedeutung des Mattatias kommen nicht in den Blick. In den Bericht sind Notizen über die kriegerischen Auseinandersetzungen von Judas Makkabäus mit Bakchides eingeschoben, die in Wirklichkeit erst unter dem Seleukidenkönig Demetrius I. stattfanden, als Judas Makkabäus nicht mehr am Leben war (vgl. 1 Makk 9).

Nachfolgend ist davon die Rede, wie Antiochus IV. in Persien den Tod fand (9,1–29). Nachdem er vergeblich versucht hatte, in Persepolis einzuziehen und Tempelschätze zu rauben, soll er über die Nachricht von der Niederlage Nikanors derart aufgebracht gewesen sein, dass er der Stadt Jerusalem ein brutales Strafgericht androhte. In dieser Situation habe Gott Erbarmen mit seinem Volk gehabt und Antiochus IV. an einer schweren inneren Krankheit sterben lassen. Der Bericht ist vom traditionellen Motiv bestimmt, dass der Gotteslästerer mit dem von unerträglichem Gestank begleiteten Tod durch Würmerfraß seine gerechte Strafe erhält. Der angeblich in dieser Situation entstandene Brief des Seleukidenkönigs an die Juden (9,19–27) dürfte eine Fälschung darstellen. Die gesamte Darstellung vom Tod des Antiochus ist nicht mit dem Bericht im Eingangskapitel des 2. Makkabäerbuchs vereinbar (1,13–17). Die Rückeroberung Jerusalems, die Zerstörung der heidnischen Heiligtümer und die Reinigung des entweihten Tempels werden in knapper Form erzählt (10,1–9).

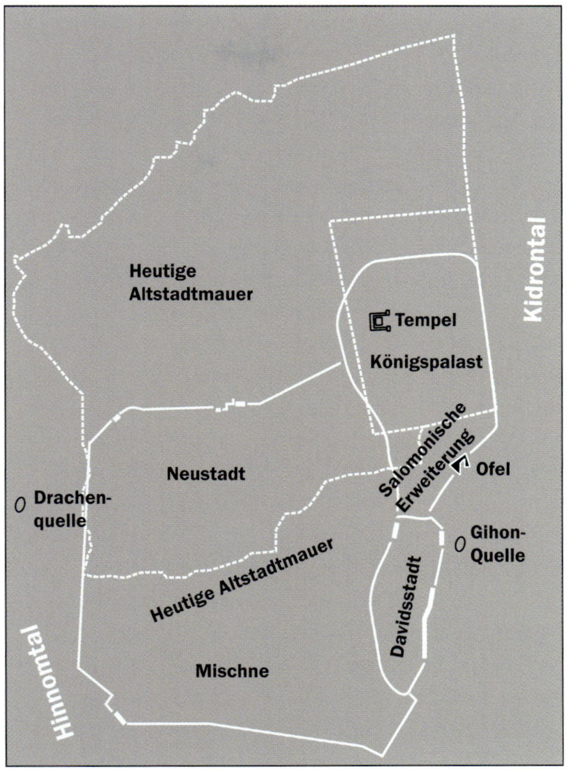

Jerusalem zur Zeit des Alten Testaments

Verteidigung der Religionsfreiheit durch Judas Makkabäus (2 Makk 10,10–15,39)

Danach richtet sich der Fokus auf die Herrschaft von Antiochus V. Eupator, der seinen Vater Antiochus IV. beerbte. Zum Kanzler des minderjährigen Thronfolgers wurde Lysias ernannt. Dieser rückte zugleich als Statthalter Palästinas (Zölesyrien und Phönizien) an die Stelle von Ptolemäus Makron, der wegen seiner judenfreundlichen Politik unter Druck geraten war und Selbstmord begangen hatte (10,10–13). Danach ist von Kämpfen des Judas Makkabäus gegen Gorgias und die Idumäer die Rede (10,14–23). Idumäa, dessen Statthalter Gorgias war, grenzt südlich an Judäa an. Die aus Jerusalem Verbannten, die dort Zuflucht gefunden hatten, waren Parteigänger des gestürzten Hohepriesters Menelaus. Die Nachricht, dass Soldaten aus dem direkten Umfeld von Simon gegen Bestechungsgelder idumäischen Gefangenen die Flucht ermöglichten, wirft kein gutes Licht auf den Bruder des Judas und späteren Begründer der Hasmonäerdynastie. Die kriegerischen Auseinandersetzungen des Judas Makkabäus mit Timotheus (10,24–38) sind zeitlich falsch eingeordnet. Sie enden mit der Notiz vom Tod des Timotheus, während dieser später wieder gegen die Makkabäer Krieg führt (12,1–45).

Nachfolgend wird der Feldzug des Lysias, der als Vormund des minderjährigen Seleukidenkönigs Antiochus V. auch den Ehrentitel „Verwandter“ führte, nach Judäa geschildert (11,1–38). Das 2. Makkabäerbuch rückt die Überlegenheit der jüdischen Kämpfer und den wunderbaren Beistand Gottes in den Vordergrund. Für den Brief des Antiochus an den Ältestenrat und das jüdische Volk (11,27–33) wird allerdings oftmals erwogen, dass er nicht von Antiochus V., sondern von Antiochus IV. stammt und den Anhängern des vertriebenen Hohepriesters Jason eine Amnestie zusagt. Im Mittelpunkt der nachfolgenden kriegerischen Auseinandersetzungen stehen Racheaktionen des Judas Makkabäus gegen die Küstenstädte Jafo (Joppe) und Jamnia (12,1–9) sowie weitere Kämpfe mit Timotheus und Gorgias (12,10–45). Darin eingebettet ist ein weiteres Zeugnis für die Entwicklung eines jüdischen Auferstehungsglaubens. Als Judas und seine Anhänger die Leichen gefallener Kämpfer bestatten wollen, entdecken sie unter deren Kleidern Amulette mit heidnischen Gottheiten. Daraufhin lässt Judas 2000 Silberdrachmen sammeln und nach Jerusalem senden, um für den Götzendienst der Gefallenen ein Sühnopfer mit Gebeten darbringen zu lassen und diesen damit die Auferstehung zu sichern (12,43–45).

Der Bericht vom neuerlichen Feldzug des Seleukidenkönigs Antiochus V. und seines Kanzlers Lysias gegen Jerusalem (13,1–26) ist eine Dublette zu den schon vorher (11,1–38) geschilderten Ereignissen. Neu ist die Information, dass auf Anraten des Lysias der Hohepriester Menelaus zur Wiederherstellung des inneren Friedens nach Beröa (Aleppo) geschafft und in einem mit Asche gefüllten Turm erstickt wurde. Dabei handelte es sich um eine von den Persern übernommene Todesart für Religionsfrevler. Wer gegen den Altar mit seiner Asche gesündigt hat, soll durch Asche sterben. Die militärischen Auseinandersetzungen mit Judas Makkabäus finden ein überraschendes Ende, weil das seleukidische Heer wegen einer Thronrevolte in Antiochia gebraucht wurde und deshalb zu einem Friedensabkommen bereit war.

Den Abschluss der Geschichtsdarstellung des 2. Makkabäerbuchs bilden die Ereignisse unter dem Seleukidenkönig Demetrius I. (14,1–15,36). Zunächst ist von der Wiedereinsetzung des Alkimus in das Hohepriesteramt die Rede. Er war zunächst von den Asidäern (Chassidim) anerkannt worden, weil er wegen seiner aaronitischen Abstammung die Voraussetzungen für den Hohepriesterdienst erfüllte, hatte dann aber ein Blutbad unter ihnen angerichtet (1 Makk 7,13–18). Deshalb schlossen die Frommen sich nun wieder dem Kampf der Makkabäer an (14,3–10). Als es unter dem syrischen Feldherrn Nikanor erneut zu einer Bedrohung der Religionsfreiheit und des Tempelkults kommt (14,15–36), begeht der fromme Jude Rasi Selbstmord (14,37–47). In diesem Märtyrerbericht spiegelt sich eine Jenseitserwartung wider, die von der Hoffnung auf leibliche Auferstehung mit völliger Wiederherstellung aller Körperfunktionen geprägt ist. Nachdem Rasi sich ins Schwert gestürzt hat, reißt er sich im Sterben die Eingeweide heraus und schleudert sie in die Menge. Dabei ruft er Gott als Herrn über Leben und Tod an, dieser möge ihm die Eingeweide einst bei der Auferstehung wiedergeben. Mit dem Sieg des Judas Makkabäus über Nikanor und der Einsetzung des Nikanortags (15,1–36) bietet das 2. Makkabäerbuch ein furioses Finale. Nikanors abgeschlagener Kopf wird als sichtbares Zeichen für die Hilfe Gottes an der Jerusalemer Burg angebracht und der Tag des Triumphes in den jüdischen Festkalender aufgenommen.

Nachwort des Autors (2 Makk 15,37–39)

In einem Nachwort meldet sich nochmals der Autor des 2. Makkabäerbuchs zu Wort, der die Kurzfassung vom Geschichtswerk des Jason von Kyrene erstellt hat. Seine Aussage, durch die Größe der geistigen Aufgabe möglicherweise überfordert gewesen zu sein, ist ein in der antiken Literatur weit verbreitetes Stilmittel und nicht allzu wörtlich zu nehmen.

Das Buch der Weisheit – Weisheit ist weit mehr als nur Erfahrungswissen

Das Salomo zugeschriebene Buch der Weisheit ist ein poetisches Werk aus dem 1. Jh. v. Chr., in dem sich biblisch-alttestamentliches und jüdisch-hellenistisches Denken durchdringen. Im Zentrum steht die Enthüllung von Wesen und Ursprung der Weisheit.

Das Buch der Weisheit ist vermutlich im 1. Jh. v. Chr. im ägyptischen Alexandria entstanden und durchgehend in poetischer Sprache gestaltet. Alexandria war die Metropole jüdisch-hellenistischer Gelehrsamkeit. Das Buch der Weisheit atmet den Geist des Alten Testaments und ist gleichzeitig von zentralen Gedanken der griechischen Philosophie durchdrungen. Im Mittelteil des Buchs ergreift in Ich-Form ein anonym bleibender Redner das Wort. Jeder, der sich im Alten Testament auskennt, vermag ihn als den König Salomo zu identifizieren, der vom wunderbaren Wirken der Weisheit in seinem eigenen Leben und in der Geschichte Israels spricht. Das Werk trägt daher in den griechischen Bibelhandschriften den Titel „Weisheit Salomos". Unter dieser Bezeichnung wurde es auch lange Zeit in der Lutherbibel mit Apokryphen geführt. Allerdings stellten bereits die Kirchenväter Hieronymus und Augustin infrage, dass der große jüdische König und Patron des weisheitlichen Denkens der Verfasser war. Daher begegnet uns das Werk in der

Das 2. Makkabäerbuch und die Vorstellung vom Fegefeuer

2 Makk 12,43–45 gilt in der römisch-katholischen Tradition als ein wichtiger biblischer Beleg für das Fegefeuer. Wenn die verstorbenen Kämpfer aufgrund ihres Götzendienstes bereits in der Hölle gewesen wären, so die Argumentation, hätten Sühnopfer und Fürbittengebete keinen Sinn gehabt. Also müsse es noch einen anderen Ort neben Himmel und Hölle geben. In 1 Kor 3,13–15 ist davon die Rede, dass die Werke des Einzelnen im Jüngsten Gericht im Feuer geprüft werden. Bereits von einzelnen Kirchenvätern wurde dies nicht im Sinne der ewigen Dauer der Höllenstrafe gedeutet, sondern als zeitlich befristetes Gerichtsfeuer zur Reinigung von Sünde (Purgatorium) verstanden. Das Konzil von Florenz hat dann 1439 die Lehre vom Fegefeuer, in dem die Seelen der Gläubigen von lässlichen Sünden gereinigt werden müssen, neben 1 Kor 3,13–15 und Mt 13,42 auch mit 2 Makk 12,45 begründet. Martin Luther hat die Lehre vom Fegefeuer zunächst für richtig gehalten, dies aber 1530 widerrufen. Dabei vertrat er die Auffassung, dass 2 Makk 12,43–45 kein Wort über das Fegefeuer verlauten lasse, sondern nur von den Sünden der Verstorbenen und vom edlen Glaubensartikel der Totenauferstehung spreche. In der römisch-katholischen Tradition wird an der Vorstellung des Purgatoriums festgehalten und davon ausgegangen, dass die Lebenden den Verstorbenen durch Gebet, Mitfeier der Messe und Taten der Nächstenliebe zu Hilfe kommen können. Mutmaßungen über zeitliche und räumliche Dimensionen des Purgatoriums begegnet man allerdings ebenso wie allen Spekulationen über die von den Seelen darin zu erleidende Pein mit großer Zurückhaltung.

lateinischen Überlieferung und der römisch-katholischen Tradition meist schlicht als „Buch der Weisheit“. Dieser Titel wird heute allgemein bevorzugt. Im Unterschied zur älteren Weisheitsliteratur des Judentums vertritt das Buch der Weisheit die Auffassung, dass sich Weisheit nicht nur in der Weltbeobachtung, sondern auch in der Sichtung der Heilsgeschichte Israels manifestiert, wie sie von der Schrift geschildert wird.

Aufforderung zu einem Leben nach der Weisheit (Weish 1,1–6,21)

Der erste Buchteil nimmt das ewige Heil oder Unheil des Menschen in den Blick. Er beginnt mit der Ermahnung, die Gerechtigkeit zu lieben und Gott zu suchen (1,1–15). Der Gedanke, dass die Weisheit im Menschen Wohnung nimmt, ist eine beliebte Metapher. Wenn der Heilige Geist als Lehrmeister gilt (im griechischen Urtext ist wörtlich vom „heiligen Geist der Bildung“ die Rede), wird er offensichtlich mit der Weisheit gleichgesetzt. Mit den Aussagen, dass Gott den Tod nicht gemacht hat, sondern alles zum Dasein geschaffen wird, wird auf die Schöpfungsgeschichte und den Sündenfall Bezug genommen.

Es schließt sich eine Beschreibung der Lebensphilosophie der Gottlosen an (1,16–2,24), in die ein Klagelied integriert ist. Die Aussage, dass die Gottlosen den Tod für einen Freund halten, ist eine kritische Anspielung auf die Glorifizierung des Todes als positiver Macht in der griechischen Philosophie. Das Klagelied (2,1b–9) bringt den eigentlich gut weisheitlichen und beispielsweise im biblischen Buch Kohelet (Koh 9) anzutreffenden Gedanken zur Sprache, dass man angesichts der Kürze und Vergänglichkeit der menschlichen Existenz die Dinge des Lebens genießen soll. Im jetzigen Kontext gewinnt dieser Lebensentwurf einen negativen Klang, indem er eine vom Autor kritisierte Weltanschauung repräsentiert. Dies zeigt sich an den Aussagen über die Leiden des Gerechten (2,10–20), die aus der Perspektive der gottlosen Frevler formuliert sind und Motive aus Jes 53 verarbeiten.

Nachfolgend bemüht sich der Autor um den Nachweis, dass die Seelen der Gerechten in Gottes Hand sind, auch wenn es auf den ersten Blick oftmals anders aussehen mag (3,1–4,20). Zunächst wird in einer Mischung aus Trostsprüchen und prophetischen Heilsworten das gegenwärtige Elend der Gerechten als Züchtigung und Prüfung gekennzeichnet, dem die baldige Verherrlichung gegenüberstehen wird (3,1–9). Anschließend wird gegenüber der Philosophie der Gottlosen mit Nachdruck daran festgehalten, dass die Gerechten unter dem Schutz Gottes stehen und ihren Lohn erhalten werden, selbst wenn sie kinderlos bleiben oder frühzeitig aus dem Leben abberufen werden (3,10–4,20).

In erneutem Rückgriff auf Motive aus Jes 53 wird die Erhöhung und Rechtfertigung des leidenden Gerechten in den Blick genommen (5,1–23). Die Frevler, die ihn bedrängten und zum Gespött machten, müssen am Tag des Gerichts voller Reue ihren Irrweg erkennen. Die Belohnung der gerechten Weisen wird mit Bildern des hellenistischen Thronbesteigungsrituals umschrieben, während die Bestrafung der gottlosen Toren in den Farben eines apokalyptischen Krieges gemalt wird. Der erste Teil des Buchs endet mit einer Gerichtsrede an die Herrscher der Welt (6,1–21). Ihnen wird eindrücklich vor

Augen gehalten, dass sie ihre Macht aus der Hand Gottes empfangen haben. Sie sollen durch Streben nach Weisheit zur Einsicht und zu einem Sinneswandel kommen, damit sie nicht fallen. In diesem Zusammenhang wird ein Loblied auf die Weisheit gesungen, die es ihren Liebhabern einfach macht (6,12–20). Sie ist immer präsent und wartet nur darauf, gefunden zu werden. Dem Begehren der Weisheit folgt das Erkennen der Weisheit auf dem Fuße.

Ein Loblied auf die Weisheit (Weish 6,22–10,21)

Im zweiten Hauptteil des Buchs geht es um das Sein und das Wirken der Weisheit. König Salomo als angeblicher Verfasser des Werks spricht die Adressaten nun im Ich-Stil an, um ihnen in feierlicher Sprache zu verkündigen, was das Wesen und der Ursprung der Weisheit ist (6,22–25). Formal richtet sich das, was Salomo zu sagen hat, nach wie vor an die Könige der Welt, von denen im vorangehenden Abschnitt die Rede war. Zunächst bekennt Salomo, dass er nur kraft der Gabe der göttlichen Weisheit ein guter Herrscher ist (7,1–22a). Die Umstände seiner Zeugung, Geburt und Kindheit waren nicht anders als bei allen übrigen Königen. Als Weiser wird man nicht geboren. Salomo wandte sich im Gebet an Gott, der ihm die Klugheit und den Geist der Weisheit gab. Es schließt sich eine anschauliche Beteuerung des Königs an, dass er die Weisheit allen Schätzen und Gütern der Welt vorzieht. Dann tut der Herrscher kund, was aufgrund der von Gott geschenkten Weisheit alles an ihm geschehen ist. Am Ende weitet sich bei der Benennung dessen, was Salomo der Weisheit alles verdankt, die Perspektive ins Unermessliche. Gott gab Salomo durch die Weisheit universale kosmische, astrologische, botanische, biologische und medizinische Kenntnisse. Vor dem Hintergrund dieser Aussagen wird Salomo im antiken Judentum unter anderem zum Experten schlechthin für Magie und Heilkunst.

Das Wesen der Weisheit wird dann unter Rückgriff auf philosophische Traditionen der Antike beschrieben (7,22b–8,1), wobei insbesondere Vorstellungen aus der Stoa und dem Platonismus eingeflossen sind. Die in sich geschlossene Abhandlung stellt besonders die Aussage voran, dass sich in der Weisheit der Geist Gottes befindet, und zählt mehr als zwanzig Prädikate der Weisheit auf. Mit der Charakterisierung der Weisheit als Hauch der Macht Gottes wird nochmals betont, dass sie von Gott herkommt. Die Bezeichnung der Weisheit als Abglanz des ewigen Lichts und unbefleckter Spiegel der Wirksamkeit Gottes erinnert an alttestamentliche Aussagen von Gott als dem Licht (Ps 27,1), ruft aber auch die platonische Vorstellung vom göttlichen Urlicht wach. Dass die Weisheit das gesamte All zu dessen Nutzen durchwaltet, nimmt Grundgedanken aus der stoischen Philosophie auf, wo vom Geist als der den Kosmos durchdringenden Macht die Rede ist.

Der nächste Abschnitt (8,2–18) kehrt wieder zu den autobiografisch stilisierten Aussagen Salomos zurück. Im Selbstbericht schildert der König, was die Weisheit aus ihm gemacht hat. Er schildert seine tiefe und innige Liebe zur Weisheit, die er schon von Jugend an als Braut heimzuführen wünschte. In einer Sprache, die von erotischen Metaphern durchzogen ist, wird voller Begeisterung und Inbrunst von der Weisheit gesprochen. Salomo äußert die Überzeugung, dass er durch die Weisheit sogar Unsterblichkeit gewinnen werde.

Salomos großes Gebet um Weisheit (8,19–9,17) nennt zwar ebenfalls nicht den Namen des Königs, doch ist für die Adressaten klar, dass es sich nur um ihn handeln kann. Das Gebet enthält zahlreiche Anklänge an alttestamentliche Salomotexte. In der Einleitung zum Gebet ist offenbar die Vorstellung einer Präexistenz der Seele vor der Menschwerdung ausgesprochen. Im eigentlichen Gebet bittet Salomo um Weisheit, weil er ihrer auch als König dringend bedarf. In diesem Zusammenhang findet sich die Vorstellung, dass die Weisheit bereits an der Erschaffung der Menschen beteiligt war. Sie wird als Person dargestellt, die mit Gott gemeinsam auf dem Herrscherthron sitzt. Danach werden die besondere Stellung Salomos und die himmlische Stellung der Weisheit betont. Abschließend stellt das Gebet die Unfähigkeit der Menschen heraus, ohne die Weisheit Gottes Pläne zu verstehen.

Der Hymnus auf die Weisheit (9,18–10,21) ist durch das rühmende, lobpreisende Aufzählen der Taten der Weisheit geprägt und bietet einen Ausflug in die alttestamentliche Heilsgeschichte von der Erschaffung der Welt bis zum Exodus aus Ägypten. Er setzt mit der Erschaffung Adams ein und stellt die These auf, dass Adam durch das Handeln der Weisheit wieder in den Zustand der Sündlosigkeit zurückversetzt wurde. Bei der durch Kains Brudermord ausgelösten Sintflut soll die Weisheit Noach zum Bau der Arche angeleitet und vor den Wasserfluten bewahrt haben. Danach wird aufgezeigt, wie die Weisheit auch Abraham, Lot, Jakob, Josef und dem Volk Israel in Ägypten rettend beistand. Diese alttestamentlichen Gestalten werden nicht beim Namen genannt, sondern einfach als Gerechte bezeichnet. Für alle, die sich im Alten Testament auskennen, lassen sich die Gerechten durch die mit ihnen verbundenen Aussagen mühelos identifizieren.

Das Walten der Weisheit in der Geschichte (Weish 11,1–19,22)

Der dritte Buchteil beschreibt unter Bezugnahme auf das Exodusgeschehen das Walten der Weisheit in der Geschichte. Die Weisheit selbst, die bis dahin in den Ausführungen allgegenwärtig war, braucht nun nicht mehr erwähnt zu werden, weil ihr Wesen in den vorangegangenen Passagen hinreichend zur Sprache kam. Der Autor des Buchs der Weisheit hat eine Art Midrasch verarbeitet, der Ereignisse aus dem Buch Exodus aufnimmt und vergleichend gegenüberstellt. Unter einem Midrasch versteht man die Auslegung eines biblischen Buchs in schriftgelehrten Kreisen des antiken Judentums. Im Mittelpunkt der Ausführungen der „Weisheit Salomos" stehen die von den Ägyptern erlittenen Plagen. Dieses Traditionsstück ist zwar von weisheitlichem Denken geprägt, bietet aber keinerlei Spekulationen über die Weisheit. Es geht um einen Vergleich dessen, was Israel zum Heil und was seinen Feinden zum Unheil geschah.

In der Einleitung (11,1–3) wird der Fokus gezielt auf den Auszug aus Ägypten und die Wüstenwanderung des Volkes Israel gerichtet, die bereits am Ende des vorangehenden Hymnus angeklungen waren (10,18f.). In insgesamt sieben Vergleichen werden nun das Unheil der Ägypter und das Heil der Israeliten gegenübergestellt. Der heilige Prophet, durch dessen Hand die Weisheit ihre Werke ausführte, ist Mose. Das Leitprinzip, dass sich Gottes Strafen an den Ungerechten und Gottes Wohltaten an den Gerechten genau entsprechen, wird im ersten Vergleich (11,4–14) am Beispiel des in Blut verwandelten Nilwassers (Ex 7,17–25) und des wasserspendenden Felsens in der Wüste (Ex 17,1–7) veranschaulicht. In Gottes Hand kann sich die ambivalente Materie des Wassers als schädlich oder als nützlich erweisen.

Bevor die Thematik weitergeführt wird, finden sich zwei exkursartige Einschaltungen, in denen die Spannungen zwischen dem Bild vom barmherzigen Gott und dem Bild vom strafenden Gott als ein nur scheinbarer Widerspruch charakterisiert werden. Die erste Einschaltung (11,15–12,27) stellt Reflexionen über Gottes Art zu strafen an. Es geht um den Nachweis, dass der strafende Gott seine Schöpfung liebt, indem er Gerechtigkeit und Menschenfreundlichkeit walten lässt. Die zweite Einschaltung (13,1–15,19) widmet sich der Thematik des Götzendienstes. Im inneren Zusammenhang des dritten Buchteils will er darlegen, dass Gott nur diejenigen straft, die ihm die Anerkennung verweigern und sich anderen Gottheiten zuwenden.

Anschließend fährt der Verfasser damit fort, das Schicksal der Ägypter und der Israeliten paarweise gegenüberzustellen und zu vergleichen. Der zweite Vergleich spielt auf die Froschplage (Ex 8,1–11) an. Als Leitprinzip steht erneut der Gedanke im Hintergrund, dass sich die Art der Strafe mit der Art der Sünde deckt. Gleiches wird mit Gleichem vergolten. Weil die Ägypter Tiere als Gottheiten verehrten, wurden sie durch Tiere gestraft, während Gott den Israeliten durch Tiere, nämlich Wachteln, Wohltaten erwies. Der dritte Vergleich (16,5–14) ist ebenfalls vom Motiv „Bestrafung und Errettung durch Tiere" geprägt. Er nimmt auf die Stechfliegen- und Heuschreckenplage (Ex 8,12–28; 10,1–20) Bezug, vor denen es für die Ägypter keine Rettung gab. Umgekehrt sind zwar die gegen Mose murrenden Israeliten durch giftige Schlangen getötet worden, doch hat Gott sein Volk nicht daran zugrunde gehen lassen. Dieser Vorgang wird durch das Motiv der Erinnerung theologisch vertieft. Die Geheilten sollen nicht in tiefes Vergessen verfallen. Nicht menschliche Medizin vermochte damals zu helfen, sondern das Wort Gottes. Im vierten Vergleich bietet das Buch der Weisheit (16,15–29) eine Gegenüberstellung der ägyptischen Hagelplage (Ex 9,13–35) mit dem Mannawunder (Ex 16,11–36). Das alttestamentliche Strafhandeln an den Ägyptern wird in bunten Farben ausgemalt und gesteigert, um die Mannagabe vor diesem düsteren Hintergrund umso heller erstrahlen zu lassen. Der Vergleichspunkt zwischen Hagel und Manna besteht darin, dass beides weiß aussieht und vom Himmel kommt. Der Verfasser greift dabei auf die in der Exoduserzählung noch nicht belegte Vorstellung zurück, dass das Manna vom Himmel regnete und die Speise der Engel darstellt (vgl. Ps 78,24–25).

In den Mittelpunkt des fünften Vergleichs (17,1–18,4) rückt die Gegenüberstellung der Plage der Finsternis über Ägypten (Ex 10,21–29) und der Wohltat der Feuersäule für Israel (Ex 13,21). Die Gewichte sind dabei sehr ungleich verteilt. Die Beschreibung der Sünde und Angst der Ägypter umfasst nahezu den gesamten Abschnitt, während die als positives Gegenstück dargestellte Wohltat Gottes an Israel in nur vier Versen abgehandelt wird. Das siebzehnte Kapitel gehört zu den von der Sprache und den Bildern her eindrucksvollsten Passagen des Buchs der Weisheit. Es kann als eine Art religionspsychologischer Essay in poetischer Form gelesen werden, der mit alptraumähnlichen Bildern den alttestamentlichen Bericht von der ägyptischen Finsternis ausmalt. Im Kontrast dazu lebte das Volk Israel in der Zeit des Exodus im hellsten Licht. Am Ende wird die Gegenüberstellung mit Blick auf die Gabe des Gesetzes am Sinai auf den Punkt gebracht. Ägypten verdiente, des Lichts beraubt zu werden, denn es hatte ausgerechnet jene Menschen eingesperrt, durch die Gott der Menschheit das unvergängliche Licht des Gesetzes geben wollte.

Der sechste Vergleich (18,5–25) fällt aus dem Rahmen. Er bietet keinen Gegensatz von Tod und Leben im Geschick von Ägyptern und Israeliten, sondern thematisiert Gottes tötendes Handeln an beiden Völkern. Der Gegensatz ergibt sich aus den unterschiedlichen Relationen. Während die Ägypter durch Gottes Zorn massenhaft den Tod erfuhren, wurde der Tod den Israeliten in wesentlich geringerem Ausmaß und in entschieden kürzerer Zeit zuteil. Nachdem unter Aufnahme des alttestamentlichen Berichtes von der Tötung der ägyptischen Erstgeburten das Schicksal der Ägypter ausgiebig thematisiert wurde, wendet sich der Vergleich dem Tod der Israeliten in Num 17,6–15 zu. Entscheidend ist dabei die Kürze des göttlichen Zorns, die dazu ausreichte, das Volk zur Einsicht zu bringen.

Der siebte und letzte Vergleich (19,1–9) schaut nicht mehr auf die ägyptischen Plagen zurück, sondern nimmt den Durchzug der Israeliten durch das Rote Meer als Höhepunkt des Exodusgeschehens in den Blick. Der massenhafte Tod der Ägypter im Roten Meer wird als verdiente Folge der verhängnisvollen Entscheidung zur Verfolgung der flüchtenden Israeliten interpretiert. Die Rettung Israels interpretiert das Buch der Weisheit als ein heilvolles Geschehen, das die Rettung der gesamten Schöpfung bedeutet.

Ein Epilog (19,10–22) schließt das Buch der Weisheit ab. In der literarischen Form des fiktiven Rückblicks der Exodusgeneration lässt der Autor die ägyptischen Plagen und Gottes rettendes Eingreifen während der Wüstenwanderung nochmals lebendig werden. Wie ein Film läuft vor den Augen der Israeliten das mit Gottes Hilfe glücklich überstandene Exodusgeschehen nochmals ab, bevor das Buch in einen Lobpreis Gottes für die Taten an seinem Volk mündet.

Jesus Sirach – Die Weisheit offenbart sich in Tora und Tempelkult

Jesus Sirach ist ein aus priesterlichen Kreisen stammender Schriftgelehrter. Er will in einer Zeit der Hellenisierung des jüdischen Denkens zeigen, dass die Weisheit als das Geschenk Gottes an sein erwähltes Volk auf dem Zion Wohnung genommen hat. Die universale Weisheit ist für ihn mit dem Gesetz des Mose identisch und im Tempelkult präsent.

Das Weisheitsbuch von Jesus, dem Sohn des Sirach, ist in der lateinischen Bibel unter dem Titel „Ecclesiasticus" überliefert. Der Kirchenvater Rufin sieht darin eine Anspielung auf den „kirchlichen" Charakter der Schrift. Jesus Sirach fasst den reichen Erfahrungsschatz der Weisheit seiner Zeit zusammen und bietet an zentralen Stellen in poetischer Form immer wieder grundsätzliche Reflexionen über das Wesen der Weisheit. Das Werk wurde auf Hebräisch geschrieben, war aber bis in die Neuzeit nur noch in Übersetzungen bekannt. Erst eine 1896 in der Karäer-Synagoge von Kairo entdeckte Handschrift brachte die hebräische Urform des Buchs zu etwa zwei Dritteln wieder an das Tageslicht. Im 20. Jh. kam der Fund weiterer hebräischer Textfragmente in den Höhlen von Qumran und auf Masada dazu. Die heutigen deutschen Übersetzungen orientieren sich im Wesentlichen an dem hebräischen Text und ziehen für die dort fehlenden Passagen ergänzend die vollständig erhaltene griechische Fassung aus der Septuaginta heran. Das Buch Jesus Sirach nimmt unter den Deuterokanonen oder Alttestamentlichen Apokryphen eine besondere Rolle ein. Es verfehlte die Aufnahme in den hebräischen Bibelkanon nur um Haaresbreite. Im antiken Judentum wurde es lange Zeit als heilige Schrift gelesen und erfreute sich auch bei den neutestamentlichen Autoren hoher Wertschätzung. Jesus Sirach, der auch Ben Sira genannt wird, schrieb sein Werk um 190 v. Chr. und war ein Schriftgelehrter aus den priesterlichen Kreisen in Jerusalem.

Prolog zur griechischen Übersetzung

Der Prolog zur griechischen Übersetzung wird von den deutschen Bibeln meistens nicht mit abgedruckt. Der Enkel von Jesus Sirach berichtet darin, dass er im Jahr 132 v. Chr. nach Ägypten kam und dort das Werk seines Großvaters in das Griechische übertrug, um die hebräisch verfasste Schrift einem hellenistisch geprägten Lesepublikum zu vermitteln. Er deutet an, dass es dabei auch zu Sinnverschiebungen gekommen ist. Diese Übersetzung des Enkels wurde in die Septuaginta, das griechische Alte Testament, aufgenommen. Mit der Übertragung ins Griechische trat das Weisheitsbuch des Jesus Sirach aus dem engeren Kulturkreis Jerusalems in die Weite der hellenistischen Welt hinaus und fand auch außerhalb des Judentums Verbreitung.

Rechte Lebensführung im Kontext von Ehe und Familie (Sir 1–23)

Der erste Hauptteil des Buchs Jesus Sirach enthält im Wesentlichen Lehren, die das Leben des Einzelnen im Kontext von Ehe, Familie und unmittelbarem sozialem Umfeld betreffen. Eine klare thematische Gliederung und ein stringenter Gedankenfortschritt sind dabei nicht zu erkennen. Der Autor bietet eine Vielzahl ethischer Ermahnungen, die locker aneinandergereiht sind und in denen sich einzelne Themen mehrfach wiederholen. Unterbrochen sind diese konkreten Weisungen von grundsätzlicheren thematischen Einheiten, die über Mühe und Lohn der Weisheitssuche sprechen. Während die konkreten Ermahnungen im Buch Jesus Sirach sich dem traditionellen Erfahrungsschatz der jüdischen Unterweisung verdanken, meldet sich in diesen Lehrgedichten oder Liedern auf die Weisheit der Autor mit seiner Theologie selbst zu Wort. Jesus Sirach wird nicht müde zu betonen, dass die mühselige Suche nach der Weisheit von Erfolg und Lohn gekrönt sein wird. Dies kann als positive Erwiderung auf den Pessimismus verstanden werden, den das biblische Buch Kohelet im Hinblick auf die Möglichkeiten der menschlichen Erkenntnis an den Tag legt.

Der Verfasser setzt im ersten Kapitel mit einer programmatischen Weisheitsrede ein. In einer Art Lehrgedicht mit hymnischem Charakter (1,1–10) wird Gott als Quelle der

Weisheit gelobt und auf die schon bei der Schöpfung erkennbare Bedeutung der Weisheit für die gesamte Welt hingewiesen. Weil alle Weisheit von Gott stammt, rühmt Jesus Sirach das Wirken Gottes in Natur und Geschichte. Gleichzeitig kommt der Gedanke einer Präexistenz der Weisheit vor der Erschaffung der Welt zum Ausdruck. Danach thematisiert die einführende Grundsatzrede die Gottesfurcht (1,11–2,18), die ein Zentralmotiv im Buch Sirach darstellt und in den lehrhaften Darlegungen immer wieder anklingt. Sie besteht im Vertrauen und in der Hingabe an den Herrn. Durch Versuchung und Erprobung führt sie den Weisen zur inneren Reife.

Ein erster Block von konkreten Weisungen (3,1–4,10) fordert Respekt vor den Eltern, Bescheidenheit und Mildtätigkeit ein. Er mündet in ein Weisheitsgedicht (4,11–19), in der die Weisheit auch im Ich-Stil persönlich das Wort ergreift. Das Gedicht wendet sich an die Söhne der Weisheit und spricht vom Segen der Weisheitssuche. Denen, die der Weisheit die Freundschaft verweigern, droht sie mit der Verwerfung und der Preisgabe an das Strafgericht.

Nach dem Weisheitsgedicht folgt eine längere Reihe von Unterweisungen (4,20–6,17), welche die rechte und die falsche Scham, den Besitz, das Reden und die Freundschaft betreffen. Eingeschoben wird danach erneut eine grundsätzlichere Reflexion über den Lohn der Weisheitssuche (6,18–37). Der Text präsentiert sich als direkte Aufforderung des Weisheitslehrers an seinen Schüler, sich auf die Suche nach der Weisheit zu begeben. Dabei kommt anschaulich zum Ausdruck, wie sich die Last und die Mühe der Weisheitssuche in Segen und Kostbarkeit umwandeln werden. Kaum irgendwo in der Weisheitsliteratur des antiken Judentums wird die Mühsal des Strebens nach Weisheit mit derart drastischen Bildern beschrieben wie in diesem Text, der von den Fesseln und dem Joch als dem harten Beginn in der Schule der Weisheit spricht.

Im nächsten Block konkreter Darlegungen (7,1–14,19) thematisiert Jesus Sirach zunächst die Gefahren für den Weisen. Danach folgt ein bunter Katalog ethischer Mahnungen, die das rechte sittliche Verhalten in unterschiedlichsten Lebenslagen und gegenüber unterschiedlichsten Personen zum Inhalt haben. Dabei geht es auch um die Erfüllung religiöser Pflichten (7,29–36). Neben dem Respekt gegenüber Gott und dem Priester werden die Abgaben an den Tempel und die jüdischen Liebeswerke, darunter die Armenfürsorge und die Tröstung der Trauernden, eingeschärft.

Das nächste Weisheitslied (14,20–15,10) bietet einen Neueinsatz, nachdem ein Aufruf zur Lebensfreude trotz der Vergänglichkeit von allem Irdischen vorausgegangen war. Er beginnt mit der Seligpreisung des nach Weisheit strebenden Mannes. Bei der Seligpreisung handelt es sich um eine bei Jesus Sirach mehrfach belegte Gattung, der

Im Ägypten des 2. Jh.s v. Chr. lasen die Gebildeten Griechisch. Diese Inschrift aus der Zeit ist dem damaligen Herrscher Ptolemäus VI. gewidmet.

sich auch Jesus von Nazaret in der Bergpredigt bedient. Zunächst liegt der Akzent darauf, dass die Suche nach der Weisheit den Menschen völlig in Beschlag nimmt. Bildreich wird dann die Begegnung mit der Weisheit beschrieben, die Züge der Braut und der Mutter trägt. Auch die Beschreibung der Gemeinschaft mit der Weisheit als ein Mahl ist ein beliebtes Bild in der Weisheitstradition. Dabei zeigt sich, dass der Gottesfürchtige der wahrhafte Weisheitsjünger ist und das Erlangen der Weisheit sich maßgeblich im Halten des Gesetzes ausdrückt. Jesus Sirach zeigt sich damit als wichtiger Vertreter einer Synthese aus Gesetzesfrömmigkeit und Weisheitsdenken.

Die weitere Abhandlung einer Vielzahl ethischer Grundthemen (15,11–23,27) wird von einem längeren Abschnitt unterbrochen, der sich aus weisheitlicher Perspektive mit Gottes Schöpfungsordnung und der Erwählung Israels beschäftigt (17,1–18,14).

Die Weisheit offenbart sich im Gesetz und in der Schöpfung (Sir 24–43)

Der zweite Hauptteil des Buchs nimmt schwerpunktmäßig, aber keineswegs ausschließlich das sittliche Verhalten des Menschen als Glied der jüdischen Volksgemeinschaft in den Blick. Eingeleitet wird er von einer bilderreichen Weisheitsrede (24,1–22), die der inhaltlich mit Abstand bedeutsamste Text des Buchs Jesus Sirach ist. Erneut spricht die als Person dargestellte Weisheit in der Ich-Form, um sich selbst zu preisen. Es handelt sich um das Stilmittel der hymnischen Selbstverherrlichung. Jesus Sirach hat sich dabei allem Anschein nach von hellenistischer Tradition inspirieren lassen. Die unmittelbarste Parallele zu seinem Loblied auf die Weisheit ist ein Hymnus auf die Isis, in dem die ägyptische Göttin sich in Ich-Form vorstellt, ihre Vorzüge preist und für sich wirbt.

Die Adressaten der Selbstverherrlichung der Weisheit im Loblied des Jesus Sirach sind die Angehörigen des Volkes Israel, das als Gemeinde und Heerschar Gottes vorgestellt wird. Zunächst berichtet die Weisheit von ihrer Herkunft aus dem Munde Gottes und ihrer Wohnstätte im Himmel. Sie durchschreitet Sphären, die nur dem Höchsten zugänglich sind, und erweist ihre göttliche Natur. Als Nächstes rücken das Herabsteigen der Weisheit zu den Menschen und ihr Wandel auf der Erde in den Blick. Nach einer Zeit des rastlosen Wanderns kam die Weisheit an einem konkreten Ort zum Ziel. Der Aktionsradius der Weisheit auf Erden wird dabei Schritt für Schritt immer weiter verengt, wobei der gesamte Weg auf ihr Wohnen im Tempel als Ziel und Höhepunkt zuläuft. Das geschichtliche Handeln der vor aller Zeit geschaffenen Weisheit erstreckt sich zunächst über den gesamten Kosmos, danach nur noch auf Israel und Jerusalem, wo sie auf dem Zion im Tempel zu ihrem Zielpunkt kommt. Die universal waltende Weisheit lässt sich damit nach Meinung von Jesus Sirach eindeutig lokalisieren, und zwar im Kult Israels. In der Zeit vor der Landnahme schlug sie als Kultdienerin im heiligen Zelt der Begegnung ihr Lager auf, das Israel als mobile Kultstätte auf seinen Wanderungen begleitete. Folgerichtig nahm die Weisheit nach der Sesshaftwerdung Israels ihren Wohnsitz auf dem Zion, wo sie im Tempel zum Kultdienst eingesetzt ist. An dieser Stelle zeigt sich deutlich die priesterliche Prägung des Jesus Sirach, der den jüdischen Tempelkult als Zielpunkt des geschichtlichen Wirkens der universalen Weisheit betrachtet. Mit der Metaphorik des Wurzelschlagens wird das Wachstum der Weisheit im ganzen Gebiet Israels anschaulich geschildert. In einer Zeit des radikalen Umbruchs durch die Hellenisierung des jüdischen Denkens betont Jesus Sirach, dass die Weisheit nur in Israel zu finden ist und von dort in die Völkerwelt hinausströmt. Es schließt sich in Gastmahlsbildern die Aufforderung an, die Einladung der Weisheit anzunehmen und sich von ihr sättigen zu lassen.

Im Anschluss an den in Ich-Form gestalteten Hymnus bietet Jesus Sirach ein Nachwort (24,23–34), in dem die Weisheit mit dem Gesetz identifiziert wird. Die wahre Tiefe der universalen Weisheit liegt in der durch Mose vermittelten Offenbarung der Tora, die das bleibende Erbe des jüdischen Volks darstellt. Für Jesus Sirach ist die Tora damit der durch die Weisheit offenbar gewordene Wille Gottes. Das Gesetz wird zur ewig sprudelnden Quelle der Weisheit für die Schriftgelehrten. Insgesamt ist die von Jesus Sirach vollzogene Gleichsetzung von Weisheit, Tora und Tempelkult bis dahin beispiellos im jüdischen Denken.

Nach diesen programmatischen Aussagen zur Weisheit fährt der Verfasser mit konkreter Unterweisung zu unterschiedlichsten Themen fort (25,1–43,33). Er entwirft dabei eine Ethik, die von Nachsicht und Barmherzigkeit gegenüber den Mitmenschen geleitet ist. Die Analyse aller Texte würde den Rahmen sprengen. Ein besonderer Stellenwert im Hinblick auf das Neue Testament kommt den Aussagen zu Nächstenliebe und Vergebung zu (28,1–12). Jesus Sirach schärft die Nächstenliebe ein und verbietet die Rache, die nach seiner Überzeugung das Gericht Gottes heraufbeschwören wird. Jesus von Nazaret greift in seiner Verkündigung der Bergpredigt mit den Antithesen von der Wiedervergeltung und der Feindesliebe solche weisheitlichen Maximen auf und spitzt sie weiter zu. Die Forderung des Jesus Sirach, dem Nächsten die Sünden zu vergeben, um auch selbst Sündenvergebung von Gott erlangen zu können (28,2), hat im Vaterunser seine direkte Parallele.

Für die Entwicklung der jüdischen Medizin ist der Lobpreis des Arztes durch Jesus Sirach von hoher Bedeutung (38,1–15), der grundsätzliche Vorbehalte gegenüber der Heilkunst ausräumt. Im Horizont der alttestamentlichen Vorstellung von Gott als dem alleinigen Arzt Israels (Ex 15,26) gab es im Judentum erhebliche religiöse Vorbehalte gegen die Medizin. Jesus Sirach legt demgegenüber dar, dass der Arzt seine Weisheit von Gott hat und es der Schöpfungswille des Höchsten war, Heilmittel aus der Erde hervorgehen zu lassen. Richtlinienartig wird der Rahmen abgesteckt, innerhalb dessen sich im Judentum eine Inanspruchnahme des Arztes vollziehen kann. Durch Gebet, Sündenbekenntnis und Opfer begleitete Heilpraktiken sind legitim, da die Entscheidung über Krankheit oder Heilung Gott vorbehalten bleibt.

Bedeutungsvoll für das Verständnis der Schriftgelehrsamkeit ist das Bild des Weisen, das Jesus Sirach zeichnet (38,24–39,11). Der Text ist in zwei gegensätzliche Szenen mit kontrastierenden Bildern unterteilt, die durch das Motiv von der Hinwendung des Herzens zur jeweiligen Tätigkeit zusammengehalten werden. Zunächst wird das Leben der Bauern und Handwerker geschildert, die voller Hingabe ihrer Beschäftigung nachgehen, aber keine Muße haben, um Weisheit zu sammeln. Im Gegensatz dazu steht der Schriftgelehrte, der sich ganz Gott und dem Gesetz widmet. Er gewinnt damit eine öffentliche Reputation und einen Zugang zu Ämtern, die den Handwerkern und Bauern verwehrt bleiben. Es zeigt sich das Selbstbildnis des Jesus Sirach als eines gebildeten Weisen und Schriftgelehrten, der als sachkundiger Ausleger des Gesetzes in der Erziehung und im öffentlichen Leben eine zentrale Funktion einnimmt.

Der Lobpreis des Wirkens Gottes in der Schöpfung (42,15–43,33) zeigt, dass die in Israel wohnende Weisheit sich nicht auf Tora und Tempelkult beschränkt, sondern auch zur Erschaffung von allem führte.

Lobpreis der Väter (Sir 44–51)

Bis zu diesem Punkt bot das Buch Jesus Sirach eine lockere Aneinanderreihung ethischer Ermahnungen, die immer wieder durch grundsätzlichere Reflexionen über die Weisheit und das Streben danach unterbrochen wurden. Der dritte Buchteil stellt im Unterschied dazu eine in sich relativ geschlossene Komposition dar und weist einen anderen Charakter auf. Ähnlich wie die alttestamentlichen Geschichtspsalmen bietet der Autor erzählende Lehre in Gedichtform, die in die Vergangenheit Israels zurückblickt. Obwohl sich Jesus Sirach in seinem Weisheitsdenken auch hellenistischen Einflüssen öffnet, steht er fest auf dem Fundament der alten jüdischen Glaubenstraditionen.

Der Lobpreis der Väter beginnt mit einer zusammenfassenden Charakteristik der zunächst noch nicht beim Namen genannten Zentralgestalten der jüdischen Geschichte (44,1–15). Sie zeichnen sich insbesondere durch Herrlichkeit, Schriftgelehrsamkeit, Weisheit und Frömmigkeit aus. Sie selbst sind längst in Frieden gestorben, doch ihr Andenken und die ihnen von Gott gewährten Verheißungen des Bundes leben in den nachfolgenden Generationen weiter. Die Aufzählung der Gestalten der Vergangenheit (44,16–49,16) bietet eine Reise durch die jüdische Heilsgeschichte, die bei Henoch einsetzt und bis Nehemia reicht. Wie ein roter Faden zieht sich das siebenmal erwähnte Motiv des Bundes durch den Rückblick auf die Geschichte Israels. Breiten Raum in der Darstellung nehmen priesterliche oder kultische Aspekte ein. So werden die priesterlichen Gewänder Aarons in ihrer vollendeten Schönheit als etwas Unvergleichbares und noch nie Dagewesenes beschrieben. Während die Rolle Nehemias bei der Neukonstitution des Judentums nach dem Babylonischen Exil gewürdigt wird, findet Esra im Lobpreis der Väter merkwürdigerweise überhaupt keine Erwähnung.

Der Lobpreis der Väter erreicht in dem Hymnus auf den Hohepriester Simon seinen Höhepunkt (50,1–21). Mit ihm erfährt die überschwängliche Beschreibung der priesterlichen Gewänder nochmals eine Steigerung. Seine Ausstrahlung, wenn er aus dem Tempelhaus heraustrat und im Kreis der Priester zum Opferaltar emporstieg, verbreitete geradezu den Glanz einer göttlichen Erscheinung. Dies zeigt, dass für Jesus Sirach das Wirken Gottes und der von ihm ausgehenden Weisheit in hervorgehobener Weise im Tempelkult gegenwärtig ist. Der Text erlaubt eine recht zuverlässige zeitliche Einordnung des Buchs Sirach und eine geistesgeschichtliche Verortung seines Verfassers. Die Aussagen sind allem Augenschein nach auf Simon II. gemünzt, der das Hohepriesteramt innehatte, als der Seleukidenkönig Antiochus III. 199 v. Chr. in Jerusalem einmarschierte und die Ptolemäerherrschaft über Palästina beendete. In Jerusalem gab es zu jener Zeit vor allem in priesterlich-aristokratischen Kreisen eine starke proseleukidische Partei, die in Simon II. ihren wichtigsten Exponenten hatte. Sie versprach sich von den Seleukiden eine Verbesserung ihrer Position, nachdem die Ptolemäerherrschaft einen spürbaren Machtverlust des Hohepriesters und des Ältestenrates mit sich gebracht hatte. Der Geschichtsschreiber Josephus berichtet, dass Simon II. wegen seiner Gottesfurcht und Menschenfreundlichkeit den Beinamen „der Gerechte“ trug.

Porträtbüste von Antiochus III.

Abschied von einem Zerrbild des Judentums

Bis weit in das 20. Jh. hinein wurde in der christlichen Theologie das Klischee von einem Judentum kultiviert, das in verknöcherter Werkgerechtigkeit und engherziger Befolgung ritueller Vorschriften verzweifelt versuche, sich vor Gott Gerechtigkeit zu verschaffen. Der jüdischen Religiosität wurde ein kleinkrämerisches Aufrechnen guter Werke zur Erlangung der Gnade Gottes unterstellt, um vor diesem düsteren Hintergrund die Botschaft des Paulus von der Rechtfertigung des Sünders allein durch den Glauben umso heller erstrahlen zu lassen. Auch das Buch Jesus Sirach wurde in diesem Sinne instrumentalisiert. Ein beliebter Vorwurf lautete, es sei mit seinem Humanismus und seiner Religiosität typischer Ausdruck für den verfehlten Gottesglauben des jüdischen Menschen seiner Zeit und weiche mit dem Lobgesang auf die Väter der Forderung Gottes durch die Flucht in die Heldenschau aus.

Es ist in erster Linie das Verdienst des Bibelwissenschaftlers Ed P. Sanders, mit diesem völlig verzerrten Bild vom Judentum aufgeräumt zu haben. Er weist darauf hin, dass im alttestamentlichen Denken die Erwählung und der Bund als Gnadengeschenk Gottes der Gabe des Gesetzes vorangehen. Die Tora wurde nicht gegeben, um sich Gerechtigkeit vor Gott zu verschaffen, sondern dient dazu, nicht aus dem Gnadenbund herauszufallen. Auch Jesus Sirach betont im Lobpreis der Väter die gnadenhafte Erwählung des Volkes Israel und versteht die Gebotserfüllung nicht als Weg, sich die Güte Gottes durch Werke zu erarbeiten.

Simon II. war der Vater des Hohepriesters Onias III., dessen Entmachtung durch die hellenistischen Reformer in Jerusalem dann den Freiheitskampf der Makkabäer auslöste. Diese Vorgänge spiegeln sich im Buch Sirach mit seinem hymnischen Lobpreis auf den Tempelkult noch nicht wider, auch wenn sein Autor Gefahren für den Fortbestand der Glaubenstraditionen Israels und des toragemäßen Lebens sieht. Das Buch Jesus Sirach ist folglich am Vorabend des Makkabäeraufstands verfasst worden. Da Jesus Sirach von Simon II. (220–195 v. Chr.) in der Vergangenheit schreibt, entstand sein Weisheitsbuch wohl, als bereits Onias III. (195–174 v. Chr.) das Hohepriesteramt von seinem Vater übernommen hatte. Jesus Sirach dürfte als Schriftgelehrter der priesterlichen Aristokratie in Jerusalem angehört haben. Vermutlich ist die priesterlich-kultische Prägung auch der entscheidende Grund dafür, warum dem Buch bei der Neukonstituierung des Judentums nach dem Jüdischen Krieg und der Tempelzerstörung letztlich die Aufnahme in den Kanon der Hebräischen Bibel versagt blieb. In einer Zeit, als das Judentum sich unter Führung der Pharisäer ohne Tempelkult und Priesterdienst neu definieren musste, war Jesus Sirach mit seinem Lobgesang auf den Hohepriester nicht mehr aktuell. Zudem lässt er in seinen vielfältigen Aussagen über den Umgang mit dem Tod keine Hoffnung auf Auferstehung erkennen, wie sie im rabbinischen Judentum auf Betreiben der Pharisäer zum festen Glaubensgegenstand wurde.

Der Autor schließt sein Werk mit einem ursprünglich eigenständigen Dankpsalm (51,1–12) und einem weiteren Lehrgedicht auf die Weisheit (51,13–30) ab. Auch dieses Gedicht schildert den Umgang mit der Weisheit in einer hoch poetischen Sprache, wie sie sonst aus Liebesliedern bekannt sind. Die Weisheit wird metaphorisch als die lang ersehnte und nun empfangene Braut gepriesen. Jesus Sirach will damit insbesondere die Jugend ansprechen, ihre Kraft und ihr Leben der Liebe zur Weisheit zu widmen.

Baruch – Babylonisches Exil ist selbst verschuldet

Das Buch Baruch verarbeitet um 100 v. Chr. in Form geschichtstheologischer Reflexion die Erfahrungen des Babylonischen Exils. Es spricht Israel die Schuld daran zu und ist von der Zuversicht erfüllt, dass Gott ein Sündenbekenntnis seines erwählten Volks immer mit Errettung aus der Not beantworten wird.

Das Buch Baruch führt uns in die Zeit des Babylonischen Exils. Sein Verfasser gibt sich als Baruch aus, der aus dem Jeremiabuch als Sekretär des Propheten bekannt ist. Unter seinem Namen sind eine Reihe apokrypher Schriften des antiken Judentums überliefert, ohne dass er sie tatsächlich geschrieben hat. Auch das Buch Baruch stammt nicht von ihm, wie neben geschichtlichen Irrtümern über die beschriebene Zeit auch die Abhängigkeit von spät entstandenen Schriften wie den Büchern Daniel und Jesus Sirach zeigt. Das Buch Baruch ist demnach ein pseudepigrafes Werk aus der Zeit um 100 v. Chr. Es ist zwar in den alten Handschriften nur auf Griechisch überliefert, doch deuten sprachliche Eigenheiten darauf hin, dass es sich dabei um die Übersetzung einer hebräischen Urfassung handelt. Ursprünglich nichts mit dem Buch Baruch zu tun hat der heute als dessen sechstes Kapitel geführte Brief des Jeremia.

Bericht über die Verlesung eines Buchs (Bar 1,1–14)

Der Einleitungsteil berichtet von der öffentlichen Verlesung eines Buchs durch Baruch. Das Geschehen wird in das fünfte Jahr nach der Eroberung und Zerstörung Jerusalems durch die Babylonier (Chaldäer) und damit in die Zeit um 582 v. Chr. datiert. Ort des Geschehens ist Babylon, wo der Inhalt des Buchs König Jojachin und allen im Exil befindlichen Angehörigen des jüdischen Volks bekannt gemacht wird. Jojachin hatte 598 v. Chr. seinen verstorbenen Vater Jojakim als König von Juda beerbt, doch dauerte seine Regierung nur wenige Monate (2 Kön 24,8–17). Als er die Herrschaft antrat, wurde Jerusalem bereits von den Babyloniern belagert. Jojachin bot die Kapitulation an und musste sich mit der judäischen Oberschicht nach Babylon ins Exil begeben.

Mit der Verlesung des Buchs sind ein Bußgottesdienst und die Sammlung einer Kollekte für Jerusalem verbunden. Historisch mehr als unglaubwürdig ist die Mitteilung, dass Baruch die von Nebukadnezzar nach Babylon verschleppten Kultgeräte des Jerusalemer Tempels erhalten hatte, um sie nach Jerusalem zurückzuführen. In Wirklichkeit veranlasste erst der Perserkönig Kyros nach der Eroberung Babylons neben dem Wiederaufbau des zerstörten Jerusalemer Tempels auch die Rückgabe der Kultgeräte (Esr 1,7). Die offenbar nachträglich eingefügte Notiz, dass es sich nicht um die goldenen Originalgerätschaften, sondern um silberne Nachbildungen handelte, versucht diese Spannung zu glätten. Von einer Anfertigung silberner Kultgeräte durch König Zedekia, der von 597 bis 586 v. Chr. anstelle des exilierten Jojachin auf dem Davidsthron in Jerusalem regierte, wird sonst nirgendwo berichtet. Auch die Aufforderung an die Jerusalemer Juden, für den babylonischen König Nebukadnezzar und seinen Sohn Belschazzar zu beten, zeigt Unkenntnis der vorausgesetzten geschichtlichen Situation. Belschazzar war in Wirklichkeit der Sohn Nabonids und dessen Mitregent.

Kollektives Buß- und Bittgebet (Bar 1,15–3,8)

Es schließt sich ein langes Gebet an, das die Jerusalemer Jüdinnen und Juden im Auftrag der Exilierten sprechen sollen. Im Mittelpunkt stehen Sündenbekenntnis, Schuldanerkennung und Bitte um Errettung. Der erste Teil (1,15–2,10) trägt den Charakter eines Bußgebets und erweist sich als erweiterte Neufassung von Dan 9,5–19. In einem Geschichtsrückblick wird die gegenwärtige Situation zur Mosezeit in Beziehung gesetzt. Seit der Herausführung aus Ägypten stellt sich die Geschichte Israels als eine kontinuierliche Geschichte des Ungehorsams gegenüber der Stimme Gottes und des Abfalls zu fremden Göttern dar. Dass das jüdische Volk immer wieder der Fremdherrschaft durch die benachbarten Königreiche des Alten Orients ausgesetzt ist, wird als gerechte Strafe für die Verfehlungen betrachtet. Im zweiten Teil (2,11–3,8) liegt ein Bittgebet vor, das durch die gattungstypische Wendung „nun aber" eingeleitet wird und unterschiedlichste alttestamentliche Textstellen anklingen lässt. Im Eingeständnis der eigenen Schuld wird Gott angefleht, seinem Volk Errettung zuteilwerden zu lassen. Als maßgeblicher Schuldtatbestand, der die gegenwärtige Situation als gerechte Strafe Gottes heraufbeschwor, wird dabei die Gehorsamsverweigerung gegenüber dem Propheten Jeremia betrachtet. Dessen Aufruf, sich dem babylonischen König zu unterwerfen, um so die Vertreibung aus dem von Gott gegebenen Land abzuwenden (Jer 27,11–12), wird wörtlich zitiert (2,21–23). Die erhoffte Beendigung des Babylonischen Exils wird dabei in Anknüpfung an die Mose gegebenen Verheißungen der Milde und Barmherzigkeit Gottes mit der Heimführung Israels aus Ägypten verglichen (2,27–35).

Lob der Weisheit (Bar 3,9–4,4)

In diesem Abschnitt ergreift unvermittelt ein anonymer Sprecher, hinter dem sich wohl Baruch verbergen soll, das Wort. Er richtet eine Belehrung über die Weisheit an Israel und schließt sich selbst in der abschließenden Seligpreisung (4,4) in den Adressatenkreis seiner Worte mit ein. Die Situation des Babylonischen Exils wird damit erklärt, dass Israel den Quell der Weisheit verlassen hat. Zunächst wird den Adressaten das negative Beispiel von den Herrschern der Welt, den Kaufleuten, Dichtern und Forschern sowie den sagenumwobenen Giganten aus der Urzeit (Gen 6,4) vor Augen gehalten. Sie alle gingen unter, weil sie den Zugang zur Weisheit nicht fanden, obwohl sie doch dafür prädestiniert gewesen wären. Im Kontrast dazu wird Gott als der einzige Allwissende benannt, der Israel die Weisheit gegeben hat. Wie im Buch Jesus Sirach (Sir 24,23) wird die Weisheit mit dem jüdischen Gesetz identifiziert. Das Befolgen oder Nichtbefolgen der ewigen Gebote Gottes entscheidet über Leben und Tod.

Tröstender Zuspruch (Bar 4,5–5,9)

Das eigentliche Buch Baruch schließt mit einer Ermutigungsrede, in der die unmittelbar bevorstehende Heilswende angekündigt wird. Sie nimmt zunächst die jüdische Gemeinde in Babylon in den Blick (4,5–29). Das metaphorisch als Verkauf Israels an die Völker beschriebene Exil kommt nochmals als die gerechte Strafe Gottes für das Abweichen vom Pfad seiner Gebote zur Sprache. Gleichzeitig wird aber der Hoffnung Ausdruck verliehen, dass Gott sein Volk in Kürze aus der Hand der Feinde befreien wird. Ein parallel dazu aufgebauter Abschnitt ist an Jerusalem adressiert (4,30–5,9), das schon zuvor als eine ihrer Kinder beraubte Witwe Erwähnung fand. In eindrücklichen Hoffnungsbildern wird Jerusalem nun aufgefordert, die Trauergewänder abzulegen, da Gott seine Stadt bald wieder im hellsten Glanz erstrahlen lassen wird.

Der Brief des Jeremia (Bar 6,1–72)

Der Brief des Jeremia ist ursprünglich eine eigenständige Schrift des antiken Judentums, die zwar ebenfalls das Babylonische Exil thematisiert, ansonsten aber keine inhaltlichen Verbindungen mit dem Buch Baruch aufweist. In der lateinischsprachigen Kirche platzierte man bei der Sammlung der heiligen Schriften den Brief des Jeremia hinter das Buch Baruch. Dadurch wurde er in der lateinischen Bibel, der Vulgata, zum sechsten Kapitel des Baruchbuchs.

Die wohl irgendwann in hellenistischer Zeit entstandene Schrift ist formal kein Brief, sondern eine lehrhafte Abhandlung. Sie reiht sich in die Fülle der fiktiven Jeremia-Literatur ein, zu der beispielsweise Schriften wie die Klagelieder des Jeremia und die Hinterlassenschaft des Jeremia gehören. Der unbekannte Verfasser gibt sein Traktat als Abschrift eines Jeremiabriefes aus, der sich an die später nach Babylon deportierten Jüdinnen und Juden richtete. Er versucht, damit seinen Ausführungen Autorität zu verleihen, zumal im biblischen Jeremiabuch (Jer 29) von einer brieflichen Korrespondenz zwischen dem Propheten und der jüdischen Gemeinde in Babylon die Rede ist. Zeitlich ist das fiktive Schreiben in der Situation vor dem Exil angesiedelt. Der Autor sagt den Adressaten angesichts ihrer gegen Gott begangenen Sünden die baldige Deportation durch Nebukadnezzar voraus und gibt ihnen Anweisungen, wie sie sich in Babylon verhalten sollen. Dabei geht es im Wesentlichen um die Warnung vor dem babylonischen Kult, den der Autor kenntnisreich beschreibt. Er ermahnt seine Adressaten, sich von der Pracht der babylonischen Götterbilder nicht beeindrucken zu lassen und der Versuchung zum Götzendienst zu widerstehen. Dieses Thema wird in deutlicher Abhängigkeit von biblischen Traditionen wie Jes 44,9–20 und Jer 10,1–16 mit refrainartigen Wiederholungen abgehandelt.

NEUES TESTAMENT

Blick auf das Nordufer des Sees Gennesaret

EINFÜHRUNG IN DAS NEUE TESTAMENT

Das Neue Testament und seine Welt

Die nähere Beschäftigung mit dem Neuen Testament setzt eine Klärung dessen voraus, was sich hinter diesem Fachbegriff verbirgt und wie der zweite Teil der christlichen Bibel aufgebaut ist. Dazu zählt auch die Frage nach den im Neuen Testament vertretenen Literaturgattungen und der zeitlichen Einordnung der neutestamentlichen Schriften. Ein Blick auf die Lebenswelt Jesu und das Ausbreitungsgebiet der frühen Kirche vermittelt lebendige Einsichten über die geografischen und kulturgeschichtlichen Verhältnisse, die hinter den neutestamentlichen Überlieferungen stehen.

Was ist das Neue Testament?

Das Neue Testament ist der zweite Teil der christlichen Bibel. Der aus 27 Büchern bestehende neutestamentliche Kanon gewann im 4. Jh. seine endgültige Gestalt. Er umfasst die Literaturgattungen Evangelium, Apostelgeschichte, Brief und Apokalypse.

Das Neue Testament bildet gemeinsam mit dem Alten Testament die christliche Bibel. Es umfasst eine Auswahlsammlung von 27 Schriften, die sich in den ersten Jahrhunderten als zweiter Teil des Bibelkanons herauskristallisierten. Jede dieser Schriften ist auf Griechisch entstanden, wobei von keiner das Original erhalten blieb. Im Hintergrund des Begriffs Neues Testament steht die Verheißung eines neuen Bundes durch den Propheten Jeremia (Jer 31,31–34). In der griechischen Übersetzung des Jeremiabuches wird das hebräische Wort für Bund (*berit*) mit *diatheke* wiedergegeben, das auch Anordnung oder Verfügung heißt. Daher haben die lateinischen Bibelübersetzer an dieser Stelle das Wort *testamentum* gewählt. Während Jeremia den neuen Bund als neuerliche Zuwendung Gottes an sein Volk Israel verstand, haben frühchristliche Schriftsteller wie Paulus und der Autor des Hebräerbriefes diese prophetische Verheißung auf das endzeitliche Handeln Gottes im Christusgeschehen bezogen. Im 2. Jh. wurde die Aussage vom neuen Bund (lat. *novum testamentum*) zum Fachbegriff für den zweiten Teil der christlichen Bibel und zog gleichzeitig eine Betrachtung der heiligen Schriften Israels als Altes Testament nach sich. Diese Entwicklung dürfte durch die Gegenüberstellung eines alten Bundes, dessen Kennzeichen die in Stein gehauenen Buchstaben des Mosegesetzes sind, und eines neuen Bundes, der sich im Christusgeschehen verwirklicht hat, durch Paulus begünstigt worden sein (2 Kor 3,6–15).

Die Auswahlsammlung der zum Neuen Testament gewordenen Schriften des frühen Christentums umfasst die Literaturgattungen Evangelium, Apostelgeschichte, Brief und Apokalypse. Zu diesen Formen findet sich in der urchristlichen Literatur eine Vielzahl weiterer Werke, die aus sachlichen Gründen oder wegen ihrer späten Entstehungszeit nicht in den Bibelkanon aufgenommen wurden. Man bezeichnet diese Schriften als die neutestamentlichen Apokryphen. Die im Neuen Testament vertretenen Literaturgattungen sind mehrheitlich keine völligen Neuschöpfungen, sondern haben eine Vorgeschichte. Die Gattung Evangelium besitzt zwar unverwechselbare Züge und kann daher durchaus als literarisches Novum gelten, weist aber Parallelen zur hellenistischen Biografie auf. Die Apostelgeschichte orientiert sich in mancherlei Hinsicht an den stilistischen Merkmalen der griechisch-römischen Historiografie. Die Autoren der neutestamentlichen Briefe folgen im Blick auf die äußere Form in hohem Maße den Konventionen der antiken Briefliteratur. Die literarische Form der Apokalypse mit Enthüllung des geschichtlichen Heilsplanes Gottes, die im Neuen Testament durch die Johannesoffenbarung vertreten ist, entwickelte sich im antiken Judentum und hielt von dort Einzug in das christliche Schrifttum.

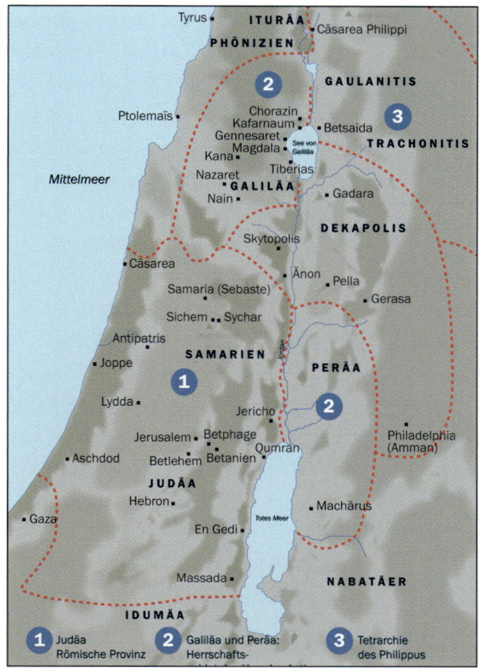

Israel zur Zeit des Neuen Testaments

Die Beantwortung der Frage nach den zeitlichen Entstehungsbedingungen der einzelnen Schriften des zweiten Teils der christlichen Bibel zählt zu den zentralen Aufgaben der neutestamentlichen Einleitungswissenschaft. Die im Neuen Testament vertretenen Schriften sind vermutlich im Zeitraum zwischen 50 und 110 n. Chr. entstanden. Im Detail bleibt allerdings vieles offen oder umstritten. Ein weitgehender Konsens besteht in der Bibelwissenschaft darüber, dass der um 50 n. Chr. entstandene 1. Thessalonicherbrief das älteste Dokument im Neuen Testament ist und sich die weiteren echten Paulusbriefe zeitnah anschließen. Die Entstehung der vier Evangelienschriften, von denen das Evangelium des Markus das älteste ist, wird gewöhnlich in die Zeit zwischen 70 und 90 n. Chr. datiert. Die Apostelgeschichte des Lukas dürfte als Fortsetzung seines um 80 n. Chr. entstandenen Evangeliums diesem in dichtem zeitlichem Abstand gefolgt sein. In das späte 1. Jh. n. Chr. gehört die Mehrzahl der Deuteropaulinen. Darunter versteht man Briefe, die unter dem Namen des Paulus geschrieben wurden, ohne von ihm selbst zu stammen. Als Spätschriften des Neuen Testaments gelten gemeinhin die Katholischen Briefe, von denen einige vermutlich erst im 2. Jh. n. Chr. entstanden sind. Sie verdanken ihre Bezeichnung der Tatsache, dass sie als Lehrschreiben für die Allgemeinheit bestimmt oder in der Kirche allgemein anerkannt sind.

Die Anordnung der 27 Schriften des Neuen Testaments in den Bibelausgaben ist leichten Schwankungen unterworfen. Das Griechische Neue Testament (*Novum Testamentum Graece*) druckt die Bücher des zweiten Teils der christlichen Bibel in der Reihenfolge ab, wie sie von der Mehrzahl der griechischen Bibelhandschriften geboten wird. Am Anfang stehen die Evangelien mit der Apostelgeschichte. Daran schließen sich die Paulusbriefsammlung (einschließlich des Hebräerbriefs) und die Sammlung der Katholischen Briefe an, bevor die Offenbarung des Johannes den Abschluss bildet. Diese Anordnung hat sachliche Gründe und sagt nichts über das Alter der Schriften aus. Im Bereich der Evangelien etwa wird das Matthäusevangelium dem nach heutiger Ansicht älteren Markusevangelium vorgeordnet. Die Paulusbriefsammlung beginnt mit dem Römerbrief, der vermutlich das letzte der erhaltenen Schreiben des Apostels darstellt. Die meisten Bibelübersetzungen schließen sich dieser Abfolge an, wobei sie durch Zwischenüberschriften noch eigene Akzente setzen. Beispielsweise fügt die Zürcher Bibel nach dem Philemonbrief

Neutestamentliche Apokryphen

Das Wort „apokryph" bedeutet im Griechischen „verborgen" bzw. „geheim"; als neutestamentliche Apokryphen bezeichnet man Texte, die aus dogmatischen oder kirchenpolitischen Gründen keinen Eingang in den Bibelkanon fanden. Da diese außerkanonischen Schriften nicht im offiziellen kirchlichen Gebrauch standen und vielfach auch unterdrückt wurden, ist eine Vielzahl von ihnen unwiderruflich verloren gegangen. Durch sensationelle Textfunde in der Neuzeit wurden aber zahlreiche apokryphe Schriften des frühen Christentums wieder zugänglich, die über Jahrhunderte hinweg nur noch dem Namen nach bekannt waren oder von deren Existenz man nicht einmal etwas ahnte. An erster Stelle sind in diesem Zusammenhang die 1945 entdeckten Handschriften von Nag Hammadi in Ägypten zu nennen, bei denen es sich um beeindruckende Zeugnisse der christlichen Gnosis handelt. Die Bibliothek von Nag Hammadi enthält, darin dem Neuen Testament vergleichbar, mehrere Evangelien, eine der Apostelgeschichte vergleichbare Schrift mit dem Titel „Taten des Petrus und der zwölf Apostel", zwei Jakobus bzw. Philippus zugeschriebene Apostelbriefe und etliche Apokalypsen. Unter den Evangelien von Nag Hammadi ist das Thomasevangelium von herausragender Bedeutung. Das griechische Original entstand vermutlich Mitte des zweiten Jahrhunderts in Syrien und gelangte dann nach Ägypten, wo es ins Koptische übersetzt wurde. In der literarischen Form unterscheidet es sich grundlegend von den biblischen Evangelien. Es bietet keine zusammenhängende Erzählung des Lebens Jesu. Kreuzestod und Auferstehung kommen überhaupt nicht vor. Stattdessen sind einzelne Worte Jesu und seltener auch kürzere Erzählungen in insgesamt 114 Sprüchen vereinigt, die ohne chronologischen oder geografischen Rahmen einfach aneinandergehängt werden. Obwohl das Thomasevangelium Abhängigkeit von den biblischen Evangelien erkennen lässt, hat es auch einzelne in den neutestamentlichen Schriften nicht belegte Überlieferungen bewahrt, die mit hoher Wahrscheinlichkeit der historischen Verkündigung Jesu zugerechnet werden können. Der Bereich der neutestamentlichen Apokryphen umfasst aber nicht nur gnostische Texte. Zum Beispiel gab es auch judenchristliche Evangelien wie das Hebräerevangelium oder das Nazaräerevangelium, die allerdings nur noch aus Zitaten bei den Kirchenvätern bekannt sind.

eine neue Überschrift „Die übrigen Briefe“ an und lässt diesen Abschnitt mit dem Hebräerbrief beginnen, der damit klar aus der Paulusbriefsammlung ausgegliedert wird. Eigene Wege geht die Lutherbibel. Sie unterteilt die Schriften des Neuen Testaments in drei Kategorien, nämlich Geschichtsbücher (Evangelien und Apostelgeschichte), Briefe und Prophetisches Buch (Offenbarung des Johannes), und weicht dabei aus inhaltlichen Gründen bewusst von der traditionellen Reihenfolge ab. Martin Luther hat zwar nicht den Kanon als solchen infrage gestellt, aber innerhalb der Kanongrenzen Sachkritik geübt. Das entscheidende Kriterium für die Beurteilung der neutestamentlichen Schriften war für ihn die Frage, inwieweit sie das Christuszeugnis hell und klar wiedergeben. Vor diesem Hintergrund ist er dem Hebräerbrief wegen seiner ablehnenden Haltung zur Buße und dem Jakobusbrief wegen seiner angeblichen Werkgerechtigkeit mit großen Vorbehalten begegnet. Als Konsequenz hat Luther in seiner deutschen Bibelübersetzung beide Schriften eigenmächtig hinter die von ihm hoch geschätzten Johannesbriefe gestellt. Auf diese Weise werden in der Lutherbibel mit dem Hebräerbrief, dem Jakobusbrief, dem Judasbrief und der Johannesapokalypse jene vier Bücher ans Ende des Neuen Testaments gestellt, die der Reformator zu den weniger bedeutsamen Schriften des Kanons rechnete.

Die Lebenswelt Jesu

Das Zentrum der Verkündigung Jesu lag in Galiläa. Dort hat er sich vorwiegend an die einfache Landbevölkerung gewandt und die griechisch geprägten Städte gemieden. Anders als im Johannesevangelium kommt Jerusalem in den ersten drei Evangelien ausschließlich als Ort der Passion Jesu in den Blick.

Jesus stammt aus Galiläa, genauer aus Nazaret. Galiläa wird gewöhnlich in drei Landschaften aufgeteilt, nämlich das sich in Richtung Syrien und Libanon erstreckende Obergaliläa, das nicht ganz so bergige Untergaliläa und das flachere Umland des Sees Gennesaret, der auch als galiläischer See bezeichnet wird. Mit etwa 40 Kilometern Durchmesser und 1600 Quadratkilometern Fläche ist Galiläa von der Größe her recht überschaubar. Das Galiläa der Zeitenwende war ein fruchtbares Land. Mit dem Wechsel von regenreichen Wintern und trockenen Sommern bot es gute klimatische Bedingungen für die Landwirtschaft. Die wichtigsten Bodenprodukte waren Weizen, Trauben und Oliven. Der Reichtum des Landes war allerdings sehr ungleich verteilt. Die fruchtbaren Flächen befanden sich überwiegend in der Hand von Großgrundbesitzern oder gehörten zu den königlichen Domänen, während die breiten Bevölkerungsschichten als Tagelöhner oder Kleinpächter ein mühseliges Leben am Existenzminimum fristeten. Einzelne Gleichnisse Jesu spiegeln diese soziale Wirklichkeit wider.

Das ländliche Galiläa war in den Tagen Jesu als eine Art jüdische Enklave von hellenistischen Städten umgeben. Im Westen grenzte es an die alten phönizischen Hafenstädte Sidon, Tyrus und Ptolemaïs. Im Süden schloss sich Samaria mit der hellenistisch geprägten Hauptstadt Sebaste an. Im Osten war es von der Dekapolis umgeben, einem Bund hellenistischer Stadtstaaten, der sich mit Skythopolis sogar ein Stück weit auf die westliche Seite des Jordans erstreckte. Auch in Galiläa selbst war durch die städtebaulichen Aktivitäten von Herodes Antipas die hellenistische Kultur präsent. Sepphoris war nach dem Tod Herodes des Großen 4 v. Chr. Schauplatz von Aufständen gewesen und zur Strafe von den Römern dem Erdboden gleichgemacht worden. Das Kommando führte dabei Varus. Unter Herodes Antipas kam es zum Wiederaufbau der alten Hauptstadt Galiläas. Jesus arbeitete wie sein Vater Josef zunächst als Zimmermann oder Bauhandwerker. Aufgrund der nicht einmal zehn Kilometer Entfernung zwischen Nazaret und Sepphoris ist zu vermuten, dass beide am Wiederaufbau der Stadt beteiligt waren. Das neu errichtete Sepphoris war eine hellenistische Stadt auf jüdischem Boden. Ausgrabungen haben ein Theater aus dem frühen 1. Jh. n. Chr. zutage gefördert, das mehr als viertausend Zuschauern Platz bot. In der Stadt wurde mit Sicherheit auch Griechisch gesprochen, wenn es nicht sogar die dominierende Sprache war. Mit der im Jahr 19 n. Chr. erfolgten Neugründung von Tiberias büßte Sepphoris seinen Rang als Hauptstadt Galiläas ein. Bei den Bauarbeiten in Tiberias stellte sich heraus, dass die Stadtgründung auf einem Friedhofsgelände erfolgt war, was Herodes Antipas aber nicht am Weiterbau hinderte. Da nach der Tora jede Berührung mit Gräbern kultisch verunreinigt (Num 19,16), wurde Tiberias von frommen Juden gemieden. Der Königspalast des Herodes Antipas in Tiberias erregte durch seine Tierbilder den Anstoß frommer Juden und wurde deshalb im Jüdischen Krieg gestürmt.

Jesu Heimatort Nazaret im hügeligen Untergaliläa war in neutestamentlicher Zeit von so geringer politischer und wirtschaftlicher Bedeutung, dass es außerhalb des Neuen Testaments in antiken Quellen keine Rolle spielt. Die überwiegend in der Landwirtschaft tätigen Einwohner lebten in ärmlichen Verhältnissen in Höhlen, die in den Kalkstein gehauen worden waren. Bei Bauarbeiten stieß man in der ersten Hälfte des 20. Jh. auf mehr als 60 dieser alten Höhlenwohnungen. Das Zentrum des öffentlichen Wirkens Jesu lag in Kafarnaum am Nordufer des Sees Gennesaret. Dort hat Jesus die ersten Jünger berufen, sein Wunderwirken begonnen und im Haus des Petrus Aufnahme gefunden.

Vermutlich machte er den Ort zur Basis für seine Tätigkeit als Wanderprediger, die sich auf Galiläa konzentrierte. Die Mehrzahl der in den Evangelien erwähnten Orte wie Kafarnaum, Magdala, Chorazin oder die schon zur Gaulanitis zählende Grenzstadt Betsaida weisen in die unmittelbare Nähe des Sees Gennesaret. Nur vereinzelt begegnet uns Jesus in den Evangelien auch in den angrenzenden Gebieten wie der Dekapolis, dem hoch im Norden an den Jordanquellen gelegenen Cäsarea Philippi oder dem Territorium der Küstenstädte Tyrus und Sidon. Erstaunlicherweise wissen die Evangelien nicht das Geringste über ein Wirken Jesu in den hellenistischen Städten Galiläas zu berichten, obwohl Jesus Sepphoris und Tiberias gekannt haben muss. Gelegentlich wird deshalb angenommen, dass die Evangelien eine von Misserfolg gekennzeichnete Wirksamkeit Jesu absichtlich verschweigen. Vermutlich hat aber Jesus, der sich zu den verlorenen Schafen Israels gesandt sah, im Zuge seines öffentlichen Wirkens Sepphoris und Tiberias bewusst gemieden, indem er sich programmatisch den einfachen Leuten vom Lande zuwandte.
Jerusalem kommt nach Zeugnis der ersten drei Evangelien ausschließlich als Ort der Passion Jesu in den Blick. Am Ende seines Lebens zog Jesus mit den Jüngern in die Heilige Stadt, um dort den Kreuzestod zu erleiden. Das Johannesevangelium weiß dagegen auch von früheren Jerusalemreisen und einem umfassenderen Wirken Jesu in Jerusalem zu berichten. Die Stadt hatte in neutestamentlicher Zeit schätzungsweise 50.000 Einwohner und war auch damals schon ein Besuchermagnet. Das Stadtbild wurde von den prächtigen Bauten des Königs Herodes geprägt, unter denen dem Neubau des Jerusalemer Tempels hervorgehobene Bedeutung zukommt. Für Juden im gesamten Römischen Reich war er zentraler Bezugspunkt der Frömmigkeit. Zu den großen Wallfahrtsfesten pilgerten jährlich unzählige Menschen aus der Diaspora nach Jerusalem, das freilich zu allen Zeiten des Jahres ein Ort pulsierenden Lebens war.

Das Ausbreitungsgebiet der frühen Kirche

Das Evangelium von Jesus Christus verbreitete sich sehr früh im östlichen Mittelmeerraum. Die wichtigsten Träger der Christusbotschaft waren zunächst die Anhänger des Stephanus, die nach dessen Märtyrertod aus Jerusalem fliehen mussten. Nach seinem Damaskuserlebnis wuchs Paulus Schritt für Schritt in die Rolle des bedeutendsten frühchristlichen Missionars hinein.

Nachdem in Jerusalem infolge der Osterereignisse und des Pfingstgeschehens die erste christliche Gemeinde Gestalt angenommen hatte, breitete sich das Evangelium in rasanter

In Paulus' Heimat Kilikien, im Südosten der heutigen Türkei, existieren noch viele Zeugnisse antiker Kultur.

Geschwindigkeit im gesamten östlichen Mittelmeerraum aus. Die wichtigste Quelle dafür ist die Apostelgeschichte des Lukas. Sie erzählt davon, wie durch Gottes Handeln in Jerusalem die Kirche entsteht und das Evangelium von dort über Judäa und Samaria den Weg in die gesamte Welt findet. Allerdings gibt es auch frühe Verbreitungsgebiete des Christentums, die in der auf die Missionsaktivitäten des Paulus fokussierten Apostelgeschichte nicht in den Blick rücken. Was Lukas sehr holzschnittartig als von Jerusalem ausgehende, stufenweise Bewegung mit klar abgrenzbaren Einzelschritten beschreibt, hat sich in Wirklichkeit viel komplexer gestaltet. Die Missionsrouten wurden nicht selten durch das Straßensystem im Römischen Reich vorgegeben.

Maßgebliche Bedeutung für die urchristliche Missionsgeschichte kommt der Verfolgung des Stephanuskreises zu. Nach dem Märtyrertod des Stephanus mussten seine Anhänger Jerusalem verlassen. Diesem Umstand ist es zu verdanken, dass sich die Christusbotschaft innerhalb kürzester Zeit weit über die Grenzen Jerusalems hinaus verbreitete. Das einzige Mitglied des Stephanuskreises, über dessen Wirken Einzelheiten bekannt sind, ist Philippus (Apg 8,4–40). Bei ihm handelte es sich, soweit die Quellen ein Urteil darüber zulassen, um den ersten namhaften Wanderprediger. Er hat mit seinen missionarischen Aktivitäten in Samaria und im palästinischen Küstengebiet die Grenzen des Gottesvolks Israel bewusst überschritten. Philippus machte sich gezielt in solche Regionen Palästinas auf, die in besonderem Maße hellenistisch geprägt waren und in denen das nichtjüdische Bevölkerungselement den Ton angab. Durch den äthiopischen Kämmerer, den Philippus an einer Wasserstelle in der Nähe von Gaza taufte, gelangte das Evangelium wohl sehr früh auch nach Afrika. Andere Anhänger des Stephanus gründeten in Damaskus eine christliche Gemeinde, in der Paulus nach

seinem Damaskuserlebnis die Taufe empfing, oder begaben sich in das syrische Antiochia, das bald zu einem der wichtigsten Zentren des Christentums werden sollte. Es spricht einiges für die Vermutung, dass auch die Christengemeinde in Rom, über deren Ursprünge wir im Dunkeln tappen, von Stephanusanhängern gegründet wurde.
Im Auftrag der Gemeinde von Antiochia wurde die sogenannte erste Missionsreise durchgeführt, die zur Verbreitung des Evangeliums auf Zypern und in den kleinasiatischen Regionen Pisidien, Pamphylien und Lykaonien führte. Paulus war zuvor zwischen seinem Damaskuserlebnis und dem Eintritt in die Gemeindearbeit von Antiochia mehr als fünf Jahre im Nabatäerreich und in seiner kleinasiatischen Heimat Zilizien missionarisch aktiv gewesen. Ob es dabei auch zu dauerhaften Gemeindegründungen kam, entzieht sich unserer Kenntnis. Mit dem Aufbruch nach Europa, der sogenannten zweiten Missionsreise, brachte der Apostel das Evangelium nach Zentralanatolien, in das westliche Kleinasien und in die urbanen Zentren Makedoniens und Griechenlands. Als besonders fruchtbar erwies sich der knapp dreijährige Aufenthalt des Apostels in Ephesus. Paulus machte Ephesus zum Zentrum seiner Kleinasien-Mission. Während des dortigen Aufenthalts hatte der Apostel nicht nur renommierte Mitarbeiterinnen und Mitarbeiter wie Priska, Aquila, Apollos und Timotheus über einen längeren Zeitraum an seiner Seite, sondern auch zahlreiche Abgesandte anderer Gemeinden empfangen und in der Missionsarbeit unterwiesen. Die Verwirklichung seines großen Ziels, das Evangelium bis nach Spanien als der westlichen Grenze der damals bekannten Welt zu tragen, war Paulus wohl nicht mehr vergönnt. Auch die Jerusalemer Urgemeinde betrieb gezielt Missionsarbeit, wobei Petrus eine zentrale Rolle spielte. Gemäß den Beschlüssen des Apostelkonzils richtete sie den Fokus auf jene Regionen, in denen die jüdische Bevölkerung den Ton angab. Von Petrus sind missionarische Aktivitäten in der Küstenregion um Joppe und Cäsarea verbürgt (Apg 9–10).

Neben Paulus, der im Rampenlicht der Apostelgeschichte steht, wirkten auch andere, zumeist unbekannte Wanderprediger. Außerdem verbreitete sich das Christentum nicht nur über gezielte Mission, sondern auch durch Mund-zu-Mund-Propaganda in den Synagogengemeinden und durch Reisen christlicher Kaufleute. Mit Ägypten ist eines der wichtigsten Ausbreitungsgebiete des Evangeliums in der Apostelgeschichte überhaupt nicht präsent. Offenkundig lagen Lukas diesbezüglich keine Informationen vor. Der in Korinth und Ephesus wirkende Apollos aus Alexandria wurde offensichtlich erst in Griechenland zum Anhänger des christlichen Glaubens (Apg 18,24–28). In der altkirchlichen Tradition gilt dann Barnabas oder sein Neffe Johannes Markus als Erstverkünder des Evangeliums in Alexandria, wobei Letzterer auch missionarische Aktivitäten an der nordafrikanischen Küste bis hin nach Libyen entfaltet haben soll. Dabei handelt es sich allerdings um Legenden von zweifelhaftem geschichtlichem Wert.

Der zeitgeschichtliche Rahmen des Neuen Testaments

Mit den Entwicklungen unter Antiochus IV. und dem Kampf der Makkabäer schärfte sich das jüdische Bewusstsein dafür, dass die hellenistische Kultur zur Bedrohung für die eigene Religion werden konnte. Es wurde ein Eifer für den Glauben entfacht, der die Identität des Judentums in besonderer Weise an die Tora und den Tempel band.

Der zeitgeschichtliche Rahmen des Neuen Testaments umfasst das antike Weltgeschehen, das den Hintergrund des Auftretens Jesu bildete und die Lebenswelt des Urchristentums bestimmte. Da Jesus in Palästina wirkte und dort nach seinem Tod die christliche Kirche entstand, liegt ein Schwerpunkt auf den geschichtlichen Entwicklungen des palästinischen Judentums der Zeitenwende. Der zeitgeschichtliche Rahmen des Neuen Testaments bleibt aber geografisch nicht auf Palästina beschränkt, sondern nimmt die Verhältnisse im gesamten Römischen Reich in den Blick, soweit sie sich für die biblischen Überlieferungen als bedeutsam erweisen.

Der Kampf der Makkabäer

Im frühen 2. Jh. v. Chr. vollzogen sich im Judentum einschneidende Entwicklungen, deren Nachwirkungen auch in neutestamentlicher Zeit noch zu spüren waren. Im Jahr 200 v. Chr. kam Palästina unter die Herrschaft des Seleukidenreiches, das nach dem Tod Alexanders des Großen von Seleukos begründet worden war und sein Zentrum in Syrien hatte. Die Thronbesteigung von Antiochus IV. im Jahr 175 v. Chr. war für hellenistisch gesinnte Kreise in Jerusalem das Startsignal zum Versuch, mit Unterstützung des Seleukidenkönigs die Gesellschaft und den Tempelstaat grundlegend zu modernisieren. Die politische Ordnung in Judäa sollte nicht mehr durch die Tora legitimiert und vom Hohepriester bestimmt werden, wie es seit den Tagen Esras der Fall war, sondern sich nach griechischem Vorbild auf die Verfassungsorgane der Polis stützen. Unter dem Hohepriester Menelaos erreichten die Reformen eine neue Dimension, da sie nun auch die Religion betrafen. Der Tempel in Jerusalem wurde dem Zeus Olympios geweiht, wobei man den jüdischen Gott auf dem Zion mit dem höchsten Gott des griechischen Pantheons identifizierte.

Der Kampf der Makkabäer und die Hasmonäerdynastie

175 v. Chr.	Beginn des Makkabäeraufstands unter Mattatias
166–160 v. Chr.	Judas Makkabäus
164 v. Chr.	Tempelweihfest (Chanukka)
160–143 v. Chr.	Jonatan
143–134 v. Chr.	Simon
140 v. Chr.	Staatsverfassung des Hasmonäerreichs
134–104 v. Chr.	Johannes Hyrkan I.
103–102 v. Chr.	Aristobul I.
102–76 v. Chr.	Alexander Jannai
76–67 v. Chr.	Alexandra Salome
67–66 v. Chr.	Hyrkan II. (seit 76 v. Chr. bereits Hohe priester)
66–63 v. Chr.	Aristobul II.

Im Tempel wurden nun auch Schweineopfer dargebracht. Darüber hinaus erließ Antiochos IV. auf Initiative des Menelaos Religionsgesetze, welche die traditionelle Opferdarbringung, den Besitz von Torarollen, die Beschneidung und die Sabbateinhaltung unter Todesstrafe stellten.

Diese Reformen, die letztlich auf eine Abschaffung der als rückständig empfundenen jüdischen Religion hinausliefen, führten zum Freiheitskampf der Makkabäer. Der Priester Mattatias und seine Söhne entschlossen sich zum bewaffneten Widerstand. Die Makkabäer lebten als Freischärler oder Partisanen in den Bergen. Von dort aus zerstörten sie heidnische Altäre im Land und gingen gewaltsam gegen Kollaborateure aus dem eigenen Volk vor. Nach dem Tod des Mattatias übernahm sein Sohn Judas Makkabäus, dem die Bewegung ihren Namen verdankt, die Führung. Wegen seiner Durchsetzungskraft und Verschlagenheit wird er zuweilen mit David verglichen und ist bis heute jüdischer Nationalheld. Mit seinen Kämpfern gewann Judas Makkabäus mehrere Schlachten gegen deutlich besser ausgerüstete seleukidische Truppen. Es gelang ihnen im Jahr 164 v. Chr., nach Jerusalem einzuziehen und den Tempel unter ihre Kontrolle zu bringen. Der Verehrung des olympischen Zeus wurde ein Ende bereitet und der reguläre Kult für den Gott Israels konnte ab jetzt wieder ausgeübt werden. Darin liegt der Ursprung von Chanukka, dem Lichterfest.

Der Erfolg der makkabäischen Erhebung und das Scheitern der Religionsreform hatten einschneidende Folgen für die weitere geistige und politische Entwicklung des Judentums. Der bis dahin als Herausforderung und Bereicherung angesehene Hellenismus wurde nun als Gefahr für Gesetz und Kult empfunden. Als Gegenreaktion auf die hellenistischen Reformbestrebungen wurde ein Eifer für den Glauben entfacht, der die Identität des Judentums in besonderer Weise an die Tora und den Tempel band. Es schärfte sich das Bewusstsein dafür, dass das Judentum nicht nahtlos in der hellenistischen Kultur aufgehen konnte. Damit ging eine besondere Sensibilisierung einher für tatsächliche oder scheinbare Eingriffe der in Palästina herrschenden politischen Macht in Fragen des religiösen Lebens und Belange des Tempels. Zugleich erhielt das apokalyptische Geschichtsdenken mit der Erwartung einer unmittelbar bevorstehenden Äonenwende kräftigen Aufschub. Antiochos IV. wurde zur Schreckensgestalt der Endzeit. Auch die Entwicklung eines reflektierten Auferstehungsglaubens, wie er erstmals im Buch Daniel und im zweiten Makkabäerbuch begegnet, wurzelt in der Reflexion der Verfolgungserfahrungen der Makkabäerzeit. Das dort erlittene Leid konnte nicht mehr mit einem weltimmanenten Vergeltungsgedanken bewältigt werden, sondern ließ die Vorstellung von jenseitiger Belohnung oder Bestrafung der Verstorbenen Raum gewinnen.

Das Hasmonäerreich

Die aus dem makkabäischen Befreiungskampf gegen eine Hellenisierung des Judentums hervorgegangenen Hasmonäer wurden bald selbst zu Königen, die sich kaum noch von den Herrschern der benachbarten Großreiche unterschieden. Unter den Frommen im Land erwuchs eine von den Pharisäern getragene Opposition, welche die hasmonäischen Herrscher zum Verzicht auf das Hohepriesteramt aufforderten.

Nachdem mit der Wiederherstellung des Tempelkults das eigentliche Ziel des Aufstandes erreicht war, zeigte sich, dass die Ambitionen der Makkabäer deutlich weiter gingen. Sie strebten nun nach dem Hohepriesteramt und der politischen Macht. Nach dem Tod des Judas Makkabäus gelang es seinem Bruder Jonatan, das Hohepriesteramt an sich zu reißen. Von den Frommen wurde dies als Eklat empfunden, da die Makkabäer nicht zum alten Geschlecht Zadoks zählten, das seit den Tagen Davids die Hohepriester gestellt hatte und erst von den Seleukiden entmachtet worden war. In erbitterten kriegerischen Auseinandersetzungen und mit wohlwollender Protektion Roms, das als angehende Hegemonialmacht im östlichen Mittelmeerraum seine Schatten vorauswarf, erkämpften sich die Makkabäer zudem die politische Unabhängigkeit von den Seleukiden. Mit Simon, einem weiteren Sohn des Mattatias, begann die Zeit des Hasmonäerreiches. Der Name Hasmonäer leitet sich davon ab, dass zu den Vorfahren der Makkabäer ein Ahnherr namens Hasmon zählte. Die ersten Regenten der Hasmonäerdynastie, Simon und sein Sohn Johannes Hyrkan, waren auf dem Papier noch keine Könige, obwohl sie neben dem Hohepriesteramt auch die weltliche Herrschaft ausübten. Man kann sie als Priesterfürsten bezeichnen.

Im Zuge ihrer Entwicklung wurden die aus dem makkabäischen Befreiungskampf gegen eine Hellenisierung des Judentums hervorgegangenen Hasmonäer selbst zu Königen, die manche Gesetzesvorschrift aus der Tora missachteten. Der seinem Anspruch nach religiös ausgerichtete Hasmonäerstaat konnte sich dem Strudel der Hellenisierung nicht entziehen und nahm zunehmend die Gestalt eines hellenistisch geführten Gemeinwesens an. Innerhalb von zwei Generationen wurden die Makkabäer, die einst religiös motivierte Freiheitskämpfer waren, weltlich gesinnte Herrschergestalten. Die Frommen im Land, die mit ihnen für die Religionsfreiheit gekämpft hatten, gingen immer mehr auf Distanz. Die einstigen Sympathisanten der makkabäischen Bewegung sahen sich um ihre Ziele betrogen. Die Konflikte eskalierten unter den hasmonäischen Herrschern Johannes Hyrkan und Alexander Jannai. Wortführer der Opposition waren die Pharisäer, aus deren Kreisen die Forderung laut wurde, die Hasmonäer sollten der hohepriesterlichen Würde entsagen und sich mit der weltlichen Herrschaft begnügen. Johannes Hyrkan zog mit der Aufstellung eines heidnischen Söldnerheers und der Zerstörung des JHWH-Tempels in Samaria heftige Kritik auf sich. Alexander Jannai war im eigenen Volk wegen grausamer Massenhinrichtungen an aufständischen Juden verhasst wie kein Hasmonäer vor ihm. Allerdings herrschte er am Ende seines Lebens über ein Gebiet, das in seiner Ausdehnung nahezu dem Großreich Davids und Salomos entsprach. Seiner Witwe Alexandra Salome, die als einzige jüdische Königin Geschichte schrieb, gelang es mit einer Politik des Ausgleichs, den inneren Frieden wiederherzustellen. Allerdings geriet das Reich an den Nordgrenzen unter Druck und hatte seinen Zenit überschritten. Der Untergang wurde durch Auseinandersetzungen innerhalb der Dynastie beschleunigt. Unmittelbar nach dem Tod von Alexandra Salome im Jahr 67 v. Chr. begann ein blutiger Bruderkrieg zwischen ihren Söhnen Hyrkan II. und Aristobul II. um die Herrschaft, an dessen Ende die Römerherrschaft über Palästina stand.

Die römische Besetzung Palästinas

Mit dem Einmarsch des Pompeius in Jerusalem begann die Zeit der römischen Herrschaft über Palästina. Die Rechtsbeziehung zwischen Rom und Jerusalem wandelte sich von einem Freundschafts- zu einem Vasallenverhältnis.

Geschichte Palästinas in neutestamentlicher Zeit

63 v. Chr.	Besetzung Palästinas durch Pompeius
63–40 v. Chr.	Hyrkan II. Hohepriester
40–37 v. Chr.	König Antigonos
37–4 v. Chr.	König Herodes der Große
ca. 4 v. Chr.	Geburt Jesu
4 v. Chr. - 6 n. Chr.	Reich des Archelaus
4 v. Chr. - 34 n. Chr.	Reich des Philippus
4 v. Chr. - 39 n. Chr.	Reich des Herodes Antipas
6–41 n. Chr.	Erste Römische Provinz Judäa
18–36 n. Chr.	Josef Kajaphas Hohepriester
26–36 n. Chr.	Pontius Pilatus Statthalter von Judäa
30 n. Chr.	Kreuzigung Jesu
41–44 n. Chr.	Königtum von Herodes Agrippa I.
44–135 n. Chr.	Zweite Römische Provinz Judäa (inkl. Galiläa und Peräa)
66–70 n. Chr.	Jüdischer Krieg
132–135 n. Chr.	Bar-Kochba-Aufstand
135 n. Chr.	Einrichtung der Provinz Palästina

Die Lebenswelt Jesu und der frühen christlichen Gemeinden ist durch die römische Herrschaft geprägt. Nachdem Rom in den Punischen Kriegen mit Karthago seinen gefährlichsten Gegner niedergerungen hatte, erhob es sich zur Hegemonialmacht im gesamten Mittelmeerraum und dehnte seinen Einfluss systematisch nach Osten aus. Schritt für Schritt kamen Griechenland, Kleinasien und Syrien unter die Herrschaft Roms. Auch das jüdische Staatswesen konnte sich dem Sog der römischen Expansionspolitik nicht entziehen. Durch Pompeius erfolgte eine Befriedung und völlige Neuordnung des Ostens, von der auch das Hasmonäerreich in Mitleidenschaft gezogen wurde. Im Jahr 64 v. Chr. begab sich Pompeius nach Damaskus, um nach dem Untergang des Seleukidenreiches Syrien als römische Provinz neu zu organisieren. Als die verfeindeten Brüder Hyrkan II. und Aristobul II. den römischen Feldherrn in ihren Machtkampf einschalteten, ahnten sie nicht, wie weit dessen Einmischung gehen sollte. Die Eroberung Jerusalems durch Pompeius markiert den Beginn der römischen Herrschaft über Palästina und das Ende des hasmonäischen Königtums, auch wenn Antigonos zwei Jahrzehnte später nochmals für kurze Zeit eine Restitution der alten Verhältnisse gelang. Die Rechtsbeziehung zwischen Rom und Jerusalem veränderte sich von einem Freundschafts- zu einem Vasallenverhältnis. Vordringliches Ziel des Pompeius war es, die Region zu befrieden und in die römische Herrschaft einzugliedern. Judäa wurde dabei nicht in eine römische Provinz umge-

Reich Herodes des Großen (37–4 v. Chr.)

wandelt, sondern als ein unter römischer Aufsicht stehender Klientelstaat organisiert. Mit der Herrschaftsausübung betrauten die Römer den Hohepriester Hyrkan II. aus der alten Hasmonäerdynastie und Antipater, den Vater des späteren Königs Herodes. Dieser erwies sich als loyaler Sachwalter der Interessen Roms und baute dadurch seine Macht zielstrebig aus. Als Julius Cäsar 48 v. Chr. nach dem Sieg über Pompeius in Alexandria vom ägyptischen Heer eingeschlossen war, verdankte er Antipater seine Rettung. Dieser hatte Hilfstruppen aus Syrien mobilisiert und führte mit seinen jüdischen Soldaten im Nildelta die Entscheidung zugunsten Cäsars herbei. Zum Dank für die existenzielle Hilfeleistung räumte Cäsar den Juden im gesamten Imperium eine Reihe bedeutsamer Privilegien ein, darunter das Recht der freien Religionsausübung und die Befreiung vom Militärdienst. Antipater selbst nutzte den Machtgewinn dazu, seine Söhne Phasael und Herodes mit wichtigen militärischen Positionen zu betrauen. Damit begann der Aufstieg des damals etwa fünfundzwanzigjährigen Herodes, der bald als König über Judäa herrschen sollte.

Das Königreich von Herodes dem Großen

Die historische Gestalt des Herodes und seine Verdienste um das jüdische Volk werden von dem düsteren Bild des berüchtigten Kindermörders von Betlehem und grausamen Despoten bis zur Unkenntlichkeit überlagert. Herodes der Große war einer der bedeutsamsten jüdischen Könige überhaupt, der sein heterogenes Herrschaftsgebiet mit großem Geschick in das römische Imperium einband und wirtschaftlich erblühen ließ.

Als es 40 v. Chr. dem Hasmonäer Antigonos gelang, mithilfe der Parther die Römer aus Jerusalem zu vertreiben und den Thron zu besteigen, konnte Herodes nach Rom fliehen und wurde dort vom Senat zum König von Judäa bestimmt. Es bedurfte allerdings langer Kämpfe, bis er die Lage im Land kontrollierte und schließlich 37 v. Chr. mithilfe einer römischen Streitmacht Jerusalem eroberte. Als von Rom ernannter und mit militärischer Gewalt installierter König war Herodes der Bevölkerung ein Dorn im Auge, zumal er nicht als vollwertiger Jude galt. Sein Vater Antipater stammte aus dem erst unter den Hasmonäern dem jüdischen Kernland eingegliederten Idumäa, seine Mutter Kypros war Nabatäerin. Für weite Kreise stand die Herrschaft des Herodes im Widerspruch zur Weisung der Mosetora, keinen Fremden zum König über Israel einzusetzen (Dtn 17,15).

Die Person des Herodes und seine Verdienste um das jüdische Volk werden von dem düsteren Bild des grausamen Despoten bis zur Unkenntlichkeit überlagert. In den ersten Jahren seiner Regierung bediente Herodes sich skrupellos des politischen Mordes, um seine Herrschaft zu stabilisieren. Neben den Anhängern des Antigonos ließ er auch zahlreiche Mitglieder aus der eigenen Familie beseitigen, die ihm politisch hätten gefährlich werden können. Hinzu kommt die aus Eifersucht erfolgte Hinrichtung seiner Ehefrau Mariamne. In der mittleren Phase seiner Herrschaft entfaltete Herodes eine rege Baupolitik, in deren Mittelpunkt neben bedeutsamen Städtegründungen die völlige Neugestaltung des Jerusalemer Tempels stand. Weit über die Grenzen seines Herrschaftsgebietes hinaus stiftete er in zahlreichen Städten Syriens, Kleinasiens und Griechenlands nach Sitte hellenistischer Fürsten Bauten und Denkmäler. Wie bei seinen städtebaulichen Aktivitäten gab sich Herodes dabei als weltoffener Monarch, der als Förderer griechischer Lebensart auftrat und sich durch die Einbindung seines Landes in die Weltkultur auf der Höhe der Zeit bewegte. Das Diasporajudentum profitierte immens von diesen Zuwendungen und Stiftungen, da sie das Ansehen der jüdischen Gemeinden im gesamten Römischen Reich steigerten und zur Verbesserung ihrer Rechtsstellung beitrugen. Das Ende des Herodes ist durch blutige Familienkonflikte im Rahmen der Nachfolgeregelung und ein kaum noch zu entwirrendes Knäuel von Intrigen am Königshof gekennzeichnet. In diesem Zusammenhang ließ er mit Genehmigung Roms drei seiner Söhne hinrichten, die ihm vorzeitig den Thron streitig machen wollten.

Bei aller Grausamkeit und Härte, mit der Herodes zweifellos regierte, sollten seine Verdienste nicht übersehen werden. In der Bewertung des Herodes hat sich in der Geschichtsforschung eine deutliche Wende vollzogen. Bei Juden wie Christen fiel das Urteil über Herodes lange Zeit sehr negativ aus. Aus jüdischer Sicht war dafür neben der Romtreue die Öffnung des Herodes gegenüber dem Hellenismus verantwortlich, die sich in der Förderung griechischer Kultur, Lebensart und Religiosität niederschlug. Auf christlicher Seite wirkte unverkennbar die Legende vom Kindermord in Betlehem nach. Diese negative Wirkungsgeschichte wird den unbestreitbaren Verdiensten des Herodes nicht gerecht. Er bescherte dem Land Frieden und Wohlstand, wie es ihn seit den Tagen Salomos nicht mehr erlebt hatte. Herodes verfolgte als enger Vertrauter von Kaiser Augustus mit großem diplomatischem Geschick die Einbeziehung Judäas in die hellenistisch-römische Weltkultur. Er war sich der Abhängigkeit von Rom und der daraus resultierenden eingeengten Handlungsspielräume bewusst. In diesem Rahmen machte er aus Überzeugung wie aus machtpolitischem Kalkül die bedingungslose Gefolgschaft gegenüber Rom und die konsequente Einbindung seines Territoriums in das Römische Reich zu Garanten seiner erfolgreichen Herrschaft. Durch umfangreiche Baumaßnahmen und eine Steigerung der landwirtschaftlichen Produktivität wurde der Wohlstand der Bevölkerung nachhaltig gefördert.

Religiöse Gruppierungen im Judentum

Das Judentum in neutestamentlicher Zeit ist durch einen religiösen Pluralismus gekennzeichnet. Grundlage jüdischer Religiosität ist das Bekenntnis zur Tora und zum Tempel. Zwischen den einzelnen Religionsparteien bestehen allerdings charakteristische Unterschiede im Blick auf die Gesetzesauslegung, die Ethik und die Enderwartung.

Um 150 v. Chr. hatten sich im Judentum im Zuge bestimmter geschichtlicher Entwicklungen drei Gruppierungen herausgebildet, die in neutestamentlicher Zeit das religiöse Leben bestimmten und zum Teil auch über beträchtlichen politischen Einfluss verfügten. Dabei handelt es sich um die Essener, die Pharisäer und die Sadduzäer. In den Tagen Jesu kam als vierte Religionspartei die Bewegung der Zeloten hinzu, die als radikale Abspaltung von den Pharisäern das Land in die bewaffnete Auseinandersetzung mit der römischen Besatzungsmacht führte.

Die Essener und die Pharisäer erwuchsen aus der „Sammlung der Frommen", die sich in der Zeit der Seleukidenherrschaft formiert und zeitweise dem Kampf der Makkabäer angeschlossen hatte. Die Essener, deren Name wahrscheinlich „die Frommen" bedeutet, bildeten geschlossene Gemeinschaften mit festen Organisationsstrukturen. Im Neuen Testament kommen sie nicht vor. Die von einem priesterlichen Vorsteher geleiteten Gemeinden verfügten trotz egalitärer Lebensweise über ein hierarchisches Gefälle, an dessen Ende die Novizen standen. Der Tagesablauf war streng geregelt. Nach dem Morgengebet vor Sonnenaufgang gingen die Essener einer bäuerlichen oder handwerklichen Tätigkeit nach. Zur Mittagszeit traf man sich zu einer gemeinsamen Mahlzeit. Am Nachmittag setzte sich die Arbeit fort, bevor man abends erneut zum Mahl zusammenkam. Die Essener verstanden sich selbst als das wahre Israel und grenzten sich schroff nach außen ab. Sie maßen den rituellen Vorschriften der Tora besonders hohe Bedeutung bei und betonten das priesterliche Element. Oberstes Ziel war es, die kultische Reinheit der Gemeinde und ihrer Glieder zu wahren. Dazu erfolgte eine Radikalisierung und Verallgemeinerung der priesterlichen Reinheitsgesetze, indem die in der Tora nur für die Priester geltenden Vorschriften auf alle Gemeinschaftsmitglieder ausgeweitet wurden. Im Zentrum stand der Gedanke, dass die Forderungen des Gesetzes nur durch eine konsequente Heiligung des ganzen Lebens zu erfüllen seien. Auch das Sabbatgebot wurde strenger als von anderen Gruppierungen des Judentums ausgelegt. Den gemeinsamen Mahlzeiten gingen kultische Waschungen voraus. Die Mahlgebete wurden von einem Priester gesprochen. Das Mahl selber nahmen die Essener in weißen Leinengewändern ein, wie sie auch die Priester im Tempel trugen. Die Mehrzahl der Essener lebte ehelos, um sich nicht durch den Umgang mit Frauen kultisch zu verunreinigen. Daneben gab es aber auch Gruppen von verheirateten Essenern, die im Interesse von Fortpflanzung und Nachkommenschaft eine positive Haltung gegenüber der Ehe einnahmen. Die Zukunftserwartung der Essener war durch den Glauben an ein Fortleben nach dem Tod geprägt. Für die Bewertung von Qumran hat die traditionelle Annahme, dass es sich um eine Essenersiedlung und bei den Schriftrollen vom Toten Meer um deren Bibliothek handelte, nach wie vor die größte Wahrscheinlichkeit für sich. Trotz vereinzelter Unterschiede spiegeln sich in den Qumrantexten fundamentale Glaubensvorstellungen und Handlungsweisen wider, wie sie von den antiken Quellen als typisch essenisch charakterisiert werden.

Die Pharisäer sprachen von sich selbst vermutlich als Genossen. Ihr Name geht auf das hebräische Wort *peruschim* zurück und bedeutet „die Abgesonderten". Dabei handelt es sich um eine Fremdbezeichnung, die ihnen wohl deshalb beigelegt wurde, weil sie sich von ihrer Umwelt absonderten, um als heilige Gemeinde Gottes nicht mit Unreinheit in Berührung zu kommen. Theologisch standen die Pharisäer im Ruf hervorgehobener Frömmigkeit und akribischer Gesetzesauslegung. Auch Paulus rühmt im Rückblick auf seine pharisäische Vergangenheit die Treue gegenüber der Tora (Phil 3,5). Die Pharisäer schlossen sich als Laienbewegung in organisierten Gemeinschaften zusammen, um vor allem die kultischen Reinheitsvorschriften und die Zehntgebote der Tora mit größter Sorgfalt zu beachten. Oberstes Ziel war die rituelle

Heiligung des täglichen Lebens nach den Richtlinien, wie sie im Tempel für die Priester galten. Das ganze Land sollte zum Heiligtum Gottes werden. Die positive Einstellung zum Jerusalemer Tempel, die sich auch in der konsequenten Entrichtung des dem Kultpersonal zugutekommenden Zehnten widerspiegelt, wurde von dieser Demokratisierung priesterlicher Ideale und der Ausweitung des sakralen Bereiches auf das ganze Land nicht berührt. Im Gegensatz zu den Essenern waren die Pharisäer egalitär organisiert und hoben innerhalb ihrer Bewegung den traditionellen Vorrang der Priester auf.

Dieses antike Ossuarium, das der Aufbewahrung von Gebeinen diente, stammt aus Judäa.

Das Mosegesetz wurde von den Pharisäern ergänzt um Ausführungsbestimmungen aus dem Erbe der väterlichen Überlieferungen als gleichberechtigtes Offenbarungszeugnis, die oftmals auf eine Verschärfung der Gesetze hinausliefen. Viele der von pharisäischen Schriftgelehrten entwickelten Auslegungstraditionen sind später in den Talmud eingeflossen. In Verschärfung der Tora forderten die Pharisäer vor jeder Mahlzeit ein rituelles Waschen der Hände und des Geschirrs (Mk 7,3–4), in dem sich das Bemühen um kultische Reinheit im Alltag anschaulich widerspiegelt. Die in der Tora auf Korn, Wein und Öl bezogene Pflicht der Zehntabgabe wurde auf alle agrarischen Produkte ausgeweitet (vgl. Mt 23,23). In anderen Bereichen wie etwa dem Sabbatgebot bemühten sich die Pharisäer, die Tora durch erleichternde Bestimmungen wirklichkeitsnah zu gestalten. Mit diesem Pragmatismus zogen sie die Kritik der in Gesetzesfragen strengeren Qumrangemeinde auf sich. Die Frömmigkeitspraxis der Pharisäer schloss freiwilliges Fasten und umfangreiche Gebetsriten ein. Das Endzeitdenken der Pharisäer war von apokalyptischer Zukunftserwartung unter Einschluss einer Totenauferstehung geprägt. Das wichtigste Zeugnis für die Messiaserwartung sind die vermutlich aus pharisäischen Kreisen stammenden Psalmen Salomos. Dort findet sich die Hoffnung auf einen kriegerischen Messias, der politische Freiheit bringt.

Die Sadduzäer rekrutierten sich aus priesterlich-aristokratischen Kreisen und dem Landadel. Ihr Name leitet sich von Zadok ab, den David in Jerusalem zum Oberpriester eingesetzt hatte (2 Sam 8,17) und dessen Geschlecht über Jahrhunderte die Herrschaft über den Tempelkult ausübte. Die Sadduzäer waren trotz ihres geringen Rückhalts im Volk die einflussreichste Religionspartei, die nicht nur den Hohen Rat dominierte und den Hohepriester stellte, sondern in den Tagen Jesu unter römischer Aufsicht auch die Innenpolitik bestimmte. Im Interesse des Machterhalts zeichneten sie sich durch eine romfreundliche Haltung aus. Sie waren bestrebt, den von den Zeloten getragenen wachsenden Widerstand gegen die Römerherrschaft einzudämmen. In theologischer Hinsicht ist an den Sadduzäern bedeutsam, dass sie allein die fünf Bücher Moses als autoritative Schrift und göttliche Offenbarung anerkannten. Ihrem nüchternen Denken gemäß lehnten sie jede Form von Engel- und Dämonenglaube ab. Zudem vertraten sie die Auffassung, dass es kein Schicksal gebe und der Mensch selbst für sein Ergehen verantwortlich sei. Da sie die prophetischen und apokalyptischen Bücher des Judentums nicht als Heilige Schrift betrachteten, war ihr Denken rein innerweltlich ausgerichtet. Da im Mosegesetz von Auferstehung der Toten und zukünftiger Welt keine Rede ist, konnte dies für die Sadduzäer kein Glaubensgegenstand sein. Die Königsherrschaft Gottes sahen sie innerweltlich in Kult und Gesetz verwirklicht. Apokalyptische Hoffnungen auf eine Überwindung der bestehenden Verhältnisse und ein jenseits dieser Welt liegendes Königtum Gottes waren den Sadduzäern mit ihrer an der Bewahrung des Status quo orientierten konservativen Grundhaltung wesensfremd und mehr als suspekt. Kritik am Tempel, wie sie von Jesus geäußert wurde, musste ihnen als subversiv und gefährlich erscheinen. Sadduzäische Kreise um den Hohepriester Kajaphas betrieben daher die Verhaftung Jesu und seine Auslieferung an Pontius Pilatus. Da die Machtposition der Sadduzäer auf dem Tempel und seinen hierarchischen Institutionen basierte, wurden sie durch die Zerstörung des Tempels im Jüdischen Krieg entscheidend geschwächt und waren nach dem Bar-Kochba-Aufstand, als alle Hoffnungen auf eine Wiederherstellung des Heiligtums begraben werden mussten, unwiderruflich zur Bedeutungslosigkeit verurteilt.

Die Zeloten (Eiferer) traten erstmals 6 n. Chr. im Zusammenhang mit der Steuerschätzung des Quirinius auf den Plan. Mit ihrem Namen wollten sie der Tatsache Ausdruck verleihen, dass von ihnen der seit der Makkabäerzeit zentrale Gedanke des Eifers für Gott und das Gesetz angesichts der römischen Fremdherrschaft erneut angefacht wurde. Ihr Begründer, Judas der Galiläer, ist wohl mit jenem Judas identisch, der zehn Jahre zuvor in Sepphoris schwere Unruhen hervorgerufen hatte und ein Sohn des von Herodes hingerichteten Bandenführers Hiskia war. Hiskia hatte in den Tagen von Herodes dem Großen als eine Art Robin Hood die Häuser der Reichen ausgeraubt und das Geld an die Not leidende Landbevölkerung verteilt. Judas der Galiläer vollzog dann den entscheidenden Schritt vom sozialen Banditentum zur Religionspartei, indem er der Bewegung ein klares Profil mit tragfähigem ideologischem Fundament und festen Organisationsstrukturen gab.

Als weitere Gründergestalt neben Judas begegnet der Pharisäer Zadok. Während die Zeloten ihre sozialen Wurzeln im revolutionären Banditentum hatten, stellten sie in religiöser Hinsicht eine radikale Abspaltung von der pharisäischen Bewegung dar. Der Hauptunterschied zu den Pharisäern war ein vom ersten Gebot abgeleitetes revolutionär-politisches Programm von der Alleinherrschaft Gottes, das eine Anerkennung des Kaisers als Herrn ausschloss. Die zelotische Lehre vom alleinigen Königtum Gottes über Israel ließ die weltliche Herrschaft Roms, wie sie in der Provinz Judäa ausgeübt wurde, als unvereinbar mit der Tora erscheinen. Nach der römischen Rechtsauffassung der Kaiserzeit, welche die Grundlage der Provinzialsteuern bildete, gingen Grund und Boden der besiegten Völker in den Besitz Roms über. Die Steuerschätzung und die damit verbundene Anerkennung des Kaisers Augustus als Herrn über das Land mussten von den Zeloten um jeden Preis bekämpft werden. Ihre radikale Ideologie ließ sie in einen unüberbrückbaren Gegensatz zur römischen Besatzungsmacht und zu allen Juden rücken, die mit ihr zusammenarbeiteten. Das Ziel der Aufstandsbewegung war die Befreiung des erwählten Gottesvolkes vom römischen Joch und die Reinigung des Heiligen Landes von Gesetzesübertretern.

Mit dieser religiösen und politischen Programmatik verband sich eine nicht zu übersehende soziale Komponente der zelotischen Bewegung, die in der unter den wirtschaftlichen Verhältnissen in besonderem Maße leidenden Landbevölkerung Palästinas ihren stärksten Rückhalt hatte und auf die Etablierung einer gerechten Gesellschaftsordnung drängte. Freiheit erschöpfte sich für die Zeloten nicht in der politischen Befreiung von der Fremdherrschaft und der Wiederherstellung einer gerechten Sozialordnung. Die Proklamation der Alleinherrschaft Gottes markierte aus zelotischer Perspektive den ersten Schritt zur endzeitlichen Erlösung Israels. In diesem Zusammenhang waren die Zeloten der Überzeugung, dass man Gottes endzeitliches Heilshandeln herbeiführen und aktiv bei der Durchsetzung der Alleinherrschaft Gottes mitwirken könne. Im Jüdischen Krieg war die zelotische Aufstandsbewegung zwar in untereinander verfeindete Gruppen zersplittert, wurde aber von einer einheitlichen religiös-politischen Ideologie getragen.

Palästina in den Tagen Jesu und der Apostel

In den Tagen Jesu war das Herodesreich in drei unterschiedliche Herrschaftsgebilde zerfallen. In Galiläa und im Ostjordanland herrschte Herodes Antipas, während sich die Reichsteile im Nordosten des Sees Gennesaret in der Hand seines Halbbruders Philippus befanden. Im Zentrum des Herodesreiches hatten die Römer 6 n. Chr. die Provinz Judäa eingerichtet, die sich später über ganz Palästina erstreckte.

Als Herodes 4 v. Chr. in seinem Winterpalast in Jericho verstarb, wurde das Reich gemäß seinem Testament auf drei seiner Söhne aufgeteilt. Zum Haupterben und Herrscher über Judäa, Idumäa und Samaria hatte Herodes am Ende seinen Sohn Archelaus eingesetzt. Durch willkürliche Eingriffe in das Hohepriesteramt und eine gegen die Tora verstoßende Eheschließung mit seiner Schwägerin zog dieser den Unmut der Frommen auf sich. Flavius Josephus schildert Archelaus als ungerechten und brutalen Herrscher. Dieses Bild spiegelt sich auch in der Bibel wider (Mt 2,22). Im Jahr 6 n. Chr. begab sich eine Delegation jüdischer und samaritanischer Aristokraten nach Rom, um beim Kaiser Augustus die Absetzung des Herrschers einzufordern. Archelaus wurde nach Gallien verbannt, sein Herrschaftsgebiet in die römische Provinz Judäa umgewandelt und einem Statthalter unterstellt. In den Tagen Jesu hatte Pontius Pilatus dieses Amt inne. Der Statthalter war Oberbefehlshaber der römischen Truppen im Land und höchste Instanz in allen Fragen, die das Recht und die Finanzen betrafen. Er hatte seinen Amtssitz in Cäsarea Maritima. In Jerusalem hielt er sich nur an den hohen Feiertagen auf.
Dem Herodessohn Philippus fielen nach dem Tod seines Vaters die Reichsteile im Nordosten des Sees Gennesaret mit den Bezirken Gaulanitis, Hauran, Trachonitis und Batanäa zu. Dort gab das syrische und griechische Bevölkerungselement den Ton an. Die Herrschaft des Philippus wird von dem Geschichtsschreiber Josephus als mild, gerecht und friedlich beschrieben. Jesus hat auf seinen Wanderungen rund um den See Gennesaret das Herrschaftsgebiet des Philippus gelegentlich gestreift. In der Nähe der Residenzstadt Cäsarea Philippi an den Jordanquellen spielt das Petrusbekenntnis (Mk 8,27–30).

Herodes Antipas wurde mit der Herrschaft über Galiläa und Transjordanien (Peräa) betraut. Er war der Landesherr Jesu und Johannes des Täufers. Wie sein Vater verfolgte er ehrgeizige Bauvorhaben. Mit seinen städtebaulichen Maßnahmen in Sepphoris und Tiberias förderte er inmitten von Galiläa die hellenistische Kultur. Dadurch ergaben sich in Krisenzeiten Spannungen zwischen den hellenisierten Städten und ihrem jüdischen Umland. Eine der zentralen Aufgaben des von Rom abhängigen Herrschers stellte die Absicherung der Reichsgrenzen gegen die Nabatäer dar. Aus diesem Grund war er eine Ehe mit der Tochter des Nabatäerkönigs Aretas IV. eingegangen, die ihm Ruhe an der verwundbaren Ostgrenze seines Herrschaftsgebietes verschaffte. Zum Verhängnis wurde Herodes Antipas eine leidenschaftliche Affäre. Bei einem Aufenthalt im Haus seines Bruders entbrannte er in Liebe zu seiner Schwägerin Herodias und versprach ihr die Ehe. Die brüskierte Nabatäerprinzessin kam ihrer Verstoßung zuvor, indem sie zu ihrem Vater Aretas flüchtete. Herodes Antipas geriet wegen dieser Vorgänge außenpolitisch massiv unter Druck, da sich das Verhältnis zu den Nabatäern dramatisch verschlechterte. Hinzu kam eine innenpolitische Opposition. Mit der Heirat seiner Schwägerin war er eine nach Lev 20,21 ungesetzliche Bindung eingegangen. Zu den schärfsten Kritikern dieser Eheschließung zählte Johannes der Täufer, dessen Taufort am Ostufer des Jordans im peräischen Herrschaftsgebiet des Herodes Antipas lag. Wegen seiner großen Anziehungskraft auf das Volk entwickelte sich Johannes der Täufer für Herodes Antipas zu einem gefährlichen Unruhestifter, dessen Hinrichtung allerdings die Kritik am Herrscher weiter anwachsen ließ. Das politische Ende des Herodes Antipas begann 36 n. Chr. mit der vernichtenden Niederlage gegen die Nabatäer. Wenige Jahre später enthoben ihn die Römer seines Amtes und schickten ihn in die Verbannung.

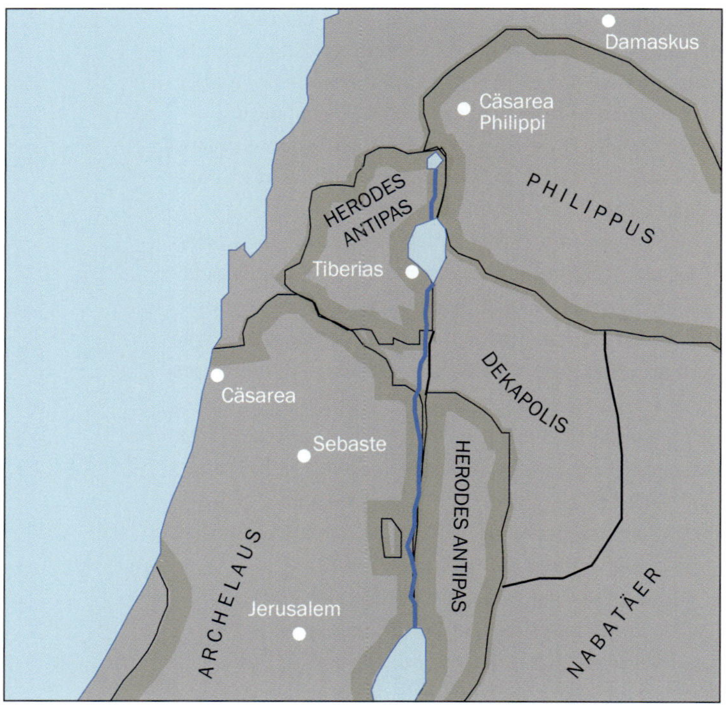

Nach dem Tode von Herodes d. Gr. 4 v. Chr. wurde das Reich geteilt.

Das römische Kaiserreich in neutestamentlicher Zeit

> *Die Staatsform des römischen Reichs in neutestamentlicher Zeit war der Prinzipat, der die alten republikanischen Traditionen in das System der Monarchie einband. Unter der Herrschaft von Caligula und Nero wurde das Reich von Krisen erschüttert, von denen auch Juden und Christen in besonderer Weise in Mitleidenschaft gezogen wurden. Als zunehmende Belastung erwies sich die Entwicklung des Kaiserkults, dessen Verweigerung zu Christenverfolgungen führte.*

Jesus wurde, wie aus der Weihnachtsgeschichte allgemein bekannt ist, während der Herrschaft des Kaisers Augustus geboren. Die Staatsform des römischen Kaiserreichs in neutestamentlicher Zeit war der von Augustus (Octavian) geschaffene Prinzipat. Dieser Begriff bezeichnet die Integration von republikanischen Traditionen in die Vorherrschaft eines herausragenden Einzelnen (lat. *princeps*). Nach dem Sieg über Marcus Antonius gelang Octavian eine Einbindung der Monarchie in die republikanische Rechtsordnung, indem er die Institutionen und Ideale der römischen Republik äußerlich am Leben erhielt. Der Senat betraute ihn 27 v. Chr. in Anbetracht seiner Verdienste mit der allgemeinen Fürsorge für den Staat. Gleichzeitig wurde ihm zur Idealisierung seiner Person der in den sakralen Bereich führende Ehrennamen Augustus, der Erhabene, verliehen. Mit seiner Konzeption des Prinzipats schuf Augustus Strukturen der Regierung und Verwaltung, die dauerhaft Bestand hatten. Den Provinzen des Reiches brachte der Prinzipat des Augustus nach einer endlosen Kette von Kriegen die Pax Romana, eine lang anhaltende innere Friedenszeit.

Tiberius (14–37 n. Chr.), in dessen Regierungszeit die Kreuzigung Jesu fällt, wuchs mit seiner Adoption durch Augustus in die Rolle des Thronfolgers hinein und entwickelte sich zur wichtigsten Stütze des Systems. Unmittelbar nach dem Tod des Augustus forderte er den Truppen den Treueid ab und legte damit den Grundstein für die Konsolidierung des Prinzipats, dessen Aufgaben ihm vom Senat auf Lebenszeit übertragen wurden. Als Kaiser fand er aber zwischen dem Anspruch, die republikanische Idee aufrechtzuerhalten, und der Notwendigkeit, den Prinzipat auszubauen, keine klare Linie. Das Verhältnis zum Senat war zunehmend von Misstrauen geprägt und das Denunziantentum hatte Hochkonjunktur. Vor allem gegen Ende seiner Herrschaft erwirkte Tiberius unzählige Todesurteile wegen Majestätsbeleidigung und Hochverrats. Die Vergöttlichung wurde ihm nach seinem Tode vom Senat verwehrt. Diese Schattenseiten seiner Herrschaft können nicht darüber hinwegtäuschen, dass mit ihm ein erfahrener Militär und tatkräftiger Administrator an die Spitze des römischen Gemeinwesens gerückt war.

Als Gaius Caligula (37–41 n. Chr.) nach dem Tod des verhassten Tiberius im Alter von 24 Jahren die Herrschaft an sich riss, brach im gesamten Römischen Reich Freudenstimmung aus, auf die schnell Ernüchterung folgen sollte. Zwischen diesen hoffnungsvollen Anfängen Caligulas und dem weiteren Verlauf seiner Herrschaft klafft ein tiefer Riss. Im geschichtlichen Rückblick wurde Caligula zu einer wahnsinnigen Bestie. Wenn ihm von den antiken Historikern unvorstellbare Grausamkeit, Wahnsinn und Inzest angedichtet werden, entspricht dies kaum den Tatsachen. Das bis zur Unkenntlichkeit verzerrte Caligulabild verdankt sich einem Umgang des Kaisers mit dem Senat und der Oberschicht, wie er bis dahin im Prinzipat ohne Beispiel war. Es handelte sich um eine gezielte Selbstinszenierung als Gottheit, die der Herrschaftslegitimation diente und als Instrument der Machtpolitik das Ziel verfolgte, die römische Aristokratie zu demütigen und sich ihres Gehorsams zu versichern. Im Osten führte die neue Dimension des Kaiserkults zu schweren Unruhen und stürzte das Reich in eine tiefe Krise. Caligula war zwar nicht unmittelbarer Urheber dieser Konflikte, trug aber durch politisch unkluges Handeln und Missachtung der religiösen Gefühle des Judentums zu deren Verschärfung bei.

Claudius (41–54 n. Chr.), der als Neffe des Tiberius und Onkel des Caligula dem weiteren Kreis der kaiserlichen Familie angehörte, wurde von der Prätorianergarde zum Kaiser ausgerufen und konnte schließlich mit Billigung des Senats die Herrschaft antreten. Während Claudius bei den antiken Geschichtsschreibern als körperlich gebrechlicher, seelisch labiler und von seinen Beratern gesteuerter Herrscher ohne wirklich eigenständige Leistungen gilt, hat er in der modernen Geschichtsschreibung eine völlige Neubewertung erfahren. Seine Herrschaft, die er mit viel Energie und Geschick ausübte, brachte eine Phase innerer Konsolidierung und nimmt im frühen Prinzipat eine hervorgehobene Stellung ein. Die Religionspolitik des Claudius war bei allen Anstrengungen um eine Wiederbelebung des altrömischen Kults durch Toleranz gegenüber den Religionen des Römischen Reiches gekennzeichnet, solange diese bei ihren überkommenen Bräuchen blieben und keine Unruhen hervorriefen. In Rom kam es allerdings zu Auseinandersetzungen zwischen Juden und Judenchristen , die zur Vertreibung der Rädelsführer führte. Dazu gehörten Aquila und Priszilla, die nach Korinth übersiedelten und dort Gastgeber des Paulus wurden (Apg 18,2).

Römische Kaiser in neutestamentlicher Zeit

30 v. Chr.–14 n. Chr.	Augustus (Octavian)
14–37 n. Chr.	Tiberius
37–41 n. Chr.	Caligula
41–54 n. Chr.	Claudius
54–68 n. Chr.	Nero
69–79 n. Chr.	Vespasian
79–81 n. Chr.	Titus
81–96 n. Chr.	Domitian
96–98 n. Chr.	Nerva
98–117 n. Chr.	Trajan

Nero (54–68 n. Chr.) verdankte den politischen Aufstieg dem Ehrgeiz seiner Mutter Agrippina, die im Jahr 49 den verwitweten Claudius ehelichte und die Adoption ihres Sohnes durch den Kaiser erreichte. Fünf Jahre später starb Claudius, ohne eine verbindliche Nachfolgeregelung getroffen zu haben. Eine Reihe von Indizien sprechen dafür, dass Agrippina den Herrscher vergiftete, um ihrem Sohn den Weg zum Thron zu ebnen. Sie sorgte dafür, dass der nicht einmal siebzehnjährige Nero von der Prätorianergarde zum Imperator ausgerufen wurde und der Senat ihm den Prinzipat übertrug. Die Resonanz auf die am Vorbild des Augustus orientierte Politik Neros, die auf ein gutes Einvernehmen zwischen Senat und Princeps abzielte, war zunächst ausgesprochen positiv. Das Ansehen Neros verschlechterte sich aber bald durch eine Reihe politischer Morde, denen neben Britannicus, dem leiblichen Sohn des Claudius, Neros Mutter Agrippina und später auch seine im Volk überaus beliebte Gattin Octavia zum Opfer fielen. Die Herrschaft Neros stieß zudem auf immer stärkere Ablehnung, weil der Kaiser sich kaum der Politik widmete, sondern vornehmlich das Ziel verfolgte, als Wagenlenker, Sänger und Künstler Anerkennung zu finden. Unter Nero kam es im Zusammenhang mit dem Brand in Rom zum ersten gezielten Vorgehen des römischen Staates gegen das sich rasch ausbreitende Christentum. Die öffentlichen Hinrichtungen in der Arena vollzogen sich auf eine derart grausame Weise, dass sie nach Darstellung des Tacitus in der Bevölkerung eher Mitleid mit den Christen hervorriefen, als den Hass auf sie zu schüren. Als ihm in dieser Situation die Prätorianergarde die Gefolgschaft versagte, war Nero politisch am Ende und wurde im Juni 68 vom Senat zum Feind des Gemeinwesens erklärt. Nero setzte seinem Leben durch Selbstmord ein Ende. Er wird im Neuen Testament nicht bei seinem Namen erwähnt, verbirgt sich aber hinter der Gestalt des Tieres aus dem Meer in Offb 13.

Mit dem Tod Neros endete die Epoche der julisch-claudischen Kaiser. In Rom brach ein Bürgerkrieg aus, der das Reich an den Rand des Abgrunds brachte und das Kaisertum in eine tiefe Krise stürzte. Vom Senat wurde zunächst dem bereits zweiundsiebzigjährigen Galba der Prinzipat übertragen, woraufhin die Rheinarmee ihren in Köln residierenden Oberbefehlshaber Vitellius zum Nachfolger Neros ausrief. Bald darauf beseitigte in Rom Otho mithilfe der Prätorianergarde Galba und amtierte nun als Gegenkaiser zu Vitellius. Im April 69 wurde Otho bei Cremona in Oberitalien von den Truppen des Vitellius vernichtend geschlagen und beging Selbstmord. Die Legionen im Osten hatten derweil Vespasian zum Kaiser ausgerufen, der im Jüdischen Krieg das Kommando geführt hatte. Während er selbst im Hintergrund blieb, rückten die mit ihm sympathisierenden Donaulegionen nach Italien vor und schlugen die Truppen des Vitellius vernichtend. Als Vespasian auf diese Weise an die Herrschaft gelangt war, beauftragte er seinen Sohn Titus mit der endgültigen Niederwerfung des jüdischen Aufstandes und begab sich nach Rom, wo er ein knappes Jahr nach seiner Ernennung die Herrschaft antrat. Als Kaiser widmete Vespasian sich mit ganzer Kraft der Lenkung der Staatsgeschäfte. Er fasste die Herrschaft als Verpflichtung gegenüber der Allgemeinheit auf und zeichnete sich durch einen vorbildlichen Regierungsstil aus. Insgesamt ist es Vespasian mit großem Geschick gelungen, den bei seinem Amtsantritt mehr als brüchigen römischen Staat zu festigen und mit neuem Glanz zu versehen.

Für Vespasian hatte nie in Zweifel gestanden, dass nur seine Söhne für die Nachfolge in Betracht kamen. Angesichts seiner Verdienste um den Staat war es ihm gelungen, eine neue Dynastie zu begründen. Sein älterer Sohn Titus (79–81 n. Chr.) starb nach nur zweijähriger Regierungszeit an einer Fieberkrankheit und wurde von Domitian (81–96 n. Chr.) als drittem Flavier beerbt. Domitian hatte mit größter Ungeduld auf das Ableben seines älteren Bruders gewartet, um endlich aus dessen übermächtigem Schatten heraustreten zu können. Domitian knüpfte an die bereits vorgeprägten Strukturen des Herrscherkults an und baute sie zielstrebig aus. Nahezu völlig verdunkelt wird das Bild Domitians durch jene innenpolitischen Konflikte, welche die letzten Jahre des nun seelisch kranken und an einem übersteigerten Selbstbewusstsein leidenden Kaisers zur Schreckenszeit werden ließen. Dazu zählten eine generelle Philosophenvertreibung aus Rom, willkürliche Hinrichtungen politischer Gegner und Zwangsmaßnahmen gegen Christen.

Mit Domitian, der kinderlos verstarb, war das Ende der Flavierdynastie besiegelt. Sein Nachfolger Nerva (96–98 n. Chr.) starb nach nur zweijähriger Herrschaft. Die Regentschaft seines Adoptivsohns Trajan (98–117 n. Chr.) ist innenpolitisch durch ein harmonisches Verhältnis des Kaisers zum Senatorenstand, außenpolitisch durch Feldzüge im Osten geprägt. Das Imperium Romanum erreichte unter seiner Herrschaft eine nie gekannte Ausdehnung und erstreckte sich bis an den Indischen Ozean. Trajan verkörperte in geradezu idealer Weise das Bild des Princeps, wie es von Augustus geprägt und danach nur noch von Vespasian erreicht worden war. Nach seinem überraschenden Tod im Jahr 117 wurde Trajan zum Staatsgott erhoben. In krassem Gegensatz zu dieser hohen Reputation als idealtypischer Princeps hat Trajan in der jüdischen und christlichen Tradition eine negative Wirkungsgeschichte. Dies hängt mit der brutalen Niederschlagung des großen Judenaufstands, der seinen Schwerpunkt in den Diasporagemeinden Nordafrikas hatte, und mit Zwangsmaßnahmen gegen Christen zusammen.

Das Königreich von Herodes Agrippa I.

Herodes Agrippa I., einem Enkel von Herodes dem Großen, gelang es als letztem jüdischen König nochmals an die Glanzzeiten seines Großvaters anzuknüpfen. Mit seinem frühen Tod schlitterte das Land unaufhaltsam in die Katastrophe.

Herodes Agrippa I. (41–44 n. Chr.) glückte es für kurze Zeit, dem jüdischen Volk nochmals ein hohes Maß an politischer Selbstständigkeit zu bescheren. Er war in Rom aufgewachsen, wo er sich in aristokratischen Kreisen bewegte. Neben dem Sohn des Tiberius konnte er auch den späteren Kaiser Claudius zu seinen Jugendfreunden zählen. Später gewann er das Vertrauen Caligulas, dem er die baldige Kaiserwürde wünschte. Als Kaiser Tiberius davon Kenntnis gewann, bezichtigte er Agrippa der Verschwörung und ließ ihn in Haft nehmen. Mit dem Tod des Tiberius und der Inthronisation von Caligula begann 37 n. Chr. Agrippas rasanter Aufstieg, indem er sogleich nach seiner Freilassung zum König über das Herrschaftsgebiet des wenige Jahre zuvor verstorbenen Herodessohnes Philippus ernannt wurde. Im Jahr 39 kam das Reich des nach Gallien verbannten Herodes Antipas hinzu, den Agrippa vor Caligula der Konspiration mit den Parthern bezichtigt hatte. Den Herrschaftswechsel von Caligula auf Claudius vermochte Agrippa I. zum weiteren Ausbau seiner Macht zu nutzen. Er hatte in Rom maßgeblichen Anteil daran, dass Claudius vom Senat zum Princeps ernannt wurde. Im Gegenzug übertrug ihm Claudius bei seinem Amtsantritt auch die Herrschaft über die ehemalige Tetrarchie des Archelaos, die seit 6 n. Chr. als Provinz Judäa unter der Verwaltung römischer Statthalter gestanden hatte.

Die politischen Aktivitäten von Agrippa I. zeigen, dass er im Rahmen seiner Möglichkeiten auf Eigenständigkeit gegenüber Rom bedacht war. Ähnlich wie Herodes der Große steigerte Agrippa das allgemeine Ansehen des Judentums, indem er außerhalb seines Herrschaftsgebietes als Förderer hellenistischer Kultur auftrat. Zugleich verstand er sich als Anwalt aller Juden im Römischen Reich. Bereits während der Caligulakrise hatte er mäßigend auf den Kaiser eingewirkt und diesen zumindest vorübergehend dazu bewegen können, von den Plänen zum Aufstellen seines Standbildes im Jerusalemer Tempel Abstand zu nehmen. Als um 41 n. Chr. der Synagoge von Dora eine Bildsäule des Claudius aufgezwungen wurde, intervenierte er mit Erfolg beim Statthalter von Syrien. Außerhalb des jüdischen Kernlandes trat Agrippa I. als weltoffener Hellenist auf und war wohl auch für eine sakrale Überhöhung seiner Herrschaft empfänglich. Nach innen hingegen zeigte er sich als energischer Förderer von Gesetzesfrömmigkeit und Tempelkult. Herodes Agrippa I. erlag völlig überraschend 44 n. Chr. in Cäsarea einer schweren inneren Krankheit. In den hellenistischen Städten Palästinas, die sich durch die projüdische Politik des Königs benachteiligt sahen, löste die Nachricht über seinen Tod Jubelstürme und Unruhen aus. Wegen seines engagierten Eintretens für Tora und Tempel wird Agrippa bei Josephus wie auch in der rabbinischen Tradition äußerst positiv gezeichnet. In das christliche Geschichtsbewusstsein ging er hingegen als Gewaltherrscher ein, der durch qualvollen Würmerfraß von Gott die gerechte Strafe für sein Handeln empfing (Apg 12). Dieses Urteil mag angesichts der blutigen Verfolgung der Urgemeinde nachvollziehbar erscheinen, wird aber der historischen Bedeutung und den Verdiensten Agrippas als letztem König von Judäa bei Weitem nicht gerecht.

Der Jüdische Krieg und die Folgen

Die Wiedereinrichtung der nun auch Galiläa einschließenden Provinz Judäa und die sich dramatisch verschlechternde Qualität der römischen Provinzialverwaltung trieben das jüdische Volk in den bewaffneten Aufstand gegen Rom, der den unwiederbringlichen Verlust des Jerusalemer Tempels nach sich zog.

Nach dem überraschenden Tod von Herodes Agrippa I. ließen die Römer 44 n. Chr. das Modell der Provinz Judäa wieder aufleben, die nun das gesamte ehemalige Herodesreich umfasste. Damit geriet erstmals auch das rebellische Galiläa, wo die Wurzeln der zelotischen Bewegung lagen, unter direkte römische Herrschaft und Steuerhoheit. Die Wiederherstellung der Provinz Judäa erweist sich im geschichtlichen Rückblick als gravierende Fehlentscheidung der römischen Politik. Die neuerliche und nun das gesamte jüdische Territorium betreffende politische Entmündigung rief einen wachsenden Hass auf die Römer hervor, zumal sich in der Folgezeit die Qualität der Provinzialverwaltung dramatisch verschlechterte und die Prokuratoren immer weniger Rücksicht auf religiöse wie nationale Gefühle nahmen. Auch die nun in der Regel nur zweijährige Amtszeit der Statthalter war einer Konsolidierung der Verhältnisse nicht förderlich.

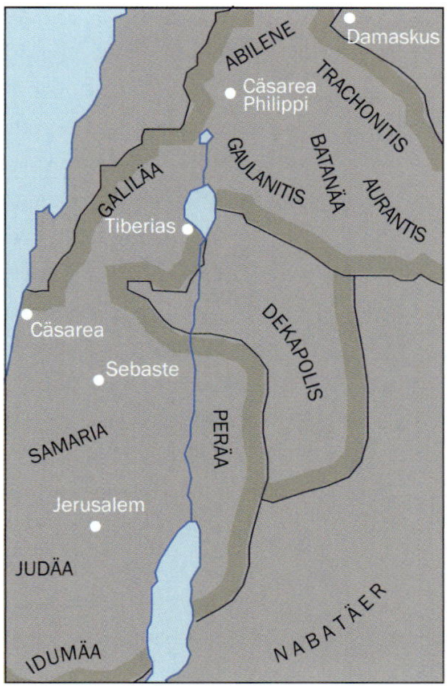

Das Reich von Herodes Agrippa I. (41–44 n. Chr.)

Unmittelbare Folge der Unzufriedenheit mit der römischen Herrschaft war, dass das Zelotentum immens an Zulauf gewann und das Land im Jahr 66 in den bewaffneten Aufstand gegen die Römer trieb. Nach anfänglichen Erfolgen der Aufständischen wurde von Kaiser Nero der Feldherr Vespasian mit der Niederschlagung der Erhebung betraut. Vespasian und sein Sohn Titus rückten im Frühjahr 67 mit einer rund 60.000 Soldaten umfassenden Streitmacht nach Galiläa ein, der die jüdischen Truppen nichts entgegenzusetzen hatten. Vor dem Hintergrund des Selbstmords Neros und des Bürgerkrieges in Rom zögerte Vespasian die Eroberung Jerusalems hinaus, die erst im Jahr 69 von Titus mit vier Legionen in Angriff genommen wurde. In Jerusalem hatten sich verfeindete Zelotengruppen verschanzt, die auch im Angesicht der römischen Belagerung noch gegeneinander Krieg führten. Im Juni 70 fiel die Burg Antonia und bald darauf auch der Tempelbezirk. Da von jüdischer Seite im Verlauf der Belagerung mehrere Verhandlungsangebote der Römer brüsk ausgeschlagen worden waren, gingen die römischen Truppen nach dem Fall Jerusalems mit aller Härte vor. Die Stadt und der Tempel wurden weitgehend dem Erdboden gleichgemacht. Unter den am Leben gebliebenen Personen richteten die Soldaten ein Blutbad an. Wer nicht exekutiert wurde, den erwartete Sklavenarbeit in Bergwerken oder der blutige Gladiatorenkampf in der Arena. Während Titus sich bereits auf dem Weg nach Rom befand, leisteten einige Festungen im Land noch Widerstand. Am längsten hielt sich Masada. Erst im Frühjahr 74 eroberte der römische Legat Flavius Silva die als uneinnehmbar geltende Festung. Dabei begingen rund tausend Zeloten Selbstmord, um ihrer Verhaftung zu entgehen.

Die Folgen des Jüdischen Krieges waren in politischer, wirtschaftlicher und religiöser Sicht verheerend. Besonders schmerzlich war der Verlust des Jerusalemer Tempels als Mittelpunkt des religiösen Lebens. Zur entscheidenden Größe wurde nun der gemäßigte Flügel des Pharisäismus, der relativ unbeschadet aus der Katastrophe hervorging und eine Führungsrolle bei der Neuformierung des Judentums übernahm. Da das Judentum seines kultischen Zentrums beraubt war, wurde das Gesetz zur unumschränkten Mitte der jüdischen Religion und die Synagoge zum zentralen Ort der Religionsausübung. Am Ende dieser langen und keineswegs gradlinigen Entwicklung stand die Etablierung eines normativen rabbinischen Judentums. Aus einer von Tempel und Tora geprägten pluralen Gesellschaft wurde ein Gemeinwesen ohne Tempelkult, in dem die Rabbinen mit ihrer Gesetzesauslegung das jüdische Leben bestimmten. Mit dem gescheiterten Bar-Kochba-Aufstand (132–135 n. Chr.) musste die Hoffnung auf einen Wiederaufbau des Jerusalemer Tempels endgültig begraben werden. Zur Strafe für die neuerliche Erhebung gegen Rom wurde für Juden ein Siedlungsverbot in Jerusalem erlassen und die Provinz Judäa in Palästina („Philisterland") umbenannt.

Geschichte des Urchristentums

Die Anfänge des Christentums sind durch eine wechselhafte Geschichte gekennzeichnet, deren Konturen sich in den neutestamentlichen Schriften deutlich abzeichnen. Ein erster zentraler Punkt ist die Frage, wie es nach der Kreuzigung Jesu und dem scheinbaren Scheitern seiner Sache zur Entstehung einer christlichen Kirche kommen konnte. Daneben ist der Übergang des Christentums von einer innerjüdischen Erneuerungsbewegung zu einer neuen Religionsgemeinschaft zu würdigen, deren Mitglieder mehrheitlich aus der Völkerwelt stammten und ohne den Umweg über das Judentum zu Christen wurden. Mit der raschen Ausbreitung des christlichen Glaubens gerieten seine Anhänger bald auch in das Visier der römischen Behörden. In Judäa war die Entwicklung des Christentums eng mit der wechselvollen Geschichte des Judentums verbunden, für das sich die gescheiterten Aufstände gegen Rom als schicksalhaft erweisen sollten.

Die Jerusalemer Urgemeinde

In Jerusalem konstituierte sich infolge der Ostererfahrung und des Pfingstgeschehens die erste christliche Gemeinde. Für die Anfänge kann man allerdings noch nicht von Christentum als einer sich vom Judentum abhebenden Religion sprechen. Das Christentum betrat als innerjüdische Erneuerungsbewegung den Boden der Geschichte.

Jerusalem ist der Ort, an dem die Wiege der christlichen Kirche stand. Dort konstituierte sich die Urgemeinde, die in den ersten Jahrzehnten des Christentums die Geschicke der Kirche maßgeblich bestimmte. Nach der Kreuzigung auf Golgota schien die Sache Jesu ein für alle Mal gescheitert zu sein, doch behielt die Hoffnungslosigkeit seiner Anhänger nicht das letzte Wort. Mit dem Ostergeschehen erfolgte ein Neuanfang, der zur Entstehung der Kirche führen und die Weltgeschichte nachhaltig verändern sollte. Entscheidend für diesen Umschwung war der Glaube daran, dass Gott seinen Sohn nicht im Stich gelassen, sondern am dritten Tage von den Toten auferweckt hatte. Dieses Geschehen wurde als Auftakt der Endzeitereignisse betrachtet. Das Bewusstsein, dass Gottes endzeitliches Handeln begonnen hatte, verdichtete sich im Pfingstereignis mit der Ausgießung des Geistes die als Erfüllung der auf die letzten Tage bezogenen Verheißung des Propheten Joel galt (Apg 2). Mit den Erscheinungen des auferstandenen Jesus war eine Neukonstituierung des nach der Kreuzigung in tiefer Resignation am Boden liegenden Zwölferkreises verbunden. Durch die Ostererfahrung und das Pfingstgeschehen wurde den Jüngern bewusst, dass sie das messianische Gottesvolk auf Erden bildeten und mit der Aufgabe betraut waren, die Kunde von Gottes endzeitlichem Heilshandeln missionierend in die Welt hinauszutragen.

Für die Anfänge kann man allerdings noch nicht von Christentum als einer sich vom Judentum abhebenden Religion sprechen. Das Christentum betrat als innerjüdische Erneuerungsbewegung den Boden der Geschichte, ohne bereits die Völkerwelt im Blick zu haben. Die Bezeichnung „Christen" existierte noch nicht und kam unter anderen Vorzeichen erst etwa zehn Jahre später im syrischen Antiochia auf. Die Christusgläubigen in Jerusalem wurden als Nazarener oder Nazoräer bezeichnet und betrachteten sich mit großer Selbstverständlichkeit als Teil des Judentums. Sie beteiligten sich am Tempelkult, feierten die jüdischen Feste, befolgten das Beschneidungsgebot, hielten den Sabbat ein und beachteten die alttestamentlichen Reinheitsvorschriften. Was sie von anderen Juden unterschied, war der Glaube an Jesus als den endzeitlichen Gesalbten Gottes, der im Hebräischen als Messias und im Griechischen als Christus bezeichnet wird. Dieses Bekenntnis zu Jesus als dem von Gott auferweckten Christus war durch die religiöse Vielfalt des Judentums abgedeckt, auch wenn es immer wieder zu Spannungen mit den Pharisäern und Sadduzäern führte. Während für die Pharisäer die Vorstellung eines gekreuzigten Messias nicht nachvollziehbar war, stellte für die Sadduzäer der Glaube an die Auferstehung den größten Anstoß in der christlichen Verkündigung dar. Das Bild, das Lukas in seiner Apostelgeschichte vom Leben der Urgemeinde zeichnet, trägt zwar in vielerlei Hinsicht ideale Züge, lässt aber die bedeutsamen Aspekte des Gemeindelebens erkennen. Dazu zählen gottesdienstliche Versammlungen in Privathäusern, gemeinsame Mahlfeiern, charismatische Heilungen und die Fürsorge für die Armen.

Die Mission der Hellenisten

Der Märtyrertod des Stephanus mit der daraus resultierenden Flucht seiner Anhänger kann in seiner Bedeutung für die Ausbreitung des Christentums nicht hoch genug eingeschätzt werden. Die Hellenisten trugen das Evangelium in atemberaubender Geschwindigkeit in die Städte des östlichen Mittelmeerraums.

Innerhalb der Jerusalemer Urgemeinde lassen sich mit den „Hebräern" und den „Hellenisten" zwei unterschiedliche Fraktionen ausmachen (Apg 6), die über eigenständige Leitungsgremien verfügten und ein unterschiedliches theologisches Profil aufweisen. Als Hebräer gelten in diesem Zusammenhang die aus Palästina stammenden Christusgläubigen, die vom Kreis der zwölf Apostel mit Petrus an der Spitze repräsentiert wurden. Unter den Hellenisten versteht die Apostelgeschichte dagegen christusgläubige Juden in Jerusalem, die aus der Diaspora stammten und deren Muttersprache das Griechische war. Sie verfügten über einen Siebenerkreis als oberstes Leitungsgremium, der von Stephanus angeführt wurde. Vermutlich aufgrund einer kritischen Haltung gegenüber dem Tempel und einzelnen Lehrsätzen der Mosetora entstand ein Konflikt mit der jüdischen Umwelt, der mit dem Märtyrertod des Stephanus und der Flucht seiner Anhänger aus Jerusalem endete. Die Hebräer in der Urgemeinde, die sich nach wie vor auch an alle rituellen Vorschriften der Tora hielten, waren von diesen Auseinandersetzungen nicht betroffen. Offenkundig hat Stephanus Teilen des jüdischen Ritualgesetzes eine untergeordnete Bedeutung beigemessen und im Horizont einer Deutung des Todes Jesu als Sühnopfer die Funktion des Tempels als Ort der Sühne infrage gestellt.

Der Märtyrertod des Stephanus mit der daraus resultierenden Flucht seiner Anhänger war nicht nur eines der einschneidenden Ereignisse in der Geschichte der Urgemeinde, sondern erweist sich im Rückblick auch für die Ausbreitung des Christentums als entscheidend. Der Versprengung des Stephanuskreises aus Jerusalem ist es zu verdanken, dass die ursprünglich ländliche Jesusbewegung bereits wenige Jahre nach dem Tod Jesu in weiten Teilen des Römischen Reiches Fuß fassen konnte und die Grenzen des Judentums gezielt überschritt. Die Anhänger des Stephanus trugen den neuen Glauben innerhalb kürzester Zeit in die städtischen Zentren des östlichen Mittelmeerraumes und vermutlich sogar bis nach Rom. Dabei lag es in der Logik ihres theologischen Ansatzes begründet, Christusgläubigen aus der nichtjüdischen Völkerwelt bald allein durch die Taufe Zugang zur Heilsgemeinde zu gewähren, ohne ihnen die Beschneidung und das alttestamentliche Kultgesetz aufzuerlegen. So hat der Evangelist Philippus, der nach Stephanus bedeutsamste Vertreter der Hellenisten, mit seinen missionarischen Aktivitäten in Samaria und im palästinischen Küstengebiet die Grenzen des Gottesvolks Israel bewusst überschritten. Er begab sich gezielt in solche Regionen Palästinas, in denen die griechische Kultur und das nichtjüdische Bevölkerungselement den Ton angaben. Dem äthiopischen Kämmerer gewährte er allein durch die Taufe Zugang zur Gemeinde Gottes. Diese Aktivitäten der Hellenisten waren von historischer Bedeutung für die Entwicklung der Kirche und haben dazu geführt, dass sich das Christentum als eine eigenständige, vom Judentum deutlich unterscheidbare Religion entwickeln konnte. Der Pharisäerschüler Paulus war beim Martyrium des Stephanus zumindest am Rande beteiligt und hatte bei der anschließenden Verfolgung der flüchtenden Hellenisten eine führende Rolle inne, bevor sein Leben vor Damaskus eine völlige Wende nahm.

Antiochia als Geburtsstätte genuinen Christentums

In Antiochia am Orontes trat das Christentum als eigenständige Religion aus dem Schatten des Judentums heraus. Den rituellen Vorschriften der Tora wie Beschneidung und Speisegeboten wurde bald keine Bedeutung mehr in der christlichen Gemeinde beigemessen.

Blick auf den Tempelberg in Jerusalem

In Antiochia am Orontes, der Metropole der römischen Provinz Syrien, entwickelte sich eine gänzlich andere Konzeption von Kirche als in Jerusalem. Antiochia war nach Rom und Alexandria die drittgrößte Stadt des Römischen Reiches. Für die neutestamentliche Zeit kann man mit ungefähr einer halben Million Einwohnern rechnen, darunter auch eine Vielzahl von Jüdinnen und Juden. Die Christengemeinde in Antiochia wurde von versprengten Stephanusanhängern gegründet. Entscheidend ist dabei, dass ein Teil von ihnen bald ohne Rückbindung an die Synagoge direkt unter den Griechen missionierte. Den für den christlichen Glauben gewonnenen Personen aus der Völkerwelt wurde weder die Beschneidung noch die Beachtung der jüdischen Speisegesetze abverlangt. Infolge dieser Entwicklung kam in Antiochia für die Anhänger des neuen Glaubens der Name Christen auf. Während die Jerusalemer Christusgläubigen streng am Mosegesetz festhielten und als Nazarener eine Sondergruppe innerhalb des Judentums darstellten, kann Antiochia als eigentliche Geburtsstätte des Christentums gelten, das hier langsam als neue Religion aus dem Schatten des Judentums heraustrat. Denn die dortige Gemeinde, die sich aus getauften Juden wie Griechen zusammensetzte und dem alttestamentlichen Ritualgesetz keine Beachtung mehr schenkte, gewann als eigenständiges soziologisches Gebilde neben der Synagoge Gestalt. Sie konnte dementsprechend auch terminologisch als Gruppe der Christen von der jüdischen Gemeinde unterschieden werden.

Eine entscheidende Rolle bei diesen Entwicklungen kommt Joseph Barnabas, einem aus Zypern stammenden Judenchristen, zu. Er war zunächst ein prominentes Mitglied der Jerusalemer Urgemeinde, siedelte dann nach Antiochia über und übernahm dort die Gemeindeleitung. Barnabas verfügte über den Einfluss und den theologischen Weitblick, Paulus als Mitarbeiter nach Antiochia zu holen, von dem er sich tatkräftige Unterstützung für die planmäßige Völkermission erhoffen konnte. Umgekehrt bot sich für Paulus, der bis dahin gänzlich auf sich gestellt und mit vermutlich eher bescheidenem Erfolg tätig gewesen war, mit dem Ruf nach Antiochia die Chance, nunmehr unter günstigeren Rahmenbedingungen der Berufung zum Völkerapostel nachzukommen. Dafür dürfte er den Verzicht auf die Selbstständigkeit und als eine Art Juniorpartner die vorläufige Unterordnung unter Barnabas in Kauf genommen haben. Im Auftrag der Gemeinde von Antiochia unternahmen Barnabas und Paulus die sogenannte erste Missionsreise (Apg 13–14), die nach Zypern und in das südliche Kleinasien führte. Dort streiften sie auch Regionen, in denen keine Jüdinnen und Juden lebten. In diesem Zusammenhang kam es zur Gründung erster christlicher Gemeinden, deren Mitglieder sich allein aus der nichtjüdischen Völkerwelt rekrutierten.

Das Apostelkonzil und die Folgen

Auf dem Apostelkonzil erfolgte die entscheidende Weichenstellung für die Zukunft der Kirche. Die maßgeblich von Barnabas und Paulus vorangetriebene Missionskonzeption Antiochias wurde von den Autoritäten der Jerusalemer Urgemeinde grundsätzlich als rechtmäßig anerkannt. Dabei waren schwere Konflikte mit dem Jerusalemer Verständnis von Kirche als innerjüdischer Erneuerungsbewegung vorprogrammiert.

In dem sogenannten Apostelkonzil liefen im Jahr 48 alle Linien der vorhergegangenen fast zwanzigjährigen Geschichte des frühen Christentums zusammen. Zugleich erfolgte von ihm aus die entscheidende Weichenstellung für die Zukunft der Kirche. Über dieses epochale Ereignis berichten sowohl die Apostelgeschichte (Apg 15) als auch Paulus (Gal 2). Es bestand aus einer Zusammenkunft in Jerusalem, an der eine von Paulus und Barnabas angeführte Gemeindedelegation aus Antiochia und maßgebliche Teile der Jerusalemer Urgemeinde, namentlich deren drei „Säulen" Jakobus, Petrus und Johannes, teilnahmen. Als dritte Fraktion im Hintergrund kam eine in das spätere Abkommen nicht einbezogene Gruppe besonders gesetzesstrenger Jerusalemer Judenchristen hinzu. Während Paulus polemisch von Pseudobrüdern spricht, wird aus der Apostelgeschichte ersichtlich, dass es sich um ehemalige Pharisäer handelte, die auch als Christen konsequent am jüdischen Gesetz festhielten.

Zur Entscheidung stand auf dem Apostelkonvent ein Problem, das durch die gezielt an Griechen gerichtete Missionskonzeption der Gemeinde von Antiochia aufgeworfen worden war und sich durch die Entwicklungen der ersten Missionsreise zugespitzt hatte. Es ging um die Rechtmäßigkeit der antiochenischen Missionspraxis, Menschen aus der nichtjüdischen Völkerwelt zum Christentum zu bekehren, ohne ihnen das gesamte Gesetz des Mose, allem voran die Beschneidung, verpflichtend aufzuerlegen. Dieses Vorgehen wurde von den Jerusalemer Autoritäten gebilligt und eine unabdingbare Heilsbedeutung des jüdischen Gesetzes verneint. Am Ende des Apostelkonvents kam es zu einer per Handschlag besiegelten, einvernehmlichen Aufgabenteilung. Paulus und Barnabas wurden als Missionare der beschneidungsfreien Völkermission legitimiert, während die Urgemeinde mit Petrus als besonders aktivem Wanderprediger sich weiterhin an die dem Mosegesetz verpflichtete Christusverkündigung unter den Juden halten sollte.

Im Anschluss an den Apostelkonvent kam es zum Bruch des Paulus mit Barnabas und der Gemeinde von

Antiochia. Die Apostelgeschichte des Lukas sieht den Grund dafür in einem Streit um eine neuerliche Zusammenarbeit mit Johannes Markus (Apg 15,36–40). Die tieferen Ursachen für das Zerwürfnis dürften allerdings im sogenannten antiochenischen Zwischenfall (Gal 2,11–14) begründet liegen, den Lukas ignoriert oder von dem er nichts weiß. Paulus war mit Barnabas im Anschluss an den Apostelkonvent nach Antiochia zurückgekehrt, wo einige Zeit später auch Petrus eintraf. In der Gemeinde von Antiochia wurden bei den gemeinschaftlichen Mahlfeiern die jüdischen Speisegesetze nicht mehr eingehalten. Im Einzelnen dürften rituelle Waschungen vor dem Essen keine Beachtung gefunden haben. Zudem könnten sich unreine Speisen, im Extremfall sogar Opferfleisch auf dem Tisch befunden haben. Petrus passte sich nach seiner Ankunft in Antiochia zwanglos der dortigen liberalen Praxis an. Die Situation änderte sich schlagartig, als eine Jerusalemer Gruppe von Jakobusleuten eintraf und ein Mindestmaß an Rücksichtnahme auf die jüdischen Speisegebote forderte. Ein Verrat des Jakobus an dem Jerusalemer Abkommen lag nicht vor. Die Urgemeinde stand in Jerusalem verstärkt unter innerjüdischem Druck. Für sie musste es eine bedrohliche Gefahr darstellen, wenn einer ihrer führenden Repräsentanten derart gravierend gegen das Ritualgesetz verstieß, wie Petrus es in Antiochia tat. Paulus dagegen sah in der Forderung der Jakobusleute den Versuch, durch die Hintertür das jüdische Gesetz erneut als Heilsweg aufzurichten und die ihm wie Barnabas auf dem Apostelkonvent zugestandene beschneidungsfreie Völkermission zu torpedieren. In letzter Konsequenz ging es aus der Sicht des Paulus um die alles entscheidende Frage, ob an Christus als alleinigem Grund des Heils festgehalten wird oder ergänzend eine Wiederaufrichtung des Gesetzes als heilsrelevanter Instanz erfolgt. Alle Anzeichen deuten darauf hin, dass Paulus bei dem antiochenischen Konflikt den Kürzeren zog und am Ende fast völlig isoliert dastand. Auch Barnabas, der auf Ausgleich bedacht war, verweigerte ihm die Gefolgschaft. Für ein weiteres gemeinsames Wirken sah Paulus keine Basis mehr. Unabhängig von Antiochia und getrennt von Barnabas setzte er die Missionsarbeit in eigener Regie fort.

Verfolgung der Urgemeinde unter Herodes Agrippa I.

Die aus jüdischer Perspektive glanzvolle Herrschaft von Herodes Agrippa I. wird von einer Verfolgung der Jerusalemer Urgemeinde überschattet, die wahrscheinlich indirekt mit der Religionspolitik des Kaisers Claudius zusammenhing.

Unter Herodes Agrippa I. (41–44 n. Chr.), der bis zu seinem überraschenden Tod für wenige Jahre nochmals an die Glanzzeiten seines Großvaters Herodes des Großen anknüpfen konnte, kam es in Jerusalem zu einer einschneidenden Verfolgung der Jerusalemer Urgemeinde. Der König ließ zum Gefallen des Volkes den Apostel Jakobus, den Sohn des Zebedäus, durch das Schwert hinrichten und den Apostel Petrus inhaftieren (Apg 12). Der Grund für diese Maßnahmen war wohl das Bestreben Agrippas, in seinem Herrschaftsgebiet die konservative Religionspolitik des Kaisers Claudius umzusetzen, die nach den Wirren unter Caligula durch eine Rückbesinnung auf die Tradition gekennzeichnet war.

Unter Kaiser Caligula war es in Syrien und Ägypten unter Billigung der römischen Behörden zu schweren Judenpogromen gekommen, die den Osten des Reiches an den Rand des Abgrunds brachten. Claudius hatte im Zuge der Wiederherstellung des inneren Friedens die Judenschaft Alexandrias nach den schweren Auseinandersetzungen in der ägyptischen Metropole angewiesen, sich mit ihren traditionellen Rechten zufriedenzugeben, und nach Unruhen in Rom den dortigen Juden befohlen, an ihrer althergebrachten Lebensweise festzuhalten. Vor diesem Hintergrund erregte die Jerusalemer Urgemeinde als eine sich vom traditionellen jüdischen Lebensstil entfernende Minderheit das Missfallen des Königs Agrippa, der sich veranlasst sah, gegen ihre Leitfiguren Jakobus Zebedäus und Petrus vorzugehen. Angesichts der Entwicklungen in Antiochia, wo sich unter Einfluss der Hellenisten das Christentum als eine von Freiheit gegenüber dem Ritualgesetz und Tempelkult gekennzeichnete Religion zu entwickeln begann, konnte sich dieses Vorgehen des Herrschers gegen die Urgemeinde der Zustimmung der sadduzäischen Aristokratie wie auch des mehrheitlich mit den Pharisäern sympathisierenden Volkes sicher sein. Für Petrus lässt sich zudem vermuten, dass er wegen seiner auch in der Urgemeinde nicht unumstrittenen Öffnung gegenüber der beschneidungsfreien Heidenmission (Apg 10) im Ruf stand, dem jüdischen Ritualgesetz mangelnde Beachtung zu schenken. Zweifellos trug das Vorgehen Agrippas I. gegen führende Repräsentanten der Urgemeinde dazu bei, sein Ansehen als Beschützer von Tempelkult und jüdischer Lebensart zu mehren.

Für die Führungsstruktur der Urgemeinde hatten diese Zwangsmaßnahmen weitreichende Auswirkungen. Zunächst hatte die Gemeindeleitung in der Hand des Zwölferkreises gelegen, an dessen Spitze Petrus stand. Daneben gewann der Herrenbruder Jakobus, nicht zu verwechseln mit dem Apostel Jakobus Zebedäus, stetig an Einfluss. Wegen seiner Gesetzestreue genoss er weit über die Grenzen der Gemeinde hinaus hohes Ansehen. Mit dem unter Herodes Agrippa I. enthaupteten Jakobus Zebedäus war nun ein Eckpfeiler der Gemeinde weggebrochen. Zudem war Petrus nach seiner Flucht aus dem Gefängnis zumindest vorübergehend gezwungen, Jerusalem zu verlassen. Infolge dieser Ereignisse rückte der Herrenbruder Jakobus an die Führungsposition innerhalb des nun dreiköpfigen Leitungsgremiums, dem neben Petrus auch noch Johannes Zebedäus angehörte. Damit ging eine verstärkte Rückbesinnung des Jerusalemer Christentums auf die traditionellen jüdischen Werte einher.

Die paulinischen Gemeinden

Der Apostel Paulus erschloss dem Christentum mit seinen Missionsaktivitäten in den urbanen Zentren Kleinasiens und Griechenlands eine neue Welt. Im Blick auf die geistige und religiöse Prägung wiesen die Gemeinden im paulinischen Missionsgebiet eine Struktur auf, die sie von den judenchristlichen Gemeinden Palästinas charakteristisch abhob.

Bereits durch die Christuserscheinung vor Damaskus sah Paulus sich dazu berufen, der ganzen Welt das Evangelium zu verkünden. Nach dem Bruch mit Antiochia entfaltete er

Das im Jahr 80 n. Chr. eingeweihte Kolosseum in Rom war der Schauplatz zahlreicher Hinrichtungen.

eigenständige missionarische Aktivitäten, die sich schwerpunktmäßig im östlichen Mittelmeerraum auf Kleinasien und Griechenland richteten. Paulus zog von Ort zu Ort, wobei der Gründungsaufenthalt in einer Gemeinde normalerweise kaum mehr als einige Monate umfasst haben wird. Ausnahmen bilden Korinth, wo Paulus etwa anderthalb Jahre wirkte, und Ephesus, wo er sich knapp drei Jahre in der allerdings nicht von ihm selbst ins Leben gerufenen Gemeinde aufhielt und eine Art Schule begründete. Durch die Arbeit im erlernten Beruf als Zeltmacher und den Verzicht auf Gemeindeunterhalt wurde der Vorstoß in neue Gebiete begünstigt. Bei seiner Methode der Missionsarbeit kann man nicht von einer flächendeckenden Verbreitung des Evangeliums sprechen. Während die Jesusbewegung im ländlichen Palästina ihren Ausgang genommen hatte, war die Urbanität das typische Kennzeichen der paulinischen Mission. Die Strategie des Apostels bestand darin, durch Gemeindegründungen in Großstädten Stützpunkte oder Eckpfeiler zu schaffen, von denen aus das Evangelium in die gesamte Region hinausstrahlte. Dabei organisierten sich die Gläubigen in Form von Hausgemeinden, deren Größe man nicht zu hoch einschätzen sollte. Manche werden kaum mehr als zehn Personen umfasst haben. Dabei waren es normalerweise reichere Gemeindeglieder, die ihr Haus zu gottesdienstlichen Versammlungen zur Verfügung stellten.

Das Verhältnis zwischen Arm und Reich in den paulinischen Gemeinden war jedoch keineswegs spannungsfrei. In Korinth etwa setzte sich die Gemeinde mehrheitlich aus der sozialen Unterschicht zusammen. Doch gab es neben Sklaven, Tagelöhnern und abhängig Beschäftigten auch wenige Gemeindeglieder, die mächtig und von vornehmer Geburt waren. Dazu gehörten Hausbesitzer und hohe städtische Beamte. Insbesondere in der Abendmahlsfeier, die im Rahmen eines Sättigungsmahls begangen wurde und wo es zur ungleichen Verteilung der zur Verfügung stehenden Lebensmittel kam, oder auch in Prozessen um Vermögenswerte, die vor weltlichen Gerichten ausgetragen wurden, traten die sozialen Konflikte zwischen den Gläubigen zutage. Im Blick auf die geistige und religiöse Prägung liegen Welten zwischen den Gemeinden im paulinischen Missionsgebiet und den judenchristlichen Gemeinden Palästinas. Zwar wandte sich der Apostel an seinen Missionsstationen immer zunächst an die Synagoge und vermochte auch einige Jüdinnen und Juden für den christlichen Glauben zu gewinnen. An Zahl wurden die paulinischen Gemeinden aber von Gläubigen aus der griechisch-römischen Völkerwelt dominiert, die eine je eigene geistige wie religiöse Prägung mitbrachten. Während manche sich bereits als Gottesfürchtige der Synagoge angenähert hatten und den biblischen Monotheismus teilten, waren andere Heiden. Grundsätzlich kann man sich für diese Personengruppe den Bruch mit der antiken Götterwelt und dem gesellschaftlichen Leben kaum hart genug vorstellen. Eine große Zahl von Gemeindegliedern beteiligte sich in der vorchristlichen Vergangenheit an den Kulten griechisch-römischer Gottheiten. Nicht wenige werden in die hellenistischen Mysterienreligionen eingeweiht gewesen sein. Für sie lag es nahe, das Christusgeschehen und die kultischen Handlungen des Christentums im Horizont dessen zu interpretieren, was sie aus ihrer vorchristlichen Vergangenheit an religiösen Voraussetzungen mitbrachten. Ein Beispiel ist etwa die Parallelisierung des Abendmahls mit heidnischen Kultmahlzeiten. Auch gab es Probleme, wenn Christusgläubige nach ihrer Bekehrung an altvertrauten Verhaltensweisen wie dem Genuss von Opferfleisch oder dem Gang zu Prostituierten festhielten, wie dies in Korinth der Fall war. Speziell für die Christusgläubigen aus höheren sozialen Schichten, die bestimmte gesellschaftliche Verpflichtungen hatten und sich nicht einfach von der heidnischen Umwelt absondern konnten, war es in mancherlei Hinsicht schwierig, ein mit den ethischen Grundsätzen des Christentums konformes Leben zu führen. Eine besondere Problematik bestand darin, dass in den paulinischen Gemeinden wohl in den seltensten Fällen die gesamte Familie zum Christentum übertrat. Oft war es nur ein Ehepartner. In Korinth führte dies zu der Frage, ob man in solchen Fällen vonseiten des christlichen Partners die Ehe noch aufrechterhalten könne und wie es um das Heil der gemeinsamen Kinder bestellt sei. Viele Gläubige brachten aus der griechisch-römischen Welt eine Prägung durch die antike Literatur und Philosophie mit, in deren Horizont sie das Christentum zu verstehen versuchten. Einerseits gewann die christliche Religion damit an intellektuellem Niveau, andererseits entstanden Probleme, wenn beispielsweise der Auferstehungsglaube im Rahmen der platonischen Seelenlehre auf ein körperloses Weiterleben der unsterblichen Seele reduziert wurde oder der biblische Schöpfungsglaube einer Neuinterpretation im Lichte kosmisch-philosophischer Spekulationen unterzogen wurde.

Die Christen und der römische Staat

Als das Christentum aus dem Schatten des Judentums heraustrat, wuchs das Konfliktpotenzial zwischen dem römischen Staat und der Kirche. Die Christen wurden als Unruhefaktor betrachtet, da sie sich den sozialen und religiösen Normen verweigerten. Unter einzelnen römischen Kaisern kam es zu lokal begrenzten Christenverfolgungen, wobei die Verweigerung des Kaiserkults eine wichtige Rolle spielte.

Das Römische Imperium der Kaiserzeit war kein totalitäres Herrschaftsgebilde, sondern zeigte sich in religiöser Hinsicht recht tolerant. Aus diesem Grunde ist die Behandlung des Christentums durch die staatlichen Behörden nicht durch generelle und permanente Verfolgung gekennzeichnet. Auf der anderen Seite genoss das Christentum im Gegensatz zum Judentum aber auch nicht den Status einer tolerierten Religion. Aus diesem Schwebezustand erklären sich sowohl die sporadischen Übergriffe der heidnischen wie jüdischen Bevölkerung des Imperiums gegen die Christen wie auch Zwangsmaßnahmen vonseiten der Behörden. Ein grundsätzliches Konfliktpotenzial zwischen den staatlichen Institutionen und der christlichen Kirche ist nicht zu leugnen. Dem in erster Linie auf militärischer Macht basierenden Römischen Reich fehlte eine für alle Reichsangehörigen einsichtige Staatstheorie, die das heterogene Gesamtgebilde hätte zusammenhalten können. Deshalb war der Staat in besonderem Maße darauf bedacht, alle inneren Brandherde auszuschalten und sich der Loyalität seiner Untertanen zu versichern. Die Christen mussten sich vom monotheistischen Bekenntnis her der göttlichen Verehrung des Kaisers entziehen. Anders als die Juden, die ihre Loyalität gegenüber dem römischen Staat durch ein tägliches Opfer für den Kaiser am Jerusalemer Tempel bekundeten, waren sie nicht vom Kaiserkult befreit. Sie wurden als potenzieller Unruhefaktor betrachtet, da sie sich den sozialen und religiösen Normen verweigerten. Eine entscheidende Rolle spielte in diesem Zusammenhang die Ablehnung des Kaiserkults. Zudem waren die Christen bereits dem Namen nach als Parteigänger jenes Jesus Christus erkennbar, der als politischer Aufrührer die Kreuzesstrafe erlitten hatte. In der christlichen Unterweisung wird früh zur Unterordnung gegenüber dem Staat und zum Gebet für den Kaiser aufgerufen.

Von ersten staatlichen Sanktionen gegen Christen hören wir aus der Regierungszeit des Kaisers Claudius (41–54 n. Chr.), der nach der Ermordung Caligulas die Herrschaft übernahm und unter dessen Herrschaft eine innere Konsolidierung des Römischen Reiches erfolgte. Es ging dabei um Konflikte innerhalb des Judentums in Rom, die durch die christliche Missionsverkündigung in den Synagogen der Hauptstadt hervorgerufen wurden. Vermutlich wurden judenchristliche Prediger bei den Behörden als Unruhestifter angeschwärzt. Die unmittelbare Folge war das Judenedikt des Claudius, das die Vertreibung der Rädelsführer verfügte. Darunter befand sich auf judenchristlicher Seite das Ehepaar Priszilla und Aquila, das aufgrund des Claudiusedikts nach Korinth auswanderte (Apg 18).

Unter Nero (54–68 n. Chr.) kam es im Zusammenhang mit dem Brand in Rom zum gezielten Vorgehen des römischen Staates gegen das sich rasch ausbreitende Christentum. Die staatlichen Zwangsmaßnahmen trafen die Christen zunächst nicht wegen ihrer Religion, sondern wegen des Verdachts der Brandstiftung. Tacitus zufolge haben einzelne Personen sogar die Brandstiftung gestanden, woraufhin die Behörden ihr Vorgehen auf alle Christen Roms wegen angeblicher Misanthropie ausweiteten. Dies war nur möglich, weil die Christen als gesellschaftlich im Abseits stehende Bewegung mit dem Vorurteil belastet waren, eine Gemeinschaft von

Verbrechern und Staatsfeinden zu sein. Zu den Opfern der in aller Grausamkeit vollzogenen öffentlichen Hinrichtungen gehörte wahrscheinlich auch Petrus, über dessen mutmaßlicher Grabstätte später der Petersdom errichtet wurde. Etwa zwei Jahre vor diesen Ereignissen dürfte bereits Paulus nach einem formellen Verfahren vor dem kaiserlichen Gericht in Rom den Tod durch Enthauptung erlitten haben. Auch wenn es unter Nero keine generelle Christenverfolgung im Imperium Romanum gab und von ihm kein allgemeines Gesetz gegen das Christsein erlassen wurde, hatte er mit seinen zeitlich und örtlich begrenzten Maßnahmen einen Präzedenzfall mit Signalwirkung geschaffen. Ob Nero seine Anweisung an die Behörden in Form eines administrativen Mandats fasste, das archiviert wurde und später auch in den Provinzen des Reiches als Rechtsgrundlage gegen das Christentum diente, lässt sich nicht mit Sicherheit erweisen.

Denarius des Kaisers Domitian

Unter Kaiser Domitian (81–96) kam es vermutlich zu umfassenderen Christenverfolgungen in Rom und Kleinasien. Domitian ließ in der letzten Phase seiner Herrschaft Angehörige der römischen Oberschicht wegen Gottlosigkeit, also Ablehnung der römischen Staatsgötter, hinrichten oder verbannen. Ob es sich dabei um Christen handelte, wie die Kirchenväter annehmen, bleibt unsicher. Der um 90 in Rom entstandene erste Clemensbrief deutet allerdings auf ein Einschreiten der Behörden gegen die römische Christengemeinde hin. Für Kleinasien führt die spätere Mitteilung des Statthalters Plinius an Kaiser Trajan, einige der von ihm befragten Personen hätten bereits zwanzig Jahre zuvor dem christlichen Glauben abgeschworen, direkt in die Zeit Domitians. Die Johannesoffenbarung, deren zeitgeschichtlicher Hintergrund die Bedrohung der kleinasiatischen Christen durch den Kaiserkult ist, setzt Verfolgung und Märtyrertod in den angeschriebenen Gemeinden voraus. Johannes selber wurde wegen seines Festhaltens am christlichen Bekenntnis auf die Insel Patmos verbannt, wo er seine Visionen empfing. Diese Verbannung wird von altkirchlichen Zeugnissen glaubwürdig in die Regierungszeit Domitians datiert, in deren Endphase unterschiedliche Maßnahmen zur Ausbreitung des Kaiserkults fallen. Auch der erste Petrusbrief dürfte vor diesem zeitgeschichtlichen Hintergrund entstanden sein. Domitian knüpfte an die bereits vorgeprägten Strukturen des Herrscherkults an und baute sie zielstrebig aus. Die angestrebte Überhöhung seiner eigenen Person gipfelte in der Forderung, als „Herr und Gott" angeredet zu werden. Die Städte Kleinasiens, die sich in der Anbetung des Kaisers als Wohltäter und Retter der Menschheit überboten, suchten diese göttliche Verehrung Domitians allgemein durchzusetzen. Den sich verweigernden Christen drohten Zwangsmaßnahmen bis hin zum Tod.

Für Trajan (98–117 n. Chr.) sind gezielte Christenverfolgungen in Palästina, Syrien und Kleinasien bezeugt. In Jerusalem wurde der Bischof Symeon vom römischen Statthalter Atticus gekreuzigt. Prominentestes Opfer von Christenverfolgungen in Syrien war der Bischof Ignatius, der in seiner Heimatstadt Antiochia verhaftet wurde und später in Rom als Märtyrer den Bestien zum Fraß vorgeworfen wurde. Schlüsseldokumente nicht nur für den Umgang mit Christen in Kleinasien, sondern für die Rechtsgrundlage und Durchführung der Christenverfolgungen im gesamten Imperium sind der Brief des Plinius an Trajan aus dem Jahr 112 und das darauf bezogene Antwortschreiben des Kaisers. Plinius war als Statthalter der kleinasiatischen Provinz Pontus und Bithynien von Amts wegen damit befasst, kriminalrechtlich gegen mutmaßliche Angehörige der christlichen Kirche vorzugehen. Ziel war es, bei den betroffenen Verdächtigen eine Abkehr vom Christentum und eine Hinwendung zum Kaiserkult zu erreichen. Bei Verweigerung des Kaiserkults drohte die Todesstrafe.

Das weitere Schicksal der Urgemeinde und des Judenchristentums

Durch die Folgen des zweiten jüdischen Kriegs gegen Rom verlor die Jerusalemer Urgemeinde ihre Bedeutung als geistiges Zentrum des Judenchristentums. Gleichzeitig verfiel die sich von ihren Wurzeln lossagende Kirche nicht nur zunehmend in eine feindliche Haltung gegenüber dem Judentum, sondern brachte auch kaum noch Verständnis für Judenchristen in ihren Reihen auf.

In Jerusalem verstand man das Christentum weiterhin als innerjüdische Erneuerungsbewegung. Dies ging einerseits mit einer deutlichen Distanz zu Paulus und seinen Gemeinden, andererseits mit erheblichen Spannungen zur jüdischen Umwelt einher. Durch die Hinrichtung des Herrenbruders Jakobus und durch die Folgen des Jüdischen Krieges wurden die Urgemeinde und das Judenchristentum in seiner Gesamtheit erheblich geschwächt.

Dem paulinischen Evangelium ist die Urgemeinde in Jerusalem überwiegend mit Unverständnis oder Ablehnung begegnet. Von einflussreichen Teilen der Urgemeinde wurde ein offener Antipaulinismus propagiert. Diese gesetzesstrengen Judenchristen trugen die Beschlüsse des Apostelkonzils nicht mit und warfen Paulus vor, er lehre die Juden den Abfall von der Mosetora. Von diesen Kreisen dürfte auch die Gegenmission gesteuert worden sein, die sich im Galater- und Philipperbrief widerspiegelt. In den von Paulus gegründeten Gemeinden traten judenchristliche Wanderprediger auf, die eine Verpflichtung der Gläubigen aus der Völkerwelt auf Beschneidung und Gesetz forderten. Im Klima eines sich intensivierenden jüdischen Nationalismus stellte die in Antiochia etablierte und von Paulus in die Welt getragene Konzeption des Christentums für die Jerusalemer Gläubigen, die sich nach wie vor als integraler Teil des Judentums verstanden, zunehmend eine Belastung dar.

Auch für den moderateren Leiter der Urgemeinde, den Herrenbruder Jakobus, kann kein Zweifel daran bestehen, dass er das Christentum als eine Spielart des Judentums und keineswegs als eine eigenständige neue Religion betrachtete. Er soll im Tempel inständig für sein Volk gebetet haben und trug wegen seiner untadeligen Gesetzeserfüllung den Beinamen „der Gerechte". Als der römische Statthalter Festus 62 n. Chr. plötzlich verstarb und sich sein Nachfolger Albinus noch auf dem Weg nach Palästina befand, nutzte der Hohepriester Ananos II. dieses Machtvakuum, um den Herrenbruder Jakobus hinrichten zu lassen.

Den Sadduzäern waren die Christusgläubigen in Jerusalem nach wie vor ein Dorn im Auge. Nach dem Märtyrertod des Jakobus sollen auch besonders gesetzestreue Kreise, bei denen es sich wohl um Pharisäer handelte, bei Agrippa II. und dem neuen Statthalter Albinus protestiert haben. Ananos wurde nach dieser Überschreitung seiner Kompetenzen sogleich als Hohepriester abgesetzt.

Nachdem die Urgemeinde mit dem Märtyrertod des Herrenbruders Jakobus den Verlust ihrer Führungsfigur hatte hinnehmen müssen, sollte sie bald eine weitere Schwächung erleiden. Wie für alle religiösen Gruppierungen des palästinischen Judentums stellte auch für die Jerusalemer Christen der Jüdische Krieg einen Einschnitt und Wendepunkt dar. Bevor Jerusalem zum Schauplatz der Kampfhandlungen wurde, hat sich die Urgemeinde einer im Kern glaubwürdigen altkirchlichen Tradition zufolge nach Pella im Ostjordanland in Sicherheit gebracht. Von dort kehrte später zumindest ein Teil wieder in das völlig zerstörte Jerusalem zurück und errichtete eine Kirche auf dem Zion. Die vorübergehende Übersiedlung nach Pella war von apokalyptischen Weissagungen begleitet, die den Untergang Jerusalems prophezeiten.

Dem gescheiterten Bar-Kochba-Aufstand (132–135 n. Chr.) unter Kaiser Hadrian folgten der Untergang des Judenchristentums und die Herausbildung einer christlichen Kirche, die sich von ihren jüdischen Wurzeln lossagte. Mit der Niederschlagung der Revolte und der Umwandlung Jerusalems in eine heidnische Stadt war auch das Ende der Urgemeinde in der bis dahin bestehenden Gestalt verbunden. Während dem Kirchenvater Euseb zufolge bis dahin die Jerusalemer Bischöfe allesamt „Hebräer" und „aus der Beschneidung" waren, wurde mit den Sanktionen Hadrians gegen die Jerusalemer Juden die Urgemeinde zwangsläufig heidenchristlich. Ihr erster nicht beschnittener Bischof trug den Namen Markus. Reste des Judenchristentums, das über eigene Evangelien verfügte und den Apostel Paulus als einen Apostaten von der Tora entschieden ablehnte, existierten vor allem in Syrien weiter, wurden aber allmählich zwischen Kirche und Synagoge zerrieben. Während man auf jüdischer Seite im Laufe des 2. Jh. das Achtzehngebet um eine Verfluchung der Nazarener erweiterte, wurde auf christlicher Seite immer mehr bezweifelt, dass an der Tora festhaltende Judenchristen das Heil erlangen können. Die sich von ihren Wurzeln lossagende Kirche verfiel nicht nur zunehmend in eine feindliche Haltung gegenüber dem Judentum, sondern brachte auch kaum noch Toleranz für Judenchristen in ihren Reihen auf. Judenchristliche Bewegungen wie Ebionäer, Elkesaiten oder Nazoräer wurden als Häretiker abgestempelt und ins Abseits gedrängt. Indem das Konzil von Nicäa 325 eine Begehung des Osterfestes am Sonntag verbindlich festschrieb und die alte Praxis, den Ostertermin an das bewegliche Paschafest zu koppeln, mit beschämenden antijüdischen Äußerungen als Irrlehre verwarf, entledigte sich die Kirche vollends ihres judenchristlichen Erbes.

Mosaik mit Menora aus der antiken Synagoge bei En Gedi

Evangelien und Apostelgeschichte

Die vier Evangelien und ihr Verhältnis zueinander

Unter der Literaturform *Evangelium* versteht man eine Beschreibung des Lebens Jesu. Evangelien sind nicht historische Biografien im modernen Sinne, sondern wollen Glauben wecken und verfolgen eigenständige theologische Interessen. Unmittelbare Vorbilder sind aus der antiken Literatur nicht bekannt. Die Evangeliengattung stellt eine christliche Neuschöpfung dar. Als ihr Erfinder gilt Markus, dessen Werk Modellcharakter besaß und bald Nachahmer fand. Keines der biblischen Evangelien wurde von einem Augenzeugen des Wirkens Jesu geschrieben. Ihre Verfasser sind Christen der zweiten oder dritten Generation, welche die Jesusüberlieferungen für ihre Gemeinden zusammenstellten und bewahrten.

Markus, Matthäus und Lukas bieten eine in Grundzügen recht ähnliche Schilderung des Lebens Jesu. Das Nebeneinander von enger Verwandtschaft und zugleich starker Verschiedenheit ihrer Evangelien wirft die Frage nach dem gegenseitigen Abhängigkeitsverhältnis auf. Deren weithin anerkannte Lösung ist die im 19. Jh. entwickelte Zwei-Quellen-Theorie. Diese besagt, dass das Markusevangelium als älteste Evangelienschrift von Matthäus wie Lukas benutzt wurde und beide Autoren zudem auf eine verloren gegangene Sammlung Zugriff hatten, die als Spruchquelle bezeichnet wird. Sie bot eine Zusammenstellung von Aussprüchen Jesu und vereinzelten Erzählungen über ihn, die ohne geografische oder chronologische Gliederung aneinandergereiht waren.

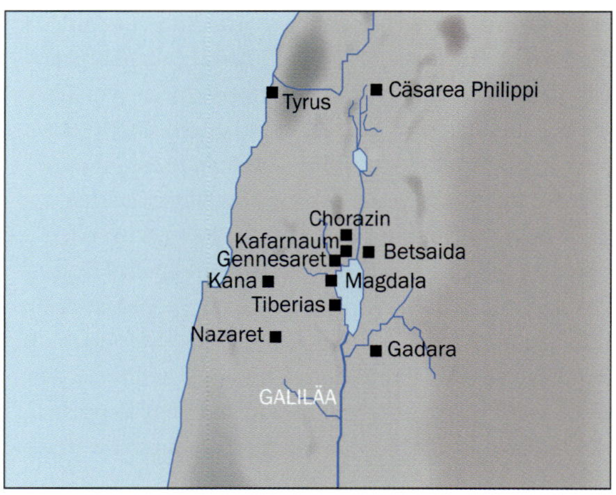

Der See Gennesaret und die umliegenden Orte

Das Evangelium des Johannes geht dagegen ganz eigene Wege. Es bietet einen deutlich veränderten zeitlichen wie örtlichen Rahmen des Auftretens Jesu. Die Gleichnisse Jesu und die Botschaft vom Reich Gottes treten völlig in den Hintergrund. Stattdessen dominieren umfängliche Offenbarungsreden, wie sie in den anderen Evangelien nicht vorkommen. Die Suche nach schriftlichen Quellen und Vorlagen des vierten Evangelisten blieb ohne allgemein anerkannte Ergebnisse. Dies beginnt bereits bei der nicht mit Sicherheit zu klärenden Frage, ob Johannes von den anderen Evangelien abhängig ist oder zumindest vorausgesetzt werden kann, dass er sie kannte.

Das Matthäusevangelium – Kind aus Betlehem erweist sich als Davidssohn

Das wahrscheinlich um 80 in Syrien entstandene Matthäusevangelium richtet sich an eine Gemeinde, deren Ablösung vom Judentum noch nicht lange zurückliegt. Es beschreibt die Geschichte Jesu als des messianischen Davidssohnes, in dem sich die alttestamentlichen Verheißungen erfüllt haben, und fordert das aktive Eintreten für die Gerechtigkeit ein.

Das erste Evangelium wurde wahrscheinlich um 80 n. Chr. in Syrien von einem Judenchristen namens Matthäus verfasst. Als Grundlage diente ihm das Markusevangelium, dessen Rahmen er fast unverändert beibehalten hat, um ihn durch Überlieferungen aus der Spruchquelle und mündliche Traditionen aufzufüllen. Typisch für Matthäus sind große Redekompositionen und die Betrachtung des Jesusgeschehens als Erfüllung alttestamentlicher Prophezeiungen. Auch im Christusbild setzt er eigene Akzente. Besonders wichtig ist ihm die Vorstellung von Jesus als Davidssohn, die er besonders hervorhebt. Die jüdische Hoffnung auf einen königlichen Messias aus dem Stamme Davids wird kritisch verändert: Der wirkliche Davidssohn kam in Niedrigkeit, erbarmte sich der Kranken in Israel, ging ans Kreuz und ist als Erhöhter bis zur Wiederkehr in seiner Gemeinde gegenwärtig. Ein Leitmotiv der matthäischen Ethik ist die bessere Gerechtigkeit, womit eine umfassende Erfüllung des Willens Gottes gemeint ist.

Jungfrauengeburt

Mit der Glaubensaussage von der Jungfrauengeburt, die in der Bibel nur in den Evangelien des Matthäus und Lukas begegnet, soll die Göttlichkeit Jesu in besonderer Weise herausgestellt werden. Aus Mt 1,25 wurde bald auch die Vorstellung einer immerwährenden Jungfräulichkeit der Gottesmutter abgeleitet. 553 erhob ein Konzil in Konstantinopel diese Vorstellung zum Dogma. Bis heute prägt sie die Marienfrömmigkeit. Dementsprechend betrachten die orthodoxe und die katholische Tradition die in den Evangelien erwähnten Geschwister Jesu entweder als Kinder Josefs aus einer früheren Ehe oder als weitläufigere Verwandte des Herrn.

Die Geburtsgeschichte (Mt 1–2)

Der Nachweis, dass Jesus gleichermaßen Sohn Davids wie Abrahams war (1,1), wird durch den Stammbaum (1,2–17) erbracht. Mit Tamar, Rut, Rahab und Batseba, der Frau des Uria, begegnen in der Ahnenreihe Jesu vier nichtjüdische Frauen. Damit deutet sich früh an, dass der Messias Israels auch Heil für die Völkerwelt bringen wird.

Die Geburtsankündigung (1,18–25) ist vom Motiv der Jungfrauengeburt geprägt, die als Erfüllung der Immanuelverheißung aus Jes 7,14 gilt.

In der Anbetung des Jesuskindes durch die drei Weisen aus dem Morgenland (2,1–12) wird die Geburt in Betlehem in den Kontext der messianischen Verheißung aus dem Buch Micha (Mi 5,1) gestellt. Der Kindermord in Betlehem (2,13–23) ist in seiner Geschichtlichkeit umstritten, zumal andere antike Quellen nichts von einem solchen Ereignis wissen. Die Erzählung spiegelt die Grausamkeit von Herodes dem Großen wider, der kurz vor seinem Tod drei seiner Söhne hinrichten ließ.

Taufe und Beginn des Wirkens Jesu (Mt 3–4)

Indem Matthäus in seiner Darstellung des Johannes (3,1–12) die Sündenvergebung in dessen Taufe (Mk 1,4) nicht erwähnt, verstärkt er das christliche Bild vom Täufer als Vorläufer Jesu. In seiner Predigt warnte Johannes seine Landsleute eindringlich davor, sich angesichts des bevorstehenden Zorngerichts Gottes auf die Abrahamskindschaft zu verlassen. Der Bericht von der Taufe Jesu (3,13–17) sucht eine Antwort auf das Problem, warum der kommende Stärkere sich von seinem Vorläufer taufen ließ. Die Versuchungsgeschichte (4,1–11) beschreibt in mythischen Bildern, wie dank der Standhaftigkeit Jesu der Teufel das Feld räumen muss und die Engel seinen Platz einnehmen. Zugleich bilden die Versuchungen Jesu das Grundmuster jedes menschlichen Versuchtwerdens.

Wenn Jesu Umsiedlung von Nazaret nach Kafarnaum (4,12–16) ihn im Horizont von Jes 8,23–24 zum Licht für das „Galiläa der Heiden" werden lässt, klingt die Ausweitung des messianischen Heils auf die Völkerwelt an. Bei der Berufung der Brüderpaare Petrus und Andreas sowie Jakobus und Johannes (4,17–22) zeigt sich, wie die Berufenen beim Eintritt in die Nachfolge alle sozialen Bindungen hinter sich lassen und zu „Menschenfischern" werden. Bevor Matthäus Einzelheiten aus Jesu Verkündigungs- und Wundertätigkeit bietet, stellt er ein Gesamtbild davon in den Raum (4,23–25).

Die Bergpredigt (Mt 5–7)

Die Bergpredigt ist in der vorliegenden Form ein Werk des Matthäus. Als Grundlage diente ihm die ungleich kürzere Feldrede der Spruchquelle (Lk 6,20–49). Diese baute er unter Heranziehung weiterer Jesusüberlieferungen zu einer kunstvollen Komposition aus, in deren Zentrum das Vaterunser steht.

Der Berg (5,1) ist traditioneller Ort göttlicher Offenbarung. Die Zahl der Seligpreisungen hat Matthäus auf neun erhöht (5,2–12). Während Jesus ursprünglich Menschen in materieller Not ansprach und mit der Aussicht auf eine endzeitliche Umkehr ihres Geschicks tröstete, versteht Matthäus Armut wie Hunger im übertragenen Sinne und sieht in den Seligpreisungen ethische Anweisungen. Die Bildworte vom Salz der Erde und Licht der Welt (5,13–16) verstärken diesen Appell zum christlichen Handeln. Zu den bekanntesten Texten der Bergpredigt zählen die Antithesen (5,17–48): „Ihr habt gehört, dass zu den Alten gesagt ist: … Ich aber sage euch …". Sie sind zentrale Zeugnisse für die radikale Ethik Jesu. Für Matthäus beinhalten sie nicht die Aufhebung, sondern die Erfüllung und Vollendung des Gesetzes. Als These wird eine alttestamentliche Gesetzesvorschrift zitiert, der Jesus antithetisch seine eigene Auslegung der Tora entgegenstellt. Das Verbot des Tötens (Ex 20,13) wird radikalisiert, indem Jesus das Zürnen auf eine Stufe mit dem Töten rückt. Eine ähnliche Verschärfung erfährt das Verbot des Ehebruchs (Ex 20,14), da der begehrliche Blick dem faktischen Ehebruch in nichts nachstehe. Mit der Antithese von der Ehescheidung wird die Rechtspraxis des Scheidebriefs (Dtn 24,1) kritisiert. Die Worte vom Schwören verbieten jede Form

Der Stein am Ufer des Sees Gennesaret, auf dem Jesus zu Petrus die Worte „Du bist der Stein, auf den ich meine Kirche baue" gesprochen haben soll, ist heute teilweise mit einer kleinen Kirche überbaut.

des Eides und verbinden dies mit dem Ethos unbedingter Wahrheitsliebe. Die thematisch eng zusammengehörigen Antithesen von der Wiedervergeltung und der Feindesliebe fordern das Erleiden von Unrecht ohne Gegenwehr und radikalisieren das Gebot der Nächstenliebe.

Mit der Gemeindeordnung (6,1–18) und der Aufforderung zu Taten der Gerechtigkeit beginnt ein neues Thema. In Abgrenzung von jüdischer Frömmigkeitspraxis, die undifferenziert als heuchlerisch gilt, sollen Almosen, Beten und Fasten in einer radikal veränderten Haltung vollzogen werden. Kernstück dieses Abschnitts ist das Vaterunser, das sich kunstvoll in zwei Dreierreihen von Bitten untergliedert und eine Art Blütenlese aus dem Gebetbuch der Synagoge darstellt. Im ersten Teil erweist es Gott die Ehre, im zweiten Teil thematisiert es allgemeine Sehnsüchte und Bedürfnisse des Menschen in zeitlos gültiger Form. Für Matthäus ist dabei besonders wichtig, die von Gott empfangene Vergebung an andere Menschen weiterzugeben.

Die heute so weltfern erscheinenden Sprüche vom Reichtum (6,19–24) und vom Sorgen (6,25–34) bringen das unbedingte Vertrauen Jesu in die Fürsorge des Schöpfergottes zum Ausdruck. Bei den Sprüchen vom Richten (7,1–6) ist umstritten, ob sie sich ausschließlich auf den zwischenmenschlichen Bereich beziehen oder auch die staatliche Gerichtsbarkeit im Blick haben. Nach Ausführungen zur Zuversicht der Gebetserhörung (7,7–11) wird mit der Goldenen Regel (7,12) ein klassischer Grundsatz universaler Weisheit geboten, der das Liebesgebot zur Richtschnur allen Handelns erhebt. Die Bildworte vom engen und breiten Tor (7,13–14) sprechen für sich selbst. In der Szene vom Endgericht (7,15–23), in der sich sogenannte „falsche Propheten" vergeblich ihrer Wundertaten rühmen, werden Probleme deutlich, mit denen die matthäische Gemeinde zu kämpfen hatte. Matthäus beschließt die Bergpredigt mit einem Gerichtsgleichnis (7,24–27), das davor warnt, sein Haus auf Sand zu bauen.

Die Wunder Jesu (Mt 8,1–9,35)

Matthäus hat in 8,1–9,35 die Mehrzahl der ihm überlieferten Wundergeschichten zu einem großen Wunderzyklus vereinigt, dessen heimliches Thema die Situation der Gemeinde ist. Das Auftreten Jesu wird in einer Weise geschildert, dass darin Wesen und Aufgabe der Kirche im Voraus abgebildet sind. Die bei Markus in die Anfangsphase des Wirkens Jesu fallende Aussätzigenheilung stellt das erste ausführlich geschilderte Wunder im Matthäusevangelium dar (8,1–4). Jesu Zuwendung gegenüber dem Knecht des Hauptmanns von Kafarnaum (Mt 8,5–13) steht bei Matthäus in Verbindung mit der kirchlichen Praxis der Völkermission. Daher fügt der Evangelist hier das Wort vom Heilsmahl der Völker mit den Erzvätern Israels ein. Mit der Geschichte von der Schwiegermutter des Petrus (8,14–15) hat er die Erinnerung an eine charismatische Heilung Jesu bewahrt. In seinem Sammelbericht über die Taten Jesu (8,15–17)

Die Bergpredigt

Die Frage nach der Erfüllbarkeit der radikalen Forderungen Jesu ist seit jeher umstritten. Eine wörtliche Befolgung der Bergpredigt zieht sich wie ein roter Faden durch die Geschichte. Prominente Beispiele sind etwa die Amish People oder Leo Tolstoi. Die lutherische Zwei-Reiche-Lehre unterscheidet dagegen zwischen der Ethik der Person und der des Amtes. Sie betrachtet die Bergpredigt nur für das private Handeln als verbindlich, während sie im Bereich von Politik, Justiz, Polizei oder Militär keine Gültigkeit habe. Als Amtspersonen stehen die Gläubigen im Dienst des Staates, der nach Röm 13 zum Schutz der Schwachen auch Gewalt ausüben darf.

Als einflussreich hat sich auch Unterscheidung von Gesinnungs- und Verantwortungsethik erwiesen, die der Soziologe Max Weber (1864–1920) vorgenommen hat. Die Bergpredigt biete eine von lauterer Gesinnung getragene Ethik absoluter Gewaltlosigkeit und Wahrhaftigkeit, die nicht die Konsequenzen bedenke und für politisches Handeln ungeeignet sei. Dem stellte Weber eine Verantwortungsethik gegenüber, die sich zur Durchsetzung guter Ziele auch bedenklicher Mittel bedienen müsse und notfalls negative Nebenwirkungen mit in Kauf zu nehmen habe.

zeichnet Matthäus den vollmächtigen Wundertäter Jesus im Horizont von Jes 53,4 mit den Farben des leidenden Gottesknechtes.

Unterbrochen werden die Wunder durch zwei Nachfolgeszenen aus der Spruchquelle (8,18–22). Matthäus hat sie bewusst an dieser Stelle eingefügt, um die nachfolgende Sturmstillung in den Kontext der Nachfolge zu stellen. Zunächst steht das Motiv des unsteten Wanderlebens voller Entbehrungen im Vordergrund. Sogar die Tiere mit ihren Behausungen sind besser gestellt als Jesus und seine Nachfolger. Die zweite Szene bringt in besonders provokativer Weise die Dringlichkeit und Radikalität der Jesusnachfolge zum Ausdruck. Da im Hinblick auf die unmittelbare Nähe des Gottesreiches die Zeit drängt, darf keine Rücksicht auf Pietät und familiäre Bindungen genommen werden. Die überschriftartige Voranstellung dieser Texte zeigt, dass es bei der Sturmstillung (8,23–27) nur noch vordergründig um die wunderbare Rettung aus Seenot geht. Die im Boot befindlichen Jünger symbolisieren die christliche Gemeinde auf ihrer Fahrt durch existenziell bedrohliche Gefilde. Die Rettung bringt die Gewissheit zum Ausdruck, dass die Gläubigen im Vertrauen auf den Herrn in den Stürmen des Lebens nicht untergehen werden. Vergleicht man die Dämonenaustreibung (8,28–34) bei Matthäus mit der markinischen Fassung, sieht man, dass Matthäus den Ort des Geschehens von Gerasa (Mk 5,1) nach Gadara verlegt und das Wunder gesteigert hat, indem er von zwei Geheilten spricht. Zudem wird die Erzählung massiv gekürzt und ihr das magische Kolorit genommen. Wenn bei der Heilung des Gelähmten (9,1–8) Jesu Vollmacht zur Sündenvergebung auf die Menschen übertragen wird, sind erneut kirchliche Interessen wirksam. Es geht um die Ermächtigung der Gemeinde zur Sündenvergebung, an deren Ursprung hier erinnert wird.

Indem Matthäus die Wundergeschichten dann durch zwei Streitgespräche unterbricht, folgt er dem Erzählfaden des Markus. Jesu umstrittener Umgang mit Zöllnern und Sündern (9,9–13) wird nicht nur mit Sentenzen gerechtfertigt, sondern auch durch ein Zitat aus Hos 6,6 mit einem Appell, barmherzig zu handeln, verbunden. Anders als in Mk 2,14 heißt der von Jesus berufene Zöllner nicht Levi, sondern Matthäus. Dies hat später zu der Annahme geführt, dahinter könne sich der Verfasser des ersten Evangeliums verbergen. Im Streit um die Fastenfrage (9,14–17) spiegelt sich wider, dass die Jünger des Johannes die asketische Lebensweise ihres Lehrers nachahmten und dass Jesus dagegen die Zeit seines Auftretens als Heilsperiode betrachtet hat, in der Fasten fehl am Platze ist.

Die ineinander verschachtelten Erzählungen von der Erweckung der Tochter des Jaïrus und der Heilung der blutflüssigen Frau (9,18–26) hat Matthäus radikal gekürzt und den Glauben der Hilfe suchenden Personen in den Vordergrund gerückt. Die Geschichte von der Heilung zweier Blinder (9,27–31) bietet er als Ersatz für die wegen ihres magischen Charakters übergangene Blindenheilung in Mk 8,22–26. Durch das Glaubensmotiv und die Kunde von der Verbreitung des Wunders in der gesamten Umgebung schließt die matthäische Blindenheilungsgeschichte sich eng an die vorangehende Episode an. Ein Sammelbericht über das umfassende Heilungswirken Jesu (9,32–34), der vom Kontrast zwischen dem Staunen des Volkes und der ablehnenden Haltung der Pharisäer lebt, schließt den Wunderzyklus ab.

Die Grundmauern von Kafarnaum sind heute noch zu besichtigen.

Beauftragung der Jünger und Täuferrede (Mt 9,36–11,30)

In einem weiteren Sammelbericht (9,36–38) ist von Israel als ermatteter, des Erbarmens Jesu bedürftiger Herde und von der einzuholenden Ernte die Rede. Matthäus schafft so einen eindrucksvollen Übergang zur Aussendungsrede (10,1–11,1), die er aus Mk 6,8–13 und Traditionen der Spruchquelle komponiert hat. Vordergründig geht es dabei um die geschichtliche Sendung der Jünger zu Israel; zugleich spiegeln sich aber die Missionserfahrungen der matthäischen Gemeinde wider. Breiten Raum nimmt die Gefährdung und Anfechtung der Boten ein, denen Anfeindung, Auslieferung und Martyrium drohen. Dabei können sich die wie Schafe unter die Wölfe gesandten Nachfolger Jesu der Wiederkehr des Herrn und der Fürsorge Gottes gewiss sein.

Die Täuferrede beginnt mit der Frage des Johannes, der von Herodes Antipas inhaftiert wurde, ob Jesus der verheißene Kommende (also der Messias) sei (11,2–6). Dies wird von Jesus unter Verweis auf die Wunder und

Die Petrusdoktrin

Das Felsenwort Mt 16,18 ziert symbolträchtig in großen Lettern die Kuppel des Petersdoms in Rom. Aus der Sonderrolle des Petrus, dem die Führung der Kirche anvertraut ist, wird eine Sonderstellung des Papstes abgeleitet. Nach protestantischem Verständnis legitimiert Mt 16,17–19 keine rechtlich verstandene Vorrangstellung des Petrus mit dem Gedanken seiner Sukzession durch die römischen Bischöfe. Nach römisch-katholischer Lehre gilt der Papst dagegen als einzig rechtmäßiger Nachfolger und Stellvertreter des Petrus, dem der Überlieferung nach ersten Bischof von Rom, und besitzt als *„Bischof der Bischöfe"* einen universalen Führungsanspruch. Wichtige Bezugspunkte der im 3. Jh. einsetzenden biblischen Begründung des Petrusprimats sind neben Mt 16,17–19 noch Lk 22,32 und Joh 21,17. Aus diesen drei Bibelstellen wird eine Schlüssel-, Lehr- und Hirtengewalt des Papstes abgeleitet.

Evangeliumsverkündigung an die Armen bejaht. Das Zeugnis über den Täufer (11,7–15) dokumentiert die Hochschätzung, die Jesus seinem Lehrer entgegenbringt. Nach dem Urteil Jesu ist Johannes der größte aller Menschen in diesem Äon und der wiederkehrende Elija aus der prophetischen Verheißung von Mal 3,23. Das Gleichnis von den zankenden Kindern (11,16–19) klagt die gegenwärtige Generation an, die Johannes wie Jesus mit Ablehnung begegnete. Zur Illustration im Hinblick auf Jesus dienen die Weherufe gegenüber den galiläischen Städten Chorazin, Betsaida und Kafarnaum, die trotz dort geschehener Wundertaten nicht umgekehrt sind (11,20–24). Mit der Einladung an die Mühseligen und Beladenen, das von Sanftheit gekennzeichnete Joch Jesu zu tragen (11,25–30), findet die von der Ablehnung Jesu und den Beschwernissen der Nachfolge sprechende Komposition einen versöhnlichen und tröstenden Abschluss.

Streitgespräche mit Gegnern (Mt 12,1–50)

Wie schon beim Zöllnergastmahl in 9,13 fügt der Evangelist auch beim Ährenraufen am Sabbat (12,1–8) ein Zitat aus Hos 6,6 ein, um die Barmherzigkeit zur Richtschnur für den Umgang mit den Vorschriften des Gesetzes zu erheben. Die Episode von der Heilung des Mannes mit einer gelähmten Hand (12,9–14) bereichert Matthäus mit dem Verweis auf die am Sabbat erlaubte Rettung eines Schafes um ein weiteres Argument dafür, dass der Umgang mit den Sabbatgesetzen vom Liebesgebot geprägt sein soll. Der auf der Grundlage von Mk 3,7–12 entstandene Sammelbericht (12,15–21) rückt Jesu Heilungen in den Horizont der Gottesknechttradition von Jes 42,1–4, um sie als Ausdruck der Milde und Güte zu kennzeichnen. Zugleich werden damit die Augen für das Ganze der Geschichte Jesu geöffnet. Den Streit um Jesu angebliches Bündnis mit dem Beelzebul (12,22–37) stellt Matthäus gezielt unter die Legitimationsfrage, ob Jesus der Davidssohn ist. Eine umstrittene Dämonenaustreibung leitet die Rede Jesu ein, die mit einer Gerichtspredigt schließt und den vorläufigen Höhepunkt der Auseinandersetzung mit den Pharisäern markiert. In der Sequenz vom Jonazeichen (12,38–42) wird in einzigartiger Weise die Errettung Jonas aus dem Bauch des Fisches als Vorabbildung der Auferstehung Jesu betrachtet. Die Ausführungen über Jesu wahre Familie (12,46–50) zeigen, dass in der Jesusnachfolge inmitten von Ablehnung und Unglaube eine neue Familie von Brüdern und Schwestern entsteht.

Die Gleichnisrede Jesu (Mt 13,1–52)

Die große Gleichnisrede bettet Matthäus in den Rahmen einer Predigt Jesu am Ufer des Sees Gennesaret ein. Ursprünglich brachte das Gleichnis vom viererlei Acker (13,1–9) die Zuversicht Jesu zum Ausdruck, dass sein Wirken, das hier mit dem Bild des Säens umschrieben ist, sich trotz zunächst enttäuschender Misserfolge als immens fruchtbar erweisen wird. Die spätere Deutung (13,18–23) legt jedoch den Akzent auf das ethische Handeln. Die dazwischen geschaltete Belehrung über den Sinn der Gleichnisrede Jesu (13,10–17) stellt in deutlichem Kontrast das Verstehen der Jünger der Verstocktheit Israels gegenüber, die aus Jes 6,9–10 abgeleitet ist. Das Doppelgleichnis vom Senfkorn und Sauerteig (13,31–35) bringt zum Ausdruck, dass das Reich Gottes trotz unscheinbarer Anfänge in einem unaufhaltsamen Prozess bald in übergroßer Fülle sichtbar sein wird. Die Gleichnisse vom Schatz im Acker und der kostbaren Perle (13,44–46) wollen das angemessene menschliche Handeln angesichts des Himmelreiches illustrieren. In den Gerichtsgleichnissen vom Unkraut unter dem Weizen (13,24–30.36–43) und vom Fischnetz (13,47–53) spiegelt sich anschaulich das matthäische Verständnis von der Kirche als einer Gemeinschaft wider, die Sünder wie Gerechte umfasst.

Jesus im Kampf um das Volk (Mt 13,53–16,12)

Ab diesem Punkt orientiert Matthäus sich enger am Erzählfaden des Markusevangeliums. Den Konflikt in Nazaret (13,54–58) bietet er in gestraffter Form und betont, dass sich Jesus trotz der spröden Abfuhr durch die

Bewohner seiner Heimatstadt nicht gänzlich der Wundertätigkeit dort verschloss. Die Hinrichtung des Täufers durch Herodes Antipas (14,1–12) rückt er gezielt in die Tradition vom gewaltsamen Geschick der Propheten, die in Israel zu allen Zeiten verfolgt und getötet wurden. Bei der Speisung der Fünftausend (14,13–21) wurde die Vorlage aus dem Markusevangelium um ein Drittel gekürzt. Die Geschichte wirkt dadurch konzentrierter und streicht die Souveränität Jesu heraus. Der Seewandel Jesu wird um einen Seewandel des Petrus bereichert (14,22–33). Die Episode will zeigen, wie der wagemutige Glaube die Kraft zu Grenzüberschreitungen in ungesichertes Gebiet gibt. Inmitten einer Situation von Angst und Existenznot darf man sich der Geborgenheit durch den Herrn gewiss sein. Bei dem Streitgespräch über rein und unrein (15,1–20) hat Matthäus durch den Einschub des Wortes von den blinden Führern die polemische Frontstellung gegenüber Pharisäern und Schriftgelehrten deutlich verstärkt. Die Heilung der Tochter einer kanaanäischen Frau (15,21–28) wird um die Vorstellung von Jesus als messianischem Davidssohn erweitert und zu einem Glaubenswunder umgestaltet. Die durch einen Sammelbericht (15,29–31) eingeleitete Speisung der Viertausend (15,32–39) gleicht Matthäus noch stärker an die Speisung der Fünftausend an, als dies bereits bei Markus der Fall war. Der erneute Verweis auf das Jonazeichen (16,1–4) ruft in verschärfter Form den Konflikt von Mt 12,38–45 ins Gedächtnis; dort schlug Jesus den Wunsch einiger Schriftgelehrter, die von ihm ein Zeichen sehen wollten, mit dem Hinweis ab, dass es kein anderes Zeichen geben werde als das Zeichen des Propheten Jona: Wie Jona drei Tage und drei Nächte im Bauch des Fisches war, so werde auch der Menschensohn drei Tage und drei Nächte im Schoß der Erde sein. Mit der in mancherlei Hinsicht rätselhaften Warnung vor dem „Sauerteig" der Pharisäer und Sadduzäer (16,5–12) versucht Matthäus die Mitglieder seiner Gemeinde an die Lehre Jesu zu binden; er sieht die Gefahr einer Unterwanderung vonseiten der Synagoge.

Auf dem Weg nach Jerusalem (Mt 16,13–20,34)

Mit der Petrusepisode (16,13–23) und den Worten von der Kreuzesnachfolge (16,24–28) wird Jesu Leidensweg nach Jerusalem zum bestimmenden Thema. Bei Matthäus ist das Petrusbekenntnis in der Nähe von Cäsarea Philippi um ein Verheißungswort an Petrus erweitert, das ihn als Fels und damit als Fundament der Kirche bezeichnet. Zusätzlich empfängt Petrus die Schlüssel des Himmelreiches, die mit der Binde- und Lösegewalt verbunden sind. Damit ist in jüdischer Tradition das Verbieten und Erlauben im Kontext der Gesetzesauslegung gemeint.

An Jesu Verklärung (17,1–13) sind Matthäus die Erfüllung der Elija-Verheißung (Mal 3,23) in Johannes dem Täufer und die Vorbildhaftigkeit des den Jüngern widerfahrenen Geschehens für die Gemeinde wichtig. Bei der Heilung des besessenen Knaben (17,14–20) ist von Mondsucht die Rede, weil man in der Antike die Abstände der epileptischen Anfälle durch die Mondphasen gesteuert sah. Die zweite Leidens-ankündigung Jesu (17,22–23) wird um das Motiv der Trauer der Jünger bereichert. Das Wunder von der Münze im Fischmaul (17,24–33) dient einer Rechtfertigung der Tempelsteuer, die einen halben Schekel pro Jahr betrug und von allen männlichen Juden im Erwachsenenalter entrichtet werden musste.

Die Redekomposition über die Gemeinschaft (18,1–35) eröffnet Matthäus mit einem Blick auf das Kind (18,1–4), das in seiner Niedrigkeit zum Vorbild für die rechte Haltung angesichts des Gottesreiches wird. Es folgt mit der Warnung vor Ärgernissen (18,6–9) der Appell, sich der Angriffe des Bösen mit aller Konsequenz zu erwehren. Im Gleichnis vom verlorenen Schaf (18,10–14) geht es um den rechten Umgang mit Sündern, die für die Gemeinde zurückgewonnen werden sollen. Die Regelungen über geschwisterliche Ermahnung (18,15–20) vertiefen diese Thematik und beschreiben ein mehrstufiges Verfahren, das erst dann den Ausschluss aus der Gemeinschaft vorsieht, wenn die Betroffenen auch nach der dritten Zurechtweisung keinerlei Einsicht zeigen. Die Anfügung des Gleichnisses vom gnadenlosen Schuldner (18,21–35) illustriert, dass der innergemeindliche Umgang mit Sünde von grenzenloser Vergebungsbereitschaft geprägt sein soll, wie es dem Geiste Jesu entspricht.

Jesu absolutes Verbot der Ehescheidung wird bei Matthäus durch die Unzuchtsklausel entschärft und um den symbolisch gemeinten Eunuchenspruch erweitert (19,1–12). In der Episode von Jesus und den Kindern (19,13–15) unterstreicht Matthäus den Segenscharakter des Geschehens und das Vorbildhafte des Kindseins. Die Forderung an den reichen Jüngling (19,16–26) wird zu einem Aufruf zur Vollkommenheit zugespitzt, der sich an die gesamte Gemeinde richtet. In die Ausführungen zum Lohn der Nachfolge (19,27–30) schiebt Matthäus ein Jesuswort ein, das den Jüngern Jesu für das Ende der Tage eine Teilhabe an der richterlichen Vollmacht des Menschensohns über Israel in Aussicht stellt.

Das Gleichnis von den Arbeitern im Weinberg (20,1–16) wirbt um Verständnis für die Güte Gottes und klagt Solidarität mit den Schwachen ein. Jesus dürfte es an Pharisäer und Schriftgelehrte gerichtet haben, um den Zugang von Zöllnern und Sündern in das Gottesreich zu rechtfertigen. Die dritte Leidensankündigung mit Jüngerbelehrung über das Dienen (20,17–28) betont, dass Jesu Weg an das Kreuz modellhaften Charakter für das Verhalten in seiner Nachfolge besitzt. Mit der Blindenheilung vor Jericho (20,29–34), bei der Matthäus durch eine Verdoppelung der

Zahl der Geheilten das Wunder verstärkt, ist die Jesusgeschichte an der letzten Etappe vor Jerusalem angelangt.

Jesu Wirken und Verkündigung in Jerusalem (Mt 21–25)

Den Einzug in Jerusalem (21,1–11) sieht Matthäus als Erfüllung der Verheißung des Propheten Sacharja. Die Tempelreinigung (21,12–17) bereichert er um Heilungen und die messianische Begrüßung Jesu durch Kinder. Bei der Verfluchung des Feigenbaums (21,18–22) wird alles Gewicht auf den Glauben gelegt. Das Streitgespräch über die Vollmacht Jesu (21,23–27) und das als Illustration dienende Gleichnis von den ungleichen Brüdern (21,28–32) blicken auf die Spaltung Israels zurück, die mit der Verkündigung Johannes des Täufers begann. Das Gleichnis von den bösen Weingärtnern (21,33–46) bietet einen heilsgeschichtlichen Abriss, der den Führern Israels den Verlust des Heils ankündigt. Im Gleichnis vom großen Gastmahl (22,1–14) liegt der Akzent auf der hinzugefügten Szene vom Gast in unwürdiger Kleidung, welche die Gemeinde vor falscher Heilssicherheit warnt und zu gerechtem Handeln auffordert.

Es folgen vier Episoden, die Jesus in Disputationen mit seinen Gegnern zeigen. In der Steuerfrage (22,15–22) grenzt er sich von der Position der Zeloten ab, indem er Steuerzahlungen an den Kaiser grundsätzlich befürwortet. In der Auferstehungsfrage streitet Jesus mit den Sadduzäern (22,23–33), die allein die fünf Bücher Mose als Heilige Schrift anerkennen und daher eine Auferstehung der Toten in Abrede stellen. Das Streitgespräch um das höchste Gebot (22,34–40) zeigt, dass für die Gemeinde des Matthäus im Doppelgebot der Liebe das „ganze Gesetz und die Propheten“ erfüllt sind. Im Lehrgespräch um die Davidssohnfrage (22,41–46) wird durch Verweis auf den messianisch gedeuteten Ps 110 hervorgehoben, dass Jesus nicht nur der Sohn Davids, sondern auch der Sohn Gottes ist.

Die Stelle des Berges Golgota, auf dem Jesus gekreuzigt wurde, wird heute noch in der Grabeskirche in Jerusalem verehrt.

In der von ihm gestalteten Weherede (23,1–39) bietet Matthäus, dessen Gemeinde sich in Auseinandersetzung mit einem pharisäisch dominierten Judentum befindet, eine Generalabrechnung mit Pharisäern und Schriftgelehrten. Einerseits wird erstaunlich positiv über ihre Autorität gesprochen. Andererseits gelten sie als Heuchler, bei denen Lehre und Handeln weit auseinanderklaffen. Zudem wird ihnen vorgeworfen, über der peinlich genauen Befolgung der rituellen Vorschriften den wichtigeren Teil des Gesetzes, nämlich die sittlichen Weisungen, aus den Augen verloren zu haben. Die Ausführungen gipfeln im Vorwurf des Prophetenmords und in einer drastischen Gerichtsankündigung. Mit ihren ungerechtfertigten Pauschalurteilen hat die Weherede maßgeblich zu einem christlichen Zerrbild des Judentums beigetragen.

Die auf dem Ölberg in Jerusalem angesiedelte Endzeitrede (24,1–25,46) bietet einen apokalyptischen Ausblick. Kriege, Naturkatastrophen und Verfolgung werden vorausgesagt; auf die letzte große Drangsal folgt von kosmischen Katastrophen begleitet die Wiederkunft des Menschensohns, die in schillernden Farben ausgemalt wird (24,1–31). Während das Gleichnis vom Feigenbaum (24,32–35) Naherwartung widerspiegelt, akzentuiert der nachfolgende Abschnitt (24,36–41) die Ungewissheit um Tag und Stunde der Wiederkehr Jesu. Der daraus resultierende Aufruf zur Wachsamkeit wird mithilfe der Gleichnisse vom Dieb in der Nacht (24,42–44), vom Aufseher (24,45–51) und von den Jungfrauen (25,1–13) veranschaulicht. Übereinstimmend weisen diese Gleichnisse auf die Plötzlichkeit des Endes hin. Einen anderen Schwerpunkt legt das Gleichnis von den anvertrauten Geldern (25,14–30). Es ermahnt die Gemeinde, in der Zeit bis zur Wiederkehr des Herrn die Hände nicht untätig in den Schoß zu legen. Abgeschlossen wird die Endzeitrede durch eine große Gerichtsszene (25,31–46), die Taten der Barmherzigkeit zum Maßstab für das Bestehen im Endgericht erhebt.

Passion und Auferstehung Jesu (Mt 26–28)

Nur Matthäus lässt die Passionsereignisse mit einer Todesankündigung Jesu und einer formellen Versammlung seiner Gegner im Hause des Hohepriesters Kajaphas beginnen (26,1–5). Die in gestraffter Form wiedergegebene Salbung in Betanien (26,6–13) lebt vom Kontrast zwischen der Frau, die sich zu Jesus bekennt, und dem versagenden Jüngerkreis. Beim Verrat des Judas (26,14–16) rückt Matthäus in wirkungsgeschichtlich verhängnisvoller Weise das Motiv der Geldgier in den Vordergrund. Der Bericht vom letzten Mahl Jesu (26,17–29) lässt Judas erneut in einem besonders negativen Licht erscheinen. Die Einfügung der Sündenvergebung in das Kelchwort betont, dass die Gemeinde im Abendmahl Anteil an der Sünden vergebenden Heilskraft des Todes Jesu gewinnt. In der auf die Ankündigung der Verleugnung (26,30–35) folgenden Getsemaniszene (26,36–56) erhebt Matthäus durch das Schwertwort Jesu die Verhaftungserzählung zum Lehrstück für jegliche Absage an Gewalt. Beim Verhör Jesu durch den Hohen Rat (26,57–68) wird die negative Rolle der jüdischen Autoritäten, die von vornherein ein Falschzeugnis gegen Jesus suchen, verstärkt. In der Verleugnungsszene (26,69–75) erscheint Petrus, an dessen Verhalten nichts beschönigt wird, als Paradebeispiel für menschliches Versagen, ernst gemeinte Reue und den Empfang göttlicher Gnade. Die Erzählung vom Ende des Judas (27,3–10) spricht, anders als Apg 1,15–20, von Selbstmord des Verräters. In das Verhör Jesu (27,11–26) werden mit dem Traum der Frau des Pilatus und der Unschuldserklärung des Pilatus szenische Erweiterungen eingebracht, die dem römischen Statthalter auf Kosten des jüdischen Volkes sympathische Züge verleihen. Mit seinem Bericht von der Kreuzigung und Grablegung Jesu (27,27–61) lehnt sich Matthäus eng an die Darstellung des Markus an. Neu ist die Legende von der bestochenen Grabwache (27,62–66; 28,11–15), die eine frühe Reaktion auf den Vorwurf des Leichnamsdiebstahls darstellt.

In der Ostergeschichte (28,1–11) ist die Entdeckung des leeren Grabes mit Beben verbunden. Zudem zeigt sich der auferstandene Herr persönlich den Frauen am Grab, während in der paulinischen Tradition Petrus der Empfänger der Ersterscheinung (1 Kor 15,5) ist. Mit den Abschiedsworten Jesu an die Jünger (28,16–20) schuf Matthäus einen großartigen Schlussakkord, der mit dem Sendungsbefehl an die Jünger, zu allen Völkern zu gehen, und der Zusage der unverbrüchlichen Gegenwart des erhöhten Herrn in seiner Gemeinde wichtige Anliegen des Evangeliums in gebündelter Form anklingen lässt.

Das Markusevangelium – Geheimnisvolle Offenbarung eines Gottessohns

Markus schuf um 70 die erste Darstellung des Lebens Jesu. In seinem Evangelium ist Jesus als Sohn Gottes von einer geheimnisvollen Aura umgeben, die sich erst am Kreuz voll erschließt. Die Jünger sind mit ihren Stärken und Schwächen als Prototypen der Gemeinde stilisiert.

Markus hat sein Evangelium um das Jahr 70 herum verfasst. Die altkirchliche Tradition identifiziert ihn mit Johannes Markus, einem aus Jerusalem stammenden Vertrauten des Paulus wie des Petrus, und berichtet, er habe in Rom nach den Predigten des Petrus seine Darstellung des Lebens Jesu geschaffen. Dieser Nachricht wird allgemein mit Skepsis begegnet. Eher ist zu vermuten, dass ein nicht näher bekannter Markus das Evangelium niederschrieb. Als Abfassungsort käme dann auch Syrien in Betracht, wo Griechisch gesprochen wurde und die Jesustradition lebendig war.

Im Mittelpunkt des Evangeliums steht die geheimnisvolle Offenbarung Jesu als Gottessohn. Markus deutet die Geschichte Jesu von der Taufe bis zur Kreuzigung als eine Art Inthronisation, die in mehreren Schritten erfolgt. Erst mit dem Bekenntnis des römischen Hauptmanns unter dem Kreuz erfährt alle Welt, dass Jesus der Sohn Gottes ist. Vorher wird, beispielsweise durch Schweigebefehle an die Dämonen, immer wieder ein Schleier des Geheimnisses um das wahre Wesen Jesu gelegt. Auffällig ist das oftmals negative Bild, das von den Jüngern gezeichnet wird. Die Leserinnen und Leser des Evangeliums sollen sich mit ihnen identifizieren, an ihren Erfahrungen teilhaben und ihre Fehler vermeiden.

Der Anfang des Evangeliums (Mk 1,1–13)

Den Auftakt des Evangeliums von Jesus als Sohn Gottes bildet das Auftreten Johannes des Täufers. Die Darstellung von Jesu Taufe ist durch das Kommen des Geistes in Gestalt einer Taube und die Himmelsstimme „Du bist mein geliebter Sohn, an dir habe ich Wohlgefallen" geprägt. Im Horizont von Ps 2,7 wird die Taufe Jesu als Adoption zum Gottessohn gedeutet. Zugleich liegt eine Anspielung auf den leidenden Gottesknecht von Jes 42,1 vor, womit bereits das Kreuz in das Blickfeld rückt.

Beginn des Wirkens Jesu (Mk 1,14–1,45)

Der Ruf an die ersten Jünger (1,16–20) geht spontan von Jesus aus, ohne Zutun der Betroffenen. Bei der Begegnung mit Jesus werden sie von seiner Ausstrahlung überwältigt und lassen alle sozialen Bindungen hinter sich. Die unmittelbarste Parallele ist die Berufung des Elischa durch Elija (1 Kön 19,19–21). Danach heilt Jesus in der Synagoge von Kafarnaum einen Mann, der von einem bösen Geist besessen ist (1,21–28). Er leidet vermutlich an Epilepsie, die im antiken Volksglauben auf das Wirken von Dämonen zurückgeführt wurde. Die Vertreibung des Geistes geschieht durch Bedrohung und Ausfahrwort, wie es für antike Exorzisten typisch war. Die Schwiegermutter des Petrus (1,29–31) wird durch Handergreifung von einer Fieberkrankheit geheilt. Einen Aussätzigen befreit Jesus durch Berührung und ein charismatisches Wort von seinem Leiden (1,40–45). Aussatz ist in der Antike ein Sammelbegriff für unterschiedlichste Hautkrankheiten. Es könnte sich um die Spontanheilung eines seelisch verursachten Leidens handeln.

Streitgespräche und Heilungen (Mk 2,1–3,35)

Die Heilung des Gelähmten in Kafarnaum (2,1–12) liefert den Anstoß zu einem Streitgespräch. Mit ihrer Anschaulichkeit und Lebendigkeit erfreut sich die Erzählung

Johannes der Täufer

Johannes kleidete und ernährte sich nach Art der Wüstenbewohner. Zugleich rief sein Erscheinungsbild die Erinnerung an Elija (2 Kön 1,8) wach, dessen Wiederkehr am Ende der Tage erwartet wurde (Mal 3,23). In der Tradition der alttestamentlichen Propheten kündigte Johannes das Zorngericht Gottes an und rief zur Umkehr auf. Zugleich spendete er eine Taufe zur Sündenvergebung, für die es keine unmittelbaren Vorbilder gibt. Später kritisierte er Herodes Antipas wegen dessen Ehe mit der eigenen Schwägerin. Der Herrscher sah im Täufer einen gefährlichen Unruhestifter und ließ ihn hinrichten.

Das Verhältnis Jesu zu Johannes ist durch Anknüpfung und Widerspruch gekennzeichnet. Jesus war vermutlich zunächst ein Schüler des Täufers, trennte sich dann aber von ihm. Die christliche Kirche, deren Taufe auf die Johannestaufe zurückgeht, machte Johannes zum Heiligen, degradierte ihn allerdings auch zunehmend zum Vorläufer Jesu.

besonderer Beliebtheit. Wiederum bewirkt ein charismatisches Wort das Wunder. Offenbar handelt es sich um die Heilung psychogener Lähmungen, wie sie auch für den Asklepioskult bezeugt ist. Asklepios (Aesculapius), Sohn des Apollo, zählt zu den Heroen der griechischen Mythologie und war der Gott der Heilkunst. Die Rückführung von Krankheit auf Sünde ist in der Antike, nicht zuletzt im Alten Testament, eine weit verbreitete Vorstellung. Der Zuspruch der Sündenvergebung hat entlastende Funktion und setzt Heilungskräfte frei. Die Pharisäer kritisieren Jesus, weil nach ihrem Verständnis allein Gott Sündenvergebung zusprechen kann.

Der Berufung des Zöllners Levi folgt ein Anstoß erregendes Gastmahl in seinem Haus (2,13–17). Zöllner galten als betrügerisch und unrein. Sie wurden daher von frommen Jüdinnen und Juden gemieden. Jesu Einkehr bei Levi stellt eine provokative Zeichenhandlung dar. Sie versinnbildlicht, dass auch die ausgegrenzten Randgruppen Israels bei Gott zu Tisch geladen sind. Zwei Bildworte unterstreichen die Sendung Jesu zu diesem Personenkreis. Auch, dass die Jünger Jesu im Gegensatz zu den Schülern des Täufers und der Pharisäer keine Fastentage abhalten, ruft Kritik hervor (2,18–22). Jesus rechtfertigt dies mit dem Verweis auf die schon angebrochene Heilszeit, die mit dem Bild der Hochzeit umschrieben wird.

Der erste Sabbatkonflikt des Markusevangeliums kreist um das Ährenraufen der Jünger (2,23–28). Nach zeitgenössischer Auslegung des Mosegesetzes handelt es sich um verbotene Erntearbeit am Sabbat. Ohne den Sabbat als göttliche Ordnung infrage zu stellen, rückt Jesus das Wohlergehen des Menschen über die strenge Sabbatheiligung. Unter Anspielung auf die Schöpfungsgeschichte wird mit der Erschaffung des Menschen vor dem Sabbat argumentiert. Auch die Heilung eines Gelähmten am Sabbat (3,1–6) war im antiken Judentum verboten, da keine Lebensgefahr vorlag. Jesus aber hat am Sabbat auch Menschen geheilt, die nicht lebensbedrohlich erkrankt waren. Er wollte damit dem Sabbat seine ursprüngliche Bestimmung als Vollendung der Schöpfung wiedergeben und die Gegenwart des Gottesreiches sichtbar machen. Nach summarischen Notizen über Jesu Heilungswunder (3,7–12) wird von der Einsetzung der zwölf erzählt (3,13–19). Jesus knüpfte mit dieser symbolträchtigen Zeichenhandlung an die im Judentum keimende Hoffnung auf eine Wiederherstellung des alttestamentlichen Gottesvolkes mit seinen zwölf Stämmen an.

Jesus stand in erheblicher Spannung zu seiner Familie und wurde von ihr für wahnsinnig gehalten (Mk 3,21–22). Schriftgelehrte warfen ihm vor, dass er besessen sei und seine Dämonenaustreibungen mithilfe des Teufels vollbringe (3,22–30). Sogar die Gegner Jesu erkennen damit seine Wunderheilungen als unbestrittene Tatsache an, bezichtigen ihn allerdings der „schwarzen Magie". Jesus entkräftet den Vorwurf des Teufelsbündnisses durch die Bildworte vom in sich gespaltenen Reich. Da der Satan niemals gegen seinen eigenen Herrschaftsbereich des Bösen vorgehen würde, kommt allein Gott als die hinter Jesu Wundern stehende höhere Macht in Betracht. Die Aussagen über Jesu wahre Verwandte (3,31–35) spiegeln das radikale Ethos der Jesusbewegung wider: Mit dem Eintritt in die Nachfolge verlieren die alten familiären Bindungen ihre Bedeutung. An ihre Stelle tritt die Gemeinschaft der Familie Gottes.

Gleichnisrede und Wunder (Mk 4,1–6,6a)

Im Mittelpunkt der großen Gleichnisrede Jesu (4,1–34) stehen die Gleichnisse vom Sämann, der selbstwachsenden Saat und dem Senfkorn. Ihnen ist der Motivzusammenhang von Aussaat und Ertrag im Sinne eines Kontrastes zwischen den kleinen Anfängen und dem großartigen Ende gemeinsam. Mit allgemein verständlichen Bildern aus dem landwirtschaftlichen Leben will Jesus veranschaulichen, dass das Reich Gottes allen Misserfolgen und unscheinbaren Anfängen zum Trotz bald in voller Blüte erstrahlen wird. Markus zufolge war die Gleichnisverkündigung jedoch wie eine Rätselrede nur dem Jüngerkreis verständlich und erschloss sich dem verstockten Volk nicht (4,10–12).

Die Sturmstillung (4,35–41) trägt Züge einer Dämonenvertreibung, indem Wind und Wellen als personifizierte Gewalten mit Drohwort, Schweigebefehl und Bindezwang bedacht werden. Die Erzählung antwortet auf die Frage nach dem Wesen Christi, indem sie von der furchterregenden Offenbarung des Gottessohnes als Herr über die Naturgewalten berichtet. Gleichzeitig rückt die Existenznot der Glaubenden in der Situation äußerster Bedrängnis und Anfechtung in den Blick. Der von einer ganzen Legion Dämonen besessene Gerasener (5,1–20) leidet an einer Persönlichkeitsstörung mit autoaggressiven Zügen. Es handelt sich um einen Menschen, der zutiefst an sich selbst verzweifelt und dessen gesamtes Leben von quälenden Gegensätzen bestimmt ist. Die Austreibung der Dämonen vollzieht sich durch ein Ausfahrwort und die Einschickung der Geister in ein neues Objekt. Mit der vom Messiasglauben geprägten Wiederbelebung der Tochter des Jaïrus überbietet Jesus die Totenerweckungen der Propheten Elija und Elischa. Darin eingebettet ist die Heilung einer an chronischen Menstruationsblutungen leidenden Frau (5,25–34). Jesus scheint über eine magische Kraft zu verfügen, die ohne sein Zutun durch Berührung wirksam gemacht werden kann. Gleichzeitig verhilft er der kultisch unreinen Frau zur Wiedereingliederung in die Gesellschaft. Der Abschnitt von Jesu Verwerfung in Nazaret (6,1–6a) liefert wichtige Informationen über den familiären Hintergrund Jesu und nimmt das traditionelle Motiv des in seiner Heimat verkannten Propheten auf.

Auf unsteter Wanderschaft (Mk 6,6b–8,26)

Die Berufung der Zwölf (6,6b–13) als Repräsentanten des endzeitlichen Gottesvolks Israel stellt eine symbolische Zeichenhandlung dar. Die Forderung, ohne Ausrüstung auszuziehen, hat Parallelen bei kynischen Philosophen und spiegelt den radikalen Nachfolgegedanken Jesu wider.

Die Hinrichtung des Täufers (6,14–29) war Folge seiner scharfen Kritik an Herodes Antipas, der eine nach Lev 20,21 ungesetzliche Ehe mit seiner Schwägerin eingegangen war. Bei Markus tragen rachsüchtige und blutrünstige Frauen die Schuld am gewaltsamen Ende des Propheten. Der Geschichtsschreiber Josephus Flavius berichtet, dass Johannes auf der Festung Machairos im Ostjordanland hingerichtet wurde.

In der Brotvermehrungskirche am See Gennesaret befindet sich ein Mosaik, das die fünf Brote und zwei Fische zeigt, mit denen Jesus die Volksmenge speiste.

Die Speisung der Fünftausend (6,30–44) erzählt aus der Perspektive des Glaubens vom Hungerstillen und Sattwerden in der von Jesus herbeigeführten neuen Welt Gottes. Jesus wird als Wunderprophet und endzeitlicher Heilsbringer proklamiert, der das Brotwunder des Elischa (2 Kön 4,42–44) bei Weitem überbietet. Der Seewandel Jesu (6,45–52) weist eine auffällige Nähe zu den Ostergeschichten auf. Die Bewahrung in akuter Bedrohung schimmert noch durch, wird aber von der Epiphanie, dem unvermittelten Erscheinen der göttlichen Gestalt, überlagert. Das Streitgespräch über rein und unrein (7,1–23) zeigt, dass die Ethik Jesu durch eine Entschärfung des mosaischen Ritualgesetzes bei gleichzeitiger Radikalisierung des Liebesgebotes gekennzeichnet ist. Die sittliche Reinheit wird programmatisch einer Beachtung kultischer Reinheitsvorschriften übergeordnet. Dies zieht Konflikte mit den Pharisäern nach sich.

Im Disput mit einer Griechin aus der sich nach Syrien erstreckenden Küstenebene (Mk 7,24–30) lässt sich Jesus eines Besseren belehren. Das gegen die Einbeziehung

Die Wunder Jesu

Dämonenaustreibungen und Krankenheilungen stehen im Zentrum des geschichtlichen Wirkens Jesu. Sie verdanken sich dem Ausstrahlungsvermögen seiner Person und der Anwendung volksmedizinischer oder magischer Heilpraktiken. Unverwechselbar ist ihr endzeitlicher Horizont. In ihnen gewinnt mitten in der gegenwärtigen Welt das Reich Gottes Gestalt. Andere Wunder sind stärker vom Glauben der Gemeinde geprägt. Die Totenerweckungen künden aus der Osterperspektive vom Sieg Jesu über die Macht des Todes. Die Naturwunder entfalten unter Rückgriff auf antike Wundertradition das Bekenntnis zum gekreuzigten und auferstandenen Herrn. Sie veranschaulichen die göttliche Macht des erhöhten Christus und zeichnen sie in das Bild des irdischen Jesus ein, indem dieser eine über alles Menschliche hinausgehende Befähigung gewinnt.

Eine der großen theologischen Leistungen aller vier Evangelisten besteht darin, dass sie an den Wundern als unverzichtbarem Bestandteil des Wirkens Jesu festhalten, ohne sie kritiklos der volkstümlichen Wundersucht zu überlassen.

von Heiden in das Heil gerichtete Bildwort vom Brot und den Hunden ruft den Widerspruch der Frau hervor. Sie greift das Bild auf, wendet es ins Positive und ringt Jesus die Heilung ihres Kindes ab. Die anschließend erwähnte Taubstummenheilung (7,31–37) weist magische Züge auf. Offenbar gilt die Zunge des Kranken als dämonisch gebunden. Mit dem Speichel Jesu wird sie gelöst und zugleich der Dämon entkräftet.

Die Speisung der Viertausend (8,1–10) stellt eine Erzählvariante der Speisung der Fünftausend dar. Markus nimmt sie zum Anlass, um sein Verständnis der Naturwunder darzulegen (8,14–21). Sie rufen Unverständnis hervor und vermögen noch weniger als die Heilungswunder klare christologische Erkenntnis zu vermitteln, wie sie sich erst vom Ende der Geschichte Jesu her erschließt. Die Heilung des Blinden von Betsaida (8,22–26) erfolgt ebenfalls durch Speichel. Jesus ergreift die Hand des Blinden, baut damit ein Verhältnis des Vertrauens auf und führt ihn aus dem Dorf heraus zu einem Ort abseits seiner alten Lebenswelt. Dann bestreicht er die Augen des Blinden mit Speichel und bedient sich damit einer Augenheiltechnik, die in der antiken Volksmedizin weit verbreitet war.

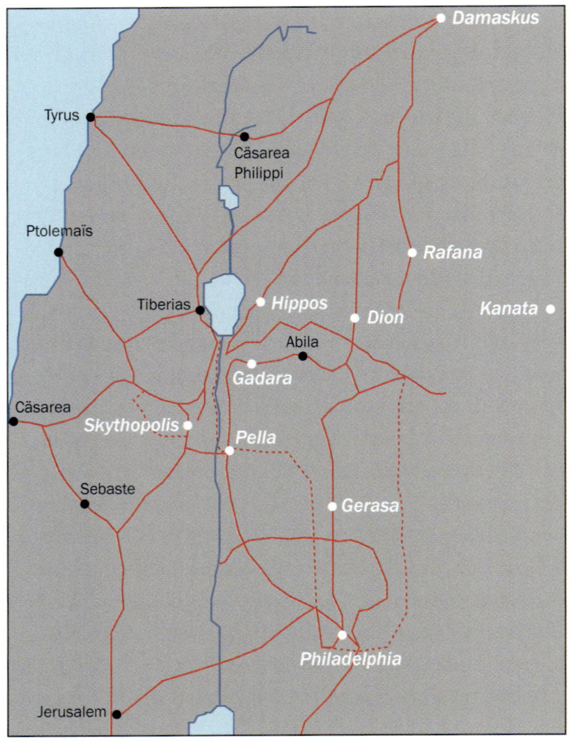

Karte der Dekapolis (vgl. Mk 7,31) und der wichtigsten Handelsstraßen. Die zehn hellenistischen Städte sind weiß eingezeichnet.

Auf dem Weg nach Jerusalem (Mk 8,27–10,52)

Mit dem Petrusbekenntnis bei Cäsarea Philippi nahe den Jordanquellen (8,27–33) richtet Markus den Fokus auf den Leidensweg Jesu und die Kreuzesnachfolge. Eine Sammlung von Nachfolgesprüchen (8,34–9,1) stellt heraus, dass Jüngerschaft die Selbstpreisgabe und Bereitschaft zum Martyrium einschließt. Die Verklärungsgeschichte (9,2–13) präsentiert Jesus in einer Art Vorwegschau in seiner himmlischen Herrlichkeit und offenbart ihn im Rahmen der schrittweise erfolgenden Enthüllung des Christusgeheimnisses dem engsten Jüngerkreis als Gottessohn. Bei dem besessenen Knaben (9,14–29) handelt es sich um einen Epileptiker. Da vorübergehender Sprachverlust eine Begleiterscheinung von Epilepsie darstellt, gilt der Dämon als stummer Geist. Seine Austreibung vollzieht sich durch Bedrohung und ein Ausfahrwort, das um ein Rückkehrverbot bereichert ist. An die zweite Leidensankündigung (9,30–32) schließen sich weitere Nachfolgeworte an (9,33–50), die zu Leidensbereitschaft und Demut aufrufen.

Im Streitgespräch von der Ehescheidung (10,1–12) kritisiert Jesus die alttestamentliche Praxis des Scheidebriefes und betont unter Verweis auf die Schöpfungsordnung Gottes die Unverbrüchlichkeit der Ehe. Die später zur Legitimation der Säuglingstaufe herangezogene Episode von der Kindersegnung (10,13–16) handelt von Erwachsenen, die klein und unbefangen wie Kinder werden sollen, um das Reich Gottes zu empfangen. Das Gespräch mit dem reichen Jüngling (10,17–27) und weitere Nachfolgeworte (10,28–30) unterstreichen, dass der Eintritt in die Jesusbewegung radikalen Besitzverzicht und den Bruch mit allen sozialen Bindungen erfordert. An die dritte Leidensankündigung Jesu (10,32–34) schließt sich auf dem Hintergrund eines Streits innerhalb der Jüngerschaft nochmals der eindrückliche Appell an, sich an der Demut des leidenden Menschensohnes zu orientieren (10,35–45). Wer danach strebt, groß zu sein, steht in Gefahr, das Reich Gottes zu verfehlen. Christsein bedeutet, Niedrigkeit zu erstreben und Leiden auf sich zu nehmen. Als konkretes Beispiel dient Bartimäus (10,46–52). Nachdem ihn Jesus durch ein charismatisches Wort von seiner Blindheit geheilt hat, wird er auch in einem tieferen Sinne sehend. Er tritt in die Nachfolge Jesu ein, die direkt nach Jerusalem ans Kreuz führt.

Jesu Wirken in Jerusalem (Mk 11,1–13,37)

Jesus zieht auf einem Eselfüllen nach Jerusalem ein (11,1–11), was ihn im Horizont von Sach 9,9 als messianischen König erscheinen lässt. Die Tempelreinigung (11,15–19) spielt im äußeren Tempelbezirk, dem Vorhof der Heiden. Jesus äußert Kritik am Tempelbetrieb und untermauert dies durch eine prophetische Zeichenhandlung. Unter Berufung auf Jes 56,7 wird der gesamte Tempel als Ort des Gebetes und der Gottesverehrung für die Völker reklamiert.

Gerahmt wird diese Aktion durch das einzige Strafwunder Jesu, die Verfluchung des Feigenbaums (Mk 11,12–14.20–25). Sie hat eine symbolische, auf Israel ausgerichtete Bedeutung und mündet in eine Belehrung über die Kraft des Glaubens. Das im Tempel angesiedelte Schulgespräch über die Vollmachtsfrage (11,27–33) unterstreicht den Unglauben und die Ratlosigkeit der jüdischen Autoritäten. Das Gleichnis von den bösen Weingärtnern (12,1–12) verarbeitet den gewaltsamen Tod Jesu und kündigt Israel in drastischer Weise das Gericht an. Indem es die gesamte Heilsgeschichte von der Erwählung bis zur Verwerfung Israels und der Bildung eines neuen Volkes Gottes zusammenfasst, spiegelt es die Situation der Gemeinde wider und trägt gegen das Judentum gerichtete Untertöne.

In der Steuerfrage (12,13–17) erkennt Jesus die staatliche Herrschaft grundsätzlich an, zeigt aber unter Verweis auf den Anspruch Gottes gleichzeitig eine Grenze auf.

Gegenüber den Sadduzäern, die sich allein auf die fünf Bücher Mose beriefen und keinerlei Jenseitserwartung hatten, versucht Jesus aus Ex 3,6 die Auferstehung der Toten zu beweisen (12,18–27). Die Zusammenfassung des alttestamentlichen Gesetzes im Doppelgebot der Liebe (13,28–34) hat Parallelen im antiken Judentum, geht bei Jesus aber mit einer Entschärfung ritueller Vorschriften einher. Der nachfolgende Monolog Jesu (12,35–37) relativiert die Davidssohnschaft des Messias durch den Verweis auf den christologisch gedeuteten Ps 110. Der Warnung vor den Schriftgelehrten (12,38–40) steht das Lob der vorbildhaften Witwe gegenüber (12,41–44).

In der apokalyptischen Jüngerbelehrung (13,1–37) werden Kriege, Naturkatastrophen und Verfolgung vorausgesagt; auf die letzte große Drangsal folge schließlich die von kosmischen Katastrophen begleitete Wiederkunft des Menschensohns. Am Ende steht der Ruf zur Wachsamkeit angesichts des unvermittelt kommenden Weltendes. Bei der Konzeption seiner Endzeitrede konnte Markus vermutlich auf eine apokalyptische Tradition aus der Zeit des Jüdischen Krieges (66–70) zurückgreifen, die er einer aktualisierenden Neuinterpretation unterzog.

Passion und Auferstehung Jesu (Mk 14,1–16,20)

Die Passionsgeschichte beginnt mit der Salbung Jesu in Betanien (14,1–9), die als vorweggenommene Totensalbung den Blick auf Kreuz und Auferstehung lenkt. Die Motive für die Tat des Judas bleiben im Dunkeln (14,10–11). Am ehesten sind enttäuschte messianische Hoffnungen für den Verrat verantwortlich. Das Abschiedsmahl Jesu ist bei Markus als Paschamahl gekennzeichnet (14,12–26). Abweichend von jüdischer Mahlpraxis begegnen ein Brot- und ein Kelchwort. Im Horizont des bevorstehenden Kreuzestodes werden die Mahlelemente mit Leib und Blut Christi in Verbindung gebracht. Während die römisch-katholische und die lutherische Tradition dies im Sinne einer Realpräsenz verstehen, dass also Leib und Blut Christi in Brot und Wein tatsächlich gegenwärtig sind, dominiert in der reformierten Tradition eine gleichnishafte Deutung. Die auf die Ankündigung der Verleugnung (14,27–31) folgende Szene im Garten Getsemani (14,32–42) zeigt einen zutiefst menschlichen Jesus, der sich in der Sprache der alttestamentlichen Klagepsalmen an Gott wendet. Die ganz selten bezeugte Anrede Gottes als Abba (Vater) ist Ausdruck eines besonders innigen Gottesverhältnisses.

Auf dem Berg Tabor, wo die Verklärung Jesu stattfand (Mk 9), steht die in den 1920er-Jahren gebaute Verklärungsbasilika.

Bei der Verhaftung (14,43–52) ermöglicht der Judaskuss die Identifikation des Gesuchten. Die Verhandlung vor dem Hohen Rat (14,53–65) weist eine Reihe von Widersprüchen zum jüdischen Prozessrecht auf, wie wir es aus der rabbinischen Tradition kennen. Entweder herrschte in den Tagen Jesu eine andere Rechtspraxis oder man setzte sich in seinem Fall über geltendes Recht hinweg. Der Bericht könnte aber auch von der Tendenz geprägt sein, jüdische Kreise verstärkt mit der Schuld am Tod Jesu zu belasten.

Die Verleugnungsszene (14,66–72) zeigt, dass wahre Jüngerschaft sich in der Bereitschaft zur Leidensnachfolge bewährt. Gleichzeitig wird am Beispiel des Petrus deutlich, dass menschliches Versagen unter Voraussetzung von Reue nicht von der Gnade ausschließt.

Das Verhör vor Pilatus (15,1–15) spiegelt die Tatsache wider, dass Pontius Pilatus den religiösen Anspruch Jesu im politischen Sinne missverstand und ihn als „König der Juden" hinrichten ließ. Der Kreuzigungsbericht (15,16–41) zeichnet Jesus im Licht von Ps 22 als leidenden Gerechten. Die Kreuzigung war im römischen Recht die grausamste und unehrenhafteste Form der Hinrichtung. Der Tod trat erst nach langen Qualen durch Ersticken oder Kreislaufzusammenbruch ein. 1968 wurden in einem Grab im Nordosten Jerusalems die Gebeine eines Mannes aus den Tagen Jesu entdeckt, die Spuren der Kreuzigung tragen. Dieser Fund liefert erstmals konkrete Hinweise auf die Kreuzigungstechniken, wie sie von den Römern in Palästina angewandt wurden. Der Ratsherr Josef von Arimathäa erbittet von Pontius Pilatus den Leichnam Jesu (15,42–47). Die Ausrichtung eines Begräbnisses für Verstorbene, deren Familienangehörige dazu nicht in der

Pontius Pilatus

In Cäsarea am Mittelmeer befand sich die Residenz der römischen Statthalter. Hier wurde auf einem Stein eine Inschrift mit dem Namen von Pontius Pilatus gefunden.

Pontius Pilatus war von 26–37 n. Chr. Präfekt der römischen Provinz Judäa. Jüdische Quellen zeigen, dass er durch unbedachte Aktionen tiefer als seine Vorgänger die religiösen Empfindungen des Judentums verletzte und bei Widerstand gegen die römische Ordnung zu unverhältnismäßiger Gewaltanwendung neigte. Die biblische Tradition zeichnet dagegen ein Bild von Pontius Pilatus als gütigem Statthalter, der seine Hände in Unschuld wäscht und die Kreuzigung Jesu nur widerwillig vollzieht. In apokryphen Schriften wie den Pilatusakten setzt sich diese Entschuldungsstrategie fort, die Person des Pontius Pilatus auf Kosten der jüdischen Führungsschicht von der Schuld am Tod Jesu zu entlasten. Einem gefälschten Brief an den Kaiser zufolge hat Pontius Pilatus beantragt, Jesus vom römischen Senat zum Gott erklären zu lassen.

Auch um das Ende des Pilatus ranken sich bunte Legenden. Ein apokryphes Werk mit dem Titel „Auslieferung des Pilatus“ weiß von einer Enthauptung des Statthalters durch Kaiser Tiberius zu berichten. Dabei wird er als unschuldiges Werkzeug der Juden und bekennender Christ porträtiert, dessen Haupt nach dem Märtyrertod sofort von einem Engel in den Himmel aufgenommen wird. Von der äthiopischen und koptischen Kirche wird Pontius Pilatus bis heute als Heiliger verehrt.

Lage waren, zählte im antiken Judentum zu den allgemein vorgeschriebenen Liebeswerken.

Das Markusevangelium endet mit der Geschichte vom leeren Grab (16,1–8) und bringt mit der Errettung des leidenden Gerechten den gesamten Erzählzusammenhang zum Abschluss. Anders als bei Lukas und Johannes sind nur die Frauen um Maria Magdalena erste Zeugen der Auferstehung. Die Auferstehungsbotschaft kommt im Munde des Engels zur Geltung, dessen Worte den Charakter eines Bekenntnisses tragen. Bei den Berichten von Erscheinungen des Auferstandenen (16,9–20) handelt es sich um einen Nachtrag zum Markusevangelium aus dem 2. Jh., der in den ältesten Bibelhandschriften, dem Codex Sinaticus und dem Codex Vaticanus, fehlt.

Das Lukasevangelium – Geschichte eines Propheten, mächtig in Tat und Wort

Lukas erzählt in seinem zwischen 80 und 90 geschriebenen Evangelium die Geschichte des Propheten Jesus, der in Tat und Wort seine Macht erweist. Dabei rücken Jesu Kritik am Reichtum und die Bedeutung von Frauen in der Nachfolge besonders in den Vordergrund.

Lukas stellt sich mit seinem Evangelium, das zwischen 80 und 90 entstand, in die Tradition antiker Geschichtsschreiber. Neben dem Markusevangelium und der Spruchquelle standen ihm umfangreiche Sonderüberlieferungen zur Verfügung. Einige der bekanntesten Gleichnisse Jesu finden sich ausschließlich in seinem Evangelium. Lukas bindet die Geschichte Jesu in das Weltgeschehen ein und rückt sie in eine neue Perspektive, indem er ihr eine Fortsetzung gibt, die Apostelgeschichte. Dabei hebt er die Bedeutung Jesu als eines Propheten hervor, der sich in seinen Taten wie Worten als mächtig erweist. Stärker als seine Vorgänger thematisiert Lukas soziale Gesichtspunkte. Es erfolgt eine deutliche Parteinahme für die Armen und Kritik an den Reichen. Bemerkenswert ist zudem das besondere Interesse des Lukas an Frauen in der Nachfolge Jesu.

Vorwort (Lk 1,1–4)

Lukas ist der einzige Evangelienschreiber, der sein Werk mit einem Vorwort nach den Konventionen der griechisch-römischen Literatur einleitet. Er hat gründlich recherchiert und möchte eine bessere Darstellung des Lebens Jesu liefern als seine Vorgänger. Der Adressat Theophilus ist sonst unbekannt.

Geburt Johannes des Täufers und Ankündigung der Geburt Jesu (Lk 1,5–80)

Lukas setzt mit Überlieferungen ein, die den anderen Evangelisten unbekannt waren. Die Vorgeschichte Jo-

Die Steuerschätzung des Quirinius

Die Steuerschätzung (Zensus) des Quirinius fand nach dem Zeugnis des Geschichtsschreibers Josephus Flavius erst 6 n. Chr. statt, als der jüdische Herrscher Archelaos seines Amtes enthoben und die römische Provinz Judäa eingerichtet wurde. Der Zensus war von Augustus in den Provinzen des Reiches zur Bemessung der Kopfsteuer und Grundsteuer eingeführt worden. Da zwischen der Geburt Jesu, die in die letzte Phase der Regierungszeit des Herodes (40–4 v. Chr.) fällt, und der Einrichtung der Provinz Judäa eine Lücke von mehr als zehn Jahren klafft, ist Lukas in der Weihnachtsgeschichte wohl ein chronologischer Irrtum unterlaufen.

hannes' des Täufers und die Vorgeschichte Jesu werden ineinander verwoben. Die Ankündigung der Geburt des Täufers (1,5–25) begründet dessen besondere Stellung in der Heilsgeschichte Gottes mit seinem Volk. Sie ist von einer Feststellung der kinderlosen Ehe, einer Engelserscheinung und einer Anweisung für die Namensgebung begleitet. Die parallel strukturierte Ankündigung der Geburt Jesu an Maria (1,26–38) überbietet dies durch die Glaubensaussage von der Jungfrauengeburt, die in der Zeugung des Jesuskindes die heilvolle Gegenwart des Gottesgeistes am Werk sieht. Im Mittelpunkt von Marias Besuch bei Elisabet (1,39–56) steht der Lobgesang der Gottesmutter, das Magnifikat. Es handelt sich um einen Psalm voller alttestamentlicher Bezüge, der das Wirken Gottes preist. In seinem jetzigen Kontext interpretiert er die bevorstehende Geburt Jesu auch in politischen Dimensionen als Machtwechsel mit Herstellung sozialer Gerechtigkeit. Die Geburt Johannes des Täufers (1,57–80) ist mit einem Wunder an Zacharias verbunden. Sein Lobgesang, das Benediktus, ist im Stil alttestamentlicher Psalmen gehalten und preist die Rettungstaten Gottes.

Geburt und Kindheit Jesu (Lk 2,1–52)

Lukas bettet die Geburt Jesu (2,1–20) in die allgemeine Weltgeschichte ein. Wenn der Engel gegenüber den Hirten die Geburt des Retters und Herrn preist, handelt es sich um Ehrennamen, wie sie auch für Kaiser und Könige Verwendung fanden. Nicht Augustus, sondern das in einer Notunterkunft, einem Stall geborene, in eine armselige Krippe gelegte Kind erweist sich als wahrer Retter und Herr der Welt. Mit der Beschneidung Jesu und der Darbietung des Reinigungsopfers im Tempel (1,21–40) wird dem jüdischen Ritualgesetz (Lev 12,2–8) Folge geleistet. Der greise Simon und die Witwe Hanna als vorbildhafte Gerechte legen vom Geist erfüllt Zeugnis für den Messias ab. Die Geschichte vom zwölfjährigen Jesus im Tempel (2,41–52) ist von dem Motiv geprägt, dass bedeutende Gestalten der Menschheitsgeschichte bereits in ihrer Kindheit eine große geistige Reife und Vorboten ihrer künftigen Bedeutung erkennen lassen.

Blick auf Betlehem mit der Geburtskirche

Vorbereitung des Auftretens Jesu (Lk 3,1–4,13)

Lukas ordnet das Auftreten des Johannes und die Taufe Jesu (3,1–20) chronologisch in die Weltgeschichte ein. Das fünfzehnte Regierungsjahr des Tiberius war das Jahr 28/29. Nur Lukas überliefert auch eine sozialethische Unterweisung durch den Täufer. Sie richtet sich an Volk, Zöllner und Soldaten, die mit einer vom Liebesgebot bestimmten neuen Gerechtigkeit konfrontiert werden. Der Stammbaum Jesu (3,23–28) führt bis zu Adam zurück und stimmt nur bedingt mit dem in Mt 1,2–17 überein. Beide Genealogien zeichnen trotz der Vorstellung von der Jungfrauengeburt die väterliche Herkunftslinie Jesu als Sohn des Joseph nach. In der Versuchung (4,1–13) bewährt sich Jesus vor seinem öffentlichen Auftreten darin, allein Gott zu verehren und sich nicht von dämonischen Mächten in die Irre führen zu lassen.

Anfang der öffentlichen Tätigkeit Jesu (Lk 4,14–44)

Die Tradition über Jesus in Nazaret, die bei Markus erst an späterer Stelle begegnet (Mk 6,1–6), wird von Lukas an den Anfang des Wirkens Jesu gerückt und zu einer eindrucksvollen Antrittspredigt ausgestaltet (4,16–30). Sie bildet das Urbild und den Schlüssel des gesamten Auftretens Jesu. Unter Rückgriff auf Jes 61,1–2 legt Jesus das Programm für sein künftiges Wirken vor. Er handelt nicht nur durch das Wort, sondern auch durch die Tat. Als endzeitlicher Prophet erfüllt er mit Heilungswundern die biblische Verheißung des Jesajabuches. Da der Prophet in der Heimat nichts gilt, wird Jesus in Analogie zu Elija und Elischa sein Wunderwirken auf den Bereich außerhalb Israels ausdehnen.

In scharfem Kontrast zur Ablehnung in Nazaret steht der Erfolg in Kafarnaum (4,31–44). Erste Heilungen Jesu demonstrieren, dass seine Sendung nicht nur die Verkündigung beinhaltet, sondern sich auch auf die Zuwendung zu den Kranken und Besessenen erstreckt.

Sammlung von Jüngern, Wunderheilungen und erste Kontroversen (Lk 5,1–6,19)

Wie kein anderer Evangelist hebt Lukas hervor, dass Nachfolge und Glaube eng mit den Wundertaten Jesu verbunden sind (5,1–11). Den ersten Jüngerberufungen geht der wunderbare Fischfang voraus. Als Illustration des Menschenfischerwortes gewinnt das Wunder eine metaphorische Bedeutung. Zudem wird die Vorrangstellung des Petrus im Jüngerkreis betont. Mit den anschließenden Heilungen und Streitgesprächen (5,12–6,11) nimmt Lukas den Erzählfaden des Markusevangeliums wieder auf, wobei er die Episoden aus Mk 1,40–3,6 recht wortgetreu wiedergibt und nur behutsam in seine Vorlage eingreift.

Der Einsetzung der zwölf Apostel (6,12–16) geht bei Lukas eine Nacht des Gebets voraus. Der von Markus und Matthäus erwähnte Thaddäus wird übergangen. Stattdessen weiß Lukas von einem sonst unbekannten Apostel, Judas, Sohn des Jakobus. Die in Mk 3,7–12 dargestellte Begegnung mit dem Volk wird nachgetragen und gekürzt (6,17–19). Lukas lässt dabei Jesus vom Berg der Apostelеinsetzung herabsteigen. Dadurch ist die nachfolgende Predigt als Feldrede dargestellt.

Die Feldrede Jesu (Lk 6,20–46)

Die Feldrede Jesu stammt aus der Spruchquelle. Matthäus hat aus ihr die wesentlich umfänglichere Bergpredigt geschaffen. Lukas kennt nur vier Seligpreisungen, denen antithetisch vier Wehesprüche gegenüberstehen (6,20–26). Die Seligpreisungen haben nicht wie bei Matthäus mahnenden Charakter, sondern sie trösten die Notleidenden mit der Hoffnung auf eine endzeitliche Umkehrung ihres Geschicks. Die Wehesprüche unterstreichen dies von der anderen Seite her, indem sie jenen Personen, denen es jetzt gut geht, zukünftiges Unheil voraussagen. Der Aufruf zur Feindesliebe und zum Verzicht auf Vergeltung (6,27–35) stellt das Herzstück der radikalen Ethik Jesu dar, die von einer Verschärfung des Liebesgebotes gekennzeichnet ist. Bei Lukas sind diese ethischen Maximen nicht antithetisch zum alttestamentlichen Gesetz formuliert. Nachfolgend werden das Tun der Barmherzigkeit und das Verbot des Richtens eingeschärft (6,36–38). Eine Sammlung von Gleichnissen und Bildworten (6,39–49), die in metaphorischer Form rechtes und unrechtes Verhalten gegenüberstellen, runden die Feldrede ab.

Wunder und Verkündigung (Lk 7,1–8,56)

In der lukanischen Version der Geschichte vom Hauptmann in Kafarnaum (7,1–10) ist das Wunder gesteigert, da hier der Knecht bereits im Sterben liegt. Die Erweckung des Jünglings von Naïn (7,11–17) stammt aus dem lukanischen Sondergut. Wenn es sich um den einzigen Sohn einer Witwe handelt, erhöht dies die Dramatik des Todesfalles, da der Versorger und Rechtsvertreter der Frau verstorben ist. Die Erzählung erinnert an das Wunder des Elija (1 Kön 17,17–24). Eine ähnliche Totenerweckung wird aber auch von dem pythagoreischen Wanderphilosophen Apollonius von Tyana berichtet. Die Ausführungen über Jesus und den Täufer (7,18–35) hat Lukas als in sich geschlossene Einheit aus der Spruchquelle übernommen und relativ wenig bearbeitet. Der Abschnitt gliedert sich in drei Teile. Zunächst handelt er von der Beurteilung Jesu durch den Täufer, wobei die Wunder Jesu im Licht der alttestamentlichen Prophetenverheißungen als Geschehnisse der messianischen Heilszeit gedeutet werden. Danach ist von der Hochschätzung Jesu für Johannes den Täufer die Rede, und schließlich wird in einem dritten Durchgang die Ablehnung beider Gestalten durch ihre jüdischen Zeitgenossen thematisiert.

Die Bezeichnung Jesu als Freund der Zöllner und Sünder motivierte Lukas, die Erzählung von der großen Sünderin anzufügen (7,36–50), in der sich die unermessliche Vergebungsbereitschaft Gottes widerspiegelt. Bei der Frau handelt es sich offenkundig um eine Prostituierte. Indem sie mit ihrem offenen Haar die Tränen von Jesu Füßen wischt und diese mit Küssen bedeckt, vollzieht sie eine erotische Geste. Die später in der kirchlichen Tradition vollzogene Identifizierung der namenlos bleibenden Sünderin mit Maria Magdalena hat keine gesicherte Grundlage.

Lukas zeigt ein besonderes Interesse an Frauen in der Jesusbewegung (8,1–3). Maria Magdalena trat in die Nachfolge ein, nachdem Jesus sie von sieben Dämonen befreit hatte, was auf die Heilung einer schweren mentalen Störung hindeutet. Gemeinsam mit ihr werden Johanna, die Ehefrau eines Beamten am Hof des Herodes Antipas, und Susanna erwähnt. Die Dreiergruppe von Frauen lässt sich durchaus mit dem Zwölferkreis vergleichen. Während Maria Magdalena sich mit Jesus auf Wanderschaft begab, dürften Johanna und Susanna die Jesusbewegung als ortsfeste Sympathisantinnen materiell unterstützt haben. Im Anschluss folgt Lukas erneut dem Erzählfaden des Markusevangeliums, indem er die Gleichnisse und Wundergeschichten aus Mk 4,1–5,43 mit geringfügigen Veränderungen wiedergibt.

Jüngerschaft und Aussendung (Lk 9,1–10,42)

Lukas rückt nun Fragen der Jüngerschaft in den Blick. In einer kunstvoll komponierten ersten Sinneinheit zum Thema (9,1–50) geht es nicht nur um die Bedeutung Jesu, sondern auch um die Aufgaben der Kirche. Die Jünger, die ausgesandt werden und immer wieder der Belehrung bedürfen, stehen mit ihren Schwächen stellvertretend für die Gemeinde. Zunächst wird in Anlehnung an Mk 6,6–13 von der Aussendung der Zwölf erzählt (9,1–6). Die Hinrichtung Johannes des Täufers durch Herodes Antipas wird nur gestreift (9,7–9), ohne den ausführlichen Bericht des Markus wiederzugeben, der Lukas vielleicht zu anekdotenhaft erschien. Nach der Speisung der Fünftausend (9,10–17) übergeht Lukas sämtliche Überlieferungen, die sich in Mk 6,45–8,26 finden. Es ist schwer zu entscheiden, ob es sich um bewusste Auslassungen handelt oder die von Lukas benutzte Fassung des Markusevangeliums diese Texte nicht enthielt. Das Petrusbekenntnis (9,18–22) rückt damit nahe an die Frage des Herodes Antipas nach dem Wesen Jesu (9,7–9) heran und wird zur eindrucksvollen Antwort darauf. Die erste Leidensankündigung Jesu zieht die Aufforderung zur Leidensbereitschaft und Kreuzesnachfolge als Merkmale wahrer Jüngerschaft nach sich (9,23–27). Die Verklärungsgeschichte (9,28–36), in der sich die Herrlichkeit Jesu erweist, handelt vom göttlichen Echo auf das Petrusbekenntnis. Der bei Markus umfängliche Bericht von der Heilung des epileptischen Knaben liegt bei Lukas in gestraffter, auf das Wesentliche konzentrierter Form vor (9,37–43a), indem er die Macht Jesu und die Ohnmacht der Jünger gegenüberstellt. Der Evangelist beschließt seine Komposition mit drei kürzeren Überlieferungen aus dem Markusevangelium (9,43b–50), die er neu akzentuiert, indem etwa bei der zweiten Leidensankündigung das Motiv des Jüngerunverständnisses in den Vordergrund rückt.

Im Anschluss konzipiert Lukas kunstvoll einen 9,51–19,27 umfassenden Reisebericht, der Jesus von Galiläa nach Jerusalem führt. Darin integriert er überwiegend Texte aus der Spruchquelle und dem Sondergut, die ohne Situationsangabe überliefert worden sind und nun einen sinnvollen Platz in der Jesusgeschichte finden. Mit der Episode von der ablehnenden Haltung der Samaritaner (9,51–56) und mit Jesusworten, die von der Radikalität der Nachfolge künden (9,57–62), leitet Lukas die Wanderung Jesu nach Jerusalem ein. Während Matthäus die sowohl bei Markus als auch in der Spruchquelle überlieferte Jüngeraussendung zu einem Bericht verschmolzen hat, macht Lukas eine zweifache Aussendung daraus. Die Version der Spruchquelle wird zu einer Aussendung der Siebzig stilisiert (10,1–20), die für Lukas eine Art Vorabbildung der Heidenmission darstellt. Weil der Satan bereits wie ein Blitz vom Himmel gefallen ist und damit seine Macht verloren hat, sind den ausgesandten Jüngern auch die Dämonen unterworfen. Daher werden in Jesu Reaktion auf die erfolgreiche Mission die Augenzeugen des Geschehens mit einer Seligpreisung bedacht. Was selbst für Könige und Propheten Gegenstand noch unerfüllter Zukunftshoffnung blieb, hat sich nun erfüllt.

Das Lehrgespräch um das höchste Gebot wird von Lukas um das Gleichnis vom barmherzigen Samariter bereichert (10,25–37). Es ist durch die Frage des Schriftgelehrten nach dem Nächsten motiviert und mündet in die Forderung ein, anderen Menschen aktiv zum Nächsten zu werden. Dass ausgerechnet ein Bewohner Samarias vorbildhafte Nächstenliebe praktiziert, während die jüdischen Würdenträger versagen, verleiht der Gleicherzählung eine besondere Brisanz, da zwischen Juden und

Das Römische Reich um Christi Geburt

den Bewohnern Samarias Feindschaft herrschte. In der Geschichte von Maria und Martha (10,38–42) werden zwei Rollenmuster in der Begegnung mit Jesus gegenübergestellt. Dabei zeigt sich, dass es in erster Linie auf das Interesse am Wort ankommt.

Das Gebet der Jünger und die Auseinandersetzung mit Gegnern (Lk 11,2–54)

Die Bitte der Jünger um Gebetsunterweisung wird mit dem Vatergebet Jesu beantwortet (11,1–4). Im Vergleich zum Vaterunser der Bergpredigt begegnet es hier in kürzerer und ursprünglicherer Form. Das von Alltagserfahrung bestimmte Gleichnis vom bittenden Freund (11,5–8) will allgemein zum Bitten ermuntern, während die auf die Gabe des Geistes fokussierten Worte zur Gebetserhörung (11,9–13) die Gewissheit zum Ausdruck bringen, dass Gott die Gebete nicht unbeantwortet lassen wird.

In einem abrupten Übergang sehen wir Jesus in Konflikte mit Gegnern verstrickt. Zunächst muss er sich des Vorwurfs erwehren, mit dem Teufel im Bunde zu stehen (11,14–28). Jesus stellt klar, dass er seine Exorzismen durch die Kraft Gottes bewirkt, dessen neue Welt im Weichen der Dämonen bereits Gestalt zu gewinnen beginnt. Die Frage nach der Zeichenforderung wird mit der rätselhaft bleibenden Ankündigung des Jonazeichens beantwortet (11,29–36). Am ehesten ist damit in Anspielung auf das Wirken des Propheten Jona in Ninive die Umkehrpredigt Jesu angesichts des drohenden Gerichts gemeint. Die Bildrede vom Licht (11,33–36) illustriert im Kontext des Lukasevangeliums, dass im Wirken Jesu bereits Licht in die Welt gekommen ist. Lukas beendet die Komposition mit einer Mahlszene, in die er Weherufe Jesu über Pharisäer und Schriftgelehrte integriert (11,37–54). Die Pharisäer standen im Ruf akribischer Gesetzesauslegung, wobei sie nicht zuletzt auch die kultischen Reinheitsvorschriften und die Verzehntungsgebote der Mosetora mit größter Sorgfalt beachteten. In den Weherufen wirft Jesus ihnen Selbstgefälligkeit und eine einseitige Fokussierung auf Äußerlichkeiten vor.

Die Stellung der Jüngergemeinde in der Welt (Lk 12,1–53)

Die in der Öffentlichkeit gehaltene, aber in erster Linie an die Jünger gerichtete Rede ist eine kunstvolle Komposition des Lukas. Sie dient der Ermahnung und Ermutigung der Freunde Jesu. Lukas setzt mit einer Zusammenstellung von Jesusworten ein, die durch den Aufruf zu zuversichtlichem und bekennendem Glauben thematisch zusammengehalten werden (12,1–12). Im Mittelpunkt der Warnung vor Bindung an den Besitz (12,13–21) steht das Gleichnis vom reichen Kornbauern, das am abschreckenden Beispiel des Protagonisten zum rechten Umgang mit irdischen Gütern im Angesicht des jederzeit möglichen Todes anleiten will. Die Sprüche vom Sorgen (12,22–32), die Matthäus in die Bergpredigt integriert hat, sind vom unerschütterlichen Vertrauen in die Schöpferkraft Gottes geprägt, der zur rechten Zeit Nahrung und Kleidung bereitstellen wird. Der Appell, nicht am Besitz zu hängen, sondern sich durch Almosen einen Schatz im Himmel anzuhäufen (12,33–34), setzt ein Gegenbild zum Verhalten des reichen Kornbauern. Die Gleichnisse von den wachsamen Knechten (12,35–38), vom Dieb in der Nacht (12,39–40) und vom klugen Hausverwalter (12,41–48) untermauern den Aufruf zum Besitzverzicht durch den Ausblick auf das Weltende, dessen unvermitteltes Kommen in anschaulichen Bildern ausgemalt wird. Die abschließenden Jesusworte (12,49–53) spiegeln wider, dass der radikale Anspruch Jesu Familien entzweit und die alten sozialen Bindungen sprengt. In vielen Fällen wird der Eintritt in die Jesusnachfolge Familien ihres Oberhaupts und Ernährers beraubt haben.

Umkehrforderung und Gerichtsandrohung an das Volk (Lk 12,54–13,35)

Der Abschnitt ist als eine letzte Bußmahnung an die stellvertretend für Israel stehende Volksmenge gestaltet. Sie vermag zwar aus Wetterbeobachtungen die richtigen Schlüsse zu ziehen und dem Gerichtsvollzieher in letzter Sekunde zu entkommen, weiß aber im Blick auf Jesus die Zeichen der Zeit nicht zu verstehen (12,54–59). Mit den

Maria Magdalena

Unter den Frauen, die Jesus gleichberechtigt in die Nachfolge rief, ragt Maria Magdalena heraus. Texte wie Lk 8,1–3 oder Mk 15,40–41 lassen ihre Bedeutung noch erahnen. Zudem war sie erste Osterzeugin, was bereits bei Paulus in 1 Kor 15,3–8 unerwähnt bleibt. Gnostische Evangelien aus dem 2. und 3. Jh. (Evangelium der Maria, Evangelium des Philippus, Pistis Sophia) halten die Erinnerung an die zentrale Rolle der Maria Magdalena im Jüngerkreis wach, sind aber ohne geschichtlichen Wert. Sie legen Jesus esoterische Lehren der Gnosis in den Mund, die er Maria Magdalena offenbart haben soll. Für eine Liebesbeziehung zwischen Jesus und Maria Magdalena oder gar ein gemeinsames Kind gibt es keine gesicherten Hinweise, auch nicht in gnostischen Texten.

Beispielen von galiläischen Festpilgern, an denen Pontius Pilatus ein Blutbad verübte, und vom unfruchtbaren Feigenbaum, der dem Beil zum Opfer fällt, wird die Dringlichkeit der Umkehr unterstrichen (13,1–9). Die Heilung der gekrümmten Frau am Sabbat (13,10–17) führt zu neuem Streit mit den jüdischen Autoritäten. Jesus rechtfertigt sein Verhalten durch einen Schluss vom Kleineren auf das Größere mit der am Sabbat erlaubten Tränkung des Viehs. Die Heilung symbolisiert auch den Weg der Frau, aus der Rolle des gekrümmten Opfers herauszuwachsen und sich aus Unterdrückungsstrukturen zu befreien. Das Doppelgleichnis vom Senfkorn und vom Sauerteig (13,18–21) ist auf das Reich Gottes gemünzt. Es beschreibt in anschaulicher Weise den Kontrast zwischen dessen unscheinbaren Anfängen und großartigem Ende. Wie schmal die Eingangspforte in das Gottesreich angesichts der Kürze der noch verbleibenden Zeit ist, wird durch das Gleichnis von der verschlossenen Tür und das prophetische Gerichtswort über den Ausschluss vom endzeitlichen Heilsmahl drastisch vor Augen geführt (13,22–30). Das Gerichtsorakel (13,31–35), das den Tod Jesu vor dem Hintergrund des gewaltsamen Geschicks der Propheten betrachtet und Wehklage über Jerusalem erhebt, erreicht mit der verschlüsselten Ankündigung der Tempelzerstörung und dem Ausblick auf die Wiederkehr Jesu seinen Höhepunkt.

Gastmahl bei einem Pharisäer (Lk 14,1–24)

Erneut gestaltet Lukas eine Gastmahlszene. Jesus sitzt am Sabbat bei einem Pharisäer zu Tisch. Die Heilung eines wassersüchtigen Mannes trägt ihm den Vorwurf des Sabbatbruchs ein (14,1–6). Wassersucht ist ein Leiden, das sich in Schwellungen des Gewebes und der Gelenke zeigt. In der Antike wurde diese Krankheit irrtümlicherweise auf eine übermäßige Aufnahme von Flüssigkeit zurückgeführt. Jesus verteidigt sein anstößiges Handeln mit einem Rückschluss vom Kleineren auf das Größere. Wenn die Rettung gefährdeten Viehs am Sabbat erlaubt ist, dann gilt dies erst recht für heilvolles Handeln an hilfsbedürftigen Menschen.

Die Gastmahlregeln (14,7–14) sprechen zunächst das Verhalten der Eingeladenen an und rufen zu Demut auf. Anschließend wenden sie sich an den Gastgeber, um das auf Gegenseitigkeit beruhende Einladungssystem zu sprengen: Einladungen sollen sich an die Bedürftigen richten, die nicht über Mittel zur Gegeneinladung verfügen. Diese ebenso klare wie schockierende Anweisung stellt alle sozialen Konventionen auf den Kopf.

Als dritte Szene siedelt Lukas das Gleichnis vom großen Gastmahl, das bei Matthäus in die Phase des Jerusalemer Wirkens Jesu fällt, im Hause des Pharisäers an (14,15–24). Die kunstvoll aufgebaute Parabel kündet in bildhafter Sprache vom Reich Gottes. In der Verkündigung Jesu diente sie der Verteidigung seiner umstrittenen Mahlgemeinschaften mit Zöllnern und Sündern, die deren Teilhabe am Reich Gottes symbolträchtig zum Ausdruck brachte. Losgelöst von diesem Kontext lädt das Gleichnis dazu ein, sich in einer Welt der Zwänge auf das Fest der Freiheit einzulassen, und erschließt damit neue Existenzmöglichkeiten.

Etwa zwölf Kilometer südlich von Jerusalem ließ Herodes auf einem Hügel eine Festungs- und Palastanlage errichten. Der markante Hügel (in der Bildmitte) ist noch heute von weither zu sehen.

Vom Ernst der Nachfolge und vom Wiederfinden des Verlorenen (Lk 14,25–15,32)

Die Worte vom Ernst der Nachfolge (14,25–35) spiegeln ein weiteres Mal den radikalen Anspruch Jesu wider. Wenn von Hass gegenüber der leiblichen Familie und sich selbst gesprochen wird, ist ein Verzicht auf Familienbindung und die Zurückstellung eigener Interessen gemeint, um mit Jesus ein Wanderleben führen zu können. Der Eintritt in die Jesusbewegung ist kein Zuckerschlecken, sondern mit Leid und Entbehrung verbunden. Die Gleichnisse vom Baumeister und vom in den Krieg ziehenden König ermahnen dazu, vor einer Entscheidung die Dinge gut abzuwägen.

Das Murren von Pharisäern und Schriftgelehrten über Jesu Mahlgemeinschaften mit Zöllnern und Sündern (15,1–2) wird zum Ausgangspunkt einer Gleichnisrede Jesu, in der es um die Freude über das Wiederfinden des Verlorenen geht. Das Gleichnis vom verlorenen Schaf (15,3–7) entlehnt seine Bildsprache der Hirtenwelt. Es bringt die Freude Gottes darüber zum Ausdruck, dass die verlorenen Schafe Israels, denen Jesus sich zuwendet, Zugang zum Gottesreich finden. Das Gleichnis von der verlorenen Drachme (15,8–10) ist mit der intensiven Suche nach dem verlorenen Geldstück und der unbändigen Freude über das Wiederfinden ebenfalls auf Jesu Sendung zu den Randgruppen

Israels gemünzt. Das im großbäuerlichen Milieu Palästinas angesiedelte Gleichnis vom verlorenen Sohn (15,11–32) behandelt existenzielle Themen wie Schuld, Umkehr und Vergebung. Durch die Vergebungsbereitschaft Gottes steht dem umkehrwilligen Sünder immer der Zugang zum Vater offen, ohne dass dies für den Gerechten, der niemals vom rechten Pfad abgewichen ist, eine Benachteiligung bedeutete. Das Gleichnis ist nicht zuletzt an Menschen gerichtet, die in ihrer Haltung dem älteren Sohn ähnlich sind. Es wirbt darum, mitzufeiern beim Fest der Freude.

Vom rechten Umgang mit Gütern (Lk 16,1–31)

Mit der Frage nach dem rechten Leben der Gläubigen setzt ein neues Thema ein. Konkret geht es um das Verhältnis zum Geld. Im Gleichnis vom ungerechten Verwalter (16,1–13) wird ein Urkundenfälscher, der zum entscheidenden Zeitpunkt alles riskiert und dabei gewinnt, als unmoralischer Held zum Vorbild erhoben. Risikobereitschaft und Wagemut sind gefragt, um Eingang in das Gottesreich zu finden. Nach einer Belehrung der mit dem Vorwurf der Geldgier bedachten Pharisäer (16,14–18) thematisiert das Gleichnis vom reichen Mann und vom armen Lazarus (16,19–31) den richtigen Umgang mit Besitz. Lazarus hat seinen Bettelplatz vor dem Eingangstor zum Palast des Reichen und ernährt sich von dem, was dort unter den Tisch fällt. In der jenseitigen Welt erleben die Protagonisten der Erzählung eine Umkehrung ihres Schicksals. Paradies und Hölle sind dabei so dargestellt, als gebe es einen Blickkontakt vom einen Bereich in den anderen. Das Gleichnis warnt Menschen, die dem reichen Mann gleichen, eindringlich vor dem drohenden Verhängnis.

Aspekte des Glaubens (Lk 17,1–18,8)

Es folgt eine Zusammenstellung von Jesusüberlieferungen, die unterschiedliche Aspekte des Glaubens thematisieren. Die Regeln für die Jünger (17,1–10) kreisen um die Themen Sünde, Vergebung, Glaube und Dienst. Der scharfen Anprangerung des Abfalls von der Gemeinde steht das Angebot der grenzenlosen Vergebung gegenüber. Um diese Aufgabe zu bewältigen, bedarf es keines übermächtigen Glaubens. Der Glaube, und sei er noch so klein, vermag Bäume zu entwurzeln und Berge zu versetzen. Bei der Aussätzigenheilung (17,11–19) geht es um den dankbaren Glauben, der sich im Gotteslob äußert und Rettung bringt. Erneut wird ausgerechnet ein Samaritaner zum Beispiel vorbildhaften Verhaltens.

Die Endzeitrede (17,20–37) kreist in apokalyptischen Bildern um die schwierigen Fragen nach dem Reich Gottes, dem Kommen des Menschensohns und dem Ende der Zeiten. Zunächst erfolgt gegenüber Pharisäern die Klarstellung, dass das Reich Gottes sich als eine weder berechenbare noch konkret feststellbare Größe dem Zugriff des Menschen entzieht. Im Mittelpunkt der nachfolgenden Prophezeiung an die Jünger stehen die ebenfalls noch nicht absehbare Wiederkehr Jesu als Menschensohn und das damit verbundene Gericht. Der Menschensohn ist in der jüdischen Apokalyptik eine richterliche Endzeitgestalt. Die alttestamentlichen Beispiele aus den Tagen Noahs und Lots demonstrieren die Sorglosigkeit der Menschen. Sie geben sich den alltäglichen Beschäftigungen hin, ohne zu bemerken, dass sie am Abgrund stehen und die Katastrophe vor der Tür steht. Ebenso wird es beim Kommen des Menschensohns sein, wenn sich das Gericht in Form von Sintflut und Erdenbrand vollzieht.

Mit dem Gleichnis vom ungerechten Richter (18,1–8) schärft Lukas vor dem Hintergrund der Wiederkehr Jesu als Menschensohn einen Glauben ein, der sich durch Beharrlichkeit im Gebet auszeichnet und sich nicht entmutigen lässt. Am Beispiel des unwilligen Richters wird gezeigt, dass auch Gott Recht verschafft, wenn man ihm mit unablässigem Bitten in den Ohren liegt.

Der letzte Abschnitt der Reise nach Jerusalem (Lk 18,9–19,27)

Das Gleichnis vom Pharisäer und Zöllner (18,9–14) handelt erneut vom Gebet und wirbt für die Annahme von Sündern. Durch die provokative Überzeichnung des frommen Pharisäers regt es zum Überdenken des eigenen Weges an. Indem der Pharisäer in der kirchlichen Auslegung zum typischen Repräsentanten jüdischer Frömmigkeit wurde, entfaltete das Gleichnis eine problematische Wirkungsgeschichte. Mit den Erzählungen von der Segnung der Kinder (18,15–17), der Frage des reichen Mannes nach dem ewigen Leben (18,18–30), der erneuten Leidensankündigung (18,31–34) und der Blindenheilung in Jericho (18,35–43) unterbricht Lukas die Einfügung von Sondergut und wendet sich wieder dem Erzählablauf des Markusevangeliums zu, dessen Texte er hier mit geringfügigen Veränderungen wiedergibt.

In der Zachäusgeschichte (19,1–10) verdichten sich mehrere wichtige Themen. Es geht um die Annahme von Sündern, um Wiedergutmachung und um die Abgabe von Besitz an die Armen. Der Text untermauert, dass Jesus sich zu den verlorenen Schafen Israels gesandt sieht. Die Einkehr in das Haus des Zachäus wird damit gerechtfertigt, dass auch er ein Sohn Abrahams ist und damit an alttestamentlichen Verheißungen teilhat.

Das Gerichtsgleichnis von den anvertrauten Geldern (19,11–27) bietet eine Mahnung zu rechtem Handeln. Jesus fordert angesichts des nahen Gottesreiches von den Menschen umfassende Hingabe, entschlossenes Handeln und Risikobereitschaft. Das Geld steht sinnbildlich für geistliche Güter, die nicht versteckt, sondern tatkräftig eingesetzt und vermehrt werden sollen.

Jesu Wirken in Jerusalem (Lk 19,28–21,38)

Lukas orientiert sich nun wieder eng am Markusevangelium. Den Einzug in Jerusalem bereichert er um eine Gerichtsankündigung (19,28–44). Beim Anblick der Stadt sieht Jesus innerlich die über sie hereinbrechende Katastrophe und bricht in Wehklagen aus. Die verkürzt dargestellte Tempelreinigung verbindet nur Lukas mit dem Versuch der jüdischen Autoritäten, Jesus zu töten (19,45–48). Vermutlich war Jesu Tempelkritik historisch der maßgebliche Grund dafür, dass die Priesteraristokratie den Beschluss zu seiner Beseitigung fasste und ihn den Römern überantwortete. Der Frage nach seiner Vollmacht weicht Jesus aus (20,1–8) und antwortet mit dem Gleichnis von den bösen Winzern (20,9–19). Das Motiv vom Weinberg und seinem Besitzer diente im Judentum als Metapher für das Verhältnis des erwählten Volkes zu Gott. Der Sinn des Gleichnisses erschließt sich vor dem Hintergrund des Weinberglieds des Propheten Jesaja (Jes 5). Mit der Botschaft vom Ende der Heilsgeschichte Israels handelt es sich um einen problematischen Text, der zu einer kritischen Rezeption Anlass gibt. Anschließend sehen wir Jesus in Analogie zum Erzählablauf des Markusevangeliums in Lehrgespräche über die Steuerfrage (20,20–26), die Auferstehung der Toten (20,27–40) und die Davidssohnschaft (20,41–44) verstrickt, die mit einer Warnung vor den Schriftgelehrten (20,45–47) und der Erzählung von der Gabe der armen Witwe (21,1–4) enden. Inhaltlich setzt Lukas in diesen von Markus übernommenen Texten kaum neue Akzente. In der großen Endzeitrede (21,5–38) geht er dagegen freier mit seiner Vorlage um. Er bereichert den Text aus Mk 13 um weitere apokalyptische Traditionen und lässt am Ende das Gleichnis vom Türhüter aus.

Die Passion Jesu (Lk 22,1–23,56)

Im Blick auf die Passion Jesu kann Lukas sich außer auf Markus auf weitere Überlieferungen stützen, wie sie zum Teil auch in das Johannesevangelium eingeflossen sind. In der Darstellung der Verschwörungspläne gegen Jesus (22,1–6) ist Lukas der Überzeugung, Judas habe unter dem Einfluss des in ihn gefahrenen Satans gehandelt, der damit nach dem Scheitern in der Versuchungsgeschichte unvermittelt wieder die Bühne betritt.

Beim Abschiedsmahl Jesu (22,7–38) verfügt Lukas über eine Sonderüberlieferung, die er mit dem Bericht des Markus zu einer Einheit verschmilzt, um dabei den Paschacharakter des Geschehens schärfer zu profilieren. Anders als in den Parallelberichten vom letzten Abendmahl Jesu wird das Brotwort von zwei Kelchworten gerahmt. Mit dem ersten Becher ist eine Verzichtserklärung Jesu verbunden, die einen Ausblick auf das Heilsmahl in der zukünftigen Welt beinhaltet. Das Brot wird nicht, wie beim Pascha üblich, zu dem Exodusgeschehen in Beziehung gesetzt, sondern auf den am Kreuz dahingegebenen Leib Jesu gedeutet. Der zweite Becher ist auf den vom Propheten Jeremia verheißenen neuen Bund bezogen, der durch das für uns

Nazaret ist heute eine moderne arabische Großstadt.

vergossene Blut Jesu in Kraft gesetzt wird. Der Wiederholungsbefehl mit Gedächtnismotiv ordnet den regelmäßigen Nachvollzug des Abschiedsmahls Jesu im Gottesdienst der Gemeinde an. In die Mahlszene integriert Lukas eine Reihe von Jesusworten, die sich auf die Zukunft der Jüngergemeinde beziehen. Jesus verpflichtet seine Nachfolger auf ein Modell demütigen Dienens und verknüpft dies mit der Verheißung einer endzeitlichen Richtervollmacht über die zwölf Stämme Israels. Zudem wird Petrus die Aufgabe anvertraut, die Gemeinde im Glauben zu stärken. Durch die Situation des Abschieds gewinnen diese Aussagen besonderes Gewicht, da sie das letzte Vermächtnis des ans Kreuz gehenden Gottessohnes darstellen.

Beim Gebet Jesu auf dem Ölberg (22,39–46) stellt Lukas die Intensität des bis zum Äußersten gehenden Leidenskampfes heraus. Jesus muss alle Kräfte mobilisieren, um den Tod zu akzeptieren. Im Kontext der Gefangennahme Jesu (22,47–53) ist anders als bei Markus von einer Flucht der Jünger keine Rede. Die Szene vom Verhör Jesu durch den Hohen Rat (22,54–71) hat Lukas aus der Nacht auf den nächsten Morgen verlegt. Der Prozess Jesu vor Pilatus (23,1–25) zielt bei Lukas auf eine Entlastung des römischen Statthalters, da der Evangelist ihn dreimal die Unschuld Jesu beteuern lässt. Zudem wird die Verspottungsszene mit Dornenkrönung unterschlagen. Logische Ungeschicklichkeiten der markinischen Darstellung, etwa das Fehlen einer jüdischen Anklage gegen Jesus, werden von Lukas durch Angleichung der Darstellung an den üblichen römischen Prozessablauf geglättet. Zudem weiß er als einziger Evangelist von einem Verhör Jesu durch seinen galiläischen Landesherrn Herodes Antipas zu berichten.

In der Darstellung von Kreuzigung und Grablegung (23,26–56) setzt Lukas dadurch eigene Akzente, dass Jesus von zahlreichen Sympathisanten, darunter eine Vielzahl von Frauen, begleitet wird. Auch das Gespräch unter den zwei Mitgekreuzigten Jesu stellt ein neues Erzählmotiv dar. Während bei Markus nur die Frauen um Maria Magdalena bei der Kreuzigung anwesend sind, werden bei Lukas auch die Jünger als Zeugen seines Todes angeführt. Jesu Vergebungsbitte am Kreuz zeigt ihn als den leidenden Gerechten, der bittend für die Frevler eintritt.

Die Ostergeschichten (Lk 24,1–53)

Am leeren Grab (24,1–12) treffen die Frauen bei Lukas gleich zwei Engel an, welche die Osterbotschaft verkünden. Anders als bei Markus ist Galiläa nicht der Ort der kommenden Begegnung mit dem Auferstandenen, sondern allein die Stätte seines vergangenen Wirkens. Die Präsenz des Petrus am leeren Grab ist eine weitere Eigenheit des Lukasevangeliums, die es mit dem Johannesevangelium teilt. Die Erzählung von der Wanderung nach Emmaus (24,13–35) stellt eine der Perlen der lukanischen Sonder-überlieferung dar. Sie variiert das Motiv von dem göttlichen Wesen, das unerkannt unter den Menschen wandelt und bei ihnen einkehrt. Im Zentrum stehen das Gespräch über den gekreuzigten Erlöser als scheinbar gescheiterten Hoffnungsträger Israels und das Öffnen der verblendeten Augen beim Abendmahl. Am Ende der Erzählung hat das Erlebnis des Kleopas und seines Gefährten die Funktion, die Bedeutung der Ersterscheinung des Auferstandenen vor Petrus zu unterstreichen.

Vor der Abschiedsszene erzählt Lukas von einer letzten Begegnung zwischen den Jüngern und dem auferstandenen Jesus (24,36–49). Durch das Betasten des Herrn und dessen Fischverzehr soll die Leiblichkeit der Auferstehung unterstrichen werden. In die Erscheinungsszene sind letzte Lehren Jesu auf Erden integriert, in denen er früher Gesagtes in Erinnerung ruft und Perspektiven für die Zukunft erschließt. Aus diesem Vermächtnis Jesu stechen die Bevollmächtigung zur Umkehrpredigt unter den Völkern und die Betonung der Zeugenschaft der Apostel besonders hervor. Im Himmelfahrtsbericht (24,50–53) wird Jesus als segnender Priester vor Augen geführt, den Gott in die himmlische Herrlichkeit entrückt. Der Abschied

Der Fall Judas

In den Evangelien wird die Tat des Judas als schändlicher Akt gebrandmarkt und die Person des Verräters mit verhängnisvollen Auswirkungen für das Judentum in dunkelsten Farben gemalt. In der Bibelwissenschaft hat die Person des Judas dagegen seit Langem einen Imagewandel erfahren. Nach einhelliger Überzeugung der neutestamentlichen Schriften bedurfte es des Todes Jesu als heilsgeschichtlicher Notwendigkeit. Der Verräter Judas ist damit fest in den Heilsplan Gottes eingebunden. Wenn Jesus für die Erlösung der Welt am Kreuz sterben sollte, dann setzte Judas mit seiner von den Motiven her letztlich im Dunkeln bleibenden Handlung dieses Geschehen in Gang und beging so etwas wie heilvollen Verrat. Für Schlagzeilen sorgte 2006 die Veröffentlichung des gnostischen Judasevangeliums aus dem 2. Jh. n. Chr., das den Verräter als engsten Vertrauten Jesu zeichnet und seine Tat in ein positives Licht rückt, weil sie dem göttlichen Funken im Leibe Jesu die Weltflucht ermöglicht.

führt nicht zu Traurigkeit, sondern eröffnet angesichts des Verkündigungsauftrags und des Segens Perspektiven für die Zeit der Kirche.

Das Johannesevangelium – Himmlischer Gesandter kommt in die Welt

Johannes bietet um 100 eine grundlegende Neuinterpretation der Jesusgeschichte. Im Mittelpunkt stehen Reden Jesu, in denen er als himmlischer Gesandter das Heil offenbart und zur Glaubensentscheidung aufruft. Die Göttlichkeit Jesu wird stärker betont als in den anderen Evangelien.

Das vierte Evangelium ist um 100 in Syrien oder Kleinasien entstanden. Der Apostel Johannes scheidet damit als Verfasser aus. Die Suche nach schriftlichen Quellen und Vorlagen blieb bislang ohne wirklich gesicherte Ergebnisse. Ob Johannes eines oder mehrere der anderen Evangelien kannte, lässt sich nicht klären. Er bietet einen veränderten chronologischen und geografischen Rahmen der Jesusgeschichte, die sich über mehrere Jahre zwischen den beiden Polen Galiläa und Jerusalem erstreckt. Weitere Auffälligkeiten sind das Fehlen von Dämonenaustreibungen und Gleichnisreden Jesu, die in den anderen Evangelien im Zentrum stehen. Umgekehrt bietet Johannes große Offenbarungsreden Jesu, die im Neuen Testament einzigartig sind. Das Weltbild des Evangeliums ist durch einen Dualismus von Licht und Finsternis bestimmt. In besonderer Weise werden die Göttlichkeit Jesu und seine Einheit mit dem Vater betont. Er ist der himmlische Gesandte, der zur Entscheidung ruft. Im Passionsbericht überlagern die Züge des strahlenden Siegers das Bild des gequälten und verzweifelten Jesus, wie es in den ersten drei Evangelien begegnet.

Prolog und Anfang des Evangeliums (Joh 1,1–51)

Johannes eröffnet sein Evangelium mit einem hymnischen Prolog (1,1–18). Er setzt einen unüberbietbaren Anfang der Jesusgeschichte, die noch vor der Erschaffung der Welt einsetzt. Als der Logos, das personifizierte „Wort" Gottes, war Jesus schon an der Schöpfung beteiligt. Ähnliche Aussagen werden im Alten Testament über die Weisheit getroffen. Seinen Höhepunkt erreicht der Prolog mit den Aussagen über die Inkarnation. Der göttliche Logos nimmt die Gestalt eines irdischen Wesens aus Fleisch und Blut an. Er bringt als wahrer und wirklicher Mensch Licht in die Welt.

Auch das vierte Evangelium weiß von Johannes dem Täufer (1,19–34). Seine positive Funktion besteht darin, für Jesus Zeugnis abzulegen. In seinem Mund begegnet das zentrale Bekenntnis von Jesus als Lamm Gottes, das die Sünde der Welt trägt. Ansonsten wird der Täufer abgewertet. Es handelt sich weder um einen Propheten noch um den wiederkehrenden Elija. Die Heilsbedeutung der Johannestaufe zur Vergebung der Sünden findet keine Erwähnung. Jesu Taufe durch Johannes wird nicht geschildert.

Die ersten Jüngerberufungen (1,35–51) haben exemplarische Bedeutung. Sie veranschaulichen, wie Menschen, die auf der Suche sind, zu Jesus finden, um dann ihrerseits durch das Christusbekenntnis andere für die Nachfolge zu gewinnen.

Beginn des Wirkens Jesu (Joh 2,1–23)

Das Weinwunder zu Kana (2,1–11) ist von jüdischer Metaphorik geprägt, wo die Hochzeit und unermessliche Weinmengen Sinnbilder für die Freuden der künftigen Welt sind. Gleichzeitig sind Motive aus dem Dionysoskult eingeflossen. Die Bereitstellung großer Weinmengen ist für Dionysos charakteristisch. Vielfach ist im Zusammenhang mit Dionysos die Vorstellung bezeugt, dass zu bestimmten Zeiten Wein aus Quellen sprudelt. Das Kanawunder dient dem Erweis der Herrlichkeit Jesu. In der Mission war die Erzählung geeignet, als christliches Gegenstück zu den Dionysoslegenden die Vollmacht des Herrn zu proklamieren.

Die Tempelreinigung (2,14–17) gehört geschichtlich in die letzte Phase der Wirksamkeit Jesu. Johannes hat sie aus theologischen Motiven bewusst an den Anfang gestellt. Die ursprünglich wörtlich gemeinte Aussage von der Zerstörung des gegenwärtigen Tempels und der Errichtung eines neuen Tempels wird bei Johannes zum Vorverweis auf Kreuz und Auferstehung Jesu, die damit von Anfang an die Dramaturgie des vierten Evangeliums bestimmen. Indem in Jesus die bleibende Gegenwart Gottes greifbar ist, wird er zum wahren Tempel.

Nikodemusgespräch und abschließendes Zeugnis des Täufers (Joh 3,1–36)

Das Lehrgespräch mit dem Pharisäer Nikodemus (3,1–21) entfaltet grundlegende Fragen des Glaubens und führt in das Zentrum der johanneischen Theologie. Es geht um ein Neuwerden des Menschen und den Zugang zum Heil. Im Hintergrund steht ein Dualismus von Fleisch und Geist als gegensätzlichen Kraftsphären. Neben dem Glauben wird die Taufe als eine Neugeburt aus Wasser und Geist zur Einlassbedingung in das Reich Gottes erhoben. Der Grund des Heils liegt in der himmlischen Herkunft Jesu, den Gott zur Rettung der Welt auf die Erde gesandt hat.

Die Heilsbedeutung des Kreuzes wird durch einen Verweis auf Num 21 bildhaft veranschaulicht. Dort heftet Mose eine aus Erz gefertigte Schlange an einen Stab, dessen Anblick Bewahrung vor dem Tod schenkt.

Im abschließenden Zeugnis Johannes des Täufers (3,22–30) betont dieser nochmals seine untergeordnete Vorläuferrolle gegenüber Christus. Nur das vierte Evangelium weiß zu berichten, dass Jesus die Taufe seines Lehrers eine Zeit lang fortführte. Dabei wird eine Konkurrenzsituation zwischen den Täuferschülern und der johanneischen Gemeinde deutlich.

Jesus und die samaritanische Frau (Joh 4,1–42)

Auf dem Weg nach Galiläa reist Jesus durch Samaria. Der im Alten Testament nicht erwähnte Jakobsbrunnen, an dem Jesus sich einer Frau als das lebendige Wasser offenbart, liegt in unmittelbarer Nähe des Josefgrabes. In neutestamentlicher Zeit war das Tischtuch zwischen Juden und Samaritanern zerschnitten. Die Samaritaner erkannten allein die fünf Bücher Mose als heilige Schrift an. Im Mittelpunkt ihrer Endzeiterwartung stand die Hoffnung auf einen messianischen Propheten nach dem Vorbild Moses. Ort ihrer Gottesverehrung war der Berg Garizim. In hellenistischer Zeit wurden die Samaritaner zunehmend aus dem Judentum ausgegrenzt und des Synkretismus bezichtigt. Jesus überwindet traditionelle Schranken im Umgang mit Samaritanern und tritt mit der Frau am Brunnen in einen theologischen Disput ein. Diese erfasst die tiefere Bedeutung seiner Worte zunächst nicht. Sie denkt im irdischen Erfahrungshorizont an Wasser aus dem Jakobsbrunnen, während Jesus von Wasser spricht, das die himmlische Heilsgabe des ewigen Lebens schenkt. Durch ihr Nichtverstehen treibt sie die Selbstoffenbarung Jesu als Messias aller Menschen und Retter der Welt voran. Das Suchen der Frau nach Wasser und damit nach Leben wird aufgenommen und in einem tieferen Sinne zum Ziel geführt.

Heilung eines fieberkranken Kindes (Joh 4,43–54)

Bei dem Heilungswunder in Kana handelt es sich um die johanneische Version der Geschichte vom Hauptmann in Kafarnaum (Lk 7,1–10), der hier als königlicher Beamter bezeichnet wird. Johannes unterstreicht die Größe des Wunders. Die Krankheit des Kindes ist lebensbedrohlich und die Fernheilung geschieht nicht mehr innerhalb Kafarnaums, sondern von Kana aus. Das Wunder demonstriert die Herrlichkeit Jesu und ruft Glauben an ihn hervor. Im Talmud begegnet eine ähnliche Geschichte. Dort wird der fieberkranke Sohn des Rabbi Gamaliël von Chanina ben Dosa aus der Ferne durch ein Gebet von seinem Leiden befreit.

Heilung eines Gelähmten am Teich Betesda (Joh 5,1–47)

Das nächste Wunder (5,1–9a) spielt an einem der großen Wallfahrtsfeste in Jerusalem. Ort des Geschehens ist die Teichanlage Betesda mit ihren Säulenhallen, die durch archäologische Ausgrabungen freigelegt wurde. Dort wartet eine Reihe Gebrechlicher darauf, beim Sprudeln einer von Zeit zu Zeit aufwallenden Quelle in das Wasser zu steigen und Heilung zu finden. Ein Gelähmter, der dort seit 38 Jahren liegt, wird von Jesus durch ein charismatisches Wort geheilt. Jesus überbietet damit antike Gottheiten wie Asklepios oder Sarapis, indem er im Gegensatz zu diesen keiner Heilquelle bedarf, um Genesung zu bringen.

Danach nimmt die Erzählung eine unvermutete Wendung. Indem das Wunder Jesu als eine verbotene Sabbatheilung gekennzeichnet wird, gibt es Anlass zu einer scharfen Kontroverse (5,9b–18). Johannes erhebt dies zum Ausgangspunkt einer ersten großen Offenbarungsrede an die Juden, in der er Grundgedanken seiner Theologie entfaltet. Zunächst spricht Jesus im Blick auf die Auferstehung und das Gericht von der Vollmacht, in der er wirkt (5,19–30). Sein Tun hat im Willen des Vaters seinen Ursprung. Als der Sohn Gottes verfügt Jesus über die gleiche Macht, die Toten zu ewigem Leben zu erwecken, wie der Vater. Zudem ist davon die Rede, dass Gott seinem Sohn die endzeitliche Richtergewalt übertragen hat. Im Rahmen einer Verschränkung von Gegenwart und Zukunft entscheidet sich die Frage von Heil oder Unheil in der Begegnung mit dem Wort Jesu. Im Hören des Wortes und im Glauben an die hinter dem Sohn stehende Autorität Gottes vollzieht sich bereits gegenwärtig der Schritt vom Tod in das Leben und die Bewahrung vor dem Endgericht. Das Heil, das als Wirklichkeit noch aussteht, wird bereits in der Gegenwart festgeschrieben. In den abschließenden Aussagen über das Zeugnis für den Sohn (5,31–47) geht es darum, dass die Selbstlegitimation stets dem Zweifel unterliegt und niemand durch sein eigenes Zeugnis beglaubigt werden kann. Neben Johannes dem Täufer, dessen Bedeutung allerdings heruntergespielt wird, und den im Auftrag des Vaters vollbrachten Werken Jesu gelten überraschenderweise auch die Schriften des Mose als Zeugen dafür, dass Jesus der Sohn Gottes ist.

Offenbarung des Lebensbrotes (Joh 6,1–71)

Johannes bietet einen Ausschnitt aus dem Wirken Jesu am See Gennesaret, in dessen Zentrum die Selbstoffenbarung Jesu als Brot des Lebens steht. Der Evangelist eröffnet seine Abhandlung mit der Speisung der Fünftausend (6,1–15), die zur Demonstration der Hoheit Jesu dient. Das Wunder ist gegenüber den synoptischen Erzählversionen gesteigert, da Jesus aus eigenen Stücken die Initiative ergreift und 200 Geldstücke nicht für das Brot zur

Der Tempel

Unter Herodes dem Großen kam es zu einer völligen Neugestaltung des Jerusalemer Tempels, der zu einer der eindrucksvollsten Kultstätten in der antiken Welt wurde. Im Hauptraum des Tempelhauses befanden sich mit dem Schaubrottisch, dem siebenarmigen Leuchter und dem Räucheraltar die drei wertvollsten Kultgeräte. Das durch einen Vorhang abgetrennte Allerheiligste war leer. Es durfte ausschließlich vom Hohepriester betreten werden, um dort an Yom Kippur das große Ritual des Versöhnungstages zu vollziehen (Lev 16). Im Tempel Salomos hatte es die Bundeslade beherbergt, die bei der Zerstörung des Heiligtums durch die Babylonier 586 v. Chr. verloren gegangen war. Zu den großen Wallfahrtsfesten Pascha, Schawuot (Wochenfest, vgl. Pfingsten) und Sukkoth (Laubhüttenfest) pilgerten jährlich unzählige Menschen aus der Diaspora nach Jerusalem. Im Jüdischen Krieg wurde der Tempel 70 n. Chr. von den Römern zerstört und nie wieder aufgebaut. Letztes Relikt ist die Klagemauer. Auf dem Tempelberg befinden sich heute mit dem Felsendom und der Al-Aqsa-Moschee muslimische Heiligtümer.

Sättigung der Volksmenge ausreichen. Der Seewandel Jesu (6,16–25) ist bei Johannes von tiefer Symbolik geprägt. Die Dunkelheit steht sinnbildlich für Gottesferne, die durch die rettende Erscheinung Jesu als Licht der Welt überwunden wird.

Ein typisches Stilmittel des vierten Evangelisten ist die vertiefende Deutung der Wunder Jesu durch Offenbarungsreden. Die Brotrede (6,26–59) macht auf einen unter der Oberfläche verborgenen Sinn des Speisungswunders als Gewährung unvergänglichen Lebensbrotes aufmerksam. Dies geschieht in antithetischer Überbietung der alttestamentlichen Mannagabe. In drei Gesprächsgängen wird Jesus zunächst als das Brot des Lebens offenbar gemacht, dann die Möglichkeit des Zugangs zu diesem Lebensbrot thematisiert und schließlich konkret das Abendmahl zur Sprache gebracht. Im antiken Judentum gilt das Manna als geistliche Nahrung, Speise der Engel und Brot des Lebens. Johannes spricht ihm einen übernatürlichen Charakter ab. Er verweist auf die irdische Urheberschaft der Mannaspeisung durch Mose und auf den Tod der Wüstengeneration. Kraft seiner himmlischen Herkunft vom Vater erweist sich allein Jesus als das Brot des Lebens. Wenn vom Verzehr dieser Speise gesprochen wird, meint dies zunächst den Glauben, der zum ewigen Leben führt. Im Schlussabschnitt der Brotrede ist dann von einem realen Essen und Trinken im Gottesdienst die Rede. Die mit dem Bild vom Essen umschriebene Annahme Jesu im Glauben verdichtet sich zu einer Aufnahme seines Fleisches und Blutes in der Abendmahlsfeier der Gemeinde.

Als Folge der Rede Jesu kommt es zu einem Bruch innerhalb der Jüngerschaft (6,60–71). Jesu Selbstoffenbarung als Brot des Lebens, das im Glauben ergriffen wird und im Abendmahl real gegenwärtig ist, macht eine Entscheidung für oder gegen den Offenbarer unumgänglich. Die Adressaten des Evangeliums sind angehalten, in das Glaubensbekenntnis des Petrus einzustimmen.

Jesus auf dem Laubhüttenfest (Joh 7,1–52)

Das Laubhüttenfest ist neben Pascha und Pfingsten das dritte der großen jüdischen Wallfahrtsfeste. Es handelt sich um das Erntedankfest der Laubhütten (Lev 23). Johannes schildert im dramatischen Episodenstil, wie sich der Konflikt zwischen Jesus und den Juden zuspitzt. Die Eingangsepisode (7,1–13) spielt in Galiläa. Auch die leiblichen Brüder Jesu glauben nicht an seine Sendung. Sie fordern ihn auf, sich als Festpilger nach Jerusalem zu begeben und dort in der Öffentlichkeit Wunder zu vollbringen. In der Mitte der Festwoche gibt Jesus sich zu erkennen und lehrt im Tempelbezirk (7,14–36). Von den anwesenden Juden wird die Messianität Jesu bestritten. Jesus verweist auf seine himmlische Abkunft und spricht zum ersten Mal öffentlich von der Rückkehr zum Vater, doch erntet er mit diesem versteckten Hinweis auf die Kreuzigung nur Unverständnis. Am letzten Festtag rückt die Messiasfrage vollends in den Mittelpunkt der Kontroverse (7,37–52). Für die Gegner beweist die Schrift, dass Jesus wegen seiner Herkunft aus Galiläa nicht der Messias sein kann. Dieser muss nach dem Buch Micha (Mi 5) aus Betlehem stammen. Offensichtlich weiß das Johannesevangelium nichts über eine Geburt Jesu in Betlehem. Die jüdische Führungsschicht, die Jesus mit Feindseligkeit begegnet, wird von dem Phari-

In Betesda heilte Jesus einen Gelähmten. Die Überreste des Teiches mit den fünf Säulenhallen (Joh 5,2) sind noch heute zu sehen.

säer und Ratsherrn Nikodemus der Gesetzesunkundigkeit überführt.

Jesus und die Ehebrecherin (Joh 7,53–8,11)

Die Episode fehlt in den besten Bibelhandschriften und war ursprünglich kein Bestandteil des vierten Evangeliums. Es handelt sich um eine apokryphe Geschichte, die ein späterer Abschreiber an dieser Stelle einfügte. Der Ehebruch einer verheirateten Frau war nach den Bestimmungen des alttestamentlichen Gesetzes mit Steinigung zu ahnden. Jesus gerät in eine Zwickmühle. Entweder muss er seine Lehre von Barmherzigkeit und Vergebungsbereitschaft aufgeben oder dem klaren Wortlaut der Tora widersprechen, die eindeutig die Todesstrafe vorsieht. Jesus hütet sich zunächst vor einer direkten Antwort und vollzieht stattdessen eine rätselhafte Zeichenhandlung, die wahrscheinlich an Jer 17,13 erinnern soll. Damit würde er die Ankläger, welche die Frau mit aller Schärfe des Gesetzes verurteilen wollen, an das Gericht Gottes verweisen, vor dem alle Menschen Sünder sind. Gott müsste sie alle in den Staub schreiben. Der einprägsam formulierte Satz „Wer unter euch ohne Sünde ist, der werfe den ersten Stein" untermauert dies.

Diskussionen im Tempel (Joh 8,12–59)

Mit der Selbstoffenbarung Jesu als Licht der Welt geht die Diskussion im Tempelbezirk in eine neue Runde. Die Pharisäer betrachten dies als zweifelhaftes Selbstzeugnis. Im Gegenzug offenbart Jesus sein göttliches Wesen und spricht nun offen vom Heil bringenden Tod als Ziel seiner Sendung. Die Auseinandersetzung um den Freiheitsbegriff liefert Johannes die Basis für eine Unterscheidung von genealogischer und christologisch begründeter Abrahamskindschaft, wie sie auch bei Paulus begegnet. Dies mündet in die höchst problematische Bezeichnung der Juden als Teufelskinder, die eine verhängnisvolle Wirkungsgeschichte nach sich gezogen hat. Der Text spiegelt erbitterte Kontroversen zwischen der johanneischen Gemeinde und dem Judentum wider, das sich mit Stolz auf seine Abrahamskindschaft beruft. Im weiteren Verlauf des Dialogs kontern die Juden den Vorwurf der Teufelskindschaft mit dem Gegenvorwurf der dämonischen Besessenheit Jesu. Dies bereitet den Höhepunkt des gesamten Abschnitts vor. Als präexistenter Gottessohn, der bereits vor der Menschwerdung beim Vater weilte, kann Jesus auf ein ungleich höheres Alter als Abraham zurückblicken und ist im Gegensatz zu diesem nicht der Endlichkeit unterworfen.

Heilung des Blindgeborenen (Joh 9,1–41)

Die Erzählung dient einer Illustration der Aussage, dass Jesus das Licht der Welt ist. Indem Jesus den Blindgeborenen durch ein auf die Augen aufgetragenes Gemisch aus Speichel und Lehm sehend macht, bedient er sich volksmedizinischer Heiltechniken. Gleichzeitig wird die traditionelle Vorstellung, Krankheit sei Folge von Sünde, zurückgewiesen. Bei dem Teich Schiloach handelte es sich um eine bedeutsame Wasseranlage in Jerusalem. Nach jüdischer Gesetzesauslegung verstieß die Blindenheilung gegen die Sabbatruhe, weil keine lebensgefährliche Erkrankung vorlag. In der Befragung der Eltern, die im Erzählduktus die Identität des Geheilten klären und den Wundervorgang aufhellen soll, spiegeln sich Konflikte der johanneischen Gemeinde mit der jüdischen Umwelt wider. In der Zeit nach der Tempelzerstörung, als sich das Judentum unter Führung der Pharisäer neu konstituierte, führte das judenchristliche Messiasbekenntnis zu Anfeindungen und konnte den Ausschluss aus der Synagoge nach sich ziehen. Thematisch läuft der Erzählkomplex am Ende auf ein symbolisches Verständnis des Wunders zu, indem die Heilung auf das Sehen Gottes gedeutet wird. Während der Blindgeborene durch sein Christusbekenntnis auch in einem tieferen Sinne sehend wird, bleiben die Pharisäer in der Begegnung mit dem göttlichen Offenbarer blind, obwohl sie das Augenlicht besitzen.

Der gute Hirte (Joh 10,1–21)

Mit der Rede vom guten Hirten, die Motive aus Ez 34 aufnimmt, wird die Auseinandersetzung Jesu mit den Pharisäern auf eine neue Stufe geführt. Zugleich entfaltet der vierte Evangelist in Auseinandersetzung mit dem Judentum Grundlinien seines Christusbildes und seiner Kirchenlehre. Verschiedene Metaphern aus dem Bereich der Schafhaltung werden aufgegriffen, um die Bedeutung Jesu für die glaubende Gemeinschaft zu unterstreichen. Das Eingangsgleichnis (10,1–5), dessen Bilder aus dem konkreten Hirtenleben entnommen sind, wird durch eine Offenbarungsrede gedeutet, in der Jesus als der gute Hirte und die Tür zur Weide der Glückseligkeit begegnet. Dies erfolgt in kritischer Abgrenzung gegen falsche Hirten, die in ihrer geistlichen Blindheit den Führungsanspruch über das Gottesvolk verwirkt haben. Jesus erweist sich mit seiner Bereitschaft zur Lebenshingabe als der endzeitliche Hirte, der die aus dem Judentum wie dem Heidentum kommenden Gläubigen weidet und ihnen in einzigartiger Weise Leben eröffnet.

Disput über die Messianität Jesu (Joh 10,22–39)

Die Episode ist in der Halle Salomos nahe der Ostmauer des Tempels angesiedelt und spielt während des Chanukka-Festes, das im Dezember zur Erinnerung an die Neueinweihung des Tempels in der Makkabäerzeit gefeiert wird. Der Evangelist verarbeitet in dieser Szene Elemente aus dem Verhör Jesu vor dem Hohen Rat und bietet damit einen Vorverweis auf die Passion. Die Juden verlangen von Jesus eine verbindliche Auskunft, ob er der Messias und der Sohn Gottes sei. Als Jesus dies unter Verweis auf die Einheit von Vater und Sohn bejaht, sieht er sich dem Vorwurf der Blasphemie ausgesetzt. Man versucht, seiner habhaft zu werden und ihn zu steinigen.

Auferweckung des Lazarus und Todesbeschluss des Hohen Rates (Joh 11,1–57)

Die Erweckung des Lazarus (11,1–44) weist Übereinstimmungen mit der Jaïrusgeschichte aus Mk 5 auf. Jesus wird zu einer kranken, bei seinem Eintreffen bereits verstorbenen Person gerufen und die Wiederbelebung vollzieht sich durch ein Befehlswort. Allerdings ist das Wunder massiv gesteigert. Lazarus weilt bereits am vierten Tage in der Grabstätte, einer mit Stein verschlossenen Höhle, und befindet sich damit schon im Verwesungszustand. Besonders eindrücklich ist daher das Ende der Geschichte, wo der noch mit Grabtüchern umwickelte Lazarus aus der Höhle schreitet.

Für Johannes gewinnt das Wunder eine Bedeutung, die weit über die ursprüngliche Intention der Erzählung hinausgeht. Es ist Vorabbildung der Auferstehung Jesu und gleichzeitig augenfällige Demonstration der uneingeschränkten Herrschaft Jesu über die Macht des Todes. Er ist die Auferstehung und das Leben. Erzählerisch werden Bezüge zwischen der Auferweckung des Lazarus und der Ostergeschichte hergestellt, indem in beiden Fällen ein Felsengrab mit Rollstein die letzte Ruhestätte darstellt, der Leichnam in Leinentücher gebunden und das Haupt mit einem Schweißtuch umhüllt ist. Die Auferweckung des Lazarus, bei der es nur noch vordergründig um die Rückkehr in nach wie vor vergängliches Leben geht, gewinnt Vorbildcharakter für die Auferstehung der Toten. Diese stellt für Johannes ein Heilsgut dar, das der Glaubende bereits gegenwärtig besitzt. Der Tod im alten Sinne ist bedeutungslos geworden, denn wer Jesus im Glauben ergreift, hat bereits Anteil am ewigen Leben.

In der Dramaturgie des Johannesevangeliums zieht das größte Wunder Jesu den Todesbeschluss des Hohen Rates nach sich (11,45–57). Mit der Aussage, es sei besser, dass ein Mensch für das Volk sterbe als dass dieses in seiner Gesamtheit zugrunde gehe, liefert der amtierende Hohepriester Kajaphas unfreiwillig und unbewusst eine tiefe theologische Deutung des Todes Jesu.

Die Salbung Jesu in Betanien (Joh 12,1–11)

Das dritte und letzte Paschafest steht bevor. Die Salbung spielt in Betanien nahe Jerusalem im Haus des Lazarus und seiner Schwestern. Anders als bei Markus ist es hier speziell Judas, der aus Sorge um die Armen den verschwenderischen Umgang mit teurem Salböl kritisiert. Johannes spricht ihm aufrichtige Motive ab und trägt zum Zerrbild von Judas als habgierigem Verräter bei.

Einzug in Jerusalem und Rede vor den Griechen (Joh 12,12–36)

Der Einzug in Jerusalem (12,12–19) wird von Johannes mit der Lazarusgeschichte verschränkt, in der sich Jesus in besonderer Weise als endzeitlicher Heilsbringer und Lebensspender erwiesen hat. Die Volksmenge huldigt ihm nicht zuletzt deshalb als messianischem König, weil ihr dieses Wunder zu Ohren gekommen ist.

Bei der Rede, die Jesus an griechische Festpilger in Jerusalem richtet (12,20–36), handelt es sich um die johanneische Version der Getsemaniszene. Der Evangelist entfaltet die Heilsbedeutung des Todes Jesu als Erhöhung und Verherrlichung. Mit dem Gleichnis vom Samenkorn wird verdeutlicht, dass Jesus sterben muss, um Frucht und damit das Leben zu bringen. Anders als in den synoptischen Evangelien geht Jesus souverän und ohne Todesangst dem Kreuz entgegen. Er betet nicht um seine Errettung aus der Todesnot, sondern um die Verherrlichung des Namens Gottes, wie sie sich am Kreuz vollzieht.

Das Modell Jerusalems zur Zeit des Zweiten Tempels im Jerusalemer Israel Museum zeigt die Stadt, wie sie zur Zeit Jesu ausgesehen hat.

Verstockung Israels und letzter Aufruf zum Glauben (Joh 12,37–50)

Der Evangelist ringt mit dem Phänomen der Verweigerung gegenüber Jesus. Dass trotz aller geschehenen Zeichen viele Menschen im Unglauben geblieben sind, wird im Horizont der Prophetie Jesajas als Ergebnis einer gottgewollten Verstockung betrachtet. Zugleich wird den Pharisäern eine Macht zugeschrieben, die sogar hochgestellte Persönlichkeiten vor einem offenen Bekenntnis zu Jesus zurückschrecken lässt. Erneut fließen damit Erfahrungen aus der Gegenwart der Gemeinde in die Jesusgeschichte ein. Ein letzter eindringlicher Appell zum Glauben an das

Christlicher Antijudaismus

Neutestamentliche Aussagen, die eine antijüdische Wirkungsgeschichte entfalteten, leisteten dem millionenfachen Völkermord im „Dritten Reich", aber auch der vorausgegangenen Verfolgung von Angehörigen des jüdischen Volkes Vorschub. Das Johannesevangelium steht diesbezüglich im Zentrum der Kritik, weil es ein sehr holzschnittartiges Bild vom Judentum zeichnet und die Juden pauschal als Repräsentanten des Unglaubens betrachtet. Dabei handelt es sich um eine „Tragödie der Nähe". Das johanneische Christentum stellt eine jüdische Minderheit dar, die vom Synagogenausschluss betroffen ist, um ihr geistiges Erbe ringt und dabei zu einer polemisch verzerrten Darstellung des feindlich gesinnten Judentums kommt. Zwischen dieser innerjüdischen Kontroverse und ihrer späteren antijüdischen Wirkungsgeschichte ist zu unterscheiden.

Licht der Welt beschließt die Darstellung des öffentlichen Wirkens Jesu.

Die Fußwaschung (Joh 13,1–30)

Johannes kennt wie die anderen Evangelisten ein Abschiedsmahl Jesu. Er bietet dabei aber keine Einsetzungsworte zum Abendmahl, sondern erzählt von einer Fußwaschung, die Jesus an den Jüngern vollzieht. Diese Handlung, eigentlich ein Sklavendienst, hat zeichenhafte Bedeutung. Sie versinnbildlicht in einer Vorwegschau auf das Kreuz die dienende Selbsthingabe Jesu und erhebt solche Liebe vorbildhaft zur verpflichtenden Norm in der Gemeinde. Im Aufbau des Evangeliums kommt der Erzählung eine Schlüsselstellung zu. Sie nimmt die früheren Verweise auf das Leiden Jesu auf und verdichtet sie mit Blick auf den bevorstehenden Abschied Jesu aus der Welt. Bei der Entlarvung des Verräters erscheint Jesus als Souverän des Handelns, indem er Judas zur unverzüglichen Ausführung dessen auffordert, was ihm der Teufel aufgetragen hat. In dieser Szene begegnet erstmals der sogenannte Lieblingsjünger, der im Johannesevangelium mit Petrus um die Vorrangstellung im Jüngerkreis ringt.

Die erste Abschiedsrede (Joh 13,31–14,31)

Neu gegenüber den anderen Evangelien sind bei Johannes die Abschiedsreden, in denen Jesus über seinen Tod hinaus Anordnungen gibt. Die Jünger repräsentieren dabei die Gemeinde. Es geht um die Zukunftssicherung der Kirche für die Zeit nach dem Weggang Jesu. Die Abschiedsrede ist ein Stilmittel aus jüdischer Tradition. Durch Einbettung in die Abschiedssituation wird die Autorität von Weisungen mahnenden oder tröstenden Charakters gesteigert, indem sie als Vermächtnis und letzter Wille der aus der Welt scheidenden Person begegnen.

Im Mittelpunkt der ersten Abschiedsrede stehen das Liebesgebot und die Verheißung des Parakleten (Tröster, Fürsprecher). Das Liebesgebot ist bei Johannes als Zeichen wahrer Jüngerschaft binnenchristlich akzentuiert. Es lässt Jesu einmaligen Dienst im Handeln der Gemeinde gegenwärtig werden. Die Weisung zur Feindesliebe kommt hier nicht vor. Bei dem Parakleten handelt es sich um den Geist. Ihn entsendet Jesus nach seinem Weggang zum Vater für die Zeit bis zu seiner Wiederkehr als Stellvertreter auf Erden. Damit setzt eine neue Epoche des Heilshandelns Gottes ein.

Die zweite Abschiedsrede (Joh 15,1–16,33)

Die Weinstockrede (15,1–17) richtet den Fokus auf die bleibende Verbundenheit der Gläubigen mit dem aus der Welt scheidenden Jesus und schärft erneut das Liebesgebot ein. Jesus wird als der wahre Weinstock bezeichnet; im Bild von den Reben sind die Jünger zu erkennen. Die Liebe gilt als Glaubensfrucht, die zur Verherrlichung Gottes dient. Die Befähigung des Menschen zur Liebe wird in einer fallenden Traditionskette von der Liebe Gottes und der Liebe Jesu Christi abgeleitet.

Die Gemeinschaft der Liebe sieht sich mit einer Welt des Hasses konfrontiert (15,18–16,4). Drangsale und Verfolgungen bis hin zum Märtyrertod bestimmen ihre Wirklichkeit. Erneut ist vom Synagogenausschluss der Gemeinde die Rede, der mit einer sozialen Ausgrenzung einherging. Dabei bleiben die Gläubigen nicht auf sich allein gestellt, sondern haben im Heiligen Geist einen Beistand (16,5–22). Besonders betont wird, dass er der Geist der Wahrheit ist. Er überführt die ungläubige Welt der Sünde und verkündet ihr das Urteil Gottes. Abschließend wird den Jüngern mit dem Verweis auf den Freudentag der Wiederkehr Jesu Trost gespendet und Mut zugesprochen (16,23–33). Die christliche Existenz in der Welt ist zwar durch Bedrängnis gekennzeichnet, doch Jesus hat diese Welt durch Kreuz und Auferstehung bereits besiegt.

Die dritte Abschiedsrede (Joh 17,1–26)

Die dritte Abschiedsrede richtet sich nicht an die Jünger, sondern ist als Gebet Jesu formuliert, das grundlegende Glaubensaussagen des Evangelisten zum Ausdruck bringt. Angesichts der bevorstehenden Kreuzigung, die als Stunde der Verherrlichung umschrieben wird, wendet sich Jesus dem Vater zu, um in Form des Fürbittgebets für die Gläubigen einzutreten. Bisher hat Jesus sie bewahrt. Während er die Welt nun verlässt, müssen sie in ihr bleiben und bedürfen daher des göttlichen Schutzes. In der Schlusspassage hat das Gebet die endzeitliche Vereinigung der Gemeinde mit Jesus im Blick.

Prozess und Kreuzigung Jesu (Joh 18,1–19,42)

Auch in der Verhaftungsszene (18,1–11) setzt Johannes eigene Akzente, indem er sie zu einer Enthüllung der Macht und Hoheit Jesu werden lässt. Der Judaskuss fehlt. Jesus begegnet nicht als Opfer weltlicher Mächte, sondern ist Herr des Geschehens. Er geht aktiv und souverän in die Passion, um auf diese Weise den Willen des Vaters zu erfüllen. Nur Johannes weiß von einem Verhör Jesu durch Hannas, den Schwiegervater des amtierenden Hohepriesters Kajaphas, in das er die Verleugnung Jesu durch Petrus einbettet (18,22–27). Hannas war in den Anfangsjahren der römischen Provinz Judäa Hohepriester und das Oberhaupt einer der einflussreichsten Familien. Mehrere seiner Söhne hatten im 1. Jh. das Hohepriesteramt inne.

Der Prozess vor Pilatus (18,18–19,16) wird von Johannes zu einer dramatischen Szenenfolge ausgestaltet, in der sich die Hoheit Jesu erweist. Auf den ersten Blick scheint Pilatus der Herr des Geschehens zu sein, indem er Jesus foltert, ihn durch Purpurmantel wie Dornenkrone zur Karikatur eines Königs macht und als lächerlich schwachen Menschen präsentiert. In Wirklichkeit zeigt sich Jesus unter dem Aspekt seiner göttlichen Sendung in der Begegnung mit Pilatus als der überlegene Sieger. Der Text spiegelt die rechtsgeschichtliche Tatsache wider, dass die Kapitalgerichtsbarkeit in Judäa allein dem römischen Statthalter zustand. Nur im vierten Evangelium wird berichtet, dass Pilatus auch mit dem politischen Argument unter Druck gesetzt wird, im Falle einer Verweigerung der Kreuzigung der Illoyalität gegenüber dem Kaiser bezichtigt zu werden. Mit der ausdrücklichen Feststellung, dass allein das jüdische Volk und seine Führer für das Verfahren gegen Jesus verantwortlich sind, wird die Rolle des römischen Statthalters beschönigt.

In der Darstellung der Kreuzigung durch Johannes (19,17–42) gewinnt die Kreuzesinschrift hervorgehobene Bedeutung. Nur bei ihm wird sie von Pilatus selbst geschrieben und an das Kreuz geheftet. Eine weitere Besonderheit ist die Anwesenheit der Mutter Jesu und des Lieblingsjüngers unter dem Kreuz. Wenn Jesus am Kreuz eine Art Adoption des Lieblingsjüngers durch Maria initiiert, wird dieser als sein wahrer Nachfolger und als die entscheidende Gründergestalt der Kirche autorisiert. Auch mit den letzten Worten am Kreuz wird die Souveränität des Handelns Jesu betont. Es ist vollbracht, seine Sendung hat ihre Erfüllung gefunden. Mit der Nachricht vom Knochenbrechen an den mit Jesus gekreuzigten Personen und dem Lanzenstich in die Seite Jesu verarbeitet Johannes eine Sondertradition. Das Knochenbrechen diente einer Verkürzung der Leidenszeit, da die Gekreuzigten sich nicht mehr aufrichten konnten und einen schnelleren Erstickungstod starben. Dass nach dem Lanzenstich Blut und Wasser austreten, unterstreicht zum einen nochmals die reale Menschwerdung des göttlichen Logos. Zum anderen verweist es symbolisch auf Taufe und Abendmahl, deren heilvolle Wirkung im Tod Jesu gründen. Neben Josef von Arimatäa ist bei Johannes auch der Pharisäer Nikodemus an der Grablegung Jesu beteiligt. Er bringt eine ungewöhnlich große Menge von Myrrhe und Aloe mit. Diese aromatischen Substanzen wurden in der Antike in pulverisierter Form auf die Grabtücher aufgebracht, um den Leichengeruch zu verhindern.

Die Ostererzählungen (Joh 20,1–21,25)

Die Ostererzählungen sind von einer Konkurrenz zwischen Petrus und dem Lieblingsjünger geprägt. In der Geschichte vom leeren Grab (20,1–10) liefern diese sich einen Wettlauf. Obwohl Petrus unterliegt, bleibt es ihm vorbehalten, als Erster das leere Grab in Augenschein zu nehmen. Genau wie Matthäus weiß auch Johannes zu berichten, dass

Der Lieblingsjünger

Den Lieblingsjünger (wörtlich: der Jünger, den Jesus liebte) kennt nur das vierte Evangelium. Er ist eine mit Petrus konkurrierende Gründergestalt der Gemeinde, die ganz nah an Jesus herangerückt wird. Er liegt beim Abschiedsmahl an der Brust Jesu, wird unter dem Kreuz von Maria adoptiert, gewinnt den Wettlauf zum leeren Grab und erkennt beim wunderbaren Fischfang als erster den auferstandenen Herrn. Damit läuft er Petrus, dessen gesamtkirchliches Hirtenamt aber auch für Johannes außer Frage steht (21,15), den Rang ab. Am Schluss wird er als Verfasser des Evangeliums benannt. Die seit dem ausgehenden 2. Jh. belegte Gleichsetzung des Lieblingsjüngers mit dem Apostel Johannes findet heute kaum noch Anklang.

Maria Magdalena die Ersterscheinung des Auferstandenen zuteilwurde (20,11–18). Die Erzählung von der Erscheinung vor den Jüngern (20,19–23) spiegelt die Gewissheit der Gemeinde wider, durch den Erhöhten ausgesandt und zur Sündenvergebung bevollmächtigt worden zu sein. Die Episode vom kleingläubigen Thomas (20,24–29) betont einerseits die Leiblichkeit der Auferstehung und zeigt andererseits in eindrucksvoller Weise, dass für Johannes wahrer Glaube keiner sichtbaren Beweise bedarf.

Während das ursprüngliche Evangelium mit einem Epilog endete (20,30–31), wurden später weitere Ostergeschichten angefügt. Die Erscheinung Jesu am See Gennesaret (21,1–14) ruft die Erinnerung an das Fischfangwunder aus seinen Erdentagen wach. Die Mahlszene spielt auf die Abendmahlsgemeinschaft mit dem auferstandenen Herrn an. Dem erneut mit Petrus konkurrierenden Lieblingsjünger wird die Gabe der rechten Erkenntnis Jesu zugeschrieben. Mit der betonten Einsetzung des Petrus in das Hirtenamt (21,15–19) wird allerdings deutlich, dass auch die Gemeinde des Johannes die Vorrangstellung des Petrus als Fels der Kirche anerkennt. Die abschließende Szene (21,20–25) scheint den Tod des Lieblingsjüngers zu verarbeiten. Offensichtlich herrschte die Erwartung, dass die Wiederkehr Jesu noch zu dessen Lebzeiten eintreten werde. Gleichzeitig wird der Lieblingsjünger als Verfasser des vierten Evangeliums ausgegeben.

Die Apostelgeschichte – Neues Bekenntnis geht um die Welt

Die Apostelgeschichte erzählt, wie durch Gottes Handeln die Kirche entsteht und das Evangelium sich von Jerusalem aus über Judäa und Samaria in die gesamte Welt ausbreitet.

Die Apostelgeschichte wurde von Lukas Ende des 1. Jh.s als Fortsetzung seines Evangeliums konzipiert. Manche vermuten, er könnte durch das Geschichtswerk des Josephus Flavius über die Juden dazu angeregt worden sein, ein entsprechendes Werk über die Christen zu verfassen. Es geht ihm nicht nur um die Taten herausragender Personen aus der Frühzeit der Kirche, sondern auch um die Darstellung dessen, wie durch Gottes Handeln die Kirche entsteht und das Evangelium sich von Jerusalem aus in die gesamte Welt verbreitet. Auch wenn es sich bei Lukas wohl nicht um einen Paulusbegleiter und Augenzeugen der berichteten Ereignisse handelt, ist der geschichtliche Wert seines Werkes hoch zu veranschlagen. Eine große Rolle spielen für Lukas mündliche Traditionen über die großen Gestalten der Frühzeit, die in den Gemeinden noch weitererzählt wurden.

Himmelfahrt und Pfingsten (Apg 1,1–2,47)

Lukas schafft innerhalb seines Doppelwerks einen kunstvollen Übergang. Der Himmelfahrt kommt als Schluss des Evangeliums und Auftakt der Apostelgeschichte (1,1–14) eine Scharnierfunktion zu. Die Entrückung Jesu ist analog zu seiner endzeitlichen Wiederkehr geschildert. Engel, die das Geschehen deuten, begegneten bereits in der Geschichte vom leeren Grab.

Der Bericht vom Ende des Judas (1,15–26) unterscheidet sich in den Einzelheiten von der Parallele am Ende des Matthäusevangeliums. Judas begeht nicht Selbstmord, sondern erleidet einen qualvollen Unfalltod. Das Geschehen wird im Licht der Psalmen schrifttheologisch gedeutet. Zur Vervollständigung des symbolträchtigen Zwölferkreises erfolgt die Nachwahl des Matthias.

Zentrale Aspekte der Pfingstgeschichte (2,1–41) sind die Geistausgießung und das Sprachenwunder. Vermutlich steht beim Pfingstwunder geistgewirkte Zungenrede im Hintergrund, die vielleicht durch eine Erscheinung des Auferstandenen hervorgerufen wurde.

Die Predigt des Petrus deutet das Geschehen im Horizont der Verheißungen des Propheten Joel als Anbruch der Endzeit. Die Christusgläubigen in Jerusalem verstehen sich als religiöse Gruppierung innerhalb des Judentums, für die der Tempel als Gebets- und Kultstätte nichts an Bedeutung eingebüßt hat. Daneben treffen sie sich in Hausgemeinden zu Gottesdiensten mit Abendmahl.

Das Gemeindeleben in Jerusalem (Apg 3,1–5,42)

Die Heilung des Gelähmten durch Petrus und Johannes (3,1–10) stellt ein charismatisches Wunder nach dem Vorbild Jesu dar. Bei der „schönen Pforte“ (V. 2) handelt es sich vermutlich um das aus jüdischen Tempelbeschreibungen bekannte Nikanor-Tor, das aus korinthischer Bronze gefertigt war und in den Männervorhof des Heiligtums führte. Auch die zweite Rede des Petrus (3,11–26) ist von einem traditionellen Schema der urchristlichen Missionspredigt geprägt. Er stellt heraus, dass das Volk Jesus schuldhaft abgelehnt hatte, Gott aber rettend handelte durch Jesus, seinen Knecht. Dann richtet er einen Umkehrruf an die Juden.

Der Konflikt des Petrus und Johannes mit dem Hohen Rat (4,1–31) offenbart erhebliche Spannungen zwischen den Christusgläubigen und den Sadduzäern. Der Hohe Rat, das Synedrium, regelte in neutestamentlicher Zeit als Gerichtsinstanz die inneren Angelegenheiten. Er bestand aus 71 Mitgliedern mit dem Hohepriester an der Spitze und wurde von den Sadduzäern dominiert.

Ein wichtiges Wesensmerkmal der Jerusalemer Urgemeinde sind Besitzverzicht und Gütergemeinschaft (4,32–37), die aus freien Stücken erfolgten und nicht in feste organisatorische Formen gepresst waren. Mit dem aus Zypern stammenden Leviten Joseph Barnabas betritt eine der Gründergestalten der christlichen Kirche die Bühne. Dass er seinen Acker verkaufte und den Erlös der Gemeindekasse zukommen ließ, war eine Liebestat, die besondere Erwähnung verdient. Mit der Erzählung vom Strafwunder an Hananias und Saphira (5,1–11), deren entscheidende Verfehlung im Bruch einer öffentlichen Selbstverpflichtung gegenüber Gott oder dem Heiligen Geist besteht, bröckelt das von der Apostelgeschichte gezeichnete Idealbild des Liebeskommunismus. In dem Summarium vom Wirken der Apostel (5,12–16) liegt Lukas an einer Verallgemeinerung der aus der Überlieferung übernommenen Petruswunder. Die neuerliche Kontroverse mit dem Hohen Rat (5,17–42) zeigt, dass der christliche Auferstehungsglaube einen wesentlichen Konfliktpunkt mit den Sadduzäern markierte, nach deren Auffassung Leib und Seele am Ende des Lebens unwiderruflich vergehen. Das Verhältnis zu den Pharisäern gestaltete sich dagegen für die Christusgläubigen, soweit sie nicht die Vorschriften der fünf Bücher Mose infrage stellten, über weite Strecken ausgesprochen positiv. Gamaliël der Große, einer der berühmtesten pharisäischen Gesetzeslehrer, tritt als prominenter Fürsprecher für sie ein.

Martyrium des Stephanus und Verfolgung seiner Anhänger (Apg 6,1–8,3)

In der Urgemeinde kam es zu Kontroversen zwischen den von den zwölf Aposteln repräsentierten Hebräern und den Hellenisten um Stephanus, bei denen es sich um griechischsprachige Judenchristen handelt (6,1–7). Jerusalem war in neutestamentlicher Zeit durch Rückkehrer aus der Diaspora und kulturelle Durchmischung eine stark hellenisierte Stadt. Hinter dem sozialen Konflikt um die Witwenversorgung wird auch ein theologischer Dissens sichtbar. Die vom Hohen Rat gegen Stephanus erhobenen Vorwürfe (6,8–15) spiegeln wider, dass die Hellenisten Kritik am Tempel und an Teilen des Mosegesetzes übten. Vermutlich stellten sie im Horizont des Kreuzestodes Jesu den Tempel als Ort der Sühne infrage und maßen rituellen Vorschriften des Gesetzes eine gegenüber dem Liebesgebot untergeordnete Bedeutung bei. Die lange Rede des Stephanus (7,1–53) versucht die Verfolgungserfahrungen der christlichen Gemeinde zu bewältigen, indem sie das von Jesus und seinen Nachfolgern erlittene Leid vor dem Hintergrund des gewaltsamen Geschicks der alttestamentlichen Propheten betrachtet. An der Steinigung des Stephanus (7,54–8,1) ist auch der Pharisäer Saulus, ein Schüler des Gamaliël, ganz am Rande beteiligt. Eine aktivere Rolle nimmt er bei der

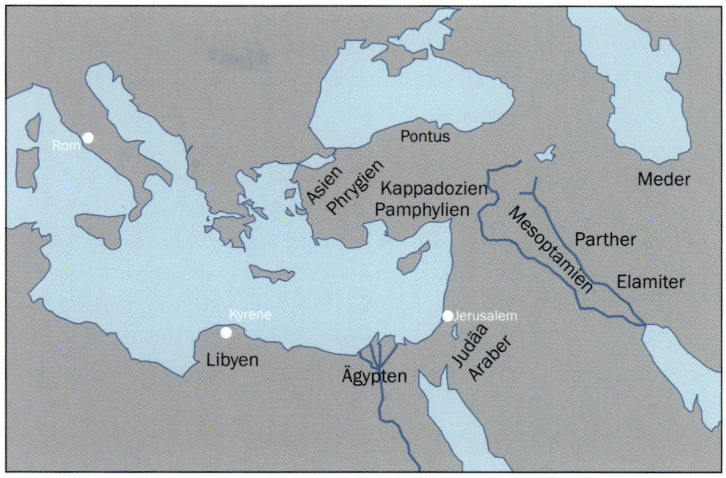

Orte und Gegenden, aus denen die Zuhörer der Pfingstpredigt des Petrus kamen (Apg 2,8-11)

sich anschließenden Verfolgung der Gemeinde ein (8,1–3), von der nur die Hellenisten mit ihrer Gesetzes- und Tempelkritik betroffen sind, während die Hebräer um Petrus nicht in Mitleidenschaft gezogen werden.

Die Mission des Philippus (Apg 8,4–40)

Philippus der Evangelist, nicht zu verwechseln mit dem Apostel Philippus aus dem Jüngerkreis, war nach Stephanus die bedeutendste Person unter den Hellenisten. Er überschreitet mit seinen missionarischen Aktivitäten gezielt die Grenzen des Judentums, indem er sich nach Samaria wendet (8,4–25). Dort zieht seine von Wunderheilungen begleitete Verkündigung das Interesse des Simon Magus auf sich, der bei den Kirchenvätern als Begründer der als Irrlehre bekämpften simonianischen Gnosis gilt. Dies war eine Erlösungslehre, die versprach, der auf Erden im menschlichen Körper geknechteten Seele nach dem Tode einen ungehinderten Aufstieg durch die feindlichen Gestirnmächte hindurch in den Himmel zu gewährleisten. Da Simon Magus sich nach Darstellung des Lukas die Verfügungsgewalt über den Heiligen Geist mit Geld zu sichern sucht, wird die ab dem Mittelalter belegte Praxis, kirchliche Ämter zu erkaufen, als Simonie bezeichnet.

Eine der lebendigsten Geschichten des gesamten Neuen Testaments ist die Episode mit dem äthiopischen Kämmerer (8,26–40), die auf der Karawanenstraße zwischen Jerusalem und Gaza spielt. Der Mann stammt aus dem im heutigen Sudan gelegenen Königreich von Meroë, das in der Antike als Äthiopien bezeichnet wird und dessen Herrscherinnen den Titel Kandake trugen. Bei ihm handelt es sich, wie es oft bei hohen Beamten an orientalischen Höfen der Fall war, um einen Kastraten. Die Erzählung spiegelt wider, dass die Gottesknechtslieder des Jesajabuches im frühen Christentum als Vorverweis auf das Leiden Jesu verstanden wurden. Mit der Taufe des Kämmerers verstößt Philippus gegen die alttestamentliche Vorschrift, dass Kastraten keine vollwertigen Mitglieder des Gottesvolkes werden können (Dtn 23,2).

Die Bekehrung des Saulus (Apg 9,1–31)

Als Saulus nach Damaskus geflohene Anhänger des Stephanus verfolgt, nimmt sein Leben eine völlige Wende (9,1–9). Als Verfolger hatte Saulus brutal Gewalt angewendet bzw. angeordnet: In erster Linie kommt die Synagogenstrafe der 39 Schläge in Betracht, die über Abweichler vom rechten Glauben verhängt wurde und die er später selbst fünfmal erlitten hat (2 Kor 11,24). Das aus einer Erscheinung des auferstandenen Herrn bestehende Damaskuserlebnis des Saulus wird von Lukas als eine Bekehrung geschildert, während in den Briefen des Apostels die Berufung und der Verkündigungsauftrag im Vordergrund stehen. Das Sprichwort vom Saulus, der zum Paulus wurde, ist falsch, da der Apostel beide Namen zeitlebens trug. Mit der Bekehrung sind vorübergehende Blindheit und ein längerer Aufenthalt in der Gemeinde von Damaskus verbunden (9,10–25). Dort erhielt Saulus eine eingehende Unterweisung in den von ihm verfolgten Glauben und empfing die Taufe. Dass Saulus sich danach in Arabien aufhielt (Gal 1,17), ist Lukas nicht bekannt. Zudem macht er für die spektakuläre Flucht aus Damaskus zu Unrecht die Juden verantwortlich, während aus 2 Kor 11,32–33 hervorgeht, dass der Statthalter des Nabatäerkönigs Aretas dem Apostel nach dem Leben trachtete. Der erste Jerusalemaufenthalt des Saulus nach der Bekehrung (9,26–31) ist von Misstrauen seitens der Christusgläubigen und Anfeindungen durch die ehemaligen Gesinnungsgenossen gekennzeichnet. Er endet mit der Flucht des Saulus in seine Heimatstadt Tarsus.

Taten des Petrus (Apg 9,32–11,18)

Lukas unterbricht die Saulusdarstellung mit einem Blick auf das Wirken des Petrus in der palästinischen Küstenregion. Bei dem Heilungswunder (9,32–35) handelt es sich um eine Lokaltradition aus Lydda, das etwa 40 Kilometer nordwestlich von Jerusalem liegt. Vermutlich wurde eine psychosomatisch bedingte Lähmung durch die charismatische Ausstrahlung des Wundertäters geheilt. Die zweite Episode (9,36–43) spielt in der Hafenstadt Joppe, dem heutigen Jaffa. In die Erzählung von der Erweckung der Tabitha (Gazelle) sind Motive aus den Erzählungen von Elija (1 Kön 17,17–24) und Elischa (2 Kön 4,30–37) eingeflossen.

Die Korneliusgeschichte (10,1–48) spielt in Cäsarea, dem früheren Stratonsturm, das von Herodes dem Großen zur hellenistischen Stadt mit heidnischen Tempeln ausgebaut und zu Ehren des römischen Kaisers umbenannt worden war. Kornelius, Befehlshaber der in Cäsarea stationierten italischen Kohorte, wird als gottesfürchtiger Heide charakterisiert. Er erkennt wesentliche Elemente des jüdischen Glaubens wie Monotheismus, Gebet und Armenfürsorge an, ohne sich dabei den rituellen Vorschriften der Tora zu unterwerfen oder gar beschnitten zu sein. Seine Bekehrung wird gleich doppelt legitimiert. Einerseits lenkt ein Engel Gottes das Geschehen, andererseits wird Petrus in visionärer Ekstase offenbart, dass auch die unreinen Tiere vom Himmel kommen und von Gott zum Verzehr freigegeben sind. In einer für jüdische Ohren unerhörten Weise wird hier das Schöpfungsgeschehen Gottes neu bewertet. Als Resultat der gleichberechtigten Einbeziehung der Heiden in das von Gott durch Jesus bewirkte Heilsgeschehen erfolgt die Taufe des Kornelius mit Geistausgießung. Es handelt sich um eine Art Pfingsten der Heiden.

Für Lukas ist im Erzählablauf der Apostelgeschichte die grundsätzliche Durchsetzung der beschneidungsfreien Heidenmission durch Petrus wichtig. In der maßgeblich von ihm gestalteten Erzählung von der Rückkehr des Petrus nach Jerusalem (11,1–18) lässt er diesen in der Urgemeinde über das Geschehen Bericht erstatten. In dem Rechenschaftsbericht geht es ihm darum, das provokative Verhalten des Petrus von den anderen Jerusalemer Aposteln gebilligt zu wissen.

Pfingsten

Pfingsten (*Schawuot*), der fünfzigste Tag nach dem Pascha, ist ursprünglich ein jüdisches Früherntefest mit Darbringung der Erstlingsgaben am Tempel. Auch wenn es sich von der Bedeutung her nicht mit dem Pascha- oder dem Laubhüttenfest messen konnte, zog es doch als drittes großes Wallfahrtsfest unzählige Menschen nach Jerusalem. Erst nach der Tempelzerstörung im Jahr 70 wurde es auch zu einem Bundeserneuerungsfest mit Rückbesinnung auf die Gesetzgebung am Sinai, die sich der rabbinischen Tradition zufolge 50 Tage nach dem Paschafest zugetragen haben soll. Neben dem Pascha ist Pfingsten eines jener beiden Jahresfeste, welche die christliche Kirche vom Judentum übernommen hat, auch wenn diese Feste aufgrund unterschiedlicher Kalender in Judentum und Christentum normalerweise nicht auf denselben Tag fallen.

Anfänge des Christentums in Antiochia (Apg 11,19–30)

Aufgrund der Versprengung des Stephanuskreises aus Jerusalem breitet sich der neue Glaube mit rasanter Geschwindigkeit im östlichen Mittelmeerraum aus. In der syrischen Metropole Antiochia, der drittgrößten Stadt des Römischen Reiches, wird gezielt unter der griechischen Bevölkerung missioniert. Die rituellen Vorschriften des jüdischen Gesetzes, allem voran Beschneidung und Speisegesetze, spielen dabei bald keine Rolle mehr. Die treibende Kraft bei diesen Entwicklungen ist Barnabas, der Paulus in die antiochenische Gemeindearbeit einbindet. Während die Christusgläubigen in Jerusalem sich als Teil des Judentums verstanden, werden sie in Antiochia nun als Christen von der jüdischen Gemeinde unterschieden.

Verfolgung der Gemeinde unter Herodes Agrippa (Apg 12,1–25)

Herodes Agrippa, von dem hier die Rede ist, war ein Enkel von Herodes dem Großen und der letzte jüdische König. Als Günstling von Kaiser Caligula und Jugendfreund von Kaiser Claudius gelang ihm im Jahr 41 für kurze Zeit eine Restauration der jüdischen Monarchie. Während seiner Herrschaft erwies er sich als Förderer des Mosegesetzes und Tempelkultes. Unter ihm kam es zu einer Verfolgung der Jerusalemer Urgemeinde, die den Apostel Jakobus das Leben kostete. Petrus wurde vorübergehend inhaftiert. Berichte von Befreiungswundern, in denen Fesseln abfallen und Türen sich öffnen, sind in der antiken Literatur weit verbreitet und dürften die Darstellung des Lukas beeinflusst haben. Dass Herodes Agrippa im Jahr 44 in Cäsarea überraschend an einem qualvollen Leiden verstarb, wird auch von dem Geschichtsschreiber Josephus Flavius berichtet. Während Agrippa wegen seines Eintretens für Tora und Tempel in das jüdische Geschichtsbewusstsein mit einem positiven Image einging, wird er in der christlichen Tradition wegen seines Vorgehens gegen die Urgemeinde als gottlose Person betrachtet, die durch qualvollen Würmerfraß ihre gerechte Strafe erhalten hat.

Die erste Missionsreise (Apg 13,1–14,28)

Im Auftrag der Gemeinde von Antiochia unternehmen Barnabas und Paulus um 40 n. Chr. eine Missionsreise nach Zypern und Kleinasien, in die heutige Türkei. Begleitet werden sie von Johannes Markus, dem Neffen des Barnabas, der in der altkirchlichen Tradition als Verfasser des Markusevangeliums gilt. Der im Mittelpunkt der Zypernmission (13,4–12) stehende Magier Barjesus Elymas war eine Art Hofastrologe. Der geschichtliche Kern des ethisch bedenklichen Strafwunders an ihm bleibt im Dunkeln. Paphos war das administrative Zentrum der Insel. Die Begegnung mit dem Statthalter Sergius Paulus animiert Lukas zu einem Namenswechsel. Der Apostel wird fortan nicht mehr mit seinem jüdischen Hausnamen Saulus benannt, sondern mit seinem römischen Namen Paulus.

Kleinasien war eines der Zentren der hellenistischen Kultur. Hier der Tempel des Apollon in Side.

Warum Johannes Markus die Apostel nicht nach Antiochia (13,13–52) begleitet, sondern nach Jerusalem zurückkehrt, ist unbekannt. Das in Pisidien gelegene Antiochia war wie Ikonion und Lystra eine von sieben Kolonien, die Kaiser Augustus im Süden der Provinz Galatien zur Befriedung der Region errichtet hatte. Die große Missionsrede des Paulus, die den Juden eine letzte Umkehrmöglichkeit einräumt und den unwiderruflichen Übergang des Evangeliums zu den Heiden einläutet, wurde von Lukas gestaltet. Das Christusgeschehen erscheint dabei als Mitte eines übergreifenden heilsgeschichtlichen Zusammenhangs, der Israels Vergangenheit und Zukunft umfasst.

Auf der *Via Sebaste*, die als Militärstraße die römischen Kolonien Südgalatiens miteinander verband, gelangen Paulus und Barnabas nach Ikonion (14,1–7). Es handelt sich um das Zentrum der durch Schafzucht bedeutenden Landschaft Lykaonien. Im Mittelpunkt des Aufenthalts in der römischen Kolonie Lystra (14,8–20) stehen ein Heilungswunder und seine Folgen. Barnabas wird der Name des Gottvaters Zeus beigelegt, während Paulus als der Götterbote Hermes Verehrung genießt. Im Hintergrund steht wohl die aus Phrygien stammende Sage, in der Zeus und Hermes in Menschengestalt unerkannt über die Erde wandeln und nur bei dem alten Ehepaar Philemon und Baucis Aufnahme finden; das Paar wird dafür reichlich belohnt; die anderen hingegen werden bestraft. Die Bewohner Lystras wollten den Fehler ihrer Vorfahren vermeiden, die Zeus und Hermes zu ihrem eigenen Schaden nicht erkannt hatten.

In der Missionspredigt muss daher zunächst der biblische Monotheismus eingeschärft werden. Die versuchte Steinigung wird auch in 2 Kor 11,25, allerdings ohne Orts- und Zeitangabe, erwähnt. Von Derbe aus treten die Apostel den Rückweg an, indem sie die neu gegründeten Gemeinden nochmals durchziehen und dann von Attalia aus auf dem Seeweg in das syrische Antiochia heimkehren (14,21–28).

Apostelkonvent und Streit um Johannes Markus (Apg 15,1–39)

Vermutlich im Jahr 48 fand eine epochale Zusammenkunft in Jerusalem statt, an der einerseits die Autoritäten der Urgemeinde, andererseits Paulus und Barnabas als Abgesandte der Gemeinde von Antiochia teilnahmen. Die gezielt an Griechen gerichtete Missionskonzeption von Antiochia hatte in Kleinasien zur Entstehung erster Gemeinden ohne jüdische Christusgläubige geführt. Damit spitzte sich die Frage zu, ob Griechen für das Christentum gewonnen werden durften, ohne sie gleichzeitig auf das Gesetz des Mose, allem voran die Beschneidung, zu verpflichten. Dies wurde auf dem Apostelkonvent positiv entschieden und eine konstitutive Heilsbedeutung des jüdischen Gesetzes für die Christusgläubigen verneint.

Während Paulus in Gal 2,1–10 von keinen weiteren Auflagen spricht, sollen nach der Darstellung des Lukas die Christusgläubigen aus der Völkerwelt auf das sogenannte Aposteldekret verpflichtet worden sein. Darin wird ihnen im Umgang mit Judenchristen ein Minimum an kultischer Reinheit abverlangt. Sie sollen auf jene Speisen verzichten, die im Alten Testament den in Israel lebenden Fremdlingen untersagt sind (Lev 17); auch Unzucht und Verunreinigung durch Götzen(opferfleisch) sollen sie vermeiden. Als Götzenopfer gilt aus jüdischer Perspektive das Fleisch von Tieren, bei deren Schlachtung den griechischen Göttern ein Opfer dargebracht wurde. Zudem wird die Forderung erhoben, nur das Fleisch von ausgebluteten Tieren zu essen. Das Verbot von Ersticktem bezieht sich auf den Verzehr von Tieren, die ohne Schächtung verendet und damit sinnbildlich an ihrem eigenen Blut erstickt sind.

Nach dem Apostelkonvent kommt es zum Bruch zwischen Paulus und Barnabas (15,36–39). Während Barnabas für weitere missionarische Unternehmungen auf der Zusammenarbeit mit Johannes Markus beharrt, ist dieser für Paulus wegen der vorzeitigen Beendigung der ersten Missionsreise mit dem Makel der Unzuverlässigkeit behaftet. Dass bei dem Konflikt auch schwerwiegende theologische Meinungsverschiedenheiten im Spiel waren (Gal 2,11–14), ist Lukas unbekannt oder wird von ihm verschwiegen.

Der Aufbruch nach Europa (Apg 15,40–18,22)

Mit der Trennung von Antiochia setzt eine neue Phase in der paulinischen Mission ein, die zur Gründung von Gemeinden in Griechenland führt. Paulus durchzieht von Syrien aus ganz Kleinasien bis zu der im äußersten Westen gelegenen Hafenstadt Troas (16,1–10). An seiner Seite befinden sich Silas und Timotheus. Der Übergang des Evangeliums nach Mazedonien wird durch eine Vision des Paulus ausgelöst. Solche Traumvisionen, die bedeutsamen Personen an zentralen Übergangspunkten zuteilwerden, sind in der griechischen Geschichtsschreibung ein beliebtes Stilmittel. In Philippi entsteht die erste paulinische Gemeinde auf europäischem Boden (16,11–40). In der Nähe der Stadt fand 42 v. Chr. die Entscheidungsschlacht zwischen den Cäsarmördern Brutus und Cassius auf der einen Seite, Antonius und Oktavian (dem späteren Kaiser Augustus) auf der anderen Seite statt. Danach wurde Philippi zur römischen Kolonie erhoben, in der Kriegsveteranen angesiedelt wurden. Paulus und Silas geraten in Konflikt mit den Behörden. Indem Paulus aus einer Sklavin einen Wahrsagegeist vertreibt, fügt er ihren Herren finanziellen Schaden zu. Der griechische Name des in der Sklavin sesshaften Geistes („Python") erinnert an das Python geweihte Orakel von Delphi, wo eine als Pythia bezeichnete Seherin tätig war. Die maßgeblichen Beamten der Kolonie Philippi sehen durch die paulinische Missionspredigt, wohl nicht zuletzt durch den Aufruf zum jüdisch-christlichen Monotheismus, die römische Religion angegriffen und damit die Identität der Stadt infrage gestellt. Sie lassen die Missionare auspeitschen und ins Gefängnis werfen. Von Leiden und Misshandlungen in Philippi spricht auch Paulus selbst (1 Thess 2,2). Das Befreiungswunder trägt legendenhaften Charakter.

Die Bezeichnung der Gläubigen als Christen

Das Christentum ist von seinen Ursprüngen her eine innerjüdische Erneuerungsbewegung. Solange die Christusgläubigen am Gesetz des Mose festhielten, stellten sie als Nazarener eine Sondergruppe innerhalb des Judentums dar. In der Gemeinde von Antiochia bestand die Mehrheit bald aus Griechinnen und Griechen, die nicht auf die rituellen Vorschriften des alttestamentlichen Gesetzes verpflichtet wurden. Daraus entwickelte sich die Bezeichnung der Gläubigen als Christen (wörtlich: Christianer), die sich bei römischen Schriftstellern wie Tacitus oder Plinius Secundus rasch durchgesetzt hat.

Über die Gemeindegründung in Thessalonike (17,1–9), der Hauptstadt der römischen Provinz Mazedonien, weiß Lukas wenig Konkretes zu berichten. Im Mittelpunkt der Darstellung steht ein von Juden angezettelter Tumult, in den allerdings nicht Paulus, sondern sein Gastgeber Jason verwickelt ist. Die Anspielungen im ersten Thessalonicherbrief auf die Gemeindegründung ergänzen und korrigieren das von Lukas vermittelte Bild. Dort ist von einer Anfeindung der Gemeinde durch ihre griechischen Stammesgenossen die Rede (1 Thess 2,14). Von untergeordneter Bedeutung ist die Mission in Beröa (17,10–15), das etwa 80 Kilometer westlich von Thessalonike liegt. Paulus selbst erwähnt die Gemeinde nicht, die sich allerdings aktiv an der Kollekte für Jerusalem beteiligte. Der Aufenthalt in Athen (17,16–34) wird durch die große Rede geprägt, die Paulus auf dem nordwestlich der Akropolis gelegenen Areshügel gehalten haben soll. Wie in Lystra steht die monotheistische Verkündigung des christlichen Gottes im Zentrum. Diesen verehren die Athener bereits, ohne sich dessen bewusst zu sein. Paulus will bei seinem Rundgang durch die Stadt einen Altar mit der Aufschrift „Dem unbekannten Gott" gesehen haben. Für Athen sind allerdings aus der griechischen Literatur nur Altäre für *die* unbekannten Götter bezeugt. Diese wurden aus Angst, man könnte irgendwelche Gottheiten bei der kultischen Verehrung übergangen haben und sich deren Zorn zuziehen, eingerichtet. Die Vorstellung, auf die Paulus sich bezieht, wonach die Schöpfung mit ihrer sinnvollen Einrichtung von Jahreszeiten und Weltzonen den Rückschluss auf Gott als Urheber erlaubt, ist aus der stoischen Philosophie bekannt.

Anders als in Athen hatte Paulus in Korinth, der Hauptstadt der Provinz Achaia, großen Erfolg (18,1–17). Als multikulturelle Handelsmetropole, die einen rasanten wirtschaftlichen und politischen Aufschwung erlebte, war die Stadt auch in religiöser Hinsicht für alles Neue aufgeschlossen. Paulus kam um 49 oder 50 nach Korinth. Das Judenedikt des Kaisers Claudius, von dem Aquila und Priscilla betroffen waren (18,2), wird auch von dem römischen Schriftsteller Sueton erwähnt. Der Missionserfolg im Umfeld der Synagoge führt dazu, dass von jüdischer Seite ein Prozess gegen Paulus angestrengt wird. Der römische Statthalter Gallio, der die Anklage nicht annimmt, ist auch in einer im 19. Jh. gefundenen Inschrift aus Delphi erwähnt. Er war der Bruder des Philosophen Seneca. Eine summarische Notiz über die Reiseroute des Paulus (18,18–23) bringt die Berichte von der sogenannten zweiten Missionsreise zum Abschluss.

Paulus in Ephesus (Apg 18,23–19,40)

Paulus zieht mit Priszilla und Aquila nach Ephesus, verlässt die Stadt aber sofort wieder und findet bei seiner Rückkehr eine Gemeinde vor, in der Apollos eine führen-

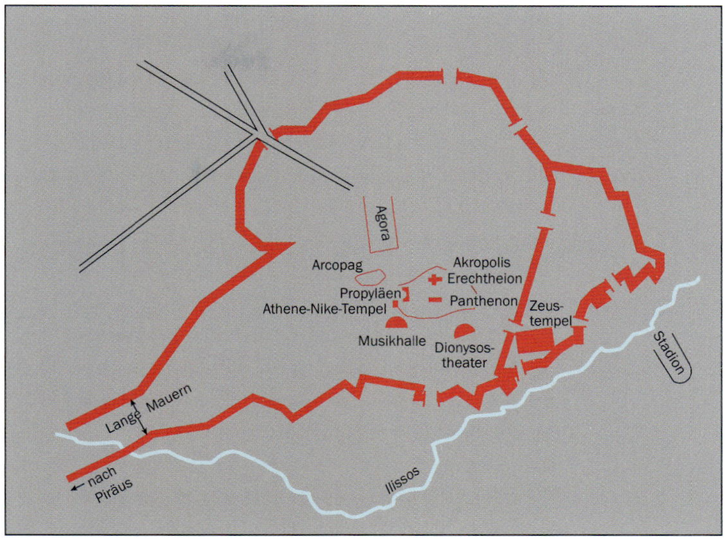

Athen in neutestamentlicher Zeit

de Rolle einnimmt (18,18–28). Dieser stammte aus Alexandria in Ägypten, der Hochburg hellenistisch-jüdischer Schriftgelehrsamkeit und Philosophie. Lukas charakterisiert ihn als hochkompetenten Kenner der heiligen Schriften und glänzenden Redner, der in besonderer Weise vom Geist erfüllt war.

Die Episode von den Johannesjüngern (19,1–7) spiegelt wider, dass die Geistverleihung den entscheidenden Unterschied zwischen der Johannestaufe und der aus ihr erwachsenen christlichen Taufe markiert. Bei der Darstellung des paulinischen Wirkens in Ephesus rückt das wunderhaft-magische Moment in den Vordergrund (19,8–20). Zunächst werden den Schweißtüchern oder Leibgürteln des Paulus magische Kräfte zur Krankenheilung beigemessen. Danach erweist der erfolglose Versuch jüdischer Exorzisten, im Namen Jesu Dämonen auszutreiben, die Überlegenheit des Christentums über die antike Magie. Es handelt sich um ein Strafwunder, das vor einem Missbrauch des Jesusnamens zu Zauberhandlungen warnt. Ephesus war dafür berühmt, dass hier viel Magie praktiziert wurde. Die Büchervernichtung zeigt, dass Heiden die in ihrem Besitz befindlichen magischen Werke beim Übertritt zum Christentum oftmals verbrannten. Die Erzählung vom Aufstand in der Silberschmiede des Demetrius (19,23–40) ist von Lokalkolorit gezeichnet. Der Artemistempel in Ephesus war eines der sieben Weltwunder. Miniaturen davon fanden bei den unzähligen Besuchern als Souvenirs reißenden Absatz. Demetrius sieht durch die monotheistische Missionspredigt des Paulus den Artemisglauben und damit die Grundlage seines Lebensunterhaltes gefährdet. Das imposante Theater von Ephesus, das über mehr als 20.000 Sitzplätze verfügte, ist heute noch erhalten.

Aufbruch zur Kollektenreise nach Jerusalem (Apg 20,1–21,14)

Mit dem Abschied aus Ephesus rückt die letzte Jerusalemreise in den Blick, die der Übergabe der Kollekte diente. Der Abstecher nach Griechenland (20,1–6) verfolgte den Zweck, das in den Gemeinden über viele Jahre hinweg für Jerusalem gesammelte Geld abzuholen. Nach Jerusalem wurde Paulus von Gemeindedelegierten begleitet, die namentlich Erwähnung finden. Die Episode von der Erweckung des Eutychus in Troas (20,7–12) ist einer der ältesten Belege für die Gottesdienstfeier am Sonntag, dem Tag der Auferstehung des Herrn. Der Zwischenaufenthalt in Milet (20,13–38) wird von einer großen Abschiedsrede vor Presbytern bestimmt, in der Paulus in einer umfassenden Zusammenschau von Vergangenheit, Gegenwart und Zukunft sein Wirken zum Thema macht. Lukas geht es in dieser von ihm überarbeiteten Rede um die verpflichtende Kraft des paulinischen Erbes für die nachfolgenden Generationen. Dabei wird Paulus zum Vorbild für alle kirchlichen Amtsträger erhoben.

Von Milet aus führt die Reiseroute nach Cäsarea (21,1–14), wo Paulus und seine Begleiter im Haus des Evangelisten Philippus aus dem Stephanuskreis Zwischenstation machen. Die ekstatische Geistbegabung des Philippus ist auch für seine ehelos lebenden Töchter kennzeichnend. Dass diese in der Gemeinde als Prophetinnen wirken, spielt in der Diskussion um die Zulassung der Frau zum kirchlichen Amt eine wichtige Rolle. Philippus erscheint als Repräsentant eines charismatischen Milieus mit Hochschätzung der Geistesgabe, wie es auch durch den engen Kontakt zu dem Jerusalemer Propheten Agabus bestätigt wird. Dieser hatte früher bereits eine Hungersnot prophezeit (11,27–30). Nun sagt er Paulus in Form einer prophetischen Zeichenhandlung, die von einem durch den Heiligen Geist eingegebenen Deutespruch begleitet wird, die Verhaftung in Jerusalem voraus.

Letzter Jerusalemaufenthalt und Prozess des Paulus (Apg 21,15–26,32)

Paulus wird in Jerusalem freudig empfangen, doch dann wendet sich das Blatt (21,15–26). Im Klima eines sich intensivierenden jüdischen Nationalismus stellte die von Paulus etablierte beschneidungsfreie Heidenmission für die Jerusalemer Christen, die sich nach wie vor als integraler Teil des Judentums verstanden, zunehmend eine Belastung dar. Jakobus, der leibliche Bruder Jesu und Leiter der Urgemeinde, konfrontiert Paulus mit Vorwürfen aus dem Kreis der Urgemeinde, dass er auf seinen Missionsreisen den Abfall vom jüdischen Glauben lehre. In der angespannten Lage vor dem Jüdischen Krieg konnten die offene Verbrüderung mit Paulus und die Annahme heidnischen Geldes für die Urgemeinde schwerwiegende Folgen haben. Auf Anraten von Jakobus finanziert Paulus mit der Kollekte die Opfer von vier Christusgläubigen, die das Nasiräergelübde (vgl. Num 6) abgelegt hatten. Dieses Enthaltsamkeitsgelübde fand mit kostspieligen Opferhandlungen im Tempel seinen Abschluss. Paulus konnte so seine Treue gegenüber der Tora erweisen und seinen Kritikern den Wind aus den Segeln nehmen.

Im Zusammenhang mit dem Tempelbesuch kam es zur Verhaftung des Paulus (21,27–36). Es machte der Vorwurf die Runde, er habe den aus Ephesus stammenden Heidenchristen Trophimos in den heiligen Tempelbezirk geführt. Heiden hatten nur zum äußeren Vorhof des Tempels Zutritt. Selbst wenn sie das römische Bürgerrecht besaßen, drohte beim Betreten des inneren Tempelbezirks die Todesstrafe durch den Hohen Rat. Zwei auf Griechisch abgefasste Verbotsschilder aus dem Tempel sind bei Ausgrabungen gefunden worden. Die römische Kohorte, die in der Nordwestecke des Tempels in der Burg Antonia stationiert ist, vereitelt den Versuch der Lynchjustiz und nimmt Paulus in Haft. Unmittelbar vor der Burg Antonia hält Paulus eine lange Verteidigungsrede, die weitere Tumulte auslöst (21,37–22,29). Wie alle Reden der Apostelgeschichte ist sie von Lukas gestaltet, basiert aber auf Traditionsmaterial. Von besonderer Bedeutung sind die Informationen über Herkunft, Sozialstatus und Ausbildung des Paulus. Nur aus der Apostelgeschichte erfahren wir, dass Paulus aus Tarsus in der kleinasiatischen Provinz Zilizien stammte, neben dem Bürgerrecht dieser Stadt von Geburt an auch das römische Bürgerrecht besaß und seine Ausbildung zum Pharisäer bei Gamaliël dem Großen aus der Schule Hillels absolvierte. In der Verteidigungsrede des Paulus vor dem Hohen Rat (22,30–23,11) liegt der Schwerpunkt auf den theologischen Kontroversen zwischen Pharisäern und Sadduzäern, die Paulus zur Polarisierung des Gremiums nutzt. Da die Sadduzäer allein die fünf Bücher Mose als Heilige Schrift anerkannten, lehnten sie im Gegensatz zu den Pharisäern Auferstehungshoffnung und Engelglaube ab.

Von Jerusalem wird Paulus nach Cäsarea zum Amtssitz des römischen Statthalters Felix überführt (23,12–35). Dieser gehörte im Gegensatz zu den Statthaltern vor ihm nicht dem Ritterstand an, sondern war ein freigelassener Sklave, der die kaiserlichen Machtbefugnisse in Palästina mit aller Grausamkeit und Willkür ausübte. Es kommt zu einem später allerdings verschleppten Prozess gegen Paulus (24,1–27), bei dem eine Delegation des Hohen Rates durch einen in hellenistischer Rhetorik geschulten Anwalt namens Tertullus die Anklage vorbringt. Erst nach der Abberufung des Felix im Jahr 60 wurde unter dem neuen Statthalter Festus das Verfahren gegen Paulus wieder aufgenommen (25,1–12). Dabei appellierte der Apostel an das kaiserliche Gericht in Rom. Dieses Recht stand ihm als römischem Bürger zu, wenn in der Provinz keine Prozessübertragung an ein von Rom eingesetztes Geschworenengericht möglich war. In Cäsarea sind Agrippa II. und seine Schwester Berenike, die später die Geliebte von Titus war, mit dem inhaftierten Paulus zusammengetroffen (25,13–24). Agrippa II. herrschte zu jener Zeit über das ehemalige Reich des Herodessohnes Philippus und hatte gleichzeitig die Oberaufsicht über den Jerusalemer Tempel inne. Durch die Vermählung seiner Schwester Drusilla mit dem Statthalter Felix festigte Agrippa II. die engen Beziehungen zur römischen Provinzialverwaltung. In der letzten großen Verteidigungsrede, die Paulus vor Agrippa II. hält (26,1–32), lässt Lukas nochmals den Lebensweg des Apostels Revue passieren und stellt dabei das Damaskuserlebnis in den Mittelpunkt.

Die Romfahrt des Paulus (Apg 27,1–28,15)

Zum Gefangenentransport nach Rom, der zunächst auf dem Seeweg über Zypern und Kleinasien nach Kaloi Limenes („Guthafen") im Süden Kretas führt (27,1–12), wird Paulus einem Hauptmann der kaiserlichen Kohorte mit Namen Julius unterstellt. Da dort keine Überwinterungsmöglichkeit besteht, versucht man den ein Stück weiter westlich gelegenen Hafen Phoenix zu erreichen. Auf dem Weg dorthin kommt jedoch ein gewaltiger Wintersturm auf. Das Schiff treibt vierzehn Tage auf offener See und strandet schließlich vor Malta, wohin sich alle an Bord befindlichen Personen retten können (27,13–44). Der Bericht ist nach dem Muster antiker Erzählungen von wunderbarer Bewahrung in Seenot gestaltet. Schiffbruch kam im Altertum häufig vor. Paulus war dies vor seiner Romfahrt bereits dreimal widerfahren; einmal trieb er sogar 24 Stunden auf hoher See (2 Kor 11,25). Von Josephus haben wir einen Augenzeugenbericht darüber, wie er auf der Fahrt nach Rom mitten auf der Adria in Seenot geriet und schwimmend ein anderes Schiff erreichte, während Hunderte von Schiffbrüchigen umkamen. Auf Malta vollbringt Paulus zwei Wunder (28,1–10). Dass er den Biss einer Giftschlange überlebt, gilt als Erweis seiner Schuldlosigkeit am vorangegangenen Schiffbruch, da er entgegen den Erwartungen der Inselbewohner nicht der Rachegöttin Dike zum Opfer fällt. Die Immunität gegenüber Giftschlangen zählt in der Antike zu den Merkmalen herausragender Wundertäter. Im zweiten Fall erweist sich Paulus als charismatischer Heiler. Die Handauflegung macht die personale Zuwendung des Wundertäters erfahrbar und übermittelt dessen Heilkraft, während das Gebet sich an Gott als Herr über das Leben wendet und ihn um Heilung anruft.

Paulus in Rom (Apg 28,16–31)

In Rom wird Paulus nicht inhaftiert, sondern in eine mildere Form der Untersuchungshaft genommen. Dabei wird der Gefangene in einer Privatwohnung von einem Soldaten bewacht, für dessen Unterhalt er zu sorgen hat. Während dieser Zeit, die zwei Jahre dauerte, konnte Paulus zahlreiche Besucher empfangen. Außerbiblische Quellen verbürgen, dass Paulus in Rom unter Kaiser Nero enthauptet wurde. Rätselhaft bleibt, warum die Apostelgeschichte ein offenes Ende bietet und nichts über den Tod des Paulus berichtet. Früh wurden Mutmaßungen angestellt, Paulus sei nochmals freigekommen und zu der in Röm 15,24 ins Auge gefassten Spanienmission aufgebrochen. Wahrscheinlicher ist aber, dass er direkt nach der zweijährigen Untersuchungshaft um das Jahr 60 zum Tode verurteilt und hingerichtet wurde.

Das Paulusgrab in Rom

Im 4. Jh. wurde in Rom über dem mutmaßlichen Grab des Apostels die Basilika „San Paolo fuori le Mura" (Sankt Paul vor den Mauern) errichtet. Im Juni 2009 gab Papst Benedikt XVI. zum Abschluss des Paulus-Gedenkjahres bekannt, dass der steinerne Sarkophag unter dem Altar der Kirche wohl tatsächlich die sterblichen Überreste des Apostels in sich birgt. Wissenschaftler hatten eine Sonde durch ein winziges Loch in den Sarkophag eingeführt und menschliche Knochenreste sichergestellt. Ein Radiokarbontest kam zu dem Ergebnis, dass die Knochen im Sarkophag aus dem ersten oder zweiten Jahrhundert stammen.

Über die Via Appia gelangte man in der Antike von Süden nach Rom.

Die Briefe des Paulus

■ Formen und Adressaten der Paulusbriefe

Im Neuen Testament sind dreizehn Briefe des Apostels Paulus überliefert. Sieben davon, nämlich der erste Thessalonicherbrief, die beiden Korintherbriefe, der Philipperbrief, der Philemonbrief, der Galaterbrief und der Römerbrief, wurden sicher von Paulus selbst verfasst. Beim zweiten Thessalonicherbrief und beim Kolosserbrief wird die Frage der Echtheit kontrovers diskutiert. Im Hinblick auf den Epheserbrief, die beiden Timotheusbriefe und den Titusbrief herrscht in der Bibelwissenschaft Einvernehmen darüber, dass sie erst nach dem Tod des Apostels unter seinem Namen entstanden, um in einer veränderten Situation wichtige Anliegen der paulinischen Theologie zur Geltung zu bringen. Vervollständigt wird die Paulusbriefsammlung durch den Hebräerbrief, der keine Verfasserangabe bietet, aber (zu Unrecht) in weiten Teilen der Alten Kirche für ein Werk des Paulus gehalten und in den Bibelhandschriften unter die Paulusbriefe eingereiht wurde. Über den Hebräerbrief ließ bereits der Kirchenvater Origenes verlauten, dass in Wirklichkeit allein Gott wisse, wer ihn geschrieben hat.

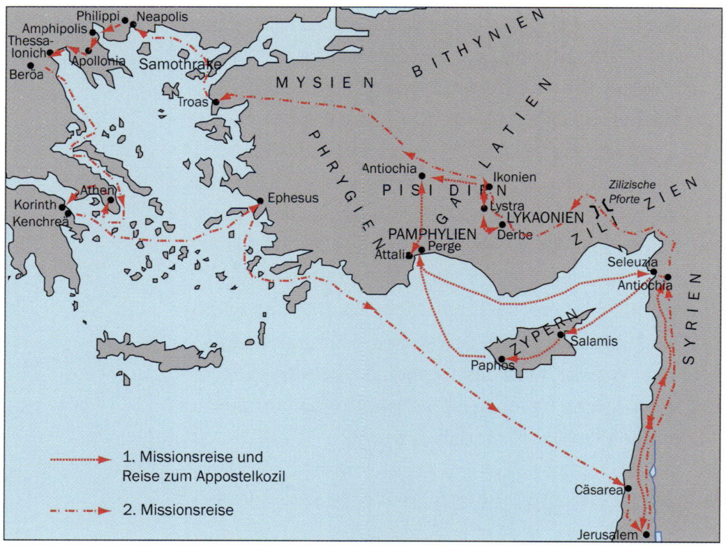

Die ersten beiden Missionsreisen des Paulus

Die Paulusbriefe sind der Gattung des antiken Privatbriefs zuzurechnen, dessen Rahmen und Umfang aber gesprengt werden. Sie richten sich an Gemeinden oder Einzelpersonen. Der Brief war, was heute vielfach schon in Vergessenheit geraten ist, bis zur Verbreitung des Telefons das wichtigste Kommunikationsmittel zwischen räumlich getrennten Personen. Die Briefe des Paulus hielten die Verbindung zu den Gemeinden oder Mitarbeitern aufrecht, stellten einen Ersatz für seine persönliche Anwesenheit dar und wurden im Gottesdienst verlesen. Ihr jeweiliger Abfassungszweck ist ganz unterschiedlich. In erster Linie greift Paulus zur Feder, um zu gravierenden Problemen in den von ihm gegründeten Gemeinden Stellung zu nehmen. Die Entstehung eines Briefes kann aber auch durch das Anliegen des Apostels veranlasst sein, seiner engen Verbundenheit mit den Gemeinden Ausdruck zu verleihen, sie zu trösten oder ihnen Dank für bestimmte Gaben auszusprechen. Dem Inhalt der Paulusbriefe wurde früh eine Bedeutung beigemessen, die weit über den ursprünglichen Adressatenkreis hinausging. Daher bemühten sich christliche Gemeinden, auch von nicht an sie gerichteten Paulusbriefen Abschriften zu erlangen und diese zu archivieren.

Die im Neuen Testament überlieferten echten Paulusbriefe stammen aus einer relativ späten Phase im Leben des Apostels. Sie wurden alle erst nach dem Bruch mit der Gemeinde von Antiochia geschrieben, der im Jahr 49 erfolgte. Ob Paulus sich im Zuge seiner missionarischen Aktivitäten

Zur Biografie des Paulus

Paulus stammt aus dem Diasporajudentum Kleinasiens und absolvierte in Jerusalem eine Ausbildung zum Pharisäer. In seinem Eifer für das Mosegesetz verfolgte er Anhänger des Stephanuskreises, als er im Jahr 32 vor Damaskus eine Erscheinung Jesu Christi hatte und zum Apostel der Völker berufen wurde. Nach ersten, vermutlich wenig erfolgreichen missionarischen Aktivitäten trat er um 40 in den Dienst der Gemeinde von Antiochia ein und unternahm an der Seite von Barnabas seine sogenannte „erste Missionsreise“. Nach dem Bruch mit Antiochia schloss sich ab 49 die fruchtbarste Phase seines Wirkens an, die durch zahlreiche Gemeindegründungen in Griechenland und im Westen der heutigen Türkei gekennzeichnet ist. Im Zuge seiner letzten Jerusalemreise wurde Paulus um 57 in der Heiligen Stadt verhaftet und später nach Rom überführt, wo er um 60 den Märtyrertod starb.

von Anfang an des Briefes bediente oder er diesen erst spät als wichtiges Instrument der Gemeindeleitung entdeckte und zu schätzen lernte, bleibt unklar. Bei Abfassung seiner Briefe griff er in der Regel nicht eigenhändig zum Schreibrohr, sondern bediente sich dazu eines Sekretärs, wie es in der Antike den Gepflogenheiten entsprach. Im Schlusskapitel des Römerbriefs meldet sich der Schreiber Tertius, dem Paulus den Brief diktierte, mit Grüßen persönlich zu Wort. Am Ende des Galaterbriefs wird als Besonderheit hervorgehoben, dass Paulus einen eigenhändig geschriebenen Briefschluss anfügt. Inwieweit die Schreiber oder auch die im Präskript vieler Paulusbriefe als Mitabsender genannten Personen auf den Stil und den Inhalt Einfluss nahmen, bleibt im Dunkeln. Geschrieben wurden die Paulusbriefe sicher auf Papyrus, das in der Antike das am weitesten verbreitete Beschreibmaterial war. Beschriftet wurden die aus dem Mark der Papyrusstaude gefertigten Blätter mit Tinte, die aus Ruß und Wasser hergestellt wurde. Die fertigen Briefe wurden zusammengefaltet oder zusammengerollt und mithilfe von Bindfaden verschlossen. Die nicht beschriftete Rückseite wurde so zur Außenseite und bot Raum für das Einfügen einer Adresse. Ein Postsystem existierte im Römischen Reich nur für amtliche Schriftstücke. Privatpost musste auf anderen Wegen transportiert werden. Im frühen Christentum bestand zwischen den Gemeinden ein enges Beziehungsgeflecht. Die briefliche Korrespondenz zwischen Paulus und seinen Adressaten wurde durch Boten aus den eigenen Reihen befördert, die über das Geschriebene hinaus auch wichtige mündliche Erläuterungen gaben.

Der Römerbrief – Apostel sucht Sponsor für Spanienreise

Der Römerbrief ist eine Art Bewerbungsschreiben des Apostels Paulus, in dem er der Gemeinde in Rom die Grundzüge seiner Theologie darlegt, um Unterstützung für die geplante Spanienmission zu gewinnen.

Rom, die Stadt auf den sieben Hügeln, war die pulsierende Metropole des Reiches. In der Stadt lebten zahlreiche Juden. Auch das Christentum hatte dort früh Fuß gefasst. Die Abfassung des Römerbriefs fällt in die Frühzeit der Herrschaft Neros, in der noch große Hoffnungen auf dem neuen Kaiser ruhten und Aufbruchstimmung herrschte. Der Brief ist das einzige Schreiben des Paulus an eine nicht von ihm selbst gegründete Gemeinde. Wahrscheinlich wurde er im Winter 55/56 in Korinth verfasst. Wie unzählige andere Menschen strebte auch Paulus danach, seine Füße auf den Boden der Ewigen Stadt zu setzen. Allerdings hatte er dafür besondere Gründe. Paulus befand sich unmittelbar vor der Kollektenreise nach Jerusalem und hatte die Gemeinde von Rom als Ausgangsbasis für seine danach geplante Spanienmission auserkoren, für die er logistische Unterstützung und finanzielle Hilfe benötigte. Dazu musste er die Römer von seiner theologischen Position und seinem missionarischen Programm überzeugen. Nicht umsonst hat man den Römerbrief immer wieder als das theologische Testament des Paulus bezeichnet. Gedanken aus älteren Briefen werden neu durchdacht. Die zentralen theologischen Vorstellungen des Apostels zum Gesetz, zur Rechtfertigung des Sünders durch den Glauben und zum Schicksal Israels kommen in einzigartiger Tiefe zur Sprache.

Briefeingang (Röm 1,1–17)

In der sehr ausführlich gehaltenen Grußüberschrift stellt Paulus sich der Gemeinde in Rom mit seinem apostolischen Sendungsauftrag und seiner Botschaft vor. Er spielt dabei auf das Damaskuserlebnis an. Am Ende des Briefeingangs wird das Thema benannt, das überschriftartig die nachfolgenden Ausführungen bestimmt. Es geht um das Evangelium von der Gerechtigkeit Gottes aus Glauben. Paulus ist nicht der Erste, der von Gerechtigkeit Gottes spricht, er rückt diesen Begriff aber in das Zentrum seines theologischen Denkens und verbindet ihn eng mit dem Glauben.

Griechen und Juden unter dem Zorn Gottes (Röm 1,18–3,20)

Bevor Paulus sein Evangelium von der Gerechtigkeit Gottes aus Glauben darlegt, macht er deutlich, dass allen Menschen gleichermaßen das Zorngericht Gottes droht und sie der Rettung bedürfen. Zunächst wendet er sich an Griechinnen und Griechen (1,18–32), um ihnen ihre Schuld vor Augen zu stellen. Obwohl der Gott der Bibel sich in den Werken seiner Schöpfung offenbart, haben sie ihn nicht verehrt und andere Gestalten in den Rang von Göttern erhoben. Daher müssen sie die Folgen ihrer Sünden tragen, die sich für Paulus in erster Linie in sexuellen Perversionen zeigen. Wenn dabei auch gleichgeschlechtliche Liebe verdammt wird, kann dies nicht unreflektiert auf die heutige ethische Urteilsbildung übertragen werden. In der Antike begegnet Homosexualität überwiegend im Kontext käuflicher Liebe, häufig wechselnder Beziehungen und Päderastie. Für Paulus war Homosexualität ein Laster, von dem der Mensch sich aus freien Stücken abwenden und sich bekehren kann. Die biblische Verurteilung von Homosexualität hängt zudem eng damit zusammen, dass in ihr der Zusammenhang zwischen Geschlechtsverkehr und Fortpflanzung zerrissen wird.

Nachdem Paulus die Verfallenheit der Heiden an das Zorngericht Gottes herausgestellt hat, wird Jüdinnen und Juden die Gerichtsdrohung nicht minder konsequent vor Augen gehalten (2,1–29). Er beginnt mit dem Verbot, andere zu richten, das an Jesu Weisung aus der Bergpredigt erinnert und vor falscher Heilssicherheit warnt. Wer die Heiden wegen ihres sündigen Handelns verurteilt und dabei glaubt, selbst dem Gericht Gottes entrinnen zu können, unterliegt einem folgenschweren Irrtum. Der Maßstab, nach dem Gott am Ende der Tage alle Menschen richten wird, ist das Gesetz. Damit meint Paulus die in den fünf Büchern Moses sichtbaren Forderungen Gottes. Während Israel der Offenbarung des Gesetzes gewürdigt wurde, hat Gott den Heiden bei der Schöpfung das Gesetz ins Herz geschrieben, sodass sie aufgrund ihres Gewissens ebenfalls zwischen Gut und Böse unterscheiden können. Es folgt eine scharfe Gerichtspredigt gegen das Judentum mit dem Vorwurf, die Heiden das Gesetz zu lehren, selbst aber dagegen zu verstoßen.

Um denkbaren Einwänden gegen seine Ausführungen zuvorzukommen, betont Paulus die Treue und Gerechtigkeit Gottes (3,1–8). Danach läuft die Gerichtsrede auf ihren Höhepunkt zu (3,9–20). Die gesamte Menschheit steht unter der Sünde und ist dem Vernichtungsgericht Gottes scheinbar unentrinnbar verfallen. Das Gesetz des Mose kann dem Sünder also nur negativ deutlich machen, wo er gesündigt hat; der Mensch kann sich aber dadurch nicht aus eigener Kraft von der Verstrickung in die Sünde befreien.

Die Offenbarung der Gerechtigkeit Gottes (Röm 3,21–31)

Das Evangelium des Paulus bleibt nicht bei der abgrundtiefen Einsicht in die Schuldverfallenheit aller Menschen stehen, sondern erschließt den Weg der Errettung durch die Gerechtigkeit Gottes im Glauben. Das im Christusgeschehen sichtbare Heilshandeln Gottes markiert den Anbruch eines neuen Zeitalters. Wenn Paulus von Christus als Sühne oder Sühnmal spricht, verwendet er ein Wort, das im griechischen Alten Testament den Deckel der Bundeslade bezeichnet. Am Versöhnungstag (Yom Kippur) sprengte der Hohepriester im Allerheiligsten des Jerusalemer Tempels das Blut des Opfertieres gegen die vordere Seite der Deckplatte, um Sühne für alle Sünden zu schaffen, die von den Israeliten im Verlauf des Jahres gegen das Heiligtum begangen wurden (Lev 16). Der Sühnetod Jesu wird von Paulus offenkundig als Überbietung des alttestamentlichen Rituals am Yom Kippur verstanden.

Abraham als Vater der Glaubenden und der Ertrag der Rechtfertigung (Röm 4,1–5,11)

Paulus knüpft mit den Ausführungen zur Glaubensgerechtigkeit Abrahams an Gedanken des Galaterbriefes an und setzt dabei neue Akzente. In beiden Briefen begegnet Abraham unter Verweis auf Gen 15 als Stammvater des Glaubens, der Rechtfertigung aus Gnade erfuhr. Dabei wird die zeitliche Priorität der Verheißung gegenüber dem Gesetz betont. Neu gegenüber der Argumentation des Galaterbriefs ist vor allem, dass Paulus nun auch den Beschneidungsbund in seine Darlegung miteinbezieht. Er geht auf den Sachverhalt ein, dass der aus Glauben gerechtfertigte Stammvater Israels in Gen 17 das Gebot der Beschneidung empfängt und befolgt. In diesem Zusammenhang argumentiert Paulus mit der zeitlichen Abfolge der Abrahamerzählungen im Buch Genesis. Da Abraham in Gen 15 als noch Unbeschnittener die Rechtfertigung aus Glauben empfängt, stellt die spätere Beschneidung nicht deren Grund, sondern lediglich deren Besiegelung dar. Dennoch ergibt sich eine Öffnung der Perspektive, indem Abraham nun nicht mehr nur als Vater der Unbeschnittenen, sondern auch der auf dem Weg des Glaubens bleibenden Beschnittenen gilt. Die Abrahamskindschaft ist nicht mehr in einen uneingeschränkten Gegensatz zur Beschneidung gesetzt, sondern die Beschneidung wird in sie integriert. Im weiteren Verlauf seiner Auslegung von Gen 15 betont Paulus am Beispiel Abrahams die Unabhängigkeit des Glaubens vom Gesetz.

Nach der biblischen Untermauerung der Botschaft von der Glaubensgerechtigkeit setzt Paulus die Entfaltung seines Evangeliums fort (5,1–11). Es geht ihm um den Ertrag der Rechtfertigung der Sünder aus Glauben, wobei der Hauptakzent auf der durch den heilvollen Kreuzestod Christi bewirkten Versöhnung mit Gott und der Gewissheit der endzeitlichen Errettung liegt.

Adam und Christus (Röm 5,12–21)

Paulus bringt seine Erörterungen über Sünde und Rechtfertigung zum Abschluss. Im Mittelpunkt des Briefabschnitts steht der Gegensatz von Herrschaft der Sünde und Herrschaft der Gnade. Veranschaulicht wird dies durch die Gegenüberstellung von Adam und Christus, deren jeweilige Tat in ihrer Wirkung für die Menschen

Von Cäsarea aus schiffte sich Paulus zu seiner ersten Missionsreise ein.

Martin Luthers Turmerlebnis

Röm 1,17 steht im Mittelpunkt der reformatorischen Entdeckung Martin Luthers, die er um 1518 im Studierturm des Wittenberger Augustinerklosters gewonnen haben will. Luther beschreibt sein Turmerlebnis als Einsicht in ein völlig neues Verständnis der Gerechtigkeit Gottes. Bis dahin hatte er diesen Begriff immer als aktive Gerechtigkeit Gottes aufgefasst, die sich in der angemessenen Bestrafung der Sünder zeigt, und war am Evangelium verzweifelt. Nachdem Luther Tag und Nacht unablässig mit dem Sinn von Röm 1,17 gerungen hatte, wurde er auf den inneren Zusammenhang zweier Sätze aufmerksam: „Denn darin (im Evangelium) wird offenbart die Gerechtigkeit Gottes" und „Der Gerechte lebt aus Glauben". Auf diesem Weg erschloss sich ihm das neue, befreiende Verständnis der Gerechtigkeit Gottes als passiver Gerechtigkeit, mittels derer der barmherzige Gott den Sünder durch den Glauben rechtfertigt.

bedacht wird. Unter Verweis auf die Sündenfallgeschichte wird die Teilhabe aller Menschen an Adams Sünde und ihren Folgen, nämlich dem Tod, thematisiert. Es handelt sich um eine Ursünde mit Breitenwirkung auf die gesamte Menschheit. Paulus kann dabei auf traditionelle Adam-Lehren aus der jüdischen Weisheit und Apokalyptik zurückgreifen. Dort wird im Zuge von Reflexionen über die Verbreitung der Sünde der Sündenfall Adams als Ursprung allen menschlichen Sündigens und dadurch bedingten Todesleidens namhaft gemacht. Im Hinblick auf das Verhältnis von Sünde und Gesetz stellt Paulus klar, dass das Schuldverhängnis der Sünde bereits vor der Gesetzgebung am Sinai unentrinnbar auf der Menschheit lastete. Mit dem Erlass des Gesetzes wird die Sünde dem Menschen rechtskräftig auf sein endzeitliches Schuldkonto angerechnet. Der Tat Adams steht die Tat Jesu Christi antithetisch gegenüber. Während Adam alle Menschen in den Strudel der Sünde riss, hat Christus durch seinen Kreuzestod die ungleich schwierigere Umkehrung dieses Prozesses vollbracht, indem er alle Menschen von der Macht der Sünde und des Todes befreite.

Taufe und neues Leben (Röm 6,1–23)

Paulus wendet sich gegen ein denkbares Missverständnis. In Röm 5,20 hatte er die These aufgestellt, dass das Gesetz eine Steigerung der Sünde bewirkt, jedes Anwachsen der Sünde aber von einem noch größeren Anwachsen der Gnade begleitet wird. Dies könnte als Anreiz verstanden werden, möglichst tief in die Sünde verstrickt zu bleiben, um in den Genuss möglichst großer Gnade zu kommen. Demgegenüber verweist Paulus darauf, dass Sünde und Tod durch Jesu Sterben ein für alle Mal überwunden sind. Der Ort, wo sich diese heilvolle Zueignung des Todes Christi vollzieht, ist die Taufe. Paulus interpretiert sie unter Rückgriff auf Gemeindetradition als Teilhabe am Todes- und Auferstehungsgeschick Christi. Die Getauften sind mit ihm gestorben, durch ihn von der Macht der Sünde befreit und können auf die endzeitliche Auferstehungsherrlichkeit hoffen. Dieser Heilsgabe ist mit einem Wandel in der Neuheit des Lebens Rechnung zu tragen. Aus dem mit der Taufe verbundenen Herrschaftswechsel erwächst die ethische Verpflichtung. Durch die Taufe sind die Gläubigen nicht mehr Sklaven der Sünde, sondern Diener der Gerechtigkeit.

Die Freiheit vom Gesetz (Röm 7,1–25)

Was Paulus über die Freiheit von der Sünde gesagt hat, präzisiert er als Freiheit vom Gesetz. Dabei versucht er anhand eines Beispiels aus dem Eherecht das Ende der Herrschaft des Gesetzes aus dem Gesetz selbst herzuleiten (7,1–6). Der Tod, der eine alte Bindung beendet und eine neue ermöglicht, bildet die Zäsur zwischen dem alten Menschen und dem neuen Menschen. Wie durch den Tod des Mannes die Rechtskraft der Ehe erlischt und die Frau frei für eine neue Bindung wird, haben die Gläubigen durch Christi Lebenshingabe Freiheit vom Gesetz erlangt. Da Christus am Kreuz den Tod aller Menschen als Folge ihrer Sünde stellvertretend auf sich genommen hat und die Taufe die Christen mit diesem Heilsgeschick verbindet, sind sie der Macht des Gesetzes als dem tötenden Buchstaben entzogen.

Im Folgenden (7,7–25) beschreibt Paulus weniger seine eigenen früheren Erlebnisse im Umgang mit dem Gesetz als vielmehr die generelle Erfahrung eines jeden Christen vor der Bekehrung. Dabei geht es um den Gegensatz, zwar das Gute tun zu wollen, dann aber doch das Böse zu tun. Zur Abwehr des Missverständnisses, das Gesetz selbst sei Sünde und Todesmacht, wird eine Apologie geboten: Das Gesetz an sich ist heilig, gerecht und gut. Erst in den Händen der Sünde verkehrte es sich zur Unheilsmacht und ließ das Ich ein Kind des Todes werden. Dabei handelt es sich um einen Rückblick in die vorchristliche Vergangenheit, der das notwendige Scheitern des adamitischen Menschen am Gesetz in seiner grundsätzlichen Dimension entfaltet und dank der Rettung in Christus für die Getauften seinen Schrecken verloren hat.

Das neue Leben im Geist (Röm 8,1–39)

Paulus nimmt nun die Befreiung vom Gesetz der Sünde und des Todes in den Blick, die durch den Wandel in der Kraft des Geistes gekennzeichnet ist. Zunächst beschreibt er in christologischer Bekenntnistradition mit Opferterminologie das Ereignis der Befreiung (8,1–11). Durch das Christusgeschehen ist die Rechtsforderung des Gesetzes erfüllt worden. Weil der fleischgewordene Gottessohn ohne Sünde ist, kann er das von Gott geforderte Sündopfer werden. Der Geist Gottes, der in der Auferweckung Jesu seine Macht bewiesen hat, wohnt in den Gläubigen und bürgt für deren künftige Auferweckung zu neuem Leben. Als Zwischenfazit ergibt sich, dass denen, die sich in ihrem Alltag vom Geist leiten lassen, die Gotteskindschaft gehört (8,12–17).

Der nachfolgende Abschnitt (8,18–30) entfaltet das Motiv der Leidensbereitschaft als Wesensmerkmal der Gotteskindschaft. Die kommende Herrlichkeit ist unter dem Kreuz verborgen und wird nur in der Teilhabe an den Leiden Christi erfahrbar. Einzigartig im Neuen Testament ist die Vorstellung, dass die gesamte Schöpfung infolge des Sündenfalls am Leiden partizipiert und nach der kommenden Erlösung Ausschau hält, bei der sie von der Vergänglichkeit befreit und erneuert werden wird. Die Abhandlung über das neue Leben im Geist schließt mit einem Siegeslied voller Heilsgewissheit (8,31–39). Was auch immer es an feindlichen Mächten und Gewalten geben mag – keine davon hat die Kraft, die Gläubigen von der in Jesus Christus wirksam gewordenen Liebe Gottes zu trennen.

Die Gottesgerechtigkeit und das Schicksal Israels (Röm 9,1–11,36)

Paulus spitzt das Thema der Offenbarung der Gerechtigkeit Gottes auf die aktuelle Frage nach dem Weg Gottes mit seinem Volk Israel zu. Er beteuert, dass sein Herz an Israel hängt, und ist von dessen Rettung am Ende der Tage überzeugt. Zunächst werden die Schuld Israels und die Souveränität des Handelns Gottes betont (9,1–10,21). Nach einer einleitenden Klage um Israel, das sich mehrheitlich dem Evangelium verschließt, steht Gottes freies Erwählungshandeln im Mittelpunkt der Betrachtung. Isaak und Ismael sind beide leibliche Nachkommen Abrahams, doch nur Isaak wird durch das berufende Wort die eigentliche Abrahamskindschaft zuteil. Die Teilhabe an den an Israel ergangenen Verheißungen wird nicht durch Blutsbande konstituiert, sondern unterliegt der Erwählung. Selbst wenn Gott Israel verstoßen würde, wäre er nicht ungerecht. Diese Lehre von Gottes freier Gnadenwahl wird anhand des Töpfergleichnisses anschaulich illustriert. Danach wird Israels Ferne von Christus thematisiert. Es hat die Glaubensgerechtigkeit verfehlt und ist an Christus als dem „Stein des Anstoßes" zu Fall gekommen. Paulus attestiert Israel Eifer für Gott, sieht diesen aber auf den falschen Weg gerichtet.

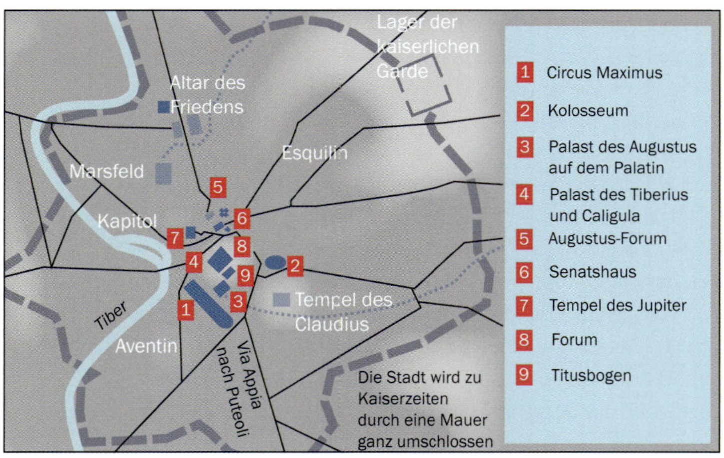

Rom zur Zeit des Neuen Testaments

Nachdem die Unentschuldbarkeit Israels aufgewiesen ist, läuft die Argumentation auf die Frage zu, ob Gott sein Volk verstoßen hat. Paulus lehnt dies entschieden ab und verweist auf das Mysterium der Verstockung und die Erlösung Israels (11,1–36): Der Ungehorsam Israels wird in heilsgeschichtlicher Perspektive als eine von Gott gewollte und zeitlich befristete Verstockung betrachtet. Israels Scheitern am Evangelium kommt der Errettung der nicht jüdischen Völkerwelt zugute, indem es den Heiden unverhofften Heilsgewinn beschert. Mit einem Gleichnis wird die bleibende Heilsbedeutung Israels veranschaulicht. Wie ein kleiner Teil vom ersten Brotteig der neuen Kornernte, der am Tempel als „Hebopfer" dargebracht wird, den ganzen Teig des Jahres heiligt, so wird Israel in seiner Gesamtheit durch die Erwählung der Erzväter geheiligt. Das Bild vom Ölbaum und den Zweigen bezieht sich auf die Praxis, bei der alte Ölbäume durch das Einpfropfen wilder Ölzweige zu neuem Wachstum gebracht wurden. Paulus warnt die Christusgläubigen aus der Völkerwelt vor Überheblichkeit gegenüber Israel: Sie sind nachträglich eingepfropft worden und werden von der Wurzel getragen, nämlich den Verheißungen, die Israel gegeben worden waren; jederzeit können sie wieder aus dem Stamm entfernt werden. Gleichzeitig wird betont, dass Gott als Schöpfer die Macht hat und willens ist, die Israeliten wieder in den aus der Wurzel Abrahams erwachsenen Ölbaum einzupfropfen, wenn sie von ihrem Unglauben befreit sind.

Damit ist die Frage nach der Rettung Israels angesprochen, auf die Paulus in kühner prophetischer Schau eine Antwort gibt. Das Geheimnis besteht darin, dass die Verstockung Israels ihr Ende finden wird, sobald die Vollzahl der Heiden Eingang in das Heil gefunden hat.

Absage an die Judenmission

Vor dem Hintergrund der Schoah und im Bewusstsein der in Röm 11 thematisierten bleibenden Erwählung Israels wird der christlichen Missionierung von Jüdinnen und Juden, die faktisch ohnehin kaum eine Rolle spielt, zunehmend eine Absage erteilt. Eine Vorreiterrolle kommt dabei der Evangelischen Kirche im Rheinland zu, die 1980 in einem Synodenbeschluss die Weichen in diese Richtung stellte und dies 2008 durch einen Beschluss der Kirchenleitung untermauerte. Darin heißt es: *„Die in Röm 11,25–27 ausgesprochene Hoffnung ist das schärfste und schlagkräftigste biblische Argument gegen jede Form der heidenchristlichen Judenmission. Sie ist eine Provokation, die im Laufe der Auslegungsgeschichte dieses Textes immer und immer wieder abgemildert und umgebogen wurde... Die Rettung ganz Israels ist mit Röm 11,25–27 zur Sache Gottes und seines Messias erklärt. Wenn eine Kirche die Rettung Israels zu ihren Aufgaben zählt (also z. B. Judenmission betreibt), maßt sie sich somit an, was nach Überzeugung des Paulus Gott selbst vorbehalten bleibt."*

Ganz Israel wird dann gerettet werden. Mit ganz Israel ist nicht die Kirche als das neue Israel gemeint, sondern im wörtlichen Sinne das reale Volk Israel. Die Rettung Israels am Ende der Tage versteht Paulus offenkundig als eine rätselhafte Hinwendung des nicht mehr verstockten Israels zum Glauben an Christus, die alleinige Tat Gottes an Israel ist und eine Art Sonderweg Gottes mit seinem erwählten Volk darstellt, der an der Kirche vorbeiführt. Die ganz überwiegend aus Heidenchristen bestehende christliche Kirche löst nicht einfach Israel als erwähltes Gottesvolk ab. Sie tritt vorläufig an die Stelle Israels, das den Messias noch nicht erkennt, und hält bis zur endzeitlichen Bekehrung Israels dessen Platz im Heilsgeschehen solidarisch frei. Die christliche Kirche muss sich immer dessen bewusst sein, dass sie an der bleibenden Erwählungs- und Verheißungsgeschichte Israels Anteil hat.

Christlicher Wandel in der Kraft der Liebe (Röm 12–13)

Nachdem Paulus das Thema der Gerechtigkeit Gottes entfaltet und auf die Frage nach dem Geschick Israels zugespitzt hat, wendet er sich nun den praktischen Konsequenzen zu, die sich für das Verhalten der Gemeinde im Zeichen der Rechtfertigung aus Glauben ergeben. Programmatisch wird vorangestellt, dass christliche Ethik der eigentliche Gottesdienst der gerechtfertigten Gläubigen ist: Ihren Alltag in der Welt sollen sie nach den von Christus gesetzten Maßstäben gestalten (12,1–2). Anschließend spricht Paulus von der Gemeinde als Christusleib, dessen Glieder über unterschiedliche Gnadengaben des Geistes verfügen (12,3–8). Dazu gehören die Gabe der Prophetie und die Gabe des Lehrens. Damit der kirchliche Christusleib gesund bleiben und gut funktionieren kann, müssen seine Glieder auf das Gesamtwohl der Gemeinde bedacht sein und Einzelinteressen zurückstellen.

In der Aufforderung zum Wandel in der Liebe (12,9–21) werden allgemeine ethische Maßstäbe thematisiert, die nicht von besonderen Funktionen in der Gemeinde abhängig sind. Die von Paulus vorgetragenen Weisungen kreisen um zwei Pole: Es geht um die innergemeindliche Nächstenliebe und die sich über die Grenzen der Gemeinde hinaus erstreckende Feindesliebe. Mit der Seligpreisung der Verfolger, dem Verbot der Wiedervergeltung und der Aufforderung zur liebevollen Zuwendung gegenüber dem Feind steht Paulus in enger geistiger Nähe zur Bergpredigt. Die Weisungen des Paulus zum rechten Verhalten gegenüber den staatlichen Organen (13,1–7) haben die politische Ethik des Christentums nachhaltig geprägt. Der Apostel betrachtet den Staat zwar nicht als eine unmittelbar von Gott geschaffene Lebensordnung, wohl aber als eine Lebensform, die nach Gottes Anordnung existiert. Die Staatsmacht fungiert als Gottes Dienerin, wenn und indem sie Recht und Ordnung zum Wohle der Bürger durchsetzt. Dabei ist sie auch zur Gewaltausübung berechtigt. Noch nicht im Blickfeld des Paulus liegt die Möglichkeit, eine dem Geist des Evangeliums entsprechende humane Staatsform einzufordern, wie sie der demokratische Rechtsstaat repräsentiert. In Einklang mit der Jesustradition fasst Paulus das gesamte alttestamentliche Gesetz im Liebesgebot zusammen (13,8–10). Die rituellen Vorschriften der Mosetora sind dagegen für die Christusgläubigen ohne Bedeutung. Zudem ist die Ermahnung der Heilszusage nachgeordnet. Rechtfertigung des Menschen aus Glauben zieht nicht ethische Willkür, sondern die Erfüllung des im Liebesgebot zentrierten Gesetzes kraft des Heiligen Geistes nach sich. Der Blick auf das nahe Weltende (13,11–14) gibt der ethischen Unterweisung des Apostels den apokalyptischen Unterbau.

Stellungnahme zu innergemeindlichen Spannungen (Röm 14,1–15,13)

Nach der allgemeinen ethischen Unterweisung richten sich die Mahnungen des Apostels an bestimmte Gruppen in der römischen Gemeinde. Es geht um Streitigkeiten zwischen „Starken" und „Schwachen" im Glauben (14,1–23). Der um die Einhaltung bestimmter Speisevorschriften und Feiertage kreisende Konflikt wird oft als Dissens zwischen Judenchristen und Heidenchristen gedeutet, was aber unsicher bleibt. Die von den Starken unter Verweis auf die Freiheit in Christus abgelehnte Askese der Schwachen umfasst mit der grundsätzlichen Enthaltsamkeit von Fleisch und Wein Dinge, die nicht spezifisch jüdisch sind. Der Appell des Paulus zu gegenseitiger Annahme mündet in ein Verbot des Richtens ein, das mit dem Verweis auf das Endgericht begründet wird. Da alle dereinst vor dem Richterstuhl Gottes zur Rechenschaft gezogen werden, ist das gegenseitige Richten zu unterlassen. Die an die Starken gerichtete Mahnung, die Haltung der Schwachen mit ihren Speisetabus und Feiertagen zu tolerieren, wird durch den Verweis auf das Verhalten Christi untermauert (15,1–13). Da Christus alle Menschen unterschiedslos angenommen hat, indem er allen zur Rettung wurde, sollen auch die Fraktionen in der römischen Gemeinde einander annehmen und Rücksicht üben.

Kollekte und geplante Spanienmission (Röm 15,14–33)

Paulus sieht sich nochmals zur Darlegung seines Apostolats veranlasst, um die Gemeinde von Rom zur Unterstützung für die geplante Spanienmission zu gewinnen. Dabei verweist er auch auf Wundertaten, um die Erfahrung der endzeitlichen Gegenwart Gottes in seinem Wirken zum Ausdruck zu bringen und daraus seine apostolische Autorität abzuleiten. Der bevorstehenden Reise nach Jerusalem zur Übergabe der Kollekte, die auf dem Apostelkonvent vereinbart wurde, sieht Paulus aus doppeltem Grunde mit größter Sorge entgegen: Er fürchtet Verfolgung vonseiten der Juden und rechnet zugleich mit der Möglichkeit, dass die Urgemeinde die Kollekte ablehnen könnte.

Empfehlungen und Grüße (Röm 16)

Die abschließende Grußliste liefert wichtige Informationen über die Gemeindeverhältnisse in Rom und Korinth. Es wird deutlich, dass Paulus den Römerbrief im Hause des Gaius verfasste. Dabei handelt es sich um einen in Korinth ansässigen Christen, den Paulus einst taufte. Die Diakonin Phöbe aus der Korinther Hafenstadt Kenchreä dürfte den Brief nach Rom überbracht haben. Das Beispiel der Junia zeigt, dass auch Frauen das Amt des Apostels innehatten. Gemeinsam mit ihrem Ehemann Andronikus war sie missionarisch tätig. Wenn beide bereits vor Paulus zu Aposteln berufen wurden, zählen sie wahrscheinlich zu den Auferstehungszeugen von 1 Kor 15,7. Mit dem Stadtkämmerer Erastos gehörte einer der hohen städtischen Beamten Korinths zur christlichen Gemeinde. Er ist vermutlich auch inschriftlich belegt. Im Jahr 1929 wurde in Korinth eine lateinische Inschrift gefunden, der zufolge ein gewisser Erastos als Gegenleistung für seine Wahl in ein noch höheres städtisches Amt eine Straße auf eigene Kosten pflastern ließ.

Der erste Korintherbrief – Alltagsprobleme einer christlichen Gemeinde

Der erste Korintherbrief gibt wie kein anderes Schreiben des Apostels tiefe Einblicke in die Alltagsprobleme, das Sozialgefüge und das gottesdienstliche Leben einer urchristlichen Gemeinde.

Korinth verdankt seine Bedeutung der privilegierten Lage am Isthmos, die es zu einem Zentrum von Seefahrt, Handel und wirtschaftlicher Produktion machte. Als Hafenstadt genoss es in der Antike einen ähnlichen Ruf wie heute St. Pauli. Nicht ohne Grund thematisiert der erste Korintherbrief auch mehrere Fälle sexuellen Fehlverhaltens. Die von den Römern zerstörte Stadt war erst im Jahr 44 v. Chr. auf Initiative von Julius Cäsar als römische Kolonie wiederaufgebaut worden. Aufgrund ihrer dyna-

Skandal um Junia

Die Auslegungsgeschichte von Röm 16,7 bietet ein Paradebeispiel frauenfeindlicher Bibelauslegung. Im griechischen Urtext steht die Akkusativform des Frauennamens Junia. Im Mittelalter begann es Auslegern Bauchschmerzen zu bereiten, dass eine Frau das Apostelamt innehatte. Deshalb wurde behauptet, Paulus lasse in Wirklichkeit einen Mann namens Junias grüßen. Dafür, dass der Name Junias in der Antike jemals existierte, gibt es allerdings nicht den geringsten Beweis. Erst nachdem die Bibelwissenschaftlerin Bernadette Brooten 1978 auf diesen Skandal aufmerksam machte, begann sich das Blatt wieder zu wenden. In deutschen Bibelübersetzungen begegnet allerdings in Röm 16,7 zuweilen immer noch der Männername Junias.

mischen Entwicklung hatte sie in den Tagen des Paulus Athen längst den Rang abgelaufen und war Hauptstadt der bis auf Mazedonien ganz Griechenland umfassenden Provinz Achaia. Mit seinem bunten Bevölkerungsgemisch und seinen weitläufigen Handelsbeziehungen war Korinth auch in religiöser Hinsicht eine multikulturelle Stadt. Die wichtigsten Gottheiten und Kulte des alten Griechenland waren ebenso vertreten wie die orientalischen Mysterienreligionen, die Institutionen des römischen Kaiserkultes und die jüdische Gemeinde. Als dynamische Stadt, die für alles Neue offen war, bot Korinth einer jungen Religion wie dem Christentum optimale Voraussetzungen. Nachdem Paulus die von ihm gegründete Gemeinde verlassen hatte, ergaben sich allerdings Probleme unterschiedlichster Art. Der durch einen Fragebrief aus Korinth und besorgniserregende mündliche Informationen veranlasste erste Korintherbrief nimmt dazu Stellung. Er wurde wohl im Frühjahr 54 in Ephesus verfasst.

Der Briefanfang (1 Kor 1,1–7)

Paulus setzt mit einem Präskript und einem Lobpreis ein, wie es für antike Briefe typisch ist. Als Mitabsender des Briefes wird Sosthenes genannt. Bei ihm könnte es sich um den früheren Synagogenvorsteher handeln, der verprügelt worden war (Apg 18,17).

Parteienstreit und Weisheitsstreben (1 Kor 1,10–4,21)

Ausgelöst durch das Weisheitsstreben der Korinther gibt es rivalisierende Gruppierungen, die eine Bedrohung für die Einheit der Gemeinde darstellen (1,10–17). Es haben sich eine Pauluspartei, eine Apollospartei und eine Petruspartei gebildet. Bei der Christuspartei wird es sich dagegen um eine ironische Überzeichnung durch den Apostel handeln. Apollos aus dem ägyptischen Alexandria setzte die Arbeit des Paulus in Korinth fort. Mit seinen rhetorischen Fähigkeiten und seiner Geistbegabung (Apg 18,24–28) gewann er bald einen eigenen Sympathisantenkreis, der Vergleiche mit Paulus anstellte, die den Apostel schlecht dastehen ließen. Die Anhänger der Petruspartei werden ihr theologisches Schulhaupt als Fels der Kirche über Paulus gestellt haben. Im Gegenzug zu diesen Entwicklungen entstand eine Pauluspartei. Sie war wohl in erster Linie aus Personen wie Krispos, Gaius und Stephanas entstanden, die von Paulus bekehrt und getauft worden waren.

Mit der Rede vom Kreuz als Anstoß für die Juden und Torheit für die Griechen (1,18–2,5) bringt Paulus die harte Erfahrung seiner oftmals mit Spott überhäuften Missionsverkündigung zur Sprache. Das Judentum tat sich schwer mit der christlichen Vorstellung eines gekreuzigten Messias. Im Horizont von Dtn 21,23 wurde Jesus als ein von Gott Verfluchter betrachtet. In der griechischen Welt kannte man zwar sterbende und anschließend zu Göttern gewordene Heroen. Dass aber ein Gottessohn als Verbrecher am Kreuz gestorben sein sollte, war schwer vorstellbar. Der hauptsächlich Sklaven und Verbrechern vorbehaltene Kreuzestod mit vorheriger Geißelung ist im römischen Recht eine besonders grausame und schändliche Art zu sterben. Vor diesem Hintergrund kann man ermessen, welche Torheit die paulinische Botschaft von einem gekreuzigten Gottessohn in der gebildeten Welt darstellen musste. Dem Wort vom Kreuz entspricht sowohl die Zusammensetzung der Korinther Gemeinde, die sich überwiegend aus den unteren sozialen Schichten zusammensetzt, als auch das Auftreten des Paulus, das sich an der Kreuzestheologie orientiert und durch Verzicht auf die Weisheit der Welt gekennzeichnet ist.

Nachfolgend spricht Paulus von der verborgenen Weisheit des Evangeliums (2,6–16). Bei dem Begriff „Weisheit“ handelt es sich offenkundig um ein Schlagwort aus Korinth, das Paulus aufgreift. Die Konflikte in der Gemeinde haben mit einer Hochschätzung und Überbewertung von Weisheit zu tun, deren Kehrseite eine Sinnentleerung des Kreuzes ist. Nur schwer zu beantworten ist allerdings die Frage, welche Art von Weisheitstheologie in Korinth den Ton angab. Möglicherweise stehen auf Apollos zurückgehende hellenistisch-jüdische Weisheitsspekulationen aus Alexandria im Hintergrund. Die Korinther könnten Jesus Christus unter Vernachlässigung seines Kreuzestodes als Hypostase (Personifizierung) der Weisheit betrachtet haben. Für Paulus aber erschließt sich der Einblick in die Tiefen Gottes nicht unabhängig von der Tiefe des Kreuzes. Dazu bedarf es nicht der Weisheit der Welt, sondern Gottes verborgener Weisheit, die nur durch den Geist offenbar gemacht wird.

Abschließend greift Paulus das Problem der Parteien erneut auf (3,1–4,21). Nachdem er den Korinthern wegen der Spaltungen nur einen unreifen Glaubensstand bescheinigen konnte, arbeitet er Leitlinien über die wahre Aufgabe und Bedeutung des Amtes der Apostel und Lehrer heraus. Im Vordergrund stehen dabei die Bildkreise des Pflanzens und des Bauens, mit denen veranschaulicht wird, dass die Mitarbeit am Werk Gottes bei aller Verschiedenheit in Eintracht und ohne jedes Konkurrenzdenken zu erfolgen hat. Zugleich werden die Freiheit des Apostels und die damit verbundene Unabhängigkeit gegenüber der Gemeinde betont. Offenkundig gibt es Bestrebungen in Korinth, das Apostolat des Paulus einer kritischen Untersuchung zu unterziehen. Paulus setzt das Bild vom Bediensteten dagegen, der allein seinem Herrn Treue schuldet. Richterliches Handeln über den apostolischen Dienst des Paulus bleibt allein Gott vorbehalten. Mit einer Reihe von ironischen Fragen und polemischen

Aussagen versucht Paulus, die Korinther zur Besinnung zu bringen und beruft sich auf seine Bedeutung als Gemeindegründer und geistlicher Vater.

Ethische Missstände in der Gemeinde (1 Kor 5,1–6,20)

Paulus prangert an, dass ein Mitglied der Gemeinde ein eheähnliches Verhältnis zur eigenen Stiefmutter unterhält (5,1–13). Dabei handelt es sich um eine sexuelle Beziehung innerhalb des Familienverbundes, wie sie vom Alten Testament streng untersagt wird (Lev 18,8). Die Korinther sollen sich zusammenfinden und einen sakralen Fluch über den Sünder aussprechen, damit dieser körperlich zu Schaden komme. Sein Fehlverhalten kann für Paulus nur den Ausschluss aus der Gemeinde nach sich ziehen, damit diese nicht wie ein Teig durchsäuert wird von der Sünde. Der in diesem Zusammenhang erwähnte frühere Brief an die Korinther ist nicht überliefert.

Die Heilige Familie gilt in der christlichen Tradition oftmals als Vorbild der sittsamen Familie.

Ein weiterer Missstand betrifft Rechtsstreitigkeiten unter Gemeindegliedern (6,1–11). Paulus betrachtet es als einen unhaltbaren Zustand, dass Gläubige in Korinth vor weltlichen Gerichten gegeneinander prozessieren. Wahrscheinlich geht es um finanzielle Ansprüche, die auf zivilrechtlichem Wege durchgesetzt wurden. Der Apostel fordert die innergemeindliche Schlichtung solcher Angelegenheiten. Noch besser wäre es, wenn Christen auf Ansprüche verzichteten, anstatt andere womöglich wirtschaftlich zu schädigen. In einem Lasterkatalog erinnert Paulus die Korinther an ihre früheren Verfehlungen, die mit der Taufe bereinigt sind. Wenn dabei auch die Homosexualität als ein für Gläubige überwundenes Laster genannt wird, darf dies nicht unreflektiert auf die Gegenwart übertragen werden. In der Antike tritt Homosexualität überwiegend im Kontext käuflicher Liebe, häufig wechselnder Beziehungen und Päderastie auf. Zudem geht Paulus anders als die heutige Wissenschaft davon aus, dass der Mensch sich aus freien Stücken für eine heterosexuelle Orientierung entscheiden kann.

In der Warnung vor Unzucht (6,12–20) geht es um Prostitution, die in der antiken Welt an der Tagesordnung war. Man begegnete ihr in der Taverne, in der Therme oder beim Friseur. Der Gang zur Dirne wurde auch von Christen in Korinth als etwas Normales betrachtet. Sie argumentierten, dass nur der Geist Christus gehöre und sie über den Leib frei verfügen könnten. Paulus widerspricht dem energisch. Weil die Auferstehung von den Toten leiblich erfolgen wird, gehört nicht nur die Seele, sondern auch der Körper Christus. Die ganze Person ist in die Kirche als Christusleib eingegliedert. Dies ist ein exklusiver Bezug, der es verbietet, den eigenen Leib zu einem Glied der Dirne zu machen.

Fragen von Ehe- und Ehelosigkeit (1 Kor 7,1–40)

In der Gemeinde von Korinth gab es eine asketische Fraktion, welche die Ehe grundsätzlich ablehnte und sexuelle Enthaltsamkeit forderte (7,1–7). Paulus betont, dass sich eine zölibatäre Existenz nicht aus eigener Anstrengung verwirklichen lässt, sondern eine Gabe des Geistes darstellt. Wer dieses Charisma nicht besitzt, soll heiraten. Dabei entsteht der Eindruck, dass die Ehe für Paulus in erster Linie ein Sicherheitsventil gegen sexuelle Ausschweifungen darstellt. Die Eheleute sollen sich einander allenfalls für befristete Zeit zum Gebet entziehen, ansonsten aber geschlechtlich füreinander da sein, um nicht der Versuchung zu erliegen.

Nachfolgend entfaltet Paulus sein Eheverständnis, indem er es auf einzelne Gruppierungen in der Gemeinde anwendet (7,8–16). Die Ledigen und Verwitweten sollen in Analogie zu Paulus auf die Ehe bzw. die erneute Eheschließung verzichten, sofern sie sich nicht vor geschlechtlicher Begierde verzehren. Den Verheirateten wird das Scheidungsverbot Jesu in Erinnerung gerufen. Ein besonderes Problem stellten in Korinth Mischehen dar, in denen nur einer der Ehepartner zum Christentum übergetreten war. Wenn der nicht christliche Partner an der Lebensgemeinschaft festhalten will, soll diese nach Auffassung des Paulus vom christlichen Partner nicht gelöst werden. Der Glaube strahlt derart kräftig auf die Umwelt aus, dass der heidnische Partner und die gemeinsamen Kinder durch den christlichen Partner mitgeheiligt sind.

In einem Exkurs zur Bewährung im Stand der Berufung (7,17–24) stellt Paulus seine Überlegungen zu Ehe- und Ehelosigkeit in einen grundsätzlicheren Rahmen. Jeder soll angesichts des unmittelbar bevorstehenden Weltendes dort seinen Platz behalten, wo ihn der Ruf Gottes ereilte. Nicht der familiäre, religiöse oder gesellschaftliche Stand der Gläubigen ist wichtig, sondern allein das Halten der Gebote. Paulus verdeutlicht dies an den Beispielen der Ehe, Beschneidung und Sklaverei. Seine Aussagen sind vor dem Hintergrund der unmittelbaren Naherwartung zu betrachten und dürfen nicht zu einer grundsätzlichen Rechtfertigung der Sklaverei missbraucht werden, wie es in der Geschichte vielfach getan wurde. Wenn in Christus die Unterschiede aufgehoben sind, können sie für Paulus in der dem Ende entgegengehenden Welt durchaus bestehen bleiben, da sie nicht mehr zählen.

In den Weisungen an ledige und verwitwete Personen (7,25–40) wird das Eheverständnis im Horizont der unmittelbaren Naherwartung auch im Hinblick auf Jungfrauen, Verlobte und Verwitwete entfaltet. Vom Grundtenor her enthalten diese Bestimmungen wenig Neues: Wer heiratet, sündigt zwar nicht, sorgt sich aber zu sehr um die Dinge der Welt. Besser ist es, ledig zu bleiben, um sich in der kurzen Zeit bis zur Wiederkunft Christi uneingeschränkt um die Dinge des Herrn kümmern zu können.

Der Konflikt um den Verzehr von Götzenopferfleisch (1 Kor 8,1–11,1)

Paulus schlägt ein neues Thema an. Es geht um die Frage, ob Christen Götzenopferfleisch verzehren dürfen (8,1–13). Dabei handelt es sich um rituell geschlachtetes Fleisch, bei dem ein Teil des Tieres einer heidnischen Gottheit geopfert worden war, damit man in engen Kontakt mit ihr treten konnte. Die sogenannten „Starken" in Korinth verzehrten solches Fleisch ohne Bedenken und begründeten dies mit dem Monotheismus. Wenn es nur den einen Gott der Bibel gibt, kann von Opferfleisch kein verhängnisvoller Kontakt mit anderen Göttern ausgehen. Paulus teilt diese Sicht, fordert aber Rücksichtnahme gegenüber den „Schwachen", die diese Erkenntnis noch nicht verinnerlicht haben. Sie könnten der Versuchung erliegen, Opferfleisch zu verzehren, und danach von schweren Gewissensbissen gequält werden. Er selbst würde im Zweifelsfall eher gänzlich auf Fleisch verzichten als den schwachen Mitchristen in Gewissenskonflikte zu stürzen.

In einem Exkurs mit Verteidigung seines Apostolats (9,1–27) hält Paulus den auf ihrer Vollmacht beharrenden Starken in Korinth ein persönliches Beispiel des Verzichts auf verbriefte Rechte vor Augen. Gleichzeitig weist er Vorwürfe gegen seine Person zurück. Dabei geht es um das Recht des Apostels auf Unterhalt durch die Gemeinde. Paulus hat darauf verzichtet und sich in Korinth zunächst in seinem erlernten Beruf als Zeltmacher von eigener Hände Arbeit ernährt (Apg 18,3). Deshalb wurde ihm von Gegnern in Korinth vorgeworfen, kein richtiger Apostel zu sein. Der Vergleich des christlichen Lebens mit dem Kampf auf der Rennbahn dürfte dadurch motiviert sein, dass Korinth der Austragungsort der Isthmischen Spiele war.

Unter dem Aspekt von Herrenmahl und Opfermahl (10,1–22) wird die eigentliche Thematik des Abschnitts weiterverfolgt. Die Starken in Korinth beriefen sich beim Verzehr von Opferfleisch auch darauf, dass ihnen dank der Heilsgaben von Taufe und Abendmahl keine Gefahr drohe. Paulus hält das warnende Beispiel Israels entgegen. Obwohl die Väter in der Wüste Vorabbildungen der Sakramente besaßen, sind sie zum Götzendienst abgefallen und dabei zu Tode gekommen. Die Wolke, die Israel beim Auszug aus Ägypten begleitete, wird wegen ihrer schützenden Funktion auf die Taufe gedeutet, während das Manna und der Wasser spendende Fels der Wüstenzeit die Abendmahlselemente verkörpern. Die Korinther sollen Lehren aus dem Schicksal der Exodusgeneration ziehen. Es wurde den Gläubigen, denen das Ende der Zeiten und damit auch das Gericht bevorsteht, zur Warnung aufgeschrieben. Nachdem Paulus herausgestellt hat, dass Sakramente ethische Bewährung erfordern und nicht gegen Versuchung immun machen, wendet er sich der Unvereinbarkeit von heidnischem Kultmahlzeiten und christlichem Herrenmahl zu. Hier wie dort kommt eine Gemeinschaft mit der Gottheit zustande. Die im Abendmahl entstehende Gemeinschaft mit Leib und Blut Christi schließt die im Opfermahl entstehende Gemeinschaft mit heidnischen Gottheiten aus. In diesem speziellen Fall geht für Paulus von Opferfleisch eine ernsthafte, im Zweifelsfall tödliche Gefahr aus.

Die abschließenden Ausführungen zum Thema (10,23–11,1) knüpfen an den Gedankengang von 1 Kor 8 an. Der Genuss von Opferfleisch ist grundsätzlich erlaubt, aber nicht alles nützt und nicht alles baut die Gemeinde auf. Anstatt auf die eigene Freiheit soll man deutlich mehr auf das Wohl des anderen bedacht sein. Diese Leitlinie wird auf zwei weitere Berührungspunkte mit Opferfleisch angewandt, nämlich das Konsumverhalten auf dem Fleischmarkt und den Umgang mit Privateinladungen durch Heiden. Alles Fleisch, das auf dem Markt angeboten wird oder in fremden Häusern auf dem Tisch

Das Verständnis der Abendmahlsworte

Zwischen den christlichen Kirchen gibt es tief greifende Differenzen im Verständnis der Einsetzungsworte zum Abendmahl. Nach katholischem Glauben erfolgt innerhalb des Hochgebets der Messe eine dauerhafte Wesensverwandlung (Transsubstantiation) von Brot und Wein in Leib und Blut Christi. Die lutherische Abendmahlslehre nimmt ebenfalls eine Realpräsenz von Leib und Blut Christi in Brot und Wein an, sieht diese aber nur während des gottesdienstlichen Vollzugs gegeben und lehnt Spekulationen über eine Wandlung ab. Für die reformierte Tradition ist dagegen ein gleichnishaft-symbolisches Verständnis von Brot- und Kelchwort charakteristisch.

steht, kann unbedenklich gegessen werden, ohne dass man Untersuchungen anstellen müsste. Die Grenzen dieser Freiheit sind dann erreicht, wenn man ausdrücklich darauf aufmerksam gemacht wird, dass es sich um Opferfleisch handelt. In diesem Fall ist wieder Rücksichtnahme gegenüber solchen Christinnen und Christen geboten, die sich wegen des Verzehrs von Opferfleisch das Gewissen zermartern würden.

Fragen des Gottesdienstes (1 Kor 11,2–34)

Paulus wendet sich nun Problemen zu, die mit dem Gottesdienst in Korinth zusammenhängen. Zunächst geht es um das Auftreten der Frau (11,2–16). Die Kritik des Apostels zielt auf Frauen ab, die mit offenem oder unbedecktem Haar zum Gottesdienst erscheinen, wie sie es aus ihrer vorchristlichen Vergangenheit gewohnt sind. Nach dem alttestamentlichen Gesetz verbindet sich mit offenem Haar kultische Unreinheit (Lev 13,45) und der Verdacht auf Ehebruch (Num 5,18). Deshalb fordert Paulus, dass die Frau ihr Haupt mit dem Haar verhüllt. Dass der Mann im Gegensatz zur Frau den Kopf nicht bedecken soll, wird schöpfungstheologisch mit seiner gottgewollten Vormachtstellung begründet. Aus der Aussage von Gen 2, dass Eva aus Adams Rippe geschaffen wurde, folgert Paulus, dass nur der Mann ein Abbild Gottes sei. Der Frau wird in Übereinstimmung mit bestimmten Strömungen rabbinischer Bibelexegese die direkte Ebenbildlichkeit Gottes abgesprochen. Dies ist eine problematische Aussage, die im Widerspruch zu Gen 1 steht.

Eine massive Bedrohung für die Einheit der Gemeinde stellen sozial bedingte Spaltungen beim Herrenmahl dar (11,17–34), das im Rahmen des sonntäglichen Abendgottesdienstes gefeiert wurde. In die symbolische Kulthandlung war ein Sättigungsmahl eingebettet, zu dem alle etwas beisteuerten. Die wenigen wohlhabenden Gemeindemitglieder brachten reichlichere Vorräte mit, damit auch die Armen daran teilhaben konnten. Die Konflikte beim Herrenmahl entzündeten sich daran, dass die wohlhabenden Gemeindeglieder ihre mitgebrachten Lebensmittel bereits vor der eigentlichen Herrenmahlsfeier zu verzehren begannen. Dies diente vermutlich einer Überbrückung der Wartezeit bis zum Gottesdienstbeginn. Die Folge war eine Beschämung der auf die letzte Minute Kommenden, bei denen es sich wohl in erster Linie um Sklaven oder abhängig Beschäftigte handelte. Ihnen wurde zudem ein Teil der für die Gemeinschaftsfeier gedachten Lebensmittel vorenthalten. Zur Eindämmung der Probleme ruft Paulus den Korinthern die Stiftung des Herrenmahls durch Jesus Christus in Erinnerung. Die Begehung des Mahls hat die Funktion, den Tod des Herrn bis zu dessen Wiederkehr zu verkündigen. Das Herrenmahl wird in den Schatten des Kreuzes gestellt und unter den mit der Wiederkunft Christi verbundenen Gerichtsgedanken gerückt. Die Fehlgestaltung der Mahlfeier in Korinth ist keine Nebensache. Wer die im Herrenmahl sichtbare Gemeinschaft am Christusleib missachtet, indem er durch rücksichtsloses Verhalten die sozial Schwächeren in der Gemeinde beschämt, kommt nicht ungeschoren davon. Um dies zu illustrieren, stellt Paulus sogar einen kausalen Zusammenhang zwischen Krankheits- oder Todesfällen in der Gemeinde und dem Fehlverhalten beim Herrenmahl her. Aus diesen grundsätzlichen Erwägungen erwächst die konkrete Anweisung, beim Essen aufeinander zu warten. Im Zweifelsfall ist es besser, zu Hause Hunger und Durst zu stillen, als beim Herrenmahl das Gericht für sich heraufzubeschwören und damit Krankheit oder Tod zu riskieren.

Geistesgaben und kirchlicher Christusleib (1 Kor 12,1–14,40)

Paulus greift mit seinen Äußerungen zu den Geistesgaben ein weiteres Thema des Fragebriefs aus Korinth auf. Zunächst erinnert er an die heidnische Vergangenheit der Gemeindeglieder und stellt klar, dass der Geistbesitz Kriterium des Christseins ist (12,1–3). Danach vermittelt er mit seiner Auflistung der geistgewirkten Gaben einen einzigartigen Einblick in die Vielgestaltigkeit frühchristlichen Gemeindelebens (12,4–11). Dabei zeigt sich, dass er auch die Befähigung zu charismatischen Heilungen zu den Gaben des Geistes zählt. Die Zungenrede ist von Paulus wohl mit kritischer Ausrichtung bewusst an den Schluss gestellt worden. Die Geistesgaben erlangen nicht aus sich selbst heraus Legitimation, sondern sind daran zu messen, inwieweit sie dem Aufbau der Gemeinde dienen.

Dieser Silberbecher wurde von frühen Christen zum Abendmahl genutzt. Oströmisches Reich, um 500

Einheitlichkeit und Verschiedenheit der Befähigungen bleiben auch bei den Ausführungen zum kirchlichen Christusleib (12,12–31), in den alle kraft Taufe und Geistverleihung eingegliedert sind, das beherrschende Thema. Den Problemen, die in Korinth mit einer Überbewertung einzelner Geistesgaben entstanden sind, begegnet Paulus mit dem bekannten Bild vom Gemeinwesen als Organismus, bei dem alle Teile aufeinander angewiesen sind. Die Gemeinde ist der Christusleib, dessen reibungsloses Funktionieren vom harmonischen Zusammenwirken seiner Glieder abhängt. Das bekannteste Vorbild ist die Fabel des Menenius Agrippa, mit der er die Plebs Roms, die aus Pro-

Glaube an die Auferstehung

Der Glaube an die Auferstehung der Toten ist das zentrale Hoffnungsbild des Christentums. Er beinhaltet die Gewissheit, dass in Christus die Macht des Todes überwunden wurde und der Schöpfergott den Gläubigen Anteil am ewigen Leben schenkt. Dem Alten Testament ist die Vorstellung der Auferstehung als Beginn unvergänglichen neuen Lebens noch weitgehend fremd. Sie ist erstmals im Buch Daniel im 2. Jh. v. Chr. voll entfaltet. In der griechischen Welt wurde entweder in Anlehnung an Epikur die Vorstellung vertreten, dass mit dem Tod alles aus sei, oder unter dem Einfluss Platons an ein Weiterleben der vom vergänglichen Körper befreiten Seele geglaubt.

test gegenüber den Patriziern die Stadt verlassen hatte, zur Rückkehr bewegte: Als die Körperglieder aus Protest gegenüber dem scheinbar faulen Magen die Arbeit einstellen, leiden sie selbst und erkennen, dass auch der Magen mit der Verdauung der Speise einen wichtigen Dienst verrichtet. Ähnlich wie in der römischen Fabel stellt Paulus heraus, dass die Gemeinschaft nur dann funktioniert, wenn alle Glieder einträchtig füreinander sorgen. Die Korinther sollen ihre Charismen zum Nutzen des übergeordneten Ganzen einbringen und gleichzeitig Toleranz üben, da die Gemeinde als Organismus auf all ihre Teile angewiesen ist. Zum Abschluss gibt Paulus eine Ämterordnung wieder, wobei die Reihenfolge auch eine Wertigkeit zum Ausdruck bringt. Es handelt sich um ein frühes Zeugnis der kirchlichen Hierarchie, die aber noch nicht verfestigt ist.

Das Hohelied der Liebe (13,1–13) wirkt an dieser Stelle auf den ersten Blick wie ein Fremdkörper, spielt aber im argumentativen Duktus eine wichtige Rolle. Paulus greift einen traditionellen Hymnus auf, der keine unverwechselbar christlichen Motive enthält und Parallelen in der hellenistischen Umwelt des Neuen Testamentes besitzt. Am nächsten kommt ihm ein Loblied auf die Liebe bei dem im 2. Jh. lebenden Platoniker Maximus von Tyrus. Der Grundtenor des von Paulus rezitierten Liedes geht dahin, dass ohne die Liebe als grundlegende Gabe des Geistes auch die höchsten Charismen nichts wert sind. Entscheidender Gesichtspunkt für die Beurteilung der Geistesgaben ist die Liebe.

Nachfolgend geht es konkret um das Verhältnis von Prophetie und Glossolalie (14,1–40), die nach dem Maßstab des Nutzens für den Aufbau der Gemeinde beurteilt werden. Die Glossolalie, das mysteriöse und verzückte Reden in Zungen, galt in Korinth offenkundig als besonderes Zeichen des Geistbesitzes. Paulus räumt der Prophetie eine klare Vorrangstellung ein und versucht, die Gemeinde von ihrer Überbetonung der Glossolalie abzubringen. Die nicht übersetzte Zungenrede wird als reine Selbsterbauung bewertet, die in den Privatbereich gehört und im Gottesdienst verstummen soll. Mit dem Gebot an die Frau, im Gottesdienst zu schweigen (14,33b–35), ist in die Ausführungen zu Prophetie und Zungenrede einer der umstrittensten Texte des Neuen Testamentes eingebettet. Für den Apostel ist die aktive Beteiligung der Frau am Gottesdienst durch Gebet und Prophetie (11,5.13) etwas Selbstverständliches. Wenn der Abschnitt von Paulus stammt, kann er sich allenfalls auf das Dazwischenreden beziehen. Wahrscheinlicher ist aber ein späterer Einschub in die Handschriften. Das Schweigegebot spiegelt die Stellung der Frau in nachpaulinischer Zeit wider. Da Frauen in gnostischen Gruppierungen eine führende Rolle einnahmen und man sich von diesen deutlich unterscheiden wollte, wurden Frauen im großkirchlichen Christentum aus der Lehre und Verkündigung verdrängt.

Der Streit um die Auferstehung der Toten (1 Kor 15,1–58)

Die Aussagen über das Christusgeschehen (15,1–11) dienen als argumentative Grundlage für die Auseinandersetzung mit Auferstehungsleugnern in Korinth. Paulus zitiert eine von ihm empfangene und bei Gemeindegründung weitergegebene Bekenntnistradition, die Stellvertretungstod, Begräbnis, Auferstehung und Erscheinungen Christi zusammenfasst. Kephas (Petrus) war nach dieser alten Formel der erste, dem der auferstandene Herr sich zeigte. Von Maria Magdalena, die nach Darstellung von Matthäus und Johannes dem Auferstandenen am leeren Grab begegnete, ist keine Rede. Am Ende ordnet sich Paulus mit seinem Damaskuserlebnis, das der Ostererfahrung der anderen in nichts nachsteht, in die Reihe der Erscheinungszeugen ein.

Nach dieser Grundlegung kommt Paulus zum eigentlichen Thema (15,12–58). Einige in Korinth behaupten, dass es keine Auferstehung gebe. Manche vermuten, dass die betreffenden Korinther unter dem Einfluss der Lehren Epikurs der Auffassung waren, mit dem Tod sei alles aus. Andere nehmen an, es habe sich wie in 2 Tim 2,18 um Enthusiasten gehandelt, die sich kraft der Taufe schon im Besitz des ewigen Lebens sahen und in diesem Sinne die Auferstehung als bereits geschehen betrachteten. Am wahrscheinlichsten ist aber eine Ablehnung der Auferstehung wegen der damit verbundenen Leiblichkeit. Hinter den von Paulus kritisierten Korinthern steckten wohl Personen, die im Horizont der Philosophie Platons von Seelenwanderung oder einer Himmelfahrt der Seele ausgingen. Erlösung und ewiges Leben bestand für sie darin, dass die kraft der Taufe vom Geist getränkte Seele den Körper abstreifte und in die himmlischen Gefilde aufstieg. Dazu passt ihre Praxis der Totentaufe, bei der sich Lebende stellvertretend für bereits Verstorbene taufen ließen, um deren Seelen nachträglich noch den Geist zukommen zu lassen.

Für Paulus stellen die Auferweckung Christi und die Auferweckung der Christen eine unverbrüchliche Einheit dar. Wenn jene nicht auferstünden, wäre auch dieser nicht auferstanden und der gesamte Glaube leer. Die Vorbildbedeutung des Ostergeschehens für das Heilsschicksal der Gläubigen wird durch eine Gegenüberstellung von Adam und Christus entfaltet. Der Sündenfall Adams wird als Ursache der Sterblichkeit des Menschen benannt, durch Christus ist Unsterblichkeit in Form von künftiger Auferstehung in die Welt gekommen. Wie sich das Endzeitgeschehen abspielt, wird in apokalyptischen Bildern erläutert, die an 1 Thess 4,13–18 anknüpfen. Die Auferweckung der zu Christus gehörenden Gläubigen erfolgt bei seiner endzeitlichen Wiederkunft. Der Schlussakt des apokalyptischen Dramas wird mit dem Ende dieser Weltzeit erreicht und ist dadurch gekennzeichnet, dass Christus nach Unterwerfung aller feindlichen Mächte die Regentschaft an den Vater zurückgibt. Neu gegenüber dem ersten Thessalonicherbrief ist die Vorstellung der Wandlung. Paulus sieht die Beziehung zwischen Todesleib und Auferstehungsleib durch Anknüpfung wie Neubeginn gekennzeichnet. Der Tod bringt für die Gläubigen ebenso wenig einen bloßen Übergang der Seele in eine andere Welt wie eine ungebrochene Auferstehung des Fleisches mit sich, sondern bedeutet ein ganzheitliches Vergehen des Erdenleibes mit nachfolgender Neuschöpfung eines Himmelsleibes. Plastisch zum Ausdruck gebracht wird dies mit dem Bild vom Samenkorn, das nackt in die Erde gelegt wird und bekleidet wieder hervorkommt. Die Leiber der bei der Wiederkunft des Herrn noch Lebenden, zu denen Paulus sich selbst im Horizont unmittelbarer Naherwartung zählt, werden ebenfalls verwandelt werden. Als Ergebnis des endzeitlichen Geschehens ist der Tod definitiv besiegt. Mit der Aussage, dass der Stachel des Todes die Sünde ist, die Kraft der Sünde aber das Gesetz, deutet sich in ersten Ansätzen die Theologie des Römerbriefes an.

Mitteilungen und Grüße (1 Kor 16,1–24)

Zunächst geht es um die Kollekte für die Jerusalemer Urgemeinde, die auf dem Apostelkonvent vereinbart wurde. Wie in den Gemeinden Galatiens sollen die Gläubigen am ersten Tag der Woche, dem Sonntag, Geld dafür zurücklegen. Anschließend legt Paulus seine Reisepläne dar und teilt mit, dass er noch bis zum Pfingstfest in Ephesus bleiben wolle. Den Korinthern wird ein Besuch des Timotheus mit der Bitte um freundliche Aufnahme angekündigt. Nach Mahnungen zu Wachsamkeit, Standhaftigkeit und Liebe bringt Paulus seine Freude über den Besuch der Korinther Christen Stephanas, Fortunatus und Achaikus zum Ausdruck, die offenkundig den 1 Kor 7,1 erwähnten Fragebrief nach Ephesus überbracht haben. Von den Christen aus Ephesus, welche Grüße ausrichten lassen, werden Aquila und Prisca eigens erwähnt. Das Ehepaar hatte einst der Korinther Gemeinde angehört und Paulus nach seiner Ankunft Quartier und Arbeit gegeben.

Der zweite Korintherbrief – Eine Geschichte von Tränen und Versöhnung

Der zweite Korintherbrief ist das persönlichste Schreiben des Paulus und gibt tiefe Einblicke in sein Selbstverständnis als Apostel, das er in Auseinandersetzung mit schwersten Angriffen gegen seine Person entfaltet.

Der zweite Korintherbrief ist das Dokument einer schweren Krise zwischen Paulus und der Gemeinde in Korinth. Der im ersten Korintherbrief bereits erkennbare Antipaulinismus ist durch das Auftreten von Aposteln eskaliert, die gegen Paulus Stimmung machten und dabei auf positive Resonanz stießen. Bei einem spontanen Zwischenbesuch in Korinth gelingt es Paulus nicht, die Gemeinde wieder hinter sich zu bringen. Er schreibt daraufhin in Ephesus unter Tränen einen Brief, dessen Schroffheit und Schärfe die Korinther betrübt, und begibt sich über Troas nach Mazedonien. Dort stößt Titus, der diesen sogenannten „Tränenbrief" wohl überbracht hat, wieder zu Paulus und übermittelt diesem die freudige Nachricht, dass die Korinther zum Einlenken bereit sind. Als Folge verfasst Paulus ein Schreiben, das im Ton der Versöhnung gehalten ist.

Der zweite Korintherbrief ist nicht aus einem Guss, sondern wohl eine Zusammenstellung mehrerer Paulusbriefe. Dabei handelt es sich vermutlich um den Tränenbrief (2 Kor 10–13), den Versöhnungsbrief mit Kollektenanweisungen (2 Kor 1–8) und einen besonderen Kollektenbrief (2 Kor 9). Es gibt aber auch die Annahme, dass der Tränenbrief verloren gegangen ist und es sich bei 2 Kor 10–13 um einen Kampfesbrief handelt, den Paulus aufgrund neuer besorgniserregender Nachrichten nach dem Versöhnungsbrief verfasst hat.

Briefeingang (2 Kor 1,1–11)

Die Paulus von Gott vor Damaskus verliehene Apostelwürde bedarf bei den Korinthern weiterhin besonderer Betonung, da sie strittig ist. Der Brief ist auch an Gemeinden in der Umgebung Korinths gerichtet, das Hauptstadt der römischen Provinz Achaia ist. Wie im Galaterbrief verzichtet Paulus auch im zweiten Korintherbrief wegen der massiven Konflikte auf den sonst obligatorischen Eingangsdank für den Glaubensstand der Gemeinde. Die erwähnte Errettung aus Todesgefahr vollzog sich wohl in Ephesus, der Hauptstadt der römischen Provinz Asia. Es könnte sich bei der lebensbedrohlichen Situation um eine Gefangenschaft des Apostels handeln, aus der heraus die Briefe an Philemon und die Philipper geschrieben wurden.

Selbstrechtfertigung und Rückblick (2 Kor 1,12–2,13)

Paulus kommt sofort auf den Vorwurf der Unzuverlässigkeit in seinen Reiseplänen zu sprechen, der gegen ihn erhoben wurde. Er hatte die Zusage eines Besuches in Korinth nicht eingehalten. In einer Selbstrechtfertigung betont er, dass dies angesichts des gespannten Verhältnisses zu den Korinthern bewusst geschah. Während eines Zwischenbesuches, bei dem er seine Autorität retten wollte, war es durch ein Gemeindemitglied zu einer schweren persönlichen Beleidigung des Apostels gekommen. Daraufhin hatte er unter Tränen einen Brief an die Gemeinde verfasst. Nachdem nun der Konflikt bereinigt ist, werden die Korinther um die Wiederaufnahme der betreffenden Person gebeten. Anders als im Falle des Missetäters von 1 Kor 5 hält Paulus wegen des weniger schweren Vergehens einen nur vorübergehenden Ausschluss aus der Gemeinde für gerechtfertigt.

Der wahre Aposteldienst (2 Kor 2,14–6,10)

Mit dem Dank an die Gemeinde für die Größe des Aposteldienstes (2,14–3,6) leitet Paulus zu einem neuen Gedankengang über. Während die Gegner sich durch Empfehlungsbriefe legitimieren, gilt für ihn die Gemeinde in Korinth im übertragenen Sinn als „Brief Christi“; ihr lebendiger Glaube ist der sichtbare Beweis für seine Qualitäten als Apostel. Seine Befähigung zum Aposteldienst begreift Paulus als Geschenk Gottes, der ihn zum Diener eines neuen Bundes berief. Die Gegenüberstellung des Dienstes im alten und im neuen Bund (3,7–3,18) knüpft in einem Rückschluss vom Kleineren auf das Größere an alttestamentliche Aussagen vom Bundesschluss am Sinai und von der Verheißung eines neuen Bundes beim Propheten Jeremia an. Nach Ex 34,29 f. lag ein strahlender Glanz auf dem Gesicht des Mose, als er mit den Gesetzestafeln vom Berg Sinai herabkam. Wenn schon der durch die Gesetzesverkündigung in den Tod führende Dienst des Alten Bundes mit Herrlichkeit in Erscheinung trat, ist dies umso mehr bei dem Dienst im neuen Bund der Fall. In Antithese zum Dienst des Mose verbirgt Paulus die Herrlichkeit nicht, die seine Verkündigung auszeichnet; vielmehr tritt er der Gemeinde unverhüllt in aller Offenheit entgegen. Die von Paulus vorgetragene Deutung der Decke auf Moses Angesicht findet sich weder in Ex 34 noch in jüdischen Auslegungen dieses Textes. Paulus betont erneut, dass er sein Apostelamt der Barmherzigkeit Gottes verdankt (4,1–6) und verbindet dies mit einer Anspielung auf das Damaskuserlebnis. Dieses betrachtet er im Rückblick mit einem Zitat aus Gen 1 als schöpferische Tat Gottes, die mit einer Erleuchtung des Herzens zur Erkenntnis des Christusglaubens verbunden war.

Am Fuß des Apollon-Tempels von Korinth sind noch weitere Überreste dieser blühenden antiken Stadt ausgegraben worden.

Nach diesen Ausführungen zur Herrlichkeit seines Dienstes rückt Paulus seine eigene Schwachheit in den Mittelpunkt (4,7–5,10). Zunächst ruft er ins Gedächtnis, welche Bedrängnis mit seinem Aposteldasein verbunden ist; als tragende Kraft im gegenwärtigen Leiden benennt er dann die Hoffnung auf die Auferstehung. Das Bild vom Leib als Zelt und damit nur vorübergehender Wohnstätte des Selbst, die Nacktheit als Folge der Trennung von Leib und Seele und die Vorstellung von der eigentlichen Heimat im Jenseits mit gleichzeitiger Betrachtung des Diesseits als der Fremde weisen auf den Einfluss hellenistischer Philosophie hin. Vor dem Hintergrund der Leidenserfahrungen in Ephesus sehnt sich der Apostel nach einem Überkleidetwerden mit dem geistlichen Leib. Als Unterpfand des neuen Lebens hat Gott in der Taufe den Geist verliehen, der als unverlierbare Gabe das Sterben überdauert und die Auferstehung mit dem verwandelten Leib gewährleistet. Das apokalyptische Szenario aus 1 Thess 4 und 1 Kor 15, in dem der Herr beim Schall der Posaune wiederkehrt und

Christlicher Antipaulinismus

Paulus war als Apostel bereits zu Lebzeiten äußerst umstritten. Die Gegner in Korinth werfen ihm schwaches Auftreten und mangelnde Machterweise vor. Bei anderen Judenchristen stieß der Apostel mit seinem beschneidungsfreien Evangelium auf heftige Kritik, wie neben dem Galaterbrief und Philipperbrief auch die Apostelgeschichte zeigt. Später wurde Paulus im gesetzestreuen Judenchristentum wegen seiner freizügigen Haltung zur Mosetora sogar bezichtigt, nicht jüdischer Abstammung zu sein. Diese Kritik am Apostel setzt sich bis in den Islam fort. Dort gilt Paulus wegen seiner Preisgabe der Beschneidung und der alttestamentlichen Speisetabus als Verfälscher der Lehren Jesu.

die Erweckung der Toten in Christus einläutet, fehlt. Man kann daher von einem Zurücktreten kosmologisch-apokalyptischer Heilsgeschichte sprechen.

Mit den Ausführungen zur apostolischen Existenz als Dienst der Versöhnung und als Leben aus der Versöhnung (5,11–6,10) erreicht der Abschnitt über das Apostelamt seinen theologischen Höhepunkt. Paulus erinnert die Gemeinde daran, dass sein Dienst ganz von der Versöhnung durch die Heilstat Gottes in Jesus Christus bestimmt ist. Damit wird er in der Existenz für die Gemeinde von der Liebe Christi geprägt. Die in Korinth gegen ihn agierenden Widersacher können sich allenfalls äußerer Vorzüge rühmen, nicht aber ihres Herzens. Das Heilshandeln Gottes durch den stellvertretenden Sühnetod seines Sohnes beschreibt Paulus als göttliches Versöhnungsgeschehen und bietet in diesem Zusammenhang den ältesten Beleg für die Vorstellung von der Sündlosigkeit Christi. Das Verhalten der Verkündiger soll dieser Versöhnungsbotschaft Rechnung tragen, wie es von Paulus unter Verweis auf die von ihm im Apostedienst erlittenen Bedrängnisse und Leiden veranschaulicht wird.

Werben um die Gemeinde (2 Kor 6,11–7,16)

Die direkte Anrede an die Korinther markiert einen Neueinsatz. Paulus appelliert an die Gemeinde, seine Liebe zu erwidern und sich zu einer vollen Versöhnung bereit zu erklären (6,11–13). Die in sich geschlossene Warnung vor der Gemeinschaft mit Götzendienern (6,14–7,1) wirkt deplatziert und ist ein Fremdkörper im Text. Möglicherweise handelt es sich um einen Abschnitt aus dem verloren gegangenen allerersten Brief, den Paulus an die Korinther richtete (1 Kor 5,9). Abschließend verleiht Paulus seiner Freude über die Umkehr der Gemeinde Ausdruck (7,5–16). Inhaltlich nimmt Paulus den Faden von 2,13 wieder auf, der durch die lange Apologie seines Aposteldienstes unterbrochen worden war. In Mazedonien traf der Apostel auf Titus, der die gute Nachricht mit sich führte, dass der Tränenbrief seine Wirkung nicht verfehlt hatte und die Gemeinde von Korinth wieder zu ihrem Gründungsapostel stand.

Die Kollekte für Jerusalem (2 Kor 8,1–9,15)

Paulus richtet einen Aufruf zur Vollendung der Kollektensammlung an die Korinther (8,1–24). Die Gemeinden Mazedoniens, wobei in erster Linie an Philippi und Thessalonike zu denken ist, werden mit ihrem Eifer als Vorbild hingestellt. Nach einem Appell an die Spendefreudigkeit der Korinther kündigt Paulus die Entsendung des Titus mit zwei namentlich nicht genannten Begleitern an, um die Sammlung zum Abschluss zu bringen. Einer von beiden ist von den mazedonischen Gemeinden auch als Gefährte des Paulus für die Übergabe der Kollekte in Jerusalem bestimmt worden. Paulus begrüßt dies, weil so erst gar nicht der Verdacht entstehen kann, er würde Kollektengelder unterschlagen. Die weiteren Kollektenanweisungen (9,1–15), die nun plötzlich den Mazedoniern die Gemeinden der Provinz Achaia als Vorbild vor Augen halten, bieten einen Neuansatz. Es handelt sich wahrscheinlich um einen eigenständigen Kollektenbrief, den Paulus entweder zu einem anderen Zeitpunkt nach Korinth gesandt hatte oder der sich ursprünglich gar nicht an die Korinther gerichtet hatte.

Die Kollekte der paulinischen Gemeinden für die Jerusalemer Urgemeinde stellte die größte uns bekannte Hilfsaktion des Urchristentums dar. Über Jahre hinweg wurde Geld gesammelt und dann um 56 nach Jerusalem gebracht. Ausgangspunkt war die Paulus und Barnabas auf dem Apostelkonvent auferlegte Aufgabe, an die Armen zu denken (Gal 2,10). In der Folgezeit hat sich Paulus mit großem Engagement darum bemüht, dieser Verpflichtung nachzukommen. Da die Verkündigung des Evangeliums in Jerusalem ihren Ausgangspunkt nahm, sah er die von ihm außerhalb Palästinas gegründeten, überwiegend heidenchristlichen Gemeinden in einer Art Dankesschuld gegenüber der Not leidenden Jerusalemer Urgemeinde. Der schicksalhafte letzte Jerusalemaufenthalt des Paulus, der die Verhaftung im Tempel, die Überstellung zunächst nach Cäsarea, dann nach Rom und schließlich den dortigen Märtyrertod mit sich brachte, ist unmittelbar mit der Kollektenübergabe verbunden.

Auseinandersetzung mit Gegnern (2 Kor 10,1–13,10)

Bis zu diesem Punkt blickt das Schreiben auf ein wiedergewonnenes Einvernehmen mit den Korinthern zurück und ist im Grundtenor versöhnlich gehalten. Nun setzt in einer ersten Abrechnung mit den Gegnern (10,1–18) unvermittelt ein scharfer Ton ein, und es wird ein noch schwelender Konflikt erkennbar. Daher dürfte dieser Briefabschnitt als eigenständiges Schreiben zu betrachten sein, wobei es sich um den Tränenbrief (2,4; 7,8) handeln könnte. Paulus kontert den Vorwurf, in seinen Briefen stark aufzutrumpfen, im persönlichen Auftreten aber schwach zu sein, mit dem Verweis auf die Dialektik seiner apostolischen Existenz. In seiner Schwachheit, die sich am Kreuz Christi orientiert, erweist er Stärke zum Kampf für das Evangelium. Bei der Zurückweisung des Vorwurfs der Ruhmsucht geht Paulus zum Gegenangriff über und kritisiert scharf, dass seine Gegner in fremdes Missionsgebiet eingedrungen sind.

Im Mittelpunkt des Briefabschnitts steht die Narrenrede (11,1–12,13). Paulus schlüpft in die Rolle des närrischen Wichtigtuers, um sich in parodistischer Form wie die Gegner in Korinth ebenfalls zu rühmen. Dabei weiß er, dass dies für einen Diener des erniedrigten Christus eine Unmöglichkeit darstellt. Nirgendwo anders betont er derart nachdrücklich, dass er in seiner Existenz als Apostel durch das Kreuz Jesu Christi geprägt ist und sich gerade in seiner Schwachheit als starker Repräsentant des Herrn erweist. In diesem Zusammenhang tritt das Profil der Gegner klarer zutage. Es handelt sich um Missionare jüdischer Herkunft, die sich als Diener Christi bezeichneten, den Aposteltitel für sich in Anspruch nahmen und finanzielle Unterstützung vonseiten der Gemeinde beanspruchten. Anders als die Gegner in Philippi und Galatien führten sie nicht die Beschneidungsforderung der Tora gegen das paulinische Evangelium ins Feld. Als Hauptvorwürfe gegen Paulus machten sie geltend, dass er schwach im Auftreten sei, aufgrund unzureichender Machttaten nicht über die notwendigen „Zeichen des Apostels" verfüge und mit dem Verzicht auf Unterhalt von vornherein den geringen Wert seiner Arbeit einräume. Sie selbst rühmten sich besonderer Offenbarungserlebnisse und Wundertaten. Wenn sie einen anderen Jesus als Paulus verkündigten, vernachlässigten sie wohl die Kreuzestheologie und orientierten sich an Evangelienüberlieferungen, in denen die Hoheit Jesu betont herausgestellt wird. Paulus tritt dem Vorwurf fehlender Machterweise entgegen, indem er am Ende der Narrenrede visionäre Erfahrungen und das Vollbringen von Wundern in Erinnerung ruft. Insgesamt will er sich aber lieber seiner Schwachheit rühmen. Besonderes Gewicht kommt dabei der Aufzählung seiner um des Evangeliums willen erlittenen Leiden (11,24–33) und dem Verweis auf seine Krankheit (12,7–10) zu, die mit schweren, als Faustschläge des Satans bezeichneten Schmerzen verbunden war. Im Hinblick auf den gegen ihn erhobenen Vorwurf armseligen Auftretens und mangelnder Redebegabung betont Paulus, dass Christus selbst ihm den Auftrag gegeben hat, durch Schwäche und Niedrigkeit die Macht des Gekreuzigten manifest werden zu lassen.

Abschließend kommt der Apostel auf seinen bevorstehenden dritten Besuch in Korinth zu sprechen und verbindet dies mit Mahnungen (12,14–13,10). Dabei wird deutlich, dass das innergemeindliche und sittliche Verhalten der Korinther nach wie vor Anlass zur Sorge gibt.

Briefschluss (2 Kor 13,11–13)

Der Briefschluss fällt außergewöhnlich kurz aus. Grüße von Personen aus dem Umfeld des Apostels fehlen ebenso wie Grüße an einzelne Gemeindemitglieder in Korinth. Angesichts der heftigen Kontroversen tritt das persönliche Moment in den Hintergrund.

Der Galaterbrief – Paulusgegner fordern ein anderes Evangelium

Der Galaterbrief des Paulus ist von heftiger Polemik gegen judenchristliche Widersacher geprägt. Diese verkündeten ein „anderes Evangelium", das die Verpflichtung der Christusgläubigen aus der Völkerwelt auf das jüdische Gesetz beinhaltete.

Galatien liegt in der heutigen Türkei. Im Galaterbrief ist das Herzstück der paulinischen Theologie, nämlich die Lehre von der Rechtfertigung des Menschen allein aus dem Glauben an Jesus Christus, erstmals in voller Intensität und Tiefe anzutreffen. Das Schreiben sprengt die Form des antiken Briefes und ist über weite Strecken eine Verteidigungsrede. Veranlasst wurde es durch Vorgänge, die für Paulus den Charakter seines Evangeliums bedrohten und den Ertrag seiner beschneidungsfreien Völkermission infrage stellten. In die Gemeinden Galatiens waren judenchristliche Gegner eingedrungen, die ein anderes Evangelium propagierten und die Gläubigen auf das Mosegesetz, allem voran die Beschneidung, verpflichten wollten. Vermutlich war diese Gegenmission von Kreisen aus der Jerusalemer Urgemeinde gesteuert, denen es aufgrund des Drucks der jüdischen Umwelt nicht nur aus religiösen, sondern auch aus politischen Gründen um die Integration der heidenchristlichen Gemeinden in das Judentum ging. Der Galaterbrief wurde wohl nach den Korintherbriefen um das Jahr 55 geschrieben, als Paulus sich in Mazedoni-

Die römische Provinz Galatien liegt in der heutigen Türkei.

en aufhielt (vgl. 2 Kor 2,12–13). Manche sehen ihn aber auch noch in Ephesus abgefasst.

Briefeingang (Gal 1,1–10)

Nur im Galaterbrief findet sich bei der Selbstvorstellung als Apostel die abgrenzende Betonung, dass Paulus dieses Amt nicht von Menschenhand empfing. Diese apologetische Formulierung ist ein erster Hinweis darauf, dass das Apostolat des Paulus in den Gemeinden Galatiens umstritten war. Auf die im antiken Brief eigentlich obligatorische Danksagung wird verzichtet. Nach einem Friedensgruß kommt Paulus kompromisslos und ohne Umschweife zur Sache, indem er den Abfall der Galater zu einem anderen Evangelium scharf tadelt und über die dafür verantwortlichen Gegner einen Fluch ausspricht.

Die Geschichte des paulinischen Evangeliums (Gal 1,11–2,21)

Paulus setzt mit einem biografischen Rückblick ein, um den göttlichen Ursprung seines beschneidungsfreien Evangeliums und die Unabhängigkeit seines Apostolats von der Jerusalemer Urgemeinde darzulegen. Zunächst verweist er auf seinen untadeligen Gesetzesgehorsam in der Zeit als Pharisäer, ohne dabei die Verfolgertätigkeit gegenüber der christlichen Gemeinde unter den Tisch zu kehren. Das Damaskuserlebnis wird im Rückblick schrifttheologisch reflektiert und als eine Art prophetischer Berufungsvision betrachtet. In Analogie zum Gottesknecht aus Jes 49 sieht Paulus sich vom Mutterleib an ausgesondert, um zum Wohle der Völker zu wirken. Gleichzeitig wird durch den autobiografischen Rückbezug auf den leidenden Gottesknecht deutlich, dass die Beauftragung zum Völkerapostel Leidensbereitschaft voraussetzt. Wenn Paulus von einem Aufenthalt in Arabien spricht, bezieht sich dies auf das Nabatäerreich, wo es vermutlich zu ersten missionarischen Aktivitäten des Apostels kam. Der Hinweis des Paulus, dass er erst drei Jahre nach dem Damaskuserlebnis in Jerusalem mit Petrus und dem Herrenbruder Jakobus zusammentraf, unterstreicht die Unabhängigkeit seines Evangeliums von menschlichen Autoritäten.

Über den im Jahr 48 abgehaltenen Apostelkonvent (2,1–10) berichtet auch Apg 15. Paulus geht es um den Nachweis, dass sein beschneidungsfreies Evangelium ohne irgendwelche Auflagen von den maßgeblichen Autoritäten der Jerusalemer Urgemeinde formell anerkannt wurde. Die im Zusammenhang damit ergangene Verpflichtung von Paulus und Barnabas zu einer Kollekte für die Jerusalemer Urgemeinde ist vor dem Hintergrund einer zu jener Zeit in Judäa herrschenden Hungersnot zu betrachten. Der in das Jahr 49 zu datierende Zwischenfall in Antiochia (2,11–14) drehte sich um einen noch klärungsbedürftigen Aspekt der Gesetzesproblematik, nämlich die Beachtung der jüdischen Speisegebote in der christlichen Gemeinde. In Antiochia waren bei den gemeinsamen Mahlfeiern von Christusgläubigen aus dem Judentum und der Völkerwelt die jüdischen Speisegebote bedeutungslos geworden. Von Gefolgsleuten des Herrenbruders Jakobus, die aus Jerusalem nach Antiochia kamen, wurde dies kritisiert. Dass neben Petrus auch Barnabas auf die von den Jakobusleuten ausgegebene Linie umgeschwenkt ist, muss Paulus in besonderer Weise getroffen haben. Für ihn standen bei dem antiochenischen Konflikt die Wahrheit des Evangeliums und der gesetzesfreie Zugang zum Heil auf dem Spiel (2,15–21). Damit ist der unmittelbare Anknüpfungspunkt zur Situation der galatischen Gemeinden hergestellt. Die Aussage, dass der Mensch durch „Werke des

Wo lebten die Galater?

Im 3. Jh. v. Chr. waren Kelten („Galater“) im Zuge ihrer von Gallien ausgehenden Wanderbewegung auch in das mittlere Kleinasien in der heutigen Türkei vorgedrungen. Die Adressaten des Galaterbriefes lebten entweder im Süden der römischen Provinz Galatien, wo es Anfang der 40er-Jahre während der „ersten Missionsreise“ zu Gemeindegründungen kam (Apg 13–14), oder in der Landschaft Galatien, die im Norden der gleichnamigen Provinz liegt und von Paulus im Jahr 49 beim Aufbruch nach Europa durchquert wurde (Apg 16,6; vgl. 18,23). Einzelne Vertreter der südgalatischen Hypothese halten den Galaterbrief sogar für den ältesten Paulusbrief, was aber sehr unwahrscheinlich ist.

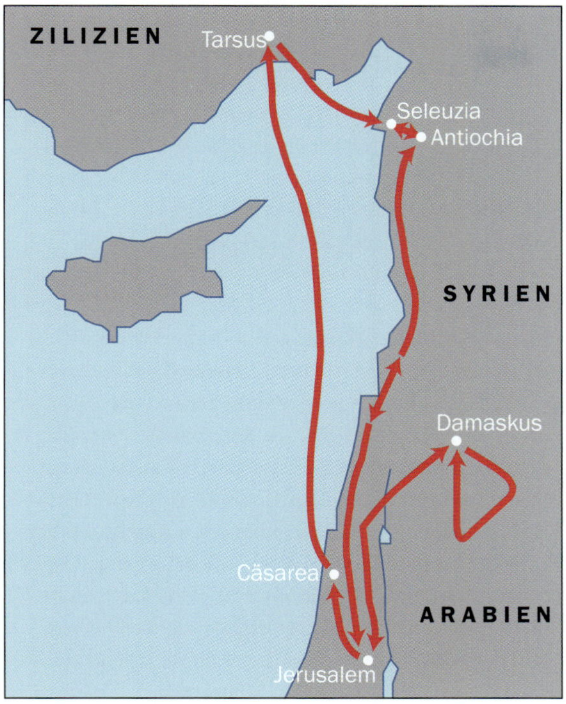

Schon vor seiner ersten großen Missionsreise war Paulus zu Gemeinden unterwegs.

Gesetzes" nicht gerecht wird, zielt konkret auf den Wegfall der Beschneidung und des jüdischen Ritualgesetzes für die Christusgläubigen aus der Völkerwelt. Die kultischen Regelungen der Tora werden von Paulus als unnötiges Hindernis für die christliche Mission betrachtet.

Theologische Begründung des paulinischen Evangeliums (Gal 3,1–5,12)

Paulus will nun mithilfe der Schrift nachweisen, warum die Galater auf den Glauben und nicht auf Gesetzeswerke bauen sollen. Die stoßartig an die Adressaten gerichteten rhetorischen Fragen (3,1–6) erinnern an die Befragung in der Gerichtsrede. Sie decken den Widerspruch zwischen den guten Anfängen der Gemeinde „im Geist" und ihrem neuen Vertrauen auf die Beschneidung „im Fleisch" auf.

In einem ersten Schriftbeweis (3,6–4,7) wird das Heilshandeln Gottes in Christus, wie es sich im paulinischen Evangelium darstellt, mit Abraham verbunden. Die Galater wollten offenkundig im Horizont von Gen 17 durch die Beschneidung Abrahamskinder werden. Paulus sieht dagegen unter Berufung auf Gen 12 und 15 in Abraham den Stammvater des Glaubens, der von Gott ohne alle Verdienste zum Segen für die Völker erwählt wurde und Rechtfertigung aus Gnade erfuhr. Der Segen Abrahams wird den Völkern in Jesus Christus zuteil, der durch seinen Kreuzestod die Erlösung vom Gesetz gebracht hat. Dies wird für jeden, der nicht alle Vorschriften der Tora befolgt, zum Fluch. Nicht das Gesetz konstituiert das Gottesvolk, sondern die durch Christus bekräftigte und erfüllte Verheißung Abrahams. Die Abrahamskindschaft wird damit nicht genealogisch, sondern geistlich verstanden. Die Abrahams leibliche Nachkommenschaft betreffenden Verheißungen bezieht der Apostel in gewagter Schriftauslegung auf Christus.

Paulus ist in seiner Argumentation von der antiken Vorstellung geleitet, dass das Frühere dem Späteren überlegen ist. Die Erwählung und Rechtfertigung Abrahams aus Glauben gehen im Erzählduktus des Buches Genesis der von Paulus nicht erwähnten Beschneidung des Erzvaters voran. Zudem ist das Gesetz erst später an Mose ergangen und kann damit die Verheißung an Abraham nicht außer Kraft setzen. Der Erzvater empfing die für alle Völker geltende Zusage der Rechtfertigung aus Glauben bereits lange vor dem Erlass des Gesetzes am Sinai. Das Gesetz erweist sich damit nicht nur als Fremdkörper gegenüber der Glaubensgerechtigkeit und Verheißung, sondern wird auch in anderer Hinsicht von Paulus abgewertet. Es gilt als nicht von Gott direkt, sondern durch Engel erlassen und hat zudem die negative Funktion, die Menschen bis zum Kommen Christi unter der Sünde gefangen zu halten. Glaube und Gesetz werden in kühner Argumentation als konträr zueinander stehende Größen betrachtet, wobei der Stammvater Israels den christlichen Glauben bereits paradigmatisch vorwegnahm und die Christusgläubigen seine wahren Kinder sind. In diesem Zusammenhang erinnert der Apostel die Galater an ihre Taufe und zitiert eine Gemeindetradition, die von der Aufhebung aller ethnischen, sozialen und geschlechtlichen Unterschiede der auf Christus Getauften spricht.

Es schließt sich ein vom Motiv des Freundschaftsideals geprägter Abschnitt (4,8–20) an, der den Adressaten die gute Anfangsgeschichte der Gemeinde in Erinnerung ruft und dafür wirbt, an diese anzuknüpfen. Paulus bringt dabei angesichts der tiefen freundschaftlichen Verbundenheit zwischen ihm und der Gemeinde seine Ratlosigkeit über die aktuellen Entwicklungen zum Ausdruck.

In einem weiteren Schriftbeweis (4,21–31) verortet der Apostel das beschneidungsfreie Christentum auf der Seite Saras, während er das Leben unter dem Gesetz durch Hagar repräsentiert sieht. Die Tora mit ihren Aussagen zu Hagar und Sara spricht demnach gegen die Versuche in den Gemeinden Galatiens, rituelle Gesetzesvorschriften wie die Beschneidung verpflichtend zu machen. Die alttestamentlichen Aussagen über beide Frauen werden auf zwei unterschiedliche Bundesschlüsse gedeutet. Hagar versinnbildlicht den durch Sklaverei gekennzeichneten und durch das empirische Jerusalem repräsentierten Bundesschluss vom Sinai. Sara hingegen steht für Freiheit, wie sie durch das obere oder himmlische Jerusalem verkörpert wird, und wird damit zur Mutter der Kirche. Die Zugehörigkeit der Christusgläubigen zu Isaak sucht der Apostel dadurch zu untermauern, dass er die Verfolgung der christlichen Gemeinde durch Juden mit einer angeblichen Verfolgung des Sohnes der Freien durch den Sohn der Sklavin gleichsetzt. Im Hintergrund stehen jüdische Auslegungstraditionen von Gen 21, denen zufolge Ismael seinem Bruder Isaak beim gemeinsamen Spiel nach dem Leben trachtete. Die Aussagen des Apostels zur schriftgemäßen Verstoßung Hagars können als Aufforderung an die Galater verstanden werden, die Paulusgegner aus der Gemeinde herauszubefördern. Dass hinter Gottes Zustimmung zur Vertreibung Hagars der heilsgeschichtliche Plan stand, auch Ismael zum Vater eines großen Volkes zu machen, wird von Paulus nicht reflektiert. In kühner Umbiegung der alttestamentlichen Aussagen wird das historische Israel, das von Isaak abstammt, mit Ismael identifiziert und als dessen Nachkommenschaft betrachtet.

Der lehrhafte Teil des Galaterbriefes gipfelt in dem Aufruf, von der christlichen Freiheit konsequent Gebrauch zu machen und nicht in die Sklaverei zurückzufallen (5,1–12). Wer die Beschneidung auf sich nimmt, unterjocht sich dem Mosegesetz in seiner Gesamtheit, ohne dass Christus ihm etwas nützen könnte. Die durch Christus geschenkte Glaubensgerechtigkeit verträgt sich nicht mit dem Weg der strikten Gesetzesbefolgung.

Christliches Leben in der Freiheit des Geistes Gal 5,13–6,10)

Der ermahnende Teil des Galaterbriefes greift das Stichwort der Freiheit auf und erörtert es unter neuen Gesichtspunkten. Freiheit ist nicht mit Zügellosigkeit zu verwechseln, sondern konkretisiert sich in der Nächstenliebe. Im Einklang mit der Jesustradition fasst Paulus das gesamte alttestamentliche Gesetz im Liebesgebot zusammen, während die rituellen Vorschriften der Mosetora für die Christusgläubigen ihre Bedeutung verloren haben. Die Berufung in den Stand der Freiheit zieht die Verpflichtung zum ethischen Wandel nach dem Geist mit sich. Die Gegensätzlichkeit von Werken des Fleisches und Früchten des Geistes wird den Galatern mithilfe eines traditionellen Laster- und Tugendkatalogs veranschaulicht. Ergänzend benennt Paulus grundlegende Regeln für den innergemeindlichen Umgang miteinander.

Briefschluss (Gal 6,11–18)

Während sich am Ende der Paulusbriefe gewöhnlich Reisepläne und Grüße finden, ist dies im Galaterbrief angesichts der besonderen Situation bei den Adressaten anders. Paulus beendet das Schreiben mit nochmaliger Polemik gegen seine Widersacher und eindringlichem Werben für sein beschneidungsfreies Evangelium.

■ Der Epheserbrief – Ohne Kirche kein Heil

Der Epheserbrief stellt ein auf der Grundlage des Kolosserbriefes entstandenes apostolisches Rundschreiben dar, dessen alles bestimmende Thema die Heilsbedeutung der Kirche ist.

Der Epheserbrief wurde nicht von Paulus verfasst. Die Christologie, das Bild von der Kirche und das Amtsverständnis weisen in die nachpaulinische Zeit. Der Brief gibt vor, an die Epheser gerichtet zu sein. Er lässt aber jeden Verweis auf konkrete Gemeindeverhältnisse vermissen, obwohl Paulus rund drei Jahre in Ephesus gewirkt hat. Der Epheserbrief wirkt daher eher wie ein apostolisches Rundschreiben. Inhaltlich zeigen sich derart enge Übereinstimmungen mit dem Kolosserbrief, dass dessen Benutzung durch den Briefautor außer Frage steht. Dabei wirkt der Epheserbrief wie eine erweiterte, ins Grundsätzliche gezogene Neuauflage des Kolosserbriefs. Der Epheserbrief wurde irgendwann nach dem Kolosserbrief und wie dieser von einem in der Tradition des Paulus stehenden Theologen in Kleinasien verfasst.

Briefeingang (Eph 1,1–23)

Der unbekannte Verfasser bedient sich der apostolischen Autorität des Paulus und kennzeichnet damit das, was er zu sagen hat, als eine dem Geist der paulinischen Theologie verpflichtete Auslegung des Evangeliums. Das Schreiben setzt mit einem hymnischen Lobpreis Gottes ein (1,3–14), der in kultischer Gebetssprache formuliert ist. Zunächst wird für die vor Grundlegung der Welt erfolgte Erwählung der Gläubigen gedankt. Der Gedanke, dass Gott die Christusgläubigen bereits in der Urzeit vor der Schöpfung in seinen Heilsplan einbezogen hat, ist einzigartig und will das Gnadenhandeln Gottes betonen. Danach bestimmt der Autor die vorzeitliche Erwählung der Gläubigen durch Gott als Berufung zur Kindschaft und rückt schließlich die Heilstat Jesu Christi am Kreuz in das Blickfeld, die Sündenvergebung für die Menschen brachte. Die Wiederherstellung der göttlichen Herrschaft über das All ist durch die Einsetzung Jesu Christi zum kosmischen Weltenherrscher bereits vollzogen. In überschwänglicher Sprache wird das Gewicht auf die in Christus schon gegenwärtige Erlösung gelegt, die der Autor analog zur Erwählung der Gläubigen als Teil von Gottes Weisheitsplan betrachtet, der lange vor der Erschaffung der Welt feststand. Mit dem Lobpreis führt er den Adressaten die Heilserfahrung vor Augen, die das Fundament für die christliche Existenz in der Welt darstellt.

Ephesus

Ephesus war die viertgrößte Stadt im Römischen Reich und die Hauptstadt der Provinz Asia. Die Einwohnerzahl wird für die Zeit des Paulus auf über 200.000 geschätzt. Der Artemistempel galt als eines der sieben Weltwunder und war ein Touristenmagnet. Der Geburtstag der Göttin wurde alljährlich im Mai festlich begangen. Bei Ausgrabungen wurde auch das Theater von Ephesus freigelegt, das mehr als 20.000 Personen Platz bot. Paulus hielt sich wahrscheinlich vom Spätsommer 52 bis zum Sommer 55 in der Stadt auf. Er machte Ephesus zum Zentrum seiner Mission im westlichen Kleinasien, verfasste dort etliche seiner erhaltenen Briefe und gründete eine Art Schule, in der sein geistiges Erbe gepflegt wurde.

Es schließen sich eine Danksagung und Fürbitte an (1,15–23). Die Empfänger des Briefes werden für ihren Glauben und ihre ethische Bewährung in der Liebe gelobt. Das Gebet für die Gemeinde mündet in einen hymnischen Schluss, der zunächst die Auferweckung und Erhöhung Jesu Christi thematisiert und dann auf die Bedeutung der Kirche als Christusleib zuläuft. Vorab wird das aus Ps 110 abgeleitete Bekenntnis rezitiert, dass dem von den Toten auferweckten und zur Rechten Gottes erhöhten Herrn als Weltenherrscher alle Mächte unterworfen sind. Diese kosmische Perspektive des Herrschens Jesu Christi weitet der Autor des Epheserbriefes auf die Kirche aus, in deren Heilsgemeinschaft die in Urzeiten erwählten Gläubigen eingegliedert sind. Sie wird als ein den ganzen Kosmos durchdringender Leib gesehen, dessen Haupt Christus im Himmel ist und der bereits in der Gegenwart die Fülle des Heils in sich birgt.

Das Geheimnis der einen Kirche (Eph 2,1–3,21)

Der Danksagung folgt eine Gegenüberstellung des alten und des neuen Lebens der Christusgläubigen (2,1–10). Der Briefautor bezieht durch diese Tauferinnerung die Adressaten in das Heilshandeln Gottes ein, das sich in der Auferweckung Jesu und seiner Erhöhung zum kosmischen Herrscher machtvoll erwiesen hat. Damit ist die Überleitung zum theologischen Hauptteil des Briefes geschaffen, dessen alles beherrschendes Thema die Einheit der Kirche ist. Zunächst steht der durch Christus ermöglichte und über die Kirche erschlossene Zugang zu Gott im Mittelpunkt (2,11–22). Der besonders an die Heidenchristen, also die Gläubigen aus der Völkerwelt, gerichtete Abschnitt erinnert diese an ihre einstige Ferne zu Gott und zu den an Israel ergangenen Verheißungen, die erst durch Jesus Christus und seinen heilvollen Kreuzestod überwunden wurde. Was Christus für beide Menschheitsgruppen bedeutet, wird durch den Verweis auf seine Friedensstiftung entfaltet. Heiden und Juden, die einander feindselig gegenüberstanden, sind durch den Tod Jesu Christi miteinander versöhnt worden. Die Kirche ist der durch Christi universale Versöhnungstat entstandene neue Heilsraum, in dem Trennmauern eingerissen und Feindschaften überwunden sind. Als Mitbürger der Heiligen und Hausgenossen Gottes haben die Gläubigen schon jetzt Anteil an der himmlischen Wirklichkeit. Bei der Darlegung des seit Ewigkeit verborgenen und nun in der Kirche Jesu Christi offenbar gewordenen Heilsgeheimnisses stützt sich der Briefautor gezielt auf die Autorität des Paulus (3,1–13). Die Kirche gewinnt als der Ort, an dem sich das Christusmysterium geschichtlich verwirklicht, unmittelbare Heilsbedeutung. Ein Fürbittgebet mit Doxologie (3,14–21) wünscht den Gläubigen die Erkenntnis der Dimensionen des Heilsmysteriums und der Liebe Christi, um so in die ganze Fülle des göttlichen Reichtums hineinzugelangen.

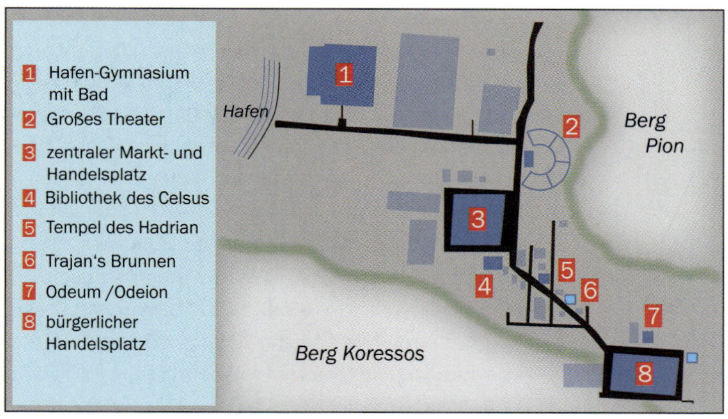

Plan des antiken Ephesus

Ethische Unterweisung (Eph 4,1–6,9)

Der Briefautor wendet sich zunächst dem inneren Leben der Kirche zu (4,1–16), deren Einheit ihm in besonderer Weise am Herzen liegt und deren Dienste er erläutert. Die Kirche als Leib mit Christus als ihrem Haupt wird durch die Vielfalt an Begabungen und Taten zusammengehalten und zum Wachstum gebracht; dabei kommt den kirchlichen Ämtern als von Gott geschenkten Gaben eine besondere Bedeutung zu. Die nachfolgenden Ermahnungen zu christlichem Leben in einer nicht christlichen Umwelt (4,17–5,20) sind durch die strenge Gegenüberstellung vom Wandel des alten Menschen und von der Verwirklichung des neuen Menschen, von Finsternis und Licht, von heidnischen Lastern und christlichen Tugenden gekennzeichnet. Der Briefautor ruft den Adressaten eindringlich in Erinnerung, dass die Kirche der Ort des neuen Lebens ist, und beschwört sie geradezu, sich vom Lebenswandel der Umwelt abzugrenzen; vor allem in der Nächstenliebe sollen sie nicht nachlassen.

Ephesus war eine der größten griechischen Städte an der Westküste Kleinasiens. Noch heute zeugen Ruinen von der Bedeutung der Stadt.

Die Haustafel (5,21–6,9) bietet katalogartige Ermahnungen, die sich an die unterschiedlichen Personengruppen eines Haushalts richten. Dabei wird eine vom Gedanken der einseitigen Unterordnung geprägte patriarchale Ethik entfaltet und christologisch untermauert, die aus ihrer Zeit heraus verstanden werden will und in dieser Form heute nicht mehr geteilt werden kann. Obwohl auch Ehemänner, Eltern und Herren in die Pflicht genommen werden, bleibt das Miteinander hierarchisch bestimmt. Immerhin betrachtet der Briefautor in seiner Partnerunterweisung die Ehe als eine Institution, die von Christus her ihre besondere Würde gewinnt. Dass die Aufhebung der Unterschiede zwischen Mann und Frau, Herr und Sklave in der Taufe (Gal 3,28) auch zur Veränderung bestehender Unrechtsstrukturen Anlass gibt, liegt nicht im Blick.

Briefschluss (Eph 6,10–24)

Die Schlussermahnungen sind vom Bild des Kampfes gegen die kosmischen Unheilsmächte bestimmt. Die Gläubigen werden zur Standhaftigkeit inmitten einer von den Mächten des Bösen beherrschten Welt aufgerufen. Dabei bedient sich der Briefautor des in der Antike beliebten Bildes von der Waffenrüstung. Im Unterschied zur Mehrzahl der echten Paulusbriefe finden sich am Ende des Epheserbriefes weder persönliche Mitteilungen noch Grüße.

Der Philipperbrief – Freude hinter Gittern

Der vermutlich in Ephesus in Gefangenschaft verfasste Brief an die Philipper ist vom Motiv der Freude im Leid geprägt. Paulus dankt für eine Geldgabe, ermahnt zur Eintracht und kämpft gegen Irrlehrer.

In Philippi hatte Paulus im Jahr 49 seine erste christliche Gemeinde auf europäischem Boden gegründet. Der Philipperbrief ist in Gefangenschaft geschrieben und vom Motiv der Freude im Leiden durchzogen. Manche meinen, er sei von Paulus unmittelbar vor seinem Prozess in Cäsarea oder Rom verfasst worden und stelle das letzte Vermächtnis des Apostels dar. Wahrscheinlicher aber ist, dass der Brief im Jahr 54 oder 55 in Ephesus verfasst wurde. Er setzt einen regen Kontakt des inhaftierten Apostels mit den Adressaten voraus; ein solcher Kontakt wäre von Cäsarea oder Rom aus (im Unterschied zu Ephesus) kaum möglich gewesen, da diese Orte zu weit von Philippi entfernt lagen. Unmittelbarer Anlass für das Schreiben war die Erkrankung des aus Philippi stammenden Christen Epaphroditus, der in der Nähe des Apostels weilte und um dessen Wohlbefinden die Gemeinde sich sorgte. Paulus schickt ihn mit einem Brief nach Philippi zurück, um alle Sorgen zu zerstreuen und für eine unlängst erhaltene Geldsendung der Gemeinde zu danken.

Briefeingang (Phil 1,1–11)

Paulus dankt Gott angesichts der Gemeinde in Philippi, mit der ihn seit ihrer Gründung ein tiefes Freundschaftsverhältnis verbindet. Gerade in der Situation der Gefangenschaft denkt er mit besonderer Freude an die Philipper und sehnt sich nach ihrer Gegenwart. Timotheus befindet sich als Mitarbeiter an der Seite des Apostels und ist Mitabsender des Briefes.

Die Situation des inhaftierten Apostels (Phil 1,12–30)

Das Prätorium ist der Amtssitz des römischen Provinzstatthalters. Die allgemein bekannte Tatsache, dass Paulus um des Glaubens an Christus willen im Gefängnis einsitzt, stellt keinen Rückschlag für die Verkündigung des Evangeliums dar, sondern fördert diese sogar. Das standhafte Eintreten des Apostels für seinen Glauben ermutigt andere Christen zur aktiven Verkündigung und macht auch auf nicht zur christlichen Gemeinde gehörende Personen Eindruck. Gleichzeitig wird aber deutlich, dass Paulus den Widerspruch mancher Christen erregt hat, die gegen ihn arbeiten.

Angesichts der Haft betrachtet Paulus den Tod als realistische Möglichkeit. Er sehnt sich geradezu danach, aus der Welt zu scheiden und bei Christus zu sein. Im ersten Thessalonicherbrief und ersten Korintherbrief hatte er dagegen die Erwartung ausgesprochen, dass die Wiederkunft des Herrn und der Anbruch der neuen Welt Gottes noch zu seinen eigenen Lebzeiten eintreten würden. Abschließend macht Paulus deutlich, dass die Darlegung seiner Situation auch für die Philipper unmittelbar von Belang ist. Sie stehen im selben Kampf für das Evangelium wie der Apostel und sollen sich ebenfalls mit ganzer Kraft unter Einschluss von Leidensbereitschaft einsetzen.

Ermahnung zu Eintracht und Liebe (Phil 2,1–2,18)

Paulus richtet den Fokus nun auf das Verhalten der Gemeindemitglieder untereinander, das durch die in Christus begründete Liebe bestimmt sein soll. Im Vordergrund steht die Ermahnung zu einer von Selbstlosigkeit und Demut gekennzeichneten Haltung, die auch die Belange des anderen im Blick hat. Als Beispiel dafür wird auf die vorbildliche Gesinnung Christi verwiesen.

Das antike Stadtzentrum von Philippi ist noch heute gut zu erkennen.

Der in diesem Zusammenhang rezitierte Christushymnus (2,6–11) ist einer der theologisch bedeutsamsten Texte des Neuen Testaments. Er zeichnet den Weg Jesu Christi in drei Stufen von der Präexistenz im Himmel über die Menschwerdung bis zu der nach der Kreuzigung erfolgten Erhöhung nach. Der Akzent liegt auf der letzten Stufe, indem die Einsetzung des gekreuzigten, auferstandenen und in den Himmel aufgefahrenen Gottessohnes zum Herrscher über alle Weltmächte das Ziel des Schöpfungshandelns Gottes darstellt. Die Erhöhung des Kyrios Jesus Christus wird damit als endgültige Entmachtung der den Kosmos beherrschenden feindlichen Gewalten verstanden. Allgemeine Ermahnungen zum Mühen um das Heil und zur Bewährung der christlichen Lebenshaltung in der Welt bringen die Sinneinheit zum Abschluss.

Pläne des Apostels in Bezug auf die Gemeinde in Philippi (Phil 2,19–3,1)

Paulus stellt die Entsendung des Timotheus nach Philippi in Aussicht, der die Gemeinde mitgegründet hatte und deshalb im Briefeingang als Mitabsender erwähnt wurde. Die Hoffnung des Paulus, bald selbst nach Philippi kommen zu können, spricht nochmals gegen Rom als Abfassungsort, denn von dort wollte sich der Apostel nach Spanien begeben. Als Überbringer des Briefes fungiert der als Mitarbeiter des Paulus tätige Epaphroditus, der aus Philippi stammt. Er hatte sich im Dienste des Evangeliums eine lebensbedrohliche Krankheit zugezogen. Dass er davon wieder genesen ist, deutet Paulus als Zeichen des Erbarmens Gottes. Mit der Aufforderung: „Freut euch im Herrn!“ wird nochmals das Motiv wiederholt, das sich wie ein roter Faden durch den Brief zieht.

Warnung vor Irrlehrern (Phil 3,2–4,1)

Ähnlich wie in Galatien treten auch in Philippi christliche Missionare auf, die gegen Paulus arbeiten und die Gemeinde auf das Gesetz des Mose verpflichten wollen. Aus der Polemik des Apostels wird deutlich, dass seine Gegner insbesondere die Beschneidungsforderung erheben. Da der vorangegangene Passus wie ein Briefschluss wirkt und nun unvermittelt ein scharfer Ton einsetzt, wird oftmals angenommen, dass sich der biblische Philipperbrief aus zwei unterschiedlichen Schreiben des Paulus an die Gemeinde zusammensetzt. Unser Briefabschnitt wird in diesem Zusammenhang als ursprünglich eigenständiger „Kampfbrief“ betrachtet. Die Spannungen könnten sich aber auch einer längeren Diktierpause des Apostels verdanken, in deren Verlauf ihm Informationen über das Auftreten von Gegnern in Philippi zugingen. Jedenfalls spart Paulus nicht mit Polemik. Die judenchristlichen Gegner werden als Hunde bezeichnet; die von ihnen geforderte Beschneidung verunglimpft der Apostel als Verstümmelung. Nicht minder provokativ für jüdische und judenchristliche Ohren ist die These, dass die unbeschnittenen Christen aus der Völkerwelt die wahrhaft Beschnittenen sind. Dem liegt das Bild von der Beschneidung des Herzens zugrunde, die sich in einer vom Geist geleiteten Lebensführung zeigt.

Der autobiografische Rückblick des Apostels auf seine vorchristliche Vergangenheit zeigt das Bild eines selbstbewussten Pharisäers, der mit Stolz auf seine Herkunft aus dem Stamm Benjamin verweist und sich der untadeligen Erfüllung des Mosegesetzes rühmt. Mit dem Damaskuserlebnis, das den Unterschied zwischen der durch Gesetzeserfüllung erworbenen Gerechtigkeit und der durch Christus im Glauben geschenkten Gerechtigkeit offenbar machte, vollzog sich eine völlige Neubewertung dieser

Dinge. Was der fromme Pharisäer Paulus als Gewinn betrachtete, stellt sich ihm aus christlicher Perspektive als Verlust dar.

Mit dem Blick auf die Vollkommenheit, welche die Christusgläubigen schon erworben haben oder zu der sie noch unterwegs sind (3,12–17), wird ein neues Thema angeschlagen. Unter Heranziehung des Bildes vom Wettkämpfer, der nach der Siegermedaille strebt, kennzeichnet sich Paulus als jemanden, der sich mit aller Anstrengung noch auf dem Weg zur christlichen Vollkommenheit befindet. An die Philipper ergeht der Appell, es ihm nachzutun. Die Abrechnung mit Feinden des Kreuzes zielt wohl auf Christen, die in ihrem Heilsenthusiasmus die Botschaft vom Kreuz in den Hintergrund rücken. Darin integriert Paulus einen Ausblick auf die Endzeitereignisse. Mit der Hoffnung auf die endzeitliche Wiederkehr des Herrn, die mit einer kollektiven Auferstehung der Gläubigen in neuer Leiblichkeit einhergehen wird, teilt der Philipperbrief die apokalyptische Endzeiterwartung von 1 Kor 15.

Weitere Ermahnungen und Dank für Geldgaben (Phil 4,2–20)

Der erneute Aufruf zur Freude im Herrn geht mit einer Ermahnung an zwei Mitarbeiterinnen des Paulus in Philippi einher (4,2–9), die sich im Streit miteinander befinden. Über den Grund der Zwietracht erfahren wir nichts.

Paulus verbindet den Dank für eine kürzlich von Epaphroditus überbrachte Geldgabe der Philipper mit grundsätzlichen Bemerkungen über seine Apostelexistenz und mit dem Rückblick auf schon früher erhaltene Zuwendungen aus Philippi (4,10–20). Die von Paulus in der harten Schule des Aposteldaseins erlernte Genügsamkeit stellt in der stoischen Moralphilosophie eine Grundtugend dar. Das Recht des Apostels auf Gemeindeunterhalt nahm Paulus bewusst nicht in Anspruch, sondern er lebte von eigener Hände Arbeit als Zeltmacher. Damit bewahrte er seine Unabhängigkeit und blieb bei dem Vorstoß in neue Missionsgebiete flexibel. Mit den Philippern verbindet ihn indes ein besonders inniges Verhältnis. Während des Gemeindegründungsaufenthalts in Thessalonike nahm er zweimal Geldzuwendungen aus Philippi entgegen, die ihm die Konzentration auf die Verkündigungstätigkeit ermöglichten.

Briefschluss (Phil 4,21–23)

Der Brief schließt mit Grüßen an alle Gläubigen in Philippi. Dabei zeigt sich, dass die Christengemeinde des mutmaßlichen Abfassungsortes Ephesus auch Personen aus der kaiserlichen Verwaltungsbehörde zu ihren Mitgliedern zählen konnte.

Der Kolosserbrief – Rätselhafte Philosophie bedroht Gemeinde

Der vermutlich von einem Paulusschüler verfasste Kolosserbrief bekämpft eine die Gemeinde bedrohende Weisheitslehre und entwirft ein Bild von der Kirche als universaler, den gesamten Kosmos durchdringender Gemeinschaft der Gläubigen.

Wer in neutestamentlicher Zeit das Hinterland von Ephesus durchwanderte und nach Phrygien in das idyllische Lykostal kam, stieß dort im Umkreis weniger Kilometer auf gleich drei für die Geschichte des Christentums bedeutsame Orte. Neben Laodikeia und Hierapolis zählte dazu auch Kolossä, wo der Paulusschüler Epaphras (Epaphroditus) eine christliche Gemeinde ins Leben gerufen hatte. Das an sie gerichtete Schreiben verfolgt ein konkretes Anliegen. Die Empfängergemeinde ist von Irrlehrern bedroht, die eine in mancherlei Hinsicht rätselhafte Philosophie vertreten. Kontrovers diskutiert wird die Verfasserfrage. Der Brief selbst gibt sich als ein Schreiben des Apostels in Gefangenschaft aus. Er setzt damit die gleiche Abfassungssituation wie der Philipper- und der Philemonbrief voraus. Wenn heute eine paulinische Verfasserschaft des Kolosserbriefes fast durchweg bezweifelt wird, hängt dies einerseits mit seinem von den übrigen Paulusbriefen abweichenden Stil und mit seiner vom theologischen Denken des Apostels deutlich unterschiedenen Gedankenwelt zusammen. Dies spricht auch gegen die zuweilen geäußerte Vermutung, der Kolosserbrief sei noch zu Lebzeiten des Paulus in dessen Anwesenheit von Timotheus verfasst worden. Andererseits knüpft der Kolosserbrief vielfach an paulinische Theologie an. Er wurde wohl um das Jahr 70 herum von einem unbekannten Paulusschüler verfasst.

Briefeingang (Kol 1,1–8)

Das Präskript folgt mit Absenderangabe, Dank und Fürbitte für die Gemeinde dem Stil der echten Paulusbriefe. Die Erstverkündigung des Evangeliums in Kolossä erfolgte durch Epaphras, der sich bei Abfassung des Philemonbriefes mit Paulus in Haft befand.

Auseinandersetzung mit der Irrlehre (Kol 1,9–2,23)

Innerhalb des lehrhaften Teils sticht der durch Fürbitte und Dank eingeleitete Christushymnus (1,15–20) besonders hervor. Zunächst wird auf die Seinsweise Jesu vor der Menschwerdung zurückgeblickt. Als „Bild“ Gottes war er vor aller Schöpfung existent und an dieser beteiligt. Alles

Pseudepigrafie

Bei sechs der dreizehn Paulusbriefe, den beiden Petrusbriefen, dem Jakobusbrief und dem Judasbrief geht die Forschung mehrheitlich davon aus, dass sie nicht von den genannten Verfassern stammen. Die unbekannten Autoren schreiben unter dem Namen einer berühmten Person, um ihren Werken besondere Autorität zu verleihen. Die Pseudepigrafie war in der Antike weit verbreitet. Beispielsweise sind unter dem Namen des Pythagoras oder des Aristoteles Schriften überliefert, die sicher nicht von ihnen stammen. Dabei geht es weniger um dreiste Fälschung als um ein Weiterdenken in den geistigen Bahnen des Meisters. Die unechten Paulusbriefe sind Ausdruck eines lebendigen Umgangs mit der Tradition, indem sie das theologische Erbe des Paulus unter veränderten Bedingungen fortschreiben und absichern wollen.

wurde durch ihn und auf ihn hin erschaffen. Danach ist von der Versöhnung durch die Menschwerdung und Auferstehung Christi die Rede. Die Deutung des Leibes als Kirche und der Verweis auf das Kreuzesblut gehen wahrscheinlich auf den Briefautor zurück. Während der Leib im Hymnus ursprünglich die Welt bezeichnete, erscheint nun die Kirche als universaler, den gesamten Kosmos durchdringender Leib, dessen Haupt Christus im Himmel ist. Mit der Erwähnung des Kreuzesblutes wird die Bedeutung von Golgota als Ort der Versöhnung unterstrichen.

Nachfolgend lässt der Briefautor den Apostel Paulus seinen von Leiden begleiteten Dienst in der Völkerwelt und seinen Einsatz für die Gemeinde von Kolossä beschreiben (1,24–2,5). Im Mittelpunkt der apostolischen Sendung steht die Vermittlung der Erkenntnis des seit Ewigkeit verborgenen und nun in der Kirche Jesu Christi offenbar gewordenen Heilsgeheimnisses. Die Verwurzelung der Adressaten im rechten Glauben wird durch das Auftreten von Irrlehren gefährdet, mit denen der Autor sich auseinandersetzt (2,6–2,23). Sie vertreten eine „Philosophie", in der die Verehrung der Weltelemente und Engelsmächte eine zentrale Rolle spielt, die offenbar als feindlich gesonnene und daher gütig zu stimmende Gewalten betrachtet wurden. Zudem forderten die Gegner die Beachtung von Feiertagen und Planetenkonstellationen sowie die Einhaltung von Speisevorschriften. Diese Lehren bleiben rätselhaft. Es könnte sich um eine Frühform christlicher Gnosis handeln, in die aber mit der Kalenderfrömmigkeit und den Speisetabus auch jüdische Elemente eingeflossen zu sein scheinen. Der Briefautor betont demgegenüber, dass sich für die Christusgläubigen das, was die Gegner durch ihre Weisheitslehren erreichen wollen, bereits erledigt hat. Vor dem Hintergrund des Christusliedes erinnert er die Gemeinde an die Glaubensgrundlage. Die ganze Fülle des Wesens Gottes ist im gekreuzigten und verherrlichten Christus präsent. Als kosmischer Weltenherrscher steht er über allen Mächten und Gewalten, deren Verehrung damit hinfällig ist. Die Erinnerung der Gläubigen an ihre Taufe beschreibt diese als geistliche Beschneidung, die eine Teilhabe am Todes- und Auferstehungsgeschick Jesu vermittelt.

Ethische Unterweisung (Kol 3,1–4,6)

Im zweiten Hauptteil wird der christliche Lebensvollzug aus dem Glauben thematisiert. Ein Eingangspassus (3,1–4), der von den zuvor erörterten dogmatischen Fragen zur Ethik überleitet, verknüpft den Zuspruch des in Christus geschenkten Heils mit dem Anspruch der sittlichen Bewährung. Die konkreten Ermahnungen setzen mit einer Gegenüberstellung von altem und neuem Leben der Gemeindeglieder ein (3,5–17). Dazu bedient sich der Autor traditioneller Laster- und Tugendkataloge, die fester Bestandteil der frühchristlichen Taufunterweisung waren. Mit dem Verweis darauf, dass in Christus alle ethnischen, religiösen und sozialen Unterschiede ihre Bedeutung verloren haben, wird ein Zentralstück der Tauftheologie in Erinnerung gerufen (vgl. Gal 3,28). Der Briefautor umschreibt die ethische Erneuerung mit dem Bild vom Anziehen des neuen Menschen. Dabei handelt es sich um einen dynamischen, täglich aufs Neue zu vollziehenden Prozess, der im Zusammenhang mit der Wiederherstellung der mit dem Sündenfall zerstörten Gottebenbildlichkeit steht.

Hierapolis in Phrygien in der heutigen Türkei lag im Lykos-Tal in der Nähe von Kolossä. Hier ein Bild der Haupt-straße der antiken Stadt.

Herzstück der Ethik des Kolosserbriefes ist die Haustafel (3,18–4,1) als für die nachpaulinische Zeit typische Form der Unterweisung. Dabei handelt es sich um eine Zusammenstellung von kurzen Mahnungen an sämtliche Mitglieder des Haushaltes. Frauen und Männer, Kinder und Eltern, Sklaven und Herren werden angewiesen, ihr Verhältnis zueinander in gegenseitiger Verpflichtung und im Bewusstsein der Herrschaft Jesu Christi zu gestalten. Es geht um die ethische Bewährung der Getauften im Alltag von Ehe, Familie und Arbeitswelt. Mit Verweis auf die allgemein sich ziemenden Sitten fordert die Haustafel eine einseitige Unterordnung von Frauen, Kindern und Sklaven gegenüber Ehemännern, Eltern und Herren, die allerdings ebenfalls in die Pflicht genommen werden. Dabei handelt es sich um zeitbedingte Weisungen, die nicht einfach in die heutige Wirklichkeit übertragen werden können.

Ein Aufruf zum Gebet („Seid beharrlich im Gebet!") und zur Verantwortung gegenüber den Menschen außerhalb der Gemeinde (4,2–6) rundet die ethische Unterweisung ab.

Briefschluss (Kol 4,7–18)

Der Brief endet mit außergewöhnlich umfangreichen Empfehlungen und Grüßen, wobei zahlreiche der bei Paulus weilenden Mitarbeiter namentlich Erwähnung finden. Onesimus ist aus dem Philemonbrief bestens bekannt. Ob es sich bei Johannes Markus um den Verfasser des Markusevangeliums und bei Lukas, dem Arzt, um den Verfasser des Lukasevangeliums wie der Apostelgeschichte handelt, wird kontrovers diskutiert. Ein Laodizeerbrief des Paulus, wie er im Briefschluss erwähnt wird, ist dem Inhalt nach nicht bekannt. Er ging verloren. Dass Gemeinden die von ihnen empfangenen Schreiben des Apostels untereinander austauschten und Abschriften anfertigten, war die Grundlage für die Entstehung der Paulusbriefsammlung, die den ältesten Baustein für unser heutiges Neues Testament darstellt.

Der erste Thessalonicherbrief – Wer früher stirbt, ist nur länger tot

Der im Ton der Dankbarkeit gehaltene erste Thessalonicherbrief ist der älteste bekannte Brief des Apostels. Paulus will die Gemeinde in ihrer bedrängten Situation stärken und ihr zugleich die Sorge nehmen, dass die vor der Wiederkunft des Herrn gestorbenen Gläubigen im Nachteil sein könnten.

Das antike Thessalonike war die blühende Metropole der römischen Provinz Mazedonien. Bewohnt wurde es von einer bunt gemischten Bevölkerung unterschiedlichster Herkunft. Durch den geschützten Hafen und die Anbindung an die Via Egnatia war die Stadt zu Wasser wie über Land bequem erreichbar. Im Zentrum lag das Forum, das im Süden durch eine doppelte Säulenhalle mit prächtigem Mosaikfußboden begrenzt wurde. Parallel zur östlichen Stadtmauer erstreckte sich das Hippodrom, die Pferderennbahn. Abgerundet wurde das imposante Stadtbild durch Tempel, die hellenistischen Gottheiten gewidmet waren oder dem Kaiserkult dienten.

Der erste Thessalonicherbrief entstand wohl Ende 50 in Korinth. Er ist damit das älteste erhaltene Schreiben des Apostels. Paulus hatte die Gemeinde im Jahr zuvor mit seinen Mitarbeitern gegründet, bevor er über Athen nach Korinth weiterzog (Apg 17–18). Von Athen aus begab sich Timotheus nach Thessalonike, um den Zustand der Gemeinde zu erkunden. In Korinth stieß er mit überwiegend positiven Nachrichten wieder auf Paulus. Danach erfolgte die Abfassung des Briefs, der im Ton der Freude und Dankbarkeit gehalten ist. Zugleich zerstreut er die Sorge, die vor der Wiederkunft Christi gestorbenen Gläubigen könnten im Nachteil sein.

Briefeingang (1 Thess 1,1–10)

Als Absender begegnen Paulus, Silvanus und Timotheus, denen die Gemeinde ihre Gründung verdankt. Verantwortet wird der Brief aber allein von Paulus. An den Wunsch: „Gnade sei mit euch und Friede!" schließt sich ein Dankgebet für die Erwählung der Gemeinde an. Indem die Thessalonicher allen äußeren Anfeindungen zum Trotz das Wort angenommen haben, folgten sie dem Apostel und dem Herrn. Daraus ergibt sich eine vorbildhafte Wirkung für alle Gläubigen in Griechenland. Während die Gemeinde ihre Anfänge im Umfeld der Synagoge nahm, bestand sie mehrheitlich bald aus Personen, die in ihrer vorchristlichen Vergangenheit dem heidnischen Polytheismus verpflichtet waren. Vor dem Hintergrund der in Thessalonike dominanten religiösen Strömungen bedeutet dies, dass sich viele Gläubige vor ihrer Bekehrung an den Kulten griechischer und orientalischer Gottheiten wie Dionysos, Isis, Osiris oder Sarapis beteiligt hatten.

Erinnerung an die Gemeindegründung (1 Thess 2,1–12)

Paulus ruft die Gemeindegründung ins Gedächtnis, wobei er immer wieder an das Wissen der Thessalonicher appelliert und mehrfach Gott als Zeugen anruft. Offensichtlich waren die Gläubigen in Thessalonike dem massiven Einfluss ihrer Umwelt ausgesetzt, die den Apostel auf eine Stufe mit der zwielichtigen Schar antiker Wanderphilosophen stellte. Paulus erinnert daran, wie er im Anschluss an die von Leidenserfahrungen überschattete Mission in Philippi nach Thessalonike gekommen war und dort mit seiner Evangeliumspredigt die Gemeinde ins Leben gerufen hatte. Die dabei wirksame innige Zuwendung des Apostels gegenüber den Gemeindegliedern wird mit dem philosophischen Begriff der Freundlichkeit umschrieben, den Paulus mit dem Bild der ihre Kinder stillenden und für sie sorgenden Mutter füllt. Paulus betont, dass er von eigener Hände Arbeit lebte, um niemandem zur Last zu fallen. Er verzichtete bewusst auf das apostolische Unterhaltsrecht und machte im Gegensatz zur Praxis anderer Wanderprediger keine finanziellen Ansprüche geltend.

Verfolgungserfahrungen und Reisepläne (1 Thess 2,13–20)

Paulus geht besonders auf die Leidenssituation der Gemeinde ein und setzt ihre Erfahrungen mit denen der Christen in Judäa in Beziehung. Die Thessalonicher haben von ihren griechischen Landsleuten das Gleiche erlitten wie die Griechen von ihren jüdischen Landsleuten. In diesem Zusammenhang erlaubt sich Paulus einen mehr als problematischen Ausfall gegen das Judentum, indem er die Juden als Christusmörder und allgemeine Menschenfeinde bezeichnet, die unwiderruflich den endzeitlichen Zorn Gottes auf sich gezogen haben. Der erste Vorwurf, den Paulus gegen sein eigenes Volk erhebt, blendet die Verantwortung der Römer für den Kreuzestod Jesu aus. Mit dem Motiv der Menschenfeindschaft bedient sich Paulus eines gängigen Klischees der antiken Judenfeindschaft, wie es beispielsweise auch bei Tacitus begegnet. In Röm 11 äußert sich Paulus ungleich differenzierter zum endzeitlichen Geschick Israels. Der Plan des Apostels, die Thessalonicher in ihrer bedrängten Situation zu besuchen, ließ sich nicht realisieren.

Sendung und Rückkehr des Timotheus (1 Thess 3,1–13)

Da Paulus nicht persönlich nach Thessalonike kommen konnte, entsandte er von Athen aus Timotheus dorthin, um sich Kenntnis über die Lage der Gemeinde zu verschaffen. Dessen Aufgabe bestand darin, die Thessalonicher in ihrer bedrängten Situation zu stärken und ihnen Glaubenszuversicht zu vermitteln. Als Timotheus in Korinth (Apg 18,5) wieder zu Paulus stößt, bringt er gute Nachrichten über den Glaubenszustand und die Liebe der Thessalonicher mit. Besonders erleichtert zeigt Paulus sich darüber, dass das Andenken der Gemeinde an ihren Gründungsapostel ungetrübt ist.

Ethische Anweisungen (1 Thess 4,1–12)

Es beginnt ein zweiter Hauptteil des Briefs, in dem es um Ermahnung und Zuspruch geht. Zunächst steht die Verwirklichung des christlichen Lebens unter dem Anspruch des Evangeliums im Mittelpunkt. Die ethischen Anweisungen schärfen einen dem Willen Gottes entsprechenden christlichen Lebenswandel ein, wie er den Thessalonichern bereits bei der Gemeindegründung vor Augen geführt worden war. Paulus konzentriert sich exemplarisch auf die Heiligung im sexuellen und geschäftlichen Bereich. Die Thessalonicher sollen sich von Unzucht wie begehrlicher Leidenschaft fernhalten. Zugleich wird ihnen untersagt, sich an christlichen Geschwistern durch Übervorteilung im geschäftlichen Kontakt zu bereichern. Ob die Fokussierung auf die heidnischen Laster der Unzucht und Habgier durch Informationen des zurückgekehrten Timotheus motiviert ist, bleibt unklar. Abschließend betont Paulus die grundsätzliche Bedeutung der christlichen Geschwisterliebe und fordert die Gemeinde auf, in ihr zu wachsen und damit ein sichtbares Zeichen nach außen zu setzen.

Der Sarkophag einer römischen Christin, die um 330 verstorben ist, zeigt in der Mitte die Verstorbene mit ihrem Ehemann über einer der frühesten Darstellungen des Christogramms. Weiter sind Szenen aus dem Leben Jesu zu sehen.

Auferstehung der Toten und ewige Gemeinschaft mit Christus (1 Thess 4,13–18)

Die ermutigende Belehrung greift eine zentrale Sorge der Gemeinde auf. Durch seine Gründungspredigt in Thessalonike hatte Paulus eine derartige Naherwartung erweckt, dass man mit dem baldigen Eintreten des Endgeschehens rechnete. Nach der Abreise des Apostels sorgten sich die Thessalonicher unter dem Eindruck unerwarteter Todesfälle um das Heil jener Personen, die vor der Wiederkunft des Herrn und dem Einbruch des Weltendes gestorben waren.

In seiner Antwort benennt Paulus unter Rückgriff auf traditionelle Bekenntnisaussagen Tod und Auferstehung Jesu als unumstößliches Fundament christlicher Hoffnung. Der dann beschriebene Ablauf des Endgeschehens beginnt damit, dass der zur Rechten Gottes erhöhte Herr beim Ruf des Erzengels und beim Schall der Posaune Gottes aus seiner verborgenen Unnahbarkeit heraustritt, um vom Himmel herabzukommen. In diesem Kontext bezieht sich Paulus auf ein sonst unbekanntes Jesuswort. Die bereits gestorbenen Gläubigen sind als Erste von den apokalyptischen Ereignissen betroffen. Bei der Wiederkunft des Herrn werden sie durch ihre Auferweckung den Lebenden gleichgestellt. Beide Gruppen, die auferweckten und die noch lebenden Gläubigen, werden gemeinsam zur Begegnung mit Christus in die Lüfte emporgehoben. Höhepunkt und Ziel des dramatischen Endgeschehens ist die ewige Gemeinschaft mit dem Herrn. Die Besorgnis der Thessalonicher ist in den Augen des Apostels gänzlich unbegründet. Die entschlafenen Gläubigen haben keinerlei Nachteile bei der Wiederkunft des Herrn in Kauf zu nehmen. Wer früher stirbt, ist nur länger tot.

Das Kommen der Endzeit (1 Thess 5,1–11)

Paulus entfaltet, wie die christliche Existenz durch die unmittelbar bevorstehenden End-ereignisse bestimmt wird. Dabei wendet er sich gegen die trügerische Parole „Frieden und Sicherheit", die auf der Annahme basiert, wenn Friede herrsche, müsse man noch nicht mit apokalyptischen Geschehnissen rechnen, da Unfriede und Gräueltaten auf Erden notwendige Vorzeichen des Endgerichts seien. Der Tag des Herrn, in biblischer Tradition die Bezeichnung für das Endgericht Gottes, kommt jedoch unvermittelt wie der Dieb in der Nacht. Daher ruft Paulus zu steter Wachsamkeit und gegenseitiger Tröstung auf. Die Gläubigen sollen sich in geistlicher Rüstung für den Tag des Herrn wappnen und einander im Bewusstsein der Heilsgewissheit in Christus stärken.

Regelungen für das Gemeindeleben (1 Thess 5,12–24)

Der Abschnitt zum Gemeindeleben setzt mit grundlegenden Weisungen ein, die sich auf die Anerkennung der Funktionsträger in der Gemeinde beziehen. Nachfolgend mahnt Paulus zu Zurechtweisung, Ermutigung und geduldiger Annahme solcher Menschen, die durch Unordnung, Mutlosigkeit oder Schwäche das Gemeindeleben belasten. Mit dem Verbot, Gleiches mit Gleichem zu vergelten, spielt er wohl auf Jesu Worte von der Wiedervergeltung (z.B. Lk 6,27ff oder Mt 5,39) an. Die Mahnung, den Geist nicht auszulöschen und die prophetische Rede nicht zu verachten, ruft die Bedeutung des Geistes für die Lebenswirklichkeit der Gemeinde in Erinnerung.

Briefschluss (1 Thess 5,25–28)

Nach einem Appell zur Fürbitte für die Absender ergeht die Aufforderung, einander mit dem heiligen Kuss als Zeichen inniger Gemeinschaft zu grüßen. Die Mahnung, den Brief in der Gemeindeversammlung zu verlesen und damit als autoritatives Schreiben öffentlich zu machen, wird mit einer Beschwörungsformel untermauert. Ein Gnadenwunsch schließt den Brief ab.

Der zweite Thessalonicherbrief – Tag des Herrn verzögert sich noch

Der vermutlich nicht von Paulus selbst geschriebene zweite Thessalonicherbrief versucht das Missverständnis zu korrigieren, der endzeitliche Tag des Herrn sei bereits im Anbruch und die irdischen Aufgaben könnten vernachlässigt werden.

Das Schreiben versucht eine unmittelbare Naherwartung des Weltendes zu korrigieren, wie sie sich aus dem ersten Thessalonicherbrief ableiten lässt. Paulus hatte dort die Plötzlichkeit des Tages des Herrn betont, der wie ein Dieb in der Nacht kommen werde. Dies zog wohl eine enthusiastische Naherwartung und ethischen Müßiggang nach sich. Der zweite Thessalonicherbrief betont demgegenüber, dass der Tag des Herrn noch nicht unmittelbar vor der Tür steht und auch nicht urplötzlich einbrechen wird. Das Kommen des Endes kann an bestimmten, noch nicht eingetroffenen Vorzeichen erkannt werden. Daher besteht kein Grund, die irdischen Aufgaben zu vernachlässigen. In der Regel wird der Brief als das in nachpaulinischer Zeit entstandene Schreiben eines Paulusschülers betrachtet, der auf der Folie des ersten Thessalonicherbriefs und unter Rückgriff auf Paulustradition das Problem der sich verzögernden Wiederkehr des Herrn zu verarbeiten sucht.

Briefeingang (2 Thess 1,1–12)

Das Präskript mit Absenderangabe gleicht im Wesentlichen dem des ersten Thessalonicherbriefs. Nach der Danksagung für ein Wachstum des Glaubens und der Liebe bei den Adressaten wird deren Geduld und Treue gerühmt, wie sie sich in Verfolgungssituationen und Bedrängnissen zeigt. Da Gott gerecht ist, werden jene, die jetzt wegen des Evangeliums leiden müssen, einst am Reich Gottes teilhaben. Umgekehrt werden diejenigen, die in dieser Welt die Gläubigen bedrängen, am Ende der Tage dem Gericht Gottes anheimfallen. In apokalyptischen Bildern schildert der Briefautor die endzeitliche Wiederkehr des Herrn. Jesus kommt mit den Engeln seiner Macht vom Himmel her, um das als Feuergericht vorgestellte Strafhandeln Gottes an den Ungläubigen zu vollziehen.

Der Tag des Herrn (2 Thess 2,1–12)

Die Belehrung über die Endzeitereignisse bildet das inhaltliche Zentrum des Briefs. Der Abschnitt setzt sich mit einer von unmittelbarer Naherwartung und Heilsenthusiasmus geprägten Haltung auseinander, die durch geistgewirkte Prophetensprüche, mündliche Belehrung und ein Missverstehen des ersten Thessalonicherbriefs hervorgerufen wurde. Die Gemeinde glaubte, dass der von allen erwartete Tag des Herrn bereits im Anbruch sei und das endzeitliche Heil unmittelbar vor der Tür stehe. Der Briefautor korrigiert diese Sicht der Dinge mit dem Verweis darauf, dass die Wiederkehr des Herrn in der Zukunft liegt und die Welt in der Zeit bis dahin von anderen Mächten beherrscht wird. Dem Tag des Herrn müssen zwei noch nicht eingetretene Dinge vorausgehen, nämlich der Abfall der Menschen und das Auftreten des Widersachers. Ob mit Abfall eine universale Absage an die Gebote Gottes mit allgemeiner Verderbnis der Sitten und Zerrüttung der zwischenmenschlichen Beziehungen gemeint ist oder der Briefautor speziell den Abfall der Christen vom Glauben im Blick hat, bleibt unklar. Mit dem Widersacher Gottes, der als Mensch der Gesetzlosigkeit und Sohn des Verderbens charakterisiert wird, ist jene Gestalt gemeint, die in anderen apokalyptischen Traditionen als der Antichrist bezeichnet wird. Mit einem Verweis auf die mündliche Verkündigung des Paulus werden die Gläubigen daran erinnert, was das Auftreten des göttlichen Widersachers noch aufhält. Welche noch zu vernichtende Macht dies ist, erfahren wir nicht. Der Antichrist, der sich danach in der Wirkkraft des Teufels mit Zeichen und Wundern offenbart, hat der machtvollen Erscheinung des wiederkehrenden Herrn nichts entgegenzusetzen. Ein Atemhauch Jesu wird genügen, um ihn zu vernichten.

Trost und Ermahnung (2 Thess 2,13–3,13)

Der Briefautor schickt seinen ethischen Ermahnungen einen Dank voraus, dass Gott die Adressaten zur Errettung erwählt hat. Als entscheidendes Fundament der Gemeinde gilt die Treue zur Unterweisung des Apostels. Danach richtet sich der Fokus auf den konkreten Missstand der Arbeitsscheu einzelner Gemeindemitglieder, die mit Blick auf das bevorstehende Weltende ihre irdischen Pflichten vernachlässigen. Fleiß und Arbeitsethos werden unter Verweis auf das Vorbild des Paulus, der das Recht der Versorgung durch die Gemeinde nicht in Anspruch nahm, als zentrale christliche Tugenden benannt.

Briefschluss (2 Thess 3,14–18)

Der Briefautor verlangt Gehorsam und Annahme seiner Lehre, rechnet aber damit, dass diese nicht bei allen Gläubigen auf Akzeptanz stoßen wird. Die Adressaten des Briefs sollen in diesem Falle nicht die Gemeinschaft mit den betreffenden Personen aufkündigen, sie aber durch soziale Isolierung und entschiedene Zurechtweisung zur Einsicht bringen.

Der erste Timotheusbrief – Theologisches Erbe des Paulus muss treu verwaltet werden

Der unbekannte Autor des ersten Timotheusbriefs macht sich die Autorität des Paulus zunutze, um Richtlinien für die Gemeindeordnung durchzusetzen und Irrlehrer zu bekämpfen.

Timotheus, in Lystra im Süden der Provinz Galatien als Kind einer jüdischen Mutter und eines griechischen Vaters aufgewachsen, war seit Beginn der Europamission einer der engsten Mitarbeiter des Paulus. Dem ersten Timotheusbrief zufolge hat Paulus seinen Vertrauten in Ephesus zur Leitung der dortigen Gemeinde zurückgelassen und richtet von Mazedonien aus ein Schreiben an ihn. Nicht nur Sprache und Stil des Briefs, sondern auch eine gegenüber den echten Paulusbriefen deutlich veränderte kirchliche Situation sprechen gegen eine paulinische Verfasserschaft.

Die Pastoralbriefe

Seit dem 18. Jh. bezeichnet man die Briefe an Timotheus und Titus als Pastoralbriefe (Hirtenbriefe). Keiner dieser Briefe wurde von Paulus geschrieben. Die Pastoralbriefe kreisen um die beiden großen Themen Gemeindeordnung und Ketzerpolemik, wobei sie zur richtigen Ausübung des Hirtenamtes und anderer gemeindlicher Dienste anleiten wollen. Es geht ihnen um die Verteidigung paulinischer Lehr-tradition gegenüber Neuerungen und um die Instrumentalisierung des Apostels zur Durchsetzung einer konservativen Ethik der Unterordnung. Ein zentrales Anliegen besteht darin, Frauen vom kirchlichen Amt fernzuhalten. Entstanden sind die Pastoralbriefe vermutlich in der Zeit um 100. Als Abfassungsort kommt Ephesus in Betracht.

Briefeingang (1 Tim 1,1–20)

Der Briefkopf ahmt den Stil der echten Paulusbriefe nach, um dann den Auftrag des Apostels an Timotheus zu erneuern. Dieser soll anstelle des nach Mazedonien abgereisten Paulus die Gemeinde in Ephesus durch das Evangelium erhalten und stärken. Dabei geht es auch um den Kampf gegen Irrlehrer, die Erzählungen ohne Wahrheitsgehalt verbreiten, eine spekulative Auslegung der Geschlechtsregister des Buches Genesis bieten und dem jüdischen Gesetz besondere Bedeutung beimessen. Zwei dieser Irrlehrer, nämlich Hymenäus und der Schmied Alexander (vgl. 2 Tim 4,14), wurden im Rahmen eines Disziplinarverfahrens aus der Gemeinde ausgeschlossen.

Richtlinien für das Leben der Gemeinde (1 Tim 2,1–3,16)

Der erste Hauptteil des Briefs setzt mit Gebetsanweisungen ein (2,1–7), die ein offenes Zugehen auf die heidnische Gesellschaft dokumentieren. Die Christusgläubigen beten für alle Menschen, nicht zuletzt für die Regierenden und Mächtigen. Begründet wird diese Weite mit der universalistischen Perspektive des stellvertretenden Sühnetodes Jesu Christi.

In den Regelungen zum Verhalten von Mann und Frau im Gottesdienst (2,8–15) wird ein Stück konservativer hellenistisch-römischer Ethik aufgegriffen und schöpfungstheologisch untermauert. Gegen einen als bedenklich empfundenen Frauentyp, der sich durch extravagante Frisur, aufwendigen Schmuck und elegante Kleidung auszeichnet, wird polemisch das Ideal der schlichten und tugendhaften Frau gesetzt, die durch innere Werte glänzt. Während das Lernen der Frau in Einklang mit der ihr gebotenen Unterordnung steht, wird ihr das Lehren untersagt. Die spezifische Interpretation der Sündenfallgeschichte bedient das Klischee, dass die Frau am Sündenfall schuld ist. Mit seinem Versuch, die Aktivitäten der Frau im Gottesdienst zurückzudrängen, bietet der Verfasser eine zeitbedingte, dem Geist des paulinischen Evangeliums (Gal 3,28) widersprechende Ethik, die eine frauenfeindliche Wirkungsgeschichte entfaltet hat.

Die nachfolgenden Regelungen (3,1–13) legen die Kriterien fest, nach denen unter verschiedenen Bewerbern eine Auswahl für das Bischofs- und Diakonenamt getroffen wird. Mit dem Bischof ist der Leiter der Ortsgemeinde gemeint. Im Vordergrund steht – nicht zuletzt auch mit Blick auf die Außenwirkung – die Forderung nach einer tadellosen Lebensführung. Die Kirchengemeinde wird mit einem geordneten Hauswesen verglichen: Die Amtsträger müssen die Qualifikationen und Kompetenzen mitbringen, die einen guten Hausvater auszeichnen. Geistliche Kriterien wie die feste Verwurzelung im Glauben kommen nur ganz am Rande zur Sprache. Der Schluss der gemeindebezogenen Anweisungen (3,14–16) zeigt das konkrete Anliegen des Verfassers. Es geht ihm darum, das Leben der Kirche dauerhaft den Weisungen des nicht mehr anwesenden Apostels Paulus zu unterstellen. Als feierlicher Abschluss dieses Briefteils wird ein Christushymnus rezitiert (V. 16).

Auf die Auswahl der Amtsträger soll nach den Pastoralbriefen besonders Wert gelegt werden.

Weisungen zur Gemeindeleitung (1 Tim 4,1–6,2)

Im Abschnitt zur Gemeindeleitung rücken die Aufgaben für Timotheus als Gemeindeleiter ins Zentrum. Vorrangigste Aufgabe ist die Bekämpfung von Irrlehrern (4,1–11), deren Auftreten als Zeichen der Endzeit gedeutet wird. Der von den Gegnern erhobenen Forderung nach einem Verzicht auf die Ehe und nach der Enthaltung von bestimmten Speisen wird eine positive Sicht der von Gott geschenkten Schöpfungsgaben entgegengestellt. Das asketisch-schöpfungsfeindliche und esoterisch-spekulative Profil der von den Häretikern verkündeten Lehre deutet darauf hin, dass es sich bei ihnen um Vertreter einer Frühform der christlichen Gnosis handelt.

Aus den grundsätzlichen Anordnungen für die Gemeindeleitung (4,12–5,2) sticht die Ordination des kirchlichen Amtsträgers durch Handauflegung vonseiten des Presbyteriums heraus, die hier erstmals bezeugt ist. Mit der Handauflegung wird die Gabe des Heiligen Geistes verliehen. Zu den zentralen Aufgaben des ordinierten Gemeindeleiters zählen Schriftauslegung, Lehre und seelsorglicher Zuspruch. Im Gegensatz zu den Kirchen der Reformation betrachtet die römisch-katholische Kirche die Ordination als Sakrament.

Die Anordnungen im Hinblick auf den Witwenstand in der Gemeinde (5,3–16) zeigen, dass die in der christlichen Gemeinde praktizierte Witwenversorgung zu einem Problem geworden war. In der antiken Gesellschaft lebten die Witwen meist in sozialem Elend. Ein übermäßiges Anwachsen des Witwenstandes in der Gemeinde überstieg deren finanzielle Möglichkeiten. Paulus ermutigte in 1 Kor 7 noch die Witwen, von der Ehelosigkeit als Gnadengabe Gebrauch zu machen. Hier wird nun die Aufnahme in den Witwenstand, die zur sozialen Unterstützung durch die Gemeinde berechtigte, von einem Mindestalter abhängig gemacht. Verwitweten Frauen unter sechzig Jahren wird eine erneute Heirat nahegelegt, damit sie durch ihren Ehemann versorgt sind und nicht der Gemeindekasse zur Last fallen. Ohnehin ist dem Briefautor ein asketisch-eheloses Leben der jüngeren Witwen vor dem Hintergrund der von ihm bekämpften Irrlehren suspekt. Die im Zusammenhang mit den Kirchenältesten zu regelnden Fragen (5,17–25) reichen von der Besoldung der Presbyter in Leitungsfunktionen über Disziplinarmaßnahmen bis hin zur Warnung, bei der Auswahl der zu ordinierenden Presbyter Vorsicht und Sorgfalt walten zu lassen. Die locker angehängte Ermahnung an die Sklaven in der Gemeinde (6,1–2) schärft diesen Respekt gegenüber den christlichen Herren ein, auch wenn sie ihnen in der gottesdienstlichen Versammlung auf Augenhöhe begegnen mögen. Erneut zeigt sich die konservative Sozialethik des Briefautors, der die vom Evangelium ausgehenden Impulse zu einer Veränderung der gesellschaftlichen Verhältnisse nicht erkennt.

Briefschluss (1 Tim 6,3–21)

Der Briefschluss kommt ein letztes Mal polemisch auf die Irrlehrer und ihre Verworfenheit zu sprechen (6,3–10) und entwickelt auf dieser Negativfolie das strahlende Gegenbild des treuen Amtsträgers (6,11–16). In diesem Zusammenhang zitiert der Verfasser wohl ein liturgisches Stück aus dem Ordinationsgottesdienst, das die künftigen Amtsträger ethisch unterweist und dann in einen feierlichen Lobpreis einmündet. Die abschließende Ermahnung an Timotheus stellt ihm nochmals seine Berufung zum vorbildlichen Gemeindeleiter und treuen Bewahrer des paulinischen Erbes vor Augen.

Der zweite Timotheusbrief – Vermächtnis eines Apostels

Der Verfasser des zweiten Timotheusbriefs gibt seine Ausführungen als letztes Vermächtnis des in Rom inhaftierten Paulus aus, um ihnen besondere Wirkung zu verschaffen.

Der zweite Timotheusbrief führt in eine fiktive Situation. Paulus befindet sich in Rom in Gefangenschaft und sieht sein nahes Ende voraus. Vor diesem Hintergrund richtet er ein Schreiben an Timotheus. Der Brief wird damit als letztes Vermächtnis des Apostels ausgegeben, womit seine Weisungen zum kirchlichen Amt und zur Bekämpfung von Irrlehren besonderes Gewicht bekommen. Als Aufenthaltsort des Timotheus ist nach wie vor Ephesus vorausgesetzt.

Briefeingang (2 Tim 1,1–4)

Die Aussagen des Briefeingangs sind in hohem Maße dem des Römerbriefs nachempfunden. Bei der Versicherung des Gedenkens und dem Wiedersehenswunsch handelt es sich um typische Stilelemente des antiken Briefs. Durch den Verweis auf den mustergültigen Dienst und die vorbildliche Religiosität der Vorfahren des Paulus bzw. Timotheus wird der Traditionsgedanke besonders in den Vordergrund gerückt.

Aufforderung des Timotheus zum Zeugendienst nach dem Vorbild des Paulus (2 Tim 1,5–2,13)

Die Eingangsmahnung hat erinnernden Charakter und spiegelt die Ansicht wider, dass das Charisma zur Amtsführung bei der Ordination durch Handauflegung übertragen wird. Die Bezeugung der christlichen Heilsbotschaft ist nach dem Vorbild des Paulus mit Leiden verbunden. Die nachfolgende Bekenntnisformel (1,9–10) fasst den Inhalt des Glaubens in konzentrierter Form zusammen. Sie betont in Anknüpfung an die Rechtfertigungsaussagen des Galater- und Römerbriefs, dass unabhängig von menschlichen Werken das Handeln Gottes durch Christus der Grund des Heils ist. Diese rettende Zuwendung, die durch die Sendung Jesu Christi auf Erden offenbar wurde, geht auf einen bereits vor ewigen Zeiten getroffenen Heilsentscheid Gottes zurück.

Die Aussagen von der zuverlässigen und unversehrten Bewahrung des paulinischen Evangeliums als anvertrautem Gut dienen der Traditionssicherung mit Rückbindung an den Ursprung. Wenn die durch den Apostel Paulus legitimierte und durch das kirchliche Amt an Timotheus weitergegebene Lehre als „gesund“ bezeichnet wird, geschieht dies in Abgrenzung gegen „ungesunde“ Irrlehren. Dies bezieht sich sowohl auf den rechten Glauben als auch auf das rechte Handeln. Nachdem das angemessene Verhalten gegenüber Paulus an negativen wie positiven Beispielen von namentlich bekannten Einzelpersonen veranschaulicht wurde, rückt mit Öffnung des Blickwinkels auf nachfolgende Generationen erneut Timotheus in den Mittelpunkt der Betrachtung. Ihm wird die Aufgabe übertragen, das anvertraute Gut an zuverlässige Personen weiterzugeben, die ihrerseits dazu in der Lage sind, andere zu lehren. Bei diesen Lehrern dürfte an die Ortsbischöfe als Gemeindeleiter gedacht sein. Das Hauptanliegen des Briefautors besteht folglich darin, über das kirchliche Amt die kontinuierliche Bewahrung der paulinischen Lehrtradition durch die Generationen hindurch zu sichern. Die Aufforderung zu intensivem Einsatz für das Evangelium bis hin zu äußerster Leidensbereitschaft wird mit Vergleichsbildern voller Kampfmetaphorik veranschaulicht.

Auseinandersetzung mit Irrlehrern (2 Tim 2,14–3,9)

Der Briefautor rückt nun die Auseinandersetzung mit den Gegnern in den Mittelpunkt (2,14–21). Die Darstellung ihrer Irrlehre ist äußerst knapp gehalten. Es handelt sich indes um dieselben aus der Gemeinde hervorgegangenen Gegner, die auch im ersten Timotheusbrief bekämpft werden. Ergänzend zu den dortigen Aussagen wird von ihnen berichtet, dass sie die Auferstehung als bereits geschehen betrachten. Vermutlich haben sie die mit der Taufe verbundene Heilszueignung enthusiastisch überinterpretiert und sich bereits im Besitz des ewigen Lebens gesehen, sodass sie von der Zukunft nichts mehr erwarteten, was sie nicht schon gegenwärtig besessen hätten. Ob sie vor diesem Hintergrund eine künftige leibliche Auferstehung in Abrede stellten und stattdessen im gnostischen Sinne nur an die Unsterblichkeit der Seele glaubten, wird nicht deutlich. Die Ermahnung zu einer von Milde und Besonnenheit gekennzeichneten Zurechtweisung der Gegner (2,22–26) richtet sich sowohl an Timotheus als auch allgemein an jeden als Knecht des Herrn bezeichneten Gemeindeleiter. Abschließend wird unter Rückgriff auf einen traditionellen Lasterkatalog das ethische Fehlverhalten der Irrlehrer als Phänomen der Endzeit gedeutet (3,1–9). In diesem Zusammenhang vertritt der Briefautor die Auffassung, dass Frauen besonders anfällig für die Häresie seien, und lässt sich in seiner Polemik zu dem unreflektierten Pauschalurteil verleiten, dass Frauen grundsätzlich sündhaft und trotz intensivster Lernbemühungen nicht zur Erkenntnis der Wahrheit fähig seien. An diesen Aussagen, die immer wieder zur Rechtfertigung einer Herausdrängung der Frau aus kirchlichen Lehr- und Leitungsfunktionen benutzt wurden, ist theologische Sachkritik unumgänglich.

Die Aufgaben der Gemeindeleitung (2 Tim 3,10–4,8)

Wenn sich der Briefautor in direkter Anrede an Timotheus wendet, steht dieser stellvertretend für jeden kirchlichen Amtsträger. Dem Apostelschüler wird eingeschärft, standhaft bei dem zu bleiben, was er im Hinblick auf Glaubenslehre und Lebensgestaltung von Paulus gelernt hat. Es geht um die verbindliche Weitergabe des paulinischen Erbes als der gesunden Lehre an alle nachfolgenden Generationen. Damit verbunden ist die durch Beschwörung untermauerte Aufforderung, sich auch angesichts bedrohlicher Situationen ohne Angst und Verzagtheit für die Verkündigung des Wortes Gottes einzusetzen. Umrankt von bekenntnishaften Aussagen über Gott und Jesus Christus als Endzeitrichter wird Timotheus der vorbildliche Aposteldienst des dem Tod entgegengehenden Paulus vor Augen gehalten, der die Bereitschaft zur Lebenshingabe um des Zeugendienstes willen einschließt.

Briefschluss (2 Tim 4,9–22)

Der Briefautor zeichnet Paulus als vorbildlichen Apostel, der sich bis zum Ende um die Belange der Kirche sorgt und die heiligen Schriften zum unverzichtbaren Besitz des Amtsträgers zählt. Die Nennung einer Vielzahl von Personen aus dem Umfeld des Paulus soll den Eindruck der Echtheit des Briefs untermauern.

Der Titusbrief – Bewahrung der gesunden Lehre

Die angeblich an Titus ergangenen Weisungen des Paulus wollen eine bestimmte Form der Gemeindeordnung und eine Ethik der Unterordnung mit der Autorität des Apostels untermauern.

Titus, ein unbeschnittener Heidenchrist, stammte aus der Gemeinde von Antiochia und war Teilnehmer am Apostelkonvent. Später begegnet er als Mitarbeiter an der Seite des Paulus und fungiert als Überbringer des Tränenbriefs nach Korinth. Als Ausgangssituation des Titusbriefs wird vorausgesetzt, dass Titus auf Kreta weilt, um dort den von Paulus begonnenen Gemeindeaufbau fortzusetzen. Dazu erhält er Instruktionen, die dazu dienen, die Gemeindestrukturen und Amtsträger durch die Autorität des Paulus zu legitimieren. Von einer Missionstätigkeit des Paulus oder seiner Mitarbeiter auf Kreta verlautet weder in der Apostelgeschichte noch in den übrigen Paulusbriefen etwas.

Briefeingang (Tit 1,1–4)

Ähnlich ausführlich wie im Präskript des Römerbriefs werden die Stellung des Paulus und seine Autorität im Briefeingang beschrieben. Gleichzeitig klingen bereits Grundzüge der Glaubensverkündigung an, die für die Pastoralbriefe von grundsätzlicher Bedeutung sind.

Anforderungen an Presbyter und Bischöfe (Tit 1,5–9)

In einer Rückschau gibt der Brief Einblick in die Aufgabenstellung, mit der Titus auf Kreta betraut wurde. Inhaltlich geht es um die Anforderungen, welche die kirchlichen Amtsträger zu erfüllen haben. Die getrennt für Presbyter und Ortsbischöfe ergehenden Anweisungen erinnern an Pflichtenkataloge, wie sie in der hellenistischen Ethik für verschiedene Berufsstände entwickelt wurden.

Gegen die Irrlehrer (Tit 1,10–16)

Die in den Gemeinden auftretenden Irrlehrer werden recht holzschnittartig gezeichnet und mit pauschaler Polemik bedacht. Dass sie falsche Lehren vertreten, lässt sich für den Briefautor bereits an ihrer mangelnden Bereitschaft zur Unterordnung gegenüber den Gemeindeleitern erkennen. Es könnte sich um Judenchristen handeln, die nach wie vor tief in ihren jüdischen Glaubenstraditionen verwurzelt sind und damit von der Gemeinde als Gefahr empfunden werden. Vielleicht repräsentieren die Irrlehrer aber auch eine Frühform der christlichen Gnosis, deren Spekulationen über Kosmos und Mensch sich an eigenwilligen Auslegungen der Schöpfungsgeschichte orientieren. Das Dichterzitat von den verlogenen Kretern (V. 12) geht wahrscheinlich auf Epimenides zurück, der von der Insel Kreta stammte.

Ethische Unterweisung der Gemeinde (Tit 2)

Titus wird exemplarisch als Gemeindeleiter angesprochen, damit er das Leben und Verhalten der Gläubigen gemäß dem regele, was der Briefautor für die gesunde Lehre hält. Als Form der ethischen Unterweisung begegnet die Ständetafel, in der alle Gruppierungen innerhalb der Gemeinde an ihre Pflichten erinnert werden. Wie an anderen Stellen des Neuen Testaments, wo die Unterordnung der Frauen und der Sklaven eingefordert wird, ergibt sich angesichts der negativen Wirkungsgeschichte dieser zeitgebundenen Anweisungen ein mehr als zwiespältiger Eindruck.

Das Verhältnis der Gläubigen zur Außenwelt (Tit 3,1–11)

Das Motiv der Unterordnung gibt auch für die Beziehung der Gläubigen gegenüber den staatlichen Autoritäten die Leitlinie an. Zentral ist der Gedanke eines von Freundlichkeit und Liebe geprägten Verhaltens gegenüber aller Welt, der mit einer Rückbesinnung auf die entscheidenden Glaubensinhalte gekoppelt ist. In diesem Zusammenhang werden die Offenbarung der Güte Gottes im Christusgeschehen, die Glaubensgerechtigkeit und die Bedeutung der Taufe als Wiedergeburt mit Erneuerung durch den Geist thematisiert.

Aufträge und Grüße (Tit 3,12–15)

In den Schlussgrüßen soll durch Hinweise auf vielfältige Verbindungen des Briefautors mit Personen, die aus der Apostelgeschichte oder aus den authentischen Paulusbriefen als Mitarbeiter des Paulus bekannt sind, der Eindruck verstärkt werden, dass es sich bei dem Titusbrief um ein echtes Schreiben des Paulus handelt.

Der Philemonbrief – Apostel schickt Sklaven an seinen Herrn zurück

Im Philemonbrief setzt Paulus sich für Onesimus ein und bittet Philemon, diesen nicht mehr wie einen Sklaven zu behandeln, sondern in geschwisterlicher Liebe anzunehmen.

Die Sklaverei war eines der brennenden sozialen Themen der Antike – man denke nur an den Aufstand des Spar-

Titus soll die christliche Gemeinde auf Kreta aufgebaut haben.

takus. Der Philemonbrief führt mitten in diese Thematik hinein. Der in Gefangenschaft geschriebene Brief wendet sich an eine Privatperson. Als Abfassungsort kommt am ehesten Ephesus infrage. Manche ziehen aber auch Rom oder Cäsarea in Erwägung. Der Brief ist ein Empfehlungsschreiben, das dem Sklaven Onesimus von Nutzen sein soll. Lange Zeit nahm man an, dass es sich bei Onesimus um einen entflohenen Sklaven gehandelt habe, der bei Paulus um Unterstützung nachsuchte und vom Apostel zu seinem Herrn zurückgeschickt wurde. Dies ging oftmals mit massiver Kritik an der Haltung des Paulus gegenüber der Sklaverei einher. Rechtsgeschichtliche Quellen zeigen allerdings, dass ein Sklave bei gravierendem Streit mit seinem Herrn die Möglichkeit hatte, einen Freund des Herrn aufzusuchen und als Vermittler einzuschalten, ohne sich dabei der Sklavenflucht strafbar zu machen. Vermutlich nahm Onesimus dieses Recht in Anspruch. Die Tatsache, dass Paulus ihn zurückschickte, kann damit nicht als Rechtfertigung der inhumanen Praxis der Sklaverei betrachtet werden.

Briefeingang (Phm 1–7)

Anders als sonst bezeichnet sich Paulus in der Absenderangabe nicht als Apostel, der in der Autorität des Evangeliums auftritt. Er spricht von sich in Niedrigkeit als Gefangenem Christi, da er als Bittsteller auftritt. Der Adressat Philemon wird als Mitarbeiter des Paulus und Vorsteher einer Hausgemeinde gekennzeichnet, die sich in Kolossä befindet.

Fürsprache für Onesimus (Phm 8–19)

Paulus meidet die Befehlsform, zu der er kraft seiner apostolischen Autorität berechtigt wäre, und verlegt sich stattdessen auf das Bitten. Gleichzeitig gibt er damit Philemon im Hinblick auf Onesimus ein Beispiel für den Verzicht auf die Durchsetzung verbriefter Rechte. Das Bild von der Zeugung des Onesimus in Gefangenschaft (V. 10) bringt zum Ausdruck, dass dieser zum christlichen Glauben bekehrt wurde, als er Paulus im Gefängnis aufsuchte. Philemon soll Onesimus nun nicht mehr wie einen Sklaven behandeln, sondern ihm mit geschwisterlicher Liebe begegnen. Ob dies auch eine versteckte Aufforderung zur Freilassung des Sklaven beinhaltet, bleibt unklar. Dem Anliegen des Paulus, dass Philemon den Onesimus als Mitarbeiter an ihn zurücksende, scheint dieser gefolgt zu sein (Kol 4,9). Erst am Ende der Fürsprache wird deutlich, dass Philemon einen konkreten materiellen Schaden erlitten hat, für den er Onesimus verantwortlich macht. Manche vermuten, dass er beispielsweise aus Unachtsamkeit eine wertvolle Vase zerbrochen haben könnte. Paulus bietet an, dafür Schadenersatz zu leisten. Er versäumt aber nicht den Hinweis darauf, dass Philemon selbst tief in der Schuld des Apostels steht.

Briefschluss (Phm 20–25)

Abschließend verleiht Paulus seiner Hoffnung Ausdruck, kraft der Gebete für ihn bald aus der Haft freizukommen und die Gemeinde in Kolossä besuchen zu können. Philemon wird als sozial höher stehende Person und Leiter der Hausgemeinde um seine Gastfreundschaft gebeten.

Christentum und Sklaverei

In Cartagena an der Karibikküste Kolumbiens befand sich im 17. und 18. Jh. der größte Sklavenmarkt von ganz Amerika. Heute prägen die Nachfahren der afrikanischen Sklaven das Stadtbild.

Für die Antike und damit auch für das Neue Testament war die Sklaverei ein Sachverhalt, der als selbstverständlich betrachtet und kaum hinterfragt wurde. Von der Tauftradition Gal 3,28 gehen Impulse zur Sklavenbefreiung aus, an der allerdings Paulus, angesichts der Erwartung des nahen Weltendes, wenig Interesse zeigte. Die im Denken ihrer Zeit verhafteten Aussagen der Bibel zum Gehorsam der Sklaven gegenüber ihren Herren wurden, beispielsweise in den Südstaaten der USA, immer wieder als zeitlos gültige Rechtfertigung der Sklaverei missbraucht. Umgekehrt standen ab dem 17. Jh. christliche Gruppierungen wie Quäker, Mennoniten, Methodisten und Baptisten an der Spitze des Kampfes gegen die Sklaverei und beriefen sich dabei nicht zuletzt auf die Goldene Regel der Bergpredigt (Mt 7,12).

Der Hebräerbrief – Wahrer Hohepriester löst Tempelkult ab

Der Hebräerbrief verfolgt das pastorale Anliegen, die von Anfechtung und Verfolgung bedrohte Gemeinde zum standhaften Ausharren im Glauben zu ermutigen. Sein alles beherrschendes Thema ist die Neuinterpretation des kirchlichen Christusbekenntnisses im Rahmen der Theologie vom wahren Hohepriester nach der Weise Melchisedeks.

Der um das Jahr 90 entstandene Hebräerbrief ist der Form nach kein wirklicher Brief, sondern eine Predigt oder gelehrte theologische Abhandlung von hohem Niveau. Sein unbekannter Autor ist tief in der Gedankenwelt des hellenistischen Judentums verwurzelt. Obwohl der Brief keine Angaben zum Absender macht, wurde er lange Zeit für ein Schreiben des Paulus gehalten und deshalb in den Bibelausgaben unmittelbar hinter den Briefen des Apostels platziert. In der Alten Kirche zog man aber auch Barnabas, Lukas, Apollos oder Silas als Verfasser in Erwägung. Die Adressatenangabe zeigt, dass das Schreiben sich allgemein an alle Hebräer im Sinne von Judenchristen richtet. Inhaltliche Berührungen mit dem Ende des 1. Jh.s in Rom entstandenen ersten Clemensbrief geben zu der Vermutung Anlass, dass die Empfänger des Hebräerbriefes in der Hauptstadt des Reiches zu suchen sind. Das alles beherrschende Thema des Briefes ist die Neuinterpretation des kirchlichen Christusbekenntnisses in kultischen Kategorien. Der Autor sieht Jesus Christus mit seinem Sühnetod in das Amt des himmlischen Hohepriesters eingesetzt, dessen Dienst das alttestamentliche Ritual des Versöhnungstages überbietet und ablöst. Auch andere Traditionen des Alten Testaments gelten als unvollkommene Vorausdarstellungen neutestamentlicher Geschehnisse. Im Westen der Kirche wurde der Hebräerbrief wegen seiner Ablehnung der zweiten Buße zunächst nicht zum Bibelkanon gerechnet.

Der Weg des Erlösers (Hebr 1,1–4,13)

Statt eines Briefeingangs wird ein Prolog mit Christushymnus vorangestellt (1,1–4). Der Hymnus thematisiert zunächst die Präexistenz des Sohnes als Abglanz der Herrlichkeit und Wesensabbild des Vaters, der als Welterhalter das Universum nach der Schöpfung davor bewahrte, in das Chaos zurückzufallen. Danach streift der Verfasser mit dem Verweis auf die geschichtliche Heilstat des Kreuzestodes, der von Sünden reinigt, in prägnanter Kürze die irdische Wirksamkeit des Sohnes und bestimmt schließlich unter Rezeption von Psalm 110 das Ende des Weges Jesu als Erhöhung zur Rechten Gottes.Vorrangiges Ziel des Vergleichs Jesu Christi mit den Engeln (1,5–14) ist es, die analogielose Würde des Gottessohnes als Mitschöpfer des Universums und ewigem Weltenherrscher herauszustellen. Aus dem in Christus offenbar gewordenen Heil erwächst die Verantwortung der Christusgläubigen, nicht vom rechten Kurs abzukommen (2,1–4). Die Abhandlung zur Erniedrigung des Sohnes (2,5–18) entfaltet in großer theologischer Tiefe die heilvolle Bedeutung der Menschwerdung Jesu und seiner in brüderlicher Solidarität erfolgten sühnenden Lebenshingabe am Kreuz. In diesem Zusammenhang klingt erstmals das christologische Hauptthema des Briefes von Jesus als dem wahren Hohepriester an.

Mit einer typologischen Gegenüberstellung der beiden Heilsgestalten Mose und Christus (3,16), die durch Entsprechung und Überbietung gekennzeichnet ist, schafft sich der Briefautor die Basis, um die eigene Gemeindesituation als ein den Exodus bei Weitem übertreffendes Heilsgeschehen zu kennzeichnen (3,7–4,13). In Israels Zug durch die Wüste ist die Wanderung der Kirche als das endzeitliche Gottesvolk durch die Welt vorabgebildet. Die Israeliten haben das Ziel verfehlt und den Einzug in das Gelobte Land nicht mehr am eigenen Leibe miterlebt, weil sie trotz der heilvollen Erfahrung der Herausführung aus Ägypten sündigten und den Zorn Gottes zu spüren bekamen (Num 14). Die Kirche wird dagegen den Eingang in die Gottesruhe erreichen, wenn sie Glaubensgehorsam zeigt. Weil sie als das wandernde Gottesvolk unterwegs ist und ihr Ziel noch nicht erreicht hat, lauert wie damals beim Exodus ständig die Gefahr des Ermattens und des Abfalls am Wegesrand.

Jesus Christus als der wahre Hohepriester (Hebr 4,14–10,18)

Die Ausführungen zum hohepriesterlichen Amt Jesu (4,14–5,10) führen in das gedankliche Zentrum des Hebräerbriefs. Der Briefautor benennt Mitmenschlichkeit, Opferdarbringung für die Sünden und ordnungsgemäße Einsetzung durch Gott als elementare Bedingungen für das Hohepriesteramt, um dann nachzuweisen, dass Christus in qualitativer Überbietung des von Aaron repräsentierten irdischen Priestertums diese Kriterien erfüllt wie kein anderer. Mit Zitaten aus Psalm 2 und 110 wird auf das Ritual der Königsinthronisation zurückgegriffen, um von der Schrift her zu untermauern, dass kein anderer als der göttlich gezeugte Christus der Träger des ewigen Priestertums nach der Weise des aus Gen 14 und Psalm 110 bekannten Jerusalemer Priesterkönigs Melchisedeks ist.

Ein ermahnender Exkurs unterbricht die Ausführungen zum Christusbekenntnis und wendet sich dem

Eine der wenigen Darstellungen des Priesterkönigs Melchisedek stammt von dem niederländischen Maler Dierick Bouts (ca. 1415–1475). Hier ist eine Begegnung zwischen Abraham und Melchisedek dargestellt.

Problem der Sünde in der Gemeinde zu (5,11–6,20). Der Autor erinnert die Gemeinde an die Grundlagen des christlichen Glaubens. Mit der Aufzählung der drei Begriffspaare Umkehr und Gottesglaube, Taufe und Handauflegung, Totenauferstehung und Gericht greift er auf zentrale Inhalte der Missionspredigt oder der innergemeindlichen Unterweisung zurück, welche Anfang, Mitte und Ziel der christlichen Existenz umreißen. Damit ist das Fundament gelegt, um eindringlich vor Abfall zu warnen. Für einmal Erleuchtete, die sich vorsätzlich schwere Verfehlungen zuschulden kommen lassen, gibt es keine weitere Möglichkeit der Buße. Eine zweite Umkehr ist ausgeschlossen, wie am Ackergleichnis anschaulich verdeutlicht wird.

In den Ausführungen zur Würde des Hohepriesters (7,1–28) geht es zunächst darum, Jesu Hohepriestertum, das von der Norm abweicht, weil er nicht aus dem Stamm Levi kommt, als schriftgemäß zu erweisen. Dabei wird die Figur Melchisedek geradezu zum Doppelgänger Jesu Christi stilisiert. Melchisedeks Priestertum ist für den Briefautor göttlichen Ursprungs und steht in betontem Kontrast zum levitischen Priestertum, das aus leiblicher Abstammung und gesetzlich geregelter Geschlechterfolge resultiert. Daraus ergibt sich, dass Christi ewiges Priestertum nach der Weise Melchisedeks das am Jerusalemer Tempel praktizierte irdische Priestertum überbietet und ablöst. Aus der Inthronisation Christi als Priesterkönig wird die Unvollkommenheit des levitischen Priestertums wie die Notwendigkeit eines Wechsels abgeleitet. Dies geht für den Verfasser des Hebräerbriefes mit einem tief greifenden Umschwung im Hinblick auf das Mosegesetz einher, dem er Schwachheit und Nutzlosigkeit attestiert. Als vollkommener Hohepriester nach der Weise Melchisedeks, der im Gegensatz zu den sterblichen levitischen Priestern in Ewigkeit bleibt und daher für alle Zeiten bei Gott für die Gläubigen eintreten kann, ist Christus der Bürge eines höher stehenden Bundes. Der Autor krönt diese Aussagen mit einem liturgischen Abschluss, der nochmals die Sündlosigkeit und das Versöhnungswerk Christi betont.

Stand bisher die Person Christi als Hohepriester im Mittelpunkt, so wird nun eine umfassende Beschreibung seines Dienstes geboten. Der Abschnitt setzt mit einer Gegenüberstellung von altem und neuem Bund ein (8,1–13). Es geht um den Nachweis, dass der zur Rechten Gottes erhöhte Jesus Christus, der sein Hohepriesteramt im himmlischen Allerheiligsten ausübt, der Mittler des in Jer 31 verheißenen neuen Bundes ist. Der alte Bund mit seinem priesterlich-kultischen Charakter ist aufgrund des Kreuzestodes Christi an sein Ende gekommen. In der Gegenüberstellung der Sühnemittel des alten und des neuen Bundes (9,1–28) finden sich Bezugnahmen auf das Ritual des großen Versöhnungstages aus Lev 16. Das Stiftszelt der Mosezeit, das eine Vorabbildung vom Hauptgebäude des späteren Jerusalemer Tempels darstellt, wird mit seinen zwei Räumen ehrfurchtsvoll beschrieben. Dass neben den Gesetzestafeln auch der Aaronsstab und das Manna in der Bundeslade lagen, weiß allein der Autor des Hebräerbriefes zu berichten. Am Jom Kippur sprengte der Priester im Allerheiligsten das Blut von Opfertieren auf den Deckel der Bundeslade, um so Sühne für die gegenüber dem Heiligtum begangenen Sünden zu erwirken. Das Kreuzesgeschehen wird in Entsprechung wie Überbietung dazu in Beziehung gesetzt. Neben dem Tierblut des Jom Kippur wird auch die Asche der roten Kuh aus Num 19

Ablehnung des Hebräerbriefs in der Alten Kirche

Mit der Taufe sind im Neuen Testament Umkehr (Buße) und Sündenvergebung verbunden. In der Großkirche setzte sich im Geiste Jesu eine grenzenlose Vergebungsbereitschaft durch, die auch bei Kapitalsünden wie Mord, Ehebruch oder Verleugnung des Glaubens eine erneute Bußmöglichkeit einräumte. Der Hebräerbrief lehnt solch eine „zweite Buße" rigoros ab. Er plädiert bei schweren Verfehlungen für den Ausschluss aus der Gemeinde und sieht die be-treffenden Sünder unwiderruflich dem Zorngericht Gottes anheimgefallen. Daher war man in zunächst vielen Kirchengebieten der Auffassung, dass er nicht in den Bibelkanon gehöre. Auch Martin Luther hat die rigoristische Bußlehre des Hebräerbriefes verworfen, ihn aber wegen seiner Christologie geschätzt. Während der Hebräerbrief in den griechischen Handschriften in der Regel hinter dem Philemonbrief steht, hat Luther ihn in seiner deutschen Bibel weiter nach hinten gerückt, um seinen Bedenken gegen den Brief Ausdruck zu verleihen.

zum Typus des Blutes Christi, wobei allerdings in diesem alttestamentlichen Reinigungsritus die Sühne nicht durch Blut, sondern mit Entsündigungswasser bewirkt wird. Indem Christus sich in einem alle irdischen Opfer überbietenden einmaligen Selbstopfer darbrachte, hat der im Geschehen des Versöhnungstages gipfelnde Opferkult am Tempel seine Geltung verloren. Abschließend wendet der Autor sich der Sühnewirkung im alten und neuen Bund zu (10,1–18). Während der Jahr für Jahr vollzogene Ritus des Jom Kippur nichts bewirken konnte, hat Christus als der himmlische Hohepriester mit seinem einmaligen Selbstopfer die ewige Erlösung von der Sünde gebracht und eine neue Heilsordnung in Kraft gesetzt.

Der Weg des Glaubens (Hebr 10,19–12,29)

In einem ermahnenden Teil, dem es mit seinem raschen Wechsel an Bildern und Vergleichen ein wenig an thematischer Geschlossenheit mangelt, zieht der Briefautor Folgerungen aus dem Christusgeschehen für den Weg des Glaubens. Ein Appell zur Standhaftigkeit im Glauben (10,19–39) erhebt die in der Taufe geschehene Reinigung von Sünden zur unerlässlichen Voraussetzung, Gott nahen zu dürfen; eine Bußmöglichkeit bei Abfall wird erneut kategorisch ausgeschlossen. Das vorsätzliche Sündigen getaufter Christen gilt als Verschmähung des Kreuzestodes Jesu; es wird daher unwiderruflich das Gericht nach sich ziehen. Die Erinnerung an den guten Anfang will zu standhaftem Verharren im Glauben ermutigen.

Anschließend führt der Autor den Adressaten eine Vielzahl von Glaubenszeugen aus dem Alten Testament vor Augen (11,1–40), insbesondere Abraham. Dass er gehorsam auf Gottes Ruf vertraute und dabei alle irdischen Sicherheiten preisgab, erweist sich als vorbildliches Merkmal seines Glaubens: Abraham zog aus, ohne das Ziel zu kennen, und siedelte in das verheißene Land über, wo er den Status eines Fremdlings hatte, in Zelten als Symbol der Wanderschaft wie des unsteten Lebens wohnte und die zukünftige „Stadt Gottes" erwartete. Damit wird der Erzvater zum Fremdling in dieser Welt und gibt mit seinem Wissen um die bessere Welt Gottes der christlichen Gemeinde Orientierung. Auch mit der Bereitschaft zur Opferung Isaaks erweist er sich als Zeuge eines Glaubens, der sich ständig im Aufbruch auf die ewige und unvergängliche Welt Gottes hin befindet. Er wird zum Paradigma für die endzeitliche Existenz der christlichen Gemeinde auf ihrem Weg in die himmlische Herrlichkeit.

Nach diesem Exkurs führt der Autor die Thematik der Bewährung im Glauben fort (12,1–29). Dabei blickt er zunächst auf Jesus als Anfänger und Vollender des Glaubens; doch dann versucht er mit aus heutiger Sicht problematischer Metaphorik, dem Leiden der Gläubigen eine Sinnfüllung zu geben, indem er es als gut gemeinte Züchtigung der Kinder durch den Vater darstellt. Unter Verweis auf das Beispiel Esaus, der die von ihm bereute Preisgabe des Erstgeburtsrechts nicht rückgängig machen konnte, wird erneut vor Abfall gewarnt und eine Umkehrmöglichkeit ausgeschlossen. Mit der typologischen Gegenüberstellung von Sinai und Zion als Symbolen des alten und neuen Bundes erreicht die Mahnrede ihren gedanklichen Höhepunkt. Die Heilshoffnung bleibt kein unerfüllbarer Traum, sondern die Gläubigen haben das himmlische Jerusalem als Ziel bereits vor Augen. Dies gibt ihnen die Kraft, den Versuchungen in der Zeit der letzten apokalyptischen Erschütterung standzuhalten.

Auf dem Masada-Felsen in Israel steht diese antike Synagoge.

Briefschluss (Hebr 13,1–25).

Die Schlussermahnungen (13,1–21) sind stilistisch wie inhaltlich durch einen auffälligen Bruch zum Vorhergehenden gekennzeichnet und haben den Charakter eines Anhangs. Sie bieten eine Aufzählung christlicher Grundtugenden, die aus der geschwisterlichen Liebe erwachsen, und rufen im Rahmen der Hohepriestertheologie zur Unterordnung gegenüber dem Gemeindeleiter und zum rechten Gottesdienst des neuen Bundes auf. Am Ende findet sich ein formeller Briefschluss (13,22–25), der dem Hebräerbrief mit Erwähnung des Timotheus den Anschein eines von Paulus verfassten Schreibens geben will oder ihn zumindest in die Nähe der Paulustradition zu rücken sucht. Vermutlich handelt es sich um ein Postskriptum von fremder Hand, das dem umstrittenen Hebräerbrief den Weg in den Bibelkanon ebnen sollte. Es könnte sich aber auch um einen Versuch des unbekannten Briefautors handeln, eine Art geistiger Kontaktaufnahme zur Paulusschule in Gang zu setzen.

Die katholischen Briefe

Einführung

Neben den unter dem Namen des Paulus überlieferten Briefen, denen auch der Hebräerbrief zugerechnet wurde, findet sich im Neuen Testament eine Sammlung von sieben weiteren Briefen, die bereits in der Alten Kirche als Katholische Briefe bezeichnet werden. Es handelt sich um den Jakobusbrief, die beiden Petrusbriefe, die drei Johannesbriefe und den Judasbrief. Wir sind heute daran gewöhnt, mit der Bezeichnung katholisch (wörtlich: allgemein) automatisch die römisch-katholische Kirche zu assoziieren. Dies hilft im Blick auf die sieben genannten Briefe nicht weiter. Sie werden in dem Sinne als katholisch bezeichnet, dass sie als Lehrschreiben für die Allgemeinheit bestimmt oder in der Kirche allgemein anerkannt sind. Die Katholischen Briefe unterscheiden sich von der Paulusbriefsammlung bereits auf den ersten Blick dadurch, dass sie ihre Namen nicht durch die Nennung der Empfänger, sondern durch die Nennung der Absender erhalten haben. Sie sind für einen allgemeinen Leserkreis bestimmt oder lassen mehrheitlich zumindest konkretere Angaben über die Adressaten vermissen. Aus dem Rahmen fällt der dritte Johannesbrief, bei dem es sich um ein Privatschreiben an einen gewissen Gaius handelt.

Die Verfasserangaben der Katholischen Briefe haben sich im Licht der kritischen Bibelwissenschaft als fiktiv erwiesen. Die unbekannten Briefautoren bedienen sich im Falle des Jakobus- und Judasbriefes der Namen der Brüder Jesu, im Falle der Petrus- und Johannesbriefe der Namen der herausragenden Gestalten aus dem Kreis der zwölf Apostel, um den Inhalt ihres Schreiben mit besonderer Autorität zu versehen. Im Hinblick auf die zeitliche Einordnung können die sieben Katholischen Briefe als die Spätschriften des Neuen Testaments gelten. Während für den Jakobusbrief und ersten Petrusbrief das Ende des 1. Jahrhunderts als Abfassungsdatum zu vermuten ist, dürften die anderen Briefe noch jüngeren Datums sein.

Der Jakobusbrief – Glaube ohne Werke ist nutzlos

Der die Autorität des Bruders Jesu beanspruchende Verfasser des Jakobusbriefes übt Kritik an den Reichen und betont, dass der Glaube erst durch die Werke seine Erfüllung findet.

Der Brief wurde Ende des 1. Jh.s von einem unbekannten Judenchristen geschrieben, der sich als Jakobus vorstellt. Der Autor beansprucht damit die Autorität des Bruders Jesu, der als Leiter der Jerusalemer Urgemeinde zu den Leitfiguren des Urchristentums zählte. Das Schreiben richtet sich an die christlichen Gemeinden außerhalb des Heiligen Landes, die das neue Israel der Endzeit verkörpern. Die drängendsten Probleme bei den Adressaten sind soziale Konflikte in der Gemeinde, die mit einer Verachtung der Armen durch die Reichen einhergingen. Zudem will der Autor ein falsches Verständnis der paulinischen Theologie korrigieren, indem er die Notwendigkeit einer Bewährung des Glaubens im Handeln aufzeigt. Der Brief besteht aus einer lockeren Aneinanderreihung von überwiegend ethischen Abhandlungen. Das Christusgeschehen als Fundament des Glaubens tritt dabei merkwürdigerweise in den Hintergrund.

Diese Bronzefigur, die vielleicht als Griff für ein Gefäß genutzt wurde, zeigt Abraham beim Opfer Isaaks. Westlicher Mittelmeerraum, 6. Jh. n. Chr.

Briefeingang und theologische Grundlegung (Jak 1,1–27)

Wenn der Autor die Adressaten als die zwölf Stämme in der Diaspora anspricht (1,1), betrachtet er die Kirche als das endzeitliche Israel. Zunächst ist von der Bewährung des Glaubens in Versuchungen und Anfechtungen die Rede (1,2–18), wobei die Vollkommenheit das Ziel der christlichen Existenz darstellt. Die Ausführungen zum Zusammenhang von Hören und Tun (1,19–27) betonen, dass die Lebenspraxis der Gemeinde mit dem Glauben in Einklang zu stehen hat, indem die Christusgläubigen das Wort nicht nur hören, sondern auch tun sollen.

Weisheitliche Regeln für das Leben der Gläubigen (Jak 2,1–5,6)

Im Hauptteil seines Briefes kommt der Autor zunächst auf die Ungleichbehandlung von Armen und Reichen in der Gemeinde zu sprechen (2,1–13). Er verdeutlicht dies an einem überzeichneten Beispiel, das von der unterschiedlichen Reaktion der Gläubigen auf einen mit Goldschmuck versehenen Reichen in prächtigem Gewand und einen in Fetzen gehüllten Armen handelt. Die schlechte Behandlung des Armen widerspricht dem Willen Gottes, stellt einen Verstoß gegen das Liebesgebot dar und beschwört die Verdammnis beim Endgericht herauf.

Die Ausführungen zum Zusammenhang von Glaube und Werken (2,14–26) wenden sich gegen ein Missverständnis der paulinischen Rechtfertigungslehre, dass allein der Glaube den Menschen vor Gott gerecht mache und Werke ohne Belang seien. Nach dem Jakobusbrief rechtfertigt nur ein Glaube, der sich auch in den Werken der Liebe bewährt. Dabei wird die Abrahamrezeption des Apostels Paulus aus dem Galater- und Römerbrief einer Korrektur unterzogen. Paulus hatte in einseitiger Fokussierung auf Gen 15 Glaube und Gesetz als gegensätzliche Größen betrachtet und den Stammvater Israels in kühner Schriftauslegung allein auf der Seite des Glaubens verortet. Der Verfasser des Jakobusbriefes interpretiert dagegen in Einklang mit der jüdischen Abrahamrezeption Gen 15 im Lichte von Gen 22; er betrachtet Abrahams Gehorsam gegenüber Gott, der sich in der Bereitschaft zur Opferung Isaaks zeigte, als hervorgehobenes Beispiel eines Glaubens, der sich in Werken niederschlägt.

Mit der Warnung vor der gefährlichen Macht der Zunge (3,1–12) wird ein neues Thema angeschnitten. Dabei geht es um einen Missbrauch des christlichen Lehreramtes. Die in den Gemeinden einen eigenen Stand repräsentierenden Lehrer sollen nicht bei jeder Gelegenheit als solche auftreten, da die Zunge sich als brandgefährliches Übel erweisen kann. Der Autor sieht den Frieden in den Gemeinden durch rechthaberische Lehrer bedroht und benennt vor diesem Hintergrund die Kennzeichen wahrer Lehrweisheit (3,13–18). Mit den Ausführungen gegen Streitsucht und Verleumdung (4,1–12) wird die Kritik an unerfreulichen Auseinandersetzungen in den Gemeinden fortgeführt.

Die vom Denken der Weisheit geprägte Rüge des eigenmächtigen Lebensentwurfs (4,13–17) lässt keinen unmittelbaren Zusammenhang mit den vorausgehenden Darlegungen erkennen. Von den selbstsicheren Plänemachern, deren Vorhaben jederzeit von Gott durchkreuzt werden können, kommt der Briefautor in einer scharfen Gerichtspredigt auf die Reichen zu sprechen, die unsozial mit ihrem Besitz umgehen (5,1–6). Sie haben Schätze angehäuft und in Luxus geschwelgt, ohne zu bedenken, dass die Endzeit angebrochen ist und das Gericht Gottes vor der Tür steht. Der Grundtenor dieser Passage erinnert an Jesu Reichtumskritik in der Bergpredigt (vgl. Mt 6,19–21).

Abschließende Ermahnungen (Jak 5,7–20)

Nachdem der Briefautor die Gemeinden zur geduldigen Erwartung der Wiederkehr des Herrn und zum Ausharren im Leiden ermahnt hat (5,7–11), schärft er das Schwurverbot Jesu ein und ermahnt zu unbedingter Wahrhaftigkeit (5,12). In den Anweisungen für verschiedene Lebenslagen (5,13–18) geht es nicht zuletzt um den Umgang mit Krankheit und Sünde in der Gemeinde. Das Charisma der Heilung ist an das kirchliche Amt gebunden und fällt in den Aufgabenbereich der Presbyter, die durch Gebet und Salbung mit Öl die Kranken gesund machen. Gleichzeitig wird mit Sünde als möglicher Ursache von Krankheit gerechnet und die Gelegenheit zum Schuldbekenntnis eingeräumt. Die römisch-katholische Kirche leitet aus diesem Text das Sakrament der Krankensalbung ab. Mit seiner Abschlussmahnung, dem vom rechten Weg abgeirrten Bruder geistlichen Beistand zukommen zu lassen (5,19–20), unterstreicht der Briefautor sein zentrales Anliegen, Sünder zur Umkehr zu bewegen und für die Gemeinde zurückzugewinnen.

Der erste Petrusbrief – Christen leben als Fremde in der Welt

Der unbekannte Verfasser bedient sich der apostolischen Autorität des Petrus, um die von ihrer heidnischen Umwelt angefeindeten Gemeinden im Glauben zu stärken.

Der Brief bedient sich in einer Zeit, als Petrus längst verstorben war, der Autorität des Apostels, um den unter Anfeindung seitens ihrer heidnischen Umwelt leidenden Gemeinden Kleinasiens Hoffnung zu spenden. Er entwickelt dabei unter dem Einfluss paulinischen Denkens eine ausgeprägte Theologie des Leidens. Die Gläubigen sollen Anfeindung und Diskriminierung in der Nachfolge Christi als einen Akt demonstrativer Selbststigmatisierung geduldig auf sich nehmen, um damit die heidnische Gesellschaft zu beeindrucken. Das Schreiben spiegelt eine Situation der Christenverfolgung wider. Es ist vermutlich im späten 1. Jh. während der Herrschaft des Kaisers Domitian entstanden, als es in vielen Städten Kleinasiens zu Übergriffen der lokalen Behörden gegen die sich dem Kaiserkult verschließenden Christen kam.

Briefeingang (1 Petr 1,1–2)

Der Brief will vom Apostel Petrus verfasst sein und richtet sich als Rundschreiben an die christlichen Gemeinden in fünf römischen Provinzen Kleinasiens, der heutigen Türkei. Mit der Bezeichnung der Gläubigen als Fremdlinge in der Diaspora klingt schon im Präskript ein Leitmotiv des Briefes an.

Die neue Existenz der Gläubigen (1 Petr 1,3–2,10)

Das Eröffnungskapitel (1,3–12) handelt vom Dank an Gott für das in Christus geschenkte Heil. Die gegenwärtige Zeit des Leidens und der Glaubensbewährung wird in apokalyptischen Denkmustern als glückliche Epoche entschlüsselt, die als letzte Drangsal das heilvolle Ende der Geschichte einläutet. Angesichts dieser besonderen zeitgeschichtlichen Umstände sind Wachsamkeit und ein deutlich verändertes Leben vonnöten (1,13–2,3). Das in Christus geschenkte Heil fordert ethische Bewährung, die sich in Liebe und Abkehr von Lastern zeigt.

In seinen Ausführungen über die von Gott gestiftete Gemeinschaft (2,4–10) bedient sich der Briefautor einer Reihe traditioneller Metaphern, allen voran des Bildes von Christus als dem Eckstein, den die Menschen verworfen haben. Er ist das von Gott gelegte Fundament der Hoffnung, zu der das Schreiben die unter Anfeindung seitens der heidnischen Umwelt leidenden Gemeinden ermutigen will.

Ethische Unterweisung und Ermutigung (1 Petr 2,11–5,7)

Ein zentrales Anliegen des Briefautors ist die Bewährung des christlichen Glaubens in der heidnischen Gesellschaft, die ihrerseits die Christen kriminalisiert und verfolgt. Dabei äußert er die Überzeugung, dass die Gläubigen mit ihrem vorbildhaften Verhalten die übrigen Menschen und deren Beziehung zu Gott beeinflussen.
Ein zentrales Feld der ethischen Bewährung des Christseins in der Welt ist das Verhalten gegenüber den politischen Instanzen (2,13–17). Ähnlich wie in Röm 13, aber ohne die theologische Tiefe der dortigen Aussagen zu erreichen, wird dem Staat die Gewalt zur Durchsetzung des Rechtes zugesprochen und die Unterordnung der Christen gegenüber der Obrigkeit gefordert. Neu gegenüber Paulus ist der Gedanke, dass damit den heidnischen Vorwürfen gegen das Christentum der Wind aus den Segeln genommen werden kann.
Vom Geiste einer pragmatischen Ethik der Unterordnung, die nicht zu Unrecht oft als Ethik der Unterwerfung und Anpassung kritisiert wird, ist auch die Haustafel geleitet (2,18–3,7). Wenn dabei von Sklaven der Gehorsam auch gegenüber schlechten Herren eingefordert und das klaglose Hinnehmen ungerechten Leidens als angemessene Kreuzesnachfolge Christi verklärt wird, ist dies aus heutiger Perspektive indiskutabel. In seinen ebenfalls nicht auf die Gegenwart übertragbaren Aussagen zum Verhältnis der Geschlechter beansprucht der Briefautor das biblische Beispiel Sarahs, um den Gehorsam der Frau gegenüber dem Mann zu begründen. In einem Katalog, der Forderungen der Bergpredigt anklingen lässt, werden elementare Tugenden des Zusammenlebens in der christlichen Gemeinde angesprochen (3,8–12). In den Ausführungen zu Leiden und Hoffnung (3,13–22) wird die Leidensethik des Briefes unter Verweis auf das Christusgeschehen weiter vertieft. Dabei vermag der Autor die in Bedrängnis und Verfolgung lebenden Adressaten mit dem Bild des zur Rechten Gottes erhöhten Christus zu trösten, dem alle bösen Mächte unterworfen sind und an dessen Sieg sie kraft der Taufe bereits Anteil haben. Der rätselhafte Verweis auf die Predigt Jesu an die Geister im Gefängnis setzt jüdische Mythen zu Gen 6–8 voraus, nach denen die (auch als Geister bezeichneten) gefallenen Engel für die Sintflut verantwortlich waren und mit Gefangenschaft bestraft wurden. Bald setzte sich die Vorstellung durch, dass dieses Gefängnis in der Unterwelt lag und von Jesus nach seinem Kreuzestod aufgesucht wurde, wie es sich im Apostolischen Glaubensbekenntnis mit der Wendung „hinabgestiegen in das Reich des Todes“ niedergeschlagen hat.

Der nachfolgende Abschnitt (4,1–6) nimmt die Leidensthematik wieder auf. Mit dem Verweis, dass das an der Passion Christi orientierte Leiden der Gläubigen mit einer positiv auf die heidnische Gesellschaft ausstrahlenden Abkehr vom alten Lebenswandel einhergeht, werden wichtige Themen des Briefes ineinander verschränkt. Angesichts des nahen Weltendes sollen sich die Gläubigen auf die Liebe als das Entscheidende konzentrieren (4,7–11), deren Praxis an konkreten Beispielen veranschaulicht wird. In welchem Maße die Adressaten um ihres Glaubens willen unter Kriminalisierung, Strafverfolgung und gesellschaftlicher Ächtung zu leiden haben, wird in der von Gerichtsthematik geprägten Ermutigung deutlich (4,12–19). Mit den Anweisungen zum kirchlichen Amt (5,1–7) wird ein neues Thema aufgenommen. Der Briefautor nimmt die Presbyter unter Heranziehung traditioneller Hirtenmetaphorik in die Pflicht, einen tadellosen Stil der Amtsführung zu praktizieren, und fordert gleichzeitig die Gemeindeglieder zur Unterordnung gegenüber den Amtsträgern auf.

Briefschluss (1 Petr 5,8–14)

Abschließend ruft der Briefautor die Adressaten zur Standhaftigkeit auf und spricht ihnen Mut zu, indem er den tieferen Sinn ihrer Bedrängnis erschließt. Sie stehen gemeinsam mit den Gläubigen auf der ganzen Welt nur noch für kurze Zeit im Kampf gegen die Macht des Bösen, während die Geschichte bereits auf ihr heilvolles Ende zutreibt. In den Schlussgrüßen ist Babylon ein aus der jüdischen Apokalyptik entlehnter Deckname für Rom, das damit als Abfassungsort des ersten Petrusbriefes benannt wird.

Der zweite Petrusbrief – Die Wiederkunft des Herrn ist kein Märchen

Der im Namen des Petrus schreibende Briefautor hält gegen Irrlehrer den apokalyptischen Glauben an die Wiederkehr Jesu Christi und an das Kommen der neuen Welt Gottes wach.

Der Brief ist das Dokument einer tiefen Verunsicherung der Gemeinden, die durch die ausbleibende Wiederkehr des Herrn ausgelöst wurde. In den Evangelien spricht Jesus in apokalyptischen Bildern davon, dass er nach den Wirren der Endzeit auf die Erde zurückkommen wird, um Gericht zu halten und die Auserwählten zu sammeln (Mk 13). Die ersten Christen lebten in unmittelbarer Naherwartung des Weltendes und verbanden damit die Hoffnung auf die baldige Wiederkehr des Herrn und die Auferstehung der Toten. Paulus war der festen Überzeugung, dass dies noch zu seinen eigenen Lebzeiten eintreten werde. Mit dem Ausbleiben der Endereignisse schwand in den Gemeinden die Naherwartung. Manche erklärten den Glauben an das Weltende und die Wiederkehr des Herrn sogar für nichtig. Sie verwiesen dabei auf die Permanenz der Welt seit der Schöpfung und sahen in einseitiger Zuspitzung der paulinischen Theologie das Heil bereits gegenwärtig verwirklicht. Der Autor bekämpft solche Anschauungen und bedient sich dabei der Autorität des Petrus, ohne mit dem Verfasser des ersten Petrusbriefes identisch zu sein. Statt einer ernsthaften Auseinandersetzung mit den Argumenten der Gegner dominiert aber eher plumpe Polemik, wobei der Vorwurf der moralischen Verkommenheit zu den Allgemeinplätzen der Häretikerbekämpfung zählt.

Briefeingang (2 Petr 1,1–11)

Um die Adressaten auf die Auseinandersetzung mit falschen Glaubenslehren einzustimmen, hält der Briefautor ihnen zunächst die Heilsgaben und Aufgaben des Christenstandes vor Augen. Die in der Taufe empfangene Sündenvergebung schließt die Verpflichtung zu ethischer Bewährung mit ein. Der in die Form eines Tugendkataloges gekleidete Appell zu vorbildhaftem sittlichem Verhalten erreicht seinen Höhepunkt mit der Verheißung des Eingehens in das ewige Reich Christi.

Auseinandersetzung mit Irrlehrern (2 Petr 1,12–3,13)

Der sich als Petrus ausgebende Briefautor beschwört die Situation des unmittelbar bevorstehenden Abschieds aus der Welt herauf, um den nachfolgenden Ausführungen als letztem Vermächtnis des Apostels besonderen Nachdruck zu verleihen (1,12–15). Die gegnerische Lehre, der Glaube an die endzeitliche Wiederkunft Jesu Christi gehöre in das Reich der Fabeln, wird vom fiktiven Petrus unter Verweis auf die von ihm miterlebte Verklärung Jesu (Mt 17) zurückgewiesen (1,16–21). Dies gilt als Garant für die Zuverlässigkeit der apostolischen Verkündigung, wobei der am Tag des Herrn wiederkehrende Christus als Morgenstern bezeichnet wird. Da die Gegner sich offenbar mit ihren Lehren auf eigenwillige prophetische Schriftauslegung berufen, wird ihnen vor Augen gehalten, dass allein Petrus und die in seiner Tradition stehenden Amtsträger über die durch geistbegabte Schriftauslegung bewirkte zuverlässige Prophetie verfügen. Die konkreten Aussagen über die Irrlehrer (2,1–22) wurden über weite Strecken aus dem Judasbrief entnommen und um neue Bezichtigungen bereichert. Vor allem der Vorwurf des unmoralischen Verhaltens wird zugespitzt und gipfelt in dem eher peinlichen Vergleich der Gegner mit Hunden und Schweinen. Abschließend verteidigt der Briefautor den Glauben an die endzeitliche Wiederkunft Jesu Christi (3,1–13). Unter Verweis auf Psalm 90 macht er geltend, dass tausend Jahre vor Gott wie ein Tag sind. Zudem betont er, dass die Verzögerung der Endzeitereignisse die Chance zur Umkehr bietet und das Ende so unvermittelt wie der Dieb in der Nacht kommen wird. Abschließend wird die Hoffnung auf einen neuen Himmel und eine neue Erde in Erinnerung gerufen.

Eine tanzende Frau mag den ersten Lesern der Petrusbriefe vor Augen gestanden haben, wenn von unzüchtigem Leben die Rede war. Diese Schale stammt aus dem sassanidischen Mesopotamien, 5.–7. Jh. n. Chr.

Schlussermahnung (2 Petr 3,14–18)

Die abschließenden Mahnungen zeigen, dass der Streit um das geistige Erbe des Paulus und um die richtige Interpretation seiner Theologie im Mittelpunkt steht. Die Gegner rücken die aus dem Christusgeschehen resultierende Heilsgegenwart, wie sie auch im Kolosser- und Epheserbrief betont wird, einseitig in den Vordergrund. Der Briefautor beruft sich dagegen nicht zu Unrecht darauf, dass seine Aussagen zur Endzeiterwartung mit den Briefen des Paulus in Einklang stehen.

Der erste Johannesbrief – Gegner leugnen Menschwerdung Christi

Der erste Johannesbrief setzt sich mit Gegnern auseinander, die aus der Mitte der Gemeinde hervorgegangen sind und die reale Menschwerdung Jesu Christi in Abrede stellen.

Die drei Johannesbriefe sind vom Sprachgebrauch und der theologischen Gedankenwelt her eng mit dem Johannesevangelium verwandt, ohne denselben Verfasser wie dieses zu haben. Ihr Autor stellt sich im Präskript des zweiten und dritten Johannesbriefes als „der Alte" (griech. *ho presbyteros*) vor, der wohl in Kleinasien beheimatet ist und als Lehrer oder Prophet besondere Hochschätzung genießt. Wahrscheinlich sind alle drei Briefe von dem „Alten" erst nach dem Evangelium verfasst worden; dabei ist „der Alte" bzw. „Älteste" ein Ehrentitel für eine bekannte Persönlichkeit. Die Johannesbriefe spiegeln einen schmerzhaften Bruch im johanneischen Kreis wider und bekämpfen Gegner, die sich wegen Kontroversen um das wahre Christusbekenntnis von der Gemeinde abgespalten haben. Von den Gegnern wurde die Christologie des Johannesevangeliums mit ihrer starken Betonung der göttlichen Züge Jesu Christi dahingehend weiterentwickelt, dass sie eine reale Menschwerdung des Gottessohnes bestritten. Ein weiteres Zentralthema der Johannesbriefe ist die Geschwisterliebe. Unsere Bibelübersetzungen verwenden den Begriff Bruderliebe und bieten damit ein Negativbeispiel für männerzentrierten Sprachgebrauch. Wenn aus Tradition daran festgehalten wird, kann dies nur im Bewusstsein dessen geschehen, dass Frauen mit eingeschlossen sind und die Liebe unter den Geschwistern in Christus gemeint ist.

Briefeingang (1 Joh 1,1–4)

Anstelle der üblichen Formeln des Briefanfangs wird eine Komposition von großer theologischer Tiefe verwendet, die an den Prolog des Johannesevangeliums erinnert. Ihr Thema ist die Wahrnehmung der irdischen Gestalt Jesu, der vor seiner Menschwerdung bei Gott war. Der Briefautor stellt seine vollmächtige Zeugenschaft heraus, indem er sich zu denen rechnet, die den in der Gemeinde verkündigten Jesus Christus gesehen und gehört haben.

Gottesgemeinschaft und Geschwisterliebe (1 Joh 1,5–2,17)

Das Augenmerk gilt zunächst der Realität der Sünde in der Gemeinde und der Notwendigkeit der Sündenvergebung (1,5–2,2). Die mit „Wenn wir sagen" eingeleiteten Passagen geben Parolen der Gegner wieder, die geradegerückt werden. Die im Raum der Gemeinde geschehende Vergebung ist die Voraussetzung dafür, dass die Gemeinschaft der Gläubigen intakt bleibt. Der Zuspruch der Sündenvergebung hat in dem Sühnetod Jesu seinen Ermöglichungsgrund. Während im Johannesevangelium der Geist als Fürsprecher oder Beistand (Paraklet) der Gläubigen gilt, wird im ersten Johannesbrief dem erhöhten Jesus Christus diese Rolle zugeschrieben.

Der nachfolgende Abschnitt kreist um die Maßstäbe, anhand derer die Erkenntnis Gottes und das Bleiben in Gott überprüft werden können (2,3–11). Erneut wird eine Reihe von gegnerischen Schlagwörtern kritisch hinterfragt und der Korrektur unterzogen. Gotteserkenntnis lässt sich nicht vom konkreten Lebensvollzug trennen, sondern zeigt sich im Halten der Gebote. In diesem Zusammenhang wird das Gebot der Geschwisterliebe in Erinnerung gerufen, das auch im Johannesevangelium die Quintessenz der Ethik Jesu darstellt. Die sich im Licht wähnenden Gegner lassen ihrem Anspruch wahrer Gotteserkenntnis dagegen die gemeinschaftszerstörende Haltung des Geschwisterhasses folgen und wandeln damit in Wirklichkeit in der Finsternis. Seine Adressaten vergewissert der Autor in direkter Anrede ihres Christseins und hält ihnen eindrücklich vor Augen, dass Geschwisterliebe und Weltliebe einander ausschließende Gegensätze darstellen (2,12–17).

Festhalten am Bekenntnis und endzeitliche Bewährung in tätiger Liebe (1 Joh 2,18–3,24)

Nun kommt der Autor konkret auf die Gegner zu sprechen (2,18–27). Ihr Auftreten wertet er als Zeichen des bevorstehenden Weltendes, indem er sie als Personifikation des Antichristen der Endzeit betrachtet. Er verarbeitet dabei die zutiefst traumatische Erfahrung einer Spaltung der Gemeinde. Die zahlenmäßig vielleicht sogar überlegene Gruppe der Gegner hat sich wegen eines unüberbrückbaren Dissenses über das Wesen Jesu Christi abgespalten und als eigenständige Gemeinde konstituiert. Wenn sie Jesus nicht für den Christus hielten, vertraten sie wohl die Auffassung, dass sich der himmlische Christus des irdischen Jesus lediglich zum Zwecke seines Erscheinens auf Erden bediente und beide Personen wesensmäßig klar zu unterscheiden sind. Die Adressaten werden ermahnt, gegenüber den falschen Lehren der Gegner am wahren Bekenntnis festzuhalten. So können sie Hoffnung haben, dass sie bei der Wiederkunft Jesu Christi und dem damit verbundenen Endgericht nicht verurteilt werden (2,28–3,3). Breiten Raum nehmen die Ausführungen zur endzeitlichen Bewährung der Hoffnung in der tätigen Geschwisterliebe ein (3,4–24). Das Bleiben in Christus befreit zu einem neuen Leben außerhalb des Einflussbe-

Alle, die glauben, sollen sich um das Kreuz scharen.

reiches der Sünde. Die Ermahnung zur Geschwisterliebe wird am Negativbeispiel Kains und Abels eingeschärft. Die Person des Kain dient dabei als Kontrastfolie, vor deren düsterem Hintergrund das Liebesgebot umso heller erstrahlt.

Glaube und Liebe auf dem Prüfstand (1 Joh 4,1–5,12)

Der Briefautor benennt zwei Testfälle, an denen sich im Blick auf die rechte geistige Gesinnung die Spreu vom Weizen scheiden lässt (4,1–6). Dabei handelt es sich um das christologische Bekenntnis und die Resonanz der Botschaft. Die aus der Mitte der Gemeinde hervorgegangenen Gegner stellten die reale Menschwerdung Jesu Christi in Abrede und beriefen sich dabei auf prophetische Inspiration. Der Briefautor bezichtigt die Gegner der Lügenprophetie und verortet sie auf der Seite des Antichristen, dem endzeitlichen Gegenspieler des Messias. Vermutlich rückten sie den Glauben an Jesus Christus als höheres Lichtwesen, das seit Anbeginn in der göttlichen Welt beim Vater weilt, derart in den Vordergrund, dass sie das gesamte Erdenleben des Gottessohnes als eine Scheinexistenz betrachteten. Sie könnten dabei eine Unterscheidung zwischen dem leidenden Jesus und dem nicht leidensfähigen Christus als unterschiedlichen Personen getroffen haben, die sich nur vorübergehend verbunden haben. Dann hätte ihr Christusbekenntnis den Lehren des Gnostikers Kerinth entsprochen. Dieser stellte im 2. Jh. die These auf, dass der göttliche Christus bei der Taufe in Gestalt der Taube auf den Menschen Jesus herabgekommen sei und diesen vor der Kreuzigung bereits wieder verlassen habe. Aus den Äußerungen zur unterschiedlichen Rezeption der Botschaft wird deutlich, dass die Gegner mit ihrer Theologie auf große Resonanz gestoßen sind. Der Briefautor führt diesen Erfolg auf weltkonformes Reden zurück.
Der nächste Sinnabschnitt (4,7–21) lässt sich als ein Lied auf die Liebe bestimmen, auf die der Briefautor nun erneut zu sprechen kommt. In einer Kausalkette wird die geschwisterliche Liebe unter den Gläubigen über Jesus Christus zu Gott als ihrem Ursprung zurückverfolgt.
Aus der Liebe Gottes, wie sie sich in der Sendung seines Sohnes gezeigt hat, erfolgt die Notwendigkeit der Liebe untereinander, in der sich die Gemeinschaft mit Gott manifestiert. Den Gegnern, die sich von der Gemeinde abgespalten haben, wird dagegen Geschwisterhass vorgeworfen, mit dem sich ihr Reden von der Liebe zu Gott als Lüge erweist. Offenbar wird der Briefautor mit seinen Anhängern von der gegnerischen Gruppe ausgegrenzt. In einer weiteren Darlegung stellt er heraus, dass der wahre Glaube, der sich im richtigen Christusbekenntnis zeigt und in der Liebe bewährt, den Sieg über die Welt davontragen und ewiges Leben bringen wird (5,1–12). Dabei wird nochmals die wirkliche Menschwerdung Jesu Christi hervorgehoben. Wasser und Blut sind einerseits Hinweis auf die reale Leiblichkeit des inkarnierten Gottessohnes, andererseits Anspielung auf Taufe und Kreuzestod.

Briefschluss (1 Joh 5,13–21)

Ein stilgerechter Briefschluss mit Grußliste fehlt. Stattdessen gibt es einen Epilog (5,13), der sich an den Schluss des Johannesevangeliums anlehnt. Wie ein Nachtrag wirken die Ausführungen zum Beten, zur Sündenvergebung und zum Glaubenswissen (5,14–20). Grundsätzlich räumt der erste Johannesbrief Gläubigen, die gesündigt haben, die Möglichkeit zur Vergebung ein. Er kennt aber auch eine „Sünde zum Tode“, die unwiderruflich den Ausschluss aus der Gemeinde nach sich zieht. Dabei könnte es sich um schwere moralische Verfehlungen wie Ehebruch oder Mord handeln. Vielleicht ist aber auch an ein Abfallen zu den Glaubenslehren der Gegner gedacht.

Der zweite Johannesbrief – Kein Gastrecht für Irrlehrer

Der zweite Johannesbrief warnt die Adressaten vor der Aufnahme von Wanderpredigern, die eine reale Menschwerdung Jesu Christi bestreiten.

Der zweite Johannesbrief handelt von denselben Konflikten wie der erste. Die Fronten sind verhärtet. Die Gegner haben Wanderprediger ausgesandt, um in den Gemeinden für ihre theologische Position zu werben. Der Briefautor versucht dies zu verhindern und fordert dazu auf, ihnen strikt jegliche Gemeinschaft zu verweigern.

Briefeingang (2 Joh 1–4)

Presbyter ist hier keine Amtsbezeichnung für einen Kirchenältesten, sondern ein Ehrentitel im Sinne von „der Alte". Mit der auserwählten Herrin und ihren Kindern, an die der Alte sein Schreiben richtet, wird bildlich eine Kirchengemeinde mit ihren Gliedern angesprochen. Das einigende Band der Liebe, das den Briefautor mit den Adressaten verbindet, basiert auf der Wahrheit des gemeinsamen Glaubens.

Auseinandersetzung mit Gegnern (2 Joh 5–11)

Zunächst ruft der Alte das Gebot der geschwisterlichen Liebe in Erinnerung, das den durch falsche Glaubenslehren drohenden Zerfall der Gemeinde zu verhindern vermag. Den bekämpften Irrlehrern wird vorgeworfen, die Fleischwerdung Jesu zu leugnen. Es handelt sich um die gleiche Christologie, die bereits im ersten Johannesbrief bekämpft wird. In einem apokalyptischen Schreckensgemälde sieht der Briefautor in den Gegnern den Antichrist verkörpert, der die Gläubigen zu verführen und um ihren himmlischen Lohn zu bringen droht. Die Adressaten sollen christlichen Wandermissionaren, welche die reale Menschwerdung Jesu in Abrede stellen, rigoros die Gastfreundschaft verweigern und jede Art der Gemeinschaft meiden.

Briefschluss (2 Joh 12–13)

Der Brief versucht, in knapp bemessener Form die Gemeinde vor den Irrlehrern zu warnen und den gröbsten Schaden abzuwenden. Näheres will der Autor bei einem Besuch im persönlichen Gespräch erläutern.

Der dritte Johannesbrief – Gegenseite verweigert ebenfalls Gastfreundschaft

Das Schreiben ist ein Privatbrief an Gaius und spiegelt dieselben Kontroversen wie die ersten beiden Johannesbriefe wider. Im Mittelpunkt steht die Gewährung oder Verweigerung des Gastrechts für Wanderprediger.

Auch der dritte Johannesbrief ist das Dokument erbitterter innerchristlicher Kontroversen um die richtigen Glaubenslehren. Sowohl „dem Alten" als auch seinen Gegnern ist es gelungen, einzelne Gemeinden auf die eigene Seite zu ziehen. Dabei machen beide Seiten vom Instrument der Verweigerung der Gastfreundschaft Gebrauch, um Wanderpredigern der anderen Fraktion rigoros den Zutritt in den eigenen Machtbereich zu verwehren. Der Brief wendet sich an einen Christen namens Gaius. Bei ihm handelt es sich offenkundig um den Vorsteher einer Gemeinde, die mit dem Alten theologisch auf einer Linie liegt.

Briefeingang (3 Joh 1–4)

Mit der Adressatenangabe verbindet sich ein Wohlergehenswunsch, der sich nicht nur auf den Körper bezieht, sondern auch das Seelenheil im Blick hat.

Gewährung von Gastfreundschaft (3 Joh 5–12)

Gaius wird gebeten, den vom Alten ausgesandten Wanderpredigern Gastfreundschaft zu gewähren und sie für die Weiterreise zu unterstützen. Gleichzeitig wird deutlich, dass der Gemeindeleiter Diotrephes solches Entgegenkommen verweigert hat. Vermutlich steht Diotrephes aufseiten der in den Johannesbriefen bekämpften Lehre, welche die reale Menschwerdung Christi in Abrede stellt. Es kommt aber auch in Betracht, dass er als rechtgläubiger Ortsbischof seine Gemeinde aus den aktuellen Konflikten heraushalten wollte und daher den Wanderpredigern beider Fraktionen den Zutritt verweigerte. Unklar bleibt die Rolle des Demetrius, für dessen Rechtgläubigkeit der Presbyter sich gegenüber Gaius vehement verbürgt. Er könnte zur Gemeinde des Gaius gehört und diesem wegen einer bis dahin schwankenden Haltung als unzuverlässig gegolten haben. Vielleicht war er aber auch Mitglied jener Gemeinde, in der Diotrephes das Kommando führte.

Briefschluss (3 Joh 13–15)

Der Briefschluss ist dem des zweiten Johannesbriefes sehr ähnlich. Neben einer Besuchsankündigung beinhaltet er einen Friedensgruß.

Der Judasbrief – Irrlehrer essen sich auch noch in der Gemeinde durch

Der Brief wendet sich im Namen des Herrenbruders Judas gegen Irrlehrer, die vermutlich in zugespitzter Form ähnliche Lehren wie der Autor des Kolosserbriefs vertraten.

Der unbekannte Verfasser gibt sich als der aus Mk 6,3 bekannte Bruder von Jesus und Jakobus aus, um seinem

Schreiben Autorität zu verleihen. In Wirklichkeit spiegelt der Brief die Situation der Kirche in nachpaulinischer Zeit wider. Er wurde um 100, als der Herrenbruder Judas wohl längst verstorben war, von einem unbekannten Judenchristen mit hellenistischer Bildung verfasst. In welchen Kirchengebieten die bekämpften Irrlehrer auftraten und die Adressaten des Briefes beheimatet waren, wird nicht deutlich. Wegen seiner Zitate aus jüdischen Schriften, die keine Aufnahme in das Alte Testament fanden, war die Zugehörigkeit des Judasbriefes zum neutestamentlichen Bibelkanon lange umstritten. Auch Martin Luther hat ihn als Schrift, welche das Christuszeugnis nicht klar wiedergebe, recht kritisch betrachtet.

Briefeingang (Jud 1–2)

Der Brief spricht die Adressaten ohne Ortsangabe als Berufene auf ihre göttliche Erwählung an. Er kann als Schreiben verstanden werden, das sich an die gesamte Christenheit richtet.

Kampf gegen Irrlehrer (Jud 3–23)

Dem Briefautor geht es um den Kampf für den überlieferten Glauben. In die Gemeinden haben sich Irrlehrer eingeschlichen. Ihre Verfallenheit unter das Strafgericht Gottes wird an drei alttestamentlichen Beispielen veranschaulicht, von denen die Vernichtung Sodoms und Gomorras das bekannteste ist.

Der Judasbrief wirft den Wanderpredigern sexuelle Freizügigkeit (Befleckung des Fleisches), mangelnde Furcht vor dem Endgericht (Verwerfung der Herrschergewalt) und Ablehnung der Engelverehrung (Lästerung der Herrlichkeiten) vor. Ersteres zählt, ebenso wie der Vorwurf der Gottlosigkeit und Christusverleugnung, zu den wenig aussagekräftigen Allgemeinplätzen der Ketzerbekämpfung. Wichtiger sind die anderen Aussagen. Sie legen nahe, dass die Irrlehrer die Vorstellung von Christus als kosmischem Weltenherrscher, dem alle Mächte unterworfen sind, in den Mittelpunkt stellten und daraus eine enthusiastische Heilsgewissheit ableiteten. Dann hätten sie mit ihrem Denken durchaus in geistiger Nähe zum Autor des Kolosserbriefs gestanden. Die rätselhafte Geschichte vom Kampf Michaels mit dem Teufel um den Leichnam des Mose (V. 9) soll zeigen, dass selbst der Erzengel es nicht wagte, die gottfeindlichen Mächte zu lästern. Sie stammt nach Auskunft der Kirchenväter aus der „Himmelfahrt des Mose", einer apokryphen jüdischen Apokalypse.

Den Irrlehrern, die polemisch als Gefolgsleute der alttestamentlichen Bösewichte Kain, Bileam und Korach charakterisiert werden, hält der Briefautor weiterhin vor, dass sie ohne Scheu am Abendmahl der Gemeinde teilnehmen. Dieses schloss neben der sakramentalen Kulthandlung ein Sättigungsmahl mit ein. Deshalb wird es hier als Liebesmahl (Agape) bezeichnet. Mit einer Endgerichtsvision, die der apokryphen Henochapokalypse entnommen ist, erreicht der Nachweis der Gerichtsverfallenheit der bekämpften Wanderprediger ihren Höhepunkt. Die Bestärkung der Adressaten im Glauben betrachtet das Auftreten von Irrlehrern als Zeichen der Endzeit und blickt auf die Apostel als eine Größe der Vergangenheit zurück. Abschließend ermahnt der Briefautor zu rechter Lebensführung und fordert erbarmende Zuwendung gegenüber jenen Gemeindegliedern, die durch die Irrlehren verunsichert oder gefährdet sind.

Engel auf einem Friedhof

Briefschluss (Jud 24–25)

Am Ende des Briefes steht ein feierlicher Lobpreis Gottes aus der Gemeindeliturgie, wie es im Neuen Testament sonst nur noch in Röm 16,25–27 der Fall ist.

Ein prophetisches Buch

Die Johannesoffenbarung – Ein Buch mit sieben Siegeln

Der Prophet Johannes enthüllt den verborgenen Geschichtsplan Gottes, um die Gemeinden im westlichen Kleinasien zur Standhaftigkeit gegenüber Anfechtung und zum Widerstand gegenüber dem Kaiserkult zu ermutigen.

Die Offenbarung des Johannes ist ein prophetisches Buch mit brieflichem Rahmen. Sie enthüllt den göttlichen Heilsplan der Geschichte, wie ihn der nicht mit dem Verfasser des Johannesevangeliums identische Autor in ekstatischen Visionen geschaut hat. Das Werk ist von einer Naherwartung des Endes geprägt, die sich im Rückblick als Irrtum erwiesen hat. Dies ändert nichts daran, dass die Johannesoffenbarung auch heute noch angesichts des Schreckens der Gegenwart Hoffnung auf Gottes Zukunft gibt. Der aktuelle zeitgeschichtliche Hintergrund ist die Bedrohung der Gemeinde durch den Kaiserkult. Am wahrscheinlichsten ist eine Entstehungszeit des Buches in der Spätphase der Herrschaft des Kaisers Domitian (81–96), auch wenn vereinzelt eine Frühdatierung in die Zeit Neros (54–68) oder eine Spätdatierung in die Zeit Trajans (98–117) erfolgt. Die lokalen Behörden im Osten des Reiches planten, die göttliche Verehrung des Kaisers allgemein durchzusetzen. Johannes erwartet eine allgemeine Christenverfolgung und rechnet damit, dass in beträchtlichem Umfang Gemeindemitglieder vom Glauben abfallen. In dieser Situation will er warnen und ermutigen. Die Not der Gegenwart kann bestanden werden, weil das Ende nah und sein Ausgang bekannt ist.

Vorwort und Einleitung (Offb 1,1–8)

Johannes stellt seiner Offenbarung ein Briefpräskript voran. Um dem Buch besondere Autorität zu verleihen, wird seine Übergabe an Johannes in mehreren Stationen dargestellt: Die Offenbarung stamme von Gott, sei an Jesus Christus weitergegeben, durch einen Engel vermittelt und schließlich von Johannes authentisch aufgezeichnet worden. Die römische Provinz Asia, wo die sieben Empfängergemeinden angesiedelt sind, liegt im Westen der heutigen Türkei. Ephesus war die Hauptstadt.

Beauftragungsvision und Sendschreiben (Offb 1,9–3,22)

Johannes wurde eine Beauftragungsvision nach dem Muster alttestamentlicher Prophetenberufungen zuteil (1,9–20). Die Insel Patmos ist der Küste Kleinasiens südwestlich vorgelagert. Der Seher Johannes war wegen seiner Standhaftigkeit im christlichen Glauben von den staatlichen Behörden dorthin verbannt worden. An einem Sonntag hatte er eine vom Geist gewirkte Vision des erhöhten Christus als furchterregender Richtergestalt. Dieser erteilte ihm den Auftrag, die in prophetischer Ekstase empfangene Zukunftsschau niederzuschreiben und an sieben Gemeinden in der Provinz Asia zu senden. Zur Zeit der Abfassung seines Werks scheint Johannes die Insel Patmos wieder verlassen zu haben.

Der eigentlichen Zukunftsschau werden sieben Sendschreiben vorangestellt (2,1–3,22), die der Gattung des prophetischen Briefs zuzurechnen sind. Sie drohen massiv mit dem Gericht und rufen zur Buße auf. In allen Sendschreiben führt Johannes den erhöhten Christus als Redner ein, um seinen Worten besondere Autorität zu verleihen. Die angeschriebenen Gemeinden lagen in ehemals paulinischem Missionsgebiet. Staatliche Zwangsmaßnahmen und das Auftreten von Irrlehrern führten zu einer Anfechtung des Glaubens. Aufgrund einer Verweigerung des Kaiserkults war es zu Repressalien bis hin zum Märtyrertod gekommen. Wenn mit verhängnisvoller Wirkungsgeschichte von den Juden als Synagoge des Satans gesprochen wird, könnte dies damit zusammenhängen, dass die vom Kaiserkult befreiten Juden christliche Mitbürger bei den Behörden anzeigten. Zu der Bedrohung von außen kamen innere Spaltungen hinzu. Die in Ephesus und Pergamon präsenten Nikolaiten führten sich auf Nikolaos aus dem Stephanuskreis (Apg 6,5) zurück und sahen im Genuss von Götzenopferfleisch keine Gefahr für den christlichen Glauben. Man wird ihre Position als Weiterführung einer geistigen Haltung betrachten dürfen, mit der Paulus sich in Korinth auseinandersetzt (1 Kor 8). Die unter dem Decknamen Isebel bekämpfte Prophetin und ihre Anhänger beriefen sich darauf, die Tiefen des Satans erkannt zu haben. Anders als der Seher Johannes propagierten die Nikolaiten keine strikte Abgrenzung von der heidnischen Umwelt. Wollte man als Christ weiterhin am gesellschaftlichen Leben teilnehmen, so war der Verzehr von Opferfleisch geradezu unumgänglich. Man begegnete ihm nicht nur bei Feierlichkeiten in heidnischen Tempeln, sondern auch bei Privateinladungen.

Die Thronsaalvision (Offb 4,1–5,14)

Nun setzt die Niederschrift der apokalyptischen Zukunftsschau ein. Die Thronsaalvision beinhaltet ein Vorspiel im Himmel und die Übergabe des Buchs mit den sieben Siegeln an Christus. Zunächst wird vom Seher Johannes in Form einer ekstatischen Jenseitsreise oder visionären

Jüdische und christliche Apokalypsen

Das Wort Apokalypse (Offenbarung) bezeichnet allgemein die Aufdeckung von bisher Verborgenem. Konkret geht es um die Aufdeckung der unmittelbar bevorstehenden Endzeitereignisse. In den meisten jüdischen wie christlichen Apokalypsen kehren bestimmte Merkmale wieder, die man als Stilelemente dieser Literaturgattung ansehen kann. Dazu zählen Visionen mit Jenseitsschilderungen, die Verwendung von Bildsprache und Zahlenschemata sowie ein ausgeprägter Dualismus, der den Gegensatz zwischen den zu Ende gehenden Reichen dieser Welt und dem bevorstehenden Reich Gottes zum Ausdruck bringt. Die gegenwärtige Welt gilt dabei meist als der böse Äon, der gerade in der Endzeit von bösen Mächten beherrscht wird und durch moralischen Verfall gekennzeichnet ist.

Das Phänomen der Apokalyptik reicht in das Alte Testament zurück. Einzelne prophetische Bücher haben apokalyptische Partien. Am bekanntesten ist die in sich geschlossene Jesaja-Apokalypse (Jes 24–27), die allerdings nicht vom Propheten selbst stammt, sondern jüngeren Datums ist. Daneben findet sich mit dem um 165 v. Chr. entstandenen Buch Daniel im Alten Testament auch eine vollständige Apokalypse. Es stammt aus der Makkabäerzeit, als die Bedrängnis der Gegenwart in Teilen des Judentums die Hoffnung auf ein Heil innerhalb der Geschichte zum Erlöschen brachte und die Erwartung des baldigen Weltendes mit Anbruch der neuen Welt Gottes nährte. Neben dem Danielbuch gibt es zahlreiche weitere Apokalypsen des Judentums aus hellenistisch-römischer Zeit. Die bekanntesten davon sind die Henochapokalypse und das vierte Esrabuch.

Das frühe Christentum hat sich das apokalyptische Denken des Judentums in hohem Maße zu eigen gemacht. Die jüdischen Apokalypsen wurden nicht nur gelesen, sondern auch aktualisiert, indem Überarbeitungen erfolgten oder neue Visionen einflossen. In vielen Fällen ist es daher ausgesprochen schwierig, die ursprüngliche jüdische Grundschrift von den christlichen Zusätzen abzuheben. Die neutestamentlichen Evangelien und Briefe enthalten zahlreiche apokalyptische Passagen. Daneben hat das Christentum auch unzählige neue Werke der Literaturgattung „Apokalypse" geschaffen. Erwähnt seien neben der Johannesoffenbarung nur die Petrusapokalypse, der Hirt des Hermas und die Himmelfahrt Jesajas. Dabei kommt der um 135 n. Chr. in der Zeit des Bar-Kochba-Aufstands entstandenen Petrusapokalypse eine Sonderstellung zu. Sie wurde als vermeintliches Werk des Apostels Petrus in einzelnen Kirchengebieten des frühen Christentums sogar zum Bibelkanon gezählt und hat stark auf die Volksfrömmigkeit eingewirkt. Ihre Rahmenhandlung ist in der Situation zwischen Ostern und Himmelfahrt angesiedelt, in deren Verlauf der auferstandene Jesus auf dem Ölberg von den Jüngern nach den Zeichen seiner Wiederkehr und des Weltendes gefragt wird. Die darauf bezogene Offenbarung des Endgeschehens nimmt die entscheidenden Elemente aus Mt 24 auf, geht aber mit ihrer Zukunfts- und Jenseitsschau weit darüber hinaus. Zentrale Themen sind neben dem Auftreten des Antichristen und Kommen des Menschensohns insbesondere die Auferstehung der Toten, das Jüngste Gericht, die Höllenqualen der Gottlosen und die Paradiesfreuden der Rechtschaffenen.

Breiten Raum nimmt dabei die Höllenschilderung ein, in der eine Auflistung von nicht weniger als einundzwanzig unterschiedlichen Formen der Strafe für die Gottlosen erfolgt, an denen sich die Gerechten ergötzen. Dabei ist die Petrusapokalypse penibel um eine möglichst exakte Entsprechung zwischen Sünde und Bestrafung bemüht, indem beispielsweise Lästerer an ihren Zungen aufgehängt oder Götzendiener unermüdlich von Dämonen gequält werden. Entschieden kürzer fällt die abschließende Paradiesschilderung aus. Dass die Petrusapokalypse großes Gefallen daran findet, die Höllenqualen der Gottlosen in düsteren Farben genüsslich auszumalen, erklärt sich aus der Verfolgungssituation, in der sie entstanden ist. Bei aller Problematik, welche diese apokalyptische Jenseitsschau mit sich bringt, sind das seelsorgliche Grundanliegen und der ethische Anspruch des Werks nicht aus dem Auge zu verlieren. Die Schilderung des Paradiesgartens mit seinen Freuden will Trost spenden und zur Standhaftigkeit anhalten, während die an Grausamkeit keine Wünsche offenlassende Darstellung der Hölle und ihrer Strafen dazu dient, die Folgen des Abfalls drastisch vor Augen zu führen.

Entrückung die himmlische Herrschaft Gottes geschaut. Bei den 24 Presbytern im Hofstaat Gottes handelt es sich wahrscheinlich um eine auserwählte Schar von Engeln. Auch die vier mit Flügeln versehenen und mit den Gesichtern unterschiedlicher Lebewesen ausgestatteten Gestalten sind als Engel gedacht. Die kirchliche Tradition hat sie später symbolisch auf die vier Evangelisten bezogen, wobei der Mensch Matthäus, der Löwe Markus, der Stier Lukas und der Adler Johannes repräsentiert. Ziel und Höhepunkt der Thronsaalvision ist die Übergabe des Buchs mit den sieben Siegeln an das Lamm Gottes, das für uns in den Tod gegangen und zur Rechten Gottes erhöht ist. Die auf die neue Welt Gottes hoffende Gemeinde, die das Ende ihrer gegenwärtigen Bedrängnis herbeisehnt, wird damit getröstet und zur Standhaftigkeit ermutigt. Christus als der Vollstrecker des göttlichen Plans ist schon im Amt und wird sich als Herr über die auf ihr Ende zulaufende Weltgeschichte erweisen.

Die sieben Siegel und die sieben Posaunen (Offb 6,1–11,19)

Mit den sieben Siegeln (6,1–8,1) beginnt das Endzeitgeschehen. Die ersten vier Siegel betreffen die apokalyptischen Reiter. Der Aufbau der Einzelszenen folgt einem einheitlichen Schema mit Öffnung des Siegels, Schau eines Reiters, Bekanntgabe des Auftrags und Bericht der Durchführung. Der erste Reiter wurde in der Alten Kirche und im Mittelalter fast ausnahmslos als positive Heilsgestalt gedeutet, und zwar meist auf Christus. Wenn der erste Reiter heute eher als Unheilsgestalt aufgefasst wird, erfolgt dies nicht zuletzt vor dem Hintergrund von Albrecht Dürers berühmtem Holzschnitt von 1498. Der Reiter gilt dann meist als Verkörperung der Parther, die vom Zweistromland her immer wieder die Ostgrenze des Römischen Reichs attackierten und deren militärische Erfolge dann als Zeichen der Endzeit betrachtet worden wären. Auftrag des zweiten Reiters ist es, den Frieden von der Erde zu nehmen. Die Darstellung des dritten Reiters blickt auf die Hungersnot, die von Missernten verursacht wurde und mit einer dramatischen Verteuerung der Lebensmittel einherging, während der vierte Reiter den Tod verkörpert.

Karte der Gemeinden, an die sich die Sendschreiben (Offb 2–3) richten

Das fünfte Siegel enthüllt die Klage der Märtyrer. Johannes sieht die Seelen derer, die um des Wortes Gottes und des Zeugnisses willen umgebracht worden sind und Gott mit lauter Stimme anschreien, warum er nicht mit seiner richterlichen Gewalt an den Gottlosen auf Erden das von den Märtyrern vergossene Blut rächt. Dieser ungeduldige Ruf nach Rache wirkt vor dem Hintergrund von Jesu Gebot der Feindesliebe befremdlich. Mit der Öffnung des sechsten Siegels wird der Rahmen innerweltlich-geschichtlicher Erfahrung verlassen, indem die Plagen mit kosmischen Katastrophen unbeschreiblichen Ausmaßes und dem Gerichtstag Gottes ihren Höhepunkt erreichen. Es schließt sich ein Exkurs an, der von der Versiegelung der 144.000 und deren himmlischem Gottesdienst handelt. Die Versiegelung ist ein Hinweis auf die Taufe. Die Zahl 144.000 wird durch die Multiplikation von 12 mal 12 mit 1000 gebildet. Sie symbolisiert, dass die Gemeinde der Versiegelten die von Gott gewollte Vollständigkeit (12 x 12) und eine gewaltige Größe (x 1000) besitzt. Die Johannesoffenbarung nimmt die jüdische Vorstellung von einer endzeitlichen Erneuerung des Zwölf-Stämme-Bundes auf, bezieht sie aber auf die Christen, die das neue Israel bilden. Die Zahl 144.000 symbolisiert damit die Kirche als das endzeitliche Gottesvolk, das am Tag des Zorns unter dem Schutz Gottes stehen wird.

Die Öffnung des siebten Siegels zieht vorübergehende Stille nach sich und setzt das folgende Gerichtsgeschehen der sieben Posaunen in Gang. Indem dort jeweils ein Engel eine Posaune bläst, werden neue Plagen für die gottlosen Bewohner der Erde ausgelöst. Johannes hat seine Darstellung frei nach dem Vorbild der ägyptischen Plagen beim Exodus entworfen, die er allerdings in veränderter Reihenfolge darbietet sowie kosmisch ausweitet und deren Zahl er von zehn auf sieben vermindert. Dabei ist gegenüber den sieben Siegeln eine Steigerung des Gerichtsgedankens festzustellen. Zwischen die sechste und siebte Posaune sind zwei Zwischenstücke eingeschoben. Die von der Übergabe und dem Verzehr eines Büchleins handelnde erste Szene erinnert an die Berufung des Propheten Ezechiel. Die zweite Szene mit der Vermessung des Tempels und dem Wirken der zwei Zeugen thematisiert die noch ausstehende Auseinandersetzung zwischen Kirche und Welt in der endzeitlichen Drangsal der 1260 Tage. Da das Jerusalemer Heiligtum längst zerstört ist, steht der Tempel symbolisch für die Kirche. Das Vermessen durch den Seher versinnbildlicht Erhaltung oder Vernichtung von Leben. Den innen im Tempel anbetenden Personen wird Rettung zuteil, während der äußere Tempelbezirk zusammen mit der Heiligen Stadt 42 Monate lang von den Heiden zertreten wird. Die Kirche erhält die tröstliche Hoffnung, dass die Zeit der Bedrängnis nur dreieinhalb Jahre dauern wird. Die beliebte Deutung der beiden Zeugen auf Petrus und Paulus oder Johannes den Täufer und Jesus ist mit großen Fragezeichen zu versehen. Das Schicksal der beiden unbestimmten Zeugen hat eher den Märtyrertod jener Christen im Blick, die beim bevorstehenden Ansturm des endzeitlichen Widersachers wegen ihrer prophetischen Verkündigung in der Welt den Tod finden werden. Die siebte Posaunenvision verkündet keine weiteren Plagen, sondern bietet eine Heilszusage, indem sie in einer Vorausschau den Herrschaftsantritt Gottes und seines Messias proklamiert.

Der endzeitliche Kampf gegen die widergöttlichen Mächte (Offb 12,1–19,10)

Die christliche Gemeinde steht indes noch im Kampf mit den widergöttlichen Mächten, wobei zunächst die Konfrontation mit dem Römischen Reich in das Blickfeld rückt. Die Adressaten der Johannesoffenbarung erfahren nun, wer hinter dem Kampf steht, den sie mit der Staatsgewalt zu bestehen haben. Als Erstes schaut der Seher auf Geburt und Erhöhung Christi zurück (12,1–18). Bei dem Drachen handelt es sich um den Satan. Mit der Mutter ist kaum Maria gemeint. Vielmehr verkörpert die Frau das wahre Israel als Gottesvolk, aus dem der Messias gekommen ist, und zugleich die Kirche, die durch den Drachen Verfolgung leidet. Als unmittelbare Folge der nach Kreuzestod und Auferstehung erfolgten Erhöhung Jesu Christi entbrennt im Himmel der auch von der jüdischen Apokalyptik erwartete endzeitliche Krieg, der zwischen dem Erzengel Michael und dem Drachen mit ihren jeweiligen Heerscharen geführt wird. Am Ende steht der Sturz des Drachens auf die Erde. Während dies im Himmel Jubel auslöst, spitzt sich für die Erde die bedrohliche Lage zu, da hier nun für eine begrenzte Zeit der alleinige Wirkungsraum des Bösen liegt.

Für seinen Kampf gegen die Christen rekrutiert der Satan zwei dämonische Gestalten als irdische Mitstreiter, das Tier aus dem Meer und das Tier aus der Erde (13,1–18). Beide verkörpern in unterschiedlicher Weise die römische Macht. Bei dem Tier aus dem Meer, in dessen Beschreibung Züge aus Dan 7 eingeflossen sind, handelt es sich um den wiederkehrenden Nero, der in der jüdischen Apokalyptik als Schreckensgestalt der Endzeit auftritt. Da das Tier auf seinen Hörnern zehn Diademe trägt und sonst in der Offenbarung nur Christus mit Diademen ausgestattet ist, wird es zum Gegenspieler Christi stilisiert. Die Schwertwunde spielt darauf an, dass Nero sich erdolchte. Auch die geheimnisvolle Zahl 666, die als gematrisches Rätsel den Namen des Tiers aus der Erde bezeichnet, ist auf Nero gemünzt: Sie bildet im Hebräischen, das keine Zahlzeichen kennt und stattdessen Buchstaben mit festgelegten Zahlenwerten verwendet, die Quersumme von *nrwn qsr* (Kaiser Nero[n]).

Das Tier aus der Erde ist keine konkret fassbare historische Figur, sondern allgemein der Propagandist des Kaiserkults, der die Menschen zur Anbetung des Kaiserbildes verführt. Auch wenn der Satan und die beiden Tiere übermächtig erscheinen, weiß Johannes den Adressaten seiner Offenbarung eine beglückende Antwort zu geben (14,1–5). Die Gläubigen, die sich standhaft dem Kaiserkult verweigern, bilden die Schar der 144.000, die am Ende der Tage mit Christus als dem Lamm auf dem Zion versammelt sein werden und dem Herrn ein neues Lied singen. Sie sind das Gegenbild zu jenen, die das Zeichen des Tiers empfingen. Abgerundet wird dieser Sinnabschnitt durch eine Vorwegschau des endzeitlichen Gerichts (14,6–20), das später dann ausführlich geschildert wird. In Anlehnung an Dan 7 sieht Johannes den wiederkehrenden Christus gleich einem Menschensohn auf einer weißen Wolke sitzen. Das mit der Wiederkunft Christi verbundene Gericht wird mit den Bildern Getreideernte und Weinlese umschrieben. Auch die mit der Vision der sieben Schalen (15,1–16,21) verbundenen Ereignisse haben die Plagen beim Exodus Israels aus Ägypten zum Vorbild. Die Adressaten des Gerichtsgeschehens sind die Anhänger des Kaiserkults und das Römische Imperium als der Herrschaftsbereich des Tiers. Mit dem Ausgießen der ersten vier Schalen ist

Zur Zwiespältigkeit apokalyptischen Denkens

Der Religionskritiker Franz Buggle greift die apokalyptischen Bilder der Bibel als Zeugnisse eines zutiefst inhumanen Denkens an. Die Johannesoffenbarung erweise sich gegenüber Menschen, die von den eigenen Glaubens- und Sittenmaßstäben abweichen, wegen ihrer an Brutalität kaum noch zu überbietenden Straffantasien und Gerichtsankündigungen als ein Buch mit extrem sadistischen Inhalten. Eugen Drewermann sieht dagegen vom Standpunkt der Tiefenpsychologie aus in den Bildern der biblischen Apokalyptik eine elementare Hilfe zur Lebensbewältigung. Die Weltuntergangsfantasien mit ihrer Nähe zu schizophrenem Erleben lösten das Problem, wie man mit einer Welt leben soll, die ganz anders sein müsste, um mit ihr leben zu können. Apokalyptische Weltdeutung sei die Extremform einer verzweifelten Hoffnung und eine für die menschliche Psyche hilfreiche Möglichkeit, auf eine als lebensfeindlich empfundene Außenwelt zu reagieren und die eigentliche Wirklichkeit der Innenwelt dagegenzusetzen. Von anderen Theologen wird auch darauf hingewiesen, dass die Apokalyptik eine Form der Aufklärung ist, indem sie Strukturen des Bösen ans Licht bringt und entlarvt.

Der Kaiserkult

Der Kaiserkult diente primär politischen Zwecken. Er war Zeichen der Ergebenheit gegenüber dem göttlich verehrten Herrscher, die in religiös-kultischen Formen ausgedrückt wurde und ein bedeutsames Einigungsband für das heterogene Römische Reich darstellte. Als Medium der symbolischen Kommunikation zwischen der Reichsspitze und den lokalen Eliten leistete der Kaiserkult einen unverzichtbaren Beitrag zur Romanisierung und Integration der Provinzen. Dabei bediente er sich jener rituellen Formen, die für die Religionsausübung in der Antike charakteristisch waren, nämlich Opferhandlungen, Gebete, Prozessionen, Feste und Wettspiele. Tempel oder Altäre des Kaiserkults prägten nahezu überall im Reich das Bild der urbanen Zentren. Der Kaiserkult wurde von Städten aus freien Stücken als Loyalitätserweis erbracht, mit dem sich die Hoffnung verband, dass man ihn in Rom wahrnehmen und honorieren würde. Durch die Übernahme der begehrten, oftmals mit hohen Geldbeträgen erkauften Priesterämter steigerte die lokale Oberschicht ihre soziale Reputation und wurde gleichzeitig eng an die Reichsidee gebunden. Wer sich dem Kaiserkult verweigerte, war im gesellschaftlichen wie wirtschaftlichen Leben isoliert und konnte wegen mangelnder Loyalität gegenüber dem römischen Staat mit dem Tod bestraft werden. Für Christen war wegen ihres monotheistischen Glaubens die Beteiligung am Kaiserkult undenkbar.

Kaiser Nero (54–68 n. Chr.) verfolgte nach dem Brand Roms 64 die Christen unnachgiebig.

der gesamte Schöpfungsbereich von Land, Meer, Flüssen und Gestirnen betroffen. Die fünfte Zornesschale wird über dem Thron des Tiers, also des wiederkehrenden Nero, ausgegossen, dessen ganzes Land in Anlehnung an die neunte ägyptische Plage Finsternis erleidet. Das Ausgießen der sechsten Zornesschale über dem Euphrat bewirkt das Austrocknen des Flusses, sodass die mit den Königen des Ostens gemeinten Parther heranziehen können, um in Rom den Feind der Christen zu vernichten. Zudem werden die Könige der ganzen Welt von den bösen Mächten zur großen Entscheidungsschlacht von Harmagedon („Berg von Megiddo") rekrutiert. Das nördlich des Karmels gelegene Megiddo zählt im Alten Testament zu den hervorgehobenen Kriegsschauplätzen. Für den Seher Johannes hat Harmagedon wohl eine symbolische Bedeutung, deren Sinn sich uns nicht mehr erschließt. Die siebte Zornesschale bewirkt Naturkatastrophen unvorstellbaren Ausmaßes.

Das darin eingeschlossene Gericht über Rom als Zentrum der Gottlosigkeit wird nachfolgend ausführlich geschildert (17,1–19,10). Da die Römer im Jahr 70 wie einst die Babylonier den Jerusalemer Tempel zerstört hatten, wurde Babylon zum Decknamen für Rom. In seiner Eingangsvision lässt Johannes die Göttin Roma als Hure erscheinen, um dann das Geheimnis des Tiers mit den sieben Köpfen und zehn Hörnern zu entschlüsseln. Die sieben Köpfe des Tiers spielen auf die sieben Hügel Roms an und symbolisieren zugleich sieben römische Kaiser. In die Aufzählung wird das Tier, der wiederkommende Nero, als achter Kaiser mit einbezogen und gleichzeitig als einer der sieben bezeichnet. Ansonsten wirft die Deutung mehr Fragen auf, als dass sie Antworten gibt. Am wahrscheinlichsten ist es, von Domitian als sechstem Herrscher auszugehen und die nach dem Tod Neros um die Macht kämpfenden Interimskaiser Galba, Otho und Vitellius nicht mitzuzählen. Die von den sieben Hörnern des Tiers symbolisierten Kaiser wären demnach Caligula, Claudius, Nero, Vespasian, Titus, Domitian und sein bei Abfassung der Johannesoffenbarung noch unbekannter Nachfolger, Nerva, nach dessen Herrschaftszeit Nero wiederkehren wird. Bei der Darstellung des Untergangs Roms wird der Vorgang der Vernichtung nicht direkt beschrieben. Johannes schildert vielmehr in eindrücklichen Bildern die Reaktionen der Personen, die vom prunkvollen Reichtum der Stadt profitiert haben und nun durch deren Fall Nachteile erleiden.

Vollendung des Geschichtsplans Gottes (Offb 19,11–22,5)

Nun kommt das Gericht Gottes an den noch verbleibenden Mächten des Bösen in den Blick (19,11–20,15). Erster Akt des endzeitlichen Gerichtsdramas ist die Wiederkehr Christi als Weltenrichter, der die Vernichtung der beiden Tiere herbeiführt. Der Seher malt den wiederkehrenden Christus in den Farben eines messianischen Kriegers mit Reiterheer und scharfem Schwert. Das Pferd gilt als königliches Reittier, die weiße Farbe ist Symbol himmlischer Reinheit. Das mit Blut getränkte Gewand des Reiters ruft die Erinnerung an den Kreuzestod wach. Die große Entscheidungsschlacht endet mit einem überwältigenden Sieg des weißen Reiters. In scharfem Kontrast zum endzeitlichen Hochzeitsmahl, von dem zuvor die Rede war, wird das Bild eines endzeitlichen Leichenschmauses in den Raum gestellt. Die beiden Handlanger des Satans, das Tier aus dem Meer und das auch als Pseudoprophet bezeichnete Tier aus der Erde, sind ausgeschaltet und müssen in einem Feuersee bei lebendigem Leib ewige Qualen ertragen. Was noch aussteht, ist die Entmachtung des Teufels, der von einem Engel in Ketten gelegt und für tausend Jahre in der Unterwelt eingeschlossen wird. Zum Auftakt des nun anbrechenden messianischen Zwischenreichs erfolgt die erste Auferstehung. Dabei geht es um die Auferstehung der Gläubigen, nicht zuletzt der Märtyrer, die wegen der Verweigerung des Kaiserkults enthauptet worden waren. Die Vorstellung eines messianischen Zwischenreichs ist aus der jüdischen Apokalyptik bekannt. Nach Ablauf der tausend Jahre wird der Satan wieder freigelassen und beginnt die noch verbliebenen Völker zu verführen, um schließlich ebenfalls in jenem Pfuhl von Feuer und Schwefel zu enden, in dem sich bereits das Tier und der Pseudoprophet befinden und bis in alle Ewigkeit gefoltert werden. An dieses Geschehen schließt sich die Auferstehung der Ungläubigen zum Gericht an, wie sie auch bereits der Prophet Daniel kennt (Dan 12). Dabei bietet der Seher Johannes eine nicht unproblematische genüssliche und von Genugtuung gekennzeichnete Ausmalung dessen, was die Gottlosen am Ende der Zeit erwartet.

In seiner Abschlussvision vom neuen Jerusalem (21,1–22,5) entwirft Johannes ein eindrucksvolles Bild der innigen Zukunftsgemeinschaft in der Welt Gottes. Auf die Gläubigen, die sich nicht von der Hure Babylon blenden lassen, wartet das neue Jerusalem als Ort der paradiesischen Gemeinschaft mit Gott und Christus. Aus dieser Zukunftshoffnung können die bedrängten Christen Kleinasiens die Kraft schöpfen, sich in der gegenwärtigen Bedrohung als standhaft zu erweisen. Mit der endzeitlichen Neuschöpfung von Himmel und Erde klingen Motive aus der Prophetie des Jesajabuchs an (Jes 65). Zudem erwartete man in der jüdischen Apokalyptik für die Heilszeit, dass das im Himmel bereits geschaffene neue Jerusalem herabkommen werde. Die Maße der Stadt sind aus der symbolträchtigen Zahl Zwölf abgeleitet. Details ihrer Beschreibung orientieren sich am Propheten Ezechiel (Ez 48). Mit den zwölf Toren, welche die Namen der zwölf Patriarchen tragen, wird das endzeitliche Jerusalem als Stadt des erneuerten Gottesvolks ausgewiesen. Wenn dabei die zwölf Apostel als Grundsteine begegnen, erweist sich das neue Jerusalem als Raum der Kirche, die auf dem Grund der Apostel ruht und das neue Israel darstellt. Zugleich fließen in die Vision Vorstellungen von der Wiederkehr des Paradieses am Ende der Tage ein. Das neue Jerusalem ist der Paradiesgarten, in dem vom Thron Gottes und des Lammes der Strom des Lebenswassers ausgeht. Literarisches Vorbild dürften Passagen des Ezechielbuchs sein, wo aus dem endzeitlichen Tempel der Paradiesstrom entspringt und wunderbare Fruchtbarkeit bringt (Ez 47).

Buchschluss (Offb 22,6–18)

Im Epilog, der gottesdienstliche Sprache aufgreift, geht es um die Zuverlässigkeit der Offenbarung und um die Nähe des Weltendes. Johannes betont nochmals den göttlichen Ursprung seiner gesamten Botschaft und will mit drastischen Strafandrohungen erreichen, dass sein Buch vollständig im Gottesdienst der Gemeinden verlesen wird. Gleichzeitig kommt im Buchschluss eine intensive Naherwartung zum Ausdruck, die unmittelbar mit der Wiederkehr Christi und dem Anbruch der neuen Welt Gottes rechnet.

Das Tausendjährige Reich

Die Vorstellung eines messianischen Zwischenreichs, das dem Anbruch der neuen Welt Gottes vorgeschaltet ist, stammt aus der jüdischen Apokalyptik. Tausend ist eine Symbolzahl. Im Hintergrund steht das Schema von der Weltenwoche, wobei nach Psalm 90 ein Tag Gottes tausend Jahre währt. Auf die 6000 Jahre dauernde Weltgeschichte folgt der siebte Tag als tausendjähriger Weltensabbat, an dem Gott ruht und der Messias mit den Seinen herrscht. Die auch als Chiliasmus oder Millenarismus bezeichnete Erwartung eines tausendjährigen Christusreichs auf Erden war im Christentum immer umstritten und ein Grund dafür, warum die Johannesoffenbarung zunächst in vielen Kirchengebieten auf Ablehnung stieß und nicht zum Bibelkanon zählte. Nachdem der radikale Flügel der Reformation mit Gewalt ein tausendjähriges Christusreich auf Erden zu errichten versuchte, wurde der Chiliasmus von den lutherischen Bekenntnisschriften ausdrücklich verworfen, gewann aber im Pietismus wieder an Bedeutung. Der Missbrauch der Vorstellung des Tausendjährigen Reichs durch Hitler instrumentalisiert apokalyptische Geschichtsspekulationen für die nationalsozialistische Ideologie, um nach der wechselvollen deutschen Geschichte eine angebliche Zeit der Kontinuität unter der NS-Herrschaft zu propagieren.

Abbildungsnachweis

The Bible Lands Museum, Jerusalem: 63 (Bernd Gackstätter), 70 (Dietrich Widmer), 73 (David Harris), 77 (Avraham Hay), 78 (David Harris), 87 (Moshe Caine), 101, 108 (M. Amar/M. Greyevsky), 112 (Bill Robertson), 114 (David Harris), 127 (David Harris), 141 (M. Amar/M. Greyevsky), 150 (Avraham Hay), 153 (M. Amar/M. Greyevsky), 156 (Moshe Caine), 162 (Moshe Caine), 163 (Moshe Caine), 164 (Moshe Caine), 184 (M. Amar/M. Greyevsky), 186 (Dan Porges), 187 (M. Amar/M. Greyevsky), 195 (David Harris), 203 (M. Amar/M. Greyevsky), 205 (David Harris), 237 (David Harris), 238 (M. Amar/M. Greyevsky), 241 (M. Amar/M. Greyevsky), 244 (David Harris), 252 (M. Amar/M. Greyevsky), 272 (M. Amar/M. Greyevsky), 360 (Avraham Hay), 375 (David Harris), 386 (David Harris), 389 (David Harris)

Institut für Neutestamentliche Textforschung, Münster: 26

Norbert Dennerlein, Neumarkt: 62, 85, 100, 106, 107, 113, 148, 190, 196, 198, 201, 232, 242, 264, 325, 328, 352

Fotolia.com: 6 (Jake Hellbach), 9 (spotlight-studios), 14 (Karin Lau), 15 (Michael Zimberov), 18 (stocksnapper), 27 (kwest), 30 (SaintFlame), 32 (l-pics), 69 (Arkady Chubykin), 88 (Kuvien), 103 (Asta Plechaviciute), 116 (Arkady Chubykin), 118 (Paul Prescott), 188 (Petra Kohlstädt), 208 (Torsten Bothe), 214 (Karin Jehle), 219 (Vaclav Zilvar), 221 (Greg), 223 (MarFot), 226 (javarman), 245 (roadrunner), 246 (Fulvio Eterno), 253 (kmiragaya), 258 (pepe), 274 (Zee), 294 (ajansfoto.com), 310 (fabiomax), 327 (inkl), 333 (Angelo Fragliasso), 345 (Gisela Speicher), 349 (imagestalk), 358 (fotogiunta), 363 (David H. Seymour), 366 (Alexander Khripunov), 581 (Khrolenok), 370 (Friedrich Nölle), 373 (David Cloud), 378 (Carsten Steps), 381 (Angelika Bentin), 391 (Michael Klug), 398 (Roy)

Getty Images, München: Umschlagvorderseite: Hauptmotiv Berg Sinai: AlexMell; historische Karte Palästina: ZU_09; Via Dolorosa Grabeskirche: Richard Fairless; Junge mit Kippa: Robert Nicholas

Palmedia Publishing Services, Berlin: 2, 16, 17, 38, 46, 48, 49, 51, 58, 60, 92, 121, 130, 134, 138, 143, 168, 169, 170, 171, 174, 178, 182, 183, 202, 206, 233, 250, 260, 261, 271, 290, 307, 313, 316, 317, 320, 323, 326, 331, 337, 339

Picture Alliance, Frankfurt am Main: 39 (dpa)

Universitätsbibliothek Leipzig: 8 (Ed. Vet. s.a.m. 30, fol. 6v), 24 (Ms. gr. I, fol.19r.), 28 (P.Lips.Inv. 150r.), 44 (Vollers 1102/1, fol. 51v), 147 (P. Lips Inv. 39, T.IV)

Hans-Georg Vorndran, ShalomNet: 20, 21, 23, 34, 42, 63, 80, 87, 90, 94, 176, 213, 255, 266, 300, 385, 393

Christine Wyatt, Wolfsburg: 382

Wikimedia Commons: 37, 41, 56, 95 (David Shankbone), 133 (NicFer), 160, 189, 215 (Raimond Spekking, CC-BY-SA-3.0 & GFDL), 216 (Vassil), 218 (Andreas Praefke), 228, 229 (Andreas Praefke), 235 (Thomas Rolle, CC-BY-SA-2.0-DE), 262, 269, 277, 285, 287, 312, 371 (Marsyas)

Impressum

Sonderausgabe für Reader's Digest Deutschland, Schweiz, Österreich
Verlag Das Beste GmbH Stuttgart, Zürich, Wien

Printed in Slovenia
ISBN 978-3-95619-322-4

www.readersdigest-verlag.de / www.readersdigest-verlag.ch / readersdigest-verlag.at